E-Book inklusive:

Mit folgendem persönlichen Code können Sie die E-Book-Ausgabe dieses Buches downloaden:

4z607-p56r0-18700-bs2kx

Registrieren Sie sich unter

www.hanser-fachbuch.de/ebookinside

und nutzen Sie das E-Book auf Ihrem Rechner*, Tablet-PC und E-Book-Reader.

Der Download dieses Buches als E-Book unterliegt gesetzlichen Bestimmungen bzw. steuerrechtlichen Regelungen, die Sie unter **www.hanser-fachbuch.de/ebookinside** nachlesen können.

* Systemvoraussetzungen: Internet-Verbindung und Adobe® Reader®

Ratz/Schulmeister-Zimolong/Seese/Wiesenberger

Grundkurs Programmieren in Java

Dietmar Ratz
Dennis Schulmeister-Zimolong
Detlef Seese
Jan Wiesenberger

Grundkurs Programmieren in Java

9., überarbeitete und erweiterte Auflage

HANSER

Aus Gründen der besseren Lesbarkeit wird auf die gleichzeitige Verwendung der Sprachformen männlich, weiblich und divers (m/w/d) verzichtet. Sämtliche Personenbezeichnungen gelten gleichermaßen für alle Geschlechter.

Bibliografische Information der Deutschen Nationalbibliothek:

Die Deutsche Nationalbibliothek verzeichnet diese Publikation in der Deutschen Nationalbibliografie; detaillierte bibliografische Daten sind im Internet über http://dnb.d-nb.de abrufbar.

Lektorat: Brigitte Bauer-Schiewek
Copy editing: Jürgen Dubau, Freiburg/Elbe
Herstellung: le-tex publishing services GmbH, Leipzig
Umschlagdesign: Marc Müller-Bremer, München, www.rebranding.de
Umschlagrealisation: Thomas West
Druck und Bindung: CPI Books GmbH, Leck
Printed in Germany

Print-ISBN: 978-3-446-48122-0
E-Book-ISBN: 978-3-446-48123-7
E-Pub-ISBN: 978-3-446-48294-4

Inhaltsverzeichnis

Vorwort

Unsere moderne Welt mit ihren enormen Informations- und Kommunikationsbedürfnissen wäre ohne Computer und mobile Endgeräte wie Smartphones und deren weltweite Vernetzung undenkbar. Ob wir Einkäufe abwickeln, uns Informationen beschaffen, Reisen buchen, Bankgeschäfte tätigen oder einfach nur Mitteilungen verschicken – wir benutzen diese Techniken wie selbstverständlich. Dienstleistungen, Produkte, die Arbeitswelt und das gesellschaftliche Leben basieren in zunehmendem Maße auf Software, und die Digitalisierung schreitet in allen Bereichen immer weiter voran. Ob als Nutzer, als Auftraggeber oder als Entwickler – Schul- und Hochschulabgänger werden mit Sicherheit an ihrem späteren Arbeitsplatz in irgendeiner Weise mit Software oder gar Softwareentwicklung zu tun haben. Aber auch außerhalb des Berufslebens können alle von Kenntnissen darüber, wie Programme im Allgemeinen oder z. B. Smartphone-Apps im Speziellen arbeiten, nur profitieren. Die Chance, so früh wie möglich zu lernen, wie man unsere digitale Welt mitgestalten kann, sollte jeder wahrnehmen – und Programmieren lernen ist hierfür ein erster Schritt.

Eine qualifizierte Programmiergrundausbildung ist unerlässlich, um an der Gestaltung moderner Informatikanwendungen mitwirken zu können. Leider erscheint vielen das Erlernen einer Programmiersprache zu Beginn einer weitergehenden Informatikausbildung als unüberwindbare Hürde. Die häufig angepriesene Mächtigkeit und Komplexität der mittlerweile gängigen Ausbildungssprache Java schürt bei nicht wenigen Programmieranfängern den Zweifel, jemals in die „Geheimnisse" des Programmierens eingeweiht zu werden.

Aufgrund unserer langjährigen Erfahrungen aus Lehrveranstaltungen für Studierende unterschiedlicher Fachrichtungen, in denen in der Regel rund zwei Drittel der Teilnehmer bis zum Kursbeginn noch nicht selbst programmierten, entschlossen wir uns, das vorliegende Buch zu verfassen. Hauptanforderung dabei war die „Verständlichkeit auch für Anfänger", um Schülerinnen und Schülern, Studentinnen und Studenten, aber auch Hausfrauen und Hausmännern einen leicht verständlichen Grundkurs „Programmieren in Java" zu vermitteln. Auf theoretischen Ballast oder ein breites Informatikfundament wollten wir bewusst verzichten. Wir hofften, unser Konzept, auch absolute Neulinge behutsam in die Materie einzuführen, überzeugt unsere Leserinnen und Leser. Diese Hoffnung wurde mehr als erfüllt – zahlreiche überaus positive Leserkommentare unterstreichen

dies. So liegt nun bereits die neunte, überarbeitete Auflage vor, in der wir viele konstruktive Umgestaltungsvorschläge von Leserinnen und Lesern berücksichtigt und außerdem jüngste Neuerungen der Sprache Java aufgenommen haben.
Hält man Ausschau nach dem erfolgreichsten aller Bücher, stößt man wohl auf die Bibel. Das Buch der Bücher steht für hohe Auflagen und eine große Leserschaft. In unzählige Sprachen übersetzt, stellt die Bibel den Traum eines jeden Autors dar. Was Sie hier in den Händen halten, hat mit der Bibel natürlich ungefähr so viel zu tun wie eine Weinbergschnecke mit der Formel 1. Zwar ist auch dieses Buch in mehrere Teile untergliedert und stammt aus mehr als einer Feder – mit göttlichen Offenbarungen und Prophezeiungen können wir dennoch nicht aufwarten. Sie finden in diesem Buch auch weder Hebräisch noch Latein. Im schlimmsten Falle treffen Sie auf etwas, das Ihnen trotz unserer guten Vorsätze (zumindest zu Beginn Ihrer Lektüre) wie Fachchinesisch oder böhmische Dörfer vorkommen könnte. Lassen Sie sich davon aber nicht abschrecken – im Glossar im Anhang können Sie „Übersetzungen" für den Fachjargon jederzeit nachschlagen.

Etlichen Personen, die zur Entstehung dieses Buches beitrugen, wollen wir an dieser Stelle herzlichst danken: An erster Stelle zu erwähnen ist unser langjähriger ehemaliger Co-Autor Jens Scheffler, der zusammen mit seinen damaligen Tutorenkollegen Thomas Much, Michael Ohr und Oliver Wagner viel Schweiß und Mühe in die Erstellung eines ersten Vorlesungsskripts steckte. Eine wichtige Rolle für die „Reifung" bis zur vorliegenden Buchfassung spielten unsere „Korrektoren" und „Testleser". Hagen Buchwald, Michael Decker, Mario Dehner, Tobias Dietrich, Marc Goutier, Rudi Klatte, Niklas Kühl, Roland Küstermann, Jonas Lehner, Joachim Melcher, Cornelia Richter-von Hagen, Sebastian Ratz, Frank Schlottmann, Oliver Schöll, Lukas Struppek, Janna Ulrich, Leonard von Hagen und Lucian von Hagen brachten mit großem Engagement wertvolle Kommentare und Verbesserungsvorschläge ein oder unterstützten uns beim Auf- und Ausbau der Buch-Website, bei der Überarbeitung von Grafiken oder mit der Erstellung von Aufgaben und der Bereitstellung von Tools. Schließlich sind da noch mehrere Studierenden-Jahrgänge der Studiengänge Wirtschaftsingenieurwesen, Wirtschaftsmathematik, Technische Volkswirtschaftslehre und Wirtschaftsinformatik, die sich im Rahmen unserer Lehrveranstaltungen „Programmierung I und II", „Programmierung kommerzieller Systeme", „Moderne Programmierkonzepte", „Web-Programmierung" und „Verteilte Systeme" mit den zugehörigen Webseiten, Foliensätzen und Übungsblättern „herumgeschlagen" und uns auf Fehler und Unklarheiten hingewiesen haben. Das insgesamt sehr positive Feedback, auch aus anderen Studiengängen, war und ist Ansporn für uns, diesen Grundkurs Programmieren weiterzuentwickeln. Schließlich geht auch ein Dankeschön an die Leserinnen und Leser, die uns per E-Mail Hinweise und Tipps für die inhaltliche Verbesserung von Buch und Website zukommen ließen.
Zu guter Letzt geht unser Dank an Brigitte Bauer-Schiewek, Kristin Rothe und Irene Weilhart vom Carl Hanser Verlag für die gewohnt gute Zusammenarbeit.

Karlsruhe, Sommer 2024 Die Autoren

Einleitung

Was eint Shakespeare, Goethe, Tolstoi, Fontane und viele mehr? Sie alle haben Weltliteratur hervorgebracht und dabei auch über tragische Liebesbeziehungen geschrieben. Romeo und Julia, Die Leiden des jungen Werthers, Anna Karenina oder Effi Briest sind wohl vielen ein Begriff. Und wer selbst schon einmal unglücklich verliebt war, kann die beschriebenen Geschichten umso besser nachvollziehen. Doch was hat das alles mit diesem Buch zu tun und wie kann es Ihnen in einer solchen Situation helfen? Die traurige Wahrheit ist: Die Gemeinsamkeiten enden beim Wort Buch, und auf schwierige Lebensfragen haben wir leider auch keine Antwort. Auch hilft Ihnen dieses Buch in der Regel nicht, Ihren Schwarm zu beeindrucken oder unliebsamen Wettbewerb loszuwerden. Aber im Ernst: Wozu ist das Buch dann zu gebrauchen? Die folgenden Seiten verraten es Ihnen.

Java – mehr als nur kalter Kaffee?

Seit dem Einzug von Internet und World Wide Web in das öffentliche Leben surfen, mailen und chatten Milliarden von Menschen täglich in der virtuellen Welt. Und seitdem wir mit dem Smartphone auch unterwegs dauerhaft online sein können, ist ein Leben ohne das Internet in vielen Bereichen kaum vorstellbar geworden. Wer nicht mitmacht, gilt als altmodisch oder gar abgehängt. Interessanterweise setzte diese Entwicklung aber nicht erst im letzten Jahrzehnt ein, wie man zunächst denken könnte, sondern schon sehr viel früher, als Anfang der 1990er-Jahre das World Wide Web das Licht der Welt erblickte und selbst so ehrwürdige Organisationen wie Pizza Hut oder der Vatikan auf einmal im Netz der Netze vertreten waren. Oder wussten Sie, dass man bereits seit 1994 Pizza online bestellen kann und 1995 die Webseite des Vatikans online ging?[1]

Im selben Jahr erschien auch Java, das dem damaligen Zeitgeist entsprechend als *Programmiersprache des Internets* vermarktet wurde. Schnell entwickelte sich Java deshalb zu einer der populärsten Programmiersprachen überhaupt, die Jahr für

[1] Zur Sicherheit wollen wir hier allerdings darauf hinweisen, dass das Internet und das World Wide Web zwei unterschiedliche Dinge sind. Das Internet, dessen Ursprünge sich bis ins Jahr 1969 zurückverfolgen lassen, bildet das weltumspannende Netz, über welches so unterschiedliche Dienste wie E-Mail, Video-Streaming oder eben das World Wide Web – also das Betrachten von Webseiten im Browser – bezogen werden können.

Jahr weit oben im TIOBE-Index liegt. Und das, obwohl das Sprachkonzept eigentlich nur wenig Neues bietet. Viel mehr orientierte man sich an der mehr als ein Jahrzehnt älteren Programmiersprache C++, vereinfachte diese so sehr, dass sie auch von weniger geübten Programmierer/-innen genutzt werden konnte, und legte darüber hinaus eine Klassenbibliothek bei, die keine Wünsche offen lässt. Über die Jahre haben sich Programmiersprache und Klassenbibliothek natürlich gewaltig weiterentwickelt und zu einer vollwertigen Konkurrenz zu den anderen gängigen Sprachen gemausert. Datenbank- oder Netzwerkzugriffe, anspruchsvolle Grafikanwendungen, Spieleprogrammierung – alles ist möglich. Und gerade im heute so aktuellen Bereich „Verteilte Anwendungsentwicklung" bietet Java ein breites Spektrum an Möglichkeiten. Mit wenigen Programmzeilen gelingt es, Anwendungen zu schreiben, die das Internet bzw. das World Wide Web nutzen. Doch auch jede andere Art von Anwendung ist möglich, inklusive ausgefeilter grafischer Benutzungsoberflächen – und das sogar plattformunabhängig für alle gängigen Betriebssysteme.
Dies erklärt das große Interesse, das der Sprache Java seither entgegengebracht wird. Bedenkt man die Anzahl von Buchveröffentlichungen, Zeitschriftenbeiträgen, Webseiten, Foren, Blogs und Social Media Posts zum Thema, so wird der erfolgreiche Weg, den die Sprache Java hinter sich hat, offensichtlich. Aber auch im kommerziellen Bereich ist Java nicht mehr wegzudenken, denn die Produktpalette der meisten großen Softwarehäuser weist mittlerweile eine Java-Schiene auf. Und wer heute auch nur mit einem Smartphone telefoniert, kommt häufig (bewusst oder unbewusst) mit Java in Berührung. Für Sie als Leserin oder Leser dieses Buchs bedeutet das jedenfalls, dass es sicherlich kein Fehler ist, Erfahrung in der Programmierung mit Java zu haben.

Java für Anfänger – das Konzept dieses Buches

Wie schreibt man ein Buch über das Programmieren für absolute Neulinge, wenn man selbst seit vielen Jahren programmiert? Folgende Antwort haben wir darauf gefunden: Das Buch soll die grundlegenden Konzepte der Programmierung sowie die Programmiersprache Java möglichst vollständig und korrekt beschreiben, diese aber leicht verständlich vermitteln. Maßstab für die Qualität des Buches ist deshalb, dass es sich optimal zum Selbststudium sowie als Begleitmaterial für Vorlesungen im Bachelor-Studium einsetzen lässt, ohne Vorkenntnisse in den Bereichen Programmieren, Programmiersprachen oder Informatik vorauszusetzen. Vor allem unsere langjährige Erfahrung in der studentischen Programmierausbildung in einführenden und weiterführenden Kursen des Instituts AIFB[2] am KIT[3] sowie des Zentrums für Wirtschaftsinformatik an der DHBW[4] Karlsruhe sollen Ihnen hier zu Gute kommen.

[2] Institut für Angewandte Informatik und Formale Beschreibungsverfahren
[3] Karlsruher Institut für Technologie
[4] Duale Hochschule Baden-Württemberg

Beispielsweise gibt es gewisse Erfahrungswerte darüber, welche Themen gerade Neulingen besondere Probleme bereiteten. Daher rührt der Entschluss, nicht sofort in fortgeschrittene Themen wie die für Java so charakteristische objektorientierte Programmierung einzusteigen, sondern erst einen grundlegenden Wortschatz zu erarbeiten und ein Verständnis dafür zu entwickeln, wie sich Programmieren in Java „anfühlt". Vergleichen Sie das mit dem Erlernen einer gesprochenen Sprache wie zum Beispiel Spanisch. Auch hier muss man anhand vieler praktischer Beispiele zunächst die Sprache kennenlernen und durch regelmäßige Übung festigen. Dadurch entsteht eine gewisse Routine und Intuition, die es dann auch ermöglicht, tiefer in die Regeln guten Schreibstils oder die Besonderheiten der spanischen Lyrik einzusteigen.
Im ersten Teil des Buches geht es daher überwiegend darum, zunächst einmal die grundlegenden Konzepte der Programmierung zu verinnerlichen und ganz allgemein „algorithmisches Denken" zu lernen. Die darauffolgenden Teile II bis VI bauen dann darauf auf und führen Sie immer mehr in fortgeschrittene Themen wie Objektorientierung, funktionale Programmierung oder die Entwicklung grafischer Oberflächen ein. Alle Kapitel sind hierfür mit Übungsaufgaben ausgestattet, die Sie zum besseren Verständnis bearbeiten sollten. Denn: *Man lernt eine Sprache nur, indem man sie spricht!*
Selbstredend können und wollen wir nicht auf jedes noch so kleine Detail eingehen, auch wenn Sie sicher feststellen werden, dass wir die Themen alles andere als oberflächlich behandeln. Wir möchten Sie daher bereits an dieser Stelle dazu ermutigen, regelmäßig einen Blick in die sogenannte API-Spezifikation[5] der Klassenbibliothek [42] zu werfen und sich auch mit anderen Informationsquellen im Internet vertraut zu machen – nicht zuletzt, weil wir im „Programmieralltag" von einem routinierten Umgang mit diesen Werkzeugen nur profitieren können. Eine kleine Starthilfe hierzu bietet das Kapitel in Anhang B.

Zusatzmaterial und Kontakt zu den Autoren

Alle Leserinnen und Leser sind herzlich eingeladen, die Autoren über Fehler und Unklarheiten zu informieren. Wenn eine Passage unverständlich war, sollte sie zur Zufriedenheit künftiger Leserinnen und Leser anders formuliert werden. Wenn Sie in dieser Hinsicht also Fehlermeldungen, Anregungen oder Fragen haben, können Sie über unsere Website

`http://www.grundkurs-java.de/`

Kontakt mit den Autoren aufnehmen. Dort finden Sie auch alle Beispielprogramme aus dem Buch, Lösungshinweise zu den Übungsaufgaben und ergänzende Materialien zum Download sowie Literaturhinweise, eine Liste eventueller Feh-

[5] API steht für Application Programming Interface, die Programmierschnittstelle für eine Klasse, ein Paket oder eine ganze Klassenbibliothek.

ler im Buch und deren Korrekturen. Dozentinnen und Dozenten, die das Material dieses Buchs oder sogar Teile unserer Vorlesungsfolien für eigene Vorlesungen nutzen möchten, sollten sich mit uns in Verbindung setzen.
Im Literaturverzeichnis haben wir sowohl Bücher als auch Internet-Links angegeben, die aus unserer Sicht als weiterführende Literatur geeignet sind und neben Java im Speziellen auch einige weitere Themenbereiche wie zum Beispiel Informatik, Algorithmen, Nachschlagewerke, Softwaretechnik, Objektorientierung und Modellierung einbeziehen.

Verwendete Schreibweisen

Wir verwenden *Kursivschrift* zur Betonung bestimmter Wörter und **Fettschrift** zur Kennzeichnung von Begriffen, die im entsprechenden Abschnitt erstmals auftauchen und definiert bzw. erklärt werden. Im laufenden Text wird `Maschinenschrift` für Bezeichner verwendet, die in Java vordefiniert sind oder in Programmbeispielen eingeführt und benutzt werden, während reservierte Wörter (Schlüsselwörter, Wortsymbole), die in Java eine vordefinierte, unveränderbar festgelegte Bedeutung haben, in **`fetter Maschinenschrift`** gesetzt sind. Beide Schriften kommen auch in den vom Text abgesetzten Listings und Bildschirmausgaben von Programmen zum Einsatz. Java-Programme sind teilweise ohne und teilweise mit führenden Zeilennummern abgedruckt. Solche Zeilennummern sind dabei lediglich als Orientierungshilfe gedacht und natürlich *kein* Bestandteil des Java-Programms.
Literaturverweise auf Bücher und Web-Links werden stets in der Form [*nr*] mit der Nummer *nr* des entsprechenden Eintrags im Literaturverzeichnis angegeben. Im Stichwortverzeichnis verweisen fettgedruckte Seitenzahlen auf die Stellen im Buch, an denen die jeweiligen Begriffe eingeführt bzw. definiert werden.

Über die Autoren

- *Prof. Dr. Dietmar Ratz* ist Studiengangsleiter Wirtschaftsinformatik an der Dualen Hochschule Baden-Württemberg (DHBW) Karlsruhe und lehrt auch am Karlsruher Institut für Technologie (KIT).
- *Dipl.-Wirtsch.-Inf. (DH) Dennis Schulmeister-Zimolong* arbeitet als akademischer Mitarbeiter an der Dualen Hochschule Baden-Württemberg (DHBW) Karlsruhe sowie als Produktmanager bei der SOA People AG, Karlsruhe.
- *Prof. Dr. Detlef Seese* ist ehemaliger Professor für Angewandte Informatik am Institut für Angewandte Informatik und Formale Beschreibungsverfahren (AIFB) des Karlsruher Instituts für Technologie (KIT).
- *Dipl.-Wi.-Ing. Jan Wiesenberger* ist geschäftsführender Vorstand des FZI Forschungszentrum Informatik in Karlsruhe und Hauptgesellschafter des IT-Dienstleisters m+ps.

Teil I

Einstieg in das Programmieren in Java

Sicher können Sie es kaum erwarten, Ihr erstes Programm einzugeben und zu sehen, wie der Computer dieses tatsächlich ausführt. Denn von diesem Moment an öffnet sich eine völlig neue Welt für Sie – die Welt des Programmierens. In den folgenden Kapiteln lernen Sie daher alle Grundalgen, die Sie dafür benötigen.

Kapitel 1

Einige Grundbegriffe aus der Welt des Programmierens

Der Fahrkartenautomat in der Straßenbahn, der Kaffeeautomat in der Mensa, der digitale Sprachassistent zu Hause oder der Laptop im Hörsaal bzw. bei der Arbeit. Digitale Geräte sind aus unserem Alltag nicht mehr wegzudenken, denn überall werden inzwischen Daten verarbeitet oder Geräte gesteuert. Schätzte man Anfang der 1950er Jahre noch, dass ein Dutzend „Elektronengehirne" den Bedarf der ganzen Erde decken könne, findet man heute weit mehr Computer in jedem privaten Haushalt.[1] Grundkenntnisse der Softwaretechnik und Informatik sind in der heutigen Zeit daher unerlässlich, wenn wir diese Geräte nicht als schiere Zauberei oder einfach nur wahnsinnig komplex wahrnehmen wollen. Wer werden in diesem Kapitel deshalb erst ein paar grundlegende Begriffe der Informatik klären und Sie in die Funktionsweise und Terminologie der Informatik entführen. Wenn Sie wollen, können Sie diese dann im Buch [3] noch weiter vertiefen.

1.1 Computer, Software, Informatik und das Internet

Als **Computer** (deutsch: Rechner) bezeichnet man ein technisches Gerät, das schnell und meist zuverlässig nicht nur rechnen, sondern allgemein Daten bzw. Informationen automatisch verarbeiten und speichern (aufbewahren) kann. Im Unterschied zu einem normalen **Automaten** wie z. B. einem Getränkeautomaten, der nur festgelegte Aktionen ausführt, können wir einem Computer die Vorschrift, nach der er arbeiten soll, jeweils neu vorgeben. Beispiele für solche Arbeitsvorschriften oder Handlungsanleitungen wären die Regeln für Kreditberechnungen unserer Bank oder die Anleitung zur Steuerung von Signalanlagen für unsere Modelleisenbahn. In der Fachsprache heißt eine solche Handlungsanlei-

[1] Bedenken Sie hierbei, dass auch so unscheinbare Geräte wie Waschmaschine, Mikrowellenherd, Fernbedienung oder Funkmaus ein eingebettetes Computersystem beinhalten.

tung **Algorithmus**. Um dem Computer einen Algorithmus in einer präzisen Form mitzuteilen, muss man diesen als ein **Programm** (eine spezielle Handlungsanweisung, die für den Computer verständlich ist) formulieren. Der Computer, zusammen mit seinen Programmen, wird auch als **Computersystem** bezeichnet.
Generell gesehen setzt sich ein Computersystem zusammen aus den materiellen Teilen, der sogenannten **Hardware**, und den immateriellen Teilen, der sogenannten **Software**. Unter dem Begriff Software versteht man nicht nur Programme, sondern auch zugehörige Daten und Dokumentationen. Man unterscheidet dabei zwischen **Systemsoftware** und **Anwendungssoftware**. Zur erstgenannten Gruppe zählt man das Betriebssystem, Compiler, Datenbanken, Kommunikationsprogramme und spezielle Dienstprogramme. Beispiele für Anwendungssoftware, also Software, die Aufgaben der Anwender/-innen löst, sind Textverarbeitungs-, Tabellenkalkulations- und Zeichenprogramme.
Ein Computer setzt sich zusammen aus der **Zentraleinheit** und den **Peripheriegeräten**. Die Zentraleinheit besteht aus dem **Prozessor** (er führt die Programme aus), einem **ROM** (Read-Only Memory, deutsch: Nurlesespeicher), in dem elementare Systemprogramme, wie der nach dem Einschalten ausgeführte Code, abgelegt sind, und dem **Arbeitsspeicher** (in ihm werden Programme und Daten, die zur momentanen Programmausführung benötigt werden, kurzfristig gespeichert). Der Arbeitsspeicher wird häufig auch als **RAM** (Random Access Memory, deutsch: Direktzugriffsspeicher) bezeichnet. Unter dem Begriff Peripheriegeräte fasst man **Eingabegeräte** wie Tastatur und Maus, **Ausgabegeräte** wie Bildschirm und Drucker sowie **externen Speicher** wie Festplatten, DVD-ROM-Speicher oder Memorysticks zusammen.
Im Vergleich zum externen Speicher bietet der Arbeitsspeicher eines Rechners einen wesentlich schnelleren (lesenden und schreibenden) Zugriff, wobei sein Inhalt nach dem Ausschalten des Rechners wieder verloren geht. Die kleinste Einheit des Arbeitsspeichers wird **Speicherzelle** genannt. Sie besitzt einen Namen (Adresse) und kann einen Wert speichern. Externe Speichermedien hingegen bieten meist eine wesentlich höhere Speicherkapazität und dienen der langfristigen Aufbewahrung von Programmen und Informationen (Daten). Diese werden in sogenannten **Dateien** (englisch: **files**) abgelegt. Solche Dateien können wir uns beispielsweise wie ein Sammelalbum vorstellen, in das wir unsere Daten (die Bilder) ablegen (einkleben). Um eine Datei anzulegen, müssen wir ihr einen Namen geben. Dieser wird zusammen mit Angaben zur Größe der Datei in das vom Betriebssystem auf dem Speichermedium angelegte **Dateisystem** geschrieben. Dabei können wir auch mehrere Dateien zu sogenannten **Ordnern** bzw. **Verzeichnissen** (englisch: **folder** oder **directory**) zusammenfassen (ähnlich wie wir unsere Sammelalben in Ordnern abheften), die selbst wieder Namen bekommen und hierarchisch in weiteren Ordnern zusammengefasst werden können. Dateinamen werden häufig unter Verwendung eines Punktes (`.`) in zwei Teile gegliedert, den eigentlichen Namen und die sogenannte **Dateinamenerweiterung**, die meist den Typ der Datei angibt (z. B. `txt` für Text-Dateien, `java` für Java-Dateien oder `docx` für Dateien eines Textverarbeitungssystems).

Heutzutage sind so gut wie alle Computersysteme über Datenleitungen oder per Funk miteinander **vernetzt**, d. h. sie können untereinander Informationen austauschen. Man spricht dann von einem **Netz** oder Netzwerk (englisch: **net** oder **web**) und speziell von einem **Intranet**, wenn die Vernetzung innerhalb einer Organisation oder Firma erfolgt, oder vom **Internet**, dem weltweiten Computer-Netzwerk. Die Computer- und Softwaretechnik nahm seit ihren Kindertagen eine rasante Entwicklung von den Rechnern mit Transistortechnik und integrierten Schaltungen in Großrechnern und Minicomputern über die ersten Mikroprozessoren und Personal Computer Ende der 1970er Jahre, den PCs, Workstations und Supercomputer der 1980er und 1990er, bis hin zu den heute allgegenwärtigen Laptops und mobilen Endgeräten wie Tablets, Smartphones und Wearables. Recht bald entwickelte sich eine (seit 1960) eigenständige Wissenschaftsdisziplin, die **Informatik**. Sie beschäftigt sich mit der theoretischen Analyse und Konzeption, aber auch mit der konkreten Realisierung von Computersystemen in den Bereichen Hardware, Software, Organisationsstrukturen und Anwendung.

1.2 Was heißt Programmieren?

Wie bereits erwähnt, ist ein Programm nichts anderes als ein in einer **Programmiersprache** formulierter Algorithmus. Diese Sprache erlaubt es den Anwenderinnen und Anwendern (Programmiererinnen und Programmierern), mit dem Computer zu „sprechen" und ihm Anweisungen zu geben. Dieses „Sprechen" kann nun auf unterschiedliche Arten erfolgen. Man kann zum Beispiel eine Sprache verwenden, die der Computer (genau genommen der Prozessor) direkt „versteht". Man nennt sie **Maschinensprache**. Da die Notation mit Nullen und Einsen nur schwer lesbar ist, verwendet man zur Formulierung von maschinennahen Programmen meist eine **Assemblersprache**, in der jedem binären Maschinenco-

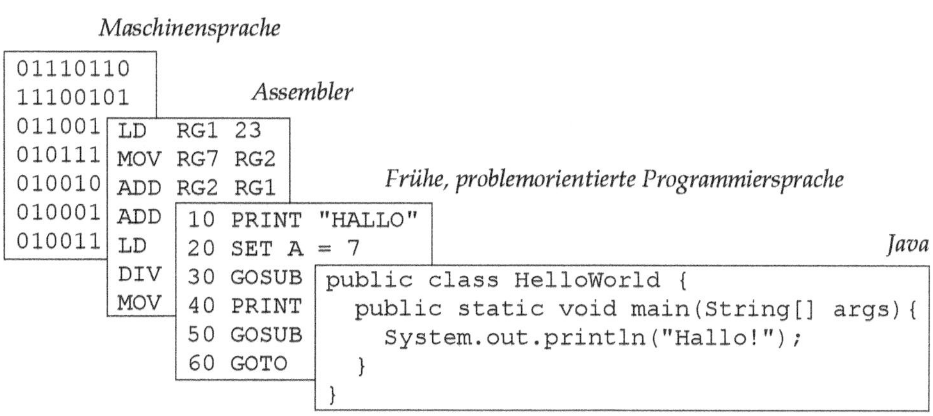

Abbildung 1.1: Programmiersprachen im Vergleich

de ein entsprechender, aus Buchstaben und Ziffern bestehender Assemblercode entspricht. Programme in solchen Sprachen kann der Prozessor direkt ausführen, doch ist man dabei sehr vom Prozessortyp abhängig. Alternativ kann auch eine benutzernahe bzw. problemnahe Programmiersprache zum Einsatz kommen, die man als **höhere Programmiersprache** oder auch **problemorientierte Programmiersprache** bezeichnet. In diesem Fall benötigt man allerdings einen **Übersetzer** (eine spezielle Software), der die Sätze der höheren Programmiersprache in die Maschinensprache oder eine spezielle „Zwischensprache" überführt. Ein Übersetzer, der problemorientierte Programme in maschinennahe Programme transformiert, wird **Compiler** genannt. Werden Programme nicht vollständig übersetzt und später ausgeführt, sondern Anweisung für Anweisung übersetzt und unmittelbar ausgeführt, nutzt man einen **Interpreter**.
Traditionelle höhere Programmiersprachen benötigen für jeden Prozessortyp einen Compiler, der das jeweilige sogenannte **Quellprogramm** (geschrieben in der Programmiersprache) in ein sogenanntes **Zielprogramm** (ausführbar auf dem Prozessor) übersetzt (compiliert). Unser Programm muss daher für jeden Rechner- bzw. Prozessortyp übersetzt werden. Bei der Entwicklung der Sprache Java hingegen wurde das Ziel angestrebt, plattformunabhängig zu sein, indem man nur einen Compiler für alle Plattformen benötigt. Dieser Compiler übersetzt das Quellprogramm (auch Quellcode oder Quelltext genannt) in den sogenannten **Java-Bytecode**, der unabhängig von einem bestimmten Prozessor ist, jedoch nicht unmittelbar ausgeführt werden kann. Erst der **Java-Interpreter** analysiert den erzeugten Bytecode schrittweise und führt ihn aus. Der Bytecode ist also portabel (auf unterschiedliche Plattformen übertragbar) und sozusagen für eine Art virtu-

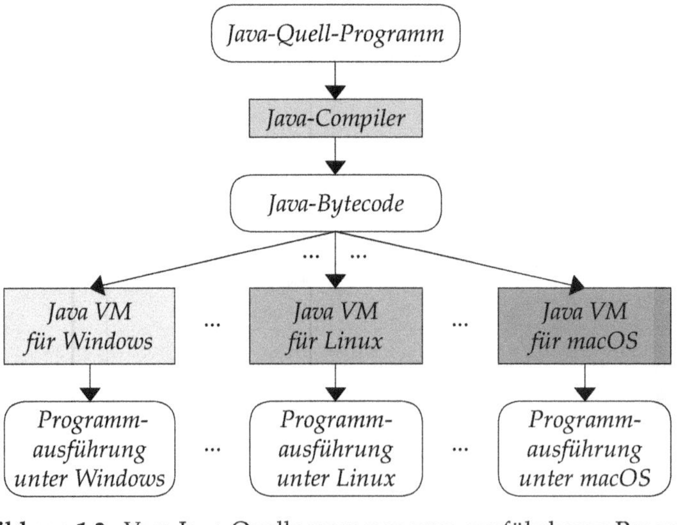

Abbildung 1.2: Vom Java-Quellprogramm zum ausführbaren Programm

ellen Prozessor (man spricht hier auch von einer **virtuellen Maschine**, abgekürzt VM) gefertigt. Abbildung 1.2 verdeutlicht diesen Sachverhalt.

Unter **Programmieren** versteht man nun eine Tätigkeit, bei der unter Einsatz einer gegebenen Programmiersprache ein gestelltes Problem zu lösen ist. Programmieren heißt also nicht einfach nur, ein Programm einzutippen. Meist sind eine ganze Reihe von Arbeitsschritten nötig, bis ein Problem zufriedenstellend mit dem Computer gelöst ist (vgl. Abbildung 1.3). Die Bezeichnung „Programmieren" umfasst daher eine ganze Kette von Arbeitsgängen, beginnend bei der Analyse des Problems und endend bei der Kontrolle oder Interpretation der Resultate. Um diesen Sachverhalt mehr hervorzuheben, wird heutzutage daher auch oft von der Entwicklung oder der Softwareentwicklung gesprochen, die eben mehr als nur das reine Formulieren von Anweisungen für den Computer ist.

Bei der **Problemanalyse** oder auch **Modellierung** müssen wir ein meistens umgangssprachlich formuliertes Problem analysieren und so aufbereiten (modellieren), dass sich die einzelnen Teilprobleme leicht und übersichtlich programmieren lassen. Wir erstellen somit eine **algorithmische Beschreibung** für die Lösung des Problems bzw. seiner Teilprobleme. Wenn wir diese algorithmische Beschreibung in eine Programmiersprache übertragen und unser Programm in einen Computer eingeben, nennt man diesen Vorgang **Codierung**. Dazu verwenden wir einen **Texteditor** (auch nur **Editor** genannt), in dem wir das Programm eintippen und danach in einer Datei speichern. Schließlich muss unser Programm vom Compiler übersetzt werden, bevor wir es ausführen und damit testen können, ob es unser ursprünglich formuliertes Problem korrekt löst.

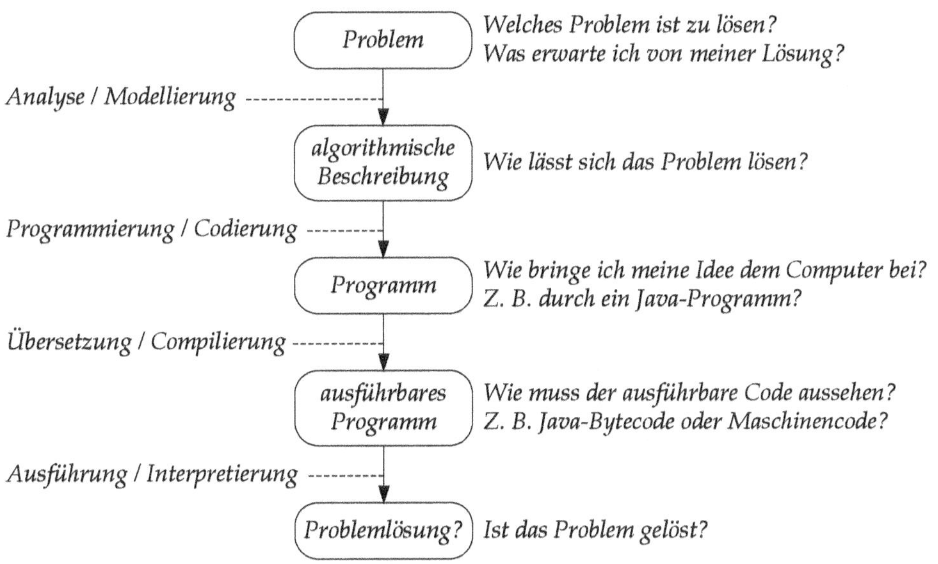

Abbildung 1.3: Was bedeutet Programmieren?

In nahezu allen Fällen werden erstmalig codierte Programme in irgendeiner Form **Fehler** aufweisen. Dies können einfache Schreibfehler, sogenannte Syntaxfehler (z. B. durch falschen Einsatz von Sprachelementen) oder sogenannte Semantikfehler (z. B. durch falschen logischen Aufbau des Programms) sein. Auch insgesamt gesehen kann unser Programm eine falsche Struktur haben, was meistens auf eine fehlerhafte Problemanalyse zurückzuführen ist. Selbst nach umfangreichen Tests müssen „richtig" erscheinende Programme nicht zwangsweise korrekte Programme sein. Erfahrungsgemäß enthält ein hoher Prozentsatz aller technisch-wissenschaftlichen Programme auch nach umfassenden Tests noch Fehler, die nur mit hohem Aufwand oder durch Zufall entdeckt werden können.

1.3 Welche Werkzeuge brauchen wir?

Anhand der im vorangegangenen Abschnitt beschriebenen Arbeitsschritte können wir recht gut erkennen, welche „Werkzeuge" wir für unsere Programmiertätigkeit benötigen. Dabei geht es natürlich nicht um reale Werkzeuge des täglichen Lebens, sondern um Werkzeuge im Sinne von Systemsoftware, die wir auf unserem Rechner, auf dem wir programmieren wollen, installiert haben müssen. Wir benötigen in einer minimalen Ausstattung:

- einen **Texteditor**, um den Quelltext unseres Programms erstellen zu können,
- den **Java-Compiler**, um danach diesen Quelltext in den interpretier- und ausführbaren **Java-Bytecode** übersetzen (compilieren) zu lassen, und
- den **Java-Interpreter**, um schließlich diesen Bytecode ausführen (interpretieren) zu lassen.

Für den erstgenannten Punkt, also die Eingabe des Quelltextes unseres Programms, können wir einen beliebigen Texteditor verwenden, der auf unserem Rechner installiert ist. Idealerweise verwenden wir einen Editor, der die verschiedenen Schlüsselwörter der Sprache Java farblich hervorheben kann, damit wir diese besser vom restlichen Quellcode unterscheiden können. Zwar ist dies für die Programmierung nicht zwingend erforderlich, im Alltag vereinfacht es die Entwicklung jedoch mehr, als man denkt.

Für die Punkte zwei und drei benötigen wir zwei Systemprogramme, die im sogenannten **Java Development Kit (JDK)** [45] bereitgestellt werden: Das Compiler-Programm **javac**, sowie das **java** (ohne „c") genannte Interpreter-Programm. Sie werden, wie in Abbildung 1.4 gezeigt, im **Konsolenfenster** des Betriebssystems (auch **Kommandozeile, CMD, Eingabeaufforderung, Terminal** oder **Shell** genannt) gestartet. Jüngere Menschen tun sich damit zwar oft schwer, oder wissen gar nicht, dass es eine Kommandozeile überhaupt gibt, da sie in der alltäglichen Computernutzung heute kaum noch eine Rolle spielt. Jedoch lohnt es sich gerade für angehende Software-Entwickler und Entwicklerinnen, diese Hürde möglichst früh zu nehmen. Denn inzwischen geht der Trend wieder mehr zu einfacheren

Abbildung 1.4: Übersetzung und Ausführung eines einfachen Beispielprogramms

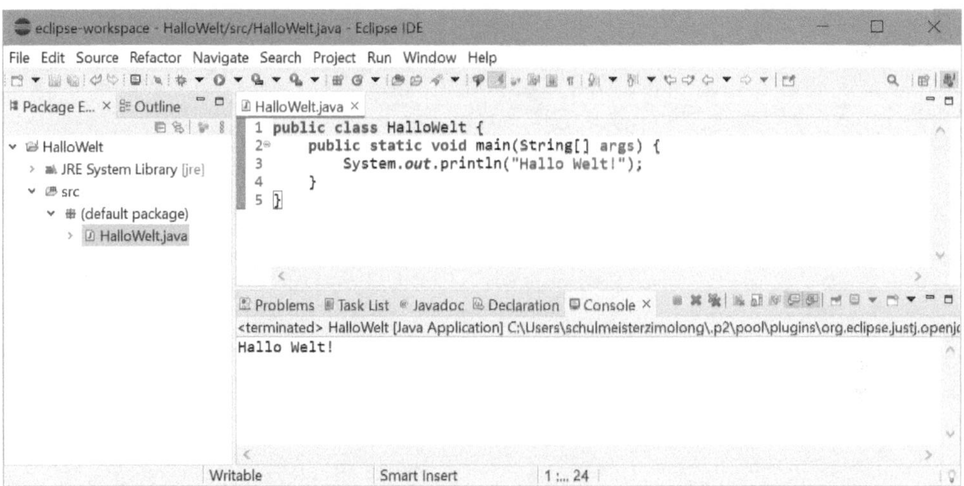

Abbildung 1.5: Dasselbe Beispielprogramm in der Eclipse IDE

Entwicklungswerkzeugen, die ohne grafische Benutzungsoberfläche daher kommen, dafür aber umso komfortablere Funktionen zur Verfügung stellen.
Wer dennoch nicht auf die grafische Bedienung verzichten will, kann stattdessen eine **integrierte Entwicklungsumgebung** (kurz **IDE** für englisch **Integrated Development Environment**) wie *Eclipse, NetBeans* oder *IntelliJ IDEA* verwenden. Sie integriert, wie der Name sagt, alle Werkzeuge unter einer einheitlichen Bedienoberfläche (vgl. Abbildung 1.5), was sie zwar nicht automatisch übersichtlicher macht, dafür aber zumindest die grundlegenden Schritte der Software-Erstellung automatisiert und vereinfacht. Im nächsten Kapitel werden wir daher Eclipse installieren und darin ein kleines Beispielprogramm entwickeln. Als Er-

gänzung hierzu finden Sie auf unserer Webseite [46] eine ausführlichere Schritt-für-Schritt-Anleitung sowie weiterführende Dokumentationen auch zu anderen Entwicklungsumgebungen.

Kapitel 2

Aller Anfang ist schwer

Diese sprichwörtliche Feststellung gilt naturgemäß auch für das Erlernen einer Programmiersprache. Die Ursache dieser Anlaufschwierigkeiten liegt möglicherweise darin, dass selbst eine noch so einfach gehaltene Einführung ins Programmieren stets ein gewisses Mindestmaß an Formalismus benötigt, um bestimmte Sachverhalte korrekt wiederzugeben. Einsteiger werden dadurch leicht abgeschreckt und benötigen einige Zeit, um das Ganze zu verdauen. Aber keine Bange: So manche Hürde ist einfacher zu nehmen, als es zunächst den Anschein hat. Sollten Sie also das eine oder andere Detail in unserem ersten Beispiel nicht auf Anhieb verstehen, ist das kein Grund zur Besorgnis. Wir gehen in den folgenden Kapiteln auf jeden der hier beschriebenen Punkte nochmals näher ein. Doch zunächst wollen wir erst einmal die Werkzeuge installieren, die wir zum Programmieren benötigen.

2.1 Installation der Entwicklungswerkzeuge

2.1.1 Rundum sorglos mit Eclipse

In Kapitel 1.3 haben wir schon einen kurzen Blick auf die wichtigsten Werkzeuge für die Programmierung in Java geworfen und dabei gesehen, dass je nach persönlicher Vorliebe zwei Varianten in Frage kommen: Die Nutzung eines einfachen Texteditors zusammen mit dem Java Development Kit oder die Verwendung einer integrierten Entwicklungsumgebung wie Eclipse. Vergleichbar in der physischen Welt mit einem Ausritt zu Pferd, wobei hier vor allem der direkte Kontakt zum Tier im Vordergrund steht,[1] oder einer Fahrt mit der gepolsterten Pferdekutsche zugunsten einer komfortableren Reise.

---

[1] Anders als beim Java-Compiler handelt es sich bei einem Pferd bekanntlich um ein fühlendes Wesen, auf das man sich aktiv einlassen muss, weshalb sich Mensch und Tier erst aneinander gewöhnen müssen. Letzteres ist bei Java sicher ähnlich, obwohl Programmierneulinge den Java-Compiler zuweilen eher mit einem störrischen Esel als mit einem eleganten Pferd vergleichen würden.

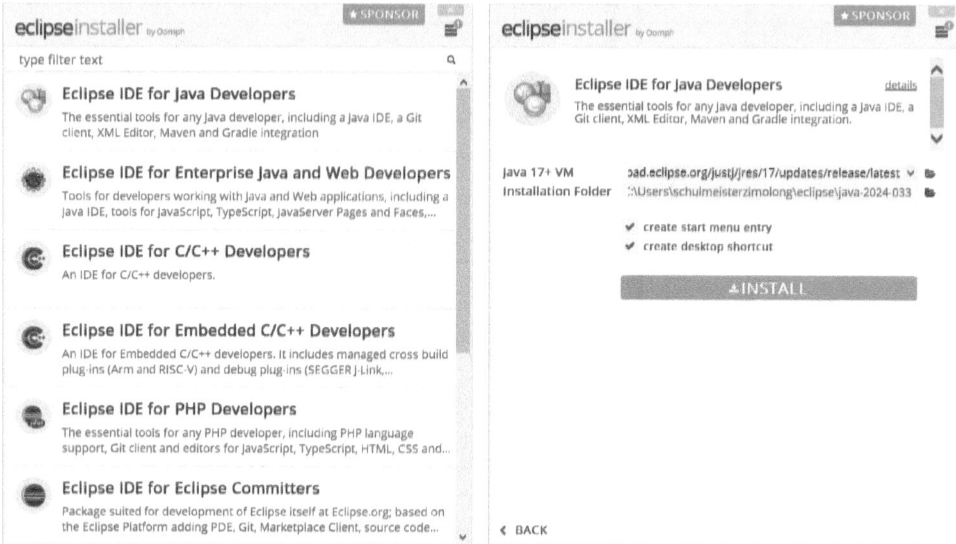

Abbildung 2.1: Die ersten beiden Schritte während der Installation von Eclipse

Innerhalb der Java-Community geht die Tendenz mehr in Richtung der Entwicklungsumgebungen, wobei Programmierneulinge und Profis gleichermaßen deren Vorzüge zu schätzen wissen. Im Fall von Eclipse kommt allerdings noch ein Vorteil hinzu: Kauft man die Kutsche, ist das Pferd im Preis inbegriffen. Das Installationsprogramm installiert bei Bedarf auch gleich das Java Development Kit, sodass neben Eclipse keine weiteren Programme heruntergeladen und eingerichtet werden müssen. Sie müssen lediglich von der Webseite [30] das Installationsprogramm herunterladen und darin folgende Punkte auswählen:

- **Zu installierende Variante:** *Eclipse IDE for Java Developers*
- **Im zweiten Schritt:** Bei *Java VM* die neuste Version auswählen

Daraufhin lädt das Programm alle weiteren benötigten Pakete aus dem Internet und installiert diese auf dem eigenen Rechner. Nach ein paar Minuten und den wirklich immer auftretenden Hinweisen, dass die Installation gerade wesentlich langsamer als üblich laufe, lässt sich Eclipse auch schon starten, sodass Sie direkt loslegen können.
Innerhalb von Eclipse müssen Sie, wie in jeder integrierten Entwicklungsumgebung, erst ein Projekt anlegen, bevor Sie anfangen können zu programmieren.[2] Hierfür klicken Sie einfach auf *File* → *New* → *Java Project* und achten darauf, im daraufhin erscheinenden Fenster folgende Werte korrekt zu setzen:

[2] Bei größeren Entwicklungen empfiehlt es sich, für jedes Programm ein eigenes Projekt anzulegen. Für die Übungsaufgaben im Buch ist es jedoch einfacher, alles in einem Projekt zu sammeln.

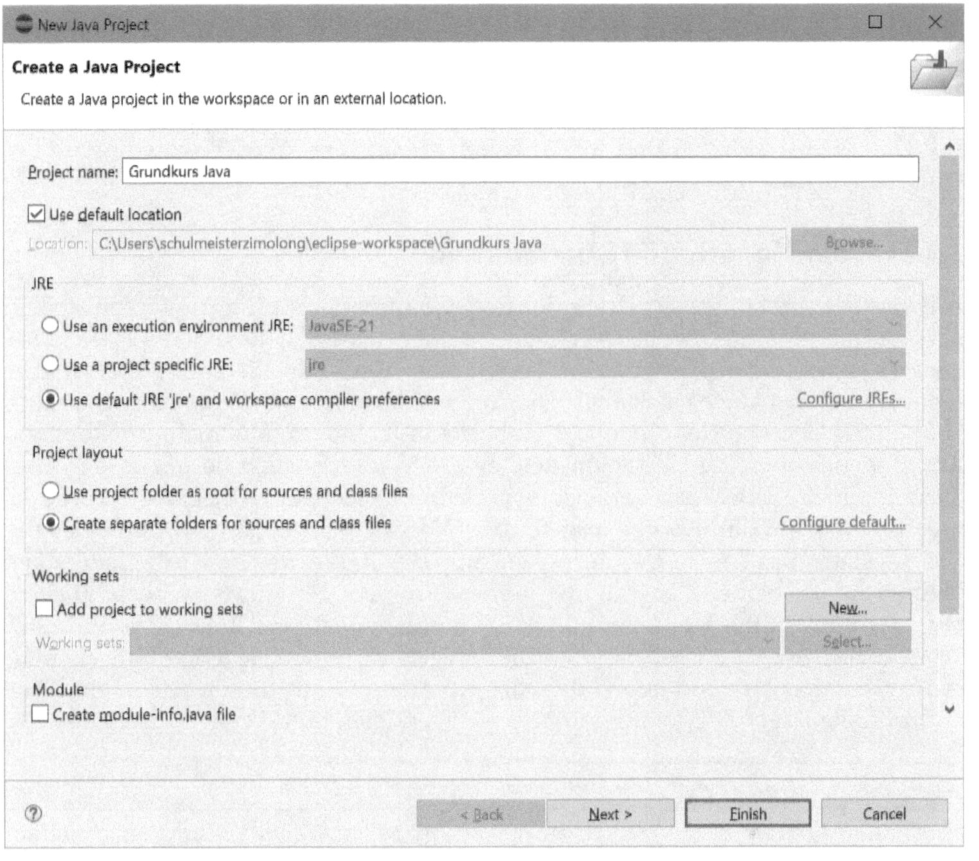

Abbildung 2.2: Anlegen eines neuen Java-Projekts in Eclipse

- **Project name:** Ein beliebiger, sprechender Name wie `Grundkurs Java`
- **JRE:** Hier die dritte Option *Use default JRE and workspace compiler preferences* auswählen, sofern Sie kein separates JDK installiert haben. Andernfalls lassen sich die Quellcodes später nicht compilieren, und Eclipse kennzeichnet viele Stellen im Quellcode als Fehler, die gar keine sind.
- **Module:** Die Checkbox unten bei *Create module-info.java file* sollte nicht gesetzt sein. Denn sonst müssen Sie sich erst mit Paketen und Modulen (vgl. Kapitel 8.8.1 und 20.2) auseinandersetzen. Gerade am Anfang ist das eher hinderlich.

Insgesamt sollte das Fenster wie in Abbildung 2.2 gezeigt aussehen. Anschließend können Sie mit *File* → *New* → *Class* neue Quellcodedateien anlegen.[3]

[3] Stören Sie sich hier nicht daran, dass Sie eine neue „Klasse“ anlegen müssen, wenn Sie in Wirklichkeit nur eine Quelldatei benötigen. Wie wir bald sehen werden, beinhaltet in Java jede `.java`-Datei eine sogenannte Klasse mit demselben Namen wie die Datei (ohne Endung).

An vielen Stellen verwenden wir darüber hinaus die in Anhang C beschriebene Klasse `IOTools`, um Tastatureingaben einfacher programmieren zu können. Diese sollten Sie daher gleich von Anfang an dem Eclipse-Projekt hinzufügen, indem Sie sich von unserer Webseite [46] die unter *Tools und Anleitungen* bereitgestellte ZIP-Datei herunterladen und ihre Inhalte, wie auf der Webseite ausführlich beschrieben, in das `src`-Verzeichnis des Projekts hinein kopieren.

2.1.2 Traditionelle JDK-Installation

Falls Sie die direkte Verwendung des Java-Compilers und Interpreters innerhalb der Kommandozeile einer großen IDE vorziehen, lässt sich dies ebenfalls leicht bewerkstelligen. Laden Sie einfach auf der Oracle-Webseite [45] eines der verfügbaren Installationspakete („Installer") herunter und führen Sie dieses aus. Alternativ können Sie sich von der OpenJDK-Webseite [40] eine um alle nicht-quelloffenen Komponenten bereinigte Version des Java Development Kit herunterladen und diese in einem beliebigen Verzeichnis auf Ihrem Rechner entpacken. Allerdings müssen Sie dann dafür Sorge tragen, dass die `PATH`-Umgebungsvariable des Betriebssystems um das `bin`-Unterverzeichnis des JDKs ergänzt wird. Denn sonst können Sie die beiden Programme `javac` und `java` hinterher gar nicht ausführen, weil sie von der Kommandozeile schlichtweg nicht gefunden werden. Zum Test, ob die Installation vollständig funktioniert hat, öffnen Sie daher bitte ein neues Konsolenfenster[4] und geben dort das Kommando `java -version` ein. Daraufhin sollte folgende Meldung mit der verwendeten Java-Version erscheinen:

Konsole
```
openjdk version "22" 2024-03-19
```

Der Befehl `javac -version` sollte ebenfalls die aktuelle Java-Version zeigen. Die angezeigte Version kann in beiden Fällen bei Ihnen daher auch neuer sein.

Konsole
```
javac 22
```

Haben Sie dies geschafft, sollten Sie ein neues Verzeichnis für die Beispiele und Übungen des Buchs anlegen und darin auch die Klasse `IOTools` von unserer Webseite [46] aufnehmen. Die Verzeichnisstruktur sollte insgesamt so aussehen, wobei Sie das Hauptverzeichnis auch anderes benennen können:

- **Grundkurs Java** .... Verzeichnis für die Übungen und Beispiele
  - **Prog1Tools** .... Paket `Prog1Tools` aus der ZIP-Datei
    - `IOTools.java` .... Klasse `IOTools` aus der ZIP-Datei
  - `IOToolsDemo.java` .... Klasse `IOToolsDemo` aus der ZIP-Datei
  - Eigene Quellcodedateien

Jetzt benötigen Sie lediglich noch einen guten Texteditor, der zumindest rudimentäre Funktionen wie Syntax Highlighting bietet, und schon kann es losgehen.

[4] Zum Beispiel unter Windows, indem Sie im Startmenü nach „Eingabeaufforderung" suchen.

2.2 Mein erstes Programm

Wenn man an praktische Anwendungen von Computern denkt, fallen einem sicher zuerst einfache Berechnungen ein. Na ja, oder eben nicht. Vielleicht haben Sie eher an Spiele gedacht, was durchaus okay wäre. Denn natürlich gibt es auch in Java programmierte Spiele wie z. B. Minecraft oder nahezu alle Spiele für die allgegenwärtigen Android-Geräte. Als Einstiegsbeispiel wäre das aber doch zu groß dimensioniert. Anfangen wollen wir deshalb mit etwas viel Einfacherem: Einem Programm, das drei plus vier rechnet und auf dem Bildschirm ausgibt:[5]

```
1 public class Berechnung {
2   public static void main(String[] args) {
3     int i;
4     i = 3 + 4;
5     System.out.println(i);
6   }
7 }
```

Sicher werden Sie jetzt denken, dass das für so eine einfache Aufgabe ganz schön viel Quellcode ist. Und tatsächlich haben Sie Recht, da eigentlich nur die Zeilen drei bis fünf, die man obendrein auch noch zu einer Zeile zusammenfassen könnte, für das eigentliche Problem relevant sind. Anhand dieser Version können wir aber einige Dinge zeigen, die wir später immer wieder benötigen werden. Bevor wir uns diese gleich näher anschauen, nehmen Sie sich daher die Zeit und schreiben den Quellcode ab. Zunächst wollen wir das Programm tatsächlich laufen lassen, bevor wir es weiter analysieren. Die erste Übungsaufgabe haben Sie damit auch gleich bearbeitet. Wie praktisch!

2.2.1 Quellcode eingeben, übersetzen und ausführen

Gleich am Anfang stellen sich schon die ersten Fragen: Wie legt man überhaupt eine neue Quellcodedatei an und welchen Namen soll sie haben? Wäre dies ein Buch für irgendeine andere Programmiersprache, hieße die Antwort oft, dass Sie den Dateinamen lediglich selbst verstehen müssen. In Java gibt es hingegen eine feste Regel, die verlangt, dass die Datei exakt den Namen `Berechnung.java` tragen muss. Denn der Name einer Quellcodedatei muss immer dem Namen der darin enthaltenen Klasse entsprechen, womit die Zeile, die mit **`public class`** beginnt, gemeint ist.

In Eclipse klicken Sie hierfür im *Package Explorer* am linken Bildschirmrand mit der rechten Maustaste auf das `src`-Verzeichnis und wählen den Menüpunkt *New* → *Class* aus. Daraufhin öffnet sich das in Abbildung 2.3 gezeigte Fenster, wo Sie nichts weiter tun müssen, als bei *Name* den Wert `Berechnung` einzutragen und auf *Finish* zu klicken. Falls Sie dabei die Warnung stört, dass die Nutzung des **default-Pakets** (englisch: **default package**) vermieden werden sollte, ignorieren Sie diese einfach. Sie wird uns noch bis Kapitel 8.8.1 begleiten.

[5] Wie könnten wir nur weiter von einem tollen neuen Spiel entfernt sein?

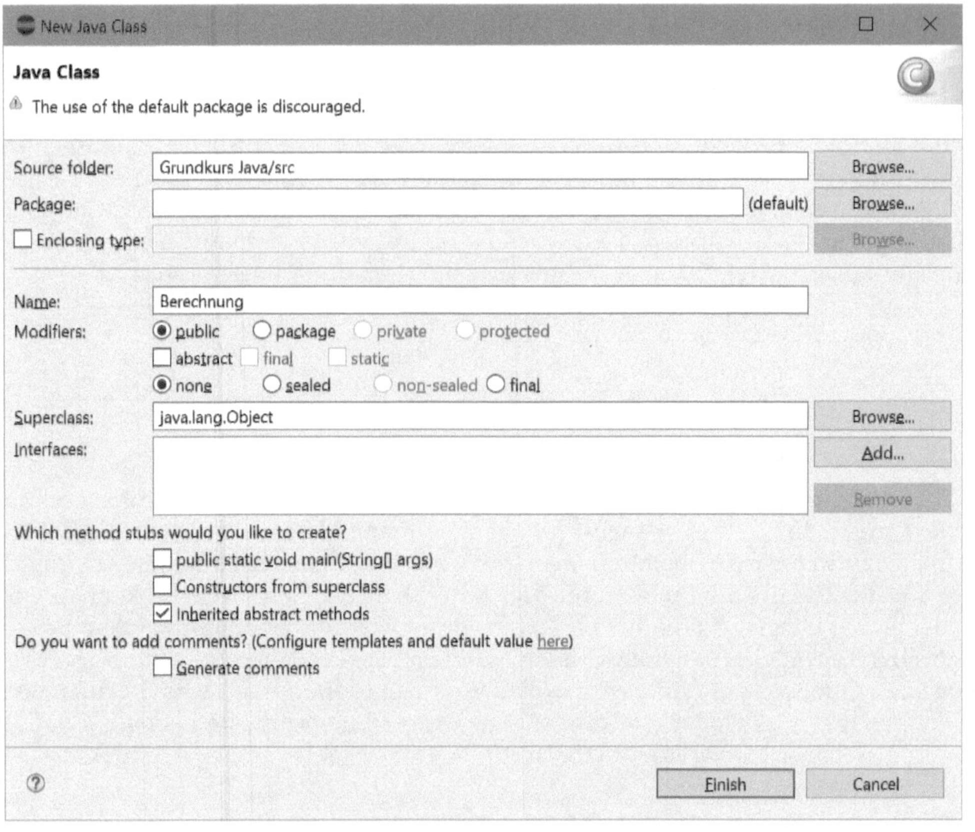

Abbildung 2.3: Anlegen einer Klasse in Eclipse

Arbeiten Sie stattdessen auf der Kommandozeile, legen Sie eine Textdatei mit den Namen `Berechnung.java` an. Beachten Sie allerdings, dass Windows gerne ein unsichtbares `.txt` an den Dateinamen anhängt, das wir nicht gebrauchen können. Um dies zu vermeiden müssen Sie die Dateiendungen im Windows Explorer sichtbar machen, was in jeder Windows-Version leider unterschiedlich erfolgt.

Nun können Sie den Quellcode abschreiben. Viel schiefgehen kann dabei nicht, auch wenn die vielen Sonderzeichen sicher etwas gewöhnungsbedürftig sind. Haben wir hier doch gleich das volle Programm (im wahrsten Sinne des Wortes) mit Semikolon, runden Klammern, eckigen Klammern und geschweiften Klammern. Ein Trick, der sich im Alltag daher bewährt hat, ist, nach einer öffnenden Klammer immer gleich die schließende Klammer zu schreiben, wenn sie vom Editor nicht ohnehin automatisch eingefügt wird, um dann den benötigten Inhalt dazwischen zu schreiben. Dann sollten zumindest die Klammern keine großen Probleme machen. Besonders praktisch dabei ist, dass viele Codeeditoren die jeweils andere Klammer optisch hervorheben, wenn der Cursor auf einer Klammer steht,

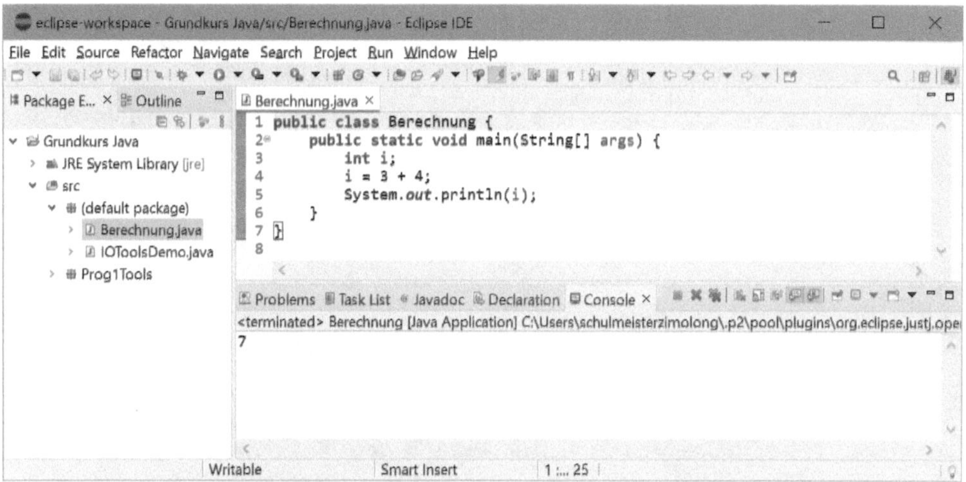

Abbildung 2.4: Quellcode und Konsolenausgabe in Eclipse

oder die Klammerpaare zur besseren Unterscheidung unterschiedlich einfärben. Achten Sie auf solche Details, die bei der Vermeidung von Eingabefehlern helfen sollen, wobei hierzu auch konsistente Einrückungen gehören. Bei näherer Betrachtung werden Sie nämlich feststellen, dass zwischen den Klammern stehende, mehrzeilige Abschnitte immer um eine feste Breite eingerückt sind, wofür Sie sowohl das Tabulator-Zeichen als auch normale Leerzeichen verwenden können.[6] Anders als die Klammern werden Zeilenumbrüche und Einrückungen zwar vom Compiler ignoriert, sie helfen aber ebenfalls, Eingabefehler früh zu erkennen und den Code leichter nachvollziehen zu können.

Im letzten Schritt muss der Quellcode nur noch übersetzt und ausgeführt werden. Eclipse-Anwender/-innen haben es hier wie immer einfacher. Denn tatsächlich genügt ein einfacher Klick auf den Button mit dem weißen Dreieck (▷) im grünen Kreis,[7] um beide Schritte auf einmal auszuführen. Das Ergebnis sollte dementsprechend wie in Abbildung 2.4 aussehen. Konsolen-Nerds haben dafür mehr Spaß, müssen sie doch erst in das richtige Verzeichnis wechseln[8] und dann die beiden Befehle `javac Berechnung.java` zum Compilieren sowie `java Berechnung` zum Ausführen des Programms eingeben. Am Ende muss natürlich dasselbe Ergebnis wie in Eclipse erscheinen.

---

6 Drücken Sie zum Einrücken einfach immer die Tabulator-Taste. Je nach Einstellung fügt der Editor dann entweder ein Tabulator-Zeichen oder mehrere Leerzeichen ein.

7 Profis erkennen hier natürlich das Play-Symbol, das für die Ausführung des Programms steht.

8 Tipp: Unter Windows können Sie im Explorer `cmd` in das Adressfeld schreiben und `ENTER` drücken, um das aktuelle Verzeichnis in einem neuen Konsolenfenster zu öffnen. Andernfalls müssen Sie sich mit dem `cd`-Befehl so lange durchhangeln, bis vor dem Cursor der richtige Verzeichnisname steht.

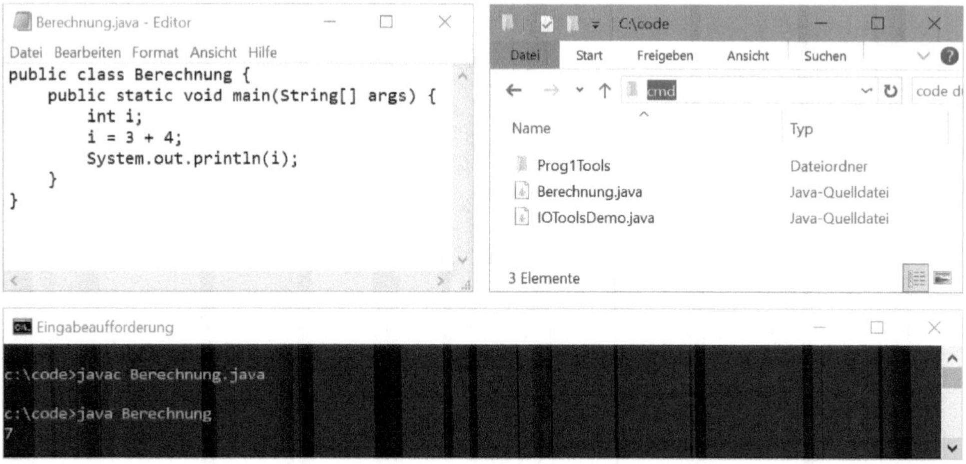

Abbildung 2.5: Eingabe, Übersetzung und Ausführung mit dem JDK im Konsolenfenster

2.2.2 Das Programmgerüst

Nach diesem ersten Erfolgserlebnis wollen wir natürlich verstehen, wie unser kleines Programm funktioniert. Fangen wir damit an, warum dafür überhaupt so viele Zeilen erforderlich sind. Zwar wurde schon gesagt, dass sich die Zeilen drei bis fünf mit der Berechnung und Bildschirmausgabe auch zu einer Zeile hätten zusammenfassen lassen. Dann bleiben aber immer noch vier Zeilen, die zwar einen festen Aufbau zu haben scheinen, deren Sinn sich jedoch nicht so recht erschließt. Am besten merken Sie sich einfach, dass es sich dabei um das Grundgerüst handelt, das jedes Java-Programm besitzt. Es sind sozusagen vier Zeilen, die jedes Programm umrahmen, wobei wir dazwischen die eigentlichen Befehle für den Computer notieren.[9]

```
public class Berechnung {
  public static void main(String[] args) {
    // Hier gehören die auszuführenden Befehle hin
  }
}
```

Wollen wir diese Zeilen genauer verstehen, fangen wir am besten bei den geschweiften Klammern an. Dazu ist es wichtig zu wissen, dass Java zur Strukturierung sogenannte **Blöcke** vorsieht, die immer von geschweiften Klammern umschlossen werden. Somit können wir zwei ineinander geschachtelte Blöcke ausmachen:

1. **Die Klasse:** Sie wird durch die Wörter `public class Berechnung` definiert und bildet den äußeren Rahmen des Programms. Ihr Name kann tat-

[9] Stellen Sie sich das ähnlich wie bei einem Märchen vor, das ja auch oft mit „Es war einmal ...“ beginnt und mit „... und wenn sie nicht gestorben sind, dann leben sie noch heute“ endet. Oder, aus Laiensicht wohl zutreffender, wie ein Zauberspruch der Form „Abrakadabra ... Simsalabim“.

sächlich frei gewählt werden, sollte aber den Java-Konventionen entsprechend jedes Wort mit einem Großbuchstaben beginnen lassen. Später werden wir sehen, dass Java-Programme üblicherweise aus einer Vielzahl von Klassen bestehen. Im Moment können wir die Klasse aber einfach mit dem Programm selbst gleichsetzen.

2. **Die Hauptmethode:** Klassen sind zwar eine wichtige Einheit, in die ein Java-Programm zerlegt werden kann. Um aber wirklich etwas Sinnvolles tun zu können, benötigen sie in der Regel mindestens eine sogenannte Methode, in der die Anweisungen zur Ausführung eines Algorithmus stehen. Diese wird hier durch `public static void main(String[] args)` deklariert, wobei die Schreibweise signalisiert, dass genau diese Methode den Start des Programms markiert und somit immer zuerst ausgeführt werden muss. Sie wird deshalb Hauptmethode oder **main-Methode** genannt.

Die Schreibweise für beides ist aufgrund der vielen **Schlüsselwörter** wie `public`, `static` oder `void` etwas ausschweifend. Natürlich werden wir die Bedeutung davon später noch erklären. Anfangs müssen wir uns aber leider damit zufriedengeben, die Schreibweise einfach auswendig zu lernen.

2.2.3 Verwendung von Variablen

Kommen wir an dieser Stelle nun endlich zu den drei Zeilen mit der eigentlichen Berechnung und Bildschirmausgabe

```
int i;
i = 3 + 4;
System.out.println(i);
```

und schauen uns hier insbesondere die erste Zeile genauer an. Sie lautet kurz und knapp `int i;`, was eine **Variablendeklaration** genannt wird. Hierbei handelt es sich wie bei den anderen beiden Zeilen um eine **Anweisung**, weshalb die Zeile mit einem Semikolon abgeschlossen werden muss. Der Zweck dieser Anweisung ist, eine Variable mit dem zugegeben etwas kurzen Namen `i` zu definieren, um einen Bereich im Hauptspeicher zu reservieren, der später das Ergebnis der Berechnung aufnehmen kann.

Das Schlüsselwort `int` besagt dabei, dass es sich um eine ganzzahlige (englisch: integer) Variable handelt, die Zahlen im Bereich von ca. $\pm 2,1$ Milliarden umfasst. Später werden wir noch viele weitere Datentypen kennenlernen, u. a. für kleinere oder auch größere Zahlenbereiche. `int` ist jedoch oft eine gute Wahl.

2.2.4 Formeln, Ausdrücke, Zuweisungen

Die nächste Zeile beinhaltet die Berechnung des gewünschten Ergebnisses:

```
i = 3 + 4;
```

Ein wenig mathematisches Grundverständnis vorausgesetzt, sollte diese Zeile nicht allzu schwer zu verstehen sein. Das Semikolon verrät uns allerdings, dass es sich auch hier um eine Anweisung handelt, die vielleicht doch einen zweiten Blick wert ist. Denn insbesondere das Gleichheitszeichen bedeutet möglicherweise etwas anderes, als Sie vermuten. Es handelt sich hierbei nämlich nicht um ein mathematisches Gleichheitszeichen, das eine formale Gleichheit ausdrückt, sondern um eine **Zuweisung**. Diese liest sich wie folgt:

1. Berechne das Ergebnis des Ausdrucks `3 + 4`.
2. Lege das Ergebnis in der Variable `i` ab.

Das ist vor allem deshalb wichtig, weil wir hier keinen mathematischen Term haben, den wir umstellen können. Folgende Zeilen sind daher zwar mathematisch korrekt, für den Compiler aber dennoch falsch:

```
i - 3 = 4;
i - 3 - 4 = 0;
3 + 4 = i;
```

Sie alle verletzten die Regeln für Zuweisungen, die vereinfacht gesagt lauten:

- Ein einzelnes Gleichheitszeichen steht immer für eine Zuweisung.
- Links vom Gleichheitszeichen muss eine Variable stehen.
- Rechts vom Gleichheitszeichen muss ein **Ausdruck** stehen.
- Ein Ausdruck führt zur Laufzeit immer zu einem eindeutigen Ergebnis.
- Das Ergebnis des Ausdrucks wird in der Speicherzelle der Variable abgelegt.

Daraus folgt, dass mathematische Formeln gültige Ausdrücke sind und daher von Java ausgewertet und berechnet werden können. Dies ist kaum verwunderlich, wenn man bedenkt, dass sich die Informatik als eigenständige Disziplin aus der Mathematik herausgebildet hat.

2.2.5 „Auf den Schirm!"

Mit diesem Vorwissen dürfte die dritte Zeile nun kein allzu großes Problem sein:

```
System.out.println(i);
```

Wir erkennen wieder das Semikolon, das auch diese Zeile als Anweisung kenntlich macht, sowie den Ausdruck `i`, der den zuvor in der gleichnamigen Variable abgelegten Wert als Ergebnis liefert. Der allgemeinen Logik nach muss `System.out.println()` demnach eine Anweisung sein, die in ihren runden Klammern einen Ausdruck erwartet und dessen Ergebnis anzeigt:

Konsole

```
7
```

Super, alles richtig! Doch um was für einen Ausdruck handelt es sich dabei genau? Und warum wird er genau so und nicht irgendwie anders geschrieben? Wie wir

später noch sehen werden, stehen die runden Klammern hinter einem Bezeichner[10] für einen **Methodenaufruf**, was bedeutet, dass hier an eine andere Stelle im Programm abgesprungen und zunächst diese ausgeführt wird, bevor das Programm an der Stelle nach dem Methodenaufruf fortfährt. Innerhalb der runden Klammern stehen durch Komma getrennte Ausdrücke, die der **Methode** als **Parameter** übergeben werden. Die Idee dahinter ist, dass eine Methode einen Algorithmus kapselt, hierfür eine bestimmte Anzahl Werte als Eingangsparameter benötigt und als Ergebnis einen neuen Wert liefern kann.[11]
Allerdings haben wir so eine Methode doch gar nicht ausprogrammiert. Und zum gegenwärtigen Zeitpunkt wüssten wir auch nicht einmal, wie wir das tun sollten. Müssen wir aber auch gar nicht, weil `System.out.println` in der Klassenbibliothek von Java enthalten ist und dem Compiler somit schon fix und fertig vorliegt. Wann immer wir einen Text auf der Konsole ausgeben wollen, können wir sie verwenden. Mehr müssen wir an dieser Stelle noch nicht verstehen.

2.2.6 Die Kurzversion zum Vergleich

Da es inzwischen öfters erwähnt wurde, wollen wir Ihnen die Kurzversion des Programms, in der die Zeilen drei bis fünf zusammengefasst wurden, nicht vorenthalten. Sie lautet wie folgt:

```java
public class Berechnung {
  public static void main(String[] args) {
    System.out.println(3 + 4);
  }
}
```

Übrig geblieben sind `System.out.println(...)` für die Bildschirmausgabe sowie der Ausdruck `3 + 4` zur Berechnung des darzustellenden Werts. Weggefallen sind hingegen die Variable `i` und dementsprechend die Zuweisung des Rechenergebnisses an diese.
Möglich wird dies, weil `System.out.println` zwischen den runden Klammern einen beliebigen Ausdruck erwartet, der sich in eine Textform umwandeln lässt, wobei sowohl die Berechnung `3 + 4` als auch die bloße Nennung der Variablen `i` diese Bedingung erfüllen. Im ersten Fall kümmert sich Java selbstständig darum, das Rechenergebnis im Hauptspeicher abzulegen, falls es zur Ausführung der sie umgebenden Anweisung benötigt wird.[12] Im zweiten Fall führt die Auswertung des Ausdrucks `i` dazu, dass der Wert der Variablen gelesen und als Zwischenergebnis eingesetzt wird.

---

[10] Bezeichner sind Wörter, die nicht zum Sprachumfang von Java gehören, also keine reservierten Schlüsselwörter sind. Es handelt sich dabei um Namen, die wir unseren Klassen, Methoden, Variablen und anderen Dingen geben, damit wir uns später auf diese beziehen können.

[11] Ja richtig: Methodenaufrufe sind Ausdrücke und können daher an jeder Stelle verwendet werden, an der ein Ausdruck erwartet wird.

[12] Tatsächlich kann der Compiler hier sehr wahrscheinlich auf die Ablage im Hauptspeicher verzichten, da sowohl die Operanden als auch das Ergebnis der Berechnung in den sogenannten Registern des Prozessors abgelegt werden können. Streng genommen könnte er sogar auf die gesamte Berechnung verzichten und nur das Ergebnis übernehmen, weil sich dieses ja niemals ändern wird.

2.3 Übungsaufgaben

Aufgabe 2.1

Falls Sie es bis hierhin noch nicht getan haben, folgen Sie den Anweisungen weiter vorne im Buch zur Installation von Java und ggf. Eclipse. Legen Sie dann ein neues Projekt an und schreiben das im vorherigen Teilkapitel besprochene Programm ab, übersetzen es und lassen es laufen. Versuchen Sie, etwas Routine hierbei zu bekommen. Es wird ja bei Weitem nicht das letzte Programm sein, das Sie im Rahmen des Buches eingeben und ausführen müssen.

Aufgabe 2.2

Legen Sie eine neue Klasse an und übernehmen Sie folgenden Quellcode hierin. Lassen Sie auch dieses Programm zunächst laufen, bevor Sie mit der nächsten Aufgabe weitermachen.

```
1 public class Uebung {
2   public static void main(String[] args) {
3     System.out.println("Guten Tag!");
4     System.out.println("Mein Name ist Puter, Komm-Puter.");
5   }
6 }
```

Aufgabe 2.3

Was passiert, wenn Sie im vorigen Programm in Zeile 3 das Semikolon entfernen? Was passiert, wenn Sie statt einem zwei Semikolons einfügen? Warum ist das eine ein Fehler und das andere nicht? Probieren Sie es aus.

Kapitel 3

Grundlagen der Programmierung in Java

3.1 Grundelemente eines Java-Programms

Das Erlernen einer Programmiersprache unterscheidet sich im Grunde nicht sonderlich vom Fremdsprachenunterricht in der Schule. Wir haben eine gewisse Grammatik (festgelegt durch den Wortschatz, die Syntax und die Semantik[1]), nach deren Regeln wir Sätze bilden – und eine Unmenge an Vokabeln, die wir für diese Sätze brauchen. Wir formen unsere Sätze aus den gelernten Worten und können diese zu einem komplexeren Gebilde zusammenfügen – beispielsweise einer Geschichte oder einer Bedienungsanleitung für einen Toaster.
In Java (oder einer anderen Programmiersprache) funktioniert das Ganze auf die gleiche Art und Weise. Wir werden lernen, nach gewissen Regeln mit dem Computer zu „sprechen", d. h. ihm verständlich zu machen, was er für uns zu tun hat. Damit uns dies gelingt, müssen wir uns zuerst mit gewissen Grundelementen der Sprache vertraut machen. Zu diesem Zweck kann man es leider auch nicht ganz vermeiden, sich mit gewissen formalen Aspekten der Sprache zu beschäftigen. Wir werden nach Möglichkeit versuchen, dies mit Hilfe von Beispielen zu tun. In einigen Fällen kommen wir dennoch um eine allgemeine Beschreibungsform nicht herum. Wir werden daher Syntaxregeln (Regeln für zulässige „Sätze" der Sprache Java) in Form eines „Lückentextes" geben. Betrachten wir zunächst ein Beispiel aus dem täglichen Leben:

Syntaxregel

```
In der Cafeteria gab es am «DATUM» «ESSEN» zum «ESSENSART».
```

[1] Zum Verständnis der nachfolgenden Abschnitte ist es ist nicht notwendig, diese Begriffe bereits zu kennen. Angaben dazu finden Sie im Glossar (Anhang C.2).

Die oben angegebene Zeile repräsentiert den formalen Aufbau eines Satzes „Essensbeschreibung“ in der deutschen Sprache. Die Worte «`DATUM`», «`ESSEN`» und «`ESSENSART`» stellen hierbei Lücken bzw. Platzhalter dar, die nach gewissen Regeln gefüllt werden müssen:

- «`DATUM`» muss ein beliebiges Datum (04.05.2024, 13:08:16 Uhr), ein Wochentag (Dienstag, Freitag) oder die Worte „heutigen Tag“, „gestrigen Tag“ sein.[2]
- «`ESSEN`» muss der Name eines beliebigen Essens (Labskaus, Flammkuchen, Rahmblättle, Veggie-Burger, kandierte Schweinsohren mit Ingwersauce) sein.[3]
- «`ESSENSART`» muss eines der Worte „Frühstück“, „Mittagessen“ oder „Abendbrot“ sein.[4]

Mit obigem Regelwerk können wir nun beliebige gültige Sätze bilden, indem wir die Platzhalter durch ihre gültigen Werte ersetzen. Alles, was außerhalb der Platzhalter steht, wird von uns Punkt für Punkt übernommen:

- In der Cafeteria gab es am Dienstag gebackene Auberginen zum Mittagessen.
- In der Cafeteria gab es am 10.08.24 Hawaii-Toast zum Abendbrot.
- In der Cafeteria gab es am heutigen Tag Ham & Eggs zum Frühstück.

Jeder dieser Sätze stellt eine gültige Essensbeschreibung nach unserer obigen Regel dar. Im Gegenzug hierzu sind die folgenden Sätze falsch, da wir uns nicht an alle Regeln gehalten haben:

- In der Cafeteria gab es am gestern gebackene Auberginen zum Mittagessen.
  ⇒ *„gestern“ ist kein gültiges* «`DATUM`».
- In der Cafeteria gab es am 10.08.24 Hawaii-Toast zum Lunch.
  ⇒ *„Lunch“ ist keine gültige* «`ESSENSART`».
- In unserer Cafeteria gab es am heutigen Tag Ham & Eggs zum Frühstück.
  ⇒ *Es muss „In der“ statt „In unserer“ heißen.*
- In der Cafeteria gab es am Dienstag gebackene Auberginen zum Mittagessen
  ⇒ *Der Punkt am Ende des Satzes fehlt.*

Später wird der Text im Lückentext natürlich keine Umgangssprache sein, sondern Programmtext, sodass wir Syntaxregeln in Form von programmähnlichen Texten mit Platzhaltern (sogenannten **Syntaxvariablen**) angeben werden. Sind alle aufgestellten Syntaxregeln eingehalten, so sprechen wir auch von einem *syntaktisch* korrekten Programm. Ist eine Regel verletzt, so ist das Programm syntaktisch nicht korrekt. Ein Programm muss allerdings nicht nur syntaktisch, sondern auch *semantisch* korrekt sein, d. h. seine syntaktischen Elemente müssen auch mit der richtigen Bedeutung verwendet werden. Beispielsweise würde für unseren

[2] Diese Regel ist sehr ungenau formuliert. Für eine reale Programmiersprache müssen die Angaben genauer sein, damit klar wird, was erlaubt und was verboten ist.
[3] Auch für diese Regel gilt die gerade gemachte Anmerkung.
[4] Durch die exakte Festlegung der drei Essensarten ist diese Regel eindeutig.

Platzhalter «DATUM» nur ein Datum in der Vergangenheit als semantisch korrekter Wert in Frage kommen.
Nach diesen vielen Vorerklärungen wollen wir damit beginnen, verschiedene Grundelemente kennenzulernen, die es uns ermöglichen, mit dem Computer in der Sprache Java zu kommunizieren. Diese Abschnitte werden vielen wahrscheinlich etwas langwierig erscheinen; sie stellen jedoch das solide Fundament dar, auf dem unsere späteren Programmierkenntnisse aufbauen!

3.1.1 Kommentare

Wer kennt die Situation nicht? Man hat eine längere Rechnung durchgeführt, einen Lösungsvorschlag für ein bestimmtes Problem in einem Zeitschriftenartikel, einem Aufsatz oder einer Skizze erarbeitet – und muss diesen Vorschlag nun anderen Personen erklären. Leider ist die Rechnung, der Artikel oder die Skizze schon ein paar Tage alt, und man erinnert sich nicht mehr an jedes Detail, jeden logischen Schritt. Wie soll man seine Arbeit auf die Schnelle nachvollziehen? In wichtigen Fällen hat man deshalb bereits beim Erstellen dafür gesorgt, dass jemand anders (oder man selbst) diese Arbeit auch später noch verstehen kann. Hierzu werden Randnotizen, Fußnoten oder Diagramme verwendet – zusätzliche Kommentare also, die jedoch nicht Bestandteil des eigentlichen Textes sind.
Auch unsere Programme werden mit der Zeit immer größer. Wir brauchen deshalb eine Möglichkeit, unseren Text mit erläuternden Kommentaren zu versehen. Da sich Textmarker auf dem Monitor jedoch schlecht machen, hat die Sprache Java ihre eigene Art und Weise, mit Kommentaren umzugehen:
Angenommen, wir haben eine Programmzeile verfasst und wollen uns später daran erinnern, was es mit ihr auf sich hat. Die einfachste Möglichkeit wäre, eine Bemerkung oder einen Kommentar direkt in den Programmtext einzufügen. In unserem Beispiel geschieht dies wie folgt:

```
a = b + c;  // hier steht ein Kommentar
```

Sobald der Java-Compiler die Zeichen // in einer Zeile findet, erkennt er einen Kommentar. Alles, was nach diesen beiden Zeichen bis zum Ende der Zeile folgt, „geht den Java-Compiler nichts mehr an", und wird beim Übersetzen ignoriert. Der Kommentar kann somit aus allen denkbaren Zeichen bestehen, die Java als Eingabezeichen zur Verfügung stellt und endet mit dem Ende der Zeile, in der er begonnen wurde.
Manchmal kann es jedoch vorkommen, dass sich Kommentare über mehr als eine Zeile erstrecken sollen. Wir können natürlich jede Zeile mit einem Kommentarzeichen versehen, etwa wie folgt:

```
// Zeile 1
// Zeile 2
// ...
// Zeile n
```

Dies bedeutet jedoch, dass wir auch beim Einfügen weiterer Kommentarzeilen nicht vergessen dürfen, am Anfang jeder Zeile die Kommentarzeichen zu setzen.

Java stellt aus diesem Grund eine zweite Form des Kommentars zur Verfügung. Wir beginnen einen mehrzeiligen Kommentar mit den Zeichen `/*` und beenden ihn mit `*/`. Zwischen diesen Zeichen kann ein beliebig langer Text stehen, der natürlich die Zeichenfolge `*/` nicht enthalten darf, da sonst der Kommentar bereits an dieser Stelle beendet wäre:

```
/* Kommentar...
   Kommentar...
   immer noch Kommentar...
   letzte Kommentarzeile...
*/
```

Wir wollen uns zur Angewohnheit machen, möglichst sinnvoll und häufig zu kommentieren. So verlieren wir auch bei einer großen Zahl von Programmen, die wir in einer mindestens ebenso großen Zahl von Dateien speichern müssen, nicht so leicht den Überblick.
Um uns auch gleich den richtigen Stil beim Kommentieren von Java-Quelltexten anzugewöhnen, wollen wir uns zusätzlich an das sogenannte **JavaDoc-Format** halten. JavaDoc ist ein sehr hilfreiches Zusatzprogramm, das dem JDK kostenlos beifügt ist, mit dessen Hilfe sich vollständige Dokumentationen zu den eigenen Programmen generieren lassen, sofern man sie fleißig kommentiert hat. Der Funktionsumfang von JavaDoc ist natürlich wesentlich größer, als wir ihn im Rahmen dieses Abschnitts behandeln können. Interessierten Leserinnen und Lesern sei deshalb die Dokumentation von JavaDoc, die in der Online-Dokumentation des JDK enthalten ist, wärmstens ans Herz gelegt.
JavaDoc-Kommentare beginnen – ähnlich wie allgemeine Kommentare – stets mit der Zeichenkette `/**` und enden mit `*/`. Es hat sich eingebürgert, zu Beginn jeder Zeile des Kommentars einen zusätzlichen `*` zu setzen, um Kommentare auch optisch vom Rest des Quellcodes abzusetzen. Ein typischer JavaDoc-Kommentar zu Beginn wäre zum Beispiel folgender:

```
/**
 * Dieses Programm berechnet die Lottozahlen von naechster
 * Woche. Dabei erreicht es im Schnitt eine Genauigkeit
 * von 99,5%.
 *
 * @author Hans Mustermann
 * @version 1.0
 */
```

Werfen wir einmal einen Blick auf die einzelnen Angaben in diesem Beispiel:

- Die ersten Zeilen enthalten eine allgemeine Beschreibung des vorliegenden Programms. Dabei ist vor allem darauf zu achten, dass die Angaben auch ohne den vorliegenden Quelltext Sinn ergeben sollten, da JavaDoc aus diesen Kommentaren später eigenständige Dateien erzeugt – im Idealfall muss man ohne zusätzlichen Blick auf den Quellcode verstehen können, was das Programm macht und wie man es aufruft.
- Als Nächstes sehen wir verschiedene Kommentarbefehle, die stets mit dem Zeichen `@` eingeleitet werden. Hier kann man bestimmte vordefinierte Infor-

mationen zum vorliegenden Programm angeben. Dabei spielt die Reihenfolge der Angaben keine Rolle. Auch erkennt JavaDoc natürlich wesentlich mehr Kommentarbefehle als die zwei hier als Beispiel aufgeführten, doch wollen wir uns zunächst auf diese beiden konzentrieren:

- `@author` der Autor des vorliegenden Programms,
- `@version` die Versionsnummer des vorliegenden Programms.

3.1.2 Bezeichner und Namen

Wir werden später oft in die Verlegenheit kommen, irgendwelchen Dingen einen **Namen** geben zu müssen – beispielsweise einer Variablen als Platzhalter, um eine Rechnung mit verschiedenen Werten durchführen zu können. Hierzu müssen wir jedoch wissen, wie man in Java solche Namen vergibt.
In ihrer einfachsten Form bestehen Namen aus einem einzigen Bezeichner, der sich in Java aus folgenden Elementen zusammensetzt:

- den **Buchstaben** `a,b,c,...,x,y,z,A,B,C,...,X,Y,Z` des Alphabets (Java unterscheidet also zwischen Groß- und Kleinschreibung).

  Da es sich bei Java um eine internationale Programmiersprache handelt, lässt der Sprachstandard hierbei diverse landesspezifische Erweiterungen zu. So sind etwa japanische Katakana-Zeichen, kyrillische Schrift oder auch die deutschen Umlaute gültige Buchstaben, die in einem Bezeichner verwendet werden dürfen.[5]
- dem **Unterstrich** „_"
- dem **Dollarzeichen** „`$`"
- den **Ziffern** `0,1,2,...,9`

Bezeichner beginnen hierbei immer mit einem Buchstaben, dem Unterstrich oder dem Dollarzeichen – niemals jedoch mit einer Ziffer. Des Weiteren darf kein reserviertes Wort als Bezeichner verwendet werden, d. h. Bezeichner dürfen nicht so lauten wie eine der „Vokabeln", die wir in den folgenden Abschnitten kennenlernen werden. Nach einem Unterstrich muss daher zwingend mindestens ein weiteres Zeichen folgen.
Darüber hinaus können sich Namen aber auch aus mehreren Bezeichnern, verbunden durch einen Punkt, zusammensetzen (wie zum Beispiel der Name `System.out.println`).

[5] Wir werden in diesem Buch auf solche Zeichen jedoch bewusst verzichten, da der Austausch derartig verfasster Programme zumindest früher, als sich UTF-8 noch nicht als Standardzeichensatz durchgesetzt hatte, oftmals zu Problemen führte. Für den übersetzten Bytecode – also die `class`-Dateien, die vom Compiler erzeugt werden – ergaben sich diese Probleme allerdings nie.

Folgende Beispiele zeigen gültige Bezeichner in Java:

- `Hallo_Welt`
- `_H_A_L_L_O_`
- `hallo123`
- `hallo_123`

Folgende Beispiele würden in Java jedoch zu einer Fehlermeldung führen:

- `101Dalmatiner` ⇒ Bezeichner dürfen nicht mit Ziffern beginnen.
- `Das_war's` ⇒ Das Zeichen `'` ist in Bezeichnern nicht erlaubt.
- `Hallo Welt` ⇒ Bezeichner dürfen keine Leerzeichen enthalten.
- **`class`** ⇒ Dies ist ein reserviertes Wort (siehe Abschnitt 3.1.4).
- `_` ⇒ Unterstrich ist ebenfalls ein reserviertes Wort.

3.1.3 Literale

Ein **Literal** bzw. eine **Literalkonstante** beschreibt einen konstanten Wert, der sich innerhalb eines Programms nicht ändern kann (und daher vom Java-Compiler normalerweise direkt in den Bytecode aufgenommen wird). Literale haben, abhängig von ihrem Typ (z. B. ganze Zahl oder Gleitkommazahl), vorgeschriebene Schreibweisen. In Java treten folgende Arten von Literalen auf:

- ganze Zahlen (z. B. `23` oder `-166`),[6]
- Gleitkommazahlen (z. B. `3.14`),
- Wahrheitswerte (**`true`** und **`false`**),
- einzelne Zeichen in einfachen Hochkommata (z. B. `'a'`),
- Zeichenketten in Anführungszeichen (z. B. `"Hallo Welt"`) und
- das **Null-Literal** für Referenzen, geschrieben als Literalkonstante **`null`**.

Wir werden auf die einzelnen Punkte später genauer eingehen. Momentan wollen wir uns nur merken, dass es die sogenannten Literale gibt und sie Teil eines Java-Programms sein können (und werden).

3.1.4 Reservierte Wörter, Schlüsselwörter

Wie bereits erwähnt, gibt es gewisse Wörter, die wir in Java nicht als Bezeichner verwenden dürfen. Zum einen sind dies die Literalkonstanten **`true`**, **`false`** und **`null`**, zum anderen eine Reihe von Wörtern (sogenannte **Wortsymbole**), die in Java mit einer vordefinierten symbolischen Bedeutung belegt sind. Diese werden

[6] Hierbei zählt das Vorzeichen genau genommen nicht zum Literal; die Negation ist vielmehr eine nachträglich durchgeführte mathematische Operation.

auch **Schlüsselwörter** genannt. Letztere werden wir nun bald nach und nach in ihrer Bedeutung kennenlernen. Tabelle 3.1 listet diese auf.

Tabelle 3.1: Schlüsselwörter

`abstract`	`assert`	`boolean`	`break`	`byte`
`case`	`catch`	`char`	`class`	`const`
`continue`	`default`	`do`	`double`	`else`
`enum`	`extends`	`final`	`finally`	`float`
`for`	`goto`	`if`	`implements`	`import`
`instanceof`	`int`	`interface`	`long`	`native`
`new`	`package`	`private`	`protected`	`public`
`return`	`short`	`static`	`strictfp`	`super`
`switch`	`synchronized`	`this`	`throw`	`throws`
`transient`	`try`	`void`	`volatile`	`while`
_ (Unterstrich)				

Darüber hinaus gibt es eine Reihe von kontextuellen Schlüsselwörtern bzw. speziellen Zeichenfolgen, die nur in einem bestimmten Kontext wirklich als Schlüsselwörter dienen. Deren „Geheimnisse" werden wir erst sehr viel später lüften. Tabelle 3.2 listet aber auch diese bereits an dieser Stelle auf.

Tabelle 3.2: Kontextuelle Schlüsselwörter

`exports`	`module`	`non-sealed`	`open`	`opens`
`permits`	`provides`	`record`	`requires`	`sealed`
`to`	`transitive`	`uses`	`var`	`when`
`with`	`yield`			

3.1.5 Trennzeichen

Zu welcher Pferderasse gehören *Blumentopferde*? Heißt es der, die oder das *Kuhliefumdenteich*? Derartige Scherzfragen basieren meist auf einem Grundprinzip der Sprachen: Hat man mehrere Wörter, so muss man diese durch Pausen voneinander trennen. Sonst versteht man den Sinn nicht! Geschrieben werden aus den Pausen Leerzeichen, Gedankenstriche und Kommata. Ähnliches gilt für den Java-Compiler, nur dass dieser andere sogenannte Trennzeichen verwendet:

- Leerzeichen
- Zeilenendezeichen (der Druck auf die `ENTER`-Taste)
- Tabulatorzeichen (die `TAB`-Taste)
- Kommentare
- Operatoren (wie zum Beispiel + oder `*`)
- die Interpunktionszeichen `.` `,` `;` `)` `(` `{` `}` `[` `]`

Die letzten beiden Gruppen von Zeichen haben in Java jedoch eine besondere Bedeutung. Man sollte sie deshalb nur dort einsetzen, wo sie auch hingehören. Unmittelbar aufeinander folgende Wortsymbole, Literale oder Bezeichner müssen durch mindestens eines der obigen Symbole voneinander getrennt werden, sofern deren Anfang und Ende nicht aus dem Kontext erkannt werden kann. Hierbei ist es in Java eigentlich egal, welche Trennzeichen man verwendet (und wie viele von ihnen). Steht im Programm zwischen zwei Bezeichnern beispielsweise eine Klammer, so gilt diese bereits als Trennsymbol. Wir müssen keine weiteren Leerzeichen einfügen (können und sollten dies aber tun). Die Programmzeile

```
public static void main (String[] args)
```

wäre demnach völlig äquivalent zu folgenden Zeilen:

```
public // verwendete Trennsymbole: Leerzeichen und Kommentar
  static
/*Verwendung eines Zeilenendezeichens*/
                void
             //..
            // ..
// man kann auch mehrere Zeilenvorschuebe verwenden
  main(// hier sind nun zwei Trennzeichen: Klammer und Kommentar!
                String[] args)
```

Übersichtlich wird der Text hierdurch jedoch nicht. Wir werden uns deshalb auf einige Konventionen einigen, um unsere Programme lesbarer zu machen.

3.1.6 Interpunktionszeichen

Dem Punkt in der deutschen Sprache entspricht in Java das Semikolon. Befehle (sozusagen die Sätze der Sprache) werden in Java immer mit einem Semikolon abgeschlossen. Fehlt dieses, liefert der Compiler eine Fehlermeldung der Form

Konsole

```
Fehlerhaft.java:10: ';' expected.
```

Hierbei ist `Fehlerhaft.java` der Dateiname, unter dem das Programm gespeichert wurde. Die angegebene Zahl steht für die Nummer der Zeile, in der der Fehler aufgetreten ist.

Wie bereits erwähnt, existieren in Java neben dem Semikolon weitere Interpunktionszeichen. Werden z. B. mehrere Befehle zu einem **Block** zusammengefasst, so geschieht dies, indem man vor den ersten und hinter den letzten Befehl eine geschweifte Klammer setzt. Hierzu ein Beispiel (mehr dazu in Abschnitt 3.5.2):

```
{                            // Blockbeginn
  System.out.println("B1"); //   Befehl Nr. 1
  System.out.println("B2"); //   Befehl Nr. 2
  System.out.println("B3"); //   Befehl Nr. 3
}                            // Blockende
```

3.1.7 Operatorsymbole

Operatoren sind Symbole, die dazu dienen, jeweils bis zu drei unterschiedliche Ausdrücke – die sogenannten Operanden – zu einem neuen Ausdruck zu verknüpfen. Wir unterscheiden die Operatoren nach der Anzahl ihrer Operanden:

- **monadische Operatoren** sind Operatoren, die nur einen Operanden benötigen. Beispiele hierfür sind die Operatoren ++ oder --. Solche Operatoren werden auch als **einstellige** oder **unäre** Operatoren bezeichnet.
- **dyadische Operatoren** verknüpfen zwei Operanden und sind die am häufigsten vorkommende Art von Operatoren. Beispiele hierfür sind etwa die Operatoren +, - oder ==. Solche Operatoren werden auch **zweistellige** oder **binäre** Operatoren genannt.
- **triadische Operatoren** verknüpfen drei Operanden. Einziges Beispiel in Java ist der Operator `?:` (Fragezeichen-Doppelpunkt). Er wird auch als **dreistelliger** oder **ternärer** Operator bezeichnet.

Operatoren sind in Java mit sogenannten Prioritäten versehen, wodurch in der Sprache gewisse Reihenfolgen in der Auswertung (zum Beispiel Punkt- vor Strichrechnung) festgelegt sind. Wir werden uns mit diesem Thema an späterer Stelle befassen und dann auch klären, wie bei der Ausführung von Programmen solche Ausdrücke zum jeweiligen Zeitpunkt des Ablaufs in aktuelle Berechnungen umgesetzt werden.

3.1.8 `import`-Anweisungen

Viele Dinge, die wir in Java benötigen, beispielsweise die Bildschirmausgabe oder mathematische Standardfunktionen wie Sinus oder Cosinus, befinden sich nicht im Kern der Sprache, sondern wurden stattdessen in sogenannte Klassen ausgelagert, die erst beim Programmstart hinzugeladen werden müssen. Der Compiler muss sie namentlich kennen. Einige dieser Klassen kennt er ohne unser Zutun (sie liegen in einem Standardpaket namens `java.lang`). Andere wiederum müssen wir explizit namentlich bekannt machen, indem wir sie **importieren** lassen. Hierfür wird eine sogenannte **`import`**-Anweisung verwendet. Diese macht dem Compiler die von der Anweisung bezeichnete Klasse zugänglich, d. h. er kann auf sie zugreifen und sie verwenden.
Beispiele sind etwa die Klasse `Scanner` aus dem Paket `java.util` oder die Klasse `IOTools` aus dem Paket `Prog1Tools`, mit deren Hilfe Sie später Eingaben von der Tastatur bewerkstelligen werden. Letztgenannte Klasse gehört zu einem von den Buchautoren bereitgestellten Paket, das zuvor auf Ihrem Rechner installiert werden muss. Wenn Sie diese Klasse in einem Ihrer Programme verwenden wollen (siehe Abschnitt 3.4.4), beginnen Sie Ihr Programm mit

```
import Prog1Tools.IOTools;
```

oder mit

```
import static Prog1Tools.IOTools.*;
```

wobei die zweite Variante einen statischen Import durchführt. Was genau es damit auf sich hat, werden wir in den Abschnitten 3.4.4.1 und 5.4.3 näher erläutern. Viele Klassen, die wir vor allem zu Beginn benötigen, werden vom System automatisch als bekannt vorausgesetzt – es wird also noch eine Weile dauern, bis in unseren Programmen die **import**-Anweisung zum ersten Mal auftaucht. Sie ist dennoch das Grundelement eines Java-Programms und soll an dieser Stelle deshalb schon erwähnt werden.

3.1.9 Zusammenfassung

Wir haben in diesem Abschnitt die verschiedenen Komponenten kennengelernt, aus denen sich ein Java-Programm zusammensetzt. Wir haben gelernt, dass es aus

- Kommentaren,
- Bezeichnern,
- Trennzeichen,
- Wortsymbolen,
- Interpunktionszeichen,
- Operatoren und
- **import**-Anweisungen

bestehen kann, auch wenn nicht jede dieser Komponenten in jedem Java-Programm auftaucht. Wir haben gelernt, dass es wichtig ist, seine Programme gründlich zu dokumentieren, und haben uns auf einige einfache Konventionen festgelegt, mit denen wir einen ersten Schritt in diese Richtung tun wollen. Mit diesem Wissen können wir beginnen, erste Java-Programme zu schreiben.

3.1.10 Übungsaufgaben

Aufgabe 3.1

Die Zeichenfolge `dummy` hat in Java keine vordefinierte Bedeutung – sie wird also, wenn sie ohne besondere Vereinbarungen im Programmtext steht, zu einem Compilierungsfehler führen. Welche der folgenden Zeilen könnte einen solchen Fehler verursachen?

```
      dummy
      dummy;
      dummy; //
//    dummy
//    dummy;
/*    dummy */
*/    dummy /*
/**/  dummy
      dummy /* */
```

Aufgabe 3.2

Die nachfolgenden Zeilen sollen jeweils einen Bezeichner enthalten. Welche Zeilen sind unzulässig?

```
Karl der Grosse
Karl_der_Grosse
Karl,der_Grosse
0 Ahnung?
0_Ahnung
null_Ahnung!
1234abc
_1234abc
_1_2_3_4_abc
```

Aufgabe 3.3

Geben Sie das folgende Programm in Ihren Computer ein:

```java
/* Beispiel: berechnet 7 + 11 */
public clss Berechnung {
  public static void main (String[] args) {
    int sume;
    summe = 7 + 13;
    System.out.print("7 + 11 ergibt");
    System.out.println(summe)
  }
}
```

Finden Sie die kleinen Fehler, die sich in das Programm geschlichen haben, indem Sie das Programm compilieren und aus den Fehlermeldungen auf den jeweiligen Fehler im Programm schließen.
Das Programm hat darüber hinaus einen kleinen Fehler, den der Compiler nicht finden wird. Wenn Sie das Programm starten, können Sie aber (mit etwas Grundschulwissen) auch diesen Fehler entdecken und korrigieren!

3.2 Erste Schritte in Java

Nachdem wir nun über die Grundelemente eines Java-Programms Bescheid wissen, können wir damit beginnen, unsere ersten kleineren Programme in Java zu schreiben. Wir werden mit einigen einfachen Problemstellungen beginnen und uns langsam an etwas anspruchsvollere Aufgaben herantasten.
Wenn wir ein Programm (auch **Applikation** genannt) schreiben, geben wir dem Computer in einer Aneinanderreihung von diversen Befehlen an, was er genau zu tun hat. Diese Befehle werden (nach dem Übersetzen durch den Java-Compiler) mit dem Java-Interpreter gestartet und abgearbeitet. Solche Applikationen können auch grafische und interaktive Elemente beinhalten, müssen es aber nicht.

3.2.1 Grundstruktur eines Java-Programms

Angenommen, wir wollen ein Programm schreiben, das wir `Hallo Welt` nennen. Als Erstes müssen wir uns darüber klar werden, dass dieser Name kein Bezeichner ist – Leerzeichen sind nicht erlaubt. Wir entfernen deshalb das Leerzeichen und erstellen eine Datei mit dem Namen `HalloWelt.java` und folgenden Zeilen (die Kommentare können auch wegfallen):

```
1 public class HalloWelt { // Klassen- bzw. Programmbeginn
2   public static void main(String[] args) { // Beginn des Hauptprogramms
3     /*-------------------------------------*
4      * HIER STEHT SPÄTER EINMAL DAS PROGRAMM *
5      *-------------------------------------*/
6   } // Ende des Hauptprogramms
7 } // Ende des Programms
```

Schauen wir uns diese Zeile genauer an, sehen wir, dass das Programm aus zwei Ebenen besteht, die wir aber noch nicht so richtig einordnen können.

1. **`public class`** `HalloWelt { ... }`
2. **`public static void`** `main(String[] args){ ... }`

Die Kommentare im Quellcode deuten an, was in dieser Aufzählung auch nochmal betont wird: Auf eine Folge von Schlüsselwörtern und Bezeichnern folgt in bestimmten Fällen ein Abschnitt, der durch geschweifte Klammern eingeschlossen wird, wobei wir aus Kapitel 3.1.6 wissen, dass es sich um einen Codeblock handelt – also die Zusammenfassung mehrerer Befehle zu einer Einheit. Dementsprechend wichtig ist, dass es zu jeder öffnenden Klammer eine schließende Klammer gibt, die jeweils einen Bereich einrahmen und daher in der richtigen Reihenfolge erscheinen müssen.
Doch was sind das nun für Codeblöcke, die hier definiert werden? Ganz einfach: **`public class`** leitet eine neue Klasse ein, von der jedes Programm mindestens eine besitzen muss.[7] Sie trägt den Namen `HalloWelt` und umfasst alle von den geschweiften Klammern eingeschlossenen Inhalte. Der Inhalt der Klasse erstreckt sich auf die Zeilen zwei bis sechs, in welchen eine sogenannte Methode mit dem Namen `main` (die sogenannte **Hauptmethode** oder auch `main`-Methode) definiert wird. Es handelt sich dabei quasi um eine Art Abschnitt in unserem Programm, wobei der Name `main` andeutet, dass es sich um eine spezielle Methode handelt, deren von geschweiften Klammern eingeschlossene Befehle später beim Start des Programms als erste ausgeführt werden.
Momentan können wir die vollständige Bedeutung all dieser im Quellcode vorkommenden Schlüsselwörter noch nicht vollständig erfassen. Wir merken uns daher einfach, dass es sich um das Grundgerüst handelt, das jedes Java-Programm besitzen muss.

[7] Streng genommen handelt es sich bei **`public`** und **`class`** um zwei getrennte Schlüsselwörter mit jeweils eigener Bedeutung. Darauf werden wir allerdings erst in Kapitel 6 näher eingehen.

3.2.2 Ausgaben auf der Konsole

Zwar lässt sich unser Programm bis hierhin anstandslos compilieren und ausführen, so wirklich Freude aufkommen will dabei aber nicht. Denn: Wie Sie sehen, sehen Sie nichts! Dabei gehört es doch schon fast zum Allgemeinwissen, dass ein `HalloWelt`-Programm eben genau dies auf dem Bildschirm ausgeben soll:

Konsole

```
Hallo Welt
```

Hierfür ersetzen wir einfach den Kommentar in der Mitte (Zeilen 3 bis 5) durch folgende Zeile und starten das Programm erneut:

```
System.out.println("Hallo Welt");
```

Und siehe da: Kaum macht man es richtig, funktioniert es. Das war ja einfach. Dennoch sollten wir uns diese Zeile einmal genauer anschauen, um sie wirklich zu verstehen.

- Die Anweisung `System.out.println(...)` weist den Computer an, etwas auf dem Bildschirm auszugeben. Das Auszugebende muss zwischen den runden Klammern stehen.
- Der Text `"Hallo Welt"` stellt das Ausgabeargument dar, entspricht also dem auf dem Bildschirm auszugebenden Text. Die Anführungszeichen tauchen bei der Ausgabe nicht auf. Sie markieren den Anfang und das Ende des Textes.
- Das Interpunktionszeichen „`;`" muss jede Anweisung (jeden Befehl) beenden. Ein vergessenes Semikolon ist wohl der häufigste Programmierfehler und unterläuft selbst alten Hasen hin und wieder.

Ermutigt von diesem ersten Erfolg erweitern wir das Programm um folgende Zeile und übersetzen erneut.

```
System.out.println("Mein erstes Programm :-)");
```

Starten wir das Programm, lautet die Ausgabe entsprechend:

Konsole

```
Hallo Welt
Mein erstes Programm :-)
```

Daraus lässt sich schließen, dass der Befehl `System.out.println(...)` einen Zeilenvorschub auslöst – also dafür sorgt, dass alle nachfolgenden Textausgaben in der nächsten Zeile landen. Was ist, wenn wir das gar nicht wollen? Die einfachste Möglichkeit wäre, den Befehl nur einmal zu verwenden. Zum Beispiel so:

```
System.out.println("Hallo Welt Mein erstes Programm :-)");
```

Oder so:

```
System.out.println("Hallo Welt " + "Mein erstes Programm :-)");
```

Interessant hierbei ist, dass beim zweiten Beispiel anscheinend zwei Texte addiert werden, was zunächst keinen Sinn ergibt. Und in der Tat findet hier keine wirkliche Addition statt. Die Texte werden durch den +-Operator stattdessen aneinandergehängt (man sagt: verkettet). Wir werden diesen Operator später noch zu schätzen lernen.
Eine weitere Möglichkeit, das gleiche Ergebnis zu erzielen, ist die Verwendung des Befehls `System.out.print` (ohne „ln" am Ende). Er gibt ebenfalls einen Text auf der Konsole aus, verzichtet dabei aber auf den Zeilenvorschub. Jegliche weitere Bildschirmausgabe beginnt dadurch in derselben Zeile direkt hinter den zuletzt ausgegebenen Zeichen. Unser so verändertes Programm sähe (ohne die erklärenden Kommentare) somit wie folgt aus:

```
public class HalloWelt {
  public static void main(String[] args) {
    System.out.print("Hallo Welt ");
    System.out.println("Mein erstes Programm :-)");
  }
}
```

3.2.3 Eingaben von der Konsole

Natürlich wäre es wünschenswert, wenn sich Tastatureingaben auf der Konsole genauso einfach wie Textausgaben realisieren lassen würden. In vielen Programmiersprachen ist dem auch so, die Macher von Java haben leider jedoch auf eine solche Methode verzichtet und stattdessen nur die elementaren Bausteine zur Verfügung gestellt, mit denen sich eine solche Funktionalität nachbauen lässt. Ihre Anwendung erfordert daher bereits grundlegende Kenntnisse über Dinge wie objektorientierte Programmierung oder den Umgang mit Datenströmen. Insbesondere Programmieranfänger und -anfängerinnen haben daher unerwartet große Probleme bei so scheinbar einfachen Aufgaben wie der Eingabe einer Ganzzahl oder einer Textzeile.
Als Folge daraus haben wir für unsere Vorlesungen und Kurse die `IOTools` geschrieben, die diese Lücke schließen. An dieser Stelle wollen wir deshalb nochmal auf die Installationsanleitungen in Kapitel 2.1 hinweisen, in denen neben der Installation von Java und Eclipse auch die `IOTools` behandelt werden. Anhang C beschreibt hingegen die Methoden, von denen es für jede Art von Wert[8] genau eine gibt, um diesen über die Tastatur einzulesen.

3.2.4 Schöner programmieren in Java

Vielleicht haben Sie es sich schon gedacht: Quellcode kann sehr strukturiert und leserlich sein – oder viel öfters unstrukturiert, chaotisch und kaum nachvollziehbar. Mit zunehmende Programmiererfahrung wird es Ihnen natürlich immer leichter fallen, einen fremden oder auch einfach einen Ihrer älteren Quellcodes

[8] Ganzzahlen, Gleitkommazahlen, logische Werte etc.

zu verstehen. Damit dies aber gelingt, ist es wichtig, sich an ein paar „goldene Regeln“ zu halten.

1. *Niemals mehr als einen Befehl in eine Zeile schreiben!* Auf diese Art und Weise können wir beim späteren Lesen des Codes auch keine Anweisung übersehen.
2. Wenn wir einen neuen Block beginnen, *rücken* wir alle in diesem Block stehenden Zeilen um einige (beispielsweise zwei) Zeichen *nach rechts ein*. Wir haben auf diese Art und Weise stets den Überblick darüber, wie weit ein Block eigentlich reicht.
3. *Das Blockendezeichen „}“ wird stets so eingerückt,* dass es mit der Einrückung der Zeile übereinstimmt, in der der Block geöffnet wurde. Wir können hierdurch vergessene Klammern sehr viel schneller aufspüren.

Anhang A geht auf diese und einige weitere Regeln genauer ein. Hier wollen wir stattdessen die obigen drei Stück anhand eines Beispiels verdeutlichen. Schauen wir uns hierzu einmal das nachfolgende, noch „unschöne“ Programm an und versuchen, es auf Vordermann zu bringen:

```
public class Unsorted {public static void main(String[] args) {
System.out.print("Ist dieses");System.out.
print(" Programm eigentlich");System.out.println(" noch "
+"lesbar?");}}
```

Obwohl es nur aus wenigen Zeilen besteht, ist das Lesen dieses kurzen Programms doch schon recht schwierig. Wie sollen wir später mit solchen Texten zurechtkommen, die sich aus einigen *hundert* Zeilen Programmcode zusammensetzen!? Wir spalten das Programm deshalb gemäß unseren Regeln auf und rücken entsprechend ein:

```
public class Unsorted {
  public static void main(String[] args) {
    System.out.print("Ist dieses");
    System.out.print(" Programm eigentlich");
    System.out.println(" noch " + "lesbar?");
  }
}
```

Übersetzen wir das Programm und starten es, so können wir die auf dem Bildschirm erscheinende Frage eindeutig bejahen. Und uns daran erinnern, einen Ausdruck der goldenen Regeln unter das Kopfkissen zu legen, damit wir sie von nun an beim Schreiben eines jeden Quellcodes direkt anwenden können.

3.2.5 Zusammenfassung

Wir haben die Grundstruktur einer Java-Applikation kennengelernt und erfahren, wie man mit den Befehlen `System.out.println` und `System.out.print` Texte auf dem Bildschirm ausgibt. Hierbei wurde auch der Operator + erwähnt, der Texte aneinanderfügen (das Fachwort hierfür heißt „verketten“) kann. Dieses

Wissen haben wir angewendet, um unser erstes Java-Programm zu schreiben. Außerdem haben wir uns auf einige Regeln geeinigt, nach denen wir unsere Quellcodes formatieren wollen, da diese dadurch sehr viel lesbarer werden.

3.2.6 Übungsaufgaben

Aufgabe 3.4

Schreiben Sie ein Java-Programm, das Ihren Namen dreimal hintereinander auf dem Bildschirm ausgibt.

Aufgabe 3.5

In der Datei `Strukturuebung.java` ist folgendes Java-Programm gegeben:

```
                    public class Strukturuebeung
   { public static void main (String[] args){
System.out.println("Was mag ich wohl tun?")}
```

Dieses Programm enthält drei Fehler, die es zu finden gilt. Versuchen Sie es zuerst anhand des vorliegenden Textes. Wenn Ihnen dies nicht gelingt, formatieren Sie das Programm gemäß den „goldenen Regeln" in Anhang A. Versuchen Sie auch einmal, das fehlerhafte Programm zu übersetzen. Machen Sie sich mit den auftretenden Fehlermeldungen vertraut.

3.3 Einfache Datentypen

Natürlich reicht es uns nicht aus, einfache Meldungen auf dem Bildschirm auszugeben (dafür bräuchten wir keine Programmiersprache). Wir wollen Java benutzen können, um gewisse Effekte zu erzielen, Berechnungen auszuführen, Abläufe zu automatisieren oder Probleme des elektronischen Handels (z. B. die sichere Übertragung von Daten über das Internet oder die Analyse von großen Datenmengen) zu lösen, also allgemein Algorithmen zu realisieren und Daten zu verarbeiten. Wir wollen uns aus diesem Grund zunächst darüber klar werden, wie man in Java mit einfachen Daten (Zahlen, Buchstaben usw.) umgehen kann. Dazu werden wir uns erst einmal die Wertebereiche der einfachen Datentypen anschauen. Bei der Definition eines Datentyps werden der Wertebereich, d. h. die möglichen Werte dieses Typs, und die für diese Werte zugelassenen Grundoperationen festgelegt. Nachfolgend wollen wir eine erste Einführung in die einfachen Datentypen von Java geben. Diese heißen deshalb einfach, weil es neben ihnen auch kompliziertere Datentypen gibt, die sich auf eine noch festzulegende Weise aus einfachen Datentypen zusammensetzen.

3.3.1 Ganzzahlige Datentypen

Wie geht ein Computer mit den **ganze Zahlen** um? Er speichert sie als eine Folge von binären Zeichen (also 0 oder 1), die ganzzahlige Potenzen der Zahl 2 repräsentieren. Die Zahl 23 kann etwa durch die Summe

$$1 \cdot 16 + 0 \cdot 8 + 1 \cdot 4 + 1 \cdot 2 + 1 \cdot 1 = 1 \cdot 2^4 + 0 \cdot 2^3 + 1 \cdot 2^2 + 1 \cdot 2^1 + 1 \cdot 2^0$$

ausgedrückt werden, die dann im Speicher eines Rechners durch die Binärfolge `10111` (also mit 5 Stellen) codiert werden kann. Negative Zahlen lassen sich durch verschiedene Methoden codieren, auf die wir hier jedoch nicht im Detail eingehen werden. In jedem Fall benötigt man jedoch eine weitere Stelle für das Vorzeichen. Nehmen wir an, wir haben 1 Byte – dies sind 8 Bits, also 8 binäre Stellen – zur Verfügung, um eine Zahl darzustellen. Das erste Bit benötigen wir für das Vorzeichen. Die größte Zahl, die wir mit den noch verbleibenden 7 Ziffern darstellen können, ist somit

$$1 \cdot 64 + 1 \cdot 32 + 1 \cdot 16 + 1 \cdot 8 + 1 \cdot 4 + 1 \cdot 2 + 1 \cdot 1 = 127.$$

Aufgrund der rechnerinternen Darstellung negativer Zahlen (der sogenannten Zweierkomplement-Darstellung) ist die kleinste negative Zahl betragsmäßig um 1 größer, d. h. in diesem Fall -128. Wir können mit 8 Bits also $127 + 128 + 1 = 256$ verschiedene Zahlen darstellen. Hätten wir mehr Stellen zur Verfügung, würde auch unser Zahlenvorrat wachsen.
Der Datentyp **`byte`** repräsentiert in Java genau diese Darstellung. Eine Zahl vom Typ **`byte`** ist 8 Bits lang und liegt im Bereich von -128 bis $+127$. Im Allgemeinen ist dieser Zahlenbereich viel zu klein, um damit vernünftig arbeiten zu können. Java besitzt aus diesem Grund weitere Arten von ganzzahligen Datentypen, die zwei, vier oder acht Byte lang sind. Tabelle 3.3 fasst diese Datentypen zusammen.

Tabelle 3.3: Ganzzahlige Datentypen

Typname	größter Wert	kleinster Wert	Länge
`byte`	127	-128	8 Bits
`short`	32767	-32768	16 Bits
`int`	2147483647	-2147483648	32 Bits
`long`	9223372036854775807	-9223372036854775808	64 Bits

Wie wir bereits in Abschnitt 3.1.3 gesehen haben, bestehen Literalkonstanten für die ganzzahligen Datentypen einfach aus einer Folge von Ziffern (0 bis 9). Für solche Konstanten wird standardmäßig angenommen, dass es sich um eine 32-Bit-Zahl (also eine **`int`**-Konstante) handelt. Wollen wir stattdessen mit 64 Bits arbeiten (also mit einer Zahl im **`long`**-Format), müssen wir an die Zahl die Endung `L` anhängen.
Wir wollen dies an einem Beispiel verdeutlichen. Die Befehle

```
System.out.println
```

und

```
System.out.print
```

sind auch in der Lage, einfache Datentypen wie die Ganzzahlen auszudrucken. Wir versuchen nun, die Zahl `9223372036854775807` auf dem Bildschirm auszugeben. Hierzu schreiben wir folgendes Programm:

```
1 public class Longtst {
2   public static void main (String[] args) {
3     System.out.println(9223372036854775807);
4   }
5 }
```

Rufen wir den Compiler mit dem Kommando `javac Longtst.java` auf, so erhalten wir folgende Fehlermeldung:

Konsole

```
Longtst.java:3: integer number too large: 9223372036854775807
    System.out.println(9223372036854775807);
                       ^
1 error
```

In Zeile 3 der Datei `Longtst.java` haben wir also eine Zahl verwendet, die zu groß ist. Zu groß deshalb, weil sie ja standardmäßig als **`int`**-Wert angenommen wird, aber laut Tabelle 3.3 deutlich größer als `2147483647` ist und somit nicht mehr mit 32 Bits dargestellt werden kann. Eine derartige Zahl muss explizit als längere Zahl gekennzeichnet werden! Wir ändern die Zeile deshalb wie folgt:

```
System.out.println(9223372036854775807L);
```

Durch die Hinzunahme der Endung `L` wird die Zahl als eine **`long`**-Zahl betrachtet und somit mit 64 Bits codiert (in die sie laut Tabelle gerade noch hineinpasst). Der entsprechende Datentyp heißt in Java **`long`**.

3.3.1.1 Literalkonstanten in anderen Zahlensystemen

Neben der rein dezimalen Schreibweise von ganzzahligen Werten können Literalkonstanten in Java auch als binäre Zahlen (Zahlen im Zweier-System) als oktale Zahlen (Zahlen im Achter-System) oder als hexadezimale Zahlen (Zahlen im Sechzehner-System) geschrieben werden. Binäre Zahlen müssen mit einem Präfix der Form `0b` oder `0B` beginnen und dürfen danach nur aus den Ziffern 0 und 1 bestehen. Oktale Zahlen müssen mit einer führenden `0` beginnen und dürfen nur Ziffern im Bereich 0 bis 7 enthalten. Hexadezimale Zahlen müssen mit `0x` beginnen und dürfen Ziffern im Bereich 0 bis 9 und A bis F enthalten. Die vier **`int`**-Konstanten `42`, `052`, `0x2A` und `0b101010` sind somit alternative Schreibweisen für den ganzzahligen dezimalen Wert 42. Betrachten wir hierzu folgendes Beispielprogramm:

```
public class BinaereLiterale {
  public static void main(String[] args) {
    // Binaere Literale
    int dezWert = 42;        // Die Zahl 42, dezimal
```

```
    int oktWert = 052;       // Die Zahl 42, oktal
    int hexWert = 0x2A;      // Die Zahl 42, hexadezimal
    int binWert = 0b101010; // Die Zahl 42, binaer
    System.out.println(dezWert + ", " + oktWert + ", " +
                       hexWert + " und nochmal " + binWert);
  }
}
```

Wie erwartet erzeugt es folgende Bildschirmausgabe:

```
Konsole
42, 42, 42 und nochmal 42
```

3.3.1.2 Unterstrich als Trennzeichen in Literalkonstanten

Wenn in einem Java-Programm numerische Konstanten benötigt werden, die aus vielen Ziffern bestehen, ist es manchmal ziemlich schwer, die Größenordnung der jeweiligen Teilziffernfolge zu erkennen. Beispielsweise kann man der üblichen Schreibweise der Konstante 2147483647 auf den ersten Blick schwer entnehmen, ob es sich hier um 214 Millionen oder 2,14 Milliarden handelt. In hexadezimalen Werten ist es nicht weniger schwer, Byte-Portionen zu erkennen. So kann man in der Notation `FFECDE5E` schwerlich auf Anhieb feststellen, ob nun `FE` oder `EC` als Byte zu interpretieren ist.
Aus diesem Grund kann der Unterstrich als Trennzeichen innerhalb von Ziffernfolgen gesetzt werden, ohne dass dadurch der Wert der Konstante verändert wird. Für unsere obigen Beispiele könnten wir daher nun in Java auch `2_147_483_647` bzw. `FF_EC_DE_5E` notieren. Der Einsatz des Unterstrichs ist dabei nicht auf ganzzahlige Werte beschränkt. Auch **`float`**- und **`double`**-Konstanten können damit notiert werden. Das folgende Beispielprogramm demonstriert einige Möglichkeiten für solche mit Unterstrichen lesbarer gestaltete Literalkonstanten:

```
public class Unterstrich {
  public static void main(String[] args) {
    //  Unterstrich in numerischen Literalen
    long creditKartenNummer = 1234_5678_9012_3456L;
    long versicherungsNummer = 999_99_9999L;
    float pi =   3.14_15F;
    double e =   2.71_82_81_82_84_59;
    long hexBytes = 0xFF_EC_DE_5E;
    long hexText  = 0xCAFE_BABE;
    long maxLong = 0x7fff_ffff_ffff_ffffL;
    long binBytes = 0b11010010_01101001_10010100_10010010;
    int ok1 = 4_2;
    int ok2 = 4_______2;
    int ok3 = 0x2__a;
    int ok4 = 0_42;
    int ok5 = 04_2;
  }
}
```

Allerdings gibt es beim Einsatz dieser Notation einige Einschränkungen zu beachten, da der Unterstrich nicht an jeder beliebiger Stelle platziert werden kann, wie die in folgendem, *nicht compilierbaren* Programm aufgeführten *unzulässigen* Beispiele demonstrieren:

```java
public class UnterstrichFalsch {
  public static void main(String[] args) {
    // UNZULAESSIGE Verwendung des Unterstriches
    float badPi1 = 3_.1415F;  // _ direkt vor dem Dezimalpunkt
    float badPi2 = 3._1415F;  // _ direkt hinter dem Dezimalpunkt
    long badNr = 99_99_99_L;  // _ direkt vor dem L-Anhang
    int badNr1 = _42;         // _ am Anfang (waere ein Bezeichner)
    int badNr2 = 42_;         // _ am Ende der Ziffernfolge
    int badNr3 = 0_x42;       // _ innerhalb des 0x-Praefix
    int badNr4 = 0x_42;       // _ am Anfang der Ziffernfolge
    int badNr5 = 0x42_;       // _ am Ende
    int badNr6 = 042_;        // _ am Ende
  }
}
```

3.3.2 Gleitkommatypen

Wir wollen eine einfache Rechnung durchführen. Das folgende Programm soll das Ergebnis von `1/10` ausgeben und verwendet dazu den Divisionsoperator:

```java
public class Intdiv {
  public static void main (String[] args) {
    System.out.println(1/10);
  }
}
```

Wir übersetzen das Programm und führen es aus. Zu unserer Überraschung erhalten wir jedoch ein vermeintlich falsches Ergebnis – und zwar die Null! Was ist geschehen?

Wir haben mit ganzzahligen Datentypen gearbeitet. Der Divisionsoperator ist in Java jedoch so definiert, dass die Division zweier ganzer Zahlen wiederum eine ganze Zahl (nämlich den ganzzahligen Anteil des Quotienten) ergibt. Wir erinnern uns an die Grundschulzeit – hier hätte `1/10` ebenfalls 0 ergeben – mit Rest 1. Diesen Rest können wir in Java mit dem `%`-Zeichen bestimmen. Wir ändern unser Programm entsprechend:

```java
public class Intdiv {
  public static void main (String[] args) {
    System.out.print("1/10 betraegt ");
    System.out.print(1/10);  // ganzzahliger Anteil
    System.out.print(" mit Rest ");
    System.out.print(1%10);  // Rest
  }
}
```

Das neue Programm gibt die folgende Meldung aus:

Konsole
```
1/10 betraegt 0 mit Rest 1
```

Aber nicht immer macht es Sinn nur mit ganzen Zahlen zu arbeiten. Angenommen, wir wollen einen Geldbetrag in eine andere Währung umrechnen. Sollen die

Centbeträge dann etwa wegfallen? Java bietet aus diesem Grund auch die Möglichkeit, mit sogenannten **Gleitkommazahlen** (englisch: **floating point numbers**) zu arbeiten. Diese sind intern aus 32 bzw. 64 Bits aufgebaut, wobei die Bitmuster jedoch anders interpretiert werden als bei den ganzzahligen Datentypen. Die in Java verfügbaren Gleitkommatypen **`float`** und **`double`** besitzen den in Tabelle 3.4 angegebenen Zahlenumfang.

Tabelle 3.4: Gleitkommatypen

Typname	größter positiver Wert	kleinster positiver Wert	Länge
`float`	≈`3.4028234663852886E+038`	≈`1.4012984643248171E-045`	32 Bits
`double`	≈`1.7976931348623157E+308`	≈`4.9406564584124654E-324`	64 Bits

Literalkonstanten für die Gleitkommatypen können verschiedene optionale Bestandteile aufweisen. Neben einem Dezimalpunkt können Ziffernfolgen (vor und nach dem Dezimalpunkt) und ein Exponent (bestehend aus einem `e` bzw. `E`, gefolgt von einer möglicherweise vorzeichenbehafteten Ziffernfolge) sowie eine Endung (`f`, `F`, `d` oder `D`) verwendet werden. Eine solche Gleitkommakonstante muss aber (zur Unterscheidung von ganzzahligen Konstanten) mindestens aus einem Dezimalpunkt oder einem Exponenten oder einer Endung bestehen. Falls ein Dezimalpunkt auftritt, muss vor oder nach ihm eine Ziffernfolge stehen.[9]

Die **Exponentialschreibweise** (auch wissenschaftliche Notation genannt) bedeutet, dass die links von `E` bzw. `e` stehende Zahl mit einer Potenz von 10 multipliziert wird, wobei der Exponent der 10 rechts von `E` steht. Das `E` bzw. `e` kann demnach als „mal 10 hoch" gelesen werden. D. h. `1.2E3` steht für $1.2 \cdot 10^3$, also den Wert `1200`, die Zahl `1.2E-3` für $1.2 \cdot 10^{-3}$, also den Wert `0.0012`. Negative Zahlen werden erzeugt, indem man vor die entsprechende Zahl ein Minuszeichen setzt. Ohne Endung oder mit der Endung `d` oder `D` ist eine Gleitkommakonstante stets vom Typ **`double`**. Verwenden wir die Endung `f` oder `F`, ist sie vom Typ **`float`**.

Natürlich kann mit 32 Bits oder auch 64 Bits nicht jede Zahl zwischen `-3.4028235E38` und `+3.4028235E38` exakt dargestellt werden. Der Computer arbeitet wieder mit Potenzen von 2, sodass selbst so einfache Zahlen wie `0.1` im Rechner nicht exakt codiert werden können. Es wird deshalb intern eine Rundung durchgeführt, sodass wir in einigen Fällen mit Rundungsfehlern rechnen müssen. Für den Moment soll uns das jedoch egal sein, denn wir wollen unser Programm nun auf das Rechnen mit Gleitkommazahlen umstellen. Hierzu ersetzen wir lediglich die ganzzahligen Werte durch Gleitkommazahlen:

```java
public class Floatdiv {
  public static void main (String[] args) {
    System.out.print("1/10 betraegt ");
    System.out.print(1.0/10.0);
  }
}
```

[9] Obwohl sie Gleit*komma*zahlen heißen, müssen wir in Java das englische Zahlenformat, also beispielsweise 3.14 für 3,14 und 0.123 für 0,123 mit einem Punkt als Dezimaltrenner verwenden (das englische „floating point numbers" ist hier sprachlich also zutreffender).

Lassen wir das neue Programm laufen, so erhalten wir als Ergebnis:

Konsole
```
1/10 betraegt 0.1
```

3.3.3 Der Datentyp `char` für Zeichen

Manchmal erweist es sich als notwendig, nicht mit Zahlenwerten, sondern mit einzelnen Buchstaben oder Zeichen zu arbeiten. Diese Zeichen werden in Java durch den Datentyp **`char`** (Abkürzung für *character*) definiert. Literalkonstanten dieses Datentyps werden dabei in einfachen Hochkommata notiert, d. h. die Zeichen `a` und `?` hätten in Java die Darstellung `'a'` und `'?'`.
Jeder Wert vom Typ **`char`** wird intern durch eine 16 Bits (also 2 Bytes) große Binärzahl dargestellt. Das heißt, jedem Zeichen wird intern auf Basis des sogenannten **Unicode**-Zeichensatzes[10] eine Nummer zugeordnet. Dem Buchstaben `a` entspricht beispielsweise die Nummer `97`. Man kann Werte vom Typ **`char`** demnach auch als ganzzahlige Werte auffassen und entsprechend zu ganzzahligen Werten konvertieren. Beispielsweise erhält `i` durch die Anweisung **`int`** `i = 'a'` den Wert 97 zugewiesen (siehe auch Abschnitt 3.3.6).
Der Unicode-Zeichensatz enthält auch Zeichen, die möglicherweise in unserem Editor nicht dargestellt werden können. Um dennoch mit diesen Zeichen arbeiten zu können, stellt Java die **Unicode-Schreibweise** (`\u` gefolgt von vier hexadezimalen[11] Ziffern) zur Verfügung, mit der man alle Unicode-Zeichen (`\u0000` bis `\uffff`) darstellen kann. Dem Buchstaben `a` entspricht beispielsweise der Wert `\u0061` (denn der hexadezimale Wert 61 entspricht dem dezimalen Wert 97), d. h. die Literalkonstante `'a'` kann in Java auch als `'\u0061'` geschrieben werden.
Zur vereinfachten Darstellung von einigen Zeichen mit vordefinierter Bedeutung als Kommando- oder Trennzeichen existiert außerdem die Notation mit sogenannten **Escape-Sequenzen**. Will man beispielsweise einen horizontalen Tabulator als Zeichenkonstante notieren, so kann man statt `'\u0009'` auch kurz `'\t'` schreiben. Ein Zeilenvorschub lässt sich als `'\n'` notieren. Die Symbole `'` und `"`, die zur Darstellung von Zeichen- oder Zeichenkettenkonstanten benötigt werden, können nur in der Form `'\''` und `'\"'` als Zeichenkonstante erzeugt werden. Als Konsequenz für die besondere Bedeutung des `\`-Zeichens muss die entsprechende Literalkonstante in der Form `'\\'` notiert werden.

[10] Historisch gesehen gibt es viele verschiedene Zeichensätze, die einen Vorrat an Zeichen und deren Codierung als Binärzahl definieren. Mit dem Unicode hat sich inzwischen ein weltweiter Standard durchgesetzt. Jedem Zeichen wird hierbei eine *Unicode Code Point* genannte, in der Regel 16-Bit große Zahl zugeordnet, die allerdings, um eine eingeschränkte Kompatibilität mit alten 8-Bit-Zeichensätzen herzustellen, auf unterschiedliche Weise codiert werden kann. Intern arbeitet Java mit der UTF-16-Codierung, welche die Zahl tatsächlich auf zwei Bytes abbildet. Textdateien sind meistens jedoch UTF-8 codiert, da hier die Bitmuster der im englischsprachigen Raum verwendeten Zeichen mit dem ursprünglichen 8-Bit-Zeichensatz übereinstimmen.

[11] Sollten Sie bisher noch nicht mit hexadezimalen Ziffern in Berührung gekommen sein, können Sie im Glossar dieses Buches etwas darüber nachlesen. Aber keine Angst – für das Verstehen der nachfolgenden Abschnitte sind Kenntnisse über das Hexadezimalsystem nicht notwendig.

3.3.4 Der Datentyp `String` für Zeichenketten

Mehrere Zeichen des Datentyps **`char`** können zu einer Zeichenkette (String) zusammengefasst werden. Solche Zeichenketten werden in Java als Objekte einer speziellen Klasse namens `String` behandelt (siehe Abschnitt 5.5.2), wobei es sich allerdings streng genommen nicht um einen einfachen Datentyp handelt. Darauf wollen wir jedoch hier noch nicht näher eingehen. Wichtig ist für uns lediglich, dass Literalkonstanten dieses Datentyps, also eine Folge von Zeichen aus dem verfügbaren Zeichensatz, in doppelten Hochkommata dargestellt werden, d. h. die Zeichenkette `abcd` hätte in Java die Darstellung `"abcd"`. Wenn wir in einem Programm

```
"eins zwei drei";
```

schreiben, definieren wir eine Zeichenkette als einzeiligen Text. Soll der Text auf der Konsole ausgegeben werden, die drei Wörter dabei aber untereinander stehen, können mittels `'\n'` Zeilenvorschubzeichen an die entsprechenden Stellen eingefügt werden:

```
"eins\nzwei\ndrei";
```

Diese Darstellung fällt allerdings im Programm nicht immer sehr lesbar aus. Daher kann man in einer Sondernotation unter Verwendung von dreifachen Doppelhochkommata einen mehrzeiligen Textblock auch mittels

```
"""
eins
zwei
drei"""
```

definieren. Die Programmzeilen

```
System.out.println("eins zwei drei");
System.out.println("eins\nzwei\ndrei");
System.out.println("""
                    eins
                    zwei
                    drei""");
```

würden also folgende Ausgaben erzeugen:

```
Konsole
eins zwei drei
eins
zwei
drei
eins
zwei
drei
```

3.3.5 Der Datentyp `boolean` für Wahrheitswerte

Häufig wird es notwendig sein, zwei Werte miteinander zu vergleichen. Ist etwa der Wert `23` größer, kleiner oder gleich einem anderen Wert? Die hierzu gegebenen Vergleichsoperatoren liefern eine Antwort, die letztendlich auf ja oder nein, wahr oder falsch, d. h. auf einen der Wahrheitswerte **`true`** oder **`false`** hinausläuft. Um mit solchen Wahrheitswerten arbeiten zu können, existiert in Java der Datentyp **`boolean`**. Dieser Typ besitzt lediglich zwei mögliche Werte: **`true`** und **`false`**. Dies sind somit auch die einzigen Literalkonstanten, die als **`boolean`**-Werte notiert werden können. Die Auswertung von logischen Ausdrücken (also beispielsweise von Vergleichen) liefert als Ergebnis Werte vom Typ **`boolean`**, die sich mit logischen Operatoren (siehe Abschnitt 3.4.2.4) weiter verknüpfen lassen, was beispielweise in der Ablaufsteuerung unserer Programme später eine wichtige Rolle spielen wird.

3.3.6 Implizite und explizite Typumwandlungen

Manchmal kommt es vor, dass wir an einer Stelle einen gewissen Datentyp benötigen, jedoch einen anderen vorliegen haben. Wir wollen etwa die Addition

```
9223372036854775000L + 807
```

einer 64-Bit-Zahl und einer 32-Bit-Zahl durchführen. Der Plus-Operator ist jedoch nur für Werte des gleichen Typs definiert. Was also tun?
In unserem Fall ist die Antwort einfach: Nichts. Der Java-Compiler erkennt, dass die linke Zahl einen Zahlenbereich hat, der den der rechten Zahl umfasst. Das System kann also die `807` problemlos in eine **`long`**-Zahl umwandeln (was es auch tut). Diese Umwandlung, die von uns unbemerkt im Hintergrund geschieht, wird als **implizite Typkonvertierung** (englisch: **implicite typecast**) bezeichnet.
Implizite Typkonvertierungen treten immer dann auf, wenn ein kleinerer Zahlenbereich in einen größeren abgebildet wird, d. h. von **`byte`** nach **`short`**, von **`short`** nach **`int`** und von **`int`** nach **`long`**. Ganzzahlige Datentypen lassen sich auch implizit in Gleitkommatypen umwandeln, obwohl hierbei eventuell Rundungsfehler auftreten können. Außerdem kann natürlich ein **`float`**-Wert automatisch nach **`double`** konvertiert werden. Eine implizite Umwandlung von **`char`** nach **`int`**, **`long`**, **`float`** oder **`double`** ist ebenfalls möglich.
Manchmal kommt es jedoch auch vor, dass wir einen größeren in einen kleineren Zahlenbereich umwandeln müssen. Wir haben beispielsweise das Ergebnis einer Gleitkommarechnung (sagen wir `3.14`) und interessieren uns nur für den Anteil vor dem Komma. Wir wollen also eine **`double`**-Zahl in einen **`int`**-Wert verwandeln.
Bei einer solchen Typumwandlung gehen eventuell Informationen verloren – der Compiler wird dies nicht ohne Weiteres tun. Er gibt uns beim Übersetzen eher eine Fehlermeldung der Form

Konsole

```
Incompatible type for declaration.
Explicit cast needed to convert double to int.
```

aus. Der Grund hierfür liegt darin, dass derartige Umwandlungen häufig auf Programmierfehlern beruhen, also eigentlich überhaupt nicht beabsichtigt sind. Der Compiler geht davon aus, dass ein Fehler vorliegt, und meldet dies auch.
Wir müssen dem Compiler also klarmachen, dass wir genau wissen, was wir tun! Dieses Verfahren wird als **explizite Typkonvertierung** (englisch: **explicite type-cast**) bezeichnet und wird durchgeführt, indem wir den beabsichtigten Zieldatentyp in runden Klammern vor die entsprechende Zahl schreiben. In unserem obigen Beispiel würde dies etwa

```
(int) 3.14
```

bedeuten. Der Compiler erkennt, dass die Umwandlung wirklich gewollt ist, und schneidet die Nachkommastellen ab. Das Ergebnis der Umwandlung beträgt `3`.
Eine Umwandlung von **`boolean`** in einen anderen elementaren Datentyp oder umgekehrt ist nicht möglich – weder explizit noch implizit.
Achtung: Neben den bisher in diesem Abschnitt beschriebenen Situationen gibt es weitere Programmkontexte, in denen der Compiler automatische Typumwandlungen vornehmen kann. Insbesondere zu erwähnen ist dabei die Tatsache, dass bei Zuweisungen an Variablen vom Typ **`byte`**, **`short`** oder **`char`** der Wert rechts vom Zuweisungszeichen auch dann automatisch gewandelt werden kann, wenn es sich um einen konstanten Wert vom Typ **`int`** handelt (siehe auch Abschnitt 3.4.2.1) und dieser im Wertebereich der Variablen liegt. So können wir beispielsweise durch die Anweisung

```
short s = 1234;
```

der **`short`**-Variablen `s` den ganzzahligen Wert 1234 (also eigentlich eine 32-Bit-Zahl vom Typ **`int`**) zuweisen.
Weitere Konversionskontexte werden wir in den Kapiteln über Referenzdatentypen und Methoden kennenlernen.

3.3.7 Zusammenfassung

Wir haben einfache Datentypen kennengelernt, mit denen wir ganze Zahlen, Gleitkommazahlen, einzelne Zeichen und Wahrheitswerte in Java darstellen können. Wir haben erfahren, in welcher Beziehung diese Datentypen zueinander stehen und wie man sie ineinander umwandeln kann.

3.3.8 Übungsaufgaben

Aufgabe 3.6

Sie sollen verschiedene Variablen in einem Programm deklarieren. Finden Sie den passenden (möglichst speicherplatzsparenden) Typ für eine Variable, die angibt,

- wie viele Menschen in Deutschland leben,
- wie viele Menschen auf der Erde leben,
- ob es gerade Tag ist,

- wie hoch die Trefferquote eines Stürmers bei einem Fußballspiel ist,
- wie viele Semester Sie studieren werden,
- wie viele Studierende sich für einen Studiengang angemeldet haben,
- mit welchem Buchstaben Ihr Nachname beginnt.

Deklarieren Sie die Variablen und verwenden Sie sinnvolle Bezeichner.

Aufgabe 3.7

Welche der folgenden expliziten Typkonvertierungen ist unnötig, weil sie im Bedarfsfalle implizit durchgeführt würde?

a) `(int)3`

b) `(long)3`

c) `(long)3.1`

d) `(short)3`

e) `(short)31`

f) `(double)31`

g) `(int)'x'`

h) `(double)'x'`

Aufgabe 3.8

Welche impliziten Konvertierungen von ganzzahligen Werten in Gleitkommadatentypen können zu Rundungsfehlern führen? Geben Sie ein Beispiel an.

3.4 Der Umgang mit einfachen Datentypen

Wir haben nun die Wertebereiche einfacher Datentypen kennengelernt. Um damit arbeiten zu können, müssen wir lernen, wie sich Werte in Java speichern und durch Operatoren miteinander verknüpfen lassen.

3.4.1 Variablen

Bis jetzt waren unsere Beispielprogramme alle recht simpel. Dies lag vor allem daran, dass wir uns bislang noch nicht im Detail mit der Möglichkeit beschäftigt haben, Werte zu speichern, um später wieder auf sie zugreifen zu können. Mit dem dafür notwendigen Einsatz von Variablen wollen wir uns nun genauer auseinandersetzen.

Am besten stellt man sich eine Variable wie ein Postfach vor, das nichts anderes ist als ein Behälter, der mit einem eindeutigen Schlüssel (in der Regel die Postfachnummer) gekennzeichnet ist und in den wir etwas hineinlegen können. Später können wir dann über den eindeutigen Schlüssel (die Postfachnummer) das Postfach wieder auffinden und auf den dort abgelegten Inhalt zugreifen. Allerdings sollte man sich stets der Tatsache bewusst sein, dass wir es mit ganz speziellen Postfächern zu tun haben, in denen niemals mehrere Briefe liegen können und die auch nur Briefe einer einzigen, genau auf die jeweiligen Fächer passenden Größe bzw. Form aufnehmen können.
Genauso verhält es sich nämlich mit Variablen: Eine Variable ist ein Speicherplatz. Über einen eindeutigen Schlüssel, in diesem Fall den Variablennamen, können wir auf eine Variable und damit auf den Speicherplatz zugreifen. Der Variablenname ist also eine Art symbolische **Adresse** (unsere Postfachnummer) für den Speicherplatz (unser Postfach). Man kann einer Variablen einen bestimmten Inhalt zuweisen und ihn später wieder auslesen. Das ist im Prinzip schon alles, was wir benötigen, um unsere Programme etwas interessanter zu gestalten. Abbildung 3.1 verdeutlicht diesen Zustand anhand der Variablen `b`, die den ganzzahligen Wert 107 beinhaltet.

Arbeitsspeicher

symbolische Adresse	*Adresse im Speicher*	*Inhalt der Speicherzelle*	*Typ des Inhalts*
	⋮	⋮	
`b`	94	107	*ganzzahliger Wert*
	⋮	⋮	

Abbildung 3.1: Einfaches schematisches Speicherbild

Betrachten wir ein einfaches Beispiel: Angenommen, wir wollten in einem Programm ausrechnen, wie viel Geld wir in unserem Nebenjob in der letzten Woche verdient haben. Unser Stundenlohn betrage in diesem Job 15 EUR, und letzte Woche haben wir insgesamt 18 Stunden gearbeitet. Dann könnten wir mit unserem bisherigen Wissen dazu ein Programm folgender Art basteln:

```
public class StundenRechner1 {
  public static void main(String[] args) {
    System.out.print("Arbeitsstunden: ");
    System.out.println(18);
    System.out.print("Stundenlohn in EUR: ");
    System.out.println(15);
    System.out.print("Damit habe ich letzte Woche ");
    System.out.print(18 * 15);
    System.out.println(" EUR verdient.");
  }
}
```

Das Programm lässt sich natürlich anstandslos compilieren, und es erzeugt auch folgende (korrekte) Ausgabe:

Konsole

```
Arbeitsstunden: 18
Stundenlohn in EUR: 15
Damit habe ich letzte Woche 270 EUR verdient.
```

So weit, so gut. Was passiert aber nun in der darauffolgenden Woche, in der wir lediglich 12 Stunden Arbeitszeit absolvieren? Eine Möglichkeit wäre, einfach die Zahl der Arbeitsstunden im Programm zu ändern – allerdings müssten wir das jetzt an zwei Stellen tun, nämlich in den Zeilen 4 und 8 jeweils den Wert 18 auf 12 ändern. Dabei kann es nach drei (vier, fünf, ...) Wochen leicht passieren, dass wir vergessen, eine der beiden Zeilen zu ändern, oder dass wir uns in einer der Zeilen vertippen. Besser wäre es also, wenn wir die Anzahl der geleisteten Arbeitsstunden nur an einer einzigen Stelle im Programm ändern müssten. Gleiches gilt natürlich für den Arbeitslohn, der sich (hoffentlich) auch irgendwann einmal erhöht. Genau hier kommen nun Variablen ins Spiel.

Um Variablen in unserem Programm verwenden zu können, müssen wir dem Java-Compiler zunächst mitteilen, wie die Variablen heißen sollen und welche Art (also welchen Typ) von Werten wir in ihnen speichern wollen, sodass entsprechender Speicherplatz bereitgestellt werden kann. Diese Anweisung bezeichnen wir auch als **Deklaration**. Um in der Analogie der Postfächer zu bleiben: Wir müssen das Postfach mit einer bestimmten Größe (Brieffach, Paketfach, ...) erst einmal einrichten und es mit einer eindeutigen Postfachnummer versehen.

Eine solche Variablendeklaration hat stets folgende Form:

Syntaxregel

```
«VARIABLENTYP» «VARIABLENBEZEICHNER»;
```

Dabei entspricht «`VARIABLENTYP`» immer entweder einem einfachen Datentyp (**`byte`**, **`short`**, **`int`**, **`long`**, **`float`**, **`double`**, **`char`** oder **`boolean`**), einem Feldtyp oder einem Klassennamen (was die beiden letzten Varianten bedeuten, erfahren Sie später). «`VARIABLENBEZEICHNER`» ist eine eindeutige Zeichenfolge, die den in Abschnitt 3.1.2 beschriebenen Regeln für Bezeichner entspricht. Es hat sich allerdings eingebürgert, Variablennamen in Java in Kleinbuchstaben und ohne Sonderzeichen zusammenzuschreiben. Dabei wird mit einem Kleinbuchstaben begonnen und jedes neue Wort innerhalb des Bezeichners großgeschrieben, wie etwa in `tolleVariablenBezeichnung`. Daran wollen wir uns auch in Zukunft halten.

Um solchen Variablen nun Werte zuzuweisen, verwenden wir den **Zuweisungsoperator** =. Durch diesen wird der Wert des Ausdrucks auf der rechten Seite des Operators dem Speicherplatz der Variablen auf der linken Seite zugeordnet. D. h. der Ausdruck rechts vom Gleichheitszeichen muss immer erst „ausgerechnet" werden, bevor die Wertzuweisung an die Variable erfolgen kann.

Natürlich können wir einer Variablen nur Werte zuweisen, die sich innerhalb des Wertebereichs des angegebenen Variablentyps befinden (siehe dazu auch Abschnitt 3.3). So könnten wir zum Beispiel, um eine Variable `a` vom Typ **`int`** zu deklarieren und ihr den Wert 5 zuzuweisen, Folgendes schreiben:

```
int a;
a = 5;
```

Wenn man nach einer Variablendeklaration gleich einen Wert in die Variable schreiben will, ist in Java auch folgende Kurzform erlaubt:

```
int a = 5;
```

Damit haben wir zwei Aufgaben auf einmal bewältigt, nämlich

1. die **Deklaration**, d. h. das Einrichten der Variablen, und
2. die **Initialisierung**, d. h. das Festlegen des ersten Wertes der Variablen.

Zurück zu unserem Beispiel. Wir wollten das Programm `StundenRechner1` so umschreiben, dass die Werte für Arbeitsstunden und Stundenlohn nur noch an einer Stelle auftreten. Die Lösung dafür liegt in der Verwendung zweier Variablen für die Anzahl der Stunden und für den Stundenlohn. Das Programm sieht dann wie folgt aus:

```
1  public class StundenRechner2 {
2    public static void main(String[] args) {
3
4      int anzahlStunden = 12;
5      int stundenLohn   = 15;
6
7      System.out.print("Arbeitsstunden: ");
8      System.out.println(anzahlStunden);
9      System.out.print("Stundenlohn in EUR: ");
10     System.out.println(stundenLohn);
11     System.out.print("Damit habe ich letzte Woche ");
12     System.out.print(anzahlStunden * stundenLohn);
13     System.out.println(" EUR verdient.");
14
15   }
16 }
```

Die Zeilen 4 und 5 enthalten die benötigten Deklarationen und Initialisierungen der Variablen `anzahlStunden` und `stundenLohn`. In den Zeilen 8, 10 und 12 wird jetzt nur noch über den Variablennamen auf die Werte zugegriffen. Damit genügt, wenn wir nächste Woche unseren neuen Wochenlohn berechnen wollen, die Änderung einer einzigen Programmzeile.

Zu erwähnen ist noch, dass wir innerhalb unserer `main`-Methode auf eine Initialisierung einer Variablen nicht verzichten können. Der Compiler initialisiert diese nämlich nicht automatisch und meldet daher beim Übersetzen des Programms einen Fehler an der Stelle, an der wir die Variable zum ersten Mal verwenden wollen, und mahnt die fehlende Initialisierung der Variablen an.

Manchmal kann es sinnvoll sein, Variablen so zu vereinbaren, dass ihr Wert nach der Initialisierung im weiteren Programm nicht mehr verändert werden kann. Man spricht dann von sogenannten **`final`-Variablen** (oder auch von **symbolischen Konstanten**). Um eine solche unveränderliche Variable bzw. symbolische

Konstante zu deklarieren, muss man der üblichen Deklaration mit Initialisierung das Schlüsselwort **final** voranstellen:

Syntaxregel

```
final «VARIABLENTYP» «VARIABLENBEZEICHNER» = «AUSDRUCK»;
```

Wollten wir also in unserem obigen Beispielprogramm dafür sorgen, dass unsere Variable `stundenLohn` zur symbolischen Konstante wird, so könnten wir sie einfach mit

```
final int STUNDEN_LOHN = 15;
```

deklarieren. Wir sind dabei der Konvention gefolgt, symbolische Konstanten stets mit Großbuchstaben zu schreiben, was wir auch in Zukunft tun werden. Jede nachfolgende Zuweisung an `STUNDEN_LOHN`, also z. B.

```
STUNDEN_LOHN = 152;
```

wäre demnach unzulässig.
Zum Schluss dieses Abschnitts noch eine Bemerkung der Vollständigkeit halber. Weiter hinten im Buch werden wir auch Datentypen anderer Art kennenlernen, die teilweise etwas längliche oder gar komplizierte Namen tragen. Im Zusammenhang mit der Deklaration und gleichzeitigen Initialisierung von Variablen solcher Datentypen kann manchmal eine abkürzende Notation sinnvoll sein. Diese Kurzschreibweise verzichtet auf die explizite Nennung des Datentyps und lässt sich prinzipiell auch für einfache Datentypen anwenden. Allerdings immer nur unter der Voraussetzung, dass der Compiler anhand der Initialisierung erkennen kann, um welchen Datentyp es sich handelt. In diesem Fall deklariert man eine Variable lediglich mit dem vorangestellten kontextuellen Schlüsselwort **var**:

Syntaxregel

```
var «VARIABLENBEZEICHNER» = «AUSDRUCK»;
```

In unserem Beispielprogramm könnten wir die Variable `anzahlStunden` daher auch mit

```
var anzahlStunden = 15;
```

deklarieren sowie initialisieren, und der Compiler würde sie als **int**-Variable erkennen können. Wir werden in unserem Grundkursbuch aber auf diese Notation weitestgehend verzichten, denn die Typangabe ist auch für uns selbst beim Programmieren sinnvoll, um die erlaubten Inhalte einer Variable leichter zu erkennen.

3.4.2 Operatoren und Ausdrücke

In der Regel will man mit Werten, die man in Variablen gespeichert hat, im Verlauf eines Programms mehr oder minder sinnvolle Berechnungen durchführen, die

man im einfachsten Fall mit Hilfe komplexer Ausdrücke formulieren kann. Dazu stellt uns Java sogenannte Operatoren zur Verfügung. Auch in unserem letzten Beispielprogramm, `StundenRechner2`, haben wir schon verschiedene Operatoren benutzt, ohne näher darauf einzugehen. Das wollen wir jetzt nachholen.
Mit Operatoren lassen sich Werte, auch **Operanden** genannt, miteinander verknüpfen. Wie bereits beschrieben, kann man Operatoren nach der Anzahl ihrer Operanden in drei Kategorien einteilen. **Einstellige** Operatoren haben einen, **zweistellige** Operatoren zwei und **dreistellige** Operatoren drei Operanden. Synonym bezeichnet man diese Operatoren auch als **unär**, **binär** oder **ternär** bzw. **monadisch**, **dyadisch** oder **triadisch**.
Des Weiteren muss geklärt werden, in welcher Reihenfolge Operatoren und ihre Operanden in Java-Programmen geschrieben werden. Man spricht in diesem Zusammenhang auch von der **Notation** der Operatoren.
Die meisten einstelligen Operatoren werden in Java in der **Präfix**-Notation verwendet. Eine Ausnahme davon bilden die Inkrement- und Dekrementoperatoren, die sowohl in Präfix- als auch in **Postfix**-Notation verwendet werden können.[12]
Präfix-Notation bedeutet, dass der Operator vor seinem Operanden steht:

Syntaxregel

```
«OPERATOR» «OPERAND»
```

Von **Postfix**-Notation spricht man hingegen, wenn der Operator hinter seinem Operanden steht:

Syntaxregel

```
«OPERAND» «OPERATOR»
```

Zweistellige Operatoren in Java verwenden stets die **Infix**-Notation, in der der Operator zwischen seinen beiden Operanden steht:

Syntaxregel

```
«OPERAND» «OPERATOR» «OPERAND»
```

Der einzige dreistellige Operator in Java, `?:` (der Fragezeichen-Doppelpunkt-Operator oder **Bedingungsoperator**, siehe Abschnitt 3.4.2.4), benutzt ebenfalls die Infix-Notation:

Syntaxregel

```
«OPERAND» ? «OPERAND» : «OPERAND»
```

[12] Allerdings mit unterschiedlicher Bedeutung bzw. Semantik.

Neben der Anzahl der Operanden kann man Operatoren auch nach dem **Typ** der Operanden einteilen.
Nach dieser (etwas längeren) Vorrede stellen wir in den folgenden Abschnitten die Operatoren in Java im Einzelnen vor, gruppiert nach dem Typ ihrer Operanden. Dabei müssen wir neben der Syntax der Ausdrücke, also deren korrekter Form, auch deren Semantik beschreiben, also die Bedeutung bzw. Wirkung der Operation auf den jeweiligen Daten angeben.

3.4.2.1 Arithmetische Operatoren

Arithmetische Operatoren sind Operatoren, die Zahlen, also Werte vom Typ **`byte`**, **`short`**, **`int`**, **`long`**, **`float`**, **`double`** oder **`char`**, als Operanden erwarten. Sie sind in den Tabellen 3.5 und 3.6 zusammengefasst. Die Operatoren + und - können sowohl als zweistellige als auch als einstellige Operatoren verwendet werden.

Tabelle 3.5: Zweistellige arithmetische Operatoren

Operator	Beispiel	Wirkung
+	`a + b`	Addiert `a` und `b`
-	`a - b`	Subtrahiert `b` von `a`
*	`a * b`	Multipliziert `a` und `b`
/	`a / b`	Dividiert `a` durch `b`
%	`a % b`	Liefert den Rest bei der ganzzahligen Division `a / b`

Tabelle 3.6: Einstellige arithmetische Operatoren

Operator	Beispiel	Funktion
+	`+ a`	Identität (liefert den gleichen Wert wie `a`)
-	`- a`	Negation (liefert den negativen Wert von `a`)

Achtung: Der Operator + kann auch dazu benutzt werden, zwei Zeichenketten zu einer einzigen zusammenzufügen. So ergibt

```
"abcd" + "efgh"
```

die Zeichenkette

```
"abcdefgh"
```

Eine weitere Besonderheit stellt der **Ergebnistyp** arithmetischer Operationen dar. Damit meinen wir den Typ (also **`byte`**, **`short`**, **`int`**, **`long`**, **`float`**, **`double`**, **`char`** oder `String`) des Ergebnisses einer Operation, der durchaus nicht mit dem Typ beider Operanden übereinstimmen muss.
Bestes Beispiel dafür sind Programmzeilen wie etwa

```
short a = 1;
short b = 2;
short c = a + b;
```

die, obwohl dem Anschein nach korrekt, beim Compilieren zu folgender Fehlermeldung führen:

```
Konsole
Incompatible type for declaration.
Explicit cast needed to convert int to short.
```

Warum dies? Um den Ergebnistyp einer arithmetischen Operation zu bestimmen, geht der Java-Compiler wie folgt vor:

- Zunächst prüft er, ob einer der Operanden vom Typ **double** ist. Ist dies der Fall, so ist der Ergebnistyp dieser Operation **double**. Der andere Operand wird dann (falls notwendig) implizit nach **double** konvertiert und danach die Operation ausgeführt.
- War dies nicht der Fall, prüft der Compiler, ob einer der Operanden vom Typ **float** ist. Ist dies der Fall, so ist der Ergebnistyp dieser Operation **float**. Der andere Operand wird (falls erforderlich) dann implizit nach **float** konvertiert und danach die Operation ausgeführt.
- War dies auch nicht der Fall, so prüft der Compiler, ob einer der Operanden vom Typ **long** ist. Wenn ja, ist der Ergebnistyp dieser Operation **long**. Der andere Operand wird dann (falls notwendig) implizit nach **long** konvertiert und danach die Operation ausgeführt.
- Trat keiner der drei erstgenannten Fälle ein, so ist der Ergebnistyp dieser Operation auf jeden Fall **int**. Beide Operanden werden dann (falls erforderlich) implizit nach **int** konvertiert und danach die Operation ausgeführt.

Damit wird auch klar, warum obiges Beispiel eine Fehlermeldung produziert: Der Ausdruck `a + b` enthält keinen der Typen **double**, **float** oder **long**, daher wird der Ergebnistyp ein **int**. Diesen versuchen wir nun ohne explizite Typkonvertierung einer Variablen vom Typ **short** zuzuweisen, was zu einer Fehlermeldung führen muss, da der Wertebereich von **int** größer ist als der Wertebereich von **short**. Beheben lässt sich der Fehler jedoch ganz leicht, indem man explizit eine Typkonvertierung erzwingt. Die Zeilen

```
short a = 1;
short b = 2;
short c = (short)(a + b);
```

lassen sich daher anstandslos compilieren.

Was lernen wir daraus? Entweder verwenden wir ab jetzt für ganzzahlige Variablen nur noch den Typ **int** (hier tauchen diese Probleme nicht auf), oder aber wir achten bei jeder arithmetischen Operation darauf, das Ergebnis explizit in den geforderten Typ zu konvertieren. In jedem Falle aber wissen wir jetzt, wie wir Fehler dieser Art beheben können.

Achtung: Im Zusammenhang mit der Typwandlung wollen wir an dieser Stelle nochmals auf die Besonderheiten im Kontext der arithmetischen Operatoren hinweisen.

- Wird der Operator + dazu benutzt, einen Zeichenketten-Operanden (`String`-Operanden) und einen Operanden eines beliebigen anderen Typs zu verknüpfen, so wird der andere Operand implizit nach `String` gewandelt.
- Wie in Abschnitt 3.3.6 bereits erwähnt, kann der Wert eines arithmetischen Ausdrucks automatisch in den Typ **`byte`**, **`short`** oder **`char`** gewandelt werden, wenn es sich um einen konstanten Wert vom Typ **`int`** handelt. Man spricht in diesem Fall von einem **konstanten Ausdruck**, dessen Wert bereits beim Compilieren (also beim Übersetzen des Quelltexts in den Java-Bytecode) bestimmt werden kann.

  Ganz allgemein darf ein konstanter Ausdruck lediglich Literalkonstanten und finale Variablen (symbolische Konstanten) der einfachen Datentypen oder Zeichenketten-Literale (`String`-Konstanten) enthalten. Zulässige konstante Ausdrücke wären also beispielsweise

  ```
  3 - 5.0 * 10            // Typ double
  2 + 5 - 'a'             // Typ int
  "good" + 4 + "you"      // Typ String
  ```

3.4.2.2 Bitoperatoren

Um diese Kategorie von Operatoren zu verstehen, müssen wir uns zunächst nochmals klarmachen, wie Werte im Computer gespeichert werden. Grundsätzlich kann ein Computer (bzw. die Elektronik, die in einem Computer enthalten ist) nur zwei Zustände unterscheiden: Aus oder An. Diesen Zuständen ordnen wir nun der Einfachheit halber die Zahlenwerte 0 und 1 zu. Die kleinste Speichereinheit, in der ein Computer genau einen dieser Werte speichern kann, nennen wir bekanntlich ein **Bit**. Um nun beliebige Zahlen und Buchstaben darstellen zu können, werden mehrere Bits zu neuen, größeren Einheiten zusammengefasst. Dabei entsprechen 8 Bits einem **Byte**, 1000 Bytes einem **Kilobyte** bzw. 1024 Bytes einem **Kibibyte** (siehe auch Abschnitt 1.1).
Bitoperatoren lassen ganzzahlige Operanden zu, arbeiten aber nicht mit dem ganzzahligen, eigentlichen Wert der Operanden, sondern nur mit deren Bits.[13] Auch hier unterscheidet man zwischen unären und binären Operationen. Die einzige unäre Operation, die **Negation** (dargestellt durch das Zeichen ~), liefert bitweise stets das Komplement des Operanden, wie in Tabelle 3.7 dargestellt.

Tabelle 3.7: Bitweise Negation

a	~a
0	1
1	0

[13] Diese Operationen sind beispielsweise für die Definition und Manipulation selbst definierter Datentypen sinnvoll, bei denen bestimmte Dinge durch Bitketten einer bestimmten Länge codiert werden. Zur Bearbeitung dieser Bitketten benötigt man dann Operationen, die die einzelnen Bits in einer genau definierten Weise verändern.

Daneben existieren drei binäre Operationen: das logische **Und** (dargestellt durch `&`), das logische **Oder** (`|`) und das logische **exklusive Oder** (`^`), deren bitweise Wirkungsweisen in Tabelle 3.8 dargestellt sind. Um also bei der Verknüpfung zweier Bits den Wert 1 zu erhalten, müssen

- bei der Operation `&` beide Bits den Wert 1 haben,
- bei der Operation `|` mindestens eines der Bits den Wert 1 haben und
- bei der Operation `^` genau eines der Bits den Wert 1 haben.

Tabelle 3.8: Und, Oder und exklusives Oder

a	b	a & b	a | b	a ^ b
0	0	0	0	0
0	1	0	1	1
1	0	0	1	1
1	1	1	1	0

Bei der bitweisen Verknüpfung zweier ganzzahliger Operanden werden diese Bitoperationen auf mehrere Bits (Stelle für Stelle) gleichzeitig angewendet. So liefert beispielsweise das Programmstück

```
byte a = 9;
byte b = 3;
System.out.println(a & b);
System.out.println(a | b);
```

die Ausgabe

```
Konsole
1
11
```

weil der **`byte`**-Wert 9 dem Bitmuster `00001001` und der **`byte`**-Wert 3 dem Bitmuster `00000011` entspricht und somit die bitweise Verknüpfung `a & b` das Bitmuster `00000001`, also den dezimalen **`byte`**-Wert 1, liefert, während die bitweise Verknüpfung `a | b` das Bitmuster `00001011`, also den dezimalen **`byte`**-Wert 11 liefert. Die Bitoperatoren sind in Tabelle 3.9 aufgelistet, während Tabelle 3.10 die sogenannten **Schiebeoperatoren** aufführt.

Tabelle 3.9: Bitoperatoren

Operator	Beispiel	Wirkung
~	~ a	Negiert a bitweise
&	a & b	Verknüpft a und b bitweise durch ein logisches Und
|	a | b	Verknüpft a und b bitweise durch ein logisches Oder
^	a ^ b	Verknüpft a und b bitweise durch ein logisches exklusives Oder

Schiebeoperatoren verschieben alle Bits eines ganzzahligen Wertes um eine vorgegebene Anzahl von Stellen nach links bzw. rechts. Das Schieben der Bits um

Tabelle 3.10: Schiebeoperatoren

Operator	Beispiel	Funktion
<<	`a << b`	Schiebt die Bits in a um b Stellen nach links und füllt mit 0-Bits auf
>>	`a >> b`	Schiebt die Bits in a um b Stellen nach rechts und füllt mit dem höchsten Bit von a auf
>>>	`a >>> b`	Schiebt die Bits in a um b Stellen nach rechts und füllt mit 0-Bits auf

eine Stelle nach links bzw. rechts kann auch als Multiplikation bzw. als Division des Wertes mit bzw. durch 2 interpretiert werden.

3.4.2.3 Zuweisungsoperator

Eine Sonderstellung unter den Operatoren nimmt der **Zuweisungsoperator** = ein. Mit ihm kann man einer Variablen Werte zuordnen. Der Ausdruck

```
a = 3;
```

ordnet beispielsweise der Variablen a den Wert 3 zu. Rechts vom Zuweisungszeichen kann nicht nur ein konstanter Wert, sondern auch eine Variable oder ein Ausdruck stehen. Um den gleichen Wert mehreren Variablen gleichzeitig zuzuordnen, kann man auch ganze Zuordnungsketten bilden, etwa

```
a = b = c = 5;
```

Hier wird der Wert 5 allen drei Variablen a, b, c zugeordnet. Möglich wird dies deshalb, weil jede Zuweisung selbst wieder ein Ausdruck ist, dessen Wert der Wert der linken Seite ist, der wiederum an die jeweils nächste linke Seite weitergegeben werden kann.
Achtung: Der Zuweisungsoperator = hat grundsätzlich nichts mit der aus der Mathematik bekannten Gleichheitsrelation (Identität) zu tun, die das gleiche Zeichen = benutzt. Ein mathematischer Ausdruck der Form

```
a = a + 1
```

ist für eine reelle Zahl a natürlich falsch, die Java-Anweisung

```
a = a + 1;
```

dagegen ist syntaktisch völlig korrekt und erhöht den Wert der Variablen a um 1. Oft will man mit dem Wert einer Variablen Berechnungen anstellen und das Ergebnis danach in der gleichen Variablen speichern. Dann ist es lästig, den Variablennamen sowohl links als auch rechts des Zuweisungsoperators zu tippen. Daher bietet Java für viele binäre Operatoren auch eine verkürzende Schreibweise an. Statt

```
a = a + 1;
```

kann man daher auch kürzer

```
a += 1;
```

schreiben. Beide Ausdrücke sind völlig äquivalent und erhöhen den Wert der Variablen `a` um 1. Tabelle 3.11 fasst alle möglichen abkürzenden Schreibweisen zusammen.

Tabelle 3.11: Abkürzende Schreibweisen für binäre Operatoren

<table>
<tr><th>Abkürzung</th><th>Beispiel</th><th>äquivalent zu</th></tr>
<tr><td>+=</td><td>a += b</td><td>a = a + b</td></tr>
<tr><td>-=</td><td>a -= b</td><td>a = a - b</td></tr>
<tr><td>*=</td><td>a *= b</td><td>a = a * b</td></tr>
<tr><td>/=</td><td>a /= b</td><td>a = a / b</td></tr>
<tr><td>%=</td><td>a %= b</td><td>a = a % b</td></tr>
<tr><td>&=</td><td>a &= b</td><td>a = a & b</td></tr>
<tr><td>|=</td><td>a |= b</td><td>a = a | b</td></tr>
<tr><td>^=</td><td>a ^= b</td><td>a = a ^ b</td></tr>
<tr><td><<=</td><td>a <<= b</td><td>a = a << b</td></tr>
<tr><td>>>=</td><td>a >>= b</td><td>a = a >> b</td></tr>
<tr><td>>>>=</td><td>a >>>= b</td><td>a = a >>> b</td></tr>
</table>

3.4.2.4 Vergleichsoperatoren und logische Operatoren

Eine weitere Gruppe von Operatoren bilden die sogenannten **Vergleichsoperatoren**. Diese stets binären Operatoren vergleichen ihre Operanden miteinander und geben immer ein Ergebnis vom Typ **`boolean`**, also entweder **`true`** oder **`false`**, zurück. Im Einzelnen sind dies die in Tabelle 3.12 aufgeführten Operatoren.

Tabelle 3.12: Vergleichsoperatoren

Operator	Beispiel	liefert genau dann **`true`**, wenn ...
>	a > b	... a größer als b ist
>=	a >= b	... a größer als oder gleich b ist
<	a < b	... a kleiner als b ist
<=	a <= b	... a kleiner als oder gleich b ist
==	a == b	... a gleich b ist
!=	a != b	... a ungleich b ist

Um nun komplexe Ausdrücke zu erstellen, werden die Vergleichsoperatoren meist durch sogenannte **logische Operatoren** verknüpft. Diese ähneln auf den ersten Blick den schon vorgestellten Bitoperatoren. Allerdings erwarten logische Operatoren stets Operanden vom Typ **`boolean`**, und ihr Ergebnistyp ist ebenfalls **`boolean`**. Wie bei den Bitoperatoren existieren auch hier Operatoren für logisches Und (Operator `&`), logisches Oder (Operator |), exklusives Oder (Operator ^) und Negation (Operator `!`), deren Wirkung Tabelle 3.13 darstellt.

Eine Besonderheit stellen die Operatoren `&&` und || dar. Bei ihnen wird der zweite Operand nur dann ausgewertet, wenn das Ergebnis der Operation nicht schon

Tabelle 3.13: Logisches Und, Oder und die Negation

<table>
<tr><th>a</th><th>b</th><th>a & b</th><th>a | b</th><th>a ^ b</th><th>! a</th></tr>
<tr><td>false</td><td>false</td><td>false</td><td>false</td><td>false</td><td>true</td></tr>
<tr><td>false</td><td>true</td><td>false</td><td>true</td><td>true</td><td>true</td></tr>
<tr><td>true</td><td>false</td><td>false</td><td>true</td><td>true</td><td>false</td></tr>
<tr><td>true</td><td>true</td><td>true</td><td>true</td><td>false</td><td>false</td></tr>
</table>

nach Auswertung des ersten Operanden klar ist. Im Fall `a` && `b` muss also `b` nur dann ausgewertet werden, wenn die Auswertung von `a` den Wert **`true`** ergibt. Im Fall `a` || `b` muss `b` nur dann ausgewertet werden, wenn `a` den Wert **`false`** ergibt. Ist also beispielsweise der Ausdruck `(a > 15) && (b < 20)` zu bewerten und der Wert der Variablen `a` gerade `10`, so ergibt der erste Teilausdruck `(a > 15)` zunächst **`false`**. In diesem Fall musste der Wert der Variablen `b` gar nicht mehr geprüft werden, da der gesamte Ausdruck nur noch **`false`** sein kann. Was haben wir nun davon? Zunächst kann man durch geschickte Ausnutzung dieser Operatoren im Einzelfall die Ausführungsgeschwindigkeit des Programms steigern. Müssen an einer Stelle eines Programms zwei Bedingungen auf **`true`** überprüft werden und ist das Ergebnis der einen Bedingung in 90% aller Fälle **`false`**, so empfiehlt es sich, diese Bedingung zuerst überprüfen zu lassen und die zweite über den bedingten Operator anzuschließen. Jetzt muss die zweite Bedingung nur noch in den 10% aller Fälle überprüft werden, in denen die erste Bedingung wahr wird. In allen anderen Fällen läuft das Programm schneller ab. Des Weiteren lässt sich, falls die Bedingungen nicht nur Variablen, sondern auch Aufrufe von Methoden enthalten (was das genau ist, erfahren wir später), mit Hilfe eines bedingten Operators erreichen, dass bestimmte Programmteile überhaupt nicht abgearbeitet werden. Doch dazu später mehr.
Tabelle 3.14 fasst alle logischen Operatoren zusammen.

Tabelle 3.14: Logische Operatoren

<table>
<tr><th>Operator</th><th>Beispiel</th><th>Funktion</th></tr>
<tr><td>&</td><td>a & b</td><td>Verknüpft a und b durch ein logisches Und</td></tr>
<tr><td>&&</td><td>a && b</td><td>Verknüpft a und b durch ein logisches Und
(nur bedingte Auswertung von b)</td></tr>
<tr><td>|</td><td>a | b</td><td>Verknüpft a und b durch ein logisches Oder</td></tr>
<tr><td>||</td><td>a || b</td><td>Verknüpft a und b durch ein logisches Oder
(nur bedingte Auswertung von b)</td></tr>
<tr><td>^</td><td>a ^ b</td><td>Verknüpft a und b durch ein logisches exklusives Oder</td></tr>
<tr><td>!</td><td>! a</td><td>Negiert a</td></tr>
</table>

Eine Sonderstellung unter den Operatoren nimmt der dreistellige Bedingungsoperator `?:` ein. Eigentlich stellt er nur eine verkürzende Schreibweise für eine **`if`**-Entscheidungsanweisung dar (siehe Abschnitt 3.5.3). Als ersten Operanden erwartet er einen Ausdruck mit Ergebnistyp **`boolean`**, als zweiten und dritten

jeweils Ausdrücke, die beide von einem numerischen Datentyp, beide vom Typ **boolean** oder beide vom Typ String sind.[14] Liefert der erste Operand **true** zurück, so gibt der Operator den Wert seines zweiten Operanden zurück. Liefert der erste Operand **false**, so ist der Wert des dritten Operanden das Ergebnis der Operation.
Beispiel: Der Ausdruck

```
(a == 15) ? "a ist 15" : "a ist nicht 15"
```

liefert die Zeichenkette `a ist 15`, falls die Variable `a` den Wert `15` enthält, und die Zeichenkette `a ist nicht 15` in allen anderen Fällen.

3.4.2.5 Inkrement- und Dekrementoperatoren

Auch hier handelt es sich eigentlich nur um verkürzte Schreibweisen von häufig verwendeten Ausdrücken. Um den Inhalt der Variablen `a` um eins zu erhöhen, könnten wir – wie wir mittlerweile wissen – beispielsweise schreiben:

```
a = a + 1;
```

Alternativ bietet sich – auch das haben wir schon gelernt – der verkürzte Zuweisungsoperator an, d. h.

```
a += 1;
```

In diesem speziellen Fall (Erhöhung des Variableninhaltes um genau `1`) bietet sich jetzt eine noch kürzere Schreibweise an, nämlich

```
a++;
```

Der **Inkrementoperator** `++` ist also unär und erhöht den Wert seines Operanden um eins. Analog dazu erniedrigt der **Dekrementoperator** `--`, ebenfalls ein unärer Operator, den Wert seines Operanden um eins. Beide Operatoren dürfen nur auf Variablen angewendet werden.
Was bleibt zu beachten? Wie bereits erwähnt, können beide Operatoren sowohl in Präfix- als auch in Postfix-Notation verwendet werden. Wird der Operator in einer isolierten Anweisung – wie in obigem Beispiel – verwendet, so sind beide Notationen äquivalent.
Sind Inkrement- bzw. Dekrementoperator jedoch Teil eines größeren Ausdrucks, so hat die Notation entscheidenden Einfluss auf das Ergebnis des Ausdrucks. Bei Verwendung der Präfix-Notation wird der Wert der Variablen *erst* erhöht bzw. erniedrigt und *dann* der Ausdruck ausgewertet. Analog dazu wird bei der Postfix-Notation *zuerst* der Ausdruck ausgewertet und *dann* erst das Inkrement bzw. Dekrement durchgeführt.
Beispiel:

```
a = 5;
b = a++;
c = 5;
d = --c;
```

[14] Genauer gesagt können beide auch von einem beliebigen anderen Referenzdatentyp sein. Auf solche Datentypen gehen wir jedoch erst in Kapitel 4 ein.

Nach Ausführung dieses Programmsegments enthält `b` den Wert `5`, da *zuerst* der Ausdruck ausgewertet und *dann* das Inkrement ausgeführt wird. `d` dagegen enthält den Wert `4`, da hier *zuerst* das Dekrement durchgeführt und *dann* der Ausdruck ausgewertet wird. Am Ende haben `a` den Wert 6 und `c` den Wert 4.

3.4.2.6 Priorität und Auswertungsreihenfolge der Operatoren

Bislang haben wir alle Operatoren nur isoliert betrachtet, d. h. unsere Ausdrücke enthielten jeweils nur einen Operator. Verwendet man jedoch mehrere Operatoren in einem Ausdruck, stellt sich die Frage, in welcher Reihenfolge die einzelnen Operationen ausgeführt werden. Dies ist durch die Prioritäten der einzelnen Operatoren festgelegt. Dabei werden Operationen höherer Priorität stets vor Operationen niedrigerer Priorität ausgeführt, wenn nicht Klammern (siehe unten) dies anders regeln. Haben mehrere zweistellige Operationen, die im gleichen Ausdruck stehen, die gleiche Priorität, so wird – außer bei Zuweisungsoperatoren – stets von links nach rechts ausgewertet. Der Zuweisungsoperator = sowie alle verkürzten Zuweisungsoperatoren – also +=, −=, usw. – werden, wenn sie nebeneinander in einem Ausdruck vorkommen, dagegen von rechts nach links ausgewertet.
Tabelle 3.15 enthält alle Operatoren, die wir bisher kennengelernt haben, geordnet nach deren Priorität. Mit der obersten Gruppe von Operatoren mit höchster Priorität (15) werden wir uns erst in den Kapiteln über Referenzdatentypen (Felder und Klassen) und über Methoden näher beschäftigen.

Tabelle 3.15: Priorität der Operatoren

<table>
<tr><th>Bezeichnung</th><th>Operator</th><th>Priorität</th></tr>
<tr><td>Komponentenzugriff bei Klassen</td><td>.</td><td>15</td></tr>
<tr><td>Komponentenzugriff bei Feldern</td><td>[ ]</td><td>15</td></tr>
<tr><td>Methodenaufruf</td><td>( )</td><td>15</td></tr>
<tr><td>Unäre Operatoren</td><td>++, −, +, −, ~, !</td><td>14</td></tr>
<tr><td>Explizite Typkonvertierung</td><td>( )</td><td>13</td></tr>
<tr><td>Multiplikative Operatoren</td><td>*, /, %</td><td>12</td></tr>
<tr><td>Additive Operatoren</td><td>+, −</td><td>11</td></tr>
<tr><td>Schiebeoperatoren</td><td><<, >>, >>></td><td>10</td></tr>
<tr><td>Vergleichsoperatoren</td><td><, >, <=, >=</td><td>9</td></tr>
<tr><td>Vergleichsoperatoren
(Gleichheit/Ungleichheit)</td><td>==, !=</td><td>8</td></tr>
<tr><td>bitweises bzw. logisches Und</td><td>&</td><td>7</td></tr>
<tr><td>bitweises exklusives Oder</td><td>^</td><td>6</td></tr>
<tr><td>bitweises bzw. logisches Oder</td><td>|</td><td>5</td></tr>
<tr><td>logisches Und</td><td>&&</td><td>4</td></tr>
<tr><td>logisches Oder</td><td>||</td><td>3</td></tr>
<tr><td>Bedingungsoperator</td><td>?:</td><td>2</td></tr>
<tr><td>Zuweisungsoperatoren</td><td>=, +=, −= usw.</td><td>1</td></tr>
</table>

Praktisch bedeutet dies für uns, dass wir bedenkenlos „Punkt-vor-Strich-Rechnung“ verwenden können, ohne uns über Prioritäten Gedanken machen zu müssen. Da multiplikative Operatoren eine höhere Priorität als additive haben, werden Ausdrücke wie z. B.

```
4 + 3 * 2
```

wie erwartet korrekt ausgewertet (hier: Ergebnis ist `10`, nicht `14`). Darüber hinaus sollten wir aber lieber ein Klammernpaar zu viel als zu wenig verwenden, um die gewünschte Ausführungsreihenfolge der Operationen zu garantieren. Mit den runden Klammern `()` können wir nämlich, genau wie in der Mathematik, die Reihenfolge der Operationen eindeutig festlegen, gleichgültig, welche Priorität ihnen zugeordnet ist.

3.4.3 Allgemeine Ausdrücke

Wie wir gesehen haben, setzen sich Ausdrücke in Java aus Operatoren und Operanden zusammen. Die Operanden selbst können dabei wieder

- Konstanten,
- Variablen,
- geklammerte Ausdrücke oder
- Methodenaufrufe

sein. Die letztgenannten Methodenaufrufe werden wir erst später genauer kennenlernen. Wir wollen daher im Folgenden nur etwas Ähnliches wie Aufrufe von mathematischen Standardfunktionen (wie z. B. sin oder cos) darunter verstehen. In Java sind diese Funktionen, wie bereits erwähnt, nicht im Sprachkern enthalten. Sie wurden ausgelagert in die Klasse `Math`. Wir können sie daher nur mit dem vorgestellten Klassennamen (also z. B. `Math.sin(5.3)`) aufrufen.

3.4.3.1 Reihenfolge der Operationen in Ausdrücken

Sind beide Operanden einer Operation selbst wieder Ausdrücke (also z. B. geklammerte Operationen oder Methodenaufrufe), wird *immer* erst der linke und dann der rechte Operand berechnet. Der Ausdruck in der Java-Programmzeile

```
b = Math.sqrt(3.5 + x) * 5 / 3 - (x + 10) * (x -4.1) < 0;
```

wird somit gemäß den Prioritäten wie folgt abgearbeitet (die Zwischenergebnisse haben wir der Einfachheit halber mit `z1` bis `z8` durchnummeriert):

```
z1 = 3.5 + x;
z2 = Math.sqrt(z1);
z3 = z2 * 5;
z4 = z3 / 3;
z5 = x + 10;
z6 = x - 4.1;
z7 = z5 * z6;
z8 = z4 - z7;
 b = z8 < 0;
```

3.4.3.2 Potenzielle Probleme bei der Auswertung von Ausdrücken

Bei der Auswertung von arithmetischen Ausdrücken stimmt das berechnete Ergebnis nicht immer mit dem tatsächlichen Wert des Ausdrucks überein, da die Auswertung von den verwendeten Datentypen abhängig und bedingt durch die endliche Zahlendarstellung stets Rundungsfehlern ausgesetzt ist. Im Kontext von allgemeinen Ausdrücken haben wir es immer wieder einmal mit erwarteten oder unerwarteten Problemen in der Programmausführung zu tun. Nehmen wir zum Beispiel die Anweisungen:

```
double x = (1 / 3) * (10.0 - 7);   // entspricht x = 0.0
double y = (10.0 - 7) / 3;         // entspricht y = 1.0
```

Vom mathematischen Standpunkt aus betrachtet sollten `x` und `y` nach der Auswertung der Ausdrücke auf der rechten Seite und der anschließenden Zuweisung den gleichen Wert, nämlich den Wert 1.0, haben. Dies ist allerdings nicht der Fall. In der Auswertung des Ausdrucks für `x` wird nämlich zunächst der Wert des linken Teil-Ausdrucks innerhalb der Klammern berechnet. In diesem Ausdruck `1 / 3` haben wir es nur mit **`int`**-Operanden zu tun, sodass aufgrund der in Abschnitt 3.4.2.1 vorgestellten Regel bei der Division auch wieder ein **`int`**-Ergebnis geliefert wird. Und 1 geteilt durch 3 liefert daher den Wert ganzzahligen Wert 0. Dieser wird dann mit dem Ergebnis des rechten Teil-Ausdrucks verknüpft. D. h. es wird 0 mit dem Wert 3.0 multipliziert, was den **`double`**-Wert 0.0 als Ergebnis liefert.

Anders bei der Ausdrucksauswertung für `y`: Hier wird zunächst der Teil-Ausdruck in Klammern ausgewertet, in dem der **`int`**-Wert 7 vom **`double`**-Wert 10.0 abgezogen wird, was den **`double`**-Wert 3.0 liefert. Danach wird dieses Zwischenergebnis durch den **`int`**-Wert 3 geteilt, was im Ergebnis wiederum den **`double`**-Wert 1.0 liefert. Bei der Formulierung von allgemeinen Ausdrücken heißt es also aufpassen, um nicht zur Laufzeit des Programms unerwartete Ergebnisse zu erhalten.

Neben solchen unerwarteten Ergebnissen, kann es durchaus auch dazu kommen, dass unser Programm bei der Auswertung von Ausdrücken in einen Fehlerzustand gerät und dabei abbricht. Man spricht dann von einem sogenannten **Laufzeitfehler**. Schauen wir uns auch dazu beispielhaft drei Anweisungen an:

```
double a = (10.0 - 7) / (1 / 3);   // entspricht a = Infinity
double b = (7.0 - 7) / (1 / 3);    // entspricht b = NaN
double c = (10 - 7) / (1 / 3);     // Programmabbruch!!!
```

Wieder haben wir es mit geklammerten Teilausdrücken zu tun, und wie in den Beispielen zuvor müssen diese zunächst ausgewertet und dann weiter verknüpft werden. Wenn wir dies einmal gedanklich durchführen, sehen wir besser, was nun eigentlich noch auszuwerten ist:

```
double a = 3.0 / 0;     // entspricht a = Infinity
double b = 0.0 / 0;     // entspricht b = NaN
double c = 3 / 0;       // Programmabbruch!!!
```

In den Ausdrücken für `a` und für `b` wird jeweils ein **`double`**-Wert mit einem **`int`**-Wert verknüpft, sodass wir ein **`double`**-Ergebnis erhalten, denn in diesen Fällen sind alle Operationen zulässig. Und auch wenn es sich um mathematisch eigentlich nicht erlaubte Operationen (Division durch Null) handelt, liefert die in Java verwendete **double**-Arithmetik in beiden Fällen ein Ergebnis, nämlich „unendlich" („Infinity") bzw. „keine Zahl" („Not a Number", abgekürzt NaN). Interessanterweise könnten wir mit diesen beiden zulässigen **double**-Werten sogar weiterrechnen! Was das genau bedeutet, wollen wir hier nicht weiter vertiefen. Man kann es bei Bedarf oder Interesse in der Java-Sprachspezifikation [12, 33] nachlesen.

Was aber passiert beim Ausdruck für `c`? Hier haben wir es ebenfalls mit einer Division durch Null zu tun, allerdings aufgrund der beiden **int**-Operanden mit einer *ganzzahligen Division durch Null.* Und eine solche ist in Java nicht erlaubt und führt zu einem Laufzeitfehler, der zum Programmabbruch mit entsprechender Fehlermeldung führt.

Wir werden im Laufe unseres Grundkurses noch weitere solche kritischen Programmsituationen kennenlernen, aber uns auch mit Verfahren beschäftigen, die es unseren Programmen möglich machen, selbst auf diese Situationen zu reagieren, ohne zur Laufzeit einen Programmabbruch zu verursachen.

3.4.4 Ein- und Ausgabe

Da wir nun mit den einfachen Datentypen umgehen können, wird sich natürlich auch die Notwendigkeit ergeben, Werte für Ausdrücke dieser Datentypen auf die Konsole auszugeben bzw. Werte für Variablen dieser Datentypen einzulesen. Wie bereits erwähnt, stellen wir für Letzteres die Klasse `IOTools` zur Verfügung, in der für jede Art von einzulesendem Wert (ganze Zahl, Gleitkommawert, logischer Wert etc.) eine entsprechende Methode bereitgestellt wird. Diese Methoden sind im Anhang C detailliert beschrieben. Wir wollen uns hier zumindest noch ein kleines Beispielprogramm anschauen, in dem einige dieser Methoden verwendet werden und das gleichzeitig die Verwendung der `println`-Methode verdeutlicht.

```
import Prog1Tools.IOTools;

public class IOToolsTest {

  public static void main (String[] args) {

    int     i, j, k;
    double  d;
    char    c;
    boolean b;

    // int-Eingabe ohne Prompt (ohne vorherige Ausgabe)
    i = IOTools.readInteger();

    // int-Eingabe mit Prompt
    System.out.print("j = ");
    j = IOTools.readInteger();
```

```

        // Vereinfachte int-Eingabe mit Prompt
        k = IOTools.readInteger("k = ");

        // double-Eingabe mit Prompt
        d = IOTools.readDouble("d = ");

        // char-Eingabe mit Prompt
        c = IOTools.readChar("c = ");

        // boolean-Eingabe mit Prompt
        b = IOTools.readBoolean("b = ");

        // Testausgaben
        System.out.println("i = " + i);
        System.out.println("j = " + j);
        System.out.println("k = " + k);
        System.out.println("d = " + d);
        System.out.println("c = " + c);
        System.out.println("b = " + b);
    }
}
```

Wenn wir dieses Programm übersetzen und starten, könnte sich (natürlich abhängig von unseren Benutzereingaben) folgender Programmablauf ergeben (zur Verdeutlichung unserer Eingaben haben wir diese etwas nach rechts verschoben; in der linken Spalte ist also jeweils zu sehen, was das Programm ausgibt, in der rechten Spalte stehen unsere Eingaben):

Konsole

```
                                                       123
j =                                                    a
Eingabefehler
java.lang.NumberFormatException: a
Bitte Eingabe wiederholen...
                                                       1234
k =                                                    12345
d =                                                    123.456789
c =                                                    x
b =                                                    true
i = 123
j = 1234
k = 12345
d = 123.456789
c = x
b = true
```

Insbesondere bei der ersten Eingabe erkennen wir, wie wichtig es ist, vor jeder Eingabe zumindest eine kurze Information darüber auszugeben, dass nun eine Eingabe erfolgen soll. Man spricht auch von einem sogenannten **Prompt** (deutsch: Aufforderung). Ohne diese Ausgabe (wie beim ersten Eingabebeispiel) scheint das Programm nämlich erst mal zu „hängen“, weil wir nicht sofort merken, dass wir schon etwas eingeben können.

3.4.4.1 Statischer Import der IOTools-Methoden

Die Anwendung der `IOTools`-Methoden lässt sich deutlich vereinfachen, da es möglich ist, die statischen Methoden einer Klasse, z. B. eben der Klasse `IOTools`, so zu importieren, dass sie ohne den vorangestellten Klassennamen verwendet werden können.
Der statische Import einer einzelnen Methode wird syntaktisch in der Form

Syntaxregel

```
import static «PAKETNAME».«KLASSENNAME».«METHODENNAME»;
```

angegeben. Sollen alle Klassenmethoden einer Klasse importiert werden, so wird dies durch

Syntaxregel

```
import static «PAKETNAME».«KLASSENNAME».*;
```

angezeigt.
Nachfolgend nun eine Version unseres weiter oben angegebenen Programms `IOToolsTest`, in der wir alle Methoden der Klasse `IOTools` statisch importieren. Die Aufrufe der Einlesemethoden fallen nun deutlich kürzer aus.

```
import static Prog1Tools.IOTools.*;

public class IOToolsTestMitStaticImport {
  public static void main (String[] args) {
    int     i, j, k;
    double  d;
    char    c;
    boolean b;

    // int-Eingabe ohne Prompt (ohne vorherige Ausgabe)
    i = readInteger();

    // int-Eingabe mit Prompt
    System.out.print("j = ");
    j = readInteger();

    // Vereinfachte int-Eingabe mit Prompt
    k = readInteger("k = ");

    // double-Eingabe mit Prompt
    d = readDouble("d = ");

    // char-Eingabe mit Prompt
    c = readChar("c = ");

```

```
        // boolean-Eingabe mit Prompt
        b = readBoolean("b = ");

        // Testausgaben
        System.out.println("i = " + i);
        System.out.println("j = " + j);
        System.out.println("k = " + k);
        System.out.println("d = " + d);
        System.out.println("c = " + c);
        System.out.println("b = " + b);
    }
}
```

3.4.5 Zusammenfassung

Im letzten, zugegebenermaßen etwas längeren Abschnitt haben wir gelernt, was Variablen sind (Analogie: Postfächer), haben Operatoren kennengelernt, mit denen wir Werte verknüpfen und zu Ausdrücken kombinieren können.

3.4.6 Übungsaufgaben

Aufgabe 3.9

Die nachfolgenden Programmfragmente weisen jeweils einen syntaktischen bzw. semantischen Fehler auf und lassen sich daher nicht compilieren. Finden Sie die Fehler, und begründen Sie kurz Ihre Wahl.

a) `boolean false, println;`

b) `char ab, uv, x y;`

c) `int a = 0x1, c = 1e2;`

d) `double a, b_c, d-e;`

e) `int mo, di, mi, do, fr, sa, so;`

f) `System.out.println("10 = ", 10);`

Aufgabe 3.10

Schreiben Sie ein Programm, das Sie auffordert, Name und Alter einzugeben. Das Programm soll Sie danach mit Ihrem Namen begrüßen und Ihr Alter *in Tagen* ausgeben. Verwenden Sie die `IOTools`.
Hinweis: Für die Umwandlung des Alters in Tage brauchen Sie die Schaltjahre nicht zu berücksichtigen.

Aufgabe 3.11

Gegeben sei das folgende Java-Programm:

```
public class Plus {
  public static void main (String args []) {
    int a = 1, b = 2, c = 3, d = 4;
    System.out.println(++a);
    System.out.println(a);
    System.out.println(b++);
    System.out.println(b);
    System.out.println((++c) + (++c));
    System.out.println(c);
    System.out.println((d++) + (d++));
    System.out.println(d);
  }
}
```

Vollziehen Sie das Programm nach, und überlegen Sie sich, welche Werte ausgegeben werden.

Aufgabe 3.12

Bei der Ausgabe mehrerer Werte mit nur einer `System.out.print`- oder `System.out.println`-Anweisung müssen die auszugebenden Werte mittels + als Strings (Zeichenketten) miteinander verknüpft werden.

a) Warum kann man die auszugebenden Werte nicht einfach als Kommaliste aufzählen?

b) Was passiert, wenn man einen `String`-Operanden mit einem Operanden eines beliebigen anderen Datentyps mittels + verknüpft?

c) Stellen Sie bei den nachfolgenden Ausgabeanweisungen fest, welche zulässig und welche aufgrund eines fehlerhaften Ausdrucks im Argument der `println`-Methode unzulässig sind.

   Korrigieren Sie die unzulässigen Anweisungen, indem Sie eine geschickte Klammerung einbauen. Geben Sie an, was ausgegeben wird.

```
double x = 1.0, y = 2.5;
System.out.println(x / y);
System.out.println("x / y = " + x / y);
System.out.println(x + y);
System.out.println("x + y = " + x + y);
System.out.println(x - y);
System.out.println("x - y = " + x - y);
System.out.println(1 + 2 + 3 + 4);
System.out.println(1 + 2 + 3 + "4");
System.out.println("1" + 2 + 3 + 4);
System.out.println("Hilfe" + true + 3);
System.out.println(true + 3 + "Hilfe");
```

Aufgabe 3.13

Ziel dieser Aufgabe ist es, die Formulierung von arithmetischen Ausdrücken in der Syntax der Programmiersprache Java zu üben. Doch Vorsicht: Bei der Auswertung von arithmetischen Ausdrücken auf einer Rechenanlage muss das berechnete Ergebnis nicht immer etwas mit dem tatsächlichen Wert des Ausdrucks zu tun haben. Denn die Auswertung ist bedingt durch die endliche Zahlendarstellung auf dem Rechner stets Rundungsfehlern ausgesetzt, die sich unter Umständen zu gravierenden Fehlern akkumulieren können. Was tatsächlich passieren kann, können Sie nach Bearbeiten dieser Aufgabe ermessen.
Schreiben Sie ein Java-Programm, das unter der Verwendung von Variablen vom Typ **`double`** bestimmte Ausdruckswerte berechnet und deren Ergebnis auf dem Bildschirm ausgibt.

a) Berechnen Sie den Wert

$$x_1y_1 + x_2y_2 + x_3y_3 + x_4y_4 + x_5y_5 + x_6y_6$$

für $x_1 = 10^{20}$, $x_2 = 1223$, $x_3 = 10^{18}$, $x_4 = 10^{15}$, $x_5 = 3$, $x_6 = -10^{12}$ und für $y_1 = 10^{20}$, $y_2 = 2$, $y_3 = -10^{22}$, $y_4 = 10^{13}$, $y_5 = 2111$, $y_6 = 10^{16}$.

Das *richtige* Ergebnis ist übrigens 8779.

b) Berechnen Sie den Wert

$$\frac{1}{107751}(1682xy^4 + 3x^3 + 29xy^2 - 2x^5 + 832)$$

für $x = 192119201$ und $y = 35675640$. Verwenden Sie dabei nur die Grundoperationen $+$, $-$, $*$ und $/$, und stellen Sie Ausdrücke wie x^2 bzw. x^4 als $x * x$ bzw. $x^2 * x^2$ dar.

c) Durch eine algebraische Umformung lässt sich eine äquivalente Darstellung für diesen zweiten Ausdruck finden, z. B.

$$\frac{xy^2}{107751}(1682y^2 + 29) + \frac{x^3}{107751}(3 - 2x^2) + \frac{832}{107751}.$$

Vergleichen Sie das Ergebnis für die Auswertung dieser Darstellung mit dem zuvor berechneten. Können Sie abschätzen, welches Ergebnis richtig ist, falls dies überhaupt für eines zutrifft?

Der *richtige* Wert des Ausdrucks ist 1783.

Aufgabe 3.14

Stellen Sie sich vor, Sie machen gerade Urlaubsvertretung für einen Verpackungsingenieur bei der Firma *Raviolita*. Dieser hat Ihnen kurz vor seiner Abreise in den Spontanurlaub noch das Programm (bzw. die Klasse) `Raviolita` hinterlassen:

```
public class Raviolita {
  public static void main (String[] args) {
    final double PI = 3.141592;
    double u, h;
    u =      ;  // geeignete Testwerte einbauen
    h =      ;  // geeignete Testwerte einbauen

    // nachfolgend die fehlenden Deklarationen ergaenzen

    // nachfolgend die fehlenden Berechnungen ergaenzen

    // nachfolgend die fehlenden Ausgaben ergaenzen
  }
}
```

Dieses Programm führt Berechnungen durch, die bei der Herstellung von Konservendosen aus einem Blechstück mit

- Länge u (Umfang der Dose in Zentimetern) und
- Breite h (Höhe der Dose in Zentimetern)

anfallen. Dieses Programm sollen Sie nun so vervollständigen, dass es ausgehend von den Variablen u und h und unter Verwendung der Konstanten π (bzw. `PI = 3.141592`) die folgenden Werte berechnet und ausgibt:

- den Durchmesser des Dosenbodens: $d_{boden} = \frac{u}{\pi}$,
- die Fläche des Dosenbodens: $f_{boden} = \pi \cdot (\frac{d_{boden}}{2})^2$,
- die Mantelfläche der Dose: $f_{mantel} = u \cdot h$,
- die Gesamtfläche der Dose: $f_{gesamt} = 2 \cdot f_{boden} + f_{mantel}$,
- das Volumen der Dose: $v = f_{boden} \cdot h$.

Testen Sie Ihr Programm mit vernünftigen Daten für u und h.

Aufgabe 3.15

Schreiben Sie ein Java-Programm, das eine vorgegebene Zahl von Sekunden in Jahre, Tage, Stunden, Minuten und Sekunden zerlegt.
Das Programm soll z. B. für einen Sekundenwert 158036522 Folgendes ausgeben:

```
Konsole
158036522 Sekunden entsprechen:
5 Jahren,
4 Tagen,
3 Stunden,
2 Minuten und
2 Sekunden.
```

3.5 Anweisungen und Ablaufsteuerung

Als letzte Grundelemente der Sprache Java lernen wir in den folgenden Abschnitten Befehle kennen, mit denen wir den Ablauf unseres Programms beeinflussen, d. h. bestimmen können, ob und in welcher Reihenfolge bestimmte Anweisungen unseres Programms ausgeführt werden. In diesem Zusammenhang wird auch der Begriff eines Blocks in Java erläutert.
Die folgenden Abschnitte erläutern die grundlegenden Anweisungen und Befehle zur Ablaufsteuerung, geordnet nach deren Wirkungsweise (Entscheidungsanweisungen, Schleifen und Sprungbefehle).
Achtung: Neben den hier vorgestellten Befehlen zur Ablaufsteuerung existiert eine weitere Gruppe solcher Befehle, die man im Zusammenhang mit Ausnahmen in Java verwendet. Diese Gruppe umfasst die Befehle **`try-catch-finally`** und **`throw`**. Wir gehen darauf in Kapitel 9 ein.

3.5.1 Anweisungen

Einige einfache Anweisungen lernten wir bereits kennen:

- Deklarationsanweisung, mit deren Hilfe wir Variablen vereinbaren;
- Zuweisungen, mit deren Hilfe wir Variablen Werte zuweisen;
- Methodenaufrufe, mit deren Hilfe wir zum Beispiel Ein- oder Ausgabeanweisungen realisierten.

Die beiden letztgenannten Anweisungen gehören zur Gruppe der Ausdrucksanweisungen. Der Name liegt darin begründet, dass bei einer Ausdrucksanweisung ein Ausdruck (ein Zuweisungsausdruck, eine Prä- oder Postfix-Operation mit ++ oder -- oder ein Methodenaufruf) durch Anhängen eines Semikolons zu einer Anweisung wird.
Daneben gibt es die sogenannte leere Anweisung, die einfach aus einem Semikolon besteht und tatsächlich auch an einigen Stellen (dort, wo syntaktisch eine Anweisung gefordert wird, wir aber keine Anweisung ausführen wollen) sinnvoll einsetzbar ist.

3.5.2 Blöcke und ihre Struktur

In der Programmiersprache Java bezeichnet ein **Block** eine Folge von Anweisungen, die durch { und } geklammert zusammengefasst sind. Solch ein Block kann immer dort, wo eine einzelne Anweisung erlaubt ist, verwendet werden, da ein Block im Prinzip *eine* Anweisung, nämlich eine zusammengesetzte Anweisung, darstellt. Dadurch ist es auch möglich, Blöcke zu schachteln.
Folgender Programmausschnitt enthält beispielsweise einen großen (äußeren) Block, in den zwei (innere) Blöcke geschachtelt sind.

```
{                    // Anfang des aeusseren Blocks
  int x = 5;                  // Deklarationsanweisung und Zuweisung
```

```
    x++;                      // Postfix-Inkrement-Anweisung
    {                         // Anfang des ersten inneren Blocks
      long y;                        // Deklarationsanweisung
      y = x + 123456789;             // Zuweisung
      System.out.println(y);         // Ausgabeanweisung/Methodenaufruf
      ;                              // Leere Anweisung
    }                         // Ende des ersten inneren Blocks
    System.out.println(x);    // Ausgabeanweisung/Methodenaufruf
    {                         // Anfang des zweiten inneren Blocks
      double d;                      // Deklarationsanweisung
      d = x + 1.5;                   // Zuweisung
      System.out.println(d);         // Ausgabeanweisung/Methodenaufruf
    }                         // Ende des zweiten inneren Blocks
  }                  // Ende des aeusseren Blocks
```

Anzumerken bleibt, dass Variablen, die wir in unserem Programm deklarieren, immer nur bis zum Ende des Blocks, in dem sie definiert wurden, gültig sind. Man spricht in diesem Zusammenhang auch vom **Gültigkeitsbereich** der Variablen. Beispielsweise können wir auf die Variable `y` im obigen Beispielprogramm, im äußeren Block und im zweiten inneren Block nicht mehr zugreifen, da diese mit der schließenden geschweiften Klammer nach der leeren Anweisung ihre Gültigkeit verloren hat. Man könnte auch sagen, die Variable `y` ist nur innerhalb des ersten inneren Blocks **gültig**.

3.5.3 Entscheidungsanweisungen

3.5.3.1 Die `if`-Anweisung

Die wohl grundlegendste Entscheidungsanweisung vieler Programmiersprachen stellt die sogenannte **`if-else`**-Anweisung (deutsch: wenn-sonst) dar. Die Syntax dieser Anweisung sieht in Java allgemein wie folgt aus:

Syntaxregel

```
if («AUSDRUCK»)
  «ANWEISUNG»
else
  «ANWEISUNG»
```

Während der Programmausführung einer solchen **`if-else`**-Anweisung wird zunächst der Ausdruck ausgewertet, dessen Ergebnistyp **`boolean`** sein muss (es handelt sich also um einen logischen Ausdruck, z. B. einen Vergleich). Ist das Ergebnis **`true`**, so wird die unmittelbar nachfolgende Anweisung ausgeführt; ist es **`false`**, kommt die Anweisung nach **`else`** zur Ausführung. Danach wird mit der nächstfolgenden Anweisung fortgefahren. Es wird jedoch immer *genau eine* der beiden Anweisungen ausgeführt – die Anweisung nach **`if`** und die Anweisung nach **`else`** können also in einem Durchlauf der **`if-else`**-Anweisung niemals beide zur Ausführung kommen.

Will man keine Anweisungen durchführen, wenn der Ausdruck das Ergebnis **false** liefert, so kann man den **else**-Teil auch komplett weglassen.
Im nachfolgenden Beispiel verwenden wir eine **if-else**-Anweisung, um eine Aussage über einen eingelesenen Wert machen zu können:

```
int i = IOTools.readInteger("i = ");
if (i >= 0)
    System.out.println("i nicht negativ");
else
    System.out.println("i negativ");
```

Zu beachten ist, dass die beiden Anweisungen nach dem **if** und nach dem **else** auch durch Blöcke ersetzt werden können, falls man die Ausführung mehrerer Anweisungen vom Ergebnis des logischen Ausdrucks abhängig machen will. Syntaktisch sieht das ganz allgemein also folgendermaßen aus:

Syntaxregel

```
if («AUSDRUCK») {
    «ANWEISUNG»
    ...
    «ANWEISUNG»
} else {
    «ANWEISUNG»
    ...
    «ANWEISUNG»
}
```

Auch hier gilt: Will man keine Anweisungen durchführen, wenn der logische Ausdruck das Ergebnis **false** liefert, kann der **else**-Teil auch entfallen.
Schauen wir uns ein Beispiel mit Blöcken an:

```
double a = IOTools.readDouble("a = ");
double b = IOTools.readDouble("b = ");
if (a < b) {
    b = b - a;
    a = b * b;
} else {
    a = a - b;
    b = a * a;
}
System.out.println("a = " + a + "   b = " + b);
```

Achtung: Welche Anweisungen zu welchem Block gehören, wird ausschließlich durch die geschweiften Klammern festgelegt. Sind die Anweisungen im **if**- oder **else**-Teil nicht geklammert, gehört nur eine Anweisung in diesen Teil, egal wie die Anweisungen eingerückt sind. Im Programmausschnitt

```
int x = IOTools.readInteger();
if (x == 0) {
    System.out.println("x ist gleich 0");
} else
    System.out.println("x ist ungleich 0, wir koennen dividieren");
```

```
6     System.out.println("1/x liefert " + 1/x);
7 System.out.println("Division durchgefuehrt");
```

gehören die Anweisungen in Zeile 6 und 7 nicht mehr zum **`else`**-Teil und werden deshalb auf jeden Fall ausgeführt, egal welcher Wert für `x` eingelesen wird. Es empfiehlt sich daher, **`if`**- und **`else`**-Teile *immer* in Klammern zu setzen, auch wenn sie nur aus einer einzigen Anweisung bestehen. Nur so ist sofort ersichtlich, welche Anweisungen zu diesen Teilen gehören und welche nicht.[15] Da innerhalb der **`if`**- und **`else`**-Teile jeweils beliebige Anweisungen stehen können, sind dort natürlich auch wieder **`if-else`**-Anweisungen möglich, sodass wir auch mit Schachtelungen arbeiten können. Auch dazu ein Beispiel:

```
double x = IOTools.readDouble("x = ");
double y = IOTools.readDouble("y = ");
if (x > 0)
    if (y > 0)
        System.out.println("beide positiv");
    else
        System.out.println("nur x positiv");
else
    if (y > 0)
        System.out.println("nur y positiv");
    else
        System.out.println("beide nicht positiv");
```

Wie Sie sehen, haben wir hier keinerlei geschweifte Klammern verwendet, sodass sich eventuell die Frage stellt, ob wir unseren Code hinsichtlich der Zuordnung der **`else`**-Teile zu den **`if`**-Teilen korrekt eingrückt haben. Da der Compiler ein **`else`** immer dem nächstliegenden vorangehenden **`if`** zuordnet, dem noch kein **`else`** zugeordnet ist und das in keinem separaten Block liegt, haben wir aber tatsächlich alles richtig angeordnet. Besser ist es allerdings, zu klammern!

Solche Schachtelungen können wir zum Beispiel auch für Mehrfachverzweigungen einsetzen. Dann empfiehlt es sich meistens, eine etwas andere Code-Formatierung vorzunehmen:

```
int punkte = IOTools.readInteger("Punktzahl: ");
String note;
if (punkte > 50)
    note = "sehr gut";
else if (punkte > 41)
    note = "gut";
else if (punkte > 33)
    note = "befriedigend";
else if (punkte > 25)
    note = "ausreichend";
else
    note = "nicht bestanden";
System.out.println("Note: " + note);
```

[15] Sie können aber auch einen Editor verwenden, der sich selbstständig um die korrekte Einrückung kümmert. Werkzeuge mit dieser Funktion, dem sogenannten **Code Formatter** oder **Beautifier**, sind heutzutage in vielen Entwicklungsumgebungen bzw. Editoren eingebaut.

Im Übrigen ist die **if-else**-Anweisung „verwandt“ mit dem Bedingungsoperator (siehe Abschnitt 3.4.2.4). Für zwei ganzzahlige Variablen x und y ließen sich die Anweisungen

```
int max;
if (x > y) {
    max = x;
} else {
    max = y;
}
```

durch die kürzere Anweisung

```
int max = (x > y) ? x : y;
```

ersetzen.

3.5.3.2 Die switch-Anweisung

Eine weitere Entscheidungsanweisung stellt die **switch-case-default**-Kombination dar, mit deren Hilfe man in verschiedene Alternativen verzweigen kann. In ihrer klassischen Form lautet deren Syntax wie folgt:

Syntaxregel

```
switch («AUSDRUCK») {
  case «KONSTANTENLISTE»:
    «ANWEISUNG»
    ...
    «ANWEISUNG»
    break;
  ...
  case «KONSTANTENLISTE»:
    «ANWEISUNG»
    ...
    «ANWEISUNG»
    break;
  default:
    «ANWEISUNG»
    ...
    «ANWEISUNG»
}
```

Die mit dem Wortsymbol **case** eingeleiteten Listen von Konstanten mit nachfolgendem Doppelpunkt legen dabei Einsprungmarken für den Programmablauf fest. Zwischen zwei solchen Einsprungmarkenlisten müssen nicht unbedingt Anweisungen stehen. Außerdem sind auch die Abbruchanweisungen (**break;**) sowie die Marke **default**: und die nachfolgenden Anweisungen optional.
Prinzipiell handelt es sich bei den Anweisungen im **switch**-Block um eine Folge von Anweisungen, von denen einige durch die aufgeführten Konstanten als Einsprungstellen markiert sind. Hier wird nämlich zunächst der Ausdruck ausgewer-

tet, dessen Ergebnistyp ein **byte**, **short**, **int**, **char** oder `String` sein muss.[16] Daraufhin wird der Programmablauf bei genau der **case**-Marke, die als Konstante das Ergebnis des Ausdrucks enthält, fortgesetzt, bis auf eine **break**-Anweisung gestoßen wird, über die man die Ausführung der **switch**-Anweisung sofort beendet. Wird das Ergebnis des Ausdrucks in keiner **case**-Konstantenliste gefunden, so wird die Programmausführung mit den Anweisungen nach der **default**-Marke fortgesetzt.

Zu beachten ist dabei, dass eben nicht nur die jeweils durch eine **case**-Marke markierten Anweisungen ausgeführt werden, sondern dass mit der Ausführung *aller* nachfolgenden Anweisungen fortgefahren wird und erst die nächste **break**-Anweisung die Ausführung der gesamten **switch**-Anweisung abbricht und den Programmablauf mit der ersten Anweisung außerhalb der **switch**-Anweisung fortsetzt. Dazu ein Beispiel:

```
int a = ...;
int b;
switch (a) {
  case 0:
    b = 10;
  case 1:
  case 2, 3:
    b = 20;
    break;
  case 4:
    b = 30;
    break;
  default:
    b = 40;
}
```

In dieser **switch**-Anweisung wird der Variablen `b` der Wert `20` zugewiesen, falls `a` den Wert `0`, `1`, `2` oder `3` hat. Warum? Hat `a` den Wert `0`, so wird zunächst an die erste **case**-Marke gesprungen und der Variablen `b` der Wert `10` zugewiesen. Danach fährt die Bearbeitung jedoch mit der nächsten Anweisung fort, da nicht mit einer **break**-Anweisung explizit zum Verlassen der gesamten **switch**-Anweisung aufgefordert wurde. Nach der **case**-Marke 1 wird gar kein Befehl ausgeführt, und die Bearbeitung setzt mit der Anweisung nach den **case**-Marken 2 und 3 fort. Jetzt wird der Variablen `b` der Wert `20` zugeordnet und anschließend die gesamte **switch**-Anweisung per **break**-Anweisung verlassen. Hat `a` zu Beginn der **switch**-Anweisung den Wert 1, 2 oder 3, starten wir lediglich etwas weiter unten mit den Anweisungen hinter den entsprechenden **case**-Marken, das Resultat ist aber das gleiche.

Enthält `a` zu Beginn der **switch**-Anweisung den Wert `4`, so wird `b` der Wert `30` zugewiesen, in allen anderen Fällen enthält `b` nach Ausführung der **switch**-Anweisung schließlich den Wert `40`.

---

[16] Daneben kann die **switch**-Anweisung auch für **enum**-Typen eingesetzt werden, mit denen wir uns aber erst in Abschnitt 10.1.3 beschäftigen werden.

Findet sich bei einer **switch**-Anweisung zur Laufzeit keine zum Ausdruck passende **case**-Marke und auch keine **default**-Marke, so bleibt die gesamte **switch**-Anweisung für den Programmablauf ohne Wirkung (wie etwa eine leere Anweisung).

Nachfolgend noch ein Beispielprogramm, mit dem wir die Möglichkeit haben, für einen bestimmten Monat (als Text eingegeben) und für eine Jahresangabe (als ganzzahliger Wert eingegeben) die Anzahl der Tage im Monat und die laufende Nummer des Monats im Jahr bestimmen zu lassen. Ein Programmablauf könnte etwa so aussehen:

Konsole

```
Monat (als Zeichenkette): Februar
Jahr (positive ganze Zahl): 2024
Der Monat Februar des Jahres 2024 hat 29 Tage.
Der Monat Februar ist der 2. Monat des Jahres.
```

Realisiert haben wir dies in unserem Programm mit zwei separaten **switch**-Anweisungen für die Berechnung der Monatszahl und der Tage im Monat. Im jeweiligen Kopf der **switch**-Anweisung verwenden wir den Ausdruck `monat.toLowerCase()`, mit dem wir dafür sorgen, dass wir uns in den **case**-Labels nur um die klein geschriebene Form des Monatsnamens kümmern müssen. Mit dieser Art von `String`-Methodenaufrufen werden wir uns später in Abschnitt 5.5.2 noch genauer beschäftigen.

```java
import Prog1Tools.IOTools;
public class StringSwitchDemo {
  public static void main(String[] args) {
    String monat = IOTools.readString("Monat (als Zeichenkette): ");
    int jahr = IOTools.readInt("Jahr (positive ganze Zahl): ");

    // Tage im Monat bestimmen:
    int tage = 0;
    switch (monat.toLowerCase()) {
        case "februar":
          if ((jahr%4 != 0) || ((jahr%100 == 0) && (jahr%400 != 0))) {
              tage =  28;
          } else {
              tage = 29;
          }
          break;
        case "april", "juni", "september", "november":
          tage =  30;
          break;
        case "januar", "maerz", "mai", "juli", "august",
             "oktober", "dezember":
          tage =  31;
          break;
    }
    if (tage == 0) {
        System.out.println("Unzulaessiger Monat");
    } else if (jahr <= 0) {
        System.out.println("Unzulaessiges Jahr");
```

```
    } else {
        System.out.println("Der Monat " + monat + " des Jahres " +
                                jahr + " hat " + tage + " Tage.");
    }

    // Monatszahl bestimmen:
    int zahl = 0;
    switch (monat.toLowerCase()) {
        case "januar":
          zahl =  1;
          break;
        case "februar":
          zahl =  2;
          break;
        case "maerz":
          zahl =  3;
          break;
        case "april":
          zahl =  4;
          break;
        case "mai":
          zahl =  5;
          break;
        case "juni":
          zahl =  6;
          break;
        case "juli":
          zahl =  7;
          break;
        case "august":
          zahl =  8;
          break;
        case "september":
          zahl =  9;
          break;
        case "oktober":
          zahl = 10;
          break;
        case "november":
          zahl = 11;
          break;
        case "dezember":
          zahl = 12;
          break;
    }
    if (zahl == 0) {
        System.out.println("Unzulaessiger Monat");
    } else {
        System.out.println("Der Monat " + monat + " ist der " + zahl +
                                ". Monat des Jahres.");
    }
  }
}
```

3.5.3.3 Die vereinfachte `switch`-Anweisung

Die **`switch`**-Anweisung lässt sich auch in einer alternativen vereinfachten Form nutzen, deren Syntax sich unter Einsatz eines durch „->" angedeuteten Pfeils wie folgt gestaltet:

Syntaxregel

```
switch («AUSDRUCK») {
  case «KONSTANTENLISTE» -> «ANWEISUNG»
  ...
  case «KONSTANTENLISTE» -> «ANWEISUNG»
  default -> «ANWEISUNG»
}
```

bzw.

Syntaxregel

```
switch («AUSDRUCK») {
  case «KONSTANTENLISTE» -> { «ANWEISUNG» ... «ANWEISUNG» }
  ...
  case «KONSTANTENLISTE» -> { «ANWEISUNG» ... «ANWEISUNG» }
  default -> { «ANWEISUNG» ... «ANWEISUNG» }
}
```

Auch in dieser Variante legen die mit dem Wortsymbol **`case`** eingeleiteten Listen von Konstanten die Einsprungmarken für den Programmablauf fest. Allerdings ist unmittelbar nach der Ausführung der hinter dem Pfeil angegebenen Anweisungen die **`switch`**-Anweisung sofort beendet. Eine Abbruchanweisung (**`break;`**) ist daher nicht mehr notwendig.
Unser Beispiel aus Abschnitt 3.5.3.2 in vereinfachter Form lautet daher:

```
int a = ...;
int b;
switch (a) {
  case 0       -> b = 10;
  case 1, 2, 3 -> b = 20;
  case 4       -> b = 30;
  default      -> b = 40;
}
```

In dieser **`switch`**-Anweisung wird der Variablen `b` der Wert `10` zugewiesen, falls `a` den Wert `0` hat. `b` erhält den Wert `20`, falls `a` den Wert `1`, `2` oder `3` hat. Enthält `a` zu Beginn der **`switch`**-Anweisung den Wert `4`, so wird `b` der Wert `30` zugewiesen, in allen anderen Fällen enthält `b` nach Ausführung der **`switch`**-Anweisung schließlich den Wert `40`.
Zum Abschluss noch unser modifiziertes Beispielprogramm aus Abschnitt 3.5.3.2:

```
import Prog1Tools.IOTools;
public class StringSwitchDemoNeu {
  public static void main(String[] args) {
```

```
    String monat = IOTools.readString("Monat (als Zeichenkette): ");
    int jahr = IOTools.readInt("Jahr (positive ganze Zahl): ");

    // Tage im Monat bestimmen:
    int tage = 0;
    switch (monat.toLowerCase()) {
        case "februar" -> {
          if ((jahr%4 != 0) || ((jahr%100 == 0) && (jahr%400 != 0))) {
              tage =  28;
          } else {
              tage = 29;
          }
        }
        case "april", "juni", "september", "november" -> tage =  30;
        case "januar", "maerz", "mai", "juli", "august",
             "oktober", "dezember" -> tage =  31;
    }
    if (tage == 0) {
        System.out.println("Unzulaessiger Monat");
    } else if (jahr <= 0) {
        System.out.println("Unzulaessiges Jahr");
    } else {
        System.out.println("Der Monat " + monat + " des Jahres " +
                           jahr + " hat " + tage + " Tage.");
    }

    // Monatszahl bestimmen:
    int zahl = 0;
    switch (monat.toLowerCase()) {
        case "januar"    -> zahl =  1;
        case "februar"   -> zahl =  2;
        case "maerz"     -> zahl =  3;
        case "april"     -> zahl =  4;
        case "mai"       -> zahl =  5;
        case "juni"      -> zahl =  6;
        case "juli"      -> zahl =  7;
        case "august"    -> zahl =  8;
        case "september" -> zahl =  9;
        case "oktober"   -> zahl = 10;
        case "november"  -> zahl = 11;
        case "dezember"  -> zahl = 12;
    }
    if (zahl == 0) {
        System.out.println("Unzulaessiger Monat");
    } else {
        System.out.println("Der Monat " + monat + " ist der " + zahl +
                           ". Monat des Jahres.");
    }
  }
}
```

3.5.3.4 Switch-Ausdrücke

Eine mittels **switch** und **case** durchgeführte Fallunterscheidung kann nicht nur dazu benutzt werden, den Programmablauf – also die Abarbeitung verschiedener Anweisungen – zu beeinflussen. Wir können in einer ähnlichen Notation mit Hilfe sogenannter Switch-Ausdrücke fallspezifische Werte ermitteln lassen. Dabei entscheiden die verschiedenen Fälle, welcher Ausdruck jeweils ausgewertet und welcher Wert somit durch den Switch-Ausdruck abgeliefert wird. Syntaktisch hat ein Switch-Ausdruck folgende Form:

Syntaxregel

```
switch («AUSDRUCK») {
  case «KONSTANTENLISTE» -> «AUSDRUCK»;
  ...
  case «KONSTANTENLISTE» -> «AUSDRUCK»;
  default -> «AUSDRUCK»;
}
```

Anstelle des Pfeils (->) kann auch das kontextuelle Schlüsselwort **yield** verwendet werden. Dieses können wir auch einsetzen, wenn der durch den Switch-Ausdruck bestimmt Wert nicht direkt als Ausdruck angegeben werden kann und wir in einem Case-Zweig mehrere Anweisungen benötigen, um den finalen Wert zu bestimmen. Das heißt, wir können auch folgende Notation einsetzen:

Syntaxregel

```
  case «KONSTANTENLISTE» -> { «ANWEISUNG»
                              ...
                              «ANWEISUNG»
                              yield «AUSDRUCK»; }
```

Mit Hilfe eines Switch-Ausdrucks können wir unser Beispiel aus Abschnitt 3.5.3.2 weiter vereinfachen:

```
int a = ...;
int b = switch (a) {     // Wert der Zuweisung als switch-Ausdruck
  case 0       -> 10;
  case 1, 2, 3 -> 20;
  case 4       -> 30;
  default      -> 40;
};
```

Abschließend schauen wir uns noch unser Beispielprogramm aus Abschnitt 3.5.3.2 in abgewandelter Form unter Einsatz dieser Notation an:

```
import Prog1Tools.IOTools;
public class StringSwitchAusdruckDemo {
  public static void main(String[] args) {
    String monat = IOTools.readString("Monat (als Zeichenkette): ");
    int jahr = IOTools.readInt("Jahr (positive ganze Zahl): ");
```

```

        // Tage im Monat bestimmen:
        int tage = switch (monat.toLowerCase()) {
            case "februar" -> {
              if ((jahr%4 != 0) || ((jahr%100 == 0) && (jahr%400 != 0))) {
                  yield 28;
              } else {
                  yield 29;
              }
            }
            case "april", "juni", "september", "november" -> 30;
            case "januar", "maerz", "mai", "juli", "august",
                 "oktober", "dezember" -> 31;
            default -> 0;
        };
        if (tage == 0) {
            System.out.println("Unzulaessiger Monat");
        } else if (jahr <= 0) {
            System.out.println("Unzulaessiges Jahr");
        } else {
            System.out.println("Der Monat " + monat + " des Jahres " +
                                         jahr + " hat " + tage + " Tage.");
        }

        // Monatszahl bestimmen:
        int zahl = switch (monat.toLowerCase()) {
            case "januar"    ->  1;
            case "februar"   ->  2;
            case "maerz"     ->  3;
            case "april"     ->  4;
            case "mai"       ->  5;
            case "juni"      ->  6;
            case "juli"      ->  7;
            case "august"    ->  8;
            case "september" ->  9;
            case "oktober"   -> 10;
            case "november"  -> 11;
            case "dezember"  -> 12;
            default          ->  0;
        };
        if (zahl == 0) {
            System.out.println("Unzulaessiger Monat");
        } else {
            System.out.println("Der Monat " + monat + " ist der " + zahl +
                                         ". Monat des Jahres.");
        }
    }
}
```

3.5.4 Wiederholungsanweisungen, Schleifen

Eine weitere Gruppe der Befehle zur Ablaufsteuerung stellen die sogenannten **Wiederholungsanweisungen** bzw. **Schleifen** dar. Wie die Namen dieser Anweisungen bereits deutlich machen, können damit eine Anweisung bzw. ein Block von Anweisungen mehrmals hintereinander ausgeführt werden.

3.5.4.1 Die `for`-Anweisung

Der erste Vertreter dieser Schleifen ist die **`for`**-Anweisung. Ihre Syntax lautet:

Syntaxregel

```
for («INITIALISIERUNG» ; «AUSDRUCK» ; «UPDATELISTE»)
  «ANWEISUNG»
```

bzw.

Syntaxregel

```
for («INITIALISIERUNG» ; «AUSDRUCK» ; «UPDATELISTE») {
  «ANWEISUNG»
  ...
  «ANWEISUNG»
}
```

Dabei werden zunächst im Teil «`INITIALISIERUNG`» eine oder mehrere (typgleiche) Variablen vereinbart und initialisiert und daraufhin der Ausdruck, dessen Ergebnistyp wiederum vom Typ **`boolean`** sein muss, ausgewertet. Ist sein Wert **`true`**, so werden die Anweisung bzw. der Anweisungsblock (auch **Rumpf** genannt) ausgeführt und danach zusätzlich die Anweisungen in der Update-Liste (eine Kommaliste von Anweisungen) ausgeführt. Dies wird so lange wiederholt, bis der Ausdruck den Wert **`false`** liefert.
Dazu ein Beispiel:

```
for (int i = 0; i < 10; i++)
  System.out.println(i);
```

Dieses Programmstück macht nichts anderes, als die Zahlen `0` bis `9` zeilenweise auf dem Bildschirm auszudrucken. Wie funktioniert das? Zunächst wird die Initialisierungsanweisung `int i = 0;` ausgeführt, d. h. die Variable `i` wird deklariert und mit dem Wert `0` initialisiert. Als Nächstes wird der Ausdruck `i < 10` ausgewertet – dies ergibt **`true`**, da `i` ja gerade den Wert `0` hat, die Anweisung `System.out.println(i);` wird also ausgeführt und druckt die Zahl `0` auf den Bildschirm. Nun wird zunächst die Update-Anweisung `i++` durchgeführt, die den Wert von `i` um eins erhöht, und danach wieder der Ausdruck `i < 10` ausgewertet, was auch jetzt wieder **`true`** als Ergebnis liefert – die Anweisung `System.out.println(i);` kommt somit erneut zur Ausführung. Dieses Spiel setzt sich so lange fort, bis der Ausdruck `i < 10` das Ergebnis **`false`** liefert, was genau dann zum ersten Mal der Fall ist, wenn die Variable `i` den Wert `10` angenommen hat, worauf die Anweisung `System.out.println(i);` nicht mehr ausgeführt und die Schleife beendet wird.

Analog zu diesem Beispiel lässt sich auch die nachfolgende Schleife programmieren.

```
for (int i = 9; i >= 0; i--)
  System.out.println(i);
```

Hier werden nun, man ahnt es schon, wieder die Zahlen `0` bis `9` auf dem Bildschirm ausgegeben, diesmal jedoch in umgekehrter Reihenfolge.
Anzumerken bleibt, dass es – wie schon bei **`if-else`**-Anweisungen – auch hier sinnvoll ist, die zur Schleife gehörigen Anweisungen *immer* als Block zu klammern, auch wenn nur eine Anweisung existiert, um möglichen Verwechslungen vorzubeugen.
Achtung: Die drei syntaktischen Bestandteile «`INITIALISIERUNG`», «`AUSDRUCK`» und «`UPDATELISTE`» der **`for`**-Anweisung können auch (einzeln oder zusammen) entfallen. Solche spezielle **`for`**-Schleifen verzichten auf eine Initialisierung zu Beginn bzw. ein Update nach jedem Schleifendurchlauf. Fehlt der logische Ausdruck, setzt der Compiler ein **`true`** dafür ein, sodass diese Schleife gar nicht abbrechen würde!

3.5.4.2 Vereinfachte `for`-Schleifen-Notation

Es gibt in Java auch eine vereinfachte Notation für **`for`**-Schleifen, die sich allerdings erst in Verbindung mit strukturierten Datentypen, wie wir sie zum Beispiel in Kapitel 4 kennenlernen werden, sinnvoll einsetzen lässt. Der Kopf der **`for`**-Schleife kann dabei gemäß der Syntax

Syntaxregel

```
for («TYP» «VARIABLENNAME» : «AUSDRUCK»)
```

formuliert werden. Ohne an dieser Stelle genauer darauf einzugehen, von welchem Datentyp «`AUSDRUCK`» sein muss, sei zumindest erwähnt, dass wir beispielsweise einen **`for`**-Schleifen-Kopf der Form

```
for (int x : w)
```

als *„für jedes* `x` *in* `w`*"* lesen können. Das heißt: die Variable `x` nimmt nacheinander alle in `w` vorkommenden Werte in der durch `w` bestimmten Reihenfolge an. Auf weitere Details gehen wir in den Abschnitten 4.1.9 und 11.7.2 ein.

3.5.4.3 Die `while`-Anweisung

Einen weiteren Schleifentyp stellt die „abweisende" **`while`-Schleife** dar. Als „abweisend" wird sie deshalb bezeichnet, weil hier, bevor irgendwelche Anweisungen zur Ausführung kommen, zunächst ein logischer Ausdruck geprüft wird. Die Syntax lautet:

Syntaxregel

```
while («AUSDRUCK»)
  «ANWEISUNG»
```

bzw.

Syntaxregel

```
while («AUSDRUCK») {
  «ANWEISUNG»
  ...
  «ANWEISUNG»
}
```

Hier wird also zunächst der Ausdruck ausgewertet (Ergebnistyp **`boolean`**) und – solange dieser den Wert **`true`** liefert – die Anweisung bzw. der Anweisungsblock ausgeführt und der Ausdruck erneut berechnet.
Dazu obiges Beispiel für die **`for`**-Anweisung, jetzt mit der **`while`**-Anweisung:

```
int i = 0;
while (i < 10) {
  System.out.println(i);
  i++;
}
```

Anzumerken bleibt auch hier wieder, dass es sinnvoll ist, die zur Schleife gehörigen Anweisungen *immer* als Block zu klammern, auch wenn nur eine Anweisung existiert, um möglichen Verwechslungen vorzubeugen.

3.5.4.4 Die do-Anweisung

Den dritten und letzten Schleifentyp in Java stellt die „nicht-abweisende" **do-Schleife** dar. Als „nicht abweisend" wird diese wiederum deshalb bezeichnet, weil hier die Anweisungen auf jeden Fall zur Ausführung kommen, bevor ein logischer Ausdruck geprüft wird. Die Syntax lautet:

Syntaxregel

```
do
  «ANWEISUNG»
while («AUSDRUCK»);
```

bzw.

Syntaxregel

```
do {
  «ANWEISUNG»
  ...
  «ANWEISUNG»
} while («AUSDRUCK»);
```

Hier werden also die Anweisung bzw. der Anweisungsblock zunächst einmal ausgeführt und danach der Ausdruck ausgewertet. Solange dieser den Wert **true** liefert, wird das Ganze wiederholt. Der Unterschied zur **while**-Schleife ist somit die Tatsache, dass bei der abweisenden Schleife der logische Ausdruck *noch vor der ersten Ausführung* einer Anweisung aus dem Schleifenrumpf überprüft wird, während bei der nicht-abweisenden **do**-Schleife der Ausdruck *erst nach der ersten Durchführung* der Anweisung(en) ausgewertet wird. Es kann daher vorkommen, dass bei der abweisenden Schleife gar keine Anweisung des Schleifenrumpfs ausgeführt wird, während bei der nicht-abweisenden Schleife auf jeden Fall mindestens einmal etwas ausgeführt wird.
Dazu obiges Beispiel für die **while**-Anweisung jetzt mit der **do**-Anweisung:

```
int i = 0;
do {
  System.out.println(i);
  i++;
} while (i < 10);
```

Hier nochmals der Hinweis, dass es sinnvoll ist, die zur Schleife gehörigen Anweisungen *immer* als Block zu klammern, auch wenn nur eine Anweisung existiert, um möglichen Verwechslungen vorzubeugen.

3.5.4.5 Endlosschleifen

Beim Programmieren von Schleifen ist es (gewollt oder unbeabsichtigt) möglich, sogenannte **Endlosschleifen** (auch **unendliche Schleifen** genannt) zu formulieren. Die Namensgebung ist durch die Tatsache begründet, dass die Anweisungen des Schleifenrumpfs unendlich oft zur Ausführung kommen. Beispiele für bewusst formulierte Endlosschleifen wären etwa

```
for (int i=1; ; i++) {
  System.out.println(i);
}
```

oder

```
while (true) {
  System.out.println("Nochmal!");
}
```

Um ungewollte Endlosschleifen zu vermeiden, ist eine gewisse Vorsicht bei der Formulierung der logischen Ausdrücke, die für den Abbruch der Schleife sorgen, geboten. Außerdem müssen die Anweisungen innerhalb des Schleifenrumpfs die

Operanden des logischen Ausdrucks nach endlich vielen Schritten derart verändern, dass der Ausdruck den Wert **false** liefert und die Schleife dadurch zum Ende kommt. Bei den beiden nachfolgenden Beispielen haben sich leider Programmierfehler eingeschlichen, sodass obige Forderung nicht erfüllt ist. In der **do**-Schleife

```
int i=0;
do {
    System.out.println("Nochmal!");
} while (i < 10);
```

wurde vergessen, die Variable `i` bei jedem Durchlauf zu erhöhen. In der **for**-Schleife

```
for (int i=0; i<10; i++) {
    System.out.println("Nochmal!");
    i--;
}
```

neutralisiert leider die Dekrementierung von `i` in der letzten Anweisung des Schleifenrumpfs die Inkrementierung von `i` in der Update-Liste.

3.5.5 Sprungbefehle und markierte Anweisungen

Zuletzt wollen wir uns noch mit der Klasse der sogenannten **Sprungbefehle** vertraut machen, mit denen man z. B. aus Schleifen herausspringen und diese damit vorzeitig beenden kann. Für diejenigen, die bereits Erfahrung in Programmiersprachen wie Basic oder C++ gesammelt haben, eine kleine Warnung vorweg: In der Sprache Java gibt es im Gegensatz zu anderen Programmiersprachen *keine* **goto**-Anweisung – und das ist auch gut so! Überhaupt sollte man die hier vorgestellten Befehle, insbesondere **break** und **continue**, nur mit Bedacht einsetzen, denn nichts ist unübersichtlicher (und damit fehleranfälliger) als Programme, in denen ständig wild hin- und hergesprungen wird.
Die Anweisung **break** haben wir schon in Zusammenhang mit der **switch**-Anweisung kennengelernt. Sie dient ganz allgemein dazu, den gerade in Ausführung befindlichen *innersten* Block bzw. die gerade in Ausführung befindliche *innerste* Schleife zu unterbrechen und mit der Anweisung, die direkt nach dem Block bzw. der Schleife folgt, fortzufahren.
In Java ist es aber auch bei geschachtelten Blöcken und Schleifen möglich, diese gezielt vorzeitig abzubrechen. Dazu kann man eine sogenannte **Marke** (bestehend aus einem Bezeichner, gefolgt von einem Doppelpunkt) verwenden und einen Block bzw. eine Schleife markieren. Kennzeichnet man zum Beispiel eine **while**-Schleife in der Form

```
marke:
  while (n>3) {
    ...
  }
```

so kann man in deren Anweisungsteil weitere Schleifen und Blöcke schachteln und aus diesen inneren Schleifen oder Blöcken mit dem Befehl

```
break marke;
```

herausspringen und die komplette `while`-Schleife abbrechen.
Wir wollen uns dazu folgendes Beispiel ansehen:

```
dieda:
  for (int k = 0; k < 5; k++) {
    for (int i = 0; i < 5; i++) {
      System.out.println("i-Schleife i = " + i);
      if (k == 3)
        break dieda;
      else
        break;
    }
    System.out.println("k-Schleife k = " + k);
  }
System.out.println("jetzt ist Schluss");
```

Aufgrund der `break`-Anweisungen in der innersten `for`-Schleife wird `i` nie größer als 0. Da man für `k = 3` die `break`-Anweisung mit Marke `dieda` verwendet, wird dabei sogar die `k`-Schleife beendet. Auf der Konsole gibt dieses Programmstück somit Folgendes aus:

Konsole

```
i-Schleife i = 0
k-Schleife k = 0
i-Schleife i = 0
k-Schleife k = 1
i-Schleife i = 0
k-Schleife k = 2
i-Schleife i = 0
jetzt ist Schluss
```

Die Anweisung `continue` entspricht der `break`-Anweisung in dem Sinne, dass der aktuelle Schleifendurchlauf sofort beendet ist. Allerdings ist nicht die gesamte Schleifenanweisung beendet, sondern es wird mit dem nächsten Schleifendurchlauf weitergemacht. Bei `for`-Schleifen wird also durch `continue` zu den Anweisungen in der Update-Liste verzweigt.
Auch hierzu wollen wir uns ein Beispiel ansehen:

```
for (int i=-10; i<=10; i++){
  if (i == 0)
    continue;
  System.out.println ("Division von 1 durch " + i +
                      " ergibt " + 1/i);
}
```

Hier wird durch die Verwendung von `continue` vermieden, dass eine ganzzahlige Division durch Null durchgeführt wird.
Wie `break` kann auch `continue` zusammen mit einer Marke verwendet werden, sodass z. B. mit dem nächsten Schleifendurchlauf einer umgebenden (natürlich entsprechend markierten) Schleife fortgefahren werden kann.

Eine Sonderstellung unter den Sprungbefehlen nimmt die **return**-Anweisung ein. Sie dient dazu, aufgerufene Methoden zu beenden und eventuell einen Rückgabewert an die aufrufende Umgebung weiterzugeben. Da wir jedoch noch nicht wissen, was Methoden sind und wie sie aufgerufen werden, werden wir uns später noch einmal ausführlich mit der **return**-Anweisung befassen.

3.5.6 Zusammenfassung

Wir haben gesehen, wie wir Anweisungen zur Ablaufsteuerung dazu einsetzen können, um zu bestimmen, ob und wann andere Anweisungen in unserem Programm ausgeführt werden. Wir haben Blöcke, Entscheidungsanweisungen, Schleifen und Sprungbefehle kennengelernt.

3.5.7 Übungsaufgaben

Aufgabe 3.16

Gegeben sei folgender Ausschnitt aus einem Programm:

```
int i = 20;
while (i > 0) {
  System.out.println(i);
  i -= 2;
}
```

Was bewirkt die Schleife? Wie lautet eine **for**-Schleife mit gleicher Ausgabe?

Aufgabe 3.17

Was bewirken die Zeilen:

```
while (true) {
  System.out.println("Aloha");
}
```

Aufgabe 3.18

Bestimmen Sie die Ausgabe des nachfolgenden Java-Programms:

```
public class BreakAndContinue {
  public static void main(String args[]) {
    for(int i = 0; i < 100; i++) {
      if(i == 74) break;
      if(i % 9 != 0) continue;
      System.out.println(i);
    }
    int i = 0;
    while(true) {      // Endlosschleife ?
      i++;
      int j = i * 30;
      if(j == 1260) break;
      if(i % 10 != 0) continue;
```

```
            System.out.println(i);
        }
    }
}
```

Aufgabe 3.19

Der Algorithmus

1. Lies den Wert von n ein.
2. Setze i auf 3.
3. Solange $i < 2n$, wiederhole:
   a. Erhöhe i um 1.
   b. Gib $\frac{1}{2i+1}$ aus.

soll auf drei verschiedene Arten implementiert werden: Schreiben Sie jeweils ein Java-Programmstück, das diesen Algorithmus als `while`-, als `for`- und als `do-while`-Schleife realisiert. Sämtliche Programmstücke sollen die gleichen Ausgaben erzeugen!

Aufgabe 3.20

Sie wollen ein Schachbrett nummerieren in der Form

```
Konsole
1  2  3  4  5  6  7  8
2  3  4  5  6  7  8  9
3  4  5  6  7  8  9 10
4  5  6  7  8  9 10 11
5  6  7  8  9 10 11 12
6  7  8  9 10 11 12 13
7  8  9 10 11 12 13 14
8  9 10 11 12 13 14 15
```

Formulieren Sie eine geschachtelte **for**-Schleife, die eine entsprechend formatierte Ausgabe erzeugt.

Aufgabe 3.21

An nachfolgendem Beispiel sehen Sie schlechten Programmierstil bei Schleifen.

```
int i, j;
for (i=1; i<=10; i++) { // Schleife A
  System.out.println("A1:  i = " + i);
  i = 5;
  System.out.println("A2:  i = " + i);
  for (i=7; i<=20; i++) { // Schleife B
    System.out.println("B1:  i = " + i);
```

```
            i = i + 2;
            System.out.println("B2:  i = " + i);
        }
    }
```

Könnten Sie auf Anhieb sagen, wie oft welche Schleife durchlaufen wird? Was wird ausgegeben?

Aufgabe 3.22

Das nachfolgende Java-Programm ist syntaktisch korrekt und könnte somit übersetzt und ausgeführt werden. Es enthält jedoch vier Beispiele für logische Fehler, die von einem schlechten Programmierer eingeschleppt wurden. Da diese beim Programmablauf teilweise zu einem Abbruch führen würden, sollten Sie die Fehler finden und korrigieren. Versuchen Sie, zu diesem Zwecke keinen Compiler zu benutzen, und finden Sie die Fehler, ohne das Programm auch nur ein einziges Mal auszuführen.

```
public class Falsch {
  public static void main (String[] args) {
    int x = 0, y = 4;
                                          // Beispiel A
    if (x < 5)
        if (x < 0)
            System.out.println("x < 0");
    else
        System.out.println("x >= 5");
                                          // Beispiel B
    if (x > 0)
        System.out.println("ok! x > 0");
        System.out.println("1/x = " + (1/x));
                                          // Beispiel C
    if (x > 0);
        System.out.println("1/x = " + (1/x));
                                          // Beispiel D
    if (y > x) {
         // vertausche x und y
         x = y;
         y = x;
    }
    System.out.println("x = " + x + "     y = " + y);
  }
}
```

Aufgabe 3.23

Gegeben sei das nachfolgende Java-Programm.

```
import Prog1Tools.IOTools;
public class Irgendwas {
  public static void main(String [] args) {
    double a, b, c, d, e;
    a = IOTools.readDouble("a = ");
```

```
    b = IOTools.readDouble("b = ");
    c = IOTools.readDouble("c = ");
    d = IOTools.readDouble("d = ");
    if (b > a)
      if (c > b)
        if (d > c)
          e = d;
        else
          e = c;
      else
        if (d > b)
          e = d;
        else
          e = b;
    else
      if (c > a)
        if (d > c)
          e = d;
        else
          e = c;
      else
        if (d > a)
          e = d;
        else
          e = a;
    System.out.println("e = " + e);
  }
}
```

Welcher Wert `e` wird von diesem Programm berechnet und ausgegeben?
Überlegen Sie sich ein deutlich kürzeres Programmstück, das mit nur drei **`if`**-Anweisungen auskommt, aber das Gleiche leistet.

Aufgabe 3.24

Schreiben Sie ein Programm, das mit Hilfe geschachtelter Schleifen ein aus $\star$-Zeichen zusammengesetztes Dreieck auf der Konsole ausgibt. Die Benutzerin bzw. der Benutzer soll vorher nach der Anzahl der Zeilen gefragt werden.
Beispiel für den Programmablauf:

```
Konsole
Anzahl der Zeilen: 4
*
**
***
****
```

Aufgabe 3.25

Schreiben Sie ein Java-Programm, das eine **`int`**-Zahl z mit $0 < z < 10000$ einliest, ihre Quersumme berechnet und die durchgeführte Berechnung sowie den Wert der Quersumme wie nachfolgend dargestellt ausgibt.

```
Konsole
Positive ganze Zahl eingeben: 2345
Die Quersumme ergibt sich zu: 5 + 4 + 3 + 2 = 14
```

Aufgabe 3.26

Ein neuer Science-Fiction-TV-Sender will sein Programmschema nur noch in galaktischer Zeitrechnung angeben. Dazu sollen Sie ein Java-Programm schreiben, das eine Datums- und Uhrzeitangabe in Erdstandardzeit in eine galaktische Sternzeit umrechnet.
Eine Sternzeit wird als Gleitkommazahl angegeben, wobei die Vorkommastellen die Tageszahl (das Datum) und die Nachkommastellen die galaktischen Milli-Einheiten (die Uhrzeit) angeben. Der Tag 1 in der galaktischen Zeitrechnung entspricht gerade dem 1.1.1111 auf der Erde. Ein Galaxis-Tag hat 1000 Milli-Einheiten und dauert 1440 Erdminuten, also zufälligerweise genau 24 Stunden. Die Sternzeit 5347.789 entspricht somit gerade dem 25.8.1125, 18.57 Uhr Erdstandardzeit.
In Ihrem Programm müssen Sie zu einer durch die Werte `jahr`, `monat`, `tag`, `stunde` und `minute` vorgegebenen Erd-Datum- und Erd-Zeit-Angabe zunächst die Anzahl der Tage bestimmen, die seit dem 1.1.1111 bereits vergangen sind. Dabei brauchen Schaltjahre nicht berücksichtigt zu werden. Zu dieser Zahl muss dann der gebrochene Zeit-Anteil addiert werden, der sich ergibt, wenn man die durch die Uhrzeit festgelegten Erdminuten in Bruchteile eines Tages umrechnet und diese auf drei Ziffern nach dem Dezimalpunkt rundet.
Testen Sie Ihr Programm auch an folgendem Beispiel:

```
Konsole
Erdzeit 11.11.2111, 11.11 Uhr
   entspricht der Sternzeit 365315.465.
```

Aufgabe 3.27

Schreiben Sie ein Programm, das eine positive ganze Zahl einliest, sie in ihre Ziffern zerlegt und die Ziffern in umgekehrter Reihenfolge als Text ausgibt. Verwenden Sie dabei eine **`while`**-Schleife und eine **`switch`**-Anweisung.
Beispiel für den Programmablauf:

```
Konsole
Positive ganze Zahl: 35725
Zerlegt rueckwaerts: fuenf zwei sieben fuenf drei
```

Aufgabe 3.28

Schreiben Sie ein Programm, das unter Verwendung einer geeigneten Schleife eine ganze Zahl von der Tastatur einliest und deren Vielfache (für die Faktoren 1 bis 10) ausgibt. Programmablauf-Beispiel:

```
Konsole
Geben Sie eine Zahl ein: 3
Die Vielfachen: 3 6 9 12 15 18 21 24 27 30
```

Aufgabe 3.29

Schreiben Sie ein Programm zur Zinseszinsberechnung. Nach Eingabe des anzulegenden Betrages, des Zinssatzes und der Laufzeit der Geldanlage soll der Wert der Investition nach jedem Jahr ausgegeben werden. Programmablauf-Beispiel:

```
Konsole
Anzulegender Geldbetrag in Euro: 100
Jahreszins (z. B. 0.1 fuer 10 Prozent): 0.06
Laufzeit (in Jahren): 4
Wert nach 1 Jahren: 106.0
Wert nach 2 Jahren: 112.36
Wert nach 3 Jahren: 119.1016
Wert nach 4 Jahren: 126.247696
```

Aufgabe 3.30

Programmieren Sie ein Zahlenraten-Spiel. Im ersten Schritt soll die Benutzerin bzw. der Benutzer begrüßt und kurz über die Regeln des Spiels informiert werden. Danach soll durch die Anweisung

```
int geheimZahl = (int) (99 * Math.random() + 1);
```

eine Zufallszahl `geheimZahl` zwischen `0` und `100` generiert werden.[17] Die Benutzerin bzw. der Benutzer des Programms soll nun versuchen, diese Zahl zu erraten. Programmieren Sie dazu eine Schleife, in der in jedem Durchlauf jeweils

- darüber informiert wird, um den wievielten Rateversuch es sich handelt,
- ein Rateversuch eingegeben werden kann und
- darüber informiert wird, ob die geratene Zahl zu groß, zu klein oder korrekt geraten ist.

Diese Schleife soll so lange durchlaufen werden, bis die Zahl erraten ist.
Beispiel für den Programmablauf:

```
Konsole
Willkommen beim Zahlenraten.
Ich denke mir eine Zahl zwischen 1 und 100. Rate diese Zahl!
1. Versuch: 50
Meine Zahl ist kleiner!
2. Versuch: 25
```

[17] Die Methode `Math.random` liefert eine Zufallszahl x vom Typ **`double`**, für die gilt: $0 \leq x < 1$. Die Klasse `Math` und ihre Methoden werden in Abschnitt 5.4.2 behandelt.

```
Meine Zahl ist kleiner!
3. Versuch: 12
Du hast meine Zahl beim 3. Versuch erraten!
```

Aufgabe 3.31

Schreiben Sie ein Java-Programm, das eine einzulesende ganze Dezimalzahl d in eine Binärzahl b umrechnet und ausgibt. Dabei soll d mit Hilfe des Datentyps **`short`** und b mit Hilfe des Datentyps **`long`** dargestellt werden, wobei b nur die Ziffern 0 und 1 enthalten darf. Die **`long`**-Zahl 10101 soll also z. B. der Binärzahl $10101_2 = 1 \cdot 2^4 + 0 \cdot 2^3 + 1 \cdot 2^2 + 0 \cdot 2^1 + 1 \cdot 2^0 = 21_{10}$ entsprechen.
Verwenden Sie den folgenden Algorithmus:

1. Setze $b = 0$ und $m = 1$.
2. Solange $d \neq 0$ gilt, führe folgende Schritte durch:

   Addiere $(d \,\%\, 2) \cdot m$ zu b.

   Setze $d = d/2$ und multipliziere m mit 10.
3. b enthält nun die gesuchte Binärzahl.

Beispiel für den Programmablauf:

Konsole
```
   Dezimalzahl: 21
als Binaerzahl: 10101
```

Wie müsste man den Algorithmus ändern, wenn man z. B. ins Oktalsystem umrechnen wollte?

Aufgabe 3.32

Schreiben Sie ein Programm, das einen Weihnachtsbaum mit Hilfe von **`for`**-Schleifen zeichnet. Lesen Sie die gewünschte Höhe des Baumes von der Tastatur ein, und geben Sie entsprechend einen Baum wie im folgenden Beispiel aus:

Konsole
```
Anzahl der Zeilen: 5
        *
       ***
      *****
     *******
    *********
        I
```

Aufgabe 3.33

Zwei verschiedene natürliche Zahlen a und b heißen *befreundet*, wenn die Summe der (von a verschiedenen) Teiler von a gleich b ist und die Summe der (von b verschiedenen) Teiler von b gleich a ist.
Ein Beispiel für ein solches befreundetes Zahlenpaar ist $(a, b) = (220, 284)$, denn $a = 220$ hat die Teiler $1, 2, 4, 5, 10, 11, 20, 22, 44, 55, 110$ (und $220 = a$), und es gilt

$$1 + 2 + 4 + 5 + 10 + 11 + 20 + 22 + 44 + 55 + 110 = 284 = b.$$

Weiterhin hat $b = 284$ die Teiler $1, 2, 4, 71, 142$ (und $284 = b$), und es gilt

$$1 + 2 + 4 + 71 + 142 = 220 = a.$$

Schreiben Sie ein Java-Programm, das jeweils zwei Zahlen einliest und entscheidet, ob diese miteinander befreundet sind. Arbeiten Sie mit einer geeigneten Schleife, in der alle Teiler einer Zahl bestimmt und aufsummiert werden.
Der Programmablauf könnte in etwa wie folgt aussehen:

Konsole

```
Erste Zahl  : 220
Zweite Zahl : 284
Die beiden Zahlen sind miteinander befreundet!
Erste Zahl  : 10744
Zweite Zahl : 10856
Die beiden Zahlen sind miteinander befreundet!
```

Aufgabe 3.34

Schreiben Sie ein Java-Programm, das zu einem beliebigen Datum den zugehörigen Wochentag ausgibt. Ein Datum soll jeweils durch drei ganzzahlige Werte t (Tag), m (Monat) und j (Jahr) vorgegeben sein. Schreiben Sie Ihr Programm unter Berücksichtigung der folgenden Teilschritte:

a) Vereinbaren Sie drei Variablen `t`, `m` und `j` vom Typ **`int`**, und lesen Sie für diese Werte ein.

b) Berechnen Sie den Wochentag h nach folgendem Algorithmus (% bezeichnet dabei den Java-Rest-Operator):

   1. Falls $m \leq 2$ ist, erhöhe m um 10 und erniedrige j um 1, andernfalls erniedrige m um 2.
   2. Berechne die ganzzahligen Werte $c = j/100$ und $y = j \ \% \ 100$.
   3. Berechne den ganzzahligen Wert

$$h = (((26 \cdot m - 2)/10) + t + y + y/4 + c/4 - 2 \cdot c) \ \% \ 7.$$

4. Falls $h < 0$ sein sollte, erhöhe h um 7.

Anschließend hat h einen Wert zwischen 0 und 6, wobei die Werte $0, 1, \ldots, 6$ den Tagen Sonntag, Montag, ..., Samstag entsprechen.

c) Geben Sie das Ergebnis in der folgenden Form aus:

```
Der 24.12.2019 ist ein Dienstag.
```

Aufgabe 3.35

Der nachfolgende Algorithmus geht auf Carl Friedrich Gauß (siehe [49]) zurück und berechnet das Datum des Ostersonntags im Jahr j (gültig vom Jahr 1 bis zum Jahr 8202). Es bezeichnen / und % die üblichen ganzzahligen Divisionsoperatoren von Java.

1. Berechne $a = j \,\%\, 19$, $b = j \,\%\, 4$ und $c = j \,\%\, 7$.
2. Bestimme $m = (8 \cdot (j/100) + 13)/25 - 2$, $s = j/100 - j/400 - 2$, $m = (15 + s - m) \,\%\, 30$, $n = (6 + s) \,\%\, 7$.
3. Bestimme d und e wie folgt:
   (a) Setze $d = (m + 19 \cdot a) \,\%\, 30$.
   (b) Falls $d = 29$ ist, setze $d = 28$, andernfalls: falls $d = 28$ und $a \geq 11$ ist, setze $d = 27$.
   (c) Setze $e = (2 \cdot b + 4 \cdot c + 6 \cdot d + n) \,\%\, 7$.
4. Nun können der *tag* und der *monat* bestimmt werden:
   (a) $tag = 21 + d + e + 1$
   (b) Falls $tag > 31$ ist, setze $tag = tag \,\%\, 31$ und $monat = 4$, andernfalls setze $monat = 3$.

Schreiben Sie ein Java-Programm, das den obigen Algorithmus durchführt und das Datum des Ostersonntags für ein einzulesendes Jahr berechnet und ausgibt. Beispiel für eine Ausgabezeile:

```
Konsole
Im Jahr 2025 ist der Ostersonntag am 20.4.
```

Kapitel 4

Referenzdatentypen

In den ersten Kapiteln haben wir den Umgang mit einfachen Datentypen wie ganzen Zahlen (**`int`** oder **`long`**), Gleitkommazahlen (**`float`** und **`double`**) sowie logischen Werten (**`boolean`**) und Unicode-Zeichen (**`char`**) gelernt. Wir haben Anweisungen zur Ablaufsteuerung eines Programms kennengelernt und anhand von Beispielen erfahren, wie wir mit diesen einfachen Mitteln bereits einige Probleme lösen können. Auch wenn wir damit schon viel machen können, lassen sich komplexere Probleme bisher aber nur umständlich bewältigen. Wir werden uns in diesem Kapitel deshalb mit den sogenannten **Referenzdatentypen** beschäftigen. In der Literatur werden Referenzdatentypen gelegentlich auch **komplexe Datentypen** genannt, um sie von den bisher kennengelernten **elementaren Datentypen** zu unterscheiden. Denn sie ermöglichen es uns, mehrere elementare Datentypen zu neuen, „eigenen" Datentypen zusammenzufassen, was wir in Java auf zwei Arten tun können: Mit Feldern (auch Arrays genannt) und mit Klassen. Der Unterschied ist dabei folgender:

- Felder ermöglichen es uns, mehrere Werte vom selben Typ zu einer Art Liste zusammenzufassen. Beispielsweise könnten wir eine **`float`**-Variable nutzen, um darin die Temparatur vor unserer Haustür abzulegen. Ein **`float`**-Array hingegen könnte eine ganze Reihe von Temparaturwerten, die vielleicht einmal die Stunde ermittelt werden, speichern. In etwa so, als würden wir immer mal wieder auf das Thermometer schauen, den aktuellen Wert ablesen und diesen auf einen Zettel schreiben: `25.5`, `25.8`, `24.9` und so weiter.
- Klassen erlauben es uns im Gegenzug, mehrere Werte unterschiedlicher Datentypen zu einer Einheit zu verknüpfen. Beispielsweise, wenn wir neben dem **`float`** mit der Temparatur noch einen `String` mit dem Ort und einen weiteren `String` mit Datum und Uhrzeit speichern wollten.[1] Diese drei Werte könnten wir dann zu einer Klasse namens `Messwert` mit den drei Attributen `temparatur`, `ort` und `zeit` zusammenfassen.

[1] Wie wir Datum und Uhrzeit in Java richtig speichern, schauen wir uns später noch einmal an.

Wie auch in den vorherigen Kapiteln werden wir uns zunächst etwas mehr mit der Theorie beschäftigen und dann anhand von weiteren Beispielen lernen, solche Referenzdatentypen zu definieren und zu verwenden. Zunächst ist es aber äußerst wichtig, sich der Tatsache bewusst zu sein, dass man, im Gegensatz zum Umgang mit einfachen Datentypen, sowohl bei Feldern als auch bei Klassen den eigentlichen Wert einer Variable nicht mehr direkt, sondern nur indirekt (nämlich nur über eine Referenz) bearbeiten kann. Mit einem kurzen Blick auf ein schematisches Bild des Arbeitsspeichers eines Rechners und einigen Hinweisen zu der in diesem Buch verwendeten Darstellung von Referenzen wollen wir uns diesen Sachverhalt zunächst einmal vor Augen führen.
Der **Arbeitsspeicher** eines Rechners ist in Speicherzellen eingeteilt, wobei jede Speicherzelle eine Nummer, die sogenannte **Adresse**, besitzt. Angenommen, wir haben eine Variable `b`, beispielsweise vom Typ **`byte`**, die gerade den Wert 107 enthält. Der Name `b` stellt somit die symbolische Adresse einer Speicherzelle im Arbeitsspeicher unseres Rechners dar, in der der **`byte`**-Wert 107 gespeichert ist. Wir wollen weiter annehmen, dass es sich bei dieser Speicherzelle um diejenige mit der Adresse 94 handelt. Weil **`byte`** ein einfacher Datentyp ist, wissen wir somit, dass unter der Adresse 94 gerade der Wert 107 gespeichert ist. Der obere Teil von Abbildung 4.1 verdeutlicht diesen Zustand.

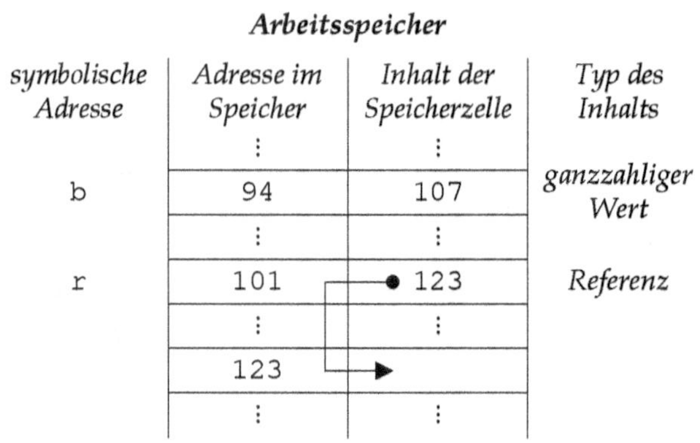

Abbildung 4.1: Schematisches Speicherbild

Bei einer Referenz ist dies anders. Im Gegensatz zu einer normalen Variablen speichert sie keinen gewöhnlichen Wert, mit dem wir etwa eine Berechnung durchführen könnten, sondern nur den Ort, an dem dieser Wert liegt. Wir nehmen dazu an, dass `r` eine Variable eines Referenzdatentyps ist und dass `r` die Adresse 101 im Speicher besitzt. Der Inhalt dieser Speicherzelle soll gerade der Wert 123 sein. `r` ist somit ein Verweis (eine Referenz) auf eine andere Speicherzelle, nämlich diejenige mit der Adresse 123. Erst dort findet sich unser eigentliches „Objekt", das durch unseren Referenzdatentyp dargestellt wird. Der untere Teil von Abbildung 4.1 verdeutlicht diesen Zustand.

In einer Variablen eines einfachen Datentyps wird also direkt ein Wert des entsprechenden Typs gespeichert, während in einer Variablen eines Referenzdatentyps nur die Referenz auf den eigentlichen Wert des entsprechenden Typs gespeichert wird. Um dies (ohne Verwendung eines schematischen Speicherbildes) grafisch zu verdeutlichen, verwenden wir im Folgenden eine Darstellung, in der nur die symbolische Adresse (der Variablenname) und ein Kästchen für den Inhalt der Speicherzelle verwendet werden. Den Variablennamen schreiben wir immer *neben*, den Inhalt immer *in* das Kästchen. Während wir den Inhalt einer Variablen eines einfachen Datentyps einfach in Form des entsprechenden Werts angeben können, stellen wir den Inhalt einer Referenzvariablen (also gerade die Referenz) stets als Pfeil dar (vergleiche Abbildung 4.2). Haben wir es mit zwei Referenzvariablen zu tun, sind deren Inhalte (also die Referenzen) gleich, wenn die entsprechenden Pfeile das gleiche Ziel haben (vergleiche Abbildung 4.3).

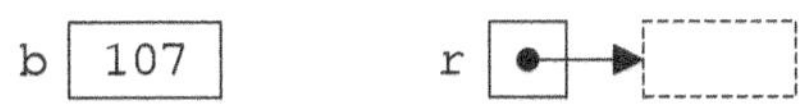

Abbildung 4.2: Grafische Notation für Variablen

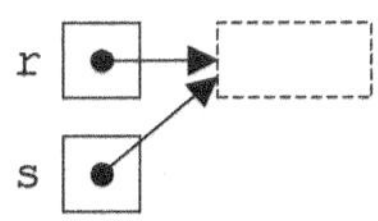

Abbildung 4.3: Die Referenzen `r` und `s` sind gleich.

4.1 Felder (Arrays)

Wir wollen unsere Termine mit dem Computer nicht mit einem kommerziellen Produkt, sondern mit einer eigenen Softwarelösung verwalten. Unser Programm soll für jede Stunde des Tages einen Texteintrag ermöglichen (vgl. Abbildung 4.4).

	Montag		
00:00		*Mittagessen mit Kalle*	*12:00*
01:00			*13:00*
02:00		*Aufgaben bearbeiten*	*14:00*
03:00			*15:00*
04:00			*16:00*
05:00		*Sport*	*17:00*
06:00	*Der Wecker klingelt*		*18:00*
07:00			*19:00*
08:00			*20:00*
09:00	*Aufstehen*		*21:00*
10:00			*22:00*
11:00	*Vorlesung schwänzen*	*Dösen*	*23:00*

Abbildung 4.4: Terminkalender für Montag

Der Einfachheit halber wollen wir vorerst nur einen Wochentag (den Montag) realisieren. Unser Programm soll Einträge in das Menü aufnehmen und den gesamten Kalender auf dem Bildschirm ausgeben können. Eine Realisierung mit den bisher zur Verfügung stehenden Mitteln erstreckt sich allerdings über mehrere Seiten und sieht daher nicht unbedingt schön aus:

```
import Prog1Tools.IOTools;

public class UmstaendlicherKalender {
  public static void main(String[] args) {
    // Fuer jede Stunde eine Variable
    String termin_00="";
    String termin_01="";
    .
    .
    .
    String termin_22="";
    String termin_23="";
    // Das Hauptprogramm in einer Schleife
    boolean fertig=false;
    while (!fertig) {
      // Zuerst ein Bildschirmmenue
      System.out.println("1 = Neuer Eintrag");
      System.out.println("2 = Termine ausgeben");
      System.out.println("3 = Programm beenden");
      int auswahl=IOTools.readInteger("Ihre Wahl:");
      // Nun eine Fallunterscheidung
      switch(auswahl) {
        case  1: // Termine eingeben
          int nummer=IOTools.readInteger("Wie viel Uhr?");
          if (nummer<0 | nummer>23){
            System.out.println("Eingabefehler!");
            break;
          }
          String eingabe=IOTools.readLine("Termin:");
          // Termin einordnen
          switch(nummer) {
            case  0: termin_00=eingabe;break;
            case  1: termin_01=eingabe;break;
            .
            .
            .
            case 22: termin_22=eingabe;break;
            case 23: termin_23=eingabe;break;
          }
          break;
        case  2: // Termine ausgeben
          System.out.println("0 Uhr: "+termin_00);
          System.out.println("1 Uhr: "+termin_01);
          .
          .
          .
          System.out.println("22 Uhr: "+termin_22);
          System.out.println("23 Uhr: "+termin_23);
          break;
```

```
50              case  3: // Programm beenden
51                fertig=true;
52                break;
53              default: // Falsche Zahl eingegeben
54                System.out.println("Eingabefehler!");
55            }
56          }
57        }
58      }
```

Unser Programm `UmstaendlicherKalender` beinhaltet für jede Stunde des Tages eine Variable vom Typ `String`. So wird etwa die fünfzehnte Stunde (also 14 Uhr) durch die Variable `termin_14` repräsentiert. Allein die Vereinbarung und Initialisierung dieser Variablen benötigt im Programm *24* Zeilen. Wollen wir einen der Termineinträge verändern, lassen wir Uhrzeit (`nummer`) und Text (`eingabe`) eingeben. Um jedoch herauszufinden, in welche Variable wir diesen Text eintragen müssen, sind ab Zeile 31 daher auch 24 Fälle zu unterscheiden.
Bei einer anschließenden Ausgabe müssen wir ebenfalls wieder jede der 24 Variablen einzeln ansprechen. Wir haben also über *72* Zeilen alleine daraufhin verschwendet, die Texteinträge eines Tages zu verwalten. Wenn wir nun von einer Zahl von 365 Tagen pro Jahr (plus Schaltjahr) ausgehen und unseren Kalender fünf Jahre lang verwenden wollen, erhalten wir eine Programmlänge von weit über *130000* Zeilen! Eine solche Codelänge für ein einfaches Kalenderprogramm ist natürlich völlig untragbar.[2]
Wenn wir das Problem näher analysieren, so stellen wir einen Hauptansatzpunkt für eventuelle Verbesserungen fest: Unsere Variablen `termin_0` bis `termin_23` sind alle vom Typ (`String`) und repräsentieren ähnliche Inhalte (Termine). Auch namentlich unterscheiden sie sich nur durch eine nachstehende Ziffer – wir wollen diese im Folgenden als **Index** bezeichnen. Wenn wir also eine Möglichkeit fänden, die verschiedenen Variablen in einer einzigen Zeile zu deklarieren und dann nur durch diesen Index anzusprechen, könnten wir uns sämtliche Fallunterscheidungen ersparen. Und zum Glück müssen wir hierfür nicht lange suchen, sondern einfach nur die kommenden Seiten lesen. Denn dort lernen wir alles über **Felder**, die uns genau diese Möglichkeit bieten.

4.1.1 Was sind Felder?

Felder (englisch: **arrays**) gestatten es, mehrere Variablen (in unserem Beispiel `String`-Variablen) über einen gemeinsamen Namen anzusprechen und lediglich durch einen **Index** (einen ganzzahligen nichtnegativen Wert) zu unterscheiden. Alle diese indizierten Variablen haben dabei *den gleichen Typ*. Die Variablen selbst werden als Komponenten des Feldes bezeichnet. Der Index, der zum Unterscheiden und zum Ansprechen der Komponenten dient, ist vom Typ **`int`**, wobei nur Werte größer oder gleich 0 zugelassen werden. Man kann sich vorstellen, dass die

[2] Naja, der USB-Stick, auf dem Sie das Programm vielleicht speichern, ist eigentlich nicht so schwer. Aber Sie verstehen, was wir meinen.

Zellen eines Feldes aufeinanderfolgend im Speicher des Rechners abgelegt werden. Der Index einer Variablen ergibt sich dabei aus der Position innerhalb des Feldes, von null aufwärts gezählt. Er sagt also, welche Zelle angesprochen werden soll bzw. wieviele Zellen dabei übersprungen werden sollen.
Durch dieses strukturierte Ablegen der Daten innerhalb eines Feldes gelingt die Vereinfachung vieler Anwendungen, was wir uns anhand unseres Terminkalenders aus Abbildung 4.4 etwas näher anschauen wollen. Wie in Abbildung 4.5 dargestellt, können wir uns die vierundzwanzig Stunden des Tages als Zeilen einer Tabelle mit vierundzwanzig Einträgen vorstellen. Geben wir den Tabellenzeilen daher doch einfach einen einheitlichen Namen – in diesem Fall also `termin` – und betrachten die Stunden somit nicht mehr einzeln, sondern in ihrer Gesamtheit.
Wollen wir nun einen speziellen Eintrag des Feldes `termin` ansprechen, können wir dies wie gewünscht über seinen Index tun. Wollen wir beispielsweise den in der siebten Zeile hinterlegten Text auf dem Bildschirm ausgeben (also zu 6 Uhr morgens), können wir dies in Form der Zeile

```
System.out.println(termin[6]);
```

tun. Folgerichtig erhalten wir die Bildschirmausgabe

```
Konsole
der Wecker klingelt
```

Eine Ausgabe der gesamten vierundzwanzig Stunden ließe sich somit über eine einfache Schleife erhalten, die alle Komponentenvariablen bzw. Indexwerte durchläuft:

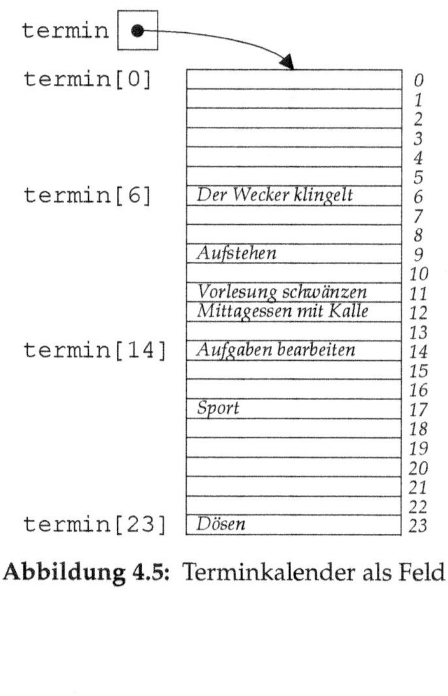

Abbildung 4.5: Terminkalender als Feld

```
for (int i = 0; i < 24; i++) {
  System.out.println(i + " Uhr: " + termin[i]);
}
```

Statt vierundzwanzig Zeilen benötigen wir nur noch zwei (die geschweifte Klammer am Schluss nicht mitgerechnet)! Um uns eine derartige Ersparnis zunutze machen zu können, müssen wir jedoch den expliziten Umgang mit Feldern lernen.

4.1.2 Deklaration, Erzeugung und Initialisierung von Feldern

Die Spezifikation eines Feldes erfolgt nach einem einfachen Schema und ähnelt der in Abschnitt 3.4.1 beschriebenen Deklaration von einfachen Datentypen. Ein Feld deklarieren wir dadurch, dass wir zunächst eine entsprechende Referenzvariable deklarieren und dabei eckige Klammern hinter den Komponententyp schreiben:

Syntaxregel

```
«KOMPONENTENTYP» [ ] «VARIABLENNAME»;
```

Wir teilen dabei dem Compiler durch die eckigen Klammern nach dem Komponententyp mit, dass es sich um eine Referenzvariable handelt, mit der wir später ein Feld erzeugen wollen.[3] Die Zeilen

```
int[]    feld1;
double[] feld2;
String[] feld3;
int[]    feld4;
```

deklarieren also nacheinander vier Referenzvariablen für Felder von Ganzzahlwerten (`feld1`), von Gleitkommawerten (`feld2`), von Zeichenketten (`feld3`) und nochmals von Ganzzahlwerten (`feld4`). Hierbei steht jedoch bislang weder fest, wie lang das Feld sein soll, noch womit die einzelnen Einträge gefüllt werden sollen. Wir sind also weit von einer Darstellung wie in Abbildung 4.5 entfernt.

Um unsere Felder auf den Gebrauch vorzubereiten, müssen wir diese zuerst erzeugen und initialisieren – ebenfalls wieder analog zu Abschnitt 3.4.1. Hierzu existieren prinzipiell zwei Möglichkeiten:

1. Zuerst legen wir die Größe des Feldes mit Hilfe des sogenannten **new**-Operators fest:

   ```
   feld1 = new int[5];
   feld2 = new double[2];
   feld3 = new String[4];
   feld4 = new int[5];
   ```

[3] Es wäre übrigens auch möglich gewesen, die Klammern hinter den Variablennamen zu stellen. Diese Schreibweise wurde aus den Sprachen C und C++ übernommen, wird von uns im Folgenden jedoch nicht weiter verwendet, da sich Felder in Java auch noch vielen in anderen Punkten von C und C++ unterscheiden.

Es werden dadurch Felder der Länge (Komponentenanzahl) 5, 2, 4 und 5 erzeugt (Speicherplatz angelegt) und die entsprechenden Referenzen gesetzt. Allgemein lautet die entsprechende Syntax:

Syntaxregel

```
«VARIABLENNAME» = new «KOMPONENTENTYP» [ «FELDLAENGE» ] ;
```

Für die Variable `feld4` wird dies in Abbildung 4.6 (linker Teil) dargestellt.

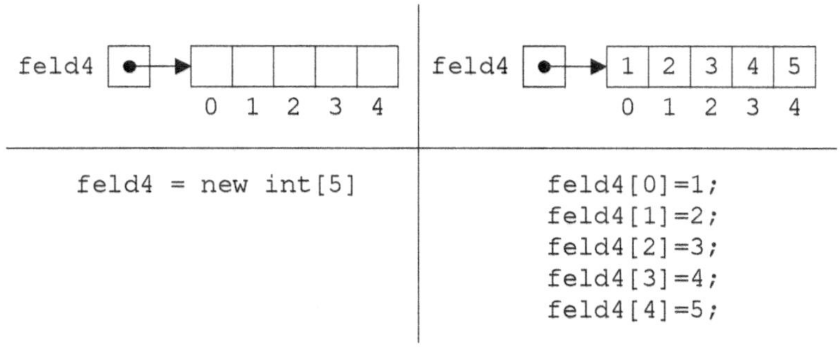

Abbildung 4.6: Felderzeugung mittels des `new`-Operators

Nach der Erzeugung des Arrays ist unser Feld noch nicht mit den gewünschten Startwerten belegt.[4] Wir wollen das Feld nun Komponente für Komponente mit den Zahlen von 1 bis 5 belegen (vgl. Abbildung 4.6, rechter Teil). Dies geschieht durch einfache Wertzuweisungen gemäß der Syntax

Syntaxregel

```
«VARIABLENNAME»[«INDEX»] = «WERT»;
```

Wir können jedoch auch einfacher ans Ziel gelangen, indem wir die Regelmäßigkeit der Startwerte nutzen und Letztere mit Hilfe einer Schleife festlegen:

```
for (int i = 0; i < 5; i++)
  feld4[i] = i+1;
```

2. Wir können alternativ ein Feld gleich bei der Deklaration mit Startwerten belegen, indem wir die abzulegenden Werte in geschweiften Klammern aufzählen:

```
int[]    feld1= {1 , 6 , 4 , 7 , 8};
double[] feld2= {3.14 , -276.06};
String[] feld3= {"Hallo" , "dies" , "ist ein", "Feld"};
```

[4] Genau genommen ist das Feld jedoch bereits implizit initialisiert. In jeder Komponente des Feldes steht ein initialer Default-Wert. Bei **int**-Variablen ist dies der Wert 0.

Die Länge des Feldes ergibt sich dann aus der Zahl der aufgezählten Werte. Der Compiler führt den **new**-Operator quasi automatisch mit der entsprechenden Feldlängenangabe aus und belegt das Feld mit den übergebenen Startwerten. In unserem Fall umfasst `feld1` also fünf Elemente, `feld2` zwei und `feld3` vier Elemente (vgl. Abbildung 4.7).

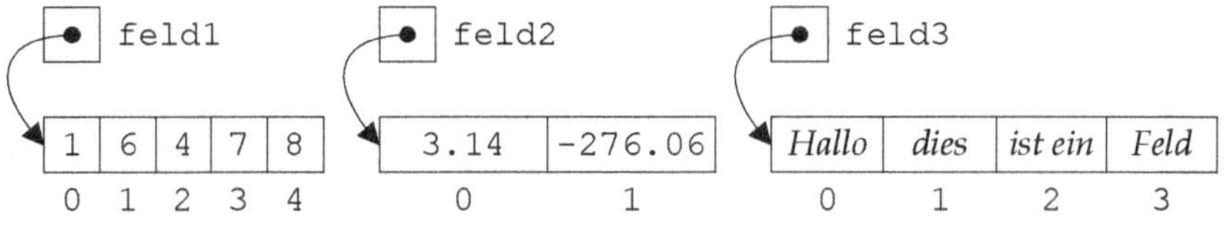

Abbildung 4.7: Initialisierung mittels Array-Initialisierern

Wir bezeichnen den Ausdruck in den geschweiften Klammern als **Feld-Initialisierer** (englisch: **array initializer**) und verwenden ihn, wenn unser Feld etwa nur wenige Elemente besitzt oder diese keiner regelmäßigen Gesetzmäßigkeit gehorchen. Ist unser Feld jedoch sehr groß (etwa $365 \cdot 24 = 8760$ Einträge) oder sehr regelmäßig aufgebaut, so werden wir wahrscheinlich die zuerst gezeigte, einfachere Form der Initialisierung bevorzugen.

Achtung: Bei der Erzeugung eines Feldes mit dem **new**-Operator ist die Größe (Länge) des Feldes durch einen **int**-Wert anzugeben. Dieser Wert muss jedoch nicht notwendigerweise eine Konstante sein, sondern kann auch in Form eines Ausdrucks angegeben werden. Auch ein Ausdruck vom Typ **byte**, **short** oder **char** ist als Längenangabe zulässig, da der entsprechende Wert implizit nach **int** gewandelt wird. Entsprechendes gilt beim Zugriff auf ein Feldelement. Auch hier ist es möglich, den Index in Form eines Ausdrucks anzugeben, der hinsichtlich der automatischen Typwandlung den gleichen Regeln unterliegt. Die Anweisungen

```
short s = 135;
double[] feld = new double[48 * s];
feld['z'] = 1.356;
```

wären somit durchaus zulässig.

4.1.3 Felder unbekannter Länge

Wir haben im letzten Abschnitt gelernt, Felder mit Hilfe des **new**-Operators zu erzeugen und später zu initialisieren. Dabei haben wir mit Hilfe einer Schleife jedem Feldelement einen bestimmten Wert zugewiesen, wofür wir allerdings wissen mussten, über *wie viele Komponenten* sich unser Feld erstreckt. Wir haben dazu **Länge eines Feldes** benötigt und weil wir keinen besseren Weg wussten, diese einfach als Zahl in den Quellcode geschrieben (an die zweite Stelle bei der **for**-Schleife). Und da der größte Index einer Feldkomponente immer die um 1 verminderte Länge des Feldes ist, haben wir die Zählung ja bei 0 beginnen lassen.

In vielen Fällen kann der Softwareentwickler zum Zeitpunkt der Programmierung jedoch gar nicht vorhersehen, wie lang die von ihm verwendeten Felder tatsächlich werden. Die bei **new** angegebene Feldlänge kann deshalb z. B. auch eine Variable sein, deren Wert laufzeitabhängig festgelegt ist, sich aber nach der Felderzeugung jederzeit auch wieder ändern kann. Für diesen Fall stellt Java eine Möglichkeit zur Verfügung, bezüglich beliebiger Felder deren Länge zu ermitteln, ohne sich diese selbst merken zu müssen.
Bei der Erstellung eines Feldes wird seine Länge in einem zusätzlichen Element vom Typ **int** abgespeichert. Dieses Element lässt sich in der Form

Syntaxregel

```
«VARIABLENAME».length
```

auslesen und im Programm (zum Beispiel in Schleifen, die alle Indexwerte durchlaufen sollen) verwenden. Unsere zuletzt angegebene Schleife ließe sich dadurch besser in der folgenden Form realisieren:

```
for (int i = 0; i < feld4.length; i++) {
  feld4[i]=i+1;
}
```

Wir wollen uns hierzu ein Beispiel ansehen, in dem wir zunächst eine Reihe von ganzen Zahlen von der Tastatur einlesen und diese danach in umgekehrter Reihenfolge wieder ausgeben wollen. Eine entsprechende Lösung dieser Aufgabe kann wie folgt aussehen:

```
import Prog1Tools.IOTools;

public class Swap {
  public static void main(String[] args) {
    // Wie viele Werte sollen eingelesen werden?
    int n = IOTools.readInteger("Wie viele Werte? ");

    // Lege ein Feld mit genau der eingegebenen Anzahl Werten an
    int[] werte = new int[n];

    // Lies die Werte von der Tastatur ein
    for (int i = 0; i < werte.length; i++) {
      n = IOTools.readInteger("Wert Nr. " + i + ": ");
      werte[i] = n;
    }

    // Gib die Werte verkehrt herum aus
    System.out.println("Und nun verkehrt herum");

    for (int i = 0; i < werte.length; i++) {
      System.out.println("Wert Nr. " + i + ": "
                         + werte[werte.length-1-i]);
    }
  }
}
```

Betrachten wir das Programm Zeile für Zeile. Um eine Menge von n Zahlen einlesen zu können, müssen wir diese Zahl n natürlich erst einmal kennen. Wir lesen diesen Wert deshalb in Zeile 6 von der Tastatur ein:

```
int n = IOTools.readInteger("Wie viele Werte? ");
```

Mit Hilfe dieser Zahl können wir nun ein Feld `werte` für unsere erste Reihe von Zahlen erzeugen, dessen Länge wir mit eben diesem `n` initialisieren:

```
int[] werte = new int[n];
```

Nun müssen wir diese Werte von der Tastatur einlesen. Wir verwenden hierzu eine Schleife, die wir von `0` bis `werte.length-1` laufen lassen.[5] Die Zeilen 12 bis 15 des Programms realisieren diese Überlegungen.

```
for (int i = 0; i < werte.length; i++) {
  n = IOTools.readInteger("Wert Nr. " + i + ": ");
  werte[i] = n;
}
```

Danach wollen wir wiederum mit einer Schleife die eingegebenen Werte in umgekehrter Reihenfolge ausgeben. Wir lassen (für `werte`) die Schleife wieder von `0` bis `werte.length-1` laufen, sprechen unsere Werte jedoch „verkehrt herum" an:

```
werte[(werte.length-1) - i]
```

Zu beachten ist dabei, dass wir in unserer Schleife nicht mehr die Variable `n` hätten verwenden können, um auf die Feldlänge zuzugreifen, da diese bereits einen veränderten Wert hat! Jedoch hätten wir die Schleife wie folgt auch etwas einfacher schreiben können:

```
for (int i = werte.length - 1; i >= 0; i--) {
  System.out.println("Wert Nr. " + i + ": " + werte[i]);
}
```

Wichtig ist für uns nun vor allem die Tatsache, dass wir beide Schleifen implementieren konnten, ohne die Länge des Feldes explizit als separate Variable in unser Programm aufnehmen zu müssen. Es ist uns also problemlos möglich, Algorithmen für unbekannte Feldlängen zu entwickeln, weil die tatsächliche Feldlänge erst zur Laufzeit festliegen muss.

4.1.4 Referenzen

Betrachten wir ein einfaches Java-Programm:

```
import Prog1Tools.IOTools;

public class Doppel {
  public static void main(String[] args) {
    // Lies die zu verdoppelnde Zahl ein
    int wert = IOTools.readInteger("Zahl: ");
    // Kopiere den Wert in eine neue Variable
```

[5] Statt `werte.length` hätten wir natürlich auch die Variable `n` verwenden können. Da wir `n` aber innerhalb der Schleife verändern, würde dies zu unerwarteten Fehlern führen!

```
8       int wert2 = wert;
9       // Verdopple den Wert
10      wert2 = 2*wert2;
11
12      // Ausgabe
13      System.out.println("Die Zahl " + wert +
14                         " ergibt verdoppelt " +
15                         wert2 + ".");
16    }
17  }
```

Das vorliegende Programm hat eine einfache Aufgabe: Es liest eine ganze Zahl `wert` von der Tastatur ein (Zeile 5) und kopiert den Wert in eine zweite Variable `wert2`. Anschließend wird dieser Wert verdoppelt (Zeile 9) und zusammen mit dem ursprünglichen Wert auf dem Bildschirm ausgegeben:

```
Konsole
Zahl: 17
Die Zahl 17 ergibt verdoppelt 34.
```

Wir wollen das Programm nun so verbessern, dass es statt eines einzigen Wertes eine beliebige Anzahl von Werten verarbeitet. Zu diesem Zweck lesen wir die Anzahl (`n` genannt) von der Tastatur ein

```
int n = IOTools.readInteger("Wie viele Zahlen ? ");
```

und erzeugen ein Feld der gewünschten Länge:

```
int[] werte = new int[n];
```

Das entsprechende Feld wird in einer Schleife initialisiert und danach in ein zweites Feld namens `werte2` kopiert:

```
int[] werte2 = werte;
```

Anschließend verdoppeln wir die Werte in unserem zweiten Feld und geben das Ergebnis auf dem Bildschirm aus. Das komplette Programm hat somit folgende Gestalt:

```
import Prog1Tools.IOTools;

public class DoppelFeld {
  public static void main(String[] args) {
    // Erzeuge Feld und lies Werte ein
    int n = IOTools.readInteger("Wie viele Zahlen ? ");
    int[] werte = new int[n];

    for (int i = 0; i < werte.length; i++) {
      werte[i] = IOTools.readInteger("Zahl Nr. " + i + ": ");
    }

    // Kopiere Feld und verdopple die Eintraege
    int[] werte2 = werte;

    for (int i = 0; i < werte2.length; i++) {
      werte2[i] = 2*werte2[i];
    }
```

```

    // Ausgabe
    for (int i = 0; i < n; i++) {
      System.out.println("Die Zahl " + werte[i] +
                         " ergibt verdoppelt " +
                         werte2[i] + ".");
    }
  }
}
```

Das vorgestellte Programm lässt sich mit dem Compiler fehlerfrei übersetzen und ausführen. Bei der Ausgabe des Programms stellen wir allerdings ein merkwürdiges Phänomen fest:

Konsole

```
Wie viele Zahlen ? 3
Zahl Nr. 0: 1
Zahl Nr. 1: 2
Zahl Nr. 2: 3
Die Zahl 2 ergibt verdoppelt 2.
Die Zahl 4 ergibt verdoppelt 4.
Die Zahl 6 ergibt verdoppelt 6.
```

Obwohl wir den Inhalt von `werte` nicht verändert haben, erhalten wir nicht wie erwartet folgende Ausgabe:

Konsole

```
Die Zahl 1 ergibt verdoppelt 2.
Die Zahl 2 ergibt verdoppelt 4.
Die Zahl 3 ergibt verdoppelt 6.
```

Statt der einfachen Werte von `wert` und der verdoppelten Werte von `wert2` erhalten wir von beiden Feldern die verdoppelten Zahlen. Doch wieso wurde unser Feld `wert` überhaupt verändert? Um diesen Punkt zu verstehen, müssen wir uns noch weiter mit dem Konzept der Referenzdatentypen vertraut machen. Dazu aber erst noch einmal kurz zurück zu den altbekannten, einfachen Datentypen **`boolean`**, **`byte`**, **`int`**, **`long`**, **`float`**, **`double`** und **`char`**.[6] Abbildung 4.8 (1) stellt Variablen dieser einfachen Datentypen als eine Art „Karteikarte“ dar. Wenn wir in unserem Programm deshalb in einer Zeile

```
int x1 = 32;
```

eine Variable `x1` vom Typ **`int`** erzeugen und mit einem Wert vorbelegen, wird das übergebene Datum (die Zahl 32) fest an die Variable gebunden. Bildlich gesprochen stehen Variablenname und Inhalt auf der gleichen Karte. Erzeugen wir nun wie in Abbildung 4.8 (2) eine zweite Variable `y1` in der Form

---

[6] `String` fehlt in dieser Aufzählung, weil es sich dabei ebenfalls um einen Referenzdatentyp handelt. Da wir `String` aber bisher nur zur Ausgabe auf dem Bildschirm verwendet haben und wir uns Referenzdatentypen ja gerade erst anschauen, haben wir das bisher noch nicht erklärt. Wenigstens wissen Sie jetzt aber, warum wir das Wort `String` in diesem Buch immer „dünn“ und z. B. **`int`** oder **`float`** „fett“ schreiben.

```
int y1 = x1;
```

dann erstellt das System analog zum obigen Fall eine zweite „Karteikarte", in der es den Variablennamen (`y1`) und den zugeordneten Wert (also 32, da hier der Wert aus `x1` übernommen wird) einträgt. Für die anderen Datentypen verhält es sich analog (siehe `x2` und `x3` bzw. `y2` und `y3`).

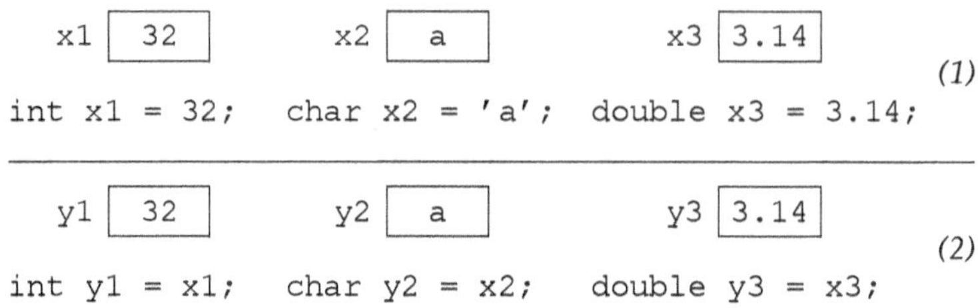

Abbildung 4.8: Einfache Datentypen

Betrachten wir im Gegensatz hierzu deshalb nun ein von uns erzeugtes Feld, wie in Abbildung 4.9 (1) dargestellt:

```
int[] feld = {1 , 6 , 4 , 7 , 8};
```

Im Gegensatz zu den einfachen Datentypen handelt es sich dabei um einen Referenzdatentyp, weshalb, um bei unserem Bild mit den Karteikarten zu bleiben, Variablenname und Wert *nicht* auf der gleichen Karte gesichert werden. Die Variable `feld` enthält lediglich eine Referenz auf das Feld, was in der Abbildung durch einen Pfeil dargestellt wird. Man kann daher sagen, dass der Inhalt der Referenzvariablen `feld` nicht das Feld selbst, sondern nur seine Adresse ist. Leider gibt es in Java zwar keine Möglichkeit, sich diese Adresse anzeigen zu lassen, wir können uns das aber wie die Einträge in einem Stichwortverzeichnis vorstellen. Wenn Sie beispielsweise am Ende des Buches das Stichwort „Referenz" nachschlagen, werden Sie dort keine direkte Definition finden. Stattdessen werden Sie auf eine (oder mehrere) Seiten in diesem Kapitel verwiesen – Sie erhalten einen Querverweis auf die Stelle, unter der die gewünschte Information zu finden ist. Auf die gleiche Art und Weise funktionieren auch die Referenzen in Java.

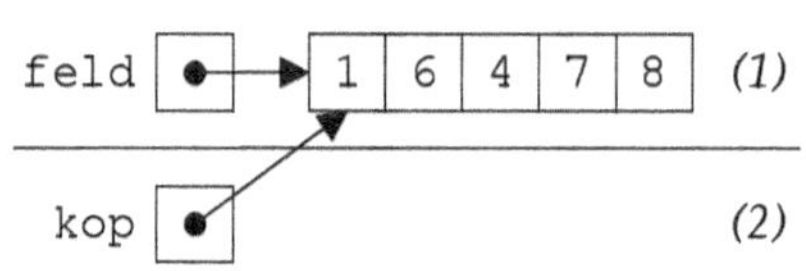

Abbildung 4.9: Referenzdatentypen

Womöglich ahnen Sie jetzt auch schon, warum unser Programm mit dem Verdoppeln der eingegebenen Feldwerte nicht richtig funktioniert hat. Zur Sicherheit machen wir aber mal weiter und erzeugen nun eine zweite Variable `kop` und weisen dieser den Inhalt von `feld` zu:

```
int[] kop = feld;
```

Dadurch wird, wie in Abbildung 4.9 (2) dargestellt, der Inhalt der „Karteikarte“ `feld` zwar in `kop` übertragen, doch handelt es sich hierbei lediglich um die Adresse, also den Querverweis, unter dem das Feld zu finden ist. Das Feld selbst wird gar nicht kopiert, sondern erhält einfach nur eine zweite Referenz. Wir bezeichnen diesen Vorgang daher auch als **Referenzkopie**.
Mit eben dieser Referenzkopie erklärt sich dann auch das Verhalten unseres letzten Programms. Wir hatten den Inhalt des Feldes `werte` durch die Anweisung

```
int[] werte2 = werte;
```

kopiert, also eben eine solche Referenzkopie erstellt, sodass hinterher sowohl `werte` als auch `werte2` auf *ein und dasselbe Feld* gezeigt haben. `werte` und `werte2` wurden dadurch einfach nur zu zwei unterschiedlichen Variablennamen für dasselbe Feld. In der darauffolgenden Schleife haben wir deshalb mit

```
werte2[i] = 2*werte2[i];
```

in Wahrheit den Inhalt des Feldes `werte` verändert. Das war so nicht beabsichtigt, auch wenn Java sich völlig korrekt verhalten hat. Anstelle einer Referenzkopie hätten wir eine echte Kopie des Feldes erstellen müssen. Doch wie hätten wir das tun können? Nun, zunächst hätten wir mit **new** ein neues Feld derselben Länge erzeugen müssen:

```
int[] werte2 = new int[werte.length];
```

Dann hätten wir den Inhalt des einen Feldes in das andere Feld kopieren müssen. Hierzu gibt es verschiedene Möglichkeiten:

1. Wir lösen das Problem in einer Schleife, indem wir jedes einzelne Feldelement von `wert` durchlaufen und an dieselbe Stelle in `wert2` schreiben:

   ```
   for (int i = 0; i < werte.length; i++) {
     werte2[i] = werte[i];
   }
   ```

2. Wir verwenden die vordefinierte Methode `System.arraycopy`, die im Grunde genommen dasselbe nur komfortabler macht. Ihr Aufruf ist wie folgt aufgebaut:

   Syntaxregel

   ```
   System.arraycopy(«QUELLE», «QUELLSTARTINDEX»,
                    «ZIEL»   , «ZIELSTARTINDEX»,
                    «ANZAHL»);
   ```

   Hierbei ist

   - «`QUELLE`» das Feld, von dem wir kopieren wollen (in unserem Fall `werte`).

- «QUELLSTARTINDEX» ist die Stelle (bzw. der Index), ab der wir von unserer Quelle übertragen wollen. Da wir das gesamte Feld von Anfang an übertragen wollen, ist der Eintrag in unserem Fall 0.
- «ZIEL» das Feld, in das wir kopieren wollen (in unserem Fall `werte2`).
- «ZIELSTARTINDEX» ist die Stelle, ab der wir in unser Zielfeld eintragen wollen – hier also ebenfalls 0.
- «ANZAHL» ist die Anzahl der Komponenten, die kopiert werden sollen (in unserem Fall `werte.length`, da wir, wie gesagt, unser gesamtes Feld kopieren wollen).

Wir können unser Feld also durch folgende einfache Zeile übertragen:

```
System.arraycopy(werte, 0, werte2, 0, werte.length);
```

3. Wir verwenden die vordefinierte Methode `clone`, die es ermöglicht, komplette Felder zu kopieren (clonen). Da wir deren Funktionsweise und Verwendung aber erst verstehen können, nachdem wir uns mit objektorientierter Programmierung beschäftigt haben, erwähnen wir sie hier nur der Vollständigkeit halber.

Zu beachten ist, dass all diese Mechanismen zum Kopieren von Feldern eines gemeinsam haben: Grundsätzlich werden sogenannte **flache Kopien** angelegt, d. h. es werden einfach alle Feldkomponenten kopiert, ohne deren Typ zu beachten. Prinzipiell ist es nämlich möglich, dass die Feldkomponenten selbst wieder Felder (also Referenzdatentypen) sind, von denen dann nur die Referenz kopiert wird. Um eine vollständige, auch **tiefe Kopie** genannte Kopie zu erhalten, ist entsprechend mehr zu tun. Wir werden dies im Zusammenhang mit geschachtelten (mehrdimensionalen) Feldern nochmal sehen.

4.1.5 Ein besserer Terminkalender

Jetzt haben wir so viel über Felder gelernt, dass wir nun versuchen wollen, unser ursprüngliches Kalenderprogramm mit Hilfe von Feldern und somit mit nur einem Bruchteil des bisherigen Aufwandes zu realisieren. Vor allem wollen wir versuchen, die 24 Variablen mit den Kalendereinträgen durch ein einzelnes Feld zu ersetzen:

```
String[] termine = new String[24];
```

Eine kleine Schleife hilft uns dann dabei, alle Einträge mit einem leeren String zu initialisieren:

```
for (int i = 0; i < termine.length; i++) {
  termine[i] = "";
}
```

In unserem Menü können wir dadurch die einzelnen Fälle für „Termin eingeben" und „Termin ausgeben" viel einfacher realisieren. Werfen wir hierzu einen Blick auf das komplette Listing:

```java
import Prog1Tools.IOTools;

public class BessererKalender {
  public static void main(String[] args) {
    // Ein Feld mit je einem Element fuer jede Stunde
    String[] termine = new String[24];

    for (int i = 0; i < termine.length; i++) {
      termine[i] = "";
    }

    // Das Hauptprogramm in einer Schleife
    boolean fertig = false;

    while (!fertig) {
      // Zuerst ein Bildschirmmenue
      System.out.println("1 = Neuer Eintrag");
      System.out.println("2 = Termine ausgeben");
      System.out.println("3 = Programm beenden");

      int auswahl = IOTools.readInteger("Ihre Wahl:");

      // Nun eine Fallunterscheidung
      switch(auswahl) {
        case  1: // Termine eingeben
          int nummer = IOTools.readInteger("Wie viel Uhr?");

          if (nummer < 0 || nummer > 23) {
            System.out.println("Eingabefehler!");
            break;
          }

          String eingabe = IOTools.readLine("Termin:");
          termine[nummer] = eingabe;    // Termin einordnen
          break;
        case  2: // Termine ausgeben
          for (int i = 0; i < 24; i++) {
            System.out.println(i + " Uhr: " + termine[i]);
          }
          break;
        case  3: // Programm beenden
          fertig = true;
          break;
        default: // Falsche Zahl eingegeben
          System.out.println("Eingabefehler!");
      }
    }
  }
}
```

Wir stellen fest, dass unser neuer Quelltext nicht einmal halb so groß ist wie das erste (umständliche) Java-Programm. Dies verdanken wir dem Umstand, dass wir unsere Daten nun mit Hilfe des Index in einem Feld ansprechen können.

So nimmt etwa das Einordnen der Daten bei der Eingabe – das sich zuvor über viele Zeilen erstreckte – nun nur noch die Zeile 34 ein:

```
termine[nummer] = eingabe;
```

Ähnlich einfach ist nun die Ausgabe strukturiert (Zeile 37–39):

```
for (int i = 0; i < 24; i++) {
  System.out.println(i + " Uhr: " + termine[i]);
}
```

Was zuvor eine Zeile pro Eintrag (also insgesamt 24) benötigte, lässt sich nun in einer einfachen Schleife bewerkstelligen. Wir haben unser Programm wesentlich vereinfacht.

4.1.6 Mehrdimensionale Felder

Bislang haben wir mit unserem Kalenderprogramm lediglich einen einzigen Tag verwaltet – das reicht uns natürlich nicht! Wir wollen unser Programm deshalb so erweitern, dass es einen kompletten Monat mit maximal 31 Tagen abdeckt. Es stellt sich daher die Frage, wie diese maximal $24 \cdot 31 = 744$ Einträge auf dem Computer verwaltet werden sollen.
Zunächst nehmen wir der Einfachheit halber an, dass jeder Monat genau 31 Tage hat, auch wenn das natürlich nicht stimmt. Doch warum gleich mit dem kompliziertesten Fall anfangen? Es leuchtet ein, dass wir auf jeden Fall wieder Felder verwenden wollen. Eine Definition der Form

```
String[] termine = new String[744]
```

bringt allerdings einen einen gewissen Nachteil mit sich: Unübersichtlichkeit! Wenn wir beispielsweise die Stunde 13 des Tages 20 ansprechen, müssen wir hierfür den Eintrag $(20 - 1) \cdot 24 - 1 + 13 = 468$ verwenden. Die Stunde 8 des Tages 7 wäre dann Eintrag 174, Stunde 17 des Tages 28 Eintrag 664, und so weiter. Okay, das kann man ausrechnen. Aber geht das nicht auch einfacher? So, dass man Termin und Tageszeit auf den ersten Blick in Zusammenhang bringen kann? Wie zum Beispiel in folgender Tabelle, die für jeden Tag eine Zeile und für jede Stunde eine Spalte besitzt?

	0 Uhr	**1 Uhr**	…	**22 Uhr**	**23 Uhr**
Tag 1	Schlafen	Schlafen	…	Übungsblätter	Buch lesen
Tag 2	Schlafen	Schlafen	…	Übungsblätter	Buch lesen
Tag 3	Schlafen	Schlafen	…	Stammtisch	Stammtisch
…	…	…	…	…	…
Tag 30	Party bei Mike	Party bei Mike	…	Schlafen	Schlafen
Tag 31	Schlafen	Schlafen	…	Kopfschmerzen	Kopfschmerzen

Abbildung 4.10: Terminkalender für einen ganzen Monat

Wie sich herausstellt, lässt sich unser Kalender fast genau so in Java abbilden. Wir haben es hier mit einem zweidimensionalen Problem zu tun – also benötigen wir auch ein zweidimensionales Feld. Doch da Felder in Java immer nur eine Länge, aber eben keine zusätzliche „Breite“ haben können, behelfen wir uns mit einem kleinen Trick und gehen deshalb wie folgt vor:

1. Wir erzeugen ein Feld, das unseren Terminkalender repräsentieren soll. Jeder unserer Feldeinträge soll hierbei für eine *Zeile* und damit für einen Tag in der Tabelle stehen. Dabei erinnern wir uns an unsere Syntaxregel für Arrays von Seite 127, wo wir gelernt haben, dass an den Typ des Feldes einfach eckige Klammern angehängt werden. In unserem Fall brauchen wir daher kein Feld mit Strings, sondern ein *Feld von Feldern mit Strings*, das wir wie folgt deklarieren:

   ```
   String[][] termine;
   ```

2. Im nächsten Schritt müssen wir unser Feld erzeugen und initialisieren. Hierzu verwenden wir den altbekannten **new**-Operator:

   ```
   termine = new String[31][];
   ```

   Dabei müssen wir darauf achten, die Länge der ersten Dimension in die linke der beiden Klammern zu schreiben und die rechte Klammer leer zu lassen. Denn zur rechten Klammer kommen wir erst noch, nachdem wir uns den bisherigen Stand anhand von Abbildung 4.11 verdeutlicht haben.

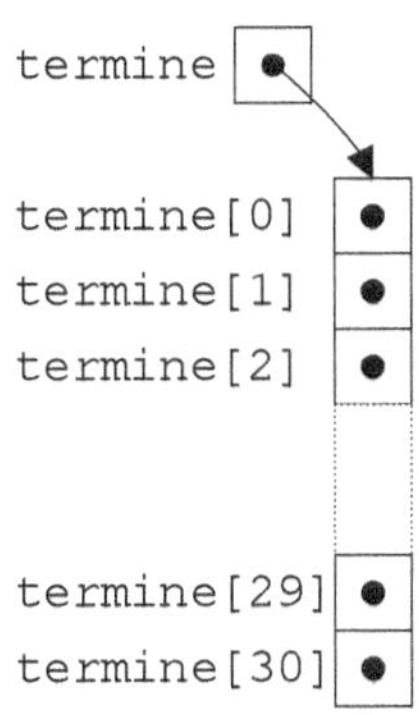

Abbildung 4.11: Initialisierung von mehrdimensionalen Feldern

3. Wir haben nun also eine Referenz auf ein Feld der Länge 31 erzeugt. Jede Komponente dieses Feldes ist ebenfalls wieder ein Feld. Die Komponentenfelder selbst sind aber noch nicht erzeugt worden – das müssen wir noch nachholen. Da jedes unserer 31 Felder die 24 Termine eines Tages repräsentieren soll, müssen wir entsprechend jeweils Felder der Länge 24 erzeugen und mit einem leeren String initialisieren:

   ```
   for (int i = 0; i < termine.length; i++) {
     termine[i] = new String[24];

     for (int j = 0; j < termine[i].length; j++) {
   ```

```
            termine[i][j] = "";
        }
    }
```

Wie wir sehen, funktioniert der Zugriff auf die einzelnen Felder exakt gleich wie im eindimensionalen Fall. Über

```
termine[i]
```

greifen wir zunächst auf einen einzelnen Tag zu und erhalten dadurch ein Feld mit seinen Stunden. Mittels

```
termine[i].length
```

können wir daher die Länge des `i`-ten Feldes ermitteln, die immer 24 sein sollte. Die einzelnen Komponenten des `i`-ten Feldes hingegen erhalten wir durch einen Zugriff mit zwei eckigen Klammern:

```
termine[i][j]
```

Wollen wir also etwa den Eintrag am zweiten Tag (also Index 1) zur achten Stunde (Index 7) auf „Frühstück" setzen, gelingt uns das durch die einfache Zuweisung

```
termine[1][7] = "Fruehstueck";
```

Ist das nicht toll?

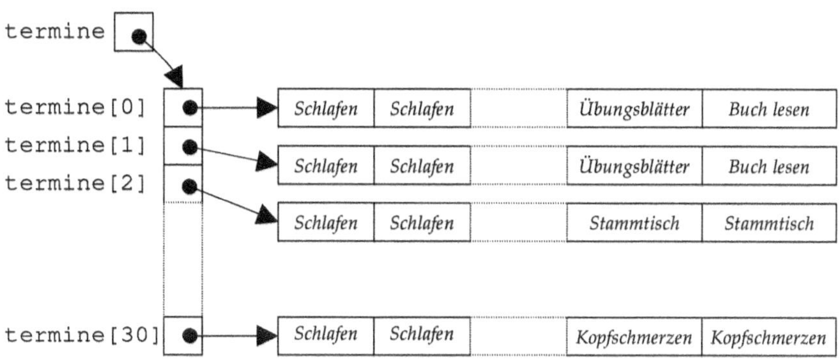

Abbildung 4.12: Felder von Feldern

Abbildung 4.12 zeigt unser neues Super-Feld.[7] Weil es sich bei Arrays um Referenzdatentypen handelt, können wir uns die Struktur wie folgt vorstellen: Die Variable `termine` verweist auf ein Feld von Feldern der Länge 31 (erste Zeile der Grafik). Jede Komponente dieses Feldes verweist wieder auf ein Feld, das die Länge 24 besitzt. Die Einträge in diesen inneren Feldern stellen die tatsächlichen

[7] Super, weil es so toll ist. Java kann mit dem Begriff Super-Feld leider nichts anfangen.

Zellen unserer „Termintabelle“ dar. Mit diesen Informationen können wir nun unser Kalenderprogramm so erweitern, dass es einen kompletten Monat verarbeiten kann:

```
import Prog1Tools.IOTools;

public class MonatsKalender {
  public static void main(String[] args) {
    // Ein zweidimensionales Feld fuer die Tage und Stunden
    String[][] termine=new String[31][];

    // Initialisiere die einzelnen Tage
    for (int i = 0; i < termine.length; i++) {
      termine[i] = new String[24];

      for (int j = 0; j < termine[i].length; j++) {
        termine[i][j] = "";
      }
    }

    // Das Hauptprogramm in einer Schleife
    boolean fertig=false;

    while (!fertig) {
      // Zuerst ein Bildschirmmenue
      System.out.println("1 = Neuer Eintrag");
      System.out.println("2 = Termine ausgeben");
      System.out.println("3 = Programm beenden");
      int auswahl=IOTools.readInteger("Ihre Wahl:");

      // Nun eine Fallunterscheidung
      switch(auswahl) {
        case  1: // Termine eingeben
          int tag = IOTools.readInteger("Welcher Tag?");

          if (tag < 1 || tag > 31) {
            System.out.println("Eingabefehler!");
            break;
          }

          int nummer = IOTools.readInteger("Wie viel Uhr?");

          if (nummer < 0 || nummer > 23){
            System.out.println("Eingabefehler!");
            break;
          }

          String eingabe = IOTools.readLine("Termin:");
          termine[tag-1][nummer] = eingabe;  // Termin einordnen
          break;
        case  2: // Termine ausgeben
          int t = IOTools.readInteger("Welcher Tag?");

          if (t < 1 || t > 31) {
            System.out.println("Eingabefehler!");
            break;
```

```
          }

          for (int i = 0; i < termine[t-1].length; i++)
            System.out.println(i + " Uhr: " + termine[t-1][i]);
          break;
        case  3: // Programm beenden
          fertig=true;
          break;
        default: // Falsche Zahl eingegeben
          System.out.println("Eingabefehler!");
      }
    }
  }
}
```

Wir stellen fest, dass unser Programm kaum größer geworden ist, obwohl die Zahl unserer gespeicherten Werte von 24 auf 744 gestiegen ist. Dies wird sich im nächsten Abschnitt, in dem wir unser Programm auf ein ganzes Jahr (8760 Einträge) erweitern, noch deutlicher zeigen.

4.1.7 Mehrdimensionale Felder unterschiedlicher Länge

Im letzten Abschnitt haben wir ein zweidimensionales Feld erzeugt, indem wir

1. eine Variable in der Form

   ```
   String[][] termine;
   ```

   vereinbart,

2. unser Feld in der ersten Dimension durch

   ```
   termine = new String[31][];
   ```

   erzeugt und

3. in der zweiten Dimension die Felder mit Hilfe einer Schleife

   ```
   for (int i = 0; i < termine.length; i++) {
     termine[i] = new String[24];

     for (int j = 0; j < termine[i].length; j++) {
         termine[i][j] = "";
       }
   }
   ```

   erzeugt haben.

Tatsächlich hätten wir uns einen Großteil dieser Arbeit ersparen können – folgende Zeile bewirkt exakt das Gleiche:

```
String[][] termine = new String[31][24];
```

Obige Zeile erzeugt ein zweidimensionales Feld, das in der ersten Dimension eine Länge von 31 Einträgen und in der zweiten Dimension eine Länge von 24 Einträgen besitzt. Wir können also den **new**-Operator direkt einsetzen, um mehrdimen-

sionale Felder zu erzeugen. Dies funktioniert allerdings nur bei „rechteckigen" Arrays, also Feldern, die nur aus Zeilen gleicher Länge bestehen.
Dass wir es in der Praxis oft nicht mit diesem Fall zu tun haben, zeigt sich schon bei unserem einfachen Terminkalender. Erweitern wir unseren Kalender nämlich so, dass er ein ganzes Jahr verwalten kann, stoßen wir auf das Problem, dass nicht jeder Monat die gleiche Zahl von Tagen besitzt. So hat der Februar 28 Tage,[8] Januar oder Dezember jedoch 31. Natürlich wollen wir hier nicht noch einmal das gesamte Kalenderprogramm neu entwickeln (vgl. die Übungsaufgaben). Interessant ist jedoch die Frage, wie wir unsere Daten am besten in einem Feld speichern können. Fangen wir also an und definieren ein dreidimensionales Feld, mit dem wir jeden Eintrag einem Monat, einem Tag und einer Uhrzeit zuordnen können:

```
String[][][] termine;
```

Nun müssen wir unser Feld lediglich noch erzeugen. Die einfachste Möglichkeit besteht darin, die Belegung Monat für Monat anzugehen:

```
termine = new String[12][][];
termine[0] = new String[31][24];   // Januar
termine[1] = new String[28][24];   // Februar
termine[2] = new String[31][24];   // Maerz
...
termine[10]= new String[30][24];   // November
termine[11]= new String[31][24];   // Dezember
```

In der ersten Zeile haben wir also das Feld in der ersten Dimension belegt – mit zwölf Einträgen, die jeweils auf ein zweidimensionales Feld verweisen sollen. Diese zwölf Felder erzeugen wir dann „von Hand" mit dem **new**-Operator. Das können wir tun, da wir für jeden Monat die Anzahl der zur Verfügung stehenden Tage kennen. Alternativ hätten wir das auch mit einem Initialisierer tun können:

```
String[][][] termine = {
  new String[31][24], // Januar
  new String[28][24], // Februar
  new String[31][24], // Maerz
  ...
  new String[30][24], // November
  new String[31][24]  // Dezember
};
```

Hierbei ist es eher eine Frage des persönlichen Geschmacks, welche Schreibweise Sie bevorzugen. In beiden Fällen müssen wir unser Feld jedoch noch mit Startwerten (dem leeren String) belegen. Dies können wir ähnlich wie zuvor mit Hilfe von drei verschachtelten Schleifen erledigen:

```
for (int i = 0; i < termine.length; i++) {
  for (int j = 0; j < termine[i].length; j++) {
    for (int k = 0; k < termine[i][j].length; k++) {
      termine[i][j][k] = "";
    }
  }
}
```

[8] Wir lassen Schaltjahre wieder einmal außen vor.

Dabei ist es auch egal, dass das Feld in der zweiten Dimension (den Tagen pro Monat) unterschiedlich lang ist, denn wir bestimmen die Länge aus dem jeweils zugeordneten Wert `termine[i].length`.

4.1.8 Vorsicht, Falle: Kopieren von mehrdimensionalen Feldern

In Abschnitt 4.1.4 hatten wir bereits gesehen, dass man sich beim Kopieren von Feldern stets der Tatsache bewusst sein muss, dass es sich bei Feldvariablen um Referenzvariablen handelt. Wollen wir also eine Kopie unseres Terminkalenders `termine` aus Abschnitt 4.1.5 erstellen, um darin einige Einträge abzuändern, so kann dies nicht einfach nur mit den Anweisungen

```
String[][] nochmalTermine = new String[31][24];
nochmalTermine = termine; // Referenzkopie von termine
```

erfolgen. Wir erzeugen damit zwar zunächst ein neues zweidimensionales Feld, das von `nochmalTermine` referenziert wird, doch überschreiben wir diese Referenz auf das neue Feld sogleich mit einer Referenzkopie von `termine`. Beide Variablen referenzieren dann das gleiche Feld, sodass eine Zuweisung der Form

```
nochmalTermine[1][7] = "Schwimmen";
```

nicht nur in unserem vermeintlich neuen, kopierten Terminkalender `nochmalTermine`, sondern auch im ursprünglichen Kalender den in `termine[1][7]` gespeicherten Wert überschreiben würde. Wir greifen schließlich aufgrund der beiden identischen Referenzen `termine` und `nochmalTermine` auf den gleichen Speicherplatz zu. Auch mit einer flachen Kopie der Form

```
String[][] nochmalTermine = new String[31][24];
for (int i = 0; i < termine.length; i++) {
  nochmalTermine[i] = termine[i];  // Flache Kopie von termine
}
```

ändert sich diese Situation nicht, da die Referenzen nach wie vor auf die gleichen Felder verweisen (vergleiche Abbildung 4.12). Die Zuweisung

```
nochmalTermine[1][7] = "Schwimmen";
```

hat also immer noch den „Seiteneffekt“, dass auch in `termine[1][7]` der Eintrag `Schwimmen` gespeichert wird. Erst mit einer Tiefenkopie, die alle Dimensionen unseres Feldes vollständig behandelt, schaffen wir die Voraussetzung dafür, dass wir in unserer Terminkalenderkopie unter `nochmalTermine[1][7]` einen anderen Wert abspeichern können, ohne den Wert von `termine[1][7]` zu verändern:

```
String[][] nochmalTermine = new String[31][24];
for (int i = 0; i < termine.length; i++) {
  for (int j = 0; j < termine[i].length; j++) {
    nochmalTermine[i][j] = termine[i][j];
  }
}
```

4.1.9 Vereinfachte **for**-Schleifen-Notation

Bei der Programmierung von **for**- oder anderen Schleifen, insbesondere im Zusammenhang mit Feldern, muss man stets sorgfältig mit den Indexausdrücken und -grenzen umgehen, da man sich sonst leicht Laufzeitfehler bei der Überschreitung der Indexbereiche einhandelt. Java kennt daher, wie bereits erwähnt, eine vereinfachte Notation für **for**-Schleifen, die sich dieser Problematik annimmt. Der Kopf der **for**-Schleife kann deshalb auch gemäß der Syntax

Syntaxregel

```
for («TYP» «VARIABLENNAME» : «AUSDRUCK»)
```

formuliert werden. Beginnen wir beispielsweise für ein **int**-Feld `w` der Länge 5 eine Schleife mit

```
for (int x : w)
```

so können wir das als *„für jedes* `x` *in* `w`" lesen. Das heißt, die Variable `x` nimmt nacheinander die Werte von `w[0]`, `w[1]`, `w[2]`, `w[3]` und `w[4]` an, ohne dass wir uns explizit um die Indizes kümmern müssen. Im folgenden Programm haben wir daher beispielhaft die übliche und die neue Schleifen-Notation eingesetzt, um die Summe aller Feldkomponenten des **int**-Feldes `werte` zu berechnen:

```
public class Schleifen {
  public static void main(String[] args) {
    int[] werte = {1, 2, 3, 4, 5, 6, 7, 8, 9, 10};

    // Traditionelle Schleifen-Notation
    int summe = 0;
    for (int i=0; i<werte.length; i++) {
      summe = summe + werte[i];
    }

    System.out.println("Summe: " + summe);

    // Neue, vereinfachte Schleifen-Notation
    summe = 0;
    for (int x : werte) {
      summe = summe + x;
    }

    System.out.println("Summe: " + summe);
  }
}
```

Auch im Falle mehrdimensionaler Felder eliminiert die erweiterte bzw. vereinfachte **for**-Schleifen-Notation den möglicherweise lästigen Umgang mit den Indexgrenzen und Komponentenzugriffen. Dies unterstreicht das nachfolgende Programm, in dem wir mit einem zweidimensionalen Feld `matrix` in Form einer Dreiecksmatrix (also einer Matrix, deren erste Zeile die Länge 1, deren zweite Zeile die Länge 2 usw. hat) arbeiten. Die Summe aller Matrixelemente haben wir auch hier wieder sowohl mit der herkömmlichen als auch mit der neuen Schleifen-

Notation programmiert. In letzterer Variante liest bzw. schreibt sich die geschachtelte Summationsschleife wiederum sehr einfach als *„Für jede Zeile der Matrix und für jedes Element der Zeile erhöhe die Summe um den Wert des Elements"*. Zu beachten ist dabei nur, dass die Zeilen jeweils eindimensionale Felder mit Komponententyp `int` sind.

```
public class MehrSchleifen {
  public static void main(String[] args) {
    // Zweidimensionale Matrix mit Zeilen unterschiedlicher
    // Laenge (hier speziell eine Dreiecksmatrix)
    int[][] matrix = {{1},
                      {2, 3},
                      {4, 5, 6},
                      {7, 8, 9, 10}};

    // Summation der Elemente mit traditioneller Schleifen-Notation
    int summe = 0;
    for (int i = 0; i < matrix.length; i++) {
      for (int j = 0; j < matrix[i].length; j++) {
        summe = summe + matrix[i][j];
      }
    }

    System.out.println("Summe: " + summe);

    // Summation der Elemente mit vereinfachter Schleifen-Notation
    summe = 0;
    for (int[] zeile : matrix) {
      for (int element : zeile) {
        summe = summe + element;
      }
    }

    System.out.println("Summe: " + summe);
  }
}
```

Ausblickend wollen wir noch sagen, dass nach dem Doppelpunkt in der neuen Schleifen-Notation nicht nur ein Feld verwendet werden kann. Prinzipiell darf dort eine Referenz auf ein beliebig strukturiertes Objekt stehen. Voraussetzung ist allerdings, dass dieses die Schnittstelle `Iterable` implementiert. Damit ist diese Notation auch im Zusammenhang mit den sogenannten Collections und Iteratoren aus der Java-Klassenbibliothek einsetzbar, auf die wir aber erst in Abschnitt 11.7 eingehen werden. Was genau eine Schnittstelle ist, werden wir in Abschnitt 8.6 erfahren.

4.1.10 Zusammenfassung

Wir haben am Beispiel eines Terminkalenders gelernt, wie man Probleme lösen kann, in denen viele Werte „tabellarisch" verarbeitet werden müssen. Dabei haben wir Felder (Arrays) kennengelernt – ein programmiertechnisches Konstrukt, mit dessen Hilfe wir ein- und mehrdimensionale „Tabellen" von Werten beliebi-

gen Typs erzeugen können. Hierbei sind auch Felder von Feldern möglich, denn auf diese Art werden mehrdimensionale Felder in Java realisiert. Wir haben uns hierbei insbesondere auch mit der Initialisierung der Felder beschäftigt und den **new**-Operator sowie Feld-Initialisierer kennengelernt. Für den mehrdimensionalen Fall haben wir Schleifen verwendet und Operator und Initialisierer miteinander kombiniert.
Felder gehören zur Gruppe der sogenannten Referenzdatentypen, also Typen, auf die in den Variablen nur durch eine Referenz verwiesen wird. Wir haben festgestellt, dass wir bei der Zuweisung unter Feldvariablen deshalb nur eine Referenzkopie erhalten. Mit Hilfe von Schleifen oder des Befehls `System.arraycopy` konnten wir dieses Problem zumindest in der ersten Felddimension umgehen (flache Kopie). Außerdem haben wir gesehen, wie wir eine Tiefenkopie für mehrdimensionale Felder programmieren und wie hilfreich die vereinfachte **for**-Schleifen-Notation sein kann.

4.1.11 Übungsaufgaben

Aufgabe 4.1

a) Felder müssen *deklariert* und *erzeugt* werden. Was versteht man darunter?

b) Geben Sie drei verschiedene Wege an, um ein Feld zu erzeugen.

c) Wie greift man auf die einzelnen Elemente eines Feldes zu, und welche Indizes sind erlaubt? Welchen Index hat insbesondere das letzte Element eines Feldes? Was geschieht bei einem unzulässigen Index?

d) Gegeben seien die etwas unschönen Deklarationen

```
byte a; byte[] aReihe, aZeile, aMatrix[];
byte b, bReihe[], bZeile[], bMatrix[][];
```

Bringen Sie diese in eine übersichtliche Form (Dreizeiler), bei der man die verschiedenen Datentypen wesentlich besser erkennen kann.

e) Gegeben sei die Deklaration/Erzeugung

```
int[][][][] Feld = new int[6][10][8][];
```

Ergänzen Sie deren (noch unvollständige) alternative Form

```
int[][][][] Feld = new int[6][][][];
for (int d1 = 0; d1 < ___________; d1++) {
  Feld[d1] = new _____________;
  for (int d2 = 0; d2 < _____________; d2++) {
    Feld[d1][d2] = new ___________;
  }
}
```

Aufgabe 4.2

Gegeben seien zwei Felder `a` und `b` vom Typ **int**`[]`.

a) Warum kann man die beiden Felder `a` und `b` nicht mittels `a == b` vergleichen?
b) Wie könnte ein Programmstück aussehen, das beide Felder miteinander vergleicht? Dabei seien zwei Felder genau dann gleich, wenn sie die gleiche Länge haben und alle ihre Komponenten paarweise übereinstimmen.

Aufgabe 4.3

Schreiben Sie ein Kalenderprogramm, das Termine für die Jahre 2020 bis 2029 verwaltet. Verwenden Sie hierzu ein vierdimensionales Feld, und berücksichtigen Sie auch Schaltjahre.

Aufgabe 4.4

Schreiben Sie ein Programm, das zuerst Zahlen von der Tastatur einliest, diese dann der Größe nach sortiert und auf dem Bildschirm ausgibt. Setzen Sie dazu folgenden Algorithmus um:

a) Lesen Sie die Anzahl der zu sortierenden Zahlen in die Variable `count` ein.
b) Erzeugen Sie ein eindimensionales **`int`**-Feld `zahl` mit `count` Elementen.
c) Lesen Sie die Elemente des Feldes von der Tastatur ein.
d) Verwenden Sie den Befehl `Arrays.sort`, um das Feld zu sortieren. Heißt das Feld beispielsweise `zahlenFeld`, ginge dies mit

```
java.util.Arrays.sort(zahlenFeld)
```

e) Geben Sie nun die Elemente des Feldes auf dem Bildschirm aus.

Ein typischer Programmablauf:

Konsole

```
Wie viele Zahlen willst Du sortieren? 6
1. Zahl: 86
2. Zahl: 47
3. Zahl: 22
4. Zahl: 58
5. Zahl: 61
6. Zahl: 12
12 22 47 58 61 86
```

Aufgabe 4.5

Ein magisches Quadrat ist eine Tabelle mit n Zeilen und n Spalten, gefüllt mit den ersten n^2 natürlichen Zahlen (beginnend mit 1), wobei die Summe der Zahlen in jeder Zeile, Spalte und Diagonale gleich ist. Für $n = 5$ ergibt sich zum Beispiel:

3	16	9	22	15
20	8	21	14	2
7	25	13	1	19
24	12	5	18	6
11	4	17	10	23

Schreiben Sie ein Programm, das ein magisches Quadrat der Größe $n \times n$ erzeugt und auf dem Bildschirm ausgibt. Gehen Sie dabei wie folgt vor:

a) Im Eingabeteil soll zunächst eine ganze Zahl in die anfangs mit `0` initialisierte **`int`**-Variable `n` eingelesen werden. Dies soll eventuell wiederholt geschehen, bis sichergestellt ist, dass `n` größer `2`, kleiner `10` und ungerade ist.

b) Deklarieren und erzeugen Sie ein zweidimensionales **`int`**-Feld der Größe `n` × `n`.

c) Definieren Sie eine **`int`**-Variable `zeile`, und initialisieren Sie diese mit dem (ganzzahligen!) Wert $\frac{n}{2}$.

d) Definieren Sie eine **`int`**-Variable `spalte`, und initialisieren Sie diese mit dem Wert $\frac{n}{2} + 1$ (ganzzahlige Division!).

e) Initialisieren Sie eine **`int`**-Variable `i` mit dem Wert `1`, und wiederholen Sie die folgenden Schritte, solange `i` kleiner oder gleich `n` · `n` ist:

- Weisen Sie dem Element an der Stelle `[zeile][spalte]` des Feldes `quad` den Wert `i` zu.
- Erhöhen Sie `spalte` um `1`, erniedrigen Sie `zeile` um `1`.
- Wenn `zeile` kleiner als `0` ist, weisen Sie `zeile` den Wert `n-1` zu.
- Wenn `spalte` gleich `n` ist, weisen Sie `spalte` den Wert `0` zu.
- Wenn das Element anstelle `[zeile][spalte]` des Feldes nicht den Wert `0` hat, führen Sie folgende Schritte durch:
  - Erhöhen Sie `zeile` und `spalte` jeweils um `1`.
  - Wenn `zeile` gleich `n` ist, weisen Sie `zeile` den Wert `0` zu.
  - Wenn `spalte` gleich `n` ist, weisen Sie `spalte` den Wert `0` zu.
- Erhöhen Sie `i` um `1`.

f) Überlegen Sie sich, wie eine geeignete Bildschirmausgabe des magischen Quadrates aussehen könnte, und realisieren Sie diese.

Ein typischer Programmablauf:

Konsole

```
Ungerade Zahl zwischen 1 und 10: 3
  2  7  6
  9  5  1
  4  3  8
```

4.2 Klassen

Neben einem Terminkalender benötigen wir für die Arbeit am Computer auch eine Adressverwaltung. Zu diesem Zweck wollen wir wie immer ein kleines Java-Programm schreiben. Diesmal eines, mit dem wir folgende Daten über uns bekannte Personen verwalten können:

- Name
- Straße
- Wohnort
- E-Mail
- Kommentar

Für den Anfang wollen wir bis zu zwanzig Adressen verwalten, weil ein Mensch wohl kaum mehr als zwanzig echte Freunde haben kann. Und falls doch, können wir die Zahl später ja immer noch erhöhen. Mit unserem Wissen aus Abschnitt 4.1 könnte das ungefähr so aussehen:

```
String[] name      = new String[20];
String[] strasse   = new String[20];
String[] wohnort   = new String[20];
String[] mail      = new String[20];
String[] kommentar = new String[20];
```

Wollen wir etwa in den dritten Datensatz eine Adresse eintragen, reichen dafür folgende, einfache Zeilen:

```
name[2]      = "Klausi Klausenbacher";
strasse[2]   = "Am Hutzenweg 23";
wohnort[2]   = "12345 Musterbach";
mail[2]      = "klausenbacher@musterbach-online.de";
kommentar[2] = "Schwippschwager zweiten Grades";
```

Doch schon an diesem Punkt müssen wir feststellen, dass durch die Verwaltung *eines* Datensatzes in *mehreren* Feldern viel Übersichtlichkeit verloren geht, vor allem wenn wir wie im folgenden Beispiel mit mehreren Datensätzen gleichzeitg hantieren müssen, um zum Beispiel die Datensätze 2 und 7 zu vertauschen:

```
String temp;                        // Temporaerer Zwischenspeicher

temp = name[2];                     // vertausche den Namen
name[2] = name[7];
name[7] = temp;

temp = strasse[2];                 // vertausche die Strassen
strasse[2] = strasse[7];
strasse[7] = temp;

temp = wohnort[2];                 // vertausche Wohnort
wohnort[2] = wohnort[7];
wohnort[7] = temp;

temp = mail[2];                    // vertausche Mail-Adressen
```

```
mail[2] = mail[7];
mail[7] = temp;

temp = kommentar[2];              // vertausche Kommentar
kommentar[2] = kommentar[7];
kommentar[7] = temp;
```

Ganz schön viel Code für so eine einfache Aufgabe! Und das nur, weil wir mit mehreren Feldern arbeiten. Wie schön wäre es da, wenn wir alle Inhalte einer Adresse in einer einzigen Variable speichern könnten, sodass wir auch nur ein Feld für unsere Adressliste anlegen müssten. Wie sich gleich herausstellen wird, geht das ziemlich einfach. Alles, was wir dazu kennenlernen müssen, sind Klassen.

4.2.1 Willkommen in der ersten Klasse!

Waren unsere Erfahrungen mit Java bisher vielleicht noch ein wenig holprig und nicht immer ganz so komfortabel, wird sich dies durch die Verwendung von **Klassen** nun ändern. Denn wie wir uns eben schon erträumt haben, lassen sich damit ganz einfach *eigene Datentypen* definieren, die nicht einfach nur einen einzelnen Wert, wie zum Beispiel den Wohnort einer Adresse, sondern eine ganze Reihe zusammenhängender Werte beinhalten können. Dadurch wagen wir uns dann auch an die sogenannte **objektorientierte Programmierung** heran, durch die sich viele Probleme sehr elegant lösen lassen. Wen wundert es da noch, dass die Urväter von Java ihre Programmiersprache komplett objektorientiert ausgerichtet haben, als sie sagten „(almost) everything in Java is an object"?[9]
Dadurch erklärt sich jetzt endlich auch, was es mit den magischen Worten **`public class`** am Anfang unserer Programme auf sich hat: Richtig! Wir haben schon immer mit Klassen gearbeitet, obwohl wir gar nicht wussten, was das ist oder wie wir damit umgehen sollen. Höchste Zeit also, diese Wissenslücke zu schließen und uns die Syntax von Klassen anzuschauen:[10]

Syntaxregel

```
public class «KLASSENNAME» {
  «VARIABLENDEKLARATION»
  «VARIABLENDEKLARATION»
  ...

  «METHODENDEKLARATION»
```

[9] Wenn Sie im Internet ein wenig nach Programmiersprachen recherchieren, werden Sie feststellen, dass es noch viele andere Möglichkeiten gibt (sogenannte Paradigmen), eine Programmiersprache zu gestalten. Manche Programmiersprachen wie Java beschränken sich auf ein einziges Paradigma, während C++ oder Python zum Beispiel mehrere Paradigmen unterstützen. Wie dem auch sei, Sie werden schnell feststellen, dass jede Sprache von sich behauptet, den besten Weg zu beschreiten.

[10] Streng genommen gehört das Wort **`public`** hier nicht zur Syntaxdefinition, da es in bestimmten Fällen auch ausgelassen bzw. durch **`private`** oder **`protected`** ersetzt werden kann. Das schauen wir uns aber erst sehr viel später an, wenn wir zu den fortgeschrittenen Themen kommen. Für den Anfang können wir mit **`public`** erst mal nichts falsch machen.

```
    «METHODENDEKLARATION»
    ...
}
```

Anhand dieser Definition sehen wir auch schon die wichtigsten Eigenschaften von Klassen:

- Jede Klasse besitzt einen **Namen**.
- Jede Klasse kann beliebig viele **Variablen** bzw. **Attribute** besitzen.
- Jede Klasse kann beliebig viele **Methoden** besitzen.

Die Anzahl der Variablen und Methoden ist dabei völlig egal. Manche Klassen haben gar keine Variablen oder Methoden, andere wiederum sehr viele. Auch spielt die Reihenfolge keine Rolle. Wichtig ist nur, dass jede Klasse eine Art Klammer um ihre Variablen und Methoden bildet und diese dadurch zusammenhält. Doch an welchen Stellen dürfen wir Klassen überhaupt definieren? Können wir einfach an einer beliebigen Stelle, wo wir mehrere Variablen benötigen und es für sinnvoll halten, eine Klasse um die Variablen herum schreiben? Nein, ganz so einfach ist es leider nicht. Stattdessen dürfen wir Klassen nur an folgenden Stellen definieren:

- In einer eigenen Datei, die genau gleich wie die Klasse heißen muss, nur mit der angehängten Endung `.java`,
- als Teil einer anderen Klasse (auch **innere Klasse** genannt),
- außerhalb einer anderen Klasse in derselben Datei, wenn das Schlüsselwort **`public`** vor der neuen Klasse weggelassen wird.

Tatsächlich anwenden wollen wir aber nur die erste Möglichkeit. Die anderen werden nur sehr selten gebraucht und erhöhen auch nicht immer die Übersichtlichkeit. Wir merken uns daher, für jede Klasse eine eigene Quellcodedatei mit exakt demselben Namen anzulegen. Und mit exakt meinen wir wirklich exakt! Selbst die Groß- und Kleinschreibung muss identisch sein, damit es keinen Ärger mit dem Compiler gibt. Denn der kann in solchen Sachen ganz schön pedantisch sein! Und wo wir auch schon dabei sind: Alle Wörter sollten groß und ohne Trennzeichen geschrieben werden.[11] Gute Namen wären daher:

- `Adresse`
- `AdressbuchEintrag` oder
- `AdresseBearbeitenFenster`

Schlecht wären hingegen:

- `adresse` oder

[11] In diesem Buch weichen wir ein klein wenig von dieser Konvention ab, indem wir unterschiedliche Versionen einer Klasse mit `_v1`, `_v2`, `_v3` usw. kennzeichnen. Das soll Ihnen aber nur helfen, die Veränderungen besser nachzuvollziehen.

■ Adressbuch_mit_Klassen

Mit diesem Wissen ausgestattet legen wir also eine neue Datei mit dem Namen Adresse.java und folgendem Inhalt an. Unsere erste (bewusst angelegte) Klasse:

```
public class Adresse {
  public String name;
  public String strasse;
  public int hausnummer;
  public int postleitzahl;
  public String wohnort;
  public String mail;
  public String kommentar;
}
```

Aber was hat es eigentlich mit den vielen **public** hier auf sich? Brauchen wir die wirklich, und was bewirken sie überhaupt? Gleich vorneweg: Ja, wir brauchen sie, weil wir sonst auf die Variablen nicht wie gewollt zugreifen können. Erst durch das **public** sagen wir dem Compiler, dass die Variablen zwar zur Klasse Adresse gehören, wir aber auch aus anderen Klassen heraus darauf zugreifen wollen. Denn schließlich wollen wir der main-Methode eine eigene Klasse spendieren, die wir von nun an Adressbuch nennen werden. Ohne das Schlüsselwort **public** gäbe es Fälle, wo wir aus der Klasse Adressbuch heraus nicht auf die Variablen in Adresse zugreifen dürften. Dieses Prinzip wird auch **Datenkapselung** oder allgemeiner **Information Hiding Principle** genannt, wobei **public** hier die **Zugriffsrechte** für die Variablen regelt. Doch dazu später mehr.
Wollten wir unsere neue Klasse nun grafisch aufzeichnen, könnte dies wie in Abbildung 4.13 aussehen. Diese Form des grafischen Entwurfs bezeichnet man als **Klassendiagramm**, wovon wir von nun an regen Gebrauch machen wollen. Denn die Visualisierung zeigt uns auf einen Blick die verschiedenen Komponenten einer Klasse, ohne dass wir ihren Quellcode anschauen müssen.

Adresse	
name:	String
strasse:	String
hausnummer:	int
postleitzahl:	int
wohnort:	String
mail:	String
kommentar:	String

Abbildung 4.13: Die Klasse Adresse

Die große Frage lautet nun aber, was machen wir mit der neuen Klasse überhaupt? Denn wenn wir versuchen, die Variablen z. B. mit Adresse.wohnort anzusprechen, gibt es gleich schon wieder Ärger mit dem Compiler:

Konsole
```
error: non-static variable wohnort cannot be referenced
from a static context
       Adresse.wohnort = "Karlsruhe";
```

Auch folgender Versuch schlägt fehl:

```
Adresse adr;
adr.wohnort = "Karlsruhe";
```

Konsole
```
error: variable adr might not have been initialized
       adr.wohnort = "Karlsruhe";
```

Noch können wir mit diesen Meldungen nicht viel anfangen. Sie besagen jedoch beide, dass wir erst **ein Objekt erzeugen** müssen bzw. **die Klasse instanziieren** müssen, bevor wir ihre Variablen nutzen können. Denn durch die Klasse selbst werden die Variablen noch gar nicht angelegt. Es wird nur gesagt, dass es sie geben könnte. Erst durch den guten alten **new**-Operator, den wir bereits bei den Feldern kennengelernt haben, können wir den Compiler zufriedenstellen:[12]

```
Adresse adr = new Adresse();
adr.wohnort = "Karlsruhe";
```

Der **new**-Operator wird also nicht nur verwendet, um Felder zu erzeugen; er findet seine Anwendung auch bei Klassen.[13] Anstelle der eckigen Klammern verwenden wir hier jedoch runde Klammern, zwischen denen vorerst nichts weiter steht. In einem der späteren Kapitel kommen wir darauf nochmal zurück und lernen, dass man manchmal doch etwas zwischen die Klammern schreiben kann. Vorerst lautet unsere Syntaxregel jedoch wie folgt:

Syntaxregel
```
«INSTANZNAME» = new «KLASSENNAME»();
```

Grafisch können wir uns die jetzige Situation wie in Abbildung 4.14 dargestellt vorstellen. Dort sehen wir dann auch, dass es sich bei Klassen genau wie bei Feldern um **Referenzdatentypen** handelt, weshalb die Variable `adresse` lediglich eine Referenz auf den Speicherbereich mit dem eigentlichen Objekt enthält.

[12] Folgender Vergleich aus dem echten Leben soll Ihnen helfen, das Prinzip zu verstehen: Stellen Sie sich vor, Sie gehen in eine Bar und bestellen einen Drink. Einen Tequila Sunrise zum Beispiel. Dies ist unser Objekt. Der Drink ist leider etwas klein, schmeckt sonst aber wirklich hervorragend, sodass Sie denselben Drink zu späterer Stunde noch einmal bestellen. Offensichtlich hat Ihnen die Bedienung ein neues Glas mit einem frischen Drink gebracht, den alten haben Sie ja bereits intus. Wir haben also ein zweites Objekt, das von seiner Art her dem ersten entspricht. Allerdings hat der Barkeeper gerade erst angefangen und weiß daher nicht so recht, wie ein Tequila Sunrise gemixt wird. Jedes Mal, wenn dieser Drink verlangt wird, sucht er sich daher ein kleines Kärtchen mit der Rezeptur heraus. Dies ist unsere Klasse. Denn sie besagt, wie die späteren Objekte einmal aussehen sollen.

[13] Tatsächlich ist der Operator für Felder eine spezialisierte Version dieses „neuen" **new**-Operators, da Felder in Java ebenfalls durch Objekte realisiert werden.

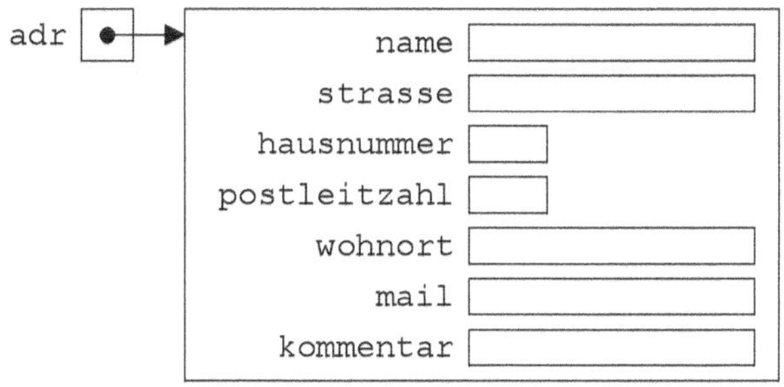

Abbildung 4.14: Das durch `adr` referenzierte Objekt

4.2.2 Komponentenzugriff bei Objekten

Wir wissen jetzt also, dass eine Klasse so eine Art „Bauplan“ für Objekte ist, mit denen wir zusammengehörige Werte verwalten können. Und da es sich dabei um echte Referenzdatentypen handelt, müssen die Objekte hierfür mit dem **new**-Operator erzeugt werden. Wir wissen allerdings noch nicht (oder zumindest noch nicht so richtig), wie wir auf die Attribute eines Objekts zugreifen können, um darin einen Wert abzulegen oder auszulesen. Ansatzweise haben wir das eben schon gesehen. Hier folgt nun die offizielle Syntaxregel dazu:

Syntaxregel

```
«OBJEKTNAME».«VARIABLENNAME»
```

Mehr ist es wirklich nicht. Haben wir zum Beispiel eine Variable namens `adr`, die auf ein `Adressbuch`-Objekt zeigt, können wir mit dem **Punktoperator** auf seine Attribute zugreifen. Beispielsweise so, um den Wohnort einer Person zuzuweisen:

```
adr.wohnort = "Musterbach";
```

Auf dieselbe Weise können wir den Wert natürlich auch wieder auslesen, beispielsweise um ihn auf dem Bildschirm auszugeben:

```
System.out.println(adr.wohnort);
```

Kommt Ihnen irgendwie bekannt vor? Dann haben Sie gut aufgepasst. Im Kapitel über Felder konnten wir mit `feld.length` die Länge eines Felds ermitteln. Denn tatsächlich handelt es sich bei Feldern ebenfalls um Objekte, auch wenn wir hierfür keine extra Klasse schreiben müssen.

4.2.3 Ein erstes Adressbuch

Beginnen wir nun also, unser Adressbuch zu realisieren, wobei wir der Einfachheit halber auch hier zunächst mit einer Adresse starten wollen. Das ist zwar erst mal eine Einschränkung, wir werden aber gleich sehen, dass die Erweiterung auf mehrere Adressen nur wenig Mehraufwand bedeutet. Ähnlich wie in Kapitel 4.1.5

schreiben wir daher ein kleines Java-Programm, das dem Anwender ein kleines Menü präsentiert und an den entsprechenden Stellen nach seinen Eingaben fragt. Jedoch nutzen wir hier zusätzlich noch die Klasse `Adresse`, um ein Objekt mit den eigentlichen Adressdaten zu erzeugen. Beispielsweise so:

```
Adresse adr       = new Adresse();
adr.name          = IOTools.readLine   ("Name      : ");
adr.strasse       = IOTools.readLine   ("Strasse   : ");
adr.hausnummer    = IOTools.readInteger("Hausnummer: ");
adr.wohnort       = IOTools.readLine   ("Wohnort   : ");
adr.postleitzahl= IOTools.readInteger("PLZ       : ");
adr.mail          = IOTools.readLine   ("E-Mail    : ");
adr.kommentar     = IOTools.readLine   ("Kommentar : ");
```

Hier sehen wir schön, wie mit dem Punktoperator auf die Instanzvariablen des Objekts zugegriffen werden kann. Alle anderen, nachfolgenden Teile sollten Ihnen hingegen bekannt vorkommen, da wir hierfür einfach das Kalenderbeispiel aus dem Kapitel über Felder angepasst haben:

```
import Prog1Tools.IOTools;

public class AdressBuch_v1 {

  public static void main(String[] args) { // Hauptprogramm
    // Benoetigte Variablen
    Adresse adr = new Adresse();
    boolean fertig = false;

    // Starte das Programm mit einer huebschen Ausgabe
    System.out.println("================");
    System.out.println("Adressverwaltung");
    System.out.println("================");

    // Schleifenbeginn
    while (!fertig) {
      // Menue
      System.out.println(" ");
      System.out.println("1 = Adresseingabe");
      System.out.println("2 = Adressausgabe");
      System.out.println("3 = Programm beenden");

      int auswahl = IOTools.readInteger("Ihre Wahl:");

      // Fallunterscheidung
      switch(auswahl) {
        case 1: // Adresse eingeben
          adr.name          = IOTools.readLine   ("Name      : ");
          adr.strasse       = IOTools.readLine   ("Strasse   : ");
          adr.hausnummer    = IOTools.readInteger("Hausnummer: ");
          adr.wohnort       = IOTools.readLine   ("Wohnort   : ");
          adr.postleitzahl= IOTools.readInteger("PLZ       : ");
          adr.mail          = IOTools.readLine   ("E-Mail    : ");
          adr.kommentar     = IOTools.readLine   ("Kommentar : ");
          break;
        case 2: // Adresse ausgeben
          System.out.println(adr.name);
```

```
            System.out.println(adr.strasse + " " +
                               adr.hausnummer);
            System.out.println(adr.postleitzahl + " " +
                               adr.wohnort);
            System.out.println("E-Mail: " + adr.mail);
            System.out.println("Kommentar: " + adr.kommentar);
            break;
          case 3: // Programm beenden
            fertig = true;
            break;
          default: // Falsche Zahl eingegeben
            System.out.println("Eingabefehler!");
        }
      } // Schleifenende
    } // Ende des Hauptprogramms
  } // Ende des Programms
```

4.2.4 Klassen als Referenzdatentyp

Wenn das soweit klar ist, können wir das Programm auch gleich auf mehrere Adressen erweitern. Doch davor werfen wir erst noch einen kleinen Blick darauf, dass Klassen echte Referenzdatentypen sind. Denn weiter oben haben wir ja bereits gesehen, dass ein Objekt nicht einfach in einer Variable liegt, sondern die Variable immer nur eine **Referenz** auf das Objekt enthält. Wenn wir also etwa mit den Zeilen

```
Adresse adr1 = new Adresse();
adr1.name = "Klausi Klausenbacher";
```

ein Adressobjekt erzeugen und dessen Attribut `name` auf „Klausi Klausenbacher" setzen, erhalten wir mit der Variable `adr1` lediglich einen Verweis auf das Objekt (vgl. Abbildung 4.15 (1)). Würden wir dann zusätzlich noch eine zweite Variable mit einer Zuweisung in der Form

```
Adresse adr2 = adr1;
```

erzeugen, hätten wir dadurch nicht, wie vielleicht erwartet, zwei Objekte mit Adressdaten, sondern weiterhin nur eines. Denn auch hier kopiert der Zuweisungsoperator lediglich die Referenz, nicht aber das Objekt selbst (siehe Abbildung 4.15 (2))!

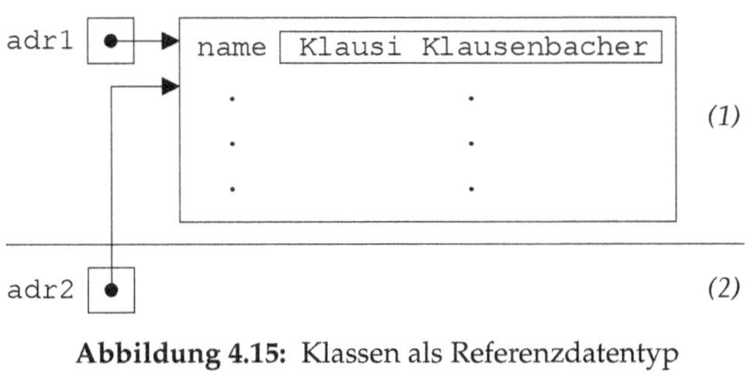

Abbildung 4.15: Klassen als Referenzdatentyp

Auf den ersten Blick scheint dies keine sonderlichen Auswirkungen für uns zu haben. Wie wir im Folgenden jedoch bald feststellen werden, lassen sich gewisse Abläufe durch den Referenzcharakter von Objekten wesentlich vereinfachen. Nehmen wir hierfür einfach mal an, wir wollten unser Programm auf *zwei* statt nur einer Adresse erweitern, ohne hierfür gleich alles neu schreiben zu müssen. Dann ist das gar kein Problem. Wir müssen lediglich darauf achten, am Anfang des Programms entsprechend auch zwei Objekte zu erzeugen und die Variable `adresse` passend vorzubelegen;

```
Adresse adr0 = new Adresse();
Adresse adr1 = new Adresse();
Adresse adr = adr1;
```

Alle anderen Quellcodezeilen bleiben unverändert. Denn diese greifen ja bereits auf die Variable `adr` zu, die nun auf das zweite Adressobjekt zeigt. Ändern wir daher nun z. B. die Postleitzahl im Objekt `adr`, ändern wir damit tatsächlich auch die Postleitzahl im Objekt `adr1`. Denn es handelt sich ja ohnehin nur um ein Objekt. Dementsprechend einfach können wir daher auch den Anwender fragen, welches Objekt er gerne bearbeiten will:

```
int nr = IOTools.readInteger("Welche Adresse (0 oder 1)?");

if (nr == 0) {
  adr = adr0;
} else if (nr == 1) {
  adr = adr1;
}
```

Diese Zeilen können wir etwa in den **`switch`**-Block unseres Programms einbauen, um das Menü um einen weiteren Auswahlpunkt „Aktuelle Adresse wechseln" zu erweitern. Die anderen Programmteile können wir direkt übernehmen, weshalb sich unser erweitertes Listing kaum von dem auf Seite 156 unterscheidet:

```
import Prog1Tools.IOTools;

public class AdressBuch_v2 {

  public static void main(String[] args) { // Hauptprogramm
    // Benoetigte Variablen
    Adresse adr0 = new Adresse();
    Adresse adr1 = new Adresse();
    Adresse adr = adr0;
    boolean fertig = false;

    // Starte das Programm mit einer huebschen Ausgabe
    System.out.println("================");
    System.out.println("Adressverwaltung");
    System.out.println("================");

    // Schleifenbeginn
    while (!fertig) {
      // Menue
      System.out.println(" ");
      System.out.println("1 = Adresseingabe");
```

```
22         System.out.println("2 = Adressausgabe");
23         System.out.println("3 = Aktuelle Adresse wechseln");
24         System.out.println("4 = Programm beenden");
25
26         int auswahl = IOTools.readInteger("Ihre Wahl:");
27
28         // Fallunterscheidung
29         switch(auswahl) {
30           case 1: // Adresse eingeben
31             adr.name          = IOTools.readLine    ("Name       : ");
32             adr.strasse       = IOTools.readLine    ("Strasse    : ");
33             adr.hausnummer    = IOTools.readInteger("Hausnummer: ");
34             adr.wohnort       = IOTools.readLine    ("Wohnort    : ");
35             adr.postleitzahl= IOTools.readInteger("PLZ        : ");
36             adr.mail          = IOTools.readLine    ("E-Mail     : ");
37             adr.kommentar     = IOTools.readLine    ("Kommentar : ");
38             break;
39           case 2: // Adresse ausgeben
40             System.out.println(adr.name);
41             System.out.println(adr.strasse + " " +
42                                adr.hausnummer);
43             System.out.println(adr.postleitzahl + " " +
44                                adr.wohnort);
45             System.out.println("E-Mail: " + adr.mail);
46             System.out.println("Kommentar: " + adr.kommentar);
47             break;
48           case 3: // Adresse wechseln
49             int nr=IOTools.readInteger("Welche Adresse (0 oder 1)?");
50
51             if (nr == 0) {
52               adr = adr0;
53             } else if (nr == 1) {
54               adr = adr1;
55             } else {
56               System.out.println("Eingabefehler!");
57             }
58             break;
59           case 4: // Programm beenden
60             fertig = true;
61             break;
62           default: // Falsche Zahl eingegeben
63             System.out.println("Eingabefehler!");
64         }
65       } // Schleifenende
66     } // Ende des Hauptprogramms
67   } // Ende des Programms
```

Die neuen Objekte `adr0` und `adr1` werden hierbei in den Zeilen 7 und 8 deklariert.[14] Die Referenz `adr` wird anfangs auf `adr0` gesetzt (Zeile 9), und das Menü wird um einen zusätzlichen Eintrag erweitert (Zeile 23), der in den Zeilen 48 bis

[14] Den aufmerksamen Lesern wird hier wahrscheinlich etwas aufgefallen sein: Warum werden die Objekte als `adr0` und `adr1` bezeichnet, obwohl es sich doch nur um die *Namen der Referenzen* handelt? Tatsächlich „heißen" die Objekte natürlich nicht `adr0` oder `adr1`; aus Gründen der Übersichtlichkeit wird diese Ungenauigkeit aber üblicherweise in Kauf genommen.

58 implementiert wird. Das restliche Programm stimmt mit dem von Seite 156 überein.

4.2.5 Felder von Klassen

Wirklich erstaunlich, mit wie wenig Aufwand wir unsere Adressverwaltung von einer Adresse auf zwei Adressen erweitern konnten. Durch die Verwendung von Referenzen konnten wir das allgemeine Problem *mehrerer* Adressen doch tatsächlich auf die Verwaltung *nur einer* Adresse reduzieren. Wir mussten dazu lediglich die Referenz in der Variablen `adr` mit dem jeweils zu bearbeitenden Datensatz austauschen. Was liegt also näher, als das Programm auf noch mehr Adressen zu erweitern? Sie erinnern sich: Zwanzig wäre eine ganz gute Zahl.
Doch anstatt jetzt 20 identische Variablen mit den Namen `adr0` bis `adr19` anzulegen und die **`if`**-Abfrage in den Zeilen 51 bis 57 zu erweitern gehen wir natürlich etwas intelligenter vor. Wir wenden unser Wissen aus Kapitel 4.1 an und definieren einfach ein Feld mit genau 20 Einträgen:

```
Adresse[] adressen = new Adresse[20];
```

Möglicherweise fragen Sie sich dabei, ob die Schreibweise sicher richtig ist. Denn, so wie es hier steht, entspricht sie genau der in Kapitel 4.1.2 kennengelernten Regel und nicht etwa der Syntax aus Kapitel 4.2.1. Doch ja, das stimmt so. Denn wir wollen hier erst mal nur das Feld deklarieren, ohne uns um die darin abgelegten Objektreferenzen zu kümmern. Möglich wird dies, weil Felder in Java nicht nur über einfache Datentypen wie **`int`** oder **`double`**, sondern eben auch über Referenzdatentypen aufgebaut werden können. Wir können daher nicht nur, wie bereits gesehen, mehrdimensionale Felder als „Felder von Feldern" definieren, sondern auch Felder von Objekten. Unbewusst haben wir das auch schon die ganze Zeit gemacht, als wir Felder mit Strings angelegt haben.

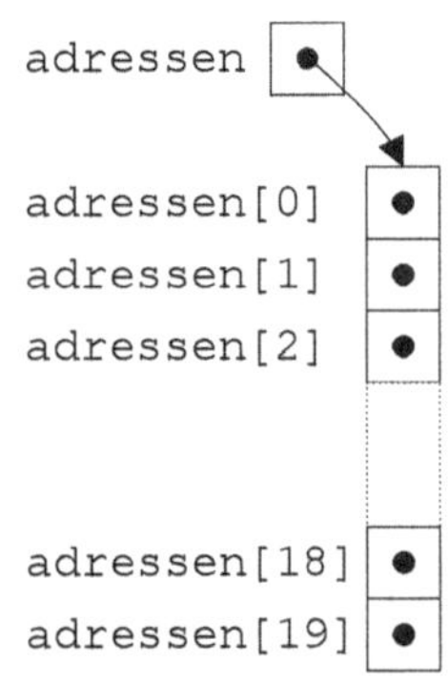

Abbildung 4.16: Grundzustand eines Feldes von Objekten

Doch zurück zu unserem Feld mit Adressen. Abbildung 4.16 zeigt den Grundzustand des Feldes nach seiner Erzeugung mit Hilfe des **`new`**-Operators. Hier sieht man schön, dass die Variable `adressen` eine Referenzvariable ist, die nun auf das Feld zeigt. Die Einträge des Felds sind selbst auch Referenzen, zeigen anfangs aber noch nirgendwo hin, da wir ja noch keine Adressobjekte darin abgelegt haben. Das Feld beinhaltet daher zunächst einmal lauter **Null-Referenzen**, die in Java auch durch den Wert **`null`** dargestellt werden.

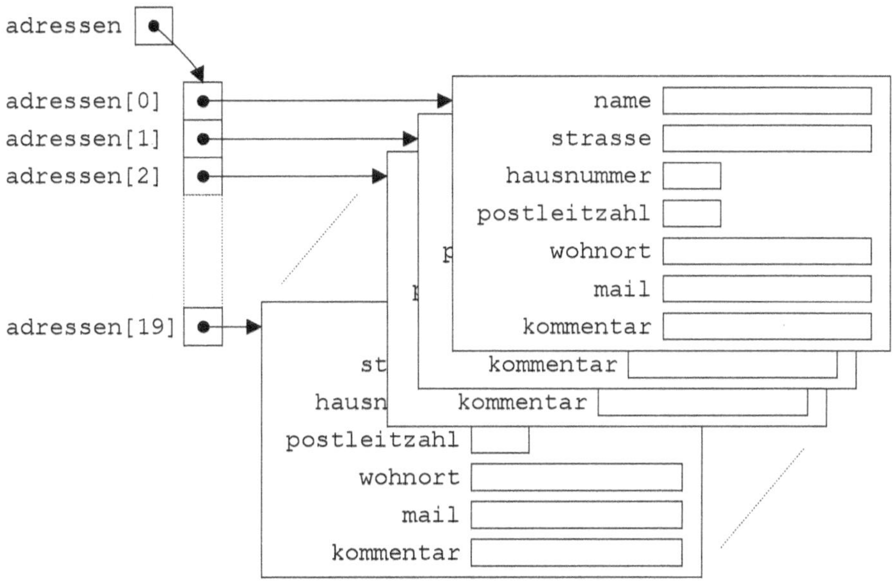

Abbildung 4.17: Initialisiertes Feld von Objekten

Um in unserem Programm also tatsächlich mit zwanzig verschiedenen Objekten arbeiten zu können, müssen wir nur noch hergehen und eben zwanzig neue Objekte erzeugen und in dem Array ablegen. Wie immer hilft uns dabei der **`new`**-Operator innerhalb einer Schleife. Danach sieht das Feld wie in Abbildung 4.17 dargestellt aus.

```
for (int i = 0; i < adressen.length; i++) {
  adressen[i] = new Adresse();
}
```

Wow! Haben Sie das auch sicher verstanden? Wenn nicht, denken Sie noch eine kleine Weile über diese Codezeilen nach. Nach diesen Veränderungen ist unser neues Programm dann auch beinahe lauffähig. Wir müssen lediglich noch die Variable `adr` mit der Referenz der ersten Adresse füllen und die Auswahl der aktuellen Adresse anpassen. Danach sollte das Programm wie folgt aussehen:

```
import Prog1Tools.IOTools;

public class AdressBuch_v3 {

  public static void main(String[] args) { // Hauptprogramm
```

```
    // Benoetigte Variablen
    Adresse[] adressen = new Adresse[20];
    Adresse adr;
    boolean fertig = false;

    // Initialisiere das Feld
    for (int i = 0; i < adressen.length; i++) {
      adressen[i] = new Adresse();
    }

    adr = adressen[0];

    // Starte das Programm mit einer huebschen Ausgabe
    System.out.println("================");
    System.out.println("Adressverwaltung");
    System.out.println("================");

    // Schleifenbeginn
    while (!fertig) {
      // Menue
      System.out.println(" ");
      System.out.println("1 = Adresseingabe");
      System.out.println("2 = Adressausgabe");
      System.out.println("3 = Aktuelle Adresse wechseln");
      System.out.println("4 = Programm beenden");

      int auswahl = IOTools.readInteger("Ihre Wahl:");

      // Fallunterscheidung
      switch(auswahl) {
        case 1: // Adresse eingeben
          adr.name          = IOTools.readLine    ("Name       : ");
          adr.strasse       = IOTools.readLine    ("Strasse    : ");
          adr.hausnummer    = IOTools.readInteger("Hausnummer: ");
          adr.wohnort       = IOTools.readLine    ("Wohnort    : ");
          adr.postleitzahl= IOTools.readInteger("PLZ        : ");
          adr.mail          = IOTools.readLine    ("E-Mail     : ");
          adr.kommentar     = IOTools.readLine    ("Kommentar : ");
          break;
        case 2: // Adresse ausgeben
          System.out.println(adr.name);
          System.out.println(adr.strasse + " " +
                             adr.hausnummer);
          System.out.println(adr.postleitzahl + " " +
                             adr.wohnort);
          System.out.println("E-Mail: " + adr.mail);
          System.out.println("Kommentar: " + adr.kommentar);
          break;
        case 3: // Adresse wechseln
          int nr=IOTools.readInteger("Welche Adresse (0 bis 19)?");

          if (nr >= 0 && nr < adressen.length) {
            adr = adressen[nr];
          } else {
            System.out.println("Eingabefehler!");
```

```
            }
            break;
          case 4: // Programm beenden
            fertig = true;
            break;
          default: // Falsche Zahl eingegeben
            System.out.println("Eingabefehler!");
        }
      } // Schleifenende
    } // Ende des Hauptprogramms
} // Ende des Programms
```

4.2.6 Vorsicht, Falle: Kopieren von geschachtelten Referenzdatentypen

In Abschnitt 4.1.8 hatten wir bereits gesehen, dass man sich beim Kopieren von Feldern stets der Tatsache bewusst sein muss, dass man eine „echte" Kopie eines geschachtelten (mehrdimensionalen) Feldes nur durch eine **Tiefenkopie**, die alle Dimensionen des Feldes vollständig behandelt, erzeugen kann. Dieser Sachverhalt trifft natürlich auch auf geschachtelte Klassen oder Felder von Klassen zu. Wollen wir daher eine Kopie unseres Adressbuches `adressen` aus dem letzten Abschnitt erstellen, um darin einige Einträge abzuändern, so kann dies nicht einfach nur mit den Anweisungen

```
Adresse[] nochmalAdressen = new Adresse[20];
nochmalAdressen = adressen; // Referenzkopie von adressen
```

erfolgen. Wir erzeugen damit zwar zunächst ein neues Feld, überschreiben seine Referenz jedoch sogleich mit einer Referenzkopie von `adressen`. Beide Variablen referenzieren dann also dasselbe Feld, was wir ja gerade nicht wollen. Eine nachfolgende Zuweisung der Form

```
nochmalAdressen[1].name = "Susi Sorglos";
```

würde daher nicht nur in unserem vermeintlich neuen, kopierten Feld den zweiten Namen in `nochmalAdressen[1].name`, sondern auch den Namen in `adressen[1].name` überschreiben. Aufgrund der beiden identischen Referenzen grefen wir ja auf dasselbe Feld und somit auf dasselbe Objekt zu. Auch mit einer flachen Kopie in der Form

```
Adresse[] nochmalAdressen = new Adresse[20];

for (int i = 0; i < adressen.length; i++) {
  nochmalAdressen[i] = adressen[i];   // Flache Kopie von adressen
}
```

ändert sich an dieser Situation nicht sehr viel. Zwar haben wir dann auf jeden Fall zwei unterschiedliche Felder, sie verweisen aber immer noch auf dieselben Objekte. Die Zuweisung

```
nochmalAdressen[1].name = "Susi Sorglos";
```

hat dann immer noch den Seiteneffekt, dass auch in `adressen[1].name` der Eintrag `Susi Sorglos` gespeichert wäre. Erst mit einer Tiefenkopie, die alle Schachtelungen unseres Adressbuches vollständig behandelt, z. B. in der Form

```
Adresse[] nochmalAdressen = new Adresse[20];

for (int i = 0; i < nochmalAdressen.length; i++) {
  nochmalAdressen[i] = new Adresse();
  nochmalAdressen[i].name = adressen[i].name;
  ...
  nochmalAdressen[i].kommentar = adressen[i].kommentar;
}
```

schaffen wir die Voraussetzung dafür, dass wir in unserer Adressbuchkopie einen anderen Wert abspeichern können, ohne die Werte im ursprünglichen Feld zu verändern.

4.2.7 Zusammenfassung

Wir haben ein Problem (Adressverwaltung) kennengelernt, das wir mit konventionellen Mitteln nur unter beträchtlichem Aufwand hätten lösen können. In diesem Zusammenhang stellten wir fest, dass es von Nutzen sein kann, verschiedene Daten in einem neuen Datentyp, einer Klasse, zusammenzufassen. Am Beispiel einer einfachen Klasse zur Verwaltung von Adressen haben wir dann gelernt, dass sich die Arbeit mit Klassen kaum vom Umgang mit den einfachen Datentypen unterscheidet. Wir mussten zwar beachten, dass es sich bei Klassen immer um Referenzdatentypen handelt, also eine Variable immer nur einen Verweis auf das tatsächliche Objekt darstellt. Diesen Umstand konnten wir uns jedoch zunutze machen, indem wir Elemente aus einem Feld von Objekten durch eine solche schlichte Referenz zur Bearbeitung auswählen konnten.
Dadurch konnten wir dann das allgemeine Problem *mehrerer Adressen* auf das spezielle Problem *einer* Adresse reduzieren und somit den Programmaufbau deutlich vereinfachen. Unsere ersten Gehversuche mit **objektorientierter Programmierung** haben also gleich einen großen Nutzen gehabt. Wir hoffen, dass Sie das ermutigt. Denn richtig eingesetzt hat die Objektorientierung noch viel mehr zu bieten, womit wir uns nun in den folgenden Kapiteln auseinandersetzen wollen.

4.2.8 Übungsaufgaben

Aufgabe 4.6

Wir wollen unsere Adressklasse erweitern. Neben den aktuell vorhandenen Daten soll die Klasse auch die Telefonnummer einer Person abspeichern können. Erweitern Sie die Elementklasse `Adresse` entsprechend, und entwerfen Sie ein Programm `AdressBuch_v4`, das diese Erweiterung berücksichtigt.

Aufgabe 4.7

Gegeben sei das folgende Programm:

```
public class Komponente {
  public int wert;
  public Komponente ref;
}

public class Referenzen {
  public static void main (String[] args) {
    int matrNr = _______; // Hier Ihre Matrikelnummer eintragen!
    Komponente p, q;
    int i;
    p = new Komponente();
    p.ref = null;
    p.wert = matrNr % 10;
    matrNr = matrNr / 10;
    for (i=2; i <= 3; i++) {
      q = new Komponente();
      q.ref = p;
      p = q;
      p.wert = matrNr % 10;
      matrNr = matrNr / 10;
    }
    for (i=1; i <= 3; i++) {
      System.out.print(p.wert);
      p = p.ref;
    }
  }
}
```

Weisen Sie an der markierten Stelle der Variablen `matrNr` Ihre Matrikelnummer zu. Falls Sie keine solche Matrikelnummer besitzen, verwenden Sie einfach die letzten sechs Ziffern Ihrer Telefonnummer.
Geben Sie an, welche Ausgabe das Programm liefert. Versuchen Sie, das Ergebnis ohne Zuhilfenahme des Computers zu erhalten.

Kapitel 5

Methoden, Unterprogramme

Wir wollen ein einfaches Problem lösen: Für die Funktion $f(x, n) = x^{2n} + n^2 - nx$ mit positivem ganzzahligem n und reellem x sind Funktionswerte zu berechnen. Folgendes Programm tut genau dies:

```
import Prog1Tools.IOTools;
public class Eval1 {
  public static void main(String[] args) {   // Hauptprogramm
    int n = IOTools.readInteger("n=");       // lies n ein
    double x = IOTools.readDouble("x=");     // lies x ein
    double produkt = 1.0;                    // Berechnung der Potenz
    for (int i=0; i < 2*n; i++)              // ...
      produkt = produkt * x;                 // abgeschlossen
    double f_x_n = produkt + n*n - n*x;      // Berechnung von f
    System.out.println("f(x,n)=" + f_x_n);   // Ergebnisausgabe
  }
}
```

Nun wollen wir das Problem etwas verkomplizieren. Statt eines einfachen x soll man einen Bereich angeben können – ein Intervall, in dem $f(x, n)$ wie folgt ausgewertet wird:

1. Werte f am linken Randpunkt `l` des Intervalls aus.
2. Werte f am rechten Randpunkt `r` des Intervalls aus.
3. Werte f am Mittelpunkt des Intervalls (berechnet aus `(l+r)/2`) aus.
4. Gib den Mittelwert der drei Funktionswerte aus.

Wir erweitern unser Programm entsprechend. Hierbei definieren wir für die drei Auswertungen der Funktion jeweils drei eigenständige Variablen, um sie für den späteren Gebrauch zu speichern. Das entstandene Programm sieht nun so aus:

```
import Prog1Tools.IOTools;
public class Eval2 {
  public static void main(String[] args) {   // Hauptprogramm
```

```
    int n = IOTools.readInteger("n=");          // lies n ein
    double l = IOTools.readDouble("l=");        // lies l ein
    double r = IOTools.readDouble("r=");        // lies r ein

    double produkt = 1.0;                       // Berechnung der Potenz
    for (int i=0; i < 2*n; i++)                 // ...
      produkt = produkt * l;                    // abgeschlossen
    double f_l_n = produkt + n*n - n*l;         // Berechnung von f
    System.out.println("f(l,n)=" + f_l_n);      // Ergebnisausgabe

    produkt = 1.0;                              // Berechnung der Potenz
    for (int i=0; i < 2*n; i++)                 // ...
      produkt = produkt * r;                    // berechnet
    double f_r_n = produkt + n*n - n*r;         // Berechnung von f
    System.out.println("f(r,n)=" + f_r_n);      // Ergebnisausgabe

    double m = (l + r) / 2.0;                   // Mittelpunkt
    produkt = 1.0;                              // Berechnung der Potenz
    for (int i=0; i < 2*n; i++)                 // ...
      produkt = produkt * m;                    // abgeschlossen
    double f_m_n = produkt + n*n - n*m;         // Berechnung von f(M,n)
    System.out.println("f(m,n)=" + f_m_n);      // Ergebnisausgabe

    double mw = (f_l_n + f_r_n + f_m_n)/3;      // Mittelwert
    System.out.println("Mittelwert=" + mw);     // Ergebnisausgabe
  }
}
```

Wir sehen, dass unser neues Programm wesentlich länger und leider auch unübersichtlich geworden ist. Der Grund hierfür liegt vor allem an der sich ständig wiederholenden **for**-Schleife. Leider benötigen wir diese aber für die Berechnung der Funktion f. Zu schade, dass wir diese nicht wie den Sinus oder Tangens als einen eigenständigen Befehl zur Verfügung stellen können! Oder etwa doch?
In den folgenden Abschnitten lernen wir, sogenannte **Methoden** (oder auch **Routinen**) zu definieren. Dies sind Unterprogramme, die vom Hauptprogramm (der `main`-Methode) aufgerufen werden und auch Ergebnisse zurückliefern können. Mit ihrer Hilfe werden wir Programme schreiben, die weit komplexer als obiges Beispiel, aber dennoch übersichtlicher sind!

5.1 Methoden

5.1.1 Was sind Methoden?

Durch Methoden wird ausführbarer Code unter einem Namen zusammengefasst. Dieser Code kann unter Verwendung sogenannter Parameter formuliert sein, denen später beim Aufruf der Methode Werte übergeben werden. Wie im Abschnitt über Klassen bereits erwähnt, gehören Methoden in der Regel neben den Variablen zum festen Bestandteil von Klassen. Da wir noch nicht objektorientiert programmieren, befassen wir uns nur mit einem Spezialfall. Wir werden den Begriff der Methode später jedoch auf Objekte erweitern.

5.1.2 Deklaration von Methoden

Wir definieren in Java eine Methode stets innerhalb einer Klasse (d. h. nach der ersten sich öffnenden geschweiften Klammer) in der Form

Syntaxregel

```
public static «RUECKGABETYP» «METHODENNAME» («PARAMETERLISTE»)
{
   // Methoden-Rumpf: hier den auszufuehrenden Code einfuegen,
   // lokale Variablendeklarationen, Anweisungen, ...
}
```

Hierbei ist

- «RUECKGABETYP» der Typ des Ergebnisses, das die Methode zurückliefern soll. Soll die Methode wie in obigem Beispiel das Ergebnis der Funktion $f(x, n) = x^{2n} + n^2 - nx$ zurückgeben, könnte der Rückgabetyp z. B. ein Gleitkommatyp (**double** oder **float**) sein. Soll die Methode keinen Wert zurückgeben, schreiben wir für «RUECKGABETYP» einfach **void**.
- «METHODENNAME» ein Bezeichner, unter dem die Methode von Java erkannt werden soll. Der Methodenname darf selbstverständlich kein reserviertes Wort sein. Wir werden später auf Beispiele für die Bezeichnung von Methoden zu sprechen kommen.
- «PARAMETERLISTE» eine Kommaliste von Variablendeklarationen. Die darin aufgeführten Variablen werden **formale Parameter** oder auch **formale Argumente** genannt und fungieren als Platzhalter für Werte, die an die Methode übergeben werden sollen. Die Deklaration eines solchen formalen Parameters entspricht im Großen und Ganzen der üblichen Vereinbarung einer Variablen (mit dem Unterschied, dass wir keine Initialisierungswerte angeben können). Mehrere Parameterdeklarationen werden durch Kommata getrennt, d. h. zu jedem Parameter *muss* eine Typbezeichnung angegeben werden.

Wenn wir uns den **Methodenkopf** (die erste Zeile in unserer Syntaxregel) etwas genauer ansehen, erkennen wir eine große Ähnlichkeit mit der bereits bekannten Zeile

```
public static void main(String[] args) {
```

Zufall? Natürlich nicht! Tatsächlich ist die Hauptmethode, die wir bislang immer verwendet haben, nichts anderes als eine Methode. Sie hat als Rückgabetyp **void**, also liefert sie keinen Wert als Ergebnis. Der Methodenname ist `main`, und die Parameterliste besteht aus einem Feld von Strings, das den Namen `args` trägt, was wir aber auch `nasenbaer` oder `schoenesFeld` hätten nennen können, weil nur der Typ, nicht aber der Name des Parameters relevant ist.

Den **Methodenrumpf** können wir genau wie den einer `main`-Methode aufbauen. Wir können sogenannte **lokale Variablen** deklarieren, die nur innerhalb der

Methode gelten, diese initialisieren und weitere Anweisungen formulieren. Insbesondere auf die Initialisierung der lokalen Variablen können wir nicht verzichten, da der Compiler diese (wie schon in Abschnitt 3.4.1 erläutert) nicht automatisch initialisiert!

5.1.3 Parameterübergabe und Ergebnisrückgabe

Wir wollen nun unsere Funktion $f(x, n) = x^{2n} + n^2 - nx$ durch eine Methode berechnen lassen. Wie haben wir diese zu programmieren?
Als Erstes müssen wir uns Gedanken über den Kopf der Methode machen. Welchen Rückgabetyp hat die Methode? Welche Parameter müssen wir übergeben? Und wie sollen wir sie nur benennen?
Letztgenanntes Problem dürfte relativ schnell gelöst sein – wir nennen sie einfach `f`. Dies ist schließlich der Name der Funktion, und es handelt sich hierbei um einen Bezeichner, der kein reserviertes Wort darstellt. Auch der Rückgabetyp ist relativ leicht geklärt. Wir haben in unserem Programm Gleitkommawerte stets durch **double**-Zahlen codiert und werden dies auch weiterhin tun. Als Rückgabetyp legen wir deshalb einfach **double** fest.
Bezüglich der Parameterliste haben wir zwei Werte, die wir der Funktion übergeben müssen:

- einen ganzzahligen Wert `n`, den wir im Hauptprogramm in einer Variable vom Typ **int** abgespeichert hatten, und
- eine Gleitkommazahl `x`, die wir durch einen **double**-Wert codieren.

Wir haben somit alle Informationen zusammen, um unseren Methodenkopf zu definieren. Dieser lautet nun wie folgt:

```
public static double f(double x, int n) {
```

Wie wir nun den Funktionswert $f(x, n)$ berechnen, ist klar: auf die gleiche Weise wie in den bisherigen Programmen. Ein entsprechendes Codestück könnte etwa so aussehen:

```
double produkt = 1.0;                     // Berechnung der
for (int i=0; i < 2*n; i++)               // Potenz x^2n
  produkt = produkt * x;                  // abgeschlossen
double ergebnis = produkt + n*n - n*x;    // Berechnung von f(x,n)
```

Wie machen wir Java jedoch klar, dass in der Variable `ergebnis` nun das Ergebnis unserer Methode steht? Wie erkennt das Programm, dass als Ergebnis nicht etwa `produkt` zurückgegeben werden soll? Für diese Ergebnisrückgabe an die aufrufende Umgebung steht das Kommando **return** zur Verfügung.
Durch den Befehl

```
return ergebnis;
```

wird die Ausführung der Methode beendet und der Inhalt der Variable `ergebnis` als Resultat zurückgegeben. Die Variable muss natürlich vom gleichen Typ wie der Rückgabetyp oder durch implizite Typumwandlung in den entsprechenden Typ umwandelbar sein.

Der Befehl **return** funktioniert übrigens nicht nur mit Variablen. Auch Literale, arithmetische Ausdrücke wie `a+b` oder das Ergebnis anderer Methodenaufrufe können mit **return** zurückgeliefert werden, wenn der Typ des nach **return** stehenden allgemeinen Ausdrucks zuweisungskompatibel zum Rückgabetyp ist, d. h. wenn beide Typen entweder gleich sind oder eine automatische Typkonvertierung des nach **return** stehenden Ausdrucks in den Rückgabetyp durchgeführt werden kann. Hat die Methode den Rückgabetyp **void**, so steht das Kommando **return**; für das sofortige Beenden der Methode (natürlich ohne die Rückgabe irgendeines Wertes). Ein solches **return** als letzte Anweisung in der Methode kann auch entfallen.
Wir wollen dieses Wissen verwenden und unsere Methode ohne die Verwendung einer Variable `ergebnis` formulieren.

```
public static double f(double x, int n) {
  double produkt = 1.0;                    // Berechnung der
  for (int i=0; i < 2*n; i++)              // Potenz x^2n
    produkt = produkt * x;                 // abgeschlossen
  return produkt + n*n - n*x;              // Berechnung von f(x,n)
}
```

Natürlich kann die Berechnung eines Ergebnisses – abhängig vom Ergebnis verschiedener Fallunterscheidungen – aus mehr als nur *einer* festgelegten Vorgehensweise erhalten werden. Nehmen wir als Beispiel die Berechnung der Fakultät einer ganzen nichtnegativen Zahl n, in mathematischer Schreibweise mit $n!$ bezeichnet. Diese ist

- 1, falls $n = 0$ ist und
- $n \cdot (n-1) \cdot (n-2) \cdot \ldots \cdot 3 \cdot 2 \cdot 1$ in jedem anderen Fall.

Es ist aus diesem Grund möglich, dass mehr als eine **return**-Anweisung in einer Methode benötigt wird. Folgende Methode würde beispielsweise die Fakultät berechnen:

```
public static int fakultaet(int n) {
  if (n == 0)                            // Sonderfall
    return 1;
  for (int i = n-1; i > 0; i--)          // berechne n*(n-1)*...
    n = n * i;                           // fange hierzu bei n-1 an
  return n;
}
```

Falls der Sonderfall eintritt, wird die Methode vorzeitig mit dem Rückgabewert 1 beendet. Nur wenn dieser Fall nicht eintritt, wird zunächst gerechnet und erst danach das Ergebnis abgeliefert. Wichtig ist in diesem Zusammenhang, dass für jeden Programmablaufzweig, der durchlaufen werden kann, ein **return** existieren muss. Darüber hinaus darf aber in jedem Zweig *nach* der **return**-Anweisung *keine* weitere Anweisung mehr stehen. Falls wir das in einem unserer Programme versehentlich nicht beachten sollten, würde der Compiler einen Fehler melden und uns auf sogenannten *„unreachable code"* hinweisen.
In der obigen Methode `fakultaet` haben wir noch etwas Spezielles getan: Wir haben den Wert des übergebenen Parameters `n` verändert. Es stellt sich daher die

Frage, ob wir dies überhaupt *dürfen*. Was ist, wenn das Hauptprogramm den in `n` gespeicherten Wert noch benötigt? Dürfen wir ihn so einfach überschreiben? Diese Frage werden wir im Zusammenhang mit dem Methodenaufruf beantworten.

5.1.4 Aufruf von Methoden

Zunächst einmal wollen wir uns anschauen, wie wir in Java eine Methode aufrufen können. Der Aufruf erfolgt gemäß der Syntax

Syntaxregel

```
«METHODENNAME» («PARAMETERLISTE»)
```

und stellt einen elementaren Ausdruck dar, der in der Regel einen Wert abliefert, durch ein nachgestelltes Semikolon jedoch wie gewohnt auch zu einer Ausdrucksanweisung werden kann. «`PARAMETERLISTE`» ist wiederum eine Kommaliste von Ausdrücken (**aktuelle Parameter** genannt), deren Werte nun über die Platzhalter aus der Methodenvereinbarung an die Methode übergeben werden.
Wir könnten also beispielsweise in unserer `main`-Methode nachfolgende Aufrufe verwenden:

```
double y = f(x,n);
double z = f(y,3) + 3*x;
int fak = fakultaet(4);
```

Nach dem Aufruf (also nach Ende der aufgerufenen Methoden) wird jeweils der entsprechende Rückgabewert für den ursprünglichen Methodenaufruf eingesetzt und mit diesem Wert weitergearbeitet (z. B. bei einer Ausdrucksauswertung weitergerechnet).
Um nun zu verstehen, dass wir in unserer Deklaration der Methode `fakultaet` durch Überschreiben des Werts des Parameters `n` keinen Fehler begehen, muss uns zuerst klar werden, wie Java Werte an Methoden übergibt. Wie ein Architekt, der seine wertvollen Entwürfe im Safe verstaut, gibt auch Java niemals die originale Variable preis. Vielmehr wird eine *Kopie* des Inhalts erstellt und diese an die aufgerufene Methode übergeben. Wenn wir also in der Methode `fakultaet` den Inhalt der Variablen `n` verändern, verändern wir lediglich die Kopie – nicht das Original.
Genauer gesagt, werden bei jedem Methodenaufruf die formalen Parameter (wie auch lokale Variablen der Methode) neu erzeugt und mit den Werten der aktuellen Parameter initialisiert, bevor der Methodenaufruf ausgeführt wird (also die Anweisungen in der Methode ausgeführt werden). Java kennt nur diese Art von Parameterübergabe. Man bezeichnet sie als **Wertaufruf** (englisch: **call by value**).
Wir wollen dies am folgenden kleinen Beispielprogramm verdeutlichen:

```
public class AufrufTest {

  // UNTERPROGRAMM
  public static void unterprogramm(int n) { // n als formaler
    n = n * 5;                              // Parameter wird veraendert
```

```
    System.out.println("n=" + n);  // und ausgegeben
  }

  // UNSER HAUPTPROGRAMM
  public static void main(String[] args) {
    int n = 7;                      // Startwert fuer lokales n
    System.out.println("n= " + n); // wird ausgegeben
    unterprogramm(n);               // Unterprogrammaufruf
    System.out.println("n= " + n); // n wird erneut ausgegeben
  }
}
```

Wir übersetzen das Programm und starten es. Hierbei erhalten wir die folgende Ausgabe:

```
Konsole
n =  7
n = 35
n =  7
```

Wie wir sehen, hat der Aufruf der Methode den Inhalt der Variable `n`, die in der `main`-Methode definiert ist, nicht verändert. Wir brauchen uns also keine Sorgen zu machen, dass irgendwelche „namensgleichen" Variablen oder übergebenen Parameter sich gegenseitig beeinflussen. Vielmehr ist der formale Parameter `n` eine von der Variablen `n` in unserer `main`-Methode völlig unabhängige Größe. In Abbildung 5.1 ist die Situation nochmals grafisch dargestellt.

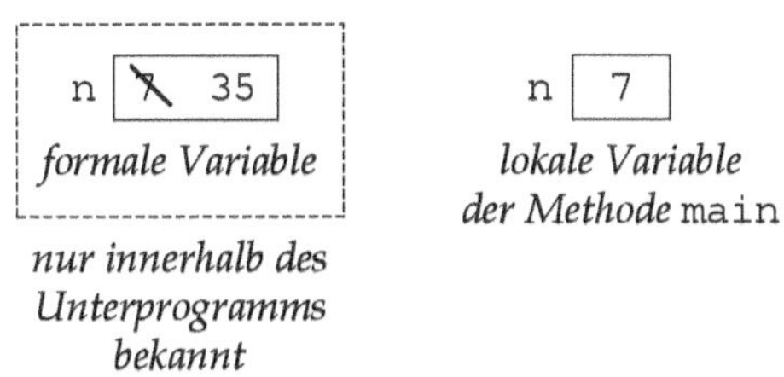

Abbildung 5.1: `main`-Variable `n` und formale Variable `n`

Hier kommen die Regeln für die Sichtbarkeit und das Verdecken von Variablen zum Tragen, mit denen wir uns in Abschnitt 5.1.8 beschäftigen werden.

Achtung: Beim Aufruf einer Methode müssen wir sicherstellen, dass der Typ jedes aktuellen Parameters (jedes Arguments) mit dem Typ des entsprechenden formalen Parameters übereinstimmt oder zumindest automatisch in diesen Typ wandelbar ist. In Frage kommen dabei nur die in Abschnitt 3.3.6 beschriebenen automatischen Typwandlungen, die einen kleineren Wertebereich in einen größeren Wertebereich abbilden, sowie die entsprechenden Mechanismen für Referenzen, auf die wir in Abschnitt 8.1.5 noch eingehen werden.

5.1.5 Überladen von Methoden

Wir wollen das Maximum zweier Zahlen vom Typ **int** berechnen und definieren uns deshalb eine Methode max:

```
public static int max(int x, int y) {
  return (x>y) ? x : y;
}
```

Im Verlauf unserer weiteren Programmierarbeit stellen wir jedoch fest, dass wir neben einer Maximumsberechnung für **int**-Werte auch eine Maximumsfunktion für Zahlen vom Typ **double** benötigen. Wir schreiben uns also eine weitere Funktion max, die diesen Fall abdeckt:

```
public static double max(double x,double y) {
  return (x>y) ? x : y;
}
```

An dieser Stelle wird den aufmerksamen Leserinnen und Lesern vielleicht ein berechtigter Einwand einfallen: *Dürfen wir zwei Methoden* max *nennen? Wie kann Java die beiden Methoden voneinander unterscheiden?*
Wie Sie wahrscheinlich bereits vermutet haben, lässt sich die erste Frage mit einem entschiedenen *Ja* beantworten. Java bietet dem Programmierer bzw. der Programmiererin die Möglichkeit, Methoden zu **überladen**, d. h. mehrere Methoden mit dem gleichen Namen zu definieren – sofern sie sich in ihrer Parameterliste unterscheiden. Java unterscheidet Methoden gleichen Namens

- anhand der *Zahl* der Parameter,
- anhand des *Typs* der Parameter und
- anhand der *Position* der Parameter.

Im obigen Beispiel ist die Zahl der Parameter in beiden Methoden gleich, aber die Typen von x und y sind verschieden. Weitere zulässige Überladungen wären:

```
public static int max(int x) { ... }                  // Zahl d. Arg.
public static int max(int x, int y, int z) { ... }    // Zahl d. Arg.
public static int max(double x, int y) { ... }        // Typ  d. Arg
public static int max(int y,double x) { ... }         // Pos. d. Arg
```

Die beiden letzten Zeilen sind ein Beispiel für die Möglichkeit, Methoden anhand der Position ihrer Parameter zu unterscheiden. Zwar haben beide Methoden zwei Parameter und arbeiten mit den gleichen Typen (einmal **int** und einmal **double**), anhand der *Reihenfolge* können die Methoden aber unterschieden werden.
Nicht korrekt hingegen wären etwa die folgenden Beispiele:

- Es wird nicht nach dem Typ des *Rückgabewertes* unterschieden, also wäre

  ```
  public static double max(int x, int y) { ... }
  ```

  nicht erlaubt.
- Es wird nicht nach den *Namen* der Parameter unterschieden, folglich wäre

  ```
  public static double max(int x1, int y1) { ... }
  ```

  oder

```
public static double max(int y, int x) { ... }
```

nicht erlaubt.

5.1.6 Variable Argumentanzahl bei Methoden

Ein lästiges Übel beim Erstellen von größeren Programmen bzw. Methodensammlungen stellt das mehrfache Schreiben (Überladen) von Methoden für eine unterschiedliche Anzahl von Parametern des gleichen Typs dar. Wollen wir beispielsweise mit einer Methode `summiere` mal zwei, mal vier oder auch mal zehn Werte aufsummieren lassen, so müssen wir drei entsprechende Überladungen der Methode mit eben diesen zwei, vier und zehn Parametern programmieren.
Java gestattet es, in der Signatur von Methoden *den jeweils letzten Parameter* variabel zu halten. Dies geschieht, indem man diesen variablen formalen Parameter gemäß der Syntax

Syntaxregel

```
«TYP»... «VARIABLENNAME»
```

notiert. Dabei kennzeichnen die drei Punkte unmittelbar hinter der Typ-Angabe den Parameter als variables Argument. Er ist dadurch Platzhalter für eine beliebige Anzahl von aktuellen Parametern beim Aufruf der Methode. Der Compiler setzt dies um, indem tatsächlich mit einem Feldparameter mit Komponenten vom angegebenen Typ gearbeitet wird und beim Aufruf der Methode die einzelnen aktuellen Parameter in ein entsprechendes Feld verpackt werden. Aus diesem Grund kann die Methode nicht nur mit einer beliebigen Anzahl von Werten des angegebenen Typs, sondern auch mit einer Referenz auf ein Feld mit entsprechendem Komponenten-Typ aufgerufen werden. Im Rumpf der Methode lassen sich die einzelnen Parameter daher, wie bei Feldern üblich, mit Hilfe der eckigen Klammern ansprechen. Es bietet sich aber an, mit der vereinfachten Schleifen-Notation zu arbeiten, wie im nachfolgenden Beispielprogramm demonstriert:

```
public class Argumente {
  public static int summiere(int... werte) {
    int summe = 0;
    for (int x : werte)
      summe = summe + x;
    return summe;
  }

  public static void main(String[] args) {
    System.out.println("summiere(1,2): " + summiere(1,2));
    System.out.println("summiere(1,2,3,4,5): " + summiere(1,2,3,4,5));
    int[] feld = new int[] {1,2,3,4,5,6,7,8,9};
    System.out.println("summiere(feld): " + summiere(feld));
  }
}
```

5.1.7 Vorsicht, Falle: Referenzen als Parameter

Wir ändern unser Programm aus Abschnitt 5.1.4 leicht ab und testen es mit einem Array als Parameter:

```
public class AufrufTest2 {
  // UNTERPROGRAMM
  public static void unterprogramm(int[] n) {
    n[0] = n[0] * 5;                        // veraendere Parameter
    System.out.println("n[0]=" + n[0]);     // gib diesen aus
  }
  // UNSER HAUPTPROGRAMM
  public static void main(String[] args) {
    int n[] = {7};                          // Startwert fuer n[0]
    System.out.println("n[0]= " + n[0]);    // gib diesen aus
    unterprogramm(n);                       // Unterprogrammaufruf
    System.out.println("n[0]=" + n[0]);     // gib n erneut aus
  }
}
```

Wir haben die Integer-Variable n durch ein eindimensionales Feld der Länge 1 ersetzt und dieses mit dem Wert 7 initialisiert. Wir geben den Inhalt des Feldes einmal aus und starten das Unterprogramm. Dieses ändert den Inhalt seines Parameters und gibt den neuen Wert auf dem Bildschirm aus. Wir beenden das Unterprogramm und geben den Inhalt des Arrays n erneut auf dem Bildschirm aus. Da Unterprogramme mit Kopien der Originalwerte arbeiten, erwarten wir die gleiche Ausgabe wie im letzten Abschnitt. Zu unserem Erstaunen erhalten wir jedoch

Konsole

```
n[0]= 7
n[0]=35
n[0]=35
```

Was ist geschehen? Um das unerwartete Ergebnis zu verstehen, müssen wir uns ins Gedächtnis rufen, dass Arrays sogenannte Referenzdatentypen sind. Dies bedeutet, dass Variablen eines Array-Typs lediglich auf eine Stelle im Speicher verweisen, an der die eigentlichen Werte abgelegt sind. Wie bei den einfachen Datentypen erstellt Java beim Methodenaufruf auch für Arrays eine Kopie des originalen Wertes – dieser ist jedoch nicht das eigentliche Feld, sondern besagte *Referenz*. Unsere Kopie enthält somit lediglich einen neuen Verweis, der jedoch auf ein und dasselbe Feld von Zahlen zeigt: Wir erhalten also wieder unsere bereits erwähnte Referenzkopie.[1] Somit verweisen die main-Variable n und die formale Variable n auf den gleichen Speicherplatz. In Abbildung 5.2 ist diese Situation nochmals grafisch dargestellt.

[1] In anderen Programmiersprachen ist dies unter dem Begriff *call by reference* bekannt und auch für elementare Datentypen möglich.

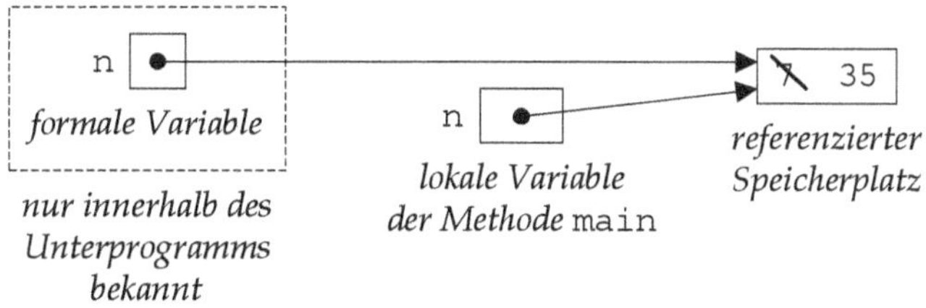

Abbildung 5.2: `main`-Variable `n` und formale Variable `n`

Wenn wir dann in der Methode `unterprogramm` den Inhalt des Feldes, auf das `n` zeigt, verändern, so arbeiten wir in Wirklichkeit mit den originalen Feldinhalten (und nicht mit Kopien davon). Diese Situation wird üblicherweise als **Seiteneffekt** bezeichnet, da sich „neben" der eigentlich beabsichtigten Wirkungen noch weitere Effekte auswirken.

Wir wollen uns jetzt noch anschauen, wie wir die Kopie eines Arrays mit Hilfe einer Methode erstellen. Dazu deklarieren wir folgende Methode:

```
public static int[] arraycopy(int[] n) {
  int[] ergebnis = new int[n.length]; // erzeuge ein neues Feld
                                      // derselben Laenge wie n
  for (int i=0; i < n.length; i++)    // kopiere alle Feldelemente
    ergebnis[i] = n[i];               // in das neue Feld
  return ergebnis;
}
```

Die Methode `arraycopy` erstellt ein neues Feld mit dem Namen `ergebnis`, das mit dem **new**-Operator auf die gleiche Länge wie das als Parameter übergebene Feld gesetzt wird. Die Länge des Feldes erhalten wir über den Wert von `n.length`. Eine anschließende Schleife kopiert Komponente für Komponente von einem Array in das andere. Wie vieles andere ist in Java übrigens auch das Kopieren eines Arrays in verallgemeinerter Form schon vordefiniert; die Methode `System.arraycopy` haben wir ja bereits kennengelernt.

Wir wollen unser Programm nun so verändern, dass der Aufruf des Unterprogramms den Inhalt unseres Feldes `n` nicht beeinflusst. Hierzu bauen wir die Methode `arraycopy` in unsere Klasse ein und verwenden sie, um eine Kopie des Feldes zu erzeugen. Wir ersetzen im Hauptprogramm den Aufruf des Unterprogramms durch folgende zwei Zeilen:

```
int[] kopie = arraycopy(n);          // erzeuge eine Kopie von n
unterprogramm(kopie);                // Unterprogrammaufruf
```

Wir erzeugen also *selbst* ein neues Feld, eine Kopie von `n`, und übergeben diese statt des Originals beim Aufruf unserer Methode. Da wir mit der Kopie nicht weiterarbeiten wollen, können wir uns übrigens die Vereinbarung einer Variablen namens `kopie` ersparen und das Resultat von `arraycopy` direkt als Parameter übergeben:

```
public class AufrufTest3 {
  // UNTERPROGRAMM(E)
  public static void unterprogramm(int[] n) {
```

```
    n[0] = n[0] * 5;                        // veraendere Parameter
    System.out.println("n[0]=" + n[0]);     // gib diesen aus
  }
  public static int[] arraycopy(int[] n) {
    int[] ergebnis = new int[n.length];     // erzeuge ein neues Feld
                                            // derselben Laenge wie n
    for (int i=0; i < n.length; i++)        // kopiere alle Elemente
      ergebnis[i] = n[i];                   // in das neue Feld
    return ergebnis;
  }
  // UNSER HAUPTPROGRAMM
  public static void main(String[] args) {
    int n[] = {7};                          // Startwert fuer n[0]
    System.out.println("n[0]= " + n[0]);    // gib diesen aus
    unterprogramm(arraycopy(n));            // Unterprogramm
    System.out.println("n[0]= " + n[0]);    // gib n erneut aus
  }
}
```

Übersetzen wir nun unser Programm und lassen dieses laufen, so erhalten wir wie gewünscht als Ergebnis

```
Konsole
n[0]= 7
n[0]=35
n[0]= 7
```

Wie wir sehen, haben wir auf diese Weise keine wechselseitige Beeinflussung von Originalwerten und den manipulierten Parametern mehr. Wir sehen aber auch, dass bei der Übergabe von Arrays Vorsicht geboten ist – wenn man vergisst, die Parameter zu kopieren, kann ein syntaktisch vollkommen korrektes Programm völlig falsche Ergebnisse liefern. Eine Alternative wäre somit, dass alle Methoden, die Arrays als Parameter haben und diese verändern, das Kopieren selbst übernehmen. Versuchen Sie es, und ändern Sie obiges Programm so ab, dass der simple Aufruf `unterprogramm(n)` ebenfalls zum richtigen Ergebnis führt.

5.1.8 Sichtbarkeit und Verdecken von Variablen

In Abschnitt 4.2 haben wir bereits gehört, dass wir innerhalb einer Klasse sogenannte Klassenvariablen deklarieren und verwenden können. Wir könnten also auch unsere ausführbare Klasse, in der wir unsere `main`-Methode und eventuelle weitere Methoden deklariert haben, mit solchen Klassenvariablen ausstatten und diese in den Methoden verwenden.

Wenn wir dies tun, müssen wir allerdings wissen, nach welchen Regeln diese Klassenvariablen verwendet werden können. Man spricht in diesem Zusammenhang von **Sichtbarkeit** und **Verdecken**. Wir wollen uns diese Begriffe anhand eines Beispiels klarmachen. Dazu betrachten wir die nachfolgende ausführbare Klasse `VerdeckenTest`.

```
1  public class VerdeckenTest {
2    static int a = 1, b = 2, c = 3;
3    static int m (int a) {
4      int b = 20;
5      System.out.println("a = " + a);
6      System.out.println("b = " + b);
7      System.out.println("c = " + c);
8      return 100;
9    }
10   public static void main (String[] args) {
11     int a = 1000;
12     System.out.println("a = " + a);
13     System.out.println("b = " + b);
14     System.out.println("m(c)= " + m(c));
15   }
16 }
```

Zunächst wollen wir uns nochmals die verschiedenen Arten von Variablen vor Augen führen, die in diesem Programm auftreten.

- Als *Klassenvariablen* treten die in Zeile 2 deklarierten Variablen `a`, `b` und `c` auf.
- Als *formale Variablen* treten die in Zeile 3 deklarierte Parametervariable `a` und die in Zeile 10 deklarierte Parametervariable `args` auf.
- Als *lokale Variablen* treten die in Zeile 4 (lokal in der Methode `m`) deklarierte Variable `b` und die in Zeile 11 (lokal in der Methode `main`) deklarierte Variable `a` auf.

Die Grundregel für die Sichtbarkeit bzw. das Verdecken besagt nun:

> *Innerhalb von Methoden verdecken lokale Variablen und formale Variablen die Klassenvariablen gleichen Namens, sodass diese während der Ausführung der Methoden vorübergehend nicht sichtbar und damit auch (zumindest allein über ihren Bezeichner) nicht zugreifbar sind.*

Was das für den Programmablauf bedeutet, verstehen wir am besten, wenn wir uns die Ausgabe des Programms ansehen

Konsole

```
a = 1000
b = 2
a = 3
b = 20
c = 3
m(c)= 100
```

die wir wie folgt deuten können:

Ausgabe	Begründung
`a = 1000`	lokales `a` verdeckt das Klassen-`a`
`b = 2`	Klassen-`b`
`a = 3`	formales `a` ist Kopie das Klassen-`c`
`b = 20`	lokales `b` verdeckt das Klassen-`b`
`c = 3`	Klassen-`c`
`m(c)= 100`	Ergebniswert des Methodenaufrufs wird an die Zeichenkette `m(c)=` gehängt und ausgegeben

5.1.9 Zusammenfassung

Anhand eines einfachen Beispiels haben wir feststellen müssen, dass auch kleine Probleme sehr schnell unübersichtlich werden können. Wir haben deshalb Methoden kennengelernt, mit deren Hilfe wir Programme in sinnvolle Teilabschnitte untergliedern konnten. Wir haben gesehen, dass wir durch den Mechanismus des Überladens von Methoden mehrere gleichartige Methoden mit dem gleichen Namen versehen konnten.
Ferner haben wir gelernt, dass Java bei der Parameterübergabe stets nur mit Kopien arbeitet. Wir haben aber auch gesehen, dass dieses System trotzdem bei Referenzdatentypen (z. B. bei Feldern) zu Seiteneffekten führen kann.

5.1.10 Übungsaufgaben

Aufgabe 5.1

Schreiben Sie eine Methode, die den Tangens einer **`double`**-Zahl, die als Parameter übergeben wird, berechnet. Implementieren Sie den Tangens gemäß der Formel $\tan(x) = \sin(x)/\cos(x)$. Sie dürfen die Methoden `Math.sin` und `Math.cos` zur Berechnung von Sinus und Cosinus verwenden, jedoch innerhalb der Methode keine einzige Variable vereinbaren.

Aufgabe 5.2

Schreiben Sie eine Methode `swappedCopy`, die als Ergebnis den „gespiegelten" Inhalt eines eindimensionalen Arrays `a` vom Typ **`int`**`[]` liefert. Das heißt, das erste Element von `a` ist das letzte Element von `swappedCopy(a)` und so weiter. Hierbei dürfen keine Seiteneffekte auftreten, die Feldkomponenten von `a` sollen also unverändert bleiben.
Schreiben Sie eine weitere Methode `swap`, die ebenfalls über diese Funktion verfügt, aber den Rückgabetyp **`void`** besitzt. Hierzu sollen bewusst Seiteneffekte eingesetzt werden; das Ergebnis soll somit am Ende der Methode in `a` selbst stehen.

Aufgabe 5.3

Bestimmen Sie die Ausgabe des nachfolgenden Java-Programms:

```
public class BooleanMethods {
  static boolean test1(int val) {
    System.out.println("test1(" + val + ")");
    System.out.println("result: " + (val < 1));
    return val < 1;
  }
  static boolean test2(int val) {
    System.out.println("test2(" + val + ")");
    System.out.println("result: " + (val < 2));
    return val < 2;
  }
  static boolean test3(int val) {
    System.out.println("test3(" + val + ")");
    System.out.println("result: " + (val < 3));
    return val < 3;
  }
  public static void main(String args[]) {
    if(test1(0) && test2(2) && test3(2)) // ***
      System.out.println("expression is true");
    else
      System.out.println("expression is false");
  }
}
```

Wie verändert sich die Ausgabe des Programms, falls in der mit `***` gekennzeichneten Zeile alle Operatoren `&&` durch `&` ersetzt werden?

5.2 Rekursiv definierte Methoden

5.2.1 Motivation

Wir haben bislang gelernt, wie man Methoden definiert, wie man mit ihnen Ergebnisse berechnet und wie man diese zurückgibt. Hierbei haben wir festgestellt, dass der Aufruf einer selbst definierten Methode so einfach ist wie etwa der Start von `System.out.println` oder der Sinusfunktion `Math.sin`. Wir haben auch gesehen, dass bei der Übergabe der Parameter diese wieder Ergebnis einer Methode sein können; so geschehen etwa in der Zeile

```
unterprogramm(arraycopy(n));        // Unterprogramm
```

in unserem letzten Programm. Wir wissen, dass unsere Hauptmethode `main` selbst wieder eine Methode ist, dass also Methoden wieder andere Methoden aufrufen können. Kann man diese Aufrufe von Methoden innerhalb von Methoden noch einen Schritt weitertreiben, können Methoden sich auch *selbst* aufrufen? Um diese Frage zu klären, formulieren wir ein kleines Testprogramm.

```
public class Unendlichkeit {
  // UNTERPROGRAMM(E)
  public static void unterprogramm() {
    System.out.println("Unterprogramm aufgerufen...");
    unterprogramm();             // rufe dich selbst auf
  }
  // UNSER HAUPTPROGRAMM
```

```
  public static void main(String[] args) {
    unterprogramm();
  }
}
```

Der einzige Sinn unserer Hauptmethode ist der Aufruf der Methode `unterprogramm`. Diese gibt eine Meldung auf dem Bildschirm aus und ruft danach die Methode `unterprogramm` – also sich selbst – auf!
Wie wir sehen, haben wir uns eine Endlosrekursion gebastelt, ähnlich einer Endlosschleife: Das Programm wird also niemals terminieren! Wird der Compiler dies erkennen? Wir übersetzen nun das Programm und erhalten keine Fehlermeldung – schließlich ist es syntaktisch vollkommen korrekt. Starten wir es auf dem Rechner, so erhalten wir wie erwartet die Ausgabe

Konsole

```
Unterprogramm aufgerufen...
Unterprogramm aufgerufen...
Unterprogramm aufgerufen...
Unterprogramm aufgerufen...
Unterprogramm aufgerufen...
Unterprogramm aufgerufen...
Unterprogramm aufgerufen...
Unterprogramm aufgerufen...
Unterprogramm aufgerufen...
Unterprogramm aufgerufen...
...
```

Die Ausgabe endet erst, wenn wir das Programm über ein Betriebssystemkommando unseres Rechners abbrechen (z. B. durch Schließen des Konsolenfensters) oder wenn das Java-System abstürzt. Es stellt sich natürlich die Frage, warum Java etwas Derartiges nicht verbietet. Warum können Methoden sich selbst aufrufen, wenn auf diese Weise eine so unschöne Situation entstehen kann?
Die Antwort liegt in dem letzten Wort der Frage: Man *kann* eine Endlosrekursion produzieren, *muss* aber nicht. Tatsächlich sind sogenannte **rekursive Methoden** oftmals der einfachste Weg, eine Problemstellung zu lösen. Wir erinnern uns etwa an unsere Methode `fakultaet`, in der wir über eine Fallunterscheidung und eine **`for`**-Schleife zu folgendem Ergebnis gekommen sind:

```
public static double fakultaet(int n) {
  if (n == 0)                              // Sonderfall
    return 1;
  for (int i = n-1; i > 0; i--)            // berechne n*(n-1)*...
    n = n * i;                             // fange hierzu bei n-1 an
  return n;
}
```

Mit Hilfe einer rekursiven Definition hätten wir uns eine Menge Gedankenarbeit erspart; aus $n! = n \cdot (n-1) \cdot (n-2) \cdot \ldots \cdot 1 = n \cdot (n-1)!$ können wir nämlich folgern, dass die Fakultät von n

- 1 ist, falls $n = 0$ gilt und
- $n \cdot (n-1)!$ ist, falls $n \neq 0$ ist.

Die Erkenntnis, dass man die Berechnung der Fakultät von n auf die Berechnung der Fakultät von $n-1$ zurückführen kann, lässt sich sehr schön in eine rekursive Methode einbauen:

```
public static int fakultaet(int n) {
  if (n == 0)
    return 1;                    // am Ende der Rekursion angekommen?
  return n * fakultaet(n-1);     // wenn nicht, dann rechne weiter...
}
```

Ein Vergleich mit obigem Programmstück zeigt, um wie viel einfacher rekursiv definierte Methoden gestrickt sein können. Wie überall im Leben erkauft man sich hiermit natürlich auch einige Nachteile:

- Wir müssen aufpassen, dass unsere Methode **terminiert**, d. h. dass sich die Methode nicht unendlich oft aufruft. So etwas kann auch den professionellsten Programmierern passieren, wenn sie bei der Konstruktion ihrer Algorithmen nicht sorgfältig genug vorgehen. Diese Fehlerquelle tritt jedoch nicht nur bei rekursiven Methodenaufrufen auf, sondern kann auch bei Wiederholungsanweisungen zu Endlosschleifen führen.
- Rekursiv definierte Methoden können erheblich langsamer sein als Methoden, in denen das Problem ohne Rekursion gelöst wurde. Dies liegt daran, dass jeder Aufruf eines Unterprogramms den Computer etwas Rechenzeit kostet.

Rekursiv definierte Methoden werden in den verschiedensten Gebieten angewandt; so wird etwa der bekannte **Quicksort**-Algorithmus im Allgemeinen rekursiv definiert.[2] Wir behandeln im folgenden Abschnitt Beispiele, in denen wir diesen Programmierstil einsetzen.

5.2.2 Gute und schlechte Beispiele für rekursive Methoden

In diesem Abschnitt wollen wir uns mit einigen weiteren Beispielen für rekursive Methoden beschäftigen und – wo nötig – auch eventuell damit verbundene Probleme erläutern.

Zunächst einmal wollen wir darauf hinweisen, dass Rekursionen sowohl direkt als auch indirekt auftreten können. Die direkte Variante, in der eine Methode in ihrem Rumpf sich selber aufruft, kennen wir bereits. Die indirekte Variante ist nicht immer sofort als Rekursion zu erkennen, da in diesem Fall beispielsweise

[2] Der Quicksort-Algorithmus sortiert eine Menge von Zahlen dadurch, dass man ein Element a der zu sortierenden Menge, das sogenannte Pivot-Element, auswählt und die Menge in zwei kleinere Mengen X und Y zerlegt. X enthält dabei alle Elemente der Ausgangsmenge, die kleiner oder gleich a sind, und Y enthält alle Elemente, die größer als a sind. Danach ruft man den Quicksort-Algorithmus für X und Y auf. Die Rekursion bricht ab, wenn die zu sortierenden Mengen klein genug und sortiert sind. Dann fügt man die sortierten kleineren Mengen und die jeweiligen Pivot-Elemente wieder zur größeren Menge zusammen.

im Rumpf einer Methode `m` ein Aufruf der Methode `a` auftritt, im Rumpf der Methode `a` ein Aufruf der Methode `b` steht und im Rumpf der Methode `b` wiederum die Methode `m` aufgerufen wird. Insbesondere ist es bei solchen indirekten Rekursionen noch schwerer, eine Endlosrekursion am Programmcode zu erkennen, wie nachfolgendes Beispiel demonstriert.

```
public class IndirekteRekursion {
  public static void m() {
    System.out.println("m ruft a!");
    a();
  }
  public static void a() {
    System.out.println("a ruft b!");
    b();
  }
  public static void b() {
    System.out.println("b ruft m!");
    m();
  }
  public static void main(String[] args) {
    m();
  }
}
```

Bei der Formulierung rekursiver Methoden ist besondere Sorgfalt an den Tag zu legen, um nicht versehentlich Endlosrekursionen zu produzieren. Will man zum Beispiel für die Summation aller ganzen Zahlen von 1 bis n eine Methode formulieren, so könnte man leicht versucht sein, die Methode als

```
public static int summeVon1bis(int n) {
  return n + summeVon1bis(n-1);
}
```

zu implementieren. Bei genauem Hinsehen ist aber hier die zur Laufzeit auftretende Endlosrekursion klar zu erkennen, denn wir haben nicht daran gedacht, dass eine Rekursion so programmiert werden muss, dass sie irgendwann auch abbricht. Wir müssen also dafür sorgen, dass ein oder mehrere einfache Fälle gesondert (ohne Rekursion) behandelt werden. Als goldene Grundregel bei der Implementierung sollten wir uns daher vornehmen, immer erst die nichtrekursiven einfachen Fälle und erst danach den Rekursionsschritt zu programmieren.
Im nachfolgenden „guten“ Beispiel für eine Rekursion haben wir die mathematische Vorschrift für die ganzzahlige Exponentiation (Potenzfunktion)

$$x^k = \begin{cases} 1 & \text{für } k = 0 \\ x \cdot x^{k-1} & \text{für } k > 0 \\ 1/x^{-k} & \text{für } k < 0 \end{cases}$$

aus unserem Mathematikbuch korrekt in eine Java-Methode umgesetzt:

```
static double pow(double x, int k) {
  if (k==0) {
      return 1;
  } else if (k > 0) {
      return x * pow (x,k-1);
```

```
  } else
      return 1 / pow(x,-k);
}
```

Abschließend wollen wir anhand eines historischen Beispiels demonstrieren, dass man mit einer (naiv konstruierten) Rekursion nicht immer gut bedient ist. Wir wollen uns dazu mit den sogenannten Fibonacci-Zahlen und ihrem Zusammenhang mit der Kaninchenvermehrung beschäftigen.
Leonardo Pisano Fibonacci formulierte 1202 folgende Frage: „*Wenn ein neugeborenes Kaninchenpaar nach zwei Monaten ein neues Kaninchenpaar wirft und dann monatlich jeweils ein weiteres Paar, und außerdem jedes neugeborene Paar sich auf die gleiche Art vermehrt, wie viele Kaninchenpaare gibt es dann nach* n *Monaten, wenn keines der Kaninchen vorher stirbt?*“ Die Zahl, die als Antwort auf diese Frage zu nennen ist, wurde nach Fibonacci benannt und heißt die n-te Fibonacci-Zahl. Bezeichnen wir die Anzahl der Kaninchenpaare nach `n` Monaten mit `fib(n)`, so lässt sie sich folgendermaßen berechnen:

```
fib(0) = 1
fib(1) = 1
fib(2) = 1 + 1 = 2
fib(3) = 2 + 1 = 3
fib(4) = 3 + 2 = 5
...
fib(n) = fib(n - 1) + fib(n - 2)
```

Die Rekursionsformel in der letzten Zeile legt es nun natürlich nahe, dass wir die Berechnung der n-ten Fibonacci-Zahl mit Hilfe einer rekursiven Methode

```
static long fib(long n) {  // Fibonacci-Zahlen rekursiv
  if (n == 0) {
      return 1;
  } else if (n == 1) {
      return 1;
  } else
      return fib(n-1) + fib(n-2);
}
```

durchführen können. Wenn wir diese Methode einsetzen, um etwa die 40. Fibonacci-Zahl zu berechnen, stellen wir fest, dass der Methodenaufruf `fib(40)` – abhängig vom jeweiligen Rechner, auf dem unser Programm läuft – einige Sekunden benötigt, bis er den Wert 165580141 als Ergebnis zurückliefert.
Mit etwas Überlegung können wir erkennen, dass wir die Berechnung der Fibonacci-Zahlen auch ohne Rekursion unter Einsatz einer Schleife und dreier Hilfsvariablen durchführen können.

```
static long fib(long n) {  // Fibonacci-Zahlen iterativ
  long fN = 1, fNminus1 = 0, fNminus2;
  for (long i=0; i<n; i++) {
    fNminus2 = fNminus1;
    fNminus1 = fN;
    fN = fNminus1 + fNminus2;
  }
  return fN;
}
```

Erstaunlicherweise kann die so programmierte Methode durch den Aufruf `fib(40)` den Wert 165580141 in weniger als einer Millisekunde liefern! Wie ist das möglich?

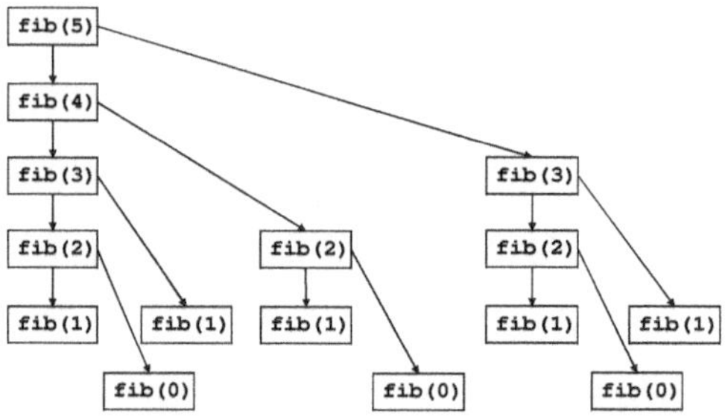

Abbildung 5.3: Der Aufruf der rekursiven Methode `fib` am Beispiel

Nun, leider hat unsere rekursive Implementierung der Methode `fib` den entscheidenden Nachteil, dass viel zu viele Zwischenergebnisse mehrfach berechnet werden. Abbildung 5.3 macht diesen Sachverhalt für den Aufruf von `fib(5)`, der 1 Aufruf von `fib(4)`, 2 Aufrufe von `fib(3)`, 3 Aufrufe von `fib(2)`, 5 Aufrufe von `fib(1)` und 3 Aufrufe von `fib(0)` verursacht. Für große Parameterwerte ist die rekursive Variante der Methode `fib` somit denkbar ungeeignet.

5.2.3 Zusammenfassung

Wir haben in diesem Abschnitt rekursiv definierte Methoden kennengelernt und gesehen, dass man durch diesen Ansatz oft mit vergleichsweise wenig Aufwand Problemlösungen findet. Hierbei kann man beobachten, dass rekursiv definierte Methoden ein Problem oft viel einfacher formulierbar machen. Der Teufel steckt dabei oft im Detail. Der Compiler kann beispielsweise nicht von selbst erkennen, ob der von uns beschriebene Algorithmus auch tatsächlich terminiert.[3]

5.3 Die Methode `main`

Wir haben bereits erfahren, dass unsere Hauptmethode, die Methode `main`, nach dem gleichen Schema wie jede andere Methode aufgebaut ist. Ihr Rückgabetyp ist **`void`**, das heißt, sie liefert kein Ergebnis zurück. Einziger Parameter ist ein eindimensionales Feld vom Typ `String`, dem wir bislang den Namen `args` gegeben haben. Eine Sache haben wir bislang jedoch noch nicht geklärt: Was *steht* überhaupt in diesem Array?

[3] Hier ist generell anzumerken, dass es sich bei dem Problem, für ein beliebiges Programm zu erkennen, ob dieses terminiert, um ein algorithmisch unlösbares Problem handelt. Für ein solches Problem existiert bei Zugrundelegung aller derzeit gängigen Algorithmenbegriffe kein Lösungsalgorithmus.

5.3.1 Kommandozeilenparameter

Um verstehen zu können, wie die Methode `main` beim Start mit aktuellen Parametern versorgt wird, erinnern wir uns für einen Moment daran, wie wir unsere Programme bislang aufgerufen haben. Hieß unsere Klasse beispielsweise `SchoeneKlasse`, so erfolgte dies mit

Konsole
```
java SchoeneKlasse
```

Nun kann es jedoch sein, dass wir unserem Programm irgendwelche Parameter auf den Weg geben wollen. Dieser Fall ist gar nicht so ungewöhnlich. Wir kennen ihn vielleicht von anderen Kommandos, die wir auf unserem Rechner schon verwendet haben.

- Mit dem Kommandozeilenbefehl `cp d1 d2` kopiert man auf einem Rechner mit Unix-Betriebssystem den Inhalt der Datei `d1` in die Datei `d2`. Wir geben diesen Befehl in einer Zeile ein und werden nicht etwa vom Programm selbst zu einer Eingabe aufgefordert. `d1` und `d2` sind also Programmparameter.
- Der Befehl `copy d1 d2` hat diese Funktion auf einem Rechner mit MS-Windows-Betriebssystem. Auch hier sind wieder `d1` und `d2` Parameter des Programms `copy`, das wir in der Kommandozeile aufrufen.

Nun kann man natürlich argumentieren, dass diese Befehle keine Java-Programme sind. Wir halten jedoch dagegen, dass auch der `cp`-Befehl oder der `copy`-Befehl irgendwann einmal in einer Programmiersprache geschrieben worden ist. Außerdem müssen Parameter ja nicht unbedingt Dateinamen sein. Falls wir beispielsweise später einmal mit Grafiken arbeiten, möchten wir auf diese Weise vielleicht die Größe eines zu zeichnenden Fensters oder die Hintergrundfarbe angeben. Programmparameter können also nützlich sein.
Natürlich lässt Java Sie an dieser Stelle nicht im Stich – Sie können sich schon denken, wo die Parameter in Java abgespeichert werden. Die Antwort liegt auf der Hand: in dem Feld `args`, das der Methode `main` übergeben wird. Die Länge des Feldes entspricht der Anzahl der übergebenen Werte (bislang war dies also immer 0). Wir wollen diesen Umstand anhand eines kurzen Beispielprogramms verdeutlichen. Wir schreiben eine Klasse `GrussWort`, der wir beim Aufruf den Vor- und Nachnamen als Parameter übergeben:

Konsole
```
java GrussWort Manfred Mustermann
```

Dieses Programm soll Folgendes ausgeben:

Konsole
```
Hallo, Manfred!
Mustermann ist aber ein schoener Nachname :-)
```

Hierbei versteht sich von selbst, dass Vor- und Nachname von den Parametern abhängen. Da wir nun wissen, wie Parameter an ein Programm übergeben werden, erkennen wir,

- dass der Vorname im ersten Element des Feldes (also `args[0]`) steht und
- dass der Nachname in `args[1]` gespeichert ist.

Wir können obiges Programm also sehr einfach schreiben:

```java
public class GrussWort {
  public static void main(String[] args) {
    System.out.println("Hallo, " + args[0] + "!");
    System.out.println(args[1] +
                       " ist aber ein schoener Nachname :-)");
  }
}
```

Wir übersetzen das Programm, starten es mit `java GrussWort` – und erhalten die Fehlermeldung

Konsole

```
java.lang.ArrayIndexOutOfBoundsException: 0
        at GrussWort.main(GrussWort.java:3)
```

Was ist passiert? Wir haben „vergessen", dem Programm die erwarteten zwei Parameter zu übergeben; das Feld `args` hat also die Länge `0`. Wenn wir versuchen, irgendein Element aus dem Feld zu lesen, schießen wir also automatisch über das Ziel hinaus. Das Programm bricht mit einer Fehlermeldung ab. Das Gleiche passiert übrigens auch, wenn wir dem Programm nur einen Parameter übergeben (nur eine Zeile tiefer, nach der ersten Ausgabe).
Starten wir das Programm aber wie gefordert mit

Konsole

```
java GrussWort Manfred Mustermann
```

so erhalten wir auch die beiden gewünschten Zeilen. Hierbei ist es egal, ob wir mehr als die zwei geforderten Parameter anhängen; das Programm greift nur auf `args[0]` und `args[1]` zurück und schenkt den übrigen keinerlei Beachtung.

5.3.2 Anwendung der vereinfachten `for`-Schleifen-Notation

Gerade im Zusammenhang mit den Kommandozeilenparametern, die der Methode `main` übergeben werden, findet die vereinfachte **`for`**-Schleifen-Notation in Java optimale Anwendung. Wollen wir beispielsweise alle Kommandozeilenparameter auf eine bestimmte Art und Weise behandeln, wissen aber nicht, wie viele Parameter dem Programm später übergeben werden, so genügt es, dies als

```java
public static void main (String[] args) {
  for (String p : args) {
    // und jetzt den Parameter p behandeln
```

```
        ...
      }
      ...
    }
```

zu formulieren. Auch wenn das Programm beim Start gar keine Parameter übergeben bekommt, funktioniert alles ohne Fehler, da in diesem Fall ja das Feld `args` die Länge 0 hat und es somit auch kein `p` in `args` gibt.

5.3.3 Zusammenfassung

Wir haben uns mit einer speziellen Methode beschäftigt, die wir auch schon *vor* diesem Kapitel kannten und verwendeten. Die Methode `main`, deren Definition für uns bislang eher „schwarze Magie" war, ist uns durch diesen Abschnitt nun verständlicher geworden. Wir haben unsere Kenntnisse erweitert und wissen nun, wie wir einem Java-Programm selbst Parameter mit auf den Weg geben können.

5.3.4 Übungsaufgaben

Aufgabe 5.4

Erweitern Sie das Grußwortprogramm so, dass es

- bei der Eingabe von 0 Parametern den Satz „Bist Du stumm?" ausgibt,
- bei der Eingabe eines Parameters grüßt und dann den Nachnamen erfragt und
- bei der Eingabe von mehr als einem Parameter von einem doppelten bzw. mehrfachen Vornamen ausgeht (z. B. Karl Hedwig Mustermann).

Aufgabe 5.5

Schreiben Sie ein Java-Programm in Form einer Klasse `KommandozeilenTest`, das den Übergabemechanismus für die Kommandozeilenargumente an die `main`-Methode testet. Dazu soll in der `main`-Methode zunächst überprüft werden, ob beim Aufruf der Klasse überhaupt Argumente angegeben wurden. Wenn nicht, soll dies per Ausgabe auf dem Bildschirm bestätigt werden. Andernfalls sollen die Kommandozeilenargumente in der Reihenfolge ihres Auftretens genannt werden. Beim Aufruf `java KommandozeilenTest` soll ausgegeben werden:

Konsole

```
Der Aufruf erfolgte ohne Kommandozeilenargumente
```

Beim Aufruf `java KommandozeilenTest Ach du lieber Himmel!` soll

Konsole

```
Das 1. Kommandozeilenargument lautet:  Ach
Das 2. Kommandozeilenargument lautet:  du
Das 3. Kommandozeilenargument lautet:  lieber
Das 4. Kommandozeilenargument lautet:  Himmel!
```

ausgegeben werden.

Aufgabe 5.6

Das folgende Programm enthält mehrere Methoden namens `hoppla`:

```
public class Signatur {
  public static void hoppla(long x, double y, double z) {
    System.out.println("ldd");
  }
  public static void hoppla(long x, long y, double z) {
    System.out.println("lld");
  }
  public static void hoppla(long x, long y, long z) {
    System.out.println("lll");
  }
  public static void hoppla(double x, long y, double z) {
    System.out.println("dld");
  }
  public static void main (String[] args) {
    long a = 333;
    double b = 4.44;
    hoppla(a,a,a);  // Aufruf 1
    hoppla(b,b,b);  // Aufruf 2
    hoppla(a,a,b);  // Aufruf 3
    hoppla(b,b,a);  // Aufruf 4
    hoppla(a,b,a);  // Aufruf 5
    hoppla(a,b,b);  // Aufruf 6
    hoppla(b,a,b);  // Aufruf 7
    hoppla(b,a,a);  // Aufruf 8
  }
}
```

Überlegen Sie, welche der 8 Methodenaufrufe unzulässig sind. Geben Sie bei zulässigen Aufrufen an, was auf dem Bildschirm ausgegeben wird.

Aufgabe 5.7

Nehmen Sie einige Ihrer vorigen Übungsprogramme zur Hand, und schreiben Sie ein kurzes Menü, mit dem Sie diese starten können. Verwenden Sie hierzu die `IOTools`, um eine Zahl zwischen eins und drei eingeben zu lassen. Starten Sie bei der Zahl 1 das Grußwortprogramm mit dem Namen *Gustav Gustavson* und bei 2 und 3 je ein weiteres Programm Ihrer Wahl.
Hinweis: Wollen Sie beispielsweise das Grußwortprogramm starten und haben Sie die Klasse wie im Text `GrussWort` genannt, so müssen Sie lediglich die Hauptmethode dieser Klasse aufrufen. In unserem Beispiel geschieht dies etwa durch den Aufruf

```
GrussWort.main(args);
```

wobei `args` ein beliebiges Feld von Zeichenketten ist (beispielsweise das Feld `args`, das der Hauptmethode Ihres neuen Menüs übergeben wurde).

5.4 Methoden aus anderen Klassen aufrufen

Da man bei der Entwicklung von Programmen rasch feststellt, dass man häufig bestimmte Programmteile, die man bereits als Methoden formuliert und eingesetzt hat, auch in anderen Programmen gebrauchen könnte, liegt es natürlich nahe, diese nicht mehrfach zu programmieren, sondern die Methoden über Klassen- bzw. Programmgrenzen hinweg wiederzuverwenden. Für die sogenannten Klassenmethoden ist dies unter Verwendung des Klassennamens in Verbindung mit dem Methodennamen sehr leicht möglich. Wir wollen uns im Folgenden daher zunächst klarmachen, wodurch eine Methode zur Klassenmethode wird und wie wir sie dann klassenübergreifend aufrufen können. Anschließend wollen wir uns noch etwas genauer mit den Klassenmethoden der hilfreichen Klasse `Math` beschäftigen.

5.4.1 Klassenmethoden

Wenn wir uns die Deklarationen der Methoden in den vorangehenden Abschnitten dieses Kapitels ansehen, so stellen wir fest, dass wir diese alle mit dem Schlüsselwort **`static`** gekennzeichnet haben. Genau dieses Schlüsselwort sorgt dafür, dass die jeweilige Methode zur Klassenmethode wird und damit unmittelbar mit der Verfügbarkeit der Klasse sowohl für die Klasse selbst als auch für andere Klassen verfügbar ist. Beispielweise deklarieren wir in der Klasse

```
public class MeineMethoden {
  public static void mal5nehmen(int n) {
    n = n * 5;
    System.out.println("n = " + n);
  }

  public static int fakultaet(int n) {
    if (n == 0)
      return 1;
    for (int i = n-1; i > 0; i--)
      n = n * i;
    return n;
  }

  public static void main(String[] args) {
    int n = 7;
    mal5nehmen(n);
    System.out.println("n! = " + fakultaet(n));
  }
}
```

die drei Klassenmethoden `mal5nehmen`, `fakultaet` und `main`. Wollen wir nun in einem weiteren Programm ebenfalls die Methoden `mal5nehmen` und `fakultaet` einsetzen, so genügt es, sie mit vorangestelltem Klassennamen `MeineMethoden` aufzurufen:

```
public class TesteMethoden {
  public static void main(String[] args) {
    int x = 5;
    MeineMethoden.mal5nehmen(x);
    System.out.println(x + "! = " + MeineMethoden.fakultaet(x));
  }
}
```

Der Compiler findet diese dann im bereits compilierten Code der Klasse `MeineMethoden`, und zur Laufzeit können sie von dort eingebunden und ausgeführt werden. Diese Technik haben wir bereits mehrfach eingesetzt, wenn wir die Methoden der Klasse `IOTools` (z. B. `readDouble`) für Eingaben benutzten.

5.4.2 Die Methoden der Klasse `Math`

Wer bislang alle Übungsaufgaben bearbeitet hat, wird in diesem Abschnitt schon einmal auf die Methoden `Math.sin` und `Math.cos` gestoßen sein, mit denen Sinus und Cosinus einer Zahl berechnet werden. Diese beiden Methoden gehören zur Klasse mit dem Namen `Math`, die (ähnlich wie etwa die `IOTools`) mehrere vordefinierte Methoden zur Verfügung stellt. Die Klasse ist Teil des Pakets `java.lang`, das vom System beim Übersetzen automatisch eingebunden wird. Wir können also die Klasse und ihre Methoden verwenden, ohne sie zuvor mit einer **`import`**-Anweisung bekannt machen zu müssen (wie bereits in Abschnitt 3.1.8 erläutert). So gibt beispielsweise die Anweisung

```
System.out.println(Math.sin(1.3));
```

den Sinus von `1.3` auf dem Bildschirm aus.
Tabelle 5.1 fasst die wichtigsten Methoden der Klasse zusammen. Wie ist die Tabelle zu lesen? Angenommen, wir haben eine Zahl `x` vom Typ **`double`** und wollen die Wurzel dieser Zahl bestimmen. In diesem Fall finden wir in der Tabelle eine Methode `sqrt`, die einen Parameter vom Typ **`double`** benötigt und besagte Wurzel berechnet. Der Ergebnistyp entspricht hier immer auch dem Typ des Parameters. Wir erhalten die Wurzel also durch folgenden Aufruf:

```
double wurzel = Math.sqrt(x);
```

Nun wollen wir die erhaltene Wurzel zweimal quadrieren – also mit der Zahl vier potenzieren („`d` hoch 4" berechnen). Wir schlagen in der Tabelle nach und finden die Methode `pow`. Unser Aufruf sieht nun wie folgt aus:

```
double doppelQuadrat = Math.pow(wurzel,4);
```

Es sollte an dieser Stelle darauf hingewiesen werden, dass die Klasse `Math` mehr als nur die in der Tabelle aufgeführten Methoden besitzt. Details über diese zusätzlichen Methoden lassen sich der API-Spezifikation [42] entnehmen. Darin beschrieben wird der Aufbau jeder in Java standardmäßig enthaltenen Klasse.

Tabelle 5.1: Einige Methoden der Klasse `Math`

Name	Zahl der Parameter	Typ	Kurzbeschreibung	Ergebnis-typ
`abs`	1	**double**	Betrag eines Wertes	**double**
`abs`	1	**float**	Betrag eines Wertes	**float**
`abs`	1	**long**	Betrag eines Wertes	**long**
`abs`	1	**int**	Betrag eines Wertes	**int**
`acos`	1	**double**	Arcus Cosinus	**double**
`asin`	1	**double**	Arcus Sinus	**double**
`atan`	1	**double**	Arcus Tangens	**double**
`ceil`	1	**double**	„runde ganzzahlig auf"	**double**
`cos`	1	**double**	Cosinus	**double**
`exp`	1	**double**	e-Funktion	**double**
`floor`	1	**double**	„runde ganzzahlig ab"	**double**
`log`	1	**double**	Logarithmus zur Basis e	**double**
`max`	2	**double**	Maximum zweier Werte	**double**
`max`	2	**float**	Maximum zweier Werte	**float**
`max`	2	**long**	Maximum zweier Werte	**long**
`max`	2	**int**	Maximum zweier Werte	**int**
`min`	2	**double**	Minimum zweier Werte	**double**
`min`	2	**float**	Minimum zweier Werte	**float**
`min`	2	**long**	Minimum zweier Werte	**long**
`min`	2	**int**	Minimum zweier Werte	**int**
`pow`	2	**double**	Potenzfunktion „a hoch b"	**double**
`random`	0	**double**	Zufallswert zwischen 0 und 1	**double**
`round`	1	**double**	„runde kaufmännisch"	**long**
`sin`	1	**double**	Sinus	**double**
`sqrt`	1	**double**	Quadratwurzel	**double**
`tan`	1	**double**	Tangens	**double**

Tatsächlich kann es durchaus lohnen, hin und wieder einen Blick hinein zu werfen, denn für so manchen lästigen, aber häufig notwendigen Programmcode gibt es in der Java-Klassenbibliothek einen einfach einzusetzenden alternativen Methodenaufruf. Nehmen wir z. B. die folgenden Anweisungen:

```
double x = IOTools.readDouble("x = ");
double y = Math.sqrt(4-x) * Math.sqrt(x);
System.out.println("y = " + y);
```

Wenn wir für `x` einen negativen Wert oder einen Wert größer als 4 eingeben, so erhalten wir `NaN` als Wert für `y`, weil wir in beiden Fällen die Wurzel aus einer negativen Zahl ziehen. Also wäre es sinnvoll, dafür zu sorgen, nach der Eingabe den Wert von `x` auf den Bereich 0 bis 4 einzuschränken:

```
double x = IOTools.readDouble("x = ");
if (x < 0) {              // erst sicherstellen, dass 0 <= x <= 4
  x = 0;
} else if (x > 4) {
  x = 4;
}
y = Math.sqrt(4-x) * Math.sqrt(x);
System.out.println("y = " + y);
```

Diese **if-else**-Anweisung lässt sich unter Einsatz der Klasse `Math` durch einen Aufruf der Methode `clamp` ersetzen:

```
double x = IOTools.readDouble("x = ");
x = Math.clamp(x,0,4);    // erst sicherstellen, dass 0 <= x <= 4
y = Math.sqrt(4-x) * Math.sqrt(x);
System.out.println("y = " + y);
```

Nebenbei bemerkt ist die Methode `clamp` (genau wie `abs`, `max` und `min`) ein schönes Beispiel für das Überladen von Methoden (vgl. Abschnitt 5.1.5), denn sie steht unter gleichem Namen auch für Parameter vom Typ **int**, **long** und **float** zur Verfügung.

5.4.3 Statischer Import

Wir haben gesehen, dass wir Klassenmethoden aus einer anderen Klasse stets mit vorangestelltem Klassennamen angeben müssen. Programmstücke, in denen dies häufig auftritt, werden leicht unübersichtlich. Wollen wir beispielsweise den Wert

$$\frac{\sin x + \cos x \cdot \sqrt{x}}{x \cdot \sinh x - \sqrt{x}}$$

berechnen, so müssten wir eigentlich den Java-Ausdruck

```
(Math.sin(x)+Math.cos(x)*Math.sqrt(x)) / (x*Math.sinh(x)-Math.sqrt(x))
```

programmieren, in dem allein fünf Mal der Name `Math` auftritt.
Hier erlaubt uns der statische Import eine wesentliche Vereinfachung. Statische Komponenten (Variablen oder Methoden) einer Klasse können importiert und dann ohne den vorangestellten Klassennamen verwendet werden. Syntaktisch wird der Import einer einzelnen Komponente in der Form

Syntaxregel

```
import static «PAKETNAME».«KLASSENNAME».«KOMPONENTENNAME»;
```

angegeben. Sollen alle Klassenvariablen und Klassenmethoden einer Klasse importiert werden, so wird dies angezeigt durch

Syntaxregel

```
import static «PAKETNAME».«KLASSENNAME».*;
```

Nachfolgendes Beispielprogramm demonstriert, dass sich unsere mathematische Formel im Programmcode nun wesentlich übersichtlicher darstellen lässt.

```
import static java.lang.Math.*;
public class StatischeImports {
  public static void main (String[] args) {
    double x = 3.12345;
    double y = (sin(x)+cos(x)*sqrt(x)) / (x*sinh(x)-sqrt(x));
  }
}
```

5.5 Methoden von Objekten aufrufen

In den kommenden Kapiteln über objektorientierte Programmierung werden wir noch sehen, dass häufig Methoden einer Klasse nicht klassenspezifisch deklariert, sondern so gestaltet werden, dass sie für jedes Objekt der Klasse individuelle Bedeutung haben. Diese sogenannten Instanzmethoden müssen daher auch stets unter Verwendung des Objektnamens in Verbindung mit dem Methodennamen aufgerufen werden. Wir wollen, ohne den objektorientierten Abschnitten des Buchs groß vorzugreifen, im Folgenden kurz erläutern, wodurch eine Methode zur Instanzmethode wird und wie wir sie dann aufrufen können. Anschließend wollen wir uns noch etwas genauer mit den Instanzmethoden der Klasse `String` beschäftigen.

5.5.1 Instanzmethoden

Lassen wir in der Deklaration einer Methode das Schlüsselwort **`static`** weg, so wird die Methode zur Instanzmethode. Als solche ist sie nur zusammen mit einem Objekt der Klasse verfügbar. Die Klasse

```
public class Multiplizierer {
  public int faktor = 0;
  public int mul(int n) {
    return faktor * n;
  }
}
```

besitzt beispielsweise eine Instanzvariable `faktor` sowie eine Instanzmethode `mul`, die ihr Argument mit dem jeweiligen Wert von `faktor` multipliziert. Wenn wir nun z. B. in einem Programm

```
public class TesteMultiplizierer {
  public static void main(String[] args) {
    Multiplizierer m7 = new Multiplizierer();
    Multiplizierer m8 = new Multiplizierer();
    m7.faktor = 7;
    m8.faktor = 8;
    System.out.println("7 * 5 = " + m7.mul(5));
    System.out.println("8 * 5 = " + m8.mul(5));
  }
}
```

zwei Objekte vom Typ `Multiplizierer` erzeugen und deren Instanzvariable `faktor` auf unterschiedliche Werte (7 und 8) setzen, dann besitzt jedes dieser Objekte seine individuelle Instanzmethode `mul`, die ihr Argument mit dem jeweiligen Wert der eigenen Instanzvariable `faktor` multipliziert. Die entsprechende Methode `mul` müssen wir daher mit vorangestelltem Objektnamen (`m7` oder `m8`) aufrufen, um dem Compiler anzuzeigen, welches Objekt bzw. welche Methode wir meinen.
Auch diese Technik haben wir bereits (ohne es zu wissen) mehrfach eingesetzt, als wir die Methoden des Objekts `out` (eine Instanz der Klasse `PrintStream`) aus der Klasse `System` (z. B. `println`) für Konsolenausgaben benutzten. In einer Anweisung der Form

```
System.out.println("Hallo!");
```

rufen wir nämlich keine Methode der Klasse `System` auf, sondern greifen über den Punkt-Operator auf ihre Klassenvariable `out` zu, und für diese Instanz der Klasse `PrintStream` greifen wir wiederum über den Punkt-Operator auf deren Instanzmethode `println` zu.

5.5.2 Die Methoden der Klasse `String`

Zeichenketten werden in Java nicht mittels eines elementaren Datentyps, sondern in Form eines Referenzdatentyps namens `String` dargestellt. Alle Zeichenketten-Literale in Java-Programmen (z. B. `"abc"`) werden implizit als Instanzen dieser Klasse angelegt. Es gibt verschiedene äquivalente Varianten zur Erzeugung von `String`-Objekten:

```
String s1 = "abc";              // Variante 1

String s2 = new String("abc"); // Variante 2

char[] data = {'a', 'b', 'c'}; // Variante 3
String s3 = new String(data);

byte[] b = {97, 98, 99};        // Variante 4
String s4 = new String(b);

String s5 = new String(s4);     // Variante 5
```

Aufgrund der Tatsache, dass es sich bei Strings um Objekte handelt, sind die Variablen `s1` bis `s5` Referenzvariablen, die auf *unterschiedliche* `String`-Objekte verweisen – auch wenn prinzipiell alle fünf `String`-Objekte die gleiche Zeichenkette (nämlich `"abc"`) darstellen. Somit müssen wir auch hier wiederum beachten, dass ein Vergleich der Referenzvariablen nur die Referenzen und nicht die Objektinhalte vergleicht. Vergleiche der Art `s1 == s2` oder `s3 == s5` liefern daher stets **`false`**.
Kommen in einem Programm mehrere identische Zeichenketten-Literale vor, so ist der Java-Compiler in der Lage, dies zu erkennen und für diese nur ein einziges `String`-Objekt anzulegen. Die Literalkonstanten sind dann quasi Referenzen auf

eben dieses Objekt. Wir werden auf diesen Sachverhalt in Abschnitt 11.1.1 nochmals im Detail eingehen.
Die Klasse `String` beinhaltet u. a. Methoden zum

- Zugriff auf einzelne Zeichen der Zeichenkette,
- Vergleich von Zeichenketten,
- Suchen von Teil-Zeichenketten,
- Vervielfältigen von Zeichenketten,
- Herausgreifen von Teil-Zeichenketten und
- Wandeln von Groß- in Kleinbuchstaben und umgekehrt,

die über die `String`-Objekte aufgerufen werden können – es handelt sich also um Instanzmethoden. Außerdem können Zeichenketten mit dem Operator + konkateniert (aneinandergehängt) und andere Objekte in `String`-Objekte umgewandelt werden. Bei allen `String`-Operationen ist zu beachten, dass alle „Veränderungen" an einem `String` jeweils ein neues `String`-Objekt liefern, denn der Wert einer `String`-Instanz kann nach ihrer Erzeugung nicht mehr verändert werden.
Das nachfolgende Programm demonstriert die Verwendung einiger Methoden der Klasse `String`.

```
public class StringTest {
  public static void main (String[] args) {
    String s1 = "Weihnachten";
    String s2 = "Veihnachten";
    String s3 = "Xeihnachten";
    String s4 = "WEIHNACHTEN";

    System.out.println(s1);
    System.out.println(s1.charAt(4));
    System.out.println(s1.compareTo(s1));
    System.out.println(s1.compareTo(s2));
    System.out.println(s1.compareTo(s3));
    System.out.println(s1.endsWith("ten"));
    System.out.println(s1.equals(s2));
    System.out.println(s1.equalsIgnoreCase(s4));
    System.out.println(s1.indexOf("n"));
    System.out.println(s1.indexOf("ach"));
    System.out.println(s1.length());
    System.out.println(s1.replace('e','E'));
    System.out.println(s1.repeat(3));
    System.out.println(s1.startsWith("Weih"));
    System.out.println(s1.substring(3));
    System.out.println(s1.substring(3,7));
    System.out.println(s1.toLowerCase());
    System.out.println(s1.toUpperCase());
    System.out.println(String.valueOf(1.5e2));
  }
}
```

Die Namen der Methoden lassen fast unmittelbar auf deren Bedeutung schließen, die mittels des nachfolgenden Ausgabeprotokolls relativ klar werden sollte.

```
Konsole
Weihnachten
n
0
1
-1
true
false
true
4
5
11
WEihnachtEn
WeihnachtenWeihnachtenWeihnachten
true
hnachten
hnac
weihnachten
WEIHNACHTEN
150.0
```

Natürlich bietet auch die Klasse `String` mehr als nur die im Beispielprogramm verwendeten Methoden. Um Details über alle Methoden zu erfahren, wird auch hier ein Blick in die API-Spezifikation [42] empfohlen. Ganz besonders interessant sind dabei die Methoden, die im Zusammenhang mit den Klassen `Pattern` und `Matcher` die Möglichkeit bieten, nach sogenannten regulären Ausdrücken zu suchen, d. h. eine Zeichenkette daraufhin zu überprüfen, ob sie einem vorgegebenen Muster entspricht. In Abschnitt 11.1 werden wir aber auf das Thema Zeichenketten nochmals eingehen.

5.6 Übungsaufgaben

Aufgabe 5.8

a) Die nachfolgenden Programmfragmente weisen jeweils einen syntaktischen bzw. semantischen Fehler auf. Streichen Sie diesen an, und begründen Sie kurz.

```
// 1.
   public void quadrat (double x) {
     return Math.pow(x,2);
   }
// 2.
   double[][] matrix3x3 = {1.0, 2.0, 3.0,
                           4.0, 5.0, 6.0,
                           7.0, 8.0, 9.0};
```

```
// 3.
   double out = 3.1e5, println = 0.5;
   system.out.println(out+println);
```

b) Die nachfolgenden Programmfragmente sind syntaktisch korrekt, führen aber zu einem fehlerhaften Laufzeitverhalten. Geben Sie die Art des auftretenden Fehlers an, und erklären Sie kurz, wodurch er verursacht wird.

```
// 1.
   public static int komisch (int n) {
     if (n == 0)
       return 1;
     else
       return n * komisch(n-1) * komisch(n-2);
   }
// 2.
   public static int sum (int[] z) {
     // berechnet die Summe der Komponenten des Feldes z
     int s = 0, i = 0;
     while (i < z.length)
       s = s + z[++i];
     return s;
   }
```

Aufgabe 5.9

Erläutern Sie den Unterschied zwischen den Methoden `tauscheA` und `tauscheB` im nachfolgenden Java-Programm.

```
public class Tausche {
  public static void tauscheA (int x, int y) {
    int h = x;
    x = y;
    y = h;
  }
  public static void tauscheB (int[] a, int i, int j) {
    int h = a[i];
    a[i] = a[j];
    a[j] = h;
  }
  public static void main(String args[]) {
    int[] feld = {100, 200, 300, 400 };
    int i;
    for (i=0; i < 4; i++)
      System.out.print(feld[i] + " ");
    System.out.println();
    System.out.println("tauscheA");
    tauscheA (feld[1], feld[2]);
    for (i=0; i < 4; i++)
      System.out.print(feld[i] + " ");
    System.out.println();
    System.out.println("tauscheB");
    tauscheB (feld, 1, 2);
    for (i=0; i < 4; i++)
      System.out.print(feld[i] + " ");
```

```
      System.out.println();
   }
}
```

Aufgabe 5.10

Die nachfolgenden Programmfragmente sind syntaktisch korrekt, führen aber zu einem fehlerhaften Laufzeitverhalten. Geben Sie die Art des auftretenden Fehlers an, und erklären Sie kurz, wodurch er verursacht wird.

```
// 1.
   public static int kehrwertFakul (int n) {
     // liefert (1/n) * (1/(n-1)) * ... * (1/3) * 1/2
     return 1 / n * kehrwertFakul(n-1);
   }
// 2.
   public static int sum (int[] z) {
     // berechnet die Summe der
     // Komponenten des Feldes z
     int s = 0, i = 0;
     while (i < z.length) {
       s = s + z[++i];
       System.out.println("Zwischenergebnis: " + s);
       i--;
     }
     return s;
   }
```

Aufgabe 5.11

Schreiben Sie ein Java-Programm, das eine beliebige Anzahl von **double**-Werten einliest und so in ein Feld abspeichert, dass die mehrfach auftretenden Werte unmittelbar hintereinander angeordnet sind. Außerdem sollen die Werte insgesamt so angeordnet sein, dass zunächst die positiven und dann erst die negativen Zahlen im Feld stehen. Gehen Sie wie folgt vor:

a) Schreiben Sie eine Methode `enter` (mit Parametern `d`, `k` und `dFeld`), die den **double**-Wert `d` vor der `k`-ten Komponente in das Feld `dFeld` einfügt und das dabei entstehende (um eine Komponente verlängerte) Feld als Ergebnis zurückliefert.

   Ist `k` kleiner als 0, so ist `d` vor der Komponente 0 des Feldes `dFeld` einzufügen.

   Ist `k` größer oder gleich der Länge von `dFeld`, so ist `d` nach der letzten Komponente des Feldes `dFeld` einzufügen.

b) Schreiben Sie eine Methode `position` (mit Parametern `d` und `dFeld`), die zunächst feststellt, ob der **double**-Wert `d` in `dFeld` bereits gespeichert ist. Wenn dies der Fall ist, soll die Position (der Feldindex) zurückgeliefert werden, unter der dieser Wert in `dFeld` gespeichert ist. Ist `d` noch nicht in `dFeld` enthalten, dann soll für positive Werte `d` die Position 0 und für alle anderen Werte die Position n zurückgeliefert werden, wobei n gerade die Länge des Feldes `dFeld` ist.

c) Schreiben Sie eine Methode `main`, in der in einer Schleife **`double`**-Werte eingelesen und diese dann in einem Feld wie gefordert angeordnet werden. Es muss also jeweils zunächst mittels `position` die Position für das Einfügen ermittelt und dann der Wert mittels `enter` an der entsprechenden Stelle eingefügt werden. Die Schleife soll abgebrochen werden, wenn der Wert 0 bearbeitet wurde. Danach soll das komplette Feld ausgegeben werden.

Aufgabe 5.12

Sie sind mit Ihrer Segelyacht in Lissabon aufgebrochen und haben Kurs auf Barbados genommen. In Kenntnis des gefährlichen Reviers, das Sie am Ziel Ihrer Reise erwartet, möchten Sie, bevor Sie den offenen Atlantik erreichen, zu Ihrer Sicherheit die Funktionsweise Ihres Echolots überprüfen. Hierzu lassen Sie schweren Herzens Ihre letzte Flasche Rum über Bord gehen.
Nach dem Loslassen der Flasche an der Wasseroberfläche beobachten Sie, dass die Flasche nach ca. einer Sekunde einen Meter weit abgetaucht ist und nach weiteren neun Sekunden den Meeresboden erreicht hat – das glasklare Wasser, das Ihre Yacht umspült, erlaubt selbst bei einem getrübten Blick solche detaillierten Beobachtungen. Ein Blick auf Ihr Echolot und der Vergleich mit der Ausgabe Ihres selbst geschriebenen Java-Programms sagen Ihnen, dass das Echolot tadellos funktioniert. Welche Tiefe lesen Sie ab?

Ein ganz klein wenig Physik dazu:

Die Sinkbewegung $y(t)$ (die Tiefe y in Abhängigkeit von der Zeit t) eines Körpers der Masse m durch ein flüssiges Medium der Dichte ρ lässt sich bei Anfangsgeschwindigkeit 0 und für kleine Geschwindigkeiten durch die Formel

$$y(t) = \frac{g \cdot (\tilde{x}t + e^{-\tilde{x}t} - 1)}{\tilde{x}^2} \tag{5.1}$$

beschreiben. Hierbei bezeichnet $g = 9.81$ den Wert der Erdbeschleunigung und $\tilde{x} = \frac{\rho}{m}$ den Quotienten aus Dichte und Masse. Um mit dieser Formel den nach $t = 10$ Sekunden zurückgelegten Weg zu berechnen, müssen Sie natürlich zunächst aus Ihrer Beobachtung $y(1) = 1$ den Wert $\tilde{x}$ bestimmen. Dazu müssen Sie (nach ein bisschen Umformung) nichts anderes tun, als die Nullstelle $\tilde{x}$ der Funktion

$$f(x) = x^2 - g \cdot (x - 1 + e^{-x}) \tag{5.2}$$

zu berechnen.

Ein ganz klein wenig Mathematik dazu:

Die Nullstelle einer Funktion $f : I\!R \to I\!R,\ x \mapsto f(x)$ lässt sich näherungsweise mit Hilfe des nach *Newton* (1642–1727) benannten Newton-Verfahrens wie folgt bestimmen: Ausgehend von einem geeigneten Startwert x_0 iteriert man gemäß

$$x_k := x_{k-1} - \frac{f(x_{k-1})}{f'(x_{k-1})}, \quad k = 1, 2, 3, \ldots \tag{5.3}$$

so lange, bis für ein k gilt $|x_k - x_{k-1}| \leq \varepsilon |x_k|$ oder bis eine maximal vorgegebene Anzahl von Iterationen (`kmax`) erreicht ist.
Die Formel für die Ableitung $f'(x)$ ist übrigens

$$f'(x) = 2x - g \cdot (1 - e^{-x}). \tag{5.4}$$

Und jetzt das Java-Programm dazu:

Gehen Sie bei der Implementierung eines Verfahrens zur Tiefenberechnung wie folgt vor:

a) Schreiben Sie eine **`double`**-Methode `f` mit einem formalen Parameter `x` vom Typ **`double`**, die den Funktionswert $f(x)$ an der Stelle x gemäß (5.2) berechnet und als Ergebnis zurückliefert.

b) Schreiben Sie eine **`double`**-Methode `fs` (ebenfalls mit einem formalen Parameter `x` vom Typ **`double`**), die an der Stelle x den Wert der ersten Ableitung $f'(x)$ gemäß (5.4) berechnet und als Ergebnis zurückliefert.

c) Schreiben Sie eine Methode `newton` mit zwei formalen **`double`**-Parametern `x0` und `eps`, die eine Näherung für die Nullstelle $\tilde{x}$ der Funktion f berechnet und zurückliefert. Dabei ist `eps` die Abbruchkonstante ε. Die Methode soll unter Verwendung der Methoden `f` und `fs` ausgehend vom Startwert `x0` die Newton-Iteration gemäß der Vorschrift (5.3) und mit `kmax = 50` durchführen und den zuletzt berechneten Wert x_k als Ergebnis zurückliefern. Sollte nach den 50 Iterationen die ε-Abbruchbedingung noch nicht erfüllt sein, soll die Methode einen negativen Wert als Ergebnis zurückliefern.

d) Schreiben Sie eine Methode `tiefe` mit einem **`double`**-Parameter t und einem **`double`**-Parameter $\tilde{x}$, die die Meerestiefe y durch Auswertung der Formel (5.1) zum Zeitpunkt t unter Verwendung des Wertes $\tilde{x}$ berechnet und zurückliefert.

e) Schreiben Sie eine `main`-Methode, in der Sie Werte für `x0` und `eps` einlesen und mittels der Methode `newton` eine Näherung für den Wert $\tilde{x}$ berechnen. Wurde ein positiver Wert für $\tilde{x}$ geliefert, so soll mittels der Methode `tiefe` die Meerestiefe nach $t = 10$ Sekunden berechnet und ausgegeben werden. Falls `newton` keinen positiven Wert liefert, soll eine entsprechende Meldung über das Fehlschlagen der Newton-Iteration ausgegeben werden.

Hinweis: Verwenden Sie **keine Felder!**

Testen Sie Ihr Programm mit `x0 = 10` und `eps =` 10^{-7} sowie mit verschiedenen anderen Werten für `x0` und `eps`.

Teil II

Objektorientiertes Programmieren in Java

Nachdem Sie die ersten Kapitel erfolgreich hinter sich gelassen haben, wollen wir nun etwas tiefer in Java eintauchen, indem wir uns mit der sogenannten Objektorientierung beschäftigen. Hier erfahren Sie dann auch, was es mit dem **`public class`** zu tun hat und warum diese beiden Wörter dem Programm wirklich Klasse und Eleganz verleihen.
Da die Objektorientierung ein sehr großes Themengebiet ist und da vier Programmierer durchaus fünf verschiedene Meinungen dazu haben können, können wir an dieser Stelle leider nicht alle Ecken und Kanten der Objektorientierung lückenlos aufzeigen. Nach dem Studium der folgenden Kapitel werden Sie aber alle nötigen Grundlagen kennen, um ihre eigenen Programme objektorientiert zu gestalten. Auch brauchen Sie sich dann nicht scheuen, weiterführende Fachliteratur aufzuschlagen – Sie werden sie verstehen.

Kapitel 6

Die objektorientierte Philosophie

Bereits in Kapitel 4 hatten Sie zum ersten Mal Kontakt mit Klassen. Sie haben diese Klassen als Möglichkeit kennengelernt, mehrere verschiedene Daten zu einer Einheit zusammenzuschnüren. Klassen waren bislang also nicht mehr als schlichte „Datenspeicher".
Diese Sicht wird in den Klassikern unter den Programmiersprachen oft angenommen.[1] In der objektorientierten Programmierung wird sie erweitert. Objekte sind mehr als reine Datenspeicher – sie führen quasi ein Eigenleben und können Aktionen auslösen oder auf Einflüsse reagieren. Was Sie sich darunter genau vorzustellen haben, erfahren Sie in Form eines Überblicks auf den folgenden Seiten.

6.1 Die Welt, in der wir leben

Erinnern Sie sich an unsere Adresskartei aus Abschnitt 4.2? Wir hatten es mit einem realen Problem zu tun (der Darstellung einer Adresse) und haben dies auf den Computer übertragen. Abbildung 6.1 zeigt diesen Vorgang, den wir im Folgenden als **Modellierung** bezeichnen. In diesem Abschnitt eines Softwareentwicklungsprozesses betrachten wir jenen Ausschnitt aus unserer Welt, den wir in unserem Computer darstellen wollen (in der Abbildung – als Sinnbild für eine Adresse – als Visitenkarte dargestellt). Wir transferieren dieses „Weltbild" auf den Computer, indem wir ein **Modell** unserer Sichtweise erstellen. Dieses Modell (in der Abbildung mit unserem Klassendiagramm aus Abbildung 4.13 dargestellt) realisieren wir in Form von **Klassen**, die wir im Programmablauf instanziieren und aus denen wir somit **Objekte** bilden. Diese Objekte stellen auf dem Rechner

[1] Gemeint ist beispielsweise der Datentyp `record` in Pascal.

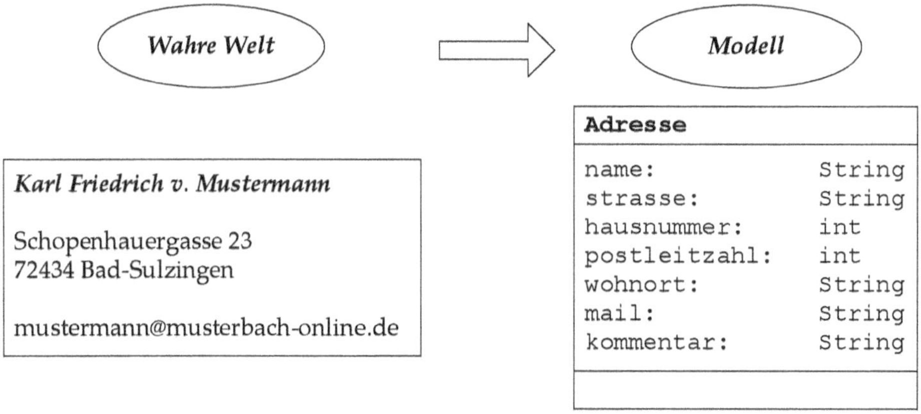

Abbildung 6.1: Modellierung von Klassen

das Äquivalent zu jenen Gegenständen, Eigenschaften oder Personen dar, die wir mit unserem Modell im Computer darstellen wollen.
Auch wenn sich dieses Buch hauptsächlich der Aufgabe verschrieben hat, grundlegende programmiertechnische Fähigkeiten in Java zu vermitteln, darf natürlich auch dieser Aspekt der Softwareentwicklung nicht vernachlässigt werden. Wir werden uns nach und nach anhand verschiedener Beispiele wichtige Basistechniken aus diesem Bereich aneignen.

6.2 Programmierparadigmen – Objektorientierung im Vergleich

Auch ohne Objektorientierung haben wir bislang eine Vielzahl von Aufgaben bewältigt. Meist konnten wir alle Probleme durch einfache Hintereinanderausführung von Befehlen (inklusive Schleifen oder Methodenaufrufe) lösen. Diese Art der Programmierung wird auch als **imperative Programmierung** bezeichnet. Es handelt sich hierbei um eines von mehreren **Paradigmen**, ein Vorgehensmuster für die Erstellung von Software.
Beim imperativen Programmierstil versucht man, den konkreten Ablauf eines Vorganges auf dem Computer nachzubilden. Man entwirft sogenannte Prozeduren (in Java als Methoden bekannt) und ruft diese im Hauptprogramm in einer bestimmten Reihenfolge auf. Wichtig ist hierbei also eine gewisse „Vorhersehbarkeit", das heißt, der Programmierer bzw. die Programmiererin weiß, in welcher Form das System abzulaufen hat. Diese Methodik ist an und für sich in Ordnung, birgt aber in sich den einen oder anderen Nachteil:

1. Das zu entwickelnde Programm wird als eine große Gesamtheit betrachtet. Vielen Entwicklern fällt es schwer, diesen gigantischen Moloch in kleine, hand-

habbare Teilkomponenten zu unterteilen. Besonders zu Anfang erscheint der Entwicklungsaufwand somit oft gigantisch und unbezwingbar.

2. Da sich das Programm nur schwer untergliedern lässt, muss der Programmierer oder die Programmiererin oftmals genaue Kenntnisse über das Gesamtwerk besitzen, selbst wenn er nur einen kleinen Teil des Werkes realisiert. Besonders bei großen Projekten, an denen viele Entwickler zugleich sitzen, bedeutet dies einen hohen Abstimmungsaufwand.
3. Soll das Programm später um zusätzliche Funktionalität ergänzt werden, stößt der Entwickler bzw. die Entwicklerin meist auf eine starre Struktur, die sich nur schwer erweitern lässt. Zusätze werden deshalb oft wild und nach Belieben in den vorhandenen Code eingefügt. Diese Wildwucherungen machen ein System im Laufe der Zeit fehleranfälliger und schwerer zu warten.

Die objektorientierte Philosophie umgeht diese Problematik, indem sie schon beim Entwurf ein anderes Herangehen an eine Aufgabe nahelegt: Ein Entwurf wird in viele kleine unabhängige Komponenten (die Objekte) unterteilt, die zusammen das Gesamtsystem bilden. Wie die Einzelteile eines Modellbaukastens werden diese Objekte zu einer Gesamtheit zusammengefügt. Komplexere Objekte werden aus einfacheren Objekten zusammengebaut, die wiederum aus anderen Objekten bestehen können.
Man kann sich das Konzept am Aufbau eines Autos verdeutlichen: Ein Auto besteht aus verschiedenen Komponenten, etwa dem Motor, den Reifen, der Karosserie. Ein Motor ist also ein Objekt, das man zum Aufbau eines Autos benötigt. Der Motor selbst besteht jedoch seinerseits aus diversen Einzelteilen (etwa den Zylindern), die zur Gesamtheit des Motors zusammengesetzt worden sind.
Jeder, der als Kind schon einmal Papas Stereoanlage zerlegt hat, dürfte die Grundidee auf Anhieb verstehen. Die praktische Umsetzung in Java wird Thema der folgenden Kapitel sein. Wir können jedoch bereits an dieser Stelle feststellen, dass eine derartige Vorgehensweise einige der obigen Probleme des imperativen Programmierens beheben kann:

1. Das zu entwerfende System wird in seine Einzelteile zerlegt. Jedes dieser Einzelteile kann (falls es noch zu kompliziert erscheint) weiter unterteilt werden. Die Komplexität des Gesamten wird also durch eine klare Strukturierung beherrschbar gemacht.
2. Die einzelnen Komponenten sind zu einem Großteil unabhängig vom späteren Gesamtsystem. Einzelne Entwickler können sich an ihre Realisierung machen, ohne in jeder Einzelheit wissen zu müssen, was ihre Kollegen tun.
3. Soll das Programm später um weitere Komponenten erweitert werden, so können die Entwickler im Allgemeinen ohne besondere Probleme „anbauen“.[2] Spezielle Mechanismen wie etwa die Vererbung (siehe Abschnitt 6.3) machen es Programmierern leicht, diese nachträglichen Erweiterungen vorzunehmen.

[2] Dies setzt natürlich immer ein solide entworfenes und durchdachtes Gesamtkonzept voraus.

Zusammengefasst lässt sich also feststellen, dass die Objektorientierung ein Konzept darstellt, das fortgeschrittenen Programmierern (und dies wollen wir ja in den nächsten Kapiteln werden) die Arbeit an mittleren und großen Projekten merklich erleichtert. Obwohl diese Philosophie in den letzten Jahren eine rasant wachsende Zahl von Anhängern gefunden hat, gibt es noch immer „alteingesessene" Entwickler, die (schon alleine wegen der mit dem Umstieg verbundenen Mühe) den traditionellen Programmierstil vorziehen. Da wir uns jedoch ohnehin noch unter den Lernenden befinden, ist es natürlich sinnvoll, uns gleich auf den neuesten Stand der Technik zu befördern.

6.3 Die vier Grundpfeiler objektorientierter Programmierung

Wir werden uns nun mit den vier grundlegenden Prinzipien befassen, auf denen die objektorientierte Philosophie beruht (auch die vier „Grundpfeiler" genannt). Wie sich Abbildung 6.2 entnehmen lässt, basiert die Objektorientierung auf den vier Begriffen **Generalisierung**, **Vererbung**, **Kapselung** und **Polymorphie**, mit denen wir uns in den folgenden Abschnitten näher beschäftigen wollen.

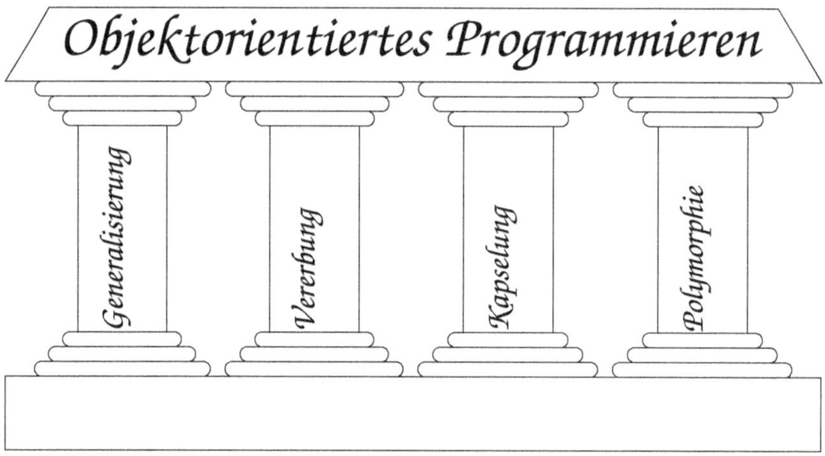

Abbildung 6.2: Grundpfeiler der objektorientierten Programmierung

6.3.1 Generalisierung

Stellen Sie sich vor, Sie wollen mit Hilfe des Computers das Leben und Verhalten verschiedener Tiere simulieren. Jede dieser Tierarten soll durch eine eigenständige Klasse realisiert werden, aus der wir durch Instanziierung Objekte, also die Darstellung einzelner individueller Tiere auf dem Computer erhalten. Sie entwerfen also eine Klasse `Hund`, die Tiere der Gattung Hund realisieren soll. Katzen werden

durch eine Klasse `Katze` dargestellt, Zebras durch eine Klasse `Zebra`, Wellensittiche durch eine Klasse `Wellensittich` und so weiter.
Nun haben die verschiedenen Gattungen trotz aller Unterschiede jedoch eine Menge Gemeinsamkeiten. So gehören sowohl Hunde als auch Katzen einer speziellen Kategorie von Tieren an: den Säugetieren.
Beide Klassen, sowohl der Hund als auch die Katze, besitzen somit gewisse Eigenschaften, die sie teilen: Säugetiere gebären ihre Nachkommen und stillen diese mit Milch. Wenn man – unabhängig vom konkreten Tier – einen Hund oder eine Katze auf diese gemeinsamen Eigenschaften reduziert, kann man sie als Spezialfälle einer allgemeineren Klasse `Säugetier` auffassen.

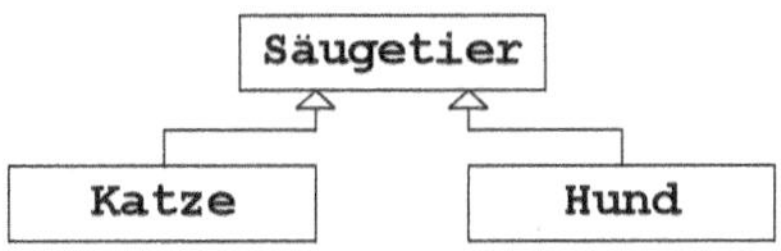

Abbildung 6.3: Generalisierung bei `Hund` und `Katze`

Abbildung 6.3 zeigt diesen Vorgang, der in der Objektorientierung als Generalisierung bezeichnet wird. Objekte mit gemeinsamen Eigenschaften werden zu einer allgemeineren Kategorie, der sogenannten **Superklasse**, zusammengefasst. Der Pfeil, den Sie in der Abbildung sehen, stellt eben dieses Zusammenfassen dar. Wir sagen „`Säugetier` ist Superklasse von `Hund`" bzw. „`Säugetier` ist Superklasse von `Katze`". Umgekehrt bezeichnen wir etwa `Hund` als **Subklasse** von `Säugetier`. Wir sagen „`Hund` ist Subklasse von `Säugetier`" oder einfacher „ein `Hund` ist ein `Säugetier`". Wenn Sie also im Diagramm den Pfeilen folgen, so können Sie diesen Pfeil als „ist ein"-Beziehung lesen.[3]
Natürlich ist es möglich, in unserer Tierhierarchie noch weiter zu generalisieren. Alle Tiere, egal ob Fisch oder Säuger, teilen ebenfalls gewisse Eigenschaften (etwa den Umstand, dass sie leben). Wir können also weiter verallgemeinern und eine Superklasse `Tier` bilden, unter der wir all unsere Tiere zusammenfassen. Abbildung 6.4 zeigt eine derart verallgemeinerte Tierhierarchie.
Wenn wir uns den Blättern dieser baumartigen Struktur zuwenden, so stellen wir fest, dass sich unter der Katze noch weitere Subklassen befinden (`Hauskatze` und `Wildkatze`, `Angora` und `Kartäuser`). Diese Klassen haben wir im Nachhinein in den Baum eingefügt, da sich mit einer allgemeinen Katzenklasse manche Feinheiten (etwa der Unterschied zwischen einem wilden Tiger und einem Schmusekätzchen) nur schwer modellieren lassen. Wir haben unser Modell an dieser Stelle also verfeinert. Diesen der Generalisierung entgegengesetzten Schritt bezeichnet man auch als **Spezialisierung** oder **Erweiterung** einer Klasse. Die Spezialisierung beruht auf dem gleichen Konzept, nur dass man sich im Baum von oben nach un-

[3] In der Literatur gibt es weitere Möglichkeiten, Super- und Subklasse zu bezeichnen. Sie werden in entsprechenden Büchern eventuell die Begriffe Eltern- und Kindklasse oder Ober- und Unterklasse lesen. Wir wollen uns auf obige Namen beschränken, da sie sich leicht den englischen Fachbegriffen (**superclass** und **subclass**) zuordnen lassen.

ten statt umgekehrt durcharbeitet. Sie wird deshalb in den Grundprinzipien der Objektorientierung in der gleichen Kategorie angesiedelt.
Die Generalisierung ist ein wichtiges Mittel, um schon in der Phase des Entwurfs Objekte zu klassifizieren und ihre Gemeinsamkeiten festzustellen. In Kombination mit der Vererbung stellt sie ferner eine Möglichkeit dar, den Programmieraufwand deutlich zu reduzieren (siehe hierzu auch den folgenden Abschnitt).

6.3.2 Vererbung

Werfen wir noch einmal einen Blick auf unsere Tierhierarchie in Abbildung 6.4. Unter der Rubrik `Säugetier` haben wir eine Vielzahl von Subklassen definiert: `Angora`, `Kartäuser`, `Tiger`, `Löwe`, `Luchs`, `Zwergpinscher`, ...

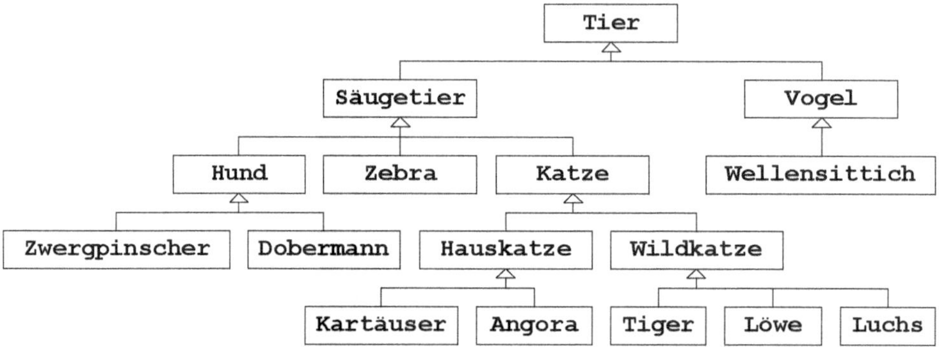

Abbildung 6.4: Generalisierung bei Tierklassen

Jede dieser Klassen teilt sich gewisse Eigenschaften mit ihren „Nachbarn". Da es sich hier um Säugetiere handelt, gebären sämtliche Tierarten ihre Nachkommen – anders als etwa Vögel oder Reptilien. Ferner produzieren die Säugetiere Milch, mit der ihre Kinder (daher eben der Name) gesäugt werden. Wir können diese Eigenschaften also der Superklasse `Säugetier` zuschreiben:

- Ein `Säugetier` gebiert und stillt seine Nachkommen.

Welchen konkreten Vorteil bringt uns dieser Punkt jedoch in der täglichen Arbeit? Wir haben bereits erfahren, dass die Generalisierungspfeile im Klassendiagramm 6.4 eine „ist ein"-Beziehung darstellen. Ein `Tiger` ist ein `Säugetier`. Ein `Zebra` ist ein `Säugetier`. Aufgrund dieser Beziehung können wir also unsere speziellen Subklassen als Ausprägung ihrer Superklasse betrachten und schließen:

- Ein `Tiger` gebiert und stillt seine Nachkommen.
- Ein `Zebra` gebiert und stillt seine Nachkommen.

Durch ihre Verwandtschaft mit der Superklasse lassen sich also Aussagen, die man über Säugetiere machen kann, auf verschiedene spezielle Tierarten übertragen. Man sagt, eine Subklasse **erbt** die Eigenschaften ihrer Superklasse, und be-

zeichnet diesen Vorgang allgemein als **Vererbung.**[4] Durch die Vererbung können wir Eigenschaften für mehrere Klassen zugleich modellieren, indem wir sie ein einziges Mal in der gemeinsamen Superklasse definieren. Wir können davon ausgehen, dass alle Subklassen (auch solche, die wir noch gar nicht definiert haben) eben diese Eigenschaft erhalten werden.
Nehmen wir als konkretes Beispiel unsere Klasse `Adresse` aus Abschnitt 4.2. Wir haben sie bereits in mehreren Programmen verwendet und wollen aus diesem Grund keine Veränderungen an ihrem Inhalt mehr vornehmen. Für eine neue Aufgabe stellen wir jedoch fest, dass wir in unserer Klasse einige wichtige Details vergessen haben – zum Beispiel eine Telefonnummer. Um diesen Missstand zu beseitigen, müssten wir also die Klasse um zusätzliche Funktionalität erweitern – ein Punkt, den zu vermeiden wir uns ja eben vorgenommen hatten. Wie können wir aber unsere Klasse erweitern, ohne den originalen Code anzutasten?
Wie so oft liegt auch hier die Antwort in der Frage. Wir *erweitern* unsere Klasse, indem wir eine Subklasse `FaxAdresse` definieren (vgl. Abbildung 6.5). Die so durch Spezialisierung gewonnene Klasse sähe in Java etwa wie folgt aus:

```
/** Erweiterung von Adresse um Telefon- und Faxnummer. */
public class FaxAdresse extends Adresse {
  public String telefon;
  public String fax;
}
```

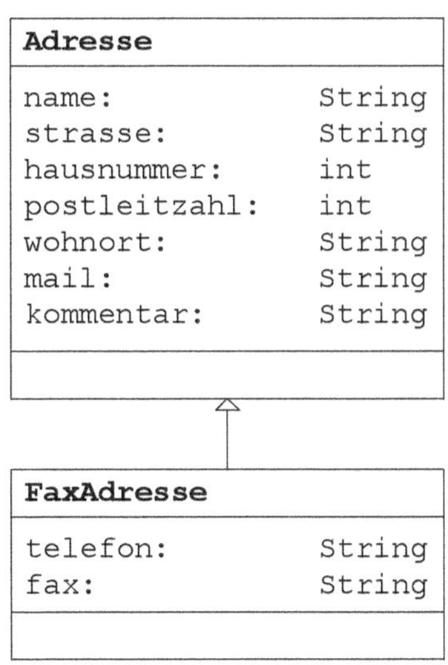

Abbildung 6.5: Spezialisierung der Klasse `Adresse`

[4] Hier wird vielleicht auch klar, warum sich in mancher Literatur die Begriffe Eltern- und Kindklasse etabliert haben. Ein Kind erbt von seinen Eltern.

Auch wenn wir bislang noch nicht über das sprachliche Wissen verfügen, um diese Zeilen vollständig zu verstehen (der Vererbung ist mit Kapitel 8 ein eigener Teil dieses Buches gewidmet), so lässt sich doch relativ einfach nachvollziehen, was sie zu bedeuten haben:

- Die Klasse `FaxAdresse` stellt eine Subklasse von `Adresse` dar. Sie spezialisiert oder *erweitert* also die eigentliche Adresse – im Englischen erklärt dies das Schlüsselwort **`extends`**.
- Als Subklasse von `Adresse` *ist* eine `FaxAdresse` automatisch auch eine `Adresse`. Sie *erbt* sämtliche Eigenschaften ihrer Superklasse, sodass wir die Instanzvariablen `name` oder `hausnummer` nicht erneut definieren müssen. Sie sind dank der verwandtschaftlichen Beziehung automatisch vorhanden!
- Da der größte Teil unserer Arbeit bereits mit der Klasse `Adresse` erledigt wurde, können wir uns auf jene neuen Aspekte beschränken, die wir unserer Subklasse hinzufügen wollen. In diesem Fall bedeutet dies die Definition zweier neuer Variablen in den Zeilen 3 und 4.

Wie wir sehen, kann uns die Kombination von Generalisierung und Vererbung in der Programmierung eine Menge Schreibarbeit ersparen. Dies ist jedoch nicht der einzige Vorteil, den uns diese beiden Grundpfeiler der Objektorientierung bieten:

- Weil wir durch Vererbung gemeinsame Eigenschaften nur einmal modellieren müssen, brauchen wir diese Eigenschaften auch nur an einer Stelle zu testen. Wir haben nur eine Möglichkeit, Programmierfehler einzubauen, und somit auch nur eine Stelle, an der wir diese korrigieren müssen. Würden wir etwa den Vorgang des Milchgebens bei jedem Tier einzeln realisieren, so müssten wir jede dieser neu geschriebenen Methoden auf Fehler überprüfen.
- Algorithmen, die gewisse Spezialeigenschaften einer Subklasse nicht benötigen, können für die allgemeinere Superklasse definiert werden. Auf diese Weise können sie auch automatisch auf die verschiedensten Subklassen angewendet werden. So kann Java beispielsweise alle Objekte sortieren, die sich auf eine bestimmte Art und Weise miteinander vergleichen lassen („größer als“, „kleiner als“). Wollten wir also unsere Adressen sortieren, müssten wir lediglich dafür sorgen, dass sich unsere Objekte auf die richtige Art und Weise miteinander vergleichen lassen – den Rest erledigt eine vordefinierte Methode.

Vererbung hilft Programmierern also nicht nur, Fehler zu vermeiden. Sie erlaubt es den Entwicklern auch, sich im Laufe der Zeit ganze Bibliotheken von vorgefertigten Objekten für jeden Zweck zusammenzustellen, die sie bei Bedarf einfach um zusätzliche Funktionalität erweitern. Auf diese Weise lassen sich Softwareprodukte schneller und günstiger auf den Markt bringen als mit konventionellen Programmiersprachen.

6.3.3 Kapselung

Die Grundidee beim dritten der vier Grundpfeiler des objektorientierten Programmierens, der **Kapselung**, ist Ihnen wahrscheinlich im „wahren" Leben bereits begegnet. Wenn Sie beispielsweise einen Blick auf die Rückseite Ihres Monitors oder Fernsehers werfen, werden Sie einen Hinweis der Form „Gerät steht unter Spannung und darf nur vom Fachmann geöffnet werden" finden. Diese Hinweise werden aus zwei wichtigen Gründen angebracht:

1. Das Öffnen des Geräts ist für Unbefugte nicht ungefährlich und kann sowohl Sach- als auch Personenschaden herbeiführen. Oder wollten *Sie* sich umgekehrt von einem Fernsehmechaniker am Blinddarm operieren lassen?
2. Normale Benutzer sollten nicht wissen müssen, wie der Fernseher intern funktioniert. Sie sollten wissen, wie man ihn ein- und ausschaltet, wie man das Programm wechselt und die Lautstärke ändert. Hierzu gibt es an der Außenseite eine Vielzahl von Knöpfen, die sogenannte **Schnittstelle** zur Außenwelt. Über die Schnittstelle kann das Gerät benutzt werden – unabhängig davon, ob sich im internen Aufbau des Gerätes etwas geändert hat.

Ähnlich versteht sich auch die Datenkapselung beim objektorientierten Programmieren. Bisher haben wir uns über den Zugriff auf unsere Daten keinerlei Gedanken gemacht. Objekte waren für uns lediglich Datenspeicher, auf deren Komponenten die Benutzer ungehindert zugreifen können. In Zukunft werden wir unsere Instanzvariablen vor den Benutzern „verstecken". Dieser Prozess wird in der Fachsprache auch als **data hiding** bezeichnet.

Wenn wir aber unsere Variablen vor den Benutzern verstecken, wie können diese dann aus ihnen entsprechende Werte ein- oder auslesen? Um diese Frage zu beantworten, werden wir im nächsten Kapitel analog zu den Instanzvariablen die sogenannten **Instanzmethoden** einführen. Hierbei handelt es sich um Methoden, die – wie die entsprechenden Variablen – einem speziellen Objekt zugeordnet sind. Die Instanzmethoden haben Zugriff auf sämtliche Teile des Objekts und können somit auch auf die versteckten Variablen zugreifen. Wir werden diesen Mechanismus nutzen, um unsere Variablen zu setzen und zu lesen.

Welchen Vorteil aber soll es eigentlich haben, unsere Variablen nicht direkt ansprechen zu können? Denken Sie zu diesem Zweck am besten wieder an das Beispiel mit dem Fernseher: Wir wissen, dass wir ihn anschalten, indem wir einen bestimmten Knopf drücken. Intern kann das Drücken dieses Knopfes jedoch verschiedene Vorgänge auslösen. Bei älteren Fernsehgeräten stellt der Knopf einen Schalter dar; das Drücken des Ein-Knopfes stellt eine elektrische Verbindung her, sodass Strom fließt. Neuere Geräte haben aber meistens einen Standby-Modus; der Strom fließt also innerhalb des Geräts die ganze Zeit. Das Drücken des Schalters stellt hier also keinen Stromfluss her, sondern weist ein bestimmtes Relais (oder einen Chip) an, vom Standby-Modus in den normalen Betrieb zu schalten.

Ob wir intern einen Standby-Modus haben oder nicht – wir wissen, dass das Betätigen der Ein-Taste den Fernseher anschaltet. Auch wenn sich im Laufe der Jahre

die innere Struktur der Geräte drastisch verändert hat, sind die Bedienelemente nach außen (die Schnittstelle also) immer gleich geblieben.
Diese Idee liegt auch der Datenkapselung im objektorientierten Programmieren zugrunde. In größeren Softwareprojekten ist es gang und gäbe, dass sich die interne Struktur einer bereits vordefinierten Klasse mehrmals ändert. Dies kann verschiedenste Gründe haben, etwa

- weil Programmierer einen Weg gefunden haben, die Abwicklung in einer Klasse effizienter zu gestalten, oder
- weil das Objekt die Daten nicht in Instanzvariablen speichert, sondern in einer sogenannten Datenbank hält. Diese mag jedoch in der Anfangsphase (etwa bei der Entwicklung eines ersten Prototyps) noch nicht so gewesen sein.

Grundsätzlich sollen aber andere Entwickler, die mit diesen Klassen arbeiten, von derartigen Änderungen nicht behelligt werden. Die Software dieser Programmierer soll funktionieren, egal ob sie mit der alten oder der neuen Version ihrer Klassen arbeiten. Aus diesem Grund gibt man nur eine gewisse Schnittstelle nach außen preis – sozusagen die Knöpfe auf der Fernbedienung. Die interne Realisierung bleibt jedoch ein Geheimnis.

6.3.4 Polymorphie

Wir kommen nun zum vierten und letzten Grundprinzip des objektorientierten Programmierens: der **Polymorphie**. Dieser Begriff ist nicht ganz einfach zu erklären. Sie werden vielleicht erst an Beispielen erkennen, was man sich unter diesem Prinzip vorzustellen hat. Dennoch sollten Sie an dieser Stelle zumindest eine grundlegende Idee dazu erhalten.
Polymorphie (deutsch: „Vielgestalt") befasst sich mit dem sogenannten **Überschreiben von Methoden**. Wir haben im ersten Teil (vgl. 5.1.5) bereits das sogenannte Überladen von Methoden kennengelernt. Hierbei haben wir verschiedene Methoden definiert, die alle den gleichen Namen, aber eine unterschiedliche Liste von Argumenten hatten. Beim Überschreiben von Methoden werden wir diese Bedingung nun fallen lassen, d. h., wir definieren zwei Methoden mit identischem Rückgabetyp und identischer Argumentliste. Dies tun wir allerdings nicht in ein- und derselben Klasse, sondern in einer Sub- und einer Superklasse.
Welchen Sinn mag es jedoch haben, in zwei Klassen ein- und dieselbe Methode zu definieren? In Abschnitt 6.3.2 haben wir schließlich erfahren, dass eine Kindklasse von ihrer Elternklasse sämtliche Eigenschaften erbt. Aufgrund der Vererbung wird die Subklasse somit ohnehin sämtliche Methoden der Superklasse besitzen. Tatsächlich scheint dieses Vorgehen im Widerspruch zum Prinzip der Vererbung zu stehen – doch nur scheinbar. Würden wir in der Subklasse keine Methode definieren, würde diese von ihrer Superklasse die Originalmethode erben. Da wir aber die Methode neu definieren, sie also **überschreiben**, ersetzen wir in Instanzen unserer Subklasse die allgemeine Methode durch eine spezielle Fassung, die besonders auf den Fall unserer spezialisierten Kindklasse eingehen mag.

Als Beispiel hierzu kann unsere Tierhierarchie aus Abbildung 6.4 dienen. Ein Tier ernährt sich in der einen oder anderen Form. Wollten wir diesen Vorgang in unserem Klassenmodell berücksichtigen, könnten wir etwa eine Methode namens `friss` vorsehen, mit der sich ein Tier ernähren kann.
Nun frisst natürlich nicht jedes Tier auf die gleiche Weise. Ein Zebra, das gemütlich in der Savanne grast, frisst sicher anders als ein Löwe, der sich von eben diesen Zebras ernährt. Von einem Tierobjekt, das Instanz der Subklasse `Zebra` ist, erwarten wir, dass es sich auf eine ganz bestimmte Art und Weise verhält. Wir werden die Originalmethode aus diesem Grund überschreiben und durch eine spezielle Methode `friss` für das `Zebra` ersetzen. Handelt es sich bei einem Objekt also um ein Zebra, wird dessen spezielle Methode aufgerufen.
Das Überschreiben von Methoden ermöglicht es, in Kombination mit den anderen Prinzipien der objektorientierten Programmierung, Verfahren auf allgemeinen Klassen zu realisieren, ohne sich um spezielle Ausprägungen ihrer Subklassen kümmern zu müssen. Wenn wir beispielsweise einen ganzen Zoo von Tieren realisieren und wissen, dass jedes Tier einmal am Tag gefüttert wird, können wir für jedes Tier die `friss`-Methode aufrufen, ohne sie für jede Tierart implementieren zu müssen, denn die Subklassen erben von ihrer Superklasse. Benötigen wir jedoch für ein spezielles Tier eine besondere Ausprägung, so können wir die allgemeine Methode einfach durch eine Spezialisierung ersetzen.

6.3.5 Weitere wichtige Grundbegriffe

Neben den vier Grundpfeilern des objektorientierten Programmierens gibt es eine Vielzahl weiterer Begriffe, die Ihnen in der Fachliteratur begegnen können. Diese Begriffe hängen teilweise vom Autor und seinem „Herangehen“ an das Thema ab,[5] teilweise handelt es sich um Bezeichnungen, die sich im Laufe der Arbeit mit diversen Hilfsmitteln wie UML oder Entwurfsmustern (vgl. Abschnitt 6.4) nachträglich entwickelt haben. Wir können an dieser Stelle nicht auf jede dieser Vokabeln eingehen, möchten aber exemplarisch einige der häufig auftretenden Worte näher erläutern. Hierbei handelt es sich um die Beziehungen, in denen Objekte zueinander stehen können:

- Wir haben am Beispiel eines Autos die objektorientierte Philosophie verdeutlicht. Ein Auto wird aus den verschiedensten Komponenten, wie etwa Vergaser, Motor und Reifen, zusammengesetzt. Diese Einzelteile sind ebenfalls wieder Objekte. Wir setzen also mehrere Objekte zusammen, um aus diesen Einzelteilen eine neue Gesamtheit zu bilden. Dieser Vorgang wird in der Objektorientierung auch als **Komposition** bezeichnet.
- Mitunter kommt es vor, dass Objekte zwar miteinander verbunden werden, dieser Verbund aber nicht so fest wie bei der Komposition anzusehen ist. Bei einem Auto „verschmelzen“ die einzelnen Komponenten zu einer untrenn-

[5] In welchen Sprachen hat er beispielsweise früher programmiert? Welche Spezialkenntnisse besitzt er? Ist er Theoretiker oder eher praxisorientiert?

baren Einheit (es sei denn, man ist Mechaniker). Wenn man aber etwa einen Schwarm von Vögeln modellieren will, die gen Süden ziehen, so behält jeder Vogel doch weiterhin seine Individualität. Eine derart lockere Bindung bezeichnet man daher nicht als Komposition, sondern als **Aggregation**.[6]

- Mitunter kann es vorkommen, dass zwei Objekte zueinander in einer Beziehung stehen, ohne dass wir diese an einer konkreten Komposition oder Aggregation festmachen können. So mag ein `Zebra` vielleicht als Beute eines Löwen gefressen worden sein; dennoch würde man nicht sagen, dass sich ein Löwe aus verschiedenen Zebras „zusammensetzt".

  Innerhalb des Modellierungsprozesses wird man auf viele derartige Situationen stoßen. Man sagt, ein `Zebra` „ist ein Beutetier" des `Löwen`; ein `Auto` „ist ein Transportmittel" für `Menschen`. Wir sehen uns der Situation gegenüber, dass eine Klasse bezüglich einer anderen Klasse eine bestimmte Rolle übernimmt. Diese Rolle muss sich nicht unbedingt in einer bestimmten Weise im Java-Programm widerspiegeln; sie hilft uns aber, den Zusammenhang verschiedener Klassen besser zu verstehen.

6.4 Modellbildung – von der realen Welt in den Computer

Der erste Schritt beim Entwurf eines objektorientierten Programms ist die sogenannte Modellierungsphase. Man analysiert die Situation, die es mit dem Programm zu realisieren gilt. Anschließend versucht man, die Anforderungen an das Programm als sogenannte **Anwendungsfälle** (englisch: **use cases**) zu formulieren. Mit Hilfe dieser Anwendungsfälle versucht man nun, ein System von Klassen zu erstellen, das den Anforderungen gerecht wird.
Um in den verschiedenen Phasen des Entwurfs den Überblick zu behalten, gibt es verschiedene Hilfsmittel, die die objektorientierte Arbeit erleichtern. Drei der wichtigsten Hilfsmittel wollen wir kurz vorstellen.

6.4.1 Grafisches Modellieren mit UML

Erinnern Sie sich noch an Abbildung 6.3, in der wir die Generalisierung am Beispiel von `Hund` und `Katze` dargestellt haben? Bei dieser Art, Klassen und ihre Beziehungen (z. B. Generalisierung oder Komposition) untereinander grafisch darzustellen, handelt es sich um ein sogenanntes **Klassendiagramm**. Klassendiagramme sind Teil der **Unified Modeling Language** – abgekürzt **UML**. Die UML stellt eine Sammlung von Diagrammtypen dar, mit deren Hilfe Entwickler die

[6] Wie Sie sehen, sind die Grenzen zwischen diesen beiden Fachbegriffen etwas schwammig. Auch bei einem Auto lassen sich die Reifen schließlich wieder entfernen, ohne dass das Auto aufhört zu existieren. Sie sollten sich an dieser Stelle deshalb bewusst machen, dass es sich bei den Begriffen nicht um dogmatisch festgelegte Terminologien handelt. Es sind vielmehr Hilfsmittel, mit denen sich zwei Programmierer untereinander verständigen können.

Zusammensetzung von objektorientierten Systemen in übersichtlicher Form beschreiben können.
Neben dem Klassendiagramm, das wir bereits seit Kapitel 4.2 erfolgreich einsetzen, gibt es eine Fülle weiterer Diagramme. Hierzu gehören etwa die **Use-Case-Diagramme**, mit deren Hilfe sich Anwendungsfälle in einem Bild skizzieren lassen. Abläufe innerhalb von Klassen (welche Methode ruft wann welche andere Methode auf?) lassen sich etwa in Form von **Sequenzdiagrammen** übersichtlich darstellen. Wer mit einem verteilten System arbeitet (etwa eine Internetanwendung, die teilweise auf einem Web-Server läuft), wird vielleicht die **Verteilungsdiagramme** schätzen, mit denen sich darstellen lässt, welche Komponente auf welchem Rechner beheimatet ist.
Mit dem Siegeszug des objektorientierten Programmierens ist es mehr als nur wahrscheinlich, dass sich auch UML unter den Entwicklern durchsetzen wird. Schon jetzt gibt es eine Vielzahl visueller Entwicklungsumgebungen, in denen man seine Klassen mit UML-Diagrammen entwirft und sich aus diesen im Nachhinein den Java-Code generieren lässt.[7]
Wir werden in diesem Buch ausschließlich mit Klassendiagrammen arbeiten. Dies bedeutet nicht, dass die anderen Diagramme für professionelle Entwickler nicht wichtig seien. Es ist jedoch nicht Absicht dieses Buches, Ihnen UML beizubringen. Interessierten Leserinnen und Lesern seien als weiterführende Literatur die Bücher von Kecher, Salvanos und Hoffmann-Elbern (siehe [15]) sowie Rupp, Queins und die SOPHISTen (siehe [21]) empfohlen.

6.4.2 Entwurfsmuster

Entwurfsmuster (englisch: **design patterns**) sind heutzutage neben UML wohl das wichtigste Hilfsmittel im objektorientierten Entwurf. So wie man sich im wahren Leben lieber in die Hände eines erfahrenen Zahnarztes als eines Studenten im zweiten Semester begibt, hängt die Qualität eines objektorientierten Entwurfs oft auch vom Erfahrungsstand der einzelnen Entwickler ab. Je mehr Erfahrung ein Programmierer bzw. eine Programmiererin hat, desto geschicktere Lösungsansätze wird er bzw. sie für gewisse Probleme finden, die in der Entwicklungsphase zwangsläufig auftreten.
Nun ist es im Allgemeinen nicht ganz einfach, sich als alter Hase mit seinen jüngeren Kollegen auszutauschen. Man kann nicht einfach sagen: „Ich möchte diesen Teil so ähnlich modellieren wie vor zwei Jahren in einem anderen Projekt." Im Allgemeinen wird der entsprechende Entwickler vor zwei Jahren noch gar nicht in der Firma gewesen sein, sodass er keinerlei Ahnung von dem entsprechenden Projekt hat. Wie soll man ihm aber dann die Idee vermitteln, die hinter einem ganz bestimmten Lösungsansatz steckt?

[7] Natürlich ersetzen diese Programme nicht die Arbeit guter Java-Programmierer. Sie erstellen lediglich das Grundskelett, das die Entwickler im Nachhinein mit Fleisch zu füllen haben. Dadurch beschleunigen sie jedoch merklich den Übergang von der Entwurfsphase (Design) zur Implementierungsphase, in der der eigentliche Code geschrieben wird.

Mit ebendiesem Problem beschäftigen sich die Autoren der sogenannten Entwurfsmuster oder Patterns. Hinter vielen Speziallösungen steckt eine allgemeine Idee, die sich in vielen Situationen anwenden lässt. Ein Pattern ist eine formale Beschreibung dieser allgemeinen Idee, das heißt, der Autor gibt seiner Idee einen Namen. Entwickler, die dieses Pattern unter diesem Namen kennen, kennen somit auch die Idee, die hinter einem gewissen Muster steht. Dies bringt der Gruppe von Entwicklern zwei entscheidende Vorteile:

- Erfahrene Programmierer können auf einen riesigen Fundus von Ideen zurückgreifen, die sie in ihre Projekte einbringen. Diese Ideen können sie anderen mit nur wenigen Worten verständlich machen, indem sie Sätze wie *„Ich möchte hier das XYZ-Pattern einsetzen"* sagen. Jeder, der das Pattern kennt, weiß nun, was gemeint ist.
- Unerfahrene Programmierer können ein Pattern, das sie noch nicht kennen, in der Literatur nachschlagen. Auf diese Weise erfahren sie nicht nur, wovon der Kollege eigentlich spricht. Sie sammeln auch wertvolle Erfahrungen, die sie zu besseren Softwareentwicklern machen. Manche Firmen veranstalten sogar regelrechte Workshops, in denen derartige Patterns vorgestellt und diskutiert werden. Auf diese Weise profitieren viele von der Erfahrung anderer, und auch die alten Hasen lernen in der Debatte oft etwas dazu.

Als Softwareentwickler in einer solchen Firma kommen Sie also früher oder später um Entwurfsmuster nicht herum. Dieses Buch ist natürlich ein Java-Buch und kein Buch über Patterns. Wir wollen an dieser Stelle aber noch auf zwei gute Bücher, nämlich [9] und [11], verweisen. Es lohnt sich sicher, wenn Sie nach Abschluss Ihres Grundkurses Java mal einen Blick hinein werfen.

6.5 Zusammenfassung

In diesem Kapitel haben wir das objektorientierte Programmierparadigma kennengelernt, das auf vier grundlegenden Prinzipien beruht:

1. Generalisierung: die Kunst, gemeinsame Strukturen von Objekten zu erkennen und diese in sogenannten Superklassen zu verallgemeinern.
2. Vererbung: das Prinzip, nach dem sich Eigenschaften von der Superklasse automatisch auf die Subklasse übertragen.
3. Datenkapselung: das Verbinden von Variablen und Methoden im Objekt.
4. Polymorphie: ein Mechanismus zur individuellen Gestaltung von Methoden einer Klasse, die allgemeiner von der Superklasse geerbt wurden.

Wir haben ferner den objektorientierten mit dem imperativen Programmierstil verglichen und erfahren, dass ein konsequentes Festhalten an der Objektorientierung in einem strukturierten und verständlichen Design resultiert, das sich leicht wiederverwenden, erweitern und warten lässt. Ferner haben wir uns kurz mit den Hilfswerkzeugen UML und Design Patterns beschäftigt.

6.6 Übungsaufgaben

Aufgabe 6.1

Bringen Sie die Klassen in Abbildung 6.6 in eine sinnvolle Hierarchie, indem Sie die Generalisierungspfeile („ist ein“) in das Klassendiagramm einzeichnen.

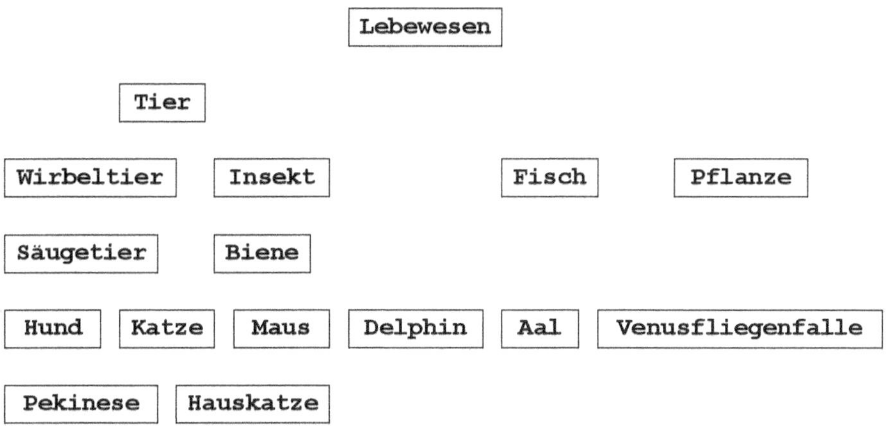

Abbildung 6.6: Übungsaufgabe: Generalisierung (1)

Aufgabe 6.2

Füllen Sie die Lücken im Klassendiagramm aus Abbildung 6.7.

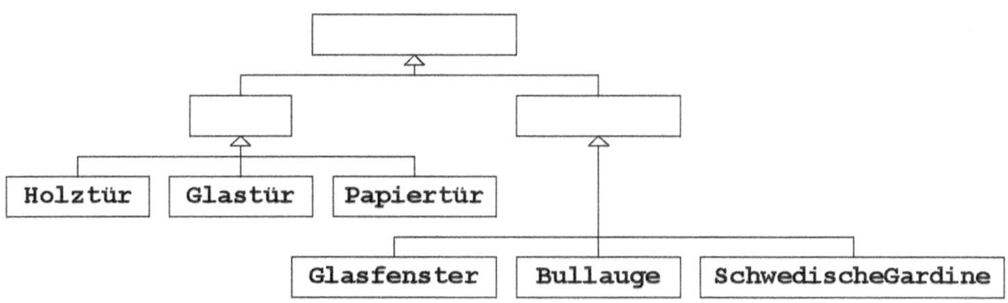

Abbildung 6.7: Übungsaufgabe: Generalisierung (2)

Aufgabe 6.3

Abbildung 6.8 zeigt eine Hierarchie von Fortbewegungsmitteln. In die oberste Klasse `Fortbewegungsmittel` haben wir eine Instanzvariable namens `transportierbarePersonenProObjekt` eingetragen, die mittels eines **`int`**-Wertes die maximale Zahl von Personen darstellt, die in einem speziellen Fahrzeugobjekt transportiert werden können. Da sich alle anderen Klassen von der Superklasse ableiten,[8] erben sie diese Variable automatisch, sodass wir sie nicht in jeder Klasse erneut definieren müssen. Tragen Sie in diesem Sinne die drei folgenden Instanzvariablen an der richtigen Stelle ins UML-Diagramm ein:

- eine Variable `maximaleGeschwindigkeit` vom Typ **`int`**, die die maximale Geschwindigkeit in Metern pro Sekunde codiert, die man mit diesem Fortbewegungsmittel erreichen kann,
- eine Variable `zahlDerRaeder` vom Typ **`int`** und
- eine **`double`**-Zahl namens `motorLeistungInPS`, die die Leistung eines Motors codiert.

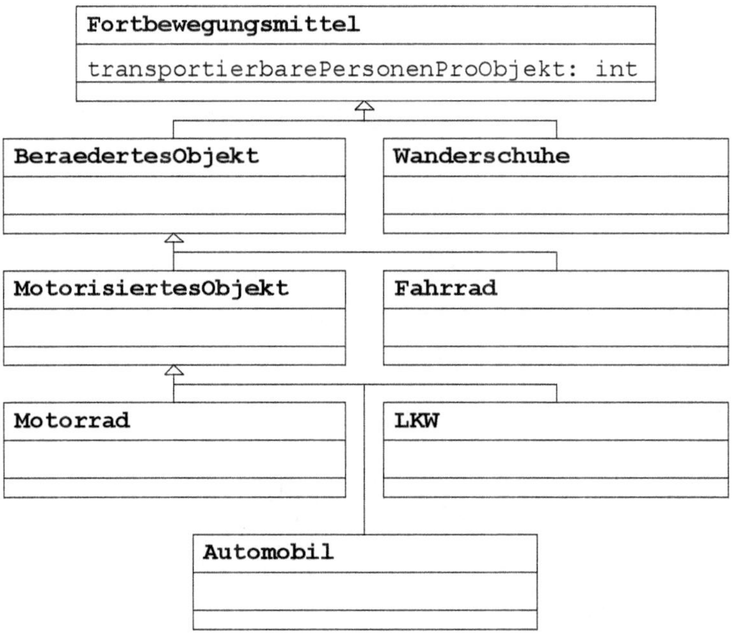

Abbildung 6.8: Übungsaufgabe: Vererbung

[8] Das heißt, sie sind Subklassen der Klasse `Fortbewegungsmittel`.

Kapitel 7

Der grundlegende Umgang mit Klassen

Im letzten Kapitel haben wir erfahren, dass sich die objektorientierte Philosophie aus den vier Konzepten Generalisierung, Vererbung, Kapselung und Polymorphie zusammensetzt. Wir haben jeden dieser Begriffe – in der Theorie – erklärt und uns die Idee klarzumachen versucht, die hinter der Objektorientierung steht. Wir haben jedoch noch nicht gelernt, diese Konzepte in Java umzusetzen.
In diesem und dem folgenden Kapitel soll dieser Mangel behoben werden. Anhand einfacher Beispiele werden wir lernen, wie sich Klassen auch in Java zu mehr als nur einfachen Datenspeichern mausern.

7.1 Vom Referenzdatentyp zur Objektorientierung

In diesem Kapitel werden wir versuchen, verschiedene Aspekte im Leben eines *Studierenden* zu modellieren. Wir beginnen hierbei mit einer einfachen Klasse, wie wir sie schon aus den vorigen Kapiteln kennen:

```
/** Diese Klasse simuliert einen Studenten */
public class Student {

  /** Der Name des Studenten */
  public String name;

  /** Die Matrikelnummer des Studenten */
  public int nummer;
}

```

Wie Sie sehen, haben wir die Klasse allerdings nicht `Studierender` genannt, was dem aktuellen geschlechtsneutralen Sprachgebrauch an den Hochschulen eher entsprechen würde. Der Einfachheit (und Kürze) halber haben wir uns dazu ent-

Student	
name:	String
nummer:	int

Abbildung 7.1: Die Klasse `Student`, erste Version

schlossen, die Klasse `Student` zu nennen. Natürlich soll diese Klasse aber sowohl weibliche als auch männliche Student(inn)en modellieren.[1]

Abbildung 7.1 zeigt diesen einfachen Klassenaufbau im UML-Klassendiagramm. Unsere Klasse setzt sich aus zwei Instanzvariablen namens `name` und `nummer` zusammen. Erstgenannte speichert den Namen des Studierenden, Letztere die Matrikelnummer.[2] Wir können diese Klasse nun wie gewohnt instanziieren (d. h. Objekte aus ihr erzeugen) und diese dann mit Werten belegen:

```
Student studi = new Student();
studi.name = "Karla Karlsson";
studi.nummer = 12345;
```

Bis zu diesem Punkt haben wir an unserer Klasse keine Arbeiten vorgenommen, die wir nicht aus Kapitel 4 schon zur Genüge kennen. Wir wollen diesen Entwurf nun bezüglich unserer vier Grundprinzipien überprüfen:

- Bei unserer Klasse `Student` handelt es sich um eine einzelne Klasse, nicht um eine Hierarchie. Wir haben somit keine weiteren Klassen und können damit keine Eigenschaften in Superklassen auslagern. Das Thema Generalisierung ist also in diesem Beispiel nicht weiter wichtig.
- Ähnliches gilt für die Bereiche Vererbung und Polymorphie. Beide Begriffe spielen erst bei der Arbeit mit mehr als einer Klasse eine wichtige Rolle. Hiermit beschäftigen wir uns aber erst im nächsten Kapitel näher.
- Bleibt also die Frage, ob wir uns bezüglich der Kapselung für ein gutes Modell entschieden haben. Haben wir die interne Struktur unserer Klasse von der Schnittstelle nach außen getrennt? Könnten wir die Instanzvariablen einfach verändern, ohne hiermit Probleme zu verursachen?

An dieser Stelle müssen wir den letzten Punkt leider klar und deutlich verneinen. Unsere Instanzvariablen sind von außen her überall zugänglich. Wir schreiben unsere Werte direkt in sie hinein und lesen sie aus ihnen direkt wieder aus. Wenn wir die Matrikelnummer später in einem `String` ablegen wollen (z. B. weil wir eine Datenbank benutzen, die keine einfachen Datentypen versteht), müssen wir sämtliche Programme überarbeiten, die diese Variablen benutzen. Wir werden deshalb

[1] Wir hoffen, dass unsere *Leserinnen* aufgrund dieser Namenswahl das Buch jetzt nicht empört aus der Hand legen. Wir werden in Übungsaufgabe 7.2 dafür sorgen, dass man sogar explizit zwischen weiblichen und männlichen Studierenden unterscheiden kann.

[2] Eine von der Verwaltung der Hochschule vergebene eindeutige Nummer, unter der die Daten eines Studierenden hinterlegt werden.

im nächsten Abschnitt erfahren, wie wir mit Hilfe sogenannter **Zugriffsmethoden** eine bessere Form der Datenkapselung erreichen.

7.2 Instanzmethoden

7.2.1 Zugriffsrechte

Wir beginnen damit, unsere Daten vor der Außenwelt zu „verstecken". Gemäß der Idee des **data hiding** sorgen wir dafür, dass niemand außerhalb der Klasse auf unsere Instanzvariablen zugreifen kann. Um dieses Ziel zu erreichen, ändern wir die sogenannten **Zugriffsrechte** für die einzelnen Variablen. Momentan haben unsere Variablen die Zugriffsrechte **`public`**, das heißt, sie sind *öffentlich zugänglich*. Konkret bedeutet es, dass jede andere Klasse auf die Variablen lesenden und schreibenden Zugriff hat. Genau das wollen wir jedoch verhindern!
Stattdessen setzen wir die Zugriffsrechte nun auf **`private`**, dem genauen Gegenteil zum öffentlichem Zugriff: Während bei öffentlichem Zugriff *jede* Klasse auf die Variablen Zugriff hat, kann bei privatem Zugriff außer der eigenen Klasse *keine* andere Klasse auf die Variablen zugreifen, nicht einmal eigene Subklassen. Da nur die Klasse Zugriff hat, in der die Instanzvariablen definiert sind, handelt sich hierbei also wirklich um ihre *privaten* Variablen, die nur dieser Klasse „gehören", die aber trotzdem an Subklassen vererbt werden.
Abbildung 7.2 zeigt diese Modifikation im UML-Diagramm. Wir sehen, dass private Variablen durch ein Minuszeichen vor dem Variablennamen markiert werden. Fehlt dieses Symbol oder ist es durch ein Pluszeichen ersetzt, geht man von öffentlichen Zugangsrechten aus.[3]

Student	
-name:	String
-nummer:	int

Abbildung 7.2: Die Klasse `Student`, zweite Version

Die Umsetzung in unserem Java-Programm ist relativ einfach: Wir ersetzen lediglich das Schlüsselwort **`public`** bei den entsprechenden Variablen durch das Schlüsselwort **`private`**:

```
/** Diese Klasse simuliert einen Studenten */
public class Student {

  /** Der Name des Studenten */
  private String name;
```

[3] Neben öffentlichem und privatem Zugriff gibt es zwei weitere Formen des Zugriffs (siehe Abschnitt 8.8.2).

```

  /** Die Matrikelnummer des Studenten */
  private int nummer;
}

```

Wenn wir nun (z. B. in einer Klasse namens `Schnipsel`) wie im vorigen Abschnitt die Instanzvariablen durch einfache Zugriffe der Form

```
studi.name = "Karla Karlsson";
studi.nummer = 12345;
```

setzen wollen, erhalten wir beim Compilieren eine Fehlermeldung der Form

Konsole

```
Variable name in class Student not accessible
      from class Schnipsel.
```

Das heißt: Die Zugriffe wurden verweigert.

7.2.2 Was sind Instanzmethoden?

Wie können wir aber nun Daten aus einer Klasse auslesen oder sie setzen, wenn wir hierzu überhaupt nicht berechtigt sind?
Die Antwort haben wir im vorigen Kapitel bereits angedeutet: Wir fügen der Klasse sogenannte **Instanzmethoden** hinzu. Diese Methoden werden ähnlich wie in Kapitel 5 definiert:

Syntaxregel

```
public «RUECKGABETYP» «METHODENNAME» ( «PARAMETERLISTE» )
{
   // hier den auszufuehrenden Code einfuegen
}
```

Wenn Sie dies mit der Syntaxregelbox auf Seite 169 vergleichen, stellen Sie als einzigen Unterschied das Wörtchen **`static`** fest, das unserer Methodendefinition nun fehlt. Durch Weglassen dieses Wortes wird eine Methode an ein spezielles Objekt gebunden, das heißt, sie existiert nur in Zusammenhang mit einer speziellen *Instanz*. Da die Methode aber nun zu einem bestimmten Objekt gehört, hat sie auch Zugriff auf dessen spezielle Eigenschaften – also seine Instanzvariablen.
Abbildung 7.3 zeigt eine entsprechende Erweiterung unseres Klassenmodells im UML-Diagramm. Wir tragen in das untere, bislang leer gebliebene Kästchen unsere Methoden ein. Hierbei verwenden wir als Schreibweise

```
+ «METHODENNAME» ( «PARAMETERLISTE» ) : «RUECKGABETYP»
```

wobei das Pluszeichen wie bei den Instanzvariablen für öffentlichen Zugriff (**`public`**) steht. Wir definieren also folgende vier Methoden:

Student	
-name:	String
-nummer:	int
+getName():	String
+setName(String):	void
+getNummer():	int
+setNummer(int):	void

Abbildung 7.3: Die Klasse `Student`, dritte Version

- Die Methode

  ```
  public String getName()
  ```

  soll den Inhalt der Instanzvariablen `name` auslesen und als Resultat der Methode zurückliefern. Unser ausformulierter Java-Code lautet wie folgt:

  ```
  /** Gib den Namen des Studenten als String zurueck */
  public String getName() {
    return this.name;
  }
  ```

  Achten Sie darauf, dass wir die Instanzvariable durch **`this`**`.name` angesprochen haben. Das Schlüsselwort **`this`** liefert innerhalb eines Objektes immer eine Referenz auf das Objekt selbst. Jedes Objekt hat somit quasi eine Komponentenvariable **`this`**, die eine Referenz auf das Objekt selbst enthält. Wir können also sämtliche Instanzvariablen in der aus Abschnitt 4.2.2 bekannten Form

  Syntaxregel

  ```
  «OBJEKTNAME».«VARIABLENNAME»
  ```

  erreichen, indem wir für den Platzhalter «`OBJEKTNAME`» schlicht und ergreifend **`this`** einsetzen. Abbildung 7.4 verdeutlicht nochmals die Bedeutung der **`this`**-Referenz.

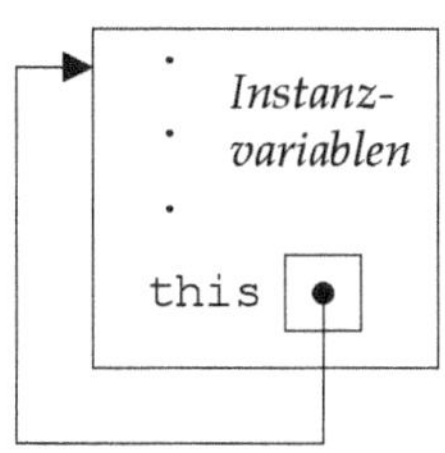

Abbildung 7.4: Die `this`-Referenz

- Die Methode

  ```
  public void setName(String name)
  ```

  soll nun den Inhalt der Instanzvariablen `name` durch das übergebene `String`-Argument ersetzen:

  ```
  /** Setze den Namen des Studenten auf einen bestimmten Wert */
  public void setName(String name) {
    this.name = name;
  }
  ```

  Obwohl der Parameter `name` und die Instanzvariable `name` den gleichen Bezeichner haben, gibt es an dieser Stelle keinerlei Konflikte. Der Compiler kann beide Variablen voneinander unterscheiden, da wir die Instanzvariable mit Hilfe der **`this`**-Referenz ansprechen.

- Die Methode

  ```
  public int getNummer()
  ```

  liest nun den Inhalt unserer `nummer` aus und gibt ihn, genau wie bei der Methode `getName`, als Ergebnis zurück.[4] Ausformuliert lautet das wie folgt:

  ```
  /** Gib die Matrikelnummer des Studenten als Integer zurueck */
  public int getNummer() {
    return nummer;
  }
  ```

  An dieser Stelle ist zu erwähnen, dass wir in der Methode bewusst auf das Schlüsselwort **`this`** verzichtet haben. Dennoch lässt sich das Programm compilieren. Der Grund dafür liegt darin, dass der Compiler in einem gewissen Ausmaß „mitdenkt". Findet er in der Methode oder den übergebenen Parametern keine Variable, die den Namen `nummer` besitzt, sucht er diese unter den Instanzvariablen.

- Zuletzt formulieren wir eine Methode

  ```
  public void setNummer(int n)
  ```

  zum Setzen der Instanzvariablen. Auch hier wollen wir auf die Verwendung der **`this`**-Referenz verzichten. Um mögliche Namenskonflikte zu vermeiden, haben wir dem übergebenen Parameter einen anderen Namen (`n` statt `nummer`) gegeben:

  ```
  /** Setze die Matrikelnummer des Studenten auf einen
      bestimmten Wert */
  public void setNummer(int n) {
    nummer = n;
  }
  ```

[4] Hierbei mag unsere deutsch-englische Namensgebung etwas belustigend klingen, aber wir wollen von Anfang an den bestehenden Konventionen folgen, wonach Methoden, die dem Auslesen von Werten dienen, als **get-Methoden** und Methoden, die Werte einer Instanzvariablen setzen, als **set-Methoden** bezeichnet werden.

Wir haben unsere Klasse `Student` nun bezüglich des Prinzips der Datenkapselung überarbeitet, indem wir sämtliche Instanzvariablen vor der Außenwelt versteckt (data hiding) und den Zugriff von außen nur noch durch get- und set-Methoden ermöglicht haben.
Am Ende dieses Abschnitts könnte man leicht vermuten, dass Instanzmethoden nicht viel mehr als einfachste Schreib/Lesemethoden sind. Wozu also das Prinzip der Datenkapselung? Steckt denn wirklich nicht mehr dahinter?
Wie so oft steckt der Teufel natürlich auch hier wieder einmal im Detail. Instanzmethoden können viel mehr als nur Werte schreiben und lesen. Wir könnten sämtliche bisher definierten Unterprogramme (vgl. Kapitel 5) als Instanzmethoden definieren, wenn wir das Wort **`static`** weglassen und sie somit an ein Objekt binden[5] – doch das verschafft uns natürlich keinen Vorteil. Die beiden folgenden Abschnitte zeigen jedoch spezielle Anwendungen, die uns die wahre Macht von Instanzmethoden demonstrieren.

7.2.3 Instanzmethoden zur Validierung von Eingaben

Die Matrikelnummer eines Studierenden ist eine von der Universitätsverwaltung vergebene Nummer, die einen Studierenden eindeutig identifiziert. Jeder Student bzw. jede Studentin erhält hierbei hochschulintern eindeutig eine solche Nummer zugeordnet. Umgekehrt ist jedoch nicht jede Zahl auch eine gültige Matrikelnummer. Um zu verhindern, dass sich Schreibfehler einschleichen oder ein Student (etwa bei Prüfungsanmeldungen) eine falsche Matrikelnummer angibt, müssen die Nummern gewisse Anforderungen, etwa bezüglich der Quersumme ihrer Ziffern, erfüllen. Eine einfache Form der Prüfung wäre etwa folgende:

> *Eine Matrikelnummer ist genau dann gültig, wenn sie fünf Stellen sowie keine führenden Nullen hat und ungerade ist.*

Um also eine ganze Zahl vom Typ **`int`** auf ihre Gültigkeit zu überprüfen, müssen wir lediglich testen,

- ob die Zahl zwischen 10000 und 99999 liegt und
- ob bei Division durch 2 ein Rest verbleibt, also `n % 2 != 0` gilt.

Diese Prüfung in eine Methode zu gießen, ist eine eher leichte Übung. Wir formulieren eine Instanzmethode `validateNummer`, wobei das Wort `validate` für „Überprüfung“ steht. Unsere Methode liefert einen **`boolean`**-Wert zurück. Ist dieser Wert **`true`**, so war die Validierung erfolgreich, d. h. wir haben eine für unser Beispiel gültige Matrikelnummer. Ist der Wert jedoch **`false`**, so haben wir eine ungültige Matrikelnummer vorliegen:

```
/** Pruefe die Matrikelnummer des Studenten
    auf ihre Gueltigkeit */
```

[5] In diesem Fall *müssen* wir allerdings immer ein Objekt erzeugen, um die entsprechenden Methoden aufzurufen.

```
public boolean validateNummer() {
  return
    (nummer >= 10000 && nummer <= 99999 && nummer % 2 != 0);
}
```

Wir können nun also unserem Studierenden nicht nur eine Matrikelnummer zuweisen, sondern auch anschließend überprüfen, ob diese Nummer überhaupt gültig war. Hier stellt sich natürlich die Frage, ob unsere Klasse das nicht auch *automatisch* tun kann? Können wir nicht einfach festlegen, dass wir in unserer Klasse nur gültige Matrikelnummern hinterlegen dürfen?
Die Antwort auf diese Frage lautet wieder einmal: *Ja, das lässt sich machen!* Wir werden unsere set-Methode einfach so modifizieren, dass sie den eingegebenen Wert automatisch überprüft:

```
/** Setze die Matrikelnummer des Studenten auf einen best. Wert */
public void setNummer(int n) {
  int alteNummer = nummer;
  nummer = n;
  if (!validateNummer()) { // neue Nummer ist nicht gueltig
    nummer = alteNummer;
  }
}
```

Unsere angepasste Methode durchläuft die Prüfung in mehreren Schritten. Zuerst setzt sie die Matrikelnummer des Studierenden auf den neuen Wert, speichert aber den alten Wert in der Variable `alteNummer` ab. Anschließend ruft sie die validate-Methode `validateNummer` auf. War die Validierung erfolgreich, d. h. haben wir eine gültige Matrikelnummer, so wird die Methode beendet. Andernfalls wird die alte Nummer aus `alteNummer` ausgelesen und wieder in die Instanzvariable zurückgeschrieben.
Mit unserer neuen Zugriffsmethode haben wir eine Funktionalität erreicht, die ohne Datenkapselung nicht möglich gewesen wäre. Wir weisen unserem Studenten-Objekt nicht einfach mehr eine Matrikelnummer zu, sondern überprüfen diese automatisch auf ihre Korrektheit. Eine solche Validierung kann uns in vielerlei Hinsicht von Nutzen sein; etwa, um Eingabefehler über die Tastatur zu erkennen. Das Wichtigste bei der ganzen Sache ist allerdings, dass wir für diese Erweiterung keine Veränderung an der alten Schnittstelle vornehmen mussten. Benutzer sind weiterhin in der Lage, Matrikelnummern mit `getNummer` und `setNummer` aus- und einzulesen. Programme, die vielleicht schon für die alte Klasse geschrieben waren, sind auch weiterhin lauffähig – obwohl zum Zeitpunkt der Entwicklung mit einer älteren Version gearbeitet wurde!

7.2.4 Instanzmethoden als erweiterte Funktionalität

Neben dem reinen Setzen und Auslesen von Werten können wir Instanzmethoden auch nutzen, um unseren Klassen zusätzliche Eigenschaften und Fähigkeiten zu verleihen, die sie bislang nicht besaßen.

So wollen wir etwa in diesem Abschnitt erreichen, dass Instanzen unserer Klasse eine Beschreibung ihrer selbst ausgeben können. Eine Studentin namens „Susi Sorglos“ mit der Matrikelnummer 92653 soll sich etwa in der Form

```
Konsole
Susi Sorglos (92653)
```

auf dem Bildschirm darstellen lassen.
Um diesen Zweck zu erfüllen, schreiben wir eine Methode namens `toString`, in der wir aus den Instanzvariablen eine textuelle Beschreibung generieren:

```
/** Gib eine textuelle Beschreibung dieses Studenten aus */
public String toString() {
  return name + " (" + nummer + ')';
}
```

Diese Methode kombiniert die Variablen `name` und `nummer` und erzeugt aus ihnen einen `String`. Instanziieren wir nun in unserem Hauptprogramm ein Objekt der Klasse `Student`,

```
Student studi = new Student();
studi.setName("Karla Karlsson");
studi.setNummer(12345);
```

können wir dieses Objekt durch die einfache Zeile

```
System.out.println(studi.toString());
```

auf dem Bildschirm ausgeben. Unsere Klasse ist somit in der Lage, aus ihrem inneren Zustand selbstständig eine neue Information (hier etwa eine Textbeschreibung) zu erzeugen. Unser reiner Datencontainer hat auf diese Weise ein gewisses Maß an Selbstständigkeit erreicht!
In Abschnitt 8.4 werden wir übrigens feststellen, dass für obige Bildschirmausgabe auch die Zeile

```
System.out.println(studi);
```

ausgereicht hätte. Grund hierfür ist der Umstand, dass jedes Objekt eine Methode `toString` besitzt. Wenn wir ein Objekt mit der `println`-Methode auszugeben versuchen, ruft das druckende Objekt[6] genau diese `toString`-Methode auf. In unserer Klasse `Student` haben wir diese Methode überschrieben, das heißt, wir haben mit Hilfe der Polymorphie eine maßgeschneiderte Ausgabe für unsere Klasse modelliert.

7.3 Statische Komponenten einer Klasse

Wir haben im letzten Abschnitt mit den Instanzvariablen und -methoden ein wichtiges Gebiet des objektorientierten Programmierens kennengelernt. Die Möglichkeit, Variablen oder sogar ganze Methoden einem bestimmten Objekt zuordnen zu können, hat uns Perspektiven erschlossen, die wir mit unseren bisherigen Programmiererfahrungen nicht sahen.

[6] Auch die Methode `println` ist Instanzmethode eines Objektes, des sogenannten Ausgabestroms. Das Objekt `System.out` ist ein solcher Strom.

Hier stellt sich jedoch die Frage, wie sich das früher Gelernte mit diesen neuen Technologien vereinbaren lässt. Instanzmethoden ähneln vom Aufbau her zwar unseren Methoden aus Kapitel 5, sind aber schon insofern vollkommen verschieden, als sie zu einem speziellen Objekt gehören. Müssen wir also unser ganzes Wissen über Bord werfen?
Natürlich nicht! Aus objektorientierter Sicht handelt es sich bei unseren früher verwendeten Methoden um die sogenannten **Klassenmethoden**, auch **statische Methoden** genannt. In diesem Kapitel haben wir bisher nur Instanzmethoden definiert – also Methoden, die einer ganz bestimmten *Instanz* einer Klasse gehören. Klassenmethoden wiederum folgen dem gleichen Schema. Statt einer einzelnen Instanz gehören sie allerdings der gesamten *Klasse*, das heißt, alle Objekte teilen sich eine einzige Methode. Diese Methode existiert vielmehr sogar, wenn *kein einziges Objekt* zu unserer Klasse existiert.
Unsere früheren Programme haben diesen Umstand ausgenutzt, um Ihnen als Anfänger die objektorientierte Sichtweise zu ersparen. Wir haben Klassen definiert (jedes unserer Programme war eine Klassendefinition) und diese nur mit Klassenmethoden gefüllt. Obwohl wir nie eine Instanz dieser Klassen erzeugt haben, konnten wir die einzelnen Methoden problemlos aufrufen. Jetzt, da Sie im Begriff sind, ein OO-Profi zu werden, wissen Sie es natürlich besser. Nehmen Sie eines Ihrer alten Programme, und versuchen Sie, mit Hilfe des **new**-Operators eine Instanz zu bilden. Es wird Ihnen gelingen.

7.3.1 Klassenvariablen und -methoden

Am ehesten wird der Nutzen von statischen Komponenten deutlich, wenn wir mit einem konkreten Anwendungsfall beginnen. Unsere Klasse `Student` besitzt momentan zwei Datenelemente, nämlich den Namen und die Matrikelnummer des Studenten bzw. der Studentin.
Aus statistischer Sicht mag es vielleicht interessant sein, die Zahl der instanziierten Studentenobjekte zu zählen. Wird beispielsweise eine neue Universität eröffnet und verwendet diese von Anfang an unsere Studentenverwaltung, so könnte man aus dieser Variablen erfahren, wie viele Studierende es im Laufe der Geschichte an dieser Universität gegeben hat.
Nun stehen wir jedoch vor dem Problem, dass wir diese Variable – wir wollen sie der Einfachheit halber einmal `zaehler` nennen – keiner speziellen Instanz unserer Klasse zuordnen können. Vielmehr handelt es sich hierbei um eine Eigenschaft, die zu der Gesamtheit *aller* Studentenobjekte gehört. Die Anzahl aller Studenten macht keine Aussage über einen speziellen Studenten, sondern über die Studenten an sich. Sie sollte daher *allen* Studenten angehören, sprich, eine **statische Komponente** der Klasse `Student` sein.
Wir erzeugen deshalb eine Variable, die keiner bestimmten Instanz, sondern der gesamten Klasse gehört, gemäß der folgenden Regel:[7]

[7] Der initiale Wert könnte an dieser Stelle auch wegfallen.

Syntaxregel

```
private static «TYP» «VARIABLENNAME» = «INITIALWERT»;
```

Wir stellen fest, dass sich die Definition von Klassenvariablen nicht sehr von dem unterscheidet, was wir in Abschnitt 4.2 über Instanzvariablen gelernt haben. Mit Hilfe des Wortes **`private`** schützen wir unsere Variable vor Zugriffen von außerhalb. Typ, Variablenname und Initialwert sind uns ebenfalls bekannt und würden im Fall unseres Zählers zu folgender Definition führen:

```
private static int zaehler = 0;
```

Neu ist für uns an dieser Stelle lediglich das Schlüsselwort **`static`**, das wir bislang nur aus unseren Methoden im ersten Teil des Buches kannten. Dieses Wort weist eine Variable oder Methode als statische Komponente einer Klasse aus. Wenn wir eine Variable also als **`static`** beschreiben, gehört sie allen Instanzen einer Klasse zugleich. Wir können den Inhalt der Variablen auslesen, indem wir eine entsprechende get-Methode definieren:

```
/** Gib die Zahl der erzeugten Studentenobjekte zurueck */
public static int getZaehler() {
  return zaehler;
}
```

Beachten Sie hierbei, dass wir auch bei dieser Methode das Schlüsselwort **`static`** verwendet haben, die Methode also der Klasse, nicht den Objekten zugeordnet haben. Die Methode `getZaehler` ist also eine Klassenmethode, die wir etwa durch einen Aufruf der Form

```
System.out.println(Student.getZaehler());
```

aus jedem beliebigen Programm aufrufen können, ohne eine konkrete Referenz auf ein Studentenobjekt zu besitzen.
Wie können wir aber nun ein Objekt so erzeugen, dass der interne (private) Zähler korrekt erhöht wird? Zu diesem Zweck entwerfen wir eine Methode `createStudent`, die uns ein neues Studentenobjekt erzeugt. Auch diese Methode müssen wir statisch machen, da sie schließlich gerade zum Erzeugen von Objekten benutzt werden soll, also nicht aus einem Objekt heraus aufgerufen wird:

```
/** Erzeugt ein neues Studentenobjekt */
public static Student createStudent() {
  zaehler++; // erhoehe den Zaehler
  return new Student();
}
```

Unsere Methode zählt bei Aufruf zuerst die Variable `zaehler` hoch und aktualisiert somit deren Stand. Im zweiten Schritt wird mit Hilfe des **new**-Operators ein neues Objekt erzeugt und dieses als Ergebnis zurückgegeben. Nun können wir in unseren Programmen Studentenobjekte durch einen einfachen Methodenaufruf erzeugen lassen und somit den Zähler korrekt aktualisieren:

```
Student studi = Student.createStudent();
System.out.println(Student.getZaehler());
```

Leider hat diese Methode, neue Studentenobjekte zu erzeugen, einen gewaltigen Pferdefuß: bei älteren Programmen, die ihre Objekte noch mit Hilfe des **`new`**-Operators erzeugen, funktioniert der Zähler nicht korrekt. Wir laufen auch immer Gefahr, dass andere Programmierer, die unsere Klasse `Student` benutzen, den Fehler begehen, Objekte direkt zu erzeugen. Wir werden in Abschnitt 7.4.1 jedoch eine Methode kennenlernen, diese Probleme auf elegante Art und Weise zu lösen.

Student	
-name:	String
-nummer:	int
-zaehler:	int
+getName():	String
+setName(String):	void
+getNummer():	int
+setNummer(int):	void
+validateNummer():	boolean
+toString():	String
+getZaehler():	int
+createStudent():	Student

Abbildung 7.5: Die Klasse `Student`, mit Objektzähler

Jetzt werfen wir noch einen Blick auf unsere gewachsene Klasse `Student` im UML-Klassendiagramm (Abbildung 7.5). Klassenmethoden und Klassenvariablen werden im UML-Diagramm durch Unterstreichung gekennzeichnet. Wir stellen fest, dass wir – obwohl unsere Klasse inzwischen beträchtlich gewachsen ist – durch die Grafik noch immer einen schnellen Überblick über die Komponenten erhalten, aus denen sich die Klasse zusammensetzt. Oft ist es sinnvoll, private Variablen nicht in das UML-Diagramm einzuzeichnen, denn für den Entwurf eines Systems von Klassen (hierzu dient uns UML) ist es letztendlich ausreichend zu wissen, welche Schnittstelle eine Klasse nach außen zu bieten hat. Dadurch lassen sich große Klassen übersichtlicher gestalten. Auch wir wollen nachfolgend gelegentlich von dieser Regel Gebrauch machen.

7.3.2 Klassenkonstanten

Wie wir aus Abschnitt 3.4.1 wissen, ist es möglich, mit Hilfe des Schlüsselwortes **`final`** aus „normalen" Variablen **`final`**-Variablen zu machen, sie also zu symbolischen Konstanten werden zu lassen. Das gilt natürlich nicht nur für lokale Variablen innerhalb einer Methode, sondern auch für Klassenvariablen, die durch das vorangestellte **`final`** zu Klassenkonstanten werden.
Konstanten werden in Java häufig dann eingesetzt, wenn man eine nichtssagende Codierung durch eine selbst erklärende Begrifflichkeit erklären will oder wenn

man schwer zu merkende Werte wie etwa den Wert der mathematischen Konstanten π (gesprochen „pi", etwa 3.14...) benennen will. Hierbei gilt ja als Konvention, dass wir Konstanten in unseren Programmen immer groß schreiben. Im Falle von π verwendet Java die Bezeichnung `PI`. Da diese Konstante in der Klasse `Math` deklariert ist, können wir sie bekanntlich über `Math.PI` ansprechen.
Auch für die Modellierung unserer Studierenden können wir Klassenkonstanten einsetzen. Wenn sich ein Student bzw. eine Studentin für ein bestimmtes *Studienfach* an einer Hochschule einschreibt, wird dieses Fach in den Systemen vieler Hochschulverwaltungen mit einer bestimmten Nummer identifiziert.

Tabelle 7.1: Zuordnung Studienfach – Verwaltungsnummer

Studienfach	Verwaltungsnummer
Architektur	3
Biologie	5
Germanistik	7
Geschichte	6
Informatik	2
Mathematik	1
Physik	9
Politologie	8
Wirtschaftswissenschaften	4

Tabelle 7.1 zeigt eine derartige fiktive Nummerierung. Wir wollen diese Nummern verwenden und erweitern unsere Klasse `Student` um eine ganzzahlige Variable `fach` (inklusive get- und set-Methoden):

```
/** Studienfach des Studenten */
private int fach;

/** Gib das Studienfach des Studenten als Integer zurueck */
public int getFach() {
  return fach;
}

/** Setze das Studienfach des Studenten auf einen bestimmten Wert */
public void setFach(int fach) {
  this.fach = fach;
}
```

Um unsere Variable nun mit einem der obigen Werte zu füllen, definieren wir in unserer Klasse `Student` einige *finale* Klassenvariablen:

```
/** Konstante fuer das Studienfach Mathematik */
public static final int MATHEMATIKSTUDIUM = 1;

/** Konstante fuer das Studienfach Informatik */
public static final int INFORMATIKSTUDIUM = 2;

/** Konstante fuer das Studienfach Architektur */
public static final int ARCHITEKTURSTUDIUM = 3;
```

```
/** Konstante fuer das Studienfach Wirtschaftswissenschaften */
public static final int WIRTSCHAFTLICHESSTUDIUM = 4;

/** Konstante fuer das Studienfach Biologie */
public static final int BIOLOGIESTUDIUM = 5;

/** Konstante fuer das Studienfach Geschichte */
public static final int GESCHICHTSSTUDIUM = 6;

/** Konstante fuer das Studienfach Germanistik */
public static final int GERMANISTIKSTUDIUM = 7;

/** Konstante fuer das Studienfach Politologie */
public static final int POLITOLOGIESTUDIUM = 8;

/** Konstante fuer das Studienfach Physik */
public static final int PHYSIKSTUDIUM = 9;
```

Jede dieser Variablen stellt nun eine ganze Zahl dar, die wir als statische Klassenvariable etwa durch die Codezeile

```
Student.INFORMATIKSTUDIUM
```

ansprechen können. Ein Versuch, den Inhalt der Variablen nachträglich abzuändern, schlägt fehl: So liefert etwa die Zeile

```
Student.INFORMATIKSTUDIUM = 23;
```

eine Fehlermeldung der Form

Konsole

```
Can't assign a value to a final variable: INFORMATIKSTUDIUM
   Student.INFORMATIKSTUDIUM = 23;
```

Wir haben also konstante, *unveränderliche* Werte geschaffen, mit denen wir unsere Programme lesbarer und sicherer bezüglich Tippfehlern machen können. Verdeutlichen können wir uns dies, indem wir zum Beispiel die Ausgabe unserer `toString`-Methode um einen (mehr oder weniger) sinnvollen Spruch erweitern, der die verschiedenen Studiengänge charakterisiert. Ohne die Ziffern in Tabelle 7.1 nachschlagen zu müssen, gelingt uns das mühelos:

```
/** Gib eine textuelle Beschreibung dieses Studenten zurueck */
public String toString() {
  String res = name + " (" + nummer + ")\n";
  switch(fach) {
    case MATHEMATIKSTUDIUM:
      return res + "  ein Mathestudent " +
                   "(oder auch zwei, oder drei).";
    case INFORMATIKSTUDIUM:
      return res + "  ein Informatikstudent.";
    case ARCHITEKTURSTUDIUM:
      return res + "  angehender Architekt.";
    case WIRTSCHAFTLICHESSTUDIUM:
      return res + "  ein Wirtschaftswissenschaftler.";
    case BIOLOGIESTUDIUM:
      return res + "  Biologie ist seine Staerke.";
```

```
      case GESCHICHTSSTUDIUM:
        return res + "  sollte Geschichte nicht mit Geschichten " +
                     "verwechseln.";
      case GERMANISTIKSTUDIUM:
        return res + "  wird einmal Germanist gewesen tun sein.";
      case POLITOLOGIESTUDIUM:
        return res + "  kommt bestimmt einmal in den Bundestag.";
      case PHYSIKSTUDIUM:
        return res + "  studiert schon relativ lange Physik.";
      default:
        return res + "  keine Ahnung, was der Mann studiert.";
    }
  }
```

7.4 Instanziierung und Initialisierung

In diesem Abschnitt beschäftigen wir uns mit der Frage, wie wir Einfluss auf den Erzeugungsprozess eines Objektes nehmen können. Bereits auf Seite 231 hatten wir festgestellt, dass es uns gelingen müsste, in irgendeiner Form Einfluss auf den **new**-Operator zu nehmen. Unsere Methode `createStudent` und der besagte Operator taten schließlich nicht mehr das Gleiche; nur die `create`-Methode zählte unseren Zähler korrekt hoch.
Nun lernen wir Mittel und Wege kennen, unser Vorhaben in die Tat umzusetzen.

7.4.1 Konstruktoren

Erinnern wir uns: Bevor wir die Methode `createStudent` erschufen, hatten wir unsere Objekte durch eine Zeile der Form

```
Student studi = new Student();
```

instanziiert, wobei der **new**-Operator angewendet wurde, entsprechend der bereits auf Seite 154 beschriebenen Regel

Syntaxregel

```
«INSTANZNAME» = new «KLASSENNAME» ();
```

Wenn wir uns diese Zeile etwas genauer ansehen, so fallen uns die runden Klammern am Ende auf. Diese Klammern kennen wir bislang nur vom Aufruf von Methoden her! Ruft die Verwendung des **new**-Operators etwa ebenfalls eine Methode auf?
Tatsächlich ist der Vorgang des „Erbauens" eines Objektes etwas komplizierter. In Abschnitt 7.4.4 gehen wir auf die tatsächlichen Mechanismen näher ein. Wir können aber an dieser Stelle schon vereinfacht sagen, dass am Ende dieses Vorganges tatsächlich eine Art von Methode aufgerufen wird: der sogenannte **Konstruktor**.
Konstruktoren sind keine Methoden im eigentlichen Sinn, da sie nicht – wie etwa Klassen- oder Instanzmethoden – explizit aufgerufen werden. Sie haben auch

keinen Rückgabetyp (nicht einmal **void**). Die Definition des Konstruktors erfolgt nach dem Schema:[8]

Syntaxregel

```
public «KLASSENNAME» ( «PARAMETERLISTE» )
{
   // hier den auszufuehrenden Code einfuegen
}
```

Aus dieser Regel schließen wir zwei wichtige Dinge:

1. Der Konstruktor heißt immer so wie die Klasse.
2. Der Konstruktor verfügt über eine Parameterliste, in der wir Argumente vereinbaren können (was wir im nächsten Abschnitt auch tun werden).

Mit dieser einfachen Regel können wir nun also Einfluss auf die Erzeugung unseres Objektes nehmen – genau das wollen wir auch tun. Wir beginnen mit dem einfachsten Fall: einem Konstruktor, der keinerlei Argumente besitzt und absolut nichts tut:

```
public Student() {}
```

Dieser Konstruktor, manchmal auch als **Standard-Konstruktor** oder **Default-Konstruktor** bezeichnet, wurde bisher vom Compiler automatisch erzeugt. Er wird vom System aufgerufen, wenn wir z. B. mit

```
Student studi = new Student();
```

ein Objekt instanziieren. Der Standard-Konstruktor wird nur angelegt, wenn man keine eigenen Konstruktoren anlegt – und nur dann! Wenn wir also im Folgenden eigene Konstruktoren für unsere Klassen definieren, wird für diese vom System kein Standard-Konstruktor mehr angelegt.
Der folgende Konstruktor aktualisiert unsere Klassenvariable `zaehler`, indem er sie automatisch um den Wert 1 erhöht:

```
/** Argumentloser Konstruktor */
public Student() {
  zaehler++;
}
```

Wenn wir nun mit Hilfe des **new**-Operators ein Studentenobjekt erzeugen, so wird durch den Aufruf des Konstruktors der Zähler automatisch aktualisiert. Wir können uns also die zusätzliche Erhöhung in unserer `createStudent`-Methode sparen:

```
/** Erzeugt ein neues Studentenobjekt */
public static Student createStudent() {
  return new Student();
}
```

[8] Hierbei kann man statt **public** natürlich auch andere Zugriffsrechte vergeben.

Tatsächlich stellen wir fest, dass es nun wieder keinen Unterschied mehr bedeutet, ob wir unsere Objekte mit **new** oder mit `createStudent` erzeugen. Der Prozess der Instanziierung wurde somit vereinheitlicht, die auf Seite 231 angemahnte Abwärtskompatibilität[9] wiederhergestellt.

7.4.2 Überladen von Konstruktoren

Wir wollen neben den bisher vorhandenen Daten eine weitere Instanzvariable definieren: In der ganzzahligen Variable `geburtsjahr` möchten wir das Jahr hinterlegen, in dem der betreffende Student bzw. die betreffende Studentin geboren wurde.

```
/** Geburtsjahr eines Studenten */
private int geburtsjahr;
```

Die Variable `geburtsjahr` soll im Gegensatz zu unseren bisherigen Instanzvariablen jedoch eine Besonderheit besitzen. Wir definieren zwar eine get-Methode, mit der wir den Wert der Variablen auslesen können

```
/** Gib das Geburtsjahr des Studenten als Integer zurueck */
public int getGeburtsjahr() {
  return geburtsjahr;
}
```

formulieren aber keine set-Methode, um den entsprechenden Wert zu setzen bzw. zu verändern. Der Grund hierfür ist relativ einfach. Alle bisher definierten Werte können sich ändern. Der Student bzw. die Studentin kann heiraten und den Namen seines Partners annehmen. Er kann sein Studienfach oder die Universität wechseln, was den Inhalt der Variablen `fach` und `nummer` beeinflussen würde. Nur eines kann unser(e) Student(in) niemals verändern: das Jahr, in dem er bzw. sie geboren wurde.

Wir wollen also den Inhalt der Variablen beim Erzeugen festlegen. Danach soll diese Variable von außen nicht mehr verändert werden können. Im Fall unseres argumentlosen Konstruktors sähe dies etwa wie folgt aus:

```
/** Argumentloser Konstruktor */
public Student() {
  zaehler++;
  geburtsjahr = 2000;
}
```

Wir setzten also den Inhalt unserer Variablen auf einen Standardwert, das Jahr 2000, was natürlich insbesondere deshalb unbefriedigend ist, weil nur ein geringer Teil der heute Studierenden in diesem Jahr geboren wurde. Deshalb definieren wir einen zweiten Konstruktor, in dem wir das Geburtsjahr als einen Parameter übergeben:

```
/** Konstruktor, bei dem sich das Geburtsjahr setzen laesst. */
public Student(int geburtsjahr) {
  zaehler++;
```

[9] Dies bedeutet, dass Programme, die für ältere Versionen unserer Klasse `Student` geschrieben wurden, auch mit unserer neuen Version funktionieren.

```
    this.geburtsjahr = geburtsjahr;
  }
```

Wir haben unseren Konstruktor also **überladen**, wie wir es schon in Abschnitt 5.1.5 mit Methoden gemacht haben. Analog dazu unterscheidet Java auch die Konstruktoren einer Klasse

- anhand der *Zahl* der Argumente,
- anhand des *Typs* der Argumente und
- anhand der *Position* der Argumente.

Wir können beim Überladen also den gleichen Regeln folgen – unsere Definition des zweiten Konstruktors war somit korrekt – und ihn wie gewohnt verwenden, indem wir das Geburtsjahr innerhalb der Klammern des **new**-Operators mit aufführen. So generiert etwa die folgende Zeile einen im Jahr 1999 geborenen Studenten:

```
Student studi = new Student(1999);
```

In den Übungsaufgaben beschäftigen wir uns noch einmal mit dem Überladen von Konstruktoren. Da Sie diesen Mechanismus jedoch bereits von den Methoden her kennen, stellt er bei Weitem kein Hexenwerk mehr dar.
An diesem Punkt jedoch noch eine kleine Anmerkung, die die Programmierung insbesondere von vielen Konstruktoren in einer Klasse vereinfacht. Wenn wir einen Blick auf unsere beiden Konstruktoren werfen, so stellen wir fest, dass sich diese in ihrer Struktur sehr ähneln:

```
/** Argumentloser Konstruktor */
public Student() {
  zaehler++;
  geburtsjahr = 2000;
}

/** Konstruktor, bei dem sich das Geburtsjahr setzen laesst. */
public Student(int geburtsjahr) {
  zaehler++;
  this.geburtsjahr = geburtsjahr;
}
```

Beide Konstruktoren erhöhen zuerst den Zähler und setzen dann die Variable `geburtsjahr` auf einen vorbestimmten Wert. Unser argumentloser Konstruktor ist hierbei gewissermaßen ein „Spezialfall" des anderen Konstruktors, da er das Geburtsjahr nicht übergeben bekommt, sondern auf einen festen Wert setzt. Wir können diesen Konstruktor also einfacher formulieren, indem wir ihn auf seinen „großen Bruder" zurückführen:

```
public Student() {
  this(2000);
}
```

Hierbei verwenden wir das Schlüsselwort **`this`**, um einen Konstruktor aus einem anderen Konstruktor heraus aufzurufen. Dieser Vorgang kann nur innerhalb von Konstruktoren und auch dort nur einmal geschehen – nämlich *als allererster Befehl innerhalb des Konstruktors*. Dieser eine erlaubte Aufruf gestattet es uns jedoch, nicht jede einzelne Codezeile doppelt formulieren zu müssen. Insbesondere bei großen und aufwändigen Konstruktoren erspart uns das eine Menge Arbeit.

7.4.3 Der statische Initialisierer

Spätestens seit Gaston Leroux' Erfolgsroman wissen wir es alle: Eine wirklich erfolgreiche Institution benötigt ein *Phantom*. Angefangen mit dem Phantom der (Pariser) Oper übertrug sich dieser Trend mittels Hollywoodstreifen auf Filmstudios, Krankenhäuser und sonstige öffentliche Gebäude.
Wir wollen dieser Entwicklung Rechnung tragen und auch unserer Universität ein Phantom spendieren. Dieses Phantom soll eine konstante Klassenvariable sein und unter dem Namen `Student.PHANTOM` angesprochen werden können:

```
/** Diese Konstante repraesentiert
    das Phantom des Campus */
public static final Student PHANTOM;
```

Unser Phantom soll die Matrikelnummer -12345 besitzen, auf den Namen „Erik le Phant" hören und im Jahr 1735 geboren sein. Ferner soll er offiziell gar nicht existieren, das heißt, seine Existenz soll den Studentenzähler nicht beeinflussen. An dieser Stelle bekommen wir mit der Initialisierung unserer Konstanten anscheinend massive Probleme:

1. Die Konstante `Student.PHANTOM` soll zusammen mit der Klasse existieren, ohne dass wir sie in unserem Hauptprogramm erst in irgendeiner Form initialisieren müssen.
2. Die Zahl -12345 ist keine gültige Matrikelnummer. Unsere `setNummer`-Methode würde diesen Wert nicht als gültige Eingabe akzeptieren. Wir können diesen Wert also von außen nicht setzen.
3. Jedes Mal, wenn wir mit dem **`new`**-Operator ein Objekt erzeugen, wird die interne Variable `zaehler` automatisch hochgezählt. Da wir aber von außen nur lesenden Zugriff auf den Zähler haben, können wir diesen Umstand nicht rückgängig machen.

Wie wir sehen, kommen wir an dieser Stelle mit einer Initialisierung „von außen" nicht weiter. Wir benötigen eine Möglichkeit, statische Komponenten einer Klasse beim Systemstart[10] automatisch zu initialisieren. Hierfür verwenden wir den sogenannten **statischen Initialisierer**, umgangssprachlich oft einfach **`static`**-Block genannt.[11] Statische Initialisierer werden nach folgender Regel erschaffen:

Syntaxregel

```
static {
   // hier den auszufuehrenden Code einfuegen
}
```

[10] Genauer gesagt, wenn wir die Klasse zum ersten Mal verwenden.

[11] Die offizielle englischsprachige Bezeichnung aus der Java Language Specification ist übrigens **static initializer**.

In einer Klasse können beliebig viele static-Blöcke auftreten. Sobald die Klasse dem Java-System bekannt gemacht wird (das sogenannte Laden der Klasse), werden die static-Blöcke in der Reihenfolge ausgeführt, in der sie im Programmcode auftauchen. Hierbei gelten die folgenden wichtigen Regeln:

- *Statische Initialisierer haben nur Zugriff auf statische Komponenten einer Klasse.* Sie können keine Instanzvariablen manipulieren, da diese nur innerhalb von Objekten existieren. Natürlich mit der Ausnahme, dass Sie innerhalb des static-Blocks ein Objekt, mit dem Sie arbeiten wollen, erzeugt haben.
- *Statische Initialisierer haben Zugriff auf alle (auch private) Teile einer Klasse.* Im Gegensatz zu einer Initialisierung „von außen" befinden wir uns beim static-Block innerhalb der Klasse. Wir können selbst die für andere unsichtbaren Bereiche einsehen und manipulieren.
- *Statische Initialisierer haben nur Zugriff auf statische Komponenten, die im Programmcode* vor *ihnen definiert wurden.* Wenn Sie also eine statische Variable durch einen static-Block initialisieren wollen, muss der static-Block *nach* der Definition der Klassenvariable erfolgen.

Wir wollen diese Regeln nun berücksichtigen und unsere Konstante initialisieren. Hierzu erzeugen wir einen static-Block, den wir (um bezüglich der Reihenfolge auf Nummer sicher zu gehen) an das Ende unserer Klassendefinition setzen:

```
/* ========================
   STATISCHE INITIALISIERUNG
   ========================
 */

static {
  // Erzeuge das PHANTOM-Objekt
  PHANTOM = new Student(1735);
  PHANTOM.name = "Erik le Phant";
  PHANTOM.nummer = -12345;
  // Setze den Zaehler wieder zurueck
  zaehler = 0;
}
```

Gehen wir nun die einzelnen Zeilen unseres statischen Initialisierers genauer durch. In der ersten Zeile

```
PHANTOM = new Student(1735);
```

haben wir mit Hilfe des **new**-Operators ein neues Studentenobjekt (mit Geburtsdatum 1735) erzeugt und der Konstante `PHANTOM` zugewiesen. Unsere Konstante ist somit belegt und kann nicht mehr verändert werden.
In der folgenden Zeile werden wir nun anscheinend gegen diesen Grundsatz verstoßen. Wir nutzen unseren direkten Zugriff auf die private Instanzvariable `name` aus und setzen ihren Inhalt auf den Namen „Erik le Phant":

```
PHANTOM.name = "Erik le Phant";
```

Haben wir somit gegen das Gesetz, finale Variablen nicht mehr verändern zu können, verstoßen? Die Antwort lautet *nein*, und ihre Begründung liegt wieder einmal in dem Umstand, dass es sich bei Klassen um Referenzdatentypen handelt.

In unserer finalen Variablen `PHANTOM` steht nämlich nicht das Objekt selbst, sondern eine *Referenz*, also ein Verweis auf das tatsächliche Objekt. Diese Referenz ist konstant, das heißt, unsere Variable wird immer auf ein und dasselbe Studentenobjekt verweisen. Das Objekt selbst ist jedoch ein ganz „normaler“ Student und kann als solcher von uns auch manipuliert[12] werden.
In der folgenden Zeile nutzen wir unseren Zugriff auf private Komponenten aus, um den Wert der Matrikelnummer auf -12345 zu setzen:

```
PHANTOM.nummer = -12345;
```

Da wir hierbei den Wert der Variablen direkt setzen, also nicht über die set-Methode gehen, wird die `validate`-Methode für unsere Variable `nummer` nicht aufgerufen. Wir können den Inhalt unserer Variablen somit ungestört auf einen (eigentlich nicht erlaubten) Wert setzen.
Nun kümmern wir uns noch um den statischen Objektzähler. Dass der **new**-Operator unsere Variable `zaehler` auf den Wert 1 gesetzt hat, konnten wir nicht verhindern. Wir machen dies im Nachhinein jedoch wieder rückgängig, indem wir unseren Objektzähler einfach wieder auf null setzen:

```
zaehler = 0;
```

Wir haben innerhalb weniger Zeilen einen statischen Initialisierer geschaffen, der

1. die Konstante `Student.PHANTOM` automatisch initialisiert, sobald die Klasse benutzt wird,

2. die Matrikel`nummer` auf den (eigentlich inkorrekten) Wert -12345 setzt und somit die automatische Prüfung umgeht und

3. den `zaehler` wieder zurücksetzt, sodass unser Phantom in der Objektzählung nicht erscheint.

Unsere Probleme sind also gelöst.

7.4.4 Der Mechanismus der Objekterzeugung

Wir haben in den letzten Abschnitten verschiedene Mechanismen kennengelernt, um Klassen- und Instanzvariablen mit Werten zu belegen. Unsere Konstruktoren spielen hierbei eine wichtige Rolle, sind aber nicht die einzigen wichtigen Bestandteile des Instanziierungsprozesses. Wenn wir beispielsweise unserer Variablen `name` in ihrer Definition

```
private String name = "DummyStudent";
```

einen Initialisierer hinzufügen und ferner im Konstruktor die Zeile

```
this.name = "Namenlos";
```

hinzufügen – auf welchen Wert wird unser Studentenname bei der Initialisierung dann gesetzt? Ist er dann „Namenlos“ oder ein „DummyStudent“?

[12] Natürlich lehnen wir jegliche Manipulation von Studierenden grundsätzlich ab. Das Beispiel dient lediglich zu Ausbildungszwecken und erfolgt auch nur an unserem Phantom.

Um diese Frage beantworten zu können, sollte man (zumindest in groben Zügen) den Mechanismus verstehen, mit dem unsere Objekte erzeugt werden. Wir werden uns deshalb in diesem Abschnitt näher damit beschäftigen. Zu diesem Zweck betrachten wir zwei einfache Klassen, die in Abbildung 7.6 skizziert sind.

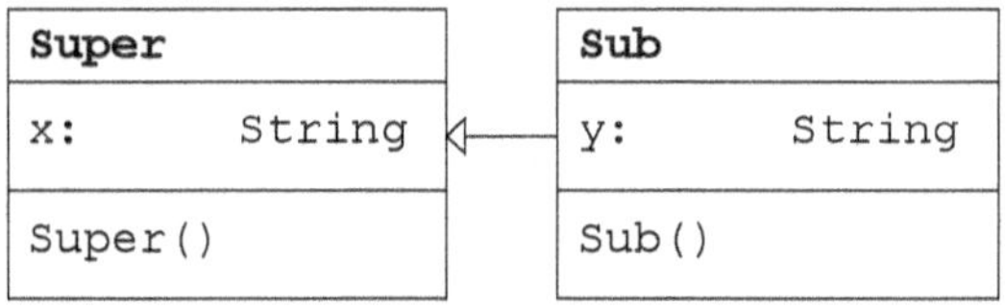

Abbildung 7.6: Beispielklassen für Abschnitt 7.4.4

Die Klassen `Super` und `Sub` stehen in einer verwandtschaftlichen Beziehung zueinander: `Sub` ist die Subklasse von `Super`. Sie erbt somit deren Eigenschaften, das heißt in diesem Fall die öffentliche Instanzvariable `x`. Ferner wird in `Sub` eine zweite Instanzvariable namens `y` definiert, die also die Funktionalität der Superklasse um ein weiteres Datum ergänzt. Im Folgenden werden wir uns mit der Frage beschäftigen, welche Aktionen innerhalb des Systems beim Aufruf eines Konstruktors[13] der Subklasse in der Form

```
new Sub();
```

ausgelöst werden.
Wir betrachten erst einmal die Theorie. Ein Objekt wird vom System in den folgenden Schritten angelegt:

1. Das System organisiert Speicherplatz, um den Inhalt sämtlicher Instanzvariablen abspeichern zu können, die innerhalb des Objektes benötigt werden. In unserem Fall wären das für ein `Sub`-Objekt also die Variablen `x` und `y`. Sollte nicht genug Speicher vorhanden sein, entsteht ein sogenannter `OutOfMemory`-Fehler, der das gesamte Java-System zum Absturz bringen kann. In Ihren Programmen wird dies aber normalerweise nicht der Fall sein.

2. Die Instanzvariablen werden mit ihren Standardwerten (Default-Werten, gemäß Tabelle 7.2) belegt.

3. Der Konstruktor wird mit den übergebenen Werten aufgerufen. Hierbei wird in Java nach dem folgenden System vorgegangen:

   (a) Ist die erste Anweisung des Konstruktorrumpfes *kein* Aufruf eines anderen Konstruktors (also weder **`this`**`(...)` noch **`super`**`(...)`), so wird implizit der Aufruf des Standard-Konstruktors der direkten Superklasse

[13] Die Konstruktoren werden im UML-Diagramm wie Methoden dargestellt, allerdings lässt man den Rückgabetyp weg. Jede unserer beiden Klassen besitzt also einen argumentlosen Konstruktor.

Tabelle 7.2: Default-Werte von Instanzvariablen

Datentyp	Standardwert
byte	(**byte**) 0
short	(**short**) 0
int	0
long	0L
float	0.0f
double	0.0d
char	(**char**) 0
boolean	**false**
Referenzdatentyp	**null**

super() ergänzt und auch aufgerufen. Unmittelbar nach diesem impliziten Aufruf werden alle in der Klasse mit Initialisierern deklarierten Instanzvariablen mit den entsprechenden Werten initialisiert. Haben wir etwa in unserer Klasse Sub die Variable y in der Form

```
public String y = "vor Sub-Konstruktor";
```

definiert, lautet der Wert von y nun also vor Sub-Konstruktor. Erst danach werden die restlichen Anweisungen des Konstruktorrumpfes ausgeführt. Auf das Schlüsselwort **super** gehen wir im nächsten Kapitel noch genauer ein.

(b) Ist die erste Anweisung innerhalb des Konstruktorrumpfes von der Form **super**(...), wird der entsprechende Konstruktor der direkten Superklasse aufgerufen. Danach werden alle in der Klasse mit Initialisierern deklarierten Instanzvariablen mit den entsprechenden Werten initialisiert und die restlichen Anweisungen des Konstruktorrumpfes ausgeführt.

(c) Ist die erste Anweisung innerhalb des Konstruktorrumpfes von der Form **this**(...), wird der entsprechende Konstruktor derselben Klasse aufgerufen. Danach sind alle in der Klasse mit Initialisierern deklarierten Instanzvariablen bereits initialisiert, und es werden nur noch die restlichen Anweisungen des Konstruktorrumpfes ausgeführt.

Wir werden diese Regeln nun an unserem konkreten Beispiel anzuwenden versuchen. Hierfür werfen wir zunächst einen Blick auf die Definition unserer beiden Klassen in Java:

```
public class Super {

  /** Eine oeffentliche Instanzvariable */
  public String x = "vor Super-Konstruktor";

  /** Ein argumentloser Konstruktor */
  public Super() {
    System.out.println("Super-Konstruktor gestartet.");
    System.out.println("x = " + x);
```

```
10      x = "nach Super-Konstruktor";
11      System.out.println("Super-Konstruktor beendet.");
12      System.out.println("x = " + x);
13    }
14  }
```

Unsere Klasse Sub leitet sich hierbei von der Klasse Super ab, was wir in Java durch das Schlüsselwort **extends** zum Ausdruck bringen. Der restliche Aufbau der Klasse ergibt sich auch aus dem dazugehörigen UML-Diagramm 7.6:

```
public class Sub extends Super {

  /** Eine weitere oeffentliche Instanzvariable */
  public String y = "vor Sub-Konstruktor";

  /** Ein argumentloser Konstruktor */
  public Sub() {
    System.out.println("Sub-Konstruktor gestartet.");
    System.out.println("x = " + x);
    System.out.println("y = " + y);
    x = "nach Sub-Konstruktor";
    y = "nach Sub-Konstruktor";
    System.out.println("Sub-Konstruktor beendet.");
    System.out.println("x = " + x);
    System.out.println("y = " + y);
  }
}
```

Wenn wir nach dem allgemeinen Muster vorgehen, unterteilt sich der Instanzierungsvorgang in verschiedene Schritte. Wir haben den Ablauf in neun Einzelschritte zerlegt, die in Abbildung 7.7 grafisch dargestellt sind:

1. Im Speicher wird Platz für ein Objekt der Klasse Sub reserviert. Es werden die Instanzvariablen x und y angelegt und mit den Default-Werten initialisiert.
2. Der Konstruktor wird aufgerufen. Da wir in unserem Code nicht explizit mit **super** gearbeitet haben, ruft das System automatisch den argumentlosen Konstruktor der Superklasse auf. Bei dessen Ablauf wird zunächst (automatisch) die Variable x initialisiert.
3. Im weiteren Ablauf des Super-Konstruktors wird eine Meldung auf dem Bildschirm ausgegeben (durch Zeile 8 und 9 im Programmcode).
4. Danach wird der Inhalt der Variable x auf den Wert „nach Super-Konstruktor“ gesetzt.
5. Bevor der Konstruktor der Superklasse beendet wird, gibt er eine entsprechende Meldung auf dem Bildschirm aus (Zeile 11 bis 12). Der Konstruktor der Superklasse wurde ordnungsgemäß beendet.
6. Nun wird der Konstruktor der Klasse Sub fortgesetzt mit der (automatischen) Initialisierung von y, d. h. die Variable wird auf „vor Sub-Konstruktor“ gesetzt.

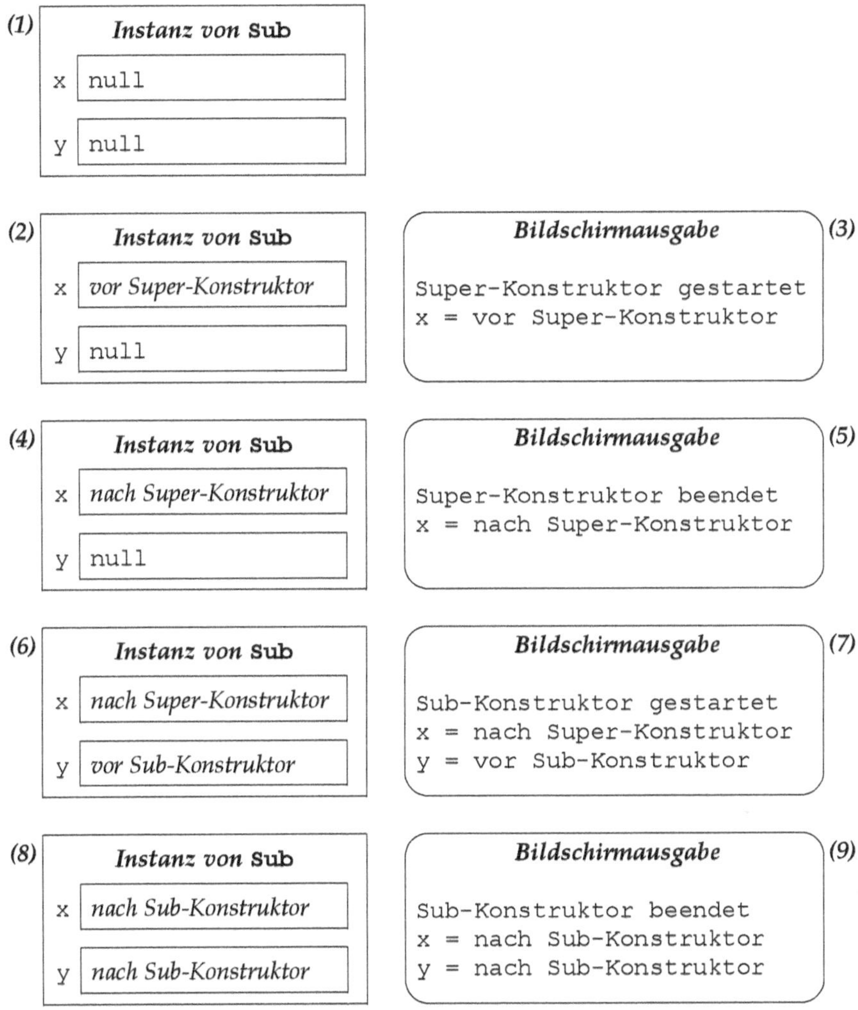

Abbildung 7.7: Instanziierungsprozess von Sub- und Superklasse

7. Nun erfolgt die eigentliche Ausführung unseres Konstruktors der Klasse `Sub`. Zu Beginn des Konstruktors wird eine entsprechende Meldung ausgegeben; die Variablen `x` und `y` haben die Werte „nach Super-Konstruktor" bzw. „vor Sub-Konstruktor".
8. Zuletzt werden die Variablen `x` und `y` wiederum auf einen neuen Wert gesetzt (Zeile 11 und 12 im Programmtext der Klasse `Sub`).
9. In der anschließenden Bildschirmausgabe wird uns diese Veränderung bestätigt.

Die komplette Ausgabe unseres Programms lautet also wie folgt:

```
Konsole
Super-Konstruktor gestartet.
x = vor Super-Konstruktor
Super-Konstruktor beendet.
x = nach Super-Konstruktor

Sub-Konstruktor gestartet.
x = nach Super-Konstruktor
y = vor Sub-Konstruktor
Sub-Konstruktor beendet.
x = nach Sub-Konstruktor
y = nach Sub-Konstruktor
```

Wie wir sehen, haben unsere Variablen während des Instanziierungsprozesses bis zu drei verschiedene Werte angenommen. Wir können diese Zahl beliebig steigern, indem wir die Zahl der sich voneinander ableitenden Klassen erhöhen. In jeder Superklasse können wir einen Konstruktor definieren, der den Wert einer Instanzvariable verändert.

Im Allgemeinen ist es natürlich nicht sinnvoll, seine Programme auf diese Weise zu verfassen – der Quelltext wird dann unleserlich und ist schwer nachzuvollziehen. Das Wissen um den Instanziierungsprozess hilft uns jedoch weiter, um etwa die Eingangsfrage unseres Abschnitts bezüglich der Klasse `Student` beantworten zu können. Machen Sie sich anhand der Regeln klar, warum die richtige Antwort „Namenlos“ lautet.

7.5 Zusammenfassung

Wir haben anhand eines einfachen Anwendungsfalles – der Klasse `Student` – die grundlegenden Mechanismen kennengelernt, um in Java mit Klassen umzugehen. Wir haben Instanzvariablen und Instanzmethoden kennengelernt – Variablen und Methoden also, die direkt einem Objekt zugeordnet sind. Dieses neue Konzept stand im Gegensatz zu unserer bisherigen Vorgehensweise, Methoden als statische Komponenten einer Klasse zu erklären. Die Verwendung dieser statischen Komponenten, also Klassenvariablen und Klassenmethoden, haben wir dennoch nicht vollständig verworfen, sondern anhand eines einfachen Beispiels (der Variablen `zaehler`) ihren praktischen Nutzen in der Objektorientierung demonstriert.

Wir haben die Schlüsselworte **`public`** und **`private`** kennengelernt, mit deren Hilfe wir Teile einer Klasse öffentlich machen oder vor der Außenwelt verstecken konnten. Dabei haben wir gelernt, wie man dem Prinzip der Datenkapselung entspricht, indem wir Variablen privat deklariert und Lese- und Schreibzugriff über entsprechende (öffentliche) Methoden gewährt haben. Auf diese Weise war es uns beispielsweise möglich, Benutzereingaben wie die Matrikelnummer automatisch auf ihre Gültigkeit zu überprüfen.

Zum Schluss haben wir uns in diesem Kapitel sehr intensiv mit dem Entstehungsprozess eines Objektes beschäftigt. Wir haben gelernt, wie man mit Konstruktoren dynamische Teile eines Objektes initialisiert und wie man **`static`**-Blöcke einsetzt, um statische Komponenten und Konstanten mit Werten zu belegen. Ferner haben wir uns mit dem Überladen von Konstruktoren befasst und an einem konkreten Beispiel erfahren, wie das Zusammenspiel von Initialisierern und Konstruktoren in Sub- und Superklasse funktioniert.

7.6 Übungsaufgaben

Aufgabe 7.1

Fügen Sie der Klasse `Student` einen weiteren Konstruktor hinzu. In diesem Konstruktor soll man in der Lage sein, alle Instanzvariablen (Name, Nummer, Fach, Geburtsjahr) als Argumente zu übergeben. Erhöhen Sie den Zähler hierbei nicht selbst, sondern verwenden Sie das Schlüsselwort **`this`**, um einen der bereits vorhandenen Konstruktoren aufzurufen. Übergeben Sie diesem Konstruktor auch das gewünschte Geburtsjahr.

Aufgabe 7.2

Fügen Sie der Klasse `Student` eine weitere private Instanzvariable `geschlecht` sowie finale Klassenvariablen `WEIBLICH` und `MAENNLICH` hinzu, sodass beim Arbeiten mit Objekten der Klasse `Student` explizit zwischen weiblichen und männlichen Studierenden unterschieden werden kann. Fügen Sie der Klasse `Student` weitere Konstruktoren hinzu, die diese neuen Variablen berücksichtigen. Verwenden Sie auch hier mit Hilfe des Schlüsselworts **`this`** bereits vorhandene Konstruktoren.

Aufgabe 7.3

Wir nehmen an, dass alle Karlsruher Hochschulen über ein besonderes System verfügen, um Matrikelnummern auf Korrektheit zu überprüfen:

- Zuerst wird die (als siebenstellig festgelegte) Zahl in ihre Ziffern $Z_1, Z_2 \ldots Z_7$ aufgeteilt; für die Matrikelnummer 0848600 wäre also etwa

$$Z_1 = 0,\ Z_2 = 8,\ Z_3 = 4,\ Z_4 = 8,\ Z_5 = 6,\ Z_6 = 0,\ Z_7 = 0.$$

- Nun wird eine spezielle „gewichtete Quersumme" Σ der Form

$$\Sigma = Z_1 \cdot 2 + Z_2 \cdot 1 + Z_3 \cdot 4 + Z_4 \cdot 3 + Z_5 \cdot 2 + Z_6 \cdot 1$$

  gebildet.

- Die Matrikelnummer ist genau dann gültig, wenn die letzte Ziffer der Matrikelnummer (also Z_7) mit der letzten Ziffer der Quersumme Σ übereinstimmt.

Sie sollen nun eine spezielle Klasse `KarlsruherStudent` entwickeln, die lediglich Zahlen als Matrikelnummern zulässt, die diese Prüfung bestehen. Beginnen Sie zu diesem Zweck mit folgendem Ansatz:

```
/** Ein Student einer Karlsruher Hochschule */
public class KarlsruherStudent extends Student {

}
```

Die Klasse leitet sich wegen des Schlüsselworts **`extends`** von unserer allgemeinen Klasse `Student` ab, erbt somit also auch alle Variablen und Methoden. Gehen Sie nun in zwei Schritten vor, um unsere Klasse zu vervollständigen:

a) Im Moment haben wir bei der neuen Klasse nicht die Möglichkeit, das Geburtsjahr zu setzen (machen Sie sich klar, warum). Aus diesem Grund verfassen Sie einen Konstruktor, dem man das Geburtsjahr als Argument übergeben kann. Da Sie keinen Zugriff auf die privaten Instanzvariablen haben, müssen Sie hierzu den entsprechenden Konstruktor der Superklasse aufrufen.

b) Überschreiben Sie die `validateNummer`-Methode so, dass diese die Prüfung gemäß dem Karlsruher System durchführt. Aufgrund der Polymorphie wird die neue Methode das Original in allen Karlsruher Studentenobjekten ersetzen. Da die set-Methode jedoch die Validierung verwendet, haben wir die Wertzuweisung automatisch dem neuen System angepasst.

   Hinweis: Das Aufspalten einer Zahl in ihre Einzelziffern haben wir in diesem Buch schon an mehreren Stellen besprochen. Verwenden Sie bereits vorhandene Algorithmen, und sparen Sie sich somit den Aufwand einer Neuentwicklung.

Aufgabe 7.4

Vervollständigen Sie den nachfolgenden Lückentext mit Angaben, die sich auf die Klassen `Klang`, `Krach` und `Musik` beziehen, die am Ende dieser Aufgabe angegeben sind:

a) Die Klasse … ist Superklasse der Klasse … .

b) Die Klasse … erbt von der Klasse … die Variable(n) … .

c) In den drei Klassen gibt es die Instanzvariable(n) … .

d) In den drei Klassen gibt es die Klassenvariable(n) … .

e) Auf die Variable(n) … der Klasse `Klang` kann in der Klasse `Krach` und in der Klasse `Musik` zugegriffen werden.

f) Auf die Variable(n) … der Klasse `Krach` hat keine andere Klasse Zugriff.

g) Die Variable(n) … hat/haben in allen Instanzen der Klasse `Krach` den gleichen Wert.

h) Der Konstruktor der Klasse `Klang` wird in den Zeilen … aufgerufen.

i) Die Methode `mehrPower` der Klasse `Klang` wird in den Zeilen ... bis ... überschrieben und in den Zeilen ... bis ... überladen.

j) Die Methode `mehrPower`, die in den Zeilen ... bis ... definiert ist, wird in Zeile ... und in Zeile ... aufgerufen.

k) Die Methode `mehrPower`, die in den Zeilen ... bis ... definiert ist, wird in Zeile ... aufgerufen.

l) Die Methode `mehrPower`, die in den Zeilen ... bis ... definiert ist, wird in ... aufgerufen.

m) Die Methode `toString`, die in den Zeilen 7 bis 9 definiert ist, wird in ... aufgerufen.

n) Die Methoden ... sind Instanzmethoden.

Auf die nachfolgenden Klassen sollen sich Ihre Antworten beziehen:

```
1  public class Klang {
2    public int baesse, hoehen;
3    public Klang(int b, int h) {
4      baesse = b;
5      hoehen = h;
6    }
7    public String toString () {
8      return "B:" + baesse + " H:" + hoehen;
9    }
10   public void mehrPower (int b) {
11     baesse += b;
12   }
13 }
14 public class Krach extends Klang {
15   private int rauschen, lautstaerke;
16   public static int grundRauschen = 4;
17   public Krach (int l, int b, int h) {
18     super(b,h);
19     lautstaerke = l;
20     rauschen = grundRauschen;
21   }
22   public void mehrPower (int b) {
23     baesse += b;
24     if (baesse > 10) {
25       lautstaerke -= 1;
26     }
27   }
28   public void mehrPower (int l, int b) {
29     lautstaerke += l;
30     this.mehrPower(b);
31   }
32 }
33 public class Musik {
34   public static void main (String[] args) {
35     Klang k = new Klang(1,5);
36     Krach r = new Krach(4,17,30);
37     System.out.println(r);
```

```
    r.mehrPower(3);
    r.mehrPower(2,2);
  }
}
```

Aufgabe 7.5

Gegeben seien die folgenden Java-Klassen:

```
class Maus {
  Maus() {
    System.out.println("Maus");
  }
}

class Katze {
  Katze() {
    System.out.println("Katze");
  }
}

class Ratte extends Maus {
  Ratte() {
    System.out.println("Ratte");
  }
}

class Fuchs extends Katze {
  Fuchs() {
    System.out.println("Fuchs");
  }
}

class Hund extends Fuchs {
  Maus m = new Maus();
  Ratte r = new Ratte();
  Hund() {
    System.out.println("Hund");
  }
  public static void main(String[] args) {
    new Hund();
  }
}
```

Geben Sie an, was beim Start der Klasse `Hund` ausgegeben wird.

Aufgabe 7.6

Gegeben seien die folgenden Klassen:

```
class Eins {
  public long f;
  public static long g = 2;
  public Eins (long f) {
    this.f = f;
```

```
  }
  public Object clone() {
    return new Eins(f + g);
  }
}

class Zwei {
  public Eins h;
  public Zwei (Eins eins) {
    h = eins;
  }
  public Object clone() {
    return new Zwei(h);
  }
}

public class TestZwei {
  public static void main (String[] args) {
    Eins e1 = new Eins(1), e2;
    Zwei z1 = new Zwei(e1), z2;
    System.out.print  (Eins.g + "-");
    System.out.println(z1.h.f);
    e2 = (Eins) e1.clone();
    z2 = (Zwei) z1.clone();
    e1.f = 4;
    Eins.g = 5;
    System.out.print  (e2.f + "-");
    System.out.print  (e2.g + "-");
    System.out.print  (z1.h.f + "-");
    System.out.print  (z2.h.f + "-");
    System.out.println(z2.h.g);
  }
}
```

Geben Sie an, was beim Aufruf der Klasse `TestZwei` ausgegeben wird.

Aufgabe 7.7

Die folgenden sechs Miniaturprogramme haben alle ein und denselben Sinn. Sie definieren eine Klasse, die eine private Instanzvariable besitzt, die bei der Instanziierung gesetzt werden soll. Mit Hilfe einer `toString`-Methode kann ein derart erzeugtes Objekt (in der `main`-Methode) auf dem Bildschirm ausgegeben werden. Von diesen sechs Programmen sind zwei jedoch dermaßen verkehrt, dass sie beim Übersetzen einen Compilierungsfehler erzeugen. Drei weitere Programme beinhalten logische Fehler, die der Compiler zwar nicht erkennen kann, die aber bei Ablauf des Programms zutage treten. Finden Sie das eine funktionierende Programm, *ohne* die Programme in den Computer einzugeben. Begründen Sie bei den anderen Programmen jeweils, warum sie nicht funktionieren:

```
public class Fehler1 {

  /** Private Instanzvariable */
  private String name;
```

```

  /** Konstruktor */
  public Fehler1(String name) {
    name = name;
  }

  /** String-Ausgabe */
  public String toString() {
    return "Name = " + name;
  }

  /** Hauptprogramm */
  public static void main(String[] args) {
    System.out.println(new Fehler1("Testname"));
  }

}
```

```
public class Fehler2 {

  /** Private Instanzvariable */
  private String name;

  /** Konstruktor */
  public Fehler2(String name) {
    this.name = name;
  }

  /** String-Ausgabe */
  public String tostring() {
    return "Name = " + name;
  }

  /** Hauptprogramm */
  public static void main(String[] args) {
    System.out.println(new Fehler2("Testname"));
  }

}
```

```
public class Fehler3 {

  /** Private Instanzvariable */
  private String name;

  /** Konstruktor */
  public Fehler3(String nom) {
    name = nom;
  }

  /** String-Ausgabe */
  public String toString() {
    return "Name = " + name;
  }

  /** Hauptprogramm */
```

```
  public static void main(String[] args) {
    System.out.println(new Fehler2("Testname"));
  }

}
```

```
public class Fehler4 {

  /** Private Instanzvariable */
  private String name;

  /** Konstruktor */
  public Fehler4(String nom) {
    name = nom;
  }

  /** String-Ausgabe */
  public String toString() {
    return "Name = " + name;
  }

  /** Hauptprogramm */
  public static void main(String[] args) {
    System.out.println(new Fehler4("Testname"));
  }

}
```

```
public class Fehler5 {

  /** Private Instanzvariable */
  private String name;

  /** Konstruktor */
  public void Fehler5(String name) {
    this.name = name;
  }

  /** String-Ausgabe */
  public String toString() {
    return "Name = " + name;
  }

  /** Hauptprogramm */
  public static void main(String[] args) {
    System.out.println(new Fehler5("Testname"));
  }

}
```

```
public class Fehler6 {

  /** Private Instanzvariable */
  private String name;

  /** Konstruktor */
  public Fehler6(String nom) {
```

```
    name = nom;
  }

  /** String-Ausgabe */
  public String toString() {
    return "Name = " + name;
  }

  /** Hauptprogramm */
  public static void main(String[] args) {
    Fehler6 variable = new Fehler6();
    variable.name = "Testname";
    System.out.println(variable);
  }
}
```

Aufgabe 7.8

Es sei folgende einfache Klasse gegeben, die zur Speicherung von Daten über Tennisspieler (zum Beispiel bei einem Turnier) verwendet werden könnte.

```
public class TennisSpieler {
  public String name;                    // Name des Spielers
  public int alter;                      // Alter in Jahren
  public int altersDifferenz (int alter) {
    return Math.abs(alter - this.alter);
  }
}
```

a) Erläutern Sie den Aufbau der Klasse grafisch.

b) Was passiert durch die nachfolgenden Anweisungen?

```
TennisSpieler maier;
maier = new TennisSpieler();
```

Warum benötigt man die zweite Anweisung überhaupt?

c) Erläutern Sie die Bedeutung der `this`-Referenz grafisch und anhand der Methode `altersDifferenz`.

d) Wie erfolgt der Zugriff auf die Daten (Variablen) und Methoden der Klasse?

e) Was versteht man unter einem Konstruktor, und wie würde ein geeigneter Konstruktor für die Klasse `TennisSpieler` aussehen? Wenn Sie die Klasse um diesen Konstruktor ergänzen, ist dann die Anweisung

```
TennisSpieler maier = new TennisSpieler();
```

noch zulässig?

f) Erläutern Sie den Unterschied zwischen Instanzvariablen und Klassenvariablen.

g) Erweitern Sie die Klasse `TennisSpieler` um eine Instanzvariable namens `verfolger`, die eine Referenz auf einen weiteren Tennisspieler (den unmittelbaren Verfolger in der Weltrangliste) darstellt, und um eine Instanzvariable startNummer, die es ermöglicht, allen Tennisspielern (z. B. bei der Erzeugung eines neuen Objektes für eine Teilnehmerliste eines Turniers) eine (eindeutige) ganzzahlige Nummer zuzuordnen.

h) Erweitern Sie die Klasse TennisSpieler um eine Klassenvariable namens folgeNummer, die die jeweils nächste zu vergebende Startnummer enthält.

i) Modifizieren Sie den Konstruktor der Klasse TennisSpieler so, dass er jeweils eine entsprechende Startnummer vergibt und die Klassenvariable folgeNummer jeweils erhöht. Geben Sie auch eine Überladung dieses Konstruktors an, die es ermöglicht, bei der Objekterzeugung auch noch den Verfolger in der Weltrangliste anzugeben.

j) Wie verändert sich der Wert der Variablen startNummer und folgeNummer in den Objekten maier, schmid und berger mit den nachfolgenden Anweisungen?

```
TennisSpieler maier  = new TennisSpieler("H. Maier", 68);
TennisSpieler schmid = new TennisSpieler("G. Schmid", 45, maier);
TennisSpieler berger = new TennisSpieler("I. Berger", 36, schmid);
```

k) Erläutern Sie den Unterschied zwischen Instanzmethoden und Klassenmethoden.

l) Erweitern Sie die Klasse TennisSpieler um eine Instanzmethode namens istLetzter, die genau dann den Wert **true** liefert, wenn das Tennisspieler-Objekt keinen Verfolger in der Weltrangliste hat.

m) Erweitern Sie die Klasse TennisSpieler um die Instanzmethode

```
public String toString () {
  String printText = name + " (" + startNummer + ")";
  if (verfolger != null)
    printText = printText + " liegt vor " + verfolger.toString();
  return printText;
}
```

die es ermöglicht, dass man Objekte der Klasse innerhalb von Zeichenkettenausdrücken (also auch in Ausgabeanweisungen) mit + verknüpfen bzw. automatisch nach String wandeln lassen kann. Was würden die Zeilen

```
System.out.println(maier);
System.out.println(schmid);
System.out.println(berger);
```

ausgeben?

n) Wie kann man vermeiden, dass ein(e) Programmierer(in) bei der Bearbeitung der Objekte der Klasse TennisSpieler die (von den Konstruktoren automatisch generierten) Startnummern überschreibt? Wie lässt sich dann trotzdem lesender Zugriff auf die Startnummern ermöglichen?

Aufgabe 7.9

Schreiben Sie eine Klasse `Mensch`, die *private* Instanzvariablen beinhaltet, um eine laufende Nummer (**`int`**), den Vornamen (`String`), den Nachnamen (`String`), das Alter (**`int`**) und das Geschlecht (**`boolean`**, mit **`true`** für männlich) eines Menschen zu speichern. Außerdem soll die Klasse eine private Klassenvariable namens `gesamtZahl` (zur Information über die Anzahl der bereits erzeugten Objekte der Klasse) beinhalten, die mit dem Wert 0 zu initialisieren ist.
Statten Sie die Klasse mit einem Konstruktor aus, der als Parameter das Alter als **`int`**-Wert, das Geschlecht als **`boolean`**-Wert und den Vor- und Nachnamen als `String`-Werte übergeben bekommt und die entsprechenden Instanzvariablen des Objekts mit diesen Werten belegt. Außerdem soll der Objektzähler `gesamtZahl` um 1 erhöht und danach die laufende Nummer des Objekts auf den neuen Wert von `gesamtZahl` gesetzt werden.
Statten Sie die Klasse außerdem mit folgenden Instanzmethoden aus:

a) **`public int`** `getAlter()`
Diese Methode soll das Alter des Objekts zurückliefern.

b) **`public void`** `setAlter(`**`int`** `neuesAlter)`
Diese Methode soll das Alter des Objekts auf den Wert `neuesAlter` setzen.

c) **`public boolean`** `getIstMaennlich()`
Diese Methode soll den **`boolean`**-Wert (die Angabe des Geschlechts) des Objekts zurückliefern.

d) **`public boolean`** `aelterAls(Mensch m)`
Wenn das Alter des Objekts größer ist als das Alter von `m`, soll diese Methode den Wert **`true`** zurückliefern, andernfalls den Wert **`false`**.

e) **`public`** `String toString()` Diese Methode soll eine Zeichenkette zurückliefern, die sich aus dem Vornamen, dem Nachnamen, dem Alter, dem Geschlecht und der laufenden Nummer des Objekts zusammensetzt.

Zum Test Ihrer Klasse `Mensch` können Sie eine einfache Klasse `TestMensch` schreiben, die mit Objekten der Klasse `Mensch` arbeitet und den Konstruktor und alle Methoden der Klasse `Mensch` testet. Testen Sie dabei auch,

- ob der Compiler wirklich Zugriffe auf die privaten Instanzvariablen verweigert und
- ob der Compiler für ein Objekt `m` der Klasse `Mensch` tatsächlich bei einer Anweisung

```
System.out.println(m);
```

automatisch die `toString()`-Methode aufruft!

Aufgabe 7.10

Ein Punkt p in der Ebene mit der Darstellung $p = (x_p, y_p)$ besitzt die x-Koordinate x_p und die y-Koordinate y_p. Die Strecke $\overline{pq}$ zwischen zwei Punkten $p = (x_p, y_p)$ und $q = (x_q, y_q)$ hat nach Pythagoras die Länge $L(\overline{pq}) = \sqrt{(x_q - x_p)^2 + (y_q - y_p)^2}$ (siehe auch Abbildung 7.8).

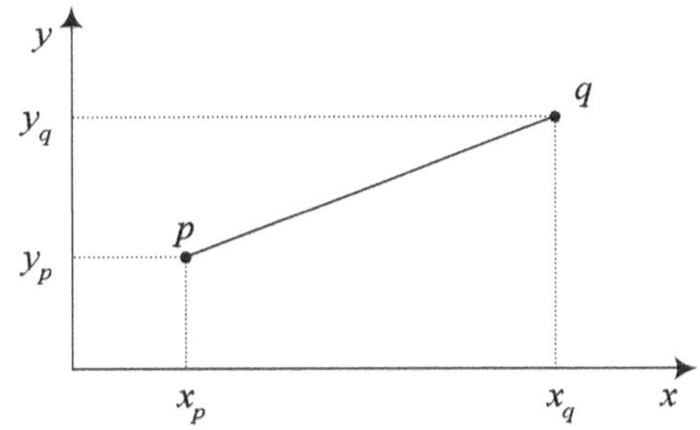

Abbildung 7.8: Definition einer Strecke

Unter Verwendung der objektorientierten Konzepte von Java soll in einem Programm mit solchen Punkten und Strecken in der Ebene gearbeitet werden. Dazu sollen

- eine Klasse `Punkt` zur Darstellung und Bearbeitung von Punkten,
- eine Klasse `Strecke` zur Darstellung und Bearbeitung von Strecken und
- eine Klasse `TestStrecke` für den Test bzw. die Anwendung dieser beiden Klassen

implementiert werden. Gehen Sie wie folgt vor:

a) Implementieren Sie die Klasse `Punkt` mit zwei privaten Instanzvariablen `x` und `y` vom Typ **`double`**, die die x- und y-Koordinaten eines Punktes repräsentieren, und statten Sie die Klasse `Punkt` mit Konstruktoren und Instanzmethoden aus. Schreiben Sie

   - einen Konstruktor mit zwei **`double`**-Parametern (die x- und y-Koordinaten des Punktes),
   - eine Methode `getX()`, die die x-Koordinate des Objekts zurückliefert,
   - eine Methode `getY()`, die die y-Koordinate des Objekts zurückliefert,
   - eine **`void`**-Methode `read()`, die die x- und y-Koordinaten des Objekts einliest, und
   - eine `String`-Methode `toString()`, die die `String`-Darstellung des Objekts in der Form `(xStr, yStr)` zurückliefert, wobei `xStr` und `yStr` die `String`-Darstellungen der Werte von `x` und `y` sind.

b) Implementieren Sie die Klasse `Strecke` mit zwei privaten Instanzvariablen `p` und `q` vom Typ `Punkt`, die die beiden Randpunkte einer Strecke repräsentieren, und statten Sie die Klasse `Strecke` mit Konstruktoren und Instanzmethoden aus. Schreiben Sie

- einen Konstruktor mit zwei `Punkt`-Parametern (die Randpunkte der Strecke),
- eine **`void`**-Methode `read()`, die die beiden Randpunkte `p` und `q` des Objekts einliest (verwenden Sie dazu die Instanzmethode `read` der Objekte `p` und `q`),
- eine **`double`**-Methode `getLaenge()`, die (unter Verwendung der Instanzmethoden `getX` und `getY` der Randpunkte) die Länge des Strecken-Objekts berechnet und zurückliefert,
- eine `String`-Methode `toString()`, die die `String`-Darstellung des Objekts in der Form `pStr_qStr` zurückliefert, wobei `pStr` und `qStr` die `String`-Darstellungen für die Instanzvariablen p und q des Objekts sind.

c) Testen Sie Ihre Implementierung mit der folgenden Klasse:

```
public class TestStrecke {
  public static void main(String[] args) {
    Punkt ursprung = new Punkt(0.0,0.0);
    Punkt endpunkt = new Punkt(4.0,3.0);
    Strecke s = new Strecke(ursprung,endpunkt);
    System.out.println("Die Laenge der Strecke " + s +
                       " betraegt " + s.getLaenge() + ".");
    System.out.println();
    System.out.println("Strecke s eingeben:");
    s.read();
    System.out.println();
    System.out.println("Die Laenge der Strecke " + s +
                       " betraegt " + s.getLaenge() + ".");
  }
}
```

Aufgabe 7.11

Gegeben sei die folgende Klasse:

```
public class AchJa {

  public int x;
  static int ach;

  int ja (int i, int j) {
    int y;
    if ((i <= 0) || (j <= 0) || (i % j == 0) || (j % i == 0)) {
       System.out.print(i+j);
       return i + j;
    }
```

```
12     else {
13       x = ja(i-2,j);
14       System.out.print(" + ");
15       y = ja(i,j-2);
16       return x + y;
17     }
18   }
19
20   public static void main (String[] args) {
21     int n = 5, k = 2;
22     AchJa so = new AchJa();
23     System.out.print("ja(" + n + "," + k + ") = ");
24     ach = so.ja(n,k);
25     System.out.println(" = " + ach);
26   }
27 }
```

a) Geben Sie an, um welche Art von Variablen es sich bei den in dieser Klasse verwendeten Variablen `x` in Zeile 3, `ach` in Zeile 4, `j` in Zeile 6, `y` in Zeile 7, `n` in Zeile 21 und `so` in Zeile 22 jeweils handelt. Verwenden Sie (sofern diese zutreffen) die Bezeichnungen Klassenvariable, Instanzvariable, lokale Variable und formale Variable (bzw. formaler Parameter).

b) Geben Sie an, was das Programm ausgibt.

c) Angenommen, die Zeile 24 würde in der Form

```
ach = ja(n,k);
```

gegeben sein. Würde der Compiler das Programm trotzdem übersetzen? Wenn nein, warum nicht?

Aufgabe 7.12

Es sei folgende einfache Klasse gegeben, die zur Speicherung von Daten über Patienten in der Aufnahme einer Arztpraxis verwendet werden könnte.

```
public class Patient {
  public String name;          // Name des Patienten
  public int alter;            // Alter (in Jahren)
  public int altersDifferenz (int alter) {
    return Math.abs(alter - this.alter);
  }
}
```

a) Erläutern Sie den Aufbau der Klasse grafisch.

b) Was passiert durch die nachfolgenden Anweisungen?

```
Patient maier;
maier = new Patient();
```

c) Wie würde ein geeigneter Konstruktor für die Klasse `Patient` aussehen? Wenn Sie die Klasse um diesen Konstruktor ergänzen, ist dann die Anweisung

```
Patient maier = new Patient();
```

noch zulässig?

d) Erweitern Sie die Klasse `Patient` um eine Instanzvariable `vorherDran`, die eine Referenz auf einen weiteren Patienten darstellt, und um eine Instanzvariable `nummer`, die es ermöglicht, allen Patienten (z. B. bei der Erzeugung eines neuen Objektes für eine Warteliste einer Praxis) eine (eindeutige) ganzzahlige Nummer zuzuordnen.

e) Erweitern Sie die Klasse `Patient` um eine Klassenvariable `folgeNummer`, die die jeweils nächste zu vergebende Nummer enthält.

f) Modifizieren Sie den Konstruktor der Klasse `Patient` so, dass er jeweils eine entsprechende Nummer vergibt und die Klassenvariable `folgeNummer` jeweils erhöht. Geben Sie auch eine Überladung dieses Konstruktors an, die es ermöglicht, auch noch den Vorgänger in der Warteliste anzugeben.

g) Wie verändert sich der Wert der Variablen `nummer` und `folgeNummer` in den Objekten `maier`, `schmid` und `berger` mit den nachfolgenden Anweisungen?

```
Patient maier  = new Patient("H. Maier", 68);
Patient schmid = new Patient("G. Schmid", 45, maier);
Patient berger = new Patient("I. Berger", 36, schmid);
```

h) Erweitern Sie die Klasse `Patient` um eine Instanzmethode `istErster`, die genau dann den Wert **`true`** liefert, wenn das Patienten-Objekt keinen Vorgänger in der Warteliste hat.

i) Erweitern Sie die Klasse `Patient` um die Instanzmethode

```
public String toString () {
  String printText = name + " (" + nummer + ")";
  if (vorherDran != null)
    printText = printText + " kommt nach " + vorherDran.toString();
  return printText;
}
```

die es ermöglicht, dass man Objekte der Klasse innerhalb von Zeichenkettenausdrücken (also auch in Ausgabeanweisungen) mit + verknüpfen kann. Was würden die Zeilen

```
System.out.println(maier);
System.out.println(schmid);
System.out.println(berger);
```

ausgeben?

j) Wie vermeidet man, dass ein(e) Programmierer(in) bei der Bearbeitung der Objekte der Klasse `Patient` die (von den Konstruktoren automatisch generierten) Nummern überschreibt? Wie ermöglicht man dann trotzdem lesenden Zugriff auf die Identifikationsnummern?

Aufgabe 7.13

Sie sollen verschiedene Fahrzeuge mittels objektorientierter Programmierung simulieren. Dazu ist Ihnen folgende Klasse vorgegeben:

```
public class Reifen {

  /** Reifendruck */
  private double druck;

  /** Konstruktor */
  public Reifen (double luftdruck) {
    druck = luftdruck;
  }

  /** Zugriffsfunktion fuer Reifendruck */
  public double aktuellerDruck () {
    return druck;
  }
}
```

Schreiben Sie eine Klasse `Fahrzeug`, die die Klasse `Reifen` verwendet und Folgendes beinhaltet:

a) **private** Instanzvariablen

- `name` vom Typ `String` (für die Bezeichnung des Fahrzeugs),
- `anzahlReifen` vom Typ **`int`** (für die Anzahl der Reifen des Fahrzeugs),
- `reifenArt` vom Typ `Reifen` (für die Angabe des Reifentyps des Fahrzeugs) und
- `faehrt` vom Typ **`boolean`** (für die Information über den Fahrzustand des Fahrzeugs);

b) einen Konstruktor, der mit Parametern für Bezeichnung, Reifenanzahl und Reifendruck ausgestattet ist, in seinem Rumpf die entsprechenden Komponenten des Objekts belegt und außerdem das Fahrzeug in den Zustand „fährt nicht“ versetzt;

c) eine öffentliche Instanzmethode `fahreLos()`, die die Variable `faehrt` des `Fahrzeug`-Objektes auf **`true`** setzt;

d) eine öffentliche Instanzmethode `halteAn()`, die die Variable `faehrt` des `Fahrzeug`-Objektes auf **`false`** setzt;

e) eine öffentliche Instanzmethode `status()`, die einen Informations-String über Bezeichnung, Fahrzustand, Reifenzahl und Reifendruck des `Fahrzeug`-Objektes auf den Bildschirm ausgibt.

Aufgabe 7.14

Schreiben Sie ein Testprogramm, das in seiner `main`-Methode zunächst ein Fahrrad (verwenden Sie Reifen mit 4.5 bar) und ein Auto (verwenden Sie Reifen mit 1.9 bar) in Form von Objekten der Klasse `Fahrzeug` erzeugt und anschließend folgende Vorgänge durchführt:

1. mit dem Fahrrad losfahren,
2. mit dem Auto losfahren,
3. mit dem Fahrrad anhalten,
4. mit dem Auto anhalten.

Unmittelbar nach jedem der vier Vorgänge soll jeweils mittels der Methode `status()` der aktuelle Fahrzustand *beider* Fahrzeuge ausgegeben werden.
Eine Ausgabe des Testprogramms sollte also etwa so aussehen:

Konsole

```
Zustand 1:
Fahrrad1 faehrt auf 2 Reifen mit je 4.5 bar
Auto1 steht auf 4 Reifen mit je 1.9 bar
Zustand 2:
Fahrrad1 faehrt auf 2 Reifen mit je 4.5 bar
Auto1 faehrt auf 4 Reifen mit je 1.9 bar
Zustand 3:
Fahrrad1 steht auf 2 Reifen mit je 4.5 bar
Auto1 faehrt auf 4 Reifen mit je 1.9 bar
Zustand 4:
Fahrrad1 steht auf 2 Reifen mit je 4.5 bar
Auto1 steht auf 4 Reifen mit je 1.9 bar
```

Aufgabe 7.15

Gegeben seien die folgenden Klassen:

```java
public class IntKlasse {
  public int a;
  public IntKlasse (int a) {
    this.a = a;
  }
}
public class RefIntKlasse {
  public IntKlasse x;
  public double y;
  public RefIntKlasse(int u, int v) {
    x = new IntKlasse(u);
    y = v;
  }
}
```

```
public class KlassenTest {
  public static void copy1 (RefIntKlasse f, RefIntKlasse g) {
    g.x.a = f.x.a;
    g.y   = f.y;
  }
  public static void copy2 (RefIntKlasse f, RefIntKlasse g) {
    g.x = f.x;
    g.y = f.y;
  }
  public static void copy3 (RefIntKlasse f, RefIntKlasse g) {
    g = f;
  }
  public static void main (String args[]) {
    RefIntKlasse p = new RefIntKlasse(5,7);
    RefIntKlasse q = new RefIntKlasse(1,2); // Ergibt das Ausgangsbild
    // HIER FOLGT NUN EINE KOPIERAKTION:
    ... //***
  }
}
```

Das Ausgangsbild (mit Referenzen und Werten), das sich zur Laufzeit unmittelbar vor der Kopieraktion ergibt, sieht wie in Abbildung 7.9 beschrieben aus.

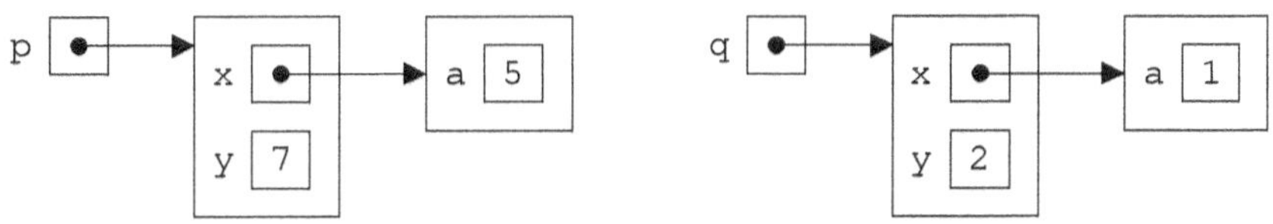

Abbildung 7.9: Ausgangsbild Aufgabe 7.15

a) Welches Bild würde sich ergeben, wenn unmittelbar vor `//***`

```
copy1(p,q);
```

stehen würde? Zeichnen Sie den Zustand inklusive der Referenzen und Werte nach der Kopieraktion.

b) Welches Bild würde sich ergeben, wenn unmittelbar vor `//***`

```
copy2(p,q);
```

stehen würde? Zeichnen Sie die Referenzen und Werte nach der Kopieraktion.

c) Welches Bild würde sich ergeben, wenn unmittelbar vor `//***`

```
copy3(p,q);
```

stehen würde? Zeichnen Sie die Referenzen und Werte nach der Kopieraktion.

d) Welches Bild würde sich ergeben, wenn unmittelbar vor `//***`

```
q = p;
```

stehen würde? Zeichnen Sie die Referenzen und Werte nach der Kopieraktion.

Aufgabe 7.16

Gegeben sei folgende Klasse zur Darstellung und Bearbeitung von runden Glasböden:

```
public class Glasboden {
  private double radius;
  public Glasboden (double r) {
    radius = r;
  }
  public void verkleinern (double x) {
    // verkleinert den Radius des Glasboden-Objekts um x
    radius  = radius - x;
  }
  public double flaeche () {
    // liefert die Flaeche des Glasboden-Objekts
    return Math.PI * radius * radius;
  }
  public double umfang () {
    // liefert den Umfang des Glasboden-Objekts
    return 2 * Math.PI * radius;
  }
  public String toString() {
    // liefert die String-Darstellung des Glasboden-Objekts
    return "B(r=" + radius + ")";
  }
}
```

a) Ergänzen Sie die fehlenden Teile der Klasse `TrinkGlas`, die ein Trinkglas durch jeweils einen Glasboden und durch eine Füllstandsangabe darstellt:

- Ergänzen Sie zwei private Instanzvariablen `boden` vom Typ `Glasboden` und `fuellStand` vom Typ **`double`** (der Boden und der Füllstand des Glases).
- Vervollständigen Sie den Konstruktor.
- Vervollständigen Sie die Methode `verkleinern`, die die Größe des `TrinkGlas`-Objekts verändert, indem der Glasboden um den Wert `x` verkleinert und der Füllstand des Glases um den Wert `x` verringert wird.
- Vervollständigen Sie die Methode `flaeche()`, die die Innenfläche (siehe Hinweis) des `TrinkGlas`-Objekts berechnet und zurückliefert.
- Vervollständigen Sie die Methode `fuellMenge()`, die die Füllmenge (siehe Hinweis) des `TrinkGlas`-Objekts berechnet und zurückliefert.
- Vervollständigen Sie die Methode `toString()`, die die `String`-Darstellung des Objekts in der Form `G(xyz, s=uvw)` zurückliefert, wobei `xyz` für die `String`-Darstellung der Instanzvariable `boden` und `uvw` für den Wert des Füllstandes des Trinkglases stehen sollen.

Hinweis: Bezeichnen F die Glasbodenfläche, U den Glasbodenumfang und s den Füllstand eines Trinkglases, so sollen die Innenfläche I und die Füllmenge M dieses Trinkglases durch

$$I = F + U \cdot s \qquad \text{und} \qquad M = F \cdot s$$

berechnet werden.

```
public class TrinkGlas {
  .
  .
  .
  .
  .
  public TrinkGlas (double fuellStand, Glasboden boden) {
    .
    .
    .
    .
  }
  public void verkleinern (double x) {
    .
    .
    .
    .
  }
  public double flaeche() {
    .
    .
    .
    .
  }
  public double fuellMenge() {
    .
    .
    .
    .
  }
  public String toString() {
    .
    .
    .
    .
  }
}
```

b) Ergänzen Sie die nachfolgende Klasse `TesteTrinkGlas`. In deren `main`-Methode soll zunächst ein Trinkglas `g` aus einem Glasboden `b` mit Radius 100 und Füllstand 50 konstruiert werden. Danach soll in einer Schleife das Trinkglas jeweils um den Wert 5 verkleinert und das aktuelle Trinkglas, seine bedeckte Innenfläche und seine Füllmenge ausgegeben werden.

Die Schleife soll nur durchlaufen werden, falls bzw. solange für die Innenfläche I und die Füllmenge M des Trinkglases gilt

$$I < \frac{M}{8}.$$

```
public class TesteTrinkGlas {
  public static void main(String[] args) {
    .
    .
    .
    .
    .
    .
    .
    .
    .
    .
    .
    .
    .
    .
    .
  }
}
```

Kapitel 8

Vererbung und Polymorphie – der fortgeschrittene Umgang mit Klassen in Java

Im Umgang mit Klassen unter Java haben wir bisher Instanzmethoden und -variablen definiert, mit Konstruktoren gearbeitet und statische Komponenten erzeugt und initialisiert. In geringem Maße sind wir auch schon mit den Prinzipien **Vererbung** und **Polymorphie** in Berührung gekommen. Wir haben mit Hilfe des Schlüsselwortes **`extends`** **Subklassen** erzeugt und – insbesondere, wenn Sie die Übungsaufgaben bearbeitet haben – bereits erste Methoden überschrieben. Ein Beispiel hierfür wäre die Methode `toString`, die wir durch eigene Methoden ersetzten, um die Bildschirmausgabe zu steuern.
In diesem Kapitel beschäftigen wir uns näher mit Klassenhierarchien. Wir werden erfahren, welchen Nutzen wir hieraus für unsere Programmiertätigkeit ziehen können – und auf welche Stolpersteine wir beim Entwickeln von Software besonders zu achten haben.

8.1 Wozu braucht man Vererbung?

8.1.1 Aufgabenstellung

Eine internationale Hotelkette lässt für die Finanzbuchhaltung ein neues Softwaresystem entwickeln. Das Unternehmen ist in vielen Ländern vertreten und muss deshalb in vielen Währungen rechnen. Es soll ein System entworfen werden, mit dem in den verschiedenen Währungen problemfrei gerechnet werden kann.

8.1.2 Analyse des Problems

Auf welcher Grundlage sollen die verschiedenen Währungen miteinander verglichen werden? Die Hotelkette hat sich für eine Abrechnung in US-Dollar entschieden; die verschiedenen Geldbeträge sollen also in dieser Form miteinander abgerechnet werden.
An dieser Stelle ergibt sich jedoch ein kleines Problem: Der Dollarkurs ändert sich jeden Tag. Das Haus in Tokyo habe nun einen gewissen Betrag in Yen im Safe deponiert – im Buchhaltungsprogramm werde dieser mit einem Wert von $ 25000 geführt. Am nächsten Tag steigt der Yen an der Börse um 10 Prozent. Das Hotel besitzt aber noch immer die gleiche Geldmenge, im Buchungsprogramm muss der Wert allerdings auf $ 27500 korrigiert werden. Wie lässt sich dies am besten automatisieren?

8.1.3 Ein erster Ansatz

Gemäß dem Prinzip der Generalisierung werden wir gemeinsame Eigenschaften der verschiedenen Währungen zusammenfassen, indem wir sie einer allgemeineren Superklasse zuordnen. Zu diesem Zweck entwerfen wir eine Klasse namens `Waehrung`, die beliebiges Geld (z. B. Dollar, Yen oder Euro) repräsentiert:

```
/** Diese Klasse symbolisiert eine beliebige Waehrung */
public abstract class Waehrung {

  /** Gibt den Wert des Objekts in US-Dollar zurueck */
  public abstract double dollarBetrag();
}
```

Welche gemeinsamen Eigenschaften gibt es jedoch, die sich in einer solch allgemeinen Klasse formulieren lassen? In diesem Stadium der Entwicklung wissen wir auf diese Frage noch keine Antwort; die verschiedenen Zahlungsmittel sind anscheinend viel zu unterschiedlich. Wir wissen lediglich, dass wir den US-Dollar als Berechnungsgrundlage nehmen wollen – das heißt, unsere Instanzen sollen ihren Wert in Dollar zurückgeben können. Da wir uns noch nicht entschieden haben, wie eine spezielle Währungsklasse beschaffen sein soll, geben wir der Superklasse so wenig Informationen wie möglich: Instanzen der Klasse `Waehrung` sollen eine Instanzmethode `dollarBetrag` besitzen, die den Geldwert der Instanz (in Dollar) als **`double`**-Variable zurückgibt. Wie diese Methode aufgebaut ist, wissen wir noch nicht. Wir markieren die Klasse deshalb mit dem Schlüsselwort **`abstract`** und teilen dem Compiler so mit, dass diese Klasse noch keinen kompletten „Bauplan" liefert und nicht instanziierbar sein soll. Auch die Methode selbst wird mit dem Schlüsselwort versehen, da wir, wie gesagt, den Rumpf der Methode weglassen wollen.
Abbildung 8.1 zeigt unseren Entwurf im UML-Klassendiagramm. Sie werden feststellen, dass sowohl Klassen- als auch Methodenbeschreibung innerhalb von `Waehrung` in kursiver Schrift verfasst sind. Wir merken uns, dass auf diese Weise abstrakte Klassen bzw. abstrakte Teile einer Klasse markiert werden können.

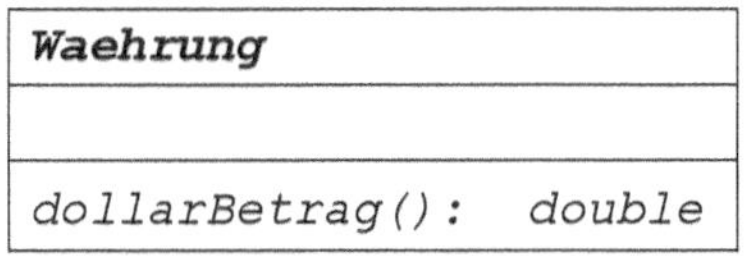

Abbildung 8.1: Die abstrakte Klasse `Waehrung`

Wozu aber eine Klasse, zu der man keine Instanzen bilden kann? Die Antwort liegt in der Vererbung. Wir können bekanntlich neue Klassen erzeugen, sogenannte **Kindklassen** oder **Subklassen** der Klasse `Waehrung`. Jede dieser Klassen erbt die Eigenschaften der **Elternklasse** oder **Superklasse** – das heißt, wir garantieren, dass sie eine Methode namens `dollarBetrag` besitzt. Hierzu ein Beispiel:

```
/** Diese Klasse modelliert die amerikanische
    Waehrung. */
public class USDollar extends Waehrung {

  /** Instanzvariable: Wert in Dollar */
  private double wert;

  /** Konstruktor */
  public USDollar(double wert) {
    this.wert=wert;
  }

  /** Fuer Dollar ist diese Methode nicht mehr abstrakt */
  public double dollarBetrag() {
    return wert;
  }
}
```

Die wohl am einfachsten zu realisierende Währung ist der US-Dollar. Wir entwerfen eine Klasse `USDollar` als Subklasse von `Waehrung`. Diese Verwandtschaft machen wir mit dem Schlüsselwort **`extends`** deutlich. Wir vereinbaren eine private Instanzvariable `wert`, der wir im Konstruktor einen Wert zuweisen. Um den gespeicherten Wert in Dollar auszugeben, ist natürlich keine Umrechnung notwendig. Die Methode `dollarBetrag` ist somit schnell definiert.

8.1.4 Eine Klasse für sich

Wir haben jetzt also eine Superklasse `Waehrung` und eine Subklasse `USDollar` definiert. Es stellt sich die Frage nach dem *Warum*.
Um sie beantworten zu können, wollen wir eine weitere Klasse definieren:

```
/** Die japanische Landeswaehrung */
public class Yen extends Waehrung {

  /** Ein Yen ist soviel Dollar wert */
  private static double kurs;

  /** Instanzvariable: Wert in Yen */
```

```
  private double wert;

  /** Konstruktor */
  public Yen(double wert) {
    this.wert = wert;
  }

  /** Deklaration der sonst abstrakten Methode dollarBetrag */
  public double dollarBetrag() {
    return wert*kurs;
  }

  /** Zugriff auf die private Klassenvariable */
  public static void setKurs(double Kurs) {
    kurs=Kurs;
  }
}
```

Im Gegensatz zur Klasse `USDollar` speichert hier die Instanzvariable `wert` nicht den Wert des Objekts in Dollar, sondern in Yen. Erst beim Aufruf der Methode `dollarBetrag` findet eine Umrechnung in die Referenzwährung Dollar statt, die sich nach dem aktuellen Kurs richtet. Dieser wird in der Klassenvariable `kurs` abgespeichert, die mit der Methode `setKurs` für alle Instanzen der Klasse `Yen` abgeändert werden kann.
Kommen wir auf unser Beispiel mit der Hotelkette zurück. Die Tokyoter Filiale habe zwei Millionen Yen (je nach Kurs etwa $ 18000) in ihrem Safe. In dem Finanzprogramm könnte ein solcher Betrag z. B. in der Form

```
Yen safeInhalt = new Yen(2000000);
```

gespeichert sein. Ändert sich nun der Kurs (etwa auf 130 Yen/Dollar), lässt sich dies mit nur einer Programmzeile bewerkstelligen:

```
Yen.setKurs(1.0/130);
```

Nach Ausführung dieser Zeile ist der Dollarkurs für *alle* Währungsobjekte vom Typ Yen geändert.

8.1.5 Stärken der Vererbung

Im letzten Abschnitt haben wir gezeigt, wie die Verwendung mehrerer Subklassen die Verwaltung verschiedener Währungen vereinheitlichen kann. Nun könnte man jedoch auch argumentieren, dies sei ohne Vererbung ebenfalls möglich gewesen – man hätte ja nur verschiedene Klassen definieren und jeder einzelnen die Methode `dollarBetrag` spendieren müssen. Wozu also die Vererbung?
Unsere Finanzbuchhaltung soll die verschiedensten Aufgaben erfüllen – unter anderem soll sie auch für die Steuererklärung zuständig sein. Betrachten wir folgendes Szenario: Unsere Hotelkette wird in den USA veranlagt und muss auf das gesamte Barvermögen eine Steuer von 8% zahlen.[1] Unser Währungssystem ist

[1] Wirtschaftswissenschaftler und Steuerberater mögen das laienhafte Beispiel verzeihen.

inzwischen gewachsen; es sind insgesamt zwanzig verschiedene Währungen definiert. Wie errechnet man am besten 8% dieses Vermögens (und zwar in Dollar)? Wir betrachten zuerst den allgemeinen Fall und nehmen an, dass alle verwendeten Objekte Instanzen der Klasse `Waehrung` seien und in einem eindimensionalen Array abgelegt sind. Dann könnte man leicht eine entsprechende Methode entwerfen:

```
/** Berechne 8 Prozent des im Feld gespeicherten Geldes */
public static double berechneSteuer(Waehrung[] geld) {
  double summe=0;                   // der Gesamtbetrag
  for (Waehrung w : geld)           // wird in einer Schleife
    summe+=w.dollarBetrag();        // summiert und anschliessend
  return summe*0.08;                // mit 8% (=0.08) multipliziert
}
```

Würden wir nur mit Instanzen der Klasse `Waehrung` rechnen, wären wir nun fertig. Wie sieht es jedoch mit Objekten vom Typ `USDollar` oder `Yen` aus? Müssen wir für diese Klassen die Methode erneut definieren?
Die freudige Nachricht: *Wir müssen nicht!* Wir erinnern uns an den Zusammenhang zwischen Eltern- und Kindklasse (bzw. Super- und Subklasse): *Jede der Subklassen erbt die Eigenschaften der Superklasse.* Hierzu gehören nicht nur Variablen und Methoden, so wie im wahren Leben ein Kind von seinen Eltern auch meistens mehr erbt als nur Muttermale und Stirnpartie. *Instanzen von Kindklassen können auch stets als Instanzen der Elternklassen aufgefasst werden.*[2] Dies bedeutet, dass also beispielsweise ein Objekt vom Typ `Yen` auch als Instanz der Klasse `Waehrung` betrachtet werden kann. Aufgrund der Vererbung ist also garantiert, dass jede Subklasse die Methode `dollarBetrag` auch wirklich besitzt (machen Sie sich diesen Umstand anhand von Abbildung 8.2 noch einmal klar).

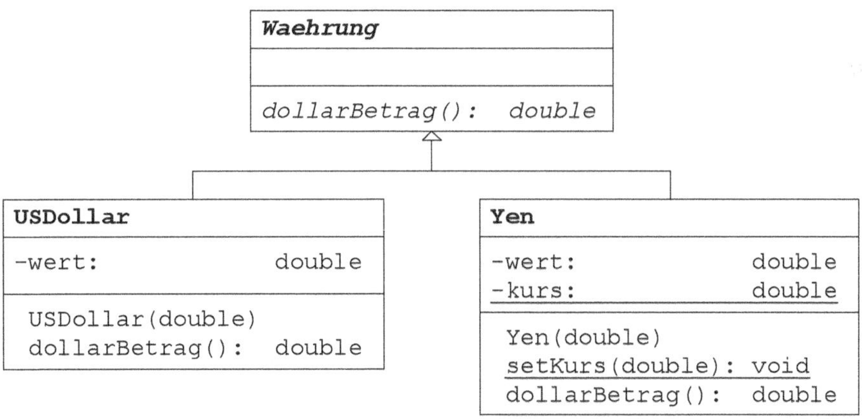

Abbildung 8.2: Hierarchie der Währungsklassen `USDollar` und `Yen`

[2] Wie so oft gilt natürlich auch hier der Grundsatz, dass man es mit diesen Analogien nicht zu weit treiben darf. So hat ein Kind normalerweise immer zwei Elternteile, eine Subklasse jedoch hat – zumindest in Java – immer nur eine Superklasse.

Aufgrund der Polymorphie können die verschiedenen, durch den Aufruf der Methode ausgelösten Aktionen jedoch vollkommen unterschiedlich sein. Dies ist bei den Klassen `USDollar` (= reine Rückgabe eines gespeicherten Werts) und `Yen` (= Umrechnung anhand eines Wechselkurses) der Fall.
Die Methode `berechneSteuer` funktioniert also auch für `Yen`, `USDollar` und sämtliche anderen Subklassen von `Waehrung`. Welche Konsequenzen hat dies für unsere Finanzverwaltung? Angenommen, wir wollen unsere sämtlichen Währungsobjekte in nur einem Array speichern. Dank der gemeinsamen Superklasse `Waehrung` ist dies problemlos möglich – das Codestück

```
Waehrung[] Geld = new Waehrung[3];
Geld[0] = new USDollar(2500);
Geld[1] = new Yen(200000);
Geld[2] = new USDollar(20);
```

ist also nicht nur syntaktisch völlig korrekt: Wir können Methoden wie

```
double steuer = berechneSteuer(Geld);
```

problemlos auf das „gemischte" Feld anwenden, um die gewünschten Ergebnisse zu erzielen. Hierbei ist es der Methode `berechneSteuer` egal, ob die übergebenen Objekte `Yen` oder `USDollar` sind. Beides sind schließlich Subklassen von `Waehrung` und haben als solche garantiert die benötigte Methode `dollarBetrag`.
Achtung: Möglicherweise haben Sie sich etwas weiter oben gefragt, wieso beispielsweise die Anweisung

```
Geld[0] = new USDollar(2500);
```

tatsächlich zulässig ist. Immerhin ist die Variable auf der linken Seite der Zuweisung vom Typ `Waehrung`, und auf der rechten Seite haben wir es mit einem Wert (einer Referenz) vom Typ `USDollar` zu tun. Hier unterstützt uns einmal mehr der Compiler mit einer automatischen Typumwandlung, die immer dann durchgeführt wird, wenn der Typ der Variablen auf der linken Seite in der Vererbungshierarchie weiter oben liegt als der Typ der rechten Seite der Zuweisung. Erbt also die Klasse `SpezielleKlasse` in irgendeiner Form (also auch über mehrere Ebenen hinweg) von der Klasse `AllgemeineKlasse`, dann wäre für `s` vom Typ `SpezielleKlasse` und `a` vom Typ `AllgemeineKlasse` die Zuweisung

```
a = s;
```

stets möglich. Dies liegt darin begründet, dass das von `s` referenzierte Objekt vom Typ `SpezielleKlasse` alle Komponenten besitzt, über die auch ein Objekt vom Typ `AllgemeineKlasse` verfügt. Jedes `SpezielleKlasse`-Objekt ist also auch ein `AllgemeineKlasse`-Objekt.
Umgekehrt wäre in

```
AllgemeineKlasse a = new AllgemeineKlasse();
SpezielleKlasse s = a;                          // unzulaessig!
```

die zweite Anweisung unzulässig, da hier der in der Hierarchie weiter unten stehende Typ auf der linken Seite steht. Wenn wir tatsächlich die Referenz `a` in der Variable `s` speichern wollten, müssten wir eine explizite Typwandlung in der Form

```
SpezielleKlasse s = (SpezielleKlasse) a;
```

ergänzen. Damit ließe sich diese Anweisung zwar compilieren, würde aber dennoch zur Laufzeit einen Fehler (vom Typ `ClassCastException`) verursachen, da das von `a` referenzierte Objekt nicht vom Typ `SpezielleKlasse` ist. Hingegen wäre die Anweisungsfolge

```
AllgemeineKlasse a = new SpezielleKlasse();
SpezielleKlasse s = (SpezielleKlasse) a;
```

korrekt (auch zur Laufzeit), weil nun die Referenzvariable `a` zwar vom Typ `AllgemeineKlasse` deklariert ist, aber tatsächlich auf ein Objekt vom Typ `SpezielleKlasse` verweist.
Auch für den Aufruf von Methoden, die Referenzen als Parameter zulassen, haben diese Regeln der automatischen Typumwandlung Bedeutung. Wie bei Parametern in Form von einfachen Datentypen müssen wir stets sicherstellen, dass der Typ jedes aktuellen Parameters (jedes Arguments beim Aufruf) mit dem Typ des entsprechenden formalen Parameters der Methode übereinstimmt oder zumindest wie oben beschrieben automatisch in diesen Typ wandelbar ist.

8.1.6 Vererbung verhindern durch `final`

Nicht unerwähnt lassen wollen wir die Möglichkeit, eine Klasse gegen weitere Vererbungen – oder anders gesagt – Erweiterungen zu schützen. Hierfür können wir das bereits bekannte Schlüsselwort **`final`** einsetzen. Ähnlich der Vorgehensweise bei der Markierung von Variablen, die wir schon einige Male durch das vorangestellte **`final`** zu Konstanten gemacht haben, können wir eine Klasse durch den Modifizierer **`final`** sozusagen „endgültig“ machen. Definieren wir also eine Klasse

```
public final class NoKidsPlease {
  int a;
}
```

und versuchen anschließend die Klasse

```
public class Kid extends NoKidsPlease {
  int b;
}
```

zu compilieren, erhalten wir

Konsole

```
Kid.java:1: cannot inherit from final NoKidsPlease
public class Kid extends NoKidsPlease {
                         ^
```

als Fehlermeldung vom Compiler. In der Java-Klassenbibliothek finden sich einige solche finale Klassen wie zum Beispiel `String` oder `Math`, für die somit sichergestellt ist, dass es keine Spezialformen dieser Klassen geben kann und das Verhalten der zugehörigen Objekte eindeutig festgelegt ist.

8.1.7 Übungsaufgaben

Aufgabe 8.1

Versetzen wir uns einmal in die Zeit der Einführung des Euro zurück, als die teilnehmenden Einzelwährungen noch existent und lediglich die Wechselkurse fixiert waren. Gegeben sei nun die folgende Klasse `Euro`, die die gleichnamige Währung repräsentiert:

```
/** Die Waehrung Europas */
public class Euro extends Waehrung {

  /** Ein Euro ist soviel Dollar wert (Stand Dezember 1999) */
  private static double kurs=1;

  /** Instanzvariable: Wert in Euro */
  private double wert;

  /** Konstruktor */
  public Euro(double wert) {
    this.wert=wert;
  }

  /** Deklaration der sonst abstrakten Methode dollarBetrag */
  public double dollarBetrag() {
    return wert*kurs;
  }

  /** Gibt den Wert der Waehrung in Euro zurueck */
  public double euroBetrag() {
    return wert;
  }

  /** Zugriff auf die private Klassenvariable */
  public static void setEuroKurs(double Kurs) {
    kurs=Kurs;
  }

}
```

Aufgrund der Währungsunion konnten damals eine Vielzahl von anderen Währungen (wie etwa DM, Lire oder Franc) durch den Euro ausgedrückt werden. Die feststehenden Wechselkurse entnehmen Sie folgender Tabelle:

Währung	Ein Euro kostet...
DM	1,95583
Lire	1936,27
Franc	6,55957

Schreiben Sie drei Klassen `DM`, `Lire` und `Franc`, die sich wie folgt von der Klasse Euro ableiten:

a) Schreiben Sie einen Konstruktor, der als Argument einen Geldbetrag in der *entsprechenden Währung* erhält. Verwenden Sie den Konstruktor der Superklasse `Euro`, indem Sie diesen in der Form

```
super(x);
```

aufrufen, wobei `x` hier für den Wert des Geldbetrags *in Euro* steht (vgl. auch Abschnitt 8.2).

b) Schreiben Sie einen Konstruktor, der statt des **double**-Arguments eine Instanz der Klasse `Euro` erhält. Verwenden Sie erneut den Konstruktor der Superklasse und die Methode `euroBetrag`, um die Aufgabe zu bewältigen.

c) Schreiben Sie eine Methode `waehrungsBetrag()`, die den Wert des Geldbetrags in der eigentlichen Währung ausgibt. Rechnen Sie hierzu den über die Methode `euroBetrag` gegebenen Wert anhand der Formeln aus der Tabelle um.

Hinweis: Die Klassen `DM`, `Lire` und `Franc` benötigen keinerlei neue Klassen- oder Instanzvariablen!

Aufgabe 8.2

Verwenden Sie die Klassen `DM`, `Lire` und `Franc` aus Aufgabe 8.1, um einen Währungskalkulator zu schreiben. Das Programm soll einen Geldbetrag in DM einlesen und seinen Wert in Euro, Lire und Franc zurückgeben.
Hinweis: Denken Sie bei der Programmierung an den letzten Abschnitt vor dieser Übungsaufgabe. Ein `DM`-Objekt kann auch als `Euro`-Objekt betrachtet werden. Die Zeilen

```
DM   dm = new DM(13.20);
Lire l  = new Lire(dm);
```

wären somit vollkommen korrekt.

8.2 Die super-Referenz

Wenn Sie die letzten Übungsaufgaben bearbeitet haben, wird Ihnen bereits ein Konstruktor ähnlich dem folgenden begegnet sein:

```
public Lire(double wert) {
  super(wert/1936.27);
}
```

Der Konstruktor der Klasse `Lire` ruft hierbei den Konstruktor der Superklasse auf. Dies geschieht über das Kommando **super**`(wert/1936.27)`, das den Compiler anweist, den Konstruktor der Klasse `Euro` mit dem Argument

wert/1936.27 zu starten (vgl. Abschnitt 7.4.4). Das Schlüsselwort **super** steht hierbei für die Elternklasse.
Gewisse Ähnlichkeiten zum Schlüsselwort **this** sind dabei nicht rein zufällig. So wie im letzten Kapitel **this** innerhalb von Instanzmethoden für das aktuelle Objekt stand, steht **super** ebenfalls für das aktuelle Objekt – *jedoch aufgefasst als Instanz seiner Superklasse*. **super** ermöglicht uns hierbei Zugriff auf sämtliche Methoden und Variablen der Superklasse, die nicht mit dem Schlüsselwort **private** versehen sind.
Wo liegt nun der Unterschied? Angenommen, wir verfassen eine weitere Klasse NonsensDollar, die sich von USDollar ableitet:

```
public class NonsensDollar extends USDollar {

  /** Uebernehme den Konstruktor der Superklasse unveraendert. */
  public  NonsensDollar(double wert) {
    super(wert);
  }

  /** Gib beim Dollarbetrag etwas vollkommen UNSINNIGES aus */
  public  double dollarBetrag() {
    return Math.random();
  }

}
```

Die Klasse definiert eine neue Methode dollarBetrag, die anstelle des echten Geldwertes einfach eine Zufallszahl ausgibt. Dieses Vorgehen ist (syntaktisch) vollkommen korrekt, obwohl die Superklasse bereits eine gleichnamige Methode besitzt. Wie bereits bekannt, bezeichnet man diesen Vorgang als Überschreiben von Methoden – das heißt, in Objekten der Klasse NonsensDollar wird stets mit der neu definierten Methode dollarBetrag anstelle des Originals gearbeitet.
Wie sieht es jedoch aus, wenn wir auf die originale Methode zurückgreifen müssen? Da wir die Methode überschrieben haben, wird beim Aufruf von dollarBetrag immer die völlig unsinnige Zufallsausgabe aufgerufen – ganz gleich, ob wir die Klasse nun als NonsensDollar oder als Instanz ihrer Superklasse USDollar auffassen. Arbeitet an dieser Stelle also die Polymorphie gegen uns?
Um dieser Problematik Herr zu werden, schreiben wir eine Instanzmethode jetztMalImErnst, die eben diesen Zugang an die originale Methode bewerkstelligt. Hierzu benötigen wir das Schlüsselwort **super**, das es uns ermöglicht, das Objekt so zu behandeln, als wäre es ein Objekt der Superklasse:

```
/** Gib den tatsaechlichen Dollarbetrag aus */
public double jetztMalImErnst() {
  return super.dollarBetrag();
}
```

8.3 Überschreiben von Methoden und Variablen

8.3.1 Dynamisches Binden

Kommen wir noch einmal zu unserer Klasse `NonsensDollar`. Wir haben am Beispiel der Methode `dollarBetrag` bereits gesehen, dass das Überschreiben von Methoden problemlos möglich ist. Wie sieht es jedoch mit Variablen aus? Wir schreiben zwei neue Klassen `Vater` und `Sohn`:

```
public class Vater {

  /** Eine oeffentliche Variable vari */
  public int vari;

  /** Konstruktor */
  public Vater() {
    vari = 1;
  }

  /** Ausgabe des Variableninhalts */
  public void zeigeVari() {
    System.out.println("VATER: " + vari);
  }

}
```

```
public class Sohn extends Vater {

  /** Eine oeffentliche Variable vari */
  public int vari;

  /** Konstruktor */
  public Sohn() {
    vari = 2;
  }

  /** Ausgabe des Variableninhalts */
  public void zeigeVari() {
    System.out.println("SOHN:  " + vari);
  }

}
```

Beide Klassen besitzen eine Variable `vari`, die vom Konstruktor der Klasse `Vater` auf 1 und von `Sohn` auf 2 gesetzt wird. Wir wollen nun überprüfen, wie sich ein `Sohn`-Objekt unter verschiedenen Bedingungen verhält:

1. Was passiert, wenn wir die Methode `zeigeVari` aufrufen?

2. Was passiert, wenn wir die Methode `zeigeVari` aufrufen, nachdem wir die Referenz auf das `Sohn`-Objekt in eine `Vater`-Referenz umgewandelt haben?

3. Welcher Wert wird ausgegeben, wenn wir die Instanzvariable `vari` direkt ansprechen?

4. Welcher Wert wird nach der Umwandlung der Referenz ausgegeben?

Um diese Punkte zu klären, ergänzen wir unsere Klasse `Sohn` um eine `main`-Methode:

```
public static void main(String[] args) {
  // Erzeuge eine Instanz der Klasse Sohn
  Sohn s = new Sohn();
  // 1. Zeige zuerst den Inhalt von s
  s.zeigeVari();
  // 2. nun dasselbe, jedoch nach einer Typumwandlung
  ((Vater)s).zeigeVari();
  // 3. jetzt gib die Instanzvariable von Hand aus
  System.out.println("SOHN:  "+s.vari);
  // 4. und tue dasselbe erneut nach einer Typumwandlung
  System.out.println("VATER: "+((Vater) s).vari);
}
```

Übersetzen wir das Programm und starten es, so erhalten wir folgende Ausgabe:

Konsole

```
SOHN:  2
SOHN:  2
SOHN:  2
VATER: 1
```

Dies bedeutet für unsere Fragestellung:

1. Beim Aufruf der Methode `zeigeVari` für das `Sohn`-Objekt wird die in der Klasse `Sohn` deklarierte Methode aufgerufen. Diese gibt die zugehörige Variable des `Sohn`-Objekt aus – deshalb die 2.

2. Hier wird wieder die Methode `zeigeVari` aufgerufen, jedoch nach Umwandlung der Referenz in den Typ `Vater`. Die Referenz zeigt aber weiterhin auf ein `Sohn`-Objekt, und es wird die überschriebene Methode aufgerufen. Diese bezieht sich ebenfalls wieder auf **`this`**`.vari` und gibt deshalb erneut als Ergebnis 2 zurück. Das liegt darin begründet, dass der Compiler nicht schon zur Übersetzungszeit abhängig vom Typ der Referenz entscheidet, welche Version einer überschriebenen Methode aufgerufen wird. Er erzeugt vielmehr Code dafür, dass erst zur Laufzeit abhängig vom Typ des Objekts, auf das die Referenz zeigt, entschieden wird, welche Methode auszuführen ist. Man bezeichnet dies auch als dynamisches Binden.

3. Geben wir die Variable `s.vari` direkt aus, so erhalten wir wie erwartet erneut die 2 als Ergebnis.

4. Hier wird, ähnlich wie in Fall 2, die Referenz in den Typ `Vater` umgewandelt, darüber allerdings direkt auf die Variable `vari` zugegriffen. Nun erhalten wir völlig überraschend als Ergebnis die 1. Das liegt daran, dass für Variablen keine dynamische Bindung ins Spiel kommt, sondern der Compiler bereits zur Übersetzungszeit abhängig vom Typ der Referenz entscheidet, auf welche der Variablen zugegriffen wird.

Was wollte uns dieser Abschnitt also sagen? Das Prinzip der Polymorphie bzw. das dynamische Binden greift lediglich bei Methoden, *nicht* bei Variablen.

8.3.2 Überschreiben von Methoden verhindern durch `final`

Wollen wir dafür sorgen, dass eine Methode in allen Unterklassen in der gleichen Version vorliegt, die Polymorphie also ausschalten, können wir wiederum das Schlüsselwort **final** einsetzen. Ähnlich der Vorgehensweise bei der Markierung von ganzen Klassen, die nicht mehr erweitert werden können, verhindert der Modifizierer **final** vor einer Methodendeklaration das Überschreiben dieser Methode in einer Unterklasse. Definieren wir also eine Klasse

```
public class Papa {
  public final void singe() {
    System.out.println("La la la la la ...");
  }
}
```

und versuchen anschließend in der Klasse

```
public class Kind extends Papa {
  public void singe() {
    System.out.println("Do Re Mi Fa So ...");
  }
}
```

die Methode `singe` zu überschreiben, erhalten wir beim Compilieren

Konsole

```
Kind.java:2: singe() in Kind cannot override singe() in Papa;
  overridden method is final
    public void singe() {
                ^
```

als Fehlermeldung vom Compiler. Auf einige Beispiele solcher finalen Methoden kommen wir in Kapitel 16 noch zu sprechen. Sie finden sich in der Klasse `Object`, auf die wir im folgenden Abschnitt eingehen. Durch die **final**-Deklaration ist sichergestellt, dass bei diesen Methoden alle Java-Objekte das gleiche Verhalten aufweisen. Außerdem ist der compilierte Programmcode effizienter, weil kein dynamisches Binden mehr durchgeführt werden muss.

8.4 Die Klasse `Object` und der Umgang mit `instanceof` und `@Override`

Werfen wir einen Blick auf den „Stammbaum" aller in diesem Kapitel definierten Objekte in Abbildung 8.3. Wir entdecken darin die Klasse `java.lang.Object`. Diese Klasse stellt quasi die „Urmutter" aller Klassen dar – jede andere Klasse leitet sich von ihr ab. Wann immer wir also bislang eine Klasse definiert haben, ohne sie mit dem Zusatz **extends** von einer anderen Klasse abzuleiten, war die Klasse

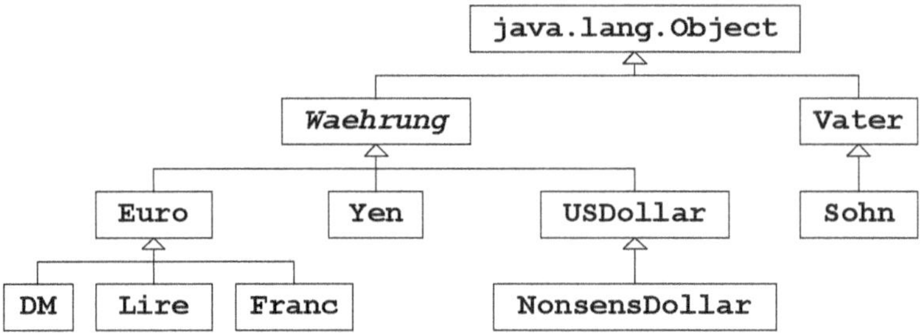

Abbildung 8.3: Klassenstammbaum

`Object` aus dem Standardpaket `java.lang` stets die vom Compiler automatisch verwendete Superklasse.
Der Umstand, dass die Klasse `Object` Superklasse aller anderen definierten Klassen ist, kann von Programmierern auf verschiedenste Art und Weise ausgenutzt werden. So gibt es beispielsweise im Paket `java.util` eine Reihe von Klassen, die verschiedene Formen von Datenspeichern darstellen (die sogenannten `Collection`-Klassen). Diese bieten bei der Verwaltung großer Datenmengen mehr Möglichkeiten als gewöhnliche Arrays. Da mit den Klassen beliebige Objekte gespeichert werden sollen, verlangen die entsprechenden Methoden zur Ein- und Ausgabe jeweils Instanzen der Klasse `Object` als Parameter und Rückgabewert. Da, wie gesagt, jede Klasse Kind von `Object` ist, kann also jede Instanz als solche aufgefasst und abgelegt werden. Wir werden auf diese Klassen in einem späteren Kapitel näher eingehen.

8.4.1 Methoden der Klasse `Object` sinnvoll überschreiben

Neben der oben vorgestellten Möglichkeit, die Klasse `Object` zu verwenden, gibt es einen weiteren Punkt, der diese Klasse wichtig macht. So wie wir mit unserer Klasse `Waehrung` garantierten, dass alle Kindklassen die Methode `dollarBetrag` besitzen, stellt auch die Klasse `Object` einige Methoden bereit, die somit *alle* Subklassen besitzen. Einige dieser Methoden sind für uns besonders interessant:

- Die Methode

  ```
  public String toString()
  ```

  liefert eine textuelle Beschreibung eines Objekts. Wann immer ein Objekt (etwa bei der Ausgabe mit `System.out.println`) in einen String umgewandelt werden soll, geschieht dies mit der `toString`-Methode. Diese Methode „weiß“ natürlich standardmäßig nicht, wie unsere selbst geschriebenen Klassen als Text wiedergegeben werden sollen. Aus diesem Grund können (und sollen) wir die Methode einfach überschreiben. Bauen wir beispielsweise die Methode

```
/** Gibt den Wert der Waehrung in Dollar als String zurueck */
public String toString() {
  return "$"+dollarBetrag();
}
```

in unsere Klasse `Waehrung` ein, wird in Zukunft bei der Ausgabe unserer Währungen mit `System.out.println` der jeweilige Wert in Dollar mit einem vorstehenden Dollarzeichen ($) ausgegeben.

- Die Methode

  ```
  public boolean equals(Object obj)
  ```

  vergleicht zwei Objekte auf Gleichheit. Wir erinnern uns – für zwei Objekte `o1` und `o2` liefert der Vergleich `o1==o2` genau dann **true**, wenn beide Referenzen auf das gleiche Objekt zeigen. Die Methode `equals` macht standardmäßig genau das Gleiche, kann aber im Gegensatz zum Operator überschrieben werden. Nehmen wir zum Beispiel an, zwei `Waehrung`-Objekte sollen genau dann gleich sein, wenn ihr Geldwert in Dollar identisch ist. Wie müssen wir also unsere Klasse `Waehrung` erweitern?

  Falls unser zweites Objekt ebenfalls Instanz der Klasse `Waehrung` ist, können wir den Vergleich über die Methode `dollarBetrag` durchführen. Für ein beliebiges Objekt ist diese Methode natürlich nicht definiert, sodass wir bei deren Aufruf zur Laufzeit einen Fehler erhalten würden. Wir müssen also unterscheiden können, ob ein Objekt Instanz einer bestimmten Klasse ist. Hierzu existiert in Java der Operator **instanceof**. Die Abfrage

  ```
  obj instanceof Waehrung
  ```

  liefert genau dann **true**, wenn das Objekt `obj` Instanz der Klasse `Waehrung` (oder einer ihrer Subklassen) ist. Wir könnten also unsere Vergleichsmethode damit bewerkstelligen. Aber leider kann das im Zusammenspiel von Unter- und Oberklassen immer noch zu Problemen führen (nachzulesen beispielsweise unter [38]), die wir jedoch an dieser Stelle nicht im Detail ausführen wollen. Aus diesem Grund wollen wir uns bei der Implementierung unserer `equals`-Methode an den sogenannten **equals-Vertrag** halten, der Folgendes sicherstellt:

  1. Der Vergleich eines Objekts mit sich selbst liefert stets **true**.
  2. Vergleicht man x mit y, erhält man dasselbe Ergebnis, wie wenn man y mit x vergleicht.
  3. Ist x gleich y und ist y gleich z, dann ist auch x gleich z.
  4. Solange sich zwei Objekte nicht verändern, liefert ihr Vergleich immer dasselbe Ergebnis.
  5. Vergleicht man ein Objekt mit **null**, ist das Ergebnis **false**.

  Algorithmisch sinnvoll ist es daher, zunächst die Sonderfälle (Vergleich mit **null** und **this**) zu behandeln, dann die Datentyp-Gleicheit zu prüfen und schließlich den notwendigen Typecast anzuwenden, um dann am Ende den eigentlichen Vergleich durchzuführen. Daher definieren wir unsere Methode wie folgt:

```
/** Prueft, ob das Objekt gleich dem Parameterobjekt obj ist */
public boolean equals(Object obj) {
  if (obj == null)              // Vergleich mit null-Referenz
    return false;
  if (obj == this )              // Vergleich mit sich selber
    return true;
  if (!obj.getClass().equals(getClass())) // Datentyp-Vergleich
    return false;

  Waehrung that = (Waehrung) obj;   // Typecast und Inhaltsver-
  return this.dollarBetrag() == that.dollarBetrag();  // gleich
}
```

Hinweis: Für die Überprüfung der Datentyp-Gleichheit kommt hier die Methode `getClass` aus der Klasse `Object` zum Einsatz. Mit dieser Methode ist es möglich, für eine beliebige Referenzvariable den exakten Datentyp (bzw. die Klasse) desjenigen Objekts zu bestimmen, auf das die Referenz zur Laufzeit des Programms verweist.

- Es gibt in Java weitere „ungeschriebene Gesetze", d. h. es gibt Regeln und Konventionen, an die man sich halten sollte. Wenn wir unsere Klasse `Waehrung` um obige `equals`-Methode erweitern und übersetzen, so erhalten wir keinen einzigen Compilierungsfehler. Wir hätten aber gegen die Regeln zur Implementation der Methoden `equals` und `hashCode` aus der Dokumentation (siehe [44]) der Klasse `Object` verstoßen, die da lautet:

  > *Wenn du die* `equals`*-Methode überschreibst, dann musst du auch die* `hashCode`*-Methode überschreiben.*

  Was aber ist das für eine Methode? Die Methode

  ```
  public int hashCode()
  ```

  berechnet den sogenannten **Hashcode** eines Objekts. Hierbei handelt es sich um eine ganze Zahl, die von speziellen Datenspeichern (den sogenannten **Hashtabellen**) verwendet wird, um das Objekt in ihrem Speicher abzulegen. Mit Hilfe des Hashcodes können diese Objekte später aus der Tabelle wieder sehr schnell herausgelesen werden.

  Was hat das Ganze jedoch mit unserer `equals`-Methode zu tun? Wir haben zwei Objekte als gleich betrachtet, wenn sie den gleichen Wert in Dollar besitzen. Nun steht in einer Hashtabelle jedoch das gleiche Objekt nie zweimal eingetragen. Wenn jedoch zwei (laut `equals`-Methode) gleiche Objekte einen unterschiedlichen Hashcode besitzen (etwa das eine mit der Nummer 17 und das andere mit der 23), so kann der Datenspeicher dies nicht erkennen und hinterlegt das Objekt sozusagen doppelt.

Auch wenn wir in diesem Buch nicht mit Hashtabellen arbeiten, wollen wir uns doch an die Konvention halten. Zwei Objekte, die laut `equals`-Methode gleich sind, sollen den gleichen Hashcode zurückliefern. Zu diesem Zweck nehmen wir einfach den Wert des Objekts (in Dollar) und liefern die Ziffern bis zur zweiten Nachkommastelle als Ergebnis. Ein Objekt im Wert von 23.547 Dollar hätte also den Hashcode 2354:

```
/** Liefert den Hashcode eines Objekts */
public int hashCode() {
  return (int)(dollarBetrag()*100);
}
```

Die Klasse `Object` besitzt noch eine Vielzahl weiterer Methoden (darunter auch einige finale Methoden), die an dieser Stelle jedoch noch nicht von Bedeutung für uns sind.

8.4.2 Hilfe beim Überschreiben: Die Annotation `@Override`

Im Kontext der Vererbung und des Überschreibens von Methoden kann es immer wieder mal zu Flüchtigkeitsfehlern in der Programmierung kommen, die leider vom Compiler nicht ohne Weiteres aufgedeckt werden können. Nehmen wir beispielweise an, wir haben eine Klasse `Fahrzeug` geschrieben und diese mit einer (vermeintlichen) Überschreibung der `toString`-Methode aus der Klasse `Object` ausgestattet:

```
public class Fahrzeug {
  int nr;
  public Fahrzeug (int nr) {
    this.nr = nr;
  }
  public String toString (int nr) {
    return "Fahrzeug Nr. " + nr;
  }
}
```

Ergänzend dazu haben wir auch noch eine Testklasse programmiert:

```
public class FahrzeugTest {
  public static void main (String[] args) {
    Fahrzeug f = new Fahrzeug(42);
    System.out.println(f);
  }
}
```

Beide Klassen werden vom Compiler ohne Fehlermeldung übersetzt, und wenn wir nun die Klasse `FahrzeugTest` starten, erhalten wir eine Ausgabe der Form:

Konsole

```
Fahrzeug@2f92e0f4
```

Ausgegeben wird der Name der Klasse und hinter dem `@`-Zeichen der Hashcode unseres Objekts – die Zeichenfolge, die von der `toString`-Methode aus der Klasse `Object` erzeugt wird.

Offensichtlich wird der Code unserer `toString`-Methode ignoriert. Wenn wir uns Zeile 6 etwas genauer anschauen, sehen wir auch den Grund dieses Verhaltens. Wir haben „versehentlich" die Methode `toString` mit einem Parameter ausgestattet, was bei der `toString`-Methode der Klasse `Object` ja so gar nicht der Fall ist. Und damit haben wir zwar eine korrekte Methode programmiert, aber bei dieser handelt es sich nicht um eine *Überschreibung*, sondern lediglich um eine *Überladung* der Methode `toString`. Da der Compiler natürlich nicht wissen kann, was wir tatsächlich programmieren wollten, hat er auch keinen Fehler gemeldet.
Aber wir können dem Compiler in solchen Fällen eine Hilfestellung in Form der sogenannten **Override-Annotation** geben, die wir unmittelbar vor dem Kopf derjenigen Methode anbringen können, die wir überschreiben wollen.

```
1  public class Fahrzeug {
2    int nr;
3    public Fahrzeug (int nr) {
4      this.nr = nr;
5    }
6    @Override
7    public String toString (int nr) {
8      return "Fahrzeug Nr. " + nr;
9    }
10 }
```

Durch diesen Hinweis wird der Compiler veranlasst, die annotierte Methode darauf zu untersuchen, ob sie tatsächlich eine Methode der Superklasse überschreibt. Beim Übersetzen erhalten wir nun eine Fehlermeldung:

Konsole

```
Fahrzeug.java:6: error: method does not override or implement
    a method from a supertype
```

Mit diesem Hinweis können wir unseren Methodenkopf korrigieren, indem wir den Parameter entfernen, und so lässt sich nun die nachfolgende Version unserer Klasse mit korrekter Überschreibung auch fehlerfrei übersetzen:

```
1  public class Fahrzeug {
2    int nr;
3    public Fahrzeug (int nr) {
4      this.nr = nr;
5    }
6    @Override
7    public String toString () {
8      return "Fahrzeug Nr. " + nr;
9    }
10 }
```

Starten wir nun die Klasse `FahrzeugTest` erneut, erhalten wir die beabsichtigte Ausgabe:

Konsole

```
Fahrzeug Nr. 42
```

Die Override-Annotation hilft uns auch beim korrekten Überschreiben der `equals`-Methode. Schauen wir uns dazu die Klasse `Auto` als Unterklasse von `Fahrzeug` an:

```
public class Auto extends Fahrzeug {
  public Auto (int nr) {
    super(nr);
  }
  public boolean equals (Fahrzeug anderes) {
    if (anderes == null)
      return false;
    if (anderes == this)
      return true;
    if (!anderes.getClass().equals(this.getClass()))
      return false;
    Auto that = (Auto) anderes;
    return  this.nr == that.nr;
  }
}
```

Hier haben wir für unsere `Auto`-Objekte vermeintlich die `equals`-Methode überschrieben, wobei zwei Autos dann gleich sein sollen, wenn ihre Nummer übereinstimmt. Der Compiler übersetzt auch diese Klassen fehlerfrei, obwohl wir in dieser Implementierung einen Parameterfehler begangen haben und `anderes` mit dem Datentyp `Fahrzeug` statt mit `Object` deklariert haben. Es handelt sich also ebenfalls um eine Überladung und keine Überschreibung der Methode `equals`. Daher setzen wir auch hier besser die Hilfestellung in Form der Override-Annotation ein:

```
1  public class Auto extends Fahrzeug {
2    public Auto (int nr) {
3      super(nr);
4    }
5    @Override
6    public boolean equals (Fahrzeug anderes) {
7      if (anderes == null)
8        return false;
9      if (anderes == this)
10       return true;
11     if (!anderes.getClass().equals(this.getClass()))
12       return false;
13     Auto that = (Auto) anderes;
14     return  this.nr == that.nr;
15   }
16 }
```

Beim Übersetzen erhalten wir nun eine Fehlermeldung:

Konsole

```
Fahrzeug.java:5: error: method does not override or implement
    a method from a supertype
```

Dank diesem Hinweis können wir nun Zeile 6 berichtigen:

```
public boolean equals (Object anderes) {
```

8.4.3 Der Operator **instanceof** und das Pattern-Matching

In diesem Abschnitt wollen wir uns zunächst noch etwas genauer mit dem **instanceof**-Operator und der Methode `getClass` beschäftigen, die wir beide im vorangegangenen Abschnitt erstmals eingesetzt haben. Es handelt sich dabei um zwei Varianten für die Überprüfung des Datentyps eines Objekts zur Laufzeit eines Programms. Wenn wir also in unserem Programm mit einer Referenzvariablen (beliebigen Typs) arbeiten, können wir mit dem Operator **instanceof** feststellen, ob die Referenz auf ein Objekt der angegebenen Klasse oder einer ihrer Unterklassen zeigt. Durch den Einsatz der Methode `getClass` können wir sogar ganz konkret ermitteln, als Objekt welcher Klasse das referenzierte Objekt erzeugt wurde. Das nachfolgende Programm verdeutlicht diese Sachverhalte anhand unserer Klassen `Auto` und `Fahrzeug`:

```
public class InstanzenTest {
  public static void main (String[] args) {
    Auto obj1 = new Auto(1);
    System.out.println(obj1 instanceof Auto);
    System.out.println(obj1 instanceof Fahrzeug);
    System.out.println(obj1 instanceof Object);
    System.out.println(obj1.getClass());

    Fahrzeug obj2 = new Fahrzeug(2);
    System.out.println(obj2 instanceof Auto);
    System.out.println(obj2 instanceof Fahrzeug);
    System.out.println(obj2 instanceof Object);
    System.out.println(obj2.getClass());

    Object obj3 = new Auto(3);
    System.out.println(obj3 instanceof Auto);
    System.out.println(obj3 instanceof Fahrzeug);
    System.out.println(obj3 instanceof Object);
    System.out.println(obj3.getClass());
  }
}
```

Beim Programmstart erhalten wir:

Konsole

```
true
true
true
class Auto
false
true
true
class Fahrzeug
true
true
true
class Auto
```

Wir erkennen, dass der vereinbarte Typ der Referenzvariable jeweils unerheblich ist. Es wird jeweils das Objekt untersucht, auf das die Referenz zur Laufzeit verweist. Sobald der Operator für die als zweiter Operand angegebene Klasse **true** liefert, ist dies auch für alle Superklassen der Fall.

Im Zusammenhang mit dem Operator **instanceof** unterstützt Java ein sehr hilfreiches Feature, das Programmcode deutlich verkürzen und gleichzeitig klarer machen kann, das sogenannte **Pattern-Matching**. Wir wollen uns diesen Sachverhalt anhand eines Beispielprogramms anschauen:

```java
public class GetValueOhnePatternMatching {
  public static double getValue (Object obj) {
    if (obj instanceof Fahrzeug) {
      Fahrzeug f = (Fahrzeug) obj;
      return f.nr;
    }
    else if (obj instanceof Waehrung) {
      Waehrung w = (Waehrung) obj;
      return w.dollarBetrag();
    }
    else if (obj instanceof String) {
      String s = (String) obj;
      return s.length();
    }
    else {
      return 0;
    }
  }
  public static void main (String[] args) {
    Fahrzeug f = new Fahrzeug(4);
    Waehrung w = new USDollar(7);
    String s = "Hallihallo";
    System.out.println(getValue(f));
    System.out.println(getValue(w));
    System.out.println(getValue(s));
  }
}
```

In obiger `main`-Methode erzeugen wir drei Objekte unterschiedlichen Typs – ein `Fahrzeug`-Objekt, ein `Waehrung`-Objekt und ein `String`-Objekt. Mit Hilfe der Methode `getValue` wollen wir nun jeweils einen Wert für diese Objekte bestimmen und ausgeben lassen. Dabei ist der „Wert" eines Fahrzeugs dessen Nummer, der einer Währung deren Dollar-Betrag und der eines Strings die Anzahl seiner Zeichen. Damit die Methode auf alle drei Objekt-Arten anwendbar ist, haben wir die Methode mit einem Parameter vom Typ `Object` definiert. In ihrem Rumpf führen wir dann mittels **instanceof** eine Fallunterscheidung und jeweils anschließend einen Typecast durch, um danach die typspezifischen Werte für das Methodenergebnis bestimmen zu können. Beim Start des Programms erscheinen somit die Werte 4.0, 7.0 und 10.0 in der Konsolenausgabe.

Der Quellcode ist jedoch etwas langatmig und nicht leicht zu verstehen. Mittels Pattern-Matching können wir dies verbessern und bei der Definition unserer Methode `getValue` Programmcode einsparen:

```
1  public class GetValueMitPatternMatching {
2    public static double getValue (Object obj) {
3      if (obj instanceof Fahrzeug f) {
4        return f.nr;
5      }
6      else if (obj instanceof Waehrung w) {
7        return w.dollarBetrag();
8      }
9      else if (obj instanceof String s) {
10       return s.length();
11     }
12     else {
13       return 0;
14     }
15   }
16   public static void main (String[] args) {
17     Fahrzeug f = new Fahrzeug(4);
18     Waehrung w = new USDollar(7);
19     String s = "Hallihallo";
20     System.out.println(getValue(f));
21     System.out.println(getValue(w));
22     System.out.println(getValue(s));
23   }
24 }
```

Anstelle einen expliziten Typecast durchzuführen, genügt es, im **instanceof**-Ausdruck unmittelbar hinter dem Klassennamen eine Variable einzuführen, die dann implizit vom überprüften Klassentyp ist (siehe Zeilen 3, 6 und 9). Mit dieser können wir dann in der gewohnten Art weiter verfahren.

8.4.4 Das Pattern-Matching für switch

Noch kürzer wird das Beispiel aus Abschnitt 8.4.3, wenn wir das Pattern-Matching im Kontext von **switch**-Anweisungen und **switch**-Ausdrücken verwenden. Wir können damit in unserem obigen Beispielprogramm auf den Einsatz des Operators **instanceof** verzichten und die Fallunterscheidung stattdessen mittels **switch** wie folgt realisieren:

```
public class SwitchPatternMatching {
  public static double getValue (Object obj) {
    return switch (obj) {
        case Fahrzeug f -> f.nr;
        case Waehrung w -> w.dollarBetrag();
        case String s   -> s.length();
        default         -> 0;
    };
  }
  public static void main (String[] args) {
    Fahrzeug f = new Fahrzeug(4);
    Waehrung w = new USDollar(7);
    String s = "Hallihallo";
    System.out.println(getValue(f));
    System.out.println(getValue(w));
    System.out.println(getValue(s));
```

```
  }
}
```

Allerdings müssen wir beim Aufzählen der verschiedenen **`case`**-Fälle auf deren Reihenfolge achten, falls Erbschaftsbeziehungen eine Rolle spielen. Eine unzulässige Reihenfolge von **`case`**-Fällen in der Methode `getValue` wäre beispielsweise:

```
public static double getValue (Object obj) {
  return switch (obj) {
      case Object o   -> 0;
      case Fahrzeug f -> f.nr;
      case Waehrung w -> w.dollarBetrag();
      case String s   -> s.length();
  };
}
```

Beim Übersetzen würde der Compiler beanstanden, dass der erste Fall alle nachfolgenden Fälle *dominiert*, da ja alle aufgeführten Klassen Unterklassen von `Object` sind und daher mit dem ersten Fall bereits abgehandelt werden. Nur wenn wir den bisher ersten Fall ans Ende stellen, erhalten wir eine korrekte Variante:

```
public static double getValue (Object obj) {
  return switch (obj) {
      case Fahrzeug f -> f.nr;
      case Waehrung w -> w.dollarBetrag();
      case String s   -> s.length();
      case Object o   -> 0;
  };
}
```

Unter Einsatz des kontextuellen Schlüsselworts **`when`** haben wir sogar die Möglichkeit, bestimmte Bedingungen für die eingeführten Pattern-Variablen zu überprüfen, um damit Sonderfälle behandeln zu können. Eine solche Bedingung wird dabei jeweils mittels einem **`when`**, gefolgt von einem **`boolean`**-Ausdruck, angegeben und in der Java-Sprachspezifikation als **Wächter** (englisch: **guard**) bezeichnet. Wollen wir in unserem Beispielprogramm den durch `getValue` berechneten Wert einer Währung auf eine Million beschränken und den Wert von Zeichenketten mit mehr als 10 Zeichen pauschal auf 42.0 setzen, dann ließe sich unser Programm wie folgt anpassen:

```
public class SwitchPatternMatchingMitWhen {
  public static double getValue (Object obj) {
    return switch (obj) {
        case Fahrzeug f      -> f.nr;
        case Waehrung w when w.dollarBetrag() > 1e6
                             -> 1e6;
        case Waehrung w      -> w.dollarBetrag();
        case String s when s.length() > 10
                             -> 42;
        case String s        -> s.length();
        default              -> 0;
    };
  }
  public static void main (String[] args) {
```

```
        Fahrzeug f = new Fahrzeug(4);
        Waehrung w = new USDollar(7);
        Waehrung wx = new USDollar(1e7);
        String s = "Hallihallo";
        String sx = "SehrLangerText";
        System.out.println(getValue(f));
        System.out.println(getValue(w));
        System.out.println(getValue(s));
        System.out.println(getValue(wx));
        System.out.println(getValue(sx));
    }
}
```

Zur Laufzeit würde es die folgende Konsolenausgabe produzieren:

```
Konsole
4.0
7.0
10.0
1000000.0
42.0
```

8.5 Übungsaufgaben

Aufgabe 8.3

Überschreiben Sie die `toString`-Methode der Klasse `Euro`. Anstelle von Dollar soll für diese Objekte der Wert in der europäischen Währung ausgegeben werden. Wie sieht nun die Stringausgabe für ein Objekt der Klasse `Lire` aus?

Aufgabe 8.4

Welche Ausgabe liefert das folgende Codestück?

```
Vater vaeterchen = new Vater();
Sohn  soehnchen  = new Sohn ();
System.out.println(vaeterchen instanceof Sohn);
System.out.println(vaeterchen instanceof Vater);
System.out.println(vaeterchen instanceof Waehrung);
System.out.println(vaeterchen instanceof Object);
System.out.println(soehnchen  instanceof Sohn);
System.out.println(soehnchen  instanceof Vater);
System.out.println(soehnchen  instanceof Waehrung);
System.out.println(soehnchen  instanceof Object);
```

Aufgabe 8.5

Um auch einfache Datentypen (**`byte`**, **`boolean`**, **`int`**, **`double`**,...) als Objekte behandeln zu können, stellt Java sogenannte **Wrapper-Klassen** (deutsch: **Hüll-Klassen**) zur Verfügung, d. h. Klassen, die den entsprechenden Datentyp in ein

Objekt „einpacken". Wir werden uns mit diesen Klassen in Abschnitt 11.2 noch im Detail beschäftigen. Diese Klassen schreiben sich genau wie der entsprechende elementare Datentyp, mit der Ausnahme, dass der erste Buchstabe groß geschrieben wird. Um also etwa die **double**-Zahl 3.14 als Objekt zu verwenden, genügt folgendes Codestück:

```
Double d= Double.valueOf(3.14);
```

Nehmen wir einmal an, wir besitzen ein solches `Double`-Objekt. Wie finden wir heraus, ob die im Objekt gespeicherte Zahl den Wert 0 hat?

8.6 Abstrakte Klassen und Interfaces

8.6.1 Einsatzszenarien am Beispiel

Gehen wir noch einmal an den Anfang dieses Kapitels zurück und betrachten die Klasse `Waehrung`:

```
/** Diese Klasse symbolisiert eine beliebige Waehrung */
public abstract class Waehrung {

  /** Gibt den Wert des Objekts in US-Dollar zurueck */
  public abstract double dollarBetrag();

  /** Gibt den Wert der Waehrung in Dollar als String zurueck */
  public String toString() {
    return "$"+dollarBetrag();
  }

  /** Prueft, ob das Objekt gleich dem Parameterobjekt obj ist */
  public boolean equals(Object obj) {
    if (obj == null)              // Vergleich mit null-Referenz
      return false;
    if (obj == this )              // Vergleich mit sich selber
      return true;
    if (!obj.getClass().equals(getClass())) // Datentyp-Vergleich
      return false;

    Waehrung that = (Waehrung) obj;    // Typecast und Inhaltsver-
    return this.dollarBetrag() == that.dollarBetrag();  // gleich
  }

  /** Liefert den Hashcode eines Objekts */
  public int hashCode() {
    return (int)(dollarBetrag()*100);
  }

}
```

Zu Beginn unserer Arbeit wussten wir noch nichts darüber, wie die Methode `dollarBetrag` genau aufgebaut sein soll. Wir wollten dem Compiler lediglich mitteilen, dass unsere Klasse (und alle ihre Nachkommen) eine solche Methode besitzen soll. Wir haben dem Compiler deshalb nur die sogenannte **Schnittstelle** mitgeteilt, also die Struktur, die unsere Klasse hinsichtlich ihrer Methoden und Variablen besitzen soll. Dinge, die wir nicht konkret ausformulieren wollten, haben wir mit dem Schlüsselwort **abstract** markiert. Im späteren Verlauf haben wir zwar andere Methoden (`equals`, `toString` und `hashCode`) hinzugefügt, doch die konkrete Ausformulierung von `dollarBetrag` weiterhin den Subklassen überlassen.

Bei der von uns hiermit geschaffenen Struktur handelt es sich um eine sogenannte **abstrakte Klasse**. Abstrakte Klassen werden bei der Klassendeklaration mit dem Wort **abstract** gekennzeichnet und können nicht instanziiert werden. Mit ihrer Hilfe können wir sicherstellen, dass für eine Ansammlung anderer Klassen die Existenz gewisser Methoden garantiert ist. Jede unserer Klassen `Yen`, `Euro` oder `Lire` besaß somit als Subklasse von `Waehrung` zwangsläufig eine Methode `dollarBetrag`. Wir konnten also allgemeine Methoden wie `berechneSteuer` für beliebige Währungsklassen definieren, ohne besondere Fallunterscheidungen für die verschiedenen Währungen einbauen zu müssen.

Doch zurück zu unserem Anwendungsbeispiel. Neben Barvermögen gehören unserer Hotelkette noch diverse andere Wertgegenstände. Hierzu zählen z. B. Grundstücke oder Aktien. Jeder dieser Wertgegenstände besitzt wiederum völlig unterschiedliche Eigenschaften, sodass es schwer ist, für sie eine allgemeine Klasse zu definieren. Wie können wir trotzdem sichergehen, dass jeder Wertgegenstand seinen Gegenwert in Dollar (oder Yen, Euro, DM, ...) nennen kann?

Im Endeffekt wollen wir auch hier nichts weiter tun, als unseren Klassen erneut eine Schnittstelle vorzugeben. Unsere Klassen sollen allesamt eine Methode `wert` besitzen, die den aktuellen Wert (z. B. unserer Immobilie) in einer beliebigen Währung zurückgibt.[3]

Wir formulieren diese Anforderung als eine Schnittstellenbeschreibung, ein sogenanntes **Interface**:

```
/** Ein beliebiger Wertgegenstand */
public interface Wertgegenstand {

  /** Gib den Wert des Objekts als Waehrung zurueck */
  public Waehrung wert();

}
```

Interfaces sind im Gegensatz zu abstrakten Klassen *keine* Klassen im eigentlichen Sinne, d. h. es existieren keine Kindklassen, die ein Interface mit Hilfe des Schlüsselwortes **extends** beerben. Das entsprechende Wort für Interfaces heißt stattdessen **implements**:

```
/** Ein Goldbarren (= Wertgegenstand) */
public class Goldbarren implements Wertgegenstand {

  /** Wie viel ist Gold heutzutage eigentlich wert? */
  public static double preisProGrammInDollar=42;

```

[3] Welche Währung dies ist, kann uns, wie gesagt, völlig egal sein. Jedes Währungsobjekt besitzt schließlich die Methode `dollarBetrag`.

```
  /** Das Gewicht des Barrens */
  private double gewicht;

  /** Konstruktor - das Gewicht ist in Gramm anzugeben */
  public Goldbarren(double gewichtInGramm) {
    gewicht = gewichtInGramm;
  }

  /** Implementierung des Interfaces */
  public Waehrung wert() {
    return new USDollar(gewicht * preisProGrammInDollar);
  }

}
```

Unsere Klasse `Goldbarren` setzt das Interface `Wertgegenstand` in einer Klasse um und macht dies dem Compiler durch die Worte **`implements`** `Wertgegenstand` klar. Um nun eine gültige Klassendefinition zu erzeugen, *müssen* wir eine entsprechende Methode `wert` definieren (sonst erhalten wir beim Übersetzen eine Fehlermeldung). Hierbei errechnen wir den Wert unseres Barrens in Dollar aus dem Gewicht und geben diesen als `USDollar`-Objekt zurück. Dieses Vorgehen ist erlaubt, da `USDollar` Subklasse von `Waehrung` ist.

Wie können wir nun unser Interface gewinnbringend einsetzen? Angenommen, wir wollen den Gesamtwert unserer Objekte in Dollar berechnen. Hier können wir ähnlich wie in der Methode `berechneSteuer` vorgehen:

```
/** Berechne den Gesamtwert einer Menge von Wertgegenstaenden */
public static Waehrung gesamtwert(Wertgegenstand[] objekte) {
  double summe = 0;
  for (Wertgegenstand w : objekte)
    summe += w.wert().dollarBetrag();
  return new USDollar(summe);
}
```

Die verschiedenen Geldbeträge werden über die Methode `wert()` ausgelesen. Weil das Resultat dieser Methode jeweils ein Währungsobjekt ist, muss der Dollarbetrag noch über die Methode `dollarBetrag()` ausgelesen werden. Wie bei der abstrakten Klasse muss hier nicht zwischen `Goldbarren`, `Grundstueck` oder anderen Klassen unterschieden werden. Sofern die Objekte das Interface implementieren, können sie als `Wertgegenstand` aufgefasst werden.

Worin besteht nun der Unterschied zu abstrakten Klassen? Während bei Letzteren einzelne Methoden durchaus ausformuliert sein können (siehe etwa die `toString`-Methode bei `Waehrung`), sind die Methoden in Interfaces alle abstrakt – sie taugen somit wirklich ausschließlich als Schnittstellenvorgabe. Im Gegensatz zur „normalen" Klasse haben Interfaces jedoch einen nicht zu unterschätzenden Vorteil: Sie ermöglichen **Mehrfachvererbung**. Eine Klasse darf nämlich zwar *nur eine Superklasse* besitzen; sie darf jedoch *beliebig viele Interfaces* implementieren!

Unsere Hotelkette habe beispielsweise einen gewissen Betrag in Krügerrand investiert, eine Goldmünze, die sowohl eine Wertanlage als auch ein gültiges Zahlungsmittel darstellt. Wären `Waehrung` und `Wertgegenstand` Klassen (die sich nicht voneinander ableiten), so könnte die zu entwerfende Klasse `Kruegerrand` nicht Kind von beiden sein. Da `Wertgegenstand` jedoch ein Interface ist, haben wir hiermit kein Problem:

```
/** Eine bekannte Anlage-Muenze */
public class Kruegerrand extends Waehrung
                         implements Wertgegenstand {

  /** Ein Kruegerrand ist soviel Dollar wert */
  private static double kurs;

  /** Instanzvariable: Wert in Kruegerrand */
  private double wert;

  /** Konstruktor */
  public Kruegerrand(double wert) {
    this.wert = wert;
  }

  /** Deklaration der sonst abstrakten Methode dollarBetrag */
  public  double dollarBetrag() {
    return wert * kurs;
  }

  /** Zugriff auf die private Klassenvariable */
  public static void setKurs(double kurs) {
    kurs = kurs;
  }

  /** Implementierung des Interface:
      das Objekt ist selbst schon Waehrung */
  public Waehrung wert() {
    return this;
  }

}
```

8.6.2 Abstrakte Klassen im Detail

In unseren Beispielen haben wir gesehen, dass jede Methode, die wir lediglich deklarieren, aber nicht ausprogrammieren wollen, mit dem Schlüsselwort **`abstract`** gekennzeichnet werden muss, da diese nur so vom Compiler akzeptiert wird. Wenn nun in einer Klasse mindestens eine solche abstrakte Methode auftritt, muss die Klasse gezwungenermaßen zur abstrakten Klasse werden und selbst mit dem Schlüsselwort **`abstract`** gekennzeichnet werden. Der Compiler ist dann in der Lage, diese Klasse zu übersetzen, obwohl sie unvollständig ist. Nachfolgend mit der Klasse `Figur` ein Beispiel für eine abstrakte Klasse, in der zwei abstrakte Methoden deklariert sind.

```
public abstract class Figur {
  public String name;    // Bezeichnung der Figur
  public int ortX, ortY; // Ortskoordinaten der Figur

  // Konstruktor
```

```
  public Figur (String name) {
    this.name = name;
  }

  // Methode, mit der sich die Figur "zeigen" kann
  public abstract void show ();

  // Methode, mit der geprueft werden kann, ob die
  // "Koordinaten" (x,y) innerhalb der Figur liegen
  public abstract boolean contains (int x, int y);
}
```

Neben den abstrakten Methoden definiert die Klasse die drei Instanzvariablen `name`, `ortX` und `ortY` sowie einen Konstruktor zur Initialisierung der Objekte bei ihrer Erzeugung. Zum Einsatz wird Letzterer aber nicht direkt kommen, da wir von einer abstrakten Klasse gar keine Objekte erzeugen können. Erst wenn wir Objekte einer Unterklasse erzeugen, wird er gemäß den in Abschnitt 7.4.4 beschriebenen Regeln aufgerufen. Die abstrakte Klasse dient somit als Rahmenvorgabe für spätere Unterklassen und legt fest, welche Methoden vorhanden sein müssen, während die Unterklassen konkret ausdefinieren, was genau diese Methoden tun.

Allerdings bedeutet das nicht, dass man mit einer abstrakten Klasse gar nichts anfangen kann. Letztendlich ist eine abstrakte Klasse eine Datentypdefinition wie jede andere Klasse auch. Wir erkennen das z. B. daran, dass wir unseren Datentyp `Figur` nun in weiteren Programmentwicklungen einsetzen können, und demonstrieren dies anhand der nachfolgenden Klasse.

```
public class FigurBearbeitung {
  public static void check (Figur f) {
    f.show();
    if (f.contains(1,2)) {
      System.out.println("Punkt (1,2) liegt im " + f.name);
    }
  }
}
```

Auch diese Klasse wird vom Compiler anstandslos übersetzt, denn für diesen ist bekannt, dass der Datentyp `Figur` des Parameters unserer Methode `check` sowohl die Methode `show` als auch die Methode `contains` besitzt. Egal welche speziellen Objekte vom Typ `Figur` somit zur Laufzeit der Methode hinter dem Parameter `f` stecken werden, es sind Spezialfälle vom Typ `Figur` und damit in der Methode einsetzbar.

Für ein tatsächliches Anwendungsprogramm, in dem die Methode `check` zum Einsatz kommen soll, benötigen wir nun aber konkrete Klassen, mit deren Hilfe wir `Figur`-Objekte erzeugen können. Nachfolgend zwei Beispiele solcher Klassen.

```
public class Kreis extends Figur {
  public int radius;

  // Konstruktor
  public Kreis (int r, int x, int y) {
```

```
    super("Kreis");  // Konstruktor der Oberklasse aufrufen
    radius = r;      // Radius initialisieren
    ortX = x;        // geerbte Variable ortX initialisieren
    ortY = y;        // geerbte Variable ortY initialisieren
  }

  // durch abstrakte Klasse vorgeschriebene Methode implementieren
  public void show () {
    System.out.println(name + " mit Radius " + radius);
  }

  // durch abstrakte Klasse vorgeschriebene Methode implementieren
  public boolean contains (int x, int y) {
    return (ortX - x) * (ortX - x) +
           (ortY - y) * (ortY - y)   <=  radius*radius;
  }
}
```

```
public class RechtEckchen extends Figur {
  int breite, hoehe;

  // Konstruktor
  public RechtEckchen (int x, int y, int b, int h) {
    super("RechtEckchen");  // Konstruktor der Oberklasse aufrufen
    ortX = x;               // geerbte Variable ortX initialisieren
    ortY = y;               // geerbte Variable ortY initialisieren
    breite = b;             // Breite initialisieren
    hoehe = h;              // Hoehe initialisieren
  }

  // durch abstrakte Klasse vorgeschriebene Methode implementieren
  public void show () {
    System.out.println(name + " mit Breite " + breite +
                              " und Hoehe " + hoehe);
  }

  // durch abstrakte Klasse vorgeschriebene Methode implementieren
  public boolean contains (int x, int y) {
    return ortX <= x && x <= ortX + breite  &&
           ortY <= y && y <= ortY + hoehe;
  }
}
```

In beiden Fällen sind wir für die konkreten Unterklassen durch die Erbschaftsbeziehung gezwungen, die Rahmenvorgaben der abstrakten Klasse `Figur` zu erfüllen. Das heißt, wir müssen in beiden Klassen – wie geschehen – die Methoden `show` und `contains` ausprogrammieren. Wenn wir dies in einer Unterklasse einer abstrakten Klasse nicht tun würden, müsste die Unterklasse selbst auch abstrakt sein. Mit diesen beiden konkreten Klassen können wir nun auch ein echtes Anwendungsprogramm schreiben, das Objekte vom Typ `Figur` erzeugen und mit ihnen arbeiten kann:

```
public class FigurenMain {
  public static void main(String[] args){
    Figur f = new Kreis(5,0,0);
```

```
    FigurBearbeitung.check(f);

    f = new RechtEckchen(10,10,6,17);
    FigurBearbeitung.check(f);
  }
}
```

In der `main`-Methode unserer Klasse arbeiten wir mit einer Referenzvariablen `f` vom Typ `Figur` und erzeugen dann zunächst ein Objekt vom Typ `Kreis`, auf das wir im Anschluss die Methode `check` anwenden. Danach erzeugen wir ein Objekt der Klasse `RechtEckchen`, auf das wir ebenfalls die Methode `check` anwenden. In beiden Fällen können wir die Referenzen der Objekte problemlos in der Variablen `f` speichern, da die beiden Typen Spezialfälle des Typs `Figur` sind. Wenn innerhalb der Methode `check` schließlich diese Referenzen zur Laufzeit benutzt werden, um `show` und `contains` aufzurufen, entscheidet die dynamische Bindung, welche konkrete Methode (die eines `Kreis`-Objekts oder die eines `RechtEckchen`-Objekts) ausgeführt werden muss.

8.6.3 Interfaces im Detail

Wenn man einen Schritt weitergehen und keinerlei ausprogrammierten Code bereitstellen möchte, sondern lediglich Rahmenvorgaben für später festzulegende Klassen definieren will, ist es wesentlich besser, dies mit einem *Interface* zu beschreiben. Interfaces enthalten in der Regel keine Methodenimplementierungen, sondern nur abstrakte Methoden und eventuell Konstanten. Alle Methoden im Interface sind implizit abstrakt und öffentlich, wir können somit auf die Kennzeichnung mit den Schlüsselwörtern **`abstract`** und **`public`** verzichten. Alle Variablen, die wir in einem Interface definieren, sind automatisch Konstanten, da der Compiler sie implizit als öffentlich, statisch und final deklariert ansieht. Auch hier können wir daher auf die Kennzeichnung mit den Schlüsselwörtern **`static`**, **`final`** und **`public`** verzichten. In einem Interface können wir jedoch definitiv *keine* Instanzvariablen definieren. Auch Konstruktoren dürfen wir nicht deklarieren. Genau genommen ist ein Interface kein Bauplan wie eine Klasse, sondern lediglich eine Art Vertrag, der von implementierenden Klassen eingehalten werden muss und in dem geregelt wird, welche Methoden die Klassen zur Verfügung stellen *müssen*.

Nachfolgendes Beisiel definiert ein Interface `Beweglich` mit einer öffentlichen abstrakten Methode `bewegeDichNach` und einer statischen Konstante `DIMENSION`, die den Wert 2 hat.

```
public interface Beweglich {
  int DIMENSION = 2;
  void bewegeDichNach(int x, int y);
}
```

Ein Klasse kann nun das Interface implementieren, indem sie alle vom Interface vorgeschriebenen Methoden implementiert – also ausprogrammiert zur Verfügung stellt. Die Klasse erfüllt dann durch ihre Implementierung die Vertragsbedingungen und stellt dadurch sicher, dass alle ihre Objekte über dieses Interface angesprochen werden können.

Wir wollen dies beispielhaft anhand unserer Klasse `Kreis` erläutern, deren Objekte wir nun durch Implementierung des Interface `Beweglich` zu beweglichen Kreisen machen wollen:

```
public class Kreis extends Figur implements Beweglich {
  public int radius;

  // Konstruktor
  public Kreis (int r, int x, int y) {
    super("Kreis");  // Konstruktor der Oberklasse aufrufen
    radius = r;      // Radius initialisieren
    ortX = x;        // geerbte Variable ortX initialisieren
    ortY = y;        // geerbte Variable ortY initialisieren
  }

  // durch abstrakte Klasse vorgeschriebene Methode implementieren
  public void show () {
    System.out.println(name + " mit Radius " + radius);
  }

  // durch abstrakte Klasse vorgeschriebene Methode implementieren
  public boolean contains (int x, int y) {
    return (ortX - x) * (ortX - x) +
           (ortY - y) * (ortY - y)   <=  radius*radius;
  }

  // durch Interface vorgeschriebene Methode implementieren
  public void bewegeDichNach(int x, int y) {
    ortX = x;
    ortY = y;
  }
}
```

Wir sehen zu Beginn der Klasse, dass wir zusätzlich zur Erbschaftsbeziehung nun die Implementierungsbeziehung zum Interface spezifiziert haben. Dies wiederum zwingt uns, die Methode `bewegeDichNach` zur Verfügung zu stellen. Somit können wir nun `Kreis`-Objekte über die Schnittstelle `Beweglich` ansprechen, das heißt, jeder `Kreis` ist auch ein `Beweglich` im Sinne der Vererbung und der Typ-Spezialisierung. `Kreis`-Objekte können also nun bewegt werden, indem ihre Ortskoordinaten auf andere Werte gesetzt werden.

Natürlich können auch weitere Klassen, die ihre Objekte über die Methode `bewegeDichNach` ansprechen lassen wollen, dieses Interface implementieren. Unser Beispiel zeigt dies:

```
public class Stuhl implements Beweglich {
  int reihe, platz;  // Sitzreihe und Platznummer des Stuhls

  // Konstruktor
  public Stuhl (int r, int p) {
    reihe = r;    // Sitzreihe initialisieren
    platz = p;    // Platznummer initialisieren
  }
```

```
  // durch Interface vorgeschriebene Methode implementieren
  public void bewegeDichNach(int r, int p) {
    reihe = r;
    platz = p;
  }
}
```

Mit dieser Klasse wollen wir Stuhl-Objekte modellieren, die durch ihre Sitzreihe und ihre Platznummer chrakterisiert werden. Und da wir unsere Stühle gerne in andere Reihen und auf andere Platzpositionen umstellen können möchten, haben wir dies durch die Implementierung des `Beweglich`-Interface sichergestellt. In einem Anwendungsprogramm lassen sich diese Möglichkeiten für unsere Objekte nutzen:

```
public class Bewegen {
  public static void losGehtEs (Beweglich b) {
    b.bewegeDichNach(3,7);  // b ist Beweglich
  }

  public static void main(String[] args) {
    Beweglich b;

    b = new Kreis(5,0,0);  // jeder Kreis ist Beweglich
    losGehtEs(b);

    b = new Stuhl(4,9);    // jeder Stuhl ist Beweglich
    losGehtEs(b);
  }
}
```

Hier haben wir zunächst eine Methode `losGehtEs` definiert, die mit einem Parameter `b` vom Typ `Beweglich` arbeitet und dessen Methode `bewegeDichNach` aufruft. In der `main`-Methode unserer Klasse arbeiten wir dann mit einer Referenzvariablen `b` vom Typ `Beweglich` und erzeugen zunächst ein Objekt vom Typ `Kreis`, das wir im Anschluss an die Methode `losGehtEs` übergeben. Danach erzeugen wir ein Objekt der Klasse `Stuhl`, das wir ebenfalls an die Methode `losGehtEs` übergeben. In beiden Fällen können wir die Referenzen der Objekte problemlos in der Variablen `b` speichern, da die beiden Typen Spezialfälle des Typs `Beweglich` sind – sie implementieren ja das Interface. Wenn innerhalb der Methode `losGehtEs` schließlich diese Referenzen zur Laufzeit benutzt werden, um `bewegeDichNach` aufzurufen, entscheidet die dynamische Bindung, welche konkrete Methode (die eines `Kreis`-Objekts oder die eines `Stuhl`-Objekts) ausgeführt werden muss. Für den Compiler ist im Übrigen die Variable `b` stets vom Typ `Beweglich`, sodass über `b` nur die Methoden des Interface aufgerufen werden können, auch wenn im konkreten Fall ein `Kreis`-Objekt oder eine `Stuhl`-Objekt vorliegt.

Eine Klasse kann aber auch mehrere Interfaces implementieren und somit mehrere Verträge erfüllen, sodass ihre Objekte später über mehrere Schnittstellen angesprochen werden können. Auch dies wollen wir an einem Beispiel demonstrieren:

```
public class Stuhl implements Beweglich, Klappbar {
  int reihe, platz;

  // Konstruktor
  public Stuhl (int r, int p) {
    reihe = r;    // Sitzreihe initialisieren
    platz = p;    // Platznummer initialisieren
  }

  // durch 1. Interface vorgeschriebene Methode implementieren
  public void bewegeDichNach(int r, int p) {
    reihe = r;
    platz = p;
  }

  // durch 2. Interface vorgeschriebene Methode implementieren
  public void zusammenklappen() {
    reihe = 0;
    platz = 0;
  }

  // durch 2. Interface vorgeschriebene Methode implementieren
  public void aufstellen(int r, int p) {
    bewegeDichNach(r,p);
  }
}
```

Mit dieser Erweiterung haben wir unsere bisherig lediglich beweglichen Stühle nun auch noch zusammenklappbar gemacht, indem die Klasse zusätzlich das Interface `Klappbar` implementiert und die darin vertraglich festgelegte Methode `zusammenklappen` ausprogrammiert enthält.
Generell gilt, dass jede Klasse also nur von einer einzigen Oberklasse erben, aber beliebig viele Interfaces implementieren kann. Darüber hinaus können wir ein Interface von beliebig vielen Interfaces erben lassen, was lediglich bedeutet, dass die Verträge aller Super-Interfaces zu einem einzigen großen Vertrag zusammengefasst werden. Zulässige Varianten für die Angabe von Erbschaftsbeziehung und Interface-Implementierungen wären daher z. B. für eine vorgegebene Klasse `KleineKlasse` sowie vorgegebene Interfaces `A1`, `A2`, `A3`, und `A4` die folgenden Codes:

```
class GrosseKlasse extends KleineKlasse implements A1, A2, A3, A4 {
  ...
}
```

oder

```
interface A extends A1, A2, A3, A4 {
}
class GrosseKlasse extends KleineKlasse implements A {
  ...
}
```

8.7 Interfaces mit Default-Methoden und statischen Methoden

Immer wieder stehen die Entwickler von Java vor dem Problem, dass in Interfaces oder Klassen der Klassenbibliothek im Rahmen der Weiterentwicklung neue Methoden eingeführt werden sollen oder müssen. Wenn aber ein Interface um eine neue Methode ergänzt werden soll, hätte das zur Konsequenz, dass *alle* Klassen, die dieses Interface implementieren, entsprechend angepasst werden müssen. Grundsätzlich müssen ja stets alle in einem Interface als abstrakt deklarierten bzw. vorgeschriebenen Methoden ausprogrammiert werden. Da dieses Problem der umfangreichen Konsequenzen durch Änderung von Interfaces auch in vielen anderen Softwareprojekten auftritt, wurde das Konzept der Default-Methoden für Interfaces eingeführt, um das Problem zu beseitigen.

8.7.1 Deklaration von Default-Methoden

Eine **Default-Methode** ermöglicht es, eine Standardimplementierung für eine Methode in einem Interface zu definieren. Diese Methode muss dazu mit dem Schlüsselwort **`default`** markiert und mit Methodenrumpf ausgestattet werden. Nehmen wir an, wir hätten ausgehend von einem einfachen Interface

```
interface Formel {
  double rechne (double x);
}
```

eine implementierende Klasse

```
public class FormelEins implements Formel {
  public double rechne (double x) {
    return x / Math.sin(x);
  }
}
```

entwickelt. Objekte der Klasse `FormelEins` setzen wir dann in einem Anwendungsprogramm ein:

```
public class FormelEinsRennenA {
  public static void main (String[] args) {
    Formel f = new FormelEins();
    System.out.println(f.rechne(15));
  }
}
```

Nun könnten wir auf die Idee kommen, unser Interface `Formel` um eine Default-Methode `sqrt` zu erweitern:

```
interface Formel {
  double rechne (double x);

  default double sqrt (double x) {
    return Math.sqrt(x);
  }
}
```

Tatsächlich hat dies keinerlei Konsequenz für unsere Klasse `FormelEins`. Wir müssen diese also nicht anpassen. Trotzdem können wir die neue Methode `sqrt` natürlich in einem Anwendungsprogramm einsetzen:

```
public class FormelEinsRennenB {
  public static void main (String[] args) {
    Formel f = new FormelEins();
    System.out.println(f.rechne(15));
    System.out.println(f.sqrt(25));
  }
}
```

8.7.2 Deklaration von statischen Methoden

Wir können eine vorzugebende Standardimplementierung in einem Interface auch in Form einer **statischen Methode** definieren. Diese statische Variante einer Default-Methode ist auch dann nutzbar, wenn noch kein Objekt einer Klasse, die das Interface implementiert, existiert.
In unserem Beispiel-Interface `Formel` könnten wir beispielsweise noch eine statische Methode `sqrt2` einbauen:

```
interface Formel {
  double rechne (double x);

  default double sqrt (double x) {
    return Math.sqrt(x);
  }

  static double sqrt2 () {
    return Math.sqrt(2);
  }
}
```

Auch dies hat keinerlei Konsequenz für unsere Klasse `FormelEins`, die in ihrer Implementierung unangetastet bleiben kann. Die neue Methode `sqrt2` können wir – tatsächlich ohne ein Objekt der Klasse `FormelEins` – direkt über das Interface verwenden:

```
public class FormelEinsRennenC {
  public static void main (String[] args) {
    System.out.println(Formel.sqrt2());
  }
}
```

8.7.3 Auflösung von Namensgleichheiten bei Default-Methoden

Wenn wir eine Klasse ein Interface implementieren lassen oder ein neues Interface von diesem Interface erben lassen, haben wir prinzipiell mehrere Möglichkeiten im Zusammenhang mit einer Default-Methode.

- Wir können einfach in der neuen Klasse bzw. dem neuen Interface die Default-Methode nicht aufführen, sodass sie einfach geerbt wird.
- Wir können die Methode erneut als abstrakte Methode deklarieren (ohne Rumpf).
- Wir können die Methode mit neuem Rumpf definieren, also überschreiben.

Eventuell muss der Compiler dabei Namensgleichheiten auflösen bzw. Konflikte melden. Wir wollen diese Probleme noch kurz anhand von Beispielen betrachten. Wenn wir das Interface

```
interface IntA {
  default void tuWas () {
    System.out.println("tuWas: IntA");
  }
}
```

durch die Klasse

```
class KlasseA implements IntA {
  public void tuWas () {
    System.out.println("tuWas: KlasseA");
  }
}
```

implementieren lassen, dann wird im Anwendungsprogramm

```
class KonflikteA {
  public static void main (String[] args) {
    KlasseA ka = new KlasseA();
    ka.tuWas();
  }
}
```

die Methode aus `KlasseA` aufgerufen:

```
Konsole
tuWas: KlasseA
```

Ebenso gilt: Wenn wir das Interface

```
interface IntB extends IntA {
  default void tuWas () {
    System.out.println("tuWas: IntB");
  }
}
```

vom Interface `IntA` erben lassen und durch die Klasse

```
class KlasseB implements IntB {
  public void arbeite () {
    tuWas();
  }
}
```

implementieren lassen, dann wird im Anwendungsprogramm

```
class KonflikteB {
  public static void main (String[] args) {
    KlasseB kb = new KlasseB();
```

```
        kb.arbeite();
    }
}
```

die Default-Methode aus `IntB` aufgerufen:

```
Konsole
tuWas: IntB
```

Wie sieht es aber aus, wenn wir das Interface

```
interface IntC {
  default void tuWas () {
    System.out.println("tuWas: IntC");
  }
}
```

vorgeben und die Klasse

```
class KlasseAC implements IntA, IntC {
  public void arbeite () {
    // tuWas();
  }
}
```

sowohl das Interface `IntA` als auch das Interface `IntC` implementieren lassen? In diesem Fall weist uns der Compiler auf den bestehenden Namenskonflikt hin, der für ihn so nicht auflösbar ist:

```
Konsole
KlasseAC.java:1: error: class KlasseAC inherits unrelated
defaults for tuWas() from types IntA and IntC
class KlasseAC implements IntA, IntC {
^
```

8.7.4 Interfaces und abstrakte Klassen im Vergleich

Zu guter Letzt wollen wir im Hinblick auf Default-Methoden einer möglicherweise offensichtlichen Frage nachgehen: Wenn in Interfaces solche bereits ausprogrammierte Methoden definiert werden können, was unterscheidet diese dann noch von abstrakten Klassen? Letztere können ja schon immer neben den abstrakten Methoden auch ausprogrammierte Methoden enthalten.

Der entscheidende Unterschied liegt darin, dass in Interfaces keine Instanzvariablen deklariert werden können, während das in abstrakten Klassen sehr wohl möglich ist. Abstrakte Klassen dienen dazu, mittels Abstraktion Vererbungshierarchien aufzubauen, wobei es neben Verhaltensvorgaben für die Objekte in Form der abstrakten Methoden auch darauf ankommt, Objektzustände zu modellieren. Interfaces können keinen Zustand besitzen und sind lediglich dafür gedacht, das Verhalten von Objekten derjenigen Klassen zu spezifizieren, die sie implementieren. Anders ausgedrückt, dienen Interfaces immer dazu, ein Objekt einer Klasse mit einer bestimmten vorgegebenen Schnittstelle – also „Bedienbarkeit“ – zu versehen.

8.8 Weiteres zum Thema Objektorientierung

8.8.1 Erstellen von Paketen

Ein **Paket** (englisch: **package**) stellt eine Sammlung von Klassen dar, ähnlich wie ein Verzeichnis im Dateisystem, das eine Sammlung von Dateien beinhaltet. Und tatsächlich sind Pakete in ihrem Kern nichts anderes als Verzeichnisse, in welche wir unsere Quellcodedateien einsortieren, um in großen Programmen den Überblick zu behalten. Doch nicht nur wir selbst legen Pakete an. Auch Oracle hat die mehrere tausend Klassen und Interfaces umfassende Java-Klassenbibliothek in Pakete unterteilt. Ein Beispiel hierfür ist das Paket `java.lang`, das verschiedene Standardklassen wie die Klasse `String` enthält und daher als einziges Paket nicht explizit importiert werden muss. Und auch die `Prog1Tools` mit der Klasse `IOTools` zum Einlesen von Tastatureingaben liegen als Paket vor, das Sie allerdings am Anfang manuell installieren mussten.
Im Folgenden wollen wir nun ein eigenes Paket definieren, das wir in Ermangelung eines besseren Beispiels einfach `mypackage` nennen. Eigentlich gilt in Java die Konvention, dass Paketnamen immer mit der umgedrehten Webadresse seiner Entwickler/-innen beginnen sollten, um die versehentliche Verwendung gleicher Namen zu vermeiden (vgl. [43]). Man ging eben davon aus, dass überwiegend Firmen an der Nutzung von Java interessiert sein würden. An Privatanwenderinnen und Anwender bzw. Studierende ohne eigene Webseite hatte man nicht gedacht. Da diese Konvention anfangs aber ohnehin mehr Aufwand als Nutzen generiert, verzichten wir hier zunächst darauf. In Eclipse gehen Sie daher bitte wie folgt vor:

1. Klicken Sie im *Package Explorer* am linken Bildschirmrand mit der rechten Maustaste auf das `src`-Verzeichnis bzw. das Paket, innerhalb dessen Sie das neue Paket anlegen wollen.[4]
2. Wählen Sie den Menüpunkt *New* → *Package* aus.
3. Es erscheint das in Abbildung 8.4 gezeigte Fenster. Geben Sie hier bei *Name* den Wert `mypackage` ein.
4. Achten Sie zusätzlich darauf, dass das Häkchen bei *Create package-info.java* nicht gesetzt ist! Denn die hierfür notwendigen Java-Module werden wir nicht vor Kapitel 20.2 kennenlernen.
5. Klicken Sie auf *Finish*, um das Paket anzulegen.

Auf der Konsole ist das Vorgehen grundsätzlich gleich, nur dass Sie das Paket als neues Verzeichnis manuell anlegen müssen. Da hier naturgemäß die Sicherheitsprüfungen von Eclipse fehlen, bedenken Sie dabei, dass für die Benennung im

[4] Genau wie Verzeichnisse auch weitere Verzeichnisse beinhalten können, können Pakete in Java ebenfalls Unterpakete besitzen. Der voll-qualifizierte Name eines Unterpakets entspricht dann den durch Punkt (`.`) getrennten Namen aller Einzelpakete, z. B. `mypackage.sub.subsub`.

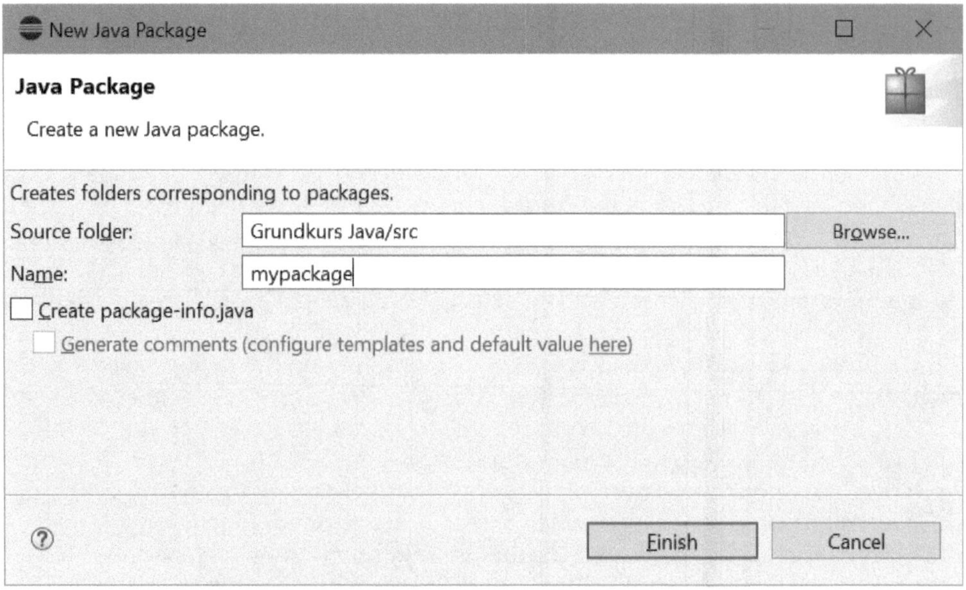

Abbildung 8.4: Anlegen eines neuen Pakets in Eclipse

Grunde genommen dieselben Regeln wie für alle Bezeichner in Java und somit z. B. auch für Variablen gelten. Also nur Buchstaben, Zahlen, Unterstrich und so weiter, wobei Paketnamen in der Regel komplett klein geschrieben werden.
Legen Sie nun eine neue Klasse namens `MyClass` innerhalb des Pakets an, werden Sie feststellen, dass Eclipse hierfür folgenden Quellcode vorschlägt:

```
package mypackage;

public class MyClass {

}
```

In der ersten Zeile steht eine Anweisung mit dem Namen des Pakets! Hierfür kennt Java das Schlüsselwort **`package`**, das die erste Anweisung innerhalb einer Quelldatei sein muss – noch vor den **`import`**-Anweisungen. Davor dürfen höchstens Kommentare stehen. Es muss den vollständigen, voll-qualifizierten Namen des Pakets enthalten, in dem sich die Klasse befindet. Dieser wiederum entspricht dem Verzeichnispfad ausgehend vom Projektverzeichnis.[5] Haben wir zum Beispiel folgende Verzeichnisstruktur:

[5] Allerdings ohne das Verzeichnis `src` in Eclipse.

Grundkurs Java .... Hauptverzeichnis unseres Projekts
└ **src** .... Von Eclipse verwaltetes Quellverzeichnis
  └ **mypackage** .... Paket `mypackage`
    └ **subpackage** .... Unterpaket `subpackage`
      └ `MyClass.java` .... Klasse `MyClass`

Dann befindet sich die Klasse `MyClass` im Paket `mypackage.subpackage`, was in der **`package`**-Anweisung genauso angegeben werden muss. Verschieben wir die Klasse später in ein anderes Paket, muss die Zeile entsprechend angepasst werden, um einen Fehler beim Compilieren zu vermeiden. Wie so oft nimmt uns Eclipse diese Arbeit ab. Ohne IDE müssen wir jedoch selbst daran denken. Fehlt die **`package`**-Anweisung hingegen, muss die Klasse, wie in allen Beispielen bisher, auf der obersten Ebene im Quellcodeverzeichnis liegen. Technisch gesehen gehört sie dann zum **default-Paket** (englisch: **default package**, auf deutsch manchmal auch **anonymes Paket** oder **unbenanntes Paket** genannt), da eine Klasse in Java immer einem Paket angehören muss.
Besonderheiten gibt es darüber hinaus auch beim Compilieren und Ausführen von Klassen, wenn diese in einem anderen als dem unbenannten Paket liegen. Eclipse verbirgt dies vor uns, sodass wir hier nichts weiter beachten müssen. Verwenden wir die Programme `javac` und `java` allerdings direkt auf der Kommandozeile, müssen wir folgende Dinge berücksichtigen:

- Die Befehle müssen immer aus dem obersten Quellcodeverzeichnis heraus aufgerufen werden. Wir dürfen innerhalb des Konsolenfensters nicht in das Verzeichnis des Pakets wechseln.
- Beim Compilieren geben wir stattdessen einfach den relativen Pfad zur `java`-Datei ausgehend vom aktuellen Verzeichnis an.
- Besitzt die Klasse eine `main`-Methode, die wir als Programm ausführen wollen, stellen wir dem Klassennamen den durch einen Punkt (`.`) abgesetzten, voll-qualifizierten Paketnamen voran.

Betrachten wir hierzu nochmal die obige Verzeichnisstruktur, bei der sich die Klasse im Paket `mypackage.subpackage` befindet. Damit die Programme `java` und `javac` wie gewohnt funktionieren, müssen wir das `src`-Verzeichnis in der Konsole öffnen. Darin geben wir dann – ein Windows-System vorausgesetzt – folgende Befehle ein, um die Klasse zu compilieren und auszuführen:

Konsole
```
javac mypackage\subpackage\MyClass.java
java mypackage.subpackage.MyClass
```

Unter Linux und macOS sind die Befehle dieselben. Entsprechend der dort gültigen Konventionen muss als Verzeichnistrenner lediglich „/" anstelle von „\" verwendet werden.

8.8.2 Zugriffsrechte

Wir haben bereits an verschiedenen Stellen die Modifikatoren **`private`** und **`public`** verwendet, um Methoden und Variablen einer Klasse für andere Klassen zugreifbar oder nicht zugreifbar zu machen. Private Komponenten waren nur für die Klasse selbst zugänglich, öffentliche Komponenten konnten von allen anderen Klassen verwendet werden.
Zwischen **`private`** und **`public`** existieren in Java zwei weitere Stufen für Zugriffsrechte, die wir im Folgenden kurz erwähnen wollen:

- Steht vor einer Komponente kein Modifikator (also weder **`public`** noch **`private`** noch das nachfolgend erklärte **`protected`**), dann besteht für unsere Komponente das sogenannte **`package`**-Zugriffsrecht. Dieses Zugriffsrecht erlaubt **allen Klassen desselben Pakets** den Zugriff auf eine Komponente. Gehört eine Klasse also zu einem anderen Paket, kann diese auf die entsprechende Methode oder Variable nicht zugreifen – selbst wenn sie Kindklasse ist! Das UML-Symbol für das **`package`**-Zugriffsrecht ist die Tilde (~).[6]
- Der Modifikator **`protected`** erlaubt für ein Element *den Zugriff für die Klasse selbst und alle ihre Subklassen sowie für Klassen im gleichen Paket*. Für andere Klassen ist das entsprechende Element nicht zugreifbar. Das UML-Symbol für als **`protected`** markierte Elemente ist das Lattenkreuz (#).

  Wie Sie in Abbildung 8.5 sehen, sind die verschiedenen Zugriffsrechte Teilmengen voneinander. Beispielsweise haben öffentlich zugreifbare Komponenten auch Paketzugreifbarkeit.

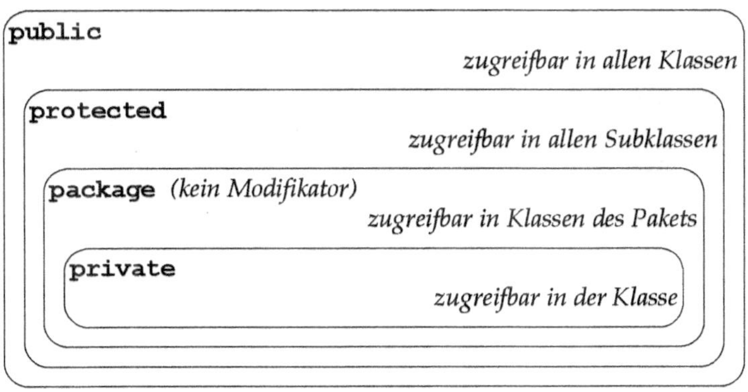

Abbildung 8.5: „Reichweite" der einzelnen Zugriffsrechte

[6] Zur Erinnerung: **`public`** wurde durch ein Plus-, **`private`** durch ein Minuszeichen symbolisiert.

8.8.3 Innere Klassen

Neben Methoden und Variablen können wir auch *Klassen* innerhalb von Klassen definieren. Wenn wir innerhalb einer Klasse eine weitere Klasse definieren, wird diese als **innere Klasse** bezeichnet.
Innere Klassen finden innerhalb der Programmierung mit grafischen Oberflächen häufig Anwendung, da etwa für die Behandlung von Tastatureingaben oder Mausklicks spezielle Klassen geschrieben werden, die sich außerhalb des speziellen grafischen Elements ohnehin nicht wiederverwerten lassen. Prinzipiell gibt es zwei Formen von inneren Klassen:

1. **Statische innere Klassen** (definiert als **`static class`**) werden innerhalb einer Klasse definiert und gehören eben dieser Klasse an. Ähnlich wie eine Klassenmethode hat eine innere Klasse Zugriff auf die Klassenvariablen und Klassenmethoden der sie umgebenden Klasse, also auf alle Methoden und Attribute der sie umgebenden Klasse, die mit **`static`** gekennzeichnet sind. Hingegen sind direkte Zugriffe auf Instanzvariablen oder Instanzmethoden (also Attribute und Methoden, die nur einer konkreten Objektinstanz gehören) der sie umgebenden Klasse für diese Form der inneren Klasse nicht zulässig.

2. **Nicht-statische innere Klassen** definiert man, indem man in der Klassendefinition das Schlüsselwort **`static`** weglässt. Es ergibt sich so eine andere Variante der inneren Klasse, die nicht an eine Klasse, sondern an eine spezielle Instanz der sie umgebenden Klasse gebunden ist. Dies bedeutet, dass man stets ein Objekt der umschließenden Klasse benötigt, um die innere Klasse zu instanziieren. Dafür darf sie dann aber auch auf alle Attribute und Methoden der sie umgebenden Klasse zugreifen, ganz egal ob diese als **`static`** deklariert sind oder nicht.

   Innere Klassen dieser Art haben lediglich den Nachteil, dass man sie nicht einfach in einer statischen Methode (etwa der `main`-Methode) verwenden kann. Dies ist im Alltag allerdings weniger schlimm, als das hier klingen mag.

In der nachfolgenden Klasse `EinsMitInnerenKlassen` sehen wir beide Arten von inneren Klassen im Einsatz.

```
class EinsMitInnerenKlassen {
  int x;

  /** Erzeuge ein Objekt der inneren Klasse Drei */
  Drei d = new Drei();

  /** Erzeuge ein Objekt der inneren Klasse Vier */
  Vier v = new Vier();

  void meth1 () {
    d.w = 5.0;
    d.meth3();
    System.out.println(v.y);
  }
```

```
15
16    /** Innere Klasse (nicht-statisch) */
17    class Drei {
18      double w;
19
20      void meth3 () {
21        x = 555;
22      }
23    }
24
25    /** Innere Klasse (statisch) */
26    static class Vier {
27      int y = 3;
28    }
29  }
```

Insbesondere interessant ist hierbei die Instanzmethode `meth3`, die mit Objekten der inneren Klassen `Drei` und `Vier` arbeitet. Speziell in Zeile 13 sehen wir, dass wir über die Variable `v` auf die Instanzvariable `y` der inneren Klasse Zugriff haben. Beim Versuch, an dieser Stelle mittels `v.x` auf die Instanzvariable der äußeren Klasse zuzugreifen, würde der Compiler jedoch einen Fehler melden. Denn über das Objekt der statischen inneren Klasse ist dieser Zugriff nicht möglich.
Sofern die Zugriffsrechte für die inneren Klassen nicht eingeschränkt werden, können diese sogar auch außerhalb der sie umschließenden Klasse – also in anderen Klassen – verwendet werden, um Objekte zu erzeugen. Die nachfolgenden Klasse `EinsMitInnerenKlassenDemo` stellt dies unter Beweis, wenn auch mit einer etwas ungewohnten Notation im Falle der nicht-statischen inneren Klasse.

```
class EinsMitInnerenKlassenDemo {
  public static void main(String[] args) {

    /** Erzeuge ein Objekt der inneren Klasse Drei
      * der Klasse EinsMitInnerenKlassen
      */
    new EinsMitInnerenKlassen().new Drei();

    /** Erzeuge ein Objekt der statischen inneren Klasse Vier
      * der Klasse EinsMitInnerenKlassen
      */
    new EinsMitInnerenKlassen.Vier();
  }
}
```

Wir wollen den Einsatz von inneren Klassen an zwei konkreten Anwendungsbeispielen verdeutlichen. Im ersten Beispiel wollen wir uns zunächst mit statischen inneren Klassen beschäftigen. Wir wollen dabei spezielle Klassen einsetzen, die das Interface

```
public interface Funktion {
  public double rechne (double x);
}
```

implementieren und somit sicherstellen, dass alle Objekte dieser Klassen eine bestimmte Funktion (ähnlich den Tastenfunktionen auf einem Taschenrechner) darstellen und dazu eine Methode `rechne` bereitstellen, mit der für den Parameter `x` der zugehörige Funktionswert berechnet werden kann. Ginge es im Speziellen um die Wurzelfunktion, würde die Methode `rechne` den Wert $\sqrt{x}$ berechnen. Um nun für eine oder mehrere solcher Funktionen ein paar ihrer Werte tabellieren zu lassen, haben wir in unserer nachfolgenden Klasse `ErzeugeWerteTabellen` eine Methode `tabelliere` programmiert, die diese Aufgabe erfüllt und neben der Bezeichnung der Funktion (als Zeichenkette `titel`) auch einen Parameter `f` vom Typ `Funktion` übergeben bekommt. Dieser Interface-Typ garantiert die Verfügbarkeit der Methode `rechne`, sodass die Methode in unserem Sinne arbeiten kann. In der `main`-Methode erzeugen wir nun drei Objekte `sqr`, `sin` und `tan` mit Hilfe der Klassen `Quadrat`, `Sinus` und `Tangens`, die alle das Interface `Funktion` implementieren müssen, damit der Mechanismus der Methode `tabelliere` greift.

```
public class ErzeugeWerteTabellen {
  // Methode fuer das Tabellieren von Funktionswerten
  public static void tabelliere (String titel, Funktion f) {
    System.out.println("Wertetabelle der " + titel + "-Funktion");
    System.out.println("  x        f(x)");
    for (double x=1.0; x <=5.0; x++) {
      System.out.println("  " + x + "       " + f.rechne(x));
    }
  }

  // main-Methode erzeugt Funktionsobjekte fuer das Tabellieren
  public static void main(String[] args) {
    Funktion sqr = new Quadrat();
    Funktion sin = new Sinus();
    Funktion tan = new Tangens();
    tabelliere("Quadrat", sqr);
    tabelliere("Sinus",   sin);
    tabelliere("Tangens", tan);
  }

  // Statische innere Klasse fuer die Quadrat-Funktion
  static class Quadrat implements Funktion {
    public double rechne (double x) {
      return x*x;
    }
  }

  // Statische innere Klasse fuer die Sinus-Funktion
  static class Sinus implements Funktion {
    public double rechne (double x) {
      return Math.sin(x);
    }
  }

  // Statische innere Klasse fuer die Tangens-Funktion
  static class Tangens implements Funktion {
    public double rechne (double x) {
      return Math.tan(x);
    }
```

```
    }
}
```

Wie Sie sehen, sind die drei Klassen `Quadrat`, `Sinus` und `Tangens` als statische innere Klassen definiert und mit der Implementierungsbeziehung zum Interface `Funktion` versehen. Ein Start des Programms liefert die gewünschten Ergebnisse:

```
Konsole
Wertetabelle der Quadrat-Funktion
   x          f(x)
   1.0        1.0
   2.0        4.0
   3.0        9.0
   4.0        16.0
   5.0        25.0
Wertetabelle der Sinus-Funktion
   x          f(x)
   1.0        0.8414709848078965
   2.0        0.9092974268256817
   3.0        0.1411200080598672
   4.0        -0.7568024953079282
   5.0        -0.9589242746631385
Wertetabelle der Tangens-Funktion
   x          f(x)
   1.0        1.5574077246549023
   2.0        -2.185039863261519
   3.0        -0.1425465430742778
   4.0        1.1578212823495777
   5.0        -3.380515006246586
```

In unserem zweiten Beispiel wollen wir nun mit nicht-statischen inneren Klassen arbeiten, um eine menügesteuerte Bedienung eines Anwendungsprogramms zu ermöglichen. Auch hier setzen wir ein Interface ein:

```
interface Menuepunkt {
  void ausfuehren();
}
```

Von implementierenden Klassen fordert dieses Interface die Bereitstellung einer Methode `ausfuehren`. Wir wollen also sicherstellen, dass alle Klassen, die wir später einsetzen und die dieses Interface implementieren eine spezielle Form eines Menüpunktes darstellen, den wir dann durch Aufruf eben dieser Methode ausführen lassen können.

Anwenden wollen wir dies in einem Programm, das auf einfache Art und Weise ein paar Geburtstage für uns verwalten kann. Welche Aktionen wir in diesem Programm von der Anwenderin oder dem Anwender ausführen lassen wollen, steuern wir darin über ein Array namens `menue`, dass alle (genau genommen hier nur drei) möglichen Aktionen in Form von Menüpunkten enthält. Diese Menüpunkte sind Objekte der Klasse `Beenden`, `EintragHinzufuegen` und

`AlleAusgeben`. Die Instanzmethode `zeigeHauptmenue` sorgt dann zur Laufzeit des Programms dafür, dass die möglichen Aktionen angezeigt, per Eingabe der Zahl 0, 1 oder 2 ausgewählt und schließlich ausgeführt werden. Letzteres geschieht dadurch, dass das jeweilige `Menuepunkt`-Objekt dazu aufgerufen wird, seine Methode `ausfuehren` zu starten.

```java
import Prog1Tools.IOTools;

public class GeburtstageVerwalten {
  // maximal 1000 Geburtstage sollen verwaltet werden
  Geburtstag[] liste = new Geburtstag[1000];
  // beim Programmstart ist noch kein Geburtstag eingegeben
  int anzahl = 0;

  Menuepunkt[] menue = {    // die moeglichen Aktionen als Array
    new Beenden(),
    new EintragHinzufuegen(),
    new AlleAusgeben(),
  };
  boolean ende = false;

  // Methode fuer das User-Interface der Geburtstagsverwaltung
  public void zeigeHauptmenue() {
    while (!ende) {
      System.out.println();
      System.out.println("===========");
      System.out.println("Geburtstage");
      System.out.println("===========");
      System.out.println("[0] Programm beenden");
      System.out.println("[1] Eintrag hinzufuegen");
      System.out.println("[2] Alle ausgeben");

      int nr = IOTools.readInteger("Ihre Auswahl: ");

      if (nr >= 0 && nr < menue.length) {
        menue[nr].ausfuehren();
      }
    }
  }

  // main erzeugt das Geburtstage-Verwaltungsobjekt
  public static void main(String[] args) {
    GeburtstageVerwalten gv = new GeburtstageVerwalten();
    gv.zeigeHauptmenue();
  }

  // Innere Klasse fuer die Geburtstags-Objekte
  class Geburtstag {
    String name = IOTools.readLine("Name: ");
    String tag = IOTools.readLine("Geburtsdatum: ");
    public String toString() {
      return name + " (" + tag + ")";
    }
  }

```

```
    // Innere Klasse fuer einen Menuepunkt
    class Beenden implements Menuepunkt {
      public void ausfuehren() {
        ende = true;
      }
    }

    // Innere Klasse fuer einen Menuepunkt
    class EintragHinzufuegen implements Menuepunkt {
      public void ausfuehren() {
        liste[anzahl++] = new Geburtstag();
      }
    }

    // Innere Klasse fuer einen Menuepunkt
    class AlleAusgeben implements Menuepunkt {
      public void ausfuehren() {
        System.out.println("*** Alle Geburtstage:");
        for (int i=0; i<anzahl; i++) {
          System.out.println("***    " + liste[i]);
        }
      }
    }
}
```

Wie Sie sehen, sind in diesem Beispiel die drei Klassen `Beenden`, `EintragHinzufuegen` und `AlleAusgeben` als nicht-statische innere Klassen definiert und mit der Implementierungsbeziehung zum Interface `Menuepunkt` versehen. Darüber hinaus haben wir eine weitere innere Klasse `Geburtstag` definiert, mit der wir im Programm unsere verschiedenen Geburtstagsobjekte erzeugen.

Beim Start des Programms sorgt die `main`-Methode dafür, dass unser Geburtstage-Verwaltungsobjekt erzeugt und seine Instanzmethode `zeigeHauptmenue` ausgeführt wird. Beispielhaft könnte ein Ablauf wie folgt aussehen:

Konsole

```
===========
Geburtstage
===========
[0] Programm beenden
[1] Eintrag hinzufuegen
[2] Alle ausgeben
Ihre Auswahl: 1
Name: ich
Geburtsdatum: 1.1.2010

===========
Geburtstage
===========
[0] Programm beenden
[1] Eintrag hinzufuegen
```

```
[2] Alle ausgeben
Ihre Auswahl: 1
Name: du
Geburtsdatum: 11.11.2011

===========
Geburtstage
===========
[0] Programm beenden
[1] Eintrag hinzufuegen
[2] Alle ausgeben
Ihre Auswahl: 2
***  Alle Geburtstage:
***    ich (1.1.2010)
***    du (11.11.2011)

===========
Geburtstage
===========
[0] Programm beenden
[1] Eintrag hinzufuegen
[2] Alle ausgeben
Ihre Auswahl: 0
```

8.8.4 Anonyme Klassen

Im letzten Beispiel haben wir gesehen, wie wir mit Hilfe von inneren Klassen zusätzliche, z. B. durch ein Interface festgelegte Funktionalität in unsere Klasse bringen konnten – ohne deren konkrete Realisierung offenzulegen. Die Verwendung dieser Klassen machte unser Programm jedoch unübersichtlicher, sodass sich die Lesbarkeit (und damit die Handhabbarkeit unseres Codes bei späteren Erweiterungen) drastisch verschlechterte.
Sind innere Klassen somit das Sinnbild für einen unlesbaren Programmierstil? Die Antwort lautet nein, denn wie so oft im Leben gibt es auch in Java eine Form der Steigerung: die sogenannten **anonymen Klassen**.
Anonyme Klassen stellen eine Spezialform der inneren Klassen dar. Sie können quasi an jeder Stelle definiert werden – sogar innerhalb von Methodenaufrufen oder in Wertzuweisungen – und zeichnen sich dadurch aus, dass sie *keinen eigenen Klassennamen* besitzen. Man definiert anonyme Klassen nach folgendem Schema:

Syntaxregel

```
new «NAME DER SUPERKLASSE ODER DES INTERFACE»() {
  // hier Code einfuegen
}
```

Wie Sie sehen, steht die Definition der anonymen Klasse in direktem Zusammenhang mit einer Objekterzeugung. Wir erzeugen dabei ein Objekt einer Klasse, von der wir wissen, welche Superklasse sie erweitert oder welches spezielle Interface sie implementiert, und für die wir noch (zwischen den geschweiften Klammern) festlegen, wie sie aufgebaut ist, der wir aber keinen Namen geben. Unmittelbar nach der Erzeugung des Objekts dieser anonymen Klasse vergessen wir die Definition dieser Klasse aber wieder.
Anonyme Klassen werden somit hauptsächlich für die Definition von „Wegwerfklassen" verwendet, Klassen also, die nur ein einziges Mal im gesamten Programm verwendet werden. Unsere inneren Klassen aus den beiden obigen Beispielen wären hierfür ideale Kandidaten. Wir wollen daher die beiden Beispiele einmal „anonymisieren", und Sie können dabei selbst urteilen, wie sich die Lesbarkeit des Programmcodes auf diese Weise weiter verschlechtert oder eher verbessert.
Die anonyme Variante unseres Funktionstabellierers:

```
public class ErzeugeWerteTabellen2 {
  // Methode fuer das Tabellieren von Funktionswerten
  public static void tabelliere (String titel, Funktion f) {
    System.out.println("Wertetabelle der " + titel + "-Funktion");
    System.out.println("  x         f(x)");
    for (double x=1.0; x <=5.0; x++) {
      System.out.println("  " + x + "        " + f.rechne(x));
    }
  }

  // main-Methode erzeugt Funktionsobjekte fuer das Tabellieren
  public static void main(String[] args) {
    Funktion sqr = new Funktion() {  // anonyme innere Klasse
                     public double rechne (double x) {
                       return x*x;
                     }
                   };

    Funktion sin = new Funktion() {  // anonyme innere Klasse
                     public double rechne (double x) {
                       return Math.sin(x);
                     }
                   };

    Funktion tan = new Funktion() {  // anonyme innere Klasse
                     public double rechne (double x) {
                       return Math.tan(x);
                     }
                   };

    tabelliere("Quadrat", sqr);
    tabelliere("Sinus",   sin);
    tabelliere("Tangens", tan);
  }
}
```

Die anonyme Variante unserer Geburtstagsverwaltung:

```
import Prog1Tools.IOTools;

public class GeburtstageVerwalten2 {
  // maximal 1000 Geburtstage sollen verwaltet werden
  Geburtstag[] liste = new Geburtstag[1000];
  // beim Programmstart ist noch kein Geburtstag eingegeben
  int anzahl = 0;
  // Steuereungsvariable fuer den Programmablauf
  boolean ende = false;

  Menuepunkt[] menue = { // die moeglichen Aktionen als Array
    new Menuepunkt() {         // anonyme innere Klasse
      public void ausfuehren() {
        ende = true;
      }
    },
    new Menuepunkt() {         // anonyme innere Klasse
      public void ausfuehren() {
        liste[anzahl++] = new Geburtstag();
      }
    },
    new Menuepunkt() {         // anonyme inner Klasse
      public void ausfuehren() {
        System.out.println("***  Alle Geburtstage:");
        for (int i=0; i<anzahl; i++) {
          System.out.println("***     " + liste[i]);
        }
      }
    }
  };

  // Methode fuer das User-Interface der Geburtstagsverwaltung
  public void zeigeHauptmenue() {
    while (!ende) {
      System.out.println();
      System.out.println("===========");
      System.out.println("Geburtstage");
      System.out.println("===========");
      System.out.println("[0] Programm beenden");
      System.out.println("[1] Eintrag hinzufuegen");
      System.out.println("[2] Alle ausgeben");

      int nr = IOTools.readInteger("Ihre Auswahl: ");

      if (nr >= 0 && nr < menue.length) {
        menue[nr].ausfuehren();
      }
    }
  }

  // main erzeugt das Geburtstage-Verwaltungsobjekt
  public static void main(String[] args) {
    GeburtstageVerwalten gv = new GeburtstageVerwalten();
    gv.zeigeHauptmenue();
```

```
  }

  // Innere Klasse fuer die Geburtstags-Objekte
  class Geburtstag {
    String name = IOTools.readLine("Name: ");
    String tag = IOTools.readLine("Geburtsdatum: ");
    public String toString() {
      return name + " (" + tag + ")";
    }
  }
}
```

8.9 Zusammenfassung

In diesem Kapitel haben wir gelernt, wie Vererbung und Polymorphie in Java angewendet werden. Wir haben mit Hilfe des Schlüsselworts **extends** Subklassen einer allgemeinen Währungsklasse gebildet, in denen wir spezielle Methoden (`dollarBetrag`) überschrieben. Anschließend haben wir allgemeine Methoden definiert, die auf der allgemeinen Superklasse operierten. Dank der Polymorphie konnten wir sie jedoch genauso auf die verschiedenen Kindklassen anwenden.
Neben allgemeinen Prinzipien lernten wir in diesem Kapitel auch diverse „Spezialitäten“ von Java kennen. So erfuhren wir, wie sich mit Hilfe abstrakter Klassen oder Interfaces die Schnittstelle einer Vielzahl von Klassen festlegen lässt, um die Existenz gewisser Methoden garantieren zu können. Hierbei stellten wir insbesondere fest, dass es sich bei Interfaces um die einzige Möglichkeit handelt, Mehrfachvererbung in Java zu realisieren.
Außerdem sind wir auf einige ganz besondere Spezialitäten von Java eingegangen: die inneren und anonymen Klassen. Anhand der Implementierung eines Interface haben wir hierbei gesehen, welche Vorteile diese Form für eine schnelle und einfache Entwicklung bringen kann – wir haben aber auch deutlich erkannt, wie unleserlich und schwer verständlich unser Code hierdurch werden kann. Wir werden deshalb als Fazit mit auf den Weg nehmen, dass man innere Klassen möglichst vermeiden sollte.

8.10 Übungsaufgaben

Aufgabe 8.6

Die Klasse `java.lang.Math` stellt eine Sammlung von mathematischen Standardfunktionen dar, die allesamt als **static** definiert sind. Weil die Klasse über keine Instanzmethoden oder -variablen verfügt, wäre eine Erzeugung von Objekten dieser Klasse recht unsinnig. Um dies zu verhindern, haben ihre Programmierer einen Trick angewendet. Wie konnten sie eine Instanziierung verhindern, *ohne* die Klasse abstrakt zu definieren?

Aufgabe 8.7

Innerhalb eines Pakets `mypackage` werden zwei Klassen `Vater` und `Sohn` definiert. `Sohn` ist eine Subklasse der Klasse `Vater`. Beide verfügen über eine Methode `Familienbande`, die *nur für Kindklassen innerhalb des Pakets* zugänglich sein soll.
Welcher Modifikator ist also für die Methode zu nehmen: **`public`**, **`protected`**, **`private`** oder der Standardmodifikator?

Aufgabe 8.8

a) Schreiben Sie folgende Klassen:

- eine Klasse `A` und eine Klasse `B`, die jeweils einen Default-Konstruktor (ohne Parameter) haben, in dem nur ausgegeben wird, dass der entsprechende Konstruktor aufgerufen wurde;
- eine direkte Subklasse `C` von `A`, die keinen Konstruktor und nur ein Attribut vom Typ `B` hat und dieses instanziiert;
- eine Klasse `TestABC`, die nur aus einer `main`-Methode besteht, in der ein Objekt der Klasse `C` instanziiert wird.

b) Bestimmen Sie die Ausgabe von `TestABC`.

c) Modifizieren Sie die Konstruktoren so, dass sie einen Parameter vom Typ **`int`** haben. Geben Sie einen solchen Konstruktor, der alle notwendigen Initialisierungen der Klasse `C` durchführt, auch für die Klasse `C` an.

d) Wieso benötigt man im Konstruktor der Klasse `C` einen **`super`**-Aufruf?

Aufgabe 8.9

Sie sollen die Herstellung gelochter Metallplatten mittels objektorientierter Programmierung simulieren. Dazu ist Ihnen die Klasse `MetallPlatte` vorgegeben, die wie folgt definiert ist:

```java
public class MetallPlatte {

  /** Laenge der Platte */
  public double laenge;

  /** Breite der Platte */
  public double breite;

  /** Konstruktor */
  public MetallPlatte (double laenge, double breite) {
    this.laenge = laenge;
    this.breite = breite;
  }

  /** Berechnet die Flaeche der Platte */
```

```
  public double flaeche() {
    return laenge * breite;
  }

  /** Vergleicht das Gewicht dieser Platte mit dem
  einer anderen MetallPlatte */
  public boolean schwererAls (MetallPlatte p) {
    return (this.flaeche() > p.flaeche());
  }
}
```

a) Schreiben Sie nun eine Klasse `GelochtePlatte`, die von der Klasse `MetallPlatte` erbt und die folgenden zusätzlichen Komponenten bzw. Überladungen enthält:

- **private** Instanzvariablen
  - `anzahlLoecher` (für die Anzahl der aktuell in die Platte eingestanzten Löcher),
  - `lochLaenge` und `lochBreite` (für die Länge und Breite der eingestanzten Löcher) und
  - `loch` vom Typ `MetallPlatte[]` (für die Speicherung der Informationen über die herausgestanzten Teile (Löcher) der Platte),
- einen Konstruktor, der mit Parametern für Länge und Breite der Platte sowie für die maximal zulässige Zahl m von Löchern ausgestattet ist und in seinem Rumpf mittels Konstruktor der Superklasse ein Plattenobjekt sowie das Feld `loch` in geeigneter Länge (m) erzeugt und die Länge bzw. Breite der Löcher auf $\frac{1}{m}$ der Plattenlänge bzw. -breite festlegt,
- eine öffentliche Instanzmethode `neuesLochStanzen()`, die (falls noch Platz für ein weiteres Loch vorhanden ist) ins Plattenobjekt ein weiteres Loch stanzt, indem im Feld `loch` ein neues Objekt der Klasse `MetallPlatte` erzeugt wird, die Anzahl der aktuell gestanzten Löcher um 1 erhöht und die Aktion auf dem Bildschirm protokolliert wird, sowie
- eine öffentliche Instanzmethode `flaeche()`, die zunächst mittels der entsprechenden Methode der Superklasse die Fläche der kompletten Platte berechnet, davon die Fläche der Löcher abzieht und den so berechneten Wert als Ergebnis zurückliefert.

b) Schreiben Sie außerdem eine Testklasse, die die Klassenmethoden `lochen` und `main` enthält.

Die Methode `lochen` soll einen Parameter `mp` vom Typ `MetallPlatte` aufweisen und

- eine gelochte Platte (so groß wie `mp` und mit maximal 10 Löchern) generieren,
- die Anzahl der tatsächlich zu stanzenden Löcher einlesen,

- entsprechend viele Löcher in die Platte stanzen und
- die gelochte Platte als Ergebnis zurückgeben.

Die `main`-Methode soll

- Längen und Breiten für zwei Metallplatten einlesen,
- entsprechende `MetallPlatte`-Objekte erzeugen,
- unter Verwendung der Instanzmethoden `schwererAls` feststellen, welche Platte die schwerere ist bzw. ob beide Platten gleich schwer sind, und eine Information darüber auf dem Bildschirm ausgeben,
- die beiden Platten mittels `lochen` in gelochte Platten verwandeln und
- den Gewichtsvergleich nochmals für die gelochten Platten durchführen.

Wieso lässt sich der letzte Punkt realisieren, ohne dass die abgeleitete Klasse `GelochtePlatte` eine Instanzmethode `schwererAls` enthält?

Aufgabe 8.10

Gegeben seien die Klassen `SpielFigur` und `Bildschirm`, die Sie auf Ihrem Rechner compilieren müssen:

```
public class Bildschirm {
  /** Schreibt 100 Leerzeilen auf den Bildschirm */
  public static void loeschen() {
    for (int i=0; i<100; i++)
      System.out.println();
  }
}
```

Die Klasse `Bildschirm` stellt lediglich die Klassenmethode `loesche()` zur Verfügung, die es erlaubt, eine gerade auf dem Bildschirm stehende Information „verschwinden" zu lassen.

```
/** Beliebige Spielfigur auf einem Schachbrett */
public class SpielFigur {
  /** x-Koordinate (A - H) der Position der Figur */
  private char xPos;

  /** y-Koordinate (1 - 8) der Position der Figur */
  private int yPos;

  /** Farbe der Spielfigur */
  private String farbe;

  /** Konstruktor */
  public SpielFigur (char x, int y, String f) {
    xPos = x;             // belege x-Position
    yPos = y;             // belege y-Position
    farbe= f;             // belege Farbe
    // korrigiere eventuell falsche Positionsangaben
    korrigierePosition();
  }
```

```

  /** korrigiert die Positionsangaben */
  private void korrigierePosition () {
    if (xPos < 'A')
      xPos = 'A';
    else if (xPos > 'H')
      xPos = 'H';
    if (yPos < 1)
      yPos = 1;
    else if (yPos > 8)
      yPos = 8;
  }

  /** liefert den Wert der Instanzvariable xPos */
  public char getXpos () {
    return xPos;
  }

  /** liefert den Wert der Instanzvariable yPos */
  public int getYpos () {
    return yPos;
  }

  /** liefert den Wert der Instanzvariable farbe */
  public String getFarbe () {
    return farbe;
  }

  /** bewegt die Figur
   *  um xF Felder nach rechts (< 0 nach links) und
   *  um yF Felder nach oben (< 0 nach unten)
   **/
  public void ziehe (int xF, int yF) {
    xPos = (char) (xPos + xF);
    yPos = yPos + yF;
    // korrigiere eventuell falsche Positionsangaben
    korrigierePosition();
  }

  /** liefert String-Darstellung des SpielFigur-Objekts */
  public String toString() {
    return farbe + "e Figur auf Feld " + xPos + yPos;
  }
}
```

Die Klasse `SpielFigur` modelliert eine einfache Spielfigur auf einem Schachbrett mit Feldern A1 bis H8, indem lediglich die Position der Figur auf dem Brett und die Farbe der Figur in privaten Instanzvariablen gespeichert werden. Mit Hilfe der Instanzmethode `ziehe` kann eine Spielfigur auf dem Brett beliebig bewegt werden. Um sicherzustellen, dass beim Erzeugen oder beim Bewegen eines Objekts der Klasse keine falsche Position (außerhalb von A1 bis H8) erzeugt wird, wird die private Instanzmethode `korrigierePosition` eingesetzt. Die Methode `toString` liefert (wie üblich) eine String-Darstellung für das `SpielFigur`-Objekt.

Sie sollen nun eine spezialisierte Spielfigurklasse implementieren, die einige speziellere Eigenschaften (nämlich die einer Damefigur, wie man sie von den klassischen Brettspielen Dame oder Schach kennt) aufweist.
Gehen Sie dabei wie folgt vor:

a) Schreiben Sie eine Klasse `DameFigur`, die von der Klasse `SpielFigur` erbt.

b) Statten Sie die Klasse `DameFigur` mit einer privaten Instanzvariable `name` aus, die (unveränderlich) die Zeichenkette `"Dame"` enthält.

c) Schreiben Sie (als öffentliche Instanzmethode) eine Überladung für die von der Klasse `SpielFigur` geerbte Methode `ziehe`. Die neue Methode soll einen **`char`**-Parameter `richtung` und einen **`int`**-Parameter `anzahl` aufweisen und einen Damezug für das Objekt ausführen. Das heißt: Wenn `richtung` den Wert `'-'` hat, soll horizontal gezogen werden, wenn `richtung` den Wert `'|'` hat, soll vertikal gezogen werden, und wenn `richtung` den Wert `'/'` oder den Wert `'\'` hat, soll diagonal gezogen werden, und zwar jeweils um `anzahl` Felder.

   Sie können bzw. müssen dabei auf die geerbte Methode `ziehe` zurückgreifen!

d) Implementieren Sie (als öffentliche Instanzmethode) eine **`boolean`**-Methode `trifft` mit einem `DameFigur`-Parameter, die genau dann den Wert **`true`** zurückliefert, wenn sowohl die x- als auch die y-Position des Objekts, für das die Methode gerade ausgeführt wird, und des Parameterobjekts übereinstimmen (d. h., wenn beide Figuren auf dem gleichen Schachbrettfeld stehen).

e) Überschreiben Sie die Methode `toString` zur Erzeugung einer `String`-Darstellung des Objekts in der Form

   ```
   Konsole
   ...e Dame auf Feld XY
   ```

   wobei `...` für die Farbe des Objekts und `X` bzw. `Y` für die x- und y-Position des Objekts stehen sollen.

Aufgabe 8.11

Sie sollen unter Verwendung der Klassen `DameFigur` und `Bildschirm` aus Aufgabe 8.10 eine Klasse `DSpiel` schreiben, die ein sehr einfaches Beute-Jäger-Spiel für zwei Personen realisiert. Bei diesem Spiel stellt ein Spieler eine Dame (die Beute) auf ein beliebiges Feld auf dem Schachbrett (diese Beute bleibt jedoch für den Gegner unsichtbar). Danach setzt der Gegner ebenfalls eine Dame (den Jäger) auf ein beliebiges Feld auf dem Schachbrett und versucht, auf dem Feld mit der Beute zu landen. Trifft er nicht bereits mit dem Setzen seiner Dame auf die Beute, so hat er insgesamt 10 Versuche, um mit einem Damezug (beliebig viele Felder in einer Richtung, entweder horizontal, vertikal oder diagonal) auf dem Feld mit der Beute zu landen.

In der `main`-Methode Ihrer Klasse `DSpiel` soll also Folgendes ablaufen:

- Der erste Spieler gibt die Position und die Farbe seiner Beutefigur ein, ein entsprechendes Objekt wird erzeugt und der Bildschirm (mit Hilfe der Klasse `Bildschirm`) gelöscht.
- Der Gegner gibt die Startposition und die Farbe seiner Jägerfigur ein. Dann wird ein entsprechendes Objekt erzeugt.
- Mit Hilfe der Instanzmethode `trifft` wird überprüft, ob der Jäger die Beute bereits getroffen hat. Wenn ja, wird eine entsprechende Siegesmeldung ausgegeben.
- Andernfalls führt der Jäger in einer 10 Mal zu durchlaufenden Schleife jeweils nach Eingabe der Richtung und der Felderanzahl mit Hilfe der Methode `ziehe` einen Damezug durch. Die Schleife wird (nach Ausgabe einer entsprechenden Siegesmeldung) vorzeitig abgebrochen, wenn die Beute getroffen wurde.
- Wenn der Jäger die Beute in den 10 Versuchen nicht erlegt, wird der Beutespieler zum Sieger erklärt.

Ein Beispiel für den Programmablauf:

Konsole

```
Positionieren Sie die Beute
Spalte (A bis H) Ihrer Figur? E
Zeile (1 bis 8) Ihrer Figur? 5
Farbe Ihrer Figur? blau

  - Der Bildschirm wird geloescht -

Die Beute steht. Positionieren Sie den Jaeger
Spalte (A bis H) Ihrer Figur? B
Zeile (1 bis 8) Ihrer Figur? 3
Farbe Ihrer Figur? gelb
Die Beute-Figur steht woanders!
Sie haben nun 10 Dame-Zuege, um die Beute-Figur zu treffen.
Bewegen Sie Ihre gelbe Dame auf Feld B3
Wollen Sie waagrecht (-), senkrecht (|)
  oder diagonal (/, \) ziehen? /
Wie viele Felder ziehen? (> 0 nach rechts oben,
  < 0 nach links unten) 3
Leider kein Treffer!
Bewegen Sie Ihre gelbe Dame auf Feld E6
Wollen Sie waagrecht (-), senkrecht (|)
  oder diagonal (/, \) ziehen? -
Wie viele Felder ziehen? (> 0 nach rechts oben,
  < 0 nach links unten) 1
Leider kein Treffer!
Bewegen Sie Ihre gelbe Dame auf Feld F6
```

```
Wollen Sie waagrecht (-), senkrecht (|)
  oder diagonal (/, \) ziehen? /
Wie viele Felder ziehen? (> 0 nach rechts oben,
  < 0 nach links unten) -1
Treffer! Sie (als Jaeger) haben gewonnen
```

Aufgabe 8.12

a) Gegeben sei das Programm

```java
class Mahlzeit {
  Mahlzeit() { System.out.println("Mahlzeit()"); }
}

class Brot {
  Brot() { System.out.println("Brot()"); }
}

class Wurst {
  Wurst() { System.out.println("Wurst()"); }
}

class Salat {
  Salat() { System.out.println("Salat()"); }
}

class Mittagessen extends Mahlzeit {
  Mittagessen() { System.out.println("Mittagessen()"); }
}

class Vesper extends Mittagessen {
  Vesper() { System.out.println("Vesper()"); }
}

class Sandwich extends Vesper {
  Brot  b = new Brot();
  Wurst w = new Wurst();
  Salat s = new Salat();
  Sandwich() { System.out.println("Sandwich()"); }
  public static void main(String[] args) {
    new Sandwich();
  }
}
```

Bestimmen Sie dessen Ausgabe.

b) In welcher Reihenfolge werden – ganz allgemein – Konstruktoren aufgerufen? Begründen Sie Ihre Antwort.

Aufgabe 8.13

a) Bestimmen Sie die Ausgabe des Programms

```
class Fahrzeug {
  void fahre() { System.out.println("Das Fahrzeug faehrt"); }
}

class Auto extends Fahrzeug {
  void fahre() { System.out.println("Das Auto faehrt"); }
}

class AutoTest {
  public static void main(String[] args) {
    Fahrzeug f;
    Auto a = new Auto();
    f = a;
    f.fahre();
  }
}
```

b) Bestimmen Sie die Ausgabe des Programms

```
class AKlasse {
  public int wert = 0;
  public int wert() {
    return this.wert;
  }
}

class CKlasse extends AKlasse {
  public int wert = 1;
  public int wert() {
    return this.wert;
  }
}

public class ElchTest {
  public static void main(String argv[]) {
    AKlasse a = new AKlasse();
    System.out.println("Wert von a ist: " + a.wert);
    System.out.println("Wert von a ist: " + a.wert());
    CKlasse b = new CKlasse();
    System.out.println("Wert von b ist: " + b.wert);
    System.out.println("Wert von b ist: " + b.wert());
    AKlasse c = b;
    System.out.println("Wert von c ist: " + c.wert);
    System.out.println("Wert von c ist: " + c.wert());
  }
}
```

Aufgabe 8.14

Gegeben seien die folgenden Klassen, die teilweise überschriebene Methoden `tell` enthalten bzw. aufrufen:

```
public class A {
  private void tell() {
    System.out.println("AAAA");
```

```
  }
}

public class B extends A {
  public void tell() {
    System.out.println("BBBB");
  }
}

public class C extends B {
}

public class D extends C {
  public void tell() {
    System.out.println("DDDD");
  }
}

public class ABCD {
  public static void main (String[] args) {
    A a = new A();
    a.tell();  // Aufruf 1
    B b = new B();
    b.tell();  // Aufruf 2
    C c = new C();
    c.tell();  // Aufruf 3
    D d = new D();
    d.tell();  // Aufruf 4
  }
}
```

Welche der vier Methodenaufrufe sind unzulässig? Geben Sie bei zulässigen Aufrufen an, was auf dem Bildschirm ausgegeben wird.

Aufgabe 8.15

Gegeben sei folgende Klasse zur Modellierung von Punkten in der Ebene:

```
/** Klasse fuer Punkte (x,y) in der Ebene */
public class Point {
  private double x, y;

  public Point (double x, double y) {
    this.x = x;
    this.y = y;
  }
  public double getX() {
    return x;
  }
  public double getY() {
    return y;
  }
  public void turn(double phi) {
    // dreht das Point-Objekt um den Winkel phi
    double xAlt = x;
    x = xAlt * Math.cos(phi) - y * Math.sin(phi);
```

```
      y = xAlt * Math.sin(phi) + y * Math.cos(phi);
    }
    public static double distance (Point p, Point q) {
      // liefert den Abstand zwischen p und q
      double xdiff = p.getX() - q.getX();
      double ydiff = p.getY() - q.getY();
      return Math.sqrt(xdiff * xdiff + ydiff * ydiff);
    }
    public String toString() {
      // liefert die String-Darstellung des Point-Objekts
      return "(" + x + "," + y + ")";
    }
  }
```

Ergänzen Sie die fehlenden Teile der nachfolgenden Klasse `Strecke` (zur Modellierung von Strecken in der Ebene) unter Verwendung der Klasse `Point`.

a) Führen Sie zwei private Instanzvariablen `p` und `q` (die beiden Endpunkte der Strecke) ein.
b) Vervollständigen Sie den Konstruktor (die beiden Parameter stellen gerade die Endpunkte der Strecke dar).
c) Vervollständigen Sie die Methode `toString()`, die die `String`-Darstellung des Streckenobjekts in der Form `pStr_qStr` zurückliefert, wobei `pStr` und `qStr` gerade die `String`-Darstellungen für die Instanzvariablen `p` und `q` sind.
d) Vervollständigen Sie die Methode `getLaenge()`, die (unter Verwendung der Klassenmethode `distance` der Klasse `Point`) die Länge (siehe Hinweis) des `Strecke`-Objekts berechnet und zurückliefert.
e) Vervollständigen Sie die Methode `turn`, die das `Strecke`-Objekt um den Winkel `phi` um den Ursprung dreht, indem für die beiden Endpunkte der Strecke die Instanzmethode `turn` für `Point`-Objekte aufgerufen wird.

Hinweis: Die Länge der von den Punkten p und q gebildeten Strecke ist gerade der Abstand (`distance`) der beiden Punkte p und q in der Ebene.

```
public class Strecke {



  public Strecke (Point p, Point q) {



  }
  public String toString() {


  }
  public double getLaenge() {


  }
```

```
    public void turn (double phi) {



    }
}
```

Aufgabe 8.16

Schreiben Sie eine Klasse `RunStrecke`, in deren `main`-Methode **unter Verwendung der Methoden** `getLaenge` und `turn` der Klasse `Strecke`

- zwei Punkte $a = (1, 1)$ und $b = (3, 3)$ konstruiert werden,
- eine Strecke aus den Punkten a und b konstruiert wird,
- die Strecke ausgegeben wird,
- ein Drehwinkel ϕ (als **`double`**-Wert) eingelesen wird,
- die Strecke um diesen Winkel gedreht wird und
- die Länge der gedrehten Strecke berechnet und ausgegeben wird.

Kapitel 9

Exceptions und Errors

Wir schreiben ein einfaches Java-Programm, das zwei Zahlen a und b von der Tastatur einliest und das Ergebnis der ganzzahligen Division (ohne Rest) ausgibt:

```java
import Prog1Tools.IOTools;

public class Excep1 {

  public static void main(String[] args) {
    int a = IOTools.readInteger("a=");
    int b = IOTools.readInteger("b=");
    System.out.println("a/b="+(a/b));
  }
}
```

Das Programm lässt sich problemlos übersetzen und ausführen. Geben wir jedoch als Wert für b die Zahl 0 ein, so bricht das Programm mit einer Fehlermeldung ab:

Konsole

```
java.lang.ArithmeticException: / by zero
        at Excep1.main(Excep1.java:8)
```

Nun lässt sich bei diesem einfachen Programm natürlich ein solches Problem vermeiden – wir müssten lediglich überprüfen, ob für b eine Null eingegeben wurde. Es gibt jedoch Situationen, in denen sich das Auftreten einer problematischen, „absturzgefährdeten“ Situation nicht vermeiden lässt. Hierzu einige Beispiele:

- Ihr Java-Programm will Daten aus dem Internet herunterladen. Mitten im Download wird jedoch die Verbindung unterbrochen.
- Das Programm lagert Daten auf einer Festplatte aus. Beim Versuch, auf den Datenträger zu schreiben, stößt das Programm auf einen defekten Cluster, d. h. die Platte weist einen physikalischen Schaden auf.
- Das Programm führt eine Berechnung durch, die komplizierter ist als a/b. Es besteht die Möglichkeit einer illegalen Operation (wie der Division durch

null), Sie können jedoch nicht genau abschätzen, *wann* und *ob überhaupt* dieser Fall jemals auftritt.

Die Liste der Beispiele ließe sich weiter fortsetzen. Zusammenfassend lässt sich sagen, dass wir nicht immer im Voraus wissen können, welche Probleme in unseren Programmen möglicherweise auftreten. Wie ist in solchen Fällen ein Absturz zu vermeiden?
Um diesen Punkt besser zu verstehen, befassen wir uns in diesem Kapitel mit den sogenannten **Exceptions**. Wir werden lernen, wie der Fehlerbehandlungsmechanismus in Java funktioniert und wie wir ihn für unsere Zwecke verwenden können.

9.1 Eine Einführung in Exceptions

9.1.1 Was ist eine Exception?

Das Wort Exception (deutsch: Ausnahme) leitet sich von einer Ausnahmesituation her – also einer Situation, die normalerweise im Programm nicht auftauchen sollte. Typische Beispiele für solche Ausnahmesituationen sind die oben genannte gestörte Übertragung im Netzwerk oder eine längere Berechnung, in der eine Division durch null auftritt.
Um diese Fälle zu behandeln, haben die Entwickler von Java die Klasse `java.lang.Exception` entwickelt. Eine Instanz dieser Klasse (bzw. ihrer Kindklassen) repräsentiert jeweils eine Ausnahmesituation, die im Programm aufgetreten ist. Wir erinnern uns an die letzte Fehlermeldung:

Konsole

```
java.lang.ArithmeticException: / by zero
        at Excep1.main(Excep1.java:8)
```

Auch in diesem Kontext taucht das Wort Exception auf – und zwar in Form einer `java.lang.ArithmeticException`. Diese Klasse ist Kind der ursprünglichen Klasse `Exception`. Ihre Instanzen repräsentieren das Auftreten einer Ausnahmesituation bei der Auswertung eines arithmetischen Ausdrucks – also einer Berechnung. In unserem Fall ist eine Division durch null in Zeile 8 unseres Programms aufgetreten. Das Laufzeitsystem informiert uns darüber:

- Sämtliche arithmetische Ausnahmesituationen werden durch Objekte der Klasse `ArithmeticException` repräsentiert. Das Auftreten einer solchen Situation wird in der Ausgabe durch den Namen der Klasse angezeigt, der somit den Typ der Ausnahmesituation beschreibt.
- Es können verschiedene Formen arithmetischer Ausnahmesituationen auftreten. Genauere Informationen über den tatsächlichen Grund für die Exception liefert daher der Text, den man als **Fehlermeldung** (englisch: **error message**) bezeichnet. In unserem Fall also

Konsole
```
/ by zero
```

Ist `excep` eine Instanz der Klasse `Exception`, so haben wir durch den Befehl

```
excep.getMessage()
```

Zugriff auf eben diese Fehlermeldung. Die Methode `getMessage` liefert sie in Form eines `String` zurück.

- Falls die Ausnahme durch einen Programmierfehler aufgetreten ist, möchte man natürlich gerne wissen, wo genau der Fehler entstanden ist. Aus diesem Grund gibt das System vor dem Absturz die genaue Position an, an der das Problem entstanden ist. Dies geschieht in der Form

```
at «KLASSENNAME».«METHODENNAME»(«DATEINAME»:«ZEILENNUMMER»)
```

In unserem Fall ist der Name der Klasse `Excep1`, und das Problem trat in der Methode `main` auf. Wir hatten den Quellcode in der Datei `Excep1.java` gespeichert, und der Fehler trat in Zeile 8 auf. Somit erklärt sich die Zeile

Konsole
```
        at Excep1.main(Excep1.java:8)
```

Wenn wir mit einem `Exception`-Objekt arbeiten (nennen wir es wieder `excep`), so können wir die gesamte Information darüber, wo und wann die Exception ausgelöst wurde, durch den Befehl

```
excep.printStackTrace();
```

auf dem Bildschirm ausgeben lassen.

Abbildung 9.1 fasst die verschiedenen Informationen, die in einer Instanz der Klasse `Exception` gespeichert sind, zusammen. Im nächsten Teilabschnitt beschäftigen wir uns mit der Frage, wie wir das Auftreten von Ausnahmesituationen in unserem Programm behandeln können.

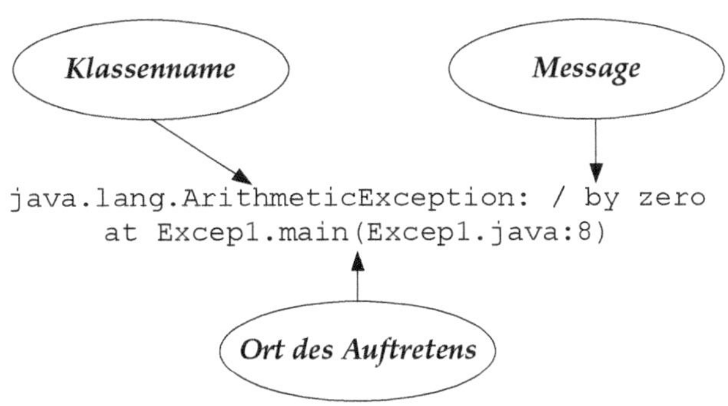

Abbildung 9.1: In einer `Exception` gespeicherte Informationen

9.1.2 Übungsaufgaben

Aufgabe 9.1

Die Klasse `java.lang.NullPointerException` beschreibt den Versuch, auf eine Referenzvariable zuzugreifen, in der statt eines Objektes die Referenz **`null`** abgelegt ist. Welche Informationen können Sie also *ohne* Kenntnis des genauen Programmcodes aus folgendem Programmabsturz beziehen:

Konsole
```
java.lang.NullPointerException
        at Problem.problem(Problem.java:6)
        at Problem.main(Problem.java:10)
```

9.1.3 Abfangen von Exceptions

Wenn in einem Programm eine Ausnahmesituation auftritt, wird ein Objekt einer bestimmten `Exception`-Klasse (zum Beispiel `ArithmeticException`) erzeugt. Die Ausführung des momentanen Befehls wird abgebrochen und die im Programm festgelegte Methode zur Fehlerbehandlung ausgelöst. Diesen Vorgang – das Erzeugen einer Exception – bezeichnen Programmierer als das **Werfen** einer Exception (englisch: **`throw`**). Im Gegenzug bezeichnen wir das logische Gegenstück – die ausgelöste Behandlung einer Exception – als das **Fangen** oder **Abfangen** einer Exception (englisch: **`catch`**). Wie der Mechanismus des Werfens vonstatten geht, soll uns im Moment nicht weiter kümmern – wir wollen uns zunächst damit beschäftigen, wie man eine Ausnahme in Java abfängt.
Kehren wir zu unserem Beispielprogramm zurück. In diesem war ja eine `ArithmeticException` geworfen worden. Wir wollen unser Programm nun nicht mehr einfach abstürzen lassen – wir wollen dem Benutzer bzw. der Benutzerin mitteilen, dass er bzw. sie etwas Falsches eingegeben hat.
Wie wir wissen, tritt die Exception in Zeile 8 bei der Division auf:

```
System.out.println("a/b="+(a/b));
```

Im Allgemeinen wird dieser Befehl ohne weitere Probleme ausführbar sein. Wir teilen also dem Programm mit, dass es *versuchen* soll, die Zeile ganz normal auszuführen. Dieser Versuch wird durch das Schlüsselwort **`try`** bekannt gegeben:

```
try {
  System.out.println("a/b = "+(a/b));
}
```

Die Befehle, bei denen eine Exception auftreten kann, werden mit den geschweiften Klammern zu einem Block zusammengefasst. Lassen sie sich im Programmverlauf ohne Schwierigkeiten durchführen, verläuft unser Programm wie gehabt. Wird jedoch eine Exception geworfen, so „weiß“ Java nun, dass in diesen Zeilen so etwas passieren kann. Wir können die aufgetretene Ausnahme im Anschluss an den Block abfangen:

```
catch (ArithmeticException e) {
```

```
        System.out.println("Achtung - Sie haben eine "+
                           "ArithmeticException ausgeloest!");
        System.out.println("Es gab folgendes Problem: "+
                           e.getMessage());
        System.out.println("Seien Sie in Zukunft etwas "+
                           "vorsichtiger!");
      }
```

Das Schlüsselwort **catch** zeigt an, dass die nachfolgenden Zeilen eine Ausnahmesituation abfangen wollen. In den runden Klammern muss dabei der Typ der abzufangenden Exception und ein Bezeichner festgelegt werden, unter dem wir das Exception-Objekt im Folgenden ansprechen wollen. In unserem Fall haben wir als Klassenname `ArithmeticException` und als Bezeichner `e` gegeben.
Der eigentliche Code zur Behandlung der Ausnahme wird wiederum mit geschweiften Klammern in einem Block zusammengefasst. In unserem Fall bedeutet dies eine kleine Fehlermeldung. Starten wir das Programm, so erhalten wir statt des bisherigen Verhaltens folgende Ausgabe:

```
Konsole
a = 1
b = 0
Achtung - Sie haben eine ArithmeticException ausgeloest!
Es gab folgendes Problem: / by zero
Seien Sie in Zukunft etwas vorsichtiger!
```

Hier noch einmal der komplette Programmtext:

```
import Prog1Tools.IOTools;
public class Excep2 {
  public static void main(String[] args) {
    int a = IOTools.readInteger("a=");
    int b = IOTools.readInteger("b=");
    try {
      System.out.println("a/b=" + (a/b));
    }
    catch (ArithmeticException e) {
      System.out.println("Achtung - Sie haben eine "+
                         "ArithmeticException ausgeloest!");
      System.out.println("Es gab folgendes Problem: "+
                         e.getMessage());
      System.out.println("Seien Sie in Zukunft etwas "+
                         "vorsichtiger!");
    }
  }
}
```

9.1.4 Ein Anwendungsbeispiel

Wir wollen uns mit einem Java-Programm den Inhalt einer Textdatei anzeigen lassen, die auf der Festplatte bereitsteht. Ein Programmablauf soll zum Beispiel (in Anlehnung an den aus der Schule bekannten Merksatz zum Quintenzirkel) wie folgt aussehen:

```
Konsole
Dateiname: tonarten.txt
In der Datei tonarten.txt steht
Geh
Du
Alter
Esel
Hol
Fische
```

Für unser Programm brauchen wir eine Klasse aus dem Paket `java.io`, auf das wir in Kapitel 17 ausführlich eingehen. Es geht um die Klasse `FileReader`, mit der wir durch die Programmzeile

```
FileReader f=new FileReader("blabla.txt");
```

beispielsweise ein Objekt namens `f` erzeugen können, das mit der Methode `read` die einzelnen Zeichen aus der Datei `blabla.txt` lesen kann. Ein erster Entwurf für unser Programm sieht nun wie folgt aus:

```
import java.io.*;
import Prog1Tools.*;
public class LiesAusDatei {
  public static void main(String[] args) {
    // Lies den Dateinamen ein:
    String dateiname = IOTools.readString("Dateiname: ");
    // Oeffne die Datei zum Lesen:
    FileReader dateileser = new FileReader(dateiname);
    // Lies alle Zeichen aus der Datei ein (read liefert int)
    // bis das Dateiende erreicht wird (signalisiert durch -1)
    // und gib sie (wieder als Buchstabe) auf den Bildschirm aus:
    System.out.println("In der Datei tonarten.txt steht");
    while (true) {
      int gelesen = dateileser.read();
      if (gelesen == -1)
        break;
      System.out.print((char) gelesen);
    }
  }
}
```

Wenn wir das Programm übersetzen, erhalten wir folgende Fehlermeldungen:

```
Konsole
LiesAusDatei.java:8: unreported exception
  java.io.FileNotFoundException; must be caught or declared
  to be thrown
    FileReader dateileser = new FileReader(dateiname);
                            ^
LiesAusDatei.java:14: unreported exception java.io.IOException;
  must be caught or declared to be thrown
      int gelesen = dateileser.read();
                                   ^
```

Was ist geschehen? Übersetzen wir die Fehlermeldungen in eine für uns verständliche Form:

1. In Zeile 8 kann möglicherweise eine `FileNotFoundException` auftreten. Mit dieser Ausnahme zeigt das System an, dass eine zu öffnende Datei nicht gefunden wurde – etwa aufgrund eines Eingabefehlers bei der Festlegung des Dateinamens. Diese Ausnahmesituation muss vom Programm in irgendeiner Form behandelt werden.

2. In Zeile 14 kann beim Einlesen der Werte möglicherweise eine `IOException` auftreten. Die `IOException` ist ein nicht näher definierter Ein- bzw. Ausgabefehler, der ebenfalls von uns abgefangen werden muss.

Um unser Programm also erfolgreich übersetzen zu können, müssen wir zwei Exceptions behandeln. Die einfachste Möglichkeit, dies zu tun, ist eine Hinzunahme in die sogenannte **`throws`-Klausel** des Methodenkopfes:

```
public static void main(String[] args)
  throws FileNotFoundException, IOException {
```

Mit der **`throws`**-Klausel im Methodenkopf wird darauf hingewiesen, dass eine aufgetretene Exception „weitergeworfen" oder „weitergereicht" wird. Tritt in der Methode nun eine `FileNotFoundException` oder eine `IOException` auf, wird die Methode abgebrochen und die Exception eine Ebene nach oben weitergeleitet. Ist die Methode von einer anderen Methode aufgerufen worden, so ist ebendiese Methode als besagte Ebene zu verstehen. Da wir uns jedoch in der `main`-Methode befinden, also keine höhere Ebene dieser Form besitzen, würde die Exception an das Java-Laufzeitsystem weitergeleitet. Unser Programm ließe sich mit diesem Zusatz nun also übersetzen. Wenn wir es allerdings starten und einen nicht existierenden Dateinamen eingeben, stürzt es ab mit einer `java.io.FileNotFoundException`.

Nun wollen wir ja gerade diese kryptischen Fehlermeldungen vermeiden. Deshalb werden wir die Exceptions nicht weiterleiten. Wir betten daher den bisherigen Code unserer `main`-Methode in eine Art Versuchsblock ein (mit dem Schlüsselwort **`try`**), fangen die darin eventuell auftretenden Exceptions ab (mit dem Schlüsselwort **`catch`**) und geben eine „verständliche" Meldung zurück:

```
public static void main(String[] args) {
  try {
    // Lies den Dateinamen ein:
    String dateiname = IOTools.readString("Dateiname: ");
    // Oeffne die Datei zum Lesen:
    FileReader dateileser = new FileReader(dateiname);
    // Lies alle Zeichen aus der Datei ein (read liefert int)
    // bis das Dateiende erreicht wird (signalisiert durch -1)
    // und gib sie (wieder als Buchstabe) auf den Bildschirm aus:
    System.out.println("In der Datei " + dateiname + " steht");
    while (true) {
      int gelesen = dateileser.read();
      if (gelesen == -1)
        break;
```

```
        System.out.print((char) gelesen);
      }
    }
    catch(FileNotFoundException ex) {
      System.out.println("Diese Datei existiert nicht!");
    }
    catch(IOException ex) {
      System.out.println("Fehler beim Lesen: "+ex.getMessage());
    }
  }
```

Wenn wir nun einen falschen Dateinamen eingeben, so erhalten wir statt der obigen verwirrenden Nachricht die klar verständliche Mitteilung

Konsole

```
Diese Datei existiert nicht!
```

und müssen keinen Programmierfehler vermuten.

9.1.5 Die `RuntimeException`

Wir sind nun in der Lage, Exceptions abzufangen und so gewisse Fehlermeldungen zu vermeiden. Auf diese Weise können wir mit Klassen wie etwa der `FileReader`-Klasse, deren Methoden das Abfangen von Exceptions vorschreiben, arbeiten.
Spätestens an dieser Stelle dürfte jedoch manche Leserin oder mancher Leser stutzig werden. In unserem letzten Beispiel ließ sich das Programm zuerst nicht übersetzen, da die Ausnahmen `FileNotFoundException` und `IOException` nicht abgefangen wurden. Wieso lässt sich dann folgendes Programm übersetzen, obwohl wir mit ihm bereits eine `ArithmeticException` erzeugt haben?

```
import Prog1Tools.IOTools;
public class Excep1 {
  public static void main(String[] args) {
    int a=IOTools.readInteger("a=");
    int b=IOTools.readInteger("b=");
    System.out.println("a/b="+(a/b));
  }
}
```

Um diesen Punkt verstehen zu können, benötigen wir wiederum ein wenig theoretisches Wissen. Java unterscheidet nämlich prinzipiell zwischen zwei Arten von Ausnahmesituationen:

1. Die „gewöhnliche" Exception leitet sich von der Klasse `Exception` ab. Generell lässt sich sagen, dass jede Exception dieser Form abgefangen und behandelt bzw. in die **`throws`**-Klausel übernommen werden muss.

2. Die spezielle `RuntimeException` leitet sich zwar ebenfalls von der Klasse `Exception` ab, muss im Gegensatz zur gewöhnlichen Ausnahmesituation jedoch nicht explizit behandelt werden. Dies gilt auch für sämtliche Kindklassen von `RuntimeException`.

Es gibt also spezielle Ausnahmen, die nicht explizit aufgefangen werden müssen – die des Typs `RuntimeException`. Zu diesen Klassen zählen unter anderem die `ArrayIndexOutOfBoundsException`, die `NullPointerException` und die `ArithmeticException`.
Ausnahmen vom Typ `RuntimeException` werden in Java hauptsächlich dazu verwendet, besonders häufig auftretende Ausnahmesituationen zu modellieren. Eine `ArithmeticException` kann in der Theorie etwa in praktisch jeder Berechnung mit Ganzzahlwerten vorkommen (das Rechnen mit Gleitkommazahlen erzeugt im Allgemeinen keine Exception). Sie jedes Mal abfangen zu müssen, wäre demnach ziemlich lästig. Ähnliches gilt für die `NullPointerException`. Diese kann in fast jeder Zeile auftreten, in der mit Objekten gearbeitet wird. Die `RuntimeException` erspart beim Programmieren also eine Menge Arbeit.

9.1.6 Übungsaufgaben

Aufgabe 9.2

Die folgenden Programme sollen jeweils ihren Quellcode einlesen und auf dem Bildschirm ausgeben. Nur eines der Programme funktioniert korrekt – welches?

Listing 1

```
import java.io.*;
public class Exueb1 {
  public static void main(String[] args) {
    FileReader f=new FileReader("Exueb1.java");
    while (true) {
      int c=f.read();
      if (c<0)
        return;
      System.out.print((char)c);
    }
  }
}
```

Listing 2

```
import java.io.*;
public class Exueb2 {
  public static void main(String[] args) {
    FileReader f=new FileReader("Exueb2.java");
    try {
      while (true) {
        int c=f.read();
        if (c<0)
          return;
        System.out.print((char)c);
      }
    }
    catch(IOException e,FileNotFoundException f) {}
  }
}
```

Listing 3

```
import java.io.*;
public class Exueb3 {
  public static void main(String[] args) {
    FileReader f=new FileReader("Exueb3.java");
    try {
      while (true) {
        int c=f.read();
        if (c<0)
          return;
        System.out.print((char)c);
      }
    }
    catch(FileNotFoundException e) {}
    catch(IOException e) {}
  }
}
```

Listing 4

```
import java.io.*;
public class Exueb4 {
  public static void main(String[] args)
     throws FileNotFoundException,IOException {
    FileReader f=new FileReader("Exueb4.java");
    try {
      while (true) {
        int c=f.read();
        if (c<0)
          return;
        System.out.print((char)c);
      }
    }
  }
}
```

Listing 5

```
import java.io.*;
public class Exueb5 {
  public static void main(String[] args)
    throws FileNotFoundException {
    try {
      FileReader f=new FileReader("Exueb5.java");
      while (true) {
        int c=f.read();
        if (c<0)
          return;
        System.out.print((char)c);
      }
    }
    catch(IOException e) {}
    catch(FileNotFoundException e) {}
  }
}
```

Listing 6

```
import java.io.*;
public class Exueb6 {
  public static void main(String[] args)
    throws FileNotFoundException {
    FileReader f=new FileReader("Exueb6.java");
    try {
      while (true) {
        int c=f.read();
        if (c<0)
          return;
        System.out.print((char)c);
      }
    }
    catch(IOException e) {}
  }
}
```

Listing 7

```
import java.io.*;
public class Exueb7 {
  public static void main(String[] args) {
    {
      FileReader f=new FileReader("Exueb7.java");
      while (true) {
        int c=f.read();
        if (c<0) return;
        System.out.print((char)c);
      }
    }
    catch(IOException e) {}
  }
}
```

9.2 Exceptions für Fortgeschrittene

9.2.1 Definieren eigener Exceptions

Im ersten Teil dieses Kapitels haben wir zum ersten Mal mit Exceptions gearbeitet. Wir haben gelernt, dass es sich bei den Exceptions um einfache Objekte handelt, die sich von der Klasse `Exception` ableiten. Wir haben gelernt, diese entweder abzufangen oder mit der **`throws`**-Klausel eine Ebene höher zu werfen.
Wie verhalten sich die Exceptions jedoch im Hinblick auf Vererbung? Können wir – wie bei jeder anderen Klasse auch – Subklassen von Exceptions erzeugen? Lassen sich diese neuen Klassen ebenso werfen, abfangen und weiterleiten?
Wie so viele Fragen kann man auch diese am besten mit Hilfe eines Beispiels beantworten. Wir wollen in unserem Dateileserbeispiel mit Hilfe einer selbst geschriebenen Exception-Klasse signalisieren, wenn in unserer Datei eine Ziffer vorkommt. Dazu definieren wir uns zunächst eine neue Ausnahmeklasse:

```
public class DigitException extends RuntimeException {
}
```

Die Klasse `DigitException` ist also Subklasse der oben beschriebenen Klasse `RuntimeException` und muss als solche nicht explizit abgefangen werden. Daher können wir auch problemlos eine einfache Methode

```
// Methode zum Pruefen, ob der Unicode-int-Wert z eine Ziffer
// darstellt. Ist dies der Fall, wird eine Exception geworfen.
public static void check(int z) {
  if (z >= '0' && z <= '9') {
    DigitException de = new DigitException();
    throw de;
  }
}
```

formulieren, in der wir, sobald eine Ziffer entdeckt wurde, ein neues Exception-Objekt der Klasse `DigitException` erzeugen und dieses selbst werfen, indem wir den Befehl **`throw`** verwenden.
Diese Methode lässt sich nun dazu einsetzen, unsere aus der Datei gelesenen Zeichen zu überprüfen. Um auf die entsprechende Ausnahme reagieren zu können, haben wir natürlich die Möglichkeit, einen weiteren **`catch`**-Block in unsere `main`-Methode einzubauen, was wir im nachfolgenden Programm auch getan haben.

```
import java.io.*;
import Prog1Tools.*;
public class LiesAusDatei_3 {
  // Methode zum Pruefen, ob der Unicode-int-Wert z eine Ziffer
  // darstellt. Ist dies der Fall, wird eine Exception geworfen.
  public static void check(int z) {
    if (z >= '0' && z <= '9') {
      DigitException de = new DigitException();
      throw de;
    }
  }
  public static void main(String[] args) {
    try {
      // Lies den Dateinamen ein:
      String dateiname = IOTools.readString("Dateiname: ");
      // Oeffne die Datei zum Lesen:
      FileReader dateileser = new FileReader(dateiname);
      // Lies alle Zeichen aus der Datei ein (read liefert int)
      // bis das Dateiende erreicht wird (signalisiert durch -1)
      // und gib sie (wieder als Buchstabe) auf den Bildschirm aus:
      System.out.println("In der Datei " + dateiname + " steht");
      while (true) {
        int gelesen = dateileser.read();
        if (gelesen == -1)
          break;
        check(gelesen);
        System.out.print((char) gelesen);
      }
    }
    catch(FileNotFoundException fe) {
      System.out.println("Diese Datei existiert nicht!");
    }
```

```
      catch(IOException ie) {
        System.out.println("Fehler beim Lesen: "+ie.getMessage());
      }
      catch(DigitException de) {
        System.out.println();
        System.out.println("Fehler beim Lesen: Ziffer aufgetreten!");
      }
    }
  }
```

9.2.2 Übungsaufgaben

Aufgabe 9.3

Objekte der Klasse `DigitException` liefern noch keine vernünftige Fehlermeldung. Üblicherweise wird in Java die Message an eine Exception übergeben, indem man diese als `String` an den Konstruktor übergibt. Dieses tun wir auch bei unserer Exception, indem wir ihr einen Konstruktor spendieren:

```
public DigitException(String message) {
  super(message);
}
```

Wenn wir nun jedoch unsere Klasse `LiesAusDatei_3` übersetzen wollen, bricht der Compiler mit der Fehlermeldung

```
Konsole
LiesAusDatei_3.java:9: No constructor matching DigitException()
                        found in class DigitException.
      DigitException de = new DigitException();
                                ^
```

ab. Warum? Beheben Sie das Problem.

9.2.3 Vererbung und Exceptions

Wir haben bereits festgestellt, dass Exceptions – wie alle anderen Klassen auch – in einer „verwandtschaftlichen Beziehung" zueinander stehen. Können sich diese durch Vererbung entstandenen Beziehungen auch auf die Behandlung von Ausnahmesituationen auswirken? Wir untersuchen dies mit drei neuen Exceptions:

```
public class PingPongException extends Exception {}
public class PingException     extends PingPongException {}
public class PongException     extends PingPongException {}
```

Abbildung 9.2 zeigt die Hierarchie der neu entstandenen Klassen. Demnach kann etwa ein Objekt der Klasse `PongException` auch als `PingPongException` betrachtet werden. Eine `PingPongException` ist somit auch eine `Exception` und so weiter. Wir wollen nun mit Hilfe eines kleinen Programms das Verhältnis der verschiedenen Ausnahmen zueinander testen:

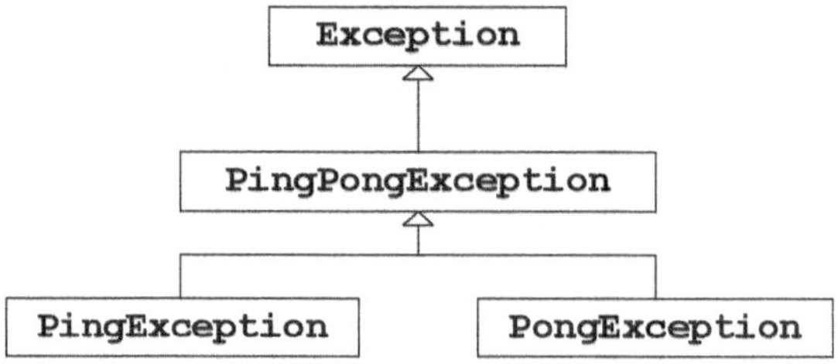

Abbildung 9.2: Verwandtschaft unter den PingPong-Exceptions

```
import Prog1Tools.*;
/** Ein einfaches Programm, das das Verhalten beim Fangen von
 Exceptions testet, die in einer verwandtschaftlichen
 Beziehung stehen. */
public class PingPong {
  /** Wirft eine PingException */
  public static void Ping() throws PingException {
    System.out.println("Ping aufgerufen!");
    throw new PingException();
  }

  /** Wirft eine PongException */
  public static void Pong() throws PongException {
    System.out.println("Pong aufgerufen!");
    throw new PongException();
  }

  /** Wirft eine PingPongException */
  public static void PingPong() throws PingPongException {
    System.out.println("PingPong aufgerufen!");
    throw new PingPongException();
  }

  /** Fragt den Benutzer, welche Exception ausgeloest werden
   soll, und ruft die entsprechende Methode auf. */
  public static void Hauptprogramm()
    throws PingException, PongException, PingPongException {
    System.out.println("1 = Ping");
    System.out.println("2 = Pong");
    System.out.println("3 = PingPong");
    System.out.println("");
    int choice=IOTools.readInteger("Ihre Wahl:");
    switch(choice) {
      case 1: Ping()     ;break;
      case 2: Pong()     ;break;
      case 3: PingPong();break;
    default:System.out.println("Eingabefehler!");
    }
  }

  public static void main(String[] args) {
```

```
42        try {
43          Hauptprogramm();
44        }
45        catch (PingException ex) {
46          System.out.println("PingException aufgetreten");
47        }
48        catch (PongException ex) {
49          System.out.println("PongException aufgetreten");
50        }
51        catch (PingPongException ex) {
52          System.out.println("PingPongException aufgetreten");
53        }
54      }
55    }
```

Unser Programm verfügt über drei Methoden: `Ping`, `Pong` und `PingPong` (Zeile 7, 13 und 19). Jede dieser Methoden wirft eine unserer drei Exceptions, gibt vorher aber noch auf dem Bildschirm aus, welche der Methoden aufgerufen wurde. Der Benutzer bzw. die Benutzerin ist in einem einfachen Menü in der Lage, die zu werfende Methode auszuwählen (`Hauptprogramm`). Die geworfene Exception wird in der `main`-Methode abgefangen und mit einer entsprechenden Bildschirmausgabe bestätigt.
Wir starten das Programm nun dreimal, um sein Verhalten bei den verschiedenen Exceptions auszutesten:

1. Wir beginnen mit dem Fall 1: dem Werfen einer `PingException`. Wir erhalten folgende Bildschirmausgabe:

   Konsole
   ```
   1 = Ping
   2 = Pong
   3 = PingPong

   Ihre Wahl:1
   Ping aufgerufen!
   PingException aufgetreten
   ```

   Wie erwartet, wurde die Methode `Ping` aufgerufen, eine `PingException` geworfen und vom entsprechenden **`catch`**-Block (Zeile 45-47) abgefangen.

2. Fall 2, die `PongException`, wird auf die gleiche Weise behandelt:

   Konsole
   ```
   1 = Ping
   2 = Pong
   3 = PingPong

   Ihre Wahl:2
   Pong aufgerufen!
   PongException aufgetreten
   ```

Die PongException wird vom **catch**-Block in Zeile 48 bis 50 abgewickelt.

3. Der dritte und letzte Fall, die PingPongException, wird wie erwartet vom dritten und letzten der Blöcke behandelt:

Konsole
```
1 = Ping
2 = Pong
3 = PingPong

Ihre Wahl:3
PingPong aufgerufen!
PingPongException aufgetreten
```

Was würde nun aber passieren, wenn wir etwa die beiden ersten **catch**-Blöcke weglassen?

```
/** Hauptprogramm. */
public static void main(String[] args) {
  try {
    Hauptprogramm();
  }
  catch (PingPongException ex) {
    System.out.println("PingPongException aufgetreten");
  }
}
```

Lässt sich unser Programm nun überhaupt noch übersetzen, obwohl die Exceptions PingException und PongException nicht mehr abgefangen werden?
Die Antwort lautet *ja*, und der Grund hierfür lässt sich in Abbildung 9.2 ersehen: Sowohl PingException als auch PongException sind Subklassen der PingPongException. Sie stehen also in einer „ist ein"-Beziehung. Eine PingException etwa ist demnach auch eine PingPongException, d. h. bei Auftreten einer PingException tritt somit auch eine PingPongException auf. Unser verbliebener **catch**-Block ist daher in der Lage, jede einzelne unserer drei Exception-Klassen abzufangen, da er sich generell mit ihrer Superklasse beschäftigt. Rufen wir das Programm beispielsweise für die PingException auf, erhalten wir folgende Ausgabe:

Konsole
```
1 = Ping
2 = Pong
3 = PingPong

Ihre Wahl:1
Ping aufgerufen!
PingPongException aufgetreten
```

Wir waren also in der Lage, drei Fliegen mit einer Klappe zu schlagen. Wozu dann aber die unterschiedlichen **catch**-Blöcke in unserem ursprünglichen Programm?

Der Grund hierfür liegt in der Möglichkeit, spezielle Exceptions mit speziellen Ausnahmebehandlungen zu versehen. Theoretisch könnten wir jede auftretende Ausnahme (inklusive aller `RuntimeExceptions`) mit einem einfachen

```
catch(Exception e)
```

abfangen. Im Allgemeinen wollen wir aber natürlich nicht jede Exception gleich behandeln. Eine `FileNotFoundException` steht schließlich für ein anderes Problem als etwa eine `NullPointerException`. Aus diesem Grund können wir unsere Spezialfälle dadurch abdecken, dass wir spezielle **`catch`**-Blöcke für diese Klassen definieren.

9.2.4 Vorsicht, Falle!

Nachdem wir die Behandlung aller drei Exceptions durch einen **`catch`**-Block behandelt haben, wollen wir uns nun wieder spezialisieren. Tritt eine `PongException` auf, soll das Programm in Zukunft das Wort „PONG" auf dem Bildschirm ausgeben. Wir modifizieren unsere Methode entsprechend:

```
/** Hauptprogramm. */
public static void main(String[] args) {
  try {
    Hauptprogramm();
  }
  catch (PingPongException ex) {
    System.out.println("PingPongException aufgetreten");
  }
  catch (PongException e){
    System.out.println("PONG");
  }
}
```

Wenn wir unser Programm übersetzen, erhalten wir jedoch eine Fehlermeldung:

Konsole

```
PingPong.java:51: exception PongException has already been
caught
    catch (PongException e){
    ^
```

Was ist geschehen? Wir haben einen klassischen Fehler begangen: Wir haben einen **`catch`**-Block definiert, der niemals erreicht wird. Prinzipiell kann dies auf zwei Arten geschehen:

1. Man versucht, eine Exception zu fangen, die überhaupt nicht auftreten kann. Würden wir also beispielsweise versuchen, in unserem Programm eine `FileNotFoundException` abzufangen (obwohl diese in unserem Fall niemals auftritt), so erhielten wir eine Fehlermeldung der Form

   Konsole

   ```
   PingPong.java:51: exception java.io.FileNotFoundException is
   never thrown in body of corresponding try statement
   ```

```
    catch (java.io.FileNotFoundException e){
    ^
```

2. Man definiert die abzufangenden Exceptions in der falschen Reihenfolge. Java geht seine **catch**-Blöcke nämlich immer von oben nach unten durch. Sobald ein **catch**-Block gefunden wird, dessen Klassenbezeichnung auf die Exception passt, wird dieser ausgeführt. Weitere **catch**-Blöcke werden nicht mehr in Betracht gezogen.

Werfen wir nun also einen Blick auf unser Programm. Wir haben zwei **catch**-Blöcke, die in folgender Reihenfolge definiert sind:

1. Der erste **catch**-Block behandelt alle Exceptions, die Instanz der Klasse `PingPongException` sind. Hierzu zählen die Klasse `PingPongException` sowie ihre Subklassen `PingException` und `PongException`.

2. Der zweite **catch**-Block behandelt Exceptions, die Instanzen der Klasse `PongException` sind. Diese Exception wird allerdings auch schon durch den ersten Block abgefangen.

Wir haben demnach zwei Blöcke, die die gleiche Exception behandeln. Da wie oben beschrieben immer nur der erste Treffer behandelt wird, springt das Programm niemals in den zweiten **catch**-Block. Das **catch** wird also niemals erreicht, was eben die deutsche Übersetzung des Compilierungsfehlers „catch not reached" ist.
Warum lässt sich aber das Programm übersetzen, sobald wir die Reihenfolge der Blöcke wie folgt miteinander vertauschen?

```
/** Hauptprogramm. */
public static void main(String[] args) {
  try {
    Hauptprogramm();
  }
  catch (PongException e){
    System.out.println("PONG");
  }
  catch (PingPongException ex) {
    System.out.println("PingPongException aufgetreten");
  }
}
```

Tatsächlich ist es nun so, dass unser spezieller **catch**-Block, der die Ausnahme vom Typ `PongException` abfängt, in dieser Zusammenstellung natürlich erreicht wird – er steht schließlich an erster Stelle.
Aber der zweite **catch**-Block ist ebenfalls alles andere als überflüssig. Auch wenn die `PongException` nicht mehr von ihm bearbeitet wird, ist er sinnvoll, um die verbleibende `PingException` und die `PingPongException` zu behandeln. Jeder unserer Blöcke hat also seine spezielle Aufgabe.

9.2.5 Der `finally`-Block

Nehmen wir einmal an, wir wollen das Auftreten einer `PingPongException` in Zukunft nicht mehr behandeln. Wir schließen sie deshalb in die **`throws`**-Klausel unserer `main`-Methode ein:

```
/** Hauptprogramm. */
public static void main(String[] args) throws PingPongException {
  try {
    Hauptprogramm();
  }
  catch (PongException e){
    System.out.println("PONG");
  }
}
```

Abgesehen davon, wollen wir unser Testprogramm aber verständlicher für die Leserin bzw. den Leser machen. Sobald der **`try`**-Block – also der „kritische Bereich“, in dem Exceptions auftreten können – betreten wird, wollen wir eine Meldung auf dem Bildschirm ausgeben. Wird der Block wieder verlassen, soll der Benutzer bzw. die Benutzerin dies ebenfalls erfahren:

```
/** Hauptprogramm. */
public static void main(String[] args) throws PingPongException {
  System.out.println("Betrete kritischen Bereich.");
  try {
    Hauptprogramm();
  }
  catch (PongException e){
    System.out.println("PONG");
  }
  System.out.println("Verlasse kritischen Bereich.");
}
```

Im Falle einer `PongException` verläuft unser Programm wie geplant. Zu Beginn des Programms wird die Meldung „Betrete kritischen Bereich“ ausgegeben; beim Verlassen erhalten wir „Verlasse kritischen Bereich“:

Konsole

```
Betrete kritischen Bereich.
1 = Ping
2 = Pong
3 = PingPong

Ihre Wahl:2
Pong aufgerufen!
PONG
Verlasse kritischen Bereich.
```

Wie sieht es aber aus, wenn wir es etwa mit einer `PingException` zu tun haben? Da in unseren **`catch`**-Blöcken keine Ausnahmebehandlung dieser speziellen Exception vorgesehen ist, wird diese Ausnahme als Instanz von `PingPongException` aufgefasst und gemäß der **`throws`**-Klausel weitergeleitet.

Die Methode `main` wird unterbrochen, bevor wir die entsprechende Zeile für die Bildschirmausgabe erreicht haben:

```
Konsole
Betrete kritischen Bereich.
1 = Ping
2 = Pong
3 = PingPong

Ihre Wahl:1
Ping aufgerufen!
Exception in thread "main" PingException
        at PingPong.Ping(PingPong.java:11)
        at PingPong.Hauptprogramm(PingPong.java:36)
        at PingPong.main(PingPong.java:47)
```

Wie können wir also die Bildschirmausgabe erzwingen, selbst wenn die Methode an dieser Stelle verlassen wird?
Wir wollen versuchen, eine Lösung des Problems mit unserem bisherigen Wissen zu finden:

1. Ein erster Ansatz wäre es, die Bildschirmausgabe innerhalb des **`try`**-Blocks anzusiedeln:

   ```
   /** Hauptprogramm. */
   public static void main(String[] args)
                                 throws PingPongException {
     System.out.println("Betrete kritischen Bereich.");
     try {
       Hauptprogramm();
       System.out.println("Verlasse kritischen Bereich.");
     }
     catch (PongException e){
       System.out.println("PONG");
     }
   }
   ```

   Wie man sich allerdings leicht verdeutlichen kann, haben wir mit diesem Ansatz leider nichts gewonnen. Da die Ausnahmesituation stets in unserer Methode `Hauptprogramm` auftritt, wird die Ausführung schon vor der Bildschirmausgabe abgebrochen. Im Gegenteil, die gewünschte Ausgabe verschwindet jetzt sogar bei der `PongException`.

2. Eine zweite Möglichkeit wäre es, das Auftreten jeder weiteren möglichen Ausnahmesituation (also jeder `Exception`) abzufangen:

   ```
   /** Hauptprogramm. */
   public static void main(String[] args)
                                 throws PingPongException {
     System.out.println("Betrete kritischen Bereich.");
     try {
       Hauptprogramm();
   ```

```
    }
    catch (PongException e){
      System.out.println("PONG");
    }
    catch (Exception e) {
      System.out.println("Verlasse kritischen Bereich.");
      throw e;
    }
    System.out.println("Verlasse kritischen Bereich.");
  }
```

Wenn wir jedoch versuchen, dieses Programm zu übersetzen, so erhalten wir die folgende Fehlermeldung:

```
Konsole
PingPong.java:55: unreported exception java.lang.Exception;
must be caught or declared to be thrown
      throw e;
      ^
```

Der Compiler beschwert sich also (zu Recht), dass unsere neue Methode theoretisch jede nur mögliche Exception werfen kann. Wir können dieses Problem auf verschiedene Weise umgehen, machen unseren Code dadurch aber nur noch unübersichtlicher.

Bevor wir uns also weiter in allzu komplizierte Lösungsansätze verstricken, wollen wir ein neues Konstrukt kennenlernen, das unser Problem auf einfache und elegante Weise löst:

```
/** Hauptprogramm. */
public static void main(String[] args)
                                    throws PingPongException {
  System.out.println("Betrete kritischen Bereich.");
  try {
    Hauptprogramm();
  }
  catch (PongException e){
    System.out.println("PONG");
  }
  finally { // NEU: der finally-Block!!!
    System.out.println("Verlasse kritischen Bereich.");
  }
}
```

Wenn Sie einen Blick auf die neue Position unserer Bildschirmausgabe werfen, stellen Sie Folgendes fest: Der `println`-Befehl befindet sich nun in einem eigenen Block, dem sogenannten **`finally`-Block**.In diesem Block befinden sich Befehle, die in der Behandlung einer Exception auf jeden Fall ausgeführt werden sollen – egal, *ob* eine Exception aufgetreten ist und *welche* Exception aufgetreten ist.
Gehen wir anhand unseres Beispiels die verschiedenen Varianten durch, die in der Behandlung unserer Ausnahmesituation auftreten können:

1. Betrachten wir den Fall, dass keine Exception geworfen wird (in unserem Programm bei Eingabefehlern). Der **try**-Block wird also ohne Probleme ausgeführt. Da also keine Exception auftrat, werden die **catch**-Blöcke vom System ignoriert. Das Programm springt sofort in den **finally**-Block und gibt die Nachricht auf dem Bildschirm aus:

   Konsole
   ```
   Betrete kritischen Bereich.
   1 = Ping
   2 = Pong
   3 = PingPong

   Ihre Wahl:4
   Eingabefehler!
   Verlasse kritischen Bereich.
   ```

2. Im zweiten Fall kommt es zu einer `PongException`. Die Ausführung des **try**-Blocks wird unterbrochen, und das Programm springt automatisch in den dazugehörigen **catch**-Block (Ausgabe von „PONG" auf dem Bildschirm). Anschließend wird wiederum der **finally**-Block ausgeführt:

   Konsole
   ```
   Betrete kritischen Bereich.
   1 = Ping
   2 = Pong
   3 = PingPong

   Ihre Wahl:2
   Pong aufgerufen!
   PONG
   Verlasse kritischen Bereich.
   ```

3. Kommen wir nun zu dem Fall, der uns bisher Probleme bereitet hat: Eine `PingException` wird ausgelöst. Unser Programm verfügt über keinen passenden **catch**-Block, d. h. die Ausführung der `main`-Methode wird abgebrochen. Trotzdem springt auch hier das Programm zuerst in den **finally**-Block, und wir erhalten die gewünschte Bildschirmausgabe:

   Konsole
   ```
   Betrete kritischen Bereich.
   1 = Ping
   2 = Pong
   3 = PingPong

   Ihre Wahl:1
   Ping aufgerufen!
   Verlasse kritischen Bereich.
   Exception in thread "main" PingException
   ```

```
        at PingPong.Ping(PingPong.java:11)
        at PingPong.Hauptprogramm(PingPong.java:36)
        at PingPong.main(PingPong.java:48)
```

Wir haben also den **finally**-Block verwendet, um Befehle zu definieren, die das System *auf jeden Fall* ausführen muss. Welchen Sinn hat ein solcher Block aber in der Praxis?
Stellen wir uns einmal vor, wir laden Daten aus dem Internet. Hierzu haben wir eine Methode `ladeDaten` definiert, die über eine zuvor hergestellte Verbindung Daten herunterlädt. Unsere Daten liegen in einem speziellen Format wie etwa PDF vor, und unsere Methode testet, ob die übertragenen Daten in diesem Format abgespeichert sind. Wenn nicht, bricht der Ladevorgang mit einer Exception ab.
Wir haben also die Situation, dass das Laden der Daten erfolgreich verlaufen (keine Exceptions) oder aber mit einem Fehler abbrechen kann (Auftreten einer Exception). Obwohl natürlich beide Situationen ein völlig anderes Verhalten im Programm nach sich ziehen, haben sie dennoch einiges gemeinsam. So muss etwa in beiden Fällen die Verbindung zur Datenquelle beendet werden. Hätten wir keinen **finally**-Block zur Verfügung, müssten wir dies sowohl in der Behandlung der Exception als auch im „normalen" Ablauf bewerkstelligen – das wäre also doppelte Arbeit!
Mit Hilfe des **finally**-Blocks können wir uns diesen Mehraufwand ersparen: Wir schließen die Verbindung einfach mit Hilfe dieses Konstrukts. Auf diese Weise ersparen wir uns diverse Fallunterscheidungen – und machen unseren Code einfacher und besser lesbar.

9.2.6 Die Klassen `Throwable` und `Error`

Bevor wir dieses Kapitel über die Ausnahmebehandlung beenden, wollen wir nicht verschweigen, dass es neben `Exception` eine zweite Klasse gibt, die zur Laufzeit des Programms geworfen und gefangen werden kann: die Klasse `Error`. Werfen wir einen Blick auf die Beziehung, in der die Klassen `Error` und `Exception` zueinander stehen.

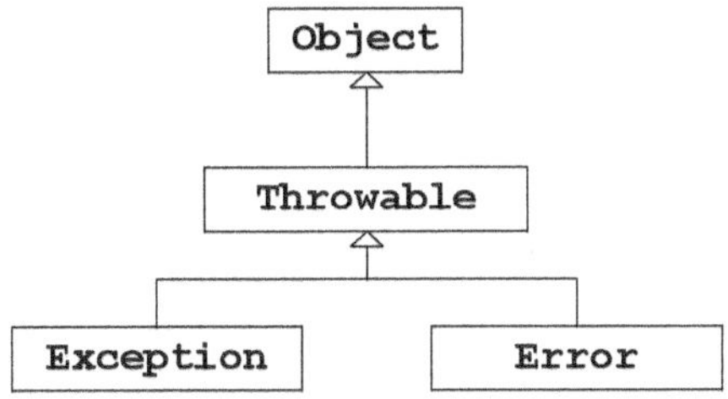

Abbildung 9.3: Stammbaum der Klassen `Exception` und `Error`

Wie Abbildung 9.3 verdeutlicht, leiten sich beide Klassen von einer gemeinsamen Superklasse ab – der Klasse `Throwable`. Objekte, die sich von `Throwable` ableiten, können mit Hilfe des Befehls **`throw`** geworfen und mit Hilfe eines **`catch`**-Blocks abgefangen werden.
Während `Throwable` lediglich die gemeinsame Superklasse von `Exception` und `Error` darstellt und in Java üblicherweise nicht direkt instanziiert wird, können Subklassen von `Error` durchaus bei der Ausführung eines Programms auftreten. Sie stellen aber normalerweise schwerwiegende Ausnahmesituationen im zugrunde liegenden Java-System dar und sollten deshalb nicht vom Benutzer für eigene Zwecke „missbraucht" werden.
Was aber genau kann so eine Situation sein, in der ein Error geworfen wird? Wir wollen in einer kleinen Übung das Auftreten eines solchen Fehlers provozieren: Übersetzen Sie unser PingPong-Programm auf Ihrem eigenen PC. Öffnen Sie nun ein Dateiverwaltungsprogramm (etwa den Windows-Explorer oder den Finder), und gehen Sie in das Verzeichnis, in dem sich Ihre übersetzten Dateien (die `.class`-Dateien) befinden. Löschen Sie hier die Datei `PongException.class`, und versuchen Sie anschließend, das Programm zu starten.
Sie werden nun eine Fehlermeldung erhalten, die in etwa der folgenden Bildschirmausgabe entspricht:

Konsole

```
Exception in thread "main"
  java.lang.NoClassDefFoundError: PongException
```

Was ist hier geschehen? In den `class`-Dateien befinden sich die übersetzten Klassen, die unser Java-Compiler erzeugt. Wenn das System eine bestimmte Klasse verwenden will, muss es die dazugehörige `class`-Datei von der Festplatte laden. Findet es diese Datei nicht, kann das Programm nicht weiterarbeiten. Java wird mit einem entsprechenden Fehler beendet.
Sie können sich vorstellen, dass es in dieser Situation nicht sinnvoll wäre, das Programm ohne die notwendigen Klassen auszuführen. Tatsächlich beschreiben so gut wie alle `Error`-Klassen derart kritische Situationen. Ein `OutOfMemoryError` zeigt beispielsweise an, dass Java nicht über genügend Hauptspeicher verfügt, um das Programm auszuführen. Ein `VirtualMachineError` zeigt einen Defekt der virtuellen Maschine (des Herzstücks von Java) an, der sich natürlich nicht durch Ihren selbst geschriebenen Java-Code beheben lässt. Kurz gesagt: Wenn eine Instanz der Klasse `Error` geworfen wird, ist ein Programm in den meisten Fällen schon so gut wie erledigt.
Wenn aber ein `Error` ein derart schwerwiegendes Problem darstellt, ist es im Allgemeinen unsinnig, ihn im eigenen Programm gezielt einzusetzen. Die selbst geschaffenen Ausnahmesituationen stellen im Allgemeinen wesentlich harmlosere Fälle dar – unsere virtuelle Maschine wird normalerweise nicht sofort abstürzen, nur weil wir irgendwo eine kleine `Exception` werfen. Sie sollten daher zwar wissen, dass die Klasse `Error` existiert, sie in eigenen Programmen aber niemals einsetzen.

9.2.7 Zusammenfassung

Wir haben in diesem Abschnitt erfahren, dass es uns möglich ist, beliebige eigene Exceptions zu erzeugen. Wir erreichen dies, indem wir diese von den Klassen `Exception` oder `RuntimeException` durch Vererbung ableiten.
In diesem Zusammenhang haben wir uns speziell mit dem Thema „Vererbung und Exceptions" befasst und festgestellt, dass die Reihenfolge der **`catch`**-Blöcke in einer Ausnahmebehandlung entscheidend dafür sein kann, ob sich eine Klasse vom Compiler übersetzen lässt. Schließlich haben wir mit dem **`finally`**-Block ein Konstrukt kennengelernt, das sich hervorragend für Programmteile eignet, die unabhängig davon auszuführen sind, ob eine Exception aufgetreten ist oder nicht. Anhand unseres PingPong-Programms, das sich durch den kompletten Abschnitt zog, haben wir die verschiedenen Prinzipien und Eigenschaften der neu hinzugekommenen Bereiche jeweils verdeutlicht.
Am Ende haben wir (wenn auch eher der Vollständigkeit halber) die Klassen `Throwable` und `Error` erwähnt, bei denen es sich um weitere Klassen handelt, die sich werfen und abfangen lassen. Es sei an dieser Stelle jedoch noch einmal davon abgeraten, für die eigene Fehlerbehandlung etwas anderes als Subklassen von `Exception` zu verwenden.

9.2.8 Übungsaufgaben

Aufgabe 9.4

Das folgende Programm soll eine Zufallszahl zwischen 0 und 0.5 auf dem Bildschirm ausgeben:

```
public class Exueb8 {

  /** Bestimme eine Zufallszahl zwischen 0 und 0.5 */
  public static double gibZufallszahlBisEinhalb()
  throws Exception {
    double res = Math.random();
    if (res > 0.5)
      throw new Exception("Zahl zu gross");
    return res;
  }

  /** Hauptprogramm */
  public static void main(String[] args) {
    // Bestimme eine Zufallszahl zwischen 0 und 0.5
    try {
      double zahl = gibZufallszahlBisEinhalb();
    }
    // Falls etwas schief geht (Exception)
    // verwende die Zahl 0.5
    catch(Exception e) {
      zahl = 0.5;
    }
    // gib die Zahl auf dem Bildschirm aus
    System.out.println(zahl);
```

```
    }

}
```

Leider funktioniert das Programm nicht. Warum? Passen Sie das Programm entsprechend an.

Aufgabe 9.5

Stellen Sie sich vor, Sie wollen an einer Stelle Ihres Programms alle möglichen auftretenden `Exceptions` und `RuntimeExceptions` behandeln. Welche von beiden Ausnahmen müssen Sie zuerst abfangen – die vom Typ `Exception` oder die vom Typ `RuntimeException`?

9.3 Assertions

Java bietet eine elegante Lösung für die Überprüfung von Vor- oder Nachbedingungen für bestimmte Teile des Codes zur Laufzeit eines Programms. Man spricht dabei auch von **Zusicherungen** oder **Assertions**.

9.3.1 Zusicherungen im Programmcode

Die Überprüfung bzw. Zusicherung einer Bedingung erfolgt im Java-Programmcode mit dem Schlüsselwort **`assert`**, gefolgt von der Bedingung, die während der Laufzeit des Programms zugesichert werden soll, gemäß der Syntax

Syntaxregel

```
assert «AUSDRUCK» ;
```

wobei der Ausdruck vom Typ **`boolean`** sein muss. Hat dieser Ausdruck während des Programmablaufs den Wert **`true`**, wird das Programm ordnungsgemäß fortgesetzt. Wird jedoch festgestellt, dass sein Wert **`false`** ist, wird ein Objekt vom Typ `AssertionError` geworfen. Der Message-String dieses `Error`-Objekts (also die Fehlermeldung, die wir zum Beispiel beim Abbruch des Programms erhalten würden) ist allerdings leer. Wollen wir diesen Text selbst festlegen, so können wir die **`assert`**-Anweisung auch in der Variante

Syntaxregel

```
assert «AUSDRUCK» : «AUSDRUCK» ;
```

verwenden. Hier ist der Ausdruck nach dem Doppelpunkt in Form einer Zeichenkette anzugeben, die beim Erzeugen des `AssertionError`-Objekts als dessen Message-String verwendet wird.

In unserem Beispielprogramm

```
import Prog1Tools.IOTools;
public class AssertionTest {

  public static double kehrwert (double x) {
    assert x != 0 : "/ by 0";
    return 1/x;
  }

  public static void main (String[] summand) {
    double x = IOTools.readDouble("x = ");
    try {
      System.out.println(kehrwert(x));
    }
    catch (AssertionError e) {
      System.out.println (e.getMessage());
    }
  }
}
```

haben wir diese zweite Variante eingesetzt, um zu Beginn der Methode `kehrwert` sicherzustellen, dass wir in der anschließenden Anweisung nicht durch den Wert 0 dividieren (auch wenn dies für **double**-Werte natürlich durchaus mit dem Ergebniswert `Infinity` möglich wäre).

9.3.2 Ausführen des Programmcodes

Die Assertions sind im Interpreter standardmäßig deaktiviert. Starten wir unser Programm also wie normalerweise üblich, so ergibt sich der Ablauf

Konsole

```
java AssertionTest
x = 0
Infinity
```

weil die Assertions noch nicht greifen und die Kehrwertbildung ausgeführt wird, obwohl die Methode `kehrwert` mit dem Wert 0 aufgerufen wurde. Um die Assertions zur Laufzeit zu aktivieren, müssen wir mit der Interpreter-Option `-ea` (für „enable assertions“) arbeiten. Damit ergibt sich nun auch der von uns gewünschte Ablauf

Konsole

```
java -ea AssertionTest
x = 0
/ by 0
```

da nun in der **assert**-Anweisung das Fehlerobjekt geworfen und im **catch**-Block der `main`-Methode gefangen wird, wo schließlich eine entsprechende Ausgabe des Message-String auf die Konsole erfolgt.

9.3.3 Zusammenfassung

Wir haben in diesem Abschnitt etwas über das in Java integrierte Assertion-Konzept erfahren. Mit Assertions ist es möglich, innerhalb eines Programms Vor- oder Nachbedingungen abzusichern und dieses so zuverlässiger zu machen, ohne dass die Lesbarkeit des Programmcodes zu sehr darunter leidet. Insbesondere können Assertions auch bereits in der Entstehungsphase von Programmen hilfreich bei der Fehlersuche sein.

9.4 Mehrere Ausnahmetypen in einem `catch`-Block

In der Entwicklung von Java-Anwendungen ist man hin und wieder mit Situationen konfrontiert, in denen man Ausnahmen verschiedener Exception-Typen durch identischen Programmcode behandeln möchte. Wir wollen dies anhand eines Beispiels verdeutlichen. Dabei handelt es sich um eine Java-Anwendung, die es ermöglichen soll, den Wert $\sqrt{x} + 1/x$ für eine einzulesende ganze Zahl x zu berechnen. Die eingesetzte Methode `compute` ist etwas unkonventionell programmiert, da sie für ungeeignete Parameter entweder **`null`** zurückliefert oder es auf einen arithmetischen Fehler bei der Division durch 0 ankommen lässt. Fehlerhafte Aufrufe werden aber auf jeden Fall mit entsprechenden Meldungen beantwortet.

```java
import Prog1Tools.IOTools;
public class Wurzel {
  public static String compute (int x) {
    if (x < 0) {
        return null;
    }
    return "Resultat: " + Math.sqrt(x) + 1/x;
  }

  public static void main (String[] args) {
    try {
        int x = IOTools.readInt("x = ");
        String erg = compute(x);
        System.out.println(erg.toUpperCase());
    } catch (ArithmeticException ae) {
        System.out.println("Fehler, da x = 0");
    } catch (NullPointerException npe) {
        System.out.println("Fehler, da x < 0");
    }
  }
}
```

Nachfolgend beispielhafte Ausführungen des Programms und ihre Resultate:

Konsole

```
x = 1
RESULTAT: 1.01

x = 2
RESULTAT: 1.41421356237309510
```

```
x = 0
Fehler, da x = 0

x = -1
Fehler, da x < 0
```

Wenn wir nun auf die Idee kommen sollten, die fehlerhaften Eingaben von Werten kleiner oder gleich 0 mit der identischen Fehlermeldung zu beantworten, könnten wir die erzeugten Ausnahmezustände auch mit einem einzigen **catch**-Block behandeln. Dazu können für den **catch**-Block-Parameter verschiedene Typen von Exception-Klassen durch ein logisches Oder (mit dem Operator `|`) getrennt angegeben werden.
Im nachfolgenden Beispielprogramm nutzen wir diese Möglichkeit, indem die `ArithmeticException` und die `NullPointerException` zusammengefasst werden:

```
import Prog1Tools.IOTools;
public class WurzelMultiCatch {
  public static String compute (int x) {
    if (x < 0) {
        return null;
    }
    return "Resultat: " + Math.sqrt(x) + 1/x;
  }

  public static void main (String[] args) {
    try {
        int x = IOTools.readInt("x = ");
        String erg = compute(x);
        System.out.println(erg.toUpperCase());
    } catch (ArithmeticException | NullPointerException e) {
        System.out.println("Fehler, da x <= 0");
    }
  }
}
```

Ausführungen dieses Programms mit den beiden kritischen Fällen liefern nun etwas andere Resultate:

Konsole

```
x = 0
Fehler, da x <= 0

x = -1
Fehler, da x <= 0
```

Die Verwendung von mehreren Ausnahmetypen in einem **catch**-Block ist aber nicht auf zwei Typen beschränkt. Wir können dies unter Einsatz mehrerer Angaben des Operators `|`) bewerkstelligen.
Zum Schluss wollen wir an dieser Stelle nicht unerwähnt lassen, dass wir in unseren beiden Beispielprogrammen `Wurzel` und `WurzelMultiCatch` (aber auch

in einigen früheren Beispielprogrammen) sogenannte **unbenannte Variablen** einsetzen könnten. In der Klasse `Wurzel` haben wir in den beiden **catch**-Blöcken die Variablen `ae` und `npe` eingeführt, diese aber nicht weiterverwendet. Daher könnten wir in beiden Fällen alternativ die unbenannte Variable _ notieren (in den Abschnitten 3.1.2 und 3.1.4 hatten wir diese als spezielles Schlüsselwort nur kurz erwähnt). Wir könnten somit, um klarzustellen, dass wir die gefangenen Ausnahme-Objekte nicht weiter benötigen, Folgendes programmieren:

```
} catch (ArithmeticException _) {
    System.out.println("Fehler, da x = 0");
} catch (NullPointerException _) {
    System.out.println("Fehler, da x < 0");
}
```

In der Klasse `WurzelMultiCatch` wäre diese Alternative möglich:

```
} catch (ArithmeticException | NullPointerException _) {
    System.out.println("Fehler, da x <= 0");
}
```

9.5 Ausblick: try-Block mit Ressourcen

Der Einsatz von Eingabe- und Ausgabeströmen, mit denen wir uns erst in Kapitel 17 genauer beschäftigen werden, muss in Java-Programmen aufgrund der dabei möglicherweise auftretenden Exceptions in der Regel in **try-catch**-Blöcken erfolgen. Auch das Schließen der an den Ein- und Ausgabeoperationen beteiligten Ströme nach ihrer Nutzung (auch im Fehlerfall) mit Hilfe der dabei zum Einsatz kommenden Methode `close` muss man entsprechend behandeln. Müssen weitere Ausnahmesituationen beachtet werden, kann die Deklaration der notwendigen Variablen, die Erzeugung der Objekte, die Nutzung der Ströme und das Schließen der Ströme meist nicht in ein und demselben **try-catch**-Block erfolgen. In diesem Kontext entwickeln sich für diese „Aufräumarbeiten" daher häufig Java-Programmcodes, die umfangreich und schwer lesbar sind.
Um solche Codes zu vermeiden kann die Ausnahmebehandlung in einem sogenannten **try**-Block mit Ressourcen (**try**-with-resources) erfolgen. Diese Variante des **try**-Blocks ermöglicht es, unmittelbar hinter dem Schlüsselwort **try** in einem **runden** Klammernpaar die Ressourcen, mit denen im **try**-Block gearbeitet wird und für die automatisch die üblichen „Aufräumarbeiten" durchgeführt werden sollen, zu deklarieren und zu erzeugen.
Als Datentypen für solche Ressourcen kommen nur Klassen in Frage, die das Interface `AutoCloseable` implementieren. Dieses Interface definiert die Schnittstelle für eine Ressource, die geschlossen („aufgeräumt") werden muss, wenn sie nicht mehr benötigt wird, und schreibt für implementierende Klassen lediglich die Methode `close` vor. Diese wird am Ende des **try**-Blocks automatisch aufgerufen.
Da dieses Prinzip erst im passenden Anwendungskontext gut verstanden werden kann, werden wir erst in Abschnitt 17.5 ausführlich darauf eingehen.

Kapitel 10

Fortgeschrittene Themen der objektorientierten Programmierung

Über die in den zurückliegenden Kapiteln beschriebenen Konzepte der objektorientierten Programmierung hinaus haben wir in der Programmiersprache Java die Möglichkeit, ganz besondere Arten von Klassen (und damit Datentypen) zu definieren, die die Softwareentwicklung deutlich vereinfachen können. Dies sind zum einen die sogenannten Aufzählungstypen und zum anderen die sogenannten generischen Datentypen, auf die wir im Folgenden etwas genauer eingehen wollen. Auf eine ausführliche Behandlung *aller* Details und Möglichkeiten, die sich insbesondere durch die generische Programmierung eröffnen, müssen wir natürlich verzichten, da dies den Rahmen dieses Buchs sprengen würde. Wer mehr über dieses Thema erfahren möchte, kann weitere Informationen aus den Dokumentationen der Firma Oracle [42] erhalten.
Darüber hinaus werden wir uns in weiteren Abschnitten dieses Kapitels damit beschäftigen, wie wir Klassen und Interfaces versiegeln können, um deren Vererbbarkeit bzw. Implementierbarkeit einzuschränken. Außerdem lernen wir eine spezielle Variante von Klassen kennen, die sogenannten Records, die uns in der objektorientierten Programmierung einiges an Arbeit abnehmen können.

10.1 Aufzählungstypen

Unter einem Aufzählungstyp versteht man üblicherweise einen selbst definierten Datentyp, der nur eine ganz bestimmte (endliche) Menge von Werten umfasst. Diese Art von Datentyp ließe sich zwar auch mit Hilfe einer Reihe von statischen, durchnummerierten Konstanten (meist vom Typ `int`) realisieren, allerdings handelt es sich in diesem Fall um keinen echten Datentyp, sodass auch der Compiler nicht überprüfen kann, ob ein bestimmter Wert zu dieser „Aufzählung" gehört oder nicht. Java ermöglicht die Deklaration eigener Aufzählungstypen unter Verwendung des Schlüsselworts **enum**.

10.1.1 Deklaration eines Aufzählungstyps

Syntaktisch ähnelt die Deklaration eines Aufzählungstyps der einer Klasse

Syntaxregel

```
«MODIFIZIERER» enum «AUFZAEHLUNGSNAME» {
  «KONSTANTENLISTE»;
}
```

wobei in «KONSTANTENLISTE» lediglich die verfügbaren Werte des neu definierten Datentyps als Kommaliste von Konstanten (die sogenannten **enum**-Konstanten) aufgezählt werden. Mit der Deklaration

```
package typen;
public enum Jahreszeit {
  FRUEHLING, SOMMER, HERBST, WINTER;
}
```

könnten wir beispielsweise einen Aufzählungstyp für die vier Jahreszeiten vereinbaren, der aus den vier Konstanten `FRUEHLING`, `SOMMER`, `HERBST` und `WINTER` besteht.
Hinter diesen Konstanten verbergen sich jedoch genau genommen einzelne Objekte (**enum**-Objekte), die mit einigen interessanten Eigenschaften ausgestattet sind. So dürfen die **enum**-Konstanten z. B. in **switch**-Anweisungen verwendet werden, weil die Objekte intern auch über eine **int**-Zahl (die Ordinalzahl) identifizierbar sind, die der Compiler an den entsprechenden Stellen einsetzen kann.

10.1.2 Instanzmethoden der enum-Objekte

Jedes durch die Deklaration eines Aufzählungstyps festgelegte **enum**-Objekt besitzt automatisch die Instanzmethoden

- `toString()`
  liefert den Namen der **enum**-Konstante als Zeichenkette;
- `equals(Object o)`
  liefert **true**, wenn `o` und die **enum**-Konstante übereinstimmen, andernfalls **false**;
- `ordinal()`
  liefert die Ordinalzahl der **enum**-Konstante.

Außerdem steht dem Aufzählungstyp und somit seinen Konstanten (als eine Art „Klassenmethode") die Methode `values` zur Verfügung, die eine Liste aller **enum**-Konstanten liefert. Diese Liste kann man zum Beispiel geschickterweise mit einer **for**-Schleife in der vereinfachten Notation abarbeiten.
In unserem Programm

```
import typen.Jahreszeit;
import static typen.Jahreszeit.*;
public class Aufzaehlungen {
  public static void main(String[] args) {
    Jahreszeit x = HERBST;
    System.out.println(x);

    for (Jahreszeit jz : Jahreszeit.values())
      System.out.println(jz + " hat den Wert " + jz.ordinal());
  }
}
```

werden zunächst über einen statischen Import alle Konstanten des Typs `Jahreszeit` bekannt gemacht. Der weitere Verlauf des Programms demonstriert den impliziten Aufruf der `toString`-Methode und die Verwendung der Methoden `values` und `ordinal`. Die Ausgabe sieht wie folgt aus:

Konsole

```
HERBST
FRUEHLING hat den Wert 0
SOMMER hat den Wert 1
HERBST hat den Wert 2
WINTER hat den Wert 3
```

10.1.3 Selbstdefinierte Instanzmethoden für enum-Objekte

Besonders interessant bei Aufzählungstypen ist die Tatsache, dass es möglich ist, eigene Methoden zu definieren. Für den Aufzählungstyp

```
package typen;
public enum Noten {
  C, CIS, D, DIS, E, F, FIS, G, GIS, A, AIS, H;

  public boolean liegtAufSchwarzerTaste() {
    switch (this) {
      case CIS:
      case DIS:
      case FIS:
      case GIS:
      case AIS:
        return true;
      default:
        return false;
    }
  }
}
```

haben wir z. B. eine Methode `liegtAufSchwarzerTaste` ergänzt, die genau dann den Wert **`true`** zurückliefert, wenn es sich bei der **enum**-Konstante bzw. dem **enum**-Objekt, für die bzw. für das die Methode ausgeführt wird, um eine Note handelt, die am Klavier auf einer schwarzen Taste liegt. Verwenden wir diesen Aufzählungstyp, liefert das Programm

```
import typen.Noten;
import static typen.Noten.*;
public class Enumerations {
  public static void main(String[] args) {
    for (Noten n : Noten.values())
      if (n.liegtAufSchwarzerTaste())
        System.out.println(n + " liegt auf einer schwarzen Taste");
      else
        System.out.println(n + " liegt auf einer weissen Taste");
  }
}
```

folgende Ausgabe:

```
Konsole
C liegt auf einer weissen Taste
CIS liegt auf einer schwarzen Taste
D liegt auf einer weissen Taste
DIS liegt auf einer schwarzen Taste
E liegt auf einer weissen Taste
F liegt auf einer weissen Taste
FIS liegt auf einer schwarzen Taste
G liegt auf einer weissen Taste
GIS liegt auf einer schwarzen Taste
A liegt auf einer weissen Taste
AIS liegt auf einer schwarzen Taste
H liegt auf einer weissen Taste
```

10.1.4 Übungsaufgaben

Aufgabe 10.1

Die in Kapitel 7 beschriebene Klasse `Student` wird in Abschnitt 7.3.2 mit Konstanten ausgestattet, die das jeweilige Studienfach des Studenten repräsentieren. Schreiben Sie die Klasse `Student` nun so um, dass statt der Deklaration einzelner Konstanten innerhalb der Klasse `Student` ein eigener Aufzählungstyp verwendet wird, der die benötigten **enum**-Objekte enthält. Der Aufzählungstyp `Fach` soll zum Paket `studienfaecher` gehören. In der Klasse `Student` können Sie dann die Aufzählungskonstanten durch einen statischen Import bekannt machen. Die entsprechend modifizierte Klasse `Student` kann mit Hilfe der nachfolgenden Klasse getestet werden.

```
import studienfaecher.Fach;
import static studienfaecher.Fach.*;
```

```
public class StudentenTest {
  public static void main (String[] args) {
    Student Peter = new Student();
    Peter.setName("Peter Honig");
    Peter.setNummer(12345);
    Peter.setFach(WIRTSCHAFTLICHESSTUDIUM);
    System.out.println(Peter);
  }
}
```

Aufgabe 10.2

Erweitern Sie den Aufzählungstyp `Fach` aus Aufgabe 10.1 um eine Instanzmethode `regelstudienzeit` ohne Parameter, die zu jedem Studienfach die Regelstudienzeit liefert. Die entsprechende Modifizierung des Aufzählungstyps kann mit Hilfe der nachfolgenden Klasse getestet werden.

```
import studienfaecher.Fach;
import static studienfaecher.Fach.*;
public class StudentenTest2 {
  public static void main (String[] args) {
    Student Peter = new Student();
    Peter.setName("Peter Honig");
    Peter.setNummer(12345);
    Peter.setFach(WIRTSCHAFTLICHESSTUDIUM);
    System.out.println(Peter);
    System.out.println("Regelstudienzeit fuer sein Studium: " +
            Peter.getFach().regelstudienzeit() + " Semester.");
  }
}
```

Aufgabe 10.3

Sie sollen einen grammatikalisch korrekten „Geschichtenerzähler" bauen. Das folgende Programm erzählt eine (leicht gekürzte) Fassung von Rotkäppchen und dem bösen Wolf:

```
public class EsWarEinmal {
  public static void absatz(Object... elemente) {
    for(Object element : elemente)
      System.out.print(String.valueOf(element));
    System.out.println();
  }
  public static void main(String... args) {
    Nom maedchen =
      new Nom(Geschlecht.SAECHLICH,"Maedchen");
    Nom wolf =
      new Nom(Geschlecht.MAENNLICH,"Wolf");
    Nom oma =
      new Nom(Geschlecht.WEIBLICH,"Grossmutter");
    absatz(
        "Es war einmal ",
        maedchen.mitArtikel(Fall.NOMINATIV,false),
```

```
            ", das wollte einen Ausflug zu ",
            oma.mitArtikel(Fall.DATIV,true),
            " machen.");
        absatz(
            "Im Wald jedoch begegnete es ",
            wolf.mitArtikel(Fall.DATIV,false),
            ", und damit beginnt unsere schaurige Geschichte...");
    }
}
```

Wenn das Programm einmal lauffähig ist, gibt es den folgenden Text auf dem Bildschirm aus:

> *Es war einmal ein Mädchen, das wollte einen Ausflug zu der Grossmutter machen. Im Wald jedoch begegnete es einem Wolf, und damit beginnt unsere schaurige Geschichte ...*

Leider haben wir bis dahin noch etwas Arbeit vor uns:

a) Unser Programm repräsentiert sprachliche Konstrukte durch Aufzählungstypen. Schreiben Sie einen Aufzählungstyp `Geschlecht`, der die Konstanten `MAENNLICH`, `WEIBLICH` und `SAECHLICH` enthält, und einen Aufzählungstyp `Fall` mit den Werten `NOMINATIV`, `GENITIV`, `DATIV` und `AKKUSATIV`.

b) Erweitern Sie den Aufzählungstyp `Fall` um eine Methode

```
public String getBestimmterArtikel(Geschlecht geschlecht)
```

die den bestimmten Artikel für einen bestimmten Fall und ein gegebenes Geschlecht ausgibt. So hat also beispielsweise

```
Fall.GENITIV.getBestimmterArtikel(Fall.MAENNLICH)
```

den Wert „`des`“. Verfassen Sie analog eine Methode

```
public String getUnbestimmterArtikel(Geschlecht geschlecht)
```

c) Schreiben Sie eine Klasse `Nom`, die ein Nom (z. B. Mädchen oder Wolf) repräsentiert. Statten Sie die Klasse mit

- einem Konstruktor der Form

  ```
  public Nom(Geschlecht geschlecht, String name)
  ```

- und einer Methode

  ```
  public String mitArtikel(Fall fall, boolean bestimmt)
  ```

  die als Ergebnis den Namen mit dem entsprechenden bestimmten oder unbestimmten Artikel liefert,

aus. Die Anweisungen

```
Nom n = new Nom(Geschlecht.SAECHLICH,"Maedchen");
String s = n.mitArtikel(Fall.NOMINATIV,false);
```

liefern also den String „`ein Maedchen`“.

d) Übersetzen Sie alle Klassen, und starten Sie die `main`-Methode der Klasse `EsWarEinmal`.

10.2 Generische Datentypen

Unter einem **generischen Datentyp** versteht man einen Datentyp, dessen Komponenten durch sogenannte **Typ-Parameter** spezifiziert werden, sodass der Datentyp in verschiedenen Ausprägungen (je nach tatsächlichem Typ seiner Typ-Parameter) eingesetzt werden kann, ohne dass der Code für die verschiedenen Ausprägungen mehrfach implementiert werden muss. Im Java-Sprachgebrauch bedeutet dies, dass man eine Klasse hinsichtlich der in ihr verwendeten Typen parametrisieren kann. Aufgrund des in Java verwendeten Vererbungsprinzips hat man natürlich bereits die Möglichkeit, solche Generizität umzusetzen, indem man z. B. alle Komponenten einer Klasse vom Typ `Object` spezifiziert, sodass sie später Objekte eines beliebigen Typs (einer beliebigen Klasse) speichern können. Im Hinblick auf die Typsicherheit ist man mit dieser Vorgehensweise jedoch etwas eingeschränkt. Erst die „echten" generischen Datentypen beseitigen dieses Problem.

10.2.1 Herkömmliche Generizität

Wir wollen uns anhand von Beispielen klarmachen, wie die Generizität unter Einsatz der Klasse `Object` umgesetzt werden kann und welche Vor- bzw. Nachteile damit verbunden sind.
Nehmen wir einmal an, wir wollen jeweils zwei Objekte der Klasse

```
public class Ohrring {
  public String toString() {
    return "Ohrring";
  }
}
```

und der Klasse

```
public class Socke {
  public String toString() {
    return "Socke";
  }
}
```

zu Paaren zusammenfassen. Wir müssen uns dazu jeweils eine Datenstruktur konstruieren, die als Container dienen und ein Paar Ohrringe bzw. ein Paar Socken aufnehmen kann. Um Programmieraufwand zu sparen, bietet es sich jedoch an, keine zwei separaten Container-Typen zu verwenden, sondern die Datenstruktur generisch anzulegen, sodass sie sowohl für ein Paar Ohrringe als auch für ein Paar Socken benutzt werden kann. Wie bereits weiter oben erwähnt, erreichen wir dies, indem wir für die entsprechenden Komponenten (Variablen) einer solchen Container-Klasse den Datentyp `Object` verwenden. Auf diese Weise könnten wir beispielsweise die Klasse

```
public class Paar {

  private Object l, r;

  public Paar (Object l, Object r) {
    this.l = l;
    this.r = r;
  }
  public Object getL() {
    return l;
  }
  public Object getR() {
    return r;
  }
  public String toString() {
    return "(l,r) = (" + l + "," + r +")";
  }
}
```

implementieren, die neben den beiden Instanzvariablen `l` und `r` vom Typ `Object` auch mit einem Konstruktor, zwei Zugriffsmethoden für die `l`- und `r`-Komponenten und einer `toString`-Methode ausgestattet ist. In der `main`-Methode der Klasse

```
1  public class PaarTest1 {
2    public static void main(String[] args) {
3      Socke s1 = new Socke();
4      Socke s2 = new Socke();
5      Paar sockenPaar = new Paar (s1,s2);
6      System.out.println("1. Paar: " + sockenPaar);
7      Ohrring o1 = new Ohrring();
8      Ohrring o2 = new Ohrring();
9      Paar ohrringPaar = new Paar (o1,o2);
10     System.out.println("2. Paar: " + ohrringPaar);
11     Socke s = (Socke) sockenPaar.getL();
12     System.out.println("Links in Paar 1: " + s);
13   }
14 }
```

können wir dann mit Hilfe der Klasse `Paar` sowohl Ohrring- als auch Sockenpaare erzeugen und sie z. B. auf die Konsole ausgeben. Etwas problematisch wird es jedoch beim Zugriff auf die `l`- oder die `r`-Komponente eines Paares, weil die Zugriffsmethoden stets eine Referenz vom Typ `Object` abliefern und wir (wie in Zeile 11) diese zunächst explizit in den tatsächlichen Typ der Komponente wandeln müssen, damit das Programm auch compiliert werden kann und beim Start wie erwartet folgende Zeilen auf der Konsole ausgibt:

Konsole

```
1. Paar: (l,r) = (Socke,Socke)
2. Paar: (l,r) = (Ohrring,Ohrring)
Links in Paar 1: Socke
```

Aufgrund der Verwendung des Datentyps `Object` für die beiden Komponenten `l` und `r` hat die Klasse `Paar` einen entscheidenden Nachteil: Wir können nicht kontrollieren, ob unsere Paare auch zusammenpassen. Prinzipiell ist es nämlich möglich, ein „komisches" `Paar`-Objekt zu bilden, das links aus einem Ohrring und rechts aus einer Socke besteht, wie wir es im Programm

```
1  public class PaarTest2 {
2    public static void main(String[] args) {
3      Ohrring o = new Ohrring();
4      Socke s = new Socke();
5      Paar komischesPaar = new Paar(o,s);
6      System.out.println("Komisches Paar: " + komischesPaar);
7      s = (Socke) komischesPaar.getL();
8      System.out.println("Links ist " + s);
9    }
10 }
```

in Zeile 5 gemacht haben. Und hier wird es nun mit den Zugriffen auf die Komponenten richtig kompliziert, wenn wir z. B. an anderer Stelle im Programm nicht mehr genau wissen, von welchem Typ denn die Komponenten unseres Paares eigentlich sind. In Zeile 7 haben wir beispielsweise fälschlicherweise angenommen, dass es sich bei der linken Komponente um eine Socke handelt, und wir haben den von `getX` zurückgelieferten Wert explizit nach `Socke` gewandelt, was natürlich nicht funktionieren dürfte. Der Compiler kann dies jedoch nicht feststellen, das Programm wird als fehlerfrei übersetzt. Wir haben somit an dieser Stelle keine Typsicherheit mehr, was sich dadurch ausdrückt, dass unser Programm beim Start mit der Fehlermeldung

Konsole

```
Exception in thread "main" java.lang.ClassCastException: Ohrring
        at PaarTest2.main(PaarTest2.java:7)
```

reagiert, weil in Zeile 7 die Datentypen nicht mehr zuweisungskompatibel sind.

10.2.2 Generizität durch Typ-Parameter

Wünschenswert wäre es, eine Klasse schreiben zu können, die so allgemein benutzbar ist wie die Klasse `Paar` aus dem letzten Abschnitt, aber trotzdem die Typsicherheit bereits beim Compilieren garantiert. Dies kann mit einer sogenannten **generischen Klasse** realisiert werden. In ihr können wir den Typ `Object` durch eine **Typ-Variable**, also einen Platzhalter für einen beliebigen Datentyp, ersetzen. Dabei können auch mehrere solche Platzhalter zum Einsatz kommen. Die Namen aller Typ-Variablen müssen wir dazu bereits im Kopf der Klassendefinition festlegen, indem wir sie in der Form

Syntaxregel

```
class «KLASSENNAME» < «TYPVARIABLENLISTE» > {
```

unmittelbar nach dem Klassennamen in spitzen Klammern als Kommaliste von frei wählbaren Variablennamen – wohlgemerkt Variablen, die als Platzhalter für Typ-Angaben fungieren – angeben.
Eine generische Klasse für ein Paar von Ohrringen, Socken oder anderen Objekten wäre etwa

```
public class GenPaar<T> {

  private T l, r;

  public GenPaar (T l, T r) {
    this.l = l;
    this.r = r;
  }
  public T getL() {
    return l;
  }
  public T getR() {
    return r;
  }
  public String toString() {
    return "(l,r) = (" + l + "," + r +")";
  }
}
```

Hier arbeiten wir nun bei der Deklaration der Komponenten, im Konstruktor und in den Zugriffsmethoden jeweils mit der Typ-Variablen `T`,[1] die in den spitzen Klammern hinter dem Klassennamen eingeführt wurde. Unsere Paarklasse spezifiziert nun also wesentlich genauer, mit welcher Art von Komponenten ihre Objekte ausgestattet sind.
Beim Erzeugen eines Objekts der Klasse `GenPaar` können wir nun ebenfalls genau festlegen, welche Inhalte dieses Objekt haben soll, indem wir gemäß

Syntaxregel

```
new «KLASSENNAME» < «TYPLISTE» > («PARAMETERLISTE»)
```

ebenso in spitzen Klammern hinter dem Klassennamen und vor den in runden Klammern stehenden Konstruktorparametern die entsprechenden für die Typ-Variablen tatsächlich zu verwendenden Typen (wiederum in Form einer Kommaliste von Typ-Namen) angeben.
Im nachfolgenden Beispielprogramm arbeiten wir mit den Ausprägungen `GenPaar<Socke>` und `GenPaar<Ohrring>`:

```
public class GenPaarTest1 {
  public static void main(String[] args) {
    Socke s1 = new Socke();
```

[1] Als Konvention wird zur Bezeichnung eines Typ-Parameters ein einzelner Großbuchstabe verwendet, um die Unterscheidung eines Typ-Parameters von einem Klassennamen zu erleichtern. Die Java-Entwickler empfehlen dabei unter anderem, die Großbuchstaben T als Abkürzung für einen Typ, S für einen weiteren Typ, falls T schon benutzt wurde, und E für ein Element zu verwenden (zum Beispiel in Zusammenhang mit Collections – siehe Kapitel 11).

```
4      Socke s2 = new Socke();
5      GenPaar<Socke> sockenPaar = new GenPaar<Socke>(s1,s2);
6      System.out.println("1. Paar: " + sockenPaar);
7      Ohrring o1 = new Ohrring();
8      Ohrring o2 = new Ohrring();
9      GenPaar<Ohrring> ohrringPaar = new GenPaar<Ohrring>(o1,o2);
10     System.out.println("2. Paar: " + ohrringPaar);
11     Socke s = sockenPaar.getL();
12     System.out.println(s);
13   }
14 }
```

Wie in Zeile 11 zu erkennen ist, kann die Typkonvertierung nach dem Aufruf der Zugriffsmethode entfallen, da die Komponenten eines Paares vom Typ `GenPaar<Socke>` ja stets vom festgelegten Komponententyp `Socke` sind. Darüber hinaus kann bereits der Compiler Fehler im Zusammenhang mit Typunverträglichkeiten entdecken, sodass es nicht mehr zu Typfehlern während der Ausführung eines Programms kommen kann. Versuchen wir etwa, die Klasse

```
1 public class GenPaarTest2 {
2   public static void main(String[] args) {
3     Ohrring o = new Ohrring();
4     Socke s = new Socke();
5     GenPaar<Socke> mix = new GenPaar<Socke>(o,s);   // unzulaessig
6   }
7 }
```

zu compilieren, so erhalten wir die Fehlermeldung

Konsole

```
GenPaarTest2.java:5: cannot find symbol
symbol  : constructor GenPaar(Ohrring,Socke)
location: class GenPaar<Socke>
    GenPaar<Socke> mix = new GenPaar<Socke>(o,s);   // unzulaessig
                         ^
```

die uns zu verstehen gibt, dass kein Konstruktor zur Verfügung steht, der eine Socke und einen Ohrring zu einem Paar kombinieren kann.

10.2.3 Einschränkungen der Typ-Parameter

Mit unserer Klasse `GenPaar` haben wir nun also die Möglichkeit, typsichere Paare von je zwei Objekten einer Klasse zu bilden, wobei prinzipiell beliebige Klassen als Komponententyp auftreten können. Manchmal ist es aber sinnvoll, dies etwas einzuschränken und nicht jede beliebige Klasse, sondern nur bestimmte Gruppen von Klassen zuzulassen. Auch das ist möglich, denn jede Typ-Variable in der bei der generischen Klassendefinition verwendeten Liste von Typ-Variablen kann gemäß der Regel

Syntaxregel

```
«TYPVARIABLE» extends «TYP»
```

im Hinblick auf eine geforderte Erbschaftsbeziehung genauer spezifiziert und dadurch eingeschränkt werden. Wenn uns z. B. die Klasse

```
public class Kleidung {
}
```

sowie ihre zwei Subklassen

```
public class Hemd extends Kleidung {
  public String toString() {
    return "Hemd";
  }
}
```

und

```
public class Hose extends Kleidung {
  public String toString() {
    return "Hose";
  }
}
```

zur Verfügung stehen, können wir durch die Klassendefinition

```
public class TollesPaar<T extends Kleidung> {

  private T l, r;

  public TollesPaar (T l, T r) {
    this.l = l;
    this.r = r;
  }
  public T getL() {
    return l;
  }
  public T getR() {
    return r;
  }
  public String toString() {
    return "(l,r) = (" + l + "," + r +")";
  }
}
```

sicherstellen, dass ein `TollesPaar`-Objekt nur aus Komponentenobjekten bestehen darf, deren Klassen von `Kleidung` erben. Im Programm

```
public class TollesPaarTest {
  public static void main(String[] args) {
    Hemd he1 = new Hemd();
    Hemd he2 = new Hemd();
    Hose ho1 = new Hose();
    Hose ho2 = new Hose();
    Ohrring o1 = new Ohrring();
    Ohrring o2 = new Ohrring();
    TollesPaar<Hemd> p1 = new TollesPaar<Hemd>(he1,he2);
    TollesPaar<Hose> p2 = new TollesPaar<Hose>(ho1,ho2);
    TollesPaar<Ohrring> p3 =
            new TollesPaar<Ohrring>(o1,o2); // unzulaessig
  }
}
```

sind daher die Typisierungen in den Zeilen 9 und 10 zulässig, während wir für Zeile 11 und 12 beim Compilieren Fehlermeldungen der Art

Konsole
```
TollesPaarTest.java:11: type parameter Ohrring is not within
its bound
    TollesPaar<Ohrring> p3 =
               ^
TollesPaarTest.java:12: type parameter Ohrring is not within
its bound
            new TollesPaar<Ohrring>(o1,o2); // unzulaessig
                          ^
```

erhalten. Andere Objekte dürfen also nicht Komponenten von `TollesPaar` werden.

10.2.4 Wildcards

Nachdem wir nun die Möglichkeit kennengelernt haben, bei der Typisierung von generischen Klassen nur bestimmte Gruppen von Klassen als Typ-Parameter zuzulassen, versuchen wir jetzt, eine Methode zu schreiben, die mit Parametern aller Ausprägungen des Typs `TollesPaar` genutzt werden kann.
Als erster Ansatz könnte die Methode

```java
public static void paarAusgeben1(TollesPaar<Kleidung> tp){
  System.out.println(tp);
}
```

dienen, die ein Objekt vom Typ `TollesPaar<Kleidung>` auf den Bildschirm ausgibt. Wenn wir jedoch versuchen, mit ihrer Hilfe ein Objekt vom Typ `TollesPaar<Hose>` auszugeben, stoßen wir auf ein Problem!

```java
public class TollesPaarTestWild1 {
  public static void paarAusgeben1(TollesPaar<Kleidung> tp){
    System.out.println(tp);
  }
  public static void main(String [] args) {
    Hose ho1 = new Hose();
    Hose ho2 = new Hose();
    TollesPaar<Hose> p1 = new TollesPaar<Hose> (ho1,ho2);
    paarAusgeben1(p1);
  }
}
```

Compilieren wir diese Klasse, erhalten wir eine Fehlermeldung:

Konsole
```
TollesPaarTestWild1.java:9: paarAusgeben(TollesPaar<Kleidung>)
in TollesPaarTestWild1 cannot be applied to (TollesPaar<Hose>)
        paarAusgeben1(p1);
        ^
```

Die Methode ist für Parameter der typisierten Klasse `TollesPaar<Kleidung>` definiert, sie kann aber nicht mit einem Parameter der typisierten Klasse `TollesPaar<Hose>` aufgerufen werden. Aber warum nicht? Die Klasse `Hose` ist doch eine Unterklasse der Klasse `Kleidung`.

Um zu verstehen, warum das so ist, müssen wir etwas ausholen. Im Kontext der Vererbung reagieren generische Klassen ganz anders als Arrays bzw. Felder. Ein Array mit Komponententyp `Hose` ist stets ein Untertyp von einem Array mit Komponententyp `Kleidung`. D. h. die Unterklassenbeziehung der Komponententypen überträgt sich auf die jeweiligen Array-Strukturen. Man spricht von der sogenannten **Kovarianz**. Daher kann die nachfolgende Klasse fehlerfrei übersetzt werden:

```java
public class Kovarianz {
  public static void ausgeben (Kleidung[] ka){
    System.out.println("("+ ka[0] + "," + ka[1] + ")");
  }
  public static void main(String[] args) {
    Hose ho1 = new Hose();
    Hose ho2 = new Hose();
    Hose[] ha = new Hose[] {ho1, ho2};
    ausgeben(ha);  // zulaessig aufgrund der Kovarianz
  }
}
```

Bei generischen Datentypen verhält es sich anders: Ein generischer Datentyp mit Typ-Parameter `Hose` ist *kein* Untertyp des entsprechenden Datentyps mit Typ-Parameter `Kleidung`. D. h. die Unterklassenbeziehung der Typ-Parameter überträgt sich *nicht* auf die generischen Typausprägungen. Man spricht von der sogenannten **Invarianz**. Da die typisierte Klasse `TollesPaar<Hose>` keine Unterklasse der typisierten Klasse `TollesPaar<Kleidung>` ist, lässt sich die nachfolgende Klasse aufgrund des fehlerhaften Methodenaufrufs in Zeile 9 nicht übersetzen:

```java
1  public class Invarianz {
2    public static void ausgeben (TollesPaar<Kleidung> tpk){
3      System.out.println("("+ tpk.getL()+ "," + tpk.getR() + ")");
4    }
5    public static void main(String[] args) {
6      Hose ho1 = new Hose();
7      Hose ho2 = new Hose();
8      TollesPaar<Hose> tph = new TollesPaar<Hose>(ho1, ho2);
9      ausgeben(tph);  // unzulaessig aufgrund der Invarianz
10   }
11 }
```

Wie muss nun aber eine Methode aussehen, die mit Parametern aller Ausprägungen der generischen Klasse `TollesPaar` verwendet werden kann? Hierzu müssen wir eine sogenannte **Wildcard** (deutsch: Platzhalter, Joker) nutzen, indem wir bei der Festlegung eines formalen Parameters im Methodenkopf ein `?` als Wildcard-Symbol einsetzen:

Syntaxregel

«KLASSENNAME» < ? > «VARIABLENNAME»

Die folgende Klasse lässt sich somit anstandslos compilieren, denn die Methode `paarAusgeben2` kann nun mit beliebigen Ausprägungen der Klasse `TollesPaar` aufgerufen werden.

```
public class TollesPaarTestWild2 {
  public static void paarAusgeben2(TollesPaar<?> tp){
    System.out.println(tp);
  }
  public static void main(String [] args) {
    Hose ho1 = new Hose();
    Hose ho2 = new Hose();
    TollesPaar<Hose> p1 = new TollesPaar<Hose> (ho1,ho2);
    paarAusgeben2(p1);
  }
}
```

Eine Einschränkung der gültigen Parameter ergibt sich lediglich aufgrund des eingeschränkten Typ-Parameters der Klasse `TollesPaar`, die ja nur Typisierungen durch die Klasse `Kleidung` oder Subklassen dieser Klasse zulässt (siehe Abschnitt 10.2.3). Wichtig ist, dass an dieser Stelle das Wildcard-Symbol `?` keine Typisierung mit der Superklasse `Object` darstellt, sondern für die Typisierung mit einer *unbekannten Klasse* steht.

Die Referenz auf ein Objekt des Typs `TollesPaar<?>` kann natürlich auch in einer Referenz vom Typ `Object` gespeichert werden. Die folgende Variante der Methode `paarAusgeben` wäre daher zulässig, da die Typsicherheit beim Compilieren nach wie vor garantiert werden kann:

```
public static void paarAusgeben3(TollesPaar<?> tp){
  Object o = tp;
  System.out.println(o);
```

10.2.5 Bounded Wildcards

Mit Hilfe einer sogenannten **Bounded Wildcard** (deutsch: beschränkter Platzhalter) lassen sich die durch ein Wildcard-Zeichen parametrisierten Typen auf eine gewisse Teilmenge von Typen einschränken. Die Syntax zur Realisierung dieser Einschränkung bei der Deklaration eines Methodenparameters ist analog zur Syntax aus Abschnitt 10.2.3:

Syntaxregel

«KLASSENNAME» < ? extends «TYP» > «VARIABLENNAME»

Wir wollen dies anhand eines Beispiels demonstrieren, in dem wir uns einer Klasse `Jeans` bedienen, die wir als Subklasse unserer Klasse `Hose` deklarieren:

```
public class Jeans extends Hose {
  public String toString() {
    return "Jeans";
  }
}
```

Nun greifen wir auf unsere in Abschnitt 10.2.2 angegebene Klasse `GenPaar` zurück, die nicht wie die zuvor verwendete Klasse `TollesPaar` bereits Einschränkungen für ihre Typ-Parameter vorschreibt. Vielmehr schränken wir die Typen der Parameter der Methode `GenPaarAusgeben1` in Bezug auf die geforderte Erbschaftsbeziehung nun direkt bei der Angabe der Wildcard ein:

```
public class GenPaarTestWild1 {
  public static void genPaarAusgeben1(GenPaar<? extends Hose> gp){
    System.out.println(gp);
  }
  public static void main(String [] args) {
    Jeans j1 = new Jeans();
    Jeans j2 = new Jeans();
    GenPaar<Jeans> p1 = new GenPaar<Jeans> (j1,j2);
    genPaarAusgeben1(p1);
  }
}
```

Der Methode `genPaarAusgeben1` können wir jetzt nur Objekte der Klasse `GenPaar` als Parameter übergeben, die durch die Instanziierung einer mit dem Typ `Hose` oder einem Subtyp von `Hose` typisierten Klasse `GenPaar` erzeugt wurden. Wir verwenden Objekte einer Ausprägung von `GenPaar`, die mit dem Typ `Jeans` typisiert ist.
Die oben beschriebene Art der Einschränkung bei der Verwendung von Wildcards lässt also die Benutzung von Instanzen einer typisierbaren Klasse als Parameter zu, wenn diese mit dem angegebenen Typ oder einer Subklasse des angegebenen Typs typisiert wurden. Man nennt diese Art der eingeschränkten Verwendung einer Wildcard auch **Upper Bound Wildcard**. Als **Lower Bound Wildcard** bezeichnet man eine Einschränkung der folgenden Art:

Syntaxregel

```
«KLASSENNAME» < ? super «TYP» > «VARIABLENNAME»
```

Durch eine derartige Einschränkung sind nur Instanzen einer typisierbaren Klasse als Parameter zugelassen, die mit dem angegebenen Typ oder mit dem Typ einer Superklasse des angegebenen Typs typisiert wurden. In der `main`-Methode des Programms

```
public class GenPaarTestWild2 {
  public static void genPaarAusgeben2(GenPaar<? super Hose> gp){
    System.out.println(gp);
  }
  public static void main(String [] args) {
    Kleidung k1 = new Kleidung();
    Kleidung k2 = new Kleidung();
    GenPaar<Kleidung> p1 = new GenPaar<Kleidung> (k1,k2);
```

```java
      genPaarAusgeben2(p1);
    }
}
```

wird diese Einschränkung korrekt beachtet, sodass es sich auch compilieren lässt. Eine Instanz der mit dem Typ `Jeans` typisierten Klasse `GenPaar` wäre jedoch nicht zulässig, sodass das Compilieren des Programms

```java
public class GenPaarTestWild3 {
  public static void genPaarAusgeben3(GenPaar<? super Hose> gp){
    System.out.println(gp);
  }
  public static void main(String [] args) {
    Jeans j1 = new Jeans();
    Jeans j2 = new Jeans();
    GenPaar<Jeans> p1 = new GenPaar<Jeans> (j1,j2);
    genPaarAusgeben3(p1);
  }
}
```

eine Fehlermeldung der Art

Konsole

```
GenPaarTestWild3.java:9: genPaarAusgeben3(GenPaar<? super Hose>)
in GenPaarTestWild3 cannot be applied to (GenPaar<Jeans>)
    genPaarAusgeben3(p1);
    ^
```

liefert.

10.2.6 Generische Methoden

Bisher haben wir die generische Deklaration von Klassen und die typisierte, eventuell aber variabel gehaltene Deklaration der Parameter von Methoden betrachtet. Darüber hinaus ist es aber auch möglich, einzelne Methoden selber generisch zu formulieren, d. h. mit einem eigenen Typ-Parameter zu deklarieren. Dabei können im Methodenkopf unmittelbar nach den optionalen Modifizierern und unmittelbar vor dem Ergebnistyp der Methode gemäß der Syntax

Syntaxregel

```
< «TYPVARIABLENLISTE» > «ERGEBNISTYP» ( «PARAMETERLISTE» )
```

Typ-Parameter eingeführt werden.
In unserem Programm

```java
public class GenPaarTest3 {
  public static <T> boolean linksGleichRechts (GenPaar<T> x){
    return x.getL().equals(x.getR());
  }
  public static <T> T links (GenPaar<T> x){
    return x.getL();
  }
```

```
    public static void main(String [] args) {
        Hose h1 = new Hose();
        Jeans j1 = new Jeans();
        GenPaar<Hose> p1 = new GenPaar<Hose> (h1,j1);
        System.out.println(linksGleichRechts(p1));
        System.out.println(links(p1));
    }
}
```

haben wir zwei generische Methoden definiert, denen jeweils eine Referenz auf ein Objekt der typisierten Klasse `GenPaar` als Parameter übergeben werden kann. Die Methode `linksGleichRechts` vergleicht die beiden im `GenPaar`-Objekt referenzierten Objekte und gibt einen entsprechenden Booleschen Wert zurück. Die Methode `links` besitzt auch einen typisierten Rückgabewert und gibt beim Aufruf die Referenz auf das Objekt zurück, die mit der `GenPaar`-Instanzmethode `getL` ausgelesen werden kann.

Beim Aufruf der generischen Methoden ermittelt der Compiler den tatsächlichen Typ, der für den Platzhalter `T` einzusetzen ist, aus dem Typ der Objekte, die als aktuelle Parameter übergeben werden.

Nachdem wir nun die Notation der generischen Methoden kennengelernt haben, stellt sich die Frage, wann wir Wildcards in der Parameterliste einer Methode verwenden und wann die oben beschriebene generische Deklaration der Methoden zur Anwendung kommen sollte. Unsere oben implementierte Methode `linksGleichRechts` könnte nämlich auch folgendermaßen aussehen:

```
public static boolean linksGleichRechts (GenPaar<?> x){
  return x.getL().equals(x.getR());
}
```

Durch die nun benutzte Wildcard-Notation haben wir keinerlei Funktionalität eingebüßt. Die Methode

```
public static <T> T links (GenPaar<T> x){
  return x.getL();
}
```

lässt sich jedoch nicht durch eine alternative Version ohne Typ-Parameter ersetzen. Die Abhängigkeit des Rückgabetyps der Methode von der Typisierung ihres Parameters lässt sich nur mit Hilfe einer generischen Methode realisieren.

Zum Schluss sei noch erwähnt, dass es laut obiger Syntax auch möglich ist, verschiedene Typ-Parameter zu verwenden und gegenseitige Abhängigkeiten zwischen den Typisierungen der Parameter selbst und dem Rückgabewert der Methode durch entsprechende Einschränkungen der Typ-Parameter vorzunehmen. Die Methode `linksPaar` in der Klasse

```
public class GenPaarTest5 {
  public static <T,S extends T> GenPaar<T> linksPaar
                                  (GenPaar<T> x, GenPaar<S> y){
    return new GenPaar<T>(x.getL(),y.getL());
  }
  public static void main(String [] args) {
    Hose h1 = new Hose();
    Hose h2 = new Hose();
```

```
      Jeans j1 = new Jeans();
      Jeans j2 = new Jeans();
      GenPaar<Hose> p1 = new GenPaar<Hose> (h1,h2);
      GenPaar<Jeans> p2 = new GenPaar<Jeans> (j1,j2);
      System.out.println(linksPaar(p1,p2));
    }
}
```

erwartet die Referenzen auf zwei verschieden typisierte Objekte der Klasse `GenPaar`. Beim Aufruf der Methode ist also zu beachten, dass der Typ der Referenz, die der Variablen `y` übergeben wird, eine Ausprägung der Klasse `GenPaar` sein muss, die mit einer Subklasse derjenigen Klasse typisiert wurde, die zur Typisierung der `GenPaar`-Ausprägung der Referenz, die der Variable `x` übergeben wird, verwendet wurde. Der Rückgabewert der Methode ist dann eine Referenz auf ein Objekt vom Typ `GenPaar` in einer mit der Superklasse typisierten Ausprägung.

10.2.7 Verkürzte Notation bei generischen Datentypen

In unseren bisherigen Beispielen haben wir stets sowohl bei der Deklaration von Referenzvariablen als auch bei der Erzeugung der entsprechenden Objekte den Typ-Parameter spezifiziert. Je nach Art des generischen Datentyps kann dies aber recht schwer lesbare Programmzeilen erzeugen, die zudem teilweise redundant sind. Arbeiten wir beispielsweise mit dem generischen Datentyp `GPaar`, definiert durch die Klasse

```
public class GPaar<T> {

  private T l, r;

  public GPaar (T l, T r) {
    this.l = l;
    this.r = r;
  }
  public GPaar () {
    this.l = null;
    this.r = null;
  }
  public T getL() {
    return l;
  }
  public T getR() {
    return r;
  }
  public String toString() {
    return "(l,r) = (" + l + "," + r +")";
  }
}
```

hieß das bisher zwingend, dass der Typ-Parameter zweimal zu nennen ist, wie in den Zeilen 3 (Typ-Parameter `Integer`), 6 (Typ-Parameter `String`), 9 (Typ-

Parameter `Integer`) und 12 (Typ-Parameter `String`) der nachfolgenden Klasse demonstriert:

```
1  public class GPaarDemo {
2    public static void main(String[] args) {
3      GPaar<Integer> paar1 = new GPaar<Integer>(33,3333);
4      System.out.println("Paar 1: " + paar1);
5
6      GPaar<String> paar2 = new GPaar<String>("links","rechts");
7      System.out.println("Paar 2: " + paar2);
8
9      GPaar<Integer> paar3 = new GPaar<Integer>();
10     System.out.println("Paar 3: " + paar3);
11
12     GPaar<String> paar4 = new GPaar<String>();
13     System.out.println("Paar 4: " + paar4);
14   }
15 }
```

Die wiederholte Angeabe des Typ-Parameters kann aber entfallen, wenn dieser aus dem Kontext erkennbar ist. Die Kennzeichnung als generischer Datentyp bleibt dennoch erhalten, denn nur der Typ-Parameter entfällt, während lediglich die beiden spitzen Klammern in Form des sogenannten **Diamond-Operators** <> zwingend stehen müssen.

Somit können wir zulässige Deklarationen und Objekterzeugungen der Form

```
GPaar<Integer> paar1 = new GPaar<>(33,3333);

GPaar<String> paar2 = new GPaar<>("links","rechts");

GPaar<Integer> paar3 = new GPaar<>();

GPaar<String> paar4 = new GPaar<>();
```

notieren, und der Compiler kann die benötigte Typ-Information für die Objekterzeugungen jeweils aus dem Kontext (hier jeweils die zugehörigen Deklarationen der Referenzvariablen) ermitteln. Dass dies bei `paar3` und `paar4` auch tatsächlich gelingt, können wir daran erkennen, dass die anschließenden Zugriffe auf den linken oder rechten Anteil des generischen Objekts, wie zum Beispiel

```
Integer i3 = paar3.getL();

String s4 = paar4.getL();
```

als typsicher und damit als zulässig erkannt werden.

Der Compiler kann aber noch mehr: Auch wenn wir auf die Deklaration einer Referenzvariablen verzichten und ein Objekt eines generischen Datentyps erzeugen, ohne den Typ-Parameter zu spezifizieren, lässt sich dieser Typ in manchen Fällen automatisch ermitteln. Auch unsere Programmzeilen

```
int i = new GPaar<>(42,1111).getL();

String s = new GPaar<>("ich","du").getL();
```

stellen somit zulässigen Java-Code dar, denn der Compiler ermittelt den Typ-Parameter jeweils aus dem Datentyp der beiden Werte, die dem Konstruktor als

Parameter übergeben werden. Im ersten Fall wird also `Integer` aus den Werten 42 und 1111, im zweiten Fall `String` aus den Werten `ich` und `du` ermittelt.
Alle bisherigen Beispiele sind in der nachfolgenden Klasse zusammengefasst:

```
public class GPaarDiamondDemo {
  public static void main(String[] args) {
    GPaar<Integer> paar1 = new GPaar<>(33,3333);
    System.out.println("Paar 1: " + paar1);

    GPaar<String> paar2 = new GPaar<>("links","rechts");
    System.out.println("Paar 2: " + paar2);

    GPaar<Integer> paar3 = new GPaar<>();
    System.out.println("Paar 3: " + paar3);
    Integer i3 = paar3.getL();
    System.out.println("links: " + i3);

    GPaar<String> paar4 = new GPaar<>();
    System.out.println("Paar 4: " + paar4);
    String s4 = paar4.getL();
    System.out.println("links: " + s4);

    int i = new GPaar<>(42,1111).getL();
    System.out.println("links: " + i);

    String s = new GPaar<>("ich","du").getL();
    System.out.println("links: " + s);
  }
}
```

Compilieren und starten wir sie, erhalten wir die Ausgabe

Konsole

```
Paar 1: (l,r) = (33,3333)
Paar 2: (l,r) = (links,rechts)
Paar 3: (l,r) = (null,null)
links: null
Paar 4: (l,r) = (null,null)
links: null
links: 42
links: ich
```

Natürlich können wir auch Programmzeilen formulieren, die eine automatische Ermittlung des Typ-Parameters nicht oder nicht eindeutig ermöglichen. Diese werden aber vom Compiler als fehlerhaft gemeldet. Versuchen wir beispielweise die Klasse

```
public class GPaarDiamondFalsch {
  public static void main(String[] args) {
    GPaar<String> paar6 = new GPaar<>(1,2);

    GPaar<Integer> paar7 = new GPaar<>("a","b");
  }
}
```

zu compilieren, erhalten wir die beiden Fehlermeldungen

Konsole
```
GPaarDiamondFalsch.java:3: incompatible types
    GPaar<String> paar6 = new GPaar<>(1,2);
                                    ^
  required: GPaar<String>
  found:    GPaar<Integer>

GPaarDiamondFalsch.java:5: incompatible types
    GPaar<Integer> paar7 = new GPaar<>("a","b");
                                     ^
  required: GPaar<Integer>
  found:    GPaar<String>
```

da sich in beiden Fällen Deklaration der Referenzvariablen und Parametertypen im Konstruktoraufruf widersprechen.

10.2.8 Ausblick

Wie Sie vielleicht bemerkt haben, ist der Umgang mit generischen Klassen und Methoden nicht ganz einfach. Der Nutzen und die Mächtigkeit dieser Konzepte erschließt sich sicherlich auch erst im Rahmen von größeren Programmierprojekten und kommerziellen Anwendungen. Daher sei abschließend noch bemerkt, dass sich generische Klassen insbesondere für die in Abschnitt 11.7 beschriebenen Collection-Klassen anbieten, um diese typsicher zu machen. Das heißt, man kann jeweils angeben, welchen Typ die Elemente einer Sammlung haben sollen. Wir können Sie daher an dieser Stelle nur ermutigen, sich zur Vertiefung Ihrer in diesem Kapitel erworbenen Kenntnisse über generische Klassen und Methoden mit den entsprechenden Abschnitten unseres Grundkurses zu beschäftigen.

10.2.9 Übungsaufgaben

Aufgabe 10.4

Gegeben seien die folgenden Klassen:

```
class TierKaefig<E> {
    private E insasse;
    public void setInsasse(E x) {
        insasse = x;
    }
    public E getInsasse() {
        return insasse;
    }
}
class Tier {
}
class Katze extends Tier {
```

```
}
class Hund extends Tier {
}
```

Überlegen Sie sich, ob die Java-Code-Ausschnitte

a) Variante 1:

```
TierKaefig<Tier> kaefig = new TierKaefig<Katze>();
```

b) Variante 2:

```
TierKaefig<Hund> kaefig = new TierKaefig<Tier>();
```

c) Variante 3:

```
TierKaefig<?> kaefig = new TierKaefig<Katze>();
kaefig.setInsasse(new Katze());
```

d) Variante 4:

```
TierKaefig kaefig = new TierKaefig();
kaefig.setInsasse(new Hund());
```

- nicht compilierbar sind,
- mit einer Warnung wegen mangelnder Typsicherheit compilierbar sind,
- einen Laufzeitfehler erzeugen oder
- ohne Probleme lauffähig sind.

Aufgabe 10.5

Welche Auswirkungen haben generische Methoden auf das Überladen von Methoden? Gegeben sei das folgende Programm, bestehend aus drei Interfaces und vier Klassen:

```
interface Tier {
}
interface Haustier extends Tier {
}
interface Wildtier extends Tier {
}
class Katze implements Tier {
  public String toString(){return getClass().getName();}
}
class Hauskatze extends Katze implements Haustier {
}
class Wildkatze extends Katze implements Wildtier {
}
public class Tierleben {
  /*
  public static void gibAus(Object tier) {
    System.out.println("Objekt: " + tier);
  }
  */
  /*
  public static void gibAus(Katze tier) {
```

```
      System.out.println("Katze: " + tier);
    }
    */
    public static <T> void gibAus(T tier) {
      System.out.println("Unbekannt: " + tier);
    }
    public static <T extends Tier> void gibAus(T tier) {
      System.out.println("Tier: " + tier);
    }
    public static <T extends Haustier> void gibAus(T tier) {
      System.out.println("Haustier: " + tier);
    }
    public static void main(String... args) {
      gibAus("Amoebe");
      gibAus(new Katze());
      gibAus(new Hauskatze());
      gibAus(new Wildkatze());
    }
  }
```

Was wird das Programm `Tierleben` ausgeben, wenn wir es aufrufen? Welche Probleme werden sich ergeben, wenn wir eine der auskommentierten Methoden (oder beide) aktivieren?

Aufgabe 10.6

Gegeben sei das folgende Programm

```
public class RateMal {
  public static void ausgabe(Object... eingabe) {
    System.out.print("Ausgabe: ");
    for(Object o : eingabe)
      System.out.print(o + " ");
    System.out.println();
  }
  public static <T extends Comparable> T[] tueWas(T... eingabe) {
    eingabe = eingabe.clone();
    for(int i = eingabe.length - 1; i > 0; i--)
      for(int j = 0; j < i; j++)
        if (eingabe[j].compareTo(eingabe[j+1]) > 0) {
          T tmp = eingabe[j];
          eingabe[j] = eingabe[j+1];
          eingabe[j+1] = tmp;
        }
    return eingabe;
  }
  public static void main(String[] args) {
    ausgabe(tueWas(Boolean.TRUE,Boolean.FALSE));
    ausgabe(tueWas("welt","schoene","du","hallo"));
  }
}
```

a) Versuchen Sie, die Methoden `ausgabe` und `tueWas` nachzuvollziehen. Überlegen Sie sich, was das Programm ausgibt, ohne es vorher auszuführen.

Hinweis: Die Methode `compareTo` ist im Interface `Comparable` definiert. Die Bedingung `wert1.compareTo(wert2)>0` liefert genau dann **`true`**, wenn der Wert von `wert1` größer ist als der Wert von `wert2`.

b) Wenn Sie das Programm mit dem Befehl `javac -Xlint RateMal.java` übersetzen, erhalten Sie die folgenden Warnungen:

Konsole

```
RateMal.java:12: warning: [unchecked] unchecked call to
compareTo(T) as a member of the raw type java.lang.Comparable
        if (eingabe[j].compareTo(eingabe[j+1]) > 0) {
                                  ^
RateMal.java:20: warning: non-varargs call of varargs method
with inexact argument type for last parameter;
cast to java.lang.Object for a varargs call
cast to java.lang.Object[] for a non-varargs call and to
suppress this warning
    ausgabe(tueWas(Boolean.TRUE,Boolean.FALSE));
                  ^
RateMal.java:21: warning: non-varargs call of varargs method
with inexact argument type for last parameter;
cast to java.lang.Object for a varargs call
cast to java.lang.Object[] for a non-varargs call and to
suppress this warning
    ausgabe(tueWas("welt","hallo","du","hallo"));
                  ^
```

Modifizieren Sie das Programm so, dass die Warnungen nicht mehr auftreten, ohne dabei seinen Zweck bzw. Ablauf zu verändern.

Aufgabe 10.7

Das folgende Programm wurde von einem Konzertveranstalter in Auftrag gegeben. Es ist die erste Stufe eines Sicherheitssystems, das die derzeit eingesetzten Sicherheitsbeamten durch sogenannte „RObotische Automatisierte DIsziplin-Einheiten" (ROADIE) ersetzen soll. Ein ROADIE soll darauf hin trainiert sein, bestimmte Personen durchzulassen. So sollen beispielsweise durch den Hintereingang nur Bühnenpersonal (Performer) und der Star des Abends gelassen werden. Durch den Backstage-Eingang dürfen nur die echten Groupies (manche Stars verlangen zusätzlich, dass Letztere auch hübsch seien).

```java
class Person {
}
class Performer extends Person {
}
class Star extends Performer {
}
class Zuschauer extends Person {
}
class Groupie extends Zuschauer {
```

```java
}
class HuebschesGroupie extends Groupie {
}
class Roadie<T extends Person> {
  public void gewaehreEinlass(T person) {
    System.out.println("Willkommen, " + person);
  }
}
public class Konzert {
  private Roadie<? extends Zuschauer> vorderEingang;
  private Roadie<? super Star> hinterEingang;
  private Roadie<? extends Groupie> backstage;

  public Konzert(Roadie<? extends Zuschauer> vorderEingang,
                 Roadie<? super Star> hinterEingang,
                 Roadie<? extends Groupie> backstage) {
    this.vorderEingang = vorderEingang;
    this.hinterEingang = hinterEingang;
    this.backstage = backstage;
  }
  public static void main(String[] args) {
    final Roadie<Zuschauer> roadie1 = new Roadie<Zuschauer>();
    final Roadie<Performer> roadie2 = new Roadie<Performer>();
    final Roadie<HuebschesGroupie> roadie3 =
                                  new Roadie<HuebschesGroupie>();
    final Roadie<Groupie> roadie4 = new Roadie<Groupie>();
    final Roadie<Star> roadie5 = new Roadie<Star>();
    final Roadie<Person> roadie6 = new Roadie<Person>();
    final Roadie roadie7 = new Roadie();
    Konzert konzert1 = new Konzert(roadie1,roadie2,roadie3);
    Konzert konzert2 = new Konzert(roadie2,roadie2,roadie3);
    Konzert konzert3 = new Konzert(roadie1,roadie5,roadie4);
    Konzert konzert4 = new Konzert(roadie1,roadie5,roadie4);
    Konzert konzert5 = new Konzert(roadie4,roadie5,roadie4);
    Konzert konzert6 = new Konzert(roadie6,roadie2,roadie3);
    Konzert besondersExklusiv = new Konzert(roadie3,roadie5,roadie3);
    Konzert besondersLax = new Konzert(roadie7,roadie7,roadie7);
  }
}
```

Unser Programm verwendet eine generische Roadie-Klasse, um all die verschiedenen Robotereinheiten darzustellen. Ferner gibt es sogenannte Konzertobjekte, welche jeweils einen Roadie für den Vorder-, Hinter- und Backstage-Eingang verwalten.

Leider ist das Programm noch nicht so ganz frei von Übersetzungsfehlern. In die Methode `main` haben sich verschiedene Fehler eingeschlichen. Finden Sie jeden einzelnen, und begründen Sie, warum sich der Compiler beschwert. Ferner befindet sich in dem Programm auch ein konzeptioneller (Design-)Fehler. Selbst wenn Sie jeden einzelnen Übersetzungsfehler beheben, wird einer der Roadies niemals tun, was der Veranstalter von ihm erwartet. Finden Sie den Roadie!

10.3 Sortieren von Feldern und das Interface `Comparable`

Stellen Sie sich vor, Sie haben ein Feld von Zahlen, die es zu sortieren gilt. Oder aber ein Feld von Namen, Postleitzahlen oder beliebigen anderen Objekten. Wie gehen Sie an die Sache heran?
Das Sortieren von Feldern ist in Einstiegskursen zur Programmierung immer ein beliebtes Thema, weil das Sortieren eine der häufigsten Grundaufgaben für zahlreiche Anwendungen ist, weil sich viele Techniken zur Effizienzsteigerung von Algorithmen anhand der Grundsortierverfahren Quicksort, Heapsort, Bucketsort usw. relativ leicht verständlich erklären lassen und weil verschiedene Spezialanwendungen mit großen Datenmengen eine besondere Sorgfalt bei der Auswahl der geeigneten Methode erfordern. Wegen der enormen Bedeutung von Sortieraufgaben in den verschiedensten Anwendungen findet man aber gerade deshalb zahlreiche effiziente Implementierungen der verschiedenen Verfahren, weshalb kaum ein Softwareentwickler oder eine Softwareentwicklerin, von Spezialanwendungen und Übungsaufgaben während des Studiums abgesehen, jemals einen Sortieralgorithmus implementieren muss. Wir haben deshalb in diesem Buch auf eine detaillierte Einführung von Sortierverfahren verzichtet und verweisen die Leserschaft auf Lehrbücher zu Algorithmen und Datenstrukturen wie z. B. [5] oder [23]. Sortieren wollen wir allerdings in unseren Programmen dennoch.

10.3.1 Einsatz der Klasse `Arrays`

Wie lässt sich nun ein Feld `zahlen` von **`int`**-Werten (oder auch Werten anderer einfacher Datentypen) unter Ausnutzung der in Java bereits existierenden Methoden sortieren? Der einfachste Weg ist, die Anweisung

```
java.util.Arrays.sort(zahlen);
```

zu verwenden. Ein Feld von `String`-Objekten namens `namensliste` sortieren Sie analog durch den Befehl

```
java.util.Arrays.sort(namensliste);
```

Möglich wird dies, weil die Klasse `Arrays` eine ganze Reihe von statischen Methoden bereitstellt, die wir für diverse Standard-Aufgaben im Umgang mit Feldern einsetzen können. Die Methode `sort` finden wir dort in mehrfachen Überladungen bereitgestellt, sodass wir diese mit einem beliebigen Array-Parameter aufrufen können. Handelt es sich bei den Komponenten des Arrays um Werte der elementaren Datentypen **`int`**, **`long`**, **`float`**, **`double`** usw., werden dadurch die Werte im Feld entsprechend der üblichen numerischen Ordnung sortiert. Wenn es sich um Strings handelt, werden diese nach der üblichen lexikographischen Ordnung, also alphabetisch, sortiert.
Die Klasse `Arrays` bietet auch Unterstützung für das Vergleichen der Feldkomponenten (mit der Methode `equals`) oder das Befüllen aller Feldkomponenten mit einem bestimmten Wert (mit der Methode `fill`). Ein Blick in ihre API-

Spezifikation [42] ist daher durchaus lohnenswert. Auf einige weitere Details zur Klasse `Arrays` geht auch Abschnitt 11.7.4.3 ein.

10.3.2 Implementierung des Interface `Comparable`

Wir wollen Sie in diesem Abschnitt dahin bringen, beliebige Felder von selbst definierten Objekten mit der `sort`-Methode bearbeiten zu können. Zu diesem Zweck beantworten wir die Frage, *nach welchem Kriterium* die Methode Objekte miteinander vergleicht, um die Objekte zu ordnen. Welches Objekt steht vor einem anderen, welches ist *größer als* das andere?
Java beantwortet diese Fragen durch das Interface `java.lang.Comparable`. Objekte, deren Klassen dieses Interface implementieren, lassen sich miteinander vergleichen. Zu diesem Zweck besitzt das Interface, das generisch mit dem Typ-Parameter `T` deklariert ist, eine einzige Methode:

```
public int compareTo(T o)
```

Diese Methode vergleicht das Objekt, auf dem sie aufgerufen wird, mit einem zweiten Objekt gleichen Typs. `a.compareTo(b)` liefert also

- einen negativen Wert, z. B. `-1`, wenn `a` kleiner als `b` ist,
- einen positiven Wert, z. B. `+1`, wenn `a` größer als `b` ist, und
- die Zahl `0`, wenn beide Objekte gleich sind.

Eine Vielzahl der grundlegenden Java-Datenklassen implementieren das Interface `Comparable`. Hierzu gehören etwa die Wrapper-Klassen (wie etwa `Integer` oder `Character` – wir haben diese bereits erwähnt, und in Abschnitt 11.2 beschäftigen wir uns noch näher mit ihnen), Klassen für Datumsangaben wie `java.util.Date` sowie die Klasse `String`. Hierbei sieht eben die Klasse `String`, wie zuvor erläutert, einen alphabetischen Vergleich vor.
Wir wollen die Anwendung des Interface an einem einfachen Beispiel verdeutlichen und definieren hierfür eine Klasse `Ring`, mit der beliebige Ringe anhand ihres Durchmessers modelliert werden:

```
/** Diese Klasse repraesentiert Ringobjekte, die nach
 ihrer Groesse sortiert werden koennen. */
public class Ring implements Comparable <Ring>{

  /** Durchmesser */
  private double durchmesser;

  /** Konstruktor */
  public Ring(double durchmesser) {
    this.durchmesser = durchmesser;
  }

  /** Gibt den Durchmesser in der toString-Methode aus */
  public String toString() {
    return "Ring der Groesse " + durchmesser;
  }
```

Unsere Klasse verfügt über eine Instanzvariable durchmesser, die innerhalb des Konstruktors gesetzt wird. Von der toString-Methode wird eine Zeichenkette, die den Wert dieser Variablen enthält, zurückgegeben. Auf dieser Grundlage können wir die im Interface Comparable definierte Methode compareTo wie folgt implementieren:

```
/** Mit Hilfe der compareTo-Methode wird verglichen */
public int compareTo(Ring o) {
  double durchmesser2 = o.durchmesser;
  if (durchmesser < durchmesser2)
    return -1;                        // Fall 1
  if (durchmesser > durchmesser2)
    return 1;                         // Fall 2
  return 0;                           // Fall 3
}
```

Die durch das Interface vorgegebene Anforderung ist somit erfüllt; Instanzen unserer Ringklasse können miteinander verglichen und sortiert werden. Es ist jedoch üblich, für Comparable-Klassen auch die Methoden equals und hashCode zu überschreiben.[2] Um uns hierbei Arbeit zu ersparen, verwenden wir für die equals-Methode einfach das Ergebnis der Methode compareTo:

```
/** Die equals-Methode muss auf den Vergleich abgestimmt werden */
public boolean equals(Object o) {
  if (o == null)
    return false;
  if (this == o)
    return true;
  if (getClass() != o.getClass())
    return false;
  return compareTo((Ring) o) == 0;
}
```

Für die Methode hashCode wandeln wir den durchmesser in ein Double-Objekt um und setzen anschließend dessen gleichnamige Instanzmethode ein:

```
/** Wer die equals-Methode veraendert, muss auch die
  * hashCode-Methode veraendern. */
public int hashCode() {
  return (Double.valueOf(durchmesser)).hashCode();
}
```

Unsere Ring-Klasse ist somit komplett definiert; sie ist also auf eine automatische Sortierung mit java.util.Arrays.sort vorbereitet. In einem entsprechenden Beispielprogramm stellen wir nun fest, dass das anschließende Sortieren eines derartigen Feldes mit Abstand weniger Programmieraufwand bedeutet als das vorherige Erzeugen und das anschließende Ausgeben:

```
/** Erzeugt zehn zufaellige Ringe und sortiert sie */
public class RingDemo {
```

[2] Dies mag auf den ersten Blick überraschend erscheinen, hat aber in der Praxis einen ganz einfachen Grund. Zwei Objekte, deren Vergleich mit compareTo den Wert 0 ergibt, werden als gleich betrachtet. Aus diesem Grund darf die equals-Methode kein anderes Ergebnis liefern. Wer aber die Methode equals überschreibt, der sollte immer auch die Methode hashCode anpassen. Ansonsten funktionieren einige Java-Klassen, wie etwa die Collections, nicht mehr.

```
  public static void main(String[] args) {
    Ring[] ringe = new Ring[10];           // Erzeuge 10 Ringe
    for (int i = 0; i < ringe.length; i++)
      ringe[i] = new Ring(Math.random());
    java.util.Arrays.sort(ringe);          // Sortiere die Ringe
    for (Ring r : ringe)
      System.out.println(r);               // Gib die Ringe aus
  }
}
```

10.3.3 Übungsaufgaben

Aufgabe 10.8

Programmen Sie eine Klasse `Rechteck`, die das `Comparable`-Interface implementiert. Diese soll Rechtecke (mittels privaten Variablen für die Bereite und die Höhe) modellieren. Statten Sie die Klasse mit einem passenden Konstruktor, einer `toString`-Methode, einer `equals`-Methode (gemäß des üblichen equals-Vertrags) sowie einer Instanzmethode zur Berechnung des Flächeninhalts aus. Bei der Realisierung der Methode `compareTo` soll ein Vergleich der Objekte anhand ihres Flächeninhalts vorgenommen werden.

Aufgabe 10.9

Programmieren Sie eine ausführbare Klasse, in deren `main`-Methode zunächst eingelesen wird, mit wie vielen Rechteck-Objekten gearbeitet werden soll. Danach soll ein entsprechend großes Array mit Komponenten vom Typ `Rechteck` (aus Aufgabe 10.8) angelegt und mit Rechteck-Objekten belegt werden. Die Werte für Breite und Höhe sollen dabei jeweils eingelesen werden.
Im Anschluss daran sollen alle Rechtecke im Array in der ursprünglichen Reihenfolge auf den Bildschirm ausgegeben werden. Danach soll das Array auf Basis der Flächeninhalte der Rechteck-Komponenten sortiert und in der sich daraus ergebenen Reihenfolge auf den Bildschirm ausgegeben werden. Setzen Sie dabei die Methode `Arrays.sort` ein.

10.4 Versiegelte Klassen und Interfaces

In der objektorientierten Modellierung und Softwareentwicklung gibt es immer wieder einmal Gründe, die Vererbbarkeit einer Klasse einzuschränken. So haben wir zum Beispiel schon gelernt, dass wir eine Klasse mit dem Schlüsselwort **`final`** deklarieren können, sodass von ihr keine Unterklassen mehr definiert werden können (siehe Abschnitt 8.1.6). Mit der sogenannten **Versiegelung** können wir dieses Verbot etwas „aufweichen" und die Einschränkung etwas spezifischer vornehmen, indem wir für eine Klasse oder ein Interface explizit festlegen, welche anderen Klassen und Interfaces sie erweitern dürfen. Auch für die Implementierung von Interfaces durch Klassen können wir entsprechende Regelungen explizit in unserem Programmcode vornehmen.

10.4.1 Der Mechanismus der Versiegelung

Wenn wir eine versiegelte Klassenstruktur aufbauen wollen, müssen wir die kontextuellen Schlüsselwörter **sealed**, **permits** und **non-sealed** sowie das bereits bekannte Schlüsselwort **final** einsetzen und wie folgt vorgehen:

- Mit dem Schlüsselwort **sealed** markieren wir eine versiegelte Klasse.
- Mit dem Schlüsselwort **permits** listen wir die erlaubten Unterklassen auf.
- Jede dieser Unterklassen unserer versiegelten Klasse müssen wir nun explizit kennzeichnen und festlegen, ob sie versiegelt, final oder nicht versiegelt ist:
  - Soll die Unterklasse selbst versiegelt sein, müssen wir mit dem kontextuellen Schlüsselwort **permits** die erlaubten Unterklassen aufzählen.
  - Soll die Unterklasse nicht mehr weiter vererbt werden, müssen wir sie mit **final** markieren.
  - Soll die Unterklasse selbst nicht mehr versiegelt sein, also wieder beliebige weitere Unterklassen zulassen wie eine „normale“ Klasse, dann müssen wir sie mit **non-sealed** markieren.

Wir könnten also beispielsweise folgende Vererbungsstruktur erzeugen:

```
public sealed class Figur permits Punkt, Kreis, Kugel {
  // ...
}
public final class Punkt extends Figur {
  // ...
}
public sealed class Kreis extends Figur permits Ring, Scheibe {
  // ...
}
public final class Ring extends Kreis {
  // ...
}
public final class Scheibe extends Kreis {
  // ...
}
public non-sealed class Kugel extends Figur {
  // ...
}
```

Dabei könnten auch abstrakte Klassen zum Einsatz kommen. Für die Versiegelung ist dies unerheblich.

Im Kontext von Interfaces können wir ganz analog vorgehen, indem wir ein versiegeltes Interface mit **sealed** markieren und mit **permits** die Interfaces, die von ihm erben dürfen, und die Klassen, denen es erlaubt ist, dieses Interface zu implementieren, auflisten. Für implementierende Klassen gilt dann die zuvor beschriebene Kennzeichnungsregel für die Unterklasse einer versiegelten Klasse.

Wenn wir z. B. unsere Klasse `Figur` durch ein Interface `Geometrisch` austauschen, könnten wir folgende Struktur erzeugen:

```
public sealed interface Geometrisch permits Punkt, Kreis, Kugel {
  // ...
}
public final class Punkt implements Geometrisch {
  // ...
}
public sealed class Kreis implements Geometrisch permits Ring, Scheibe
    {
  // ...
}
public final class Ring extends Kreis {
  // ...
}
public final class Scheibe extends Kreis {
  // ...
}
public non-sealed class Kugel implements Geometrisch {
  // ...
}
```

In den nachfolgenden Abschnitten werden wir uns anhand von zwei Anwendungsfällen den konkreten Einsatz dieses Versiegelungskonzepts noch etwas genauer anschauen.

10.4.2 Versiegelung am Beispiel von Klassen

Nehmen wir an, wir beschäftigen uns mit einer objektorientierten Modellierung für eine Kinderzimmerausstattung. Ausgangspunkt bildet dabei eine Klasse `Spielzeug`, in der wir unsere Spielzeug-Objekte z. B. mit Attributen für die Modellbezeichnung, für die Farbe und für das Mindestalter der damit spielenden Kinder sowie potenziellen weiteren Details ausstatten möchten. Außerdem haben wir uns auch schon sinnvolle Unterklassen überlegt, die insgesamt folgende Klassenhierarchie bilden:

```
public class Spielzeug {
  String bezeichnung;  // Modellbezeichnung des Spielzeugs
  String farbe;        // Farbe des Spielzeugs
  int    alter;        // Mindestalter fuer damit spielende Kinder

  // ...
}
public class Bauklotz extends Spielzeug {
  // ...
}
public class NaturBauklotz extends Bauklotz {
  // ...
}
public class LackierterBauklotz extends Bauklotz {
  // ...
}
public class Auto extends Spielzeug {
```

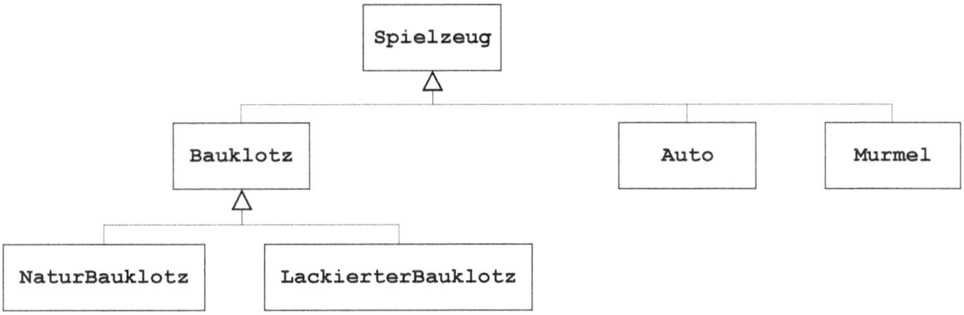

Abbildung 10.1: Erster Entwurf für unsere Spielzeug-Klassen

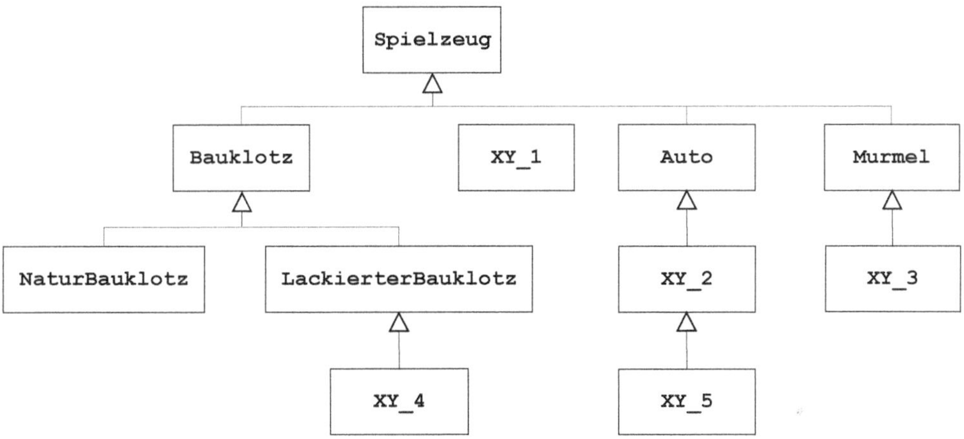

Abbildung 10.2: Potenzielle Erweiterungen der Spielzeug-Klassen

```
  // ...
}
public class Murmel extends Spielzeug {
  // ...
}
```

Abbildung 10.1 stellt diesen ersten Entwurf in einem UML-Klassendiagramm dar. Wenn nun auf dieser Basis verschiedene Entwicklerinnen und Entwickler aufsetzen, könnten sie diese Klassenhierarchie an allen Stellen erweitern. Also könnten sich zur Basishierarchie diverse Unterklassen hinzugesellen, wie in Abbildung 10.2 anhand der XY-Klassen angedeutet. Aber möglicherweise wollen wir das gar nicht zulassen, weil wir eine ganz präzise Vorstellung davon haben, welche Art von Spielzeugen wir in unserem Kinderzimmer erlauben möchten. Wie gehen wir also vor, wenn wir zwar beliebige Spezialisierungen von Autos (wie z. B. HotWheels oder Matchbox) gestatten wollen, es aber außer Naturbauklötzen und

lackierten Bauklötzen keine weiteren Varianten von Bauklötzen geben soll und auch spezielle Arten von Murmeln nicht erwünscht sind?
Als Erstes können wir das Schlüsselwort **final** ins Spiel bringen und absichern, dass es keine Unterklassen von `NaturBauklotz`, `LackierterBauklotz` und `Murmel` geben kann:

```
public final class NaturBauklotz extends Bauklotz {
  // ...
}
public final class LackierterBauklotz extends Bauklotz {
  // ...
}
public final class Murmel extends Spielzeug {
  // ...
}
```

Allerdings könnte dann trotzdem noch jemand nicht erwünschte Unterklassen von `Bauklotz` oder `Spielzeug` einführen. Spätestens jetzt wird klar, dass wir hier die Versiegelung benötigen. Zunächst sorgen wir mit

```
public sealed class Spielzeug permits Bauklotz, Auto, Murmel {
  // ...
}
```

dafür, dass es außer Bauklötzen, Autos und Murmeln keine weiteren Arten von Spielzeugen geben kann. Außerdem legen wir mittels

```
public sealed class Bauklotz extends Spielzeug
                             permits NaturBauklotz,
                                     LackierterBauklotz {
  // ...
}
```

fest, dass es nur zwei Bauklotz-Unterklassen geben kann. Übrig bleibt noch, die Klasse `Auto` wieder freizugeben für die Ausgestaltung von Unterklassen:

```
public non-sealed class Auto extends Spielzeug {
  // ...
}
```

Mit dieser Aufhebung der Versiegelung steht es uns nun wieder frei, z. B. die Klassen

```
public class Matchbox extends Auto {
  // ...
}
public class HotWheels extends Auto  {
  // ...
}
```

und weitere als Auto-Unterklassen einzuführen. In Abbildung 10.3 ist unser entsprechend angepasstes UML-Diagramm dargestellt.

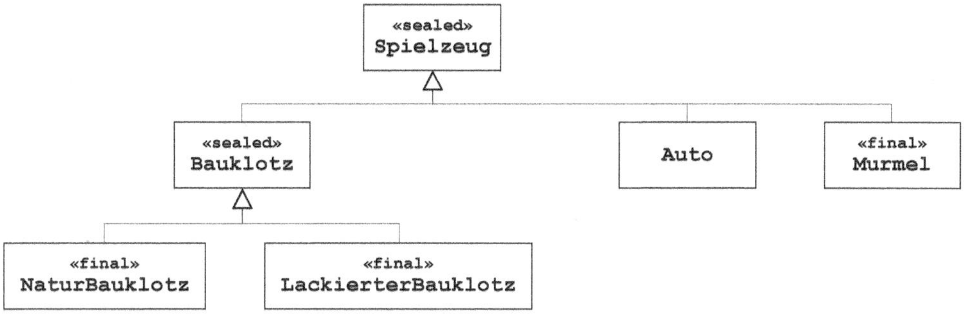

Abbildung 10.3: Versiegelte Variante der Spielzeug-Klassenhierarchie

10.4.3 Versiegelung am Beispiel mit einem Interface

In diesem Beispiel wollen wir uns mit einem Szenario beschäftigen, in dem für Studierende einer Hochschule anhand ihrer erbrachten Leistungen Endnoten berechnet werden sollen. Unsere Studierenden modellieren wir dabei als Objekte der Klasse

```
public class Studi {
  int              mNr;  // Matrikelnummer
  PruefungsOrdnung po;   // Pruefungsordnung
  public Studi (int m, PruefungsOrdnung p) { // Konstruktor
    mNr = m;
    po = p;
  }
}
```

Das Attribut po legt dabei die jeweils für die Studierenden gültige Prüfungsordnung fest, was die Notenberechnung reguliert. Dabei ist PruefungsOrdnung ein Interface, in dem die Methode vorgeschrieben ist, nach der eine einzelne Leistung (mit einer bestimmten erreichten Punktzahl) in eine Note umgewandelt wird:

```
public interface PruefungsOrdnung {
  double berechneNote (int punkte);
}
```

Für die Berechnung der Endnote wird ein EndNotenRechner-Objekt eingesetzt, das mittels der Methode berechneEndnote alle Leistungen eines bzw. einer bestimmten Studierenden verrechnet, wobei in der Berechnung der Einzelnoten jeweils die Prüfungsordnung des bzw. der Studierenden Beachtung findet:

```
public class EndNotenRechner {
  public double berechneEndnote (Studi s, int[] leistungen) {
    double n = 0;
    for (int lst : leistungen) {
      n = n + s.po.berechneNote(lst);
    }
    return n / leistungen.length;
  }
}
```

An der Hochschule kommen mit `PO_18` und `PO_24` zwei konkrete Implementierungen von `PruefungsOrdnung` offiziell zum Einsatz:

```
public class PO_18 implements PruefungsOrdnung {
  public double berechneNote (int punkte) {
    if (punkte < 30) {
      return 5.0;
    }
    else {
      return 1.0 + (60.0 - punkte) / 10;
    }
  }
}
public class PO_24 implements PruefungsOrdnung {
  public double berechneNote (int punkte) {
    if (punkte < 27) {
      return 5.0;
    }
    else if (punkte > 57) {
      return 1.0;
    }
    else {
      return 1.0 + (57.0 - punkte) / 10;
    }
  }
}
```

Während Studierende mit der Prüfungsordnung 18 erst mit 60 Punkten eine 1,0 erhalten, profitieren Studierende mit der Prüfungsordnung 24 von einer leicht verbesserten Notenformel, bei der es schon ab 57 Punkten die Note 1,0 gibt.
Nun könnten wir das alles in einem Anwendungsprogramm zusammenfügen: Wir haben es mit Studierenden zu tun, die im Rahmen von Gruppenarbeiten drei Leistungen erbracht haben, die mit 54, 46 bzw. 38 Punkten bewertet wurden:

```
int[] leistungen = {54, 46, 38};
```

Der Student Alfons studiert nach der Prüfungsordnung 18:

```
Studi alfons = new Studi (135798, new PO_18());
```

Die Studentin Berta studiert nach der Prüfungsordnung 24:

```
Studi berta = new Studi (246809, new PO_24());
```

Die berechneten Endnoten der beiden Studierenden unterscheiden sich aufgrund der unterschiedlichen Notenskalen leicht. Das Programmfragment

```
EndNotenRechner enr = new EndNotenRechner();

System.out.println("Alfons hat die Endnote " +
                   enr.berechneEndnote(alfons, leistungen));
System.out.println("Berta hat die Endnote " +
                   enr.berechneEndnote(berta, leistungen));
```

liefert somit die Ausgabe

Konsole

```
Alfons hat die Endnote 2.4
Berta hat die Endnote 2.1
```

Bis hierher könnten wir also mit unserer Implementierung durchaus zufrieden sein. Allerdings gibt es unter unseren Studierenden ein schwarzes Schaf, Ede, der eine eigene illegale Prüfungsordnung 00 ins System eingeschleust hat, mit der er für jede Leistung stets die Spitzenbewertung erhält:

```
public class PO_00 implements PruefungsOrdnung {
  public double berechneNote (int punkte) {
    return 1.0;
  }
}
```

Für den Studenten

```
Studi ede = new Studi (123456, new PO_00());
```

liefert der Einsatz des Endnotenrechners

```
System.out.println("Ede hat die Endnote " +
                   enr.berechneEndnote(ede, leistungen));
```

daher das Ergebnis

Konsole

```
Ede hat die Endnote 1.0
```

Wie können wir ein solches illegales Szenario vermeiden und das Einschleusen der Prüfungsordnung 00 oder einer anderen nicht zugelassenen Variante verbieten? Die Lösung für unser Problem ist die Versiegelung des Interface und die Finalisierung der implementierenden Klassen.

```
public sealed interface PruefungsOrdnung permits PO_18, PO_24 {
  double berechneNote (int punkte);
}
public final class PO_18 implements PruefungsOrdnung {
  public double berechneNote (int punkte) {
    if (punkte < 30) {
      return 5.0;
    }
    else {
      return 1.0 + (60.0 - punkte) / 10;
    }
  }
}
public final class PO_24 implements PruefungsOrdnung {
  public double berechneNote (int punkte) {
    if (punkte < 27) {
      return 5.0;
    }
    else if (punkte > 57) {
      return 1.0;
    }
    else {
      return 1.0 + (57.0 - punkte) / 10;
    }
  }
}
```

Eine illegale Form einer Prüfungsordnung wie z. B.

```
public final class PO_00 implements PruefungsOrdnung {
  public double berechneNote (int punkte) {
    return 1.0;
  }
}
```

wird dann vom Compiler nicht mehr akzeptiert, da versucht wird, mit einer unerlaubten Klasse das Interface zu implementieren, und dieser meldet:

```
Konsole
error: class is not allowed to extend sealed class:
       PruefungsOrdnung (as it is not listed in its
       'permits' clause)
```

Edes Betrugsversuch schlägt daher fehl.

10.4.4 Hilfreiche Konsequenzen für das Pattern-Matching

In Abschnitt 8.4.4 haben wir uns mit dem Pattern-Matching für **switch** beschäftigt. Im Zusammenhang mit versiegelten Klassen kann der Compiler prüfen, ob eine **switch**-Anweisung oder ein **switch**-Ausdruck alle möglichen Fälle abdeckt. Wenn wir beispielsweise mit der Hierarchie

```
public sealed interface Ziffer permits Null, Eins {
}
public final class Null implements Ziffer {
}
public final class Eins implements Ziffer {
}
```

arbeiten, können wir unter Einsatz des Pattern-Matching für **switch** folgenden Code schreiben:

```
Ziffer z = ...;
switch (z) {
  case Null n -> ...;
  case Eins e -> ...;
}
```

Der Compiler kann erkennen, dass `z` nur vom Typ `Null` oder `Eins` sein kann, sodass die **switch**-Anweisung vollständig ist und keinen **default**-Zweig benötigt.

Dieser grundsätzliche Wegfall des **default**-Zweigs hat darüber hinaus den Vorteil, dass uns bei späteren Erweiterungen unserer Versiegelungshierarchie der Compiler auf einen fehlenden **switch**-Fall hinweisen kann. Wir könnten also beispielsweise unsere bisherigen Ziffern-Klassen um eine zusätzliche erweitern:

```
public sealed interface Ziffer permits Null, Eins, Zwei {
}
public final class Null implements Ziffer {
}
public final class Eins implements Ziffer {
}
```

```
public final class Zwei implements Ziffer {
}
```

Wenn wir danach versuchen, unsere obige **switch**-Anweisung unverändert zu übersetzen, meldet der Compiler einen Fehler:

Konsole

```
error: the switch statement does not cover all possible
       input values
```

Dies weist uns darauf hin, dass wir dort noch einen neu hinzugekommenen Fall abhandeln müssen.

10.4.5 Übungsaufgaben

Aufgabe 10.10

Gegeben sind die folgenden Klassen für die Modellierung von Kleidungsstücken:

```
public class Kleidung {
  String bezeichnung;  // Modellbezeichnung des Kleidungsstuecks
  String farbe;        // Farbe des Kleidungsstuecks
  int    groesse;      // Konfektionsgroesse
  // ...
}
public class Hose extends Kleidung {
  // ...
}
public class Jeans extends Hose {
  // ...
}
public class Lederhose extends Hose {
  // ...
}
public class Hemd extends Kleidung {
  // ...
}
public class Socke extends Kleidung {
  // ...
}
```

Modifizieren Sie diese Klassenhierarchie so, dass folgende Bedingungen erfüllt sind:

- Es kann beliebige Spezialisierungen von Hemden geben (z. B. Seidenhemd oder Jeanshemd).
- Außer Jeans und Lederhosen darf es keine weiteren Spezialisierungen von Hosen geben.
- Es darf keinerlei spezielle Art von Socken geben.

10.5 Records

Wenn wir im Rahmen der objektorientierten Modellierung bzw. Softwareentwicklung neue Klassen entwerfen, ist es immer sinnvoll, sich an den Abschnitt 8.4.1 unseres Buchs zu erinnern. Dort haben wir ausgeführt, welche in der Klasse `Object` definierten Methoden wichtige Rollen spielen und daher in unseren neuen Klassen stets überschrieben werden sollten. Außerdem wissen wir, dass es sinnvoll ist, jede Klasse mit einem geeigneten Konstruktor auszustatten, der es ermöglicht, die Attribute neu erzeugter Objekte sinnvoll zu initialisieren. Darüber hinaus benötigen wir im Kontext von Kapselung und Zugriffsschutz in der Regel Methoden für den Zugriff auf unsere Attribute. Wir haben also einiges zu tun – und genau da setzt das Konzept der sogenannten **Records** an. Mit dieser speziellen Form von Klassendefinition können wir durch eine kompakte syntaktische Notation viel Programmieraufwand einsparen.
In den nachfolgenden Abschnitten werden wir uns mit Anwendungsfällen für Records sowie mit den Syntaxregeln und den Details für den Einsatz dieses Konzepts beschäftigen.

10.5.1 Motivation für die Nutzung von Records

Angenommen, wir möchten für unsere Programme einen eigenen Datentyp einführen, mit dem wir einen Namen bestehend aus Vor- und Nachnamen darstellen können. Vor- und Nachname sollen dabei jeweils unveränderlich und vor direktem Zugriff geschützt sein, lesende Zugriffe möchten wir über get-Methoden ermöglichen, und wir wollen die „Standardausstattung“ mit einem „kanonischen“ Konstruktor zur Initialisierung aller Attribute des Objekts sowie mit den Methoden `toString`, `equals` und `hashCode` umsetzen. Außerdem wollen wir sicherstellen, dass von unserer Klasse keine Unterklassen abgeleitet werden können. Dann könnte ein möglicher Klassenentwurf wie folgt aussehen:

```
public final class Name {
  private final String vn;
  private final String nn;

  public Name(String vn, String nn) {
    this.vn = vn;
    this.nn = nn;
  }
  public String getVn() {
    return vn;
  }
  public String getNn() {
    return nn;
  }
  public String toString() {
    return "Name[vn=" + vn + ", nn=" + nn + "]";
  }
  public boolean equals(Object obj) {
    if (obj == null)
```

```
      return false;
    if (obj == this)
      return true;
    if (obj.getClass().equals(getClass()))
      return false;
    Name that = (Name) obj;
    return this.vn == that.vn && this.nn == that.nn;
  }
  public int hashCode() {
    return java.util.Objects.hash(vn, nn);
  }
}
```

In einem Anwendungsprogramm könnten wir diese Klasse z. B. in folgender Form einsetzen:

```
Name n = new Name("Harry", "Hirsch");
System.out.println(n);
```

Mit Hilfe einer Record-Klassendefinition können wir unseren Programmieraufwand drastisch reduzieren. Statt unserer obigen Klasse `Name` programmieren wir lediglich:

```
public record Name (String vn, String nn) {
}
```

Beim Übersetzen dieser Zeilen generiert der Java-Compiler daraus alle Bestandteile, die wir in unserer normalen Klassendefinition mühsam selbst codiert haben, und unsere Anwendungsprogrammzeilen können unverändert bleiben, denn der Record-Datentyp verhält sich ansonsten wie eine normale Klasse mit dem Unterschied, dass die get-Methoden nicht mit `get` beginnen, sondern der Name der Methode dem Attribut-Namen entspricht:

```
System.out.println("Der Vorname lautet "+ n.vn());
System.out.println("Der Nachname lautet "+ n.nn());
```

10.5.2 Records im Detail

Aus unserem obigen Beispiel können wir uns die grundsätzliche Syntax für die Definition eines Records nahezu direkt ableiten. Sie lautet:

Syntaxregel

```
public record «RECORDNAME» («KOMPONENTENLISTE») {
  «ZUSATZDEKLARATIONEN»
}
```

Für die syntaktischen Bestandteile gilt dabei:

- `«RECORDNAME»` ist ein Bezeichner für den hiermit neu definierten Record-Datentyp.
- `«KOMPONENTENLISTE»` ist eine Kommaliste von Variablendeklarationen (ähnlich wie die Parameterliste einer Methode). Hier werden die Komponen-

ten (die Attribute) des Records festgelegt. Diese Liste kann auch leer sein, wenn der Record keine Komponenten besitzen soll.

- «ZUSATZDEKLARATIONEN» bildet den *optionalen* Rumpf des Records, in dem zusätzliche Bestandteile des Records (über die automatisch generierten hinaus) deklariert werden können.

Bei der Übersetzung einer so formulierten Record-Definition erzeugt der Compiler daraus eine finale Klasse mit folgenden Bestandteilen:

- Für jede in der Komponentenliste aufgeführte Komponente gibt es eine finale und private Instanzvariable.
- Es gibt einen Konstruktor, dessen Parameterliste der Komponentenliste entspricht und der in seinem Rumpf jede Komponente entsprechend initialisiert.
- Zu jeder Instanzvariable gibt es eine öffentliche lesende Zugriffsmethode gleichen Namens.
- Es gibt eine `equals`-Methode, die zwei Objekte der Klasse genau dann als gleich wertet, wenn alle korrespondierenden Instanzvariablen gleich sind.
- Es gibt eine `hashCode`-Methode, die für zwei gleiche Objekte der Klasse den gleichen Hashwert liefert.
- Es gibt eine `toString`-Methode, die eine Zeichenkette zurückliefert, die für jede Instanzvariable deren Namen und deren Wert auflistet.

Betrachten wir ein Beispiel dazu, einen Record für Punkte im dreidimensionalen Raum:

```
public record Punkt (double x, double y, double z) {
}
```

Diesen neuen Datentyp können wir nun wie von Klassen gewohnt einsetzen:

```
Punkt p = new Punkt(1.0, 2.0, 3.0);
System.out.println(p.x());
System.out.println(p.y());
System.out.println(p.z());
System.out.println("p = " + p);
Punkt q = new Punkt(1.0, 2.0, 3.0);
System.out.println("q = " + q);
System.out.println("p equals q = " + p.equals(q));
```

Als Ausgabe dieser Programmzeilen erhalten wir

Konsole

```
1.0
2.0
3.0
p = Punkt[x=1.0, y=2.0, z=3.0]
q = Punkt[x=1.0, y=2.0, z=3.0]
p equals q = true
```

10.5.2.1 Regeln zur Vererbung für Records

Im Hinblick auf die Vererbung gilt es, für Records einige Besonderheiten zu beachten.

- Da ein Record immer einer finalen Klasse entspricht, kann ein Record nicht erweitert werden. Eine andere Klasse oder ein anderer Record kann also nicht von einem Record erben.
- Ebenso wenig kann ein Record von einer anderen Klasse oder einem anderen Record erben – davon ausgenommen ist lediglich die Klasse `Object`, von der die entsprechende finale Klasse ja sowieso implizit erbt.
- Interessanterweise kann aber ein Record ein Interface implementieren, unabhängig davon, ob dieses versiegelt ist oder nicht.

Wir wollen auch hierzu ein Beispiel betrachten, indem wir das Interface `Projektion` einführen, das unser obiger Record selbstverständlich implementieren kann:

```
public interface Projektion {
  double x();
  double y();
}

public record Punkt (double x, double y, double z)
                                        implements Projektion {
}
```

10.5.2.2 Mögliche Ergänzungen von Records

In unserer obigen Syntaxregel haben wir bereits gesehen, dass im Rumpf eines Records ein optionaler Teil «`ZUSATZDEKLARATIONEN`» enthalten sein kann. In diesem können wir zusätzliche Bestandteile in Form von

- statischen Variablen,
- Konstruktoren,
- statischen Methoden und
- Instanzmethoden

deklarieren, wobei wir einige Besonderheiten beachten müssen. Werfen wir einen Blick auf den in diesem Sinne ergänzten Record `Punkt`:

```
public record Punkt (double x, double y, double z) {
  // Wurzel aus 2 als Konstante ergaenzen
  static final double WURZEL_2 = Math.sqrt(2);

  // Default-Konstruktor ergaenzen
  public Punkt() {
    this(0,0,0);
  }

  // Einfach-Konstruktor ergaenzen
```

```
  public Punkt(double d) {
    this(d,d,d);
  }

  // Automatisch generierten Konstruktor neu definieren
  public Punkt(double x, double y, double z) {
    this.x = x;
    this.y = y;
    this.z = z;
    System.out.println("x, y und z initialisiert.");
  }

  // Methode fuer den Abstand zum Ursprung ergaenzen
  public double nullAbstand() {
     return Math.sqrt(x*x + y*y + z*z);
  }
}
```

- Zunächst haben wir eine Konstante für den Wert $\sqrt{2}$ als statische Variable deklariert. Nicht-statische Variablen dürfen wir allerdings nicht einführen!
- Danach haben wir zwei Überladungen des automatisch vom Compiler generierten kanonischen Konstruktors deklariert. Hier müssen wir beachten, dass wir die Initialisierungsarbeit stets mit dem Aufruf **this**(...) an den automatisch generierten Konstruktor delegieren müssen.
- Unser dritter Konstruktor ist eine Neudefinition des automatisch generierten Konstruktors, bei dem wir eine Konsolenausgabe ergänzt haben. Hier müssen wir beachten, dass dies nur gelingt, wenn die Parameterliste exakt der Komponentenliste des Records entspricht. Andere Parameter-Namen könnten wir beispielweise nicht verwenden.
- Zuletzt haben wir noch eine Methode ergänzt, mit deren Hilfe der Abstand unseres Punkt-Objekts zum Ursprung berechnet und zurückgeliefert wird. Bei der Definition von statischen oder nicht-statischen Methoden gelten die üblichen Regeln, wie wir sie von „normalen" Methodendefinitionen kennen. Lediglich eine Einschränkung haben wir zu beachten – im Rumpf einer Methode kann den Instanzvariablen kein neuer Wert zugewiesen werden, denn sie sind ja final.

Diese Erweiterungen können wir nun einsetzen:

```
Punkt p = new Punkt(1.0, 2.0, 3.0);
System.out.println("p = " + p);
Punkt q = new Punkt(Punkt.WURZEL_2);
System.out.println("q = " + q);
Punkt r = new Punkt();
System.out.println("r = " + r);
System.out.println("q equals r = " + q.equals(r));
System.out.println("Null-Abstand von p = " + p.nullAbstand());
```

Als Ausgabe dieser Programmzeilen erhalten wir

```
Konsole
x, y und z initialisiert.
p = Punkt[x=1.0, y=2.0, z=3.0]
x, y und z initialisiert.
q = Punkt[x=1.4142135623730951, y=1.4142135623730951,
                                    z=1.4142135623730951]
x, y und z initialisiert.
r = Punkt[x=0.0, y=0.0, z=0.0]
q equals r = false
Null-Abstand von p = 3.7416573867739413
```

10.5.3 Records und das Pattern-Matching

Für Record-Datentypen kann selbstverständlich, wie für andere Klassen auch, das Pattern-Matching eingesetzt werden – sowohl für **instanceof** als auch für **switch**. D. h. wir könnten unsere Beispielprogramme aus Abschnitt 8.4.3 und Abschnitt 8.4.4 erweitern, indem wir auch Objekte unseres obigen Records `Punkt` ins Spiel bringen:

```
public static double getValue (Object obj) {
  if (obj instanceof Fahrzeug f) {
    return f.nr;
  }
  else if (obj instanceof Waehrung w) {
    return w.dollarBetrag();
  }
  else if (obj instanceof String s) {
    return s.length();
  }
  else if (obj instanceof Punkt p) { // normales Pattern-Matching
    return p.x() + p.y() + p.z();    // Nutzung der Zugriffsmethoden
  }
  else {
    return 0;
  }
}

public static double getValue (Object obj) {
  return switch (obj) {
      case Fahrzeug f
           -> f.nr;
      case Waehrung w
           -> w.dollarBetrag();
      case String s
           -> s.length();
      case Punkt p                     // normales Pattern-Matching
           -> p.x() + p.y() + p.z(); // Nutzung der Zugriffsmethoden
      default
           -> 0;
  };
}
```

Allerdings können wir unseren Programmcode sogar noch weiter vereinfachen, wenn wir mit sogenannten **Record-Patterns** arbeiten. Wir geben dabei als Pattern die komplette Definition des Record-Datentyps an und können danach ohne Verwendung der Zugriffsmethoden direkt auf die Attribute des Records zugreifen. Für unserem `Punkt`-Record heißt das, wir können die beiden Beispiel-Anwendungscodes wie folgt anpassen:

```
public static double getValue (Object obj) {
  if (obj instanceof Fahrzeug f) {
    return f.nr;
  }
  else if (obj instanceof Waehrung w) {
    return w.dollarBetrag();
  }
  else if (obj instanceof String s) {
    return s.length();
  }
  else if (obj instanceof Punkt (double x, double y, double z)) {
                                    // Einsatz eines Record-Patterns
    return x + y + z;               // direkter Zugriff auf Attribute
  }
  else {
    return 0;
  }
}

public static double getValue (Object obj) {
  return switch (obj) {
      case Fahrzeug f
           -> f.nr;
      case Waehrung w
           -> w.dollarBetrag();
      case String s
           -> s.length();
      case Punkt(double x, double y, double z) // mit Record-Pattern
           -> x + y + z;            // direkter Zugriff auf Attribute
      default
           -> 0;
  };
}
```

10.5.4 Übungsaufgaben

Aufgabe 10.11

Überführen Sie die Programmierung der Klasse `Rechteck` aus Aufgabe 10.8 in eine Record-Definition.

Aufgabe 10.12

Testen Sie Ihre Record-Definition anhand der in Aufgabe 10.9 entwickelten Klasse für die Sortierung von Rechtecken.

Kapitel 11

Einige wichtige Hilfsklassen

Wir haben bereits einige Klassen kennengelernt, die im Paket `java.lang` vordefiniert sind und uns somit – ohne dass wir eine entsprechende **`import`**-Anweisung zu Beginn unseres Programms verwenden – unmittelbar zur Verfügung stehen. Beispielsweise haben wir gelernt, dass in der Klasse `Math` bzw. `java.lang.Math` zahlreiche nützliche und gebräuchliche mathematische Funktionen in Form von Java-Methoden bereitstehen. Außerdem haben wir uns auch kurz mit der Klasse `String` und einigen ihrer Methoden beschäftigt.
In den folgenden Abschnitten lernen wir weitere interessante vordefinierte Klassen der Sprache Java kennen, die sich für die in den weiteren Kapiteln dieses Buchs behandelten Themen als äußerst nützlich erweisen werden. Auf diese Weise erhalten wir auch Einblick in einige der Pakete, die Java über das Standardpaket `java.lang` hinaus für uns bereithält.

11.1 Die Klasse `StringBuffer`

11.1.1 Arbeiten mit `String`-Objekten

Erinnern wir uns an den kurzen Abschnitt über die Klasse `String` und an das, was wir darüber hinaus bereits prinzipiell über Zeichenketten in Java gelernt haben, dann ist uns hoffentlich noch bewusst, dass Zeichenketten in Java nicht mittels eines elementaren Datentyps, sondern in Form eines Referenzdatentyps dargestellt werden. Eine Variable vom Typ `String` enthält also nicht selbst eine Zeichenkette, sondern lediglich eine Referenz auf ein `String`-Objekt.
Auch für Zeichenkettenliterale (z. B. `"JavaBuch"`) werden in Java-Programmen implizit Instanzen der Klasse `String` angelegt, d. h. wir können (und müssen) ein Zeichenkettenliteral genauso wie eine Variable vom Typ `String` lediglich als einen Platzhalter für eine Referenz auf ein `String`-Objekt ansehen. Wird ein und dasselbe Zeichenkettenliteral in einem Programm mehrfach verwendet, so wird nur ein einziges `String`-Objekt dazu angelegt. Dabei spielt es keine Rolle, ob die-

se Zeichenkettenkonstante nur innerhalb einer Klasse oder in mehreren Klassen, die zum Programm gehören, auftaucht.
Auch bei der Konkatenation (Verkettung) von Zeichenketten mit dem +-Operator behandelt der Java-Compiler konstante Zeichenketten auf besondere Art. Besteht nämlich ein Zeichenkettenausdruck nur aus konstanten Operanden (also Zeichenkettenliteralen), so kann bereits zur Übersetzungszeit das Ergebnis bestimmt und selbst wieder als konstante Zeichenkette aufgefasst werden. Das Programm

```
1  public class StringRefs {
2    public static void main (String[] args) {
3      String s1 = "JavaBuch";
4      String s2 = "JavaBuch";
5      String s3 = "Java" + "Buch";
6      String s4 = new String("JavaBuch");
7      String s5 = "Java";
8      String s6 = s5 + "Buch";
9      System.out.println (s1 == "JavaBuch");
10     System.out.println (s1 == s2);
11     System.out.println (s1 == s3);
12     System.out.println (s1 == s4);
13     System.out.println (s1 == s6);
14     System.out.println (s5 == "Java");
15     System.out.println (s1.equals(s6));
16   }
17 }
```

wird also die Zeilen

Konsole

```
true
true
true
false
false
true
true
```

auf unserem Konsolenfenster erzeugen, da wir in den Zeilen 9 bis 14 mit dem Operator == arbeiten, der jeweils nur die Referenzen vergleicht. Im Unterschied dazu liefert natürlich der Vergleich auf Inhalt mit der Methode `equals` in Zeile 15 auch für `s1` und `s6` den Wert **`true`**. In Abbildung 11.1 werden die eben geschilderten Sachverhalte grafisch veranschaulicht.
Wichtig für die Handhabung von Strings in Java ist auch die Tatsache, dass sich der Inhalt einer `String`-Instanz nach ihrer Erzeugung nicht mehr ändern kann. Wenn wir also versuchen, einen durch die Anweisung

```
String s = "Java" + "Buch";
```

erzeugten String `s` mit Hilfe der Anweisung

```
s = "Neues" + s;
```

zu verändern (also durch Voranstellen weiterer Zeichen zu verlängern), so wird ein neues `String`-Objekt erzeugt, das die zusammengefügte Zeichenkette `"NeuesJavaBuch"` enthält. Das ursprüngliche Objekt mit dem Inhalt

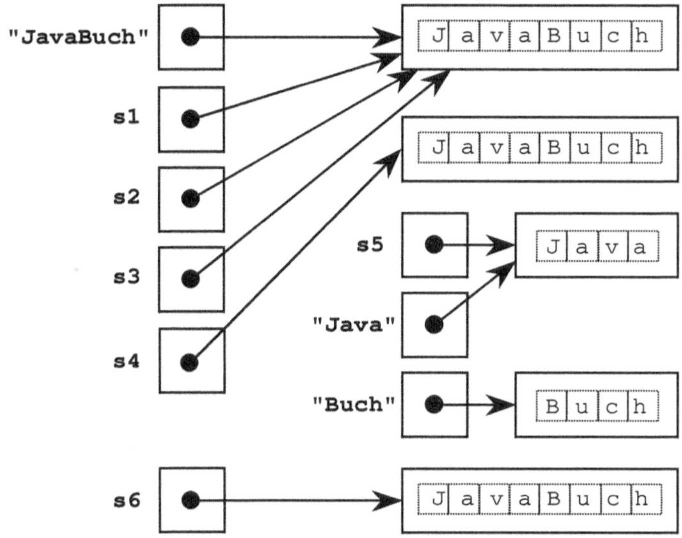

Abbildung 11.1: Arbeiten mit String-Objekten

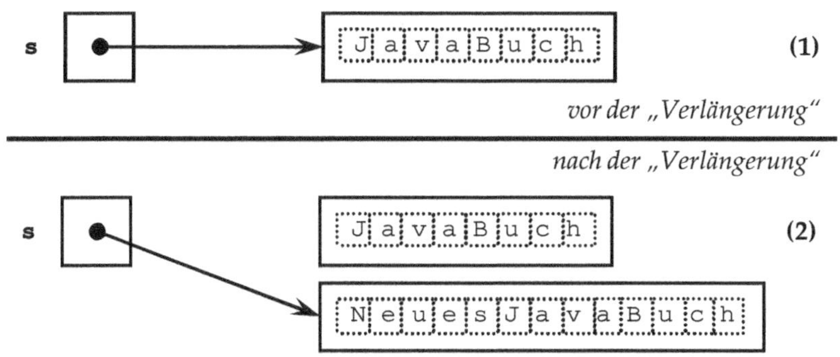

Abbildung 11.2: String-Objekte sind unveränderlich.

"JavaBuch" geht aber bei diesem Vorgang verloren. Da keine Referenz mehr auf das Objekt zeigt, kann es vom Garbage Collector gelöscht werden. Wir haben also nicht das von s referenzierte Objekt verändert, sondern ein neues Objekt erzeugt. Abbildung 11.2 verdeutlicht die Situation vor (1) und nach (2) der „Verlängerung" unseres Strings.
Die in der Klasse String für ihre Objekte zur Verfügung gestellten Methoden, mit denen wir zum Beispiel Teilzeichenketten aus einem String-Objekt abgreifen oder Strings in Groß- oder Kleinbuchstaben wandeln können, haben den gleichen Effekt: Alle „Veränderungen" an einem String-Objekt laufen so ab, dass jeweils ein neues String-Objekt generiert und geliefert wird.

11.1.2 Arbeiten mit `StringBuffer`-Objekten

Die Klasse `StringBuffer`, die ebenfalls im Standardpaket `java.lang` bereitgestellt wird, erlaubt es uns, mit veränderbaren Zeichenketten-Objekten zu arbeiten. Das bedeutet: Wir können dem Objekt zusätzliche Zeichen bzw. Zeichenketten hinzufügen oder auch Zeichen bzw. Teilzeichenketten entfernen. Während also die Zeilen

```
String str = "";
for (int i=1; i<500; i++)
  str = str + "x";
```

insgesamt 500 neue `String`-Objekte erzeugen würden, wird in den Zeilen

```
StringBuffer buf = new StringBuffer("");
for (int i=1; i<500; i++)
  buf = buf.append("x");
```

nur ein einziges `StringBuffer`-Objekt benötigt und verwendet. Die zweite Variante ist somit wesentlich effizienter (wir werden uns im Rahmen der Übungsaufgaben nochmals mit den dabei auftretenden Laufzeitunterschieden beschäftigen). Wir sehen in diesem Beispiel aber auch, dass wir bei `StringBuffer`-Objekten einen Konstruktoraufruf benötigen und dass wir nicht mit dem Operator + arbeiten können. Vielmehr müssen wir auf die Instanzmethode `append` zurückgreifen. Werfen wir einen Blick in die API-Spezifikation [42] zur verwendeten Java-Version, so können wir feststellen, dass die Klasse `StringBuffer` neben den üblichen Konstruktoren im Wesentlichen die beiden Methoden `append` und `insert` zur Verfügung stellt, die es erlauben, an ein bestehendes `StringBuffer`-Objekt weitere Zeichen(ketten) anzufügen. Außerdem gibt es entsprechende Methoden zum Löschen bzw. Verändern von Teilen der `StringBuffer`-Inhalte.
Als wichtigste Konstruktoren stehen

- **`public`** `StringBuffer()`
  erzeugt ein `StringBuffer`-Objekt mit einer leeren Zeichenkette
- **`public`** `StringBuffer(String s)`
  erzeugt ein `StringBuffer`-Objekt, das zu Beginn die durch `s` spezifizierte Zeichenkette enthält

zur Verfügung. Die für die meisten elementaren Datentypen und für allgemeine Objekte bzw. Strings überladenen Methoden

- **`public`** `StringBuffer append(`**`boolean`** `b)`
- **`public`** `StringBuffer append(`**`char`** `c)`
- **`public`** `StringBuffer append(`**`double`** `d)`
- **`public`** `StringBuffer append(`**`float`** `f)`
- **`public`** `StringBuffer append(`**`int`** `i)`
- **`public`** `StringBuffer append(`**`long`** `l)`
- **`public`** `StringBuffer append(Object obj)`

- **public** `StringBuffer append(String str)`

hängen jeweils die `String`-Darstellung des Arguments an das `StringBuffer`-Objekt an.
Mit diesen Methoden wird auch im Java-System die durch den Operator + in Verbindung mit Zeichenketten durchgeführte Konkatenation realisiert. Die Anweisung

```
s = true + " love";
```

entspricht daher der Anweisung

```
s = new StringBuffer().append(true).append(" love").toString();
```

und resultiert in der Zeichenkette `"true love"`. Möglich wird dies dadurch, dass jede `append`-Methode immer die Referenz auf das eigene `StringBuffer`-Objekt (also die **`this`**-Referenz) als Ergebnis zurückliefert, sodass über den Punkt-Operator gleich wieder auf die Instanzmethode `append` zugegriffen werden kann. Man nennt dies **invocation chaining** (deutsch: Aufrufverkettung). Ganz am Ende wandeln wir dabei übrigens unser `StringBuffer`-Objekt mit Hilfe der Instanzmethode `toString()` in eine „normale" Zeichenkette vom Typ `String` um. Diese Methode, die ja – wie wir bereits wissen – alle Klassen von der Klasse `Object` erben, steht natürlich auch den Objekten der Klasse `StringBuffer` zur Verfügung.
Die ebenfalls für die meisten elementaren Datentypen und für allgemeine Objekte bzw. Strings überladenen Methoden

- **public** `StringBuffer insert(`**int** `offset,` **boolean** `b)`
- **public** `StringBuffer insert(`**int** `offset,` **char** `c)`
- **public** `StringBuffer insert(`**int** `offset,` **double** `d)`
- **public** `StringBuffer insert(`**int** `offset,` **float** `f)`
- **public** `StringBuffer insert(`**int** `offset,` **int** `i)`
- **public** `StringBuffer insert(`**int** `offset,` **long** `l)`
- **public** `StringBuffer insert(`**int** `offset, Object obj)`
- **public** `StringBuffer insert(`**int** `offset, String str)`

fügen jeweils die `String`-Darstellung des zweiten Methodenarguments an der durch `offset` angegebenen Position in das `StringBuffer`-Objekt ein. Auch die `insert`-Methoden liefern immer die Referenz auf das eigene `StringBuffer`-Objekt (also die **`this`**-Referenz) als Ergebnis zurück.
Die Anweisung

```
s = new StringBuffer("Stars").insert(4," War").toString();
```

sorgt also dafür, dass `s` den Wert `"Star Wars"` enthält.
Um diesen Abschnitt über die Klasse `StringBuffer` abzurunden, wollen wir abschließend nur noch kurz die Funktionsweise einiger weiterer Methoden der Klasse `StringBuffer` angeben.

- **public** `StringBuffer deleteCharAt(`**int** `index)`
  entfernt das an Position `index` stehende Zeichen aus dem `StringBuffer`-Objekt.
- **public** `StringBuffer delete(`**int** `start,` **int** `end)`
  entfernt den Teilstring, der von Position `start` bis `end`−1 reicht, aus dem `StringBuffer`-Objekt.
- **void** `setCharAt(`**int** `index,` **char** `c)`
  ersetzt das an Position `index` stehende Zeichen durch das Zeichen `c`.
- **public** `StringBuffer replace(`**int** `start,` **int** `end, String s)`
  ersetzt den Teilstring ab Position `start` bis Position `end`−1 durch den String `s`.
- **int** `length()`
  liefert – genau wie bei Strings – die Länge der aktuell im `StringBuffer`-Objekt gespeicherten Zeichenkette.

11.1.3 Übungsaufgaben

Aufgabe 11.1

Schreiben Sie ein Programm, das die Ausführungszeiten der Operation + für `String`-Objekte und der Methode `append` für `StringBuffer`-Objekte vergleicht, indem ein zunächst leerer String bzw. String-Buffer in einer Schleife jeweils um ein oder mehrere Zeichen verlängert wird. Die gewünschte Anzahl der Schleifendurchgänge sollte eingelesen werden. Ein Ablaufprotokoll könnte daher wie folgt aussehen:

Konsole
```
Anzahl der Schleifendurchlaeufe: 10000
10000 mal Operator + fuer String ...
... beendet
10000 mal Methode append fuer StringBuffer ...
... beendet
```

Aufgabe 11.2

Schreiben Sie ein Programm, das eine Textzeile einliest und mit Hilfe der `StringBuffer`-Methoden alle auftretenden Vokale bearbeitet. Jedes A und E soll gelöscht, jedes I und O verdoppelt, jedes U durch ein X ersetzt werden. Ein Beispielprogrammablauf wäre:

Konsole
```
vorher: In diesem Grundkurs haben wir so viel gelernt.
nachher: IIn diism Grxndkxrs hbn wiir soo viil glrnt.
```

11.2 Die Wrapper-Klassen (Hüll-Klassen)

Wir haben bereits gelernt, dass man in Java zwischen elementaren Datentypen und Referenzdatentypen unterscheidet. Außerdem wissen wir, dass alle selbstdefinierten Referenzdatentypen (also alle Klassen) von der Klasse `Object`, der Mutter aller Klassen, erben und somit gewisse Eigenschaften gemeinsam haben. Für die elementaren Datentypen gibt es prinzipiell keine solchen Gemeinsamkeiten und auch keinen „Super-Datentyp", der alle elementaren Datentypen umfasst. Aus diesem Grund können wir beispielsweise kein Feld vereinbaren, das in seinen Feldkomponenten Werte von unterschiedlichen elementaren Datentypen (z. B. ein Feldelement vom Typ **`boolean`** und ein anderes vom Typ **`char`** etc.) speichern kann. Andererseits wäre es jedoch sehr wohl möglich, in einem Feld mit Komponententyp `Object` Referenzen auf Objekte beliebiger Klassen abzuspeichern.

11.2.1 Arbeiten mit „eingepackten" Daten

Um Werte der elementaren Datentypen genauso handhaben zu können wie Objekte von Referenzdatentypen, stellt Java die sogenannten **Wrapper-Klassen** oder **Hüll-Klassen** zur Verfügung. Dieser Name ist Programm, denn mit Hilfe von Objekten der Hüll-Klassen können Werte der elementaren Datentypen „eingewickelt" bzw. „umhüllt" werden.
Als einfaches Beispiel betrachten wir zunächst folgendes Programm:

```
1  public class WrapperBeispiel {
2    public static void main (String[] args) {
3      Object[] etwas = new Object[4];
4
5      etwas[0] = Boolean.valueOf(true);
6      etwas[1] = Double.valueOf(3.1415);
7      etwas[2] = Character.valueOf('x');
8      etwas[3] = Integer.valueOf(12);
9
10     for (int i=0; i<4; i++)
11       System.out.println(etwas[i]);
12
13     etwas[2] = Long.valueOf(987654321);
14
15     for (int i=0; i<4; i++)
16       System.out.println(etwas[i]);
17   }
18 }
```

In diesem arbeiten wir mit einem Feld namens `etwas` mit 4 Komponenten vom Typ `Object`. In den Zeilen 5 bis 8 des Programms speichern wir in diesen 4 Komponenten der Reihe nach einen **`boolean`**-, einen **`double`**-, einen **`char`**- und einen **`int`**-Wert. Dies gelingt uns dadurch, dass wir die elementaren Werte mit Hilfe eines korrespondierenden Wrapper-Objekts einpacken. Dazu müssen wir lediglich der Methode `valueOf` der entsprechenden Wrapper-Klasse den elementaren Wert übergeben. Die Referenz auf das dabei erzeugte Objekt können wir dann in der Feldkomponente abspeichern. Danach geben wir die Komponenten unseres `Object`-Feldes auf dem Bildschirm aus und bedienen uns dabei natürlich wieder einmal implizit der Methode `toString()`, die ohne unser Zutun aufgerufen wird, um die String-Darstellungen unserer Wrapper-Objekte zu erzeugen, wenn sie als Argument in der Ausgabeanweisung auftreten. Im Anschluss daran wollen wir in Komponente 2 anstelle des **`char`**-Wertes einen **`long`**-Wert speichern. Auch das lässt sich leicht realisieren, indem wir unseren Wert in ein Wrapper-Objekt „einwickeln". Nach dieser Veränderung unseres Feldes geben wir erneut die Feldkomponenten auf dem Bildschirm aus, sodass die gesamte Bildschirmausgabe wie folgt aussieht:

Konsole
```
true
3.1415
x
12
true
3.1415
987654321
12
```

Wir werden später noch sehen, dass es im Paket `java.util` eine Reihe von Klassen gibt, die „Sammlungen" von beliebigen Objekten speichern können. Auch dort können natürlich Werte elementarer Datentypen nur aufgenommen werden, wenn wir auf Wrapper-Klassen zurückgreifen.

Tabelle 11.1: Die Wrapper-Klassen (Hüll-Klassen) und ihre Einpack-Methoden

elementarer Datentyp	Wrapper-Klasse	Einpack-Methoden
`byte`	`Byte`	`valueOf(`**`byte`**` b)` `valueOf(String s)`
`short`	`Short`	`valueOf(`**`short`**` s)` `valueOf(String s)`
`int`	`Integer`	`valueOf(`**`int`**` i)` `valueOf(String s)`
`long`	`Long`	`valueOf(`**`long`**` l)` `valueOf(String s)`
`float`	`Float`	`valueOf(`**`float`**` f)` `valueOf(String s)`
`double`	`Double`	`valueOf(`**`double`**` d)` `valueOf(String s)`
`boolean`	`Boolean`	`valueOf(`**`boolean`**` b)` `valueOf(String s)`
`char`	`Character`	`valueOf(`**`char`**` c)`

11.2.2 Aufbau der Wrapper-Klassen

Generell gibt es in Java zu jedem elementaren Datentyp eine entsprechende Wrapper-Klasse (siehe Tabelle 11.1). Neben der `valueOf`-Methode, die einen Parameter vom korrespondierenden elementaren Datentyp erwartet, enthalten alle Wrapper-Klassen (mit Ausnahme von `Character`) jeweils noch eine `valueOf`-Methode, die ein `String`-Argument verarbeiten kann. Der per Referenz übergebene String muss dabei eine Zeichenkette sein, die syntaktisch eine Literalkonstante des entsprechenden elementaren Datentyps darstellt:

```
Long.valueOf("9876543210");
```

Übergeben wir der Methode einen String, der diese Bedingung nicht erfüllt, so wird eine Ausnahme geworfen. Versuchen wir beispielsweise, mit der Anweisung

```
Long.valueOf("987980356728E789");
```

ein `Long`-Objekt zu erzeugen, so führt dies während der Laufzeit zu einer `NumberFormatException`.

Wenn der übergebene String syntaktisch korrekt ist und mit dem elementaren Wert übereinstimmt, liefern die beiden `valueOf`-Methoden grundsätzlich dasselbe Ergebnis. Anstelle von

```
ii = Integer.valueOf(1289);
```

können wir daher auch

```
ii = Integer.valueOf("1289");
```

schreiben, um ein entsprechendes `Integer`-Objekt `ii` mit dem Wert 1289 zu erzeugen.

Objekte der Wrapper-Klassen können wir zwar miteinander vergleichen (dazu besitzen alle Wrapper-Objekte die Instanzmethoden `equals(...)` und `compareTo(...)`), wir können aber keine Operationen mit ihnen durchführen, wie wir es von den elementaren Datentypen her kennen. Aus diesem Grund benötigt man Methoden, mit denen man die in den Wrapper-Objekten eingepackten Werte wieder „auspacken" kann, um (z. B. im Falle numerischer Daten) mit den elementaren Werten weiterzurechnen. Jedem Wrapper-Objekt steht daher eine Instanzmethode `xyzValue()` zur Verfügung, wobei `xyz` jeweils für den korrespondierenden elementaren Datentyp steht (vergleiche auch Tabelle 11.2). Aus unserem obigen `Integer`-Objekt `ii` könnten wir also mittels

```
int i = ii.intValue();
```

wieder den ursprünglichen **`int`**-Wert erzeugen. Auch Konvertierungen in andere numerische Datentypen sind möglich. Dies liegt unter anderem darin begründet, dass alle numerischen Wrapper-Klassen von der abstrakten Klasse `Number` erben und deren abstrakte Methoden `xyzValue()` für die entsprechenden elementaren Typen `xyz` implementieren.

Die Umwandlung von Zeichenketten in numerische Werte ist eine häufige Anwendung der Wrapper-Klassen. Aus diesem Grund gibt es auch Klassenmethoden, die das Ein- und Auspacken in einem Aufwasch erledigen. Die Wrapper-Klasse stellt jeweils die Methode `parseXyz(String s)` zur Verfügung, um

Tabelle 11.2: Die `value`- und `parse`-Methoden der Wrapper-Klassen

Wrapper-Klasse	`parse`-Methode	Auspack-Methoden

`Byte`	`parseByte(String s)`	`byteValue(),shortValue()`
		`intValue(),longValue()`
		`floatValue(),doubleValue()`

`Short`	`parseShort(String s)`	`byteValue(),shortValue()`
		`intValue(),longValue()`
		`floatValue(),doubleValue()`

`Integer`	`parseInt(String s)`	`byteValue(),shortValue()`
		`intValue(),longValue()`
		`floatValue(),doubleValue()`

`Long`	`parseLong(String s)`	`byteValue(),shortValue()`
		`intValue(),longValue()`
		`floatValue(),doubleValue()`

`Float`	`parseFloat(String s)`	`byteValue(),shortValue()`
		`intValue(),longValue()`
		`floatValue(),doubleValue()`

`Double`	`parseDouble(String s)`	`byteValue(),shortValue()`
		`intValue(),longValue()`
		`floatValue(),doubleValue()`

`Boolean`	`parseBoolean(String s)`	`booleanValue()`
`Character`		`charValue()`

einen Wert des elementaren Typs `xyz` zu erzeugen. Die nachfolgenden drei Anweisungen liefern daher den gleichen Wert für `i`.

```
i = Integer.valueOf(345).intValue();
i = Integer.valueOf("345").intValue();
i = Integer.parseInt("345");
```

Auch die `parseXyz`-Methoden werfen eine `NumberFormatException`, wenn wir sie auf einen String anwenden, der nicht der Syntax einer entsprechenden Literalkonstante entspricht.
Zu guter Letzt sei noch erwähnt, dass die numerischen Wrapper-Klassen verschiedene Konstanten (genauer **`final`**-Variablen) zur Bezeichnung spezieller Werte zur Verfügung stellen. Die Konstanten `MIN_VALUE` und `MAX_VALUE` repräsentieren in den Klassen `Byte`, `Short`, `Integer`, `Long` und `Character` jeweils das kleinste bzw. größte Element des Wertebereichs der korrespondierenden elementaren Datentypen. In den Wrapper-Klassen für Gleitkommatypen, also `Float` und `Double`, steht `MIN_VALUE` für den kleinsten positiven Wert und `MAX_VALUE` für den größten positiven Wert der korrespondierenden elementaren Datentypen. Zusätzlich finden wir dort die Konstanten `NEGATIVE_INFINITY`, `POSITIVE_INFINITY` und `NaN`, die für die Werte „minus unendlich“, „plus unendlich“ und „undefiniert“ stehen.

11.2.3 Ein Anwendungsbeispiel

Nun wollen wir noch ein kleines Beispiel für die Anwendung der Wrapper-Klasse `Double` betrachten. Wie wir wissen, können wir beim Start einer Klasse mit dem Interpreter `java` Kommandozeilenargumente in Form von Strings an die `main`-Methode übergeben. Diesen Sachverhalt wollen wir ausnutzen, um numerische Werte, die wir beim Aufruf einer Klasse `Summiere` als Parameter aufzählen, zu summieren. In unserem Summationsprogramm

```
public class Summiere {
  public static void main (String[] summand) {
    int i = 0;
    double ergebnis = 0;
    try {
      for (i=0; i < summand.length; i++)
        ergebnis = ergebnis + Double.parseDouble(summand[i]);
      System.out.println ("Ergebnis: " + ergebnis);
    }
    catch (NumberFormatException e) {
      System.out.println(i+1 + ". Summand unzulaessig!");
    }
  }
}
```

haben wir zunächst einmal den üblichen Parameter `args` der `main`-Methode passenderweise in `summand` umbenannt, um unser Programm leichter lesbar zu machen. Die Anweisungen, die mit Hilfe einer **`for`**-Schleife sämtliche Kommandozeilenargumente abarbeiten und mit der `parseDouble`-Methode in **`double`**-Werte wandeln, haben wir allesamt in einen **`try`**-Block gepackt, sodass wir die eventuell geworfene Ausnahme im zugehörigen **`catch`**-Block abfangen können. Dabei mussten wir die Laufvariable `i` außerhalb des **`try-catch`**-Blocks deklarieren, um in allen Zweigen unseres Programms darauf zugreifen zu können.
Starten wir unser Programm ohne Kommandozeilenargumente, wird natürlich nichts summiert und als Ergebnis der Wert 0 geliefert:

Konsole
```
java Summiere
Ergebnis: 0.0
```

Bei korrektem Aufruf mit einer Reihe von Kommandozeilenargumenten reagiert das Programm wie gewünscht:

Konsole
```
java Summiere 1 2 3 4 5 6 7 8 9
Ergebnis: 45.0
```

Als Ergebnis erhalten wir die Summe der angegebenen Argumente als **`double`**-Wert ausgegeben. Ein Aufruf mit einem nicht zulässigen Summanden (in unserem Beispiel der Buchstabe `a`, der natürlich keinen **`double`**-Wert darstellt) beschert uns hingegen die entsprechende Fehlermeldung:

Konsole
```
java Summiere -3 5.0E-4 a 17.4
3. Summand unzulaessig!
```

11.2.4 Automatische Typwandlung für die Wrapper-Klassen

Wir haben gesehen, dass zur Wandlung eines elementaren Werts in ein Objekt der entsprechenden Wrapper-Klasse ein Konstruktoraufruf genügt (man nennt diesen „Einwickelvorgang“ auch **Boxing**). Da wir mit diesen Objekten keine Operationen durchführen können (wie wir es von den elementaren Datentypen her kennen), benötigt man Methoden, mit denen man die in den Wrapper-Objekten eingepackten Werte wieder „auspacken“ kann (dieser „Auspackvorgang“ wird auch **Unboxing** genannt). Daher steht ja beispielsweise jedem `Integer`-Objekt eine Instanzmethode `intValue()` und jedem `Double`-Objekt eine Instanzmethode `doubleValue()` zur Verfügung.
Grundsätzlich ist daher ein Java-Programm, das mit elementaren Werten und ihren Wrapper-Objekten arbeiten muss, von häufigen Boxing- und Unboxing-Operationen geprägt. Unser Beispielprogramm, in dem wir die elementaren Werte 3 und 5.0 zunächst einpacken, um sie in einem Feld mit Komponententyp `Object` abzulegen, und danach wieder auspacken, um mit den ausgepackten Werten zu rechnen, demonstriert dies:

```java
public class Boxing {
  public static void main(String[] args) {

    Object[] w = new Object[2];
    Integer a = Integer.valueOf(3);
    Double b = Double.valueOf(5.0);
    w[0] = a;
    w[1] = b;

    double x = 7 + 4 * a.intValue() - b.doubleValue() / 8;

    System.out.println(x);
  }
}
```

Allerdings müssen wir diese Boxing- und Unboxing-Operationen gar nicht explizit programmieren. Vielmehr kümmert sich der Compiler um die automatische Generierung des entsprechenden Codes – man spricht von **Autoboxing** und **Autounboxing**. Programmcode, in dem mit elementaren Werten und mit Wrapper-Objekten gearbeitet wird, ist so wesentlich übersichtlicher. Auch dies wollen wir schließlich in einem abschließenden Beispielprogramm demonstrieren:

```java
public class AutoBoxing {
  public static void main(String[] args) {

    Object[] w = new Object[2];
    Integer a = 3;
    Double b = 5.0;
```

```
        w[0] = a;
        w[1] = b;

        double x = 7 + 4 * a - b / 8;

        System.out.println(x);
    }
}
```

Eine Warnung aber zum Schluss: Man sollte das Autoboxing und Autounboxing nicht unvorsichtig einsetzen. Treten diese Mechanismen in Schleifen mit vielen Durchläufen oder in komplexen Berechnungen nämlich sehr häufig auf, werden dabei eine Vielzahl unnötiger temporärer Objekte erzeugt, was aufwändig ist, Speicher „frisst" und den Garbage Collector in die Knie zwingen kann. Ein explizites Arbeiten mit elementaren Datentypen ist bei umfangreichen numerischen Berechnungen wesentlich sinnvoller.

Achtung: Im Zusammenhang mit der grundlegenden Handhabung von Referenzen stellt sich natürlich auch bei Wrapper-Objekten die Frage, wann zwei Variablen vom Typ `Double` oder `Integer` den gleichen Wert haben und damit auf das gleiche Objekt zeigen. Dies ist insbesondere interessant, wenn mit Autoboxing gearbeitet wird. Im Programm

```
public class AutoBoxingDangers {
  public static void main(String[] args) {
    Double u = 1.0;
    Double v = 1.0;
    System.out.println(u==v);
    Integer i = 126;
    Integer j = 126;
    System.out.println(i==j);
    i++;
    j++;
    System.out.println(i==j);
    i++;
    j++;
    System.out.println(i==j);
    i = Integer.valueOf("1");
    j = Integer.valueOf("1");
    System.out.println(i==j);
  }
}
```

wird demonstriert, dass diesbezüglich unerwartete Effekte eintreten können, wie am Programmablauf mit seinen Ausgaben

```
Konsole
false
true
true
false
true
```

zu sehen ist. Man erkennt, dass die Wrapper-Objekte `u` und `v` verschieden sind, `i` und `j` hingegen zunächst auf dasselbe `Integer`-Objekt verweisen und erst für den Wert 128 zwei verschiedene Objekte vorhanden sind. Auch die letzten beiden Referenzen `i` und `j`, die ohne Autoboxing und über einen `valueOf`-Aufruf erzeugt werden, verweisen auf dasselbe Wrapper-Objekt.
Welche Werte der elementaren Datentypen bei mehrmaligem Autoboxing tatsächlich immer mit dem gleichen Wrapper-Objekt korrespondieren, wird in der Java-Sprachspezifikation [12] geregelt. Dort findet sich zum Beispiel die Information, dass dies für **`true`** und **`false`**, für **`byte`**-Werte, für **`char`**-Werte im Unicode-Bereich von `0000` bis `007F` sowie für **`int`**- und **`short`**-Zahlen im Bereich -128 bis 127 der Fall ist.

11.2.5 Übungsaufgaben

Aufgabe 11.3

Schreiben Sie ein Programm, das den größten gemeinsamen Teiler (ggT) von zwei positiven ganzen Zahlen berechnet. Die beiden Zahlen sollen als Kommandozeilenargumente übergeben werden. Zur Berechnung des ggT können Sie in einer Schleife jeweils die kleinere Zahl von der größeren abziehen, bis beide Zahlen gleich sind. Diese Zahl entspricht dann dem ggT.

Aufgabe 11.4

Schreiben Sie ein Programm, das beim Aufruf drei Kommandozeilenargumente übergeben bekommt: eine reelle Zahl, einen Operator (entweder `+`, `-`, `x` oder `/`) und eine weitere reelle Zahl. Je nach angegebenem Operator sollen die beiden Zahlen addiert, subtrahiert, multipliziert oder dividiert und das Ergebnis ausgegeben werden.

11.3 Die Klassen `BigInteger` und `BigDecimal`

Wenn wir uns an die Einführung der elementaren Datentypen erinnern, so wissen wir, dass jeder numerische Datentyp durch seinen Wertebereich und durch seine Operationen festgelegt ist. Dabei ist der Wertebereich der Datentypen durch die Länge des verwendeten Speicherbereichs (wie z. B. 64 Bits für Werte des Typs **`long`** oder des Typs **`double`**) festgelegt. Beim Rechnen mit Werten der numerischen Datentypen kann daher der Fall auftreten, dass das Ergebnis einer Operation nicht mehr im Wertebereich des verwendeten Datentyps liegt und daher die entsprechende Operation entweder gar nicht ausgeführt werden kann (z. B. im Falle ganzzahliger Operationen) oder das Ergebnis noch gerundet werden muss, um es wieder zu einem darstellbaren Wert des Datentyps zu machen.
In numerischen Berechnungen kann es manchmal durchaus sinnvoll oder gar notwendig sein, die Grenzen der fest vorgegebenen Längen (also die Anzahl der ver-

wendeten Ziffern) der elementaren Datentypen zu überschreiten, um dadurch den Wertebereich zu vergrößern bzw. die Genauigkeit von Ergebnissen zu erhöhen. So werden beispielweise bei Verschlüsselungsverfahren lange Ganzzahlen und bei hochgenauen numerischen Verfahren lange Gleitkommazahlen benötigt. Java stellt dazu im Paket `java.math` (nicht zu verwechseln mit der Klasse `java.lang.Math`) die beiden Klassen `BigInteger` und `BigDecimal` zur Verfügung, deren Objekte beliebig lange bzw. beliebig genaue Ganzzahlen und Gleitkommazahlen darstellen. Wie bei `String`-Objekten kann sich der jeweilige Wert von Instanzen der Klassen `BigInteger` und `BigDecimal` nach ihrer Erzeugung nicht mehr ändern.

11.3.1 Arbeiten mit langen Ganzzahlen

Wir betrachten zunächst die vielleicht einfach anmutende Aufgabe, ausgehend von der Zahl 16 den Wert 16^{32} durch fünfmalige Quadrierung in der Form $((((16^2)^2)^2)^2)^2$ zu berechnen. Ein einfaches Java-Programm, das dieses Problem mittels einer **long**-Variablen (wir „befürchten" ja sicher recht große Zahlen) und einer Schleife für die mehrfache Quadrierung zu lösen versucht, könnte wie folgt aussehen:

```java
public class QuadrierungLong {
  public static void main (String[] args) {
    long zahl = 16;
    System.out.println("Zahl vor der Quadrierung: " + zahl);
    for (int i=1; i<=5; i++) {
      zahl = zahl * zahl;
      System.out.println("Zahl nach " + i + ". Quadrierung: " + zahl);
    }
  }
}
```

Ein Start dieses Programms liefert die Ausgabe

Konsole

```
Zahl vor der Quadrierung: 16
Zahl nach 1. Quadrierung: 256
Zahl nach 2. Quadrierung: 65536
Zahl nach 3. Quadrierung: 4294967296
Zahl nach 4. Quadrierung: 0
Zahl nach 5. Quadrierung: 0
```

und lässt uns zunächst stutzig werden, da die vierte Quadrierung den Wert 0 und nicht den erwarteten Wert $18446744073709551616 = 16^{16}$ liefert. Wenn wir uns jedoch daran erinnern, dass der größte positive **long**-Wert gerade 9223372036854775807 ist, so ist zumindest klar, dass unser Wert nach der vierten Quadrierung etwa doppelt so groß ist und damit nicht mehr im Wertebereich des Datentyps **long** liegt. Warum aber wird dann gerade der Wert 0 und nicht etwa eine Fehlermeldung wegen Überschreitung des zulässigen Bereichs geliefert?

Die Antwort findet sich in der Java-Sprachspezifikation [12, 33]. Dort ist festgelegt, dass die interne binäre Darstellung von **long**-Zahlen über das Zweierkomplement erfolgt. Das Bitmuster, das entsteht, wenn man 4294967296 quadriert, entspricht gerade der Darstellung für den **long**-Wert 0. Dass dieses „Ersatzergebnis" einfach so verwendet wird, ohne den Anwender bzw. die Anwenderin darüber zu informieren, wird ebenfalls in der Sprachspezifikation festgelegt, wo es heißt: „the built-in integer operators do not indicate overflow or underflow". Wir werden also nicht gewarnt!
Wie bereits oben erwähnt, haben wir ja mit der Klasse `BigInteger` die Möglichkeit, mit Langzahlen zu rechnen, sodass wir unser Programm leicht modifizieren können, um doch noch die richtigen Ergebnisse zu produzieren.

```
import java.math.*;
public class QuadrierungBigInt {
  public static void main (String[] args) {
    BigInteger zahl = new BigInteger("16");
    System.out.println("Zahl vor der Quadrierung: " + zahl);
    for (int i=1; i<=5; i++) {
      zahl = zahl.multiply(zahl);
      System.out.println("Zahl nach " + i + ". Quadrierung: " + zahl);
    }
  }
}
```

Neben der **import**-Anweisung fallen drei wesentliche Änderungen gegenüber unserer Vorgängerversion auf:

- Wir haben die **long**-Variable durch eine `BigInteger`-Variable ersetzt.
- Wir können diese Variable nicht mehr einfach initialisieren, sondern benötigen einen Konstruktoraufruf.
- Wir können den Operator `*` für die Multiplikation nicht mehr benutzen und müssen auf die Instanzmethode `multiply` des `BigInteger`-Objekts zurückgreifen.

Ein Start dieses alternativen Programms liefert folgende Ausgabe

Konsole

```
Zahl vor der Quadrierung: 16
Zahl nach 1. Quadrierung: 256
Zahl nach 2. Quadrierung: 65536
Zahl nach 3. Quadrierung: 4294967296
Zahl nach 4. Quadrierung: 18446744073709551616
Zahl nach 5. Quadrierung: 340282366920938463463374607431768211456
```

und entspricht nun unseren Erwartungen.

11.3.2 Aufbau der Klasse `BigInteger`

Zur Konstruktion von `BigInteger`-Objekten stehen in der Klasse `BigInteger` mehrere Konstruktoren zur Verfügung. Hier wollen wir nur die beiden wichtigsten anführen, nämlich:

- **public** `BigInteger(String val)`
  erzeugt ein `BigInteger`-Objekt mit dem Wert der durch `val` in `String`-Darstellung angegebenen ganzen Zahl.
- **public** `BigInteger(String val,` **int** `radix)`
  erzeugt ein `BigInteger`-Objekt mit dem Wert der durch `val` in `String`-Darstellung zur Basis `radix` angegebenen ganzen Zahl.

Bei Verwendung des erstgenannten Konstruktors muss die `String`-Darstellung der Basis 10 entsprechen. Für beide Konstruktoren gilt grundsätzlich, dass die übergebene Zeichenkette eine beliebig lange Folge von Ziffern zur Basis 10 bzw. `radix` sein darf, wobei das erste Zeichen auch ein Minuszeichen sein kann, um negative Werte zu erzeugen.

Tabelle 11.3: Die arithmetischen Standardoperationen der `BigInteger`-Klasse

Instanzmethode	Verwendung (Bedeutung)
public `BigInteger add(BigInteger val)`	`z = x.add(y)` (`z = x + y`)
public `BigInteger subtract(BigInteger val)`	`z = x.subtract(y)` (`z = x - y`)
public `BigInteger multiply(BigInteger val)`	`z = x.multiply(y)` (`z = x * y`)
public `BigInteger divide(BigInteger val)`	`z = x.divide(y)` (`z = x / y`)
public `BigInteger remainder(BigInteger val)`	`z = x.remainder(y)` (`z = x % y`)
public `BigInteger negate()`	`z = x.negate()` (`z = -x`)

Da es in Java nicht möglich ist, die für die elementaren Datentypen vordefinierten arithmetischen Operatoren auch auf Objekte anzuwenden, müssen die entsprechenden Operationen durch Methodenaufrufe realisiert werden. Dazu werden die in Tabelle 11.3 aufgeführten Instanzmethoden zur Verfügung gestellt. In der zweiten Spalte der Tabelle sind dabei jeweils für drei `BigInteger`-Variablen `x`, `y` und `z` beispielhafte Verwendungen der Methoden angegeben, deren Bedeutung innerhalb der Klammern durch die (für die `BigInteger`-Variablen natürlich unzulässige) Notation, wie sie bei elementaren Datentypen gebräuchlich ist, erklärt wird. Weil `BigInteger`-Objekte, wie bereits eingangs erwähnt, unveränderbar sind, verändert ein Methodenaufruf nicht den Wert des Objekts, sondern gibt das Ergebnis der Operation als neues `BigInteger`-Objekt zurück.
Daneben stellt die Klasse `BigInteger` einige weitere Methoden wie z. B.

- **public** `BigInteger pow(`**int** `k)`
  liefert die `k`-te Potenz der `BigInteger`-Zahl.

- **public** `BigInteger abs()`
  liefert den Absolutbetrag der `BigInteger`-Zahl.
- **public** `BigInteger gcd(BigInteger val)`
  liefert den größten gemeinsamen Teiler der `BigInteger`-Zahl und der Zahl `val`.
- **public** `BigInteger min(BigInteger val)`
  liefert das Minimum der `BigInteger`-Zahl und der Zahl `val`.
- **public** `BigInteger max(BigInteger val)`
  liefert das Maximum der `BigInteger`-Zahl und der Zahl `val`.

sowie einige bitweise arbeitende Methoden (ähnlich den bitweise arbeitenden Operatoren für elementare Datentypen) zur Verfügung. Außerdem lassen sich natürlich Objekte der Klasse `BigInteger` miteinander vergleichen (dazu besitzen alle `BigInteger`-Objekte wie gewohnt die Instanzmethoden `equals(...)` und `compareTo(...)`) und mittels der Methode `toString()` in Strings verwandeln. Schließlich stehen jedem `BigInteger`-Objekt Instanzmethoden `xyzValue()` zur Verfügung, wobei `xyz` jeweils für einen elementaren Datentyp (**`int`**, **`long`**, **`float`**, **`double`**) steht, um den Wert des Objekts in einen elementaren Wert umzuwandeln.

11.3.3 Übungsaufgaben

Aufgabe 11.5

Schreiben Sie ein Programm, das für eine einzulesende positive Zahl n den Wert

$$n! = n \cdot (n-1) \cdot (n-2) \cdots 3 \cdot 2 \cdot 1,$$

also ihre Fakultät, berechnet. Verwenden Sie `BigInteger`-Objekte, und implementieren Sie für die Fakultätsberechnung eine Methode.

Aufgabe 11.6

Verwenden Sie die Methode für die Fakultätsberechnung aus Aufgabe 11.5, und schreiben Sie eine Methode bzw. ein Programm, das es ermöglicht, den Binomialkoeffizienten $\binom{m}{k}$ (sprich: „m über k" oder „k aus m") mit

$$\binom{m}{k} = \frac{m!}{k!(m-k)!} = \prod_{i=1}^{k} \frac{m-i+1}{i}$$

für zwei ganze Zahlen m und k mit $m \geq k \geq 0$ zu berechnen. Implementieren Sie auch eine alternative Version dieser Methode, die auf die Verwendung der Fakultätsmethode verzichtet und die Formel rechts vom zweiten Gleichheitszeichen verwendet. Vergleichen Sie die Laufzeiten beider Methoden.

11.3.4 Arbeiten mit langen Gleitkommazahlen

Wir betrachten zunächst eine Aufgabe, die wir bereits im Zusammenhang mit Ausdrücken von elementaren Datentypen gestellt haben. Mit Hilfe eines Java-Programms wollen wir den Wert

$$s = x_1 y_1 + x_2 y_2 + x_3 y_3 + x_4 y_4 + x_5 y_5 + x_6 y_6$$

für $x_1 = 10^{16}$, $x_2 = 0.1223$, $x_3 = 10^{14}$, $x_4 = 10^{15}$, $x_5 = 3.0$, $x_6 = -10^{12}$ und für $y_1 = 10^{20}$, $y_2 = 2.0$, $y_3 = -10^{22}$, $y_4 = 10^9$, $y_5 = 0.2111$, $y_6 = 10^{12}$ berechnen. Zur Kontrolle der einzelnen Rechenschritte geben wir in unserer Implementierung nicht nur den Endwert unserer Produktsumme aus, sondern auch die Werte der Summanden, also der einzelnen Produkte, die aufsummiert werden.

```
public class ProduktSummeDouble {
  public static void main (String[] args) {
    double[] x = new double[6];
    double[] y = new double[6];
    double p, s;
    x[0] = 1e16;
    x[1] = 0.1223;
    x[2] = 1e14;
    x[3] = 1e15;
    x[4] = 3.0;
    x[5] = -1e12;
    y[0] = 1e20;
    y[1] = 2.0;
    y[2] = -1e22;
    y[3] = 1e9;
    y[4] = 0.2111;
    y[5] = 1e12;
    s = 0;
    System.out.println("s = " + s);
    for (int i=0; i<6; i++) {
      p = x[i]*y[i];
      System.out.println("  + " + p + " liefert");
      s = s + p;
      System.out.println("s = " + s);
    }
  }
}
```

Unser Programm speichert die x- und y-Werte in je einem Feld mit Komponententyp **double** und gibt jeweils die gebildeten Produkte und die bei der Summation entstehenden Zwischenergebnisse aus.
Ein Start unseres Programms liefert die Ausgabe

Konsole

```
s = 0.0
  + 1.0E36 liefert
s = 1.0E36
  + 0.2446 liefert
s = 1.0E36
```

```
  + -1.0E36 liefert
s = 0.0
  + 1.0E24 liefert
s = 1.0E24
  + 0.6333 liefert
s = 1.0E24
  + -1.0E24 liefert
s = 0.0
```

Mit ein wenig Kopfrechnen stellen wir natürlich fest, dass das richtige Ergebnis für unsere Summe 0.8779 ist. Wenn wir dies mit unserer Programmausgabe vergleichen, sehen wir, dass zwar die einzelnen aufsummierten Produkte korrekt erscheinen, aber bereits das dritte ausgegebene Zwischenergebnis (nach der Addition von 0.2446) für `s` nicht mehr korrekt ist. Dies rührt daher, dass die Größenordnung der beiden Werte 10^{36} und 0.2446 stark unterschiedlich ist und der betragsmäßig kleinere Wert nicht mehr korrekt berücksichtigt werden kann.

Prinzipiell ermöglicht das Format des Datentyps **double** die Darstellung von etwa 15 dezimalen Ziffern, sodass eine längere Zahl auf diese 15 Ziffern gerundet und ihre tatsächliche Größenordnung mit Hilfe des Exponentenanteils ausgedrückt werden muss. Man stellt sich das am besten so vor, dass man eine Ziffer (ungleich 0) vor dem Dezimalpunkt und weitere 14 Ziffern nach dem Dezimalpunkt verwendet. Bei den Werten 10^{36} und 0.2446 hätten wir es also mit den Werten $1.00\ldots00 \cdot 10^{36}$ und $2.446 \cdot 10^{-1}$ zu tun. Werden diese beiden Werte addiert, so wirkt sich der kleinere Wert erst jenseits der 36. dezimalen Stelle des bei der Addition entstehenden Ergebnisses aus. Weil das Ergebnis aber wieder ein Wert vom Typ **double** sein soll, muss es natürlich auch wieder auf dessen 15-stelliges Format gerundet werden. Bei eben dieser Rundung fällt aber der durch 0.2446 verursachte Anteil komplett unter den Tisch.

Die anschließende Addition der Zahl -10^{36} liefert natürlich als Ergebnis den Wert 0, und genau der gleiche Effekt tritt nochmals bei den beiden letzten Additionen auf, sodass insgesamt natürlich nicht das korrekte Ergebnis berechnet wird, sondern der Wert 0.

Nun wollen wir mit der Klasse `BigDecimal` versuchen, diese Problematik in den Griff zu bekommen:

```java
import java.math.*;
public class ProduktSummeBigDec {
  public static void main (String[] args) {
    BigDecimal[] x = new BigDecimal[6];
    BigDecimal[] y = new BigDecimal[6];
    BigDecimal p, s;
    x[0] = new BigDecimal("1e16");
    x[1] = new BigDecimal("0.1223");
    x[2] = new BigDecimal("1e14");
    x[3] = new BigDecimal("1e15");
    x[4] = new BigDecimal("3.0");
    x[5] = new BigDecimal("-1e12");
    y[0] = new BigDecimal("1e20");
```

```
    y[1] = new BigDecimal("2.0");
    y[2] = new BigDecimal("-1e22");
    y[3] = new BigDecimal("1e9");
    y[4] = new BigDecimal("0.2111");
    y[5] = new BigDecimal("1e12");
    s = new BigDecimal("0");
    System.out.println("s = " + s);
    for (int i=0; i<6; i++) {
      p = x[i].multiply(y[i]);
      System.out.println("  + " + p + " liefert");
      s = s.add(p);
      System.out.println("s = " + s);
    }
  }
}
```

Neben der **import**-Anweisung fallen auch hier wieder drei wesentliche Änderungen gegenüber unserer Vorgängerversion auf:

- Wir haben alle **double**-Variablen durch `BigDecimal`-Variablen ersetzt.
- Wir können diese Variablen nicht mehr einfach initialisieren, sondern benötigen Konstruktoraufrufe.
- Wir können die Operatoren + und * für die Addition und Multiplikation nicht mehr benutzen und müssen auf die Instanzmethoden `add` und `multiply` der `BigDecimal`-Objekte zurückgreifen.

Ein Start dieses alternativen Programms liefert die Ausgabe

```
Konsole
s = 0
  + 1000000000000000000000000000000000 liefert
s = 1000000000000000000000000000000000
  + 0.24460 liefert
s = 1000000000000000000000000000000000.24460
  + -1000000000000000000000000000000000 liefert
s = 0.24460
  + 1000000000000000000000000 liefert
s = 1000000000000000000000000.24460
  + 0.63330 liefert
s = 1000000000000000000000000.87790
  + -1000000000000000000000000 liefert
s = 0.87790
```

und produziert demnach die korrekten Ergebnisse.
Im Übrigen können wir hier sehr schön erkennen, wie bei der zweiten Addition der gebrochene Anteil 0.2446 gerade wegfallen würde, wenn wir das Zwischenergebnis auf 15 Stellen runden müssten (wie es ja bei den normalen **double**-Operationen der Fall ist).

11.3.5 Aufbau der Klasse `BigDecimal`

Objekte der Klasse `BigDecimal` können beliebig genaue Gleitkommazahlen darstellen. Eine solche lange Gleitkommazahl d besteht prinzipiell aus einer beliebig langen Ziffernfolge z und einer Skalierung s, die die Anzahl der Nachkommastellen festlegt. Das heißt

$$d = \frac{z}{10^s}$$

und für $d = 0.00111$ wäre beispielsweise $z = 111$ und $s = 5$.
Zur Konstruktion von `BigDecimal`-Objekten stehen in der Klasse `BigDecimal` mehrere Konstruktoren zur Verfügung, nämlich:

- **`public`** `BigDecimal(String val)`
  erzeugt ein `BigDecimal`-Objekt mit dem Wert der durch `val` in `String`-Darstellung angegebenen reellen Zahl.
- **`public`** `BigDecimal(BigInteger val)`
  erzeugt ein `BigDecimal`-Objekt mit dem Wert $d = z$, wobei z der ganzzahlige Wert des `BigInteger`-Objekts `val` ist.
- **`public`** `BigDecimal(BigInteger val, `**`int`**` scale)`
  erzeugt ein `BigDecimal`-Objekt mit dem Wert $d = \frac{z}{10^s}$, wobei z der ganzzahlige Wert des `BigInteger`-Objekts `val` und s der Wert der **`int`**-Größe `scale` ist.

Bei Verwendung des erstgenannten Konstruktors muss die `String`-Darstellung der Syntax einer **`double`**-Literalkonstante entsprechen. In den beiden alternativen Konstruktoren wird das `BigDecimal`-Objekt aus einem `BigInteger`-Objekt konstruiert bzw. gemäß der angegebenen Skalierung erzeugt. Wird kein Skalierungswert angegeben, so wird mit der Skalierung 0 gearbeitet.

Tabelle 11.4: Die arithmetischen Standardoperationen der `BigDecimal`-Klasse

Instanzmethode	Verwendung (Bedeutung)
`public` `BigDecimal add(BigDecimal val)`	`z = x.add(y)` (`z = x + y`)
`public` `BigDecimal subtract(BigDecimal val)`	`z = x.subtract(y)` (`z = x - y`)
`public` `BigDecimal multiply(BigDecimal val)`	`z = x.multiply(y)` (`z = x * y`)
`public` `BigDecimal divide(BigDecimal val, RoundingMode rd)`	`z = x.divide(y,r)` (`z = x / y`)
`public` `BigDecimal divide(BigDecimal val, `**`int`**` sc, RoundingMode rd)`	`z = x.divide(y,s,r)` (`z = x / y`)
`public` `BigDecimal negate()`	`z = x.negate()` (`z = -x`)

Auch `BigDecimal`-Objekte können nicht mit den für die elementaren Datentypen vordefinierten arithmetischen Operatoren verknüpft werden, die entsprechenden Operationen sind durch Methodenaufrufe zu realisieren. Dazu werden die in Tabelle 11.4 aufgeführten Instanzmethoden zur Verfügung gestellt. In der zweiten Spalte der Tabelle sind dabei jeweils für drei `BigDecimal`-Variablen `x`, `y` und `z` beispielhafte Verwendungen der Methoden angegeben, deren Bedeutung innerhalb der Klammern durch die (für die `BigDecimal`-Variablen natürlich unzulässige) Notation, wie sie bei elementaren Datentypen gebräuchlich ist, erklärt wird. Da `BigDecimal`-Objekte, wie bereits eingangs erwähnt, unveränderbar sind, verändert ein Methodenaufruf nicht den Wert des Objekts, sondern gibt das Ergebnis der Operation als neues `BigDecimal`-Objekt zurück.
Die Methoden entsprechen in ihrem Verhalten prinzipiell den Methoden der `BigInteger`-Klasse, ausgenommen die Methoden `divide`, die zusätzliche Parameter aufweisen. In der ersten Variante muss der Methode über den Parameter `rd` mitgeteilt werden, wie (falls notwendig) das Ergebnis der Division gerundet werden soll. Dazu kann `rd` beim Aufruf die Werte

- `RoundingMode.CEILING`
  für Rundung Richtung $+\infty$,
- `RoundingMode.DOWN`
  für Rundung Richtung 0,
- `RoundingMode.FLOOR`
  für Rundung Richtung $-\infty$,
- `RoundingMode.HALF_DOWN`
  für Rundung Richtung nächster Nachbar (in der Mitte nach unten),
- `RoundingMode.HALF_EVEN`
  für Rundung Richtung nächster Nachbar (in der Mitte zur geraden Zahl),
- `RoundingMode.HALF_UP`
  für Rundung Richtung nächster Nachbar (in der Mitte nach oben),
- `RoundingMode.UNNECESSARY`
  für Rundung nicht nötig (stellt sicher, dass nicht gerundet wurde),
- `RoundingMode.UP`
  für Rundung weg von der 0

annehmen, die im Aufzählungstyp `RoundingMode` bereitgestellt werden.
In der zweiten Variante von `divide` wird zusätzlich der Skalierungswert *sc* des Ergebnisobjekts explizit festgelegt. Alle anderen Methoden aus Tabelle 11.4 ermitteln den Skalierungswert des Ergebnisobjekts automatisch. Die Methoden `add` und `subtract` bestimmen diesen als Maximum der Skalierungswerte der beiden verknüpften Objekte, während die Methode `multiply` ihn auf die Summe der Skalierungswerte der beiden verknüpften Objekte setzt. Die erste Variante von `divide` und die Methode `negate` übernehmen den Skalierungswert unverändert vom Objekt, für das die Methode ausgeführt wird.

Daneben stellt die Klasse `BigDecimal` einige weitere Methoden wie z. B.

- **public** `BigDecimal abs()`
  liefert den Absolutbetrag der `BigDecimal`-Zahl.
- **public** `BigDecimal min(BigDecimal val)`
  liefert das Minimum der `BigDecimal`-Zahl und der Zahl `val`.
- **public** `BigDecimal max(BigDecimal val)`
  liefert das Maximum der `BigDecimal`-Zahl und der Zahl `val`.

sowie Methoden zum Auslesen der Skalierung, zum Erzeugen eines neuen Objekts mit veränderter Skalierung bzw. verschobenem Dezimalpunkt.
Außerdem können natürlich Objekte der Klasse `BigDecimal` miteinander verglichen (dazu besitzen alle `BigDecimal`-Objekte wie gewohnt die Instanzmethoden `equals(...)` und `compareTo(...)`) und mittels der Methode `toString()` in Strings gewandelt werden. Schließlich stehen jedem `BigDecimal`-Objekt Instanzmethoden `xyzValue()` zur Verfügung, wobei `xyz` jeweils für einen elementaren Datentyp (**int**, **long**, **float**, **double**) steht, um den Wert des Objekts in einen elementaren Wert umzuwandeln.
Achtung: Neben dem zu Beginn dieses Abschnitts vorgestellten Konstruktor mit einem `String`-Parameter existiert in der Klasse `BigDecimal` auch ein Konstruktor mit **double**-Parameter. Man sollte diese Variante aber tunlichst vermeiden, denn sie kann zu unerwarteten Ergebnissen führen! Verwendet man den **double**-Parameter, muss man sich stets bewusst darüber sein, dass der übergebene Wert immer nur ein Wert des binären Gleitkommaformats ist und dieser daher schon in dieses Format gerundet worden sein kann. Ein Beispiel soll das Problem verdeutlichen:

```
BigDecimal a = new BigDecimal("0.1");   // 0.1 exakt als Dezimalwert
System.out.println("a = " + a);
BigDecimal b = new BigDecimal(0.1);     // 0.1 binär gerundet!
System.out.println("b = " + b);
System.out.println("a equals b liefert " + a.equals(b));
```

Wenn wir diese Zeilen ausführen lassen, erhalten wir die Ausgabe:

Konsole

```
a = 0.1
b = 0.1000000000000000055511151231257827021181583404541015625
a equals b liefert false
```

Das Objekt `a` stellt demnach tatsächlich den exakten dezimalen Wert 0.1 dar. Das Objekt `b` hingegen wird auf Basis des Java-Literals 0.1 initialisiert. Diese Literalkonstante wird aber vom Compiler erst in einen **double**-Wert transferiert, bevor er dann zur Initialisierung des Objekts an den Konstruktor übergeben wird. Allerdings ist der dezimale Wert 0.1 in der binären **double**-Arithmetik gar nicht exakt darstellbar, denn es würde sich um einen unendlich langen Binärbruch handeln. Der Wert muss daher auf die intern maximal zur Verfügung stehende 53-stellige binäre Ziffernfolge gerundet werden. Dieser Wert – allerdings dezimal – entspricht somit dem Wert des Objekts `b`, was somit die obige Ausgabe erklärt.

11.3.6 Viele Stellen von Nullstellen gefällig?

Zum Schluss des Abschnitts über Langzahlen in Java wollen wir uns noch mit einem kleinen Anwendungsbeispiel beschäftigen. Erinnern Sie sich noch an die Übungsaufgabe 5.12, in der wir (im Kontext eines Segelyachttrips nach Barbados) das Newton-Verfahren angewendet haben, um die Nullstelle einer Funktion zu berechnen? Wir wollen dieses Thema hier erneut aufgreifen und mit Hilfe der Klasse `BigDecimal` das Verfahren so anpassen, dass wir die Nullstelle(n) einer Funktion auf „viele" Stellen genau berechnen können.

Die Nullstelle einer Funktion $f : I\!R \to I\!R,\ x \mapsto f(x)$ lässt sich näherungsweise mit Hilfe des Newton-Verfahrens dadurch bestimmen, dass man ausgehend von einem geeigneten Startwert x_0 die Iteration

$$x_k := x_{k-1} - \frac{f(x_{k-1})}{f'(x_{k-1})}, \quad k = 1, 2, 3, \ldots$$

so lange ausführt, bis eine vorgegebene Abbruchbedingung erfüllt ist.

In unserer nachfolgend beschrieben Java-Implementierung wollen wir das Verfahren auf die Funktion $f(x) = x^2 - 2$ anwenden und deren Nullstelle z. B. auf 50 Stellen genau berechnen. Da die Nullstelle gerade $\sqrt{2}$ ist, können wir unser Programm also benutzen, um 50 Stellen von $\sqrt{2}$ zu berechnen.

```
import java.math.*;
import Prog1Tools.IOTools;
public class BigNewton {
  public static BigDecimal zwei = new BigDecimal("2");

  public static BigDecimal f (BigDecimal x) {          // berechnet f(x)
    return  (x.multiply(x)).subtract(zwei);            // x*x - 2
  }
  public static BigDecimal fstrich (BigDecimal x) { // berechnet f'(x)
    return  x.multiply(zwei);                          // x*2
  }
  public static void main (String[] args) {
    System.out.println("Wurzel-2-Berechnung mit Newton-Verfahren");
    String start = IOTools.readString("Startwert fuer Iteration: ");
    int stellen = IOTools.readInteger("Gewuenschte Stellenzahl: ");

    BigDecimal xAlt, xNeu = new BigDecimal(start);
    BigDecimal fx, fsx;
    RoundingMode runden = RoundingMode.HALF_DOWN;
    int k = 0;
    System.out.println("x = " + xNeu);
    do {                                               // Newton-Iteration
      k    = k+1;
      xAlt = xNeu;
      fx   = f(xAlt);
      fsx  = fstrich(xAlt);
      xNeu = xAlt.subtract(fx.divide(fsx,stellen,runden));
      System.out.println("x = " + xNeu);
    } while (!(xNeu.compareTo(xAlt) == 0) && (k < 100));
  }
}
```

Die Berechnung des Funktionswertes $f(x)$ haben wir in eine `BigDecimal`-Methode namens `f` mit einem `BigDecimal`-Parameter `x` verpackt. Um auch die Werte der Ableitung $f'(x) = 2x$ recht einfach berechnen zu können, programmierten wir eine weitere `BigDecimal`-Methode namens `fstrich`, ebenfalls mit einem `BigDecimal`-Parameter `x`. Die nötigen Benutzereingaben und das eigentliche Newton-Verfahren implementierten wir unter Verwendung von `BigDecimal`-Objekten innerhalb der `main`-Methode unseres Programms. Bei der benötigten Division haben wir dabei eine der Rundungen zur nächstgelegenen Zahl verwendet.
Unser Programm liest den Startwert x_0 und die gewünschte Stellenzahl ein und bricht die Newton-Iteration ab, wenn zwei aufeinanderfolgende Werte x_k und x_{k-1} (im Programm `xNeu` und `xAlt` genannt) gleich sind oder wenn k den Wert 100 erreicht hat. Innerhalb der Iterationsschleife werden die berechneten Werte x_k jeweils ausgegeben, damit wir den Verlauf der Iteration verfolgen können. Nachfolgend ein Beispielablauf.

Konsole

```
Wurzel-2-Berechnung mit Newton-Verfahren
Startwert fuer Iteration: 2
Gewuenschte Stellenzahl: 50
x = 2
x = 1.50000000000000000000000000000000000000000000000000
x = 1.41666666666666666666666666666666666666666666666667
x = 1.41421568627450980392156862745098039215686274509804
x = 1.41421356237468991062629557889013491011655962211574
x = 1.41421356237309504880168962350253024361498192577620
x = 1.41421356237309504880168872420969807856967187537723
x = 1.41421356237309504880168872420969807856967187537695
x = 1.41421356237309504880168872420969807856967187537695
```

11.3.7 Übungsaufgaben

Aufgabe 11.7

Berechnen Sie in einem Java-Programm den Wert

$$z = \frac{1}{107751}(1682xy^4 + 3x^3 + 29xy^2 - 2x^5 + 832)$$

für $x = 192119201$ und $y = 35675640$ mit dem Datentyp **`double`** und den Grundoperationen $+$, $-$, $*$ und $/$. Führen Sie die gleiche Berechnung unter Verwendung des Datentyps `BigDecimal` durch, und vergleichen Sie die Ergebnisse.

Aufgabe 11.8

Setzen Sie das Langzahl-Newton-Verfahren aus Abschnitt 11.3.6 ein, um die beiden Nullstellen der Funktion $f(x) = x^4 - 3x^2 - 10$ mit der Ableitung $f'(x) = 4x^3 - 6x$ näherungsweise auf 50 Stellen zu berechnen.

11.4 Die Klasse `DecimalFormat`

11.4.1 Standardausgaben in Java

Wenn Sie bereits das ein oder andere Programm geschrieben haben, in dem unterschiedliche **double**-Werte im Konsolenfenster ausgegeben werden, so wird Ihnen vielleicht aufgefallen sein, dass die ausgegebenen Werte nicht einheitlich formatiert sind. Je nach Wert einer auszugebenden **double**-Größe wird diese mal mit wenigen und mal mit vielen Nachkommastellen bzw. mal mit und mal ohne Exponentenanteil dargestellt. Wir wollen diese Tatsache an einem einfachen Programmbeispiel nochmals verdeutlichen.

```java
public class StandardFormat {
  public static void main (String[] args) {
    double x = 1e-15;
    for (int i=1; i<=15; i++) {
      System.out.println(x);
      x = 111 * x;
    }
  }
}
```

Unser Programm verwendet den Startwert $x = 10^{-15}$ in Form einer **double**-Variable x. In einer Schleife wird dann jeweils der aktuelle Wert x ausgegeben und anschließend x durch sein Produkt mit 111 ersetzt. Ein Start unseres Programms liefert die Ausgabe

Konsole

```
1.0E-15
1.1100000000000001E-13
1.2321000000000001E-11
1.367631E-9
1.5180704100000002E-7
1.6850581551000003E-5
0.0018704145521610004
0.20761601528987106
23.045377697175688
2558.0369243865016
283942.09860690165
3.1517572945366085E7
3.4984505969356356E9
3.883280162598555E11
4.310440980484396E13
```

und demonstriert die vielfältigen Formate, die für unsere **double**-Werte in Frage kommen. Wir wollen an dieser Stelle gar nicht erst anfangen, darüber zu grübeln, warum man für bestimmte Werte ein bestimmtes Ausgabeformat verwendet. Genau spezifiziert wird dies in der API-Beschreibung der Methode

- **public static** `String toString(`**double** `d)`

aus der Wrapper-Klasse `Double`. Diese Methode wird von der Methode `print` bzw. `println` aufgerufen, um die `String`-Darstellung des auszugebenden **double**-Werts zu erzeugen. Dort wird beispielsweise festgelegt, dass Werte zwischen 10^{-3} und 10^{7} stets ohne Exponentenanteil ausgegeben werden.
Was können wir aber nun tun, wenn wir unsere Ausgaben ein wenig verschönern wollen, indem wir z. B. alle Werte in gleicher Darstellung (nämlich mit Exponentialteil) ausgeben? Die Antwort lautet: Wir setzen ein sogenanntes **Format-Objekt** ein.

11.4.2 Arbeiten mit Format-Objekten

Im Paket `java.text` werden verschiedene, teils abstrakte Klassen zur Verfügung gestellt, die es ermöglichen, Formate für die Wandlung von Zahlen oder Daten in Zeichenketten festzulegen. In der obersten Stufe der diesbezüglichen Klassenhierarchie finden wir die abstrakte Klasse `Format`, die in der (ebenfalls abstrakten) Klasse `NumberFormat` spezialisiert wird. Tatsächlich zum Einsatz bringen können wir die Klasse `DecimalFormat`, die von `NumberFormat` erbt und mit deren Hilfe es möglich ist, ein Format-Objekt zu erzeugen, mit dessen Hilfe numerische Werte in formatierte Strings gewandelt werden können.
Die Art und Weise, wie uns ein solches Format-Objekt einen numerischen Wert in eine Zeichenkette wandelt, können wir beim Aufruf des Konstruktors festlegen, indem wir ihm einen String übergeben, der das Muster zur Formatierung darstellt. Dieser String kann verschiedene vordefinierte Platzhalterzeichen für die Ziffern des numerischen Wertes und für den Dezimalpunkt bzw. die Exponentenkennung sowie weitere Zeichen enthalten. Die wichtigsten dabei auftretenden Platzhalter haben folgende Bedeutung:

`0` Platzhalter für eine Ziffer. Bei Vorkommastellen gibt die Anzahl der Nullen die minimale Anzahl der angezeigten Ziffern, bei Nachkommastellen die genaue Anzahl der angezeigten Ziffern an.

`#` Platzhalter für eine Ziffer. Handelt es sich um eine führende 0, so wird diese nicht angezeigt.

`.` Platzhalter für landesspezifische Trennzeichen zwischen Vor- und Nachkommastellen.

`,` Platzhalter für landesspezifische Trennzeichen für Vorkommastellen.

`%` Erzwingt Darstellung als Prozentzahl.

`E` Trennt die Platzhalter für die Mantisse und den Exponenten.

Alle Zeichen, die keine vordefinierte Bedeutung als Platzhalter haben, werden direkt in den String übernommen.
Haben wir ein solches Objekt der Klasse `DecimalFormat` erzeugt, so besitzt dieses die Methoden

- **public final** `String format(`**double** `number)`
- **public final** `String format(`**long** `number)`

mit deren Hilfe wir die numerischen Werte in formatierte Strings wandeln können. Wenn wir also beispielsweise das Format-Objekt `f1` durch

```
DecimalFormat f1 = new DecimalFormat("Wert: 000,000.00000");
```

erzeugt haben, so wird durch

```
System.out.println(f1.format(12.345));
```

die Zeichenkette `Wert: 000.012,34500` ausgegeben. Wenn wir hingegen das durch

```
DecimalFormat f2 = new DecimalFormat("Wert: ###,###.#####");
```

erzeugte Format-Objekt `f2` verwenden, so wird durch

```
System.out.println(f2.format(12.345));
```

die Zeichenkette `Wert: 12,345` ausgegeben.
Im nachfolgenden Programm `MyFormats` geben wir einige weitere Beispiele für „selbstgemachte“ Formate zur Ausgabe von numerischen Werten an.

```
import java.text.*;
public class MyFormats {
  // Verschiedene Formate als Konstanten definieren
  public static final DecimalFormat
    kurz = new DecimalFormat("0.0"),
    lang = new DecimalFormat("00000.00000000000"),
    euro = new DecimalFormat("EUR #0.00"),
    wiss = new DecimalFormat("#.#E000"),
    naja = new DecimalFormat("#,###,##0.00"),
    proz = new DecimalFormat("Anteilig: 0.0%");
  // Methode zur formatierten Ausgabe
  public static void println (double d, DecimalFormat f) {
    System.out.println(f.format(d));
  }
  // Einige Tests
  public static void main (String[] args) {
    double x = 987.654321;
    double y = 0.12345678;
    println (x, kurz);
    println (x, lang);
    println (x, euro);
    println (x, wiss);
    println (x, naja);
    println (x, proz);
    println (y, kurz);
    println (y, lang);
    println (y, euro);
    println (y, wiss);
```

```
    println (y, naja);
    println (y, proz);
  }
}
```

Unsere Format-Objekte haben wir dabei als finale Klassenvariablen deklariert. Außerdem haben wir eine Methode `println` geschrieben, die beim Aufruf neben dem **`double`**-Wert, den sie ausgeben soll, auch dessen Darstellungsformat übergeben bekommt. In der `main`-Methode verwenden wir diese Methode, um die Werte 987.654321 und 0.12345678 mit unterschiedlichen Darstellungen auszugeben. Das Ablaufprotokoll unseres Programms sieht folgendermaßen aus:

Konsole

```
987,7
00987,65432100000
EUR 987,65
9,9E002
987,65
Anteilig: 98765,4%
0,1
00000,12345678000
EUR 0,12
1,2E-001
0,12
Anteilig: 12,3%
```

11.4.3 Vereinfachte formatierte Ausgabe

In den beiden vorangehenden Abschnitten haben wir Konsolenausgaben mit den Methoden `print` und `println` sowie die „verschönerte" Variante mit Format-Objekten betrachtet. Java stellt aber auch zusätzlich die aus der Programmiersprache C bekannte Methode `printf` zur Verfügung, die es erlaubt, solche Formatierungen direkt in Form eines Strings anzugeben. Dieser Format-String kann sowohl feste Textanteile als auch Formatangaben für die weiteren Argumente beim Aufruf der `printf`-Methode enthalten. Diese Formatangaben werden stets durch ein `%`-Zeichen eingeleitet und bestehen z. B. aus Angaben zur verwendeten Stellenzahl oder Genauigkeit bei der Darstellung numerischer Werte. Details hinsichtlich der Syntax der Format-Strings finden Sie in der API-Spezifikation [42] zur Methode `printf`.

Unser Programm

```
public class Ausgaben {
  public static void main(String[] args) {
    String format = "Ergebnis der Division: % 15.10e\n";
    System.out.printf(format, 3.5/7.1);
    System.out.printf(format, -2/3.0);
    System.out.printf(format, 123597.3/4);
  }
}
```

arbeitet beispielsweise mit dem Format-String

```
Ergebnis der Division: % 15.10e\n
```

durch den festgelegt wird, dass nach dem Text jeweils ein Leerzeichen oder ein Minuszeichen (falls der auszugebende Wert negativ ist) und danach der numerische Wert in einer 15-stelligen Exponentialdarstellung mit 10 Nachkommastellen, gefolgt von einem Zeilenendezeichen, ausgegeben wird. Das Programm gibt also

Konsole

```
Ergebnis der Division:  4.9295774648e-01
Ergebnis der Division: -6.6666666667e-01
Ergebnis der Division:  3.0899325000e+04
```

auf der Konsole aus.

11.4.4 Übungsaufgaben

Aufgabe 11.9

Schreiben Sie eine Klasse `FestPunktFormat`, deren Objekte es ermöglichen, **`double`**-Zahlen in formatierte Strings zu wandeln, die stets genau eine Stelle für das Vorzeichen (+ bei positiven, – bei negativen und Leerzeichen bei null) sowie eine Vor- und neun Nachkommastellen aufweisen. Statten Sie dazu die Klasse mit drei Klassenkonstanten vom Typ `DecimalFormat` aus, die die benötigten Formate festlegen, und mit einer Instanzmethode `format`, die den formatierten String erzeugt und zurückliefert.

Aufgabe 11.10

Erweitern Sie die Klasse `FestPunktFormat` um einen Konstruktor, der es ermöglicht, bei der Erzeugung von Objekten die Anzahl der darzustellenden Nachkommastellen festzulegen. Es sollen aber stets mindestens eine und maximal 12 Stellen verwendet werden.

11.5 Die Klassen `Date` und `Calendar`

Das Rechnen mit Datums- und Zeitangaben ist bekanntermaßen nicht gerade einfach. Wer schon einmal versucht hat, entsprechende Datentypen und Operationen selbst zu entwerfen, kann davon ein Lied singen. Auch in der Geschichte der Java-Versionen mussten die Entwickler unangenehme Erfahrungen machen, denn die Klassen für Datums- und Zeitarithmetik waren nicht von Beginn an fehlerfrei. In den ersten Java-Versionen gab es nur die Klasse `Date`, deren Funktionalität in späteren Versionen teilweise in die Klasse `Calendar` verlagert wurde. In diesem Abschnitt wollen wir uns keinesfalls ausführlich der ganzen Problematik widmen, sondern nur einen Einblick in grundlegende Anwendungsarten dieser beiden Klassen aus dem Paket `java.util` geben.

11.5.1 Arbeiten mit „Zeitpunkten"

Objekte der Klasse `Date` können Zeitpunkte (also eine bestimmte Uhrzeit an einem bestimmten Datum) darstellen. Realisiert wird dies dadurch, dass jedes `Date`-Objekt die Millisekunden, die seit dem 1. Januar 1970 um 0.00 Uhr vergangen sind, speichert. Somit ist eine Millisekunde auch die kleinste Zeiteinheit, um die sich zwei `Date`-Zeitpunkte überhaupt unterscheiden können. Zeitpunkte vor dem 1.1.1970 lassen sich darstellen, indem die Anzahl der vergangenen Millisekunden negativ gewählt wird.
Die Klasse `Date` besitzt die beiden Konstruktoren

- **public** `Date()`
- **public** `Date(`**long** `millis)`

zur Erzeugung von Objekten. Wenn wir in einem Java-Programm den augenblicklichen Zeitpunkt in einem `Date`-Objekt festhalten wollen, genügt es, dieses Objekt mit dem ersten Konstruktor zu erzeugen. Wollen wir einen Zeitpunkt fixieren, der aufgrund von Millisekunden, die seit dem 1.1.1970 vergangen sind, bestimmt ist, so müssen wir die zweite Variante des Konstruktors verwenden. Zu beachten ist dabei, dass sich die Millisekundenangaben auf die Zeitzone GMT (Greenwich Mean Time) bezieht. Erzeugt man also den „Zeitachsennullpunkt" mit **new** `Date(0)`, so entspricht dies bei uns in der Zeitzone `Europe/Berlin` dem Zeitpunkt 1.00 Uhr am 1.1.1970.
Zur Bearbeitung der Zeitpunkte stellt die Klasse `Date` die nachfolgend beschriebenen Methoden zur Verfügung.

- **public boolean** `after(Date` **when**`)`
  liefert **true**, wenn der Zeitpunkt des Objekts, für das die Methode ausgeführt wird, nach dem Zeitpunkt **when** liegt, andernfalls **false**.
- **public boolean** `before(Date` **when**`)`
  liefert **true**, wenn der Zeitpunkt des Objekts, für das die Methode ausgeführt wird, vor dem Zeitpunkt **when** liegt, andernfalls **false**.
- **public long** `getTime()`
  liefert für den Zeitpunkt des Objekts die Anzahl der Millisekunden nach dem 1. Januar 1970, 0.00 Uhr zurück.
- **public void** `setTime(`**long** `millis)`
  setzt das Objekt auf den Zeitpunkt, der `millis` Millisekunden nach dem 1. Januar 1970, 0.00 Uhr liegt.

Außerdem lassen sich Objekte der Klasse `Date` miteinander vergleichen (dazu besitzen alle `Date`-Objekte wie gewohnt die Instanzmethoden `equals(...)` und `compareTo(...)`) und mittels der Methode `toString()` in Strings umwandeln.

11.5.2 Auf die Plätze, fertig, los!

Als beispielhafte Anwendung der Klasse `Date` wollen wir nun ein einfaches Programm schreiben, das als Stoppuhr dienen kann. Den Programmablauf gestalten wir dabei wie folgt:

- Wir fordern die Benutzerin bzw. den Benutzer auf, die Eingabetaste (↵) zu betätigen, um die Stoppuhr zu starten.
- Wurde die Taste gedrückt, halten wir den Startzeitpunkt in einem `Date`-Objekt fest und geben diesen Zeitpunkt zur Information auf dem Bildschirm aus.
- Wir fordern die Benutzerin bzw. den Benutzer auf, die Eingabetaste zu betätigen, um die Stoppuhr wieder anzuhalten.
- Wurde die Taste gedrückt, halten wir den Stoppzeitpunkt in einem weiteren `Date`-Objekt fest und geben diesen Zeitpunkt zur Information wieder auf dem Bildschirm aus.
- Wir berechnen zum Schluss die Laufzeit unserer Stoppuhr als Differenz der Millisekunden des Stoppzeitpunktes und des Startzeitpunktes und geben diese Laufzeit auf dem Bildschirm aus.

Unser Programm hat somit die Gestalt

```
import Prog1Tools.*;
import java.util.*;
public class Stoppuhr {
  public static void main (String[] args) {
    // Auf Betaetigen der Eingabetaste warten
    IOTools.readLine("Stoppuhr starten mit Eingabetaste!");
    // Aktuellen Zeitpunkt im Date-Objekt start festhalten
    Date start = new Date();
    // Zeitpunkt ausgeben
    System.out.println("Startzeitpunkt: " + start);
    System.out.println();
    // Statusmeldung anzeigen
    System.out.println("Die Stoppuhr laeuft ...");
    System.out.println();
    // Auf Betaetigen der Eingabetaste warten
    IOTools.readLine("Stoppuhr anhalten mit Eingabetaste!");
    // Aktuellen Zeitpunkt im Date-Objekt stopp festhalten
    Date stopp = new Date();
    // Zeitpunkt ausgeben
    System.out.println("Stoppzeitpunkt: " + stopp);
    System.out.println();
    // Laufzeit als Differenz von stopp und start bestimmen
    long laufzeit = stopp.getTime() - start.getTime();
    // Laufzeit ausgeben
    System.out.println("Gesamtlaufzeit: " + laufzeit + " ms");
  }
}
```

und ein Programmablauf könnte beispielsweise so aussehen:

```
                              Konsole
Stoppuhr starten mit Eingabetaste!
Startzeitpunkt: Fri Jun 21 13:53:33 CET 2024

Die Stoppuhr laeuft ...

Stoppuhr anhalten mit Eingabetaste!
Stoppzeitpunkt: Fri Jun 21 13:53:45 CET 2024

Gesamtlaufzeit: 12128 ms
```

11.5.3 Spezielle `Calendar`-Klassen

Die Klasse `Calendar` ist eine abstrakte Klasse, mit deren Hilfe man `Date`-Objekte nicht nur in Millisekunden, sondern auch in den Einheiten Jahre, Monate, Tage, Stunden, Minuten und Sekunden darstellen kann. `Calendar`-Objekte sind also keine Kalender im umgangssprachlichen Sinne, sondern repräsentieren – wie `Date`-Objekte – lediglich bestimmte Zeitpunkte. Die Klasse `Calendar` ermöglicht es aber außerdem, die einzelnen Komponenten eines bestimmten Zeitpunktes auszulesen und zu verändern.
Zu beachten ist, dass es natürlich – da `Calendar` abstrakt ist – keine Instanzen der Klasse selbst geben kann. Ein `Calendar`-Objekt lässt sich daher nur mit Hilfe einer konkreten Tochterklasse erzeugen. Die einzige entsprechende Tochterklasse ist zur Zeit die Klasse `GregorianCalendar`, die Zeitpunkte gemäß dem bei uns üblicherweise verwendeten gregorianischen Kalender modelliert.
Die Klasse `Calendar` besitzt eine Klassenmethode `getInstance`, mit deren Hilfe ein `GregorianCalendar`-Objekt erzeugt werden kann, das den beim Aufruf der Methode aktuellen Zeitpunkt repräsentiert. Zur Bearbeitung eines Zeitpunkts stellt die Klasse `Calendar` die nachfolgend beschriebenen Methoden für `Calendar`-Objekte zur Verfügung.

- **`public boolean`** `after(Object` **`when`**`)`
  liefert **`true`**, wenn der Zeitpunkt des Objekts, für das die Methode ausgeführt wird, nach dem Zeitpunkt **`when`** liegt, andernfalls **`false`**.
- **`public boolean`** `before(Object` **`when`**`)`
  liefert **`true`**, wenn der Zeitpunkt des Objekts, für das die Methode ausgeführt wird, vor dem Zeitpunkt **`when`** liegt, andernfalls **`false`**.
- **`public final`** `Date getTime()`
  liefert den Zeitpunkt des Objekts als `Date`-Objekt.
- **`public final void`** `setTime(Date date)`
  setzt den Zeitpunkt des Objekts auf den als `Date`-Objekt gegebenen Zeitpunkt.
- **`public final void`** `set(`**`int`** `year,` **`int`** `month,` **`int`** `date)`
  stellt Jahr, Monat und Tag des Objekts auf die angegebenen Werte ein.

- **public final void** set(**int** year, **int** month, **int** date, **int** hour, **int** minute)
  stellt Jahr, Monat, Tag, Stunde und Minute des Objekts auf die angegebenen Werte ein.
- **public final void** set(**int** year, **int** month, **int** date, **int** hour, **int** minute, **int** second)
  stellt Jahr, Monat, Tag, Stunde, Minute und Sekunde des Objekts auf die angegebenen Werte ein.
- **public void** add(**int** field, **int** amount)
  schaltet die durch field spezifizierte Einheit des Zeitpunkts um den in amount angegebenen Wert vorwärts (bei positivem Wert) oder rückwärts (bei negativem Wert).
- **public int** get(**int** field)
  liefert den Wert der durch field spezifizierten Einheit des Zeitpunkts.
- **public void** set(**int** field, **int** value)
  setzt den Wert der durch field spezifizierten Einheit des Zeitpunkts auf den Wert value.

Bei den drei zuletzt genannten Methoden ist es jeweils notwendig, über den Parameter field die Komponente zu benennen, die im Zeitpunktobjekt verändert bzw. ausgelesen werden soll. Dazu können und sollten die in der Klasse Calendar als finale Klassenvariablen bereitgestellten Werte (z. B. YEAR, MONTH, DAY_OF_MONTH, DAY_OF_YEAR, HOUR_OF_DAY, MINUTE, SECOND oder MILLISECOND) verwendet werden.
Wir wollen dies an einem kurzen Beispielprogramm verdeutlichen, in dem wir den gerade aktuellen Zeitpunkt bestimmen lassen, diesen dann zunächst um 27 Tage in die Zukunft und dann um 4 Jahre in die Vergangenheit verlegen lassen. Außerdem basteln wir uns noch mit Hilfe der Methode set ein närrisches Datum von Hand zusammen. Unser Programm arbeitet dabei mit einer Methode drucke, die uns die Ausgabe von Zeitpunkten so realisiert, dass jeweils das Datum und die Uhrzeit (in Stunden und Minuten) dargestellt werden.

```
import Prog1Tools.*;
import java.util.*;
public class CalArith {
  /** Methode zur Ausgabe eines Zeitpunkts */
  public static void drucke (Calendar t) {
    System.out.println("Zeitpunkt: "
                       + t.get(Calendar.DAY_OF_MONTH) + "."
                       + (t.get(Calendar.MONTH) + 1) + "."
                       + t.get(Calendar.YEAR) + ",  "
                       + t.get(Calendar.HOUR_OF_DAY) + ":"
                       + t.get(Calendar.MINUTE) + " Uhr");
  }
  /** Test-Methode */
  public static void main (String[] args) {
    // Aktuellen Zeitpunkt erzeugen
```

```
    Calendar zeit = Calendar.getInstance();
    // Zeitpunkt ausgeben
    drucke(zeit);
    // Zeitpunkt 27 Tage in die Zukunft verlegen
    zeit.add(Calendar.DAY_OF_MONTH, 27);
    // Zeitpunkt ausgeben
    drucke(zeit);
    // Zeitpunkt 4 Jahre in die Vergangenheit verlegen
    zeit.add(Calendar.YEAR, -4);
    // Zeitpunkt ausgeben
    drucke(zeit);
    // Zeitpunkt auf den 11.11.1111, 11.11 Uhr
    zeit.set(1111, 10, 11, 11, 11);
    // Zeitpunkt ausgeben
    drucke(zeit);
  }
}
```

Unser Programm meldet sich am 16. März 2024, nachmittags, z. B. mit

```
Konsole
Zeitpunkt: 6.3.2024,  16:40 Uhr
Zeitpunkt: 2.4.2024,  16:40 Uhr
Zeitpunkt: 2.4.2020,  16:40 Uhr
Zeitpunkt: 11.11.1111,  11:11 Uhr
```

Beim Setzen und beim Auslesen der Komponente für den Monat müssen wir beachten, dass im `Calendar`-Objekt die Monate von 0 bis 11 durchnummeriert sind. Wir müssen den entsprechenden Wert also jeweils um 1 erhöhen bzw. erniedrigen.

11.5.4 Noch einmal: Zeitmessung

Zum Schluss dieses Abschnitts über den Umgang mit Zeitpunkten wollen wir uns eine kurze alternative Version unserer Stoppuhr anschauen. Im Unterschied zur Stoppuhrversion unter Verwendung der Klasse `Date` erzeugen wir nun die Zeitpunkte als `Calendar`-Objekte und beschränken uns bei ihrer Ausgabe auf die Stunden-, Minuten-, Sekunden- und Millisekundenangaben. Außerdem wollen wir die Laufzeit unserer Stoppuhr nicht nur als Millisekunden ausgegeben bekommen, sondern auch in Stunden, Minuten, Sekunden und Millisekunden.
Um Letzteres zu realisieren, wandeln wir die in Millisekunden berechnete Laufzeit mit Hilfe der Methode `setTimeInMillis` einfach in eine `Calendar`-Darstellung, indem wir eines unserer `Calendar`-Objekte auf den entsprechenden Millisekundenwert setzen.
Unser Programm hat somit die Gestalt:

```
import Prog1Tools.*;
import java.util.*;
public class CalStoppuhr {
  public static void main (String[] args) {
    // Auf Betaetigen der Eingabetaste warten
    IOTools.readLine("Stoppuhr starten mit Eingabetaste!");
```

```
      // Aktuellen Zeitpunkt im Calendar-Objekt start festhalten
      Calendar start = Calendar.getInstance();
      // Zeitpunkt ausgeben
      System.out.println("Startzeitpunkt: "
                           + start.get(Calendar.HOUR_OF_DAY) + ":"
                           + start.get(Calendar.MINUTE) + ":"
                           + start.get(Calendar.SECOND) + ":"
                           + start.get(Calendar.MILLISECOND));
      System.out.println();
      // Statusmeldung anzeigen
      System.out.println("Die Stoppuhr laeuft ...");
      System.out.println();
      // Auf Betaetigen der Eingabetaste warten
      IOTools.readLine("Stoppuhr anhalten mit Eingabetaste!");
      // Aktuellen Zeitpunkt im Calendar-Objekt stopp festhalten
      Calendar stopp = Calendar.getInstance();
      // Zeitpunkt ausgeben
      System.out.println("Stoppzeitpunkt: "
                           + stopp.get(Calendar.HOUR_OF_DAY) + ":"
                           + stopp.get(Calendar.MINUTE) + ":"
                           + stopp.get(Calendar.SECOND) + ":"
                           + stopp.get(Calendar.MILLISECOND));
      System.out.println();
      // Laufzeit als Differenz von stopp und start bestimmen
      long laufzeit = stopp.getTimeInMillis() - start.getTimeInMillis();
      // Laufzeit ausgeben
      System.out.println("Gesamtlaufzeit: " + laufzeit + " ms");
      // Laufzeit als Zeitpunkt darstellen
      stopp.setTimeInMillis(laufzeit);
      // Zeitpunkt ausgeben
      System.out.println("Gesamtlaufzeit (min:sec:ms): "
                           + stopp.get(Calendar.MINUTE) + ":"
                           + stopp.get(Calendar.SECOND) + ":"
                           + stopp.get(Calendar.MILLISECOND));
    }
  }
```

Ein Programmablauf könnte jetzt beispielsweise so aussehen:

Konsole

```
Stoppuhr starten mit Eingabetaste!
Startzeitpunkt: 17:12:31:726

Die Stoppuhr laeuft ...

Stoppuhr anhalten mit Eingabetaste!
Stoppzeitpunkt: 17:12:50:302

Gesamtlaufzeit: 18576 ms
Gesamtlaufzeit (min:sec:ms): 0:18:576
```

11.5.5 Übungsaufgaben

Aufgabe 11.11

Ändern Sie das Stoppuhrprogramm aus Abschnitt 11.5.2 so ab, dass auch Zwischenzeiten genommen werden können und die Uhr erst dann endgültig angehalten wird, wenn durch Eingabe des Zeichens `e` die Endzeit angefordert wurde.

Aufgabe 11.12

Die Methode `drucke` aus Abschnitt 11.5.4 zeigt Uhrzeiten wie z. B. 3:05 nicht korrekt an, weil die Minuten ohne führende 0 ausgegeben werden. Berichtigen Sie dies. Betten Sie die Methode danach in ein Programm ein, das es ermöglicht, den aktuellen Zeitpunkt um eine einzulesende Anzahl von Jahren, Tagen, Stunden und Minuten in die Zukunft zu verlegen.

11.6 Die Klassen `SimpleDateFormat` und `DateFormat`

11.6.1 Arbeiten mit Format-Objekten für Datum/Zeit-Angaben

Wie wir bereits wissen, stehen im Paket `java.text` verschiedene Klassen zur Verfügung, die es ermöglichen, Formate für die Wandlung von Zahlen oder Daten in Zeichenketten festzulegen. Darunter finden wir auch die Klasse `SimpleDateFormat`, die von der abstrakten Klasse `DateFormat` erbt und mit deren Hilfe es möglich ist, ein Format-Objekt zu erzeugen, mit dessen Hilfe `Date`-Objekte in formatierte Strings gewandelt werden können.
Ähnlich wie bei der Klasse `DecimalFormat` können wir die Art und Weise, wie ein solches Format-Objekt einen Datum/Zeit-Wert in eine Zeichenkette wandelt, beim Aufruf des Konstruktors festlegen, indem wir ihm einen String übergeben, der das Muster zur Formatierung darstellt. Dieser String kann verschiedene vordefinierte Platzhalterzeichen für die verschiedenen Bestandteile eines `Date`-Objekts sowie weitere Zeichen enthalten. Die wichtigsten dabei auftretenden Platzhalter haben folgende Bedeutung:

`yy`	Platzhalter für das Jahr (mit zwei Ziffern)
`yyyy`	Platzhalter für das Jahr (mit vier Ziffern)
`M`	Platzhalter für den Monat (mit einer oder zwei Ziffern)
`MM`	Platzhalter für den Monat (mit zwei Ziffern)
`MMM`	Platzhalter für den Monat (als Text mit drei Buchstaben)
`MMMM`	Platzhalter für den Monat (als Text)
`EE`	Platzhalter für den Tag der Woche (als Text mit zwei Buchstaben)

`EEEE`	Platzhalter für den Tag der Woche (als Text)
`d`	Platzhalter für den Tag des Monats (mit einer oder zwei Ziffern)
`dd`	Platzhalter für den Tag des Monats (mit zwei Ziffern)
`H`	Platzhalter für die Stunden (mit einer oder zwei Ziffern)
`HH`	Platzhalter für die Stunden (mit zwei Ziffern)
`m`	Platzhalter für die Minuten (mit einer oder zwei Ziffern)
`mm`	Platzhalter für die Minuten (mit zwei Ziffern)
`s`	Platzhalter für die Sekunden (mit einer oder zwei Ziffern)
`ss`	Platzhalter für die Sekunden (mit zwei Ziffern)
`S`	Platzhalter für die Millisekunden (mit drei Ziffern)
`D`	Platzhalter für den Tag des Jahres (als Zahl)
`.`	Wird als Trennzeichen direkt übernommen
`:`	Wird als Trennzeichen direkt übernommen
`,`	Wird als Trennzeichen direkt übernommen

Wollen wir Freitext in unserem Format-String platzieren, so müssen wir diesen in einfache Hochkommas (`'`) einschließen. Soll dieser Freitext selbst ein Hochkomma enthalten, müssen wir zwei Hochkommas hintereinander notieren.
Haben wir ein solches Objekt der Klasse `SimpleDateFormat` erzeugt, besitzt dieses die Methode

- **public final** `String format(Date date)`

mit deren Hilfe wir Zeitpunkte in formatierte Strings wandeln können. Wenn wir also beispielsweise am Abend des 6. Februar 2020 ein `Date`-Objekt `d` erzeugt und das Format-Objekt `f1` durch

```
f1 = new SimpleDateFormat("EEEE,' der 'd.' 'MMMM,' 'H:mm' Uhr'"),
```

erzeugt haben, so wird durch

```
System.out.println(f1.format(d));
```

die Zeichenkette

```
Donnerstag, der 6. Februar, 18:38 Uhr
```

ausgegeben. Wenn wir hingegen das durch

```
f2 = new SimpleDateFormat("'Sternzeit 'yyyyMMdd.HHmmssS");
```

erzeugte Format-Objekt `f2` verwenden, so erhalten wir durch

```
System.out.println(f2.format(d));
```

die Ausgabe

```
Sternzeit 20200206.183809126
```

Im folgenden Programm `MyDateFormats` geben wir noch einige weitere Beispiele für „selbstgestrickte" Formate zur Ausgabe von Zeitangaben an.

```java
import java.text.*;
import java.util.*;
public class MyDateFormats {
  // Verschiedene Formate als Konstanten definieren
  public static final SimpleDateFormat
    eins = new SimpleDateFormat("dd.MM.yyyy' um 'HH:mm:ss:S"),
    zwei = new SimpleDateFormat("EE, MMM d, ''yy"),
    drei = new SimpleDateFormat("H:mm"),
    vier = new SimpleDateFormat("H' Uhr und 'm' Minuten'"),
    fuen = new SimpleDateFormat("d. MMMM yyyy'  'HH:mm"),
    sech = new SimpleDateFormat("EE, d. MMM yyyy HH:mm:ss"),
    sieb = new SimpleDateFormat("yyMMddHHmmssS");
  // Methode zur formatierten Ausgabe
  public static void println (Date d, SimpleDateFormat f) {
    System.out.println(f.format(d));
  }
  // Einige Tests
  public static void main (String[] args) {
    Date d = new Date();
    println (d, eins);
    println (d, zwei);
    println (d, drei);
    println (d, vier);
    println (d, fuen);
    println (d, sech);
    println (d, sieb);
  }
}
```

Unsere Format-Objekte haben wir dabei wieder als finale Klassenvariablen deklariert. Außerdem haben wir eine Methode `println` geschrieben, die beim Aufruf neben der Referenz auf das `Date`-Objekt, das sie ausgeben soll, auch das Format, in dem dieses darzustellen ist, übergeben bekommt. In der `main`-Methode verwenden wir diese Methode, um den aktuell erzeugten Zeitpunkt in unterschiedlichen Darstellungen auszugeben. Das Ablaufprotokoll unseres Programms sieht am 13. Februar 2020, kurz vor 15 Uhr, folgendermaßen aus:

Konsole

```
13.02.2020 um 14:57:51:346
Fr, Feb 13, '20
14:57
14 Uhr und 57 Minuten
13. Juni 2020  14:57
Fr, 13. Jun 2020 14:57:51
200613145751346
```

Abschließend noch einige Bemerkungen zur `DateFormat`-Klasse selbst, die wir zum Beispiel verwenden können, wenn wir lediglich mit bestimmten Standardformaten für unsere Datums- und Zeitangaben arbeiten wollen. In der Klasse `DateFormat` gibt es dazu sogenannte Instanz-erzeugende Klassenmethoden

- **public static final** `DateFormat getDateInstance()`

- **public static final** DateFormat getDateInstance(**int** style)
- **public static final** DateFormat getDateInstance(**int** style, Locale loc)
- **public static final** DateFormat getTimeInstance()
- **public static final** DateFormat getTimeInstance(**int** style)
- **public static final** DateFormat getTimeInstance(**int** style, Locale loc)
- **public static final** DateFormat getDateTimeInstance()
- **public static final** DateFormat getDateTimeInstance(**int** dateStyle, **int** timeStyle)
- **public static final** DateFormat getDateTimeInstance(**int** dateStyle, **int** timeStyle, Locale loc)

die jeweils ein Format-Objekt erzeugen, das nur das Datum, nur die Zeit oder Datum und Zeit formatiert darstellt. In der Variante ohne Parameter liefern die Methoden jeweils das voreingestellte Format. Mit dem Parameter `style` lässt sich festlegen, welches der vier möglichen Standardformate verwendet werden soll. Hierzu dienen die Konstanten `SHORT`, `MEDIUM`, `LONG` und `FULL`, die in der Klasse `DateFormat` deklariert sind. Will man die Darstellung außerdem in einem bestimmten landesspezifischen Format erzeugen, so kann über den Parameter `loc` vom Typ `Locale` die entsprechende Wahl getroffen werden. Objekte der Klasse `Locale` aus dem Paket `java.util` können eine geografische, politische oder kulturelle Region repräsentieren. Einige solche Regionen werden als vordefinierte Konstanten (wie z. B. `CHINA`, `FRANCE`, `ITALY`, `UK` oder `US`) in der Klasse `Locale` bereitgestellt.

Zuletzt sei noch erwähnt, dass den Objekten der Klasse `DateFormat` auch eine Methode `parse(String s)` zur Verfügung steht, mit deren Hilfe ein Zeitpunkt als Zeichenkette angegeben werden kann, die natürlich in dem durch das `DateFormat`-Objekt festgelegten Format angegeben sein muss (die Methode wirft andernfalls eine `ParseException`).

Im folgenden Programm `MyStandardDateFormats` präsentieren wir noch einige Beispiele für Standardformate zur Ausgabe von Zeitangaben.

```
import java.text.*;
import java.util.*;
public class MyStandardDateFormats {
  // Verschiedene Stanard-Formate als Konstanten definieren
  public static final DateFormat
    eins = DateFormat.getDateInstance(),
    zwei = DateFormat.getDateInstance(DateFormat.SHORT),
    drei = DateFormat.getDateInstance(DateFormat.LONG,
                                      Locale.FRANCE),
    vier = DateFormat.getTimeInstance(),
    fuen = DateFormat.getTimeInstance(DateFormat.LONG),
    sech = DateFormat.getTimeInstance(DateFormat.FULL,
                                      Locale.US),
```

```
    sieb = DateFormat.getDateTimeInstance(),
    acht = DateFormat.getDateTimeInstance(DateFormat.SHORT,
                                          DateFormat.SHORT),
    neun = DateFormat.getDateTimeInstance(DateFormat.LONG,
                                          DateFormat.LONG,
                                          Locale.ITALY);
  // Methode zur formatierten Ausgabe
  public static void println (Date d, DateFormat f) {
    System.out.println(f.format(d));
  }
  // Einige Tests
  public static void main (String[] args) {
    try {
        Date d = acht.parse("11.11.2027 11:11");
        println (d, eins);
        println (d, zwei);
        println (d, drei);
        println (d, vier);
        println (d, fuen);
        println (d, sech);
        println (d, sieb);
        println (d, acht);
        println (d, neun);
    } catch (ParseException pe) {
        System.out.println(pe);
    }
  }
}
```

Unsere Format-Objekte haben wir dabei erneut als finale Klassenvariablen deklariert. Außerdem verwenden wir wieder eine Methode `println`, die beim Aufruf neben der Referenz auf das `Date`-Objekt, das sie ausgeben soll, auch das Format, in dem dieses darzustellen ist, übergeben bekommt. In der `main`-Methode verwenden wir diese Methode, um den erzeugten Zeitpunkt (Faschingsmuffel denken mit Grauen an ihn) in unterschiedlichen Darstellungen auszugeben. Das Ablaufprotokoll unseres Programms sieht folgendermaßen aus:

Konsole

```
11.11.2027
11.11.27
11 novembre 2027
11:11:00
11:11:00 CET
11:11:00 AM CET
11.11.2027 11:11:00
11.11.27 11:11
11 novembre 2027 11.11.00 CET
```

11.6.2 Übungsaufgaben

Aufgabe 11.13

Schreiben Sie ein Programm, das Sie beim Start mit einer Datums- und Uhrzeit-Meldung begrüßt:

```
Konsole
Heute ist Samstag, der 27. April 2024.
Die Uhr zeigt gerade: 16 Uhr und 55 Minuten.
Neue Zeitanzeige mit ENTER.
```

Bei jedem Betätigen der Eingabetaste soll erneut die Zeit in obiger Form anzeigt werden.

11.7 Die `Collection`-Klassen

Wie bereits erwähnt, stehen uns im Paket `java.util` eine Reihe von Klassen zur Verfügung, mit deren Objekten wir „Sammlungen" (englisch: **collections**) von Objekten speichern und bearbeiten können. Um für alle vordefinierten oder selbst geschriebenen Klassen, die solche Sammlungen modellieren, eine einheitliche Funktionalität sicherzustellen, gibt es im Paket `java.util` eine Interface-Hierarchie, die die Grundstruktur der verschiedenen Ausprägungen von Collections widerspiegelt.

Ganz oben in dieser Hierarchie finden wir das Interface `Collection`, in dem bereits die wesentlichen Eigenschaften fast aller Arten von Collections zusammengefasst sind. Von diesem Interface erben die beiden Interfaces `Set` und `List`. Während das `Collection`-Interface die Art der Sammlung noch offen lässt, spezialisieren diese beiden Interfaces die genaue „Sammelstrategie" unserer `Collection`-Objekte. Während ein `List`-Objekt eine Liste in Form einer geordneten Folge von Elementen repräsentiert, stellt ein `Set`-Objekt eine Sammlung von Objekten (eine Menge von Objekten) dar, in der keine Duplikate zugelassen sind. Als Sub-Interface von `Set` existiert außerdem das Interface `SortedSet`, das die Elemente der `Set`-Objekte zusätzlich mit einer Ordnung versieht.

Wir wollen uns im Folgenden zunächst mit der Grundstruktur der `Collection`-Schnittstelle und anschließend etwas genauer mit den Schnittstellen `Set` und `List` und ihren Implementierungen in den vordefinierten Klassen `TreeSet` und `HashSet` bzw. `ArrayList` und `LinkedList` beschäftigen. Daneben werden wir auch einen Blick auf die „Verwandten" der Collections, die sogenannten Maps, werfen.

11.7.1 „Sammlungen" von Objekten – der Aufbau des Interface `Collection`

Generell dient ein **Collection-Objekt** dazu, verschiedene Objekte (sogenannte **Elemente** des Collection-Objekts) zu einer Gruppe zusammenzufassen. Dabei

kann sich die Größe eines Collection-Objekts dynamisch der gewünschten Zahl seiner Elemente anpassen. Hierin unterscheiden sich übrigens Collection-Objekte von üblichen Feld-Objekten. Während ein Feld eine Datenstruktur darstellt, deren Speicherkapazität nach dem Erzeugen unveränderlich ist, stellt eine Collection eine dynamische Datenstruktur dar, deren Kapazität sich an die Bedürfnisse anpasst. Ein weiterer Unterschied findet sich in der Tatsache, dass wir in einem Collection-Objekt keine elementaren Werte speichern können. Als Elemente sind lediglich Referenzen, also Werte von Referenzdatentypen zugelassen. Wollen wir dennoch Werte von elementaren Datentypen in Collection-Objekten ablegen, so müssen wir die in Abschnitt 11.2 beschriebenen Wrapper-Klassen einsetzen, um die Werte erst in Objekte einzupacken. Dieser Packvorgang kann, wie in Abschnitt 11.2.4 beschrieben, vom Compiler automatisch erledigt werden. Wir haben ihn aber dennoch in den nachfolgenden Beispielprogrammen explizit ausprogrammiert, um zu verdeutlichen, dass jeweils mit Wrapper-Objekten gearbeitet wird.
In der ursprünglichen Realisierung der `Collection`-Interfaces und -Klassen war vorgesehen, dass Objekte unterschiedlichen Typs in eine Sammlung aufgenommen werden können. Beim Zugriff auf die Elemente einer Sammlung bestand daher keinerlei Typsicherheit. Unter Einsatz des Konzepts der generischen Datentypen, auf das wir bereits eingegangen sind, ist es jedoch möglich, Collection-Objekte typsicher zu deklarieren. Das heißt: Der Typ der Elemente der Collection wird nicht mehr ganz allgemein als Typ `Object` angenommen, und es können daher generell nicht einfach verschiedene Elementtypen gleichzeitig verwendet werden. Vielmehr wird nunmehr durch vorhergehende Typisierung festgelegt, dass nur Objekte des korrekten Elementtyps (also zum Beispiel `Double` oder `String`) in eine Sammlung eingefügt werden können. Dies hat den Vorteil, dass alle Einfügeoperationen typsicher sind und dass man beim Zugriff auf ein Element einer Sammlung nur den vorgegebenen Typ erhält. Diese Typsicherheit wird bereits vom Compiler geprüft, sodass keine Laufzeitfehler wegen Typinkompatibilitäten mehr auftreten können. Umständliche Typkonvertierungen beim Auslesen der Collection-Elemente entfallen somit.
Das Basis-Interface `Collection`, das in der generischen Form

- **public interface** `Collection<E>` **extends** `Iterable<E>`

deklariert ist,[1] beschreibt bereits ziemlich detailliert die wesentlichen Eigenschaften einer Vielzahl verschiedenartiger Collections. Dabei wird `E` (als Abkürzung für Elementtyp) als Typ-Parameter verwendet, und es werden folgende Methoden deklariert:

- **public boolean** `add(E o)`
  fügt das Element `o` in das `Collection`-Objekt ein (falls möglich bzw. nötig).
- **public boolean** `addAll(Collection<?` **extends** `E> c)`
  fügt alle Elemente der Collection `c` in das `Collection`-Objekt, für das die Methode ausgeführt wird, ein (falls möglich bzw. nötig).

[1] Die Erbschaftsbeziehung zum Interface `Iterable` erläutern wir am Ende dieses Abschnitts.

- **public void** clear()
  entfernt alle Elemente aus dem Collection-Objekt.
- **public boolean** contains(Object o)
  liefert **true**, wenn das Collection-Objekt das Element o enthält, andernfalls **false**.
- **public boolean** containsAll(Collection<?> c)
  liefert **true**, wenn das Collection-Objekt, für das die Methode ausgeführt wird, alle Elemente des Collection-Objekts c enthält, andernfalls **false**.
- **public boolean** isEmpty()
  liefert **true**, wenn das Collection-Objekt leer ist, andernfalls **false**.
- **public** Iterator<E> iterator()
  liefert ein Iterator-Objekt für das Collection-Objekt.
- **public boolean** remove(Object o)
  entfernt das Objekt o aus dem Collection-Objekt (falls möglich bzw. nötig).
- **public boolean** removeAll(Collection<?> c)
  entfernt alle Elemente der Collection c aus dem Collection-Objekt, für das die Methode ausgeführt wird (falls möglich bzw. nötig).
- **public boolean** retainAll(Collection<?> c)
  entfernt alle Elemente, die *nicht* in der Collection c enthalten sind, aus dem Collection-Objekt, für das die Methode ausgeführt wird (falls möglich bzw. nötig).
- **public int** size()
  liefert die aktuelle Anzahl der Elemente des Collection-Objekts.
- **public** Object[] toArray()
  wandelt das Collection-Objekt in ein Feld mit Komponententyp Object.

Die Methoden add, addAll, remove, removeAll und retainAll liefern den Wert **true** zurück, wenn die jeweilige Aktion zu einer Veränderung des Collection-Objekts geführt hat.
Wie bereits eingangs dieses Abschnitts erwähnt, erbt das Interface Collection vom Interface Iterable. Dieses Interface ist in der generischen Form

- **public interface** Iterable<T>

mit dem Typ-Parameter T deklariert und schreibt lediglich die Methode

- **public** Iterator<T> iterator()

vor. Implementiert eine Klasse dieses Interface, so kann ein Objekt der Klasse innerhalb des Ausdrucks hinter dem Doppelpunkt innerhalb der vereinfachten **for**-Schleifen-Notation verwendet werden. Vom Compiler wird diese Notation dann automatisch unter Verwendung der Methode iterator, die einen sogenannten Iterator liefert, in Java-Code umgeformt, der alle Elemente des Iterable-Objekts durchläuft.

Aufgrund der Erbschaftsbeziehung zum Interface `Iterable` und der Typisierung mit dem Parameter `E` deklariert das Interface `Collection` auch die entsprechende Methode `iterator` mit Parametertyp `E`. Im folgenden Abschnitt wollen wir nun genauer darauf eingehen, was ein solcher Iterator ist und wie er eingesetzt werden kann.

11.7.2 „Sammlungen" durchgehen – der Aufbau des Interface `Iterator`

Ein **Iterator** ermöglicht es, alle Elemente eines Collection-Objekts (wie auch immer es gestaltet sein mag) kontrolliert (Element für Element) zu durchlaufen und abzuarbeiten.
Das Interface `Iterator`, das in der generischen Form

- **`public interface`** `Iterator<E>`

mit dem Typ-Parameter `E` deklariert ist, legt fest, welche Operationen ein Iterator zur Verfügung stellen muss, um dieses kontrollierte Durchlaufen zu realisieren. Es deklariert daher folgende Methoden:

- **`public boolean`** `hasNext()`
  liefert **`true`**, wenn der Iterator noch mindestens ein weiteres Element liefern kann, andernfalls **`false`**.
- **`public`** `E next()`
  liefert das jeweils nächste Element.
- **`public void`** `remove()`
  entfernt das zuletzt mit `next` angesprochene Element aus der zugrunde liegenden Collection.

Bei der Methode `next` gilt es zu beachten, dass diese eine Ausnahme vom Typ `NoSuchElementException` werfen kann. Dies geschieht dann, wenn kein weiteres Element mehr existiert, das von `next` geliefert werden könnte. Allerdings lässt sich diese Situation leicht vermeiden, indem man vor jedem Aufruf von `next` mit Hilfe der Methode `hasNext` überprüft, ob überhaupt noch weitere Elemente vorhanden sind. Weiterhin sei erwähnt, dass nicht jede Implementierung des `Collection`-Interface das Löschen von Elementen unterstützt. In diesen Fällen wirft die Methode `remove` des Iterators eine `UnsupportedOperationException`.
Arbeiten wir beispielsweise mit einem Collection-Objekt `c`, so können wir mit Hilfe seiner Instanzmethode `iterator` einen korrespondierenden Iterator erzeugen und in einer Schleife mit Hilfe der Iterator-Methoden `hasNext` und `next` die einzelnen Elemente unserer Collection durchlaufen. Unter Verwendung einer **`while`**-Schleife könnten wir dies als

```
Iterator<?> it = c.iterator();
while (it.hasNext())
  System.out.println(it.next());
```

formulieren, unter Verwendung einer **for**-Schleife, etwas kürzer, als

```
for (Iterator<?> i = c.iterator(); i.hasNext(); )
  System.out.println(i.next());
```

und unter Einsatz der vereinfachten **for**-Schleifen-Notation noch kürzer als

```
for (Object x : c)
  System.out.println(x);
```

programmieren. Wir werden im Zusammenhang mit Listen bzw. Mengen weitere Beispiele zum Thema Iterator kennenlernen.

11.7.3 Mengen

Unter dem Begriff **Menge** versteht man in Java eine Collection, in der für die Elemente keine Duplikate zugelassen sind. Für diese Spezialform der Collections sind die Interfaces `Set` und `SortedSet` zuständig, wobei `Set` von `Collection` und `SortedSet` von `Set` erbt. Implementiert wird das `Set`-Interface von den beiden Klassen `HashSet` und `TreeSet`.

11.7.3.1 Das Interface `Set`

In Spezialisierung der aus dem Super-Interface `Collection` geerbten Methodendeklarationen legt das `Set`-Interface fest, dass die Methoden `add` und `addAll` so arbeiten müssen, dass keine Duplikate in ein `Set`-Objekt aufgenommen werden. Mit Hilfe der Methode `equals` wird ein einzufügendes Objekt daher zunächst mit den bereits im `Set`-Objekt enthaltenen Elementen verglichen. Wenn keiner dieser Vergleiche **`true`** liefert, wird das neue Element eingefügt, andernfalls bleibt das `Set`-Objekt unverändert, und die Methode `add` liefert **`false`** als Ergebnis. Die aus der Mathematik bekannten Mengenoperationen „Vereinigung", „Schnitt" und „Differenz" lassen sich mit den in `Collection` deklarierten Methoden realisieren. Für zwei Mengen `u` und `v` liefert `u.addAll(v)` die Menge $u \cup v$, während `u.retainAll(v)` die Menge $u \cap v$ und `u.removeAll(v)` die Menge $u \setminus v$ liefern, wobei das Ergebnis jeweils im `Set`-Objekt `u` erzeugt wird.

11.7.3.2 Die Klasse `HashSet`

Zur Konstruktion von `Set`-Objekten enthält die Klasse `HashSet`, die in der generischen Form

- **`public class`** `HashSet<E>`

mit dem Typ-Parameter `E` deklariert ist, u. a. die Konstruktoren:

- **`public`** `HashSet()`
  erzeugt eine leere Menge.
- **`public`** `HashSet(Collection<? ` **`extends`** ` E> c)`
  erzeugt eine Menge, die alle Elemente der Collection `c` enthält, wobei eventuelle Duplikate eliminiert werden.

Wir wollen nun anhand eines kleinen Beispielprogramms die Anwendung der Klasse demonstrieren:

```
import java.util.*;
class ZahlenMenge {
  /** Methode zur Ausgabe von Infos ueber eine Collection */
  public static void printInfo(Collection<?> c) {
    System.out.println("Die Menge enthaelt " + c.size()
                                            + " Elemente");
    System.out.println("Ist 3.3 in der Menge enthalten? " +
                       c.contains(3.3));
    System.out.println("Alle Elemente der Menge:");
    for (Iterator<?> i = c.iterator(); i.hasNext(); )
      System.out.print(i.next() + "   ");
    System.out.println();
    System.out.println();
  }
  /** Aufbau und Modifikation einer Collection */
  public static void main(String[] args) {
    Collection<Double> c = new HashSet<Double>();
    c.add(1.1);
    c.add(2.2);
    c.add(3.3);
    c.add(0.0);
    c.add(3.3);
    c.add(4.4);
    printInfo(c);
    c.remove(3.3);
    c.remove(0.0);
    c.remove(4.4);
    printInfo(c);
  }
}
```

In unserem Programm verwenden wir eine Collection vom Typ `HashSet` und füllen diese mit den **double**-Werten 1.1, 2.2, 3.3, 0.0, 3.3 und 4.4. Genau genommen handelt es sich natürlich um (mittels Autoboxing erzeugte) Wrapper-Objekte vom Typ `Double`, da wir ja nur Objekte und keine elementaren Werte in der Collection ablegen können. Mittels der Methode `printInfo` geben wir dann einige Informationen über die erstellte Collection aus: Wir stellen fest, wie viele Elemente in der Collection gespeichert sind, prüfen, ob auch der Wert 3.3 enthalten ist, und geben schließlich (unter Verwendung eines Iterators) alle enthaltenen Elemente auf dem Bildschirm aus. Danach modifizieren wir unsere Collection, indem wir die Werte 3.3, 0.0 und 4.4 wieder entfernen. Schließlich geben wir erneut die Informationen über die aktuelle Collection aus.
Ein Start unseres Programms liefert somit die Ausgabe

Konsole

```
Die Menge enthaelt 5 Elemente
Ist 3.3 in der Menge enthalten? true
Alle Elemente der Menge:
4.4   3.3   1.1   2.2   0.0

```

```
Die Menge enthaelt 2 Elemente
Ist 3.3 in der Menge enthalten? false
Alle Elemente der Menge:
1.1   2.2
```

Wir sehen, dass aufgrund der Verwendung eines `HashSet`-Objekts der Wert 3.3 lediglich einmal in unsere Sammlung aufgenommen wird. Dementsprechend bleiben nach Entfernen der drei Elemente lediglich die Elemente 1.1 und 2.2 übrig.

11.7.3.3 Das Interface `SortedSet`

Wollen wir eine Menge mit dem zusätzlichen Feature versehen, das es ermöglicht, ihre Elemente stets aufsteigend zu sortieren, so müssen wir eine Klasse verwenden, die das Interface `SortedSet` implementiert – was auch gewährleistet, dass der Iterator die Mengenelemente stets in aufsteigender Reihenfolge durchläuft.
Dies setzt allerdings voraus, dass alle Elemente, die wir in eine sortierte Menge einfügen, miteinander vergleichbar sind. Dazu müssen die einzufügenden Elemente Instanzen einer Klasse sein, die das Interface `Comparable` implementiert. Dieses Interface ist in der generischen Form

- **`public interface`** `Comparable<T>`

mit dem Typ-Parameter `T` deklariert und enthält als einzige Methode

- **`public int`** `compareTo(T o)`
  vergleicht das Objekt, für das die Methode ausgeführt wird, mit dem Objekt `o` und liefert einen negativen Wert, den Wert 0 oder einen positiven Wert, je nachdem, ob das Objekt kleiner, gleich oder größer als das Objekt `o` ist.

die in einer Klasse entsprechend zu implementieren ist. Dabei gilt es zu beachten, dass die Methode `compareTo` stets konsistent mit der Methode `equals` implementiert ist. Das bedeutet: Für zwei Objekte `a` und `b` muss `a.compareTo(b)` genau dann 0 liefern, wenn `a.equals(b)` das Ergebnis **`true`** liefert. Dies liegt darin begründet, dass `SortedSet`-Objekte Elementvergleiche mit `compareTo` und nicht mit `equals` ausführen.[2]
Typische Beispiele für Klassen, die das Interface `Comparable` implementieren, sind übrigens die numerischen Wrapper-Klassen `Integer`, `Double` usw., deren Objekte wir daher auch problemlos in `SortedSet`-Objekte einfügen können.
Zusätzlich zu den üblichen `Collection`- bzw. `Set`-Methoden deklariert das Interface `SortedSet`, das in der generischen Form

- **`public interface`** `SortedSet<E>`

mit dem Typ-Parameter `E` deklariert ist, weitere Methoden:

[2] Wir haben diese Methodik bereits genutzt, als wir das Sortieren von Feldern mit selbstdefiniertem Komponententyp mit Hilfe der Methode `Arrays.sort` realisieren wollten.

- **public** `E first()`
  liefert das erste (kleinste) Element der Menge.
- **public** `E last()`
  liefert das letzte (größte) Element der Menge.
- **public** `SortedSet<E> headSet(E toElement)`
  liefert eine Teilmenge mit allen Elementen, die kleiner als `toElement` sind (im Sinne von `compareTo`).
- **public** `SortedSet<E> tailSet(E fromElement)`
  liefert eine Teilmenge mit allen Elementen, die größer oder gleich `fromElement` sind (im Sinne von `compareTo`).
- **public** `SortedSet subSet(E fromElement, E toElement)`
  liefert eine Teilmenge mit allen Elementen, die größer oder gleich `fromElement` und kleiner als `toElement` sind (im Sinne von `compareTo`).

11.7.3.4 Die Klasse `TreeSet`

Auch die Klasse `TreeSet`, die das `SortedSet`-Interface implementiert und in der generischen Form

- **public class** `TreeSet<E>`

mit dem Typ-Parameter `E` deklariert ist, enthält zur Konstruktion von Mengen folgende Konstruktoren:

- **public** `TreeSet()`
  erzeugt eine leere Menge.
- **public** `TreeSet(Collection<?` **extends** `E> c)`
  erzeugt eine Menge, die alle Elemente der Collection `c` enthält, wobei eventuelle Duplikate eliminiert werden.

Anhand unseres bereits in Abschnitt 11.7.3.2 vorgestellten Beispielprogramms wollen wir nun auch die Anwendung der Klasse `TreeSet` demonstrieren:

```
import java.util.*;
class SortierteZahlenMenge {
  /** Methode zur Ausgabe von Infos ueber eine Collection */
  public static void printInfo(Collection<?> c) {
    System.out.println("Die Menge enthaelt " + c.size()
                                             + " Elemente");
    System.out.println("Ist 3.3 in der Menge enthalten? " +
                       c.contains(3.3));
    System.out.println("Alle Elemente der Menge:");
    for (Iterator<?> i = c.iterator(); i.hasNext(); )
      System.out.print(i.next() + "   ");
    System.out.println();
    System.out.println();
  }

```

```
  /** Aufbau und Modifikation einer Collection */
  public static void main(String[] args) {
    Collection<Double> c = new TreeSet<Double>();
    c.add(1.1);
    c.add(2.2);
    c.add(3.3);
    c.add(0.0);
    c.add(3.3);
    c.add(4.4);
    printInfo(c);
    c.remove(3.3);
    c.remove(0.0);
    c.remove(4.4);
    printInfo(c);
  }
}

```

In diesem Programm verwenden wir eine Collection vom Typ `TreeSet`, lassen aber ansonsten das Programm unverändert. Das heißt: Wir füllen unsere Menge wieder mit den automatisch eingepackten **`double`**-Werten 1.1, 2.2, 3.3, 0.0, 3.3 und 4.4, geben mittels der Methode `printInfo` Informationen über die erstellte Collection aus (Anzahl der Elemente, Zugehörigkeitstest für 3.3, Aufzählung aller Elemente), modifizieren die Menge, indem wir die Werte 3.3, 0.0 und 4.4 entfernen, und geben schließlich nochmals Informationen über die aktuelle Zusammenstellung der Collection aus.
Ein Start dieses Programms liefert die Ausgabe

Konsole

```
Die Menge enthaelt 5 Elemente
Ist 3.3 in der Menge enthalten? true
Alle Elemente der Menge:
0.0   1.1   2.2   3.3   4.4

Die Menge enthaelt 2 Elemente
Ist 3.3 in der Menge enthalten? false
Alle Elemente der Menge:
1.1   2.2
```

und wir sehen, dass aufgrund der Verwendung eines `TreeSet`-Objekts nach wie vor der Wert 3.3 lediglich einmal in unsere Sammlung aufgenommen wird. Dementsprechend bleiben auch jetzt nach Entfernen der drei Elemente wieder lediglich die Elemente 1.1 und 2.2 übrig. Besonders interessant ist hier allerdings die Aufzählung aller Elemente unserer Menge, da diese nun in aufsteigender Sortierung erfolgt.

11.7.4 Listen

Unter dem Begriff **Liste** versteht man eine geordnete Collection, in der Elemente auch mehrfach vorkommen können. Die Reihenfolge der Elemente wird dabei beim Einfügen festgelegt. Ähnlich wie bei Feldern sind die Elemente einer Liste von 0 beginnend durchnummeriert (indiziert). Für diese Spezialform der Collection ist das Interface `List` zuständig, das von `Collection` erbt und durch die beiden Klassen `ArrayList` und `LinkedList` implementiert wird.

11.7.4.1 Das Interface `List`

In Spezialisierung der aus dem Super-Interface `Collection` geerbten Methodendeklarationen legt das `List`-Interface, das in der generischen Form

- **`public interface`** `List<E>` **`extends`** `Collection<E>`

mit dem Typ-Parameter `E` deklariert ist, fest, dass die Methoden `add` und `addAll` die weiteren Elemente jeweils am Ende der Liste einfügen und die Methode `remove` jeweils das erste entsprechende Element in der Liste entfernt. Außerdem deklariert das Interface weitere Methoden:

- **`public void`** `add(`**`int`** `index, E element)`
  fügt das Objekt `element` in das `List`-Objekt an der Position `index` ein (die nachfolgenden Elemente werden dabei um eine Position verschoben, indem ihr Index um 1 erhöht wird).
- **`public`** `E get(`**`int`** `index)`
  liefert das Element an der Position `index`.
- **`public int`** `indexOf(Object o)`
  liefert die Position des ersten Auftretens (den kleinsten Index) des Elements `o` oder den Wert -1, falls `o` nicht in der Liste vorkommt.
- **`public int`** `lastIndexOf(Object o)`
  liefert die Position des letzten Auftretens (den größten Index) des Elements `o` oder den Wert -1, falls `o` nicht in der Liste vorkommt.
- **`public`** `E remove(`**`int`** `index)`
  löscht das Element an der Position `index` (die nachfolgenden Elemente werden dabei um eine Position verschoben, indem ihr Index um 1 erniedrigt wird) und liefert das gelöschte Element als Ergebnis zurück.
- **`public`** `E set(`**`int`** `index, E element)`
  setzt das Element an der Position `index` auf den Wert `element` und liefert das ehemalige Element an dieser Stelle als Ergebnis zurück.

11.7.4.2 Die Klassen `ArrayList` und `LinkedList`

Beide Namen sind Programm. Während die Klasse `ArrayList` intern mit einem Feld arbeitet, werden die Elemente von Objekten der Klasse `LinkedList` über Referenzen miteinander „verlinkt". Durch diese unterschiedlichen Speicherformen, die Abbildung 11.3 verdeutlicht, ergeben sich für die beiden Klassen unterschiedliche Laufzeiten bei den Standardoperationen auf ihren Objekten. Während

der Zugriff auf Elemente in ArrayList-Objekten in der Regel für alle Elemente gleich schnell erfolgen kann, ist das Einfügen und Löschen von Elementen (aufgrund der notwendigen Verschiebungen der Feldelemente) wesentlich aufwändiger als in LinkedList-Objekten, wo es genügt, die Referenzen auf die jeweiligen Vorgänger- und Nachfolgerobjekte des neuen bzw. gelöschten Objekts richtig zu setzen.
Auch die Klassen ArrayList und LinkedList enthalten je einen Konstruktor ohne Argumente zur Erzeugung einer leeren Liste und einen Konstruktor mit einem Collection-Parameter, der alle Elemente der Collection in die neu erzeugte Liste übernimmt.

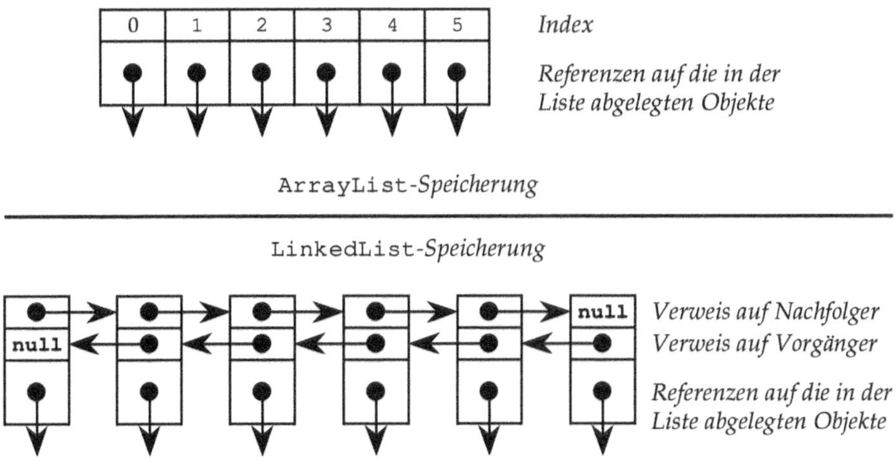

Abbildung 11.3: ArrayList und LinkedList im Vergleich

Anhand unseres bereits in Abschnitt 11.7.3.2 vorgestellten Beispielprogramms wollen wir nun auch die Anwendung der List-Klassen am Beispiel der Klasse ArrayList demonstrieren:

```
import java.util.*;
class ZahlenListe {
  /** Methode zur Ausgabe von Infos ueber eine Collection */
  public static void printInfo(Collection<?> c) {
    System.out.println("Die Liste enthaelt " + c.size()
                                          + " Elemente");
    System.out.println("Ist 3.3 in der Liste enthalten? " +
                       c.contains(3.3));
    System.out.println("Alle Elemente der Liste:");
    for (Iterator<?> i = c.iterator(); i.hasNext(); )
      System.out.print(i.next() + "    ");
    System.out.println();
    System.out.println();
  }
  /** Aufbau und Modifikation einer Collection */
  public static void main(String[] args) {
```

```
    Collection<Double> c = new ArrayList<Double>();
    c.add(1.1);
    c.add(2.2);
    c.add(3.3);
    c.add(0.0);
    c.add(3.3);
    c.add(4.4);
    printInfo(c);
    c.remove(3.3);
    c.remove(0.0);
    c.remove(4.4);
    printInfo(c);
  }
}
```

In unserem Programm verwenden wir nun eine Collection vom Typ `ArrayList`, lassen aber ansonsten das Programm unverändert. Das heißt, wir füllen unsere Liste mit den automatisch eingepackten **`double`**-Werten 1.1, 2.2, 3.3, 0.0, 3.3 und 4.4, geben mittels der Methode `printInfo` Informationen über die erstellte Collection aus (Anzahl der Elemente, Zugehörigkeitstest für 3.3, Aufzählung aller Elemente), modifizieren die Liste, indem wir die Werte 3.3, 0.0 und 4.4 entfernen, und geben schließlich nochmals Informationen über die aktuelle Zusammenstellung der Collection aus.
Ein Start dieses Programms liefert die Ausgabe

Konsole

```
Die Liste enthaelt 6 Elemente
Ist 3.3 in der Liste enthalten? true
Alle Elemente der Liste:
1.1   2.2   3.3   0.0   3.3   4.4

Die Liste enthaelt 3 Elemente
Ist 3.3 in der Liste enthalten? true
Alle Elemente der Liste:
1.1   2.2   3.3
```

und wir sehen, dass aufgrund der Verwendung eines `List`-Objekts der Wert 3.3 zweimal in unsere Sammlung aufgenommen wird. Dementsprechend bleiben nach dem Entfernen der drei Elemente (unter ihnen auch der Wert 3.3) die Elemente 1.1, 2.2 und 3.3 übrig. Zu erkennen ist auch, dass die Aufzählung aller Elemente unserer Liste in der Reihenfolge erfolgt, in der sie ursprünglich in die Liste eingefügt (hinten angehängt) wurden.

11.7.4.3 Suchen und Sortieren – die Klassen `Collections` und `Arrays`

Im praktischen Umgang mit `Collection`-Objekten wird man häufig mit Aufgaben konfrontiert, die es erfordern, in einer Sammlung (Liste) nach Objekten zu suchen bzw. Sammlungen (Listen) zu sortieren. Aus diesem Grund wird im Paket `java.util` auch eine Klasse `Collections` (nicht zu verwechseln mit dem Interface `Collection` ohne „s" am Ende) zur Verfügung gestellt. Darin finden wir (unter anderem) statische Methoden zum Sortieren von Listen und zum Suchen von Elementen in Listen. Die Methoden sind generisch deklariert und verwenden den Typ-Parameter `T`, der für den Elementtyp der von der Methode zu bearbeitenden Listen steht.

- **`public static`** `<T>` **`int`** `binarySearch`
  `(List<?` **`extends`** `Comparable<?` **`super`** `T>> list, T key)`
  sucht nach dem Objekt `key` in der Liste `list`, wobei zuvor sichergestellt sein muss, dass diese bereits aufsteigend sortiert ist (durch die Methode `sort`). Falls `key` in `list` enthalten ist, liefert die Methode den Index, unter dem `key` in `list` gespeichert ist, zurück. Andernfalls wird der Wert $-p-1$ als Ergebnis zurückgeliefert. Dabei entspricht p dem Index, unter dem `key` in `list` sortiert eingefügt werden müsste. Der Wert von p entspricht daher stets entweder dem Index des ersten Elements, das größer als `key` ist, oder dem Wert `list.size()`. An einem negativen Ergebniswert kann somit abgelesen werden, dass `key` nicht in `list` enthalten ist.
- **`static`** `<T` **`extends`** `Comparable<?` **`super`** `T>>` **`void`** `sort`
  `(List<T> list)`
  sortiert die Liste `list` in aufsteigender Reihenfolge (im Sinne der Methode `compareTo`).

Wir wollen die Anwendung dieser Methoden der Klasse `Collections` anhand eines kleinen Beispielprogramms demonstrieren:

```
import java.util.*;
class SortierteZahlenListe {
  /** Methode zur Ausgabe der Listenelemente */
  public static void printList(List<?> l) {
    System.out.println("Die Liste enthaelt die Elemente");
    for (Iterator<?> i = l.iterator(); i.hasNext(); )
      System.out.print(i.next() + "   ");
    System.out.println();
    System.out.println();
  }

  /** Aufbau und Modifikation einer Liste */
  public static void main(String[] args) {
    List<Double> l = new ArrayList<Double>();
    l.add(2.2);
    l.add(1.1);
    l.add(3.3);
    l.add(0.0);
    l.add(7.7);
    l.add(3.3);
    printList(l);
    Collections.sort(l);
    printList(l);
    System.out.println("Index des Elements mit Wert 0.0: " +
                          Collections.binarySearch(l, 0.0));
    System.out.println("Index des Elements mit Wert 2.2: " +
                          Collections.binarySearch(l, 2.2));
```

```
        System.out.println("Index des Elements mit Wert 5.5: " +
                           Collections.binarySearch(l, 5.5));
    }
}

```

Im Programm verwenden wir eine Liste vom Typ `ArrayList`, die wir zunächst mit den eingepackten **double**-Werten 2.2, 1.1, 3.3, 0.0, 7.7 und 3.3 füllen. Mit der Methode `printList` lassen wir dann alle Elemente der Liste auf dem Bildschirm ausgeben. Im Anschluss daran lassen wir die Liste sortieren und ihre Elemente erneut ausgeben. Schließlich suchen wir die Werte 0.0, 2.2 und 5.5 in der Liste und geben dabei die jeweils zurückgelieferte Position auf das Konsolenfenster aus. Ein Start dieses Programms liefert die Ausgabe

Konsole

```
Die Liste enthaelt die Elemente
2.2   1.1   3.3   0.0   7.7   3.3

Die Liste enthaelt die Elemente
0.0   1.1   2.2   3.3   3.3   7.7

Index des Elements mit Wert 0.0: 0
Index des Elements mit Wert 2.2: 2
Index des Elements mit Wert 5.5: -6
```

und wir sehen, dass aufgrund des letzten Rückgabewerts -6 abgelesen werden kann und 5.5 nicht in der Liste enthalten ist. Durch Erhöhung dieses Rückgabewertes um 1 und anschließende Bildung des Absolutbetrages (also $|-6+1|$) wissen wir, dass wir den Wert 5.5 unter dem Index 5 in die Liste eintragen müssten (unter Beibehaltung der Sortierung).

Wenn wir uns an das Thema „Sortieren von Feldern mit selbstdefiniertem Komponententyp" erinnern, kam auch damals eine Methode `sort` zum Einsatz. Allerdings handelte es sich dabei um die namensgleiche statische Methode der Klasse `Arrays`, die ebenfalls im Paket `java.util` angesiedelt ist. Wirft man einen Blick in die API-Spezifikation [42] zur Klasse `Arrays`, so stellt man fest, dass dort (unter anderem) mehrere Sortier- und Suchmethoden für Felder bereitgestellt werden, die folgende Form haben:

- **`public static int`** `binarySearch(xyz[] a, xyz v)`
  sucht nach `v` im Feld `a`, wobei zuvor sichergestellt sein muss, dass dieses bereits aufsteigend sortiert ist (durch die Methode `sort`). Falls `v` in `a` enthalten ist, liefert die Methode den Index, unter dem `v` in `a` gespeichert ist, zurück. Andernfalls wird der Wert $-p-1$ als Ergebnis zurückgeliefert. Dabei entspricht p dem Index, unter dem `v` in `a` sortiert eingefügt werden müsste. Der Wert von p entspricht daher stets entweder dem Index des ersten Elements, das größer als `v` ist, oder dem Wert `a.length`. An einem negativen Ergebniswert lässt sich somit erkennen, dass `v` nicht in `a` enthalten ist.

- **public static void** `sort(xyz[] a)`
  sortiert das Feld `a` in aufsteigender Reihenfolge (im Sinne von `compareTo`).

Dabei kann `xyz` für die elementaren Datentypen **char**, **byte**, **short**, **int**, **long**, **float** und **double**, aber auch für die Klasse `Object` stehen. Des Weiteren steht in `Arrays` die Klassenmethode

- **public static** `<T> List<T> asList(T... a)`
  liefert das Feld `a` als `List`-Objekt zurück.

zur Verfügung, die zusammen mit der bereits in Abschnitt 11.7.1 erwähnten Instanzmethode `toArray` als Brücke zwischen Feldern und Collections dient. Auch diese Methode ist generisch deklariert und verwendet den Typ-Parameter `T`, der für den Elementtyp der als Ergebnis abgelieferten Liste bzw. den Komponententyp des zu bearbeitenden Feldes steht. Zu beachten ist dabei, dass die Methode außerdem mit variabler Argumentanzahl deklariert ist. Das heißt, sie kann mit beliebig vielen Referenzwerten gleichen Typs oder auch mit einer Referenz auf ein Feld mit Referenztyp als Komponententyp aufgerufen werden.

11.7.5 Verkürzte Notation bei Collection-Datentypen

Alle in Abschnitt 10.2.7 geschilderten Sachverhalte zur verkürzten Notation bei generischen Datentypen gelten natürlich nicht nur für selbstdefinierte generische Klassen, sondern auch für die generischen Klassen und Interfaces in der Java-Klassenbibliothek. Wir wollen dies beispielhaft anhand unserer Klasse

```
import java.util.*;
public class ListDiamondDemo {
  public static void main(String[] args) {
    List<String> liste1 = new ArrayList<>();
    liste1.add("Hallo!");
    List<? extends String> liste2 = new ArrayList<>();
    liste1.addAll(liste2);
  }
}
```

veranschaulichen. Interessant ist hierbei die Tatsache, dass dem Compiler die automatische Ermittlung des notwendigen Typ-Parameters des Diamond-Operators auch über Erbschafts- bzw. Implementierungsbeziehungen hinweg gelingt. Während wir nämlich bei der Deklaration der Variablen `liste1` mit dem generischen Interface `List` arbeiten, verwenden wir bei der Objekterzeugung auf der rechten Seite der Zuweisung die Klasse `ArrayList` mit der Diamond-Notation. Trotzdem kann der Compiler hier den korrekten Typ-Parameter (den Typ `String`) automatisch ermitteln. Gleiches gilt für `liste2`.
Dennoch gibt es auch Fälle, für die eine automatische Ermittlung des Typ-Parameters nicht möglich ist. Übersetzen wir beispielsweise die Klasse

```
import java.util.*;
public class ListDiamondFalsch {
  public static void main(String[] args) {
```

```
    List<String> liste1 = new ArrayList<>();
    liste1.add("Hallo!");
    liste1.addAll(new ArrayList<>());
  }
}
```

dann erhalten wir die Fehlermeldung

```
Konsole
ListDiamondFalsch.java:6: no suitable method found for
    addAll(ArrayList<Object>)

    liste1.addAll(new ArrayList<>());
          ^
    method List.addAll(int,Collection<? extends String>)
      is not applicable (actual and formal argument lists differ
      in length)
    method List.addAll(Collection<? extends String>)
      is not applicable (actual argument ArrayList<Object> cannot
      be converted to Collection<? extends String> by method
      invocation conversion)
```

Daran können wir erkennen, dass der Aufruf der Methode `addAll` nicht zulässig ist. Für das mit **`new`** `ArrayList<>()` erzeugte Argument der Methode ermittelt der Compiler nämlich den Typ `ArrayList<Object>`, und dafür steht keine passende Methode `addAll` bereit.

11.7.6 Übungsaufgaben

Aufgabe 11.14

Schreiben Sie ein Programm, das unter Verwendung eines `Set`-Objekts die Ziehung der Lottozahlen simuliert. Lassen Sie dazu wiederholt eine ganzzahlige Zufallszahl im Zahlenbereich 1 bis 49 generieren und in das `Set`-Objekt einfügen, bis dieses genau sieben Elemente (einschließlich Zusatzzahl) enthält. Geben Sie dann die Elemente des `Set`-Objekts auf dem Bildschirm aus.

Aufgabe 11.15

Schreiben Sie ein Programm, das unter Verwendung der Klasse `TreeSet` die Primzahlen zwischen 2 und n nach der folgenden Methode (Sieb des Eratosthenes, vgl. [51]) berechnet und ausdruckt:

1. Lies n ein.
2. Erzeuge die Menge T als Menge aller Zahlen von 2 bis n.
3. Erzeuge die zunächst leere Menge S.
4. Setze p auf den Wert 2.

5. Wiederhole

   - Nimm alle (nichttrivialen) Vielfachen von p (also $2p, 3p, \ldots$) in S auf.
   - Falls p noch den Wert 2 hat, setze p auf 3,
     andernfalls erhöhe p so lange um 2, bis für p gilt $p \notin S$.

   so lange, bis gilt $p^2 > n$.
6. Entferne alle Elemente der Menge S aus der Menge T.
7. Gib alle Elemente der Menge T aus (je 10 Werte in einer Zeile).

11.7.7 Assoziative Sammlungen mit Maps

Eine ganz spezielle Form von Sammlung lässt sich mit einer sogenannten **Map** aufbauen. Darunter versteht man eine spezielle **assoziative Datenstruktur**, die es ermöglicht, Schlüssel-Wert-Paare zu speichern, sodass durch die Map später die Werte über ihren jeweiligen Schlüssel abgerufen werden können. Die Map bildet also jeweils einen Schlüssel auf einen Wert ab. Das Besondere ist nun, dass der Schlüssel nicht einfach nur ein Index ist. Vielmehr können sowohl die Schlüssel als auch die zugeordneten Werte durch Objekte einer beliebigen Klasse angegeben werden. Der Schlüssel muss jedoch eindeutig sein, und zu jedem Schlüssel gibt es immer entweder noch keinen Eintrag oder genau einen Eintrag in der Sammlung. Beim Einfügen eines neuen Schlüssel-Wert-Paares wird daher stets überprüft, ob der Schlüssel bereits existiert. Sollte dies der Fall sein, wird der bisher zugeordnete Wert durch den neuen Wert ersetzt.

11.7.7.1 Das Interface `Map`

Die notwendigen Operationen für das Arbeiten mit einer Map werden durch das gleichnamige Interface `Map` festgelegt. Dieses steht allerdings nicht in einer Erbschaftsbeziehung zum Interface `Collection`, sondern legt den Grundstock für eine separate Hierarchie von Klassen. Es ist deklariert als:

- **`public interface`** `Map<K, V>`

Dabei werden `K` (als Abkürzung für **key**, deutsch: Schlüssel) und `V` (als Abkürzung für **value**, deutsch: Wert) als Typ-Parameter für den jeweiligen Schlüssel- und Werte-Datentyp verwendet, und es werden folgende Methoden deklariert:

- **`public void`** `clear()`
  entfernt alle Einträge aus dem `Map`-Objekt.
- **`public boolean`** `containsKey(Object key)`
  liefert **`true`**, wenn das `Map`-Objekt den Schlüssel `key` enthält, andernfalls **`false`**.
- **`public boolean`** `containsValue(Object value)`
  liefert **`true`**, wenn das `Map`-Objekt den Wert `value` enthält, andernfalls **`false`**.

- **public** V get(Object key)
  liefert den Wert zurück, der dem Schlüssel value zugeordnet ist. Falls value nicht in der Map enthalten ist, wird **null** zurückgegeben.
- **public boolean** isEmpty()
  liefert **true**, wenn das Map-Objekt leer ist, andernfalls **false**.
- **public** Set<K> keySet()
  liefert die Menge aller Schlüssel des Map-Objekts als Set-Objekt zurück.
- **public** V put(K key, V value)
  falls der Schlüssel key noch nicht im Map-Objekt enthalten ist, fügt die Methode eine neues Schlüssel-Wert-Paar ein und liefert **null** zurück; andernfalls ordnet die Methode dem bereits vorhandenen Schlüssel einen neuen Wert zu und liefert den bisher hinterlegten Wert zurück.
- **public void** putAll(Map<? **extends** K,? **extends** V> m)
  fügt alle Schlüssel-Wert-Paare aus der Map m in das ausführende Map-Objekt ein, falls deren Schlüssel key noch nicht im Map-Objekt enthalten ist, bzw. ordnet andernfalls den vorhandenen Schlüsseln die neuen Werte zu.
- **public** V remove(Object key)
  entfernt den Eintrag für den Schlüssel key aus dem Map-Objekt (falls möglich bzw. nötig).
- **public int** size()
  liefert die aktuelle Anzahl der Elemente des Map-Objekts.
- **public** Collection<V> values()
  liefert die Liste aller Werte des Map-Objekts als Collection-Objekt zurück.

11.7.7.2 Die Klassen HashMap und TreeMap

In der Klassenbibliothek finden sich verschiedene Klassen, die das Interface Map implementieren, darunter auch die beiden Klassen HashMap und TreeMap, deren Einsatz wir anhand eines kleinen Beispielprogramms demonstrieren möchten. Das Programm soll dafür eingesetzt werden, Haustiere in einer Map zu verwalten. Dabei soll jeweils der Name des Haustiers (als String) einem Objekt vom Typ Haustier zugeordnet werden. Dazu definieren wir den folgenden Record:

```
public record Haustier (String tierart, int alter) {
}
```

Unter Einsatz der Klasse HashMap formulieren wir folgendes Anwendungsprogramm:

```
import java.util.*;
class HaustierNamenMap {
  /** Methode zur Ausgabe von Infos ueber eine Map */
  public static void printInfo(Map<String,Haustier> m) {
    System.out.println("Die Map enthaelt " + m.size() + " Elemente.");
    System.out.println("Ist Bubu in der Menge enthalten? " +
                       m.containsKey("Bubu"));
```

```
    System.out.println("Alle Elemente der Map:");
    for (String key : m.keySet()) {
      System.out.println(key + ": " + m.get(key));
    }
    System.out.println();
  }
  /** Aufbau und Modifikation einer Map */
  public static void main(String[] args) {
    Map<String,Haustier> m = new HashMap<>();
    m.put("Bubu",new Haustier("Katze",7));
    m.put("Alf",new Haustier("Hund",4));
    m.put("Ede",new Haustier("Goldfisch",3));
    m.put("Caesar",new Haustier("Maus",2));
    m.put("Dodo",new Haustier("Wellensittich",1));
    printInfo(m);
    m.remove("Bubu");
    m.put("Ede",new Haustier("Hamster",0));
    printInfo(m);
  }
}
```

In diesem erzeugen wir eine zunächst leere Map `m` und fügen darin für unsere Haustiere Bubu, Alf, Ede, Caesar und Dodo die Zuordnungen zum jeweiligen `Haustier`-Objekt ein. Mittels der Methode `printInfo` geben wir dann Informationen über die entstandene Map auf den Bildschirm aus. Nachdem wir die Zuordnung für Bubu entfernt und die für Ede verändert haben, rufen wir nochmals `printInfo` auf. Innerhalb dieser Methode setzen wir einige der oben eingeführten Methoden ein. Um über die Menge aller Schlüssel der Map iterieren zu können, arbeiten wir im Speziellen mit der Methode `keySet`. Beim Programmstart erhalten wir als Ausgabe:

Konsole

```
Die Map enthaelt 5 Elemente.
Ist Bubu in der Menge enthalten? true
Alle Elemente der Map:
Caesar: Haustier[tierart=Maus, alter=2]
Dodo: Haustier[tierart=Wellensittich, alter=1]
Ede: Haustier[tierart=Goldfisch, alter=3]
Bubu: Haustier[tierart=Katze, alter=7]
Alf: Haustier[tierart=Hund, alter=4]

Die Map enthaelt 4 Elemente.
Ist Bubu in der Menge enthalten? false
Alle Elemente der Map:
Caesar: Haustier[tierart=Maus, alter=2]
Dodo: Haustier[tierart=Wellensittich, alter=1]
Ede: Haustier[tierart=Hamster, alter=0]
Alf: Haustier[tierart=Hund, alter=4]
```

Schaut man sich die über den Iterator-Mechanismus generierte Ausgabereihenfolge an, stellt man fest, dass die Schlüssel nicht sortiert sind. Wollen wir die Map mit dem zusätzlichen Feature versehen, das es ermöglicht, ihre Elemente stets aufsteigend nach den Schlüsseln zu sortieren, so müssen wir eine Klasse verwenden, die das Interface `SortedMap` implementiert – was auch gewährleistet, dass der Iterator die Mengenelemente stets in aufsteigender Reihenfolge durchläuft. Wie in Abschnitt 11.7.3.3 für die Klasse `SortedSet` beschrieben, setzt dies voraus, dass alle Schlüssel, die wir in eine sortierte Map einfügen, miteinander vergleichbar sind. Dazu müssen die Schlüssel Instanzen einer Klasse sein, die das Interface `Comparable` implementiert. In unserem Beispiel, in dem wir `String`-Schlüssel verwenden, ist das gewährleistet. Daher können wir einfach in Zeile 16 die bisher verwendete Map vom Typ `HashMap` durch eine vom Typ `TreeMap` ersetzen:

```
1  import java.util.*;
2  class HaustierNamenSortedMap {
3    /** Methode zur Ausgabe von Infos ueber eine Map */
4    public static void printInfo(Map<String,Haustier> m) {
5      System.out.println("Die Map enthaelt " + m.size() + " Elemente.");
6      System.out.println("Ist Bubu in der Menge enthalten? " +
7                         m.containsKey("Bubu"));
8      System.out.println("Alle Elemente der Map:");
9      for (String key : m.keySet()) {
10       System.out.println(key + ": " + m.get(key));
11     }
12     System.out.println();
13   }
14   /** Aufbau und Modifikation einer Map */
15   public static void main(String[] args) {
16     Map<String,Haustier> m = new TreeMap<>();
17     m.put("Bubu",new Haustier("Katze",7));
18     m.put("Alf",new Haustier("Hund",4));
19     m.put("Ede",new Haustier("Goldfisch",3));
20     m.put("Caesar",new Haustier("Maus",2));
21     m.put("Dodo",new Haustier("Wellensittich",1));
22     printInfo(m);
23     m.remove("Bubu");
24     m.put("Ede",new Haustier("Hamster",0));
25     printInfo(m);
26   }
27 }
```

Beim Programmstart erhalten wir nun jeweils sortierte Ausgaben:

Konsole

```
Die Map enthaelt 5 Elemente.
Ist Bubu in der Menge enthalten? true
Alle Elemente der Map:
Alf: Haustier[tierart=Hund, alter=4]
Bubu: Haustier[tierart=Katze, alter=7]
Caesar: Haustier[tierart=Maus, alter=2]
Dodo: Haustier[tierart=Wellensittich, alter=1]
Ede: Haustier[tierart=Goldfisch, alter=3]

Die Map enthaelt 4 Elemente.
Ist Bubu in der Menge enthalten? false
```

```
Alle Elemente der Map:
Alf: Haustier[tierart=Hund, alter=4]
Caesar: Haustier[tierart=Maus, alter=2]
Dodo: Haustier[tierart=Wellensittich, alter=1]
Ede: Haustier[tierart=Hamster, alter=0]
```

11.7.8 Übungsaufgaben

Aufgabe 11.16

Schreiben Sie ein Programm, das unter Verwendung eines `Map`-Objekts den Bestand Ihrer Fertiggerichte im Kühl- bzw. Gefrierschrank verwaltet. Im Programm sollen zunächst initial vier Gerichte in die Map eingefügt werden, wobei jedem Gericht jeweils die aktuelle Stückzahl zugeordnet wird.
Danach soll in einer Schleife wiederholt abgefragt werden, ob der Anwender bzw. die Anwenderin des Programms

- den aktuellen Bestand angezeigt bekommen,
- den Einkauf eines Gerichts verbuchen,
- den Verzehr eines Gerichts verbuchen oder
- das Programm beenden

möchte, und danach die entsprechenden Eingaben verarbeitet und die notwendigen Operationen ausgeführt werden.

Aufgabe 11.17

Schreiben Sie ein Programm, das mit Hilfe eines `Map`-Objekts ein Wörterbuch in Babysprache aufbaut und zur Kontrolle alle Einträge auf den Bildschirm ausgibt. Ein Schlüssel-Wert-Paar soll dabei jeweils aus dem Wort in Babysprache als Schlüssel und dem tatsächlichen Wort als Wert gebildet werden.

11.8 Die Klasse `StringTokenizer`

Nachdem wir uns ausgiebig mit den verschiedenen Collection-Klassen und deren Iteratoren beschäftigt haben, wollen wir in diesem Abschnitt nochmals eine Klasse vorstellen, die das `Enumeration`-Interface, also den Vorgänger des `Iterator`-Interface, implementiert. Dazu kehren wir zur Thematik Zeichenketten zurück, die wir bereits in Abschnitt 11.1 aufgegriffen hatten.
Im Paket `java.util` finden wir die Klasse `StringTokenizer`, deren Objekte es ermöglichen, Zeichenketten in einzelne Teilzeichenketten, sogenannte **Tokens**, zu zerlegen. Dabei versteht man unter einem Token jeweils eine zusammenhängende Folge von Zeichen, die von den im `StringTokenizer`-Objekt festgelegten

Trennzeichen eingegrenzt sind. Voreingestellte Trennzeichen sind dabei Leerzeichen, Tabulatorzeichen (`\t`), Zeilenendezeichen (`\n` und `\r`) und Seitenendezeichen (`\f`). Bei Konstruktion eines `StringTokenizer`-Objekts können aber auch Trennzeichen nach eigenem Wunsch festgelegt werden.
Zur Erzeugung von `StringTokenizer`-Objekten stehen folgende Konstruktoren zur Verfügung:

- **public** `StringTokenizer(String str)`
  erzeugt ein `StringTokenizer`-Objekt unter Verwendung der Standardtrennzeichen. Die Trennzeichen selbst werden nicht als Tokens behandelt.
- **public** `StringTokenizer(String str, String delim)`
  erzeugt ein `StringTokenizer`-Objekt unter Verwendung der Trennzeichen, die in `delim` angegeben sind. Die Trennzeichen selbst werden nicht als Tokens behandelt.
- **public** `StringTokenizer(String str, String delim` **boolean** `returnDelims)`
  erzeugt ein `StringTokenizer`-Objekt unter Verwendung der Trennzeichen, die in `delim` angegeben sind. Hat `returnDelims` den Wert **true**, so werden die Trennzeichen selbst als Tokens behandelt, andernfalls nicht.

Als Methoden implementiert die `StringTokenizer`-Klasse

- **public int** `countTokens()`
  liefert die Anzahl der Tokens, d. h. die Anzahl möglicher Aufrufe der Methode `nextToken`.
- **public boolean** `hasMoreTokens()`
  liefert **true**, wenn das `StringTokenizer`-Objekt mindestens ein weiteres Token abliefern kann, andernfalls **false**.
- **public boolean** `hasMoreElements()`
  liefert den gleichen Wert wie `hasMoreTokens()`.
- **public** `String nextToken()`
  liefert das nächste Token.
- **public** `Object nextElement()`
  liefert den gleichen Wert wie `nextToken()`.
- **public** `String nextToken(String delim)`
  legt neue Trennzeichen gemäß `delim` für die weitere Verwendung des `StringTokenizer`-Objekts fest und liefert dann das nächste Token.

In unserem Beispielprogramm

```
import java.util.*;
public class StringTokens {
  /** Methode zur Ausgabe einer String-Zerlegung */
  public static void print(StringTokenizer st) {
    while (st.hasMoreTokens())
      System.out.println(st.nextToken());
```

```java
    System.out.println();
  }
  /** Beispielprogramm fuer StringTokenizer-Benutzung */
  public static void main(String[] args) {
    // Zu zerlegende Zeichenkette festlegen und ausgeben
    String text = "Dies ist ein ganz toller Text";
    System.out.println("Text als Original-Zeichenkette:");
    System.out.println(text);
    System.out.println();

    // Einen Standard-StringTokenizer erzeugen
    StringTokenizer st1 = new StringTokenizer(text);
    // Text mit Hilfe des Tokenizer-Objekts zerlegen und ausgeben
    System.out.println("Text mit Standard-Tokenizer zerlegt:");
    print(st1);

    // Spezielle Token-Trennzeichen definieren
    String trenner = "eo";

    // Einen StringTokenizer mit diesen Trennzeichen erzeugen
    StringTokenizer st2 = new StringTokenizer(text, trenner);
    // Text mit Hilfe des Tokenizer-Objekts zerlegen und ausgeben
    System.out.println("Text mit e-o-Tokenizer zerlegt:");
    print(st2);

    // Einen StringTokenizer mit diesen Trennzeichen erzeugen
    StringTokenizer st3 = new StringTokenizer(text, trenner, true);
    // Text mit Hilfe des Tokenizer-Objekts zerlegen und ausgeben
    System.out.println("Text mit e-o-Tokenizer zerlegt mit Trenner:");
    print(st3);
  }
}
```

verwenden wir drei verschiedene `StringTokenizer`-Objekte für ein und dieselbe Zeichenkette (`text`). Das Objekt (`st1`) arbeitet mit den Default-Trennzeichen, während `st2` und `st3` die Buchstaben `e` und `o` als Trennzeichen verwenden. Darüber hinaus wertet `st3` die Trennzeichen selbst als Tokens, da wir beim Konstruktoraufruf ein **`true`** im dritten Parameter übergeben. Mit Hilfe der Methode `print`, in der wir in einer Schleife die Methoden `hasMoreTokens` und `nextToken` einsetzen, um die jeweilige Zerlegung zu erhalten, lassen wir für die drei `StringTokenizer`-Objekte die von ihnen generierte Token-Folge auf das Konsolenfenster ausgeben, sodass wir die folgenden Ausgabezeilen erhalten:

Konsole

```
Text als Original-Zeichenkette:
Dies ist ein ganz toller Text

Text mit Standard-Tokenizer zerlegt:
Dies
ist
ein
ganz
toller
```

```
Text

Text mit e-o-Tokenizer zerlegt:
Di
s ist
in ganz t
ll
r T
xt

Text mit e-o-Tokenizer zerlegt mit Trenner:
Di
e
s ist
e
in ganz t
o
ll
e
r T
e
xt
```

Das Aufteilen eines Textes in einzelne Strings können wir alternativ auch durch das Text-Objekt selbst erledigen lassen, indem wir die Instanzmethode `split`, die jedem `String`-Objekt zur Verfügung steht, einsetzen. Sie liefert ein `String`-Array als Ergebnis zurück, in dessen Komponenten wir die einzelnen `String`-Portionen finden.
Ein alternatives Beispielprogramm wäre somit:

```
public class StringTokensAlternative {
  /** Beispielprogramm fuer split-Benutzung */
  public static void main(String[] args) {
    // Zu zerlegende Zeichenkette festlegen und ausgeben
    String text = "Dies ist ein ganz toller Text";
    System.out.println("Text als Original-Zeichenkette:");
    System.out.println(text);
    System.out.println();

    // Text mit Hilfe der String-Methode split zerlegen und ausgeben
    String[] zerlegung1 = text.split(" ");  // Leerzeichen als Trenner

    System.out.println("Text mit split an Leerzeichen zerlegt:");
    for (String s : zerlegung1)
      System.out.println(s);
    System.out.println();

    // Text mit Hilfe der String-Methode split zerlegen und ausgeben
    String[] zerlegung2 = text.split("[eo]");   // e und o als Trenner

    System.out.println("Text mit split an e und o zerlegt:");
```

```
      for (String s : zerlegung2)
        System.out.println(s);
      System.out.println();
    }
  }
```

Wir erhalten die folgenden Ausgaben:

```
Konsole
Text als Original-Zeichenkette:
Dies ist ein ganz toller Text

Text mit split an Leerzeichen zerlegt:
Dies
ist
ein
ganz
toller
Text

Text mit split an e und o zerlegt:
Di
s ist
in ganz t
ll
r T
xt
```

11.8.1 Übungsaufgaben

Aufgabe 11.18

Schreiben Sie ein Programm, das die Benutzerin bzw. den Benutzer auffordert, einen längeren Text (inklusive üblicher Satzzeichen) per Tastatur einzugeben. Das Ende des Texts soll durch Betätigen der Eingabetaste signalisiert werden. Ihr Programm soll den Text als Zeichenkette einlesen und ihn mit Hilfe eines `StringTokenizer`-Objekts in seine einzelnen Wörter zerlegen. Diese Wörter sollen in eine Collection aufgenommen werden, sodass am Ende eine sortierte Liste aller im Text vorkommenden Wörter (ohne Duplikate) ausgegeben werden kann.

Teil III

Grafische Oberflächen in Java

Zugegeben, unsere bisherigen Programme waren zwar anspruchsvoll, aber doch ein bisschen langweilig. Denn bisher haben wir uns nur darauf beschränkt, einfache Textausgaben auf der Kommandozeile zu programmieren. Diese Art von Programmen hat zwar durchaus ihre Daseinsberechtigung,[3] schön bunt wird es aber erst, wenn wir grafische Benutzungsoberflächen programmieren.
Grafische Anwendungen werden in Java typischerweise mit **Swing** programmiert, einer im Lieferumfang von Java enthaltenen Klassenbibliothek für grafische Oberflächen. Denn auch wenn auf mobilen Geräten traditionell andere Lösungen zum Einsatz kommen, ist Swing so ausgereift, dass selbst anspruchsvollste Benutzungsoberflächen damit entwickelt werden können. In den folgenden Kapiteln zeigen wir, wie das geht, bevor wir am Ende des Buchs noch einen kurzen Blick auf die alternative, aber separat zu installierende Bibliothek **JavaFX** werfen.

[3] Denken Sie hier zum Beispiel an all die Serverprogramme, die Tag für Tag ihren Dienst verrichten, ohne dass die Computer, auf denen sie laufen, überhaupt einen Bildschirm haben.

Kapitel 12

Aufbau grafischer Oberflächen in Frames – von AWT nach Swing

In diesem Kapitel beschäftigen wir uns mit der Entwicklung von Programmen, die einerseits (wie unsere bisherigen Programme) als Applikationen, also eigenständige Anwendungsprogramme arbeiten, andererseits nicht mehr ausschließlich im Konsolenfenster ablaufen, sondern grafische Benutzungsoberflächen aufweisen. Das heißt, unsere Programme werden sich nun in einem eigenen Fenster präsentieren und über eine **grafische Benutzungsschnittstelle** (englisch: **Graphical User Interface**, abgekürzt **GUI**) mit dem Anwender bzw. der Anwenderin interagieren und kommunizieren.
Sie werden sehr bald feststellen, dass die Java-Klassenbibliothek eine große Zahl plattformunabhängiger Bausteine anbietet, um solche Programme mit relativ geringem Aufwand zu entwickeln. Auf den folgenden Seiten beschreiben wir zunächst die prinzipielle Vorgehensweise bei der Entwicklung grafischer Oberflächen und danach diverse Komponenten, die dabei eine Rolle spielen.

12.1 Grundsätzliches zum Aufbau grafischer Oberflächen

Der Aufbau einer grafischen Benutzungsoberfläche für eine Applikation erfolgt nach einem einfachen hierarchischen Baukastenprinzip. Aus einer vorgegebenen Menge sogenannter Komponenten, von denen einige auch als Behälter (Container) dienen können, wählt man sich Bausteine aus und kombiniert diese, indem man eine Container-Komponente mit weiteren Komponenten (die teilweise selbst wieder Container sein können) bestückt.[1] Wenn Sie sich an Ihre Kindheit zurückerinnern, so haben Sie sicherlich schon einmal eine ähnliche Vorgehensweise in spielerischer Art und Weise praktiziert, als Sie mit Ihren Bauklötzen oder LEGO- bzw. DUPLO-Steinen (aus damaliger Sicht) „monumentale" Bauwerke fertigten. Und genauso, wie Ihre Bauwerke von damals in unterschiedlichen Farben und Formen entstanden, ist es auch beim Aufbau von grafischen Oberflächen möglich, das Layout einschließlich eventueller Farbgebungen selbst zu bestimmen bzw. anzupassen. Wer technisch orientierte Baukästen sein Eigen nannte, weiß auch, dass es möglich war und ist, die eigenen Werke mit Komponenten auszustatten, die auf Knopfdruck oder gar über eine kleine Fernsteuerung auf die Wünsche des Spielenden reagieren. Auch dafür findet sich in Java mit der sogenannten Ereignisverarbeitung ein entsprechendes Pendant bei der Gestaltung grafischer Oberflächen. In der Java-Klassenbibliothek finden Sie alle benötigten Klassen, um Ihrem Spieltrieb bei der Erzeugung grafischer Oberflächen für Ihre Programme freien Lauf zu lassen. Diese Klassen (die Java Foundation Classes) lassen sich grob in folgende vier Gruppen einteilen:

- Die Gruppe der **Grundkomponenten** beinhaltet einfache Oberflächenelemente wie zum Beispiel Beschriftungen (Labels), Knöpfe (Buttons), Auswahlfelder oder Klapptafeln.
- Die Gruppe der **Container** besteht aus speziellen Komponenten, die selbst wieder Komponenten enthalten können.
- Die Gruppe der **Layout-Manager**, **Farben** und **Fonts** setzt sich aus Klassen zusammen, deren Objekte für die Anordnung und die Gestaltung der einzelnen Komponenten zuständig sind.
- Die Gruppe der **Ereignisse** und **Listener** enthält die Klassen, die für die Erzeugung und Verarbeitung von Ereignissen, also für die Interaktion der Komponenten mit den Anwendern benötigt werden.

Die verschiedenen Klassen finden wir in den Paketen `java.awt` (die AWT-Bibliothek) und `javax.swing` (die Swing-Bibliothek), wobei die Swing-Klassen lediglich die AWT-Klassen der beiden erstgenannten Gruppen ersetzen, während die AWT-Klassen der beiden letztgenannten Gruppen weiter verwendet werden. In Abschnitt 12.5 beschäftigen wir uns genauer mit der Hierarchie der AWT- und Swing-Klassen.
Wir wollen uns zunächst anhand eines einfachen Beispiels ansehen, wie man mit dem AWT bzw. mit Swing ein eigenes Fenster kreiert.

12.2 Ein einfaches Beispiel mit dem AWT

Für ein Programm, das sich mit grafischer Oberfläche präsentiert, benötigen wir zunächst einen Basis-Container (Top-Level-Container), der als Fenster (in der vom

[1] Als Entwurfsmuster kommt hier das Composite-Pattern zum Tragen.

Betriebssystem unseres Rechners bekannten Form inklusive Rahmen mit Icon und einigen Knöpfen) auf dem Bildschirm erscheinen kann. Eine Klasse aus dem AWT, die diese Fähigkeiten mitbringt, ist die Klasse `Frame`. In unserem Programm

```
1  import java.awt.*;
2  /** Erzeugt ein einfaches AWT-Fenster auf dem Bildschirm */
3  public class FrameOhneInhaltAWT {
4    // Hauptmethode
5    public static void main(String[] args) {
6      // Erzeuge ein Fenster-Objekt
7      Frame fenster = new Frame();
8      // Setze den Titel des Fensters
9      fenster.setTitle("Mein erstes AWT-Fenster");
10     // Setze die Groesse des Fensters
11     fenster.setSize(300,150);
12     // Stelle das Fenster dar
13     fenster.setVisible(true);
14   }
15 }
```

müssen wir somit die benötigte Klasse aus dem Paket `java.awt` importieren. In der `main`-Methode generieren wir dann ein zunächst leeres Fenster, indem wir in Zeile 7 ein Objekt der Klasse `Frame` mit Hilfe des entsprechenden Konstruktors erzeugen. Dieses so geschaffene `Frame`-Objekt besitzt verschiedene Attribute, die wir mit Hilfe von set-Methoden (also Instanzmethoden des `Frame`-Objekts) in unserem Sinne anpassen können. Mit Hilfe der Methode `setTitle` legen wir in Zeile 9 fest, welcher Text in der Rahmenleiste des Fensters als Fenstertitel angezeigt werden soll. Ein Aufruf der Methode `setSize` legt fest, wie breit (300 Pixel auf dem Bildschirm) und wie hoch (150 Pixel auf dem Bildschirm) das Fenster sein soll. Um das Fenster schließlich auf dem Bildschirm erscheinen zu lassen, setzen wir seinen Status auf „sichtbar", indem wir die Methode `setVisible` verwenden.

Nach dem Compilieren starten wir unsere Klasse `FrameOhneInhaltAWT`, wie wir dies von unseren bisherigen Programmen gewohnt sind. Das heißt, wir geben im Konsolenfenster die Kommandozeile

Konsole

```
java FrameOhneInhaltAWT
```

ein, und der Java-Interpreter führt die Klasse aus.[2] Wie üblich wird dabei vom Interpreter die Methode `main` aufgerufen und ausgeführt. Da dort ein `Frame`-Objekt erzeugt und schließlich sichtbar gemacht wird, präsentiert sich unser Programm nun wie in Abbildung 12.1 dargestellt.

2 Falls wir eine entsprechende Java-Entwicklungsumgebung wie zum Beispiel *NetBeans, Eclipse, IntelliJ IDEA* oder *EJE* einsetzen, können wir natürlich direkt den Start- oder Run-Knopf (▷) der Entwicklungsumgebung betätigen, wonach sich prinzipiell automatisch ein Konsolenfenster öffnet, in dem unser Programm mit Hilfe des Java-Interpreters ausgeführt wird.

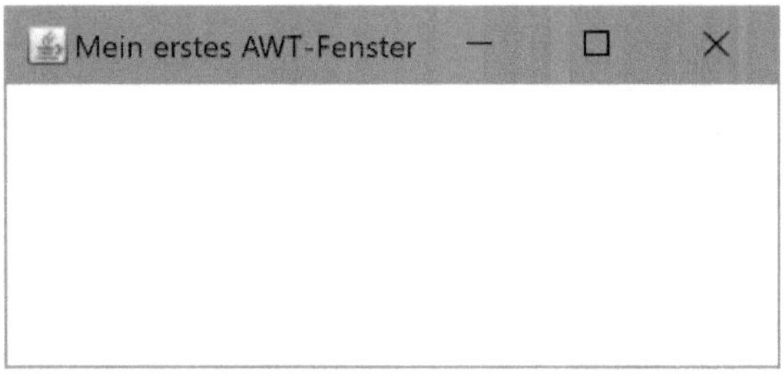

Abbildung 12.1: Ein einfaches, leeres Fenster (mit AWT)

Da wir die Fensterabbildung auf einem Windows-Betriebssystem aus dem Hause Microsoft generiert haben, erscheint das Fenster im entsprechenden Look und mit einem Rahmen, der links oben durch die berühmte dampfende Java-Kaffeetasse als Java-Programm gekennzeichnet ist. Außerdem finden wir rechts oben im Fensterrahmen die üblichen Knöpfe mit den Symbolen für das **Minimieren** bzw. **Ikonisieren**, für das **Maximieren** bzw. **Wiederherstellen** und für das **Schließen** bzw. **Beenden** unseres Fensters.[3] Wenn wir mit dem Fenster etwas „herumspielen", stellen wir fest, dass man es auch tatsächlich (wie von anderen Windows-Fenstern gewohnt) mit Hilfe der Maus hin und her bewegen, in seiner Größe verändern, minimieren (d. h. das Fenster als Symbol in die Task-Leiste bewegen) oder maximieren kann. Einzig das Schließen bzw. Beenden des Fensters funktioniert nicht, da diese Funktion in den AWT-Frames standardmäßig nicht aktiviert ist. Um unser Fenster zu beenden, müssen wir daher im Konsolenfenster mit dem Tastaturkommando **Strg-C** (beide Tasten müssen gemeinsam gedrückt werden) bzw. **Ctrl-C** auf englischen Tastaturen unser eigentliches Programm (einschließlich des Fensters) beenden. Den gleichen Effekt erzielen wir natürlich auch durch Beenden bzw. Schließen des Konsolenfensters.

Möglicherweise fragen Sie sich jetzt, wieso unser Programm bzw. unsere Klasse `FrameOhneInhaltAWT` nicht ohnehin unmittelbar nach dem Aufruf der `setVisible`-Methode komplett beendet war. Schließlich ist dies die letzte Anweisung unserer `main`-Methode, und danach waren unsere bisherigen Programme immer beendet. Dass dies beim Arbeiten mit grafischen Komponenten nicht so ist, liegt daran, dass mit dem Erzeugen eines `Frame`-Objekts ein zusätzlicher Programmfluss für das Fenster startet, der parallel zum Programmfluss der `main`-Methode abgearbeitet wird. Einen solchen parallelen Programmfluss bezeichnet man als **Thread** (deutsch: Faden). In Kapitel 16 werden wir lernen, dass ein Programm aus sehr vielen Threads bestehen kann und erst dann beendet ist, wenn *alle* seine Threads beendet sind. Unser Programm `FrameOhneInhaltAWT` kann also erst dann terminieren, wenn der Thread, der für die Fensterdarstellung zuständig ist, beendet ist.

---

[3] Falls wir das Programm auf einem anderen Betriebssystem wie z. B. macOS oder Linux starten, erscheint es natürlich im dessen typischem Fenster-Look mit etwas anders dargestellten Knöpfen in der Titelleiste.

12.3 Let's swing now!

Nun wollen wir unser Beispielprogramm in die Swing-Welt portieren. Dazu müssen wir zunächst die Komponente auswählen, die als Basis-Container dienen kann. In der Swing-Bibliothek heißt die entsprechende Klasse `JFrame`.[4] In der Swing-Version unseres Programms

```
1  import javax.swing.*;
2  /** Erzeuge ein einfaches Swing-Fenster auf dem Bildschirm */
3  public class FrameOhneInhaltSwing {
4    // Hauptmethode
5    public static void main(String[] args) {
6      // Erzeuge ein Fenster-Objekt
7      JFrame fenster = new JFrame();
8      // Setze den Titel des Fensters
9      fenster.setTitle("Mein erstes Swing-Fenster");
10     // Setze die Groesse des Fensters
11     fenster.setSize(300,150);
12     // Stelle das Fenster dar
13     fenster.setVisible(true);
14     // Setze das Verhalten des Frames beim Schliessen
15     fenster.setDefaultCloseOperation(JFrame.EXIT_ON_CLOSE);
16   }
17 }
```

müssen wir nun die benötigte Klasse aus dem Paket `javax.swing` importieren. In der `main`-Methode generieren wir dann wieder unser leeres Fenster, indem wir in Zeile 7 ein Objekt der Klasse `JFrame` mit Hilfe des entsprechenden Konstruktors erzeugen. Auch dieses `JFrame`-Objekt besitzt wieder verschiedene Attribute, die wir durch Einsatz seiner set-Methoden anpassen können. In Zeile 9 legen wir mit der Methode `setTitle` wieder fest, welcher Text in der Rahmenleiste des Fensters als Fenstertitel angezeigt werden soll, und auch hier bestimmt ein Aufruf der Methode `setSize`, wie breit und wie hoch unser Fenster sein soll. Schließlich setzen wir den Status des Fensters wie gehabt mit der Methode `setVisible` auf „sichtbar". Einzige echte Neuerung in unserem Swing-Programm gegenüber der AWT-Version ist die letzte Anweisung in der `main`-Methode. Hier verwenden wir die Instanzmethode `setDefaultCloseOperation` unseres `JFrame`-Objekts, um festzulegen, wie unser Fenster auf Betätigen des Symbols × reagieren soll. Wir haben uns dafür entschieden, dass mit dem Schließen des Fensters das Programm vollständig terminieren soll, was durch die Konstante `EXIT_ON_CLOSE`, eine Klassenvariable unserer Klasse `JFrame`, ausgedrückt wird.
Wenn wir unsere Klasse `FrameOhneInhaltSwing` nach dem Compilieren starten, so präsentiert sich unser Programm nun wie in Abbildung 12.2 dargestellt. Wir erkennen zunächst, dass der Swing-Frame im Unterschied zum AWT-Frame standardmäßig einen grauen Hintergrund hat. Ferner können wir aber nun nicht nur die üblichen Fenstermanipulationen durchführen, sondern es gelingt uns

[4] Wie wir noch sehen werden, haben die Swing-Klassen generell das vorangestellte `J` als charakteristisches Kennzeichen in ihrem Namen.

auch, mit dem Symbol × das Fenster zu schließen und so unser Programm zu beenden.

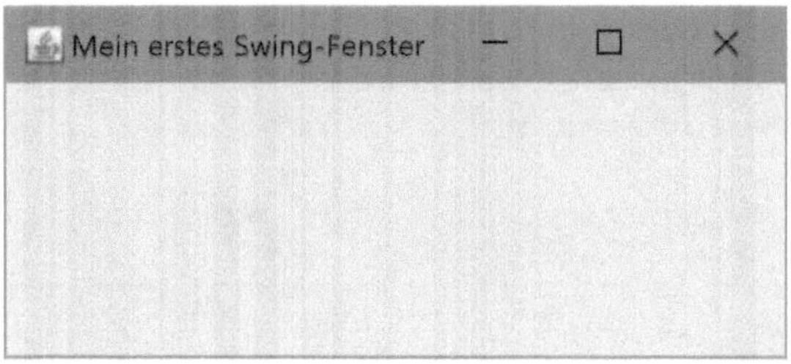

Abbildung 12.2: Ein einfaches, leeres Fenster (mit Swing)

Wir wollen nun noch eine kleine Veränderung an unserer Klasse vornehmen, sodass diese dann für zukünftige Erweiterungen geeignet ist. Unsere Variante der Klasse `FrameOhneInhaltSwing`, die wir der Einfachheit halber auch nur `FrameOhneInhalt` nennen, sieht wie folgt aus:

```
import javax.swing.*;
/** Erzeuge ein einfaches Swing-Fenster auf dem Bildschirm */
public class FrameOhneInhalt extends JFrame {
  // Konstruktor fuer unseren Frame
  public FrameOhneInhalt () {
    // Hier werden spaeter die Komponenten hinzugefuegt
  }
  public static void main(String[] args) {
    // Erzeuge eine Instanz unseres Frames
    FrameOhneInhalt fenster = new FrameOhneInhalt();
    // Titelleiste definieren
    fenster.setTitle("Frame ohne Inhalt");
    // Setze die Groesse des Frames
    fenster.setSize(300,150);
    // Schalte den Frame sichtbar
    fenster.setVisible(true);
    // Setze das Verhalten des Frames beim Schliessen
    fenster.setDefaultCloseOperation(JFrame.EXIT_ON_CLOSE);
  }
}
```

Programmiertechnisch sind folgende Änderungen zu nennen:

- Die Klasse `FrameOhneInhalt` erbt jetzt von `JFrame`. Wir definieren uns somit unsere eigene Frame-Klasse.
- Die Klasse ist mit einem Konstruktor ausgestattet, der allerdings (zumindest vorerst) einen leeren Rumpf aufweist. Wir werden gleich noch sehen, dass genau dort später die Komponenten unseres Fensters eingefügt werden.
- In der `main`-Methode arbeiten wir nicht mehr mit einem `JFrame`-Objekt, sondern mit einem Objekt der selbstdefinierten Klasse `FrameOhneInhalt`. Natürlich könnte diese `main`-Methode auch in einer anderen Klasse definiert

sein, wir haben sie der Einfachheit halber jedoch gleich mit in unsere Klasse gepackt.

Die Klasse `FrameOhneInhalt` unterscheidet sich jedoch beim Start in ihrem Erscheinungsbild nicht von der Klasse `FrameOhneInhaltSwing`. Einzig der Fenstertitel ist angepasst, wie in Abbildung 12.3 zu erkennen ist.

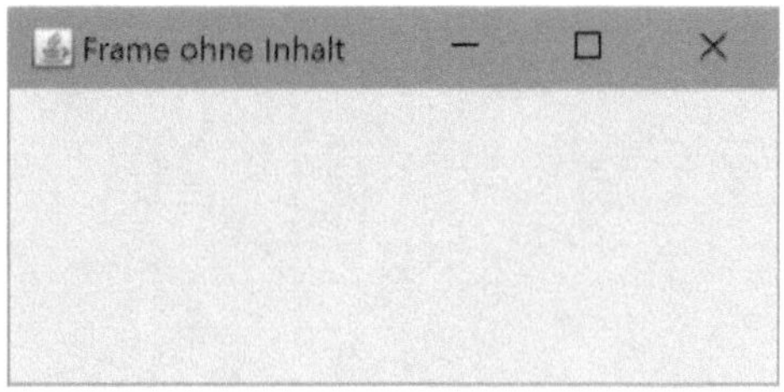

Abbildung 12.3: Ein einfaches, leeres Fenster

Dass wir für obiges Programm und alle zukünftigen Programme mit Frames speziell dieses Design gewählt haben, hat vor allem didaktische Gründe. Allerdings ist dieses Design sicherlich nicht der Weisheit letzter Schluss, denn in größeren Programmierprojekten wird man möglicherweise ganz andere Wege beschreiten, um z. B. eine Wiederverwertbarkeit von grafischen Komponenten oder Oberflächen zu erreichen.

12.4 Etwas „Fill-in" gefällig?

Nichts ist langweiliger als ein Fenster ohne Inhalt, also ohne weitere Komponenten. Darum wollen wir nun einen kleinen Text auf unserem Fenster darstellen (siehe Abbildung 12.4).

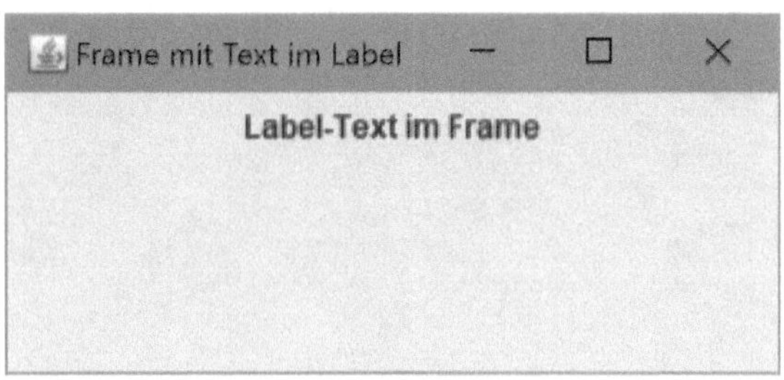

Abbildung 12.4: Ein Fenster mit Beschriftung

Dazu verwenden wir eine Swing-Komponente vom Typ `JLabel`, ein Label, das einen Schriftzug oder ein Icon enthalten kann. In Erweiterung unseres Programms `FrameOhneInhaltSwing` sorgen wir daher für etwas „Fill-in" beim Konstruktor unserer Frame-Klasse.

```java
import java.awt.*;
import javax.swing.*;
/** Erzeuge ein einfaches Swing-Fenster mit einem Textlabel */
public class FrameMitText extends JFrame {
  Container c;          // Container dieses Frames
  JLabel beschriftung;  // Label, das im Frame erscheinen soll

  public FrameMitText() {  // Konstruktor
    // Bestimme die Referenz auf den eigenen Container
    c = getContentPane();
    // Setze das Layout
    c.setLayout(new FlowLayout());
    // Erzeuge das Labelobjekt mit Uebergabe des Labeltextes
    beschriftung = new JLabel("Label-Text im Frame");
    // Fuege das Label dem Frame hinzu
    c.add(beschriftung);
  }
  public static void main(String[] args) {
    FrameMitText fenster = new FrameMitText();
    fenster.setTitle("Frame mit Text im Label");
    fenster.setSize(300,150);
    fenster.setVisible(true);
    fenster.setDefaultCloseOperation(JFrame.EXIT_ON_CLOSE);
  }
}
```

Zunächst vereinbaren wir in unserer Klasse `FrameMitText` zwei Instanzvariablen, die wir im Konstruktor verwenden wollen. Die Variable `c` vom Typ `Container` benötigen wir, um eine Referenz auf den Container unseres Frame-Objekts zu speichern. Wir können nämlich Komponenten nicht dem Frame selbst hinzufügen, sondern müssen diese in den eigentlichen Container des Frames (quasi die Fensterscheibe unseres Fensters) einfügen. Abbildung 12.5 verdeutlicht den Unterschied zwischen Frame und Content-Pane (dem Container des Frames). Da wir eine Beschriftung hinzufügen wollen, benötigen wir weiterhin eine Variable vom Typ `JLabel`, die als Referenz auf das Label, das im Frame erscheinen soll, dient und die wir `beschriftung` nennen.

Abbildung 12.5: Ein Frame und sein Container (Content-Pane)

Im Konstruktor bestimmen wir zunächst die Referenz auf den Container unseres Frame-Objekts (die sogenannte **Content-Pane** – die Fensterscheibe, auf die wir unsere Komponenten „kleben" können), indem wir die Instanzmethode `getContentPane` aufrufen, die unsere Frame-Klasse von der Klasse `JFrame` geerbt hat. Danach legen wir das Layout unseres Containers fest. Wir benutzen dazu eine Instanzmethode des Container-Objekts namens `setLayout` und wählen ein „fließendes" Layout, das es unserer Fensterscheibe erlaubt, die eingefügten Komponenten abhängig von der aktuellen Größe des Frames fließend anzuordnen. Details zu dieser Art von Layout behandeln wir in Abschnitt 13.4. Schließlich erzeugen wir ein Objekt der Klasse `JLabel`. Dies ist eine Swing-Komponente, die es ermöglicht, den Text darzustellen, den wir ihrem Konstruktor übergeben. Diese Komponente müssen wir dann unserem Container hinzufügen, indem wir dessen Instanzmethode `add` aufrufen und ihr die Referenz auf unser Label übergeben.
Achtung: Der Aufruf der Methode `add` ist auch direkt für das `JFrame`-Objekt möglich und muss nicht notwendigerweise über die Referenz auf die Content-Pane erfolgen. Ein Aufruf `add(...)` wird dann automatisch vom Compiler zu einem `getContentPane().add(...)` umgesetzt. Analoges gilt für das Setzen des Layouts.
Die `main`-Methode unserer Klasse `FrameMitText` ist gegenüber der in der Klasse `FrameOhneInhalt` nahezu unverändert (abgesehen von den fehlenden Kommentaren, die wir auch in unseren weiteren Beispielen jetzt weglassen werden). Einzige wirkliche Änderung ist die Erzeugung des Fensterobjekts, denn jetzt verwenden wir natürlich ein Objekt der Klasse `FrameMitText`.

12.5 Die AWT- und Swing-Klassenbibliothek im Überblick

Eines der wichtigsten Schlagwörter, mit denen Java in Verbindung gebracht wird, ist sicherlich die Portierbarkeit. Daher sollten natürlich auch Programme, die eine grafische Oberfläche aufweisen, portierbar sein. Um dies sicherzustellen, wurde das Abstract Window Toolkit so gestaltet, dass alle Fenster- und Dialogelemente vom darunter liegenden Betriebssystem zur Verfügung gestellt werden. Man bezeichnet diese Vorgehensweise als **Peer**-Ansatz, weil die AWT-Komponenten alle auszuführenden Aktionen an plattformspezifische GUI-Objekte, Peers genannt, weiterreichen. Komponenten, die solche Peer-Objekte benötigen, bezeichnet man als **heavyweight** (deutsch: schwergewichtig). Sie sehen auf unterschiedlichen Betriebssystemen wie z. B. Windows oder Linux auch unterschiedlich aus. Außerdem kann das AWT nur diejenigen GUI-Funktionalitäten bereitstellen, die auf allen unterstützten Plattformen verfügbar sind.
All diese Nachteile haben dafür gesorgt, dass mit der Entwicklung der Swing-Klassen ein etwas anderer Weg eingeschlagen wurde. Beinahe alle Swing-Komponenten sind vollständig in Java geschrieben und werden deshalb als **lightweight** (deutsch: leichtgewichtig) bezeichnet. Nur wenige Komponenten (z. B. die

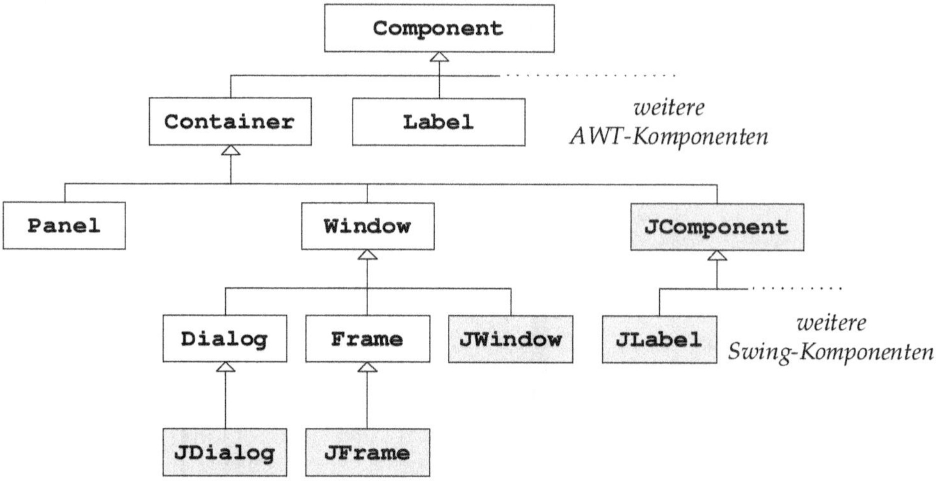

Abbildung 12.6: Die AWT- und Swing-Klassenhierarchie

Top-Level-Container) benutzen noch in minimalem Ausmaß plattformspezifische GUI-Objekte. Form und Funktion der Komponenten sind somit nicht an das Betriebssystem gebunden, auf dem das Programm ausgeführt wird. Die Oberfläche kann plattformunabhängig vollständig selbst gestaltet und auch noch zur Laufzeit des Programms im Look and Feel verändert werden. Nicht zuletzt bietet Swing wesentlich mehr Möglichkeiten zur Oberflächengestaltung als das AWT. Allerdings ist Swing kein Ersatz für das AWT, sondern eine Erweiterung.

In Abbildung 12.6 haben wir auszugsweise die Hierarchie der wichtigsten AWT- und Swing-Klassen grafisch dargestellt. Zur Verdeutlichung der Zugehörigkeit sind die Swing-Klassen dabei mit grauem, die AWT-Klassen mit weißem Hintergrund versehen. An oberster Stelle der Hierarchie findet sich die abstrakte Klasse `Component`, die somit Basisklasse für alle AWT- und Swing-Komponenten ist und auch Basismethoden zur Verfügung stellt, die allen AWT- und Swing-Komponenten gemeinsam sind. Von `Component` abgeleitet sind zum einen die Grundkomponenten (`Label`, `Button`, ...) des AWT und zum anderen die Klasse `Container`, die wiederum als Basisklasse für alle Container-Klassen (darunter auch die bereits von uns benutzte Klasse `JFrame` als Subklasse der AWT-Klasse `Frame`) dient.

Besonders interessant ist der rechte Zweig, beginnend mit der abstrakten Klasse `JComponent` und deren Subklassen. Hier finden sich sämtliche „leichtgewichtigen" Swing-Grundkomponenten (`JLabel`, `JButton`, ...), die insbesondere *nicht* Subklassen der entsprechenden AWT-Klassen sind. In Kapitel 13 widmen wir uns ausführlich den Swing-Komponenten. Bereits an dieser Stelle wollen wir jedoch eine kleine Warnung aussprechen: Man sollte niemals AWT- und Swing-Komponenten in einem Fenster mischen, da dies zu unvorhergesehenen Effekten führen kann!

12.6 Übungsaufgaben

Aufgabe 12.1

Schreiben Sie eine Klasse `ZweiFrames`, in deren `main`-Methode zunächst ein Objekt `fenster` der Klasse `FrameMitText` erzeugt, mit `Das erste Fenster` beschriftet und auf 400 × 250 Pixel dimensioniert wird. Danach soll mit Hilfe von Konsoleneingaben das Erscheinungsbild des ursprünglichen Frames `fenster` nachträglich verändert und ein zusätzlicher Frame `fenster2` erzeugt werden. Nach Erzeugen von `fenster` soll nacheinander

- ein neuer Fenstertitel eingelesen und dieser auf dem Frame `fenster` gesetzt werden,
- eine neue Fensterbreite und eine neue Fensterhöhe eingelesen sowie der Frame `fenster` entsprechend dimensioniert werden,
- nach Betätigung der Eingabetaste der Frame `fenster` unsichtbar werden,
- nach Betätigung der Eingabetaste der Frame `fenster` sichtbar werden,
- nach Betätigung der Eingabetaste der Frame `fenster` mit Hilfe der Methode `setLocation` auf die Koordinaten (300,10) verschoben werden und
- nach Betätigung der Eingabetaste ein zweiter Frame `fenster2` erzeugt, mit `Zweites Fenster` beschriftet, auf 300 × 150 Pixel dimensioniert und sichtbar geschaltet werden.

Auf dem Konsolenfenster könnte somit Folgendes ablaufen:

```
Konsole
Neuer Fenstertitel: Ein super Fensterrahmen
<-'
Neue Fensterbreite: 500
Neue Fensterhoehe: 500
<-'
Fenster unsichtbar machen mit Eingabetaste:
<-'
Fenster wieder sichtbar machen mit Eingabetaste:
<-'
Fenster auf die Koordinaten (300,10) verschieben mit Eingabetaste:
<-'
Noch ein Fenster erzeugen mit Eingabetaste:
<-'
```

Aufgabe 12.2

Schreiben Sie eine Klasse `TextFrame`, die in ihrer `main`-Methode einen Frame der Klasse `FrameMitText` erzeugt, beschriftet und dimensioniert. Dabei soll das Programm den gewünschten Rahmentitel, die Breite und die Höhe des Fensters über drei Kommandozeilenparameter übergeben bekommen. Sorgen Sie durch Abfangen der Ausnahmen `ArrayIndexOutOfBoundsException` und `NumberFormatException` dafür, dass bei zu wenig Kommandozeilenparametern die Aufrufsyntax ausgegeben wird und bei unzulässigen Schreibweisen für die Dimensionsangaben die Ganzzahligkeit der Parameter gefordert wird.

Kapitel 13

Swing-Komponenten

In diesem Kapitel werden wir uns zunächst mit den Basisklassen `Component`, `Container` und `JComponent` der AWT- und Swing-Hierarchie beschäftigen. Danach unternehmen wir einen kleinen Ausflug in die Welt der Layout-Manager, Farben und Schriften aus dem AWT. Schließlich werden wir einige Grundkomponenten, Menüs, Toolbars und Container kennenlernen.

13.1 Die abstrakte Klasse `Component`

An oberster Stelle der Klassenhierarchie gelegen, stellt die abstrakte Klasse `Component` Basismethoden zur Verfügung, die alle AWT- und Swing-Komponenten gemeinsam nutzen können. Einige dieser Methoden stellen wir hier kurz vor:

- **`public`** `Color getBackground()`
  liefert die Hintergrundfarbe der Komponente.
- **`public`** `Font getFont()`
  liefert die in der Komponente benutzte Schriftart.
- **`public`** `Color getForeground()`
  liefert die Vordergrundfarbe (Schriftfarbe) der Komponente.
- **`public int`** `getHeight()`
  liefert die Höhe der Komponente.
- **`public int`** `getWidth()`
  liefert die Breite der Komponente.
- **`public boolean`** `isEnabled()`
  liefert **`true`**, wenn die Komponente aktiviert ist (auf Benutzeraktionen reagieren kann), andernfalls **`false`**.

- **public boolean** `isVisible()`
  liefert **true**, wenn die Komponente sichtbar ist, andernfalls **false**.
- **public void** `setBackground(Color c)`
  setzt die Hintergrundfarbe der Komponente auf die Farbe `c`.
- **public void** `setEnabled(`**boolean** `b)`
  aktiviert (wenn `b` den Wert **true** hat) bzw. deaktiviert (wenn `b` den Wert **false** hat) die Komponente für Benutzeraktionen.
- **public void** `setFont(Font f)`
  setzt die Schriftart, die in der Komponente benutzt wird.
- **public void** `setForeground(Color c)`
  setzt die Vordergrundfarbe der Komponente auf die Farbe `c`.
- **public void** `setLocation(`**int** `x,` **int** `y)`
  setzt die Komponente an die angegebene Position. Dabei ist `x` die horizontale und `y` die vertikale Pixelkoordinate (jeweils von links oben gemessen) der oberen linken Ecke der Komponente.
- **public void** `setSize(`**int** `width,` **int** `height)`
  setzt die Breite und Höhe (in Pixel) der Komponente.
- **public void** `setVisible(`**boolean** `b)`
  schaltet die Komponente sichtbar (wenn `b` den Wert **true** hat) bzw. unsichtbar (wenn `b` den Wert **false** hat).

Wie Sie sehen, verwenden einige dieser Methoden die Klassen `Color` und `Font`, deren Objekte spezielle Farben und Schriftarten darstellen können und mit denen wir uns in Abschnitt 13.4 beschäftigen wollen. Zwei der hier genannten Methoden sollten Ihnen bekannt vorkommen, da wir sie in den Abschnitten 12.2 und 12.3 bereits einsetzten, um die Größe unseres Frames festzulegen (`setSize`) und um unseren Frame sichtbar zu schalten (`setVisible`). Wie Sie sehen, erbt also sowohl die Klasse `Frame` als auch die Klasse `JFrame` diese Methoden von der Klasse `Component`.

13.2 Die Klasse `Container`

Container sind spezielle Komponenten, die andere Komponenten enthalten können. Aus diesem Grund stellt die Klasse `Container` (über die von der Klasse `Component` geerbten und teilweise überschriebenen Methoden hinaus) auch spezielle Methoden zur Verfügung, die das Einfügen, Verwalten und Entfernen von Komponenten ermöglichen. Die wichtigsten sind:

- **public** `Component add(Component comp)`
  fügt die Komponente `comp` dem Container hinzu.
- **public** `Component add(Component comp,` **int** `index)`
  fügt die Komponente `comp` dem Container hinzu. Dabei legt `index` den Einfügeindex in der Liste der eingefügten Komponenten an.

- **public void** `add(Component comp, Object constraints)`
  fügt unter Beachtung der in `constraints` angegebenen Layout-Bedingung die Komponente `comp` dem Container hinzu.
- **public** `Component[] getComponents()`
  liefert eine Liste aller eingefügten Komponenten als Feld mit Komponententyp `Component`.
- **public void** `remove(Component comp)`
  entfernt die Komponente `comp` aus dem Container.
- **public void** `setLayout(LayoutManager mgr)`
  setzt das Layout des Containers.

Die Komponenten eines Containers werden in einer Liste geführt, wobei die Reihenfolge der Listenelemente standardmäßig durch die Reihenfolge der `add`-Aufrufe festgelegt wird. Diese Liste dient außerdem der Anordnung der Komponenten entsprechend dem festgelegten Layout. Mit der zweiten Variante der Methode `add` kann die Position der Komponente bezüglich des gewählten Layouts angegeben werden.
Die Methode `setLayout` erwartet einen Layout-Manager. Dabei handelt es sich um ein Objekt einer Klasse, die das Interface `LayoutManager` implementiert. Mit solchen Klassen beschäftigen wir uns in Abschnitt 13.4. Dort erfahren wir auch, wie die Variante der `add`-Methode mit Layout-Bedingung eingesetzt wird.

13.3 Die abstrakte Klasse `JComponent`

Die abstrakte Klasse `JComponent` dient als Basisklasse für sämtliche Swing-Komponenten mit Ausnahme der Top-Level-Container. Gemäß der Klassenhierarchie erbt `JComponent` von `Container` (und damit von `Component`) und passt durch Überschreiben einige der geerbten Methoden für ihre Zwecke an. Außerdem werden einige Methoden zur Verfügung gestellt, die speziell für Swing-Komponenten von Bedeutung sind. Die wichtigsten von ihnen sind:

- **public boolean** `isOpaque()`
  liefert **`true`**, wenn die Komponente einen undurchsichtigen Hintergrund besitzt, andernfalls **`false`**.
- **public void** `setOpaque(`**`boolean`** `b)`
  schaltet den Hintergrund der Komponente undurchsichtig (wenn `b` den Wert **`true`** hat) bzw. durchsichtig (wenn `b` den Wert **`false`** hat).
- **public** `String getToolTipText()`
  liefert den aktuellen Tooltip-Text der Komponente.
- **public void** `setToolTipText(String text)`
  legt `text` als Tooltip-Text für die Komponente fest.

Einige Swing-Komponenten (z. B. `JLabel`) sind standardmäßig mit durchsichtigem Hintergrund ausgestattet. Verändert man beispielsweise die Hintergrundfarbe eines Labels, so stellt man fest, dass dies keinerlei Auswirkungen hat, wenn man nicht gleichzeitig dafür sorgt, dass das Label den Status „opak" bzw. undurchsichtig erhält. Wir kommen in Abschnitt 13.4 nochmals darauf zurück.
Jede Swing-Komponente kann mit einem **Tooltip** ausgestattet werden. Dabei handelt es sich um einen Hinweistext, der für den Anwender bzw. die Anwenderin einer grafischen Oberfläche immer dann angezeigt wird, wenn er bzw. sie für kurze Zeit mit dem Mauszeiger über der Komponente verweilt. Damit wird es möglich, den Anwendern automatisch Hilfestellungen zur Funktionalität von Komponenten anzubieten. Betrachten wir beispielsweise eine kleine Modifikation unseres Label-Beispielprogramms

```
import java.awt.*;
import javax.swing.*;
/** Erzeuge ein einfaches Fenster mit einem Textlabel und Tooltip */
public class FrameMitTextUndToolTip extends JFrame {
  Container c;           // Container dieses Frames
  JLabel beschriftung;   // Label, das im Frame erscheinen soll

  public FrameMitTextUndToolTip() {  // Konstruktor
    // Bestimme die Referenz auf den eigenen Container
    c = getContentPane();
    // Setze das Layout
    c.setLayout(new FlowLayout());
    // Erzeuge das Labelobjekt mit Uebergabe des Labeltextes
    beschriftung = new JLabel("Label-Text im Frame");
    // Fuege das Label dem Frame hinzu
    c.add(beschriftung);
    // Fuege dem Label einen Tooltip hinzu
    beschriftung.setToolTipText("Des isch nur en Tescht!");
  }
  public static void main(String[] args) {
    FrameMitTextUndToolTip fenster = new FrameMitTextUndToolTip();
    fenster.setTitle("Frame mit Text im Label mit Tooltip");
    fenster.setSize(400,150);
    fenster.setVisible(true);
    fenster.setDefaultCloseOperation(JFrame.EXIT_ON_CLOSE);
  }
}
```

in der wir nun einen Tooltip-Text ergänzt haben, so erhalten wir mittels Mausbewegung über das Label sowie einer ruhigen Hand und mit etwas Geduld den in Abbildung 13.1 dargestellten Effekt.

13.4 Layout-Manager, Farben und Schriften

In diesem Abschnitt wollen wir uns mit einigen Klassen aus dem Paket `java.awt` beschäftigen, die für die Anordnung und Gestaltung der einzelnen Komponenten einer grafischen Oberfläche zuständig sind.

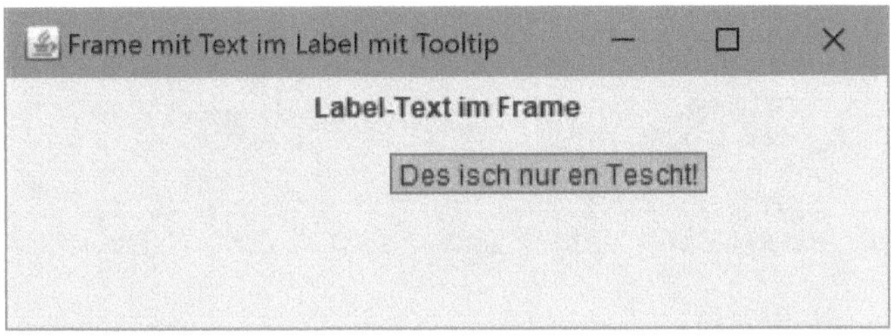

Abbildung 13.1: Ein Fenster mit Beschriftung und Tooltip

13.4.1 Die Klasse `Color`

In Abschnitt 13.1 haben wir bereits gesehen, dass schon in der abstrakten Klasse `Component` Methoden bereitgestellt werden, die es ermöglichen, Vorder- und Hintergrundfarbe von Komponenten zu bearbeiten. Diese Methoden arbeiten mit Objekten der Klasse `Color`. Ein solches `Color`-Objekt legt eine Farbe durch ihre Anteile an Rot (R), Grün (G) und Blau (B) fest. Man spricht daher auch von **RGB-Werten** bzw. vom **RGB-Farbmodell**. Dabei werden die Rot-, Grün- und Blau-Anteile jeweils als drei **`int`**-Werte im Bereich 0 bis 255 oder alternativ als drei **`float`**-Werte im Bereich 0.0 bis 1.0 angegeben. Entsprechend können die beiden Konstruktoren

- **`public`** `Color(`**`int`** `r,` **`int`** `g,` **`int`** `b)`
  erzeugt ein `Color`-Objekt entsprechend den angegebenen RGB-Werten.
- **`public`** `Color(`**`float`** `r,` **`float`** `g,` **`float`** `b)`
  erzeugt ein `Color`-Objekt entsprechend den angegebenen RGB-Werten.

verwendet werden, wobei die **`float`**-RGB-Werte jeweils mittels Division der **`int`**-RGB-Werte durch 255 zu ermitteln sind. Zur Vereinfachung beim Einsatz von Standardfarben werden in der Klasse `Color` die Konstanten (finale Klassenvariablen) `BLACK`, `BLUE`, `CYAN`, `DARK_GRAY`, `GRAY`, `GREEN`, `LIGHT_GRAY`, `MAGENTA`, `ORANGE`, `PINK`, `RED`, `WHITE` und `YELLOW` für die entsprechenden – häufig verwendeten – Farben zur Verfügung gestellt.[1] Wenn wir also beispielsweise die Farbe Gelb benötigen, müssen wir uns kein `Color`-Objekt mit den RGB Werten 255, 255 und 0 erzeugen (Gelb entsteht ja bekanntlich durch Mischen von Rot und Grün), sondern können direkt das vorgefertigte Objekt `Color.YELLOW` verwenden.
Unser Programmbeispiel

```
import java.awt.*;
import javax.swing.*;
/** Erzeuge ein Swing-Fenster mit schwarzem Textlabel */
public class FrameMitSchwarzemLabel extends JFrame {
  Container c;                    // Container dieses Frames
```

[1] Die Schreibweise der Konstanten in durchgängig großen Buchstaben gemäß der üblichen Java-Konvention hat sich bei den `Color`-Konstanten erst in neueren Java-Versionen durchgesetzt. In älteren Versionen werden die vordefinierten Farben in reinen Kleinbuchstaben notiert.

```
  FarbigesLabel schwarzesLabel; // Label, das im Frame erscheinen soll

  public FrameMitSchwarzemLabel() {  // Konstruktor
    c = getContentPane();             // Container bestimmen
    c.setLayout(new FlowLayout());    // Layout setzen

    // Erzeuge das Labelobjekt mit Uebergabe des Labeltextes
    schwarzesLabel = new FarbigesLabel("schwarzes Label",
                                      new Color(255,255,255),
                                      Color.BLACK);
    // Fuege das Label dem Frame hinzu
    c.add(schwarzesLabel);
  }
  public static void main(String[] args) {
    FrameMitSchwarzemLabel fenster = new FrameMitSchwarzemLabel();
    fenster.setTitle("Frame mit schwarzem Label");
    fenster.setSize(300,60);
    fenster.setVisible(true);
    fenster.setDefaultCloseOperation(JFrame.EXIT_ON_CLOSE);
  }
}
```

arbeitet mit den Farben Weiß (selbst erzeugt mit den RGB-Werten 255, 255 und 255) und Schwarz (unter Verwendung des vordefinierten `Color`-Objekts), um ein Label mit weißer Schriftfarbe auf schwarzem Hintergrund zu erzeugen und darzustellen. Wir greifen dabei auf die selbst geschriebene Label-Klasse

```
import java.awt.*;
import javax.swing.*;
public class FarbigesLabel extends JLabel {
  public FarbigesLabel(String text,Color fG,Color bG) { // Konstruktor
    // Uebergabe des Labeltextes an den Super-Konstruktor
    super(text);
    // Setze den Hintergrund des Labels auf undurchsichtig
    setOpaque(true);
    // Setze die Farbe der Beschriftung des Labels
    setForeground(fG);
    // Setze die Hintergrundfarbe des Labels
    setBackground(bG);
  }
}
```

zurück, die von `JLabel` erbt und mit einem Konstruktor ausgestattet ist, der neben der Beschriftung auch noch die Vorder- und Hintergrundfarbe des Labels übergeben bekommt. Beachten Sie, dass ein Label in Swing standardmäßig nicht opak, also durchsichtig ist. Daher benötigen wir den Aufruf der Methode `setOpaque`.

Ein Start unserer Klasse `FrameMitSchwarzemLabel` liefert schließlich das in Abbildung 13.2 dargestellte Fenster.

Abbildung 13.2: Schwarzes Label mit weißer Schrift

13.4.2 Die Klasse `Font`

Wie in Abschnitt 13.1 beschrieben, stellt die Klasse `Component` auch die Methode `setFont` zur Verfügung, die es ermöglicht, die in einer Komponente verwendete Schriftart festzulegen. Diese Methode arbeitet mit einem Objekt der Klasse `Font`, das eine Schriftart durch den Namen der Font-Familie, den Schriftstil und die Schriftgröße festlegt. Als Konstruktor kann daher

- **`public`** `Font(String name,` **`int`** `style,` **`int`** `size)`
  erzeugt ein `Font`-Objekt entsprechend den angegebenen Werten für Font-Familie, Stil und Größe.

eingesetzt werden.
Wie man sieht, wird die Font-Familie durch eine Zeichenkette angegeben. Prinzipiell kann beim Erzeugen eines Objekts hier ein üblicher Font-Name verwendet werden. Allerdings ist nicht sichergestellt, dass jede Schriftart auf jedem Rechner verfügbar ist. In Java-Systemen sind jedoch die Font-Familien `Monospaced` (eine nichtproportionale Schrift wie z. B. Courier), SansSerif (eine Schrift ohne Serifen wie z. B. Arial bzw. Helvetica) und Serif (eine Schrift mit Serifen wie z. B. Roman) auf jeden Fall verfügbar.[2] Diese werden dann üblicherweise einer tatsächlich auf dem ausführenden System vorhandenen Schriftart zugeordnet.
Der Schriftstil muss durch einen ganzzahligen Wert spezifiziert werden, wobei man auf die Konstanten `BOLD` (für fette Schrift), `ITALIC` (für kursive Schrift) und `PLAIN` (für normale Schrift) zurückgreifen kann, die als finale Klassenvariablen in der Klasse `Font` vereinbart sind. Soll die Schrift fett *und* kursiv erscheinen, so können die beiden Konstanten addiert und als Schriftstil `Font.BOLD+Font.ITALIC` verwendet werden. Die Schriftgröße ist in Punkt (pt) anzugeben.
Das Label in unserem Programmbeispiel

```
import java.awt.*;
import javax.swing.*;
/** Erzeuge ein Swing-Fenster mit formatiertem Textlabel */
public class FrameMitMonospacedText extends JFrame {
  Container c;          // Container dieses Frames
  JLabel textLabel;     // Label, das im Frame erscheinen soll

  public FrameMitMonospacedText() {  // Konstruktor
    c = getContentPane();              // Container bestimmen
    c.setLayout(new FlowLayout());     // Layout setzen

    // Erzeuge das Labelobjekt mit Uebergabe des Labeltextes
```

[2] Unter Serifen versteht man kleine „Häkchen" oder „Füßchen" an den Enden der Buchstaben.

```
    textLabel = new JLabel("Monospaced Text");
    // Setze die Schriftart fuer die Labelschriftart
    textLabel.setFont(new Font("Monospaced",Font.BOLD+Font.ITALIC,30));

    // Fuege das Label dem Frame hinzu
    c.add(textLabel);
  }
  public static void main(String[] args) {
    FrameMitMonospacedText fenster = new FrameMitMonospacedText();
    fenster.setTitle("Frame mit monospaced Text");
    fenster.setSize(300,80);
    fenster.setVisible(true);
    fenster.setDefaultCloseOperation(JFrame.EXIT_ON_CLOSE);
  }
}
```

haben wir mit einer fetten und kursiven Monospaced-Schriftart in 30-Punkt-Größe beschriftet.

Abbildung 13.3: Label mit fetter und kursiver Monospaced-Schrift

13.4.3 Layout-Manager

Wir haben bereits gesehen, dass ein Layout-Manager die Anordnung der verschiedenen Komponenten in einem Container festlegt und ein solcher Layout-Manager durch ein Objekt einer Klasse, die das Interface `LayoutManager` implementiert, erzeugt wird. Dieses Interface `LayoutManager` definiert daher Methoden, die für die Anordnung von AWT- und Swing-Komponenten notwendig sind. Java stellt zahlreiche Klassen zur Verfügung, die dieses Interface implementieren und sich letztlich darin unterscheiden, dass sie die Container-Fläche in verschiedene Bereiche aufteilen. Dabei verteilen die Layout-Manager den Gesamtplatz der Container-Fläche abhängig von den eingepflegten Komponenten, wobei (je nach Layout) teilweise Zwischenraum eingefügt wird oder Komponenten in ihrer Größe angepasst bzw. gar nicht angezeigt werden.

Die drei am häufigsten verwendeten Layout-Manager sind `FlowLayout`, `BorderLayout` und `GridLayout`; mit ihnen werden wir uns daher in den nachfolgenden Abschnitten beschäftigen. Ferner gibt es einige spezialisierte Layout-Varianten wie zum Beispiel `BoxLayout`, `CardLayout`, `GridBagLayout` oder `OverlayLayout`. Als Standard-Layout ist in den Container-Klassen das `BorderLayout` eingestellt. Einzige Ausnahme bildet die Klasse `JPanel` (eine Komponente, die wir in Abschnitt 13.5 noch kennenlernen werden), bei der das `FlowLayout` voreingestellt ist.

13.4.3.1 Die Klasse `FlowLayout`

Um die Komponenten in einem Container fließend anzuordnen, verwendet man ein Objekt der Klasse `FlowLayout` als Layout-Manager. „Fließend" bedeutet hier, dass die Komponenten zeilenweise von links nach rechts in den Container eingefügt werden. Das heißt, die Komponenten werden so lange in der Reihenfolge ihres Einfügens von links nach rechts nebeneinander platziert, bis kein Platz mehr für die nächste Komponente verfügbar ist und mit einer neuen Zeile begonnen werden muss, die dann genauso gefüllt wird. Die Ausrichtung der Komponenten innerhalb der Zeile erfolgt dabei standardmäßig zentriert. Zwischen den Komponenten findet sich horizontal und vertikal jeweils ein Abstand von 5 Pixel. Die Größe der Komponenten wird nicht verändert.
In der Klasse `FlowLayout` finden wir die folgenden Konstruktoren:

- **`public`** `FlowLayout()`
  erzeugt ein `FlowLayout`-Objekt mit den Standardeinstellungen (zentrierte Ausrichtung der Zeilen, 5-Pixel-Abstände).
- **`public`** `FlowLayout(`**`int`** `align)`
  erzeugt ein `FlowLayout`-Objekt mit einer Ausrichtung gemäß `align` und der Standardeinstellung für die Abstände.
- **`public`** `FlowLayout(`**`int`** `align,` **`int`** `h,` **`int`** `v)`
  erzeugt ein `FlowLayout`-Objekt mit einer Ausrichtung gemäß `align` und horizontalen bzw. vertikalen Abständen von `h` bzw. `v` Pixel.

Für die Wahl der Ausrichtung stehen die vordefinierten Konstanten `LEFT` (für linksbündige Ausrichtung), `RIGHT` (für rechtsbündige Ausrichtung) und `CENTER` (für zentrierte Ausrichtung) als finale Klassenvariablen der Klasse `FlowLayout` zur Verfügung.
In unserem Beispielprogramm

```
import java.awt.*;
import javax.swing.*;
/** Erzeuge ein Swing-Fenster mit FlowLayout */
public class FrameMitFlowLayout extends JFrame {
  Container c;            // Container dieses Frames
  // Feld fuer Labels, die im Frame erscheinen sollen
  FarbigesLabel fl[] = new FarbigesLabel[4];

  public FrameMitFlowLayout() {     // Konstruktor
    c = getContentPane();              // Container bestimmen
    c.setLayout(new FlowLayout());     // Layout setzen

    // Erzeuge die Labelobjekte mit Uebergabe der Labeltexte
    for (int i = 0; i < 4; i++) {
      int rgbFg = 255 - i*80;      // Farbwert fuer Vordergrund
      int rgbBg = i*80;            // Farbwert fuer Hintergrund
      fl[i] = new FarbigesLabel("Nummer " + (i+1),
                               new Color(rgbFg,rgbFg,rgbFg),
                               new Color(rgbBg,rgbBg,rgbBg));
      fl[i].setFont(new Font("Serif",Font.ITALIC,28));
```

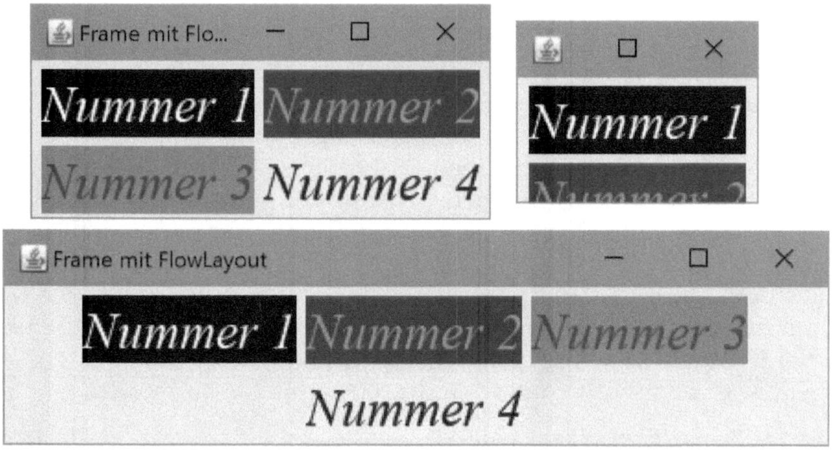

Abbildung 13.4: Das Flow-Layout

```
    }
    // Fuege die Labels dem Frame hinzu
    for (int i = 0; i < 4; i++) {
      c.add(fl[i]);
    }
  }

  public static void main(String[] args) {
    FrameMitFlowLayout fenster = new FrameMitFlowLayout();
    fenster.setTitle("Frame mit FlowLayout");
    fenster.setSize(300,150);
    fenster.setVisible(true);
    fenster.setDefaultCloseOperation(JFrame.EXIT_ON_CLOSE);
  }
}
```

arbeiten wir wiederum mit unserer selbst geschriebenen Klasse `FarbigesLabel` und einem Feld namens `fl` mit vier Komponenten dieses Typs. Im Konstruktor unserer Klasse `FrameMitFlowLayout` erzeugen wir für diese vier Feldkomponenten die entsprechenden Objekte der Klasse `FarbigesLabel`, wobei wir jedes Label mit einem anderen Grauton versehen. Dies gelingt uns, indem wir ausgehend von 0 bzw. 255 die drei RGB-Werte gleichmäßig in Stufen von 80 erhöhen bzw. erniedrigen. Außerdem verwenden wir in jedem Label eine kursive Serifen-Schriftart in 28-Punkt-Größe.

Startet man die Klasse `FrameMitFlowLayout`, so passen zunächst (entsprechend dem Platzbedarf der relativ groß beschrifteten Labels) immer nur zwei der Labels in eine Zeile (siehe Abbildung 13.4, links oben). Verändert man mit der Maus die Breite unseres Frames, so gibt es nur noch Platz für ein Label pro Zeile (rechts oben) oder sogar für drei Labels pro Zeile (unten).

13.4.3.2 Die Klasse `BorderLayout`

Zur Einteilung der Container-Fläche in die fünf Gebiete „Norden“, „Süden“, „Westen“, „Osten“ und „Zentrum“ (vergleiche Abbildung 13.5) verwendet man ein Objekt der Klasse `BorderLayout` als Layout-Manager. In jedes dieser fünf Gebiete kann eine Komponente eingefügt werden, sodass insgesamt fünf Komponenten erscheinen können. Während die Größe der Komponenten im Norden und Süden durch ihre übliche Höhe und die der Komponenten im Westen und Osten durch ihre übliche Breite bestimmt wird, kann die Größe des zentralen Gebiets je nach Größe des Containers variieren. Dementsprechend wird die Größe der dort eingefügten Komponente angepasst.

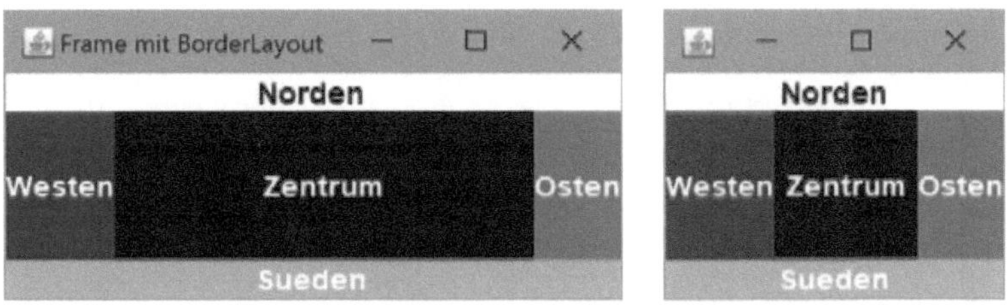

Abbildung 13.5: Das Border-Layout

Als Konstruktoren der Klasse `BorderLayout` stehen zur Verfügung:

- `public BorderLayout()`
  erzeugt ein `BorderLayout`-Objekt mit Standardeinstellung (0-Abstände zwischen den Gebieten).
- `BorderLayout(int h, int v)`
  erzeugt ein `BorderLayout`-Objekt mit horizontalen bzw. vertikalen Abständen von `h` bzw. `v` Pixel zwischen den Gebieten.

Beim Einfügen von Komponenten in einen Container mittels der Methode `add` lässt sich mit deren zweitem Parameter auch das Gebiet bestimmen, in das die Komponente eingefügt werden soll. Dies geschieht unter Verwendung einer der in `BorderLayout` vordefinierten Klassenkonstanten `NORTH`, `SOUTH`, `WEST`, `EAST` und `CENTER`. Ein Aufruf der Methode `add` ohne „Himmelsrichtung“ entspricht einem Aufruf mit `BorderLayout.CENTER`.
Zu Verdeutlichung der verschiedenen Gebiete des Border-Layouts haben wir die dort platzierten Labels (wiederum Objekte unserer selbst geschriebenen Klasse `FarbigesLabel`) auch in unserem Beispielprogramm

```
import java.awt.*;
import javax.swing.*;
/** Erzeuge ein Swing-Fenster mit BorderLayout */
public class FrameMitBorderLayout extends JFrame {
  Container c;              // Container dieses Frames
  // Labelfeld fuer Label, die im Frame erscheinen sollen
```

```
  FarbigesLabel fl[] = new FarbigesLabel[5];

  public FrameMitBorderLayout() {     // Konstruktor
    c = getContentPane();              // Container bestimmen
    c.setLayout(new BorderLayout());   // Layout setzen

    /* Erzeuge die Labelobjekte mit Text und Farbe */
    fl[0] = new FarbigesLabel("Norden", Color.BLACK, Color.WHITE);
    fl[1] = new FarbigesLabel("Sueden", Color.WHITE, Color.LIGHT_GRAY);
    fl[2] = new FarbigesLabel("Osten", Color.WHITE, Color.GRAY);
    fl[3] = new FarbigesLabel("Westen", Color.WHITE, Color.DARK_GRAY);
    fl[4] = new FarbigesLabel("Zentrum", Color.WHITE, Color.BLACK);

    for (int i = 0; i < 5; i++) {
      // Setze die Schriftart der Labelbeschriftung
      fl[i].setFont(new Font("SansSerif",Font.BOLD,14));
      // Setze die horizontale Position des Labeltextes auf dem Label
      fl[i].setHorizontalAlignment(JLabel.CENTER);
    }
    // Fuege die Labels dem Frame hinzu
    c.add(fl[0],BorderLayout.NORTH);
    c.add(fl[1],BorderLayout.SOUTH);
    c.add(fl[2],BorderLayout.EAST);
    c.add(fl[3],BorderLayout.WEST);
    c.add(fl[4],BorderLayout.CENTER);
  }
  public static void main(String[] args) {
    FrameMitBorderLayout fenster = new FrameMitBorderLayout();
    fenster.setTitle("Frame mit BorderLayout");
    fenster.setSize(300,150);
    fenster.setVisible(true);
    fenster.setDefaultCloseOperation(JFrame.EXIT_ON_CLOSE);
  }
}
```

in unterschiedlichen Grautönen eingefärbt. Verändert man mit der Maus die Breite unseres Frames, kann man feststellen, dass die Größe der Randkomponenten gleich bleibt, während sich die Komponente im Zentrum dynamisch der Gesamtgröße des Frames anpasst (Abbildung 13.5).

13.4.3.3 Die Klasse `GridLayout`

Will man die Container-Fläche in gitter- oder tabellenartig angeordnete Zellen aufteilen, so verwendet man ein Objekt der Klasse `GridLayout` als Layout-Manager. Dabei legt man bereits beim Konstruktoraufruf fest, wie viele Zeilen bzw. Spalten angelegt werden sollen. Alle eingefügten Komponenten werden dann gemäß dieser Vorgabe in der gleichen Größe dargestellt, sodass der in der Zelle verfügbare Platz voll ausgefüllt ist. Per Default ist zwischen den Komponenten kein Abstand.
Die Klasse `GridLayout` stellt folgende Konstruktoren bereit:

- **public** `GridLayout()`
  erzeugt ein `GridLayout`-Objekt mit Standardeinstellung (keine Abstände zwischen den Zellen).
- **public** `GridLayout(`**int** `z,` **int** `s)`
  erzeugt ein `GridLayout`-Objekt mit `z` Zeilen und `s` Spalten und der Standardeinstellung für die Abstände. Entweder `z` oder `s` kann dabei auch den Wert 0 haben, was für „beliebig viele" steht.
- **public** `GridLayout(`**int** `z,` **int** `s,` **int** `h,` **int** `v)`
  erzeugt ein `GridLayout`-Objekt mit `z` Zeilen und `s` Spalten und horizontalen bzw. vertikalen Abständen von `h` bzw. `v` Pixel. Entweder `z` oder `s` kann dabei auch den Wert 0 haben, was für „beliebig viele" steht.

In diesem Layout werden die Komponenten in der Reihenfolge der `add`-Aufrufe in die Tabelle bzw. das Gitter eingefügt. Dabei wird in der obersten Zeile begonnen, diese von links nach rechts gefüllt und jeweils mit der darunter liegenden Zeile fortgefahren. In unserem Beispielprogramm

```
import java.awt.*;
import javax.swing.*;
/** Erzeuge ein Swing-Fenster mit GridLayout */
public class FrameMitGridLayout extends JFrame {
  Container c;          // Container dieses Frames
  // Feld fuer Labels, die im Frame erscheinen sollen
  FarbigesLabel fl[] = new FarbigesLabel[6];

  public FrameMitGridLayout() {     // Konstruktor
    c = getContentPane();                    // Container bestimmen
    c.setLayout(new GridLayout(2,3,10,40)); // Layout setzen

    /* Erzeuge die Labelobjekte mit Text und Farbe */
    for (int i = 0; i < 6; i++) {
      int rgbFg = 255 - i*50;
      int rgbBg = i*50;
      fl[i] = new FarbigesLabel("Nummer " + (i+1),
                              new Color(rgbFg,rgbFg,rgbFg),
                              new Color(rgbBg,rgbBg,rgbBg));
      fl[i].setFont(new Font("Serif",Font.ITALIC,10 + i*3));
    }
    // Fuege die Labels dem Frame hinzu
    for (int i = 0; i < 6; i++) {
      c.add(fl[i]);
    }
  }
  public static void main(String[] args) {
    FrameMitGridLayout fenster = new FrameMitGridLayout();
    fenster.setTitle("Frame mit GridLayout");
    fenster.setSize(300,150);
    fenster.setVisible(true);
    fenster.setDefaultCloseOperation(JFrame.EXIT_ON_CLOSE);
  }
}
```

haben wir zur Verdeutlichung der Festlegung der jeweiligen Zellengröße ein Grid-Layout mit zwei Zeilen und drei Spalten sowie einem horizontalen bzw. vertikalen Zellenabstand von 10 bzw. 40 Pixel gewählt. Die verschiedenen Labels in den einzelnen Zellen haben wir wieder unterschiedlich eingefärbt und mit unterschiedlich großen Fonts beschriftet. In Abbildung 13.6 ist nun insbesondere zu erkennen, dass die Zellengröße nicht für alle Beschriftungen ausreichend ist, sodass der Label-Text, falls nötig, automatisch gekürzt und mit ... am Ende versehen wird.

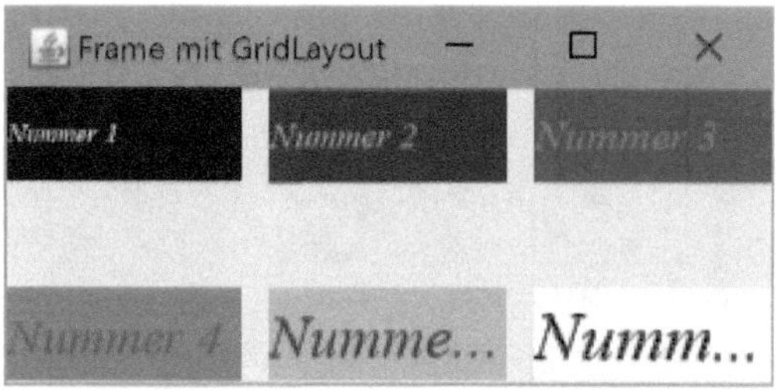

Abbildung 13.6: Das Grid-Layout

13.5 Einige Grundkomponenten

Abbildung 13.7 stellt in Auszügen die Hierarchie der leichtgewichtigen Swing-Komponentenklassen grafisch dar. Alle Grundkomponenten erben ja, wie bereits in Abschnitt 13.3 erwähnt, von der abstrakten Klasse `JComponent`, die an oberster Stelle der Swing-Komponentenhierarchie steht. Aufgrund der Mächtigkeit der Swing-Bibliothek ist es natürlich nicht möglich, alle Grundkomponenten ausführlich zu behandeln, ohne den Rahmen dieses Grundkurses zu sprengen. In diesem Abschnitt wollen wir uns daher mit einigen ausgewählten Beispielen für Swing-Grundkomponenten beschäftigen.
Zur üblichen Standardausstattung aller Komponentenklassen gehören in der Regel stets

- mehrfach überladene Konstruktoren ohne und mit diversen Parametern für Text- und Bildbeschriftungen und ihre horizontale und vertikale Ausrichtung,
- Klassenkonstanten wie `LEFT`, `RIGHT`, `CENTER`, `TOP`, `BOTTOM` usw. vom Typ **`int`** zur Spezifikation der horizontalen und vertikalen Ausrichtung,
- Instanzmethoden zum Auslesen und Setzen der dargestellten Texte und Bilder (`getText()`, `setText(...)`, `getIcon()`, `setIcon(...)`),
- Instanzmethoden für die Festlegung der Position und der horizontalen und vertikalen Ausrichtung der auf der Komponente dargestellten Texte und Bilder (`setHorizontalAlignment(...)`, `setVerticalAlignment(...)`, `setHorizontalTextPosition(..)`, `setVerticalTextPosition(..)`) sowie

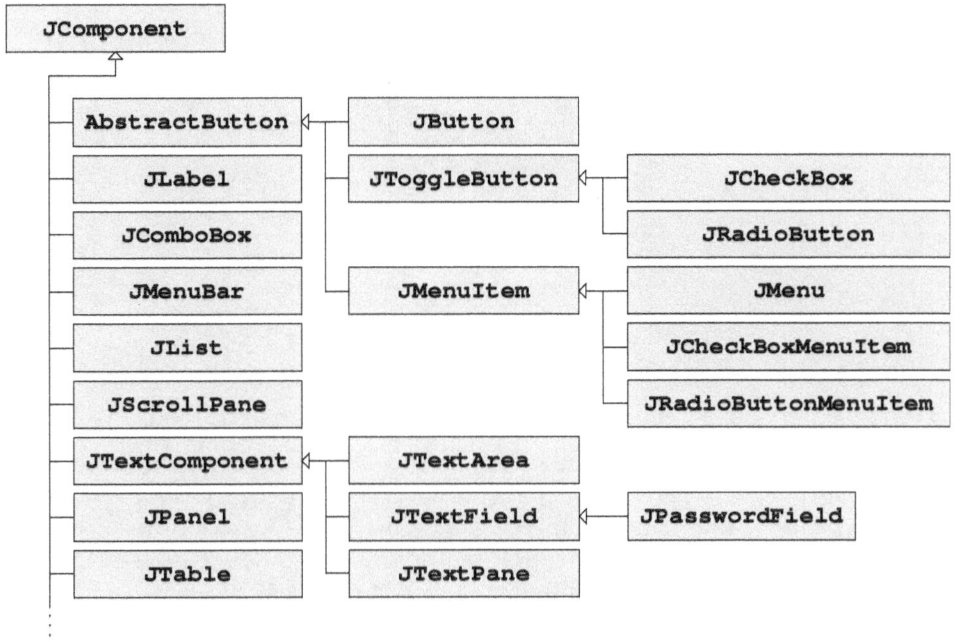

Abbildung 13.7: Einige Swing-Komponenten in der Übersicht

- je nach Funktionalität der Komponenten weitere Instanzmethoden zum Aktivieren und Deaktivieren von Einstellungen bzw. Zuständen (z. B. „selektiert" oder „editierbar") oder für die Beeinflussung des Tastaturfokus.

In den nachfolgenden Abschnitten werden wir auf deren explizite Beschreibung und mehrmalige Erwähnung für die einzelnen Komponenten weitestgehend verzichten.
Will man ein Bildobjekt angeben, so muss man ein Objekt einer Klasse verwenden, das das Interface `Icon` implementiert. In der Regel geschieht dies durch ein Objekt der Klasse `ImageIcon`. Deren Konstruktor

- **`public`** `ImageIcon(String filename)`
  erzeugt ein `ImageIcon`-Objekt aus dem Bild in der Datei `filename`.

erwartet lediglich einen String, der den Dateinamen spezifiziert, unter dem das darzustellende Bild abgelegt ist. Wir werden dies an Beispielen demonstrieren.

13.5.1 Die Klasse `JLabel`

In unseren bisherigen Beispielen haben wir die Klasse `JLabel` bereits mehrfach verwendet, wollen in diesem Abschnitt jedoch nochmals kurz auf sie eingehen. Ein Label kann nicht nur zur Darstellung von Text, sondern auch von Bildern

Abbildung 13.8: Ein Label mit Text und Bild

verwendet werden, wobei sich beides auch kombinieren lässt. Für Text und Bilder kann die horizontale und vertikale Ausrichtung innerhalb des Labels festgelegt werden. Die horizontale Default-Ausrichtung für Texte ist „linksbündig“, die für Bilder „zentriert“, während in beiden Fällen als vertikale Ausrichtung „zentriert“ verwendet wird. Im nachfolgenden Beispielprogramm stellen wir in einem Label sowohl einen Text als auch ein Bild dar (siehe Abbildung 13.8).

```
import java.awt.*;
import javax.swing.*;
/** Erzeuge ein einfaches Swing-Fenster mit einem Label */
public class FrameMitBild extends JFrame {
  Container c;          // Container dieses Frames
  JLabel lab;           // Label, das im Frame erscheinen soll

  public FrameMitBild() {  // Konstruktor
    c = getContentPane();              // Container bestimmen
    c.setLayout(new FlowLayout());     // Layout setzen

    // Bildobjekt erzeugen
    Icon bild = new ImageIcon("babycat.jpg");
    // Label mit Text und Bild beschriften
    lab = new JLabel("Spotty", bild, JLabel.CENTER);
    // Text unter das Bild setzen
    lab.setHorizontalTextPosition(JLabel.CENTER);
    lab.setVerticalTextPosition(JLabel.BOTTOM);
    // Fuege das Label dem Frame hinzu
    c.add(lab);
  }
  public static void main(String[] args) {
    FrameMitBild fenster = new FrameMitBild();
    fenster.setTitle("Label mit Bild und Text");
    fenster.setSize(250,185);
    fenster.setVisible(true);
    fenster.setDefaultCloseOperation(JFrame.EXIT_ON_CLOSE);
  }
}
```

13.5.2 Die abstrakte Klasse `AbstractButton`

Mit den Klassen `JButton` und `JToggleButton` bietet Java zwei verschiedene Arten von Schaltflächen bzw. Knöpfen an. Während Objekte der Klassen `JButton` einfache Schaltflächen bzw. Knöpfe oder Tasten darstellen, mit denen Aktionen ausgelöst werden können, haben Objekte der Klasse `JToggleButton` die Funktion von Schaltern, die an- oder ausgeschaltet (bzw. „selektiert" oder „nicht selektiert") sein können. Toggle-Buttons gibt es durch die Klassen `JCheckBox` und `JRadioButton` auch in spezialisierter Form. Es handelt sich dann um kleine Kästchen, die man mit Markierungen oder Häkchen versehen kann.

Wie Labels können auch Buttons mit Text, einem Bild oder mit Text *und* Bild beschriftet werden. Die Basisfunktionalitäten für alle Arten von Buttons sind in der abstrakten Klasse `AbstractButton` bereitgestellt, von der alle anderen Button-Klassen erben (vergleiche auch Abbildung 13.7). Vier dieser Basismethoden wollen wir hier vorstellen.

- **`public boolean`** `isSelected()`
  liefert **`true`**, wenn der Toggle-Button selektiert ist, andernfalls **`false`**.
- **`public void`** `setSelected(`**`boolean`** `b)`
  setzt den Zustand des Toggle-Buttons auf „selektiert", falls `b` den Wert **`true`** hat, oder andernfalls auf „nicht selektiert".
- **`public boolean`** `isFocusPainted()`
  liefert **`true`**, wenn sich der Button im Modus „Fokus wird angezeigt" befindet, andernfalls **`false`**.
- **`public void`** `setFocusPainted(`**`boolean`** `b)`
  setzt den Modus „Fokus wird angezeigt", falls `b` den Wert **`true`** hat, oder andernfalls den Modus „Fokus wird nicht angezeigt".

Die beiden letzten Methoden beziehen sich auf den sogenannten **Fokus** bzw. **Tastaturfokus**, eine (sichtbare oder unsichtbare) Markierung, die anzeigt, welche Komponente gerade „anvisiert" wird und daher auch Tastaturkommandos empfangen kann. Der Fokus kann innerhalb eines Fensters mit Hilfe der Tabulatortaste an eine andere Komponente übergeben werden. Hält man die Alt-Taste gedrückt, so übergibt die Tabulatortaste den Fokus an ein anderes Fenster. Ein Button kann (sofern das Fenster, in dem er sich befindet, und der Button selbst den Tastaturfokus besitzen) auch mit Hilfe der Leertaste „gedrückt" werden. Per Default wird der Fokus bei Buttons grafisch angezeigt.

13.5.3 Die Klasse `JButton`

Die Klasse `JButton` dient der Erzeugung einfacher Schaltflächen (Knöpfen, Tasten). Wir wollen in einem Beispielprogramm vier Tasten mit Textbeschriftungen verwenden.

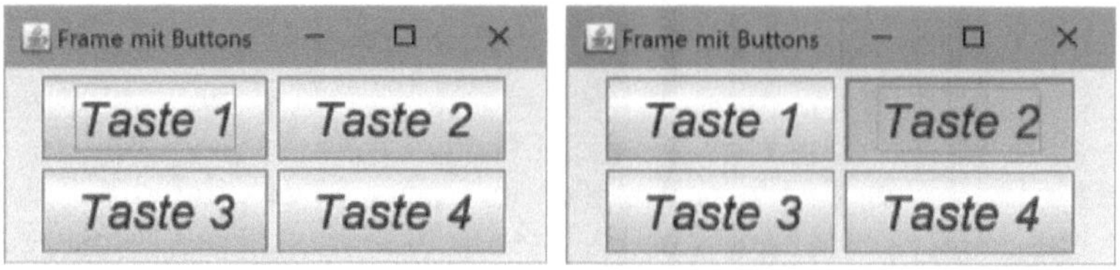

Abbildung 13.9: Frame mit Buttons nach dem Start und mit gedrücktem Button

```java
import java.awt.*;
import javax.swing.*;
/** Erzeuge ein Swing-Fenster mit Buttons */
public class FrameMitButtons extends JFrame {
  Container c;              // Container dieses Frames
  // Feld fuer Buttons, die im Frame erscheinen sollen
  JButton b[] = new JButton[4];

  public FrameMitButtons() {      // Konstruktor
    c = getContentPane();              // Container bestimmen
    c.setLayout(new FlowLayout());     // Layout setzen

    // Erzeuge die Button-Objekte
    for (int i = 0; i < 4; i++) {
      b[i] = new JButton("Taste " + (i+1));
      b[i].setFont(new Font("SansSerif",Font.ITALIC,24));
    }
    // Fuege die Buttons dem Frame hinzu
    for (int i = 0; i < 4; i++) {
      c.add(b[i]);
    }
  }
  public static void main(String[] args) {
    FrameMitButtons fenster = new FrameMitButtons();
    fenster.setTitle("Frame mit Buttons");
    fenster.setSize(250,130);
    fenster.setVisible(true);
    fenster.setDefaultCloseOperation(JFrame.EXIT_ON_CLOSE);
  }
}
```

Die vier Tasten legen wir als Komponenten eines Feldes namens `b` an, wobei wir sie in einer kursiven Schriftart ohne Serifen in 24-Punkt-Größe beschriften und nummerieren. Eingefügt in unseren Frame bzw. dessen Content-Pane werden sie gemäß dem Flow-Layout. Startet man die Klasse `FrameMitButtons`, so sieht man, dass sich die vier Tasten durch eine Umrandung vom Hintergrund abgrenzen (siehe Abbildung 13.9, links). Ferner erkennt man an einem etwas kleineren bläulichen Rahmen innerhalb der Taste 1, dass diese gerade den Fokus besitzt. Wir könnten sie daher, auch ohne die Maus zu benutzen, durch Drücken der Leertaste auf unserer PC-Tastatur betätigen. Mit der Tabulatortaste können wir den Fokus an die nächste Taste weitergeben, sodass diese nun mit der Leertaste zu betätigen ist. Wenn wir eine Taste mit der Maus oder der Tastatur betätigen, stellen wir außerdem fest, dass sich ihre Darstellung verändert. In gedrücktem Zustand wird der Hintergrund dunkelgrau eingefärbt (siehe Abbildung 13.9, rechts).

13.5.4 Die Klasse `JToggleButton`

Zur Erzeugung von „echten“ Schaltern, die sich ihren Zustand (an/aus bzw. selektiert/nicht selektiert) merken können, stellt Java die Klasse `JToggleButton` bereit. Wir modifizieren nun unser Beispielprogramm mit den vier Tasten mit Textbeschriftungen und machen aus ihnen „echte“ Schalter:

```
import java.awt.*;
import javax.swing.*;
/** Erzeuge ein Swing-Fenster mit Toggle-Buttons */
public class FrameMitToggleButtons extends JFrame {
  Container c;             // Container dieses Frames
  // Feld fuer Toggle-Buttons, die im Frame erscheinen sollen
  JToggleButton b[] = new JToggleButton[4];

  public FrameMitToggleButtons() {  // Konstruktor
    c = getContentPane();            // Container bestimmen
    c.setLayout(new FlowLayout());   // Layout setzen

    // Erzeuge die Button-Objekte
    for (int i = 0; i < 4; i++) {
      b[i] = new JToggleButton("Schalter " + (i+1));
      b[i].setFont(new Font("SansSerif",Font.ITALIC,24));
    }
    b[0].setSelected(true);
    b[2].setSelected(true);
    // Fuege die Buttons dem Frame hinzu
    for (int i = 0; i < 4; i++) {
      c.add(b[i]);
    }
  }
  public static void main(String[] args) {
    FrameMitToggleButtons fenster = new FrameMitToggleButtons();
    fenster.setTitle("Frame mit ToggleButtons");
    fenster.setSize(330,130);
    fenster.setVisible(true);
    fenster.setDefaultCloseOperation(JFrame.EXIT_ON_CLOSE);
  }
}
```

Die vier Schalter legen wir als `JToggleButton`-Komponenten des Feldes `b` an, wobei wir nach dem Erzeugen der Buttons mit Hilfe der von `AbstractButton` geerbten Methode `setSelected` noch dafür sorgen, dass Schalter 1 und Schalter 3 (also `b[0]` und `b[2]`) zum Programmstart bereits auf „an“ stehen (also selektiert sind), wie dies in Abbildung 13.10 deutlich wird. Wenn wir nun einen der Schalter mit der Maus oder der Tastatur betätigen, stellen wir fest, dass sich ihre Darstellung verändert. Die Hintergrundfarbe wechselt von Hellgrau nach Dun-

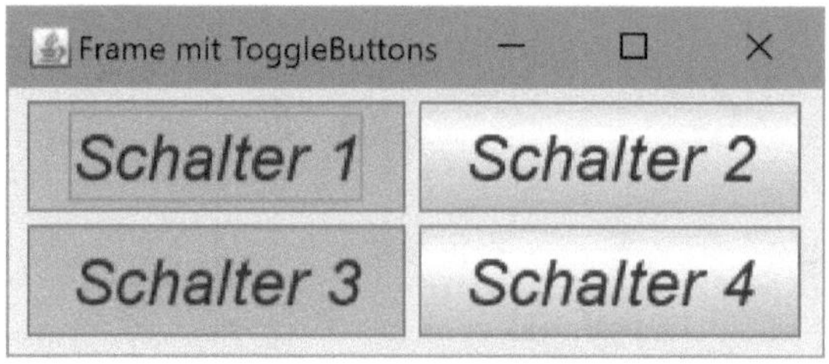

Abbildung 13.10: Frame mit Toggle-Buttons

kelgrau (oder umgekehrt), und der jeweilige Zustand bleibt erhalten, auch wenn wir die Maustaste bzw. die Leertaste wieder loslassen.

13.5.5 Die Klasse `JCheckBox`

Objekte der Klasse `JCheckBox` werden als zunächst leere Kästchen dargestellt, die man mit der Maus oder mit der Leertaste „ankreuzen" und in den Zustand „selektiert" bringen kann. Der „Selektiert"-Zustand wird dann durch ein kleines Häkchen gekennzeichnet. Zur Erzeugung dieser Häkchen-Kästchen stellt die Klasse `JCheckBox` neben den Standardkonstruktoren auch die Konstruktoren

- **`public`** `JCheckBox(String text,` **`boolean`** `selected)`
  erzeugt ein `JCheckBox`-Objekt mit dem Text `text` beschriftet und zu Beginn selektiert, falls `selected` den Wert **`true`** hat, andernfalls nicht selektiert.
- **`public`** `JCheckBox(Icon image,` **`boolean`** `selected)`
  erzeugt ein `JCheckBox`-Objekt mit dem Bild `image` beschriftet und zu Beginn selektiert, falls `selected` den Wert **`true`** hat, andernfalls nicht selektiert.
- **`public`** `JCheckBox(String text,Icon image,`**`boolean`** `selected)`
  erzeugt ein `JCheckBox`-Objekt mit dem Text `text` und dem Bild `image` beschriftet und zu Beginn selektiert, falls `selected` den Wert **`true`** hat, andernfalls nicht selektiert.

bereit. Nun machen wir in unserem Beispielprogramm aus den vier Schaltern einfach Häkchen-Kästchen

```
import java.awt.*;
import javax.swing.*;
/** Erzeuge ein Swing-Fenster mit CheckBoxes */
public class FrameMitCheckBoxes extends JFrame {
  Container c;             // Container dieses Frames
  // Feld fuer Check-Boxes, die im Frame erscheinen sollen
  JCheckBox cb[] = new JCheckBox[4];

  public FrameMitCheckBoxes() {  // Konstruktor
    c = getContentPane();              // Container bestimmen
    c.setLayout(new FlowLayout());     // Layout setzen

```

```
    // Erzeuge die Button-Objekte
    for (int i = 0; i < 4; i++)
      cb[i] = new JCheckBox("Box " + (i+1));
    cb[0].setSelected(true);
    cb[2].setSelected(true);

    // Fuege die Buttons dem Frame hinzu
    for (int i = 0; i < 4; i++) {
      c.add(cb[i]);
    }
  }
  public static void main(String[] args) {
    FrameMitCheckBoxes fenster = new FrameMitCheckBoxes();
    fenster.setTitle("Frame mit CheckBoxes");
    fenster.setSize(280,60);
    fenster.setVisible(true);
    fenster.setDefaultCloseOperation(JFrame.EXIT_ON_CLOSE);
  }
}
```

indem wir sie als `JCheckBox`-Komponenten des Feldes `cb` anlegen, und wir sorgen mit Hilfe der von `AbstractButton` geerbten Methode `setSelected` dafür, dass Box 1 und Box 3 (also `cb[0]` und `cb[2]`) zum Programmstart bereits auf „angekreuzt“ stehen (also selektiert sind; vgl. Abbildung 13.11). Wenn wir nun eines der Kästchen mit der Maus oder der Leertaste bedienen, stellen wir fest, dass wir dadurch das Häkchen entfernen oder hinzufügen können. Wie bei den Toggle-Buttons bleibt der jeweilige Zustand natürlich erhalten, wenn wir die Maustaste bzw. die Leertaste wieder loslassen. Wir stellen weiter fest, dass mehrere Kästchen gleichzeitig angekreuzt sein können.

Abbildung 13.11: Frame mit Check-Boxes

13.5.6 Die Klassen `JRadioButton` und `ButtonGroup`

Objekte der Klasse `JRadioButton` werden als zunächst leere Kreise dargestellt, die man mit der Maus oder mit der Leertaste „ankreuzen“ und in den Zustand „selektiert“ bringen kann. Der „Selektiert“-Zustand wird dann durch einen Punkt (einen ausgefüllten kleinen Kreis) gekennzeichnet. In der Regel werden `JRadioButton`-Objekte in Verbindung mit einem `ButtonGroup`-Objekt eingesetzt, um die Markierungen zu gruppieren, sodass stets *höchstens eine* Markierung pro Gruppe aktiviert sein kann. Zur Erzeugung der Häkchen-Kreise stellt die Klasse `JRadioButton` neben den Standardkonstruktoren auch

- **public** `JRadioButton(String text, ` **boolean** `selected)`
  erzeugt ein `JRadioButton`-Objekt mit dem Text `text` beschriftet und zu Beginn selektiert, falls `selected` den Wert **`true`** hat, andernfalls nicht selektiert.
- **public** `JRadioButton(Icon image, ` **boolean** `selected)`
  erzeugt ein `JRadioButton`-Objekt mit dem Bild `image` beschriftet und zu Beginn selektiert, falls `selected` den Wert **`true`** hat, andernfalls nicht selektiert.
- **public** `JRadioButton(String text, Icon image,` **boolean** `selected)`
  erzeugt ein `JRadioButton`-Objekt mit dem Text `text` und dem Bild `image` beschriftet und zu Beginn selektiert, falls `selected` den Wert **`true`** hat, andernfalls nicht selektiert.

bereit. Für die Gruppierung benötigt man zusätzlich ein Objekt der Klasse `ButtonGroup`, das mit dem Default-Konstruktor erzeugt werden kann und die Methoden

- **public void** `add(AbstractButton b)`
  fügt `b` der Gruppierung hinzu.
- **public void** `remove(AbstractButton b)`
  entfernt `b` aus der Gruppierung.

bereitstellt.[3]
Unser Beispielprogramm

```
import java.awt.*;
import javax.swing.*;
/** Erzeuge ein Swing-Fenster mit RadioButtons */
public class FrameMitRadioButtons extends JFrame {
  Container c;              // Container dieses Frames
  // Feld fuer Radio-Buttons, die im Frame erscheinen sollen
  JRadioButton rb[] = new JRadioButton[4];

  public FrameMitRadioButtons() {  // Konstruktor
    c = getContentPane();            // Container bestimmen
    c.setLayout(new FlowLayout());   // Layout setzen

    // Gruppe erzeugen
    ButtonGroup bg = new ButtonGroup();

    // Erzeuge die Button-Objekte und fuege
    // sie dem Frame und der Gruppe hinzu
    for (int i = 0; i < 4; i++) {
      rb[i] = new JRadioButton("Box " + (i+1)); // erzeugen
      bg.add(rb[i]); // der Gruppe hinzufuegen
      c.add(rb[i]);  // dem Frame hinzufuegen
    }
  }
```

[3] `ButtonGroup`-Objekte können auch zur Gruppierung von `JToggleButton`-Objekten eingesetzt werden.

```
  public static void main(String[] args) {
    FrameMitRadioButtons fenster = new FrameMitRadioButtons();
    fenster.setTitle("Frame mit RadioButtons");
    fenster.setSize(330,60);
    fenster.setVisible(true);
    fenster.setDefaultCloseOperation(JFrame.EXIT_ON_CLOSE);
  }
}
```

gruppiert die vier `JRadioButton`-Objekte aus dem Feld `rb` im `ButtonGroup`-Objekt `bg` und präsentiert sich zum Programmstart, wie Abbildung 13.12 zeigt.

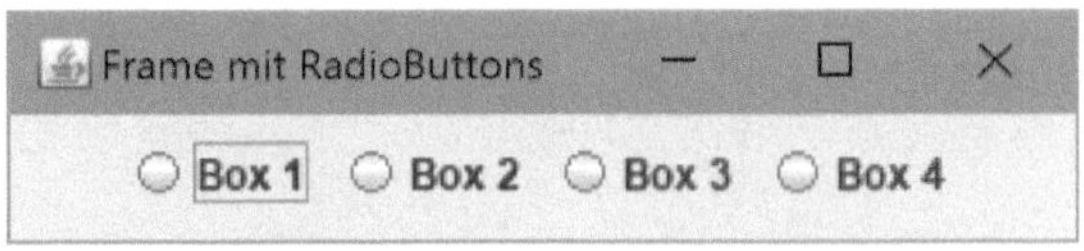

Abbildung 13.12: Frame mit Radio-Buttons

Wenn wir nun einen der Kreise mit der Maus oder der Leertaste bedienen, stellen wir fest, dass wir dadurch die Markierung aktivieren können, wobei der Zustand natürlich erhalten bleibt, wenn wir die Maustaste bzw. die Leertaste wieder loslassen. Allerdings gelingt es uns nicht, durch erneutes Drücken die Markierung wieder zu entfernen. Aufgrund der Gruppierung der `JRadioButton`-Objekte ist es vielmehr so, dass die Markierung erst verschwindet, wenn eines der bisher nicht markierten Objekte betätigt wird.

13.5.7 Die Klasse `JComboBox`

Ein Objekt der Klasse `JComboBox` ist eine aufklappbare Auswahlliste, die man mit Hilfe der Maus oder der Tastatur aufklappen und in der man einen Eintrag auswählen kann. Angezeigt wird dabei jeweils der ausgewählte Eintrag und ein Pfeil nach unten, der andeutet, dass es sich um eine aufklappbare Liste handelt. Als Konstruktoren stehen unter anderem

- **`public`** `JComboBox()`
  erzeugt ein `JComboBox`-Objekt ohne Einträge.
- **`public`** `JComboBox(E[] items)`
  erzeugt ein `JComboBox`-Objekt, dessen Einträge vom Typ `E` durch die Komponenten des Feldes `items` festgelegt sind.

zur Verfügung. Am Typ-Parameter `E` erkennen wir, dass es sich um einen generischen Datentyp (siehe Abschnitt 10.2) handelt. Das heißt, die Klasse `JComboBox` ist definiert als

```
public class JComboBox<E>
```

und dadurch typsicher. Zur Bearbeitung eines `JComboBox`-Objekts können neben den geerbten Methoden die Instanzmethoden

- `public void addItem(E item)`
  fügt dem `JComboBox`-Objekt den Eintrag `item` (am Ende der Liste) hinzu.
- `public E getItemAt(int index)`
  liefert den Eintrag an der Position `index` des `JComboBox`-Objekts.
- `public int getItemCount()`
  liefert die Anzahl der Einträge des `JComboBox`-Objekts.
- `public int getSelectedIndex()`
  liefert den Index (die Position) des gerade ausgewählten Eintrags des `JComboBox`-Objekts.
- `public Object getSelectedItem()`
  liefert den gerade ausgewählten Eintrag des `JComboBox`-Objekts.
- `public void public boolean isEditable()`
  liefert **`true`**, falls das `JComboBox`-Objekt editierbar ist, oder **`false`**.
- `public void removeAllItems()`
  entfernt alle Einträge aus dem `JComboBox`-Objekt.
- `public void removeItem(Object item)`
  entfernt den Eintrag `item` aus dem `JComboBox`-Objekt.
- `public void removeItemAt(int index)`
  entfernt den Eintrag an der Position `index` aus dem `JComboBox`-Objekt.
- `public void setEditable(boolean b)`
  setzt das `JComboBox`-Objekt in den Modus „editierbar“, falls `b` den Wert **`true`** hat, oder andernfalls „nicht editierbar“.
- `public void setSelectedIndex(int index)`
  legt den Eintrag unter dem Index (der Position) `index` als gerade ausgewählten Eintrag des `JComboBox`-Objekts fest.
- `public void setSelectedItem(Object item)`
  legt den Eintrag `item` als gerade ausgewählten Eintrag des `JComboBox`-Objekts fest.

eingesetzt werden. Wie Sie sehen, arbeiten nicht alle Methoden mit dem Typ-Parameter `E`, sondern mit `Object`, was in der Handhabung aber keine Nachteile bringt. Zu den Methoden, die sich auf den „editierbar“-Modus beziehen, ist zu bemerken, dass es ein editierbares `JComboBox`-Objekt erlaubt, einen ausgewählten Eintrag nachträglich zu bearbeiten (verändern).
Im Beispielprogramm

```
import java.awt.*;
import javax.swing.*;

/** Erzeuge ein Swing-Fenster mit ComboBoxes */
public class FrameMitComboBoxes extends JFrame {
  Container c;             // Container dieses Frames
  // Combo-Boxes, die im Frame erscheinen sollen
```

```
  JComboBox<String> vornamen, nachnamen;

  public FrameMitComboBoxes() {  // Konstruktor
    c = getContentPane();             // Container bestimmen
    c.setLayout(new FlowLayout());    // Layout setzen

    // Eintraege fuer Vornamen-Combo-Box festlegen
    String[] namen = new String[] { "Bilbo", "Frodo", "Samwise",
                                    "Meriadoc", "Peregrin" };
    vornamen = new JComboBox<>(namen); // Combo-Box mit Eintraegen
    nachnamen = new JComboBox<>();     // Leere Combo-Box
    nachnamen.addItem("Baggins");      // Eintraege hinzufuegen
    nachnamen.addItem("Brandybuck");
    nachnamen.addItem("Gamgee");
    nachnamen.addItem("Took");
    // Den dritten Nachnamen (Index 2) selektieren
    nachnamen.setSelectedIndex(2);
    // Combo-Boxes dem Frame hinzufuegen
    c.add(vornamen);
    c.add(nachnamen);
  }
  public static void main(String[] args) {
    FrameMitComboBoxes fenster = new FrameMitComboBoxes();
    fenster.setTitle("Frame mit ComboBoxes");
    fenster.setSize(240,160);
    fenster.setVisible(true);
    fenster.setDefaultCloseOperation(JFrame.EXIT_ON_CLOSE);
  }
}
```

arbeiten wir mit zwei unterschiedlichen Combo-Boxes. Dabei geben wir die Einträge der ersten Box (`vornamen`) bereits beim Erzeugen in Form eines `String`-Feldes an, während wir die zweite Box (`nachnamen`) zunächst als leere Box erzeugen und ihr erst danach mit `addItem`-Aufrufen Einträge hinzufügen. Außerdem legen wir mit Hilfe von `setSelectedIndex` fest, dass in der zweiten Combo-Box der dritte Eintrag (mit dem Index 2) gerade ausgewählt sein soll.

Wenn wir unser Programm starten, zeigen beide Combo-Boxes jeweils den zur Zeit selektierten Eintrag an. Während in der ersten Auswahlliste der Vorname „Bilbo“ als erster Listeneintrag standardmäßig selektiert ist, haben wir in der zweiten Auswahlliste dafür gesorgt, dass der dritte Nachname „Gamgee“ selektiert ist (siehe Abbildung 13.13, hinten links). Mit einem Mausklick oder der Leertaste (falls die richtige Auswahlliste den Fokus besitzt) können wir nun[4] einen anderen Eintrag auswählen. Wenn wir also beispielweise den richtigen Vornamen zum Nachnamen „Gamgee“ selektieren wollen, klappen wir entweder die Listeneinträge auf und wählen mit der Maus oder mit den Cursor-Tasten den gewünschten Eintrag (Abbildung 13.13, Mitte), oder wir geben direkt den Anfangsbuchstaben (falls wir ihn kennen) des Eintrags an, den wir auswählen möchten.

[4] Fans der Herr-der-Ringe-Saga haben sicher entdeckt, woher die Namen stammen, und wissen, welcher Vorname zu welchem Nachnamen gehört.

Der gewählte Eintrag wird dann in der Combo-Box angezeigt (Abbildung 13.13, rechts vorne).

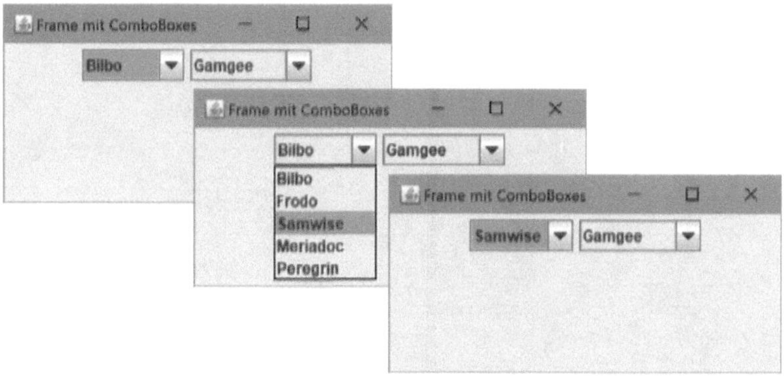

Abbildung 13.13: Frame mit Combo-Boxes

13.5.8 Die Klasse `JList`

Im Unterschied zum `JComboBox`-Objekt stellt ein Objekt der Klasse `JList` eine Auswahlliste dar, die bereits aufgeklappt ist, also komplett angezeigt wird (sofern genügend Platz im Container vorhanden ist), und in der man mit Hilfe der Maus oder der Tastatur nicht nur einen einzelnen, sondern auch mehrere Einträge auswählen kann. Die gewählten Einträge erscheinen dann entsprechend markiert. `JList`-Objekte lassen sich mit den Konstruktoren

- **public** `JList()`
  erzeugt ein `JList`-Objekt ohne Einträge.
- **public** `JList(E[] items)`
  erzeugt ein `JList`-Objekt, dessen Einträge vom Typ `E` durch die Komponenten des Feldes `items` festgelegt sind.

konstruieren. Zur Verwaltung eines `JList`-Objekts dienen (wie üblich neben den geerbten Methoden) unter anderem die Instanzmethoden

- **public void** `clearSelection()`
  macht alle Auswahlmarkierungen des `JList`-Objekts rückgängig.
- **public int** `getMaxSelectionIndex()`
  liefert den größten Index der gerade ausgewählten Einträge des `JList`-Objekts.
- **public int** `getMinSelectionIndex()`
  liefert den kleinsten Index der gerade ausgewählten Einträge des `JList`-Objekts.

- **public int**[] getSelectedIndices()
  liefert die Indices aller gerade ausgewählten Einträge des JList-Objekts in Form eines **int**-Feldes.
- **public** List<E> getSelectedValuesList()
  liefert alle gerade ausgewählten Einträge des JList-Objekts in Form eines List-Objekts.
- **public int** getSelectionMode()
  liefert den aktuellen Auswahlmodus des JList-Objekts.
- **public boolean** isSelectedIndex(**int** index)
  liefert **true**, falls der Eintrag unter Index index des JList-Objekts selektiert ist, oder **false**.
- **public boolean** isSelectionEmpty()
  liefert **true**, falls kein Eintrag des JList-Objekts selektiert ist, oder **false**.
- **public void** setSelectedIndex(**int** index)
  legt den Eintrag unter dem Index (der Position) index als gerade ausgewählten Eintrag des JList-Objekts fest.
- **public void** setSelectedIndices(**int**[] indices)
  legt alle Einträge unter den in indices angegebenen Indices als gerade ausgewählte Einträge des JList-Objekts fest.
- **public void** setSelectionMode(**int** mode)
  setzt den aktuellen Auswahlmodus des JList-Objekts.

Für die Wahl des Auswahlmodus eines JList-Objekts werden die Konstanten

- ListSelectionModel.SINGLE_SELECTION
  (nur ein Eintrag selektierbar)
- ListSelectionModel.SINGLE_INTERVAL_SELECTION
  (alle Einträge in einem zusammenhängenden Bereich selektierbar)
- ListSelectionModel.MULTIPLE_INTERVAL_SELECTION
  (beliebig viele Einträge in beliebiger Kombination, auch nicht zusammenhängend, selektierbar)

aus dem Interface ListSelectionModel bereitgestellt. Dabei ist der zuletzt genannte Modus voreingestellt. Dies wird auch in unserem Beispielprogramm

```
import java.awt.*;
import javax.swing.*;
/** Erzeuge ein Swing-Fenster mit Liste */
public class FrameMitListe extends JFrame {
  Container c;              // Container dieses Frames
  // Liste und Combo-Box, die im Frame erscheinen sollen
  JList<String> vornamen;
  JComboBox<String> nachnamen;

  public FrameMitListe() {  // Konstruktor
    c = getContentPane();              // Container bestimmen
```

```
    c.setLayout(new FlowLayout());     // Layout setzen

    // Eintraege fuer Vornamen-Combo-Box festlegen
    String[] namen = new String[] { "Bilbo", "Frodo", "Samwise",
                                    "Meriadoc", "Peregrin" };
    vornamen = new JList<>(namen);     // Liste mit Eintraegen
    nachnamen = new JComboBox<>();     // Leere Combo-Box
    nachnamen.addItem("Baggins");      // Eintraege hinzufuegen
    nachnamen.addItem("Brandybuck");
    nachnamen.addItem("Gamgee");
    nachnamen.addItem("Took");
    // Liste und Combo-Box dem Frame hinzufuegen
    c.add(vornamen);
    c.add(nachnamen);
  }
  public static void main(String[] args) {
    FrameMitListe fenster = new FrameMitListe();
    fenster.setTitle("Frame mit Liste");
    fenster.setSize(240,160);
    fenster.setVisible(true);
    fenster.setDefaultCloseOperation(JFrame.EXIT_ON_CLOSE);
  }
}
```

deutlich, in dem wir in Abwandlung unseres `JComboBox`-Beispiels unsere erste Combo-Box durch eine Liste ersetzt haben.
Starten wir unser Programm, so wird die Liste der Vornamen komplett angezeigt, während die Nachnamenliste (als Combo-Box) nur den zur Zeit selektierten Eintrag anzeigt. In der Liste haben wir nun die Möglichkeit, mehrere Einträge zu markieren, also beispielsweise beide Hobbits[5] mit Nachnamen „Baggins“ zu selektieren (siehe Abbildung 13.14).

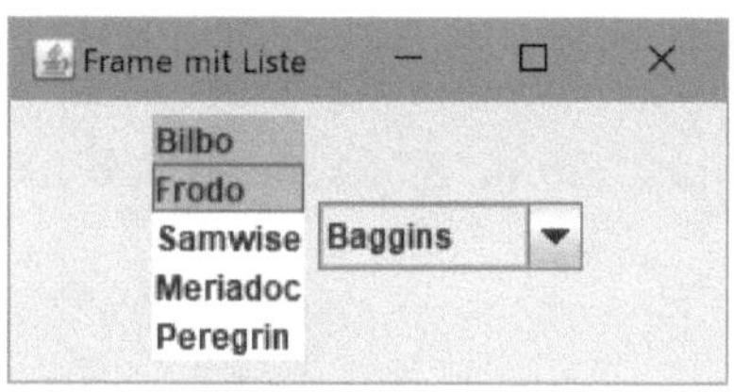

Abbildung 13.14: Frame mit Liste

Prinzipiell bieten sich mehre Möglichkeiten an, Einträge des `JList`-Objekts auszuwählen:

- Mit Hilfe der Maus oder der Cursor-Tasten kann ein einzelner Eintrag gewählt werden.
- Bei gedrückter Taste „Steuerung“ (Strg) bzw. auf englischen Tastaturen „Control“ (Ctrl) können mit der Maus weitere Einträge markiert oder die Markierung von Einträgen wieder rückgängig gemacht werden.

[5] Auch hier wieder ein Begriff aus Tolkiens Fantasiewelt „Mittelerde“.

- Bei gedrückter Umschalt-Taste bzw. Shift-Taste (⇑) kann mit der Maus oder mit den Cursor-Tasten ein ganzer Bereich von Einträgen markiert werden.

Hier hilft ein wenig Herumspielen, um sich mit der Methodik vertraut zu machen.

13.5.9 Die abstrakte Klasse `JTextComponent`

Java stellt verschiedene Klassen zur Eingabe von Texten bereit. Mit den Klassen `JTextField` und `JPasswordField` können einzeilige, mit `JTextArea` mehrzeilige Texteingaben verarbeitet werden. Daneben gibt es noch die Klassen `JEditorPane` und `JTextPane`, die auch formatierte Texte (z. B. HTML-Dokumente) verarbeiten können. In der abstrakten Klasse `JTextComponent` (aus dem Paket `javax.swing.text`), von der alle anderen Textkomponenten erben (siehe Abbildung 13.7), werden die Basismethoden bereitgestellt, von denen wir einige vorstellen:

- **public void** `copy()`
  kopiert den gerade markierten Textteil der Textkomponente in die Zwischenablage des Betriebssystems.
- **public void** `cut()`
  kopiert den gerade markierten Textteil der Textkomponente in die Zwischenablage des Betriebssystems und löscht ihn gleichzeitig innerhalb der Textkomponente.
- **public void** `paste()`
  fügt den Text, der sich gerade in der Zwischenablage des Betriebssystems befindet, in die Textkomponente ein. Falls zuvor ein Textteil der Textkomponente markiert wurde, wird dieser durch den eingefügten Text ersetzt.
- **public** `String getSelectedText()`
  liefert den gerade markierten Textteil der Textkomponente.
- **public** `String getText()`
  liefert den kompletten Text der Textkomponente.
- **public boolean** `isEditable()`
  liefert **`true`**, falls die Textkomponente editierbar ist, oder andernfalls **`false`**.
- **public void** `setEditable(`**boolean** `b)`
  setzt die Textkomponente in den Modus „editierbar“, falls `b` den Wert **`true`** hat, oder andernfalls in den Modus „nicht editierbar“.
- **public void** `setText(String t)`
  setzt den Text der Textkomponente auf den Inhalt von `t`.

13.5.10 Die Klassen `JTextField` und `JPasswordField`

Beide Textkomponenten erlauben die Eingabe und die Bearbeitung einer einzelnen Textzeile. Während ein `JTextField`-Objekt die Textzeile lesbar darstellt, wird diese in einem `JPasswordField`-Objekt (mittels einer entsprechenden Anzahl von Ersatzzeichen, den sogenannten „Echo-Zeichen") unlesbar dargestellt. Die Klasse `JTextField` stellt unter anderem die Konstruktoren

- **public** `JTextField()`
  erzeugt ein leeres `JTextField`-Objekt. Der `String`-Wert des dargestellten Texts ist **null**.
- **public** `JTextField(String text)`
  erzeugt ein `JTextField`-Objekt, das den Text `text` enthält.

und (neben den geerbten Methoden) die Instanzmethode

- **public void** `setHorizontalAlignment(`**int** `alignment)`
  setzt die horizontale Ausrichtung der Textzeile.

zur Verfügung. Für die Wahl der Ausrichtung gibt es die gewohnten Konstanten `LEFT` (für linksbündige Ausrichtung), `RIGHT` (für rechtsbündige Ausrichtung) und `CENTER` (für zentrierte Ausrichtung).
Für die Klasse `JPasswordField` stehen prinzipiell die gleichen Konstruktoren wie für die Klasse `JTextField` zur Verfügung. Zusätzlich zu den von `JTextField` geerbten Methoden besitzt `JPasswordField` Methoden, um das Echozeichen zu verändern. Insbesondere aber überschreibt die Klasse `JPasswordField` die Methoden

- **public void** `copy()`
  verursacht lediglich ein Fehlersignal, da die Operation unzulässig ist.
- **public void** `cut()`
  verursacht lediglich ein Fehlersignal, da die Operation unzulässig ist.

um sicherzustellen, dass ein Text, der in ein `JPasswordField`-Objekt eingegeben wurde, nicht in die Zwischenablage kopiert werden kann.
Beide Arten von Textfeldern verwenden wir in unserem Beispielprogramm

```
import java.awt.*;
import javax.swing.*;
/** Erzeuge ein Swing-Fenster mit Textfeldern */
public class FrameMitTextFeldern extends JFrame {
  Container c;              // Container dieses Frames
  JLabel name, passwd;      // Labels
  JTextField tf;            // Textfeld
  JPasswordField pf;        // Passwortfeld

  public FrameMitTextFeldern() {      // Konstruktor
    c = getContentPane();             // Container bestimmen
    c.setLayout(new GridLayout(2,2)); // Layout setzen

    // Erzeuge die Labels und Textfelder
    name = new JLabel("Name:",JLabel.RIGHT);
    passwd = new JLabel("Passwort:",JLabel.RIGHT);
    tf = new JTextField();
    pf = new JPasswordField();
```

```
      // Setze die Schriftart
      Font schrift = new Font("SansSerif",Font.BOLD,18);
      name.setFont(schrift);
      passwd.setFont(schrift);
      tf.setFont(schrift);
      pf.setFont(schrift);

      // Fuege die Komponenten hinzu
      c.add(name);
      c.add(tf);
      c.add(passwd);
      c.add(pf);
    }
    public static void main(String[] args) {
      FrameMitTextFeldern fenster = new FrameMitTextFeldern();
      fenster.setTitle("Frame mit Textfeldern");
      fenster.setSize(220,100);
      fenster.setVisible(true);
      fenster.setDefaultCloseOperation(JFrame.EXIT_ON_CLOSE);
    }
  }
```

mit dem wir einen Eingabedialog simulieren, wie er zum Beispiel beim Login auf einem Rechner abläuft. Wir verwenden ein Grid-Layout mit zwei Zeilen und zwei Spalten, um sowohl zwei Labels (mit rechtsbündig ausgerichteter Beschriftung) als auch die beiden Textfelder – davon eines als Passwortfeld ausgelegt – zu positionieren. In allen vier Komponenten verwenden wir außerdem eine serifenlose fettgedruckte 18-Punkt-Schriftart.
Nach dem Programmstart können sowohl im oberen als auch im unteren Textfeld beliebige Zeichen eingegeben werden (sofern das entsprechende Feld den Fokus besitzt). Allerdings zeigt nur das obere diese Zeichen auch tatsächlich an, während das untere Passwortfeld nur $\star$-Symbole verwendet (siehe Abbildung 13.15).

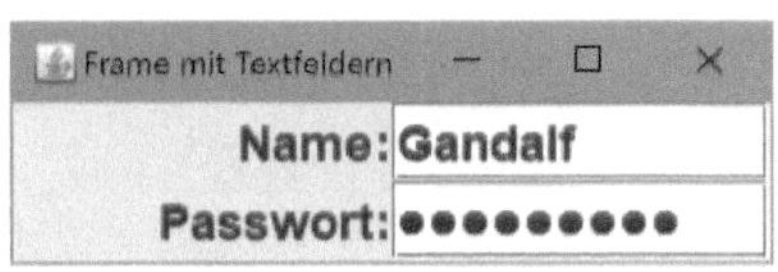

Abbildung 13.15: Frame mit Textfeldern

Im oberen Textfeld ist es auch problemlos möglich, einige oder alle eingegebenen Zeichen mit Maus oder Cursor-Tasten zu markieren und auf den markierten Text die üblichen Tastaturkommandos Ctrl-C bzw. Strg-C (zum Kopieren in die Zwischenablage), Ctrl-X bzw. Strg-X (zum Löschen und Kopieren in die Zwischenablage) sowie Ctrl-V bzw. Strg-V (zum Einfügen aus der Zwischenablage) anzuwenden.[6] Im Passwortfeld funktioniert nur das letztgenannte Kommando,

[6] Der Mechanismus für das Kopieren, Löschen und Einfügen wird von der virtuellen Maschine automatisch gesteuert, indem bei Bedarf die Methoden `copy`, `cut` und `paste` aufgerufen werden.

während die beiden erstgenannten (im Passwortfeld unzulässigen) Kommandos wie erwartet einen Warnton erzeugen.

13.5.11 Die Klasse `JTextArea`

Diese Art einer Textkomponente erlaubt die Eingabe und die Bearbeitung mehrzeiliger Texte. Unter anderem stehen die Konstruktoren

- **public** `JTextArea()`
  erzeugt ein leeres `JTextArea`-Objekt. Der `String`-Wert des dargestellten Texts ist **`null`**.
- **public** `JTextArea(String text)`
  erzeugt ein `JTextArea`-Objekt, das den Text `text` enthält.

und die Instanzmethoden

- **public int** `getLineCount()`
  liefert die Anzahl der Zeilen.
- **public boolean** `getLineWrap()`
  liefert **`true`**, wenn der automatische Zeilenumbruch aktiviert ist, andernfalls **`false`**.
- **public boolean** `getWrapStyleWord()`
  liefert **`true`**, wenn wortweiser Zeilenumbruch aktiviert ist, andernfalls **`false`**.
- **public void** `setLineWrap(`**boolean** `wrap)`
  aktiviert (falls `wrap` den Wert **`true`** hat) bzw. deaktiviert (andernfalls) den automatischen Zeilenumbruch.
- **public void** `setWrapStyleWord(`**boolean** `word)`
  aktiviert (falls `word` den Wert **`true`** hat) bzw. deaktiviert (andernfalls) den wortweisen Zeilenumbruch.

zur Verfügung. Im Beispielprogramm

```
import java.awt.*;
import javax.swing.*;
/** Erzeuge ein Swing-Fenster mit TextArea */
public class FrameMitTextArea extends JFrame {
  Container c;             // Container dieses Frames
  JLabel info;             // Label
  JTextArea ta;            // TextArea

  public FrameMitTextArea() {     // Konstruktor
    c = getContentPane();              // Container bestimmen

    // Erzeuge Label und TextArea
    info = new JLabel("Hier kann Text bearbeitet werden");
    ta = new JTextArea("Einiges an Text steht auch schon hier rum.");

    // Setze die Schriftart
    Font schrift = new Font("SansSerif",Font.BOLD+Font.ITALIC,16);
```

```
      ta.setFont(schrift);

      // Automatischen Umbruch aktivieren
      ta.setLineWrap(true);
      ta.setWrapStyleWord(true);

      // Fuege die Komponenten hinzu
      c.add(info,BorderLayout.NORTH);
      c.add(ta);
    }
    public static void main(String[] args) {
      FrameMitTextArea fenster = new FrameMitTextArea();
      fenster.setTitle("Frame mit TextArea");
      fenster.setSize(200,160);
      fenster.setVisible(true);
      fenster.setDefaultCloseOperation(JFrame.EXIT_ON_CLOSE);
    }
  }
```

erzeugen wir einen mehrzeiligen Textbereich, in dem bereits ein Text enthalten ist. Wir verwenden darin eine serifenlose fettgedruckte und kursive 16-Punkt-Schriftart. Außerdem aktivieren wir den wortweise durchgeführten automatischen Zeilenumbruch, sodass beim Programmstart der Text (aufgrund seiner Breite) bereits in zwei Zeilen dargestellt wird (auch wenn intern im entsprechenden String *kein* Zeilenendezeichen vorkommt (siehe Abbildung 13.16). Der Text kann beliebig bearbeitet und ergänzt werden. Darüber hinaus funktionieren natürlich auch in Textbereichen die üblichen Tastaturkommandos zum Markieren, Kopieren, Löschen oder Verschieben von Textteilen.

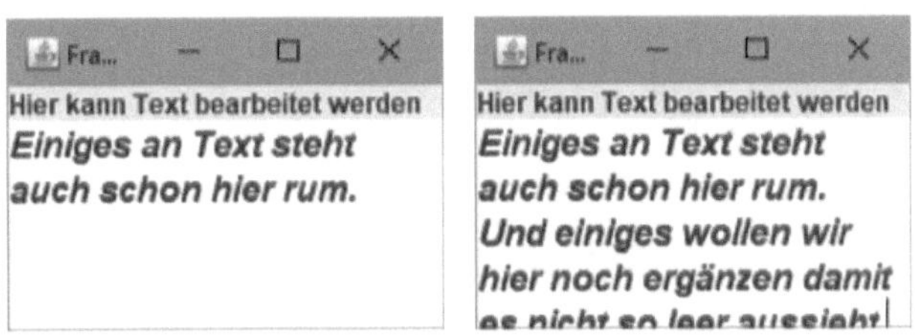

Abbildung 13.16: Frame mit mehrzeiligem Textfeld

Geben wir so viel Text ein, dass dieser nicht mehr in den durch die Fensterrahmengröße vorgegebenen Textbereich passt, wird dieser nicht mehr angezeigt. Um ihn wieder sichtbar zu machen, müssen wir das Fenster mit der Maus nach unten hin vergrößern. Alternativ dazu gibt es aber auch die Möglichkeit, unsere `JTextArea`-Komponente in eine `JScrollPane` einzubetten, die einen Schieberegler bereitstellt, um den angezeigten Ausschnitt der `JTextArea`-Komponente zu verschieben. Im nachfolgenden Abschnitt werden wir uns mit diesem Thema beschäftigen.

13.5.12 Die Klasse `JScrollPane`

Objekte der Klasse `JScrollPane` sind in der Lage, andere Komponenten in einen Darstellungsbereich einzubetten, der mit horizontalen und vertikalen Bildlaufleisten ausgestattet ist. Dies ermöglicht es, ausschnittsweise Sichten auf eine Komponente zu erhalten, wobei der Ausschnitt mit Hilfe von Schiebereglern (englisch: **scrollbars**) bestimmt werden kann. Als Konstruktoren werden unter anderem

- **`public`** `JScrollPane(Component view)`
  erzeugt ein `JScrollPane`-Objekt, das den Inhalt der Komponente `view` anzeigt. Vertikale und/oder horizontale Schieberegler erscheinen erst, wenn der Inhalt der Komponente zu groß für die Darstellung wird.
- **`public`** `JScrollPane(Component view,` **`int`** `vScr,` **`int`** `hScr)`
  erzeugt ein `JScrollPane`-Objekt, das den Inhalt der Komponente `view` anzeigt. Die Parameter `vScr` und `hScr` legen fest, wann vertikale und horizontale Schieberegler erscheinen.

bereitgestellt. Um festzulegen, ob die Schieberegler nur falls nötig, grundsätzlich nie oder grundsätzlich immer sichtbar sind, können die Klassenkonstanten

`VERTICAL_SCROLLBAR_AS_NEEDED`,
`VERTICAL_SCROLLBAR_NEVER` und
`VERTICAL_SCROLLBAR_ALWAYS`

für den vertikalen Regler und

`HORIZONTAL_SCROLLBAR_AS_NEEDED`,
`HORIZONTAL_SCROLLBAR_NEVER` und
`HORIZONTAL_SCROLLBAR_ALWAYS`

für den horizontalen Regler eingesetzt werden. Diese Einstellung für die Regler kann auch noch nach Erzeugung eines `JScrollPane`-Objekts mittels der Instanzmethoden

- **`public void`** `setVerticalScrollBarPolicy(`**`int`** `policy)`
  legt fest, wann der vertikale Schieberegler sichtbar wird.
- **`public void`** `setHorizontalScrollBarPolicy(`**`int`** `policy)`
  legt fest, wann der horizontale Schieberegler sichtbar wird.

verändert werden.
Unser Beispielprogramm `FrameMitTextArea` aus dem vorigen Abschnitt haben wir nun leicht modifiziert:

```
import java.awt.*;
import javax.swing.*;
/** Erzeuge ein Swing-Fenster mit ScrollTextArea */
public class FrameMitScrollText extends JFrame {
  Container c;              // Container dieses Frames
  JLabel info;              // Label
```

```
  JTextArea ta;              // TextArea
  JScrollPane sp;            // ScrollPane

  public FrameMitScrollText() {      // Konstruktor
    c = getContentPane();            // Container bestimmen

    // Erzeuge Label und TextArea
    info = new JLabel("Hier kann Text bearbeitet werden");
    ta = new JTextArea("Einiges an Text steht auch schon hier rum.");

    // Setze die Schriftart
    Font schrift = new Font("SansSerif",Font.BOLD+Font.ITALIC,16);
    ta.setFont(schrift);
    ta.setLineWrap(true);           // Automatischer Zeilenumbruch
    ta.setWrapStyleWord(true);      // wortweise
    sp = new JScrollPane(ta);       // Scrollpane erzeugen

    // Fuege die Komponenten hinzu
    c.add(info,BorderLayout.NORTH);
    c.add(sp);
  }
  public static void main(String[] args) {
    FrameMitScrollText fenster = new FrameMitScrollText();
    fenster.setTitle("Frame mit ScrollTextArea");
    fenster.setSize(250,160);
    fenster.setVisible(true);
    fenster.setDefaultCloseOperation(JFrame.EXIT_ON_CLOSE);
  }
}
```

Nach wie vor erzeugen wir einen mehrzeiligen Textbereich, in dem bereits ein Text enthalten und der automatische, wortweise durchgeführte Zeilenumbruch aktiviert ist. Wir fügen diesen allerdings nicht direkt unserem Container hinzu, sondern betten ihn in das `JScrollPane`-Objekt ein.

Beim Programmstart sieht es zunächst so aus, als hätte sich nichts geändert (siehe Abbildung 13.17, links). Wenn wir aber zusätzlichen Text eingeben, bis schließlich irgendwann nicht mehr der gesamte Text angezeigt werden kann, erscheint am rechten Rand unseres `JTextArea`-Objekts eine Bildlaufleiste. Mit dem Schieberegler können wir dann die verschiedenen Textstellen, die gerade nicht sichtbar sind, wieder erreichen (siehe Abbildung 13.17, rechts). Ein horizontaler Schieberegler wird nicht angezeigt, da wir für unser `JTextArea`-Objekt Zeilenumbruch eingestellt haben.

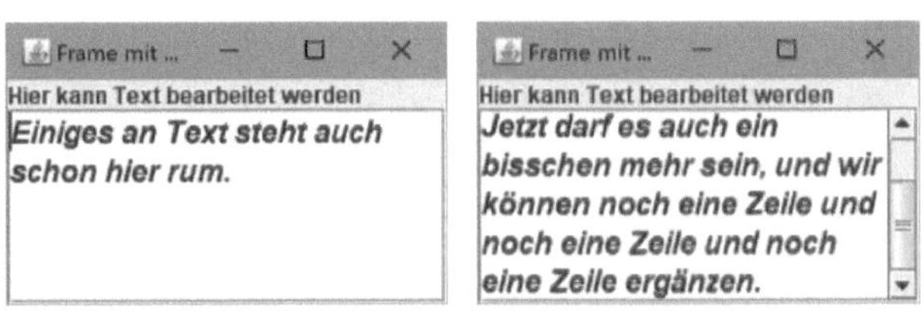

Abbildung 13.17: Frame mit mehrzeiligem Textfeld und Bildlaufleiste

Weitere Einsatzgebiete von `JScrollPane`-Objekten sind natürlich Oberflächen, die mit den bereits erwähnten, hier aber nicht näher behandelten `JEditorPane`- und `JTextPane`-Komponenten arbeiten. Ebenso bilden sie sinnvolle Ergänzungen für Objekte der Klasse `JTable`. Dabei handelt es sich um spezielle Komponenten, die es ermöglichen, die Inhalte von Tabellen, also zweidimensionalen Feldern, automatisch auf der grafischen Oberfläche darzustellen und zu bearbeiten.

13.5.13 Die Klasse `JPanel`

Zum Schluss unseres Ausflugs in die Welt der Swing-Grundkomponenten wollen wir uns noch kurz mit der Klasse `JPanel` beschäftigen, die eigentlich gar keine echte Grundkomponente ist. Eigentlich fällt die Klasse nämlich in die Gruppe der Container, da sie selbst wieder Komponenten enthalten kann, und dient hauptsächlich der Strukturierung von Oberflächen. Allerdings ist sie, im Gegensatz zu den Top-Level-Containern, eine Lightweight-Komponente und hat ein Flow-Layout voreingestellt.
Allen `JPanel`-Objekten, die z. B. mit den Konstruktoren

- **`public`** `JPanel()`
  erzeugt einen leeren Container.
- **`public`** `JPanel(LayoutManager layout)`
  erzeugt einen leeren Container mit dem angegebenen Layout.

erzeugt werden können, stehen aufgrund der Vererbungshierarchie die üblichen Methoden aus den Klassen `JComponent`, `Container` und `Component` zur Verfügung.
Zu Strukturierung der Oberfläche haben wir in unserem Beispielprogramm

```
import java.awt.*;
import javax.swing.*;
/** Erzeuge ein einfaches Swing-Fenster mit mehreren Panels */
public class FrameMitPanels extends JFrame {
  Container c;          // Container dieses Frames
  JPanel jp1, jp2, jp3; // Panels

  public FrameMitPanels() {  // Konstruktor
    c = getContentPane();            // Container bestimmen

    // Panels erzeugen
    jp1 = new JPanel();
    jp2 = new JPanel();
    jp3 = new JPanel(new GridLayout(2,3));

    // Vier Tasten in Panel 1 einfuegen
    for (int i=1; i<=4; i++)
      jp1.add(new JButton("Taste " + i));

    // Bildobjekt erzeugen
    Icon bild = new ImageIcon("babycatSmall.jpg");

```

```
    // Bild drei Mal in Panel 2 einfuegen
    for (int i=1; i<=3; i++)
      jp2.add(new JLabel(bild));

    // Sechs Haekchen-Kaestchen in Panel 3 einfuegen
    for (int i=1; i<=6; i++)
      jp3.add(new JCheckBox("Auswahl-Box " + i));

    // Panels in den Container einfuegen
    c.add(jp1,BorderLayout.NORTH);
    c.add(jp2,BorderLayout.CENTER);
    c.add(jp3,BorderLayout.SOUTH);
  }
  public static void main(String[] args) {
    FrameMitPanels fenster = new FrameMitPanels();
    fenster.setTitle("Label mit Panels");
    fenster.setSize(350,200);
    fenster.setVisible(true);
    fenster.setDefaultCloseOperation(JFrame.EXIT_ON_CLOSE);
  }
}
```

drei Panels eingesetzt, die wir im Norden, im Zentrum und im Süden unseres eigentlichen Frame-Containers (der Content-Pane) platzieren (siehe Abbildung 13.18). Im obersten Panel arbeiten wir mit dem voreingestellten Flow-Layout und fügen vier Tasten (`JButton`-Objekte) ein. Für das mittlere Panel verwenden wir ebenfalls das voreingestellte Flow-Layout. Hier fügen wir drei Mal das gleiche Bild (mit Hilfe von Labels) ein. Im südlichen Panel benutzen wir ein Grid-Layout mit zwei Zeilen und drei Spalten, in die wir sechs Häkchen-Kästchen (`JCheckBox`-Objekte) einpflegen.

Abbildung 13.18: Frame mit drei Panels

13.6 Spezielle Container, Menüs und Toolbars

In diesem Abschnitt wollen wir noch einige Klassen aus der Gruppe der Container vorstellen. Zum einen werden wir uns etwas genauer mit einigen Top-Level-Containern beschäftigen, zum anderen werden wir uns ansehen, wie man diese mit Menüs und Werkzeugleisten (Toolbars) ausstattet, um den Anwendern von Programmen mögliche Aktionen in übersichtlicher Form anzubieten.

13.6.1 Die Klasse `JFrame`

Unsere bisherigen Programme haben wir fast alle so geschrieben, dass wir eine Klasse entwarfen, die von der Klasse `JFrame`, dem wichtigsten Swing-Top-Level-Container, erbt. Die Klasse `JFrame` erbt von der AWT-Klasse `Frame` (vergleiche Abbildung 12.6), sodass ihre Objekte sich als Fenster mit Rahmen präsentieren. In der Titelleiste des Rahmens befinden sich die üblichen Systemmenüeinträge. Für die Erzeugung von `JFrame`-Objekten steht neben dem Default-Konstruktor auch ein Konstruktor mit `String`-Parameter zur Verfügung, dem der Text für die Titelleiste übergeben werden kann. Neben der Content-Pane, auf der Komponenten eingefügt werden können, kann ein `JFrame`-Objekt auch eine eigene Menüleiste und eine Werkzeugleiste erhalten.
Zusätzlich zu den bereits in Kapitel 13 erwähnten Methoden der Klassen `Component` und `Container` stellt die Klasse `JFrame` einige weitere (teilweise von `Window` bzw. `Frame` geerbte) Methoden wie zum Beispiel

- **public void** `dispose()`
  zerstört das `JFrame`-Objekt.
- **public** `Container getContentPane()`
  liefert die Content-Pane des `JFrame`-Objekts.
- **public void** `setDefaultCloseOperation(`**int** `operation)`
  legt die Operation fest, die beim Schließen des Fensters ausgeführt wird.
- **public void** `setTitle(String title)`
  setzt den Titeltext im Rahmen des `JFrame`-Objekts.
- **public void** `pack()`
  passt die Größe des Fensters so an, dass gerade noch alle darin platzierten Komponenten Platz finden.
- **public void** `setJMenuBar(JMenuBar menubar)`
  setzt die Menüleiste des `JFrame`-Objekts.

bereit. Während wir die drei erstgenannten Methoden in unseren bisherigen Beispielen bereits benutzt haben, werden wir die letztgenannte Methode erst in Abschnitt 13.6.4 in Verbindung mit Menüs einsetzen. Zur Methode `setDefaultCloseOperation` ist noch zu ergänzen, dass es grundsätzlich die vier Möglichkeiten bzw. vordefinierten Konstanten `DO_NOTHING_ON_CLOSE` (ohne Reaktion), `HIDE_ON_CLOSE` (Fenster verstecken), `DISPOSE_ON_CLOSE` (Fenster zerstören) und `EXIT_ON_CLOSE` (Programm beenden) für den **int**-Parameter gibt.
Bei komplexeren Programmen mit grafischen Oberflächen (zum Beispiel gängiger Textverarbeitungssoftware) ist es heutzutage üblich, dass mehrere Fenster

(für verschiedene geöffnete Dokumente) innerhalb eines Hauptfensters verwendet werden. Solche geschachtelten Fenster-Objekte können in Java mit der Klasse `JInternalFrame` erzeugt werden. Auf ihre Anwendung wollen wir an dieser Stelle jedoch nicht näher eingehen.

13.6.2 Die Klasse `JWindow`

Wie `JFrame` ist auch `JWindow` ein Top-Level-Container, dessen Objekte ebenfalls als Fenster erscheinen, jedoch keinen Rahmen besitzen. Erzeugt werden rahmenlose Fenster mit den Konstruktoren

- **public** `JWindow()`
  erzeugt ein rahmenloses Fenster.
- **public** `JWindow(Frame owner)`
  erzeugt ein rahmenloses Fenster, das dem `Frame`-Objekt `owner` gehört.
- **public** `JWindow(Window owner)`
  erzeugt ein rahmenloses Fenster, das dem `Window`-Objekt `owner` gehört.

wobei die Angabe eines Besitzers bewirkt, dass das Fenster vom `owner`-Objekt abhängig, d. h. zusammen mit ihm minimiert und maximiert wird. Als Methoden stehen unter anderem

- **public void** `dispose()`
  zerstört das `JWindow`-Objekt.
- **public** `Container getContentPane()`
  liefert die Content-Pane des `JWindow`-Objekts.
- **public void** `pack()`
  passt die Größe des Fensters so an, dass gerade noch alle eingepflegten Komponenten Platz finden.

zur Verfügung.

13.6.3 Die Klasse `JDialog`

Diese dritte Art von Top-Level-Container wird, wie der Name schon sagt, dazu eingesetzt, Dialogfenster darzustellen. Dabei handelt es sich um Fenster, die nur temporär auf dem Bildschirm erscheinen, bis das Programm mit dem Benutzer bzw. der Benutzerin einen Dialog abgewickelt hat. Eine Besonderheit des Dialogfensters ist, dass man es **modal** gestalten kann, d. h. ein übergeordnetes Fenster (den Besitzer des Dialogfensters) für Benutzereingaben sperren kann, bis das Dialogfenster selbst abgearbeitet ist. Diese Eigenschaft spiegelt sich bereits in den Parametern der Konstruktoren wider:

- **public** `JDialog()`
  erzeugt ein nicht-modales Dialogfenster.

- **public** `JDialog(Frame owner)`
  erzeugt ein nicht-modales Dialogfenster, das dem `Frame`-Objekt `owner` gehört.
- **public** `JDialog(Frame owner, `**boolean**` modal)`
  erzeugt ein modales (falls `modal` den Wert **true** hat) oder nicht-modales (andernfalls) Dialogfenster, das dem `Frame`-Objekt `owner` gehört.
- **public** `JDialog(Frame owner, String title)`
  erzeugt ein nicht-modales Dialogfenster, das dem `Frame`-Objekt `owner` gehört, mit der Titelleistenbeschriftung `title`.
- **public** `JDialog(Frame owner, String title, `**boolean**` modal)`
  erzeugt ein modales (falls `modal` den Wert **true** hat) oder nicht-modales (andernfalls) Dialogfenster, das dem `Frame`-Objekt `owner` gehört, mit der Titelleistenbeschriftung `title`.
- **public** `JDialog(Dialog owner)`
  erzeugt ein nicht-modales Dialogfenster, das dem `Dialog`-Objekt `owner` gehört.
- **public** `JDialog(Dialog owner, `**boolean**` modal)`
  erzeugt ein modales (falls `modal` den Wert **true** hat) oder nicht-modales (andernfalls) Dialogfenster, das dem `Dialog`-Objekt `owner` gehört.
- **public** `JDialog(Dialog owner, String title)`
  erzeugt ein nicht-modales Dialogfenster, das dem `Dialog`-Objekt `owner` gehört, mit der Titelleistenbeschriftung `title`.
- **public** `JDialog(Dialog owner, String title, `**boolean**` modal)`
  erzeugt ein modales (falls `modal` den Wert **true** hat) oder nicht-modales (andernfalls) Dialogfenster, das dem `Dialog`-Objekt `owner` gehört, mit der Titelleistenbeschriftung `title`.

Auch die bereitgestellten Instanzmethoden berücksichtigen die Modalität:

- **public void** `dispose()`
  zerstört das `JDialog`-Objekt.
- **public** `Container getContentPane()`
  liefert die Content-Pane des `JDialog`-Objekts.
- **public boolean** `isModal()`
  liefert **true**, wenn das `JDialog`-Objekt modal ist, oder andernfalls **false**.
- **public void** `setModal(`**boolean**` b)`
  setzt das `JDialog`-Objekt auf modal, wenn `b` den Wert **true** hat, oder andernfalls auf nicht-modal.
- **public void** `setDefaultCloseOperation(`**int**` operation)`
  legt die Operation fest, die beim Schließen des Fensters ausgeführt wird.
- **public void** `setTitle(String title)`
  setzt den Titel-Text im Rahmen des `JDialog`-Objekts.

- **public void** pack()
  passt die Größe des Fensters so an, dass gerade noch alle eingefügten Komponenten Platz finden.
- **public void** setJMenuBar(JMenuBar menubar)
  setzt die Menüleiste des JDialog-Objekts.

Zur Methode setDefaultCloseOperation ist zu sagen, dass EXIT_ON_CLOSE hier nicht als Option eingesetzt werden kann.
In einem sehr einfachen Beispielprogramm wollen wir nun die Anwendung der drei Fensterarten Frame, Window und Dialog kurz demonstrieren.

```
import javax.swing.*;
/** Erzeuge Top-Level-Container auf dem Bildschirm */
public class TopLevelContainer {
  public static void main(String[] args) {
    // Hauptfenster erzeugen und beschriften
    JFrame f = new JFrame();
    f.getContentPane().add(new JLabel("Frame",JLabel.CENTER));
    f.setTitle("Frame");
    f.setSize(300,150);
    f.setLocation(100,100);
    f.setVisible(true);
    f.setDefaultCloseOperation(JFrame.EXIT_ON_CLOSE);

    // Unterfenster (Window) erzeugen und beschriften
    JWindow w = new JWindow(f);
    w.getContentPane().add(new JLabel("Window",JLabel.CENTER));
    w.setSize(150,150);
    w.setLocation(410,100);
    w.setVisible(true);

    // Modales Unterfenster (Dialog) erzeugen und beschriften
    JDialog d = new JDialog(f,true);
    d.getContentPane().add(new JLabel("Dialog",JLabel.CENTER));
    d.setTitle("Dialog");
    d.setSize(150,100);
    d.setLocation(300,180);
    d.setVisible(true);
    d.setDefaultCloseOperation(JFrame.DISPOSE_ON_CLOSE);
  }
}
```

In der main-Methode erzeugen wir darin zunächst einen Frame, der als Hauptfenster dient. Danach konstruieren wir ein JWindow-Objekt und ein modales JDialog-Objekt, wobei unser Frame zum Besitzer beider Objekte wird. Beim Programmstart sehen wir (siehe Abbildung 13.19) drei Fenster und erkennen die Modalität des JDialog-Objekts daran, dass unser Hauptfenster-Frame inaktiv ist und den Fokus auch nicht erlangen kann. Wenn wir mit der Maus auf das Fenster klicken, erhalten wir ein akustisches Fehlersignal. Erst wenn wir das JDialog-Fenster abgearbeitet (in unserem Fall geschlossen) haben, können wir mit dem JFrame-Objekt arbeiten. Die Zugehörigkeit des JWindow-Objekts zum Besitzer-

Frame zeigt sich daran, dass zum Beispiel beim Minimieren (mit _) des Frames beide Fenster minimiert werden.

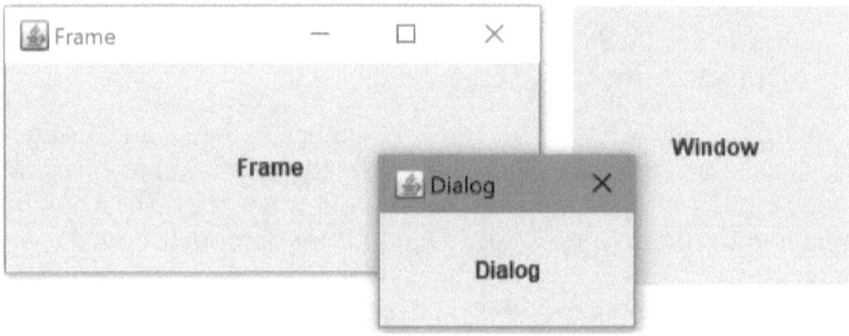

Abbildung 13.19: Frame, Window und Dialog

Abschließend sei noch erwähnt, dass für die Gestaltung einfacher Standarddialoge, die z. B. lediglich eine kurze Mitteilung sowie einige mögliche Knöpfe anbieten, auch die Klasse `JOptionPane` zur Verfügung steht. Bei ihren Objekten handelt es sich um leichtgewichtige Dialogfensterkomponenten. Die Klasse bietet aber auch eine Reihe von Klassenmethoden wie zum Beispiel

- **`public static int`** `showConfirmDialog(Component parent, Object message)`
  fordert mit der Meldung `message` eine Bestätigung („Ja“, „Nein“, „Abbruch“) an und liefert die gewählte Option als **`int`**-Wert zurück.
- **`public static`** `String showInputDialog(Component parent, Object message)`
  fordert mit der Meldung `message` eine Eingabe an und liefert diese als String zurück.
- **`public static void`** `showMessageDialog(Component parent, Object message)`
  gibt die Meldung `message` aus.

an, deren Aufruf jeweils einen Standarddialog erzeugen. Dabei ist für `parent` stets die Komponente anzugeben, für die der Dialog ausgeführt wird.

13.6.4 Die Klasse `JMenuBar`

In Abschnitt 13.6.1 haben wir bereits die Methode `setJMenuBar` erwähnt, mit der man einem `JFrame`-Objekt eine Menüleiste hinzufügen kann. Diese Menüleiste ist dabei (neben der Content-Pane) als zusätzlicher Container des Frames anzusehen und wird als ein Objekt der Klasse `JMenuBar` mit Hilfe des Konstruktors

- **`public`** `JMenuBar()`
  erzeugt ein neues `JMenuBar`-Objekt.

erzeugt. Eine solche Menüleiste verwaltet eine Liste von Menüs vom Typ `JMenu`. Dazu dienen die Methoden

- **public** `JMenu add(JMenu m)`
  fügt der Menüleiste das Menü `m` hinzu.
- **public** `JMenu getMenu(`**int** `index)`
  liefert das Menü an Position `index` der Menüleiste.
- **public int** `getMenuCount()`
  liefert die Anzahl Menüs in der Menüleiste.

Um ein Menü zu erzeugen, setzt man üblicherweise den Konstruktor

- **public** `JMenu(String s)`
  erzeugt ein Menü mit dem Titel `s`.

der Klasse `JMenu` ein. Wie wir aus dem Überblick in Abbildung 13.7 wissen, ist `JMenu` (genau wie `JCheckBoxMenuItem` und `JRadioButtonMenuItem`) Unterklasse von `JMenuItem` und diese wiederum Unterklasse der abstrakten Klasse `AbstractButton`. Wir haben es also bei Menüs im Prinzip mit speziellen Buttons zu tun.
Ein Menü (auch **Pulldown-Menü** genannt, weil die Einträge des Menüs nach unten aufklappen) kann verschiedene Einträge enthalten, die wiederum selber Menüs sein können, und ist somit ebenfalls ein spezieller Container. Für den Aufbau und die Verwaltung eines Menüs können die Methoden

- **public** `JMenuItem add(JMenuItem menuItem)`
  fügt dem Menü den Eintrag `menuItem` hinzu.
- **public** `JMenuItem add(String s)`
  erzeugt einen neuen Menüeintrag mit dem Titel `s` und fügt diesen dem Menü hinzu.
- **public void** `addSeparator()`
  fügt dem Menü einen Trenner (zur grafischen Verdeutlichung von Gruppierungen) hinzu.
- **public** `JMenuItem getItem(`**int** `pos)`
  liefert den Menüeintrag an Position `pos` des Menüs.
- **public int** `getItemCount()`
  liefert die Anzahl der Menüeinträge des Menüs.
- **public void** `remove(JMenuItem item)`
  entfernt den Menüeintrag `item` aus dem Menü.
- **public void** `removeAll()`
  entfernt alle Menüeinträge aus dem Menü.

eingesetzt werden. Als Menüeinträge können dabei folgende Komponenten auftreten:

- Objekte der Klasse `JMenuItem`:
  Einfache Menüeinträge, die ähnliche Funktionalität wie Buttons bieten.
- Objekte der Klasse `JCheckBoxMenuItem`:
  Menüeinträge, die selektiert und deselektiert werden können und somit ähnliche Funktionalität wie Toggle-Buttons bieten.
- Objekte der Klasse `JRadioButtonMenuItem`:
  Menüeinträge, die ebenfalls selektiert bzw. deselektiert und zusätzlich mittels eines `ButtonGroup`-Objekts voneinander abhängig gemacht werden können, von daher also ähnliche Funktionalität wie Radio-Buttons bieten.
- Objekte der Klasse `JMenu`:
  Menüeinträge, die selbst wieder Menüs darstellen (sogenannte Untermenüs, deren Einträge nach rechts oder links aufklappen).

Für die drei erstgenannten Klassen stehen prinzipiell die gleichen Konstruktoren wie für das jeweilige Button-Analogon zur Verfügung. Sie können daher jeweils mit Text, mit einem Bild oder mit Text *und* Bild beschriftet werden.
Für `JMenuItem`-Objekte können die Methoden

- **`public void`** `setMnemonic(`**`int`** `keyCode)`
  legt das Tastenkürzel (ein unterstrichener Buchstabe) für den Menüeintrag fest, den man bei geöffnetem Menü zur Wahl des Menüeintrags verwenden kann.
- **`public void`** `setAccelerator(KeyStroke keyStroke)`
  legt ein spezielles Tastenkürzel (in der Regel eine Kombination aus den Modifizierern Alt-, Shift- oder Ctrl- bzw. Strg-Taste mit einem Buchstaben oder einer Ziffer) für den Menüeintrag fest, der auch bei ungeöffnetem Menü zur Aktivierung eines Menüeintrages verwendet werden kann.

eingesetzt werden, um die Menüeinträge auch über Tastaturkommandos anzusteuern. Den Parameter `keyCode` kann man beim Aufruf der Methode `setMnemonic` mit Hilfe einer der Klassenkonstanten angeben, die in der Klasse `KeyEvent` aus dem Paket `java.awt.event` bereitgestellt werden. Die Angabe der gewünschten Tastenkombination im Parameter `keyStroke` der Methode `setAccelerator` lässt sich mit der Klassenmethode

- **`public static`** `KeyStroke getKeyStroke(`**`int`** `keyCode,`**`int`** `mod)`
  erzeugt ein `KeyStroke`-Objekt zur Taste `keyCode` mit gleichzeitig gedrückten Modifizierern gemäß `mod`.

der Klasse `KeyStroke` (aus dem Paket `javax.swing`) generieren. Dabei kann `keyCode` wie bei `setMnemonic` mit Hilfe einer der Klassenkonstanten aus `KeyEvent` angegeben werden. Den Modifiziererwert kann man durch eine Kom-

bination der Konstanten `SHIFT_MASK`, `CTRL_MASK`, `META_MASK` und `ALT_MASK` der Klasse `InputEvent` aus dem Paket `java.awt.event` angeben.[7]
Neben den Pulldown-Menüs bietet Swing mit der Klasse `JPopupMenu` auch sogenannte **Popup-Menüs** als Komponenten an. Diese bieten prinzipiell eine ähnliche Funktionalität wie Menüs in einer Menüleiste, werden aber nicht dauerhaft auf der grafischen Oberfläche angezeigt, sondern erscheinen erst, wenn ein bestimmtes Ereignis (z. B. eine Aktion mit der Maus) ausgelöst wird.

13.6.5 Die Klasse `JToolBar`

Neben der charakteristischen Menüleiste sieht man bei den meisten professionell gestalteten grafischen Oberflächen häufig auch eine Werkzeugleiste (Toolbar). Dieser spezielle Container enthält in der Regel Button-Objekte, die, ähnlich den Tastaturkürzeln, häufig verwendete Menüeinträge und Funktionalitäten auslösen können. Eine solche Werkzeugleiste kann als Objekt der Klasse `JToolBar` mit den Konstruktoren

- **`public`** `JToolBar()`
  erzeugt eine horizontale Werkzeugleiste.
- **`public`** `JToolBar(`**`int`** `orientation)`
  erzeugt eine horizontale oder vertikale Werkzeugleiste.
- **`public`** `JToolBar(String name)`
  erzeugt eine horizontale Werkzeugleiste mit dem Titel `name`.
- **`public`** `JToolBar(String name,` **`int`** `orientation)`
  erzeugt eine horizontale oder vertikale Werkzeugleiste mit dem Titel `name`.

erzeugt werden. Die gewählte Orientierung kann man hier mit den Klassenkonstanten `HORIZONTAL` und `VERTICAL` angeben.
Mit Hilfe ihrer Instanzmethode `add` können einer Werkzeugleiste Komponenten hinzugefügt werden. Ebenso wird mit der Methode `add` eines Containers die Werkzeugleiste dem Container hinzugefügt. Eine spezielle Eigenschaft der Werkzeugleiste ist die Möglichkeit, sie zur Laufzeit des Programms innerhalb des Containers anders zu platzieren, indem man sie an ihrem „Griff" anfasst und verschiebt. Schiebt man sie aus dem eigentlichen Container hinaus, wird die Werkzeugleiste in einem eigenen Fenster mit Titelleiste dargestellt. Man kann diese Fähigkeit auch unterbinden, indem man einen Aufruf der Instanzmethode `setFloatable(`**`false`**`)` verwendet.
Im folgenden Beispielprogramm, das die Vorstufe zu einem einfachen „Wechselbilderrahmen" bildet, haben wir unsere Oberflächenkomponenten teilweise in ein Menü der Menüleiste und teilweise in eine Werkzeugleiste gepackt.

---

[7] Frühere Unix-Workstations einiger Hersteller hatten oft Tastaturen mit einer Meta-Taste. Diese Taste kann in bestimmten Softwareprodukten eine spezielle Bedeutung haben. Auf Apple-Rechnern gibt es sie in Form der COMMAND-Taste noch immer, da macOS ein Unix-Betriebsystem ist.

```
import java.awt.*;
import java.awt.event.*;
import javax.swing.*;
/** Erzeuge ein einfaches Swing-Fenster mit einem Menue einer
    Toolbar und einem Textlabel */
public class FrameMitMenuBar extends JFrame {
  Container c;             // Container dieses Frames
  JMenuBar menuBar;        // Menueleiste
  JMenu menu;              // Menue
  JMenuItem menuItem;      // Menue-Eintrag
  JToolBar toolBar;        // Werkzeugleiste
  JButton button;          // Knoepfe der Werkzeugleiste
  JLabel textLabel;        // Label, das im Frame erscheinen soll

  public FrameMitMenuBar() {  // Konstruktor
    // Bestimme die Referenz auf den eigenen Container
    c = getContentPane();

    // Erzeuge die Menueleiste.
    menuBar = new JMenuBar();
    // Erzeuge ein Menue
    menu = new JMenu("Bilder");
    menu.setMnemonic(KeyEvent.VK_B);
    // Erzeuge die Menue-Eintraege und fuege sie dem Menue hinzu
    menuItem = new JMenuItem("Hund");
    menuItem.setMnemonic(java.awt.event.KeyEvent.VK_H);
    menu.add(menuItem);
    menuItem = new JMenuItem("Katze");
    menuItem.setMnemonic(java.awt.event.KeyEvent.VK_K);
    menu.add(menuItem);
    menuItem = new JMenuItem("Maus");
    menuItem.setMnemonic(java.awt.event.KeyEvent.VK_M);
    menu.add(menuItem);
    // Fuege das Menue der Menueleiste hinzu
    menuBar.add(menu);
    // Fuege die Menueleiste dem Frame hinzu
    setJMenuBar(menuBar);

    // Erzeuge die Werkzeugleiste
    toolBar = new JToolBar("Rahmenfarbe");
    // Erzeuge die Knoepfe
    button = new JButton(new ImageIcon("images/rot.gif"));
    button.setToolTipText("roter Rahmen");
    toolBar.add(button);
    button = new JButton(new ImageIcon("images/gruen.gif"));
    button.setToolTipText("gruener Rahmen");
    toolBar.add(button);
    button = new JButton(new ImageIcon("images/blau.gif"));
    button.setToolTipText("blauer Rahmen");
    toolBar.add(button);

    // Erzeuge das Labelobjekt
    textLabel = new JLabel("Hier erscheint mal ein Bild mit Rahmen.",
                           JLabel.CENTER);
    // Fuege Label und Toolbar dem Container hinzu
    c.add(textLabel, BorderLayout.CENTER);
```

```
    c.add(toolBar, BorderLayout.NORTH);
  }
  public static void main(String[] args) {
    FrameMitMenuBar fenster = new FrameMitMenuBar();
    fenster.setTitle("Frame mit Menueleiste und Toolbar");
    fenster.setSize(350,170);
    fenster.setVisible(true);
    fenster.setDefaultCloseOperation(JFrame.EXIT_ON_CLOSE);
  }
}
```

Für die Menüleiste haben wir ein Menü namens *Bilder* erzeugt und dort die Menüpunkte *Hund*, *Katze* und *Maus* eingetragen. Sowohl das Menü als auch dessen Einträge haben wir mit den Anfangsbuchstaben als Tastenkürzel ausgestattet. Die Werkzeugleiste namens *Rahmenfarbe* belegten wir mit drei Buttons, wobei wir zu deren Beschriftung kleine Grafiken zur Kennzeichnung der späteren Funktionalität einsetzten.
Diese Grafiken liegen im Unterverzeichnis `images`, was wir beim Erzeugen der `ImageIcon`-Objekte für die Beschriftung der Buttons berücksichtigten.

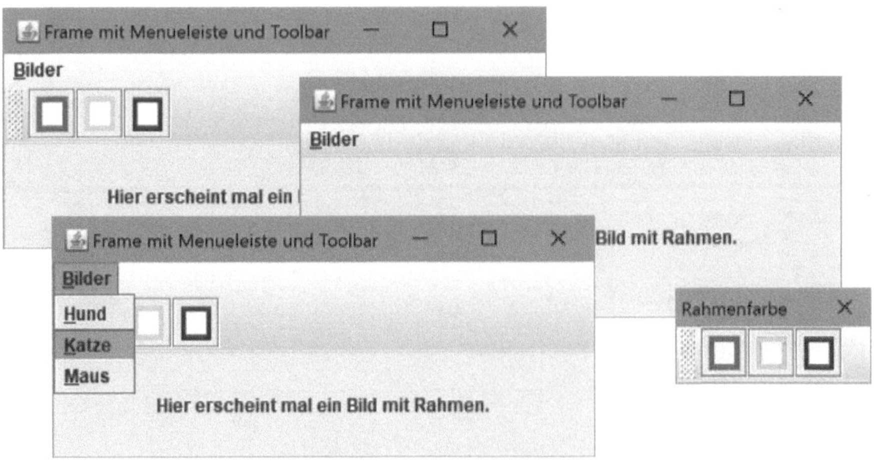

Abbildung 13.20: Frame mit Menüleiste und Werkzeugleiste

Leider ist die Verwendung unseres Programms, das sich beim Start wie in Abbildung 13.20 (hinten links) präsentiert, noch relativ unspektakulär. Wir können zwar

- die Werkzeugleiste an ihrem „Griff" (ganz links in der Leiste) mit der Maus (gehaltene linke Maustaste) anpacken und sie an anderer Stelle innerhalb oder außerhalb des Frames wieder loslassen (Abbildung 13.20, Mitte rechts und vorne),
- mit der Maus oder dem Tastenkürzel „Alt-B" das Menü aufklappen und

- mit der Maus oder dem Tastenkürzel „H", „K" oder „M" einen Eintrag auswählen (Abbildung 13.20, vorne) oder
- mit der Maus oder der Tabulatortaste einen Knopf in der Werkzeugleiste betätigen,

aber leider können wir (zumindest im Moment) damit noch keine selbst festgelegten Aktionen ausführen. Prinzipiell lösen die gewählten Menüpunkte oder die Buttons zwar Ereignisse aus, wir wissen aber bisher noch nicht, wie man auf sie reagieren soll. Damit unser „Wechselbilderrahmen" auch wunschgemäß funktioniert, müssen wir uns also mit dem Thema „Ereignisverarbeitung" auseinandersetzen, unserem nächsten Kapitel.

13.7 Übungsaufgaben

Aufgabe 13.1

Skizzieren Sie jeweils das Erscheinungsbild der vier Frames, die vom nachfolgenden Programm `VierButtonFrame` erzeugt werden.

```
import java.awt.*;
import javax.swing.*;

public class VierButtonFrame extends JFrame {
  Container c;
  JLabel beschriftung;

  public VierButtonFrame(int i) {
    c = getContentPane();
    if (i==1)
      c.setLayout(new FlowLayout());
    else if (i==2)
      c.setLayout(new BorderLayout());
    else if (i==3)
      c.setLayout(new GridLayout());
    else
      c.setLayout(new GridLayout(0,1));

    c.add(new JButton("A"));
    c.add(new JButton("B"));
    c.add(new JButton("C"));
    c.add(new JButton("D"));
  }

  public static void main(String[] args) {
    VierButtonFrame[] fenster = new VierButtonFrame[4];
    for (int i=0; i<4; i++) {
      fenster[i] = new VierButtonFrame(i+1);
      fenster[i].setTitle("Fenster " + (i+1));
      fenster[i].setSize(200,200);
      fenster[i].setLocation(i*200,0);
      fenster[i].setVisible(true);
      fenster[i].setDefaultCloseOperation(JFrame.EXIT_ON_CLOSE);
```

```
      }
    }
}
```

Aufgabe 13.2

Ändern Sie das Programm `VierButtonFrame` so ab, dass jedes `JButton`-Objekt mit einer zufällig gewählten Hintergrundfarbe versehen wird. Die RGB-Werte der Farben sollen als Tooltips erscheinen, wenn man mit dem Mauszeiger über den entsprechenden Button fährt.

Aufgabe 13.3

Als Entwurf für ein einfaches Noteneingabesystem sei folgende `JFrame`-Klasse gegeben:

```
import java.awt.*;
import javax.swing.*;
public class NotenEingabe extends JFrame {
  Container c;
  public NotenEingabe() {
    c = getContentPane();
    c.setLayout(new GridLayout(5, 1));
    c.add(new JCheckBox("sehr gut"));
    c.add(new JCheckBox("gut"));
    c.add(new JCheckBox("befriedigend"));
    c.add(new JCheckBox("ausreichend", true));
    c.add(new JCheckBox("ungenuegend"));
  }
}
```

Schreiben Sie eine Klasse `NotenEingabeTest`, die in ihrer `main`-Methode ein Objekt der Klasse `NotenEingabe` als Frame mit Breite 150 und Höhe 200 Pixel erzeugt und anzeigt.
Geben Sie außerdem eine alternative Klasse `NotenEingabeNeu` an für Frames, die beim Aufruf prinzipiell die gleiche Gestalt wie `NotenEingabe`-Objekte haben, jedoch sicherstellen, dass bei der Eingabe der Noten nur eine Box, also jeweils genau eine Note markiert (angeschaltet) werden kann. Außerdem soll unterhalb der Noten-Boxen eine zusätzliche Box platziert werden, die es erlaubt, mittels ihrer Markierung zu kennzeichnen, dass die Note aus einer Wiederholungsprüfung stammt.
Auch ein Objekt dieser Klasse soll schließlich im Programm `NotenEingabeTest` erzeugt und angezeigt werden.

Aufgabe 13.4

Schreiben Sie ein Programm `TextFelderAuslesen`, das in seiner `main`-Methode ein Objekt der Klasse `FrameMitTextFeldern` aus Abschnitt 13.5.10 erzeugt und anzeigt. Danach sollen im Konsolenfenster mit

Konsole
```
Geben Sie im Frame in beide Textfelder etwas ein.
Druecken Sie danach hier im Konsolenfenster die Eingabetaste!
```

Texteingaben in der grafischen Oberfläche angefordert werden, und es soll auf das Betätigen der Eingabetaste gewartet werden.
Beim Compilieren Ihres Programms erhalten Sie möglicherweise die Meldung

Konsole
```
Note: TextFelderAuslesen.java uses or overrides a deprecated API.
Note: Recompile with -deprecation for details.
```

weil Sie die Methode `getText` auch für die `JPasswordField`-Komponente eingesetzt haben. Ein Zugriff auf deren Text sollte daher besser durch die Methode `getPassword` erfolgen, die ein **`char`**-Feld liefert, das daher vor seiner Ausgabe erst in einen String gewandelt werden muss.

Aufgabe 13.5

Entwerfen Sie einen Frame mit Border-Layout, der beim Start das aktuelle Datum (in einem Label in der Nord-Region) und den „Spruch des Tages" (in einem mehrzeiligen Textfeld in der Zentrums-Region mit automatischem Zeilenumbruch und vertikaler Bildlaufleiste) anzeigt. Verwenden Sie für die Sprüche ein `String`-Feld, aus dem jeweils zufällig ein Spruch ausgewählt wird.

Kapitel 14

Ereignisverarbeitung

In Abschnitt 12.1 haben wir die Java Foundation Classes in vier Gruppen eingeteilt und zahlreiche Klassen aus den drei erstgenannten Gruppen (Grundkomponenten, Container und Layout-Manager) auf den zurückliegenden Seiten schon kennengelernt. In diesem Kapitel wollen wir uns nun mit der letztgenannten Gruppe, den Ereignissen (Events) und ihren Empfängern (Listener), beschäftigen, deren Klassen für den ereignisgesteuerten Ablauf von Programmen mit grafischen Oberflächen eingesetzt werden.
Der Mechanismus der Ereignisübermittlung in Java lässt sich sehr gut mit entsprechenden Vorgängen in der „realen Welt" vergleichen. Nehmen wir beispielsweise eine große Trommel als Quelle eines Ereignisses, so können wir durch einen Schlag mit dem Schlägel ein Ereignis auslösen (einen Ton erzeugen), das von einem Empfänger (einem Zuhörer) vernommen werden kann (siehe Abbildung 14.1).
In der Programmiersprache Java versteht man unter einem **Ereignis** (englisch: **event**) eine Aktion, die die Benutzerin bzw. der Benutzer beim Arbeiten mit der grafischen Oberfläche auslösen kann, indem sie bzw. er beispielsweise die Maus bewegt, eine Schaltfläche drückt, einen Menüeintrag auswählt oder eine Taste betätigt. Innerhalb eines Java-Programms werden solche Ereignisse als Objekte von Ereignisklassen dargestellt. Erzeugt werden dieses Objekte von den sogenannten

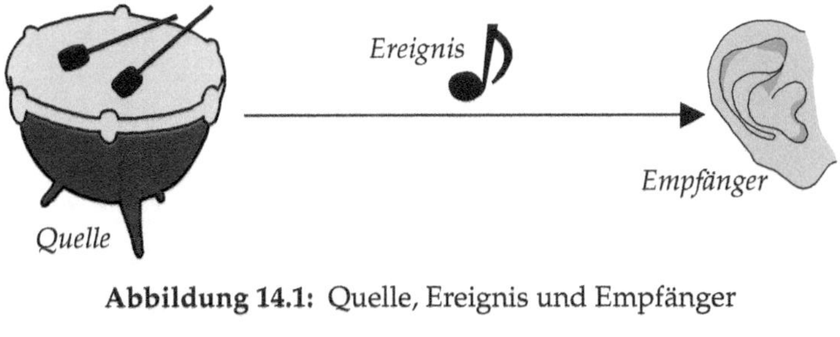

Abbildung 14.1: Quelle, Ereignis und Empfänger

Ereignisquellen (englisch: **event sources**), die entsprechende Ereignisse auslösen können. Jede Komponente einer grafischen Oberfläche (z. B. ein Knopf, auf den gerade gedrückt wird) kann eine solche Ereignisquelle sein.
Die Gegenstücke zu den Ereignisquellen bilden sogenannte **Ereignisempfänger** (englisch: **event listeners**). Dabei handelt es sich um Objekte, die quasi als „Aufpasser“ oder „Lauscher“ dienen und auf ein eintretendes Ereignis reagieren (z. B. eine bestimmte Aktion starten) können. Damit ein solches Empfängerobjekt auch tatsächlich Ereignisse von einer Ereignisquelle empfangen kann, muss es nach seiner Erzeugung bei der entsprechenden Ereignisquelle registriert werden. Dieses Modell der Ereignisverarbeitung wird als **Delegation Event Model** bezeichnet. Prinzipiell ermöglicht es, die eigentliche Oberflächengestaltung und die Ereignisverarbeitung in getrennten Klassen zu realisieren, lässt aber auch andere Varianten der Programmierung zu.

14.1 Zwei einfache Beispiele

Bevor wir uns einer ereignisgesteuerten Ausführung unseres Beispielprogramms mit Menü und Werkzeugleiste aus Abschnitt 13.6.5 widmen, wollen wir zunächst ein grundlegendes Beispiel behandeln, anhand dessen wir uns mit den wesentlichen Aspekten der Ereignisverarbeitung vertraut machen können.

14.1.1 Zufällige Grautöne als Hintergrund

In einer sehr minimalistischen grafischen Oberfläche, die lediglich einen einzigen Knopf enthält (siehe Abbildung 14.2), soll sich durch Drücken dieses Knopfs die Hintergrundfarbe des Fensters verändern. Um dies zu realisieren, müssen wir natürlich zunächst einmal die Oberfläche an sich gestalten und uns danach um die Ereignisverarbeitung kümmern. Die Grundstruktur unseres Programms entspricht also prinzipiell unseren Programmen aus den letzten Abschnitten:

- Wir schreiben eine eigene Klasse, die von der Klasse `JFrame` erbt.
- Wir statten diese Klasse mit einem Konstruktor aus, der die Komponenten der grafischen Oberfläche (in unserem speziellen Fall ist das nur ein einziges `JButton`-Objekt) in den Container des Fensters einbaut.
- Wir schreiben eine `main`-Methode, in der ein Objekt unserer Fensterklasse erzeugt wird.

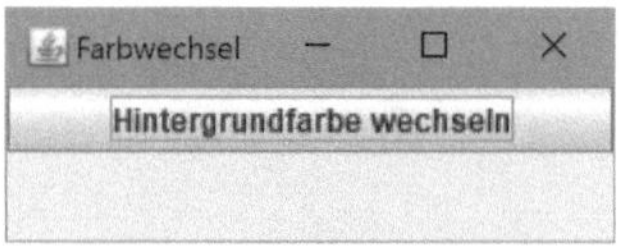

Abbildung 14.2: Frame mit Farbwechsel-Button

Im Hinblick auf die Ereignisverarbeitung müssen wir aber jetzt noch einiges ergänzen.
Wir wissen, dass der Knopf (das `JButton`-Objekt) eine Ereignisquelle ist, d. h. durch Drücken des Knopfs wird ein Ereignis ausgelöst. Um auf dieses Ereignis reagieren zu können, müssen wir nun

- einen Ereignisempfänger erzeugen und
- diesen beim Button registrieren.

Für die Erzeugung des Ereignisempfängers benötigen wir eine Klasse, die über alle erforderlichen Eigenschaften verfügt. Dazu müssen wir insbesondere wissen, auf welche Art von Ereignis unser Empfänger ansprechen soll. Im Falle eines gedrückten Knopfs handelt es sich um ein *Action*-Ereignis (ein Objekt der Klasse `ActionEvent`). Nun gilt es also, eine Klasse zu schreiben, deren Objekte wissen, was beim Empfang eines *Action*-Ereignisses zu tun ist.
Um dies zu gewährleisten, müssen wir uns beim Programmieren unserer Empfängerklasse an gewisse „Regeln" halten, die in einem Interface festgelegt sind. Für *Action*-Ereignisse zuständig ist das Interface `ActionListener`, das somit von unserer Empfängerklasse implementiert werden muss. Da das `ActionListener`-Interface „weiß", dass für die Bearbeitung des `ActionEvent`-Objekts automatisch die Methode `actionPerformed` aufgerufen wird, sind wir also gezwungen, unsere Empfängerklasse mit genau dieser Methode auszustatten. Somit werden wir alles das, was beim Druck auf den Knopf geschehen soll, gerade in den Rumpf dieser Methode packen. Unsere Klasse hat somit die Gestalt

```
class ButtonListener implements ActionListener {
  public void actionPerformed(ActionEvent e) {
    // Hintergrundfarbe des Containers zufaellig aendern
    float zufall = (float) Math.random();
    Color grauton = new Color(zufall,zufall,zufall);
    c.setBackground(grauton);  // Zugriff auf c moeglich, da
  }                            // ButtonListener innere Klasse
}
```

und in unserer Implementierung der Methode `actionPerformed` sorgen wir dafür, dass sich die Hintergrundfarbe des Containers ändert. Wir berechnen dazu zunächst eine Zufallszahl im **`float`**-Zahlenbereich zwischen 0 und 1, die wir als RGB-Wert einsetzen, um einen neuen Grauton als `Color`-Objekt zu erzeugen. Im Anschluss daran setzen wir den Hintergrund des Containers auf eben diesen Grauton.
Spätestens an dieser Stelle werden Sie vielleicht bemerken, dass wir dazu in der Methode `actionPerformed` Zugriff auf den Container (Variable `c`) unseres Fensters benötigen. Dieses Problem können wir z. B. dadurch lösen, dass wir die Klasse `ButtonListener` als **innere Klasse** der Klasse `Farbwechsel` realisieren. Als innere Klasse hat sie nämlich Zugriff auf alle Instanzvariablen der äußeren (sie umschließenden) Klasse, also auch auf den Container `c`. Wir werden in Abschnitt 14.2 sehen, dass es auch andere Möglichkeiten gegeben hätte, diesen Zugriff sicherzustellen.

Unter Verwendung der Klasse `ButtonListener` sind wir nun in der Lage, mit

```
ButtonListener bL = new ButtonListener();
button.addActionListener(bL);
```

das Empfängerobjekt zu erzeugen und bei der Ereignisquelle zu registrieren. Die dabei eingesetzte Methode `addActionListener` wird in der Klasse `JButton` bereitgestellt und erwartet einen Parameter vom Typ `ActionListener`, d. h. ein Objekt einer Klasse, die das `ActionListener`-Interface implementiert.
Insgesamt hat somit unser Programm die Gestalt

```
import java.awt.*;
import java.awt.event.*;
import javax.swing.*;
/** Erzeuge ein Swing-Fenster mit einem Button, der in der Lage
    ist, die Hintergrundfarbe des Frames zufaellig zu aendern */
public class Farbwechsel extends JFrame {
  Container c;              // Container dieses Frames
  JButton button;           // Knopf

  public Farbwechsel() { // Konstruktor
    // Container bestimmen
    c = getContentPane();
    // Button erzeugen und dem Container hinzufuegen
    button = new JButton("Hintergrundfarbe wechseln");
    c.add(button, BorderLayout.NORTH);

    // Listener-Objekt erzeugen und beim Button registrieren
    ButtonListener bL = new ButtonListener();
    button.addActionListener(bL);
  }

  // Innere Button-Listener-Klasse
  class ButtonListener implements ActionListener {
    public void actionPerformed(ActionEvent e) {
      // Hintergrundfarbe des Containers zufaellig aendern
      float zufall = (float) Math.random();
      Color grauton = new Color(zufall,zufall,zufall);
      c.setBackground(grauton);  // Zugriff auf c moeglich, da
    }                            // ButtonListener innere Klasse
  }

  public static void main(String[] args) {
     Farbwechsel fenster = new Farbwechsel();
     fenster.setTitle("Farbwechsel");
     fenster.setSize(200,100);
     fenster.setVisible(true);
     fenster.setDefaultCloseOperation(JFrame.EXIT_ON_CLOSE);
  }
}
```

und präsentiert sich in dieser Form auch mit voller Funktionalität (siehe Abbildung 14.3): Wir können die Hintergrundfarbe wechseln, wenn wir auf den Farbwechselknopf drücken.
Abschließend noch ein kurzer Hinweis zu der vom Compiler generierten Class-Datei für unsere Klasse `ButtonListener`. Weil wir diese Klasse als inne-

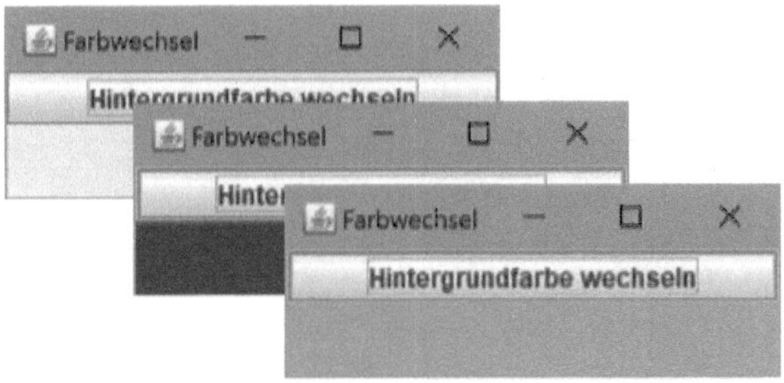

Abbildung 14.3: Frame mit Farbwechsel-Button

re Klasse deklariert haben, nennt der Compiler die zugehörige Bytecode-Datei `Farbwechsel$ButtonListener.class`, sodass sich die Zugehörigkeit der Klasse `ButtonListener` zur Klasse `Farbwechsel` im Namen der Datei widerspiegelt.

14.1.2 Ein interaktiver Bilderrahmen

Nach diesen ersten Erfahrungen mit der Ereignisverarbeitung können wir uns jetzt nochmals unser Programm aus Abschnitt 13.6.5 vornehmen, um auch dieses mit „Leben“ zu füllen. Unser modifiziertes Programm sieht wie folgt aus:

```java
import java.awt.*;
import java.awt.event.*;
import javax.swing.*;
/** Erzeuge ein Swing-Fenster mit einem Menue, einer
    Toolbar und einem Label mit Iconimage */
public class Bilderrahmen extends JFrame {
  Container c;           // Container dieses Frames
  JMenuBar menuBar;      // Menueleiste
  JMenu menu;            // Menue
  JMenuItem menuItem;    // Menue-Eintrag
  JToolBar toolBar;      // Werkzeugleiste
  JButton button;        // Knoepfe der Werkzeugleiste
  JLabel bildLabel;      // Label, das im Frame erscheinen soll

  public Bilderrahmen() {   // Konstruktor
    // Bestimme die Referenz auf den eigenen Container
    c = getContentPane();

    // Erzeuge das Listener-Objekt fuer das Menue
    MenuListener mL = new MenuListener();

    // Erzeuge die Menueleiste
    menuBar = new JMenuBar();

    // Erzeuge ein Menue
    menu = new JMenu("Bilder");
    menu.setMnemonic(KeyEvent.VK_B);
```

```java

    // Erzeuge die Menue-Eintraege und fuege sie dem Menue hinzu
    menuItem = new JMenuItem("Hund");
    menuItem.setMnemonic(KeyEvent.VK_H);
    menuItem.addActionListener(mL);     // Fuege den Listener hinzu
    menuItem.setActionCommand("dog");   // Setze die Aktionsbezeichnung
    menu.add(menuItem);
    menuItem = new JMenuItem("Katze");
    menuItem.setMnemonic(KeyEvent.VK_K);
    menuItem.addActionListener(mL);     // Fuege den Listener hinzu
    menuItem.setActionCommand("cat");   // Setze die Aktionsbezeichnung
    menu.add(menuItem);
    menuItem = new JMenuItem("Maus");
    menuItem.setMnemonic(KeyEvent.VK_M);
    menuItem.addActionListener(mL);     // Fuege den Listener hinzu
    menuItem.setActionCommand("mouse");// Setze die Aktionsbezeichnung
    menu.add(menuItem);

    // Fuege das Menue der Menueleiste hinzu
    menuBar.add(menu);

    // Fuege die Menueleiste dem Frame hinzu
    setJMenuBar(menuBar);

    // Erzeuge das Listener-Objekt fuer die Werkzeugleiste
    ToolBarListener tL = new ToolBarListener();

    // Erzeuge die Werkzeugleiste
    toolBar = new JToolBar("Rahmenfarbe");
    // Erzeuge die Knoepfe
    button = new JButton(new ImageIcon("images/rot.gif"));
    button.setToolTipText("roter Rahmen");
    button.addActionListener(tL);         // Fuege den Listener hinzu
    button.setActionCommand("rot");       // Setze die Aktionsbezeichnung
    toolBar.add(button);
    button = new JButton(new ImageIcon("images/gruen.gif"));
    button.setToolTipText("gruener Rahmen");
    button.addActionListener(tL);         // Fuege den Listener hinzu
    button.setActionCommand("gruen");     // Setze die Aktionsbezeichnung
    toolBar.add(button);
    button = new JButton(new ImageIcon("images/blau.gif"));
    button.setToolTipText("blauer Rahmen");
    button.addActionListener(tL);         // Fuege den Listener hinzu
    button.setActionCommand("blau");      // Setze die Aktionsbezeichnung
    toolBar.add(button);

    // Erzeuge das Label mit Initial-Bild
    bildLabel = new JLabel(new ImageIcon("images/dog.gif"));

    // Setze die Initial-Hintergrundfarbe des Bilderrahmens und
    // fuege das Label und die Toolbar dem Container hinzu
    c.setBackground(Color.RED);
    c.add(bildLabel, BorderLayout.CENTER);
    c.add(toolBar, BorderLayout.NORTH);
  }
```

```

  // Innere Listener-Klasse fuer das Menue
  class MenuListener implements ActionListener {
    public void actionPerformed(ActionEvent e) {
      // Bildauswahl abhaengig von der Aktionsbezeichnung aendern
      bildLabel.setIcon(new ImageIcon("images/"
                                      + e.getActionCommand()
                                      + ".gif"));
    }
  }

  // Innere Listener-Klasse fuer die Toolbar
  class ToolBarListener implements ActionListener {
    public void actionPerformed(ActionEvent e) {
      // Hintergrundfarbe abhaengig von der Aktionsbezeichnung aendern
      if (e.getActionCommand() == "rot")
        c.setBackground(Color.RED);
      else if (e.getActionCommand() == "gruen")
        c.setBackground(Color.GREEN);
      else if (e.getActionCommand() == "blau")
        c.setBackground(Color.BLUE);
    }
  }

  public static void main(String[] args) {
     Bilderrahmen fenster = new Bilderrahmen();
     fenster.setTitle("Bilderrahmen");
     fenster.setSize(180,280);
     fenster.setVisible(true);
     fenster.setDefaultCloseOperation(JFrame.EXIT_ON_CLOSE);
  }
}
```

Im Vergleich mit der Klasse `FrameMitMenuBar` erkennen wir in der Klasse `Bilderrahmen` folgende Veränderungen im Programmcode des Konstruktors:

- Im Konstruktor der Klasse `Bilderrahmen` haben wir mit dem Objekt `mL` der inneren Klasse `MenuListener` und mit dem Objekt `tL` der inneren Klasse `ToolBarListener` zwei Empfängerobjekte erzeugt.
- Mit je einem Aufruf der Methode `addActionListener` haben wir bei jedem Menüeintrag das Objekt `mL` als Ereignisempfänger registriert.
- Mit je einem Aufruf der Methode `setActionCommand` haben wir für jeden Menüeintrag eine Aktionsbezeichnung festgelegt.
- Mit je einem Aufruf der Methode `addActionListener` haben wir bei jedem Toolbar-Button das Objekt `tL` als Ereignisempfänger registriert.
- Mit je einem Aufruf der Methode `setActionCommand` haben wir für jeden Toolbar-Button eine Aktionsbezeichnung festgelegt.
- Wir haben in unserem Label ein Initial-Bild dargestellt.
- Wir haben den Bilderrahmen mit einer Initial-Hintergrundfarbe eingefärbt.

Abbildung 14.4: Anwendung des Bilderrahmens

Während Ihnen die Technik der Listener-Registrierung ja bereits vom Beispiel im letzten Abschnitt klar sein sollte, ist die Anwendung der Methode `setActionCommand` der `JButton`- und der `JMenuItem`-Objekte noch nicht bekannt. Diese Methode ermöglicht es, für eine Ereignisquelle eine Zeichenkette (die Aktionsbezeichnung) anzugeben, die jedem erzeugten Ereignisobjekt automatisch mitgegeben wird. Jeder Ereignisempfänger kann diese Zeichenkette abfragen, um z. B. festzustellen, von welcher Quelle das empfangene Ereignis eigentlich kommt bzw. durch welche Aktion es ausgelöst wurde. Diesen Sachverhalt haben wir in unserer Implementierung der Methoden `actionPerformed` der beiden Klassen `MenuListener` und `ToolBarListener` ausgenutzt.

- In der Klasse `MenuListener` sorgt die Methode `actionPerformed` dafür, dass aus dem Verzeichnisnamen `images`, der Aktionsbezeichnung des behandelten Ereignisses und der Endung `.gif` ein neuer Dateiname generiert wird. Dieser Name wird dann verwendet, um das im Fenster dargestellte Bild festzulegen.
- In der Klasse `ToolBarListener` wählt die Methode `actionPerformed` abhängig von der im Ereignisobjekt gespeicherten Aktionsbezeichnung die entsprechende Farbe als Hintergrundfarbe des Containers.

Mit den beschriebenen Modifikationen können wir nun nach dem Start der Klasse `Bilderrahmen` mit Hilfe der Menüeinträge drei verschiedene Bilder auswählen oder mit Hilfe der Knöpfe in der Werkzeugleiste drei verschiedene Rahmenfarben festlegen.

14.2 Programmiervarianten für die Ereignisverarbeitung

Bereits in der Einleitung dieses Kapitels haben wir erwähnt, dass es verschiedene Möglichkeiten gibt, das in Java verwendete Modell der Ereignisverarbeitung programmtechnisch umzusetzen. Man kann dabei prinzipiell vier Varianten unterscheiden:

- Die Listener-Klasse wird als innere Klasse realisiert.
- Die Listener-Klasse wird als anonyme Klasse realisiert.
- Die Container-Klasse wird selbst zur Listener-Klasse.
- Die Listener-Klasse wird als separate Klasse realisiert.

Die verschiedenen Varianten wollen wir nun am Beispiel unserer Klasse `Farbwechsel` näher erläutern.

14.2.1 Innere Klasse als Listener-Klasse

In allen unseren bisherigen ereignisgesteuerten Beispielprogrammen sind wir jeweils nach dieser ersten Variante vorgegangen. Die Klasse `Farbwechsel`, wie wir sie in Abschnitt 14.1.1 vorgestellt haben, enthält daher die Deklaration einer inneren Klasse `ButtonListener`, die durch die Implementierung der `ActionListener`-Schnittstelle zur Listener-Klasse wird. Wir verzichten darauf, die Klasse in dieser Form hier nochmals anzugeben.

14.2.2 Anonyme Klasse als Listener-Klasse

Gerade wenn sich die Ereignisverarbeitung so einfach gestaltet wie in unserem Farbwechselprogramm, in dem lediglich ein einziges Listener-Objekt benötigt wird, kann man es sich sogar ersparen, die Listener-Klasse explizit mit einem Namen zu versehen. Möglich wird dies dadurch, dass man das Listener-Objekt mit Hilfe einer anonymen Klasse erzeugt. Wie wir wissen, wird dazu erst unmittelbar beim Erzeugen des Objekts die Struktur der (anonymen) Klasse festgelegt. Dazu gibt man hinter dem **new**-Operator einfach den Namen der Superklasse an, von der die anonyme Klasse erben soll, oder des Interface, das die anonyme Klasse implementieren soll.

Wenn wir diese Technik anwenden, „verkürzt“ sich unser Beispielprogramm zu

```
import java.awt.*;
import java.awt.event.*;
import javax.swing.*;
/** Farbwechsel-Klasse mit anonymer Listener-Klasse */
public class Farbwechsel2 extends JFrame {
  Container c;              // Container dieses Frames
  JButton button;           // Knopf

```

```
  public Farbwechsel2() { // Konstruktor
    // Container bestimmen
    c = getContentPane();
    // Button erzeugen und dem Container hinzufuegen
    button = new JButton("Hintergrundfarbe wechseln");
    c.add(button, BorderLayout.NORTH);

    // Listener-Objekt erzeugen und beim Button registrieren
    ActionListener bL = new ActionListener() {
        public void actionPerformed(ActionEvent e) {
          // Hintergrundfarbe des Containers zufaellig aendern
          float zufall = (float) Math.random();
          Color grauton = new Color(zufall,zufall,zufall);
          c.setBackground(grauton);
        }
      }; // Ende der anonymen Klassendefinition
    button.addActionListener(bL);
  }
  public static void main(String[] args) {
     Farbwechsel2 fenster = new Farbwechsel2();
     fenster.setTitle("Farbwechsel");
     fenster.setSize(200,100);
     fenster.setVisible(true);
     fenster.setDefaultCloseOperation(JFrame.EXIT_ON_CLOSE);
  }
}
```

Diese kompakte Art der Listener-Programmierung wird allerdings in der Regel nur bei kleineren Anwendungen eingesetzt.

Wir wollen noch – wie zuvor bei unserer nicht-anonymen inneren Klasse – einen kurzen Blick auf die vom Compiler erzeugte Class-Datei werfen. Für unsere anonyme Klasse erzeugt der Compiler nun eine Bytecode-Datei mit dem Namen `Farbwechsel2$1.class`. Die anonymen Klassen werden nämlich lediglich nummeriert, während sich ihre Zugehörigkeit zur Klasse `Farbwechsel2` weiterhin im vorderen Teil des Namens widerspiegelt.

14.2.3 Container-Klasse als Listener-Klasse

Die zuletzt beschriebene Variante lässt sich weiter verkürzen, indem man sogar darauf verzichtet, mittels einer inneren oder anonymen Klasse ein eigenes Listener-Objekt zu erzeugen. Vielmehr verwendet man das Objekt, in dem man sich zur Laufzeit des Programms gerade befindet (also das Objekt der Klasse `JFrame`), als Listener-Objekt. Um dies zu ermöglichen, muss natürlich die Frame-Klasse selbst das entsprechende Listener-Interface implementieren.

Für unser Beispielprogramm

```
import java.awt.*;
import java.awt.event.*;
import javax.swing.*;
/** Farbwechsel-Klasse selbst als Listener */
public class Farbwechsel3 extends JFrame implements ActionListener {
  Container c;            // Container dieses Frames
```

```
  JButton button;          // Knopf

  public Farbwechsel3() { // Konstruktor
    // Container bestimmen
    c = getContentPane();
    // Button erzeugen und dem Container hinzufuegen
    button = new JButton("Hintergrundfarbe wechseln");
    c.add(button, BorderLayout.NORTH);

    // Eigenes Objekt beim Button als Listener registrieren
    button.addActionListener(this);
  }
  // Implementierung der Methode des ActionListener-Interface
  public void actionPerformed(ActionEvent e) {
    // Hintergrundfarbe des Containers zufaellig aendern
    float zufall = (float) Math.random();
    Color grauton = new Color(zufall,zufall,zufall);
    c.setBackground(grauton);
  }
  public static void main(String[] args) {
     Farbwechsel3 fenster = new Farbwechsel3();
     fenster.setTitle("Farbwechsel");
     fenster.setSize(200,100);
     fenster.setVisible(true);
     fenster.setDefaultCloseOperation(JFrame.EXIT_ON_CLOSE);
  }
}
```

heißt dies, die Klasse `Farbwechsel3` erbt zum einen von der Klasse `JFrame` (wie gehabt), und zum anderen implementiert sie das `ActionListener`-Interface. Dadurch sind wir gezwungen, die Methode `actionPerformed` als Instanzmethode in die Klasse `Farbwechsel3` aufzunehmen. Da nun zur Laufzeit des Programms das Objekt der Klasse `Farbwechsel3` selbst die Rolle des Listeners übernehmen kann, genügt es, mit `addActionListener` einfach die **`this`**-Referenz (die Referenz auf das eigene Objekt) registrieren zu lassen.
Auch diese Art der Listener-Programmierung wird in der Regel nur bei kleineren Anwendungen eingesetzt.

14.2.4 Separate Klasse als Listener-Klasse

Diese vierte Variante ermöglicht eine strikte Trennung zwischen der grafischen Oberfläche und der Ereignisverarbeitung. Dazu lagert man die Listener-Klasse vollständig in eine eigenständige Klasse aus. Dabei gilt es jedoch zu beachten, dass die Listener-Klasse, je nach Aufgabenstellung, einen Zugriff auf die Ereignisquelle, ihren Container oder andere Objekte benötigt. Dies kann dadurch sichergestellt werden, dass man dem Listener-Objekt die entsprechenden Informationen bzw. Referenzen bereits bei seiner Erzeugung übergibt. Dazu muss ein spezieller Konstruktor programmiert werden, der diese Aufgaben übernimmt.
In unserem Farbwechselbeispiel würde man die Listener-Klasse in der Form

```
import java.awt.*;
```

```
import java.awt.event.*;
/** Eigenstaendige Listener-Klasse */
public class ButtonListener implements ActionListener {

  Container c;  // Referenz auf den zu beeinflussenden Container

  public ButtonListener (Container c) {
    this.c = c; // Referenz auf den zu beeinflussenden Container sichern
  }

  public void actionPerformed(ActionEvent e) {
    // Hintergrundfarbe des Containers zufaellig aendern
    float zufall = (float) Math.random();
    Color grauton = new Color(zufall,zufall,zufall);
    c.setBackground(grauton);
  }
}
```

implementieren. Da in der Methode `actionPerformed` ja die Hintergrundfarbe des Containers, der den auslösenden Button enthält, geändert werden soll, benötigen wir hier Zugriff auf den Container. Dies geschieht über die Instanzvariable `c` unserer Klasse `ButtonListener`. Aus diesem Grund müssen wir im Konstruktor der Klasse `ButtonListener` dafür sorgen, dass die Instanzvariable `c` mit der korrekten Referenz belegt wird. Wir müssen diese (beim Erzeugen eines `ButtonListener`-Objekts) als Parameter an den Konstruktor übergeben.
Unsere Farbwechselklasse

```
import java.awt.*;
import java.awt.event.*;
import javax.swing.*;
/** Farbwechsel-Klasse mit separater Listener-Klasse */
public class Farbwechsel4 extends JFrame {
  Container c;            // Container dieses Frames
  JButton button;         // Knopf

  public Farbwechsel4() {  // Konstruktor
    // Container bestimmen
    c = getContentPane();
    // Button erzeugen und dem Container hinzufuegen
    button = new JButton("Hintergrundfarbe wechseln");
    c.add(button, BorderLayout.NORTH);

    // Listener-Objekt erzeugen und beim Button registrieren
    ButtonListener bL = new ButtonListener(c);
    button.addActionListener(bL);
  }
  public static void main(String[] args) {
     Farbwechsel4 fenster = new Farbwechsel4();
     fenster.setTitle("Farbwechsel");
     fenster.setSize(200,100);
     fenster.setVisible(true);
     fenster.setDefaultCloseOperation(JFrame.EXIT_ON_CLOSE);
  }
}
```

wirkt nun ziemlich abgespeckt – sie muss sich ja auch nicht mehr um die Implementierung der Listener-Klasse kümmern. Wichtig ist jedoch, dass wir beim Erzeugen des `ButtonListener`-Objekts `bL` den Konstruktor mit der richtigen Referenz (die auf den Container) versorgen.
Diese letzte Variante ist aufgrund ihrer objektorientierten Trennung zwischen Oberflächengestaltung und Ereignisverarbeitung insbesondere für die Entwicklung komplexerer Programme geeignet.
Abschließend sei noch angemerkt, dass sich natürlich unsere vier Varianten, also unsere Programme `Farbwechsel`, `Farbwechsel2`, `Farbwechsel3` und `Farbwechsel4`, in ihrer Funktionalität in keiner Weise unterscheiden.

14.3 Event-Klassen und -Quellen

Viele der AWT- und Swing-Komponenten lösen aufgrund von Aktionen des Benutzers bzw. der Benutzerin Ereignisse aus. Diese werden als Objekte verschiedener Ereignisklassen erzeugt und automatisch versendet. In Abbildung 14.5 haben wir auszugsweise die Hierarchie der wichtigsten Ereignisklassen grafisch dargestellt. Zur Verdeutlichung der Zugehörigkeit sind die Klassen aus dem Paket `javax.swing.event` dabei mit grauem, die Klassen aus dem Paket `java.awt.event` mit weißem Hintergrund versehen.

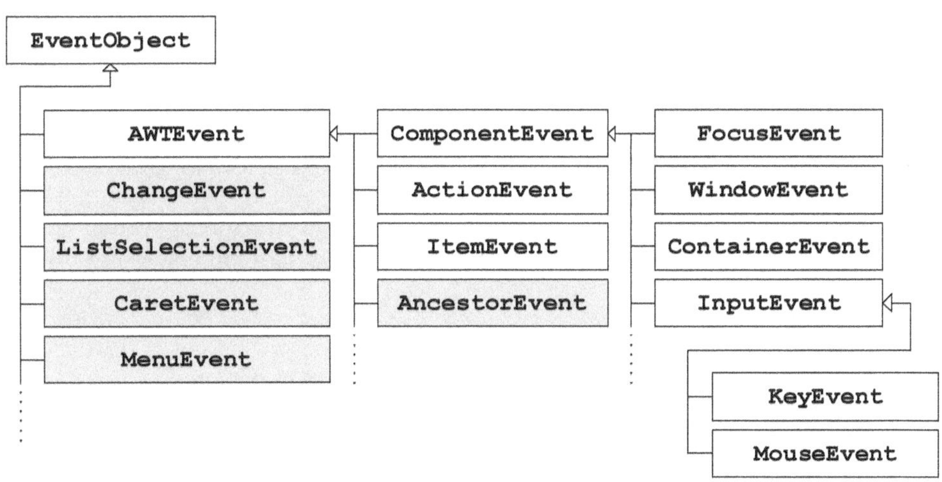

Abbildung 14.5: Auszug aus der Vererbungshierarchie der Ereignisklassen

An oberster Stelle der Hierarchie befindet sich die Klasse `EventObject`, die im Paket `java.util` liegt und für alle Ereignisobjekte die zentrale Instanzmethode

- **public** `Object getSource()`
  liefert die Referenz auf das Objekt, von dem das Ereignis ausgelöst wurde.

bereitstellt. Die darunter liegende Klasse `AWTEvent` liegt ebenfalls nicht im Paket `java.awt.event`, sondern im Paket `java.awt`.
Grundsätzlich wird bei den verschiedenen Ereignissen zwischen den **semantischen Ereignissen** und den **Low-level-Ereignissen** unterschieden. Semantische Ereignisse haben Bezug zu einer Aktion, die auf einer bestimmten Komponente ausgeführt wurde (z. B. Druck auf einen Knopf, Selektieren einer Häkchen-Box oder Eingabe eines Texts in einem Textfeld), und werden daher bevorzugt zum Aufbau von Benutzungsoberflächen eingesetzt. Low-level-Ereignisse können durch Maus oder Tastatur ausgelöst werden. Zu den Low-level-Ereignisklassen aus Abbildung 14.5 zählen alle Subklassen der Klasse `ComponentEvent` sowie die Klassen `MenuEvent` und `AncestorEvent`.
Im Folgenden geben wir eine Übersicht über die wichtigsten Ereignisse, die in den in Kapitel 13 behandelten Komponenten ausgelöst werden können, und deren Bedeutung. Für die drei obersten Klassen der Vererbungshierarchie sind dies:

`Component`:

`ComponentEvent`	Position, Größe oder Sichtbarkeit wurden verändert
`FocusEvent`	Fokus wurde erhalten oder verloren
`KeyEvent`	Tastatur wurde betätigt
`MouseEvent`	Maus wurde bewegt oder betätigt

`Container`:

`ContainerEvent`	Container-Inhalt wurde verändert

`JComponent`:

`AncestorEvent`	Umgebender Container hat sich verändert

Die genannten Ereignisse können somit in allen Swing-Komponenten ausgelöst werden. Zusätzliche Ereignisse existieren für die nachfolgend aufgeführten Swing-Komponenten:

`JButton`:

`ActionEvent`	Knopf wurde betätigt
`ChangeEvent`	Knopfzustand verändert sich

`JToggleButton`:

`ActionEvent`	Knopf wurde betätigt
`ChangeEvent`	Knopfzustand verändert sich
`ItemEvent`	Knopfzustand wurde umgeschaltet

`JCheckBox` **und** `JRadioButton`:

`ActionEvent`	Häkchen-Box wurde betätigt

`ChangeEvent` Häkchen-Box-Zustand verändert sich
`ItemEvent` Häkchen-Box-Zustand wurde umgeschaltet

`JComboBox`:

`ActionEvent` Eintrag wurde ausgewählt oder editiert
`ItemEvent` Ausgewählter Eintrag hat sich geändert

`JList`:

`ListSelectionEvent`
Ausgewählte Einträge haben sich geändert

`JTextField` **und** `JPasswordField`:

`CaretEvent` Position des Cursors hat sich geändert
`ActionEvent` Die Eingabetaste wurde betätigt

`JTextArea`:

`CaretEvent` Position des Cursors hat sich geändert

`JMenu`:

`MenuEvent` Menüzustand wurde verändert

`MenuItem`:

`ActionEvent` Menüeintrag wurde betätigt
`ChangeEvent` Menüeintragzustand verändert sich
`ItemEvent` Menüeintragzustand wurde umgeschaltet

Die Top-Level-Container `JFrame` und `JWindow` können zusätzlich zu allen Ereignissen von `Container`-Objekten auch die Ereignisse ihrer Superklasse

`Window`:

`WindowEvent` Status des Fensters hat sich geändert

auslösen, das als Low-level-Ereignis signalisiert, wenn ein Fenster geöffnet, geschlossen, aktiviert, minimiert bzw. maximiert wird oder wenn es den Fokus erhält bzw. verliert.
Einige der genannten Event-Klassen stellen hilfreiche Instanzmethoden zur Verfügung, die es erlauben, bestimmte Eigenschaften des empfangenen Ereignisobjekts abzufragen. Unter anderem stellen

die Klasse `MouseEvent` die Methoden

- **public int** `getX()`
  liefert die horizontale Position (innerhalb der Komponente), an der das Ereignis ausgelöst wurde.
- **public int** `getY()`
  liefert die vertikale Position (innerhalb der Komponente), an der das Ereignis ausgelöst wurde.
- **public int** `getClickCount()`
  liefert die Anzahl der schnellen Klicks, die das Ereignis auslösten.

die Klasse `ActionEvent` die Methode

- **public** `String getActionCommand()`
  liefert die Aktionsbezeichnung des Ereignisses.

die Klasse `ItemEvent` die Methoden

- **public** `Object getItem()`
  liefert das Objekt, das mit dem Ereignis verändert wurde.
- **public int** `getStateChange()`
  liefert die Art der Zustandsänderung.

die Klasse `ListSelectionEvent` die Methoden

- **public int** `getFirstIndex()`
  liefert den Index der ersten ausgewählten Zeile der Liste.
- **public int** `getLastIndex()`
  liefert den Index der letzten ausgewählten Zeile der Liste.

die Klasse `WindowEvent` die Methode

- **public** `Window getWindow()`
  liefert das Fenster, das das Ereignis ausgelöst hat.

zur Verfügung.

14.4 Listener-Interfaces und Adapter-Klassen

Alle Interfaces, die zur Implementierung von Listener-Klassen (Ereignisempfängerklassen) genutzt werden, sind Subinterfaces von `EventListener`. Grundsätzlich gibt es zu jeder Ereignisklasse

```
XyzEvent
```

ein Interface

```
XyzListener
```

und für einige Klassen auch spezialisierte Interfaces der Form

`XyzYyyListener.`

Während die Listener-Interfaces für die semantischen Ereignisse lediglich eine einzige zu implementierende Methode enthalten, umfassen die Low-level-Listener mehrere Methoden, die für die jeweilige Ausprägung des Low-level-Ereignisses zuständig sind.
Für die Listener-Interfaces, die zu den im letzten Abschnitt beschriebenen Ereignissen gehören, geben wir nachfolgend (beginnend bei den semantischen Listener-Interfaces) eine Übersicht über die zu implementierenden Methoden und ihre Bedeutung:

Das Interface `ActionListener`

- **public void** `actionPerformed(ActionEvent e)`
  wird ausgeführt, wenn eine Aktion ausgeführt wurde.

Das Interface `ChangeListener`

- **public void** `stateChanged(ChangeEvent e)`
  wird ausgeführt, wenn der Zustand der Ereignisquelle verändert wurde.

Das Interface `ItemListener`

- **public void** `itemStateChanged(ItemEvent e)`
  wird ausgeführt, wenn sich die Ereignisquelle in einem veränderten Zustand befindet.

Das Interface `CaretListener`

- **public void** `caretUpdate(CaretEvent e)`
  wird ausgeführt, wenn die Cursor-Position aktualisiert wurde.

Das Interface `ListSelectionListener`

- **public void** `valueChanged(ListSelectionEvent e)`
  wird ausgeführt, wenn die Auswahl der Listeneinträge geändert wurde.

Das Interface `MouseListener`

- **public void** `mousePressed(MouseEvent e)`
  wird ausgeführt, wenn die Maustaste gedrückt wurde.
- **public void** `mouseReleased(MouseEvent e)`
  wird ausgeführt, wenn die Maustaste losgelassen wurde.
- **public void** `mouseClicked(MouseEvent e)`
  wird ausgeführt, wenn die Maustaste geklickt (gedrückt und wieder losgelassen) wurde.
- **public void** `mouseEntered(MouseEvent e)`
  wird ausgeführt, wenn die Maus in eine Komponente bewegt wurde.
- **public void** `mouseExited(MouseEvent e)`
  wird ausgeführt, wenn die Maus aus einer Komponente heraus bewegt wurde.

Das Interface `MouseMotionListener`

- **public void** `mouseMoved(MouseEvent e)`
  wird ausgeführt, wenn die Maus bewegt wurde.
- **public void** `mouseDragged(MouseEvent e)`
  wird ausgeführt, wenn die Maus mit gedrückter Maustaste bewegt wurde.

Das Interface `KeyListener`

- **public void** `keyPressed(KeyEvent e)`
  wird ausgeführt, wenn eine Taste gedrückt wurde.
- **public void** `keyReleased(KeyEvent e)`
  wird ausgeführt, wenn eine Taste losgelassen wurde.
- **public void** `keyTyped(KeyEvent e)`
  wird ausgeführt, wenn eine Taste gedrückt und wieder losgelassen wurde.

Das Interface `FocusListener`

- **public void** `focusGained(FocusEvent e)`
  wird ausgeführt, wenn eine Komponente den Tastaturfokus erhalten hat.
- **public void** `focusLost(FocusEvent e)`
  wird ausgeführt, wenn eine Komponente den Tastaturfokus verloren hat.

Das Interface `ComponentListener`

- **public void** `componentResized(ComponentEvent e)`
  wird ausgeführt, wenn die Größe einer Komponente verändert wurde.
- **public void** `componentMoved(ComponentEvent e)`
  wird ausgeführt, wenn die Position einer Komponente verändert wurde.
- **public void** `componentShown(ComponentEvent e)`
  wird ausgeführt, wenn eine Komponente sichtbar geschaltet wurde.
- **public void** `componentHidden(ComponentEvent e)`
  wird ausgeführt, wenn eine Komponente unsichtbar geschaltet wurde.

Das Interface `ContainerListener`

- **public void** `componentAdded(ContainerEvent e)`
  wird ausgeführt, wenn eine Komponente einem Container hinzugefügt wurde.
- **public void** `componentRemoved(ContainerEvent e)`
  wird ausgeführt, wenn eine Komponente aus einem Container entfernt wurde.

Das Interface `AncestorListener`

- **public void** `ancestorAdded(AncestorEvent event)`
  wird ausgeführt, wenn eine Komponente oder der Container, der sie enthält, sichtbar geschaltet oder die Komponente einem Container hinzugefügt wird.

- **public void** `ancestorRemoved(AncestorEvent event)`
  wird ausgeführt, wenn eine Komponente oder der Container, der sie enthält, unsichtbar geschaltet oder die Komponente aus einem Container entfernt wird.
- **public void** `ancestorMoved(AncestorEvent event)`
  wird ausgeführt, wenn eine Komponente oder der Container, der sie enthält, bewegt wird.

Das Interface `MenuListener`

- **public void** `menuSelected(MenuEvent e)`
  wird ausgeführt, wenn ein Menü selektiert wurde.
- **public void** `menuDeselected(MenuEvent e)`
  wird ausgeführt, wenn ein Menü deselektiert wurde.
- **public void** `menuCanceled(MenuEvent e)`
  wird ausgeführt, wenn eine Menüauswahl abgebrochen wurde.

Das Interface `WindowListener`

- **public void** `windowOpened(WindowEvent e)`
  wird ausgeführt, wenn das Fenster das erste Mal sichtbar wurde.
- **public void** `windowClosing(WindowEvent e)`
  wird ausgeführt, wenn das Fenster geschlossen werden soll.
- **public void** `windowClosed(WindowEvent e)`
  wird ausgeführt, wenn das Fenster geschlossen wurde.
- **public void** `windowIconified(WindowEvent e)`
  wird ausgeführt, wenn das Fenster minimiert wurde.
- **public void** `windowDeiconified(WindowEvent e)`
  wird ausgeführt, wenn das Fenster maximiert wurde.
- **public void** `windowActivated(WindowEvent e)`
  wird ausgeführt, wenn das Fenster aktiviert wurde.
- **public void** `windowDeactivated(WindowEvent e)`
  wird ausgeführt, wenn das Fenster deaktiviert wurde.

Das Interface `WindowFocusListener`

- **public void** `windowGainedFocus(WindowEvent e)`
  wird ausgeführt, wenn das Fenster den Fokus erhalten hat.
- **public void** `windowLostFocus(WindowEvent e)`
  wird ausgeführt, wenn das Fenster den Fokus verloren hat.

Das Interface `WindowStateListener`

- **public void** `windowStateChanged(WindowEvent e)`
  wird ausgeführt, wenn sich der Zustand eines Fensters geändert hat.

Bei der Implementierung von Interfaces ist grundsätzlich gefordert, dass alle Methoden implementiert werden müssen. Dies kann bei der Implementierung der Low-level-Listener-Interfaces lästig werden, wenn man für eine grafische Oberfläche lediglich eine der Methoden benötigt. In diesem Fall würde man die nicht benötigten Methoden mit einem leeren Rumpf implementieren. Zur Vereinfachung dieses häufig auftretenden Prozesses gibt es zu allen Listener-Interfaces, die mehr als eine Methode vorschreiben, sogenannte **Adapter-Klassen**. Dabei handelt es sich um abstrakte Klassen, die das entsprechende Interface implementieren und alle Methoden mit leeren Rümpfen versehen. Die selbst geschriebene Listener-Klasse kann dann von der Adapter-Klasse erben.
Ist der Name des Interface `XyzListener`, so lautet der zugehörige Name der Adapterklasse `XyzAdapter`. Bei der Deklaration einer eigenen Listener-Klasse verwendet man somit anstelle von

```
class EigenerListener implements XyzListener { ... }
```

die Form

```
class EigenerListener extends XyzAdapter { ... }.
```

Wir wollen diese Technik an einem einfachen Beispielprogramm, das mit `WindowEvent`-Objekten arbeitet, demonstrieren:

```
import java.awt.*;
import java.awt.event.*;
import javax.swing.*;
/** Erzeuge ein Swing-Fenster mit zwei Toggle-Buttons,
 *  die zum Schliessen des Fensters aktiviert sein muessen */
public class CloseToggleButtons extends JFrame {
  Container c;            // Container dieses Frames
  JLabel l;               // Label
  JToggleButton b1, b2;   // Toggle-Buttons

  public CloseToggleButtons() {  // Konstruktor
    c = getContentPane();             // Container bestimmen
    c.setLayout(new FlowLayout());    // Layout setzen

    // Erzeuge die Label- und Button-Objekte
    l = new JLabel("Zum Schliessen des Fensters " +
                   "beide Schalter aktivieren!");
    b1 = new JToggleButton("Schalter 1");
    b2 = new JToggleButton("Schalter 2");

    // Fuege die Komponenten dem Frame hinzu
    c.add(l);
    c.add(b1);
    c.add(b2);

    // Registriere WindowListener beim Frame
    addWindowListener(new ClosingListener());
```

```
  }

  // Innere Listener-Klasse
  public class ClosingListener extends WindowAdapter {
    public void windowClosing(WindowEvent e) {
      if (b1.isSelected() && b2.isSelected()) {
        e.getWindow().dispose();
        System.exit(0);
      }
      else
        JOptionPane.showMessageDialog(c,
               "Vor dem Schliessen erst beide Schalter aktivieren!");
    }
  }

  public static void main(String[] args) {
    CloseToggleButtons fenster = new CloseToggleButtons();
    fenster.setTitle("CloseToggleButtons");
    fenster.setSize(400,100);
    fenster.setVisible(true);
    // Setze das Verhalten des Frames beim Schliessen auf "Nichtstun"
    fenster.setDefaultCloseOperation(JFrame.DO_NOTHING_ON_CLOSE);
  }
}
```

Die in diesem Programm verwendete Oberfläche enthält zwei Schalter in Form von `JToggleButton`-Objekten sowie ein Label, das den Anwender bzw. die Anwenderin darüber informiert, dass das Fenster nur geschlossen werden kann, wenn beide Schalter aktiviert sind. Mit Hilfe der Methode `addWindowListener` registrieren wir bei unserem Frame ein Objekt der Klasse `ClosingListener`. Diese Klasse haben wir als innere Klasse so implementiert, dass sie von der (zum Interface `WindowListener` gehörenden) Adapter-Klasse `WindowAdapter` erbt. Insofern genügt es, in der Klasse `ClosingListener` lediglich die Methode `windowClosing` zu implementieren, die auf die Aktion „Fenster schließen" reagiert.

In dieser Methode haben wir dafür gesorgt, dass zunächst mit Hilfe der Instanzmethoden `isSelected` überprüft wird, ob beide Schalter aktiviert sind. Falls dies der Fall ist, wird über das Ereignisobjekt zunächst die Referenz auf das Fenster, das das Ereignis ausgelöst hat, ermittelt, danach durch dessen Instanzmethode `dispose` das Fenster zerstört und das Programm mittels der Methode `System.exit` beendet. Sind nicht beide Schalter aktiviert, greifen wir auf eine Klassenmethode der in Abschnitt 13.6.3 erwähnten Klasse `JOptionPane` zurück, die es ermöglicht, ein modales Dialogfenster zu erzeugen, das lediglich eine Mitteilung mit einem OK-Button präsentiert.[1] Damit in unserem Frame das Window-Ereignis auch tatsächlich auf diese Art und Weise bearbeitet werden kann, haben

[1] Die Klasse `JOptionPane` bietet weitere Methoden, um Dialogfenster mit Titel, Icon und Hinweistexten (Infos, Fehlermeldungen, Warnungen oder Fragen) anzuzeigen. Dabei können die Dialogfenster auch verschiedene Buttons (z. B. JA, NEIN oder ABBRUCH) anbieten, mit denen man den Dialog beenden kann.

wir außerdem in der `main`-Methode dafür gesorgt, dass die Default-Einstellung beim Schließen des Frames nicht mehr „Exit", sondern „Nichtstun" ist.
Abbildung 14.6 zeigt sowohl unser Frame-Objekt, wie es sich beim Programmstart präsentiert, als auch das Dialogfenster, das erscheint, wenn beim Mausklick auf × nicht beide Schalter aktiviert sind.

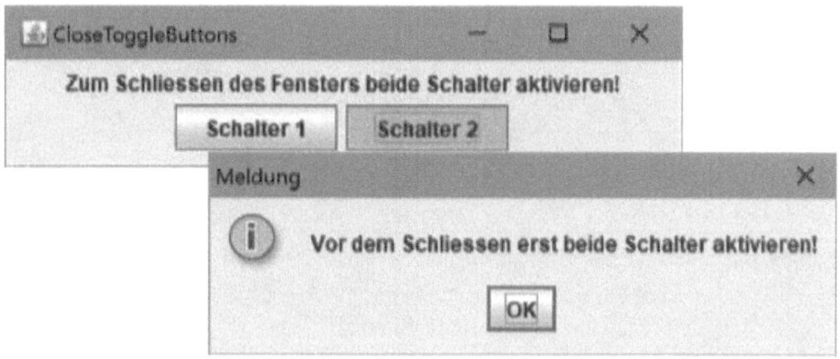

Abbildung 14.6: Abfangen von Fensterereignissen

14.5 Listener-Registrierung bei den Event-Quellen

Was wir an den Beispielen der Abschnitte 14.1 und 14.4 bereits für die Interfaces `ActionListener` und `WindowListener` gesehen haben, hat Methode. Grundsätzlich muss jedes Listener-Objekt, das aus einem Interface

```
XyzListener
```

hervorgeht, mittels der zugehörigen Instanzmethode

```
addXyzListener()
```

der entsprechenden Ereignisquelle bei dieser registriert werden, damit es auch tatsächlich Ereignisse von ihr empfangen kann. Will man einen Listener nachträglich wieder abmelden bzw. entfernen, kann analog die Instanzmethode

```
removeXyzListener()
```

der Ereignisquelle eingesetzt werden.
Wie in Abbildung 14.7 dargestellt, muss nicht zwangsläufig jedes Listener-Objekt für genau ein Ereignis bzw. genau eine auslösende Komponente (wie *Listener1* für *Auslöser1*) zuständig sein. Vielmehr können auch mehrere Listener bei einer Komponente (wie *Listener2* und *Listener3* bei *Auslöser2*) oder ein Listener bei mehreren Komponenten (wie *Listener3* bei *Auslöser2* und *Auslöser3*) registriert sein.
Wir schauen uns dazu ein Beispielprogramm an:

```
import java.awt.*;
import java.awt.event.*;
import javax.swing.*;
```

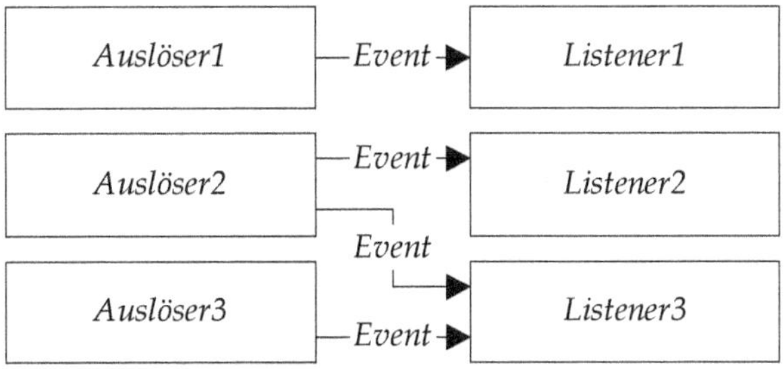

Abbildung 14.7: Verschiedene Auslöser-Listener-Konstellationen

```java
/** Erzeuge ein Swing-Fenster, das mit Buttons und
 *  Combo-Box sein Look and feel aendern kann */
public class LookAndFeel extends JFrame {
  Container c;                 // Container dieses Frames
  JButton b1, b2, b3, b4;      // Buttons
  JComboBox<String> cb;        // Combo-Box
  JFrame f = this;             // Referenz auf dieses Frame

  public LookAndFeel() {       // Konstruktor
    c = getContentPane();                // Container bestimmen
    c.setLayout(new FlowLayout());       // Layout setzen

    // Erzeuge die Buttons und die Combo-Box
    b1 = new JButton("Metal");
    b2 = new JButton("Motif");
    b3 = new JButton("Windows");
    b4 = new JButton("Nimbus");

    cb = new JComboBox<String>();
    cb.addItem("Metal");
    cb.addItem("Motif");
    cb.addItem("Windows");
    cb.addItem("Nimbus");

    // Fuege die Komponenten dem Frame hinzu
    c.add(b1);
    c.add(b2);
    c.add(b3);
    c.add(b4);
    c.add(cb);

    // Erzeuge den Listener und registriere ihn
    LafListener ll = new LafListener();
    b1.addActionListener(ll);
    b2.addActionListener(ll);
    b3.addActionListener(ll);
    b4.addActionListener(ll);
    cb.addItemListener(ll);
  }
  // Innere Listener-Klasse
```

```
  public class LafListener implements ItemListener,ActionListener {
    // Fuer die Look-and-feel-Auswahl
    String[] laf =
               {"javax.swing.plaf.metal.MetalLookAndFeel",
                "com.sun.java.swing.plaf.motif.MotifLookAndFeel",
                "com.sun.java.swing.plaf.windows.WindowsLookAndFeel",
                "javax.swing.plaf.nimbus.NimbusLookAndFeel"};

    // Fuer das ItemListener-Interface
    public void itemStateChanged(ItemEvent e) {
      try {
        int i = cb.getSelectedIndex();
        UIManager.setLookAndFeel(laf[i]);
      }
      catch (Exception ex) {
        System.err.println(ex);
      }
      SwingUtilities.updateComponentTreeUI(f);
    }
    // Fuer das ActionListener-Interface
    public void actionPerformed(ActionEvent e) {
      try {
        int i;
        if (e.getSource() == b1)
          i = 0;
        else if (e.getSource() == b2)
          i = 1;
        else if (e.getSource() == b3)
          i = 2;
        else
          i = 3;
        UIManager.setLookAndFeel(laf[i]);
        cb.setSelectedIndex(i);
      }
      catch (Exception ex) {
        System.err.println(ex);
      }
      SwingUtilities.updateComponentTreeUI(f);
    }
  }
  public static void main(String[] args) {
    LookAndFeel fenster = new LookAndFeel();
    fenster.setTitle("Look and feel einstellen");
    fenster.setSize(350,110);
    fenster.setVisible(true);
    fenster.setDefaultCloseOperation(JFrame.EXIT_ON_CLOSE);
  }
}
```

Wie Sie sehen, haben wir die grafische Oberfläche so gestaltet, dass zum einen vier Buttons und zum anderen eine Combo-Box bereitstehen, um die Einstellung des Look and Feel zu ändern. Dazu haben wir bei den vier Buttons und bei der Combo-Box das gleiche Listener-Objekt `ll` registriert. Um dies zu ermöglichen, muss die Klasse `LafListener` sowohl das Interface `ItemListener` als auch das Interface `ActionListener` implementieren.

Wir wollen nun beispielhaft mit vier von Swing unterstützten Look-and-Feel-Varianten arbeiten:

- Metal Look and Feel (Java Standard)
- Motif Look and Feel
- Windows Look and Feel
- Nimbus Look and Feel

Dazu haben wir im `String`-Feld `laf` des Listener-Objekts die dafür vorgeschriebenen Look-and-feel-Zeichenketten festgelegt.
In der Methode `itemStateChanged`, die wir für das Interface `ItemListener` implementieren müssen, haben wir dafür gesorgt, dass zunächst der Index des gewählten Combo-Box-Eintrags mit `getSelectedIndex` bestimmt wird. Das Look and Feel wird dann mit Hilfe der Klassenmethode `setLookAndFeel` der Klasse `UIManager` auf eine der vier Varianten eingestellt. Die Klassenmethode `updateComponentTreeUI` der Klasse `SwingUtilities` sorgt schließlich dafür, dass alle Komponenten unserer grafischen Oberfläche neu dargestellt werden. Abbildung 14.8 zeigt unseren Frame in den vier Varianten des Look and Feel.

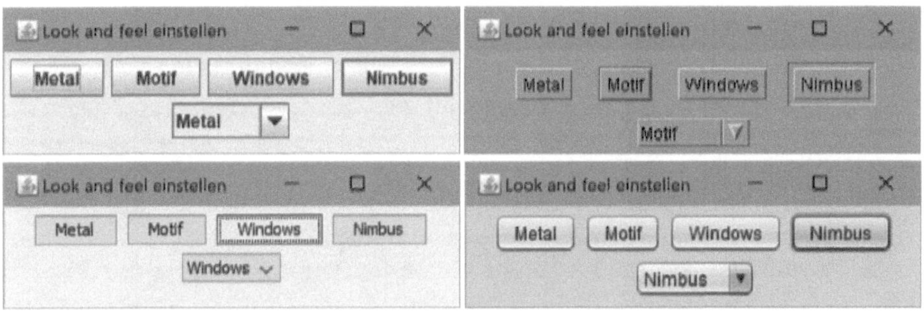

Abbildung 14.8: Vier Varianten zur Einstellung des Look and Feel

Die Methode `actionPerformed`, die wir für das Interface `ActionListener` implementieren müssen, realisiert dieselbe Funktionalität in Abhängigkeit vom jeweils gedrückten Button. Zusätzlich wird aber dafür gesorgt, dass beim Umstellen des Look and Feel mit einem Button auch der entsprechende Eintrag der Combo-Box selektiert wird, damit deren Anzeige konform mit dem tatsächlichen Look and Feel geht.

14.6 Auf die Plätze, fertig, los!

Als weitere beispielhafte Anwendung des bisher Gelernten wollen wir nun noch eine grafische Oberfläche für unser Stoppuhrprogramm aus Kapitel 11 schreiben.

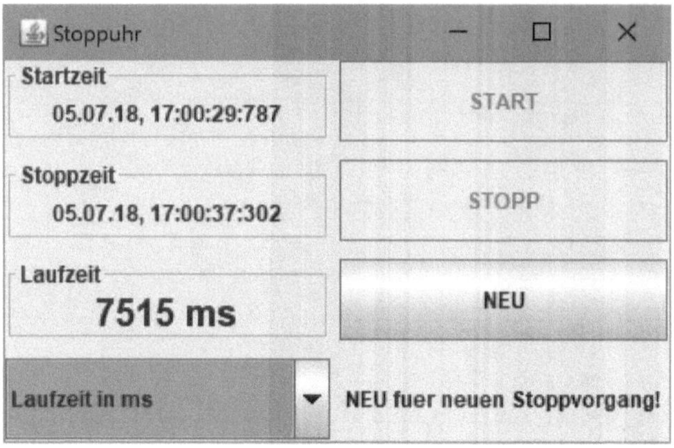

Abbildung 14.9: Eine grafische Variante unserer Stoppuhr

Wenn das Programm eine Gestalt wie in Abbildung 14.9 haben soll, müssen wir folgende Komponenten in unseren Container einfügen:

- Vier `JLabel`-Objekte für die Anzeige von Start-, Stopp- und Laufzeit sowie der Statusinformation unten rechts.
- Drei `JButton`-Objekte für den Start-, den Stopp- und den Neu-Knopf.
- Ein `JComboBox`-Objekt für die Auswahl des Anzeigeformats für die gemessene Laufzeit.

An Funktionalität soll Folgendes angeboten sein:

- Zu Beginn sollen in allen Labels in der linken Spalte lediglich zwei Striche angezeigt werden. Das Status-Label rechts unten informiert über die Startmöglichkeit. Nur der Start-Knopf ist benutzbar.
- Wurde die Start-Taste gedrückt, so wird der Startzeitpunkt in einem `Date`-Objekt festgehalten und dieser Zeitpunkt im Start-Label angezeigt. Das Status-Label informiert über die Stoppmöglichkeit. Nur der Stopp-Knopf ist benutzbar.
- Wurde die Stopp-Taste betätigt, so wird der Stoppzeitpunkt in einem weiteren `Date`-Objekt festgehalten und dieser Zeitpunkt im Stopp-Label angezeigt. Das Laufzeit-Label stellt die Laufzeit unserer Stoppuhr (die Differenz der Millisekunden des Stoppzeitpunktes und des Startzeitpunktes) dar. Das Status-Label informiert über die Möglichkeit des Neustarts. Nur der Neu-Knopf ist benutzbar.
- Die Combo-Box links unten ermöglicht es, jederzeit das Darstellungsformat der Laufzeitanzeige von ms nach min:sec:ms umzustellen.

Wir benötigen somit Listener-Objekte für die drei Buttons und für die Combo-Box, sodass wir folgende Listener-Klassen schreiben müssen:

- Eine Klasse `KnopfListener`, die das Interface `ActionListener` implementiert, deren Methode `actionPerformed` abhängig vom gedrückten Knopf das `Date`-Objekt für die Startzeit oder das für die Stoppzeit erzeugt oder beide auf **`null`** zurücksetzt und anschließend alle Anzeige-Labels und Button-Zustände aktualisiert.
- Eine Klasse `BoxListener`, die das Interface `ItemListener` implementiert, deren Methode `itemStateChanged` die Anzeige der Laufzeit von ms in min:sec:ms oder umgekehrt umstellt.

In unserem Programm arbeiten wir mit zwei Hilfsmethoden:

- **`public`** `String differenzString()`
  bestimmt die Laufzeit in ms oder in min:sec:ms und liefert diese als Zeichenkette zurück.
- **`public void`** `anzeigeAktualisieren()`
  aktualisiert alle Anzeige-Labels und Buttons bezüglich ihrer Beschriftungen und setzt die Aktivierungszustände der Buttons abhängig vom aktuellen Zustand des Zeitmessungsvorgangs, der am Vorhandensein der beiden `Date`-Objekte abgelesen werden kann.

Unser Programm hat somit die folgende Gestalt:

```
import java.util.*;
import java.text.*;
import java.awt.*;
import java.awt.event.*;
import javax.swing.*;
import javax.swing.border.*;
/** Erzeuge ein Swing-Fenster mit Stoppuhrfunktion */
public class StoppuhrFrame extends JFrame {
  Container c;
  JButton   startButton, stoppButton, neuButton;
  JLabel    startZeit, stoppZeit, differenz, status;
  JComboBox<String> ergebnisFormat;
  Date      startZeitObj = null, stoppZeitObj = null;
  Font      schriftGross = new Font("SansSerif",Font.BOLD,20),
            schriftKlein = new Font("SansSerif",Font.BOLD,12);
  SimpleDateFormat
            form  = new SimpleDateFormat("dd.MM.yy, HH:mm:ss:SS");

  public StoppuhrFrame() {  // Konstruktor
    c = getContentPane();
    c.setLayout(new GridLayout(4, 2, 5, 10));

    startZeit = new JLabel("--", JLabel.CENTER);
    startZeit.setFont(schriftKlein);
    startZeit.setBorder(new TitledBorder("Startzeit"));
    stoppZeit = new JLabel("--", JLabel.CENTER);
    stoppZeit.setFont(schriftKlein);
    stoppZeit.setBorder(new TitledBorder("Stoppzeit"));
    differenz = new JLabel("--", JLabel.CENTER);
    differenz.setFont(schriftGross);
```

```
    differenz.setBorder(new TitledBorder("Laufzeit"));

    KnopfListener kL = new KnopfListener();

    startButton = new JButton("START");
    startButton.setToolTipText("startet die Stoppuhr");
    startButton.addActionListener(kL);
    stoppButton = new JButton("STOPP");
    stoppButton.setToolTipText("stoppt die Stoppuhr");
    stoppButton.addActionListener(kL);
    neuButton = new JButton("NEU");
    neuButton.setToolTipText("loescht alle Felder");
    neuButton.addActionListener(kL);

    ergebnisFormat = new JComboBox<>();
    ergebnisFormat.addItem("Laufzeit in ms");
    ergebnisFormat.addItem("Laufzeit in min:sec:ms");
    ergebnisFormat.addItemListener(new BoxListener());

    status = new JLabel("START druecken!", JLabel.CENTER);
    status.setFont(schriftGross);

    stoppButton.setEnabled(false);
    neuButton.setEnabled(false);

    c.add(startZeit);
    c.add(startButton);
    c.add(stoppZeit);
    c.add(stoppButton);
    c.add(differenz);
    c.add(neuButton);
    c.add(ergebnisFormat);
    c.add(status);
  }
  // Bestimmung der Laufzeit in ms oder in min:sec:ms als String
  public String differenzString() {
    long diffZeit = (stoppZeitObj.getTime() - startZeitObj.getTime());
    if (ergebnisFormat.getSelectedIndex() == 0)
      return (diffZeit + " ms");
    else {
      long ms = diffZeit % 1000;
      diffZeit = diffZeit / 1000;
      long s = diffZeit % 60;
      diffZeit = diffZeit / 60;
      long m = diffZeit % 60;
      return (m + ":" + s + ":" + ms);
    }
  }
  // Aktualisierung aller Anzeige-Labels und Buttons
  public void anzeigeAktualisieren() {
    if ((startZeitObj != null) && (stoppZeitObj != null)) {
      startButton.setEnabled(false);
      stoppButton.setEnabled(false);
      neuButton.setEnabled(true);
      startZeit.setText(form.format(startZeitObj));
```

```
        stoppZeit.setText(form.format(stoppZeitObj));
        differenz.setText(differenzString());
        status.setText("NEU fuer neuen Stoppvorgang!");
        status.setFont(schriftKlein);
      }
      else if (startZeitObj != null) {
        startButton.setEnabled(false);
        stoppButton.setEnabled(true);
        neuButton.setEnabled(false);
        startZeit.setText(form.format(startZeitObj));
        status.setText("Uhr laeuft!");
        status.setFont(schriftGross);
      }
      else {
        startButton.setEnabled(true);
        stoppButton.setEnabled(false);
        neuButton.setEnabled(false);
        startZeit.setText("--");
        stoppZeit.setText("--");
        differenz.setText("--");
        status.setText("START druecken!");
        status.setFont(schriftGross);
      }
    }
    // Listener fuer die Buttons
    class KnopfListener implements ActionListener {
      public void actionPerformed(ActionEvent e) {
        if (e.getSource() == startButton)
          startZeitObj = new Date();
        else if (e.getSource() == stoppButton)
          stoppZeitObj = new Date();
        else if (e.getSource() == neuButton) {
          startZeitObj = null;
          stoppZeitObj = null;
        }
        anzeigeAktualisieren();
      }
    }
    // Listener fuer die Combo-Box
    class BoxListener implements ItemListener {
      public void itemStateChanged(ItemEvent e) {
        anzeigeAktualisieren();
      }
    }
    public static void main(String[] args) {
      StoppuhrFrame fenster = new StoppuhrFrame();
      fenster.setTitle("Stoppuhr");
      fenster.setSize(380,250);
      fenster.setVisible(true);
      fenster.setDefaultCloseOperation(JFrame.EXIT_ON_CLOSE);
    }
}
```

14.7 Übungsaufgaben

Aufgabe 14.1

Erstellen Sie ein Java-Programm mit grafischer Oberfläche, das jeweils das aktuelle Datum in drei unterschiedlichen Formaten anzeigen kann und die in Abbildung 14.10 dargestellte Oberfläche und Funktionalität haben soll. Der Frame soll also beim Start die im linken Bild dargestellte Form haben und der bzw. die Benutzer(in) soll durch Auswahl in der Klapptafel eine andere Darstellungsform für das Datum wählen können (z. B. eine Anzeige ohne die Jahreszahl).

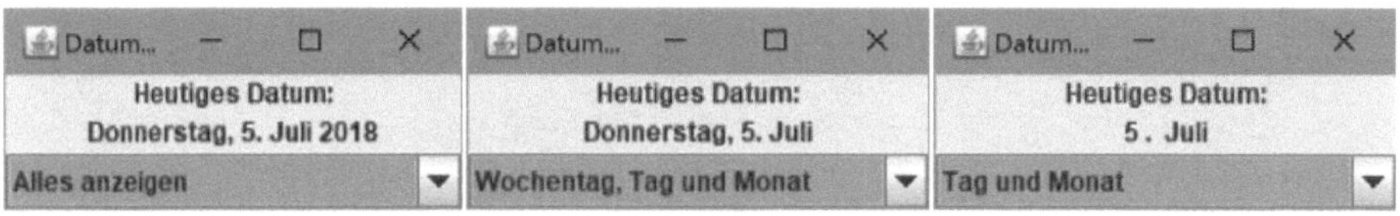

Abbildung 14.10: Frame aus Aufgabe 14.1

Verwenden Sie in Ihrem Programm die privaten Variablen `beschriftung` und `datumsAnzeige` vom Typ `JLabel`, `formatAuswahl` vom Typ `JComboBox`, `datum` vom Typ `Date` sowie statische Konstanten `kurz`, `mittel` und `lang` vom Typ `SimpleDateFormat` für die benötigten Swing-Komponenten und die Darstellung des Datums.
Implementieren Sie den Konstruktor so, dass die benötigten Swing-Komponenten erzeugt und in der richtigen Reihenfolge in den Frame eingefügt werden, das Datum erzeugt, für die Beschriftung des `datumsAnzeige`-Labels verwendet und bei der Auswahlklapptafel ein Event-Listener registriert wird, den Sie als Objekt einer inneren Klasse `AnzeigeListener` erzeugen können. Diese Klasse muss das Interface `ItemListener` implementieren und die Methode `itemStateChanged` so überschreiben, dass bei Änderung der Auswahl der entsprechende Auswahlindex des `JComboBox`-Objekts bestimmt und (abhängig von dessen Wert) das entsprechende Darstellungsformat für das aktuelle Datum gewählt und zur Beschriftung des `datumsAnzeige`-Labels verwendet wird.

Aufgabe 14.2

Ändern Sie das Programm aus Aufgabe 14.1 so ab, dass das Darstellungsformat für die Datumsanzeige nicht über eine Klapptafel, sondern über Menüeinträge verändert werden kann. Dabei sollen die Menüeinträge auch über Tastaturkürzel angesprochen werden können. Beachten Sie, dass sich die Ereignisbehandlung für diese Variante des Programms nicht mehr über eine Implementierung des Interface `ItemListener` realisieren lässt, da für Menüereignisse das Interface `ActionListener` zuständig ist.

Aufgabe 14.3

Schreiben Sie ein Programm in Form eines Frames, dessen grafische Oberfläche es ermöglicht, per Mausklick die Hintergrundfarbe auf einen zufälligen Rot-, Grün- oder Blauwert zu verändern.

Abbildung 14.11: Frame aus Aufgabe 14.3

Statten Sie dazu den Container Ihres Frames in einem Flow-Layout mit drei Auswahlkästchen aus (siehe Abbildung 14.11), von denen jeweils nur eines aktiviert sein darf. Zu Beginn soll „rot" eingestellt sein. Registrieren Sie beim Container einen Listener vom Typ `MausHorcher`, der auf Mausklicks innerhalb des Frames reagiert.
Realisieren Sie die Ereignisbehandlung in einer inneren Klasse `MausHorcher`. Sorgen Sie dafür, dass bei jedem Mausklick zunächst ein Zufallswert bestimmt wird, der (abhängig von der per Markierung eingestellten Farbe) als Rot-, Grün- oder Blauwert verwendet wird, um die Content-Pane des Frames entsprechend einzufärben. Die beiden anderen RGB-Werte müssen hier den Wert 0 haben.

Aufgabe 14.4

Ändern Sie das Programm aus Aufgabe 14.3 so ab, dass die Ereignisbehandlung nicht über eine innere, sondern über eine eigenständige Klasse `MausLauscher` realisiert wird. Diese Klasse soll nicht das Interface `MouseListener` implementieren, sondern von der Klasse `MouseAdapter` erben. Beachten Sie dabei, dass man dazu im Listener-Objekt Referenzen auf alle benötigten Objekte (die Content-Pane und die Auswahlkästchen) aus dem Frame benötigt. Sie müssen daher auch einen Konstruktor schreiben, dem die Referenzen auf diese Objekte als Parameter übergeben werden.

Aufgabe 14.5

Schreiben Sie eine grafische Java-Applikation, die es ermöglicht, zwei Zahlen einzugeben, die danach als Operanden für eine der vier Grundrechenarten verwendet werden. Optisch soll sich Ihr „Rechner" etwa wie in Abbildung 14.12 präsentieren.
Verwenden Sie zwei Textfelder für die Eingabe der beiden Operanden und ein Label für die Ausgabe des Ergebniswerts sowie drei Labels für die zugehörige Beschriftung. Für die auszuführenden Operationen benötigen Sie fünf jeweils

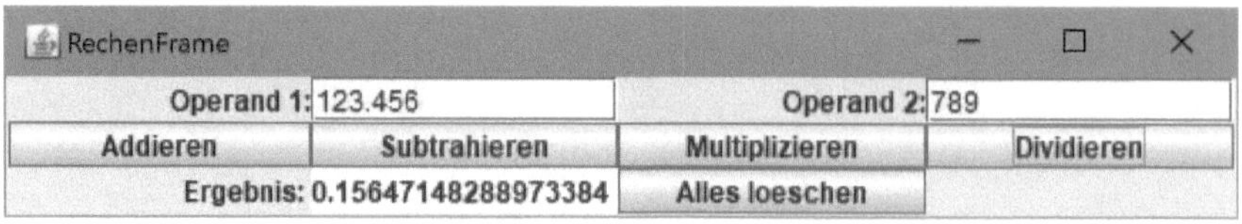

Abbildung 14.12: Frame aus Aufgabe 14.5

mit einer der vier Grundrechenarten bzw. dem Text `"Alles loeschen"` beschriftete Buttons, bei denen jeweils ein eigenes Event-Listener-Objekt vom Typ `OperatorListener` registriert ist.
Die zugehörige Ereignisbehandlung soll für alle `JButton`-Objekte über ein und dieselbe innere Klasse `OperatorListener` realisiert werden, die das Interface `ActionListener` implementiert. Welche Operation bei Knopfdruck ausgeführt werden muss, soll beim Erzeugen des Listener-Objekts als **`char`**-Wert (`+`, `-`, `*`, `/` oder `l` für Löschen) übergeben werden. Dieser Wert ist daher in der `actionPerformed`-Methode zu berücksichtigen.
Wird eine der fünf Schaltflächen betätigt, müssen Sie also zunächst feststellen, ob es sich um den Löschknopf handelt. Wenn ja, sind alle Eingabefelder und das Ergebnisfeld zu löschen. In allen anderen Fällen muss die entsprechende arithmetische Operation ausgeführt werden. Dazu müssen zunächst die beiden Textfelder ausgelesen und in **`double`**-Werte umgewandelt werden. Danach kann die Berechnung durchgeführt und das Ergebnis in dem dafür vorgesehenen Label angezeigt werden.
Denken Sie auch daran, im Falle unzulässiger Eingaben die entsprechenden Exceptions abzufangen und über das Ergebnisfeld eine entsprechende Fehlermeldung anzuzeigen.

Aufgabe 14.6

Schreiben Sie eine Java-Klasse, die als einfaches Euro-Umrechnungsprogramm dazu dienen kann, aktuelle Euro-Beträge in die ehemaligen Altwährungen verschiedener Euro-Länder umzurechnen. Nach dem Start soll sich die grafische Oberfläche wie in Abbildung 14.13 präsentieren.

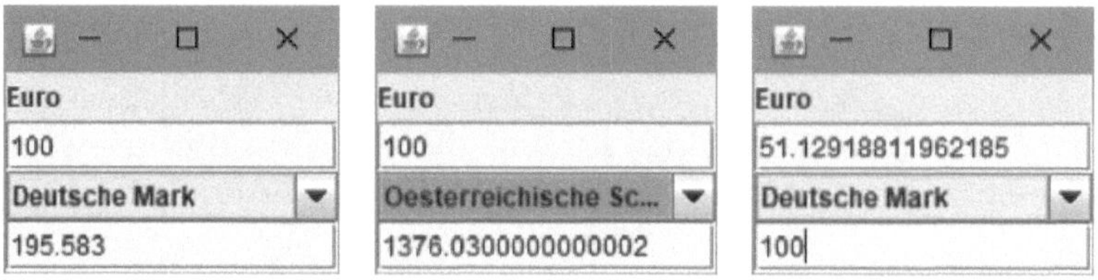

Abbildung 14.13: Frame aus Aufgabe 14.6

Dabei sollen die zweite und vierte Zeile jeweils ein Textfeld zur Eingabe *und* Ausgabe darstellen. In der dritten Zeile soll mit Hilfe eines `JComboBox`-Objekts (Klapptafel) die Umrechnungswährung eingestellt werden können. Nach Eingabe eines Euro-Betrags in der zweiten Zeile soll beim Druck auf die Eingabetaste in die eingestellte Währung umgerechnet und der Betrag in der untersten Zeile angezeigt werden. Wählt man in der Klapptafel eine andere Währung aus, so soll ebenfalls sofort in die neu eingestellte Währung umgerechnet und der Betrag in der untersten Zeile angezeigt werden. Nach Eingabe eines Betrags in der untersten Zeile soll beim Druck auf die Eingabetaste gemäß der eingestellten Währung in Euro umgerechnet und der Euro-Betrag in der zweiten Zeile angezeigt werden.
Für Ihre Implementierung steht Ihnen die Klasse

```
public class EuroConverter {
  // Waehrungs-Kennungen
  static final int
    DEM = 0, ATS = 1, FRF = 2, BEF = 3, LUF = 4,  NLG = 5,
    ESP = 6, PTE = 7, ITL = 8, FIM = 9, IEP = 10, GDR = 11;
  // Umrechnungsfaktoren
  private static final double[] faktor = new double[] {
    1.95583, 13.7603, 6.55957, 40.3399, 40.3399, 2.20371,
    166.386, 200.482, 1936.27, 5.94573, 0.787564, 340.750
  };
  // Ausgeschriebene Bezeichnungen der Waehrungen
  private static final String[] bezeichnung = new String[] {
    "Deutsche Mark", "Oesterreichische Schilling",
    "Franzoesische Franc", "Belgische Franc",
    "Luxemburgische Franc", "Niederlaendische Gulden",
    "Spanische Peseten", "Portugiesische Escudos",
    "Italienische Lire", "Finnische Mark", "Irische Pfund",
    "Griechische Drachmen"
  };
  // liefert die Bezeichnung zur Waehrungs-Kennung 'kennung'
  static String getBezeichnung(int kennung) {
    return bezeichnung[kennung];
  }
  // konvertiert den Euro-Wert 'euro' in die durch die
  // Waehrungs-Kennung 'kennung' spezifizierte Waehrung
  static double convertFromEuro(double euro, int kennung) {
    return faktor[kennung] * euro;
  }
  // konvertiert den Wert 'sonst' gemaesss der Waehrungs-Kennung
  // 'kennung' in den entsprechenden Euro-Wert
  static double convertToEuro(double sonst, int kennung) {
    return sonst / faktor[kennung];
  }
}
```

zur Verfügung, die neben den verschiedenen *Währungskennungen* DEM, ATS, ..., GDR auch die drei von Ihnen benötigten Klassenmethoden `getBezeichnung`, `convertFromEuro` und `convertToEuro` bereitstellt.
Statten Sie die grafische Oberfläche Ihres Programms mit einem geeigneten Layout und den benötigten Swing-Komponenten aus. Verwenden Sie eine geeignete Schleife über die Währungskennungen und die Methode `getBezeichnung`, um

der `JComboBox`-Komponente alle benötigten Einträge hinzuzufügen. Verknüpfen Sie die beiden Textfelder und das `JComboBox`-Objekt mit je einem Event-Listener. Die zugehörige Ereignisbehandlung soll wie folgt arbeiten:

- Wird nach Eingabe eines Betrags im *oberen* Textfeld die *Eingabetaste betätigt* oder der *Klapptafeleintrag geändert*, so soll der **`double`**-Wert aus dem *oberen* Textfeld ausgelesen, mit Hilfe der `EuroConverter`-Klasse in die eingestellte Währung umgerechnet und der neue Betrag im *unteren* Textfeld angezeigt werden.
- Wird nach Eingabe eines Betrags im *unteren* Textfeld die *Eingabetaste betätigt*, so soll der **`double`**-Wert aus dem *unteren* Textfeld ausgelesen, mit Hilfe der `EuroConverter`-Klasse in Euro umgerechnet und der neue Betrag im *oberen* Textfeld angezeigt werden.

Kapitel 15

Einige Ergänzungen zu Swing-Komponenten

Wie wir bereits mehrfach betonten, ist die Swing-Klassenbibliothek viel zu umfangreich, um hier auch nur annäherungsweise abgehandelt zu werden. In diesem Kapitel wollen wir Ihnen daher lediglich einige Ergänzungen zum bisher Erwähnten geben, um Ihr Gesamtbild von den Komponenten für grafische Oberflächen etwas abzurunden.

15.1 Zeichnen in Swing-Komponenten

Eine Komponente wie zum Beispiel ein `JPanel`-Objekt können wir nicht nur mit vorgefertigten Komponenten (Labels, Buttons etc.) ausstatten, um sie so unseren Wünschen entsprechend aussehen zu lassen. Es ist auch möglich, direkten Einfluss auf die grafische Gestaltung einer Swing-Komponente zu nehmen, indem man die Methode, die für das Zeichnen der Komponente zuständig ist, überschreibt. In diesem Abschnitt wollen wir uns damit beschäftigen, welche Möglichkeiten es gibt, in einer Komponente eigene grafische Elemente zu zeichnen.

15.1.1 Grafische Darstellung von Komponenten

Für die Darstellung der einzelnen Swing-Komponenten einer grafischen Oberfläche ist der sogenannte **Repaint-Manager** zuständig. Er sorgt dafür, dass beim erstmaligen Erscheinen einer Komponente oder bei Änderungen an ihrem Erscheinungsbild ihre Darstellung aktiviert bzw. aktualisiert wird. Die Methoden, die für Veränderungen an den Komponenten zuständig sind, rufen dazu die von `Component` geerbte Instanzmethode

- **public void** `repaint()`

auf. Dadurch wird der Repaint-Manager veranlasst, die von `JComponent` geerbte Instanzmethode

- **public void** `paint(Graphics g)`

aufzurufen, die das (Neu-)Zeichnen der Komponente durchführt.
Die Methode `paint` ruft zu diesem Zweck die Instanzmethoden

- **protected void** `paintComponent(Graphics g)`
- **protected void** `paintBorder(Graphics g)`
- **protected void** `paintChildren(Graphics g)`

(in dieser Reihenfolge) auf, wodurch die Komponente selbst, ihr Border-Bereich und alle in die Komponente bereits eingefügten Komponenten gezeichnet werden. Wenn wir also die grafische Darstellung einer Komponente verändern wollen, müssen wir deren Methode `paintComponent` anpassen.
Allen genannten Methoden wird der Parameter `g`, ein Objekt vom Typ `Graphics`, übergeben. Dieses stellt den Bezug zum grafischen Kontext, also zum tatsächlichen Ausgabegerät, auf dem die Komponente gezeichnet wird, her.

15.1.2 Das Grafikkoordinatensystem

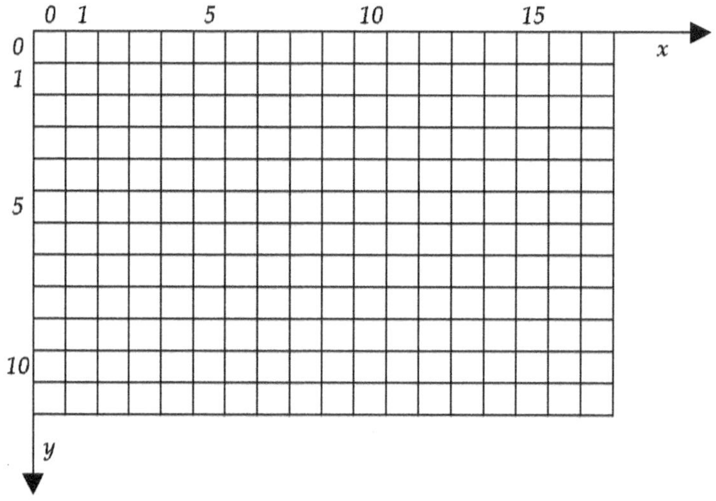

Abbildung 15.1: Das Pixelkoordinatensystem für die Grafik

Bei der Platzierung von Grafik- und Textelementen auf den Komponenten wird ein zweidimensionales Pixelkoordinatensystem verwendet (vergleiche Abbildung 15.1). Sein Ursprung, das Pixel mit den Koordinaten (0,0), liegt in der linken oberen Ecke, die x-Achse für die erste Koordinate verläuft horizontal von links

nach rechts und die y-Achse für die zweite Koordinate vertikal von oben nach unten. Alle Koordinaten für die Positionierung und Maße von grafischen Elementen werden somit in Pixel angegeben.
Mit Hilfe ihrer Methoden

- **public int** `getHeight()`
  liefert die Höhe (in Pixel) der Komponente.
- **public int** `getWidth()`
  liefert die Breite (in Pixel) der Komponente.

die wir bereits in Abschnitt 13.1 erwähnt haben, kann jede Komponente abfragen, welcher Bereich des Koordinatensystems ihr gerade zur Verfügung steht. Beträgt die Höhe h Pixel und die Breite b Pixel, so sind in x-Richtung die Pixel 0 bis $b-1$ und in y-Richtung die Pixel 0 bis $h-1$ verfügbar. Handelt es sich um eine Komponente, die Randelemente wie z. B. eine Titelzeile, eine Menüleiste oder einen Rahmen beinhaltet, so ist zu beachten, dass nicht der gesamte Bereich nutzbar ist. Die abzuzweigenden Randbereiche können mittels der Methode

- **public** `Insets getInsets()`

ermittelt werden. Das zurückgelieferte Objekt der Klasse `Insets` besitzt vier Instanzvariablen `left`, `right`, `top` und `bottom` vom Typ **`int`**, in denen jeweils die Anzahl der links, rechts, oben und unten abzuzweigenden Pixel gespeichert ist.

15.1.3 Die abstrakte Klasse `Graphics`

In dieser Klasse werden zahlreiche Methoden bereitgestellt, die es ermöglichen, innerhalb des Grafikkoordinatensystems einer Komponente zu zeichnen. Einige davon wollen wir hier kurz vorstellen.

- **void** `drawLine(`**int** `x1,` **int** `y1,` **int** `x2,` **int** `y2)`
  zeichnet eine Linie vom Pixel (`x1`,`y1`) bis zum Pixel (`x2`,`y2`).
- **void** `drawPolyline(`**int**`[] x,` **int**`[] y,` **int** `n)`
  zeichnet eine Sequenz von Linien, die jeweils die Punkte (`x[i]`,`y[i]`) und (`x[i+1]`,`y[i+1]`) für `i` = 0,1,2,...,`n`−2 verbinden.
- **void** `drawRect(`**int** `x,` **int** `y,` **int** `w,` **int** `h)`
  zeichnet ein Rechteck mit linker oberer Ecke (x,y) und rechter unterer Ecke (x+w,y+h).
- **void** `drawPolygon(`**int**`[] x,` **int**`[] y,` **int** `n)`
  zeichnet ein geschlossenes Polygon, das jeweils die Punkte (`x[i]`,`y[i]`) und (`x[i+1]`,`y[i+1]`) für `i` = 0,1,2,...,`n`−2 sowie die Punkte (`x[n-1]`,`y[n-1]`) und (`x[0]`,`y[0]`) verbindet.
- **void** `drawOval(`**int** `x,` **int** `y,` **int** `w,` **int** `h)`
  zeichnet ein Oval, das in ein Rechteck mit linker oberer Ecke (x,y) und rechter unterer Ecke (x+w,y+h) passt.

- `void drawArc(int x, int y, int w, int h, int s, int a)`
  zeichnet einen Ellipsen- oder Kreisbogen, also einen Teil eines Ovals, das in ein Rechteck mit linker oberer Ecke (x,y) und rechter unterer Ecke (x+w,y+h) passt. Dabei gibt s den Startwinkel und a den eigentlichen Winkel (jeweils in Grad) für den Bogen an.
- `void drawString(String str, int x, int y)`
  schreibt den in str angegebenen Text beginnend beim Pixel (x,y).
- `void fillRect(int x, int y, int w, int h)`
  zeichnet ein gefülltes Rechteck mit linker oberer Ecke (x,y) und rechter unterer Ecke (x+w,y+h).
- `void fillPolygon(int[] x, int[] y, int n)`
  zeichnet ein gefülltes geschlossenes Polygon, das jeweils die Punkte (x[i],y[i]) und (x[i+1],y[i+1]) für i = 0,1,2,...,n−2 sowie die Punkte (x[n-1],y[n-1]) und (x[0],y[0]) verbindet.
- `void fillOval(int x, int y, int w, int h)`
  zeichnet ein gefülltes Oval, das in ein Rechteck mit linker oberer Ecke (x,y) und rechter unterer Ecke (x+w,y+h) passt.
- `void fillArc(int x, int y, int w, int h, int s, int a)`
  zeichnet einen gefüllten Ellipsen- oder Kreisbogen, also einen Teil eines Ovals, das in ein Rechteck mit linker oberer Ecke (x,y) und rechter unterer Ecke (x+w,y+h) passt. Dabei gibt s den Startwinkel und a den eigentlichen Winkel (jeweils in Grad) für den Bogen an.

Als „Stiftfarbe“ verwenden alle Methoden die eingestellte Vordergrundfarbe der Komponente. Die Methoden drawXyz zeichnen mit einer Strichstärke von einem Pixel. Bei den Methoden xyzArc wird der Startwinkel jeweils am Mittelpunkt des umschließenden Rechtecks bei nach rechts zeigendem Schenkel angelegt.
Abbildung 15.2 demonstriert, wie ein Rechteck, ein Oval und ein gefüllter Kreisbogen, die durch die Anweisungen

```
g.drawRect(3,2,13,8);
g.drawOval(6,3,8,5);
g.fillArc(7,4,6,6,0,90);
```

erzeugt wurden, im Pixelkoordinatensystem angezeigt werden.[1] Die grauen Pünktchen um das Oval skizzieren dabei die Lage des „Einbettungsrechtecks“ für das Oval. Schließlich wollen wir noch alle oben aufgeführten Graphics-Methoden beispielhaft anwenden. Dazu setzen wir eine eigene JPanel-Klasse

```
import javax.swing.*;
import java.awt.*;
public class ZeichenPanel extends JPanel {
  public void paintComponent(Graphics g) {
```

[1] Natürlich werden Ovale bzw. Kreisbögen in Pixel zerlegt und erscheinen daher in derart kleinem Maßstab eigentlich nicht mehr rund. In dieser Beziehung ist die Abbildung vereinfacht zu verstehen.

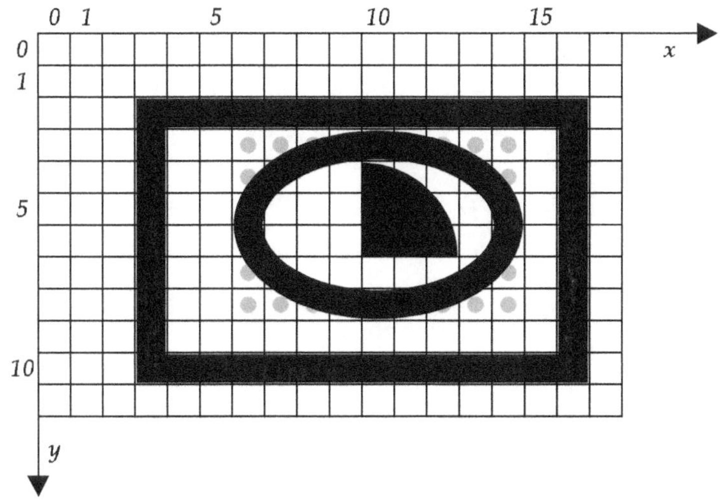

Abbildung 15.2: Rechteck, Oval und gefüllter Kreisbogen

```
        g.drawLine(10,10,30,20);

        int[] x = {30,40,60,70};
        int[] y = { 5, 5,30, 5};
        g.drawPolyline(x,y,4);

        g.drawRect(10,50,20,10);

        x = new int[] {130,140,160,170};
        y = new int[] {  5, 25, 30, 35};
        g.drawPolygon(x,y,4);

        g.drawOval(110,60,30,15);
        g.drawArc(70,40,30,20,0,110);
        g.drawString("Wow!",40,90);
        g.fillRect(10,130,20,10);

        x = new int[] {130,140,160,170};
        y = new int[] {105,135,130,155};
        g.fillPolygon(x,y,4);

        g.fillOval(60,130,30,30);
        g.fillArc(150,70,40,30,0,-45);
    }
}
```

ein, in der wir die `paintComponent`-Methode unseren Wünschen entsprechend angepasst haben. Ein Objekt dieser Klasse pflegen wir nun als Komponente in den Frame

```
import java.awt.*;
import java.awt.event.*;
```

```
import javax.swing.*;
public class Zeichnung extends JFrame {
  Container c;              // Container dieses Frames
  ZeichenPanel z;           // Zeichnung auf dem Zeichen-Panel

  public Zeichnung() {    // Konstruktor
    c = getContentPane();
    z = new ZeichenPanel(); // Erzeuge neue Zeichnung
    c.add(z);               // und fuege sie dem Frame hinzu
  }
  public static void main(String[] args) { // main-Methode
     Zeichnung fenster = new Zeichnung();
     fenster.setTitle("Zeichnung");
     fenster.setSize(200,200);
     fenster.setVisible(true);
     fenster.setDefaultCloseOperation(JFrame.EXIT_ON_CLOSE);
  }
}
```

ein, der sich beim Start wie in Abbildung 15.3 dargestellt präsentiert.

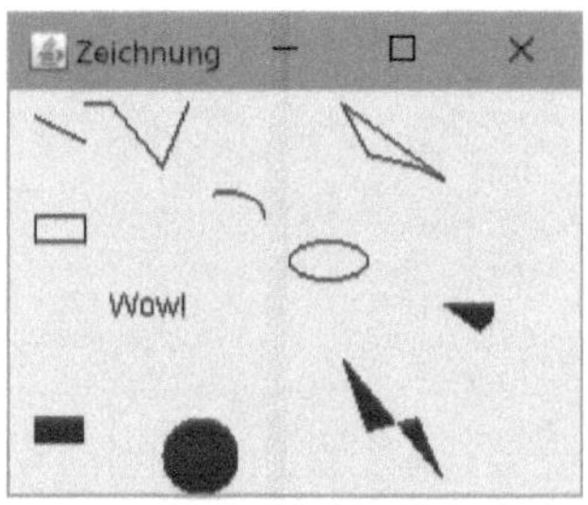

Abbildung 15.3: Zeichnen mit den Methoden der Klasse `Graphics`

15.1.4 Ein einfaches Zeichenprogramm

Wir wollen nun ein kleines Programm entwickeln, das es erlaubt, innerhalb der Zeichenfläche mit Mausklicks Punkte zu markieren, die jeweils durch eine Linie verbunden werden. Wir setzen dazu das Rahmenprogramm aus dem vorangegangenen Abschnitt in der leicht modifizierten Form

```
import java.awt.*;
import java.awt.event.*;
import javax.swing.*;

public class PunkteVerbinden extends JFrame {
  Container c;              // Container dieses Frames
  Zeichenbrett z;           // Zeichenbrett zum Linienmalen

  public PunkteVerbinden() { // Konstruktor
    c = getContentPane();        // Container bestimmen
    z = new Zeichenbrett();      // Zeichenbrett erzeugen
    c.add(z);                    // und dem Frame hinzufuegen
  }
```

```

  public static void main(String[] args) {
    PunkteVerbinden fenster = new PunkteVerbinden();
    fenster.setTitle("Punkte verbinden");
    fenster.setSize(250,200);
    fenster.setVisible(true);
    fenster.setDefaultCloseOperation(JFrame.EXIT_ON_CLOSE);
  }
}
```

ein, in der wir ein Objekt der Klasse `Zeichenbrett` als Komponente in den Container einfügen. Diese haben wir, wiederum als Subklasse von `JPanel`, so aufgebaut, dass jeweils Instanzvariablen `x` und `y` zur Speicherung der Koordinaten von Mausklicks und `n` für die Anzahl der bereits getätigten Mausklicks verwendet werden. Der Konstruktor initialisiert diese Variablen und fügt dem Zeichenbrett ein `MouseListener`-Objekt hinzu.

Die dazu benötigte Klasse `ClickBearbeiter` erbt von `MouseAdapter`, sodass wir uns darauf beschränken können, nur eine Methode, nämlich `mousePressed`, zu implementieren.[2] Darin greifen wir mit `getX` und `getY` die Koordinaten des Mausereignisses ab, speichern diese in `x` bzw. `y` und erhöhen den Mausklickzähler `n`. Um durch den Mausklick auch sofort die nächste Verbindungslinie gezeichnet zu bekommen, rufen wir die Methode `repaint` auf, die den Repaint-Manager auffordert, die Komponente neu zu zeichnen. Den eigentlichen Zeichenvorgang haben wir durch Überschreiben der Methode `paintComponent` implementiert, in der wir lediglich die `Graphics`-Methode `drawPolyline` aufrufen, um die Verbindungslinien zwischen den Mausklickkoordinaten darzustellen.

Unsere Klasse ist also wie folgt aufgebaut

```
import javax.swing.*;
import java.awt.*;
import java.awt.event.*;

public class Zeichenbrett extends JPanel {
  private int[] x, y;  // Koordinaten der Maus-Klicks
  private int n;       // Anzahl Klicks

  public Zeichenbrett() {     // Konstruktor
    n = 0;
    x = new int[1000];
    y = new int[1000];
    addMouseListener(new ClickBearbeiter());
  }
  public void paintComponent(Graphics g) {
    super.paintComponent(g);
    g.drawPolyline(x,y,n);
  }

  // Innere Listener-Klasse fuer Maus-Ereignisse
  class ClickBearbeiter extends MouseAdapter {
```

[2] Wir haben nicht die Methode `mouseClicked` verwendet, weil diese nur aktiviert wird, wenn wir *press* und *release* an exakt der gleichen Position ausführen. Bei schnellen Mausbewegungen könnte es daher mit ihr zu „Aussetzern“ beim Zeichnen kommen.

```
    public void mousePressed(MouseEvent e) {
      x[n] = e.getX(); // speichere x-Koordinate
      y[n] = e.getY(); // speichere y-Koordinate
      n++;             // erhoehe Anzahl Klicks
      repaint();       // Neuzeichnen der Komponente beim
                       // Repaint-Manager anfordern
    }
  }
}
```

und ein Aufruf des Programms `PunkteVerbinden` ermöglicht es uns, zum Beispiel das berühmte „Haus des Nikolaus" zu zeichnen (siehe Abbildung 15.4).

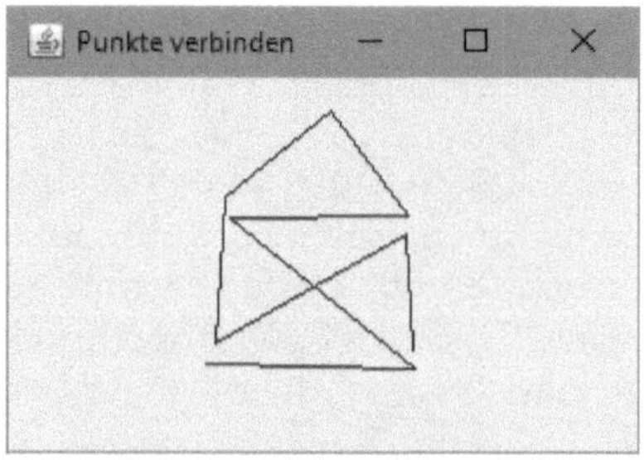

Abbildung 15.4: Mausklicks durch Linien verbinden

15.1.5 Layoutveränderungen und der Einsatz von `revalidate`

In einem Programm wollen wir es ermöglichen, dass durch Betätigen eines Buttons neue Buttons in unsere grafische Oberfläche aufgenommen werden. Wir setzen dazu zunächst die Klasse

```
import javax.swing.*;
import java.awt.event.*;
import java.awt.*;

public class NewButtonFrame1 extends JFrame {
  Container c;
  JButton b;

  public NewButtonFrame1() {
    c = getContentPane();
    c.setLayout(new FlowLayout(FlowLayout.LEFT));
    b = new JButton("Drueck mich!");
    b.addActionListener(new ButtonBearbeiter());
    c.add(b);
  }

  class ButtonBearbeiter implements ActionListener {
    public void actionPerformed(ActionEvent e) {
      c.add(new JButton("noch einer"));
      c.repaint();
    }
```

```
  }

  public static void main(String[] args) {
    JFrame fenster = new NewButtonFrame1();
    fenster.setTitle("Buttons hinzufuegen");
    fenster.setSize(500,300);
    fenster.setVisible(true);
    fenster.setDefaultCloseOperation(JFrame.EXIT_ON_CLOSE);
  }
}
```

ein, die sich beim Start wie in Abbildung 15.5 (ganz links) darstellt. Leider verhält sich die Anwendung trotz des `repaint`-Aufrufs nicht wie erwartet, und selbst mehrmaliges Betätigen des Buttons links oben in der Ecke unseres Frames hat keinen Effekt (Abbildung 15.5 Mitte). Erst ein Klick auf den Rand des Frames oder eine Veränderung seiner Größe lässt plötzlich alle durch die Button-Klicks zwar erzeugten, aber noch nicht dargestellten Buttons erscheinen.

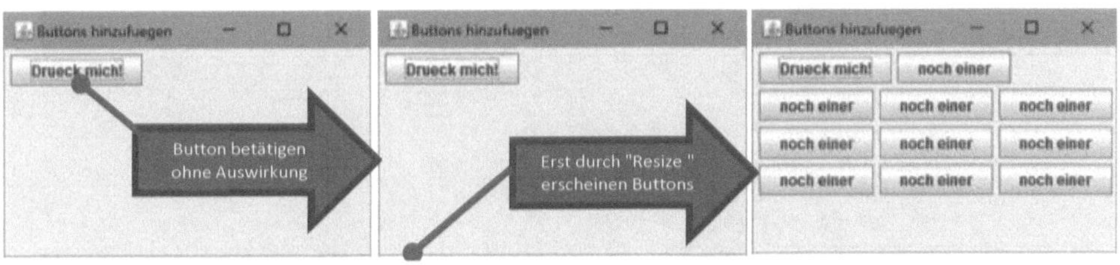

Abbildung 15.5: Button-Klick zunächst ohne Wirkung

Das Problem besteht darin, dass wir zwar den Aufbau (das Layout) unseres Frames verändern (in unserem Fall ergänzen) können, dies aber wohl nicht immer automatisch erkannt und daher (trotz `repaint`) nicht grafisch dargestellt wird. Wir müssen also dem Container erst mitteilen, dass das Layout seiner Komponenten komplett neu dargestellt werden soll, was durch den Aufruf seiner Methode

- **public void** `validate()`

erfolgen könnte. Da ein kompletter Aufbau der Frame-Oberfläche jedoch nicht unnötigerweise erfolgen sollte, wird dieser Vorgang von `validate` nur dann tatsächlich ausgeführt, wenn eine Komponente den Container zuvor mit einem Aufruf ihrer Methode

- **public void** `invalidate()`

für ungültig (englisch: **invalid**) erklärt hat. Um den benötigten Aufruf von `invalidate` für die Komponente und das anschließende `validate` für den Container zu vereinfachen, steht für Swing-Komponenten die Methode

- **public void** `revalidate()`

zur Verfügung, die beides hintereinander erledigt. Diese setzen wir nun in der ereignisbehandelnden Methode ein:

```
import javax.swing.*;
import java.awt.event.*;
import java.awt.*;

public class NewButtonFrame2 extends JFrame {
  Container c;
  JButton b;

  public NewButtonFrame2() {
    c = getContentPane();
    c.setLayout(new FlowLayout(FlowLayout.LEFT));
    b = new JButton("Drueck mich!");
    b.addActionListener(new ButtonBearbeiter());
    c.add(b);
  }

  class ButtonBearbeiter implements ActionListener {
    public void actionPerformed(ActionEvent e) {
      c.add(b = new JButton("noch einer"));
      b.revalidate();
    }
  }

  public static void main(String[] args) {
    JFrame fenster = new NewButtonFrame2();
    fenster.setTitle("Buttons hinzufuegen");
    fenster.setSize(500,300);
    fenster.setVisible(true);
    fenster.setDefaultCloseOperation(JFrame.EXIT_ON_CLOSE);
  }
}
```

Die modifizierte Klasse reagiert nun wie gewünscht, und mit jedem Betätigen des Buttons links oben in der Ecke des Frames erscheint ein neuer Button im Frame (Abbildung 15.6 Mitte und rechts).

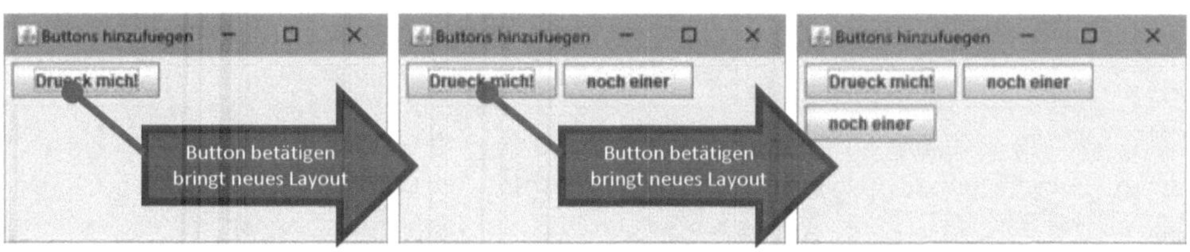

Abbildung 15.6: Button-Klick fügt unmittelbar neue Buttons ein.

15.2 Noch mehr Swing gefällig?

Sie haben Geschmack an Swing gefunden und wollen noch mehr erfahren? Für jeden, der sich intensiver mit der Swing-Programmierung beschäftigen möchte, ist es erforderlich, weitere Literatur zu studieren. Spezielle Bücher über Swing gibt es mittlerweile zuhauf. Außerdem findet sich auch im Java-Tutorial von Oracle, das als Buch [10] und zum freien Download [41] zur Verfügung steht, ein Kapitel (Trail) „Creating a GUI with Swing“, das sich der Swing-Programmierung widmet. In jeder Phase Ihres Daseins als Swing-Entwickler(in) wird aber ein weiteres Dokument eine zentrale Rolle spielen: die API-Spezifikation [42] der JDK-Klassen. Von einem regelmäßigen gezielten Nachschlagen in diesen stets aktuell gehaltenen Detailinformationen direkt aus dem Hause Oracle wird Ihre Programmiertätigkeit sicherlich profitieren.

15.3 Übungsaufgaben

Aufgabe 15.1

Schreiben Sie eine Klasse `Punkt` zur Darstellung von Punkten in der Zeichenebene. Der Konstruktor der Klasse soll zwei **`double`**-Parameter erwarten (die x- und y-Koordinaten des Punkts) und in entsprechenden privaten Instanzvariablen speichern. Schreiben Sie je eine Zugriffsmethode `getX()` bzw. `getY()`, die die x- bzw. y-Koordinate des Punkts zurückliefert.
Schreiben Sie außerdem eine Methode `drehen`, die den Punkt um den übergebenen Winkel `phi` (im Bogenmaß) dreht. Die Koordinaten $(x_{\text{neu}}, y_{\text{neu}})$ eines um den Winkel ϕ gedrehten Punkts $p = (x_p, y_p)$ berechnen sich als

$$x_{\text{neu}} := x_p \cdot \cos(\phi) - y_p \cdot \sin(\phi) \qquad \text{und} \qquad y_{\text{neu}} := x_p \cdot \sin(\phi) + y_p \cdot \cos(\phi).$$

Aufgabe 15.2

Schreiben Sie eine Klasse `Strecke`, die das Interface

```
import java.awt.*;
public interface GeoObjekt {
  public void drehen(double phi);
    // dreht das Objekt um den Winkel phi

  public void zeichnen(Graphics g, int xNull, int yNull);
    // zeichnet das Objekt auf der Zeichenebene
    // xNull und yNull sind die Koordinaten des Ursprungs
    // (Nullpunkts) des verwendeten Koordinatensystems
}
```

implementiert. Der Konstruktor soll zwei `Punkt`-Parameter (die Randpunkte der Strecke) akzeptieren und deren Referenzen in privaten Instanzvariablen ablegen. Die beiden abstrakten Methoden `drehen` und `zeichnen`, die von der Schnittstelle `GeoObjekt` definiert werden, sind zu implementieren. Greifen Sie dabei so weit wie möglich auf Methoden der Klasse `Punkt` zurück.
Achten Sie beim Zeichnen in der Methode `zeichnen` darauf, dass die Linie relativ zum übergebenen Nullpunkt (`xNull,yNull`) ausgegeben wird. Verwenden Sie beim Aufruf der Methode `drawLine` der Klasse `Graphics` daher die um `xNull` bzw. `yNull` erhöhten Koordinaten.

Aufgabe 15.3

Schreiben Sie eine Klasse `Dreieck`, die ebenfalls die Schnittstelle `GeoObjekt` aus Aufgabe 15.2 implementiert. Der Konstruktor soll drei `Punkt`-Parameter erwarten und sie in entsprechenden **`protected`**-Instanzvariablen speichern. Im Konstruktor sollen mit diesen drei Punkten drei neue Objekte der Klasse `Strecke` instanziiert werden, deren Referenzen in privaten Instanzvariablen gespeichert werden.
Implementieren Sie die Methode `drehen`, indem Sie nur auf die jeweilige Methode der drei Punktobjekte zurückgreifen.
Implementieren Sie die Methode `zeichnen`, indem Sie nur auf die jeweilige Methoden der drei Streckenobjekte zurückgreifen.

Aufgabe 15.4

Schreiben Sie eine Klasse `DrehPanel`, die von `JPanel` erbt und als Zeichenfläche dienen kann, auf der fest vorgegebene zweidimensionale geometrische Objekte gedreht werden können. Die Klasse soll mit einer finalen Klassenvariablen `SCHRITTWEITE` mit Wert $\frac{\pi}{60}$ (die Schrittweite für Drehungen) und einer privaten Variable `drehObjekt` vom Typ `GeoObjekt` (das Objekt, das gedreht werden soll) ausgestattet sein.
Im Konstruktor der Klasse sollen vier Instanzen der Klasse `JButton` erzeugt, mit *Links*, *Rechts*, *Strecke* und *Dreieck* beschriftet und dem Panel hinzugefügt werden. Bei jedem dieser Buttons soll ein `ActionListener`-Objekt unter Verwendung einer anonymen Klasse registriert werden. In der jeweiligen Methode `actionPerformed` soll dabei

- für den mit *Links* beschrifteten Knopf das Objekt `drehObjekt` um die negative Schrittweite gedreht,
- für den mit *Rechts* beschrifteten Knopf das Objekt `drehObjekt` um die positive Schrittweite gedreht,
- für den mit *Strecke* beschrifteten Knopf das Objekt `drehObjekt` mit der Methode `erzeugeStrecke` als neue Strecke erzeugt,
- für den mit *Dreieck* beschrifteten Knopf das Objekt `drehObjekt` mit der Methode `erzeugeDreieck` als neues Dreieck erzeugt

und jeweils `repaint` zum Neuzeichnen alle Komponenten aufgerufen werden. Der Konstruktor soll dafür sorgen, dass die Variable `drehObjekt` zu Beginn mit einer Strecke initialisiert wird.
Zum Erzeugen einer neuen Strecke müssen Sie nun noch die Instanzmethode `erzeugeStrecke()` schreiben, die ein neues Objekt der Klasse `Strecke` (siehe Aufgabe 15.2) mit den Endpunkten (0,0) und (100,0) erzeugt und als Ergebnis zurückliefert. Außerdem müssen Sie die Methode `erzeugeDreieck()` zum Erzeugen eines neuen Dreiecks ergänzen, die ein neues Objekt der Klasse `Dreieck` mit den Eckpunkten $(0,0)$, $(100,0)$ und $(50,-66)$ erzeugt

und als Ergebnis zurückliefert. Schließlich überschreiben Sie die Methode `paintComponent(Graphics g)`, indem Sie darin zunächst die entsprechende Methode der Superklasse und anschließend die Instanzmethode `zeichnen` des Objekts `drehObjekt` aufrufen. Verwenden Sie dabei die Koordinaten des Panel-Mittelpunkts für die Parameter `xNull` und `yNull`.

Aufgabe 15.5

Schreiben Sie eine Frame-Klasse, in deren Konstruktor ein Objekt der Klasse `DrehPanel` aus Aufgabe 15.4 erzeugt und in die Content-Pane des Frames eingefügt wird. In der `main`-Methode der Klasse sollten Sie den Frame dann in den Dimensionen 350×300 Pixel erzeugen, sodass sich die grafische Oberfläche wie in Abbildung 15.7 dargestellt präsentiert.

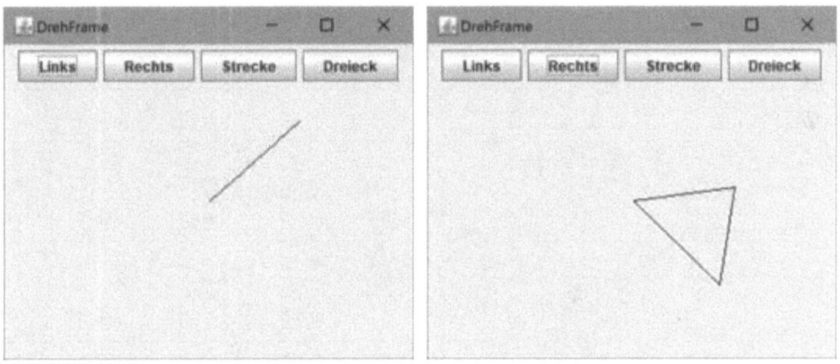

Abbildung 15.7: Der Frame aus Aufgabe 15.5

Aufgabe 15.6

Erweitern Sie Ihr Programm aus Aufgabe 15.5 so, dass auch ein Dreieck um seinen Schwerpunkt gedreht werden kann. Entwerfen Sie dazu eine Klasse `SchwerDreieck`, die von `Dreieck` erbt und in ihrem Konstruktor lediglich den Konstruktor der Superklasse aufruft. Die Methode `zeichnen` muss überschrieben werden, indem die entsprechende Methode der Superklasse aufgerufen wird, wobei die angepassten Koordinaten ($\texttt{xNnull} - x_s, \texttt{yNnull} - y_s$) unter Verwendung der Koordinaten des Schwerpunkts $s = (x_s, y_s)$ übergeben werden müssen. **Hinweis:** Die Koordinaten $(x_\mathrm{s}, y_\mathrm{s})$ des Schwerpunkts eines aus den Punkten $p = (x_p, y_p)$, $q = (x_q, y_q)$ und $r = (x_r, y_r)$ gebildeten Dreiecks berechnen sich zu

$$x_\mathrm{s} := (x_p + x_q + x_r)/3 \qquad \text{und} \qquad y_\mathrm{s} := (y_p + y_q + y_r)/3.$$

Teil IV

Nebenläufige und verteilte Anwendungen

Tagtäglich surfen wir im Web, streamen wir Videos, empfangen wir E-Mails oder schicken wir uns Nachrichten auf unseren Smartphones. Ein Leben so wie früher, als man zwar Computer, aber keinen Internetzugang, oder Handys, aber kein Smartphone hatte, können wir uns in dieser vernetzten Welt gar nicht mehr vorstellen. Doch wie funktioniert das alles eigentlich? Und welche Rolle spielt Java dabei? Bald werden Sie sehen, dass Java hier sogar eine ganz große Rolle spielt, da es von Anfang an für Internetanwendungen gemacht war.
Doch bevor wir uns daran wagen können, müssen wir erst noch ein paar Grundlagen klären. Anfangen werden wir daher mit Threads und nebenläufiger Programmierung, um zu zeigen, wie man mit Java „mehr als eine Sache gleichzeitig machen" kann. Danach schauen wir uns dann Datenströme als Schnittstelle zur Außenwelt an. Und dann kommt auch schon das große Finale: Wir strecken den Finger in die Luft, warten, bis er leuchtet, und telefonieren nach Hause.[3] Oder anders ausgedrückt, am Ende dieses Teils schreiben wir unsere eigenen Client/Server-Anwendungen.

[3] Vgl. E.T. – Der Außerirdische von Steven Spielberg

Kapitel 16

Parallele Programmierung mit Threads

Bereits in unseren ersten Beispielen zu grafischen Oberflächen in Abschnitt 12.2 stellten wir fest, dass mit dem Erzeugen eines `Frame`-Objekts ohne unser Zutun ein zusätzlicher Programmfluss, ein sogenannter **Thread** (deutsch: Faden) für das Fenster gestartet wird, der parallel zum eigentlichen Programmfluss der `main`-Methode abgearbeitet wird. Moderne Softwareprodukte kommen ohne solche nebenläufige Programmflüsse nicht mehr aus, und wir werden in diesem Kapitel sehen, dass es in Java sehr einfach möglich ist, eigene Threads zu erzeugen. Somit sind wir in der Lage, Programme zu schreiben, die aus sehr vielen Threads bestehen, die eben nicht einfach nur nacheinander, sondern parallel ausgeführt werden.

16.1 Ein einfaches Beispiel

Wir wollen uns in diesem Abschnitt zunächst mit einem einfachen Programm beschäftigen, das einen bestimmten Vorgang mehrmals (genau genommen zweimal) ausführt. Wir erzeugen dabei jeweils ein Objekt einer speziellen Klasse `ABCPrinter`, das diesen Vorgang für uns ausführt. In der `main`-Methode unserer Klasse

```
public class MehrmalsP {
  public static void main(String[] args) {
    ABCPrinter p1 = new ABCPrinter(),
               p2 = new ABCPrinter();
    p1.start();
    p2.start();
  }
}
```

erzeugen wir daher lediglich die beiden Objekte p1 und p2 der Klasse ABCPrinter und starten dann nacheinander deren Ausführung, indem wir ihre Instanzmethode start aufrufen. Den eigentlichen Vorgang – es handelt sich dabei um das „Aufsagen" der Buchstaben des Alphabets – haben wir in der Methode run unserer Klasse

```
public class ABCPrinter {
  public void run() {
    for (char b = 'A'; b <= 'Z'; b++) {
      // Gib den Buchstaben aus
      System.out.print(b);
      // Verbringe eine Sekunde mit "Nichtstun"
      MachMal.eineSekundeLangGarNichts();
    }
  }
  public void start() {
    run();
  }
}
```

implementiert. Die Instanzmethode start unseres ABC-Printers ist daher lediglich dafür zuständig, die Methode run auszuführen.[1] Um die Ausführung der Methode genau beobachten zu können, verwenden wir die Hilfsmethode MachMal.eineSekundeLangGarNichts, die wortwörtlich genau das tut, was ihr Name aussagt, nämlich eine Sekunde lang gar nichts. Wir werden später noch darauf eingehen, wie wir diese Methode implementiert haben.

Wenn wir nun die Klasse MehrmalsP starten, so sehen wir im Konsolenfenster nach und nach (jeweils im Abstand von etwa einer Sekunde) die Buchstaben A bis Z, und unmittelbar nach Fertigstellung des ersten Abc folgt ein weiteres. Die Ausgabe sieht schließlich so aus:

Konsole
```
ABCDEFGHIJKLMNOPQRSTUVWXYZABCDEFGHIJKLMNOPQRSTUVWXYZ
```

Natürlich ist das genau, was wir erwartet haben, denn schließlich wird in der main-Methode zuerst die Methode start (und damit die Methode run) des Objekts p1 und danach die des Objekts p2 ausgeführt.

Möglicherweise fragen Sie sich jetzt, ob wir sehr viel Aufwand betreiben müssen, um unser Programm nun so abzuändern, dass die beiden Abc-Aufsageaktionen quasi gleichzeitig stattfinden. Dies können wir mit einem klaren Nein beantworten. Unsere ursprüngliche Klasse ABCPrinter können wir sehr einfach zu einer Thread-Klasse machen, indem wir die Klasse von der Klasse Thread erben lassen. Von dieser Klasse erben wir dann auch bereits eine Methode start, die für das Ausführen der Methode run zuständig ist, sodass wir uns in unserer Klasse

```
class ABCThread extends Thread {
  public void run() {
```

[1] Wahrscheinlich werden Sie jetzt denken, dass dies „mit dem Messer von hinten durch die Brust ins Auge" programmiert ist. Spätestens wenn wir die Brücke zu den Threads geschlagen haben, werden Sie sehen, warum wir diesen möglicherweise seltsam anmutenden Ansatz gewählt haben.

```
    for (char b = 'A'; b <= 'Z'; b++) {
      // Gib den Buchstaben aus
      System.out.print(b);
      // Verbringe eine Sekunde mit "Nichtstun"
      MachMal.eineSekundeLangGarNichts();
    }
  }
}
```

sogar nur noch um die Methode `run` kümmern müssen, die wir unverändert aus der Klasse `ABCPrinter` übernehmen können. Schließlich modifizieren wir nun noch die Klasse `MehrmalsP` zu einer Klasse

```
public class MehrmalsT {
  public static void main(String[] args) {
    ABCThread t1 = new ABCThread(),
              t2 = new ABCThread();
    t1.start();
    t2.start();
  }
}
```

indem wir unsere `ABCPrinter`-Objekte durch `ABCThread`-Objekte ersetzen. Nun wird beim Start der Klasse `MehrmalsT` in der `main`-Methode zwar immer noch zuerst die Methode `start` des Objekts `t1` und danach die des Objekts `t2` ausgeführt, doch weil es sich jetzt um Thread-Objekte handelt, stößt die `start`-Methode nun lediglich die Ausführung der Methode `run` (in einem nebenläufigen Programmfluss) an und ist danach beendet, sodass der Programmfluss der `main`-Methode fortgesetzt und auch das Thread-Objekt `t2` gestartet werden kann.
Bei Ausführung der Klasse `MehrmalsT` sehen wir nun im Konsolenfenster nach und nach (wiederum jeweils im Abstand von etwa einer Sekunde) die Buchstaben A bis Z immer *paarweise* erscheinen, weil die beiden Threads `t1` und `t2` quasi gleichzeitig ihr Abc „aufsagen". Die Ausgabe sieht am Ende so aus:

```
Konsole
AABBCCDDEEFFGGHHIIJJKKLLMMNNOOPPQQRRSSTTUUVVWWXXYYZZ
```

16.2 Threads in Java

Allgemein gesprochen, versteht man unter einem Thread eine Folge von Anweisungen, die unabhängig von anderen Threads nebenläufig ausgeführt werden können. Dazu hat jeder Thread einen eigenen Bereich (Stack), um lokale Variablen anzulegen und Methoden aufzurufen, alle Threads müssen sich aber den Speicherbereich (Adressbereich) und somit die Variablen und Objekte des Programms, zu dem sie gehören, teilen. Den Threads steht daher keine eigene Ausführungsumgebung zur Verfügung, wie dies zum Beispiel bei Prozessen, die vom Betriebssystem des Rechners nebenläufig ausgeführt werden können, der Fall ist. Man nennt Threads daher häufig auch **leichtgewichtige Prozesse**.

Eine echte parallele (also gleichzeitige) Ausführung von Programmteilen kann natürlich nur auf einem Rechner realisiert werden, der mit mehreren Prozessoren ausgestattet ist. Auf Rechnern mit nur einem Prozessor kann sich die Parallelität natürlich nur auf eine Quasigleichzeitigkeit beschränken. Dazu muss der Prozessor zur Laufzeit des Programms schnell und andauernd zwischen den verschiedenen Threads wechseln, sodass für den Benutzer bzw. die Benutzerin der Eindruck der zeitgleichen Ausführung entsteht.

In unseren bisherigen Beispielprogrammen haben wir bereits ständig mit Threads zu tun gehabt, ohne dass uns dies vielleicht bewusst geworden ist. Beim Start jeder Java-Anwendung gibt es nämlich automatisch einen `main`-Thread, der für die Ausführung der `main`-Methode zuständig ist. Darüber hinaus kümmert sich bei sämtlichen Programmen mit grafischer Oberfläche ein weiterer, automatisch erzeugter Thread um alle Ereignisse im Zusammenhang mit den verschiedenen Komponenten und Containern der Oberfläche.

Wie wir bereits an unserem einführenden Beispiel gesehen haben, ist die Erzeugung eigener Threads in Java äußerst einfach. Eine entscheidende Rolle spielt dabei die spezielle Methode `run`, die wir stets implementieren müssen und in die wir die Anweisungsfolge hineinpacken können, die als eigenständiger Thread ausgeführt werden soll. Ein spezieller Mechanismus, der durch Aufruf der Methode `start` eingeleitet wird, sorgt dann dafür, dass die `run`-Methode nebenläufig ausgeführt wird. Direkt aufgerufen (also nicht über `start`), würde `run` nicht anders arbeiten als jede andere selbst geschriebene Methode. Insbesondere wäre dadurch eben keinerlei Nebenläufigkeit möglich.

Diese spezielle Methode `run` wird vom Interface `Runnable` als abstrakte Methode vorgeschrieben. In Java können daher nur Objekte einer Klasse, die dieses Interface implementiert, als Threads ausgeführt werden. Weil die Klasse `Thread` dieses Interface implementiert, haben wir prinzipiell zwei Möglichkeiten, eigene Threads zu erzeugen. Wir schreiben eine eigene Klasse, die von der Klasse `Thread` erbt und deren Objekte somit selbst Threads darstellen – oder wir schreiben eine eigene Klasse, die das `Runnable`-Interface implementiert und deren Objekte später durch ein `Thread`-Objekt gesteuert werden. Die zweite Variante werden wir insbesondere dann benötigen, wenn unsere eigene Klasse bereits von einer anderen Klasse erbt und daher von `Thread` nicht mehr erben kann. In den nachfolgenden Abschnitten beschäftigen wir uns mit diesen beiden Varianten eingehender.

16.2.1 Die Klasse `Thread`

Die wichtigsten Methoden der Klasse `Thread`, die somit allen Objekten einer von `Thread` erbenden Klasse zur Verfügung stehen, sind

- **`public void`** `start()`
  startet die Ausführung des Threads, indem die Virtuelle Maschine dazu veranlasst wird, die `run`-Methode des Threads auszuführen.

- **public void** `run()`
  wird der Thread zur Steuerung eines `Runnable`-Objekts eingesetzt, so ruft diese Methode die `run`-Methode des `Runnable`-Objekts auf. Ist dies nicht der Fall, macht die Methode gar nichts und muss in einer selbst geschriebenen Tochterklasse gemäß den eigenen Wünschen überschrieben werden.
- **public final boolean** `isAlive()`
  liefert **`true`**, wenn der Thread bereits gestartet und noch nicht beendet ist, andernfalls **`false`**.
- **public final int** `getPriority()`
  liefert die Priorität des Threads.
- **public final void** `setPriority(`**`int`** `newPriority)`
  setzt die Priorität des Threads auf den Wert `newPriority`.
- **public final void** `setName(String name)`
  setzt den Namen des Threads.
- **public final** `String getName()`
  liefert den Namen des Threads.
- **public final** `ThreadGroup getThreadGroup()`
  liefert die Thread-Gruppe, der der Thread angehört.
- **public void** `interrupt()`
  setzt das Abbruch-Flag des Threads, um zu signalisieren, dass seine `run`-Methode beendet werden soll.
- **public boolean** `isInterrupted()`
  liefert **`true`**, wenn das Abbruch-Flag des Threads gesetzt ist, andernfalls **`false`**.
- **public final boolean** `isDaemon()`
  liefert **`true`**, wenn der Thread ein Dämon-Thread ist, andernfalls **`false`**.
- **public final void** `setDaemon(`**`boolean`** `on)`
  kennzeichnet (falls `on` den Wert **`true`** hat) den Thread als Dämon-Thread.

Auf die genaue Bedeutung der verwendeten Begriffe Priorität, Dämon, Thread-Gruppe und Abbruch-Flag gehen wir in den folgenden Abschnitten ein.
Zusätzlich zu diesen Instanzmethoden, die sich jeweils auf das `Thread`-Objekt beziehen, für das sie aufgerufen werden, stellt die Klasse `Thread` auch die Klassenmethoden

- **public static** `Thread currentThread()`
  liefert eine Referenz auf den Thread, der gerade ausgeführt wird.
- **public static void yield**`()`
  veranlasst den Thread, der gerade ausgeführt wird, kurz zu pausieren, um andere Threads zum Zuge kommen zu lassen.

- **public static void** `sleep(`**long** `millis)`
  veranlasst den Thread, der gerade ausgeführt wird, für den in Millisekunden angegebenen Zeitraum zu pausieren (sich „schlafen zu legen"). Die Methode kann eine `InterruptedException` werfen, die abgefangen werden muss. Das Abbruch-Flag des Threads wird dabei zurückgesetzt.
- **public static boolean** `interrupted()`
  liefert **true**, wenn das Abbruch-Flag des Threads, der gerade ausgeführt wird, gesetzt ist, andernfalls **false**. Das Abbruch-Flag des Threads wird dabei zurückgesetzt.

zur Verfügung, die sich stets auf den Thread beziehen, der sich gerade in Ausführung befindet. Diese können aufgerufen werden, ohne dass eine Instanz einer Thread-Klasse explizit erzeugt wurde.
Nun können wir auch einen Blick auf unsere Hilfsklasse `MachMal` und deren Methode `eineSekundeLangGarNichts` werfen.

```
public class MachMal {
  public static void eineSekundeLangGarNichts() {
    try {
      Thread.sleep(1000);
    }
    catch (InterruptedException e) {
    }
  }
}
```

In ihr haben wir mit Hilfe der Methode `sleep` dafür gesorgt, dass der gerade ausgeführte Thread eine Sekunde lang schläft.
Wir wollen uns nun noch ein (nicht ganz ernst zu nehmendes) Beispiel ansehen, in dem wir mit Hilfe von Threads ein kleines „Generationenproblem" lösen, das mit dem TV-Programm bzw. dem Angebot der Streaming-Dienste zu tun hat. In einem Drei-Generationen-Haushalt mit nur einem Fernseher könnte es nämlich am Freitagabend sehr leicht zu Zwistigkeiten darüber kommen, welches Programm die Familie sieht. Während die Kleinsten „Nils Holgersson" favorisieren und Mama und Papa lieber mit Captain Archer in einer Folge der Serie „Enterprise" fiebern wollen, freuen sich Oma und Opa vielleicht schon auf Günther Jauch und sein „Wer wird Millionär?". Natürlich könnte man das Problem durch Würfeln oder etwas Ähnliches lösen – wir wollen aber Threads einsetzen.
In unserem Java-Programm

```
public class TVProgAuslosung {
  public static void main (String[] args) {
    TVProgThread t1 = new TVProgThread("Wer wird Millionaer?");
    TVProgThread t2 = new TVProgThread("Enterprise");
    TVProgThread t3 = new TVProgThread("Nils Holgersson");
    t1.start();
    t2.start();
    t3.start();
  }
}
```

haben wir für jeden der drei Programmwünsche ein Thread-Objekt der Klasse `TVProgThread` erzeugt und den zugehörigen Thread gestartet. Diese drei Threads „kämpfen" nun um den Sieg bei der Programmwahl. Dazu haben wir in der Klasse

```java
class TVProgThread extends Thread {
  // Konstruktor
  public TVProgThread(String name) {
    super(name);
  }
  // run-Methode (Schleife mit Zufalls-Wartezeiten)
  public void run() {
    for (int i = 1; i <= 5; i++) {
      System.out.println(getName() + " zum " + i + ". Mal");
      try {
        sleep((int)(Math.random() * 1000));
      }
      catch (InterruptedException e) {
      }
    }
    System.out.println(getName() + " FERTIG!");
  }
}
```

zunächst einen Konstruktor geschrieben, der mit Hilfe des Superkonstruktors (also des Konstruktors der Klasse `Thread`) die Wunschsendung, für die der Thread stehen soll, gerade als Name des Threads festlegt. Alternativ wäre dies natürlich auch durch Aufruf der Methode `setName` möglich gewesen. In der `run`-Methode lassen wir den Thread fünf Mal eine Schleife durchlaufen, in der er jeweils seinen Namen (unter Verwendung der Instanzmethode `getName`) und die Nummer des Schleifendurchlaufs ausgibt und danach einen zufälligen Zeitraum zwischen 0 und 1 Sekunde pausiert. Nach dem Ende der Schleife darf der Thread nochmals seinen Namen und „`FERTIG!`" rufen. Die Entscheidung über das Fernsehprogramm fällt nun für den Thread, der zuerst „`FERTIG!`" rufen kann.
Wenn wir unser Programm `TVProgAuslosung` starten, könnte zum Beispiel durch den Ablauf

Konsole

```
Wer wird Millionaer? zum 1. Mal
Enterprise zum 1. Mal
Nils Holgersson zum 1. Mal
Enterprise zum 2. Mal
Nils Holgersson zum 2. Mal
Wer wird Millionaer? zum 2. Mal
Nils Holgersson zum 3. Mal
Enterprise zum 3. Mal
Enterprise zum 4. Mal
Nils Holgersson zum 4. Mal
Wer wird Millionaer? zum 3. Mal
Enterprise zum 5. Mal
Wer wird Millionaer? zum 4. Mal
Nils Holgersson zum 5. Mal
```

```
Enterprise FERTIG!
Nils Holgersson FERTIG!
Wer wird Millionaer? zum 5. Mal
Wer wird Millionaer? FERTIG!
```

die Entscheidung zugunsten der Star-Trek-Ableger-Serie „Enterprise“ fallen.

16.2.2 Das Interface `Runnable`

In der zweiten Variante zur Erzeugung von Threads schreibt man keine Thread-Klasse, sondern implementiert mit einer Klasse das `Runnable`-Interface, sodass Objekte dieser Klasse als sogenannte **Targets** (deutsch: Ziele) für Threads dienen und somit durch diese Threads gesteuert werden können. Das Interface `Runnable` enthält lediglich die Methode `run()`, in der die gewünschte Thread-fähige Anweisungsfolge zu implementieren ist. Um die `run`-Methode eines `Runnable`-Objekts als Thread auszuführen, muss allerdings ein `Thread`-Objekt erzeugt und gestartet werden.
Zur Erzeugung von Threads, die ein `Runnable`-Objekt steuern, stehen in der Klasse `Thread` auch die beiden Konstruktoren

- **`public`** `Thread(Runnable target)`
- **`public`** `Thread(Runnable target, String name)`

zur Verfügung. Bei dieser Konstellation sorgt dann die durch den `start`-Aufruf gestartete `run`-Methode des `Thread`-Objekts lediglich dafür, dass die `run`-Methode des `Runnable`-Objekts ausgeführt wird.
Wir wollen uns diese Variante zunächst anhand unseres Beispiels aus Abschnitt 16.1 verdeutlichen. Eine Klasse mit der gleichen „Abc-Aufsagefunktionalität“ wie unsere Thread-Klasse `ABCThread` könnten wir durch eine `Runnable`-Klasse der Form

```
class ABCRunnable implements Runnable {
  public void run() {
    for (char b = 'A'; b <= 'Z'; b++) {
      // Gib den Buchstaben aus
      System.out.print(b);
      // Verbringe eine Sekunde mit "Nichtstun"
      MachMal.eineSekundeLangGarNichts();
    }
  }
}
```

realisieren. Zum Start der Threads müssen wir nun aber den „Umweg“ über zwei Thread-Objekte gehen, was wir einfach durch

```
public class MehrmalsR {
  public static void main(String[] args) {
    Runnable r1 = new ABCRunnable(),
             r2 = new ABCRunnable();
    Thread t1 = new Thread(r1),
```

```
      t2 = new Thread(r2);
    t1.start();
    t2.start();
  }
}
```

erreichen. Ablauf und Ausgabe unterscheiden sich beim Start der Klasse in keiner Weise von dem, was wir von Abschnitt 16.1 her kennen.

Nun wollen wir uns noch ansehen, wie wir unsere bereits aus Abschnitt 16.2.1 bekannte TV-Programmauslosung in Form einer `Runnable`-Klasse durchführen. Hier wollen wir allerdings (mit ein klein wenig Mehraufwand) dafür sorgen, dass unsere `main`-Methode in

```
public class TVProgAuslosungMitRunnable {
  public static void main (String[] args) {
    TVProgRunnable t1 = new TVProgRunnable("Wer wird Millionaer?");
    TVProgRunnable t2 = new TVProgRunnable("Enterprise");
    TVProgRunnable t3 = new TVProgRunnable("Nils Holgersson");
    t1.start();
    t2.start();
    t3.start();
  }
}
```

praktisch unverändert bleibt. Den nötigen Aufwand dafür haben wir in unserer `Runnable`-Klasse

```
class TVProgRunnable implements Runnable {

  // Instanzvariable als Referenz auf den eigentlichen Thread
  Thread t;

  // Konstruktor
  public TVProgRunnable(String name) {
    // Erzeuge einen Thread, der mit dem eigenen Objekt verbunden ist
    t = new Thread (this,name);
  }

  // start-Methode des Runnable-Objekts startet den eigentlichen Thread
  public void start() {
    t.start();
  }

  // run-Methode (Schleife mit Zufalls-Wartezeiten)
  public void run() {
    for (int i = 1; i <= 5; i++) {
      System.out.println(Thread.currentThread().getName()
                         + " zum " + i + ". Mal");
      try {
        Thread.sleep((int)(Math.random() * 1000));
      }
      catch (InterruptedException e) {
      }
    }
    System.out.println(Thread.currentThread().getName() + " FERTIG!");
  }
```

```
}
```

betrieben, in der wir mit einer Instanzvariable `t` in Gestalt eines Threads arbeiten, der im Konstruktor unserer Klasse `TVProgRunnable` erzeugt wird und das eigene `Runnable`-Objekt als Target erhält. Außerdem haben wir eine Methode `start` ergänzt, die für nichts anderes zuständig ist, als diesen Thread `t` zu starten. In unserer Implementierung der Methode `run` gehen wir genauso vor wie in der Klasse `TVProgThread` aus Abschnitt 16.2.1. Lediglich den Namen des gerade laufenden Threads ermitteln wir mit Hilfe der Thread-Klassenmethode `currentThread` und über die Methode `getName`.

16.2.3 Threads vorzeitig beenden

In unseren bisherigen Beispielen war es stets so, dass alle Threads dadurch beendet wurden, dass ihre `run`-Methode vollständig abgearbeitet war. Sehr häufig ist es aber auch notwendig, einen Thread, dessen `run`-Methode eine umfangreiche Anweisungsfolge enthält oder gar als Endlosschleife formuliert ist, vorzeitig abzubrechen bzw. zu beenden. Dies könnten wir beispielsweise dadurch realisieren, dass wir innerhalb der Schleife in unserer `run`-Methode an geeigneten Stellen darauf reagieren, wenn dem Thread von außen mitgeteilt wird, dass er sich selbst beenden soll.

Diesen Mechanismus können wir entweder (zum Beispiel mit Hilfe eines **boolean**-Flags, das die Abbruchanforderung signalisiert) explizit selbst programmieren oder auf die beiden von der Klasse `Thread` geerbten Instanzmethoden `interrupt` und `isInterrupted` (siehe Abschnitt 16.2.1) zurückgreifen.

Die letztgenannte Variante haben wir eingesetzt, um unser Konsolen-gesteuertes Stoppuhrprogramm aus Kapitel 11 mit etwas mehr Dynamik zu versehen. In der leicht modifizierten Fassung

```
import Prog1Tools.*;
import java.util.*;
public class StoppuhrMitThread {
  public static void main (String[] args) {
    // Auf Betaetigen der Eingabetaste warten
    IOTools.readLine("Stoppuhr starten mit Eingabetaste!");
    // Aktuellen Zeitpunkt im Date-Objekt start festhalten
    Date start = new Date();
    // Zeitpunkt ausgeben
    System.out.println("Startzeitpunkt: " + start);
    System.out.println();
    System.out.println("Stoppuhr anhalten mit Eingabetaste!");
    // Anzeige-Thread starten
    Thread t = new UhrzeitThread();
    t.start();
    // Auf Betaetigen der Eingabetaste warten
    IOTools.readLine();
    // Aktuellen Zeitpunkt im Date-Objekt stopp festhalten
    Date stopp = new Date();
    // Anzeige-Thread anhalten
    t.interrupt();
```

```
      // Zeitpunkt ausgeben
      System.out.println("Stoppzeitpunkt: " + stopp);
      System.out.println();
      // Laufzeit als Differenz von stopp und start bestimmen
      long laufzeit = stopp.getTime() - start.getTime();
      // Laufzeit ausgeben
      System.out.println("Gesamtlaufzeit: " + laufzeit + " ms");
    }
}
```

haben wir dafür gesorgt, dass unmittelbar nach dem Start unserer Stoppuhr (durch Betätigen der Eingabetaste) ein Thread in Form eines `UhrzeitThread`-Objekts erzeugt und gestartet wird. Dieser Thread ist dafür zuständig, die Uhrzeit anzuzeigen und diese ständig (im Sekundentakt) zu aktualisieren. Nach dem erneuten Betätigen der Eingabetaste zum Anhalten der Stoppuhr wird der Thread mit Hilfe der Methode `interrupt` abgebrochen (sein Abbruch-Flag wird gesetzt).

In unserer Klasse

```
import java.util.*;
import java.text.*;
public class UhrzeitThread extends Thread {
  public static final SimpleDateFormat
    hms = new SimpleDateFormat("HH:mm:ss");

  public void run() {
    System.out.println();
    while (true) {
      if (isInterrupted()) {
        System.out.println();
        break;
      }
      Date time = new Date();
      System.out.print(hms.format(time)+"\b\b\b\b\b\b\b\b");
      try {
        sleep(1000);
      }
      catch (InterruptedException ie) {
        interrupt();
      }
    }
  }
}
```

haben wir die Methode `run` so implementiert, dass in einer Endlosschleife in jedem Durchlauf jeweils der aktuelle Zeitpunkt bestimmt, dieser formatiert ausgegeben, mit Hilfe von Backspace-Zeichen (`\b`) an den Zeilenanfang zurückgesprungen und schließlich eine Sekunde pausiert wird. Zu Beginn jedes Schleifendurchlaufs wird mit Hilfe von `isInterrupted` überprüft, ob eventuell das Abbruch-Flag gesetzt wurde. Wenn ja, springen wir noch in die nächste Zeile auf unserem Konsolenfenster und beenden die Schleife.

Den Aufruf der Methode `sleep` haben wir, wie erforderlich, in einen **`try`**-Block eingebettet. Wie wir wissen, wirft die Methode eine `InterruptedException`,

falls ein `interrupt`-Aufruf für unseren Thread gerade in dessen `sleep`-Phase fällt. Da in diesem Fall das Abbruch-Flag wieder zurückgesetzt wird, sorgen wir durch einen erneuten Aufruf von `interrupt` dafür, dass es wieder gesetzt und dadurch die Schleife beim Start des nächsten Durchlaufs unmittelbar nach dem Zeilenwechsel abgebrochen wird.
Die Ausgabe unseres Programms sieht nun beispielweise wie folgt aus:

Konsole

```
Stoppuhr starten mit Eingabetaste!
Startzeitpunkt: Thu May 29 18:06:16 CEST 2003

Stoppuhr anhalten mit Eingabetaste!

18:06:23

Stoppzeitpunkt: Thu May 29 18:06:24 CEST 2003

Gesamtlaufzeit: 8022 ms
```

16.3 Wissenswertes über Threads

In diesem Abschnitt wollen wir uns mit einigen typischen Charakteristika von Threads beschäftigen. Zum Beispiel haben wir ja bereits in Abschnitt 16.2.1 gesehen, dass wir einem Thread bei seiner Erzeugung oder nachträglich mit Hilfe der Methode `setName` einen Namen geben können. Dazu sei noch bemerkt, dass die Eindeutigkeit der Namen von der virtuellen Maschine nicht kontrolliert wird. Threads ohne explizite Namenszuweisung werden von der virtuellen Maschine durchnummeriert und erhalten standardmäßig die Namen `Thread-1`, `Thread-2` usw. Der für die Ausführung der `main`-Methode zuständige Thread erhält den Namen `main`.
Weiterhin kann ein Thread-Objekt dadurch charakterisiert werden, dass man seinen Zustand bezüglich des Thread-Lebenszyklus, seine Priorität im Hinblick auf das Thread-Scheduling oder seine Gruppenzugehörigkeit betrachtet. Die folgenden Abschnitte widmen sich diesen Themen.

16.3.1 Lebenszyklus eines Threads

Von seiner Erzeugung bis zum Ende seiner Ausführung durchläuft ein Thread im Rahmen seines Lebenszyklus verschiedene Zustände. In Abbildung 16.1 haben wir die möglichen Zustände schematisch dargestellt. Wenn wir einen Thread mit Hilfe des **new**-Operators erzeugen, befindet er sich im Zustand *erzeugt*. Durch den Aufruf seiner Methode `start` versetzen wir ihn dann in den Zustand *ausführbar*, sodass seine Methode `run` ausgeführt werden kann. Da sich unser Thread die Prozessorzeit mit anderen Threads teilen muss, wird die Ausführung seiner

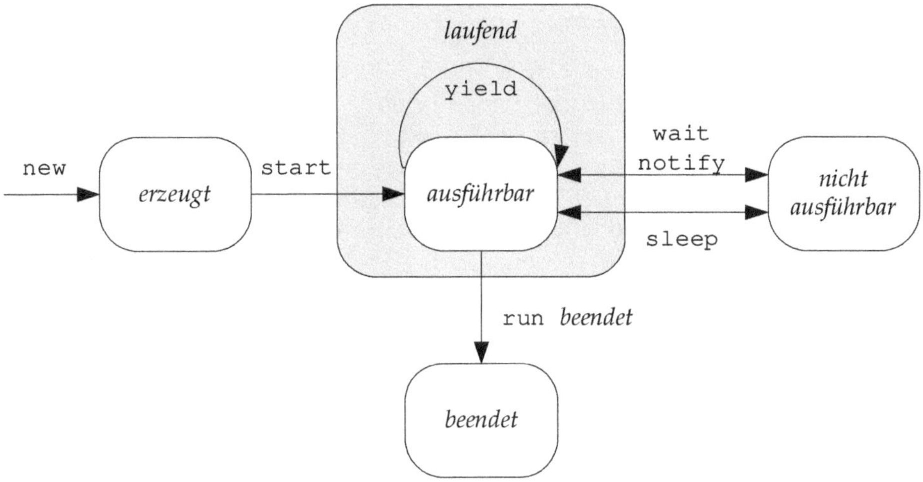

Abbildung 16.1: Lebenszyklus eines Threads

`run`-Methode immer wieder unterbrochen, damit auch die übrigen Threads ihre Ausführung fortsetzen können. Die Aufteilung der Prozessorzeit auf die verschiedenen aktivierbaren Threads übernimmt der **Scheduler** der virtuellen Maschine. In Abschnitt 16.3.2 kommen wir nochmals auf dieses Thema zu sprechen. Mit der Klassenmethode **`yield`** kann der gerade ausgeführte Thread auch selbst dafür sorgen, dass er den Prozessor unabhängig vom Verteilungsmechanismus des Schedulers freigibt.
Die Klassenmethode `sleep` (vgl. Abschnitt 16.2.1) versetzt den aktuellen Thread für die Dauer der angegebenen Zeit in den Zustand *nicht ausführbar*, in dem ihm vom Scheduler keine Prozessorzeit zugeteilt wird. Der Thread wechselt nach Ablauf der „Schlafenszeit" in den Zustand *ausführbar* und wird bei der Prozessorzeitaufteilung wieder berücksichtigt. Auch im Rahmen des Zusammenspiels von mehreren Threads ist es notwendig, die automatische Prozessorzeitaufteilung zu beeinflussen. Dazu können Threads mit Hilfe der Methoden `wait`, `notify` und `notifyAll` miteinander kommunizieren und sich selbst in den Zustand *nicht ausführbar* bzw. andere Threads in den Zustand *ausführbar* versetzen. Das Thema Thread-Kommunikation werden wir in Abschnitt 16.4 vertiefen.
Es ist nicht möglich, den genauen aktuellen Zustand eines Threads abzufragen. Mit Hilfe der Methode `isAlive` kann jedoch zumindest festgestellt werden, ob ein Thread sich in einem der Zustände *ausführbar* oder *nicht ausführbar* befindet. In den Zustand *beendet* gelangt ein Thread erst, wenn seine `run`-Methode vollständig abgearbeitet oder aufgrund einer nicht behandelten Ausnahme abgebrochen wurde.

16.3.2 Thread-Scheduling

Wie bereits erwähnt, verwendet die virtuelle Maschine einen **Scheduler**, um die Prozessorzeit auf die verschiedenen ausführbaren Threads zu verteilen. Welches Verfahren der Scheduler dabei anwendet, ist allerdings nicht für alle virtuellen Maschinen identisch festgelegt. Es ist lediglich sichergestellt, dass ein Thread mit höherer **Priorität** grundsätzlich vorrangig behandelt wird, also im Schnitt mehr Prozessorzeit erhält. Das heißt, andere Threads mit niedrigerer Priorität können vom Scheduler unterbrochen werden, um den Thread mit höherer Priorität auszuführen. Diese als **präemptives Scheduling** bezeichnete Vorgehensweise ist jedoch nicht so zu verstehen, dass Threads mit niedrigerer Priorität warten müssen, bis alle Threads mit höherer Priorität abgearbeitet sind. Zur Vermeidung von **Starvation** (deutsch: Verhungern) und **Deadlocks** (deutsch: Blockierung) kann der Scheduler auch Threads mit niedrigerer Priorität Vorrang geben. Von Starvation spricht man, wenn ein Prozess zwar ausführbar ist, aber keine Prozessorzeit zugeteilt bekommt. Unter einem Deadlock versteht man eine Situation, in der sich mehrere Threads gegenseitig an der Ausführung hindern (siehe auch Abschnitt 16.4.2).

Entscheidend für die tatsächliche Vorgehensweise beim Scheduling der Threads mit niedrigerer Priorität und bei der Aufteilung der Prozessorzeit auf die Threads mit gleicher Priorität ist die jeweilige verwendete Java-Systemumgebung bzw. die Betriebssystemplattform, auf der das System läuft. Einige Plattformen unterstützen ein sogenanntes **Zeitscheibenverfahren**, das die Gesamtprozessorzeit quasi scheibchenweise an die einzelnen ausführbaren Threads (unter Berücksichtigung ihrer Priorität) verteilt.

Will man die Priorität eines Threads abfragen bzw. verändern, so können die bereits in Abschnitt 16.2.1 erwähnten Instanzmethoden `getPriority` bzw. `setPriority` verwendet werden. Prioritäten gibt man dabei als ganzzahlige Werte an, deren zulässiger Bereich durch Klassenkonstanten der Klasse `Thread` festgelegt ist. Die niedrigste Priorität ist `MIN_PRIORITY` (1), die höchste `MAX_PRIORITY` (10). Ohne explizite Zuweisung einer Priorität erhält ein Thread jeweils die Priorität des Threads, der ihn erzeugt. Der `main`-Thread wird mit Priorität `NORM_PRIORITY` (5) gestartet.

16.3.3 Dämon-Threads und Thread-Gruppen

Ein Java-Programm wird normalerweise beendet, sobald der letzte noch laufende Thread beendet ist. Unberücksichtigt bleiben dabei jedoch die sogenannten **Dämon-Threads**, die lediglich im Hintergrund laufen. Typische Beispiele für solche Dämon-Threads sind AWT- bzw. Swing-Threads oder der Garbage Collector. Diese erfüllen Hilfsaufgaben für andere Threads des Programms, haben aber keinen direkten Bezug zur eigentlichen Funktionalität. Genau genommen beendet der Java-Interpreter also ein Programm, sobald außer den Dämon-Threads alle anderen Threads beendet sind. Allerdings können wir unter Verwendung der

Methode `exit` aus der Klasse `System` ein Programm auch beenden, wenn noch weitere Vordergrund-Threads aktiv sind. Wollen wir einen eigenen Thread zum Dämon-Thread machen, müssen wir ihn vor seinem Start mit Hilfe eines Aufrufs `setDaemon(true)` entsprechend kennzeichnen. Ob ein Thread als Dämon läuft, kann mit Hilfe der Methode `isDaemon` überprüft werden.
Threads lassen sich in Gruppen zusammenfassen, sodass alle Threads einer Gruppe gemeinsam gesteuert werden können. Mit Hilfe der Konstruktoren

- **public** `ThreadGroup(String name)`
  erzeugt eine neue Thread-Gruppe.
- **public** `ThreadGroup(ThreadGroup parent, String name)`
  erzeugt eine neue Thread-Gruppe, die Kind der Gruppe `parent` ist.

lässt sich eine Thread-Gruppe als Objekt der Klasse `ThreadGroup` erzeugen. Alle Thread-Gruppen ordnet man baumstrukturartig an, indem man sie über eine Vater-Sohn-Beziehung miteinander verknüpft.
Jeder Thread gehört prinzipiell einer Thread-Gruppe an. Wird er mit dem Standardkonstruktor erzeugt, so wird er stets jener Gruppe zugeordnet, in der sich der Thread befindet, der den neuen Thread erzeugt. Zu diesem Zweck erzeugt die virtuelle Maschine auch beim Start eines Programms eine Thread-Gruppe namens `main`, der alle neu erzeugten Threads, die nicht explizit anderen Gruppen zugeordnet werden, und natürlich der `main`-Thread selbst angehören. Wollen wir einen Thread bei seiner Erzeugung explizit einer Gruppe zuordnen, so müssen wir auf einen der Konstruktoren

- **public** `Thread(ThreadGroup group, Runnable target)`
- **public** `Thread(ThreadGroup group, String name)`
- **public** `Thread(ThreadGroup group, Runnable target, String name)`

zurückgreifen.

16.4 Thread-Synchronisation und -Kommunikation

Wenn wir in einem Programm mehrere Threads einsetzen, müssen wir uns stets der Tatsache bewusst sein, dass diese wechselseitig auf den gleichen Speicherbereich und eventuell auf die gleichen Objekte Zugriff haben. Dabei kann es sehr leicht zu Zugriffskonflikten und inkonsistenten Informationen kommen. Benutzen wir beispielsweise einen Thread, um ein Objekt mit verschiedenen Werten zu belegen (beschreiben), und einen weiteren Thread, der die entsprechenden Werte aus eben diesem Objekt auslesen will, kann es vorkommen, dass der lesende Thread inkonsistente Werte liest. Wird nämlich der Thread, der für den Schreibvorgang zuständig ist, vom Scheduler unterbrochen, bevor er alle Komponenten des Objekts korrekt mit neuen Werten beschrieben hat, so sind teilweise noch die alten Werte gespeichert. Man spricht vom sogenannten **Leser/Schreiber-Problem**.

Nicht weniger problematisch ist die Situation, wenn ein Thread für die Erzeugung und Speicherung neuer Werte in einem Objekt, das als Puffer bzw. Vermittler dient, zuständig ist, während ein anderer Thread diese dort abgelegten Werte „verbrauchen" will. Hier kommt es zu Fehlern, wenn die beiden Threads ihre gegenseitige Abhängigkeit nicht berücksichtigen, sodass die Werte nicht genau in der Reihenfolge verbraucht werden, in der sie erzeugt wurden. Diese Situation bezeichnet man als **Erzeuger/Verbraucher-Problem**.
Glücklicherweise bietet Java die Möglichkeiten, um beide Probleme in den Griff zu bekommen. Anhand von einfachen Beispielen wollen wir die Probleme und ihre Behandlung in den beiden folgenden Abschnitten näher untersuchen.

16.4.1 Das Leser/Schreiber-Problem

Wir betrachten folgende einfache Problemstellung: Ein Thread (der Schreiber) soll dafür zuständig sein, die Position einer Spielfigur auf der Diagonale (A,1) bis (H,8) eines Schachbretts zufällig zu verändern. Ein weiterer Thread (der Leser) soll die Position der Figur in regelmäßigen Abständen auslesen.
Die Darstellung der Figur auf dem Schachbrett haben wir zunächst einmal durch die abstrakte Klasse

```
public abstract class Figur {
  protected char x;
  protected int  y;
  abstract public void setPosition(char x, int y);
  abstract public String getPosition();
}
```

spezifiziert. Unser `Figur`-Objekt ist also jeweils durch seine Koordinaten auf dem Schachbrett (ein Buchstabe in x-Richtung und eine ganze Zahl in y-Richtung) charakterisiert. Die Position der Figur soll mit der Methode `setPosition` gesetzt und mit `getPosition` als Zeichenkette ausgelesen werden können.
Als Schreiber-Thread verwenden wir

```
public class Schreiber extends Thread {
  Figur f;
  public Schreiber (Figur f) {
    this.f = f;
  }
  public void run () {
    while (true) {
      int  z = (int) (Math.random() * 8); // 0 .. 7
      char x = (char) ('A' + z);          // A .. H
      int  y = 1 + z;                     // 1 .. 8
      f.setPosition(x,y);
    }
  }
}
```

in dessen `run`-Methode wir zunächst einen Zufallswert im Bereich 0 bis 7 berechnen. Aus diesem Wert ermitteln wir jeweils die Diagonalenkoordinaten, sodass sich insgesamt die acht Kombinationen (A,1), (B,2), ... (G,7), (H,8) ergeben. Mit

der Instanzmethode `setPosition` des `Figur`-Objekts, das vom Thread bearbeitet wird, werden diese Koordinaten für die Figur eingetragen.
Unser Leser-Thread

```
public class Leser extends Thread {
  Figur f;
  public Leser (Figur f) {
    this.f = f;
  }
  public void run () {
    for (int i=1; i<=30; i++) {
      System.out.print(f.getPosition() + " ");
      if (i % 10 == 0)
        System.out.println();
    }
  }
}
```

der später mit dem gleichen `Figur`-Objekt `f` arbeiten wird, liest in seiner `run`-Methode insgesamt 30 Mal die aktuelle Position der Figur.
In einem ersten Versuch setzen wir nun im Programm

```
public class FigurenThreads1 {
  public static void main (String[] args) {
    SchlechteFigur f = new SchlechteFigur();
    Schreiber      s = new Schreiber(f);
    Leser          l = new Leser(f);
    s.setDaemon(true);
    s.start();
    l.start();
  }
}
```

einen Leser-Thread und einen Schreiber-Thread zur Bearbeitung eines `Figur`-Objekts ein. Wir machen den Schreiber-Thread zum Dämon-Thread, damit unser Programm nach Beendigung des Leser-Threads terminiert. Als `Figur`-Objekt verwenden wir dabei ein Objekt der Klasse

```
public class SchlechteFigur extends Figur {
  public void setPosition(char x, int y) {
    this.x = x;
    MachMal.eineSekundeLangGarNichts();
    this.y = y;
  }
  public String getPosition() {
    MachMal.eineSekundeLangGarNichts();
    return "(" + x + "," + y + ")";
  }
}
```

Hierin haben wir die Methode `setPosition` so implementiert, dass nach Setzen der x-Koordinate erst einmal ein bisschen pausiert wird (dazu greifen wir wieder auf die aus Abschnitt 16.1 bekannte Methode zurück). Damit wollen wir den Zeitaufwand simulieren, der bei einem umfangreicheren Objekt für die Bearbeitung notwendig wäre. Auch in der Methode `getPosition` haben wir für eine entsprechende Verzögerung gesorgt.

Beim Start des Programms `FigurenThreads1` kann sich nun folgender Ablauf ergeben:

```
Konsole
(D,4) (B,2) (C,5) (H,2) (B,8) (G,2) (D,7) (D,7) (D,1) (B,4)
(E,2) (B,5) (D,2) (D,4) (G,4) (D,7) (C,4) (A,3) (D,1) (F,4)
(C,6) (E,3) (C,5) (E,3) (C,5) (C,5) (G,3) (H,7) (D,8) (G,4)
```

Das heißt: Obwohl wir im Schreiber-Thread sichergestellt haben, dass unsere Figur auf einem Feld der Diagonale (A,1) bis (H,8) gesetzt wird, liest der Leser-Thread auch Feldpositionen wie (C,5) oder (H,2), die nicht im gewünschten Sinne sind. Hier bekommen wir es also tatsächlich mit inkonsistenten Informationen über das Figurenobjekt zu tun, weil der Schreiber-Thread während der Ausführung der Methode `setPosition` nach dem Setzen von `x` vom Scheduler zeitweise unterbrochen wird, bevor er auch `y` setzen kann. Der Leser-Thread erhält somit von der Methode `getPosition` nicht zusammengehörende Kombinationen von `x` und `y`.
Um dieses Problem zu beheben, müssen wir dafür sorgen, dass nicht zwei Threads gleichzeitig auf den kritischen Datenbereich unseres Objekts zugreifen können. Für diesen Zweck stellt Java das Schlüsselwort **`synchronized`** zur Verfügung, mit dem Methoden oder Anweisungsblöcke in genau diesem Sinne **synchronisiert** werden können. Wenn wir dieses Konzept in unserer Figurklasse einsetzen, können wir zum Beispiel eine Klasse

```java
public class GuteFigur extends Figur {
  synchronized public void setPosition(char x, int y) {
    this.x = x;
    MachMal.eineSekundeLangGarNichts();
    this.y = y;
  }
  synchronized public String getPosition() {
    MachMal.eineSekundeLangGarNichts();
    return "(" + x + "," + y + ")";
  }
}
```

implementieren, in der wir die Methoden `setPosition` und `getPosition` als **`synchronized`** deklarieren. Wenn wir unsere beiden Leser- und Schreiber-Threads nun im Rahmen unseres Programms

```java
public class FigurenThreads2 {
  public static void main (String[] args) {
    GuteFigur f = new GuteFigur();
    Schreiber s = new Schreiber(f);
    Leser     l = new Leser(f);
    s.setDaemon(true);
    s.start();
    l.start();
  }
}
```

mit einem Objekt der Klasse `GuteFigur` arbeiten lassen, so kann sich folgender Ablauf

```
Konsole
(H,8) (E,5) (D,4) (D,4) (H,8) (D,4) (A,1) (A,1) (B,2) (F,6)
(G,7) (A,1) (C,3) (F,6) (C,3) (H,8) (H,8) (D,4) (H,8) (F,6)
(A,1) (E,5) (E,5) (G,7) (F,6) (H,8) (D,4) (E,5) (C,3) (G,7)
```

ergeben. Das heißt: Nun ist sichergestellt, dass unser Leser-Thread stets korrekte Feldpositionen ausliest.
Generell gilt, dass bei Ausführung einer **synchronized**-Methode das zugehörige Objekt für andere **synchronized**-Methoden gesperrt wird (allerdings sperrt ein Thread niemals sich selbst). Man spricht auch von einem **Monitor**, der den Zugriff auf das Objekt überwacht und eine **Sperre** verwaltet. Jeder Thread muss vor Ausführung einer **synchronized**-Methode die Sperre des Objekts erwerben. Ist ein anderer Thread im Besitz der Sperre, weil er gerade eine **synchronized**-Methode des Objekts ausführt, so wird der aktuelle Thread so lange blockiert (bleibt aber ausführbar), bis die Sperre wieder freigegeben wurde. Jedes Objekt führt dazu eine Warteliste mit den blockierten Threads.

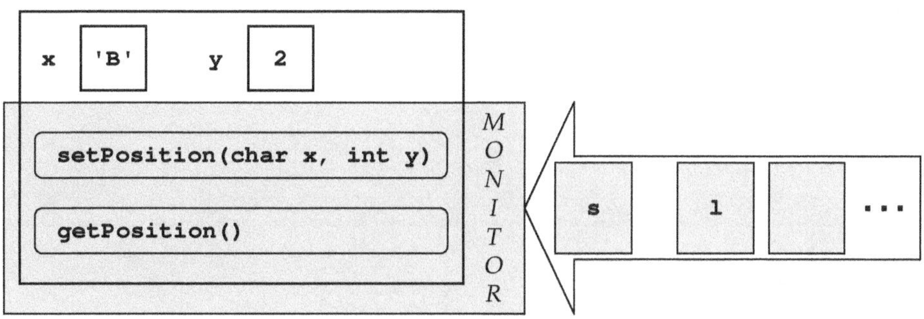

Abbildung 16.2: Synchronisierte Methoden und der Monitor

In Abbildung 16.2 ist dieser Mechanismus am Beispiel eines Objekts unserer Klasse `GuteFigur` schematisch dargestellt, wobei der Thread `s` gerade die Sperre des Objekts erworben hat, während `l` und weitere Threads in der Warteliste stehen. Weil die Sperre sich jeweils auf ein Objekt bezieht, ist es möglich, dass zwei oder mehrere Threads dieselbe **synchronized**-Methode für verschiedene Objekte ausführen, sofern die Methode keine Klassenmethode ist.

16.4.2 Das Erzeuger/Verbraucher-Problem

Man könnte vielleicht auf den Gedanken kommen, dass mit der Synchronisierung von Threads alle Probleme im Zusammenhang mit dem nebenläufigen Zugriff auf Objekte in den Griff zu bekommen sind. Wenn man sich jedoch eine Situation vor Augen führt, in der ein Thread für die Erzeugung und Speicherung neuer Werte in einem Pufferobjekt zuständig ist, während ein anderer Thread diese dort abge-

legten Werte wieder ausliest, so erkennt man schnell, dass die Synchronisierung nicht ausreicht, um auch das Abhängigkeitsproblem zu lösen.
Wir wollen dies anhand folgender Problemstellung verdeutlichen: Ein Thread (der Erzeuger) soll dafür zuständig sein, die ganzzahligen Werte 0 bis 4 zu erzeugen und in einem Vermittlerobjekt abzulegen, während ein weiterer Thread (der Verbraucher) diese Werte aus dem Vermittlerobjekt entsprechend auslesen soll. Zur Darstellung eines solchen Vermittlerobjekts haben wir zunächst eine abstrakte Klasse

```
abstract class Wert {
  protected int wert;
  abstract public int get();
  abstract public void put (int w);
}

```

spezifiziert. Ein `Wert`-Objekt stellt also einen sehr kleinen Puffer dar, weil es prinzipiell nur einen einzigen **`int`**-Wert in der Instanzvariablen `wert` aufnehmen kann. Dieser Wert soll mit der Methode `put` gesetzt und mit `get` ausgelesen werden können.
Als Erzeuger-Thread verwenden wir

```
class Erzeuger extends Thread {
  Wert w;
  public Erzeuger (Wert w) {
    this.w = w;
  }
  public void run() {
    for (int i = 0; i < 5; i++) {
      w.put(i);
      try {
        sleep((int)(Math.random() * 100));
      }
      catch (InterruptedException e) {
      }
    }
  }
}
```

in dessen `run`-Methode wir in einer Schleife die Werte 0 bis 4 mit Hilfe der Methode `put` im Vermittlerobjekt eintragen. Unser Verbraucher-Thread

```
class Verbraucher extends Thread {
  Wert w;
  public Verbraucher (Wert w) {
    this.w = w;
  }
  public void run() {
    int v;
    for (int i = 0; i < 5; i++) {
      v = w.get();
      try {
        sleep((int)(Math.random() * 100));
      }
      catch (InterruptedException e) {
```

```
        }
      }
    }
  }
```

der später mit dem gleichen `Wert`-Objekt `w` arbeiten wird, liest in seiner `run`-Methode die fünf dort abgelegten Werte der Reihe nach aus und protokolliert sie auf dem Konsolenfenster. Sowohl der Erzeuger- als auch der Verbraucher-Thread sind so implementiert, dass sie jeweils nach dem `put`- bzw. dem `get`-Aufruf für eine kurze Zeitspanne zwischen 0 und 100 Millisekunden pausieren.
Für unser erstes Testprogramm

```
public class EVTest1 {
  public static void main (String args[]) {
    SchlechterWert  w = new SchlechterWert();
    Erzeuger        e = new Erzeuger(w);
    Verbraucher     v = new Verbraucher(w);
    e.start();
    v.start();
  }
}
```

lassen wir Erzeuger und Verbraucher mit einem `Wert`-Objekt der Klasse

```
class SchlechterWert extends Wert {
  public synchronized int get() {
    System.out.println("Verbraucher get: " + wert);
    return wert;
  }
  public synchronized void put (int w) {
    wert = w;
    System.out.println("Erzeuger    put: " + wert);
  }
}
```

arbeiten, in der wir die Methoden `get` und `put` als **`synchronized`** deklariert haben. Beim Start des Programms `EVTest1` stellen wir fest, dass trotz der Synchronisation die fünf Werte 0 bis 4 nicht in der korrekten Reihenfolge erzeugt und verbraucht werden. Vielmehr kann sich auch folgender Ablauf ergeben:

Konsole

```
Erzeuger    put: 0
Verbraucher get: 0
Erzeuger    put: 1
Verbraucher get: 1
Verbraucher get: 1
Verbraucher get: 1
Erzeuger    put: 2
Erzeuger    put: 3
Erzeuger    put: 4
Verbraucher get: 4
```

Das heißt, der Erzeuger produziert zwar die Werte 0 bis 4 in der richtigen Reihenfolge, der Verbraucher entnimmt dem Vermittlerobjekt aber einige Werte mehr-

fach bzw. einige überhaupt nicht. Zur Behebung dieses Problems müssen wir dafür sorgen, dass der Verbraucher immer nur dann aktiv wird, wenn der Erzeuger auch wieder einen neuen Wert bereitgestellt hat. Die beiden Threads müssen also miteinander kommunizieren können.
Die Methoden, die dabei eine Rolle spielen, finden sich mit

- **public final void** `join()`
  veranlasst den gerade ausgeführten Thread, mit seiner weiteren Ausführung so lange zu warten, bis der Thread, für den `join` ausgeführt wird, beendet ist. Die Methode kann eine `InterruptedException` werfen, die abgefangen werden muss, und das Abbruch-Flag des Threads wird dabei zurückgesetzt.
- **public final void** `join(`**long** `millis)`
  veranlasst den Thread, der gerade ausgeführt wird, mit seiner weiteren Ausführung maximal `millis` Millisekunden zu warten, bis der Thread, für den `join` ausgeführt wird, beendet ist. Die Methode kann eine `InterruptedException` werfen, die abgefangen werden muss. Das Abbruch-Flag des Threads wird dabei zurückgesetzt.

in der Klasse `Thread` und mit

- **public final void** `wait()`
  veranlasst den Thread, der gerade ausgeführt wird, mit seiner weiteren Ausführung zu warten, bis ein anderer Thread die `notify`- oder die `notifyAll`-Methode für das aktuelle Objekt ausführt. Der Thread gibt dazu die Objektsperre ab und muss sie nach dem Wartevorgang wieder erwerben. Die Methode kann eine `InterruptedException` werfen, die abgefangen werden muss. Das Abbruch-Flag des Threads wird dabei zurückgesetzt.
- **public final void** `wait(`**long** `timeout)`
  veranlasst den Thread, der gerade ausgeführt wird, mit seiner weiteren Ausführung maximal `timeout` Millisekunden zu warten, bis ein anderer Thread die `notify`- oder die `notifyAll`-Methode für das aktuelle Objekt ausführt. Der Thread gibt dazu die Objektsperre ab und muss sie nach dem Wartevorgang wieder erwerben. Die Methode kann eine `InterruptedException` werfen, die abgefangen werden muss. Das Abbruch-Flag des Threads wird dabei zurückgesetzt.
- **public final void** `notify()`
  reaktiviert einen einzelnen Thread, der sich im Wartezustand bezüglich des aktuellen Objekts befindet.
- **public final void** `notifyAll()`
  reaktiviert alle Threads, die sich im Wartezustand bezüglich des aktuellen Objekts befinden.

in der Klasse `Object`. Die drei Methoden `wait`, `notify` und `notifyAll` stehen also jedem beliebigen Objekt durch Vererbung zur Verfügung.

Für unseren speziellen Fall ist die Methode `join` natürlich nicht einsetzbar, weil unser Verbraucher-Thread ja nicht erst wieder aktiv werden möchte, wenn der Erzeuger-Thread bereits beendet ist. Vielmehr müssen wir die Methoden `wait` und `notify` geschickt einsetzen. In unserer neuen `Wert`-Klasse

```
class GuterWert extends Wert {
  private boolean verfuegbar = false;
  public synchronized int get() {
    if (!verfuegbar)
      try {
        wait();
      }
      catch (InterruptedException ie) {
      }
    verfuegbar = false;
    notify();
    System.out.println("Verbraucher get: " + wert);
    return wert;
  }
  public synchronized void put (int w) {
    if (verfuegbar)
      try {
        wait();
      }
      catch (InterruptedException ie) {
      }
    wert = w;
    System.out.println("Erzeuger    put: " + wert);
    verfuegbar = true;
    notify();
  }
}
```

arbeitet das Vermittlerobjekt mit einem Flag `verfuegbar`, das anzeigt, ob bereits ein Wert vom Erzeuger produziert und damit für den Verbraucher bereitgestellt wurde.

In der Methode `get` lassen wir den Verbraucher-Thread, der die Methode ausführt, daher zunächst überprüfen, ob ein Wert verfügbar ist. Wenn das nicht der Fall ist, lassen wir ihn mit `wait` erst mal auf ein `notify` vom Erzeuger warten. Wird der Wartezustand aufgehoben, steht fest, dass ein neuer Wert in der Variable `wert` vorhanden ist und nun verbraucht werden kann. Durch einen `notify`-Aufruf informiert der Verbraucher daher den Erzeuger, dass er wieder aktiv werden soll, und verbraucht den aktuellen Wert mit dem **`return`**.

In der Methode `put` lassen wir den Erzeuger-Thread, der die Methode ausführt, zunächst überprüfen, ob ein Wert verfügbar ist. Wenn dies der Fall ist, lassen wir ihn mit `wait` erst mal auf ein `notify` vom Verbraucher warten. Wird der Wartezustand aufgehoben, steht fest, dass ein neuer Wert für die Variable `wert` eingetragen werden kann. Nach der Speicherung des neuen Werts wird nun das `verfuegbar`-Flag gesetzt und der Verbraucher durch einen `notify`-Aufruf darüber informiert, dass er wieder aktiv werden kann.

Wenn wir unsere beiden Erzeuger- und Verbraucher-Threads nun im Rahmen unseres Programms

```
public class EVTest2 {
  public static void main (String args[]) {
    GuterWert   w = new GuterWert();
    Erzeuger    e = new Erzeuger(w);
    Verbraucher v = new Verbraucher(w);
    e.start();
    v.start();
  }
}
```

mit einem Objekt der neuen Klasse `GuterWert` arbeiten lassen, so wird sich ein Ablauf der Form

Konsole

```
Erzeuger    put: 0
Verbraucher get: 0
Erzeuger    put: 1
Verbraucher get: 1
Erzeuger    put: 2
Verbraucher get: 2
Erzeuger    put: 3
Verbraucher get: 3
Erzeuger    put: 4
Verbraucher get: 4
```

ergeben. Das heißt: Nun ist sichergestellt, dass unser Erzeuger/Verbraucher-Mechanismus korrekt abläuft – zumindest, wenn wir es nur mit einem Erzeuger und einem Verbraucher zu tun haben. In Übungsaufgabe 16.2 werden wir uns aber auch noch mit dem Fall beschäftigen müssen, dass mehrere Erzeuger und mehrere Verbraucher beteiligt sind.

Zusammenfassend kann man sagen, dass mit dem Schlüsselwort **`synchronized`** und den Methoden `join`, `wait`, `notify` und `notifyAll` in Verbindung mit dem Monitor-Konzept ein zuverlässiger Mechanismus für den Schutz kritischer Programmbereiche zur Verfügung steht. Allerdings sollte man sich darüber im Klaren sein, dass dieser auch gewisse Gefahren in sich birgt. Geht man allzu leichtfertig an eine entsprechende Implementierung heran, kann dies zu erheblichen Problemen mit Starvation- oder Deadlock-Situationen (vgl. Abschnitt 16.3.2) führen.

Würden wir zum Beispiel als Vermittler ein Objekt der Klasse

```
class KlemmWert extends Wert {
  public synchronized int get() {
    try {
      wait();
    }
    catch (InterruptedException ie) {
    }
    notify();
    System.out.println("Wert verbraucht!");
    return wert;
```

```
  }
  public synchronized void put (int w) {
    wert = w;
    System.out.println("Wert erzeugt!");
    notify();
    try {
      wait();
    }
    catch (InterruptedException ie) {
    }
  }
}
```

verwenden, deren Methoden `put` und `get` ohne das Flag `verfuegbar` arbeiten, so kommt das Programm

```
public class EVTest3 {
  public static void main (String args[]) {
    KlemmWert   w = new KlemmWert();
    Erzeuger    e = new Erzeuger(w);
    Verbraucher v = new Verbraucher(w);
    e.start();
    v.start();
  }
}
```

bereits unmittelbar nach dem Programmstart in eine Deadlock-Situation. Es wird zwar noch

Konsole

```
Wert erzeugt!
```

ausgegeben, danach „hängt" das Programm aber und kann lediglich mit dem Tastaturkommando **Ctrl-C** bzw. **Strg-C** oder durch Schließen des Konsolenfensters beendet werden. Mit unserer Implementierung von `KlemmWert` haben wir beabsichtigt, dass der Verbraucher erst mal in den Wartezustand geht, bis der Erzeuger ihm zu verstehen gibt, dass ein Wert erzeugt ist, und dieser dann selbst wartet, bis wiederum der Verbraucher signalisiert, dass er den Wert verbraucht hat. Wie wir sehen, haben wir jedoch keinerlei Kontrolle darüber, dass sich nicht sowohl Erzeuger als auch Verbraucher gleichzeitig im Zustand `wait` befinden.
Sucht man in der Literatur bzw. im Internet nach anschaulichen Beispielen zum Thema Deadlock und Starvation, so stößt man relativ schnell auf das sogenannte **Philosophenproblem**, das sich wie folgt beschreiben lässt:

> Für fünf Philosophen ist ein Tisch gedeckt, sodass jeder Philosoph einen Teller sowie rechts daneben eine Gabel vor sich liegen hat (siehe auch Abbildung 16.3). Allerdings benötigt ein Philosoph zum Essen jeweils zwei Gabeln, sodass er sich jeweils auch die Gabel seines linken Tischnachbarn nehmen muss, um eine Mahlzeit einzunehmen. Das Leben eines jeden Philosophen am Tisch besteht nun aus sich ständig abwechselnden Phasen des Essens und des Denkens. Wird er während der Denkphase hungrig, so greift er, falls vorhanden, zunächst nach der rechten und dann nach der

Abbildung 16.3: Der gedeckte Tisch für die Philosophen

linken Gabel. Kann er die Gabel nicht greifen (weil sein Nachbar diese gerade noch in der Hand hält), so muss er warten, bis sie wieder verfügbar ist. Erst wenn er beide Gabeln in seinem Besitz hat, kann er eine Weile essen, danach die Gabeln wieder ablegen und das Denken fortsetzen, bis sich erneut ein Hungergefühl einstellt.

Weil alle Philosophen nach dem gleichen Schema zu Werke gehen, kann man sich sehr leicht eine Situation vorstellen, in der alle fünf Philosophen quasi gleichzeitig nach der rechten Gabel greifen. Somit kann keiner der fünf Philosophen nach der zweiten Gabel greifen, und jeder hat nun eine Gabel und wartet darauf, dass sein linker Nachbar isst und danach die Gabel wieder ablegt. Wir haben es also mit einer typischen Deadlock-Situation zu tun, die natürlich gleichzeitig auch eine allgemeine Starvation-Situation darstellt, weil alle fünf Philosophen in diesem Zustand verhungern werden.
Dieses Beispiel unterstreicht eine Sache ganz deutlich: Die Parallelisierung von Algorithmen ist kein Kinderspiel. Nicht etwa weil es kompliziert ist, mal schnell ein paar Threads zu erzeugen – ganz im Gegenteil, denn wir haben gesehen, wie leicht dies zu bewerkstelligen ist. Die Schwierigkeit liegt vielmehr darin, aus einen guten herkömmlichen Algorithmus einen tatsächlich besseren parallelen Algorithmus zu machen und zu vermeiden, dass die parallele Variante am Ende schlechter arbeitet – oder gar nicht. Wenn Sie dieses Thema weiter vertiefen möchten, empfehlen wir Ihnen, mal einen Blick in [17] zu werfen.

16.5 Threads in Swing-Anwendungen

Zum Schluss dieses Kapitels wollen wir noch kurz anhand zweier Beispiele den Einsatz von Threads in grafischen Oberflächen demonstrieren und Hinweise zum Zusammenspiel mehrerer Threads mit Swing-Komponenten geben.

16.5.1 Auf die Plätze, fertig, los!

Zunächst wollen wir uns nochmals mit unserer grafischen Stoppuhr aus Abschnitt 14.6 beschäftigen. Diese haben wir etwas umgestaltet, sodass sie sich jetzt in der in Abbildung 16.4 dargestellten Form präsentiert.

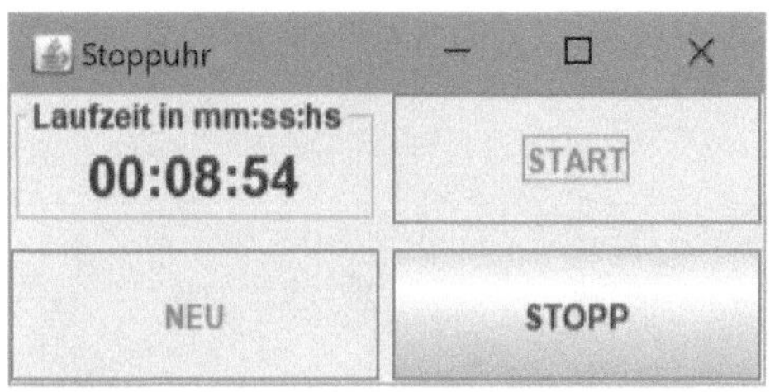

Abbildung 16.4: Stoppuhr mit Thread

Bei Druck auf den Start-Knopf zeigt das Anzeige-Label links oben nun dynamisch die aktuell gemessene Zeit in Minuten, Sekunden und Hundertstelsekunden an. Dazu haben wir unser damaliges Programm folgendermaßen umgestaltet:

```java
import java.util.*;
import java.text.*;
import java.awt.*;
import java.awt.event.*;
import javax.swing.*;
import javax.swing.border.*;

/** Erzeuge ein Swing-Fenster mit Stoppuhrfunktion */
public class StoppuhrFrameThread extends JFrame {
  Container c;
  JButton    startButton, stoppButton, neuButton;
  JLabel     laufZeit;
  Font       schriftGross = new Font("SansSerif",Font.BOLD,20);
  boolean    startPressed, stoppPressed;

  public StoppuhrFrameThread() {   // Konstruktor
    c = getContentPane();
    c.setLayout(new GridLayout(2, 2, 5, 10));

    laufZeit = new JLabel("00:00:00", JLabel.CENTER);
    laufZeit.setFont(schriftGross);
    laufZeit.setBorder(new TitledBorder("Laufzeit in mm:ss:hs"));

    KnopfListener kL = new KnopfListener();
```

```java

    startButton = new JButton("START");
    startButton.setToolTipText("startet die Stoppuhr");
    startButton.addActionListener(kL);
    stoppButton = new JButton("STOPP");
    stoppButton.setToolTipText("stoppt die Stoppuhr");
    stoppButton.addActionListener(kL);
    neuButton = new JButton("NEU");
    neuButton.setToolTipText("setzt Stoppuhr zurueck");
    neuButton.addActionListener(kL);

    stoppButton.setEnabled(false);
    neuButton.setEnabled(false);

    c.add(laufZeit);
    c.add(startButton);
    c.add(neuButton);
    c.add(stoppButton);
  }

  public void anzeigeAktualisieren() {
    if ((startPressed) && (stoppPressed)) {
        startButton.setEnabled(false);
        stoppButton.setEnabled(false);
        neuButton.setEnabled(true);
    } else if (startPressed) {
        startButton.setEnabled(false);
        stoppButton.setEnabled(true);
        neuButton.setEnabled(false);
    } else {
        startButton.setEnabled(true);
        stoppButton.setEnabled(false);
        neuButton.setEnabled(false);
        laufZeit.setText("00:00:00");
    }
  }

  // Listener fuer die Buttons
  class KnopfListener implements ActionListener {
    Thread t;
    public void actionPerformed(ActionEvent e) {
      if (e.getSource() == startButton){
          startPressed = true;
          t = new AnzeigeThread(laufZeit);
          t.start();
      } else if (e.getSource() == stoppButton) {
          stoppPressed = true;
          t.interrupt();
      } else if (e.getSource() == neuButton) {
          startPressed = false;
          stoppPressed = false;
      }
      anzeigeAktualisieren();
    }
  }
```

```java

  public static void main(String[] args) {
    StoppuhrFrameThread fenster = new StoppuhrFrameThread();
    fenster.setTitle("Stoppuhr");
    fenster.setSize(300,150);
    fenster.setVisible(true);
    fenster.setDefaultCloseOperation(JFrame.EXIT_ON_CLOSE);
  }
}
```

Die Neuerungen stecken insbesondere in der inneren Klasse `KnopfListener`, mit der wir die Ereignisbehandlung für die drei Buttons implementiert haben. Wird nämlich die Start-Taste betätigt, so wird ein Thread (ein Objekt der Klasse `AnzeigeThread`) erzeugt und gestartet, während bei Druck auf die Stopp-Taste der Thread mit Hilfe der Methode `interrupt` abgebrochen wird. Die Klasse

```java
import java.util.*;
import java.text.*;
import javax.swing.*;

/* Thread-Klasse zur dynamischen Zeitanzeige **/
public class AnzeigeThread extends Thread {
  JLabel anzeigeLabel;  // Zeitanzeige-Label

  public AnzeigeThread(JLabel anzeigeLabel) { // Konstruktor
    this.anzeigeLabel = anzeigeLabel;
  }
  public String differenzString(Date startZeitObj,      // Formatierung
                                Date aktuelleZeitObj) {
    String anz_m, anz_s, anz_hs;
    long diffZeit = (aktuelleZeitObj.getTime()-startZeitObj.getTime());
    long hs = (diffZeit % 1000) / 10;
    if (hs < 10)
      anz_hs = "0" + hs;
    else
      anz_hs = "" + hs;
    diffZeit = diffZeit / 1000;
    long s = diffZeit % 60;
    if (s < 10)
      anz_s = "0" + s;
    else
      anz_s = "" + s;
    diffZeit = diffZeit / 60;
    long m = diffZeit % 60;
    if (m < 10)
      anz_m = "0" + m;
    else
      anz_m = "" + m;
    return (anz_m + ":" + anz_s + ":" + anz_hs);
  }
  public void run() {  // run-Methode
    Date startZeitObj = new Date();
    while(true) {
      if (isInterrupted())
        break;
      Date aktuelleZeitObj = new Date();
```

```
        anzeigeLabel.setText(differenzString(startZeitObj,
                                   aktuelleZeitObj));
        try {
          Thread.sleep(10);
        } catch(InterruptedException e) {
          break;
        }
      }
    }
  }
```

haben wir dazu so realisiert, dass bei Beginn der Thread-Ausführung in der `run`-Methode zunächst der Startzeitpunkt bestimmt wird. Danach wird in einer Schleife jeweils der aktuelle Zeitpunkt bestimmt, mit der Methode `differenzString` die Zeitdifferenz zwischen den beiden Zeitpunkten berechnet und die Laufzeitangabe auf dem Anzeige-Label dargestellt. Die `run`-Methode wird beendet, sobald das Abbruch-Flag unseres Threads gesetzt wird.

16.5.2 Spielereien

Lust auf ein kleines Glücksspielchen? Nichts leichter als das. Wir schreiben uns ein kleines Programm, das einen typischen Gaststättenspielautomat (natürlich vereinfacht) simuliert. Es gibt drei Anzeigen, die zunächst leer sind und durch Druck der darunter liegenden Start-Taste „gestartet" werden können (siehe Abbildung 16.5).

Abbildung 16.5: Ein einfacher Spielautomat

Auf jeder Anzeige werden nun dynamisch zufällige Ziffern erzeugt, und wir können unser Glück versuchen, alle drei Anzeigen beim gleichen Wert anzuhalten. Konstruktor und `main`-Methode unseres Programms gestalten sich recht einfach, da sie ist lediglich dafür zuständig sind, die drei Labels (Objekte der Klasse `ColorRunLabel`) und die drei Buttons (Objekte der Klasse `StartStopButton`) in das Grid-Layout einzufügen.

```
import java.awt.*;
import java.awt.event.*;
import javax.swing.*;
import javax.swing.border.*;

public class AutomatFrame extends JFrame {
  Container c;
```

```
  ColorRunLabel rotAnzeige, gelbAnzeige, gruenAnzeige;
  StartStopButton rotKnopf, gelbKnopf, gruenKnopf;

  public AutomatFrame() {
    c = getContentPane();

    rotAnzeige = new ColorRunLabel(Color.RED);
    gelbAnzeige = new ColorRunLabel(Color.YELLOW);
    gruenAnzeige = new ColorRunLabel(Color.GREEN);
    rotKnopf = new StartStopButton(Color.RED);
    gelbKnopf = new StartStopButton(Color.YELLOW);
    gruenKnopf = new StartStopButton(Color.GREEN);

    c.setLayout(new GridLayout(2,3,5,5));
    c.add(rotAnzeige);
    c.add(gelbAnzeige);
    c.add(gruenAnzeige);
    c.add(rotKnopf);
    c.add(gelbKnopf);
    c.add(gruenKnopf);

    rotKnopf.addActionListener(new KnopfListener(rotAnzeige, rotKnopf));
    gruenKnopf.addActionListener(new KnopfListener(gruenAnzeige,
        gruenKnopf));
    gelbKnopf.addActionListener(new KnopfListener(gelbAnzeige,
        gelbKnopf));
  }

  // main-Methode
  public static void main(String[] args) {
     AutomatFrame fenster = new AutomatFrame();
     fenster.setTitle("AutomatFrame");
     fenster.setSize(400,200);
     fenster.setVisible(true);
     fenster.setDefaultCloseOperation(JFrame.EXIT_ON_CLOSE);
  }

}
```

Außerdem registrieren wir noch je ein `KnopfListener`-Objekt bei den drei Buttons. Die zugehörige Ereignisbehandlung haben wir in der Klasse

```
import java.awt.event.*;
/** Listener, der beim Druck auf einen Button eine
  * veraenderliche Label-Anzeige per Thread startet
  */
class KnopfListener implements ActionListener {
  ColorRunLabel crl;
  StartStopButton ssb;
  KnopfListener (ColorRunLabel crl, StartStopButton ssb) {
    this.crl = crl;
    this.ssb = ssb;
  }
  public void actionPerformed (ActionEvent e) {
    if (ssb.isStart()) // falls Start-Knopf
```

```
      crl.start();          // Thread des Labels starten
    else                  // andernfalls
      crl.stop();           // Thread des Labels abbrechen
    ssb.switchText();   // Beschriftung des Buttons wechseln
  }
}
```

implementiert. Jedes Listener-Objekt ist jeweils für ein Label-Button-Paar zuständig. Ist der Button gerade mit „Start" beschriftet, wird der Label-Thread gestartet, andernfalls wird er abgebrochen. Außerdem wird die Beschriftung des Buttons geändert. Die benötigten Methoden `isStart` zum Prüfen und `switchText` zum Wechseln der Beschriftung finden sich in der Klasse

```
import java.awt.*;
import javax.swing.*;
public class StartStopButton extends JButton {
  public StartStopButton(Color c) {
    setBackground(c);
    setFont(new Font("Arial",Font.PLAIN,25));
    setText("START");
  }
  public boolean isStart() {
    return getText().equals("START");
  }
  public void switchText() {
    if (isStart())
      setText("STOP");
    else
      setText("START");
  }
}

```

während wir unsere Thread-gesteuerten Labelobjekte in der Klasse

```
import java.awt.*;
import javax.swing.*;

/** Spezialisierte JLabel-Klasse, deren Objekte durch einen Thread
  * mit einer staendig wechselnden Zufallsanzeige versehen sind
  */
public class ColorRunLabel extends JLabel implements Runnable {
  private boolean running = false;
  public ColorRunLabel(Color c) {
    setOpaque(true);
    setBackground(c);
    setFont(new Font("Arial",Font.BOLD,50));
    setHorizontalAlignment(JLabel.CENTER);
  }
  public void start() {
    running = true;
    new Thread(this).start();
  }
  public void stop() {
    running = false;
  }
  public void run() {
```

```
      while (running) {
        setText("" + (int) (10*Math.random()));
        try {
            Thread.sleep(10);
        } catch(InterruptedException e) {
            return;
        }
      }
    }
}
```

realisiert haben. Diese erbt von `JLabel` und implementiert das `Runnable`-Interface. Daher haben wir die `start`-Methode so gestaltet, dass wir zunächst ein Flag setzen, um anzuzeigen, dass die Anzeige läuft, und erzeugen und starten anschließend einen Thread, der das Label als Target benutzt. In der `stop`-Methode setzen wir lediglich unser Flag zurück, sodass die `run`-Methode, die dieses Flag als Bedingung in der **`while`**-Schleife benutzt, abgebrochen werden kann. Die auf dem Label anzuzeigende Ziffer erzeugen wir mit der Methode `random` aus der `Math`-Klasse im Abstand von 10 Millisekunden jeweils neu.

16.5.3 Swing-Komponenten sind nicht Thread-sicher

Aufgrund der Tatsache, dass Swing-Komponenten nicht Thread-sicher sind und sich somit mehrere Threads, die mit einer Swing-Komponente arbeiten, in die Quere kommen können, sollten wir folgende Regel einhalten: Ist eine Swing-Komponente bereits dargestellt, sollten alle Operationen, die den Zustand der Komponente verändern oder von diesem abhängig sind, im sogenannten **Event-Dispatching-Thread** ausgeführt werden. Dieser Thread ist dafür zuständig, den Code für das Zeichnen und für die Ereignisbehandlung auszuführen. Beispielsweise werden die Methoden `paint` und `actionPerformed` automatisch im Event-Dispatching-Thread ausgeführt. Wollen wir selbst programmierten Code dort ausführen lassen, können wir dazu die Methoden `invokeLater` und `invokeAndWait` der Klasse `SwingUtilities` einsetzen. Die Methode

- **`static void`** `invokeLater(Runnable doRun)`

verlegt den Code eines durch `doRun` referenzierten `Runnable`-Objekts in den Event-Dispatching-Thread und ist sofort beendet (ohne das Ende der Ausführung des Codes abzuwarten). Wollten wir z. B. von der Methode `doSomeWork` auf einer Swing-Komponente nebenläufig etwas erledigen lassen, könnten wir dies durch

```
Runnable doSomeWorkRunnable = new Runnable() {
  public void run() {
    doSomeWork();
  }
};
SwingUtilities.invokeLater(doSomeWorkRunnable);
```

ermöglichen. Ist es jedoch erforderlich, dass die Arbeiten auf der Swing-Komponente abgeschlossen sind, bevor wir mit unserem Programm fortfahren, dann müssen wir die Methode

- **static void** invokeAndWait(Runnable doRun)

einsetzen, die ebenfalls den Code des durch doRun referenzierten Runnable-Objekts in den Event-Dispatching-Thread verlegt, aber erst dann beendet ist, wenn der Code ausgeführt wurde. Die Inhalte zweier Textfelder könnten wir beispielsweise mit den Programmzeilen

```
String s0, s1;
Runnable getTextFieldText = new Runnable() {
  public void run() {
    s0 = textField0.getText();
    s1 = textField1.getText();
  }
};
SwingUtilities.invokeAndWait(getTextFieldText);
System.out.println(s0 + " " + s1);
```

auf das Konsolenfenster ausgeben lassen. Hier gilt es allerdings zu beachten, dass wir obige Anweisungen in einen **try-catch**-Block einbetten müssen, weil die Methode invokeAndWait eine InterruptedException (wenn der wartende Thread unterbrochen wird) oder eine InvocationTargetException (wenn die aufgerufene Methode run des Runnable-Objekts eine nicht abgefangene Ausnahme auslöst) werfen kann.

16.6 Übungsaufgaben

Aufgabe 16.1

Nachfolgende Klassen simulieren zwei Terminals in Vorverkaufsstellen für Konzertkarten, an denen Karten gekauft werden können. Die Sitzplatznummern der freien Plätze beziehen die Terminals von einem Objekt des Typs KonzertDaten. Dieses Objekt soll einen sehr einfachen Datenbankserver (und die entsprechenden Zugriffe auf eine Konzertkartendatenbank) simulieren. Die Karten werden durch die sukzessiven Aufrufe der Methode freierPlatz der Reihe nach verkauft.

```
class KonzertDaten {
  private int sitzPlatz = 0;
  int freierPlatz() {
    int n = sitzPlatz;
    try {  // simuliere Datenbankabfragen
        Thread.sleep((int) (Math.random()*100));
    } catch (InterruptedException ie) {
    }
    return sitzPlatz = n + 1;
  }
}
```

```
class KartenTerminal extends Thread {
  private KonzertDaten daten;
  KartenTerminal(String name, KonzertDaten daten) {
    super(name);
    this.daten = daten;
```

```
  }
  public void run() {
    for (int i = 0; i < 100; i++)
      System.out.println(getName() + ": Sitzplatz " +
                           daten.freierPlatz() + " verkauft");
  }
}
```

```
class UseTerminals {
  public static void main(String[] args) {
    KonzertDaten daten = new KonzertDaten();
    KartenTerminal
      t1 = new KartenTerminal("Karten-Terminal 1", daten),
      t2 = new KartenTerminal("Karten-Terminal 2", daten);
    t1.start();
    t2.start();
  }
}
```

Mit dieser Realisierung ist beabsichtigt, dass die Sitzplätze der Reihe nach verkauft werden, eine Karte für einen bestimmten Sitzplatz aber nur genau einmal verwendet wird, unabhängig vom Verkaufsterminal, an dem sie erworben wird.

- Arbeitet das Programm tatsächlich immer korrekt?
- Versuchen Sie, die simultane Abarbeitung der Anweisungen der beiden Threads `t1` und `t2` zu beschreiben.
- Wie beseitigt man das unvorhersehbare Verhalten des Programms?

Aufgabe 16.2

Entwickeln Sie eine Klasse `EVTest4`, indem Sie die Klasse `EVTest2` (siehe Seite 612) so abändern, dass Sie insgesamt drei Erzeuger und drei Verbraucher erzeugen und starten. Erwünscht ist dabei, dass von den Erzeugern die Zahlen 0 bis 9 genau drei Mal erzeugt und jede Zahl auch von den Verbrauchern verbraucht werden. Wenn Sie das Programm mehrfach starten, werden Sie feststellen, dass nicht alles wie gewünscht abläuft und dass es sogar zu Deadlocks kommen kann. Was müssen Sie in der Klasse `GuterWert` ändern, um den gewünschten Ablauf sicherzustellen?

Aufgabe 16.3

Erstellen Sie ein Programm, das in einem Fenster zwei Tasten, eine Klapptafel und eine Häkchen-Box beinhaltet (vgl. Abbildung 16.6). Für jede der beiden Tasten soll durch Mausdruck eine Zufallsbuchstabenanzeige gestartet werden, die die angezeigten Buchstaben ständig verändert. Ein erneuter Tastendruck soll die Zufallsgeneratoren wieder stoppen. Mit der Klapptafel soll schwarze oder graue Schrift, mit der Häkchen-Box Buchstaben oder Ziffern gewählt werden. All diese Änderungen werden jedoch immer erst nach einem erneuten Tastendruck aktiv.

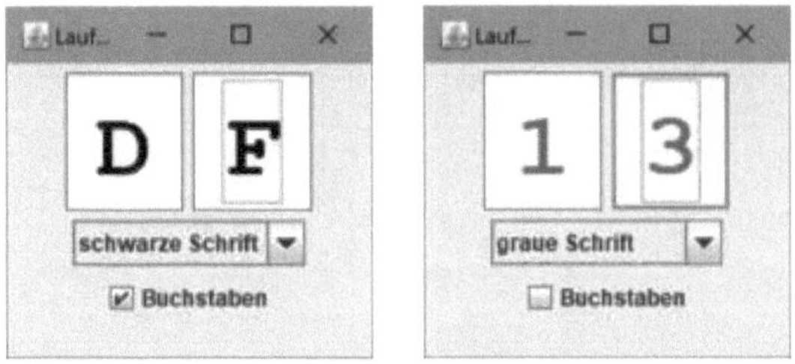

Abbildung 16.6: Das Programmfenster aus Aufgabe 16.3

Schreiben Sie eine Klasse `ColorRunButton`, die von `JButton` erbt und das `Runnable`-Interface implementiert. In deren Methode `change` soll der Thread beendet werden, falls er läuft, oder ein neuer Thread erzeugt und gestartet werden. In der Methode `run` soll in einer Schleife eine Zufallsziffer berechnet und (eventuell zum Buchstaben gewandelt) als Button-Beschriftung gesetzt werden.
Schreiben Sie außerdem eine Klasse `LaufFrame`, die zwei Objekte der Klasse `ColorRunButton`, die weiteren benötigten Swing-Komponenten und die Ereignis-Listener erzeugt und platziert bzw. registriert werden. Bei der Behandlung der Button-Ereignisse müssen Sie die Methode `change` des jeweiligen `ColorRunButton`-Objekts benutzen.

Kapitel 17

Ein- und Ausgabe über I/O-Streams

Wenn wir ein Programm entwickeln, so erfolgt dies häufig in der Absicht, dieses Programm etwas Bestimmtes für uns erledigen zu lassen. In der Regel soll unser Programm also irgendwelche Daten auf eine bestimmte Art und Weise für uns bearbeiten. Dazu muss es natürlich zur Laufzeit in der Lage sein, diese Daten zunächst einzulesen, danach irgendetwas mit ihnen anzufangen und schließlich die veränderten Daten wieder auszugeben. In den bisherigen Beispielen erfolgten Ein- und Ausgaben üblicherweise über Tastatur und Konsolenfenster oder grafische Oberflächen. Allgemeiner gesprochen, gehört es somit zu den Standardaufgaben von Programmen, Informationen aus einer externen Datenquelle zu lesen und in ein externes Datenziel zu schreiben. Als Datenquellen und -ziele kommen dabei nicht nur die Tastatur bzw. das Konsolenfenster, sondern auch Dateien auf externen Speichermedien oder andere Rechner bzw. Programme in einem Netzwerk in Frage.
Sämtliche Ein- und Ausgaben laufen in Java „stromorientiert" ab, d. h. sie werden mit Hilfe des sogenannten **I/O-Stream-Konzepts** abgewickelt. Dabei versteht man unter einem **I/O-Stream** (deutsch: **E/A-Strom**) eine Verbindung zwischen einem Programm und einer Datenquelle oder mit einem Datenziel. Diese Verbindung – dieser Datenstrom – verläuft dabei stets in nur einer Richtung. Für Eingaben muss daher ein Programm zunächst einen mit der Datenquelle verbundenen Strom öffnen und die ankommenden Informationen sequentiell lesen. Für Ausgaben muss es erst einen Strom zu einem Datenziel öffnen und dann die Informationen sequentiell in den Strom schreiben. Vergleichbar ist dies beispielsweise mit einem Schlauch oder einer Wasserleitung – das eine Ende der Leitung liegt jeweils beim Programm, das andere bei der Quelle bzw. beim Ziel der Leitung.
In Java werden zahlreiche Klassen zur Verarbeitung verschiedenartiger Datenströme bereitgestellt, die sich auch kombiniert einsetzen lassen. In den folgenden Abschnitten werden wir uns zunächst mit einigen grundsätzlichen Aspekten des

I/O-Stream-Konzepts beschäftigen und danach einige wichtige Klassen im Detail kennenlernen.

17.1 Grundsätzliches zu I/O-Streams in Java

Generell gesehen kann ein I/O-Stream in Java als eine abstrakte uni-direktionale Verbindung eines Programms mit der „Außenwelt" angesehen werden. Das heißt, jeder I/O-Stream kann an einem Ende Daten aufnehmen und diese am anderen Ende wieder abgeben. Aus Sicht des Programms werden somit zwei Arten von Datenströmen benötigt, nämlich Eingabeströme und Ausgabeströme, die gleichermaßen vor ihrer Verwendung geöffnet und nach ihrer Verwendung wieder geschlossen werden müssen. Anhand der transportierten Daten unterscheidet man bei den in Java verfügbaren Streams zwischen **Zeichenströmen** (**Character Streams**) und **Byte-Strömen** (**Byte Streams**). Im Paket `java.io` finden sich daher vier Hierarchien von Klassen, die die Funktionalitäten Zeichen-Eingabe-Strom, Zeichen-Ausgabe-Strom, Byte-Eingabe-Strom und Byte-Ausgabe-Strom abdecken.
Character-Streams transportieren Daten in Form von 16-Bit-Einheiten, arbeiten also streng genommen mit dem Datentyp **`char`** bzw. Unicode-Zeichen. Ihre Basisfunktionalität wird durch die abstrakten Klassen `Reader` (im Falle von Eingabeströmen) und `Writer` (im Falle von Ausgabeströmen) bereitgestellt. Byte-Streams transportieren Daten in Form von 8-Bit-Einheiten, arbeiten also streng genommen mit dem Datentyp **`byte`**. Ihre Basisfunktionalität wird durch die abstrakten Klassen `InputStream` (im Falle von Eingabeströmen) und `OutputStream` (im Falle von Ausgabeströmen) bereitgestellt. Alle Klassen in den Hierarchien, die von diesen vier abstrakten Klassen aufgespannt werden, tragen stets einen Namen, der als Endung den Namen der zugehörigen abstrakten Klasse enthält. Beispielsweise handelt es sich bei einem `BufferedInputStream`-Objekt um einen spezialisierten (gepufferten) Byte-Eingabe-Strom oder bei einem `FileWriter`-Objekt um einen spezialisierten (in eine Datei gerichteten) Character-Ausgabe-Strom.
In der Anwendung werden I/O-Streams in Java häufig verkettet bzw. geschachtelt, um zum Beispiel Übergänge von Byte-Streams in Character-Streams oder gepufferte Ein- und Ausgaben zu ermöglichen. In diesem Zusammenhang spricht man auch von Filter-Streams.

17.2 Dateien und Verzeichnisse – die Klasse `File`

Da man sehr häufig Ein- und Ausgabeoperationen in Verbindung mit Dateien durchführt, wollen wir uns in diesem Abschnitt zunächst mit der Darstellung und Bearbeitung von Datei- und Verzeichnisobjekten beschäftigen. Neben den Datenstrom-Klassen findet sich im Paket `java.io` auch die Klasse `File`, deren Objekte jeweils eine Datei oder ein Verzeichnis repräsentieren. Dabei geht es aller-

dings nicht um die tatsächlichen Daten, die in einem File (einer Datei) gespeichert sind, sondern um Eigenschaften wie Name, Zugriffspfad oder Größe.
Ein `File`-Objekt kann z. B. mit dem Konstruktor

- **public** `File(String pathname)`
erzeugt ein `File`-Objekt gemäß dem angegebenen Zugriffspfad `pathname`.

erzeugt werden. Dabei kann der durch `pathname` festgelegte Datei- oder Verzeichnisname für das `File`-Objekt relativ zum aktuellen Verzeichnis oder absolut (also mit komplettem Pfad) angegeben werden. Ob die Datei bzw. das Verzeichnis bereits existiert, wird beim Erzeugen des `File`-Objekts nicht überprüft, da der Konstruktor noch nicht auf das tatsächlich vorhandene Dateisystem zugreift.
Einem solchen `File`-Objekt stehen nun eine ganze Reihe interessanter Methoden wie zum Beispiel

- **public boolean** `canRead()`
liefert **`true`**, wenn das `File`-Objekt für das Programm lesbar ist, andernfalls **`false`**.
- **public boolean** `canWrite()`
liefert **`true`**, wenn das `File`-Objekt für das Programm schreibbar (veränderbar) ist, andernfalls **`false`**.
- **public boolean** `createNewFile()`
legt eine neue Datei mit dem Namen des `File`-Objekts an.
- **public boolean** `delete()`
löscht die zum `File`-Objekt gehörende Datei.
- **public boolean** `exists()`
liefert **`true`**, wenn das `File`-Objekt existiert, andernfalls **`false`**.
- **public** `String getName()`
liefert den Namen des `File`-Objekts.
- **public boolean** `isDirectory()`
liefert **`true`**, wenn das `File`-Objekt ein Verzeichnis ist, andernfalls **`false`**.
- **public boolean** `isFile()`
liefert **`true`**, wenn das `File`-Objekt eine Datei ist, andernfalls **`false`**.
- **public long** `length()`
liefert die Größe der Datei in Bytes.
- **public** `String[] list()`
liefert eine Liste aller Verzeichniseinträge in dem durch das `File`-Objekt spezifizierten Verzeichnis (oder **`null`**, wenn das `File`-Objekt eine Datei ist).
- **public boolean** `mkdir()`
legt ein neues Verzeichnis mit dem Namen des `File`-Objekts an.
- **public boolean** `renameTo(File dest)`
benennt das `File`-Objekt gemäß `dest` um.

zur Verfügung. Einige dieser Methoden haben wir in unserem Beispielprogramm

```
import java.io.*;
class Create {
  public static void main(String[] args) {
    try {
       File f = new File(args[0]);                        // Verzeichnis
       File g = new File(args[0] + "/" + args[1]);              // Datei
       File h = new File(args[0] + "/" + args[1] + ".txt");  // Datei
       if (f.exists()) {
           System.out.println("Verzeichnis oder Datei " + args[0] +
                                  " existiert bereits");
           return;
       }
       f.mkdir();              // Verzeichnis anlegen
       g.createNewFile();      // Datei anlegen
       h.createNewFile();      // Datei anlegen
       String[] dateien= f.list(); // Verzeichniseintraege aufzaehlen
       System.out.println("Dateien im Verzeichnis " + args[0] + ":");
       for (int i=0; i<dateien.length; i++)
         System.out.println(dateien[i]);
    } catch(ArrayIndexOutOfBoundsException ae) {
       System.out.println("Aufruf: java Create <Verzeichnis> <Datei>");
    } catch(Exception e) {
       System.out.println(e);
    }
  }
}
```

eingesetzt, in dem wir entsprechend den beiden angegebenen Kommandozeilenparametern zunächst drei `File`-Objekte (für das Verzeichnis, die Datei ohne Erweiterung und die Datei mit Erweiterung „.txt“) erzeugen. Wenn es das Verzeichnis bereits gibt, melden wir einen Fehler und brechen unser Programm ab. Wir legen danach das Verzeichnis und die beiden Dateien an und geben mit Hilfe der `list`-Methode die neu entstandenen Verzeichniseinträge aus.

Starten wir unser Programm mit zu wenig Kommandozeilenargumenten, so werden wir über den korrekten Aufruf informiert:

Konsole

```
java Create something
Aufruf:  java Create <Verzeichnis> <Datei>
```

Bei korrektem Aufruf mit zwei Kommandozeilenargumenten reagiert das Programm mit

Konsole

```
java Create some thing
Dateien im Verzeichnis some:
thing
thing.txt
```

wie gewünscht, und wir finden im aktuellen Arbeitsverzeichnis auf unserer Festplatte nun ein Unterverzeichnis namens `some` und darin die Dateien `thing` und `thing.txt` vor.

Ein erneuter Aufruf mit den gleichen Parametern wird ebenfalls wie gewünscht verhindert:

```
Konsole
Verzeichnis oder Datei some existiert bereits
```

17.3 Ein- und Ausgabe über Character-Streams

Die abstrakte Klasse `Reader` legt für die Eingabe über Character-Streams unter anderem die Methoden

- **`public abstract int`** `read()`
  liefert das nächste Zeichen aus dem `Reader`-Objekt als **`int`**-Wert.
- **`public int`** `read(`**`char`**`[] c)`
  füllt das von `c` referenzierte Feld mit Zeichen (maximal `c.length` viele) aus dem `Reader`-Objekt und liefert die Anzahl der gelesenen Zeichen zurück.
- **`public int`** `read(`**`char`**`[] c,` **`int`** `off,` **`int`** `n)`
  füllt das von `c` referenzierte Feld ab Index `off` mit den nächsten `n` Zeichen aus dem `Reader`-Objekt und liefert die Anzahl der tatsächlich gelesenen Zeichen zurück.
- **`public void`** `close()`
  schließt den Strom.

fest, während in `Writer` die Methoden

- **`public abstract void`** `write(`**`int`** `c)`
  schreibt das Zeichen `c` in das `Writer`-Objekt.
- **`public void`** `write(`**`char`**`[] c)`
  schreibt die im von `c` referenzierten Feld gespeicherten Zeichen in das `Writer`-Objekt.
- **`public void`** `write(`**`char`**`[] c,` **`int`** `off,` **`int`** `n)`
  schreibt die im von `c` referenzierten Feld gespeicherten `n` Bytes ab Index `off` in das `Writer`-Objekt.
- **`public void`** `write(String s)`
  schreibt die im String `s` gespeicherten Zeichen in das `Writer`-Objekt.
- **`public void`** `write(String s,` **`int`** `off,` **`int`** `n)`
  schreibt die im String `s` gespeicherten `n` Zeichen ab Index `off` in das `Writer`-Objekt.
- **`public void`** `close()`
  schließt den Strom.
- **`public void`** `flush()`
  leert einen eventuellen Puffer des `Writer`-Objekts durch die sofortige Abarbeitung aller noch anstehenden Zeichen.

zu finden sind. Zu beachten ist dabei, dass die Methoden `read` bzw. `write` jeweils ein *Zeichen* lesen bzw. schreiben, dass sie jedoch einen **`int`**-Wert abliefern bzw. als Parameter erwarten. Gibt `read` den Wert -1 zurück, so wird dadurch signalisiert, dass das Ende des Eingabestroms erreicht ist.

17.3.1 Einfache `Reader`- und `Writer`-Klassen

Nun wollen wir uns die Anwendung der `Reader`- und `Writer`-Klassen am Beispiel der Klassen `InputStreamReader`, `OutputStreamWriter`, `FileReader` und `FileWriter` näher ansehen. Deren einfachste Konstruktoren sind:

- **`public`** `InputStreamReader(InputStream in)`
  erzeugt einen Zeichen-Eingabe-Strom verbunden mit dem Byte-Strom `in`.
- **`public`** `OutputStreamWriter(OutputStream out)`
  erzeugt einen Zeichen-Ausgabe-Strom verbunden mit dem Byte-Strom `out`.
- **`public`** `FileReader(File file)`
  erzeugt einen Zeichen-Eingabe-Strom zur Datei `file`.
- **`public`** `FileWriter(File file)`
  erzeugt einen Zeichen-Ausgabe-Strom zur Datei `file`.

Während wir also bei der Konstruktion von `FileReader`- und `FileWriter`-Objekten den Konstruktoren jeweils ein `File`-Objekt als Quelle bzw. Ziel der gelesenen bzw. geschriebenen Zeichen übergeben können, benötigen wir für `InputStreamReader`- bzw. `OutputStreamWriter`-Objekte jeweils einen Byte-Stream. Dies ist bereits ein erstes Beispiel für die Verkettung von I/O-Streams, denn bei der Ausgabe in einen Character-Stream vom Typ `OutputStreamWriter` sendet dieser die Zeichen an einen Byte-Stream weiter zum tatsächlichen Datenziel. Umgekehrt empfängt das `InputStreamReader`-Objekt seine Daten aus einem `InputStream`, einem Byte-Stream also, der sie wiederum von der tatsächlichen Datenquelle erhält.[1]
Wir wollen nun ein kleines Beispielprogramm entwickeln, das in der Lage ist, einen Text von der Tastatur einzulesen, ihn in einer Datei abzuspeichern und danach zur Kontrolle den Inhalt der Datei auf dem Bildschirm auszugeben. Unser Programm wird also mit insgesamt vier Datenströmen arbeiten müssen, wie wir es auch in Abbildung 17.1 dargestellt haben. Zum Einlesen von Konsole bzw. Tastatur soll unser Programm nämlich nicht mit den IOTools arbeiten, sondern direkt mit dem Standard-Eingabestrom `System.in`.[2]

[1] Im „Kleingärtnerjargon" könnte man diesen Vorgang vielleicht mit dem Anschluss eines Dreiviertelzoll-Schlauchs an einen Halbzoll-Schlauch veranschaulichen.

[2] Natürlich benutzen auch die IOTools diesen Standard-Eingabestrom. In Abschnitt 17.3.5 kommen wir nochmals darauf zu sprechen.

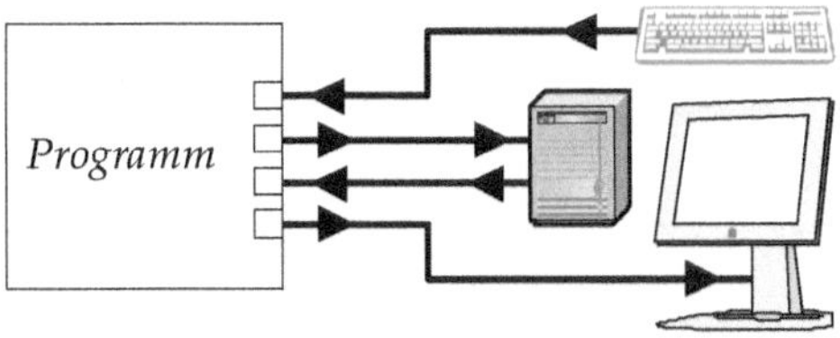

Abbildung 17.1: Ein Programm arbeitet mit vier Datenströmen.

Die Klasse `System` stellt insgesamt drei Byte-Streams in Form der drei Klassenvariablen `in`, `out` und `err` bereit. Wenn wir die Ein- oder Ausgabe beim Programmstart nicht mit den Kommandozeilenzeichen < und > umsteuern, so ist der Eingabestrom `System.in` standardmäßig mit der Tastatur verbunden, während die Ausgabeströme `System.out` und `System.err` ins Konsolenfenster schreiben. In den Strom `System.err` schickt man üblicherweise Fehlermeldungen, die im Konsolenfenster landen sollen. Auf die schon oft benutzten Methoden `print` und `println` von `System.out`, werden wir in Abschnitt 17.4.3 nochmals kurz eingehen. Wir werden aber auch sie in unserem Programm nicht einsetzen, weil wir nur mit den `Reader`- und `Writer`-Methoden arbeiten wollen.
Den Namen der Datei, in die der einzugebende Text abgespeichert werden soll, wollen wir beim Aufruf als Kommandozeilenparameter übergeben. In der `main`-Methode unseres Programms

```
import java.io.*;
public class WriteToFile {
  // Liest alle Zeichen aus r und schreibt sie in w
  public static void r2w(Reader r, Writer w) throws IOException {
    int c;                         // Zeichen
    while ((c = r.read()) != -1)   // lesen und auf Stromende testen
      w.write(c);                  // ausgeben
    r.close();
    w.close();
  }
  // Liest Zeichen von der Tastatur und speichert sie in einer Datei
  public static void main(String[] args) {
    try {
       File datei = new File(args[0]);
       Reader in = new InputStreamReader(System.in);
       Writer out = new FileWriter(datei);

       System.out.println("Geben Sie jetzt den Text ein.");
       System.out.println("(Ende/Speichern mit Ctrl-Z bzw. Strg-Z)");
       System.out.println();

       r2w(in,out);

       in = new FileReader(datei);
       out = new OutputStreamWriter(System.out);

       System.out.println();
       System.out.println("Der in " +args[0]+ " gespeicherte Text:");
```

```
        System.out.println();

        r2w(in,out);
      } catch(ArrayIndexOutOfBoundsException ae) {
        System.out.println("Aufruf:  java WriteToFile <Datei>");
      } catch(IOException e) {
        System.out.println(e);
      }
    }
  }
```

wird daher dieses Argument an den Konstruktor der Klasse `File` übergeben, um ein entsprechendes `File`-Objekt `datei` zu erzeugen. Danach werden `in` als Eingabestrom von der Tastatur (unter Verwendung des Standard-Eingabestroms `System.in`) und `out` als Ausgabe-Strom in diese Datei erzeugt. Das eigentliche Lesen der Zeichen aus dem Strom `in` und das entsprechende Schreiben dieser Zeichen in den Strom `out` delegieren wir dann an die Methode `r2w`. Dies hat den Vorteil, dass wir nach dem Ende des kompletten Eingabevorgangs lediglich unsere beiden Ströme `in` und `out` „umbiegen" müssen (`in` wird nun zum Eingabestrom in Verbindung mit `datei` und `out` zum Ausgabestrom ins Konsolenfenster) und anschließend erneut `r2w` aufrufen können, um den Dateiinhalt auf das Konsolenfenster auszugeben.

In der Methode `r2w` wird in einer Schleife Zeichen für Zeichen aus dem `Reader`-Objekt `r` gelesen und in das `Writer`-Objekt `w` geschrieben. Vor jedem Schleifendurchgang wird überprüft, ob nicht schon das Stromende erreicht ist. Wenn der Eingabestrom vollständig abgearbeitet ist, werden beide Ströme geschlossen. Beim Start unseres Programms könnte sich somit folgender Ablauf ergeben:

Konsole

```
java WriteToFile hilfe.txt
Geben Sie jetzt den Text ein.
(Ende/Speichern mit Ctrl-Z bzw. Strg-Z)

Das ist der Text, den wir in
unsere Datei eingegeben haben.
Sieht ziemlich gut aus.
^Z

Der in hilfe.txt gespeicherte Text:

Das ist der Text, den wir in
unsere Datei eingegeben haben.
Sieht ziemlich gut aus.
```

Zu beachten dabei ist, dass wir die Eingabe des Texts mit dem Tastaturkommando für „**Stromende**" abschließen müssen, damit die Schleife in der Methode `r2w` beendet wird. Wir haben dazu **Ctrl-Z** bzw. **Strg-Z** verwendet, auf manchen Betriebssystemen muss allerdings **Ctrl-D** bzw. **Strg-D** als Alternative gewählt werden.

Zum Schluss sei noch angemerkt, dass wir unser Programm sehr leicht dahingehend modifizieren können, dass die Datei, in der unser eingegebener Text gespeichert wird, nicht jedes Mal neu erzeugt bzw. überschrieben wird, wenn wir in Zeile 16 unser `FileWriter`-Objekt mit dem Konstruktor

- **`public`** `FileWriter(File file, `**`boolean`**` append))`
  erzeugt einen Zeichen-Ausgabe-Strom zur Datei `file`. Dabei wird der bisherige Inhalt der Datei nur überschrieben, wenn `append` den Wert **`false`** hat. Falls `append` den Wert **`true`** hat, hängt der Strom alle Zeichen an den bereits bestehenden Dateiinhalt an.

erzeugen. Das restliche Programm kann unverändert bleiben. Bei mehrfachem Aufruf von `WriteToFile` für die gleiche Datei wird nach Eingabe der neuen Textteile stets der gesamte Dateiinhalt ausgegeben.

17.3.2 Gepufferte `Reader`- und `Writer`-Klassen

Werden sehr viele Zeichen von einer Datenquelle gelesen bzw. in ein Datenziel geschrieben, so kann dies ineffizient werden, da für jedes einzelne Zeichen der entsprechende Zugriff (über die Byte-Ströme) auf ein Speichermedium bzw. eine Netzwerkumgebung abgewickelt werden muss. Aus diesem Grund stehen in Java mit `BufferedReader` und `BufferedWriter` auch zwei spezielle `Reader`- und `Writer`-Klassen zur Verfügung, deren Objekte es ermöglichen, die gelesenen bzw. die auszugebenden Zeichen in einem Puffer zu speichern. Auf diese Weise können ganze Sequenzen von Zeichen zu größeren Blöcken zusammengefasst werden, was die Performance bei Lese- und Schreibvorgängen deutlich verbessern kann.
Die gepufferten Klassen müssen mit den elementaren Strömen verkettet werden, weshalb die Klasse `BufferedReader` den Konstruktor

- **`public`** `BufferedReader(Reader in)`
  erzeugt einen gepufferten Zeichen-Eingabe-Strom.

und die Klasse `BufferedWriter` den Konstruktor

- **`public`** `BufferedWriter(Writer out)`
  erzeugt einen gepufferten Zeichen-Ausgabe-Strom.

bereitstellt. Als zusätzliche Instanzmethode steht `BufferedReader`-Objekten

- **`public`** `String readLine()`
  liefert eine ganze Textzeile aus dem Puffer. Als Zeilentrennzeichen dienen `'\n'`, `'\r'` oder die Kombination `"\r\n"`. Diese Zeichen sind aber nicht mehr im gelieferten String enthalten. Liefert `readLine` den Wert **`null`** zurück, so wird dadurch signalisiert, dass das Ende des Eingabestroms erreicht ist.

und `BufferedWriter`-Objekten

- **public void** `newLine()`
  schreibt einen Zeilenwechsel in den Puffer.

zur Verfügung.
Wir wollen nun unser Beispielprogramm aus Abschnitt 17.3.1 so modifizieren, dass wir mit gepufferten Strömen arbeiten. In der `main`-Methode unseres Programms

```
import java.io.*;
public class BufferedWriteToFile {
  // Liest alle Zeichen aus br und schreibt sie in bw
  public static void br2bw(BufferedReader br, BufferedWriter bw)
                                              throws IOException {
    String z;                              // Zeile
    while ((z=br.readLine()) != null) {    // lesen, Stromende pruefen,
        bw.write(z);                       // ausgeben und
        bw.newLine();                      // Zeilenwechsel ausgeben
    }
    br.close();
    bw.close();
  }
  // Liest Zeilen von der Tastatur und speichert sie in einer Datei
  public static void main(String[] args) {
    try {
       File datei = new File(args[0]);
       BufferedReader in = new BufferedReader(
                                new InputStreamReader(System.in));
       BufferedWriter out = new BufferedWriter(
                                new FileWriter(datei));
       System.out.println("Geben Sie jetzt den Text ein.");
       System.out.println("(Ende/Speichern mit Ctrl-Z bzw. Strg-Z)");
       System.out.println();
       br2bw(in,out);

       in = new BufferedReader(new FileReader(datei));
       out = new BufferedWriter(new OutputStreamWriter(System.out));
       System.out.println();
       System.out.println("Der in "+ args[0] +" gespeicherte Text:");
       System.out.println();
       br2bw(in,out);
    } catch(ArrayIndexOutOfBoundsException ae) {
       System.out.println("Aufruf: java BufferedWriteToFile <Datei>");
    } catch(IOException e) {
       System.out.println(e);
    }
  }
}
```

werden nun `in` und `out` jeweils als gepufferte Ströme erzeugt. In der Methode `br2bw`, die für das gepufferte Lesen der Zeichen aus dem Strom `in` und das gepufferte Schreiben der Zeichen in den Strom `out` zuständig ist, wird nunmehr in einer Schleife Zeile für Zeile aus dem `BufferedReader`-Objekt `br` gelesen und in das `BufferedWriter`-Objekt `bw` geschrieben. Um zu überprüfen, ob nicht schon

das Stromende erreicht ist, muss die gelesene Zeichenkette mit der **null**-Referenz verglichen werden.
Die Funktionalität unseres neuen Programms `BufferedWriteToFile` entspricht der des ursprünglichen Programms `WriteToFile`, sodass wir darauf verzichten, ein weiteres Ablaufprotokoll anzugeben.

17.3.3 Die Klasse `StreamTokenizer`

Neben den verschiedenen I/O-Stream-Klassen finden wir im Paket `java.io` auch die äußerst nützliche Klasse `StreamTokenizer`, deren Objekte es ermöglichen, I/O-Streams in einzelne Tokens zu zerlegen, wobei Leerzeichen als Trenner dienen. Bei diesen Tokens kann zwischen Text und numerischen Werten unterschieden werden.
Zur Erzeugung von `StreamTokenizer`-Objekten steht der Konstruktor

- **public** `StreamTokenizer(Reader r)`
  erzeugt ein `StreamTokenizer`-Objekt, das den Zeichenstrom `r` zerlegt.

zur Verfügung, wobei ein `BufferedReader`-Objekt zur Schachtelung eingesetzt werden sollte. Ein `StreamTokenizer`-Objekt besitzt die Methode

- **public int** `nextToken()`
  liest das nächste Token aus dem I/O-Stream und liefert die Art des Tokens als **int**-Wert.

nach deren Aufruf das Token (abhängig von der Art) entweder in der Instanzvariable `nval` (falls es sich um einen numerischen Wert handelt) oder in der Instanzvariable `sval` (falls es sich um ein Wort, also Text handelt) des Tokenizer-Objekts abgelegt ist und dort ausgelesen werden kann. Um die Art des Tokens festzustellen, kann der Ergebniswert des `nextToken`-Aufrufs, der auch in der Instanzvariable `ttype` abgespeichert ist, mit den Klassenkonstanten `TT_NUMBER`, `TT_WORD`, `TT_EOL` und `TT_EOF` verglichen werden, die für die Token-Arten Zahl, Wort, Zeilenende oder Stromende stehen. Allerdings werden Zeilenenden nur erkannt, wenn dies für das Tokenizer-Objekt durch einen Aufruf `eolIsSignificant(`**`true`**`);` aktiviert wurde.
Unser Beispielprogramm

```
import java.io.*;
public class ZahlenSumme {
  public static void main (String[] args){
    BufferedReader  br = new BufferedReader(
                                new InputStreamReader(System.in));
    StreamTokenizer st = new StreamTokenizer(br);
    System.out.println("Addiere alle Zahlen in einer Zeichenfolge");
    System.out.println("(Eingabe mit STOP abschliessen)");
    System.out.println();
    StringBuffer woerter = new StringBuffer(); // zum Woerter sammeln
    double sum = 0.0;                          // zum Zahlen summieren
    int tokenType;                             // Typ des Tokens
    boolean stop = false;                      // Flag fuer Schleife
```

```
  try {
    do {
     switch(tokenType = st.nextToken()) {  // naechstes Token
      case StreamTokenizer.TT_NUMBER:        // ist Zahl
       sum += st.nval;                        // summiere Wert
       break;
      case StreamTokenizer.TT_WORD:          // ist Wort
       if (!(stop=st.sval.equals("STOP")))    // falls nicht STOP
        woerter.append(st.sval);               // Wort anhaengen
       break;
     }
    } while (!stop);
    System.out.println();
    System.out.println("Summe aller Zahlen: " + sum);
    System.out.println("Text: " + woerter.toString());
  } catch (IOException e){
    System.out.println(e);
  };
 }
}
```

verwendet ein `StreamTokenizer`-Objekt, um eine von Tastatur eingegebene Zeichenfolge zu zerlegen und dabei die Zahlenwerte aufzusummieren (in der **`double`**-Variable `sum`) und die Wörter aneinanderzuhängen (im `StringBuffer`-Objekt `woerter`). Dazu greifen wir in einer Schleife alle Tokens ab und führen je nach Token-Art die entsprechende Operation durch. Wenn der Tokenizer das Wort STOP liefert, wird die Schleife abgebrochen. Ein Ablauf könnte somit wie folgt aussehen:

Konsole

```
Addiere alle Zahlen in einer Zeichenfolge
(Eingabe mit STOP abschliessen)

Dies ist ein Text mit 5 oder
sechs Zahlen im
Wert von 4 und 6 und -3 und 12.4 und 20
STOP

Summe aller Zahlen: 44.4
Text: DiesisteinTextmitodersechsZahlenimWertvonundundundund
```

17.3.4 Die Klasse `PrintWriter`

In vielen Programmen haben wir für Ausgaben auf das Konsolenfenster die Methoden `print` und `println` in Verbindung mit `System.out` benutzt. Diesen Methoden konnten wir elementare Werte oder auch Referenzen übergeben, da für jeden möglichen Parametertyp eine entsprechende Überladung bereitgestellt ist. Wenn wir diese Funktionalität auch für eines unserer `Writer`-Objekte haben möchten, können wir den entsprechenden Zeichen-Strom mit einem `PrintWriter`-Objekt verketten. Da die Klasse `PrintWriter` die Konstruktoren

- **public** `PrintWriter(Writer out)`
  erzeugt ein `PrintWriter`-Objekt über dem Zeichenstrom `out`. Der Ausgabepuffer wird nicht automatisch geleert.
- **public** `PrintWriter(Writer out,` **boolean** `autoFlush)`
  erzeugt ein `PrintWriter`-Objekt über dem Zeichenstrom `out`. Falls `autoFlush` den Wert **true** hat, wird das automatische Leeren des Ausgabepuffers für `println`-Aufrufe aktiviert, andernfalls nicht.
- **public** `PrintWriter(OutputStream out)`
  erzeugt ein `PrintWriter`-Objekt über einem Zeichenstrom, der über dem Byte-Strom `out` liegt. Der Ausgabepuffer wird nicht automatisch geleert.
- **public** `PrintWriter(OutputStream out,` **boolean** `autoFlush)`
  erzeugt ein `PrintWriter`-Objekt über einem Zeichenstrom, der über dem Byte-Strom `out` liegt. Falls `autoFlush` den Wert **true** hat, wird das automatische Leeren des Ausgabepuffers für `println`-Aufrufe aktiviert, andernfalls nicht.

zur Verfügung stellt, können wir ein `PrintWriter`-Objekt aber auch mit einem Byte-Strom verschachteln. Der dafür eigentlich erforderliche Zeichenstrom wird von den entsprechenden Konstruktoren automatisch erzeugt. Eine wichtige Rolle spielt der optionale zweite Parameter `autoFlush`, mit dem es möglich ist, das automatische Leeren des Ausgabepuffers (englisch: **flushing**) bei Ausführung der `println`-Methoden zu aktivieren.
Die Klasse `PrintWriter` stellt neben den von `Writer` geerbten Methoden `write`, `flush` und `close` die überladenen Methoden

- **public void** `print(type x)`
  erzeugt eine dem Datentyp `type` entsprechende Darstellung für den Wert `x` und schreibt diese in den Ausgabestrom.
- **public void** `println(type x)`
  ruft `print(x)` und anschließend `println()` auf.

und die Methode

- **public void** `println()`
  erzeugt einen Zeilenwechsel und schreibt ihn in den Ausgabestrom.

zur Verfügung. Als Typ (`type`) des Parameters für `print` bzw. `println` sind dabei **boolean**, **char**, **double**, **float**, **int**, **long**, `Object` und `String` zulässig. Die jeweilige `print`-Methode erzeugt zunächst mit `String.valueOf(x)` die `String`-Darstellung von `x` (die Klassenmethode `valueOf` der Klasse `String` benutzt dazu den üblichen Mechanismus über die `toString`-Methode der zugehörigen Wrapper-Klasse) und gibt diese in den Zeichenstrom aus.

Einige dieser `print`-Methoden haben wir in unserem nachfolgenden Beispielprogramm eingesetzt, um verschiedene elementare Werte auszugeben. In der `main`-Methode unserer Klasse

```
import java.io.*;
public class PrintWriting {
  public static void main(String[] args) throws IOException {
      BufferedReader in = new BufferedReader(
                                new InputStreamReader(System.in));
      PrintWriter p  = new PrintWriter(System.out);
      PrintWriter pf = new PrintWriter(System.out,true);
      pf.print(1);
      pf.print('a');
      in.readLine();                // Enter-Taste druecken
      pf.println();
      in.readLine();                // Enter-Taste druecken
      pf.println("pf ist fertig!");
      p.print(3.2);
      p.print(true);
      p.println();
      p.println("p ist fertig!");
      in.readLine();                // Enter-Taste druecken
      p.flush();
  }
}
```

arbeiten wir mit zwei verschiedenen `PrintWriter`-Objekten, um die Bedeutung des automatischen Flushing zu verdeutlichen, das wir bei `pf` aktiviert und bei `p` deaktiviert haben. Durch Verwendung der drei `readLine`-Aufrufe halten wir unser Programm an diesen Stellen jeweils an, um zu sehen, was bisher ausgegeben wurde, und setzen es erst fort, wenn der Benutzer bzw. die Benutzerin die Enter-Taste betätigt hat.

Starten wir das Programm, so passiert erst einmal gar nichts, weil die Ausgaben `1` und `a` zunächst im Puffer landen, der erst geleert wird, nachdem die Enter-Taste zum ersten Mal gedrückt und die Methode `println` ausgeführt wurde. Nach dem zweiten Enter erscheint zwar die Fertigmeldung für `pf`, aber `3.2` und **`true`** (jetzt über `p` ausgegeben) landen erneut im Ausgabepuffer und erscheinen (wegen des fehlenden Auto-Flushing) auch nicht durch die beiden nachfolgenden `println`-Aufrufe im Konsolenfenster, weil der Puffer noch nicht voll ist. Erst ein abschließendes `flush` nach dem nächsten Enter leert den kompletten Puffer und lässt alle noch ausstehenden Zeichen im Konsolenfenster erscheinen.

17.3.5 Die Klassen `IOTools` und `Scanner`

17.3.5.1 Was machen eigentlich die IOTools?

Wie Sie vielleicht mittlerweile festgestellt haben, bietet Java zwar allerlei Arten von Strömen an, um Zeichen einzulesen. In der JDK-Klassenbibliothek findet sich jedoch keine Klasse, die zum Beispiel Methoden für den komfortablen Dialog zwischen Konsoleneingaben und -ausgaben bereitstellt. Glücklicherweise steht uns

aber genau dafür die selbstentwickelte Klasse `IOTools` zur Verfügung. Vielleicht interessiert es Sie ja jetzt, nachdem Sie über die zeichenorientierte Eingabe in Java Bescheid wissen, was im Inneren dieser Klasse prinzipiell passiert.
Wir wollen zwar im Folgenden nicht bis ins kleinste Detail aufzeigen, wie die Methoden der Klasse `IOTools` arbeiten, möchten aber anhand eines kleinen Programmbeispiels angeben, wie man eine vereinfachte Methode `readDouble` realisiert. Da wir mittlerweile wissen, wie man eine Zeichenkette von der Tastatur einliest und in einen numerischen Wert wandelt, müssen wir diese beiden Vorgänge lediglich kombinieren. In der Klasse

```
import java.io.*;
public class InTools {
  // Gepufferter Eingabestrom ueber den Standardeingabestrom System.in
  public static BufferedReader
    in = new BufferedReader(new InputStreamReader(System.in));
  // Methode zum Einlesen von double-Werten
  public static double readDouble() {
    double erg = 0;
    try{
        erg = Double.parseDouble(in.readLine());
    } catch(Exception e){
        System.out.println(e);
    }
    return erg;
  }
  // main-Methode
  public static void main(String[] args) {
    System.out.print("double-Wert eingeben: d = ");
    double d = readDouble();
    System.out.println("d = " + d + " wurde eingelesen");
  }
}
```

arbeiten wir daher mit einer Klassenvariable `in`, die wir als gepufferten Eingabestrom über den Standardeingabestrom `System.in` erzeugen. In der Methode `readDouble` lesen wir über `in` eine Eingabezeile ein, wandeln diese mit Hilfe der Wrapper-Klasse `Double` in einen **`double`**-Wert und liefern diesen als Ergebnis zurück.
Unsere Methode ist in dieser Form natürlich keineswegs perfekt. Wenn die eingelesene Zeile nicht der Syntax eines **`double`**-Werts entspricht oder möglicherweise mehrere **`double`**-Werte enthält, erhalten wir zwar eine Fehlermeldung, aber keinen korrekten Wert. Als Anwender bzw. Anwenderin der Methode haben wir auch keine Möglichkeit, die Eingabe im Fehlerfall zu wiederholen, wie es bei den IOTools der Fall ist.

17.3.5.2 Konsoleneingabe über ein `Scanner`-Objekt

Eine ähnliche Funktionalität wie die von den Autoren auf der Buch-Website zum Download bereitgestellte Klasse `IOTools` bietet auch die Klasse `Scanner`, die in der Klassenbibliothek im Paket `java.util` zu finden ist. Allerdings bieten

die Methoden der Klasse `Scanner` nicht die von `IOTools` bekannte Möglichkeit, sie bei ihrem Aufruf direkt mit einem Prompt-Text zu versorgen, der unmittelbar vor der eigentlichen Tastatureingabe ausgegeben wird. Dafür kann die Klasse `Scanner` nicht nur Konsoleneingaben unterstützen. Ein `Scanner`-Objekt kann z. B. auch an einem Eingabestrom in Verbindung mit einer Datei angeschlossen werden.
Wir wollen zumindest an einem kleinen Beispielprogramm demonstrieren, wie man einen Scanner in seiner einfachsten Anwendungsform dazu benutzt, Werte der einfachen Datentypen aus einem Eingabestrom (also z. B. von der Konsole) einzulesen. Zu diesem Zweck haben wir in unserem Programm

```
import java.util.Scanner;
import java.io.*;
public class Eingaben {
  public static void main (String[] args) {
    Scanner in = new Scanner(System.in);
    int     i;
    double  d;
    boolean b;
    System.out.print("i = ");
    i = in.nextInt();
    System.out.print("d = ");
    d = in.nextDouble();
    System.out.print("b = ");
    b = in.nextBoolean();
    System.out.println("i = " + i);
    System.out.println("d = " + d);
    System.out.println("b = " + b);
  }
}
```

ein Objekt `in` der Klasse `Scanner` so erzeugt, dass es den Strom `System.in`, der standardmäßig mit der Tastatur in Verbindung steht, als Datenquelle verwendet. Dieses Objekt besitzt nun Methoden `nextInt`, `nextDouble`, `nextBoolean` usw., mit denen wir jeweils einen Wert des entsprechenden Datentyps aus der Datenquelle auslesen können.

17.4 Ein- und Ausgabe über Byte-Streams

Analog zu den Klassen `Reader` und `Writer` legt die abstrakte Klasse `InputStream` für die Eingabe über Byte-Streams unter anderem die Methoden

- **`public abstract int`** `read()`
  liefert das nächste Byte aus dem `InputStream`-Objekt als **`int`**-Wert.
- **`public int`** `read(`**`byte`**`[] b)`
  füllt das von `b` referenzierte Feld mit Bytes (maximal `b.length` viele) aus dem `InputStream`-Objekt und liefert die Anzahl der gelesenen Bytes zurück.

- **public int** read(**byte**[] b, **int** off, **int** n)
  füllt das von b referenzierte Feld ab Index off mit den nächsten n Bytes aus dem InputStream-Objekt und liefert die Anzahl der tatsächlich gelesenen Bytes zurück.
- **public void** close()
  schließt den Strom.

fest, während in OutputStream die Methoden

- **public abstract void** write(**int** b)
  schreibt das Byte b in das OutputStream-Objekt.
- **public void** write(**byte**[] b)
  schreibt die im von b referenzierten Feld gespeicherten Bytes in das OutputStream-Objekt.
- **public void** write(**byte**[] b, **int** off, **int** n)
  schreibt die im von b referenzierten Feld gespeicherten n Bytes ab Index off in das OutputStream-Objekt.
- **public void** close()
  schließt den Strom.
- **public void** flush()
  leert einen eventuellen Puffer des OutputStream-Objekts durch die sofortige Abarbeitung aller noch anstehenden Bytes.

zu finden sind. Auch hier gilt es zu beachten, dass die Methoden read bzw. write jeweils ein *Byte* lesen bzw. schreiben, jedoch einen **int**-Wert abliefern bzw. als Parameter erwarten. Liefert read den Wert -1 ab, so wird dadurch auch bei Byte-Strömen signalisiert, dass das Ende des Eingabestroms erreicht ist.

17.4.1 Einige InputStream- und OutputStream-Klassen

Typische Anwendungsfelder der InputStream- und OutputStream-Klassen sind das Speichern und Einlesen von Werten elementarer Datentypen oder von Objekten. Letzteres wird auch als Serialisieren von Objekten bezeichnet. Auf dieses Thema werden wir in Abschnitt 17.4.2 noch eingehen. Byte-Ströme zu Dateien lassen sich mit Hilfe der Klassen FileInputStream und FileOutputStream erzeugen. Letztere benutzt man in der Regel zusammen mit Objekten der Klassen DataInputStream und DataOutputStream, die es ermöglichen, Werte elementarer Datentypen in ihrer systemunabhängigen Binärdarstellung zu lesen bzw. zu schreiben. Man konstruiert die entsprechenden Objekte mit

- **public** DataInputStream(InputStream in)
  erzeugt einen Binärdaten-Eingabe-Strom in Verbindung mit dem Byte-Strom in.

- **public** DataOutputStream(OutputStream out)
  erzeugt einen Binärdaten-Ausgabe-Strom in Verbindung mit dem Byte-Strom out.
- **public** FileInputStream(File file)
  erzeugt einen Byte-Eingabe-Strom zur Datei file.
- **public** FileOutputStream(File file)
  erzeugt einen Byte-Ausgabe-Strom zur Datei file.

Die Klasse DataInputStream stellt Instanzmethoden der Form

- **public final** xyz readXyz()
  liest einen Wert des Datentyps xyz aus dem Datenstrom und liefert ihn als Ergebnis zurück.

zur Verfügung, während sich in DataOutputStream Instanzmethoden der Form

- **public final void** writeXyz(xyz v)
  schreibt den Wert v des Datentyps xyz in den Datenstrom.

finden. Dabei kann xyz unter anderem für **boolean**, **byte**, **char**, **double**, **float**, **int**, **long** und **short** stehen.
Die Anwendung dieser Methoden demonstriert das Beispielprogramm

```
import java.io.*;
public class DataWriteAndRead {
  // Speichert elementare Werte in Datei und liest sie wieder ein
  public static void main(String[] args) {
    try {
        File datei = new File("binaer.dat");
        FileOutputStream out = new FileOutputStream(datei);
        DataOutputStream dout = new DataOutputStream(out);
        dout.writeInt(1);
        dout.writeDouble(2.3);
        dout.writeChar('a');
        dout.writeBoolean(true);
        dout.close();
        FileInputStream in = new FileInputStream(datei);
        DataInputStream din = new DataInputStream(in);
        System.out.println("int:     " + din.readInt());
        System.out.println("double:  " + din.readDouble());
        System.out.println("char:    " + din.readChar());
        System.out.println("boolean: " + din.readBoolean());
    } catch(IOException e) {
        System.out.println(e);
    }
  }
}
```

anhand der elementaren Werte 1, 2.3, a und **true**, die zunächst über den Strom dout in der Datei binaer.dat gespeichert und anschließend über den Strom din wieder eingelesen und zur Kontrolle auf das Konsolenfenster ausgegeben

werden. Zu beachten ist nun, dass die so entstandene Datei `binaer.dat` Binärdaten enthält und wir beim Blick in die Datei (z. B. mit einem Texteditor) die ursprünglichen elementaren Werte nicht mehr unmittelbar erkennen können.
Abschließend sei noch erwähnt, dass es auch die Byte-Streams in gepufferten Varianten gibt. Dazu dienen die Klassen `BufferedInputStream` und `BufferedOutputStream`, auf die wir jedoch nicht weiter eingehen werden.

17.4.2 Die Serialisierung und Deserialisierung von Objekten

Nun wollen wir uns noch damit beschäftigen, wie wir in einem Programm erzeugte Objekte, die lediglich so lange im Hauptspeicherbereich verfügbar sind, wie das Programm läuft, in eine Datei abspeichern oder, allgemeiner ausgedrückt, in einen Datenstrom schreiben können. Dazu müssen wir den jeweiligen Zustand des Objekts (also die Werte seiner Instanzvariablen) in eine systemunabhängige Binärdarstellung umwandeln. Diesen Vorgang nennt man **Serialisierung**. Natürlich benötigen wir umgekehrt beim Einlesen bzw. Empfang von serialisierten Daten auch den gegenteiligen Vorgang, mit dem wir die Objekte rekonstruieren können: die sogenannte **Deserialisierung**.
Datenströme, die diese Vorgänge ermöglichen, erhält man als Objekte der Klassen `ObjectInputStream` und `ObjectOutputStream` mit Hilfe der Konstruktoren

- **`public`** `ObjectInputStream(InputStream in)`
  erzeugt einen Deserialisierungs-Strom in Verbindung mit dem Byte-Strom `in`.
- **`public`** `ObjectOutputStream(OutputStream out)`
  erzeugt einen Serialisierungs-Strom in Verbindung mit dem Byte-Strom `out`.

Diesen Strömen stehen neben den von der Klasse `DataInputStream` bzw. `DataOutputStream` bekannten Methoden `readBoolean,...,readShort` bzw. `writeBoolean,...,writeShort` auch die Methoden

- **`public final`** `Object readObject()`
  liest ein Objekt aus dem Datenstrom und liefert es als Ergebnis zurück.

bzw.

- **`public final void`** `writeObject(Object obj)`
  schreibt das Objekt `obj` serialisiert in den Datenstrom.

zur Verfügung. Allerdings können Objekte nur dann serialisiert werden, wenn die entsprechenden Klassen das Interface `Serializable` implementieren. Dabei handelt es sich um ein Interface, das weder Methoden noch Variablen enthält.[3] Es genügt also, eine Klasse im Kopf mit **`implements`** `Serializable` zu kennzeichnen, um ihre Objekte serialisierbar zu machen.

[3] Ein Interface ohne Methoden und Variablen wird auch Marker-Interface genannt, da es lediglich dazu dient, Klassen dahingehend zu kennzeichnen, dass sie eine bestimmte Voraussetzung erfüllen.

Beim Aufruf von `writeObject` werden Klassenvariablen von der Serialisierung ausgenommen. Will man auch bestimmte Instanzvariablen von der Serialisierung ausnehmen, können diese in der Klassendefinition durch das Schlüsselwort **`transient`** markiert werden.
Wir wollen die Technik der Serialisierung und Deserialisierung nun anhand eines Beispiels demonstrieren. Unsere Klasse

```
import java.io.*;
public class Datensatz implements Serializable {
  public int    nr;   // Nummer des Datensatzes
  public double wert; // Wert des Datensatzes
  public String kom;  // Kommentar

  public Datensatz (int nr, double wert, String kom) { // Konstruktor
    this.nr = nr;
    this.wert = wert;
    this.kom = kom;
  }
  public String toString() {     // Erzeugung einer String-Darstellung
    return "Nr. " + nr + ": " + wert + " (" + kom + ")";
  }
}
```

haben wir durch Implementierung der Schnittstelle `Serializable` serialisierbar gemacht. Unter Verwendung des `ObjectOutputStream`-Objekts `oAus` erzeugen wir nun im nachfolgenden Programm zwei Objekte der Klasse `Datensatz` und speichern diese serialisiert in der Datei `MeineDaten.dat`:

```
import java.io.*;
public class ObjectWrite {
  public static void main (String[] summand) {
    try {
        // Dateiname fuer die Speicherung festlegen
        String dateiname = "MeineDaten.dat";
        // Datenstrom zum Schreiben in die Datei erzeugen
        FileOutputStream datAus = new FileOutputStream(dateiname);
        // Objektstrom darueber legen
        ObjectOutputStream oAus = new ObjectOutputStream(datAus);
        // Testdatensaetze erzeugen
        int anzahl = 2;  // Anzahl der Datensaetze
        Datensatz a = new Datensatz (99, 56, "Coca Cola");
        Datensatz b = new Datensatz (111, 1234.79, "Fahrrad");
        // Datensaetze in die Datei schreiben
        oAus.writeInt(anzahl);   // Anzahl der Datensaetze
        oAus.writeObject(a);     // Datensatz 1
        oAus.writeObject(b);     // Datensatz 2
        // Dateistrom schliessen
        oAus.close();
        System.out.println(anzahl + " Datensaetze in die Datei " +
                           dateiname + " geschrieben");
        System.out.println(a);
        System.out.println(b);
    } catch (Exception e) {
        System.out.println("Fehler beim Schreiben: " + e);
    }
```

```
    }
}
```

Umgekehrt öffnen wir in einem weiteren Programm die Datei `MeineDaten.dat` über das `ObjectInputStream`-Objekt `oEin` zum Lesen und empfangen von dort die serialisierten Daten der beiden Objekte, die wir nach ihrer Deserialisierung zur Kontrolle auf das Konsolenfenster ausgeben lassen:

```
import java.io.*;
public class ObjectRead {
  public static void main (String[] summand) {
    try {
        // Dateiname fuer die Speicherung festlegen
        String dateiname = "MeineDaten.dat";
        // Datenstrom zum Lesen aus der Datei erzeugen
        FileInputStream datEin = new FileInputStream(dateiname);
        // Objektstrom darueberlegen
        ObjectInputStream oEin = new ObjectInputStream(datEin);
        // Datensaetze aus der Datei lesen und deren Datensatzfelder
        // zur Kontrolle auf den Bildschirm ausgeben
        int anzahl = oEin.readInt();
        System.out.println("Die Datei " + dateiname + " enthaelt " +
                                    anzahl + " Datensaetze");
        for (int i=1; i<=anzahl; i++) {
          Datensatz gelesen = (Datensatz) oEin.readObject();
          System.out.println(gelesen);
        }
        // Dateistrom schliessen
        oEin.close();
    } catch (Exception e) {
        System.out.println("Fehler beim Lesen: " + e);
    }
  }
}
```

Besonders interessant an der Serialisierung und Deserialisierung ist, dass wir diese beiden Mechanismen natürlich nicht nur auf einzelne Objekte anwenden können. Wenn wir mit unseren Programmen nämlich große Datenmengen verwalten möchten, werden wir diese sehr wahrscheinlich in Form eines Arrays (vgl. Abschnitt 4.1) oder in Form eine Liste (vgl. Abschnitt 11.7.4.2) speichern. Da aber sowohl ein Array von Objekten als auch eine Liste von Objekten ja selbst einfach wieder „nur" ein Objekt ist, können wir die Serialisierung und die Deserialisierung einer solchen kompletten Datenstruktur mit lediglich einem einzigen Aufruf der Methode `writeObject` bzw. `readObject` auslösen. Die beiden nachfolgenden Programme demonstrieren diesen Sachverhalt:

```
import java.io.*;
import Prog1Tools.IOTools;
import java.util.*;
public class ObjectWriteMany {
  public static void main (String[] summand) {
    try {
      String dateiname = "VieleDaten.dat";
      FileOutputStream datAus = new FileOutputStream(dateiname);
      ObjectOutputStream oAus = new ObjectOutputStream(datAus);
```

```
10
11       // Datenmenge festlegen
12       int anzahl = IOTools.readInt("Anzahl Datensaetze: ");
13
14       // Array zur Speicherung der Datensaetze anlegen
15       Datensatz[] dsa = new Datensatz[anzahl];
16
17       // Liste zur Speicherung der Datensaetze anlegen
18       ArrayList<Datensatz> liste = new ArrayList<>();
19
20       // Testdatensaetze erzeugen
21       for (int i=0; i < anzahl; i++) {
22         // Neuen Datensatz erzeugen
23         Datensatz ds = new Datensatz (i, Math.random(), "ds"+i);
24         // Datensatz in Array speichern
25         dsa[i] = ds;
26         // Datensatz in Liste speichern
27         liste.add(ds);
28       }
29
30       // Array mit allen Datensaetzen serialisiert speichern
31       oAus.writeObject(dsa);
32
33       // Array mit allen Datensaetzen serialisiert speichern
34       oAus.writeObject(liste);
35
36       oAus.close();
37       System.out.println(anzahl + " Datensaetze zwei Mal in die" +
38                          " Datei " + dateiname + " geschrieben");
39     } catch (Exception e) {
40         System.out.println("Fehler beim Schreiben: " + e);
41     }
42   }
43 }
```

Beim Start der Klasse `ObjectWriteMany` können wir durch eine entsprechende Eingabe selbst bestimmen wie viele Datensätze testweise erzeugt und sowohl in ein Array als auch in eine Liste gespeichert werden. Entscheidende Programmzeilen sind natürlich Zeile 31 (mit einem einzigen Methodenaufruf speichern wir alle unsere Datensätze – als Array) und Zeile 34 (mit einem einzigen Methodenaufruf speichern wir alle unsere Datensätze – als Liste).

```
import java.io.*;
import java.util.*;
public class ObjectReadMany {
  public static void main (String[] summand) {
    try {
      String dateiname = "VieleDaten.dat";
      FileInputStream datEin = new FileInputStream(dateiname);
      ObjectInputStream oEin = new ObjectInputStream(datEin);

      // Array mit Datensaetzen aus der Datei lesen
      Datensatz[] dsa = (Datensatz[]) oEin.readObject();

      // Liste mit Datensaetzen aus der Datei lesen
```

```
14        ArrayList<Datensatz> liste = (ArrayList<Datensatz>) oEin.
              readObject();
15
16        // Datensaetze des Arrays auf den Bildschirm ausgeben
17        for (int i=0; i < dsa.length; i++) {
18          System.out.println(dsa[i]);
19        }
20        System.out.println("Die Datei " + dateiname + " enthaelt ein" +
21                       " Array mit " + dsa.length + " Datensaetzen");
22
23        // Datensaetze der Liste auf den Bildschirm ausgeben
24        System.out.println(liste);
25        System.out.println("Die Datei " + dateiname + " enthaelt eine" +
26                       " Liste mit " + liste.size() + " Datensaetzen");
27
28        oEin.close();
29      } catch (Exception e) {
30        System.out.println("Fehler beim Lesen: " + e);
31      }
32    }
33  }
```

Beim Start der Klasse `ObjectReadMany` können wir entsprechend in Zeile 11 mit einem einzigen Methodenaufruf alle unsere Datensätze wieder als Array einlesen und in Zeile 14 mit einem einzigen Methodenaufruf alle unsere Datensätze als Liste wieder einlesen.

17.4.3 Die Klasse `PrintStream`

Die Klassenvariable `out` aus der Klasse `System` ist vom Typ `PrintStream` und damit ein Objekt, das ähnliche Funktionalitäten mitbringt wie ein `PrintWriter`-Objekt (vgl. Abschnitt 17.3.4), was wir ja in unseren Programmen bei Ausgaben auf das Konsolenfenster mit den Methoden `print` und `println` schon häufig ausgenutzt haben. Ein eigenes `PrintStream`-Objekt lässt sich mit den Konstruktoren

- **`public`** `PrintStream(OutputStream out)`
  erzeugt ein `PrintStream`-Objekt über dem Byte-Strom `out`. Der Ausgabepuffer wird nicht automatisch geleert.
- **`public`** `PrintStream(OutputStream out,` **`boolean`** `autoFlush)`
  erzeugt ein `PrintStream`-Objekt über dem Byte-Strom `out`. Falls `autoFlush` den Wert **`true`** hat, wird das automatische Leeren des Ausgabepuffers für `println`-Aufrufe aktiviert, andernfalls nicht.

ohne oder mit Auto-Flushing erzeugen und besitzt damit ebenso die gewohnten überladenen Methoden `print` und `println`.

17.5 Streams im `try`-Block mit Ressourcen

Der Einsatz von Eingabe- und Ausgabe-Strömen muss in Java-Programmen aufgrund der dabei möglicherweise auftretenden Exceptions in der Regel in **`try-catch`**-Blöcken erfolgen. Auch das Schließen der an den Ein- und Ausgabeoperationen beteiligten Ströme nach ihrer Nutzung (auch im Fehlerfall) mit Hilfe der Methode `close` muss man entsprechend behandeln. Müssen weitere Ausnahmesituationen beachtet werden und kann deshalb die Deklaration der Stromvariablen, die Erzeugung der Objekte, die Nutzung der Ströme und das Schließen der Ströme nicht in ein und demselben **`try-catch`**-Block erfolgen, sieht man häufig Java-Programmcodes in einer Form, wie sie auch in unserer Klasse

```java
import java.io.*;
public class ZeigeDateiInhalt {
  public static void main(String[] args) {
    BufferedReader br = null;
    try {
        br = new BufferedReader(new FileReader(args[0]));
        String s;
        while ((s = br.readLine()) != null) {
            System.out.println(s);
        }
    } catch (ArrayIndexOutOfBoundsException a) {
        System.out.println("Kein Dateiname angegeben!");
    } catch (IOException ioe) {
        System.out.println("Fehler beim Lesen ...");
    } finally {
        try {
            if (br != null) {
                br.close();
            }
        } catch (IOException ioe2) {
            ioe2.printStackTrace();
        }
    }
  }
}
```

zum Einsatz kommen. Die `main`-Methode erwartet den Namen einer Datei, deren Inhalt Zeile für Zeile gelesen und auf die Konsole ausgegeben wird. In unserem Code wird dazu die benötigte Ressource (unser Eingabe-Strom) zunächst außerhalb eines **`try-catch-finally`**-Blocks deklariert, sodass sie in allen Teilblöcken bekannt ist. Im **`try`**-Block wird der Strom erzeugt und genutzt, in den **`catch`**-Blöcken werden die Fehler behandelt, und schließlich wird im **`finally`**-Block sowohl bei ordnungsgemäßer Durchführung der Eingabeoperationen als auch im Fehlerfall unsere Ressource wieder geschlossen.

Dieser notwendige, umfangreiche und schwer lesbare Programmcode lässt sich reduzieren, indem mit dem sogenannten **`try`**-with-resources gearbeitet wird, einem **`try`**-Block mit Ressourcenangabe. Diese Variante des **`try`**-Blocks ermöglicht es, unmittelbar hinter dem Schlüsselwort **`try`** in einem runden Klammernpaar die Ressourcen, mit denen im **`try`**-Block gearbeitet wird und für die automatisch die üblichen „Aufräumarbeiten" durchgeführt werden sollen, zu deklarieren und zu erzeugen. Unter Nutzung des neuen Konzepts verkürzt sich unser Programm deutlich:

```
import java.io.*;
public class ZeigeDateiInhaltTWR {
  public static void main(String[] args) {
    try (BufferedReader br = new BufferedReader(
                                 new FileReader(args[0]))) {
        String s;
        while ((s = br.readLine()) != null) {
            System.out.println(s);
        }
    } catch (ArrayIndexOutOfBoundsException a) {
        System.out.println("Kein Dateiname angegeben!");
    } catch (IOException ioe) {
        System.out.println("Fehler beim Lesen ...");
    }
  }
}
```

Für die im **try**-Parameter angegebene Ressource namens `br` ergänzt nun der Compiler automatisch den Aufruf der Methode `close`.
Auch Programmcodes, die mehrere Ressourcen benötigen, wie zum Beispiel unsere Klasse

```
import java.io.*;
public class Kopiere {
  public static void main(String[] args) {
    BufferedReader br = null;
    PrintWriter pw = null;
    try {
        br = new BufferedReader(new FileReader(args[0]));
        pw = new PrintWriter(new FileWriter(args[1]));
        String s;
        while ((s = br.readLine()) != null) {
            pw.println(s);
        }
    } catch (ArrayIndexOutOfBoundsException a) {
        System.out.println("Keine zwei Dateinamen angegeben!");
    } catch (IOException ioe) {
        System.out.println("Fehler beim Lesen/Schreiben ...");
    } finally {
        try {
            if (br != null) {
                br.close();
            }
            if (pw != null) {
                pw.close();
            }
        } catch (IOException ioe2) {
            ioe2.printStackTrace();
        }
    }
  }
}
```

können wir durch diese neue Möglichkeit drastisch verkürzen. Die beteiligten Ressourcen müssen wir – durch ein Semikolon getrennt – im Argument des **`try`**-Blocks spezifizieren:

```
import java.io.*;
public class KopiereTWR {
  public static void main(String[] args) {
    try (BufferedReader br = new BufferedReader(
                               new FileReader(args[0]));
         PrintWriter pw = new PrintWriter(
                               new FileWriter(args[1]))) {
        String s;
        while ((s = br.readLine()) != null) {
            pw.println(s);
        }
    } catch (ArrayIndexOutOfBoundsException a) {
        System.out.println("Kein Dateiname angegeben!");
    } catch (IOException ioe) {
        System.out.println("Fehler beim Lesen/Schreiben ...");
    }
  }
}
```

Als Datentypen für die Ressourcen, die auf die beschriebene Art und Weise im **`try`**-with-resources eingesetzt werden können, kommen nur Klassen in Frage, die das Interface `AutoCloseable` implementieren. Dieses Interface definiert die Schnittstelle für eine Ressource, die geschlossen werden muss, wenn sie nicht mehr benötigt wird, und schreibt für implementierende Klassen lediglich eine Methode vor:

- **`public void`** `close()`**`throws`** `Exception`
  schließt die Ressource und gibt alle damit verbundenen Ressourcen frei.

Diese wird am Ende des **`try`**-Blocks automatisch aufgerufen. Alle Strom-Klassen aus der Java-Klassenbibliothek implementieren dieses Interface.

17.6 Einige abschließende Bemerkungen

In diesem Kapitel konnten wir natürlich nicht das komplette Paket `java.io` behandeln. Wenn Sie Zeit und Muße finden, in der API-Spezifikation des Pakets zu „blättern", werden Sie feststellen, dass dort noch einige sehr nützliche Spezialitäten zu finden sind. Einige Beispiele:

- Mit der Klasse `RandomAccessFile` ist der wahlfreie Zugriff (sowohl lesend als auch schreibend) auf Dateien möglich. Dabei wird mit einer Art Zeiger gearbeitet, der die Position festlegt, an der man gerade liest bzw. schreibt.
- Mit den Klassen `CheckedInputStream` und `CheckedOutputStream` lässt sich bei Ein- und Ausgabeoperationen mit Hilfe eines Prüfsummenwerts die Integrität der Daten sicherstellen.

- Mit den Klassen `DeflaterOutputStream` und `InflaterInputStream` können Daten beim Schreiben komprimiert und beim Lesen wieder dekomprimiert werden.
- Mit den Klassen `ZipInputStream` und `ZipOutputStream` bzw. den Klassen `GZIPInputStream` und `GZIPOutputStream` können Daten im komprimierten Zip- bzw. GZip-Format geschrieben und gelesen werden.

Darüber hinaus gibt es in den Paketen `java.nio` und `java.nio.file` eine ganze Reihe von interessanten Klassen, die Ein- und Ausgabeoperationen sowie Dateioperationen für unterschiedlichste Anwendungsfälle bereit stellen.

17.6.1 Das Paket `java.nio`

Im Paket `java.nio` finden sich eine Reihe von Klassen (z. B. `IntBuffer`, `FloatBuffer` oder `DoubleBuffer`), die zum gepufferten Lesen und Schreiben in Verbindung mit sogenannten Kanälen (z. B. `FileChannel` oder `SocketChannel`) dienen. Unter einem Puffer (`Buffer`) versteht man dabei einen Container, der eine Sequenz von Werten eines elementaren Datentyps enthält. Werte eines Puffers werden mit Hilfe der Methoden `get` und `put` aus dem Puffer gelesen bzw. in diesen geschrieben. Ein Kanal (`Channel`) repräsentiert eine geöffnete Kommunikationsverbindung zwischen einem Java-Programm und einer Ein- bzw. Ausgabeeinheit wie z. B. einer Datei oder einer Netzwerkverbindung. Ein- und Ausgabeoperationen werden mit `read` und `write` abgewickelt.
Ferner ermöglichen die Klassen im Paket `java.nio` sogenannte nicht-blockierende Ein- und Ausgaben (englisch: **non-blocking IO**). Üblicherweise – also unter Einsatz der in diesem Kapitel eingeführten Ein- und Ausgabemöglichkeiten – muss ein Thread, der Daten lesen oder schreiben möchte, auf die Verfügbarkeit der Datenquellen oder -ziele warten, da diese nicht so schnell und direkt angesprochen werden können wie etwa Daten im Hauptspeicher. Daher blockiert der Scheduler den Thread, bis die Daten bereitstehen bzw. geschrieben werden können. Besteht ein Programm aus vielen Threads, die intensiv Ein- und Ausgabeoperationen ausführen, kann es zu erheblichen Performance-Einbußen kommen. Unter Verwendung der neuen, nicht-blockierenden Varianten der Ein- und Ausgabeoperationen lässt sich dies vermeiden. Dieses relativ komplexe Thema wollen wir aber nicht weiter vertiefen.

17.6.2 Das Paket `java.nio.file`

Im Zusammenhang mit dem Zugriff auf Dateiattribute, der Berücksichtigung von symbolischen Links oder dem Kopieren und Verschieben von Dateien stellen sich immer wieder Programmieraufgaben, für die es im Paket `java.nio.file` vorgefertigte Lösungen gibt. Wir greifen ein Interface und drei Klassen aus diesem Paket heraus und demonstrieren ihren Einsatz anhand einiger Beispiele.

17.6.2.1 Das Interface `Path` und die Klasse `Paths`

Mit dem Interface `Path` wird in der Klassenbibliothek die Schnittstelle für einen Pfad zu einer Datei oder einem Verzeichnis auf dem Dateisystem definiert. Ein Objekt vom Typ `Path` besteht daher in der Regel aus einer Reihe von Verzeichnisnamen und dem Namen der Datei. Ein solcher Pfad berücksichtigt dabei stets die jeweilige Betriebssystemplattform, auf dem unser Programm läuft, und ist in der Lage, symbolische Links korrekt zu interpretieren. Wir können den Pfad ergänzen oder Teile von ihm extrahieren, und wir können ihn benutzen, um Dateien zu lokalisieren, zu erzeugen, zu öffnen oder zu löschen oder deren Dateiattribute zu verändern.

Die Erzeugung eines `Path`-Objekts erfolgt mit Hilfe der Methode `get` aus der Klasse `Paths` duch Angabe des Pfads in Form einer Zeichenkette. Diese Pfadangabe kann absolut oder relativ in Bezug auf das aktuelle Verzeichnis, in dem das Programm läuft, erfolgen.

Wenn wir also für eine Variable `td` vom Typ `Path` schreiben

```
td = Paths.get("c:/Eigene Dateien/workspace/java/testdatei.txt");
```

handelt es sich um eine absolute Pfadangabe, während

```
td = Paths.get("testdatei.txt");
```

relativ interpretiert wird.

Unter Einsatz der für `Path`-Objekte zur Verfügung stehenden Methoden `getFileName`, `getNameCount`, `getName`, `getParent` und `getRoot` können wir auf die verschiedenen Bestandteile des jeweiligen Pfads zugreifen, was in unserer Klasse

```
import java.nio.file.*;
import java.io.*;
public class PathBeispiele {
  public static void main (String[] args) {
    Path td;

    td = Paths.get("testdatei.txt");
    System.out.println("Path: " + td);
    System.out.println("FileName: " + td.getFileName());
    for (int i=0; i<td.getNameCount(); i++)
        System.out.println("Name: " + td.getName(i));
    System.out.println("Parent: " + td.getParent());
    System.out.println("Root: " + td.getRoot());
    System.out.println();

    td = Paths.get("c:/Eigene Dateien/workspace/java/testdatei.txt");
    System.out.println("Path: " + td);
    System.out.println("FileName: " + td.getFileName());
    for (int i=0; i<td.getNameCount(); i++)
        System.out.println("Name: " + td.getName(i));
    System.out.println("Parent: " + td.getParent());
    System.out.println("Root: " + td.getRoot());
  }
}
```

demonstriert wird, die beim Start auf einem MS-Windows-Betriebssystem folgende Augabe erzeugt:

```
Konsole
Path: testdatei.txt
FileName: testdatei.txt
Name: testdatei.txt
Parent: null
Root: null

Path: c:\Eigene Dateien\workspace\java\testdatei.txt
FileName: testdatei.txt
Name: Eigene Dateien
Name: workspace
Name: java
Name: testdatei.txt
Parent: c:\Eigene Dateien\workspace\java
Root: c:\
```

17.6.2.2 Die Klasse `Files`

Ein `Path`-Objekt kann dazu benutzt werden, Dateioperationen auszuführen. Hierfür können wir die umfangreiche Klasse `Files` einsetzen, die ausschließlich aus statischen Methoden besteht, die auf Dateien oder Verzeichnissen arbeiten. Wir wollen uns beispielhaft mit einigen ihrer Methoden beschäftigen:

- **`public static boolean`** `deleteIfExists(Path path)`**`throws`** `IOException`
  löscht die durch `path` spezifizierte Datei, falls sie existiert, bzw. das durch `path` spezifizierte Verzeichnis, falls es existiert und leer ist. Falls die Aktion erfolgreich durchgeführt werden konnte, wird **`true`** und andernfalls **`false`** zurückgeliefert.
- **`public static`** `Path copy(Path source, Path target, CopyOption... options)`**`throws`** `IOException`
  kopiert die durch `source` spezifizierte Datei in die durch `target` spezifizierte Datei unter Beachtung der durch `options` spezifizierten Optionen. Per Default wird nur kopiert, wenn die Zieldatei noch nicht existiert. Wenn es sich bei `source` um ein Verzeichnis handelt, ist die Kopie ein leeres Verzeichnis. Als Optionsparameter sind `REPLACE_EXISTING` (Ziel ersetzen, falls es schon existiert), `COPY_ATTRIBUTES` (Dateiattribute mitkopieren) und `NOFOLLOW_LINKS` (symbolische Links nicht verfolgen) erlaubt.
- **`public static`** `Path move(Path source, Path target, CopyOption... options)`**`throws`** `IOException`
  verschiebt die durch `source` spezifizierte Datei in die durch `target`

spezifizierte Datei (benennt also `source` in `target` um) unter Beachtung der durch `options` spezifizierten Optionen. Per Default wird nur verschoben, wenn die Zieldatei noch nicht existiert. Als Optionsparameter sind `REPLACE_EXISTING` (Ziel ersetzen, falls es schon existiert) und `ATOMIC_MOVE` (als atomare Operation ausführen) erlaubt. Eine Dateioperation heißt *atomar*, wenn sie weder unterbrochen noch nur teilweise ausgeführt werden kann. Die Operation wird also entweder vollständig oder gar nicht ausgeführt.

- **`public static`** `InputStream newInputStream(Path path, OpenOption... options)`**`throws`** `IOException`
  öffnet eine Datei und liefert einen Eingabe-Strom, um aus ihr zu lesen. Wenn keine Optionen angegeben werden, wird als Default-Option `READ` angenommen. Diese Option öffnet die Datei nur zum Lesen.
- **`public static`** `OutputStream newOutputStream(Path path, OpenOption... options)`**`throws`** `IOException`
  öffnet eine Datei und liefert einen Ausgabe-Strom, um in sie zu schreiben. Wenn keine Optionen angegeben werden, werden als Default-Optionen `CREATE` (Datei erzeugen, falls sie noch nicht existiert), `TRUNCATE_EXISTING` (bisherigen Inhalt der Datei verwerfen) und `WRITE` (zum Schreiben öffnen) verwendet. Als weitere Optionsparameter sind `APPEND` (an bisherigen Inhalt der Datei anhängen) und `DELETE_ON_CLOSE` (Datei löschen, wenn der Strom geschlossen wird) erlaubt.

In unserer Beispielanwendung

```
import static java.nio.file.StandardOpenOption.*;
import static java.nio.file.StandardCopyOption.*;
import java.nio.file.*;
import java.io.*;
public class DateiOperationen {
  public static void main (String[] args) {
    Path txtVersion = Paths.get("testdatei.txt");
    Path altVersion = Paths.get("testdatei.alt");
    Path oldVersion = Paths.get("testdatei.old");
    Path quark      = Paths.get("quark.txt");

    try {
        Files.deleteIfExists(quark);
        Files.copy(txtVersion, altVersion, REPLACE_EXISTING);
        Files.move(altVersion, oldVersion, REPLACE_EXISTING);
    } catch (IOException ioe) {
        ioe.printStackTrace();
    }

    try (PrintWriter p =
           new PrintWriter(
                Files.newOutputStream(txtVersion,CREATE,APPEND))) {
        p.println("Eine weitere Zeile.");
        p.println("Und noch eine weitere Zeile!");
    } catch (IOException ioe) {
```

```
            ioe.printStackTrace();
        }
    }
}
```

arbeiten wir mit den vier relativ zum Arbeitsverzeichnis spezifizierten Path-Objekten txtVersion, altVersion, oldVersion und quark für die Dateien testdatei.txt, testdatei.alt, testdatei.old und quark.txt im lokalen Arbeitsverzeichnis.

Im ersten **try**-Block löschen wir zunächst die Datei quark.txt, falls diese existiert. Danach erzeugen wir die Datei testdatei.alt als Kopie der Datei testdatei.txt, wobei eine eventuell bereits existierende Datei testdatei.alt ersetzt wird. Schließlich benennen wir die Datei testdatei.alt in testdatei.old um, wobei wiederum eine eventuell bereits existierende Datei testdatei.old ersetzt wird.

Im zweiten **try**-Block öffnen wir die Datei testdatei.txt zum Schreiben, wobei wir die Datei vorher erzeugen, falls sie noch nicht existiert. Außerdem lassen wir einen Ausgabe-Strom erzeugen, der es ermöglicht, neuen Inhalt an den eventuell schon bestehenden Inhalt der Datei anzuhängen. Das ganze „dekorieren" wir noch mit einem PrintWriter-Objekt p, über dessen println-Methode wir schließlich zusätzliche Zeilen an unsere Datei anhängen.

Wir wollen nun davon ausgehen, dass in unserem Arbeitsverzeichnis lediglich die beiden Dateien quark.txt und testdatei.txt existieren und die Datei testdatei.txt den Text

Datei-Inhalt

```
Hier steht schon eine Zeile drin.
```

enthält. Nach Ausführung unseres Programms DateiOperationen ist die Datei quark.txt wie erwartet verschwunden, und es befinden sich in unserem Arbeitsverzeichnis die beiden Dateien testdatei.txt mit dem Inhalt

Datei-Inhalt

```
Hier steht schon eine Zeile drin.
Eine weitere Zeile.
Und noch eine weitere Zeile!
```

und testdatei.old mit dem Inhalt

Datei-Inhalt

```
Hier steht schon eine Zeile drin.
```

Führen wir unser Programm ein weiteres Mal aus, befinden sich in unserem Arbeitsverzeichnis die beiden nun inhaltlich aktualisierten Dateien testdatei.txt mit dem Inhalt

Datei-Inhalt
```
Hier steht schon eine Zeile drin.
Eine weitere Zeile.
Und noch eine weitere Zeile!
Eine weitere Zeile.
Und noch eine weitere Zeile!
```

und `testdatei.old` mit dem Inhalt

Datei-Inhalt
```
Hier steht schon eine Zeile drin.
Eine weitere Zeile.
Und noch eine weitere Zeile!
```

17.7 Übungsaufgaben

Aufgabe 17.1

Schreiben Sie ein Programm, mit dem eine Datei kopiert werden kann. Es soll den Namen der Quelldatei und den Namen der Zieldatei als Kommandozeilenparameter übergeben bekommen. Melden Sie einen fehlerhaften Programmaufruf und eine erfolgreiche Kopieraktion per Bildschirmausgabe.

Aufgabe 17.2

Erweitern Sie die Klasse `InTools` aus Abschnitt 17.3.5 zu einer Klasse `InOutTools`, die eine Überladung der Methode `readDouble` enthält. Diese soll mit einem `String`-Parameter `prompt` ausgestattet sein und vor dem Einlesen zunächst den Prompt auf die Konsole ausgeben.

Aufgabe 17.3

Ein beliebtes Spiel auf Hochzeitsgesellschaften oder anderen „lustigen" Versammlungen ist „Vokalumwandlung", bei dem alle Vokale in einem aufzusagenden Text durch den gleichen vorgegebenen Vokal zu ersetzen sind.
Schreiben Sie ein Java-Programm, das mit Hilfe der String-Methoden einen in einer Datei vorgegebenen Text zeilenweise einliest, die auftretenden Vokale auf diese Art behandelt und den modifizierten Text auf den Bildschirm und in eine Datei ausgibt. Verwenden Sie den um „.ausgabe" verlängerten Namen der Eingabedatei als Name für die Ausgabedatei.
Der Name der Eingabedatei und der Vokal, in den sämtliche auftretenden Vokale zu wandeln sind, sollen dem Programm als Kommandozeilenparameter übergeben werden.

Sie können bzw. müssen bei der Programmentwicklung davon ausgehen, dass die Vokale a, e, i, o und u in Groß- und Kleinschreibung vorkommen, während Umlaute nur als Doppelvokale ae, oe und ue auftreten.
Steht zum Beispiel in der Datei `vokolo.dat` der Text

```
Datei-Inhalt
Alle meine Entchen schwimmen auf dem See,
Koepfchen in das Wasser, Schwaenzchen in die Hoeh.
Alle meine Taeubchen gurren auf dem Dach.
Fliegt eins in die Luefte, fliegen alle nach.
Alle meine Huehner scharren in dem Stroh.
Finden sie ein Koernchen, sind sie alle froh.
```

so soll sich folgender Ablauf ergeben:

```
Konsole
> java VokalWandel vokolo.dat a

Alla maana Antchan schwamman aaf dam Saa,
Kaapfchan an das Wassar, Schwaanzchan an daa Haah.
Alla maana Taaabchan garran aaf dam Dach.
Flaagt aans an daa Laafta, flaagan alla nach.
Alla maana Haahnar scharran an dam Strah.
Fandan saa aan Kaarnchan, sand saa alla frah.
```

Der manipulierte Text findet sich danach außerdem in der vom Programm generierten Datei `vokolo.dat.ausgabe`.

Aufgabe 17.4

Schreiben Sie ein Programm, das den Inhalt einer Datei über einen Byte-Strom einliest und speziell formatiert auf den Bildschirm ausgibt. Verwenden Sie ein `FileInputStream`-Objekt, aus dem Sie Bytes in Form von **`int`**-Werten empfangen, und die Methode `Integer.toHexString(`**`int`**`)`, um den Dateiinhalt hexadezimal auszugeben. Zusätzlich sollen (etwas abgesetzt vom Hex-Code) alle Bytes mit Werten zwischen 32 und 126 als das entsprechend codierte Zeichen und alle anderen Bytes als Punkt (.) ausgegeben werden. Geben Sie je 16 Bytes pro Zeile aus, und beachten Sie, dass die letzte Zeile möglicherweise nicht vollständig gefüllt ist.
Wenn Sie das Programm auf eine beliebige Bytecode-Datei (Endung .class) anwenden, sollte die Ausgabe (in den ersten bzw. letzten drei Zeilen) etwa so aussehen:

```
Konsole
ca fe ba be 00 00 00 30 00 51 0a 00 18 00 23 07     .......0.Q....#.
00 24 09 00 25 00 26 0a 00 02 00 27 08 00 28 0a     .$..%.&....'..(.
00 02 00 29 07 00 2a 0a 00 07 00 2b 07 00 2c 0a     ...)..*....+..,.
                        .
```

```
                              .
                              .
2c 00 c9 00 2a 00 d6 00 2e 00 ee 00 30 00 1f 00     ,...*.......0..
00 00 04 00 01 00 20 00 01 00 21 00 00 00 02 00     ...... ...!....
22                                                  "
```

Besonders interessant ist dabei die Hex-Ausgabe der ersten vier Bytes: `ca fe ba be` (sprich: „Cafe Babe!"). Wie es dazu kam, dass diese Eröffnungs-Sequenz in allen ausführbaren Java-Class-Dateien zu finden ist, können Sie z. B. in [50] nachlesen.

Kapitel 18

Client/Server-Programmierung in Netzwerken

In den letzten Jahrzehnten hat die Anzahl und Nutzung von Computernetzwerken explosionsartig zugenommen. Ob in Bildungseinrichtungen, Verwaltungsbehörden, Unternehmen, öffentlichen Einrichtungen oder im Privatbereich – in fast allen Bereichen des täglichen Lebens haben wir mittlerweile direkt oder indirekt Kontakt mit vernetzten Rechnersystemen. Für viele Nutzerinnen und Nutzer von Rechnern sind Aktivitäten wie das Lesen von Webseiten im Internet bzw. der Zugriff auf Daten auf einem entfernten Rechner, das Versenden von E-Mails, das Diskutieren in Chatrooms oder die gemeinsame Verwendung eines Druckers zusammen mit anderen Nutzern beinahe zur Selbstverständlichkeit geworden. Alle diese Anwendungen setzen voraus, dass verschiedene Programme auf unterschiedlichen Rechnern miteinander kommunizieren.
Als Programmiersprache für das Internet bietet Java natürlich die Möglichkeit, Programme zu schreiben, die eine derartige Kommunikation über Netzwerke realisieren können. In diesem Kapitel wollen wir daher einige wichtige, aber natürlich bei Weitem nicht alle Aspekte der Netzwerkprogrammierung kennenlernen. Aufgrund der umfangreichen Java-Klassenbibliothek im Paket `java.net` und mit unseren Kenntnissen hinsichtlich Threads (Kapitel 16) und I/O-Streams (Kapitel 17) können wir mit wenig Aufwand Programme entwickeln, die im Internet mit anderen Programmen bzw. Rechnern kommunizieren. Dabei ist es eigentlich nicht einmal notwendig, dass wir die zugrunde liegende Netzwerktechnologie oder die Details der Kommunikationsvorgänge kennen bzw. verstehen. Dennoch erläutern wir im nachfolgenden Abschnitt zunächst einige Begriffe aus der Welt der Netzwerke und der Netzwerkkommunikation, um zumindest ein Grundverständnis dafür zu vermitteln, bevor wir uns dann der eigentlichen Netzwerkprogrammierung in Java zuwenden. Wer dieses Thema vertiefen möchte, findet z. B. in [26] weiteren Lesestoff.

18.1 Wissenswertes über Netzwerkkommunikation

18.1.1 Protokolle

Der Daten- bzw. Nachrichtenaustausch in einem Netzwerk erfolgt immer paarweise, das heißt, ein Programm auf einem Rechner nimmt mit einem Programm auf einem anderen Rechner Kontakt auf und tauscht mit ihm Daten aus. Damit dies auch tatsächlich funktioniert, müssen sich die kommunizierenden Computer bzw. Programme zuvor auf ein sogenanntes **Protokoll** geeinigt haben. Darunter versteht man alle Regeln für den Verbindungsaufbau, den eigentlichen Datenaustausch und den Verbindungsabbau. Die Kommunikation über eine Netzwerkverbindung läuft jedoch nicht direkt von Anwendungsprogramm zu Anwendungsprogramm, sondern wird über verschiedene Schichten des gesamten Kommunikationssystems abgewickelt. Daher müssen auch für jede dieser Schichten entsprechende Protokolle festgelegt sein.
Will man Programme auf unterschiedlichsten Rechnern miteinander verbinden, ist ein standardisiertes Modell für den Aufbau (die Architektur) des Kommunikationssystems unerlässlich. Ein solcher Standard, der mit sieben verschiedenen Schichten arbeitet, wurde daher in Form des OSI-Standards (OSI steht für Open System Interconnect) von der Internationalen Standardisierungsorganisation (ISO [36]) festgelegt. In der Praxis findet man allerdings wesentlich häufiger den TCP/IP-Standard, der eine etwas vereinfachte Unterteilung in vier Schichten vornimmt:

- In der obersten Schicht, der **Anwendungsschicht**, wird mit den Protokollen gängiger Netzwerkanwendungen wie zum Beispiel ein **File Transfer Protocol** (**FTP**, Übertragung von Dateien), ein **Hypertext Transfer Protocol** (**HTTP**, Übertragung von Hypertext-Dokumenten) und ein **Simple Mail Transfer Protocol** (**SMTP**, Versenden von Mails) oder mit Protokollen spezieller Anwendungen gearbeitet.
- In der darunter liegenden Schicht, der **Transportschicht**, wird als Transportprotokoll das **Transmission Control Protocol** (**TCP**) oder das **User Datagram Protocol** (**UDP**) eingesetzt.
- Unterhalb der Transportschicht befindet sich die **Netzwerkschicht** (auch Internetschicht genannt), in der das **Internetprotokoll** (**IP**) für die Kommunikation zuständig ist.
- Auf der untersten Schicht, der **physikalischen Schicht**, die für die tatsächliche Verbindung über das „Netz" in Form von Leitungen zwischen den Rechnern zuständig ist, laufen typischerweise Protokolle wie zum Beispiel **Ethernet** oder **Fiber Distributed Data Interface** (**FDDI**, Übertragung auf Lichtwellenleitern).

Versendet eine Anwendung Daten an eine andere Anwendung über ein Netzwerk, so durchlaufen die Daten die verschiedenen Schichten. Dabei verändert die Protokollsoftware der jeweiligen Schicht die Daten, indem zusätzliche Informationen eingearbeitet werden, die beim Empfängerrechner die Protokollsoftware der

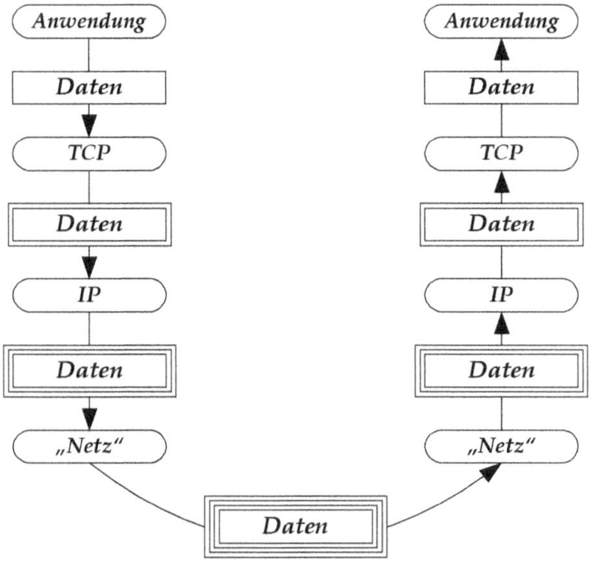

Abbildung 18.1: Datenübertragung im TCP/IP-Schichtenmodell

entsprechenden Schicht nutzen kann, um die Daten zu verarbeiten. Abbildung 18.1 verdeutlicht diesen Vorgang.
Dabei stellt das IP in der Netzwerkschicht einen verbindungslosen und unzuverlässigen Dienst für den Transport von einzelnen Datenpaketen bereit, der diese lediglich mit der Empfängeradresse versieht und möglichst auf dem schnellsten Wege (man spricht von einem möglichst effizienten **Routing**, abhängig von der gerade vorherrschenden Netzlast) verschickt.
Das TCP in der Transportschicht stellt hingegen eine zuverlässige (virtuelle) Verbindung zwischen Sender- und Empfängeranwendung her. Die Daten werden in kleine Pakete eingeteilt, und es wird stets sichergestellt, dass diese fehlerfrei übertragen werden, indem vom Empfänger eine Bestätigung über deren Erhalt gefordert wird und die Pakete, falls erforderlich, mehrfach gesendet werden. Zusätzlich wird dafür gesorgt, dass auch die Reihenfolge der verschickten Datenpakete erhalten bleibt. In den weiteren Abschnitten dieses Kapitels beschäftigen wir uns noch ausführlich mit der Realisierung von TCP-Verbindungen in Java.
Das alternative Transportschichtprotokoll UDP ist im Gegensatz zu TCP ein unzuverlässiges Protokoll, das im Prinzip lediglich die IP-Funktionalität an die Anwendungsschicht weiterreicht und weder Reihenfolge noch fehlerfreie Übermittlung garantiert. Allerdings gibt es auch für UDP sinnvolle Einsatzbereiche, wie zum Beispiel die Übertragung von Messwerten einer Wetterstation in kurzen Zeitabständen, bei der es nicht unbedingt auf die Vollständigkeit der übermittelten Daten ankommt.

18.1.2 IP-Adressen

Für die Kommunikation zwischen zwei Programmen bzw. Rechnern und die Abwicklung des Protokolls ist es natürlich notwendig, die jeweilige Adresse des Partnerrechners im Netzwerk, die sogenannte **IP-Adresse**, zu kennen. Das Internetprotokoll arbeitet derzeit mit numerischen Adressen, die 4 Bytes (also 32 Bits) lang sind und in der Regel durch vier durch Punkte getrennte Zahlen im Bereich 0 bis 255 dargestellt werden. Die IP-Adresse des WWW-Servers `www.hanser.de` des Carl Hanser Verlages lautet beispielsweise `134.119.225.58`.
Da die IP-Adresse eines Rechners im Internet weltweit eindeutig sein muss, werden die Adressen von der zentralen Organisation **ICANN** (Internet Corporation for Assigned Names and Numbers [34]) verwaltet bzw. vergeben. Aufgrund der wachsenden Zahl von Rechnern im Internet sollen IP-Adressen künftig mit 16 Bytes bzw. durch acht durch Punkte getrennte Hexadezimalzahlen im Bereich 0000 bis FFFF dargestellt werden.
Wesentlich einprägsamer können Internetadressen natürlich in Form sogenannter **Domain-Namen** oder **Host-Namen** notiert werden, wobei sich einer IP-Adresse auch mehrere Namen (man spricht dann von **Alias-Namen**) zuordnen lassen. Um diese Art der Notation im Internet verwenden zu können, wird allerdings ein Dienst benötigt, der die Abbildung des Namens auf die tatsächliche IP-Adresse vornehmen kann. Dieser Dienst heißt **Domain Name Service (DNS)** und wird auch von den Java-Klassen bei Bedarf genutzt. Wir wollen seine Funktionsweise anhand der Klasse `InetAddress` aus dem Paket `java.net` kurz demonstrieren. Objekte der Klasse `InetAddress` können nicht wie üblich per Konstruktor erzeugt, sondern müssen durch Aufruf der Klassenmethode

- **`public static`** `InetAddress getByName(String host)`
  `throws` `UnknownHostException`
  führt für den Rechner `host` eine Anfrage beim DNS durch und liefert ein Objekt, das die IP-Adresse des durch `host` angegebenen Rechners darstellt, zurück. Dabei kann `host` als Domain-Name oder als IP-Adresse angegeben werden.

konstruiert werden. Danach können wir die Instanzmethoden `getHostAddress` und `getHostName` benutzen, um den Rechnernamen und die IP-Adresse eines `InetAddress`-Objekts als Zeichenkette zu erhalten. Wir haben die drei genannten Methoden in dem einfachen Programm

```
import java.net.*;
class DNSAnfrage {
  public static void main(String[] args) {
    try {
      InetAddress ip = InetAddress.getByName(args[0]);
      System.out.println("Angefragter Name: "+ args[0]);
      System.out.println("IP-Adresse:       "+ ip.getHostAddress());
      System.out.println("Host-Name:        "+ ip.getHostName());
    } catch (ArrayIndexOutOfBoundsException aex) {
      System.out.println("Aufruf: java DNSAnfrage <hostname>");
    } catch (UnknownHostException uex) {
```

```
            System.out.println("Kein DNS-Eintrag fuer "+ args[0]);
        }
    }
}

```

eingesetzt, das die IP-Adresse eines per Kommandozeilenparameter übergebenen Rechnernamens beim DNS erfragt und danach die IP-Adresse und den Rechnernamen auf das Konsolenfenster ausgibt. Falls der Parameter beim Start vergessen wurde oder der Rechner dem DNS nicht bekannt ist, werden die entsprechenden Ausnahmen behandelt, indem entsprechende Informationen ausgegeben werden. Aufrufe unseres Programms laufen daher (bei vorhandener Internetverbindung) wie folgt ab:

Konsole

```
> java DNSAnfrage www.hanser.de
Angefragter Name: www.hanser.de
IP-Adresse:       108.138.26.27
Host-Name:        www.hanser.de

> java DNSAnfrage www.google.com
Angefragter Name: www.google.com
IP-Adresse:       142.250.186.36
Host-Name:        www.google.com

> java DNSAnfrage lord.of.the.rings
Kein DNS-Eintrag fuer lord.of.the.rings
```

18.1.3 Ports und Sockets

Wie wir bereits wissen, ist die Transportschicht für die eigentliche Verbindung zwischen Sender- und Empfängeranwendung zuständig. Weil auf einem Rechner durchaus mehrere Anwendungen gleichzeitig Internetkommunikation betreiben können, der Rechner in der Regel aber nur über eine physikalische Verbindung zum Internet verfügt, lässt sich der Weg, den die übermittelten Daten nehmen sollen, nicht allein anhand der IP-Adresse festlegen. Für welche Anwendung die Daten bestimmt sind, bestimmt daher eine zusätzliche Adressierungsinformation, die das Transportschichtprotokoll in die Daten einarbeitet – die sogenannte **Port-Nummer**.[1] Jede Netzwerkanwendung auf einem Rechner wird über einen festgelegten **Port** abgewickelt, sodass die Daten an die richtige Stelle ausgeliefert werden können.

Port-Nummern sind ganze Zahlen im Bereich von 0 bis 65535. Während die Port-Nummern im Bereich von 0 bis 1023 für Standardanwendungen (z. B. Port 21 für

[1] Vergleicht man diese Adressierungsart mit der herkömmlichen Verteilung von Brief- oder Paketpost in einem Wohnheim, so entspricht die IP-Adresse der üblichen Adresse mit Straße und Hausnummer, während die Port-Nummer die Zimmernummer des Empfängers spezifiziert.

einen FTP-Server, Port 25 für einen SMTP-Server oder Port 80 für einen HTTP-Server) reserviert sind, sind alle anderen Werte frei verfügbar und können für selbst geschriebene Netzwerkanwendungen verwendet werden.
Steht für eine Netzwerkkommunikation zwischen zwei Rechnern fest, welche Anwendungen bzw. Ports miteinander kommunizieren, so sind dadurch die Endpunkte der Verbindung bzw. der Datenübertragung in beide Richtungen bestimmt. Einen solchen durch IP-Adresse und Port-Nummer eindeutig festgelegten Endpunkt einer Netzwerkkommunikationsverbindung nennt man **Socket** (deutsch: Steckdose, Buchse). Abbildung 18.2 verdeutlicht diesen Sachverhalt anhand von zwei Netzwerkverbindungen, die beide jeweils eine Anwendung (einen Port) auf Rechner 1 mit einer Anwendung (einem Port) auf Rechner 2 verbinden.
Im nächsten Abschnitt beschäftigen wir uns nun mit der Java-Realisierung von TCP-Sockets.

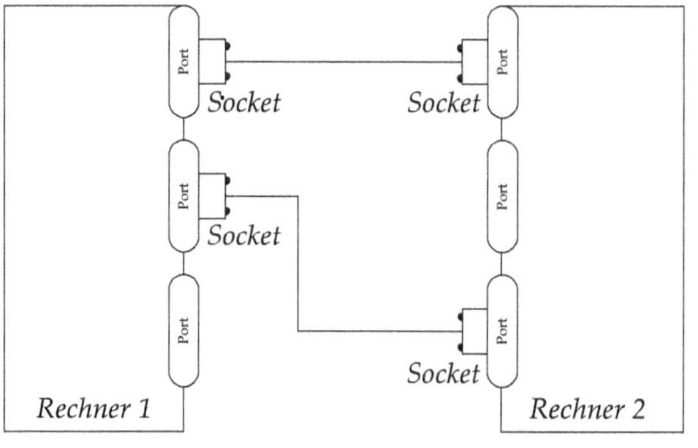

Abbildung 18.2: Netzwerkverbindungen über Ports und Sockets

18.2 Client/Server-Programmierung

Unter einem **Server** (deutsch: Diener) versteht man ein Programm, das auf einem Rechner läuft und einen bestimmten **Dienst** anbietet, der über das Netzwerk von anderen Programmen bzw. Rechnern genutzt werden kann. Der Rechner, auf dem das Programm läuft, heißt dann **Server-Rechner** oder auch **Server-Host**.[2] Ein Programm, das über das Netzwerk den Dienst eines Servers anfordert, wird **Client** (deutsch: Klient, Kunde) genannt. Der entsprechende Rechner, auf dem der Client läuft, heißt dann **Client-Rechner** oder **Client-Host**.
Wollen Server und Client eine Kommunikationsverbindung aufbauen, müssen Server-seitig folgende Vorgänge ablaufen:

[2] Sehr häufig wird der Begriff Server auch (fälschlicherweise) für den Rechner verwendet, auf dem ein oder mehrere Server laufen.

1. Der Server erzeugt ein spezielles Server-Socket, das an einen Port gebunden ist, dessen Nummer den potenziellen Clients bekannt sein muss.
2. Der Server wartet darauf, dass sich ein Client anmeldet, der eine Verbindung aufbauen möchte.
3. Hat der Server die Anfrage eines Clients akzeptiert, erzeugt er ein weiteres Socket, über das die eigentliche Kommunikation abgewickelt werden kann.
4. Danach werden über dieses Socket die benötigten Ein- und Ausgabeströme zum Client geöffnet.
5. Über die Ströme wird der Datenaustausch gemäß dem festgelegten Protokoll abgewickelt.
6. Die Ströme und das Socket werden geschlossen.
7. Der Server wird beendet oder es beginnt ab Schritt 2 eine weitere Client-Kommunikation.

Client-seitig sieht der Ablauf wie folgt aus:

1. Der Client nimmt über die IP-Adresse und Port-Nummer Kontakt mit dem Server auf und erzeugt ein Socket, über das die Kommunikation mit dem Server abgewickelt werden kann.
2. Hat der Server die Anfrage akzeptiert, werden über das Socket die benötigten Ein- und Ausgabeströme zum Server geöffnet.
3. Über die Ströme wird der Datenaustausch gemäß dem festgelegten Protokoll abgewickelt.
4. Die Ströme und das Socket werden geschlossen.

In den nachfolgenden Abschnitten werden wir nun sehen, wie diese Vorgänge mit relativ wenig Aufwand in Form von Java-Programmen realisierbar sind.

18.2.1 Die Klassen `ServerSocket` und `Socket`

Java stellt im Paket `java.net` zwei verschiedene Klassen für die Erzeugung von TCP-Sockets zur Verfügung. Die Klasse `ServerSocket` dient der Konstruktion spezieller Server-Sockets, während die Klasse `Socket` sowohl auf Server- als auch auf Client-Seite eingesetzt wird. Ein Server-Socket wird mit dem Konstruktor

- `public ServerSocket(int port)`
  erzeugt ein Server-Socket am angegebenen Port.

erzeugt und ist mit Hilfe der Instanzmethode

- `public Socket accept()`
  wartet auf eine Anfrage eines Clients und erzeugt dann ein neues `Socket`-Objekt und liefert es als Ergebnis zurück.

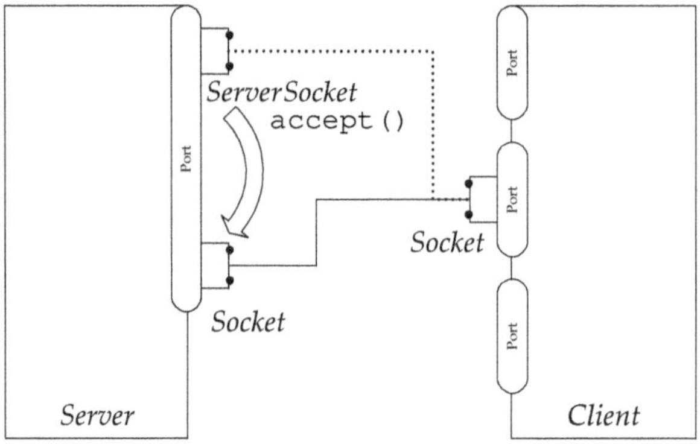

Abbildung 18.3: Sockets auf Server- und Client-Seite

in der Lage, die Anfrage eines Clients zu akzeptieren und ein `Socket`-Objekt zu erzeugen, über das man die Kommunikation abwickeln kann (siehe auch Abbildung 18.3). Auf Client-Seite werden `Socket`-Objekte direkt mit den Konstruktoren

- **`public`** `Socket(InetAddress address,` **`int`** `port)`
  erzeugt ein Socket und verbindet es mit der Anwendung, die auf dem Rechner mit der durch `address` festgelegten Adresse am Port `port` läuft.
- **`public`** `Socket(String host,` **`int`** `port)`
  erzeugt ein Socket und verbindet es mit der Anwendung, die auf dem Rechner mit dem Host-Namen bzw. der IP-Adresse `host` am Port `port` läuft. Für den String `host` wird zuvor eine DNS-Anfrage zur Bestimmung des `InetAddress`-Objekts durchgeführt.

generiert. Sowohl auf Server- als auch auf Client-Seite kann man über die `Socket`-Objekte auf die entsprechenden Ein- und Ausgabeströme zugreifen, indem die Methoden

- **`public`** `InputStream getInputStream()`
  liefert einen Byte-Eingabestrom über das Socket.
- **`public`** `OutputStream getOutputStream()`
  liefert einen Byte-Ausgabestrom über das Socket.

eingesetzt werden (vgl. auch Abbildung 18.4). Schließen lässt sich ein Socket mit der Methode

- **`public void`** `close()`
  schließt das Socket und die zugehörigen Ströme.

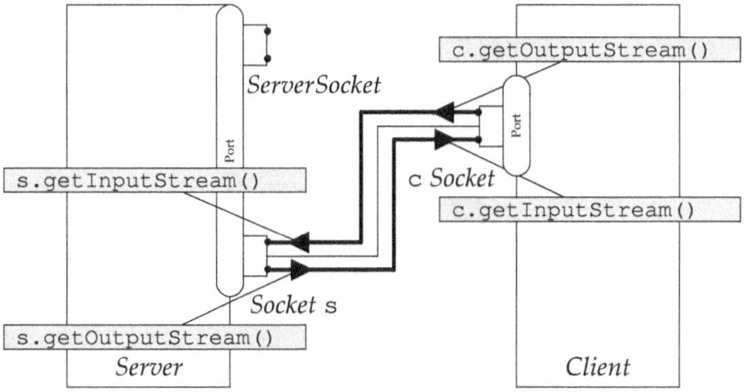

Abbildung 18.4: Datenströme über Sockets auf Server- und Client-Seite

18.2.2 Ein einfacher Server

Wir wollen uns nun mit einem einfachen Beispiel beschäftigen, das in der Konstellation aus den Abbildungen 18.3 und 18.4 die linke Seite, also den Server realisiert. Unser Server soll für eine Client-Anfrage nach der aktuellen Uhrzeit bzw. nach dem aktuellen Datum zur Verfügung stehen. Dabei soll der Client, der sich anmeldet, zunächst gefragt werden, ob er die Uhrzeit oder das Datum wissen möchte. Je nachdem, was er antwortet, wird ihm die entsprechende Information übermittelt. Danach soll unser Server bereits beendet sein.
Entsprechend den zu Beginn von Abschnitt 18.2 aufgeführten Schritten verwenden wir in unserer Server-Applikation

```
import java.io.*;
import java.net.*;
class DateTimeServer {
  public static void main(String[] args) {
    try {
      int port = Integer.parseInt(args[0]);          // Port-Nummer
      ServerSocket server = new ServerSocket(port); // Server-Socket
      System.out.println("DateTimeServer laeuft");  // Statusmeldung
      Socket s = server.accept();    // Client-Verbindung akzeptieren
      new DateTimeProtokoll(s).transact();     // Protokoll abwickeln
    } catch (ArrayIndexOutOfBoundsException ae) {
      System.out.println("Aufruf: java DateTimeServer <Port-Nr>");
    } catch (IOException e) {
      e.printStackTrace();
    }
  }
}
```

zunächst die als Kommandozeilenparameter geforderte Port-Nummer, um ein Server-Socket zu erzeugen. Wir bestätigen durch eine Konsolenausgabe, dass der Server läuft, und rufen danach die Methode `accept` auf, die einen Kontaktversuch durch einen Client akzeptiert und ein entsprechendes Socket `s` für die Kommunikation erzeugt. Die Erzeugung der benötigten Datenströme und die Abwicklung des Protokolls erledigen wir, indem wir ein Objekt der Klasse `DateTimeProtokoll` erzeugen und dessen Methode `transact` aufrufen. Unsere Protokollklasse haben wir wie folgt gestaltet:

```
import java.io.*;
import java.net.*;
import java.util.*;
import java.text.*;
class DateTimeProtokoll {
  static SimpleDateFormat    // Formate fuer den Zeitpunkt
    time = new SimpleDateFormat("'Es ist gerade 'H'.'mm' Uhr.'"),
    date = new SimpleDateFormat("'Heute ist 'EEEE', der 'dd.MM.yy");

  Socket s;                    // Socket in Verbindung mit dem Client
  BufferedReader vomClient;    // Eingabe-Strom vom Client
  PrintWriter zumClient;       // Ausgabe-Strom zum Client

  public DateTimeProtokoll (Socket s) {  // Konstruktor
    try {
        this.s = s;
        vomClient = new BufferedReader(
                          new InputStreamReader(
                                s.getInputStream()));
        zumClient = new PrintWriter(
                          s.getOutputStream(),true);
    } catch (IOException e) {
        System.out.println("IO-Error");
        e.printStackTrace();
    }
  }
  public void transact() {    // Methode, die das Protokoll abwickelt
    System.out.println("Protokoll gestartet");
    try {
        zumClient.println("Geben Sie DATE oder TIME ein");
        String wunsch = vomClient.readLine(); // v. Client empfangen
        Date jetzt = new Date();              // Zeitpunkt bestimmen
                     // vom Client empfangenes Kommando ausfuehren
        if (wunsch.equalsIgnoreCase("date"))
          zumClient.println(date.format(jetzt));
        else if (wunsch.equalsIgnoreCase("time"))
          zumClient.println(time.format(jetzt));
        else
          zumClient.println(wunsch+"ist als Kommando unzulaessig!");
        s.close();      // Socket (und damit auch Stroeme) schliessen
    } catch (IOException e) {
        System.out.println("IO-Error");
    }
    System.out.println("Protokoll beendet");
  }
}
```

Der Konstruktor, dem jeweils das Socket übergeben wird, ist dafür zuständig, die benötigten Ein- und Ausgabeströme zu erzeugen. Dabei greifen wir auf die beiden Methoden `getInputStream` und `getOutputStream` des `Socket`-Objekts zu-

rück. Zum Lesen der vom Client geschickten Informationen verwenden wir einen gepufferten Zeichenstrom, während wir die Mitteilungen des Servers an den Client über ein `PrintWriter`-Objekt verschicken, bei dem wir das automatische Flushing für `println`-Aufrufe aktivieren.
In der Methode `transact` wird zunächst auf der Konsole des Servers gemeldet, dass das Protokoll gestartet wurde, danach werden Informationen über die möglichen Kommandos an den Client geschickt. Nachdem das gewünschte Kommando vom Client empfangen wurde, wird ein `Date`-Objekt erzeugt, abhängig vom gewählten Kommando mit Hilfe der `SimpleDateFormat`-Objekte formatiert und schließlich an den Client geschickt. Nach einer weiteren Konsolenmeldung über das Ende des Protokolls (und damit in unserem Fall auch des Servers) wird lediglich noch das Socket (und damit gleichzeitig dessen Ein- und Ausgabeströme) geschlossen.
Starten wir unseren Server unter Verwendung des Ports 2222, so erhalten wir auf dem Konsolenfenster zunächst folgenden Ablauf:

Konsole
```
> java DateTimeServer 2222
DateTimeServer laeuft
```

Unser Server ist also bereit, eine Client-Anfrage zu akzeptieren. Da wir bisher über kein eigenes Client-Programm verfügen, könnten wir unseren Server beispielsweise mit einem üblichen **Telnet-Programm**, wie es auf den meisten Rechnerplattformen zur Verfügung steht, testen. Dazu müssen wir ein weiteres Konsolenfenster öffnen und dort das Kommando `telnet`, gefolgt von Rechnername und Port des Servers, als notwendige Parameter eingeben. Den Rechnernamen unseres eigenen Rechners, auf dem ja unser Server läuft, können wir dabei auch entweder als `localhost` (ein standardmäßig festgelegter Alias-Name) oder als `127.0.0.1` (eine standardmäßig festgelegte IP-Adresse) angeben. Wir erhalten dann in unserem zweiten Konsolenfester zunächst den Ablauf

Konsole
```
> telnet localhost 2222
Geben Sie DATE oder TIME ein
```

während in unserem ersten Konsolenfenster mittlerweile eine Zeile hinzugekommen ist und somit

Konsole
```
> java DateTimeServer 2222
DateTimeServer laeuft
Protokoll gestartet
```

zu lesen steht. Geben wir auf der Client-Seite nun das Kommando `time` ein, kann der Rest unseres Protokolls abgearbeitet werden, und auf der Konsole des Servers steht schließlich

Konsole

```
> java DateTimeServer 2222
DateTimeServer laeuft
Protokoll gestartet
Protokoll beendet
```

während im Telnet-Fenster nunmehr

Konsole

```
> telnet localhost 2222
Geben Sie DATE oder TIME ein
time
Es ist gerade 13.01 Uhr.

Verbindung zu Host verloren.
```

zu lesen ist, womit angezeigt wird, dass die Verbindung zum Telnet-Client unterbrochen wurde, da der Server nach Übermittlung der Zeitangabe beendet war.

18.2.3 Ein einfacher Client

Anstelle des Telnet-Clients könnten wir natürlich auch einen eigenen, spezialisierten Client verwenden, der genau den Bedürfnissen einer Kommunikation mit unserem `DateTimeServer`-Programm angepasst ist. Eine entsprechende Klasse haben wir als

```java
import java.net.*;
import java.io.*;

class DateTimeClient {
  public static void main(String[] args) {
    String hostName = "";  // Rechner-Name bzw. -Adresse
    int port;              // Port-Nummer
    Socket c = null;       // Socket fuer die Verbindung zum Server

    try {
        hostName = args[0];
        port = Integer.parseInt(args[1]);
        c = new Socket(hostName, port);

        BufferedReader vomServer = new BufferedReader(
                                   new InputStreamReader(
                                       c.getInputStream()));
        PrintWriter zumServer = new PrintWriter(
                                c.getOutputStream(),true);

        BufferedReader vonTastatur = new BufferedReader(
                                     new InputStreamReader(
                                         System.in));

        // Protokoll abwickeln
        System.out.println("Server " +hostName+":"+port+ " sagt:");
```

```
            String text = vomServer.readLine(); // vom Server empfangen
            System.out.println(text);       // auf die Konsole schreiben
            text = vonTastatur.readLine();  // von Tastatur lesen
            zumServer.println(text);        // zum Server schicken
            text = vomServer.readLine();    // vom Server empfangen
            System.out.println(text);       // auf die Konsole schreiben

            // Socket (und damit auch Stroeme) schliessen
            c.close();
        } catch (ArrayIndexOutOfBoundsException ae) {
            System.out.println("Aufruf:");
            System.out.println("java DateTimeClient <Host> <PortNr>");
        } catch (UnknownHostException ue) {
            System.out.println("Kein DNS-Eintrag fuer " + hostName);
        } catch (IOException e) {
            System.out.println("IO-Error");
        }
    }
}
```

implementiert, in deren `main`-Methode wir die zu Beginn von Abschnitt 18.2 aufgeführten Schritte für eine Client-Applikation realisiert haben. Wir erzeugen darin zunächst ein Socket unter Verwendung des Rechnernamens und der Port-Nummer, die als Kommandozeilenparameter übergeben werden. Danach erzeugen wir die benötigten Ein- und Ausgabeströme in Verbindung mit dem Server (dabei greifen wir wieder auf die beiden Methoden `getInputStream` und `getOutputStream` des `Socket`-Objekts zurück) und einen gepufferten Eingabestrom für Tastatureingaben. Danach wickeln wir das Protokoll ab, indem wir die vom Server gelesenen Informationen auf die Konsole schreiben, ein Kommando von der Tastatur einlesen, dieses zum Server schicken, schließlich die Antwort des Servers lesen und ebenfalls auf die Konsole ausgeben.
Starten wir unseren Server erneut an Port 2222 und rufen dann diesen einfachen Client auf, so ergibt sich der Ablauf

Konsole

```
> java DateTimeClient localhost 2222
Server localhost:2222 sagt:
Geben Sie DATE oder TIME ein
date
Heute ist Samstag, der 27.04.24
```

auf der Konsole des Clients, der unmittelbar danach auch beendet ist.

18.2.4 Ein Server für mehrere Clients

Unser einfacher Server aus Abschnitt 18.2.2 ist so gestaltet, dass er nach seinem Start seinen Dienst lediglich einem einzigen Client zur Verfügung stellt und danach beendet ist. Wollen wir diesen Dienst mehreren Clients zur Verfügung stellen, so könnten wir in unserer Klasse `DateTimeServer` ganz einfach die Anweisungen in Zeile 9 und 10 in eine Schleife packen, die mehrmals oder sogar

unendlich oft durchlaufen wird. Allerdings müsste dann jeweils das komplette Protokoll für einen Client abgewickelt sein, bevor der nächste Client sich an den Server wenden kann. Mit dem in Kapitel 16 Erlernten können wir allerdings auch dieses kleine Problem recht einfach lösen, indem wir unsere Protokollklasse zu einem Thread machen.
Als Server, der von mehreren Clients genutzt werden kann, verwenden wir daher die Klasse

```java
import java.io.*;
import java.net.*;
class DateTimeMultiServer {
  public static void main(String[] args) {
    try {
        int port = Integer.parseInt(args[0]);          // Port-Nummer
        ServerSocket server = new ServerSocket(port); // Server-Socket
        System.out.println("DateTimeServer laeuft");  // Statusmeldung
        while (true) {
          Socket s = server.accept(); // Client-Verbindung akzeptieren
          new DateTimeDienst(s).start();            // Dienst starten
        }
    } catch (ArrayIndexOutOfBoundsException ae) {
        System.out.println("Aufruf: java DateTimeServer <Port>");
    } catch (IOException e) {
        e.printStackTrace();
    }
  }
}
```

in der wir nach Erzeugung des Server-Sockets in einer Endlosschleife jeweils die nächste Client-Verbindung akzeptieren und für das zugehörige Socket einen Thread erzeugen und starten, der das eigentliche Protokoll abwickelt. Von der Methode `start` eines Thread-Objekts wissen wir ja, dass sie dafür sorgt, dass dessen `run`-Methode nebenläufig ausgeführt wird und dass sie danach sofort beendet ist. Daher kann das Server-Programm unverzüglich zum nächsten Schleifendurchlauf übergehen und eine weitere Client-Anfrage bearbeiten, noch bevor das Protokoll für den ersten Client komplett abgewickelt ist. Abbildung 18.5 stellt diese Situation grafisch dar. Während Client 1 mit dem Server kommuniziert, nimmt Client n mit dem Server gerade Kontakt auf (gestrichelte Linie) und erhält von der `accept`-Methode ein Socket für die Kommunikation zugewiesen.
Zur Vervollständigung unserer mehrfädigen Server-Implementierung müssen wir nun noch unsere ursprüngliche Protokollklasse `DateTimeProtokoll` in eine Thread-Klasse verwandeln. Dazu lassen wir die Klasse

```java
import java.io.*;
import java.net.*;
import java.util.*;
import java.text.*;
class DateTimeDienst extends Thread {
  static SimpleDateFormat     // Formate fuer den Zeitpunkt
    time = new SimpleDateFormat("'Es ist gerade 'H'.'mm' Uhr.'"),
    date = new SimpleDateFormat("'Heute ist 'EEEE', der 'dd.MM.yy");
  static int anzahl = 0;      // Anzahl der Clients insgesamt
```

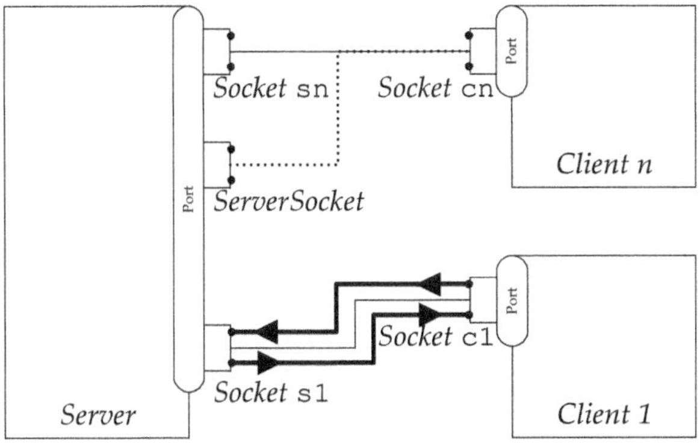

Abbildung 18.5: Ein Server behandelt mehrere Clients gleichzeitig.

```
  int nr = 0;                        // Nummer des Clients
  Socket s;                          // Socket in Verbindung mit dem Client
  BufferedReader vomClient;          // Eingabe-Strom vom Client
  PrintWriter zumClient;             // Ausgabe-Strom zum Client

  public DateTimeDienst (Socket s) {  // Konstruktor
    try {
        this.s = s;
        nr = ++anzahl;
        vomClient = new BufferedReader(
                          new InputStreamReader(
                                s.getInputStream()));
        zumClient = new PrintWriter(
                          s.getOutputStream(),true);
    } catch (IOException e) {
        System.out.println("IO-Error bei Client " + nr);
        e.printStackTrace();
    }
  }
  public void run() {  // Methode, die das Protokoll abwickelt
    System.out.println("Protokoll fuer Client " + nr + " gestartet");
    try {
      while (true) {
        zumClient.println("Geben Sie DATE, TIME oder QUIT ein");
        String wunsch = vomClient.readLine(); // vom Client empfangen
        if (wunsch == null || wunsch.equalsIgnoreCase("quit"))
          break;                              // Schleife abbrechen
        Date jetzt = new Date();              // Zeitpunkt bestimmen
                        // vom Client empfangenes Kommando ausfuehren
        if (wunsch.equalsIgnoreCase("date"))
          zumClient.println(date.format(jetzt));
        else if (wunsch.equalsIgnoreCase("time"))
          zumClient.println(time.format(jetzt));
        else
          zumClient.println(wunsch+ "ist als Kommando unzulaessig!");
      }
```

```
      s.close();          // Socket (und damit auch Stroeme) schliessen
    } catch (IOException e) {
      System.out.println("IO-Error bei Client " + nr);
    }
    System.out.println("Protokoll fuer Client " + nr + " beendet");
  }
}
```

einfach von der Klasse `Thread` erben und in ihrem Konstruktor Nummern für die erzeugten Objekte vergeben. Außerdem wandern die Anweisungen für die Abwicklung des Protokolls aus der Methode `transact` nun in die `run`-Methode, sodass sie nebenläufig abgearbeitet werden können. Diese Anweisungen haben wir zusätzlich in eine Endlosschleife verpackt, sodass ein Client die Kommandos DATE und TIME auch mehrfach senden kann, bevor er die Verbindung mit QUIT wieder abbricht.

Starten wir nun unseren neuen Server `DateTimeMultiServer` an Port 3333, so können mehrere Clients auf ihn zugreifen, um Zeit- oder Datumsabfragen durchzuführen, was im Konsolenfenster z. B. wie folgt protokolliert werden könnte:

Konsole

```
> java DateTimeMultiServer 3333
DateTimeServer laeuft
Protokoll fuer Client 1 gestartet
Protokoll fuer Client 2 gestartet
Protokoll fuer Client 2 beendet
Protokoll fuer Client 3 gestartet
Protokoll fuer Client 3 beendet
Protokoll fuer Client 1 beendet
Protokoll fuer Client 4 gestartet
IO-Error bei Client 4
Protokoll fuer Client 4 beendet
```

Dabei haben wir die ersten drei Client-Anfragen mit dem Telnet-Client und Anfrage 4 mit unserer Klasse `DateTimeClient` durchgeführt. Wie wir sehen, tritt bei Client 4 ein Fehler auf, was dadurch zustande kommt, dass das relativ spezielle Protokoll des Clients nicht so richtig mit dem des Servers zusammenspielt. Es wird nämlich nur eine einzige Zeit- oder Datumsangabe angefordert und danach abgebrochen. Im nächsten Abschnitt wollen wir uns daher noch mit einem alternativen Client-Programm beschäftigen.

18.2.5 Ein Mehrzweck-Client

Um auch bei anderen Servern Anfragen durchführen zu können, wollen wir nun noch ein etwas allgemeineres Client-Programm entwerfen, in dem wir einfach jeweils im Wechsel alle Daten, die der Server übermittelt, empfangen und anschließend ein Kommando (bzw. eine Zeile) von Tastatur einlesen und an den Server schicken. Diese Vorgänge wiederholen wir, bis das Kommando QUIT eingegeben wird. In unserer Klasse

```java
import java.net.*;
import java.io.*;
public class MyClient {
  // liest alle vom Server geschickten Daten
  static void zeigeWasKommt(BufferedReader sin) throws IOException {
    String str = null;
    try {
      while ((str = sin.readLine()) != null)
        System.out.println(str);
    }
    catch (SocketTimeoutException sto) {
    }
  }
  static void zeigePrompt() {
    System.out.print("> ");
    System.out.flush();
  }
  public static void main(String[] args) {
    try {
      System.out.println("Client laeuft. Beenden mit QUIT");
      Socket c = new Socket(args[0], Integer.parseInt(args[1]));
      c.setSoTimeout(500); // setze Timeout auf eine halbe Sekunde
      BufferedReader vomServer = new BufferedReader(
                                 new InputStreamReader(
                                       c.getInputStream()));
      PrintWriter zumServer = new PrintWriter(
                                 c.getOutputStream(), true);
      BufferedReader vonTastatur = new BufferedReader(
                                 new InputStreamReader(
                                       System.in));
      String zeile;

      do {
        zeigeWasKommt(vomServer);
        zeigePrompt();
        zeile = vonTastatur.readLine();
        zumServer.println(zeile);
      } while(!zeile.equalsIgnoreCase("quit"));

      c.close();        // Socket (und damit auch Stroeme) schliessen
    } catch (ArrayIndexOutOfBoundsException ae) {
        System.out.println("Aufruf: java MyClient <Port-Nummer>");
    } catch (UnknownHostException ux) {
        System.out.println("Kein DNS-Eintrag fuer " + args[0]);
    } catch (IOException e) {
        e.printStackTrace();
    }
  }
}
```

haben wir daher für das Lesen der vom Server empfangenen Daten eine Methode `zeigeWasKommt` definiert, die in einer Schleife aus dem Eingabestrom vom Server liest und die gelesenen Zeilen auf dem Konsolenfenster ausgibt. Allerdings wird diese Schleife erst abgebrochen, wenn das Stromende erreicht ist, also genau genommen dann, wenn die Verbindung zum Server beendet wird. Wenn

der Server gerade keine Daten schickt, muss die Methode `readLine` jeweils warten. Dies hat natürlich zur Folge, dass wir nach einem Aufruf der Methode `zeigeWasKommt` keine Möglichkeit haben, zwischen den einzelnen Lesevorgängen auch einmal etwas zum Server zu schicken.
Dieses Problem kann man aber leicht dadurch beheben, dass man das Socket, über den die Kommunikation läuft, so einstellt, dass es nicht „ewig" auf Server-Daten wartet, sondern den Lesevorgang nach einer festgelegten Zeit ohne jegliche Datenübermittlung abbricht. Dazu stellt die Klasse `Socket` die Methode

- **public void** `setSoTimeout(`**int** `timeout)`
  aktiviert (für `timeout` > 0) bzw. deaktiviert (für `timeout = 0`) den Socket-Timeout, sodass bei einer Leseoperation über den Eingabestrom des Sockets maximal `timeout` Millisekunden auf Daten gewartet wird. Sollte diese Zeit überschritten werden, wird eine Ausnahme vom Typ `SocketTimeoutException` geworfen. Ist `timeout` = 0, so wird unendlich lange gewartet.

zur Verfügung, die jeweils vor der ersten Leseoperation aufgerufen werden muss. In der `main`-Methode unserer Klasse `MyClient` haben wir unmittelbar nach der Erzeugung des Sockets den Timeout auf eine halbe Sekunde eingestellt. Aus diesem Grund arbeiten wir in der Methode `zeigeWasKommt` mit einem Catch-Block, der die Socket-Timeout-Ausnahme abfängt, ohne etwas zu tun.
In der **do**-Schleife unseres Client-Programms rufen wir somit jeweils die Methode `zeigeWasKommt` auf, um alles angezeigt zu bekommen, was der Server bis zum Timeout geschickt hat, und geben danach mit der Methode `zeigePrompt` ein >-Zeichen aus, um anzuzeigen, dass jetzt eine Eingabe erfolgen kann, die anschließend an den Server geschickt wird. Wenn wir unseren Client aufrufen, bemerken wir auch die kurze Verzögerung, mit der das Prompt-Zeichen auf dem Konsolenfenster erscheint, das z. B. beim Zugriff auf unseren Server `DateTimeMultiServer` auf unserem lokalen Rechner an Port 3333 wie folgt aussehen könnte:

Konsole
```
> java MyClient localhost 3333
Client laeuft. Beenden mit QUIT
Geben Sie DATE, TIME oder QUIT ein
> time
Es ist gerade 11.44 Uhr.
Geben Sie DATE, TIME oder QUIT ein
> date
Heute ist Sonntag, der 28.04.24
Geben Sie DATE, TIME oder QUIT ein
> year
year ist als Kommando unzulaessig!
Geben Sie DATE, TIME oder QUIT ein
> quit
```

Im Rahmen der Übungsaufgaben werden Sie sehen, dass dieses einfache, aber doch recht universelle Client-Programm `MyClient` problemlos auch zum Test anderer Server-Typen eingesetzt werden kann.

18.3 Übungsaufgaben

Aufgabe 18.1

Schreiben Sie ein Java-Programm, das ein einfaches Online-CD-Archiv als Server realisiert. Das Archiv ist dabei einfach eine Ansammlung von Textdateien (gespeichert im Verzeichnis `cdArchiv`), wobei jede Datei eine Aufzählung der Stücke (Tracks) auf der entsprechenden CD enthält. Die Klasse `CDServer`, deren `main`-Methode die Port-Nummer als Kommandozeilenargument übergeben bekommt und einen `ServerSocket` mit diesem Port verbindet, soll in einer Endlosschleife für jeden Client, der eine Verbindung aufbaut, einen `CDVerbindung`-Thread erzeugen und starten. Dieser Thread soll bei seiner Erzeugung die Ströme zum Client öffnen und alle hergestellten Verbindungen und die darüber abgewickelten Aktionen auf dem Bildschirm protokollieren.
Die vom Client geschickten Kommandos sollen wie folgt bearbeitet werden:

- Sendet der Client das Kommando `list`, so ist unter Verwendung der Methode `list()` der Klasse `File` nur der Inhalt des Verzeichnisses `cdArchiv` an den Client zu schicken.
- Sendet der Client das Kommando `tracks`, gefolgt von einem CD-Titel, so ist die entsprechende Datei im Verzeichnis `cdArchiv` zu öffnen und deren Inhalt zu lesen und an den Client zu schicken.

Nachfolgend beispielhafte Konsolenausgaben auf Server-Seite und Konsolendialog auf Client-Seite:

Konsole

```
CDServer wartet auf Port 8888
[localhost/127.0.0.1:1587: neue Verbindung]
[localhost/127.0.0.1:1587: sende Verzeichnis der CDs]
[localhost/127.0.0.1:1587: sende Tracks der CD Yes-Magnification]
[localhost/127.0.0.1:1587: Verbindung unterbrochen]
```

Konsole

```
Client gebunden an lokalen Port: 1587
> list
Aha-HowCanISleepWithYourVoiceInMyHead
Evanescence-Fallen
MikeOldfield-TubularBells2003
Reamonn-BeautifulSky
Yes-Magnification
> tracks Yes-Magnification
1. Magnification            2. Spirit of survival
```

```
3. Don't go                   4. Give love each day
5. Can you imagine            6. We agree
7. Soft as a dove             8. Dreamtime
9. In the presence of        10. Time is time
> quit
```

Aufgabe 18.2

Schreiben Sie einen Server, der jedem Client, der mit ihm eine Verbindung aufbaut, die Möglichkeit gibt, Geldbeträge von DM in EUR bzw. von EUR in DM umrechnen zu lassen. Auf der Server-Konsole könnte z. B. Folgendes ablaufen:

Konsole

```
Der Server laeuft.
Server beenden durch Eingabe von SHUTDOWN.
Neuer Client wird bearbeitet.
Neuer Client wird bearbeitet.
SHUTDOWN
Der Server wird nun nach Abarbeitung des
naechsten Clients automatisch beendet.
Neuer Client wird bearbeitet.
Der Server ist beendet.
```

Auf Client-Seite könnte ein Dialog mit dem Server wie folgt aussehen:

Konsole

```
Der Client laueft und kann mit 'quit' beendet werden
Welche Waehrung wollen Sie eingeben (DM oder EUR)?
> DM
Welchen Wert wollen Sie umrechnen?
> 100
Wert in EUR: 51.12918811962185
Darf's noch eine Umrechnung sein?
> ja
Welche Waehrung wollen Sie eingeben (DM oder EUR)?
> EUR
Welchen Wert wollen Sie umrechnen?
> 100
Wert in DM: 195.583
Darf's noch eine Umrechnung sein?
> nein
> quit
```

Ihre Implementierung sollen Sie in die drei Klassen (`EuroServer`, `SteuerDienst`, `EuroThread`) aufteilen. Die `main`-Methode der Klasse `EuroServer` soll beim Aufruf die zu verwendende Portnummer für die Erzeugung des Server-Socket-Objekts übergeben bekommen. Danach soll ein Dienst für

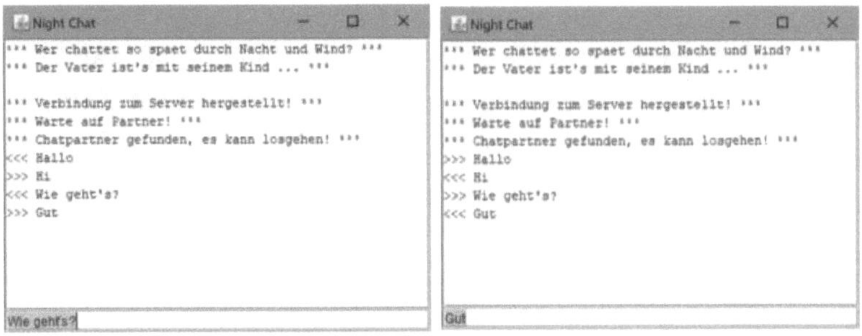

Abbildung 18.6: Zwei Chat-Clients aus Aufgabe 18.3

die Server-Steuerung (genau genommen für das Beenden des Servers nach Ende des nächsten Client-Dialogs) in Form eines `SteuerDienst`-Objekts aktiviert werden. Im Anschluss daran soll in einer Schleife für jeden Client, der eine Verbindung aufbaut, ein `EuroThread`-Objekt erzeugt und gestartet werden.
Die `run`-Methode der Thread-Klasse `SteuerDienst` meldet, dass der Server läuft, und fordert so lange Benutzereingaben an, bis das Kommando `SHUTDOWN` eingelesen wird. Danach sorgt sie dafür, dass die Schleife in der `main`-Methode der `EuroServer`-Klasse beendet wird.
In der `run`-Methode der Klasse `EuroThread` sollen Sie das Protokoll mit dem Client implementieren. Für die Währungsumrechnung können Sie auf die bekannte Klasse `EuroConverter` aus Aufgabe 14.6 zurückgreifen.

Aufgabe 18.3

Entwickeln Sie ein einfaches Chat-System, bestehend aus den drei Klassen `TalkServer` (der Server), `TalkDienst` (die Thread-Klasse, die den Datenaustausch zwischen Clients regelt) und `ChatFrame` (ein `JFrame`, das einen Client mit grafischer Oberfläche realisiert, siehe Abbildung 18.6).
Der Server soll nach seinem Start in einer Endlosschleife auf jeweils zwei Clients warten und zwei Instanzen des `TalkDienst`-Threads erzeugen und starten. Als Argumente für den Konstruktor sollen die beiden Client-Sockets in jeweils vertauschter Reihenfolge übergeben werden. Der `TalkDienst`-Thread soll eine unidirektionale Kommunikation zwischen den beiden Clients ermöglichen, indem er alle Daten von einem Client liest und diese direkt zum anderen Client sendet.
Die Klasse `ChatFrame` soll von `JFrame` erben und das `Runnable`-Interface implementieren. Im Konstruktor soll die grafische Oberfläche mit einem Eingabebereich (ein Textfeld) und einem Ausgabebereich (eine nicht editierbare `JTextArea` auf einer `JScrollPane`) aufgebaut, die Verbindung zum Talk-Server hergestellt und der mit dem Frame verbundene Thread gestartet werden. Die hierfür notwendige Server-Adresse soll dabei der Einfachheit halber `localhost` mit Portnummer 7777 sein.

In der `run`-Methode soll in einer Schleife Zeile für Zeile vom Server gelesen und in den Ausgabebereich ausgegeben werden. In der Ereignisbehandlung für das Eingabetextfeld soll der eingegebene Text zum Server geschickt und außerdem zur Kontrolle auch im eigenen Ausgabebereich angezeigt werden.

Teil V

Funktionale Programmierung

Java ist in erster Linie eine objektorientierte Programmiersprache, wurde aber im Laufe ihrer Weiterentwicklung immer wieder um andere Aspekte und Features erweitert. So ist es bereits seit Java 8 möglich, auch funktional zu programmieren, und dieser Programmierstil ist seitdem bei den Entwicklerinnen und Entwicklern immer populärer geworden. Das Besondere daran ist, dass wir dadurch in die Lage versetzt werden, Funktionen ähnlich zu handhaben wie unsere bisher üblichen Objekte. Wir können sie in einer kurzen und prägnanten Form definieren und z. B. in einer Variablen speichern oder als Parameter an eine Methode übergeben. Nachfolgend werden wir uns zunächst mit der konkreten Umsetzung der funktionalen Programmierung in Java mittels der sogenannten Lambda-Ausdrücke beschäftigen. Im Anschluss daran werden wir uns anschauen, wie diese für die Bearbeitung von Datenstrukturen mittels sogenannter Streams und Pipeline-Operationen gewinnbringend eingesetzt werden können.

Kapitel 19

Lambda-Ausdrücke, Streams und Pipeline-Operationen

Die sogenannten Lambda-Ausdrücke ermöglichen es, namenlose Methoden in einer kompakten, aber trotzdem aussagekräftigen Notation zu beschreiben. Was sich hinter dieser Zauberformel verbirgt und welchen Einfluss dies auf die Nutzung bestimmter Pakete – zum Beispiel im Hinblick auf die bessere Parallelisierbarkeit von Algorithmen – hat, wollen wir in diesem Kapitel etwas näher beleuchten.

19.1 Lambda-Ausdrücke

Als **Lambda-Ausdruck** wird in Java eine spezielle kompakte Notation bezeichnet, mit der man eine namenlose Methode bzw. eine Funktion definieren kann. Dadurch können wir prinzipiell mit einem kleinen Codestück genauso umgehen wie mit anderen Daten (z. B. einem Wert oder einer Objektreferenz). Wir können es

- in einer Variablen speichern,
- als Parameter an eine Methode übergeben und
- bei Bedarf verwenden.

Der Begriff Lambda-Ausdruck kommt aus der Theorie der funktionalen Programmiersprachen. Wer sich in diese Materie tiefer einarbeiten möchte, sei beispielsweise auf das Informatik-Handbuch von Rechenberg und Pomberger [25] oder auf [18] verwiesen. In diesem Abschnitt wollen wir vor allem in die praktische Seite dieses Sprachkonzepts grundlegend einführen.
Wir werden uns zunächst an Beispielen ansehen, wie und wo Lambda-Ausdrücke eingesetzt werden können, bevor wir uns den damit verbundenen programmiersprachlichen Regeln und möglichen Anwendungskontexten widmen werden.

19.1.1 Lambda-Ausdrücke in Aktion – zwei Beispiele

Erinnern Sie sich noch an die Art und Weise, wie wir in Kapitel 14 für grafische Oberflächen eine Ereignisbehandlung implementiert haben? Wir wollen dieses Thema hier nochmals aufgreifen, indem wir eine einfache grafische Oberfläche gestalten, die lediglich einen (ganz speziellen) Button enthält. Dieser Button soll mitzählen, wie oft er seit Programmstart schon gedrückt worden ist, und die entsprechende Zahl anzeigen. In Abbildung 19.1 sehen wir links unsere Oberfläche beim Programmstart und rechts ihren Zustand, nachdem der Button sechs Mal gedrückt wurde.

Abbildung 19.1: Ein mitzählender Button

Unser Java-Programm in Form der Klasse

```
import java.awt.*;
import java.awt.event.*;
import javax.swing.*;
public class ZaehlButton extends JFrame {
  Container c;                 // Container dieses Frames
  JButton b;                   // Knopf
  int z;                       // Zaehler

  public ZaehlButton() { // Konstruktor
    c = getContentPane();      // Container bestimmen
    z = 0;                     // Zaehler auf 0 setzen
    b = new JButton("0");      // Button erzeugen und
    c.add(b);                  // dem Container hinzufuegen

    // Listener-Objekt mit anonymer Klasse erzeugen
    ActionListener bl =
      new ActionListener() {
        public void actionPerformed(ActionEvent e) {
          b.setText(++z + "");
        }
      }; // Ende der anonymen Klassendefinition

    // Listener-Objekt beim Button registrieren
    b.addActionListener(bl);
  }
  public static void main(String[] args) {
     ZaehlButton fenster = new ZaehlButton();
     fenster.setTitle("ZaehlButton");
     fenster.setSize(220,100);
     fenster.setVisible(true);
     fenster.setDefaultCloseOperation(JFrame.EXIT_ON_CLOSE);
```

```
32     }
33 }
```

realisiert die notwendige Ereignisbehandlung, wie in Abschnitt 14.2.2 eingeführt, unter Einsatz eines Action-Listeners, den wir (in den Zeilen 17 bis 21) als Objekt einer *anonymen Klasse* erzeugen. Rein funktional gesehen wird auf das Button-Ereignis dadurch reagiert, dass der Zähler für Button-Klicks erhöht und der Button damit neu beschriftet wird.

Hier können wir nun einen Lambda-Ausdruck zum Einsatz bringen, um die recht aufwändigen Zeilen 17 bis 21 auf eine einzige Zeile mit genau dieser Funktionalität zu reduzieren! Unser umgestaltetes Programm sieht dann wie folgt aus:

```
import java.awt.*;
import java.awt.event.*;
import javax.swing.*;
public class ZaehlButtonMitLambda extends JFrame {
  Container c;               // Container dieses Frames
  JButton b;                 // Knopf
  int z;                     // Zaehler

  public ZaehlButtonMitLambda() { // Konstruktor
    c = getContentPane();    // Container bestimmen
    z = 0;                   // Zaehler auf 0 setzen
    b = new JButton("0");    // Button erzeugen und
    c.add(b);                // dem Container hinzufuegen

    // Listener-Objekt mit Lambda-Ausdruck erzeugen
    ActionListener bl =
      e -> b.setText(++z + "");

    // Listener-Objekt beim Button registrieren
    b.addActionListener(bl);
  }
  public static void main(String[] args) {
     ZaehlButtonMitLambda fenster = new ZaehlButtonMitLambda();
     fenster.setTitle("ZaehlButtonMitLambda");
     fenster.setSize(220,100);
     fenster.setVisible(true);
     fenster.setDefaultCloseOperation(JFrame.EXIT_ON_CLOSE);
  }
}
```

Als zweites Beispiel wollen wir nun noch ein weiteres Thema aus unserem Grundkurs wieder aufgreifen – die Thread-Programmierung, wie wir sie in Kapitel 16 kennengelernt haben. Beispielhaft möchten wir zwei Threads nebenläufig ein Wettrennen austragen lassen, das darin besteht, die Klassenmethode `drucke` aus der Klasse

```
public class BuchstabenDruck {
  public static void drucke() {
    for (char c='a'; c<='j'; c++) {
      System.out.print(c + " ");
    }
  }
}
```

auszuführen und damit die Buchstaben a bis j auf den Bildschirm ausgeben zu lassen. Wir greifen dabei auf die Variante aus Abschnitt 16.2.2 zurück, mit der ein Thread für die Steuerung eines `Runnable`-Objekts eingesetzt werden kann. In unserem Programm

```
1  public class ZweiRunnables {
2    public static void main(String[] args) {
3      // Runnable-Objekt mit anonymer Klasse erzeugen
4      Runnable r1 =
5        new Runnable() {
6          public void run() {
7            BuchstabenDruck.drucke();
8          }
9        };
10
11     // Runnable-Objekt mit Lambda-Ausdruck erzeugen
12     Runnable r2 =
13       () -> BuchstabenDruck.drucke();
14
15     // Beide als Thread starten
16     new Thread(r1).start();
17     new Thread(r2).start();
18   }
19 }
```

steuern zwei Threads die beiden `Runnable`-Objekte `r1` und `r2`. Während wir `r1` in den Zeilen 5 bis 9 als Objekt einer *anonymen Klasse* erzeugen, schaffen wir dies für `r2` in Zeile 13 mit nur einer Programmzeile – unter Einsatz eines Lambda-Ausdrucks. Starten wir das Programm `ZweiRunnables`, erhalten wir auch erwartungsgemäß einen nebenläufigen Ablauf, zum Beispiel

Konsole
```
a a b b c c d d e e f f g h g i h j i j
```

wobei die tatsächliche Ausgabe von Fall zu Fall variieren kann, abhängig vom jeweiligen Laufzeitverhalten des Thread-Schedulers.

Wenn wir die beiden Beispiele rekapitulieren, stellen wir fest, dass wohl ein Lambda-Ausdruck tatsächlich eine Art anonyme Methode bzw. genauer gesagt ein Objekt einer anonymen Klasse mit einer anonymen Methode sein muss. Außerdem steht der Einsatz eines Lambda-Ausdrucks wohl jeweils in enger Verbindung mit einem Interface. Im ersten Beispiel ging es um die Implementierung des Interface `ActionListener`, im zweiten Beispiel spielte das `Runnable`-Interface eine Rolle.

An beiden Beispielen erkennen wir aber auf jeden Fall, dass Lambda-Ausdrücke anscheinend auf recht kurze, elegante und fast schon zauberhafte Art und Weise notiert werden können. Spätestens an dieser Stelle werden sich Programmieranfänger vielleicht wie ein zweiter Harry Potter gefühlt haben, der in sein erstes Jahr in Hogwarts zurückversetzt wurde. Selbst erfahrene Programmierer schlackern hier eventuell mit den Ohren ...

Wir werden daher in den folgenden Abschnitten erklären, auf welche verschiedene Arten Lambda-Ausdrücke geschrieben werden können und in welcher Beziehung diese zu vorgegebenen Interfaces stehen bzw. wieso Lambda-Ausdrücke vom Compiler als Objekte, die ein spezielles Interface implementieren, erkannt werden.

19.1.2 Lambda-Ausdrücke im Detail

Ein **Lambda-Ausdruck** hat die allgemeine syntaktische Form

Syntaxregel

```
( «PARAMETERLISTE» ) -> { «ANWEISUNG» ... «ANWEISUNG» }
```

mit den folgenden Bestandteilen:

- `->` ist das Operatorsymbol, das wir als „besonderes Kennzeichen" des Lambda-Ausdrucks werten können und das eine Art „Abbildungspfeil" oder „Funktionspfeil" darstellen soll. Der Lambda-Ausdruck formuliert also quasi die Vorschrift, wie die Parameter links auf die Anweisungen rechts funktional abgebildet werden.
- Die «`PARAMETERLISTE`» auf der linken Seite des Operators `->` kann – wie in einer Methodendeklaration – durch eine Kommaliste von Parameterdeklarationen der Form

  Syntaxregel

  ```
  «TYP» «BEZEICHNER»
  ```

  formuliert werden. Diese Liste kann aber auch – wenn keine Parameter benötigt werden – leer sein, sodass links von `->` lediglich ein leeres Klammerpaar geschrieben werden muss. Wir kennen dies so ja auch von der Deklaration einer Methode ohne Parameter.
  In Abschnitt 19.1.1 haben wir diese Variante in der Klasse `ZweiRunnables` für unser `Runnable`-Objekt `r2` verwendet.
- In der in geschweifte Klammern eingeschlossenen Anweisungssequenz rechts von `->` kann als «`ANWEISUNG`» jede beliebige Java-Anweisung auftreten. Das entspricht somit in etwa einem üblichen Methodenrumpf. Daher können wir natürlich auch eine **`return`**-Anweisung verwenden, wenn am Ende ein Wert abgeliefert werden soll.

Wollen wir also beispielsweise einen relativ simplen Lambda-Ausdruck programmieren, der einfach nur die Summe seiner beiden **`double`**-Parameter zurückliefert, könnten wir dies als

```
(double a, double b) -> { return a + b; }
```

notieren. Wir halten uns dabei strikt an die oben beschriebene allgemeine Syntax, aber wir können und dürfen uns das Leben wesentlich leichter machen. Da der Java-Compiler sehr intelligent mit Lambda-Ausdrücken umgehen kann, sind

nämlich diverse Vereinfachungen und Verkürzungen in deren Schreibweise erlaubt.
Wenn wir anstelle einer Sequenz von Anweisungen lediglich eine einzelne einfache Anweisung verwenden wollen, können wir auf die geschweiften Klammern verzichten. Auch dies haben wir bereits in Abschnitt 19.1.1 in der Klasse `ZweiRunnables` für unser `Runnable`-Objekt `r2` ausgenutzt, das wir kurz und prägnant als

```
() -> BuchstabenDruck.drucke()
```

definiert haben. In unserem Summationsbeispiel kommen wir zwar prinzipiell auch mit nur einer Anweisung – nämlich der **`return`**-Anweisung – aus, hier können wir aber die geschweiften Klammern *nicht* weglassen! Es sei denn, wir weichen auf die alternative Form für den Lambda-Ausdruck aus, der syntaktisch die Form

Syntaxregel

```
( «PARAMETERLISTE» ) -> «AUSDRUCK»
```

hat. In diesem Fall wird zur Ausführungszeit der Ausdruck ausgewertet und anschließend sein Wert zurückgeliefert.
Unser Summationsbeispiel können wir damit bereits auf

```
(double a, double b) -> a + b;
```

reduzieren.
Interessanterweise können wir (sowohl in der ausführlichen Schreibweise mit Anweisungsblock als auch in der alternativen Schreibweise mit einem Ausdruck auf der rechten Seite) auf die Angabe des Datentyps für unsere Variablen `a` und `b` verzichten, weil der Java-Compiler ihren Typ aus dem Kontext des Lambda-Ausdrucks automatisch ermitteln kann.
Für das Summationsbeispiel heißt das: Es genügt, wenn wir den Ausdruck als

```
(a,b) -> a + b;
```

schreiben.
Kommt unsere Funktion, die wir durch den Lambda-Ausdruck beschreiben, mit nur einem Parameter aus, ist es sogar möglich, auf die runden Klammern zu verzichten und etwa

```
e -> System.out.println(e);
```

zu notieren.
Beide „Einsparungen" – Verzicht auf Typ-Angabe und Verzicht auf die Parameterklammern – haben wir übrigens in Abschnitt 19.1.1 in der Klasse `ZaehlButtonMitLambda` für unser `ActionListener`-Objekt `bl` angewandt.
Die Form eines Lambda-Ausdrucks ist nunmehr klar; allerdings stellt sich jetzt die Frage, welchen Typ die Variable bzw. der Parameter jeweils haben muss, wenn wir einen solchen Ausdruck zuweisen bzw. übergeben wollen. Der nächste Abschnitt soll hier Licht ins Dunkel bringen.

19.1.3 Lambda-Ausdrücke und funktionale Interfaces

In Abschnitt 19.1.1 haben wir gesehen, dass man Lambda-Ausdrücke dort verwenden kann, wo es um die Implementierung eines bestimmten vorgegebenen Interface geht. Allerdings ist dies nicht für jedes beliebige Interface möglich. Ein Lambda-Ausdruck ist nur im Zusammenhang mit einem sogenannten **funktionalen Interface** anwendbar. Darunter versteht man ein ganz normales Java-Interface, das aber lediglich *eine einzige abstrakte Methode* vorschreibt.
Genau diesen Sachverhalt haben die beiden in Abschnitt 19.1.1 eingesetzten Interfaces gemeinsam. Während das Interface `ActionListener` einzig und allein die Methode `actionPerformed` mit einem Parameter vom Typ `ActionEvent` vorschreibt, ist es beim Interface `Runnable` die Methode `run`, die ohne Parameter auskommt. Aus diesem Grund war es uns möglich, mit den Zeilen

```
ActionListener bl =
  e -> b.setText(++z + "");
```

bzw.

```
Runnable r2 =
  () -> BuchstabenDruck.drucke();
```

den beiden Variablen vom Interface-Typ jeweils einen Lambda-Ausdruck zuzuweisen. Für unser Summationsbeispiel aus Abschnitt 19.1.2 benötigen wir also ein geeignetes funktionales Interface, um den Lambda-Ausdruck

```
(a,b) -> a + b;
```

einer Variablen des entsprechenden Typs zuzuweisen. Dieses könnte zum Beispiel wie folgt aussehen

```
public interface Funktion2p {
  double rechne (double x, double y);
}
```

und z. B. in den Anweisungen

```
Funktion2p f = (a,b) -> a + b;
Funktion2p g = (u,v) -> u * v;
```

zum Einsatz kommen. Den Datentyp **`double`** für unsere Parameter `a`, `b`, `u` und `v` müssen wir nicht angeben, weil er aus dem Kontext (in diesem Fall aus dem verwendeten Interface) durch den Compiler ermittelbar ist. Wenn wir nun die in `f` und `g` gespeicherten Funktionen ab- bzw. aufrufen wollen, müssen wir z. B.

```
double erg1 = f.rechne(42.42, 17.17);  // ergibt 59.59
double erg2 = g.rechne(5.0, 17.2);     // ergibt 86.0
```

schreiben, denn wir müssen dabei den Methodennamen benutzen, der durch das Interface vorgegeben ist.
Im nachfolgenden Programm geben wir ein weiteres einfaches Beispiel für Lambda-Ausdrücke, in dem wir mit einem funktionalen Interface

```
public interface Funktion1p {
  double rechne (double x);
}
```

arbeiten, das eine abstrakte Methode mit nur einem Parameter vorschreibt. Unser Programm

```
public class WerteTabellen {
  public static void tabelliere (String titel, Funktion1p f) {
    System.out.println("Wertetabelle der " + titel + "-Funktion");
    System.out.println("     x            f(x)");
    for (double x=1.0; x <=5.0; x++) {
      System.out.printf("% 10.5e  % 10.5e\n", x, f.rechne(x));
    }
  }
  public static void main(String[] args) {
    tabelliere("Quadrat", x -> x*x);
    tabelliere("Sinus",   x -> Math.sin(x));
    tabelliere("Tangens", x -> Math.tan(x));
  }
}
```

benutzt dieses Interface als Parametertyp der Methode `tabelliere`, mit deren Hilfe wir kleine Wertetabellen für mehrere Funktionen ausgeben lassen wollen. Für die Berechnung der Funktionswerte greifen wir in diesem Fall auf die Methode `rechne` des Parameters `f` zurück. Beim Aufruf von `tabelliere` in der `main`-Methode übergeben wir die gewünschten Funktionen einfach als Lambda-Ausdrücke. Der Ablauf unseres Programms sieht wie folgt aus:

```
Konsole
Wertetabelle der Quadrat-Funktion
     x            f(x)
 1,00000e+00   1,00000e+00
 2,00000e+00   4,00000e+00
 3,00000e+00   9,00000e+00
 4,00000e+00   1,60000e+01
 5,00000e+00   2,50000e+01
Wertetabelle der Sinus-Funktion
     x            f(x)
 1,00000e+00   8,41471e-01
 2,00000e+00   9,09297e-01
 3,00000e+00   1,41120e-01
 4,00000e+00  -7,56802e-01
 5,00000e+00  -9,58924e-01
Wertetabelle der Tangens-Funktion
     x            f(x)
 1,00000e+00   1,55741e+00
 2,00000e+00  -2,18504e+00
 3,00000e+00  -1,42547e-01
 4,00000e+00   1,15782e+00
 5,00000e+00  -3,38052e+00
```

Weil funktionale Interfaces im Zusammenhang mit Lambda-Ausdrücken eine wichtige Rolle spielen, wurde auch die Java-Klassenbibliothek in dieser Hinsicht modifiziert und erweitert. Im folgenden Abschnitt werden wir auf einige Aspekte dieser Erweiterungen eingehen.

19.1.4 Vordefinierte funktionale Interfaces

In der Klassenbibliothek finden wir mit `java.util.function` ein Paket, in dem zahlreiche vordefinierte funktionale Interfaces zusammengefasst sind. Diese Interfaces decken ein breites Spektrum an Standardanwendungsszenarien für Lambda-Ausdrücke ab und sind aufgrund ihrer generischen Definition über ihre Typ-Parameter flexibel einsetzbar. Wir finden in diesem Paket unter anderem folgende funktionale Interfaces:

- Das Interface `Function<T,R>` steht für eine Funktion, die einen Parameter vom Typ `T` besitzt und ein Ergebnis vom Typ `R` zurückliefert. Realisiert wird dies über die abstrakte Methode

  ```
  R apply(T t)
  ```

- Das Interface `BiFunction<T,U,R>` steht für eine Funktion, die einen Parameter vom Typ `T` sowie einen Parameter vom Typ `U` besitzt und ein Ergebnis vom Typ `R` zurückliefert. Realisiert wird dies über die abstrakte Methode

  ```
  R apply(T t, U u)
  ```

- Das Interface `Consumer<T>` steht für eine Funktion, die einen Parameter vom Typ `T` besitzt und kein Ergebnis zurückliefert. Realisiert wird dies über die abstrakte Methode

  ```
  void accept(T t)
  ```

- Das Interface `BiConsumer<T,U>` steht für eine Funktion, die einen Parameter vom Typ `T` sowie einen Parameter vom Typ `U` besitzt und kein Ergebnis zurückliefert. Realisiert wird dies über die abstrakte Methode

  ```
  void accept(T t, U u)
  ```

- Das Interface `Predicate<T>` steht für eine Funktion, die einen Parameter vom Typ `T` besitzt und ein Ergebnis vom Typ **`boolean`** zurückliefert. Realisiert wird dies über die abstrakte Methode

  ```
  boolean test(T t)
  ```

- Das Interface `BiPredicate<T,U>` steht für eine Funktion, die einen Parameter vom Typ `T` sowie einen Parameter vom Typ `U` besitzt und ein Ergebnis vom Typ **`boolean`** zurückliefert. Realisiert wird dies über die abstrakte Methode

  ```
  boolean test(T t, U u)
  ```

- Das Interface `Supplier<T>` steht für eine Funktion, die keinen Parameter besitzt und ein Ergebnis vom Typ `T` zurückliefert. Realisiert wird dies über die abstrakte Methode

  ```
  T get()
  ```

- Das Interface `UnaryOperator<T>` steht für einen unären Operator, d. h. für eine Operation, die mit einem Operanden vom Typ `T` arbeitet und ein Resultat vom Typ `T` produziert. Realisiert wird dies über die abstrakte Methode

  ```
  T apply (T t)
  ```

- Das Interface `BinaryOperator<T>` steht für einen binären Operator, d. h. für eine Operation, die mit zwei Operanden vom Typ `T` arbeitet und ein Resultat vom Typ `T` produziert. Realisiert wird dies über die abstrakte Methode

  ```
  T apply (T t1, T t2)
  ```

Die beiden letztgenannten Operator-Interfaces entsprechen im Prinzip den erstgenannten Interfaces `Function` und `BiFunction`, wenn jeweils Parameter- und Ergebnistypen identisch sind.
Mit diesem Wissen ausgestattet, können wir selbstverständlich die weiter oben von uns selbst erfundenen Interfaces `Funktion1p` und `Funktion2p` durch Interfaces aus dem Paket `java.util.function` ersetzen. Beispielsweise könnten wir anstelle von

```
Funktion2p f = (a,b) -> a + b;
Funktion2p g = (u,v) -> u * v;
```

und

```
double erg1 = f.rechne(42.42, 17.17);  // ergibt 59.59
double erg2 = g.rechne(5.0, 17.2);     // ergibt 86.0
```

auch

```
BiFunction<Double,Double,Double> f = (a,b) -> a + b;
BinaryOperator<Double>           g = (u,v) -> u * v;
```

und

```
double erg1 = f.apply(42.42, 17.17);  // ergibt 59.59
double erg2 = g.apply(5.0, 17.2);     // ergibt 86.0
```

schreiben. Allerdings sollten wir uns der Tatsache bewusst sein, dass in diesem Fall mehrfach mit automatischem Boxing und Unboxing (siehe Abschnitt 11.2.4) gearbeitet werden muss. Wir arbeiten nämlich eigentlich mit **`double`**-Werten, die jeweils in `Double`-Objekte verpackt werden, weil die Interfaces generisch mit `Double` typisiert sind.
Das Gleiche gilt auch für den Fall, dass wir in unserem Programm `WerteTabellen` aus Abschnitt 19.1.3 nicht mit unseren eigenen Interfaces arbeiten wollen. Unter Einsatz des `Function`-Interface würde sich der Parametertyp in der `tabelliere`-Methode verändern, und statt `rechne` müssten wir darin `apply` aufrufen:

```
import java.util.function.*;
public class WerteTabellenMitFunction {
  public static void tabelliere (String titel,
                                 Function<Double,Double> f) {
    System.out.println("Wertetabelle der " + titel + "-Funktion");
    System.out.println("     x              f(x)");
    for (double x=1.0; x <=5.0; x++) {
      System.out.printf("% 10.5e  % 10.5e\n", x, f.apply(x));
    }
  }
  public static void main(String[] args) {
    tabelliere("Quadrat", x -> x*x);
    tabelliere("Sinus",   x -> Math.sin(x));
    tabelliere("Tangens", x -> Math.tan(x));
  }
}
```

Alternativ wäre es uns möglich, statt `Function<Double,Double>` den Parametertyp von `f` als `UnaryOperator<Double>` zu deklarieren.
Weitere Beispiele für korrekte Lambda-Ausdrücke wären

```
Function<Integer,Boolean> posCheck = x -> x>0;
Consumer<String> ausg = s -> System.out.println(s);
Predicate<Integer> gerCheck = k -> k % 2 == 0;
BiPredicate<String,String> vgl = (s1,s2) -> s1.length()==s2.length();
Supplier<Integer> zufall = () -> (int) (Math.random() * 10);
BinaryOperator<String> verbinde = (a,b) -> a + " und " + b;
```

19.1.5 Anwendungen auf Datenstrukturen

Interessante Anwendungen ergeben sich insbesondere in der Kombination dieser funktionalen Interfaces mit den Interfaces und Klassen aus dem Collection-Framework (siehe Abschnitt 11.7). Dort finden sich spezielle Methoden, die mit Lambda-Ausdrücken aufgerufen werden können. Diese ermöglichen es, die Elemente von Datenstrukturen auf einfache Art und Weise zu durchlaufen und zu bearbeiten, indem dies durch Operationen *innerhalb* der Datenstruktur abgewickelt wird und nicht mehr extern erfolgen muss. Drei typische Beispiele findet man im Interface `List` mit den Methoden

- **`void`** `forEach(Consumer<?` **`super`** `T> action)`
  führt für jedes Element der Liste die durch `action` festgelegte Aktion aus.
- **`void`** `replaceAll(UnaryOperator<E> operator)`
  ersetzt jedes Element der Liste durch das Resultat, das entsteht, wenn die Operation `operator` auf das bisherige Element angewendet wird.
- **`void`** `sort(Comparator<?` **`super`** `E> c)`
  sortiert die Liste unter Verwendung des Comparators `c` zum Vergleich der Listenelemente.

Möchte man zum Beispiel alle Elemente einer Liste der Form

```
List<String> liste = Arrays.asList("ich", "du", "er", "sie", "es");
```

zeilenweise auf das Konsolenfenster ausgeben, könnte man dies natürlich mit der Schleife

```
for (String s : liste) {
  System.out.println(s);
}
```

erledigen. Unter Einsatz der Methode `forEach` und eines Lambda-Ausdrucks in der Form

```
liste.forEach(s -> System.out.println(s));
```

ist es jedoch möglich, diese Aufgabe an die Liste zu delegieren. Ebenso leicht lassen sich alle Elemente der Liste manipulieren. Zum Beispiel können wir durch

```
liste.replaceAll(s -> s.toUpperCase());
```

dafür sorgen, dass alle String-Elemente der Liste durch ihr groß geschriebenes Äquivalent ersetzt werden. Ebenso einfach gelingt es uns, mittels

```
liste.sort((a,b) -> a.compareToIgnoreCase(b));
```

die Liste alphabetisch sortieren zu lassen. Der verwendete Lambda-Ausdruck muss in diesem Fall ein sogenannter `Comparator` sein. Das funktionale Interface `Comparator<T>` steht dabei für eine Funktion, die zwei Parameter vom Typ `T` besitzt und ein Ergebnis vom Typ **`int`** zurückliefert. Realisiert wird dies über die abstrakte Methode

```
int compare(T t1, T t2)
```

Sie ist für den Vergleich der beiden Objekte `t1` und `t2` zuständig und muss einen negativen Wert, den Wert 0 oder einen positiven Wert liefern, je nachdem, ob `t1` kleiner, gleich oder größer als `t2` ist.

Unser nachfolgendes Programm demonstriert die Nutzung dieser Listenoperationen an zwei verschiedenartigen Listen – einer Liste mit String-Elementen und einer Liste mit Integer-Elementen.

```
import java.util.*;
import java.util.function.*;
public class LambdaListenOperationen {
  public static void main(String[] args) {
    // Liste mit Namen anlegen
    List<String> namen = Arrays.asList("Dietmar", "Ratz",
                                       "Dennis", "Schulmeister",
                                       "Detlef", "Seese",
                                       "Jan", "Wiesenberger");
    // Alle Namen der Liste ausgeben
    namen.forEach(n -> System.out.print(n + " "));
    System.out.println();

    // Alle Namen der Liste in Grossbuchstaben umwandeln
    namen.replaceAll(n -> n.toUpperCase());

    // Alle Namen der Liste ausgeben
```

```
        namen.forEach(n -> System.out.print(n + " "));
        System.out.println();

        // Liste alphabetisch aufsteigend sortieren
        namen.sort((a,b) -> a.compareTo(b));

        // Alle Namen der Liste ausgeben
        namen.forEach(n -> System.out.print(n + " "));
        System.out.println();

        // Liste mit ganzen Zahlen anlegen
        List<Integer> zahlen = Arrays.asList(1, 3, 5, 7, 8, 6, 4, 2);

        // Alle Zahlen der Liste ausgeben
        zahlen.forEach(k -> System.out.print(k + "  "));
        System.out.println();

        // Alle Zahlen quadrieren
        zahlen.replaceAll(k -> k*k);

        // Alle Zahlen der Liste ausgeben
        zahlen.forEach(k -> System.out.print(k + "  "));
        System.out.println();

        // Liste aufsteigend sortieren
        zahlen.sort((a,b) -> a-b);

        // Alle Zahlen der Liste ausgeben
        zahlen.forEach(k -> System.out.print(k + "  "));
        System.out.println();
    }
}
```

Der Ablauf unseres Programms sieht wie folgt aus:

Konsole

```
Dietmar Ratz Dennis Schulmeister Detlef Seese Jan Wiesenberger
DIETMAR RATZ DENNIS SCHULMEISTER DETLEF SEESE JAN WIESENBERGER
DENNIS DETLEF DIETMAR JAN RATZ SCHULMEISTER SEESE WIESENBERGER
1  3  5  7  8  6  4  2
1  9  25  49  64  36  16  4
1  4  9  16  25  36  49  64
```

19.1.6 Methodenreferenzen als Lambda-Ausdrücke

In unserem Beispielprogramm `LambdaListenOperationen` aus Abschnitt 19.1.5 hatten wir mit

```
n -> n.toUpperCase()
```

und mit

```
(a,b) -> a.compareTo(b)
```

zwei Lambda-Ausdrücke formuliert, die jeweils nichts anderes getan haben, als eine vordefinierte Methode aus der Klasse `String` aufzurufen. In solchen Fällen ist es oft wesentlich klarer, wenn man nicht den Umweg über einen Lambda-Ausdruck geht, sondern einfach den Namen der bereits existierenden Methode als Referenz übergibt. Genau das ist mit einer sogenannten **Methodenreferenz** möglich. Syntaktisch hat sie die Form

Syntaxregel

```
«TYPBEZEICHNER»::«METHODENBEZEICHNER»
```

und referenziert durch den Operator `::`

- eine *statische Methode* oder
- eine *Instanzmethode* eines beliebigen Objekts

des durch «`TYPBEZEICHNER`» angegebenen Referenzdatentyps, ohne diese Methode aufzurufen. Im Prinzip haben wir es also mit einem kompakten Lambda-Ausdruck für eine Methode, die bereits einen Namen hat, zu tun.
Unsere obigen Ausdrücke könnten wir somit auch kurz als

```
String::toUpperCase
```

und

```
String::compareTo
```

formulieren. In der nachfolgenden Variante unseres Programmbeispiels zu Listenoperationen haben wir die beiden Lambda-Ausdrücke genau so eingebaut und als Parameter für die Methodenaufrufe von `replaceAll` und `sort` eingesetzt.

```java
import java.util.*;
import java.util.function.*;
public class LambdaListOpsMitMethRef {
  public static void main(String[] args) {
    // Liste mit Namen anlegen
    List<String> namen = Arrays.asList("Dietmar", "Ratz",
                                       "Dennis", "Schulmeister",
                                       "Detlef", "Seese",
                                       "Jan", "Wiesenberger");
    // Alle Namen der Liste ausgeben
    namen.forEach(n -> System.out.print(n + " "));
    System.out.println();

    // Alle Namen der Liste in Grossbuchstaben umwandeln
    namen.replaceAll(String::toUpperCase);

    // Alle Namen der Liste ausgeben
    namen.forEach(n -> System.out.print(n + " "));
    System.out.println();

    // Liste alphabetisch aufsteigend sortieren
    namen.sort(String::compareTo);

    // Alle Namen der Liste ausgeben
```

```
        namen.forEach(n -> System.out.print(n + " "));
        System.out.println();
    }
}
```

Alternativ ist es auch möglich, die Instanzmethode eines bestimmten Objekts zu referenzieren. Die Notation lautet dann

Syntaxregel

«OBJEKTBEZEICHNER»::«METHODENBEZEICHNER»

und «OBJEKTBEZEICHNER» ist eine übliche Referenz auf ein bestimmtes existierendes Objekt.

Unter Verwendung der statischen Methode `drucke` aus der Klasse

```
public class BuchstabenDruck {
  public static void drucke() {
    for (char c='a'; c<='j'; c++) {
      System.out.print(c + " ");
    }
  }
}
```

und der Instanzmethode `drucke` eines Objekts der Klasse

```
public class BuchstabenDrucker {
  public void drucke() {
    for (char c='a'; c<='j'; c++) {
      System.out.print(c + " ");
    }
  }
}
```

setzen wir beide Möglichkeiten im nachfolgenden Programm ein:

```
public class ZweiRunnablesMitMethRef {
  public static void main(String[] args) {
    // Runnable mit statischer Methodenreferenz erzeugen
    Runnable r1 = BuchstabenDruck::drucke;

    // Runnable mit nicht-statischer Methodenreferenz erzeugen
    BuchstabenDrucker bd = new BuchstabenDrucker();
    Runnable r2 = bd::drucke;

    // Beide als Thread starten
    new Thread(r1).start();
    new Thread(r2).start();
  }
}
```

Abschließend sei noch bemerkt, dass in der Variante

Syntaxregel

«KLASSENBEZEICHNER»::new

sogar der Konstruktor einer Klasse referenziert werden kann.

19.1.7 Zugriff auf Variablen aus der Umgebung innerhalb eines Lambda-Ausdrucks

Zu guter Letzt wollen wir uns noch kurz mit der Frage beschäftigen, welche Variablen – neben denen aus der Parameterliste – innerhalb eines Lambda-Ausdrucks verwendet werden können und unter welchen Bedingungen dies möglich ist. Innerhalb eines Lambda-Ausdrucks kann – wie bei anonymen Klassen auch – auf die Variablen aus der Code-Umgebung, in der der Lambda-Ausdruck eingebettet ist, zugegriffen werden. Das gilt sowohl für Instanz- und Klassenvariablen als auch für lokale Variablen einer Methode. Zu beachten ist dabei allerdings, dass die Verwendung von **this** und **super** in Lambda-Ausdrücken eine andere Bedeutung hat als in anonymen Klassen.
Bei der anonymen Klasse verweist sowohl die **this**- als auch die **super**-Referenz auf das Objekt der anonymen Klasse selbst, und man kann somit über **this** die Variablen dieses Objekts bzw. über **super** nur dessen von einer Superklasse geerbten Variablen ansprechen.
Innerhalb eines Lambda-Ausdrucks hingegen ist dies anders. Dort verweisen **this** und **super** auf das Objekt der umgebenden Klasse, sodass man über die **this**- und **super**-Referenz deren Variablen ansprechen kann. Im nachfolgenden Programm und dessen Ablaufprotokoll bekommen wir diesen Sachverhalt anhand der Zugriffe auf die verschiedenen Variablen s verdeutlicht.

```
public class VarZugriff {
  public String s = "s in VarZugriff";
  public void losGehts () {
    int x = 111;

    // Runnable-Objekt mit anonymer Klasse erzeugen
    Runnable r1 =
      new Runnable() {
        public String s = "s in anonymer Klasse";
        public void run() {
          String s = "s in run";
          System.out.println("r1: " + s);
          System.out.println("r1: " + this.s);
          System.out.println("r1: x=" + x);
        }
      };

    // Runnable ausfuehren
    r1.run();

    // Runnable-Objekt mit Lambda-Ausdruck erzeugen
    Runnable r2 =
      () -> {
          String s = "s in Lambda-Anweisungen";
          System.out.println("r2: " + s);
          System.out.println("r2: " + this.s);
          System.out.println("r2: x=" + x);
        };

```

```
30      // Runnable ausfuehren
31      r2.run();
32    }
33
34    public static void main(String[] args) {
35      VarZugriff vz = new VarZugriff();
36      vz.losGehts();
37    }
38  }
```

Konsole

```
r1: s in run
r1: s in anonymer Klasse
r1: x=111
r2: s in Lambda-Anweisungen
r2: s in VarZugriff
r2: x=111
```

Abschließend wollen wir noch darauf hinweisen, dass eine lokale Variable einer umgebenden Methode im Lambda-Ausdruck nur dann verwendet werden darf, wenn sichergestellt ist, dass sie **effektiv final** ist. Die lokale Variable darf also nach ihrer Initialisierung im weiteren Programmcode nicht mehr verändert werden. In unserem obigen Programm `VarZugriff` ist beispielsweise `x` eine effektiv finale Variable der Methode `losGehts`. Wenn wir darin in Zeile 5 z. B. die Anweisung `x=42;` ergänzen und versuchen, das Programm zu compilieren, meldet der Compiler

Konsole

```
VarZugriff.java:27: error: local variables referenced from a
lambda expression must be final or effectively final
        System.out.println("r2: x=" + x);
                                      ^
```

19.1.8 Übungsaufgaben

Aufgabe 19.1

In der nachfolgenden Klasse wird mit einem `List<Double>`-Objekt `zahlen` gearbeitet, in dem fünf `Double`-Objekte gespeichert sind. Ergänzen Sie die Programmzeilen so, dass unter Verwendung der Methoden `forEach`, `replace` und `sort` sowie geeigneter Lambda-Ausdrücke die in den Kommentaren aufgeführten Operationen durchgeführt werden.

```
import java.util.*;
public class Lambda1 {
  public static void main(String[] args) {
    List<Double> zahlen = Arrays.asList(1.0, 2.5, 3.5, 1.1, 2.2);

    // 1. Ersetzen Sie alle Einträge durch Zufallswerte
```

```

    zahlen.________________________________________________

    // 2. Sortieren Sie diese aufsteigend nach ihrem Wert

    zahlen.________________________________________________

    // 3. Geben Sie die Liste auf der Konsole aus

    zahlen.________________________________________________
  }
}
```

Aufgabe 19.2

Das funktionale Interface `UnaryOperator<T>` definiert die Methode `T apply (T t)`. Ergänzen Sie die nachfolgende Klasse, sodass ein `UnaryOperator`-Objekt mit Hilfe eines Lambda-Ausdrucks erzeugt wird, dessen `apply`-Methode ein `Integer`-Objekt entgegennimmt und als Ergebnis dessen Quadrat zurück liefert. Diese Operation soll anschließend auf die Zahl 5 angewendet und in der Variablen `ergebnis` gespeichert werden.

```
import java.util.function.*;
public class LambdaX {
  public static void main(String[] args) {

    ______________________________ = ____________________________

    Integer ergebnis = ___________________________________________

    System.out.println(ergebnis);
  }
}
```

19.2 Streams und Pipeline-Operationen

Das Konzept der **Streams** (deutsch: Ströme) bietet in Verbindung mit den Lambda-Ausdrücken eine elegante Möglichkeit, Datenstrukturen unterschiedlicher Art mittels funktionaler Programmierung zu verarbeiten. Die Klassenbibliothek enthält dazu das Paket `java.util.stream`, in dem unter anderem das zentrale Interface `Stream` zu finden ist. Die Collection-Interfaces und -Klassen (siehe Abschnitt 11.7) bieten die Möglichkeit, solche Streams – also Objekte, die über dieses Interface bedienbar sind – zu erzeugen.

Die Elemente werden in einem Stream aber nicht gespeichert. Vielmehr werden sie bei der Anwendung verschiedener Bearbeitungsmethoden einfach von einer Methode an die nächste weitergereicht. Man kann sich das im Prinzip wie eine Pipeline vorstellen, die durch die verschiedenen Methoden durchläuft. Man spricht

auch von sogenannten **Pipeline-Operationen**. Die tatsächliche Verarbeitung der Elemente erfolgt erst dann, wenn dies erforderlich ist.
Wir werden uns zunächst an Beispielen ansehen, wie Streams in Verbindung mit Pipeline-Operationen unter Einsatz von Lambda-Ausdrücken die Verarbeitung von Datenstrukturen erleichtern können. Erst danach werden wir uns klarmachen, was genau Streams und Pipelines sind und was wir durch sie gewinnen.

19.2.1 Streams in Aktion

In unserem ersten Beispiel wollen wir uns mit einer Liste von Namen (also Strings) beschäftigen, die wir mehrstufig selektiv bearbeiten und auslesen wollen, ohne die Liste selbst zu verändern. Dabei soll es um zwei Teilaufgabenstellungen gehen:

- Zum einen benötigen wir alle Namen der Liste groß geschrieben, aber nur diejenigen, die keinen Buchstaben E beinhalten. Diese sollen alphabetisch sortiert ausgegeben werden.
- Außerdem benötigen wir alle Namen der Liste klein geschrieben, aber nur diejenigen, die den Buchstaben e beinhalten. Diese sollen absteigend nach der Anzahl ihrer Buchstaben sortiert ausgegeben werden.

Mit Streams können wir beides in kompakter Schreibweise (unter Einsatz von Lambda-Ausdrücken) formulieren, wie unser Beispielprogramm belegt:

```
import java.util.*;
import java.util.function.*;
import java.util.stream.*;
public class PipelineOperationen1 {
  public static void main(String[] args) {
    // Liste mit Namen anlegen
    List<String> namen = Arrays.asList("Dietmar", "Ratz",
                                       "Dennis", "Schulmeister",
                                       "Detlef", "Seese",
                                       "Jan", "Wiesenberger");
    namen
      .stream()
      .map(String::toUpperCase)
      .filter(s -> !s.contains("E"))
      .sorted()
      .forEach(n -> System.out.print(n + "  "));
    System.out.println();

    namen
      .stream()
      .map(String::toLowerCase)
      .filter(s -> s.contains("e"))
      .sorted((s,t) -> t.length()-s.length())
      .forEach(n -> System.out.print(n + "  "));
    System.out.println();
  }
}
```

Wir lassen darin unsere Liste mittels der Methode `stream` den entsprechenden Stream erzeugen und bauen dann eine Pipeline von Operationen auf dem Stream auf. In der Bearbeitung der ersten Aufgabenstellung sorgen wir

- mit der Methode `map` dafür, dass jedes Element im Stream in Großbuchstaben gewandelt wird,
- mit der Methode `filter` dafür, dass nur die Elemente, für die die angegebene Funktion **`true`** liefert (also die, die kein E enthalten), im Stream bleiben,
- mit der Methode `sorted` dafür, dass die verbleibenden Elemente alphabetisch sortiert werden, und schließlich
- mit der Methode `forEach` dafür, dass jedes Element, das noch im Stream ist, ausgegeben wird.

Ähnlich sieht es bei der zweiten Aufgabenstellung aus, wo wir

- mit der Methode `map` zunächst dafür sorgen, dass jedes Element im Stream in Kleinbuchstaben gewandelt wird,
- mit der Methode `filter` dafür sorgen, dass nur die Elemente, für die die angegebene Funktion **`true`** liefert (also die, die ein e enthalten), im Stream bleiben,
- mit der Methode `sorted` dafür sorgen, dass die verbleibenden Elemente nach dem angegebenen Sortierkriterium (absteigend nach Anzahl der Buchstaben) sortiert werden, und schließlich
- mit der Methode `forEach` dafür sorgen, dass jedes Element, das noch im Stream ist, ausgegeben wird.

Unser Programm liefert somit nachfolgende Ausgabe:

Konsole

```
JAN  RATZ
schulmeister  wiesenberger  dietmar  dennis  detlef  seese
```

Schauen wir uns ein zweites Beispiel an, in dem wir mit einer Zahlenfolge in Form eines Streams arbeiten, um die Summe aller geraden Quadratzahlen zwischen 1 und 10000 zu berechnen.

```
import java.util.*;
import java.util.function.*;
import java.util.stream.*;
public class PipelineOperationen2 {
  public static void main(String[] args) {
    // IntStream mit Zahlen von 1 bis 99
    IntStream is = IntStream.range(1,100)         // anlegen
                            .map(x -> x*x)        // quadrieren
                            .filter(x -> x%2==0); // filtern

    // Summe der Streaminhalte ausgeben
    System.out.println("Summe aller geraden Quadratzahlen " +
                       "zwischen 1 und 9801: " + is.sum());
```

```
    }
}
```

Wir verwenden einen speziellen Stream mit **`int`**-Elementen und verfahren so, dass wir

- mit der statischen Methode `range` die Zahlen von 1 bis 100 in einem Stream generieren lassen,
- danach mittels der Methode `map` jedes Element des Streams quadrieren lassen und
- im Anschluss daran mittels der Methode `filter` nur noch die Elemente im Stream lassen, die geradzahlig sind.

Auch hier haben wir es also wieder mit einer Art Pipeline von Methodenaufrufen zu tun, und diese bringen wir dadurch zum Abschluss, dass wir

- auf den resultierenden Strom von Zahlen schließlich unsere finale Operation `sum` anwenden, die uns die Summe aller noch im Stream vorhandenen Werte berechnet.

Unser Programm liefert die Ausgabe:

```
Konsole
Summe aller geraden Quadratzahlen zwischen 1 und 9801: 161700
```

Wie schon im Abschnitt über Lambda-Ausdrücke sticht auch bei Streams die kurze, elegante und gut lesbare Notation ins Auge, kommt aber möglicherweise für den einen oder anderen Leser bzw. die eine oder andere Leserin auch wieder mit einem Hauch von Magie daher. Daher müssen wir natürlich auch für diese Thematik in den folgenden Abschnitten etwas mehr ins Detail gehen, um die Geheimnisse hinter deren Funktionalität zu lüften.

19.2.2 Streams und Pipelines im Detail

Ein **Stream** repräsentiert eine Folge von Elementen, auf denen eine oder mehrere Operationen ausgeführt werden können. Anders als eine Collection (siehe Abschnitt 11.7) ist aber diese Folge nicht als Datenstruktur anzusehen, die diese Elemente tatsächlich speichert. Vielmehr kann ein Stream als eine Art Transportmedium angesehen werden, um Werte oder Objekte (z. B. die Elemente einer Datenstruktur) aus der Datenquelle durch eine Pipeline zu führen, in der verschiedene Operationen darauf ausgeführt werden können. Diese Operationen nennt man daher sowohl Stream-Operationen als auch Pipeline-Operationen.
Die zur Verfügung stehenden Stream- oder Pipeline-Operationen werden in zwei Gruppen eingeteilt.

- **Zwischenoperationen** sind Operationen, die eine Referenz auf den gerade bearbeiteten Stream zurückliefern und den Stream geöffnet halten, sodass weitere Operationen darauf erfolgen können. Außerdem werden diese Operationen erst dann ausgeführt, wenn ihr Ergebnis (zum Abschluss) tatsächlich benötigt wird.

- **Abschlussoperationen** sind Operationen, die ein konkretes Resultat abliefern können und den Strom schließen. Durch sie wird somit die Auswertung der Zwischenoperationen angestoßen, bevor es dann zur Abschlussauswertung kommen kann. Danach ist der Stream nicht mehr nutzbar.

Interessanterweise können diese Operationen – abhängig vom jeweils konkret vorliegenden Strom – entweder *sequentiell* oder *parallel* ausgeführt werden.
Wenn wir also Streams nutzen wollen, können wir in unseren Anwendungen eine Pipeline grundsätzlich nach dem folgenden dreistufigen Prinzip generieren.

1. Wir erzeugen einen Stream entweder aus einer vorliegenden Datenstruktur (wie im Beispielprogramm `PipelineOperationen1` aus Abschnitt 19.2.1) oder direkt (wie im Beispielprogramm `PipelineOperationen2` aus Abschnitt 19.2.1).

2. Wir rufen auf dem Stream keine, eine oder mehrere Zwischenoperationen wie z. B. `map`, `filter` oder `sorted` auf und können dabei jeweils direkt mit der Ergebnisreferenz weiterarbeiten.

3. Wir rufen eine Abschlussoperation auf, die dafür sorgt, dass alle Zwischenoperationen und danach sie selbst ausgeführt werden. Falls es sich dabei um keine **`void`**-Methode wie z. B. `forEach` handelt, liefert sie uns ein Ergebnis zurück (wie z. B. `sum`) und schließt den Stream. Das Ergebnis ist dann kein Stream mehr, sondern ein elementarer Wert, eine Referenz auf ein Objekt oder sogar wieder eine Collection.

Ein wesentlicher Aspekt der Stream-Operationen ist, dass sie sich anders verhalten als die in Abschnitt 11.7.2 beschriebenen Iterator-Operationen. Während Letztere grundsätzlich extern arbeiten (also z. B. mit Hilfe von Methoden wie `next` voranschreiten), nutzen die Stream-Operationen interne Iterationsvarianten, die durch das Laufzeitsystem direkt ausgeführt werden und aus diesem Grund auch von diesem parallelisiert werden können. Außerdem verarbeiten die Stream-Operationen die Elemente des Streams und nicht die der zugrunde liegenden Collection.
Auf die verschiedenen möglichen Stream-Operationen gehen wir in Abschnitt 19.2.4 noch genauer ein.

19.2.3 Erzeugen von endlichen und unendlichen Streams

Zur Erzeugung von Streams sind die verschiedenen Klassen und Interfaces der Java-Klassenbibliothek mit entsprechenden Methoden ausgestattet. Drei wichtige Stellen seien hierzu exemplarisch erwähnt.
Das generische Basis-Interface `Collection<E>` und mit ihm alle Tochter-Interfaces und implementierenden Klassen des Collection-Frameworks stellen die folgenden Default-Methoden bereit:

- **default** Stream<E> stream()
  liefert einen sequentiellen Stream, der die Collection als Quelle besitzt.
- **default** Stream<E> parallelStream()
  liefert einen parallelen Stream, der die Collection als Quelle besitzt.

In der Klasse BufferedReader aus dem Paket java.io finden wir die Instanzmethode

- **public** Stream<String> lines()
  liefert einen Stream, dessen Elemente den Zeilen entsprechen, die aus dem BufferedReader-Objekt gelesen werden. Die Leseoperationen zum Befüllen des Streams werden aber erst dann ausgeführt, wenn die Abschlussoperation auf dem Stream ausgeführt wird.

In der Klasse Files aus dem Paket java.nio.file existieren statische Methoden wie z. B. lines, find, list oder walk zur Durchforstung und Verarbeitung von Verzeichnispfaden und Dateien.
Das generische Interface Stream<T> stellt eine statische Methode zur konkreten Stream-Erzeugung bereit:

- **static** <T> Stream<T> of(T... values)
  liefert einen sequentiellen Stream aus den angegebenen Werten values vom Typ T.

Darüber hinaus haben wir interessanterweise aber auch die Möglichkeit, **unendliche Streams** zu erzeugen, denn das Interface Stream liefert uns dafür zwei spezielle statische Methoden:

- **static** <T> Stream<T> generate(Supplier<T> s)
  liefert einen unendlichen sequentiellen Stream, in dem jedes Element durch den angegebenen Supplier generiert wird. Sowohl konstante als auch zufällige Streams lassen sich damit erzeugen.
- **static** <T> Stream<T> iterate(T seed, UnaryOperator<T> f)
  liefert einen unendlichen sequentiellen Stream, in dem die Elemente iterativ erzeugt werden, indem die Funktion f auf das initiale Element seed angewendet wird.

Neben dem Interface Stream finden wir im Paket java.util.stream auch die Interfaces IntStream, LongStream und DoubleStream für Streams, deren Elemente als **int**- bzw. **long**- bzw. **double**-Werte gegeben sind. Bei den beiden ganzzahligen Streams stehen weitere Möglichkeiten zur Verfügung, um einen Stream zu erzeugen.
Im Interface IntStream finden wir zwei statische range-Methoden zur Erzeugung eines Streams in einem vorgegebenen Bereich des Datentyps **int**:

- **static** IntStream range(**int** start, **int** endExcl)
  liefert einen sequentiellen Stream aus aufeinanderfolgenden **int**-Werten, beginnend mit dem Wert start und endend mit dem Wert endExcl − 1.

- **static** `IntStream rangeClosed(`**int** `start,` **int** `endIncl)`
  liefert einen sequentiellen Stream aus aufeinanderfolgenden **int**-Werten, beginnend mit dem Wert `start` und endend mit dem Wert `endIncl`.

Im Interface `LongStream` finden wir entsprechende statische `range`-Methoden zur Erzeugung eines Streams in einem vorgegebenen Bereich des Datentyps **long**:

- **static** `LongStream range(`**long** `start,` **long** `endExcl)`
  liefert einen sequentiellen Stream aus aufeinanderfolgenden **long**-Werten, beginnend mit dem Wert `start` und endend mit dem Wert `endExcl` − 1.
- **static** `LongStream rangeClosed(`**long** `start,` **long** `endIncl)`
  liefert einen sequentiellen Stream aus aufeinanderfolgenden **long**-Werten, beginnend mit dem Wert `start` und endend mit dem Wert `endIncl`.

Darüber hinaus sehen auch die drei elementaren Streams Möglichkeiten vor, unendliche Streams mit `generate` und `iterate` zu erzeugen. Zu guter Letzt sei noch die Klasse `Arrays` aus dem Paket `java.util` erwähnt, die ebenfalls mit diversen `stream`-Methoden zur Erzeugung von Streams aus **int**-, **long**-, **double**- und beliebigen `Object`-Arrays ausgestattet ist.
Ausgehend von

```
Collection<String> b = Arrays.asList("A", "B", "C", "D", "E", "F",
                                     "G", "H", "I", "J", "K", "L");

BufferedReader br = new BufferedReader(
                            new FileReader("StreamFragmente.java"));
```

wollen wir zum Schluss dieses Abschnitts noch einige Beispiele für endliche und unendliche Stream-Erzeugungen angeben:

```
// Endliche Streams
Stream<String> s1 = b.stream();
Stream<String> s2 = b.parallelStream();
Stream<String> s3 = br.lines();
Stream<Double> s4 = Stream.of(1.0, 1.3, 1.7, 2.0, 2.3, 2.7, 3.0);
IntStream     is1 = IntStream.range(1, 101);
LongStream    ls1 = LongStream.rangeClosed(42, 4242424242424242L);

// Unendliche Streams
Stream<Double> us1 = Stream.generate(Math::random);
Stream<Double> us2 = Stream.iterate(1.0, x -> 5*x+2);
DoubleStream  uds1 = DoubleStream.iterate(42, Math::sqrt);
```

19.2.4 Die Stream-API

In diesem Abschnitt wollen wir uns nun noch etwas genauer damit beschäftigen, welche Zwischen- und welche Abschlussoperationen die Stream-API für uns als Java-Entwickler vorsieht.
Als Zwischenoperationen finden wir im Interface `Stream` z. B. die folgenden Methoden:

- `Stream<T> distinct()`
  entfernt alle Duplikate aus dem Stream. Geprüft wird dabei mit `equals`.
- `Stream<T> filter(Predicate<? super T> p)`
  entfernt alle Elemente aus dem Stream, die nicht dem Predicate `p` entsprechen.
- `Stream<T>limit(long maxSize)`
  kürzt den Stream durch Abschneiden am Ende auf maximal `maxSize` Elemente.
- `<R> Stream<R> map(Function<? super T,? extends R> mpr)`
  wendet auf jedes Element des Streams die Funktion `mpr` an und ersetzt das Element durch das Funktionsergebnis.
- `Stream<T> sorted()`
  sortiert die Elemente des Streams gemäß der natürlichen Ordnung ihres Datentyps.
- `Stream<T> sorted(Comparator<? super T> comparator)`
  sortiert die Elemente des Streams gemäß der durch `comparator` vorgegebenen Ordnung.

Als Abschlussoperationen stellt das Interface `Stream` unter anderem folgende Methoden bereit:

- `boolean allMatch(Predicate<? super T> predicate)`
  liefert genau dann **`true`**, wenn alle Elemente des Streams dem übergebenen `predicate` entsprechen.
- `boolean anyMatch(Predicate<? super T> predicate)`
  liefert genau dann **`true`**, wenn ein Element des Streams dem übergebenen `predicate` entspricht.
- `boolean noneMatch(Predicate<? super T> predicate)`
  liefert genau dann **`true`**, wenn kein Element des Streams dem übergebenen `predicate` entspricht.
- `long count()`
  liefert die Anzahl der Elemente des Streams.
- `void forEach(Consumer<? super T> action)`
  führt für jedes Element des Streams die durch `action` festgelegte Aktion aus.
- `T reduce(T identity, BinaryOperator<T> accumulator)`
  führt eine Reduktion der Elemente des Streams durch, indem ausgehend vom Startwert `identity` die zusammenfassende Funktion `accumulator` auf den bisherigen Wert und den Wert des jeweils nächsten Elements angewendet wird. D. h. der Endwert entspricht dem Resultat `result` des Codes

  ```
  T result = identity;
  for (T element : this stream) {
    result = accumulator.apply(result, element)
  }
  return result;
  ```

Daneben existieren Methoden, die das Minimum oder das Maximum der Elemente im Stream abliefern. Die elementaren Stream-Interfaces `IntStream`, `LongStream` und `DoubleStream` kommen außerdem noch mit einigen speziellen Abschlussoperationen wie zum Beispiel `sum` zur Berechnung der Summe aller Elemente oder `average` zur Berechnung des arithmetischen Mittelwerts.
Zum Schluss unseres Abschnitts über die Stream-API wollen wir uns noch mit einem kleinen mathematischen Problem beschäftigen, das wir schon aus Abschnitt 5.1.3 und aus Abschnitt 11.3.3 kennen und zu Demonstrationszwecken einmal mit Streams anpacken wollen. Unsere mathematische Aufgabenstellung ist es, für eine einzulesende positive Zahl n den Wert

$$n! = n \cdot (n-1) \cdot (n-2) \cdots 3 \cdot 2 \cdot 1,$$

also ihre Fakultät, zu berechnen. Dabei nutzen wir aber die Beziehungen

- $n! = 1$, falls $n = 0$, und
- $n! = n \cdot (n-1)!$, falls $n \neq 0$.

Damit können wir die Berechnung der Fakultät mittels der Erzeugung eines Streams mit den Werten 1 bis n und der anschließenden Reduktion durch Produktbildung erledigen lassen. Unser Programm und ein Beispielablauf dazu:

```java
import Prog1Tools.*;
import java.util.*;
import java.util.function.*;
import java.util.stream.*;
public class PipelineFakultaet {
  public static void main(String[] args) {
    // n einlesen
    int n = IOTools.readInt("n = ");

    // IntStream mit Zahlen von 1 bis n
    long f = LongStream.rangeClosed(1,n)          // anlegen und
                       .reduce(1, (x,y) -> x*y);  // auf Produkt
                                                  // reduzieren

    // Fakultaet ausgeben
    System.out.println(n + "! = " + f);
  }
}
```

Konsole

```
n = 20
20! = 2432902008176640000
```

Leider funktioniert unser Programm für $n > 20$ nicht mehr, weil $n!$ bereits größer als der maximale Wert des Datentyps **`long`** ist und wir dadurch einen Überlauf der Variable in den negativen Wertebereich verursachen:

Konsole

```
n = 21
21! = -4249290049419214848
```

Wir wollen es daher mit dem Datentyp `BigInteger` versuchen, den wir in Abschnitt 11.3.1 kennengelernt haben. Zur Generierung des Streams gehen wir dabei einen etwas anderen Weg. Wir erzeugen zunächst mit `iterate` einen unendlichen Strom und beschränken diesen dann mittels `limit` wieder auf maximal (in diesem Fall natürlich genau) n Werte. Die Reduktion führen wir genauso wie in unserem vorherigen Programm über eine Multiplikation durch.
Unser Programm und ein Beispielablauf dazu sehen jetzt wie folgt aus:

```java
import Prog1Tools.*;
import java.math.*;
import java.util.*;
import java.util.function.*;
import java.util.stream.*;
public class PipelineFakultaetBigInt {
  public static void main(String[] args) {
    // n einlesen
    int n = IOTools.readInt("n = ");

    // Unendlichen Stream erzeugen
    Stream<BigInteger> s =
      Stream.iterate(BigInteger.ONE,x -> x.add(BigInteger.ONE))
            .limit(n);

    // Auf Produkt aller Werte reduzieren (Berechnung der Fakultaet)
    BigInteger f =
      s.reduce(BigInteger.ONE, (x,y) -> x.multiply(y));

    // Wert der Fakultaet ausgeben
    System.out.println(n + "! = " + f);
  }
}
```

Konsole

```
n = 35
35! = 10333147966386144929666651337523200000000
```

Unter dem Einsatz von Streams in Kombination mit langen Ganzzahlen konnten wir somit unsere Aufgabe adäquat meistern.

19.2.5 Übungsaufgaben

Aufgabe 19.3

Welche Ausgabe erzeugt das folgende Programm?

```java
import java.util.*;
public class Pipeline1 {
  public static void main(String[] args) {
    List<String> strings = Arrays.asList("bb","ZZ","aa","PP","zz");
    strings
      .stream()
      .sorted()
      .map(String::toUpperCase)
```

```
        .forEach(n -> System.out.print(n + " "));
  }
}
```

Aufgabe 19.4

Welche Ausgabe erzeugt das folgende Programm?

```
import java.util.*;
public class Pipeline2 {
  public static void main(String[] args) {
    List<String> strings = Arrays.asList("bbb", "ZZZ", "aaa", "PPP",
                                         "zzz", "fff", "vvv");
    boolean i =
      strings
        .distinct()
        .sorted((a,b) -> a.compareToIgnoreCase(b))
        .limit(4)
        .map((a) -> a.substring(0, 2))
        .noneMatch((a) -> a.equals("aa"));
    System.out.println(i);
  }
}
```

Aufgabe 19.5

Füllen Sie die Lücken im nachfolgenden Programm-Code, sodass beim Ausführen der Klasse die Ausgabe

Konsole

```
2
4
6
```

erzeugt wird.

```
import java.util.*;
public class Pipeline3 {
  public static void main(String[] args) {

    List<Integer> intArray = Arrays.asList(7,6,5,4,3,2,1);

    intArray
       .stream()

       .______________________________

       .______________________________

       .forEach(System.out::println);
  }
}
```

Teil VI

Abschluss, Ausblick und Anhang

Wenn es am schönsten ist, soll man aufhören. Dieses altbekannte Sprichwort gilt leider auch für Programmierbücher. Auch wenn Sie sicher noch Tage und Wochen damit zubringen könnten, sich in Java einzuarbeiten (und wir noch viel mehr Zeit aufwenden könnten, die hierfür notwendigen Kapitel zu schreiben), sind Sie nun doch am Ende des Buches angelangt. An dieser Stelle wollen wir Ihnen daher noch ein paar wichtige Dinge für Ihre bevorstehende, glänzende Laufbahn als Softwareentwickler mitgeben.

Kapitel 20

Blick über den Tellerrand

713 Seiten und immer noch kein Ende in Sicht. Wer hätte je gedacht, dass dieses Buch so dick sein könnte? Und wer hätte je gedacht, dass Sie es nach so vielen Seiten noch immer in der Hand halten und sich fragen würden, was wir Ihnen wohl jetzt noch Neues erzählen könnten? Vermutlich werden Sie es kaum glauben, aber je dicker so ein Buch wird, desto mehr stellt sich die Frage, wo man anfangen und wo man aufhören sollte. Große Fragen wie „welche Themen muss ein Java-Buch für Anfänger zwingend behandeln?“, „welche Themen sind eher nice-to-have?“ und vor allem „welche Themen sollen wir weglassen, damit Sie sich das Buch noch ohne Sperrgutzuschlag schicken lassen können?“ trieben uns um. Die Antwort darauf war nicht leicht, wir sind uns jedoch sicher, eine gute Auswahl getroffen zu haben.

Wenn Sie an dieser Stelle noch einmal an Ihre allerersten Gehversuche ganz vorne in Kapitel 3 denken und diese mit den fortgeschrittenen Themen vergleichen, die wir seither behandelt haben, werden Sie sehen, dass Sie längst keine Anfängerin bzw. kein Anfänger mehr sind. Denn Sie können nun hinter den Vorhang blicken und wissen, was hinter den Kulissen passiert, wenn Sie eine Anwendung oder eine App starten. Darüber hinaus können Sie objektorientiert programmieren und sogar grafische Benutzungsoberflächen oder nebenläufige Client/Server-Anwendungen entwerfen. Ist das nicht toll? Sie können sich einfach eine Anwendung ausdenken und all die Schritte ausführen, damit diese Realität wird. Dabei werden Sie sich gerade am Anfang natürlich noch oft die Frage stellen, wie Sie so eine große Aufgabe überhaupt bewältigen sollen. Und je mehr Sie sich damit beschäftigen, desto mehr Fragen werden Sie haben, die Sie mit Hilfe anderer Bücher oder dem Internet zu beantworten versuchen. Denn, wie es so schön heißt: *Veränderung ist die einzige Konstante der Informatik!* Deshalb müssen auch die Autoren dicker Java-Lehrbücher immer wieder Fakten nachschlagen und neue Konzepte ausprobieren, wenn sie ein Programm schreiben.

Lassen Sie sich davon nicht entmutigen! Denn genau das macht ja gerade die Faszination an der Softwareentwicklung aus. Das ist es, warum ein Job im Softwarebereich niemals langweilig wird. Um Ihnen deshalb ein paar Ideen zu geben, in welche Richtungen Sie von nun an weiter recherchieren können, möchten wir an dieser Stelle noch ein paar Themen anschneiden, die wir aus den oben genannten Gründen bisher nicht behandelt haben:

- Mit **JShell** wollen wir Ihnen einen Weg zeigen, wie Sie einfache Java-Programme ohne Compiler schreiben und ganz unkompliziert mal eine neue Klasse ausprobieren können.
- **Jigsaw** nennt sich das **Modulsystem** von Java, mit dem eine große Anwendung nicht nur in Pakete, sondern darüber hinaus in sauber abgegrenzte, wiederverwendbare Einheiten zerteilt werden kann. Auch kann damit eine angepasste Java-Laufzeitumgebung mit nur den Paketen gebaut werden, die die Anwendung wirklich benötigt.
- **JavaFX** hingegen ist ein alternatives, weit verbreitetes UI-Toolkit für Java. Ursprünglich als Nachfolger für Swing entwickelt, wird es heute als unabhängiges Projekt fortgeführt und muss daher manuell nachinstalliert werden. Im Gegenzug bietet es ein modernes, flüssig animiertes Erscheinungsbild sowie die Möglichkeit, UIs überwiegend deklarativ zu beschreiben.
- Als Alternative zu den `Date`- und `Calendar`-Klassen kann die **Date/Time-API** den Umgang mit Datums- und Zeitwerten deutlich vereinfachen.
- Und wenn Ihnen die weiter vorne vorgestellten Möglichkeiten der Netzwerkprogrammierung noch etwas rudimentär erscheinen, seien Sie beruhigt. Mit **Jakarta EE**[1] wird sich Ihnen eine völlig neue Welt öffnen. Wie von Geisterhand werden Sie damit große, verteilte Anwendungen schreiben, die im Web, auf einem Server oder in der Cloud laufen.

Zu jedem Thema werden wir uns ein kleines Beispiel anschauen und daran die wichtigsten Eigenheiten besprechen, bevor wir Sie dann endgültig in die freie Wildbahn entlassen. Willkommen auf unserer abschließenden, kleinen Rundreise. Willkommen in der wunderbaren Welt der Java-Entwicklung.

20.1 JShell für kleine Skripte

In allen Kapiteln dieses Buches war es eine unumstößliche Tatsache, dass die Klassen eines Java-Programms erst compiliert werden müssen, bevor das Programm ausgeführt werden kann. Wir mussten also immer erst den Compiler anwerfen, um aus unseren Quellcodes einen Bytecode zu generieren, der von der JVM[2] ausgeführt werden kann. Java ist dabei nicht einmal die einzige Programmiersprache, die so arbeitet. Tatsächlich handelt es sich um ein gängiges Verfahren, das Java in ähnlicher Form von anderen Sprachen wie C oder C++ übernommen hat und das dann wiederum Sprachen wie C# von Java übernommen haben. Der große Vorteil

[1] ehemals **Java Enterprise Edition**, kurz **Java EE** oder einfach nur **JEE**.
[2] Java Virtual Machine

davon ist, dass unsere Programme dadurch die volle Rechenleistung des Computers ausschöpfen können und deshalb sehr schnell ausgeführt werden. Außerdem hilft uns der Compiler bei der Fehlersuche, indem er viele Fehler schon während der Übersetzung aufzeigt, sodass wir nicht erst beim Testen oder gar beim Kunden darüber stolpern.

Demgegenüber stehen **Skriptsprachen** wie **Python** oder **JavaScript**, die einen solchen Übersetzungsvorgang nicht kennen[3] und einen Quellcode daher mehr oder weniger direkt ausführen. Ihre Programme laufen weniger schnell, und teilweise werden selbst offensichtliche Fehler erst aufgedeckt, wenn die entsprechenden Codezeilen tatsächlich ausgeführt werden. Gegenüber den compilierten Sprachen haben sie aber den unschätzbaren Vorteil, dass sie sehr einfach zu verwenden sind. Ein beliebiger Quellcode kann einfach so ausgeführt werden, ohne dass man sich irgendeinen Befehl zum Aufruf des Compilers merken oder sich mit komplizierten Werkzeugen herumschlagen muss. Auch besitzen die meisten Sprachen einen einfachen Interpreter,[4] in den man, ohne überhaupt eine Quellcodedatei anlegen zu müssen, eben mal schnell ein paar Befehle eintippen kann, um zu sehen, was sie bewirken. Das macht diese Sprachen sowohl bei Einsteigern als auch bei Profis sehr beliebt, weshalb manche Arbeitgeber sogar Wert darauf legen, dass man neben einer „großen" Programmiersprache auch mindestens eine Skriptsprache beherrscht.

Wie sich herausstellt, kann Java durch ein **JShell** genanntes und im Lieferumfang von Java enthaltenes Programm ebenfalls als Skriptsprache genutzt werden. Zwar unterscheidet sich JShell in manchen Punkten von den anderen Skriptsprachen und ist daher weniger gut zur Entwicklung großer Programme geeignet, es lassen sich damit aber ebenfalls nahezu beliebige Java-Quellcodes direkt ausführen, und auch ein Interpreter zum schnellen Ausprobieren einzelner Anweisungen ist enthalten.

Als ersten Versuch wollen wir daher eine neue Quellcodedatei mit folgendem Inhalt anlegen und unter dem Dateinamen `HalloJShell.jsh` speichern:

```
System.out.println("Hallo, JShell!");
```

Weil die Datei, ohne sie zu compilieren, direkt ausgeführt werden soll, wird sie auch ein **Skript** genannt. Sie soll wirklich nur diese eine Zeile beinhalten, da wir in JShell zwar Klassen und Methoden definieren können, dies aber nicht zwingend müssen. Wir übernehmen daher die eine Zeile in die Datei und führen diese mit folgender Anweisung auf der Kommandozeile aus:

Konsole

```
jshell HalloJShell.jsh
```

Daraufhin sollten folgende Zeilen auf dem Bildschirm erscheinen:

[3] Manche Skriptsprachen übersetzen zwar den Quellcode mit Hilfe eines Compilers in Maschinensprache, verbergen dies aber, indem sie die Übersetzung im Hintergrund, während das Programm bereits läuft, vornehmen.

[4] Diese Interpreter sind meistens nach dem sogenannten REPL-Prinzip aufgebaut, was für „Read-Evaluate-Print-Loop" steht. Denn sie lesen einfach in einer Schleife eine Zeile ein, führen diese aus und zeigen dann das Ergebnis an.

Konsole
```
Hallo, JShell!
|  Welcome to JShell -- Version 22
|  For an introduction type: /help intro

jshell>
```

Das ist ja mal nett. JShell grüßt uns sogar zurück! Doch was bedeuten die Zeilen, die nach der eigentlichen Meldung angezeigt werden? Tatsächlich ist das der interaktive Interpreter, der nach Ausführung unserer Datei gestartet wird. Denn anders als bei anderen Skriptsprachen beendet sich JShell nicht, wenn es am Ende des Quellcodes angelangt ist. Wir tippen daher schnell **`/exit`** ein, um den Interpreter zu verlassen. Höflich wie immer verabschiedet sich JShell mit einem kurzen `Goodbye`. Dementsprechend ändern wir unseren Quellcode wie folgt ab:

```
System.out.println("Hallo, JShell!");
/exit
```

Dadurch weisen wir JShell an, sich in der zweiten Zeile zu beenden, sodass jetzt wirklich nur noch folgende Zeile ausgegeben wird:

Konsole
```
Hallo, JShell!
```

Als Nächstes wollen wir nun den Interpreter ein wenig erkunden und hierfür mit den `Collection`-Klassen aus Kapitel 11.7 spielen. Ein kleiner Zufallsgenerator, der uns verrät, welche Fernsehserie wir als Nächstes streamen sollen, wäre doch nicht schlecht, oder? Starten wir also JShell und geben folgenden Befehl ein:

```
jshell> /imports
|  import java.io.*
|  import java.math.*
|  import java.net.*
|  import java.nio.file.*
|  import java.util.*
|  import java.util.concurrent.*
|  import java.util.function.*
|  import java.util.prefs.*
|  import java.util.regex.*
|  import java.util.stream.*
```

Das ist sehr interessant. Mit **`/imports`** können wir uns anzeigen lassen, welche Klassen bereits importiert wurden und daher einfach zur Verfügung stehen. Unter anderem werden alle Klassen aus dem Paket `java.util` importiert, sodass wir die `Collection`-Klassen ohne Umwege direkt verwenden können. Das wollen wir deshalb gleich mal tun:

```
jshell> List<String> serien = new ArrayList<>()
serien ==> []

jshell> serien.add("Star Trek Picard")
$2 ==> true
```

```
jshell> serien.add("Stranger Things")
$3 ==> true

jshell> serien.add("Space Force")
$4 ==> true

jshell> serien.add("Dark")
$5 ==> true
```

Wie wir sehen, führt JShell jede Zeile sofort aus und zeigt das jeweils zurückgegebene Ergebnis an. Dabei können wir sogar auf das Semikolon am Ende der Zeilen verzichten, und jedes Ergebnis, das wir nicht selbst in eine Variable speichern, wird in einer temporären Variable, deren Namen aus dem Dollarzeichen und einer Zahl besteht, abgelegt. Machen wir uns diese Eigenheiten deshalb gleich zunutze und schreiben weiter:

```
jshell> int i = (int) Math.floor(Math.random() * serien.size())
i ==> 2

jshell> serien.get(i)
$8 ==> "Space Force"

jshell> System.out.println("Heute schauen wir " + $8);
Heute schauen wir Space Force
```

Das scheint geklappt zu haben. Man kann also mit JShell ganz einfach mal ein paar Zeilen Java-Code eintippen, um dadurch die Sprache oder einzelne Klassen besser kennenzulernen. Es können sogar mehrzeilige Bereiche wie bei einer **`if`**-Anfrage eingeben werden. Folgendes funktioniert darum auch mit JShell:

```
if (!serien.isEmpty()) {
  System.out.println("" + serien.size() + "Serien haben wir vor.");
  System.out.println("Es gibt also noch viel zu tun!");
}
```

Wir können das Skript aber auch in eine Datei schreiben, bevor wir es ausführen. Versuchen wir es daher mit den unten abgebildeten Zeilen, an denen man auch schön sieht, dass wir in JShell selbst dann keine Klasse benötigen, wenn wir nur ein paar Methoden definieren wollen. Erst wenn wir mehrere Klassen anlegen wollen, müssen wir mit dem Schlüsselwort **`class`** arbeiten:

```
List<String> serien = new ArrayList<>();

void listeZuruecksetzen() {
  serien.clear();
  serien.add("Star Trek Picard");
  serien.add("Stranger Things");
  serien.add("Space Force");
  serien.add("Dark");
}

void serienEmpfehlen() {
  int nr = 0;

  while (!serien.isEmpty()) {
    nr++;
```

```
    int i = (int) Math.floor(Math.random() * serien.size());
    String serie = serien.remove(i);
    System.out.println("[" + nr + "] " + serie);
  }
}

listeZuruecksetzen();
serienEmpfehlen();
/exit
```

Folgende Reihenfolge legt uns das Skript nahe. Schon wieder steht Space Force ganz oben.

Konsole

```
[1] Space Force
[2] Star Trek Picard
[3] Dark
[4] Stranger Things
```

Wenn Sie noch mehr über JShell erfahren wollen, empfehlen wir Ihnen die Tutorials unter [31] und [29].

20.2 Das Java-Modulsystem

Wie wir in Kapitel 8.8 gesehen haben, sollten größere Java-Anwendungen immer in Pakete unterteilt werden, um die Übersichtlichkeit zu erhöhen. Außerdem können wir dadurch einzelne Elemente einer Klasse mit **`package`**- oder **`protected`**-Zugriffsrechten ausstatten, damit diese nicht aus anderen Paketen heraus genutzt werden können. Wie so oft in Java kann der Compiler somit mögliche Fehlerquellen aufzeigen, noch bevor das Programm überhaupt ausgeführt wird. Wollten wir beispielsweise eine große Groupware-Anwendung mit E-Mail-Funktion, Terminkalendern und Kontakten schreiben, wäre es nicht unüblich, den Quellcode in folgende Pakete zu unterteilen:

- **de**
  - **grundkurs_java** ... Per Konvention unsere umgedrehte Web-Adresse[5]
    - **groupware** ... Der Name unserer Anwendung
      - **common** ... Allgemeine Klassen
      - **app** ... Rahmenprogramm und Hauptfenster der Anwendung
      - **email** ... Empfang, Versand und Darstellung von E-Mails
      - **calendar** ... Verwaltung und Darstellung von Terminkalendern
      - **contacts** ... Verwaltung und Darstellung von Kontakten

[5] Eigentlich lautet unsere Web-Adresse `grundkurs-java.de`, Minuszeichen sind in Paketnamen aber nicht erlaubt.

`de.grundkurs_java.groupware.common` wäre dann zum Beispiel der vollständige Name des ersten Paketes mit den allgemeinen Klassen, in dem selbstverständlich auch noch weitere Unterpakete enthalten sein können. Sprechende Namen sowie ein einheitliches Vorgehen vorausgesetzt, ergibt sich dadurch eine sehr übersichtliche Struktur, in der sich auch fremde Entwickler schnell zurechtfinden werden.[6] Und durch die oben genannten Zugriffsrechte können die Pakete so voneinander abgegrenzt werden, dass der Zugriff aus anderen Paketen heraus nur auf ausgewählte Inhalte erlaubt wird. Doch gerade wenn ein Paket noch weitere Unterpakete besitzt, funktioniert die Abgrenzung nicht so gut, wie es eigentlich wünschenswert wäre, da ein Element in einem Unterpaket immer **`public`** sein muss, damit es aus dem Oberpaket heraus aufgerufen werden kann. Um dies zu verstehen, nehmen wir an, das Paket `de.grundkurs_java.groupware.email` hätte folgenden Inhalt:

```
├─ EMailAustausch.java
└─ net
   ├─ EMailAbruf.java
   └─ EMailVersand.java
```

Ganz klar muss die Klasse `EMailAustausch` die Methoden der beiden anderen Klassen aufrufen können, damit sie ihren Zweck erfüllen kann. Die Methoden müssen hierfür allerdings als **`public`** gekennzeichnet werden, da sich die Klasse `EMailAustausch` nicht im exakt selben Paket befindet. Zwar ist `email.net` ein Unterpaket von `email`, daraus ergibt sich jedoch kein automatisches Zugriffsrecht auf seine Inhalte. Erst durch die Kennzeichnung mit **`public`** wird der Zugriff auch für die Klasse `EMailAustausch` im Oberpaket erlaubt. Das Problem dabei ist allerdings, dass dadurch *alle anderen Klassen in allen anderen Paketen* dieselbe Möglichkeit erhalten, selbst wenn wir das eigentlich gar nicht wollen.
Um dies zu verhindern, müssen wir unsere Anwendung in **Module** einteilen und jedes Paket einem Modul zuweisen. Denn Module sind in Java so definiert, dass sie stets ein oder mehrere Pakete beinhalten, dabei aber den Zugriff auf ihre Inhalte einschränken. Das heißt, selbst wenn eine Methode als **`public`** deklariert wurde, kann sie zwar aus allen Paketen innerhalb des gleichen Moduls heraus aufgerufen werden, außerhalb des Moduls aber nicht. Nur wenn das Paket, in dem sich die Methode befindet, explizit freigegeben wird, kann die Methode auch außerhalb des Moduls verwendet werden. Abbildung 20.1 verdeutlicht das Prinzip. Zusammengefasst lässt sich daher sagen:

- Module beinhalten ein oder mehrere Pakete.
- Selbst auf mit **`public`** gekennzeichnete Inhalte kann außerhalb des eigenen Moduls nicht zugegriffen werden.

[6] Die Namen der Pakete sind hier natürlich frei erfunden, und auch die Aufteilung der Pakete muss nicht zwingend exakt wie hier beschreiben sein. Eine gute Gliederung der Pakete ist aber immer zu empfehlen.

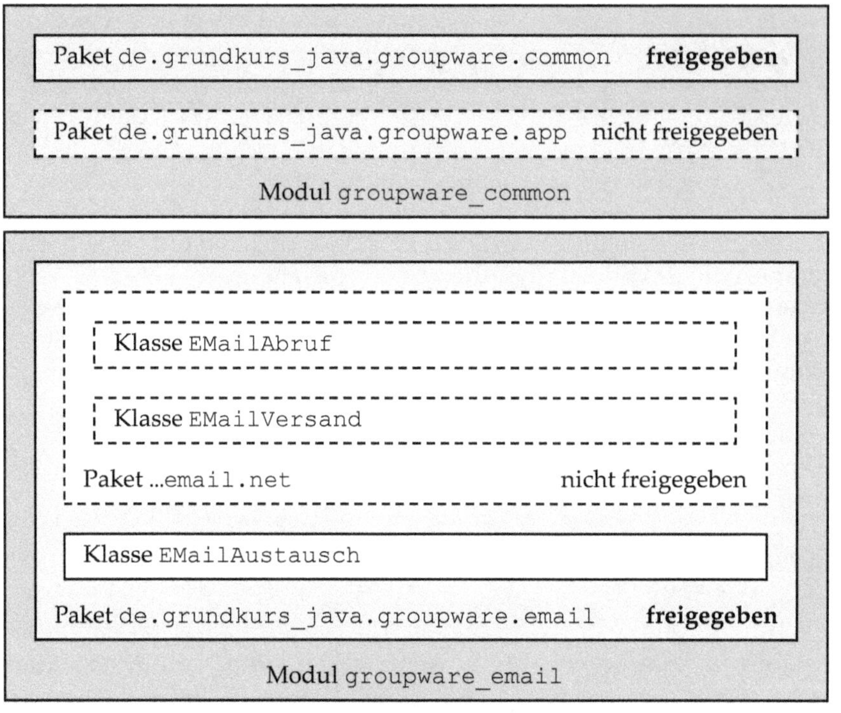

Abbildung 20.1: Module unserer Beispielanwendung

- Einzelne Pakete können von einem Modul für externe Zugriffe freigeschaltet werden, indem sie in der Modulbeschreibung explizit aufgelistet werden.
- Um Zugriff auf die freigegebenen Inhalte eines Moduls zu erlangen, muss das rufende Modul eine Abhängigkeit zum aufgerufenen Modul deklarieren.

Anhand eines kleinen Beispielprogramms wollen wir das alles nachvollziehen. Falls Sie bisher eine IDE verwendet haben, sollten Sie hier jedoch ausnahmsweise darauf verzichten und alle Schritte wie in Kapitel 2.2.1 beschrieben mit einem einfachen Editor und der Kommandozeile nachstellen. Denn nur so können Sie sehen, wie die Module aufgebaut sind und welche Schritte beim Compilieren und Starten der Anwendung notwendig sind. Zunächst wollen wir daher ein leeres Verzeichnis für unser Programm und darin folgende Verzeichnisstruktur anlegen:

- **src** .... Quellcode des Programms
  - **m_app** .... Modul `m_app`
    - `module-info.java` .... Modulbeschreibung
    - **app** .... Paket `app`
      - `Main.java` .... Klasse `Main`
  - **m_rechner** .... Modul `m_rechner`
    - `module-info.java` .... Modulbeschreibung
    - **rechner** .... Paket `rechner`
      - `Rechner.java` .... Klasse `Rechner`
      - **intern** .... Paket `rechner.intern`
        - `Operation.java` .... Interface `Operation`
        - `Addition.java` .... Klasse `Addition`
        - `Subtraktion.java` .... Klasse `Subtraktion`
- **bin** .... Compilierte Java-Klassen
- **lib** .... JAR-Dateien unserer Module

Die Struktur wirkt auf den ersten Blick sicher etwas umfangreich, ist im Grunde genommen aber ganz einfach. Zunächst einmal brauchen wir drei getrennte Verzeichnisse für den Quellcode, die compilierten Klassen und die später daraus erzeugten JAR-Dateien.[7] Dies sind die Verzeichnisse `src`, `bin` und `lib`. Das Quellcodeverzeichnis wiederum enthält die beiden Module `m_app` und `m_rechner`, die beide jeweils eine `module-info.java` genannte Modulbeschreibung sowie mindestens ein Paket mit Klassen und Interfaces beinhalten. Die Hauptklasse unseres Programms ist dabei die Klasse `Main`. Sie soll eine Methode der Klasse `Rechner` aufrufen, um einfache Additionen und Subtraktionen auszuführen, wobei die eigentlichen Berechnungen in den Klassen des Pakets `rechner.intern` implementiert sind, die hierfür für die Klasse `Rechner`, nicht jedoch für `Main` sichtbar sein sollen.

Beginnen wir mit der Modulbeschreibung `module-info.java` von `m_app`, die genau folgenden Inhalt haben muss:

```java
module m_app {
  requires m_rechner;
}
```

Die Modulbeschreibung `module-info.java` für `m_rechner` sieht hingegen wie folgt aus:

```java
module m_rechner {
  exports rechner;
}
```

Anhand dieser beiden Dateien sehen wir auch schon, wie eine Modulbeschreibung generell aufgebaut ist:

[7] JAR-Dateien sind besondere Dateien von Java, die mehrere Pakete und Klassen zu einer Datei zusammenfassen. Im Grunde genommen handelt es sich dabei um gewöhnliche ZIP-Archive mit einer sogenannten Manifestdatei und einer vorgegebenen Verzeichnisstruktur.

Syntaxregel

```
module «NAME_DES_MODULS» {
  exports «PAKET_INNERHALB_DES_MODULS»;
  requires «NAME_EINES_ANDEREN_MODULS»;
}
```

Mit **`exports`** wird ein einzelnes Paket für andere Module sichtbar gemacht, sodass alle mit **`public`** gekennzeichneten Inhalte des Pakets, aber nicht die Inhalte seiner Unterpakete, freigegeben werden. Soll auf die Unterpakete ebenfalls zugegriffen werden können, müssen diese zusätzlich exportiert werden. Mit **`requires`** hingegen wird eine Abhängigkeit zu einem anderen Modul gekennzeichnet, um auf seine freigegebenen Inhalte zugreifen zu können. Denn erst das Zusammenspiel von **`requires`** und **`exports`** macht die Inhalte des aufgerufenen Moduls wirklich nutzbar!
Ab hier ist dann alles ganz normales Java, wie wir es bereits kennen. Fangen wir daher mit dem Interface `Operation` sowie den implementierenden Klassen `Addition` und `Subtraktion` zur Ausführung einer Berechnung an:

```
package rechner.intern;

public interface Operation {
  double rechne(double w1, double w2);
}
```

```
package rechner.intern;

public class Addition implements Operation {
  public double rechne(double w1, double w2) {
    return w1 + w2;
  }
}
```

```
package rechner.intern;

public class Subtraktion implements Operation {
  public double rechne(double w1, double w2) {
    return w1 - w2;
  }
}
```

Die Klasse `Rechner` ist auch ganz einfach aufgebaut. Sie beinhaltet die Methode `berechne`, die *drei* Parameter erwartet: zwei Zahlen zum Rechnen sowie den String `"+"` oder `"-"` für die anzuwendende Rechenvorschrift:

```
package rechner;

import rechner.intern.Operation;
import rechner.intern.Addition;
import rechner.intern.Subtraktion;

public class Rechner {
  public static double berechne(double w1, String op, double w2) {
```

```
    Operation op1 = null;

    if (op.equals("+")) {
      op1 = new Addition();
    } else if (op.equals("-")) {
      op1 = new Subtraktion();
    }

    if (op1 == null) {
      return 0.0;
    } else {
      return op1.rechne(w1, w2);
    }
  }
}
```

Und last but not least die Klasse `Main`, in welcher wir die eben gesehene Methode aufrufen und den Rechner testen wollen:

```
package app;
import rechner.Rechner;

public class Main {
  public static void main(String[] args) {
    double e1 = Rechner.berechne(47.11, "+", 08.15);
    double e2 = Rechner.berechne(12.34, "-", 56.78);

    System.out.println("47.11 + 08.15 = " + e1);
    System.out.println("12.34 - 56.78 = " + e2);
  }
}
```

Wie gewohnt müssen wir die ganzen Klassen natürlich erst einmal compilieren. Wir starten also die Kommandozeile, wechseln in das Wurzelverzeichnis unseres Programms, in dem sich auch die Verzeichnisse `src`, `bin` und `lib` befinden, und geben voller Vorfreude folgende Befehle ein:[8]

Konsole

```
javac -d bin --module-path lib --module-source-path src
        src\m_rechner\*.java

javac -d bin --module-path lib --module-source-path src
        src\m_rechner\rechner\*.java

javac -d bin --module-path lib --module-source-path src
        src\m_rechner\rechner\intern\*.java

javac -d bin --module-path lib --module-source-path src
        src\m_app\*.java

javac -d bin --module-path lib --module-source-path src
        src\m_app\app\*.java
```

8 Unter Linux und macOS verwenden Sie „/" anstelle von „\" als Verzeichnistrenner.

Die einzelnen Schalter haben dabei folgende Bedeutung:

- `-d bin`
  Die compilierten Bytecodes sollen im `bin`-Verzeichnis abgelegt werden.
- `--module-path lib`
  Alle bereits vorcompilierten Module liegen im `lib`-Verzeichnis.
- `--module-source-path src`
  Alle nicht vorcompilierten Module befinden sich im `src`-Verzeichnis.

Dadurch haben wir alle Klassen und auch die Modulbeschreibungen zu `*.class`-Dateien innerhalb des `bin`-Verzeichnisses compiliert. Doch bevor wir die Anwendung starten können, müssen wir erst noch zwei JAR-Dateien für unsere beiden Module erzeugen, was mit folgenden Befehlen gelingt:[9]

Konsole
```
jar --create --file=lib\m_rechner.jar -C bin\m_rechner .
jar --create --file=lib\m_app.jar -C bin\m_app .
```

Im `lib`-Verzeichnis befinden sich dann die beiden Dateien `m_rechner.jar` und `m_app.jar`, mit denen die Anwendung nun gestartet werden kann. Hierfür müssen wir nur das Modul `m_app` und darin die Klasse `app.Main` aufrufen:

Konsole
```
java -p lib -m m_app/app.Main
```

Als Ergebnis sollte dann Folgendes angezeigt werden:

Konsole
```
47.11 + 08.15 = 55.26
12.34 - 56.78 = -44.44
```

Wenn diese Zeilen erscheinen, hat alles geklappt. Wenn nicht, überprüfen Sie, ob Sie wirklich alle Befehle genauso eingegeben haben, wie hier gezeigt.
Um nun zu zeigen, dass das Paket `rechner.intern` wirklich nur innerhalb des Moduls `m_rechner` zur Verfügung steht, versuchen wir, seine Klassen aus `Main` heraus aufzurufen:

```java
package app;
import rechner.Rechner;
import rechner.intern.*;     // Nicht erlaubt

public class Main {
  public static void main(String[] args) {
    // Direkte Verwendung der Klasse "Addition",
    // Nicht erlaubt!
    Addition add = new Addition();
    double e = add.rechne(59.73, 33.87);

    System.out.println("59.73 + 33.87 = " + e);
  }
}
```

[9] Auch hier ersetzen Sie „\“ durch „/“ unter macOS und Linux.

Doch schon der Versuch, den Quellcode zu compilieren, scheitert grandios. Der Compiler behauptet einfach, dass es das Paket `rechner.intern` gar nicht gäbe!

```
Konsole
src/m_app/app/Main.java:3: error: package rechner.intern
    does not exist
import rechner.intern.*;
```

Damit haben wir den wichtigsten Anwendungsfall von Modulen kennengelernt. Weitere Informationen über den Umgang mit Modulen finden Sie im Internet unter [35] und [37].

20.3 Bühne frei für JavaFX

In Teil III dieses Buches haben wir uns ausführlich der Entwicklung grafischer Oberflächen mit Swing gewidmet und dabei einen Vorgeschmack auf seine Leistungsfähigkeit bekommen. Denn tatsächlich lassen sich mit Swing beliebig umfangreiche Benutzungsoberflächen erstellen, die auf allen von der Java Standard Edition unterstützten Plattformen laufen. Darüber hinaus lassen sich Swing-Anwendungen durch *Pluggable Look and Feels*[10] umfangreich in ihrem Erscheinungsbild variieren, was häufig dazu genutzt wird, eine Anwendung entweder an das Aussehen des Betriebssystems oder an sonstige, unternehmenseigene Designvorgaben anzupassen. Ganz im Sinne von „write once, run anywhere"[11] löst Swing damit ein wesentliches Problem der Softwarebranche, weshalb es schnell zum weitverbreitetsten UI-Toolkit überhaupt avancierte.

Doch neben Swing wurden immer wieder alternative UI-Toolkits für Java entwickelt, die mehr oder weniger weite Verbreitung fanden. Von diesen ist **JavaFX** besonders hervorzuheben, da es lange als offizieller Swing-Nachfolger gehandelt und zeitweilig sogar als Bestandteil der Java Standard Edition ausgeliefert wurde. Inzwischen wird JavaFX wieder als eigenständiges Projekt gepflegt, vereinfacht aber, wie Sie bald sehen werden, die UI-Entwicklung entscheidend und geht dabei sogar über den Funktionsumfang von Swing hinaus. Als kleines Beispiel wollen wir daher ein „Hallo, Welt" für JavaFX schreiben. Also ein winzig kleines Prográmmchen, das nichts weiter macht, außer den Text „Hallo, JavaFX!" anzuzeigen, dessen Schriftgröße mit einem Schieberegler frei einstellbar ist. Wie wir sehen werden, reicht das bereits völlig aus, um die wichtigsten Eigenheiten von JavaFX kennenzulernen und dabei die Unterschiede zu Swing aufzuzeigen. Abbildung 20.2 zeigt die fertige Anwendung.

An dieser Stelle ergibt sich jedoch das Problem, dass JavaFX erst installiert werden muss. Der Leitfaden auf der OpenJFX-Webseite[12] [39] nennt hierfür gleich mehrere Möglichkeiten, je nachdem, welche Entwicklungswerkzeuge Sie bevorzugen.

[10] In anderen Toolkits wird dasselbe häufig *Theme* oder *Style* genannt.

[11] Auf deutsch: Einmal schreiben, überall ausführen

[12] OpenJFX ist die quelloffene Variante von JavaFX.

Abbildung 20.2: „Hallo, Welt" für JavaFX

Am einfachsten funktioniert es jedoch, wenn Sie in Eclipse folgende Schritte ausführen, um ein neues Projekt anzulegen. Diese Variante hat gleichzeitig den Vorteil, das Projekt später mit jeder anderen IDE weiterbearbeiten zu können:

1. Klicken Sie auf *File* → *New* → *Other...*
2. Wählen Sie *Maven* → *Maven Project* aus und klicken Sie auf *Next*.
3. Nehmen Sie im nächsten Fenster keine Änderungen vor, sondern klicken direkt auf *Next*. Insbesondere das Häkchen bei *Create a simple project (skip archetype selection)* darf nicht gesetzt sein.
4. Im nächsten Fenster können Sie nach verschiedenen Projektvorlagen suchen. Geben Sie bei Filter `javafx` ein und wählen Sie in der Ergebnisliste den Eintrag mit der *Group Id* `org.openjfx` und der *Artifact Id* `javafx-archetype-fxml`[13] aus. Anschließend klicken Sie auf *Next*.
5. Auf der letzten Seite müssen Sie einen Projektnamen eingeben, indem Sie die Felder *Group Id* und *Artifact Id* ausfüllen. Hier kommen dieselben Konventionen wie für Java-Pakete zum Einsatz. Als *Group Id* wird für gewöhnlich eine umgedrehte Webadresse wie `de.grundkurs_java` und für die *Artifact Id* ein Programmname wie `hallo_javafx` verwendet.

Mit *Finish* können Sie das Projekt nun anlegen, wobei der erste Versuch etwas länger dauert, da zunächst einige Code-Bibliotheken heruntergeladen werden müssen. Nach einer Weile sollten Sie in der Konsole in etwa folgende Zeilen sehen:

Konsole

```
groupId: grundkurs_java
artifactId: hallo_javafx
version: 0.0.1-SNAPSHOT
package: grundkurs_java.hallo_javafx
 Y: :
```

[13] Achten Sie darauf, wirklich `javafx-archetype-fxml` und nicht `javafx-archetype-simple` auszuwählen, da sich die dritte Version des Beispiels sonst nicht compilieren lässt.

Klicken Sie mit der Maus in die Konsole und drücken die Enter-Taste, um den Vorgang abzuschließen. Praktischerweise legt Eclipse gleich ein Paket mit den Beispielklassen `App`, `PrimaryController` und `SecondaryController` an. Zum Test können Sie das Projekt mit ▷ einmal starten. Anschließend löschen Sie die drei Klassen allerdings, da wir sie durch eigenen Quellcode ersetzen wollen. Unsere erste Version besteht hingegen aus nur einer Klasse, die `HalloJavaFX` heißen soll. Am Anfang wollen wir sie ähnlich wie in Swing durch Verwendung der klassenbasierten JavaFX-API ausprogrammieren. Wir werden sie im weiteren Verlauf jedoch immer weiter vereinfachen, weshalb wir der Klasse zunächst noch den Zusatz `_v1` für die erste Version anhängen. Das Grundgerüst der Klasse sieht dabei wie folgt aus:

```
import javafx.application.Application;

public class HalloJavaFX_v1 extends Application {
  public static void main(String[] args) {
    launch(args);
  }

  public void start(Stage primaryStage) {
    // Erzeugung der Benutzungsoberfläche hier ...
  }
}
```

Hier sehen wir auch schon einen wesentlichen Unterschied zu unseren bisherigen Anwendungen. In jeder JavaFX-Anwendung muss es eine Klasse geben, die von `Application` erbt und die folgenden Lebenszyklusmethoden implementiert:

- **`public void`** `init()`
  Initialisiert die Anwendung, noch bevor die grafische Benutzungsoberfläche aufgebaut wird. Diese Methode kann überschrieben werden, um darin vorbereitende Schritte beim Start der Anwendung auszuführen.
- **`public abstract void`** `start(Stage primaryStage)`
  Dies ist die eigentliche Hauptmethode einer JavaFX-Anwendung. Sie ist die einzige Methode, die immer überschrieben werden muss, da hier die Benutzungsoberfläche der Anwendung erzeugt wird. Sie bekommt als Parameter ein `Stage`-Objekt übergeben, welches das Hauptfenster darstellt.
- **`public void`** `stop()`
  Diese Methode wird automatisch aufgerufen, sobald die Anwendung beendet wird. Sie kann daher für allgemeine Aufräumarbeiten überschrieben werden.

Innerhalb der `main`-Methode muss dann zwingend `launch(args)` aufgerufen werden, wodurch die eben genannten Methoden zum richtigen Zeitpunkt und – ganz wichtig – innerhalb des richtigen Threads aufgerufen werden. Denn auch JavaFX besitzt ein eigenes Threading-Modell, das unter anderem auch einen **Application-Thread** genannten Thread vorsieht, innerhalb dessen die `start`-Methode ausgeführt wird. Seine Aufgabe ist in etwa vergleichbar mit dem **Event-Dispatching-Thread** von Swing, der dort ja auch der einzige Thread ist, durch welchen die Benutzungsoberfläche verändert werden darf. Doch zurück zum Quellcode! Das vollständige Programm sieht so aus:

```
import javafx.application.Application;
import javafx.beans.value.ObservableValue;
import javafx.geometry.Insets;
import javafx.scene.Scene;
import javafx.scene.control.Label;
import javafx.scene.control.Slider;
import javafx.scene.layout.VBox;
import javafx.scene.paint.Color;
import javafx.scene.text.Font;
import javafx.stage.Stage;

public class HalloJavaFX_v1 extends Application {
  private static final double MIN = 18;
  private static final double MAX = 44;
  private static final double INITIAL = 28;

  // Main-Methode, von Java aufgerufen
  public static void main(String[] args) {
    launch(args);
  }

  // Der eigentliche Start der Anwendung
  public void start(Stage primaryStage) {
    // Layout zusammenbauen
    VBox layout = new VBox(10);
    layout.setPadding(new Insets(10, 10, 10, 10));
    layout.setStyle("-fx-background-color: white;");

    Slider slider = new Slider(MIN, MAX, INITIAL);
    slider.setShowTickMarks(true);
    slider.setShowTickLabels(true);
    slider.setMajorTickUnit(2);
    slider.setBlockIncrement(1);
    layout.getChildren().add(slider);

    Label label = new Label("Hallo, JavaFX!");
    label.setFont(new Font(INITIAL));
    label.setTextFill(Color.DIMGREY);
    layout.getChildren().add(label);

    // Schriftgröße mit dem Slider regeln
    slider.valueProperty().addListener(
      (ObservableValue<? extends Number> ov,
       Number oldValue, Number newValue) -> {
        double size = newValue.doubleValue();
        label.setFont(new Font(size));
      }
    );

    // Auf den Schirm!
    Scene scene = new Scene(layout, 400, 150);

    primaryStage.setScene(scene);
```

```
54        primaryStage.setTitle("Hallo, JavaFX!");
55        primaryStage.show();
56    }
57 }
```

Wenn Sie dieses Programm eintippen und laufen lassen, erscheint das in Abbildung 20.2 dargestellte Fenster.

- **Zeilen 1 bis 10:** Hier werden in gewohnter Weise alle für das Programm notwendigen Klassen importiert. Da sich die Klassen von JavaFX auf viele Pakete verteilen und sich daher nur kaum Platz einsparen lässt, haben wir hier auf die sonst in diesem Buch übliche Vereinfachung mit Sternchenimports verzichtet.
- **Zeilen 13 bis 15:** Hier definieren wir drei Konstanten mit dem Min-, Max- und Startwert des Schiebereglers. Sie werden in der `start`-Methode an verschiedenen Stellen verwendet.
- **Zeilen 18 bis 20:** Dies ist die altbekannte `main`-Methode, in der wir, wie oben beschrieben, die JavaFX-Anwendung durch Aufruf von `launch` starten.
- **Zeilen 25 bis 27:** Hier erstellen wir unsere erste, eigene UI-Komponente. Es handelt sich um eine `VBox`, die ihre Kindelemente untereinander und, wenn nicht anders definiert, in voller Breite darstellt. In Zeile 26 definieren wir einen gleichmäßigen, kleinen Abstand zum Fensterrand, damit das Programm nicht so gequetscht aussieht, und in Zeile 27 weisen wir dem Element einen weißen Hintergrund zu.
- **Zeilen 29 bis 34:** Dies ist der Schieberegler, der hier im Konstruktoraufruf die Konstanten für Min-, Max- und Startwert übergeben bekommt. Die nachfolgenden Zeilen setzen verschiedene Eigenschaften hinsichtlich der angezeigten Skala direkt unterhalb des Reglers und fügen ihn dann schließlich der oben erzeugten `VBox` hinzu.
- **Zeilen 36 bis 39:** Hier wird das Label mit dem Text „Hallo, JavaFX!“ erzeugt und seine Schriftgröße sowie seine Schriftfarbe definiert. Schließlich wird auch dieses Element der `VBox` hinzugefügt.
- **Zeilen 42 bis 48:** Dieses Monster lässt sich leider im Buch nicht wirklich leserlich darstellen, da die Zeilen sonst viel zu lang wären. Hier wird dem Schieberegler ein Listener hinzugefügt, der auf eine neue Position des Reglers reagiert. Der Listener selbst wird in den Zeilen 43 bis 47 als Lambda-Ausdruck übergeben (vgl. Kapitel 19), wobei die Definition aufgrund des Listener-Interface leider etwas sperrig ist. In den Zeilen 45 und 46 wird der neue Wert des Reglers als Schriftgröße für das Label festgesetzt.
- **Zeilen 51 bis 55:** Damit dann alles sichtbar wird, wird zum Schluss ein `Scene`-Objekt erzeugt und diesem die `VBox` zugewiesen. Die Szene hat eine Größe von 400×150 Pixeln (Zeile 51). Die Szene wird anschließend dem `Stage`-Objekt mit dem Hauptfenster übergeben, bevor dann noch der Titel des Fensters definiert und das Fenster sichtbar gemacht wird.

Auch wenn wir hier nicht jede einzelne Methode im Detail durchgehen wollen, sehen wir doch schon einige interessante Unterschiede zu Swing. Gemeinsamkeiten gibt es natürlich auch sehr viele, doch die sind ja langweilig. Und das Schöne daran ist, dass wir den Quellcode gerade *wegen* dieser Unterschiede immer mehr vereinfachen können, so weit, bis kaum noch etwas davon übrig bleibt.
Doch eins nach dem anderen. Fangen wir erst einmal mit den `Stage`- und `Scene`-Objekten an. Was hat es damit auf sich? Warum verwenden wir in JavaFX Klassen, die wie in einem Theaterstück **Bühne** und **Szene** genannt werden? Der etwas trockene Grund dafür ist, dass JavaFX intern einen **Szenengraphen** zur Berechnung der Anzeige verwendet und es die Begriffe hierfür auch schon vorher gab. Das Prinzip ist in Abbildung 20.3 dargestellt.

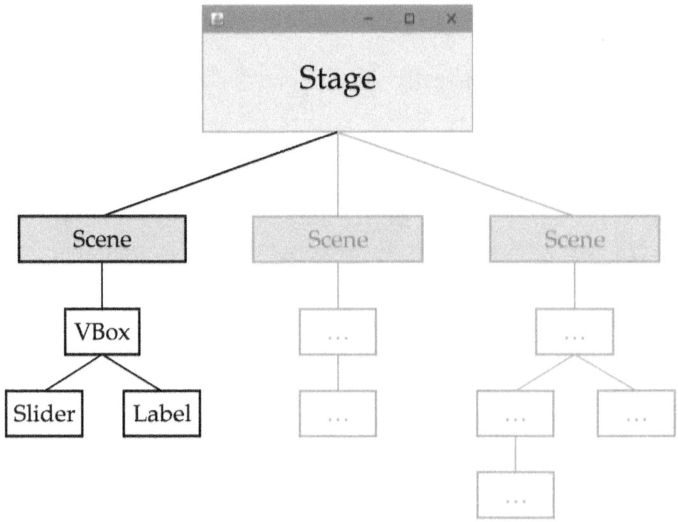

Abbildung 20.3: Die aktuelle Szene bestimmt, was auf der Bühne zu sehen ist.

Die Idee ist ganz einfach, dass es sich bei unserem Hauptfenster sozusagen um die Bühne handelt, auf der sich verschiedene Szenen nacheinander abspielen (zu einem gegebenen Zeitpunkt kann immer nur eine Szene aktiv sein) und jede Szene hierfür die darzustellenden UI-Elemente enthält.[14] Wir können daher einfach durch Umschalten der sichtbaren Szene zwischen den verschiedenen Ansichten unserer Anwendung wechseln. Zusätzlich können die Elemente durch den Szenengraph ganz einfach animiert oder mit Effekten versehen werden.
Der Code zur Erzeugung des Schiebereglers und des Labels sollte dann wieder einigermaßen selbsterklärend sein, selbst wenn wir die Klassen nicht genau kennen. Allerdings gibt es auch hier einen wichtigen Unterschied zu Swing: Es gibt

[14] Manche Toolkits nennen die darzustellenden UI-Elemente deswegen auch `Actor`, also auf Deutsch „Schauspieler". In JavaFX heißen sie hingegen schlicht `Node`, da es sich bei ihnen um Knoten im Szenengraphen handelt.

keinen Layout-Manager! In Swing ist es so, dass jedes Element zwar ein Elternelement besitzt, das Elternelement in der Regel selbst jedoch gar nicht weiß, wie es seine Kinder anordnen soll. Diese Aufgabe wird stattdessen an einen Layout-Manager delegiert, der dadurch zumindest in der Theorie ganz einfach ausgetauscht werden kann. In der Praxis funktioniert das jedoch nicht immer gut, weshalb dieses Konzept in JavaFX gestrichen wurde. JavaFX kennt stattdessen spezielle **Container-Elemente** wie `VBox`, `HBox` oder `GridPane`, die ihre Kindelemente auf jeweils eine spezielle Art und Weise anordnen.
Damit haben wir bereits die wesentlichen konzeptionellen Unterschiede zu Swing beleuchtet. Im nächsten Schritt wollen wir den Quellcode deshalb ein wenig vereinfachen und hierfür alle Anweisungen, die die Darstellung der Elemente beeinflussen, in ein **Stylesheet** verlagern. Das heißt, wir wollen eine eigene Datei anlegen, die nichts weiter macht, als den Elementen zu sagen, wie sie aussehen sollen, sodass wir diese Information nicht in Java ausprogrammieren müssen. Wir streichen daher die Zeilen 3, 8, 9, 26, 27, 37 und 38 und fügen stattdessen nach Zeile 51 folgende Anweisung ein, um die Datei `style.css` als Stylesheet zu laden:

```
scene.getStylesheets().add(getClass()
        .getResource("style.css").toExternalForm());
```

Die Klasse benennen wir hierfür in `HalloJavaFX_v2` um. Außerdem müssen wir noch den Listener etwas anders programmieren, da die neue Schriftgröße sonst nicht mehr wirksam wird. Das umgestellte Programm sieht dann so aus:

```
import javafx.application.Application;
import javafx.beans.value.ObservableValue;
import javafx.scene.Scene;
import javafx.scene.control.Label;
import javafx.scene.control.Slider;
import javafx.scene.layout.VBox;
import javafx.stage.Stage;

public class HalloJavaFX_v2 extends Application {
  // Main-Methode, von Java aufgerufen
  public static void main(String[] args) {
      launch(args);
  }

  // Der eigentliche Start der Anwendung
  public void start(Stage primaryStage) {
    // Layout zusammenbauen
    VBox layout = new VBox(10);

    Slider slider = new Slider(18, 44, 28);
    slider.setShowTickMarks(true);
    slider.setShowTickLabels(true);
    slider.setMajorTickUnit(2);
    slider.setBlockIncrement(1);
    layout.getChildren().add(slider);

    Label label = new Label("Hallo, JavaFX!");
    layout.getChildren().add(label);

```

```
        // Schriftgröße mit dem Slider regeln
        slider.valueProperty().addListener(
          (ObservableValue<? extends Number> ov,
           Number oldValue, Number newValue) -> {
            double size = newValue.doubleValue();
            label.setStyle("-fx-font-size: " + size + "px;");
          }
        );

        // Auf den Schirm!
        Scene scene = new Scene(layout, 400, 150);

        scene.getStylesheets().add(getClass()
                .getResource("style.css").toExternalForm());

        primaryStage.setScene(scene);
        primaryStage.setTitle("Hallo, JavaFX!");
        primaryStage.show();
    }
}
```

Das Stylesheet muss hierfür unter dem Namen `style.css` im selben Verzeichnis wie die Klasse angelegt werden. Es soll folgenden Inhalt besitzen:

```
.root {
  -fx-background-color: white;
  -fx-padding: 10;
}

.label {
  -fx-text-fill: dimgrey;
  -fx-font-size: 28px;
}
```

In dieser kleinen Anwendung macht sich das Einsparpotenzial natürlich nicht so sehr bemerkbar. Tatsächlich können wir durch das Stylesheet aber das komplette Aussehen der Anwendung verändern und dabei selbst kleinste Details beeinflussen. Und das alles, ohne eine weitere Zeile Java-Code hierfür schreiben zu müssen. Wir müssen das Programm nach einer Änderung nicht einmal neu compilieren, da jede Änderung am Stylesheet beim nächsten Programmstart automatisch sichtbar wird.

Das große Finale steht uns aber noch bevor. Wir wollen nämlich nicht nur die Gestaltung der Elemente aus dem Java-Code herausnehmen, wir wollen sogar die Elemente selbst nicht mit Java erzeugen. Denn das ist in JavaFX gar nicht nötig und führt auch nur zu schwer nachvollziehbarem Spaghetticode, den wir ganz gerne vermeiden wollen. Stattdessen wollen wir die Beschreibung der Elemente in eine eigene Datei verlagern, die rein auf XML basiert und daher so gut wie keine ausführbare Logik enthält. Sie soll `layout.fxml` heißen, folgenden Inhalt besitzen und ebenfalls im selben Verzeichnis wie die Klasse liegen:

```
<?xml version="1.0" encoding="UTF-8"?>

<?import javafx.geometry.*?>
<?import javafx.scene.control.*?>
```

```
5  <?import javafx.scene.layout.*?>
6  <?import javafx.scene.text.*?>
7
8  <VBox spacing="10" xmlns:fx="http://javafx.com/fxml">
9    <Slider fx:id="slider"
10           showTickMarks="true" showTickLabels="true"
11           majorTickUnit="2" blockIncrement="1"
12           min="18" max="44" value="28"/>
13
14   <Label text="Hallo, JavaFX!"
15          style="${'-fx-font-size: ' + slider.value + 'px;'}" />
16 </VBox>
```

Wie man sieht, entspricht jedes XML-Element ab Zeile 8 einer UI-Komponente mit all ihren Eigenschaften. Unsere Programmklasse schrumpft dadurch auf ein Minimum zusammen, da wir nun fast alle Anweisungen eliminieren können. Stattdessen bauen wir am Anfang der `start`-Methode einfach nur folgende Zeile ein, um das neue Layout zu laden:

```
Parent layout = FXMLLoader.load(getClass()
        .getResource("layout.fxml"));
```

Die dritte Version der Klasse sieht demnach wie unten abgebildet aus. Nicht einmal mehr der schrecklich komplizierte Lambda-Ausdruck für den Listener wird benötigt, da seine Aufgabe durch Zeile 15 im XML bereits abgedeckt wird.

```
import javafx.application.Application;
import javafx.fxml.FXMLLoader;
import javafx.scene.Parent;
import javafx.scene.Scene;
import javafx.stage.Stage;

public class HalloJavaFX_v3 extends Application {
  // Main-Methode, von Java aufgerufen
  public static void main(String[] args) {
    launch(args);
  }

  // Der eigentliche Start der Anwendung
  public void start(Stage primaryStage) throws Exception {
    // Layout zusammenbauen
    Parent layout = FXMLLoader.load(getClass()
            .getResource("layout.fxml"));

    // Auf den Schirm!
    Scene scene = new Scene(layout, 400, 150);

    scene.getStylesheets().add(getClass()
            .getResource("style.css").toExternalForm());

    primaryStage.setScene(scene);
    primaryStage.setTitle("Hallo, JavaFX!");
    primaryStage.show();
  }
}
```

Wow, das ist ja mal echt kompakt! Und eine saubere Trennung haben wir auch noch – jede Datei hat eine klare Aufgabe, die sie von den anderen unterscheidet:

- `HalloJavaFX_v3.java`: Enthält das Rahmenprogramm sowie ggf. innerhalb der Benutzungsoberfläche aufgerufene Methoden.
- `layout.fxml`: Enthält die Layoutbeschreibung der Benutzungsoberfläche.
- `style.css`: Definiert das Aussehen der UI-Elemente.

Diesen Programmierstil kann Swing nicht bieten. In Swing müssen wir stattdessen die gesamte Anwendung in langatmigem Java-Code ausprogrammieren und selbst einfache Designwünsche mit recht kompliziertem Quellcode zur Entwicklung unseres eigenen *Look and Feel* umsetzen. In JavaFX hingegen fügen wir lediglich dem Stylesheet ein paar Zeilen hinzu und sind fertig. Dadurch können wir uns auf die wirklich wichtigen Dinge konzentrieren oder einfach früher Feierabend machen.

Darüber hinaus bietet JavaFX noch einiges mehr, was wir uns hier aber nicht mehr anschauen werden. Unter anderem lässt sich viel Quellcode durch das sogenannte **Data Binding** einsparen, das dafür sorgt, dass JavaFX bei Veränderungen an einem UI-Element automatisch die dazugehörigen Variablen im Java-Code anpasst und umgekehrt. Darüber hinaus lassen sich einfache Event Handler auch mit JavaScript direkt innerhalb der FXML-Layoutbeschreibung implementieren, und in Java geschriebene Methoden lassen sich ohne viel Mühe mit bestimmten Ereignissen verknüpfen. Außerdem haben wir nicht gesehen, wie mit Hilfe der `Timeline`-Klasse eigene Animationen erstellt werden können, oder wie einzelne Elemente mit Effekten versehen werden können, was sich ohne Weiteres mit dem in JavaFX enthaltenen **JavaFX Scene Builder**, ohne zu programmieren, bewerkstelligen lässt. All dies würde aber diese kleine Einführung sprengen. Stattdessen möchten wir Sie auf die Seiten [32], und [47] verweisen, auf denen Sie einen guten Einstieg finden.

20.4 Beginn einer neuen Zeitrechnung

Je nachdem, wie alt Sie sind, kennen Sie oder Ihre (Groß)Eltern noch den Abspann der Zeichentrickserie „Der rosarote Panther" mit der bekannten Melodie „Wer hat an der Uhr gedreht? Ist es wirklich schon so spät?" und natürlich dem unvergesslichen Schlusssatz „Heute ist nicht alle Tage; ich komme wieder, keine Frage". Und so fragen sich nun seit vielen Jahren Fernsehzuschauer wie Java-Entwickler gleichermaßen, welchen Tag wir eigentlich haben und wo doch nur die Zeit geblieben ist. Denn auch, wenn die Zeit in unserer vereinfachten Darstellung stets konstant verläuft,[15] kann es doch in besonderen Fällen passieren, dass die nächste Stunde eben nicht einfach „die aktuelle Stunde plus eins" sondern „die aktuelle Stunde plus zwei" oder gar „die gleiche Stunde nochmal" ist. Klingt komisch, ist

[15] Albert Einstein würde jetzt widersprechen.

aber so. Und zwar immer dann, wenn zwischen Sommer- und Winterzeit umgeschaltet wird.[16] Und auch der Februar ist ja dafür bekannt, nicht immer dieselbe Anzahl Tage zu haben.
Das sind Besonderheiten, die ein Programm schon einmal aus dem Takt bringen können, wenn sie nicht berücksichtigt werden. So kann es am letzten Sonntag im März, wenn die Uhren vorgestellt werden, tatsächlich passieren, dass eine unsauber programmierte Anwendung 65 Minuten zwischen 1.55 Uhr und 3.00 Uhr misst, obwohl tatsächlich nur fünf Minuten vergangen sind. Und genauso kann es am letzten Sonntag im Oktober passieren, dass eine Stoppuhr zwar zehn Minuten läuft, dabei aber -50 Minuten als Ergebnis liefert. Abseits von der Datums- und Zeitarithmetik kann es darüber hinaus passieren, dass Einträge in einer Datenbank verloren gehen, wenn diese anhand von Datum und Uhrzeit gespeichert werden, die Stunde zwischen 2.00 und 3.00 Uhr aber zweimal auftritt.
Zur Lösung dieser Probleme haben wir in Kapitel 11.5 bereits die Klassen `Date` und `Calendar` kennengelernt, die gegenüber selbstgestrickten Basteleien mit *Tag, Datum, Jahr* sowie *Stunde, Minute, Sekunde* stets vorzuziehen sind. Doch leider besitzen diese Klassen ihre ganz eigenen Fallstricke, auch wenn sie einen Zeitpunkt als Anzahl Millisekunden seit dem 1.1.1970, 0.00 Uhr GMT exakt kennzeichnen und somit die meisten der genannten Probleme elegant umgehen. Denn an manchen Stellen sind sie ein wenig kontraintuitiv, da `Date` nur mit Millisekunden arbeitet und `Calendar` die Monate von 0 bis 11 anstatt von 1 bis 12 zählt. Auch sind `Calendar`-Objekte veränderlich und damit nicht thread-sicher.[17] Zeit, etwas dagegen zu tun, dachten sich die Macher von Java deshalb und führten nach etlichen Jahren[18] die neue **Date/Time-API** mit den folgenden Klassen des Pakets `java.time` ein:

`Instant` Speichert ähnlich wie die Klasse `Date` einen exakten Zeitpunkt als Anzahl der Sekunden und Nanosekunden seit dem 1.1.1970, 0.00 Uhr GMT.

`LocalDate` Speichert ein Datum ohne Berücksichtigung der Zeitzone. Die Klasse eignet sich daher am besten, um z. B. Geburtstage oder Feiertage zu speichern, die an jedem Ort der Welt immer am selben Tag stattfinden, auch wenn der Tag aufgrund der Zeitverschiebung natürlich nicht überall gleichzeitig beginnt.

[16] Genau genommen sollte die Sommerzeit innerhalb der Europäischen Union im Jahr 2021 abgeschafft werden. Aktuell sieht es aber wohl so aus, dass wir unser Buch zumindest vor 2026 nicht überarbeiten müssen. Doch selbst, wenn es dann doch passiert, gibt es ähnliche Regelungen ja auch in anderen Ländern.

[17] Veränderlich heißt hier, dass eine Berechnung mit einem `Calendar`-Objekt nicht etwa ein neues Objekt erzeugt, sondern den Inhalt des ursprünglichen Objekts überschreibt. Ein Beispiel für unveränderliche Objekte sind `String`-Objekte. Jede Methode, die einen `String` verändern könnte, lässt das ursprüngliche Objekt unangetastet und liefert stattdessen ein neues Objekt zurück.

[18] Java war zu diesem Zeitpunkt bereits 18 Jahre alt!

`LocalTime`	Speichert eine Uhrzeit, ebenfalls ohne Berücksichtigung der Zeitzone. Die Klasse eignet sich daher am besten, um zum Beispiel Öffnungszeiten oder die Sendezeit der Tagesschau zu speichern, da eine Uhr an der Wand immer dieselbe Uhrzeit anzeigen würde, auch wenn kurz davor die Uhren umgestellt wurden.
`LocalDateTime`	Speichert eine Kombination aus Datum und Uhrzeit ohne Berücksichtigung der Zeitzone. Besonderheiten wie die Umstellung von Sommer- und Winterzeit können daher nicht berücksichtigt werden.
`ZonedDateTime`	Speichert eine Kombination aus Datum und Uhrzeit *mit* Berücksichtigung der Zeitzone.
`Duration`	Speichert eine Zeitspanne in Nanosekunden. Es handelt sich sozusagen um einen Abstand zwischen zwei Zeitpunkten (dem Beginnzeitpunkt und dem Endzeitpunkt) auf dem Zeitstrahl.
`Period`	Speichert eine Zeitspanne in Tagen, Monaten und Jahren. Eine feinere Unterteilung wird nicht unterstützt. Auch kann nicht per se gesagt werden, wie lange die Zeitspanne wirklich andauert, da dies ja immer vom konkreten Ort, dem Startzeitpunkt und einer potenziellen Umstellung der Uhren (von Sommerzeit nach Winterzeit oder umgekehrt) abhängt.

Diese Klassen empfehlen sich für faktisch alle Datums- und Uhrzeitberechnungen im Alltag, da sie der heute üblichen Norm ISO-8601 entsprechen. Lediglich bei der Verwendung mit historischen Zeitangaben wird es schwierig, da die Regeln der Zeitrechnung ja immer mal wieder umgeschrieben wurden. Doch genug der schönen Worte, wir wollen Taten sehen! Als kleinen Einstieg wollen wir deshalb die Klasse `LocalDateTime` mit JShell ein wenig untersuchen. Wir importieren also das `java.time`-Paket und erzeugen ein neues Objekt für den 31.03.2024, 1.45 Uhr – fünfzehn Minuten, bevor damals die Uhren vorgestellt wurden, was mit der statischen Methode `of` gelingt. Sie verlangt in der hier gezeigten Form *Jahr*, *Monat*, *Tag*, *Stunde*, *Minute* und *Sekunde*, es gibt aber noch weitere Varianten mit weniger Parametern.

```
jshell> import java.time.*;

jshell> LocalDateTime.of(2024, 3, 31, 1, 45, 0);
$2 ==> 2024-03-31T01:45
```

Um zu prüfen, ob die Sommerzeit wirklich nicht berücksichtigt wird, wollen wir auf diesen Zeitpunkt 16 Minuten hinzu addieren. Durch die Sommerzeit müsste die Uhrzeit dann auf 3.01 Uhr springen, ohne Sommerzeit hingegen auf 2.01 Uhr. Die Methode `plusMinutes` ist deshalb genau das Richtige für uns.

```
jshell> $2.plusMinutes(16);
$3 ==> 2024-03-31T02:01
```

Tatsächlich, keine Sommerzeit! Wandeln wir das Datumsobjekt daher gleich in ein `ZonedDateTime` um und wiederholen unseren Versuch. Als Zeitzone verwenden wir dabei `Europe/Berlin`, was der üblichen Zeitzone in Deutschland entspricht.

```
jshell> $2.atZone(ZoneId.of("Europe/Berlin"));
$4 ==> 2024-03-31T01:45+01:00[Europe/Berlin]

jshell> $4.plusMinutes(16);
$5 ==> 2024-03-31T03:01+02:00[Europe/Berlin]
```

Hier sehen wir dann schön, dass sich alle Werte auf die Zeitzone `Europe/Berlin` beziehen und daher auch die Sommerzeit korrekt angewendet wird. Auch sehen wir, dass der Umgang mit der Date/Time-API nicht sonderlich schwer zu sein scheint. Wenn Sie daher viel mit Datums- und Zeitangaben zu tun haben, empfehlen wir Ihnen wirklich, sich noch mehr in das Paket einzulesen. Wir wünschen Ihnen eine schöne Zeit dabei!

20.5 Webprogrammierung und verteilte Systeme

Teil IV dieses Buches drehte sich voll und ganz um die Entwicklung nebenläufiger und verteilter Anwendungen. Zwar konnten wir uns erst ganz zum Schluss der eigentlichen Entwicklung verteilter Client/Server-Anwendungen zuwenden, in den Kapiteln davor haben wir aber wichtige Grundlagen dafür gelegt. Denn wie Sie in Kapitel 18 gesehen haben, erfolgt die Kommunikation mit der Gegenseite immer über Datenströme, weshalb man hier auch von **Streams und Sockets** spricht. Und Threads werden schließlich benötigt, damit zumindest der Server mit mehr als einem Client gleichzeitig reden kann.[19] Möglicherweise haben Sie sich dabei aber gedacht, dass das dann doch alles ziemlich aufwändig ist. Und vielleicht haben Sie sich unter einer Internetanwendung auch etwas ganz anderes vorgestellt und dabei mehr an eine Seite im Browser gedacht. An beidem ist durchaus etwas dran, obwohl einfache Client/Server-Anwendungen, wie wir sie bisher kennengelernt haben, natürlich nach wie vor relevant sind. Einerseits ist es ja nie verkehrt zu wissen, wie etwas funktioniert, alleine schon um auftretende Fehler schneller lösen zu können. Und andererseits gibt es auch sehr viele Anwendungen, für die Streams und Sockets tatsächlich die beste Lösung sind. Bei der Entwicklung kommerzieller Systeme, wie sie besonders häufig im Unterneh-

[19] Tatsächlich sind Threads weder die einzige noch die effizienteste Lösung, um einen solchen Multi-Server zu implementieren. In der Praxis hat sich stattdessen gezeigt, dass der Overhead zur Threadverwaltung ein limitierender Faktor ist, der die maximale Anzahl gleichzeitiger Client-Verbindungen begrenzt. Auch lassen sich nebenläufige Zugriffe auf geteilte Datenstrukturen nur sehr schwer fehlerfrei *und* performant durchführen. Moderne Serveranwendungen gehen deshalb schon länger dazu über, alle Client-Anfragen mit nur einem Thread zu bearbeiten und stattdessen eher eine zweite Instanz der Anwendung zu starten, wenn zusätzliche Leistung benötigt wird. Frameworks wie Python Twisted oder Node.js haben diesen Programmierstil populär gemacht. In Java kann dasselbe mit den Klassen des `java.nio`-Pakets erzielt werden.

menskontext anzutreffen sind, haben wir es allerdings oft mit sehr großen Programmen mit folgenden Eigenschaften zu tun:

- **Softwareintensiv:** Kommerzielle Informationssysteme bestehen nicht selten aus hunderttausenden oder gar Millionen Zeilen Quellcode.
- **Datenzentriert:** Hauptaufgabe vieler Anwendungen ist die Erfassung, Verwaltung und Anzeige von Daten, wozu die Daten häufig in einer Datenbank abgelegt werden. Traditionell kommen dabei relationale Datenbanken zum Einsatz, aber auch nicht-relationale Datenbanken werden immer beliebter.
- **Nebenläufig:** Verteilte Anwendungen werden in der Regel von vielen Anwendern gleichzeitig genutzt. In großen Installationen können das durchaus schon mal mehrere tausend Benutzer sein.
- **Interaktiv:** Bei verteilten Anwendungen wird grundsätzlich zwischen Machine-To-Machine und interaktiven Anwendungen unterschieden. Ist eine Interaktion mit dem Benutzer vorgesehen, kommen hierfür entweder dedizierte Clients, mobile Anwendungen oder browserbasierte Benutzungsoberflächen in Betracht.
- **Vernetzt:** Schnittstellen zu Fremdsystemen sind ein wesentlicher Bestandteil der heutigen, vernetzten Welt. Im Unternehmensumfeld liegen dabei häufig heterogene Technologien vor, die miteinander integriert werden müssen.

Die Personalverwaltung eines Unternehmens oder ein Reiseportal im Web könnten Beispiele hierfür sein. Derartige Anwendungen mit Streams und Sockets quasi „von Hand" auszuprogrammieren, ist natürlich möglich, aber eben auch extrem mühselig. Der Aufwand wäre kaum zu bezahlen, von der Fehleranfälligkeit ganz zu schweigen. Java-Entwickler greifen daher bevorzugt auf **Jakarta EE** zurück, das lange Zeit unter dem Namen **Java Enterprise Edition** bzw. **Java EE** bekannt war. Denn dabei handelt es sich um einen offenen, von vielen Herstellern unterstützten Middleware-Standard, der alle der oben genannten Eigenheiten berücksichtigt. Der Standard wird hierfür unter Federführung der Eclipse Foundation in einem offenen Prozess weiterentwickelt und daraufhin von unterschiedlichen Herstellern in Form sogenannter **Applikationsserver** implementiert. Indem eine Anwendung einen solchen Applikationsserver als Grundlage nutzt, ergibt sich der Vorteil, dass die wichtigsten, technischen Anforderungen bereits realisiert sind und nicht mehr selbst umgesetzt werden müssen. Beispielsweise müssen wir uns dadurch nicht mehr darum kümmern, Benutzer und Berechtigungen zu verwalten oder Schnittstellen zu einer Datenbank auszuprogrammieren. Wir müssen nur die vom Applikationsserver bereitgestellten Funktionen verwenden, wofür Jakarta EE einheitliche Programmierschnittstellen definiert. Dadurch können wir uns dann voll und ganz auf die eigentliche Aufgabe unserer Anwendung konzentrieren, ohne das Rad ständig neu erfinden zu müssen.

Abbildung 20.4 zeigt den schematischen Aufbau eines Applikationsservers. Die zwei wesentlichen Komponenten sind hierbei der sogenannte **EJB-Container** und der **Webcontainer**, welche den Quellcode unserer Anwendung beherbergen. EJB

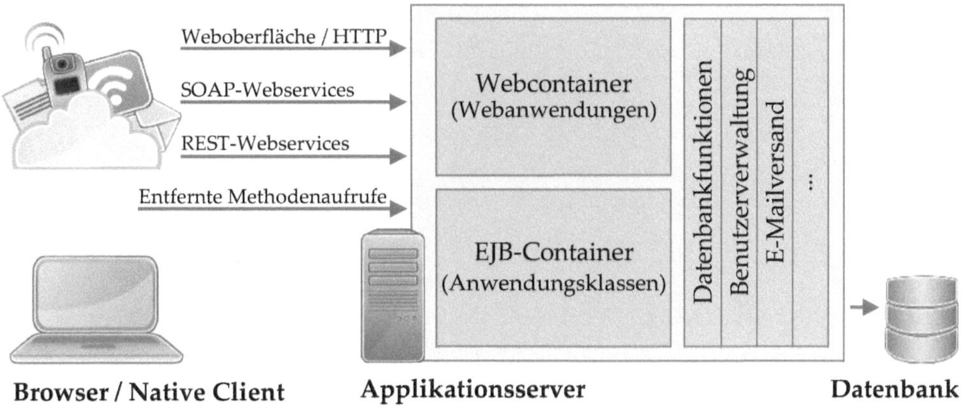

Abbildung 20.4: Schematischer Aufbau eines Java-Applikationsservers

steht dabei für **Enterprise Java Beans**, womit im Grunde genommen mehr oder weniger einfache Java-Klassen mit der fachlichen Anwendungslogik ohne UI-Bezug gemeint sind. Der Webcontainer hingegen ermöglicht es uns, auf Basis der Enterprise Java Beans HTML-basierte Weboberflächen zu entwickeln, die sich direkt im Browser aufrufen lassen. Der Begriff „Container" drückt daher aus, dass der Applikationsserver eine vollständige Laufzeitumgebung für unsere Klassen zur Verfügung stellt und dabei auch solche Details wie ihre Instanziierung oder die Kommunikation mit den Clients übernimmt. Hierfür müssen wir lediglich einzelne Klassen in der von Jakarta EE vorgeschriebenen Form zur Verfügung stellen, was den gesamten Quellcode sehr kompakt hält. Selbst unterschiedliche Kommunikationsprotokolle wie SOAP- und REST-Webservices werden weitgehend automatisch abgewickelt, ohne dass wir hierfür viel programmieren müssen. Das gesamte Programmiermodell ist deshalb sehr elegant.
Wenn Sie mehr über Jakarta EE erfahren wollen, werfen Sie doch mal einen Blick in die Bücher [6], [14] und [22], die einen guten Einstieg in die Materie bieten. Alternativ können Sie uns natürlich auch ganz viel Fanpost schreiben, damit wir irgendwann doch eine Fortsetzung zu diesem Buch herausbringen.

20.6 Zu guter Letzt

Damit endet unsere kleine Rundumschau und auch unser Ausflug in die Welt von Java. Bleibt uns nur noch, Ihnen viel Erfolg bei der Anwendung Ihrer erworbenen Kenntnisse zu wünschen. Ferner möchten wir uns bei Ihnen bedanken, denn Sie haben dieses Buch nicht nur gekauft oder ausgeliehen – Sie haben es auch gelesen! Und sollte es Ihnen gefallen haben, empfehlen Sie es weiter. Alles Gute und weiterhin viel Spaß beim Programmieren!

Anhang A

Der Weg zum guten Programmierer ...

... ist leider oft mit vielen Schlaglöchern und Hindernissen versehen. Im Gegensatz zu einer echten Straße werden Sie hierbei zwar weder ausgeraubt noch kommen Sie auch nur an einem einzigen Zollhäuschen vorbei. Dennoch werden Sie insbesondere als Anfänger eine Unmenge an Lehrgeld zahlen. Das mag Sie auf den ersten Blick ein wenig abschrecken – muss es aber nicht. Es gibt gewisse Fehler, die im Laufe des Lernprozesses einfach nicht zu vermeiden sind. Manche würden sogar so weit gehen zu behaupten, dass nur das Lernen aus den eigenen Fehlern dafür sorgt, dass man sie kein zweites Mal begeht. Tatsächlich wird ein Kleinkind die heiße Herdplatte wohl kaum *zweimal* anfassen, auch wenn dann natürlich die Frage im Raum steht, ob dies nicht schon beim ersten Mal hätte verhindert werden können. Aber dann hätte das Kind ja niemals gelernt, dass es sich an einer Herdplatte verbrennen kann. Die einzige Gefahr dabei ist eigentlich nur, dass es auch keine *kalten* Herdplatten mehr anfassen und deshalb im Erwachsenenleben niemals den Herd putzen wird.
Im Laufe der Kapitel haben wir immer wieder versucht, Sie vor den gröbsten Fehlern zu bewahren oder auf mögliche Fehlerquellen hinzuweisen. Jetzt, wo Sie aber immer mehr auf sich alleine gestellt sind, werden wir Sie natürlich nicht mehr auf dieselbe Art beschützen können. Je weiter Sie beim Lesen des Buches vorgedrungen sind, desto mehr haben Sie die „Stützräder vom Fahrrad abgeschraubt", wir Autoren sind aber „als schützende Eltern immer noch hinterher gelaufen". Doch jetzt bleiben wir stehen, und schauen Ihnen zu, wie Sie einsam in den Sonnenuntergang radeln. Sicher werden Sie noch ein wenig wackelig fahren und auch das eine oder andere Mal hinfallen. Das ist aber nicht weiter schlimm, solange Sie wieder aufstehen und aus Ihren Fehlern lernen. Denn wer nicht an sich arbeitet und stets versucht, neue Dinge zu lernen, der stagniert! Thomas J. Watson, früherer Chairman bei IBM, soll sogar einmal gesagt haben: „Wer in seiner Firma voran-

kommen will, muss die Zahl seiner Fehler verdoppeln" (siehe z. B. [19]). Wie Sie sehen, sind Sie also in bester Gesellschaft.
Dennoch möchten wir Ihnen auf den folgenden Seiten noch ein paar nützliche Tipps und Tricks mitgeben, die Sie in Ihrem künftigen Programmiererleben immer wieder brauchen werden. Wir haben sie die „goldenen Regeln" getauft, da sie trotz oder gerade wegen ihrer scheinbaren Einfachheit dazu beitragen, viele „unnötige" Fehler zu vermeiden. Viele dieser Regeln werden daher nicht neu für Sie sein, wenn Sie das Buch komplett durchgearbeitet haben. Doch auch wenn Sie die Regeln vielleicht schon kennen oder das Buch gerade von hinten nach vorne durchblättern, möchten wir Sie einladen, hier weiterzulesen. Betrachten Sie die folgenden Abschnitte einfach als kleines Nachschlagewerk, das Ihnen die Arbeit mit Java ein wenig erleichtern soll.

A.1 Die goldenen Regeln der Code-Formatierung

Erinnern Sie sich noch an Abschnitt 3.2.4 (Schöner Programmieren mit Java)? Anhand eines einfachen Programms haben wir gesehen, wie wichtig eine gewisse Strukturierung des Programmtextes ist:

```
public class Unsorted {public static void main(String[] args) {
System.out.print("Ist dieses");System.out.
print(" Programm eigentlich");System.out.println(" noch "
+"lesbar?");}}
```

Mit Hilfe einiger Regeln haben wir uns darauf festgelegt, wie ein derartiger Programmtext zu formatieren, also darzustellen ist. Auch wenn im wahren Leben wohl kaum ein Softwareentwickler einen solchen Code produzieren würde, haben verschiedene Menschen durchaus unterschiedliche Vorstellungen davon, wie ein „ordentlicher" Quelltext auszusehen hat. Sie werden zu diesem Thema in der Literatur und im Internet eine Vielzahl unterschiedlicher Konventionen finden, die alle gewisse Gemeinsamkeiten, Unterschiede, Vor- oder Nachteile haben. Letztendlich obliegt es dem persönlichen Geschmack (oder gewissen Vorgaben, etwa von Seiten des Arbeitgebers), für welche Konventionen man sich entscheidet. Wichtig ist lediglich, *dass* man sich für eine gewisse Formatierung entscheidet, die genügend Übersicht bietet.
Die in diesem Buch verwendeten Formatierungsregeln werden nun in einigen wenigen Punkten zusammengefasst. Sie orientieren sich an den „Code Conventions for the Java Programming Language" [43] und werden Ihnen helfen, Ihren Sourcecode übersichtlich und leicht wartbar zu gestalten:

Regel 1: *Rücken Sie zusammenhängende Teile um zwei oder vier Leerzeichen ein.*

Auf diese Weise werden Sie speziell bei Programmverzweigungen einfach erkennen, welche Teile zu welchem Zweig gehören. Vergleichen Sie beispielsweise das Codesegment

```
public static void unlesbar(int z) {
System.out.println("Hallo Welt.");
if (z < 3)
System.out.println("Schoenes Wetter heute");
else
System.out.println("Mistwetter!");
}
```

mit dem folgenden:

```
public static void lesbar(int z) {
  System.out.println("Hallo Welt.");
  if (z < 3) {
      System.out.println("Schoenes Wetter heute");
  } else {
      System.out.println("Mistwetter!");
  }
}
```

Regel 2: *Niemals mehr als einen Befehl in eine Zeile schreiben!*

Unter Einsatz dieser Regel können wir beim späteren Lesen des Codes auch keine Anweisung übersehen oder dem falschen Ablaufzweig zuordnen. Vergleichen Sie beispielsweise die beiden folgenden Codesegmente:

```
public static void unlesbar(int z) {
  System.out.println("Hallo Welt.");
  if (z < 3) System.out.println("Schoenes Wetter heute");
  else System.out.println("Mistwetter!"); System.out.println("Ciao");
}

public static void lesbar(int z) {
  System.out.println("Hallo Welt.");
  if (z < 3) {
      System.out.println("Schoenes Wetter heute");
  } else {
      System.out.println("Mistwetter!");
  }
  System.out.println("Ciao");
}
```

Während im ersten Teil nicht ersichtlich ist, ob das Wörtchen „Ciao“ in jedem Fall ausgegeben wird, ist dies im zweiten Fall sonnenklar.
Wie so oft kann es auch hier Ausnahmen von der Regel geben. Setzt sich beispielsweise eine Methode (z. B. eine get-Methode) aus nur einem Befehl zusammen, mag in manchen Fällen eine Notation der Form

```
public int getValue() { return value; }
```

genauso lesbar sein. Eine weitere Ausnahme ist die Verwendung der Befehle **`else`** und **`if`**:

```
if (i == 23) {
    System.out.println( "23 Flaschen Saft im Haus" );
} else if (i >= 24) {
    System.out.println( "ausreichend Saft im Haus" );
} else {
```

```
        System.out.println( "der Saft wird langsam knapp" );
    }
```

In diesem Fall dürfen (und sollen) **else** und **if** in eine Zeile geschrieben werden. Im Allgemeinen ist es dennoch ratsam, sich an oben genannte Regeln zu halten.

Regel 3: *Sich öffnende geschweifte Klammern stehen immer am Ende des vorangehenden Befehls, sich schließende Klammern in einer eigenen Zeile und dabei so eingerückt, dass sie mit dem Beginn der Zeile übereinstimmen, in der die zugehörige offene Klammer steht. Außer bei* **do-while***-Schleifen steht in dieser Zeile kein weiterer Befehl.*

Am besten versteht man diese Regel, indem man sich einige Beispiele zu Gemüte führt. Achten Sie darauf, wie einfach sich der Anfang und das Ende eines Blockes nachvollziehen lassen:

```
public void doSomething(int i) {     // Blockbeginn: Methode
  try {                              // Blockbeginn: try
      while(true) {                  // Blockbeginn: while
        i--;
        System.out.println(100 / i);
      }                              // Blockende:   while
  } catch(NumberFormatException e) {// Blockbeginn: catch
      e.printStackTrace();
  }                                  // Blockende:   catch
}                                    // Blockende:   Methode
```

Regel 4: *Die* **case***-Label in* **switch***-Blöcken werden um zwei Zeichen eingerückt. Die Befehle, die den entsprechenden Fall behandeln, werden nochmals um zwei Zeichen extra eingerückt.*

Auch hierzu ein kurzes Beispiel. Beachten Sie, wie einfach sich die verschiedenen auftretenden Fälle aus dem Quellcode ablesen lassen:

```
switch(i) {
  case 1:
    System.out.println("i ist 1");
    break;
  case 2:
    System.out.println("i ist 2");
    break;
  default:
    System.out.println("default-Fall");
}
```

Wenn Sie diese wenigen Regeln beherzigen, wird Ihr Quelltext bereits auf den ersten Blick eine angenehme, lesbare Struktur erhalten. Sie werden auch nach längerer Zeit noch in der Lage sein, den Ablauf Ihres Programms rasch nachzuvollziehen. Zusätzlich möchten wir Ihnen aber auch noch einige Tipps ans Herz legen, mit denen Sie die Lesbarkeit des Quelltextes lediglich mit Hilfe der Struktur weiter steigern können. Sie müssen sich nicht daran halten, um lesbaren Code zu schreiben. Die Erfahrung zeigt jedoch, dass die Beachtung dieser Hinweise gewisse – beliebte – Fehlerquellen zum Versiegen bringen kann.

Tipp 1: *Setzen Sie auch einzeilige Blöcke in geschweifte Klammern.*

Betrachten wir hierzu folgendes Beispiel:

```
// Sorge dafuer, dass i zwischen 10 und 100 liegt
if (i < 10)
  i = 10;
else if (i > 100)
  i = 100;
```

Angenommen, wir wollen zu Testzwecken eine Ausgabe einfügen:

```
// Sorge dafuer, dass i zwischen 10 und 100 liegt
if (i < 10)
  i = 10;
  System.out.println("Erhoehe i");
else if (i > 100)
  i = 100;
  System.out.println("Erniedrige i");
```

Unser auf den ersten Blick richtiges Programmstück wird beim Übersetzen zu einem Compilierungsfehler führen. Grund dafür ist, dass wir die richtige Klammerung vergessen haben, zwischen **`if`** und **`else if`** ohne geschweifte Klammern aber nur eine Anweisung steht darf.

```
// Sorge dafuer, dass i zwischen 10 und 100 liegt
if (i < 10) {
    i = 10;
    System.out.println("Erhoehe i");
} else if (i > 100) {
    i = 100;
    System.out.println("Erniedrige i");
}
```

Hätten wir in unserer **`if`**-Abfrage von Anfang an geklammert, wäre dieses Problem niemals aufgetreten.

Tipp 2: *Umgeben Sie Operatoren mit Leerzeichen.*

Auch dies ist auf den ersten Blick eine Frage der Ästhetik, kann aber in der Praxis die Lesbarkeit deutlich steigern. Vergleichen Sie zu diesem Zweck am besten die folgenden Zeilen, die sinngemäß das gleiche Ergebnis liefern:

```
int i=a+b*(c-23)/17;
int i = a  +  b * (c - 23) / 17;
```

A.2 Die goldenen Regeln der Namensgebung

So wie bei der Formatierung von Code ist es auch bei der Benennung von Variablen und Klassen üblich, sich an gewisse Spielregeln zu halten. Wo es bei der Formatierung jedoch verschiedene „Philosophien" gibt, sind sich die Entwickler bei der Benennung relativ einig. Die drei wichtigen Regeln sind schnell zusammengefasst.

Regel 5: *Klassennamen beginnen immer mit einem Großbuchstaben. Setzen sich Klassennamen aus mehr als einem Wort zusammen, wird jedes Wort mit einem Großbuchstaben begonnen.*

Gute Klassennamen wären somit beispielsweise `MyClass`, `Katze` oder `HelloWorld`. Schlechte Klassennamen wären `mastermind`, `Schoeneklasse` oder `halloWelt`.

Regel 6: *Variablen- und Methodennamen beginnen immer mit einem Kleinbuchstaben. Setzen sich Namen aus mehr als einem Wort zusammen, so startet lediglich das erste Wort mit einem Kleinbuchstaben und jedes weitere mit einem Großbuchstaben.*

Gute Namen für eine Variable wären somit `i`, `zahlDerLebendenNachbarn` oder `index`. Schlechte wären hingegen `IstPerson` oder `Index`.

Regel 7: *Konstanten werden mit Großbuchstaben bezeichnet. Setzt sich eine Konstante aus mehreren Worten zusammen, werden diese durch Unterstriche getrennt.*

Folgende Deklarationen von Konstanten wären gemäß den Regeln also gültig:

```
public final static int MINIMUM = 10;
public final static int MAX_VALUE = 100;
```

Neben diesen allgemein üblichen Konventionen möchten wir Ihnen einige weitere Tipps mit auf den Weg geben.

Tipp 3: *Verwenden Sie keine Umlaute oder sonstigen Sonderzeichen in Ihren Variablen- oder Klassennamen.*

Dank Unicode ist Java zwar fähig, selbst mit chinesischen oder kyrillischen Schriftzeichen zu arbeiten. In der Praxis wird der Austausch von Programmen dadurch aber oft erschwert, auch wenn die meisten Betriebssysteme inzwischen Unicode als Voreinstellung nutzen. Denn nicht immer werden die Sonderzeichen von den verschiedenen Editoren richtig erkannt oder gar vom Leser des Quellcodes als solche verstanden.[1] In der Praxis hat es sich daher bewährt, Quellcodes grundsätzlich auf Englisch zu verfassen und sich dabei auch auf den dazugehörigen Zeichenvorrat zu beschränken.[2] Anstelle von `zahlDerKäfer` sollten Sie daher `zahlDerKaefer` oder noch besser `amountBugs` schreiben.

Tipp 4: *Wenn Sie eine set-Methode definieren, lassen Sie den Methodennamen mit eben diesem Wort beginnen. Wenn Sie eine get-Methode definieren, lassen Sie den Namen mit `get` beginnen. Liefert die get-Methode einen* **`boolean`**-*Wert zurück, darf die Methode auch mit dem Wort `is` beginnen.*

[1] Denken Sie hier nur an ein Team mit Entwicklern aus unterschiedlichen Ländern.

[2] Wie Sie sicher gemerkt haben, haben wir, was die Sprache des Quellcodes angeht, unseren eigenen Ratschlag nicht befolgt. Wir wollten Ihnen dadurch das Verständnis der Beispiele einfacher machen und durch die Verwendung deutscher Bezeichnungen auch die von uns gewählten Variablen-, Methoden- oder Klassennamen von den Java-Schlüsselwörtern besser abheben. In der Praxis werden Sie deshalb aber trotzdem oft nicht drum herum kommen, englische Bezeichner zu verwenden.

Mit Hilfe dieser Namensgebung können Sie in einer Klasse relativ einfach feststellen, welche Methoden zum Setzen und Auslesen von Attributen verwendet werden. Beispiele hierfür wären somit `setIndex`, `getIndex` oder `isLebendig`.

Tipp 5: *Benennen Sie Variablen so, dass der Name selbst erklärend ist.*

Entscheiden Sie selbst, welches der folgenden Programmstücke einfacher zu lesen ist.

```
public static int f(int x, int y) {
  int max = Math.max(x,y);
  int min = Math.min(x,y);
  if (max - min > 5) {
      return max;
  } else {
      return min;
  }
}

public static int f2(int x, int y) {
  int m1 = Math.max(x,y);
  int m2 = Math.min(x,y);
  if (m1 - m2 > 5) {
      return m1;
  } else
      return m2;
  }
}
```

Wenn Sie sich an die Beispielprogramme im Laufe dieses Buches erinnern, werden Sie bemerkt haben, dass viele der Variablennamen selbst erklärend waren. Dies geschah eben aus diesem Grund – um sowohl den Lesern als auch den Autoren bereits beim ersten Überfliegen des Textes einen Eindruck davon zu vermitteln, welche Variable welchen Zweck erfüllt.

A.3 Zusammenfassung

Wir wollen an dieser Stelle mit Hilfe einfacher „Schablonen“ nochmals beispielhaft zeigen, wie sich unsere Regeln auf den Programmcode auswirken.

1. Klassendeklaration:

```
public class KlassenName {
  // ...
}
```

2. Variablen- und Konstantendeklaration:

```
int i = 0;
String name = "Werner";
Object objekt = new Object();
public final static double KONSTANTE = 23.7;
public final static int    MINIMUM   = 10;
```

3. **if**-Anweisung:

```
if (i < 10) {
    System.out.println("Erhoehe i");
    i = 10;
} else if (i > 100) {
    System.out.println("Erniedrige i");
    i = 100;
} else {
    System.out.println("Alles O.K.");
    System.out.println("Keine Aenderungen");
}
```

4. **switch**-Anweisung:

```
switch(i) {
  case 1:
    j = 17;
    break;
  case 2:
    j = 23;
    break;
  default:
    j = 0;
}
```

5. **for**-Anweisung:

```
for (i = 0; i < 50; i++) {
    System.out.println(i);
    System.out.println(2 * i);
}
```

6. **while**-Schleife:

```
while (i < 10) {
    System.out.println(i);
    i = i + 1;
}
```

7. **do-while**-Schleife:

```
do {
    i = i + 1;
    System.out.println(i);
} while (i < 10);
```

8. **try-catch**-Block:

```
try {
    i = i / j;
} catch (NumberFormatException e) {
    System.out.println("Achtung: j == 0");
} finally {
    System.out.println("Fertig");
}
```

Anhang B

Ohne Werkzeug geht es nicht

Als Entwickler/-in von Software hat man es heutzutage recht leicht, denn man kann aus einer umfangreichen Menge von Programmierwerkzeugen auswählen. Bei dieser großen Anzahl von Werkzeugen verliert man aber auch schnell den Überblick. Für beinahe jedes erdenkliche Problem gibt es ein passendes Werkzeug, das es löst. Oder zumindest eines, das es lösen soll. Denn oftmals stellt sich auch heraus, dass je komplexer und mächtiger ein Werkzeug ist, es doch immer mehr Teil des Problems selbst wird. Gute Werkzeuge zum Programmieren zu finden, ist daher alles andere als leicht, zumal es zu allem Unglück auch noch fast immer mehrere Alternativen gibt, von denen jede natürlich ganz klar die beste ist. Doch nicht nur unsere Leserinnen und Leser werden hier vor Probleme gestellt. Auch wir Autoren mussten uns beim Schreiben dieses Buches für oder gegen bestimmte Werkzeuge entscheiden. Mit unserer Zielgruppe der Programmieranfänger und -anfängerinnen im Blick, haben wir uns dabei für einen sehr sparsamen Werkzeugeinsatz entschieden: Das **Java Development Kit** und ein einfacher **Texteditor**, idealerweise mit Syntaxhervorhebung, sollten genügen. Da viele Studierende aber lieber in einer **integrierten Entwicklungsumgebung** programmieren, haben wir uns hier für Eclipse entschieden, dabei aber stets beide Varianten behandelt. Zusätzlich haben wir auf unsere Webseite [46] verwiesen, auf der sich darüber hinaus auch Anleitungen für Apache NetBeans und IntelliJ IDEA finden. Warum aber diese Zurückhaltung? Sind wir als Autoren doch in einer idealen Positionen, unseren Lesern und Leserinnen die aus unserer Sicht besten Werkzeuge zu empfehlen. Der Grund dafür ist ganz einfach: Das beste Werkzeug gibt es nicht! Zeigen die unzähligen Diskussionen im Internet wohl eher, wie trefflich sich darüber streiten lässt – je profaner das Werkzeug, desto emotionaler. Codeeditoren zum Beispiel: Selbst wir Autoren haben nicht *den einen* Editor, sondern jeder seine ganz persönlichen Favoriten, mit denen wir schon seit Jahren (oder gar Jahrzehnten) arbeiten und allerorts Staunen auslösen ob der Zaubertricks, die wir scheinbar ganz mühelos damit vollführen. Wie können wir da nur eine Empfehlung aussprechen?

„A fool with a tool is still a fool" stand in früheren Auflagen hier einstmals als große Überschrift. Gemeint war, dass man erst sein Handwerk lernen muss, bevor man ein Werkzeug gewinnbringend einsetzen kann. Dies trifft insbesondere auf integrierte Entwicklungsumgebungen zu, die ja von Haus aus darauf ausgelegt sind, umfangreiche Code-Änderungen so effizient wie möglich durchzuführen. Um hier wirklich einen Nutzen daraus zu ziehen, muss man natürlich zuvor einige Programmiererfahrung gesammelt haben und sich auch im Umgang mit größeren Quellcodes sicher fühlen. Im Buch haben wir deshalb bewusst darauf verzichtet, allzu viele Komfortfunktionen einzusetzen. Denn: Wie sollen Sie diese je zu schätzen lernen, wenn Sie weder wissen, warum es sie gibt, noch was sie überhaupt bewirken? Wenn Sie beispielsweise nie damit kämpfen mussten, die richtigen `import`-Anweisungen am Anfang einer Quelldatei zusammenzusuchen oder einen Quellcode wieder zum Compilieren zu bringen, nachdem Sie ein paar Methoden hin und her geschoben haben? „Über sieben Brücken musst du gehn [sic]", Sie erinnern sich?[1]

In diesem Kapitel sind wir allerdings doch an einer Stelle im Buch angelangt, an der wir uns aus der Deckung wagen und die ein oder andere Empfehlung geben können. Denn neben einem Editor gibt es noch viele weitere Werkzeuge, die uns das Programmiererleben tatsächlich vereinfachen können, wenn wir sie nur richtig nutzen. Die wichtigsten davon wollen wir deshalb hier vorstellen, dabei aber wie gewohnt mehr die Konzepte und weniger die konkreten Produkte vorstellen. Probieren Sie ruhig unterschiedliche Produkte aus. Am Ende werden dann auch Sie Ihre Favoriten finden.

B.1 Die API-Dokumentation zum Nachschlagen

Die ganze Zeit über haben wir uns in diesem Buch verschiedene Klassen und Interfaces angeschaut, die Java in seiner schier unerschöpflichen Klassenbibliothek zur Verfügung stellt. Das Buch ist dadurch richtig dick geworden, und dennoch haben wir nicht alles gesehen, was Java hier zu bieten hat. Teilweise haben wir uns nicht einmal alle Methoden einer Klasse vollständig angeschaut. Was nun also? Sollen wir etwa einen zweiten Band nachreichen, in dem auch der Rest behandelt wird? Ganz klar nein, weil Oracle bereits eine sehr gute Dokumentation kostenlos im Netz zur Verfügung stellt. Und anders als unser Buch ist diese auch garantiert vollständig und beschreibt ganz genau, was eine vorgegebene Klasse können muss und was nicht. Die offizielle **API-Dokumentation** von Java bietet all das, was unser Buch – das ja „nur" ein Lehrbuch und eben kein Referenzhandbuch ist – nicht zu leisten vermag.[2]

Leider ändert sich die URL, unter welcher die API-Dokumentation direkt aufgerufen werden kann, von Java-Version zu Java-Version. Oracle betreibt jedoch

[1] Falls nicht: *Über sieben Brücken musst du gehn* ist ein 1979 erschienener Song der ostdeutschen Rockgruppe Karat. Peter Maffay brachte den Song wenig später in Westdeutschland ganz groß raus.

[2] Für den Fall, dass Sie gerade im Buchladen stehen und das Buch querlesen: Kaufen Sie es trotzdem.

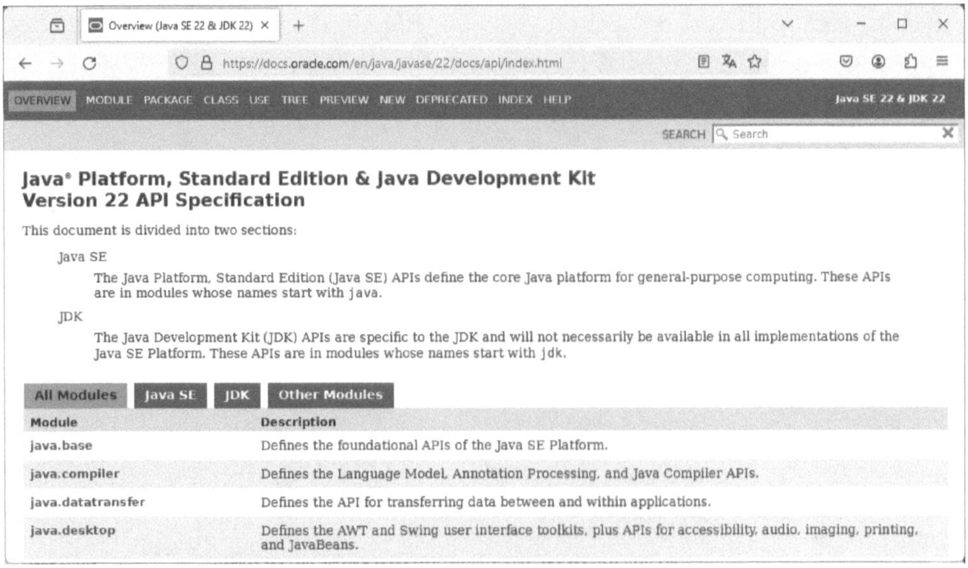

Abbildung B.1: Startseite der API-Dokumentation

unter [42] eine Einstiegsseite, die immer auf die aktuelle Adresse verweist. Beim Programmieren sollten Sie sie stets parat haben, da Sie sehr viel Zeit damit verbringen werden. Manche Klassen und Methoden kennt man mit der Zeit natürlich einfach auswendig. Doch gerade, wenn man nicht so genau weiß, was man in den Editor eintippen muss, um zum Ziel zu gelangen, ist die API-Dokumentation eine unschlagbare Hilfe. Viele Entwickler nutzen deshalb auch die gleichen Werkzeuge, die Oracle für die API-Dokumentation nutzt, um ihre eigenen Quellcodes zu dokumentieren. Das Programm dazu heißt `javadoc` und ist im JDK enthalten.

Abbildung B.1 zeigt die Startseite der API-Dokumentation. Sie beinhaltet eine Übersicht aller Module (vgl. Kapitel 20.2), aus denen sich die Klassenbibliothek zusammensetzt, hinter denen sich wiederum mehrere Pakete mit Klassen und Interfaces verbergen. An dieser Stelle können Sie sich daher von den Modulen zu den Paketen und von dort zu den Klassen und Interfaces durchklicken, wobei auf jeder Ebene eine mehr oder weniger ausführliche Beschreibung sowie eine Auflistung aller Inhalte erscheint.

Im Grunde genommen lässt sich die API-Dokumentation damit wie ein Buch von vorne bis hinten durchlesen. Der Legende nach hat das aber noch nie ein Mensch geschafft, weil bisher jedem, der das versucht hat, nach zwei Stunden die Augen zugefallen sind. Der eigentliche Sinn der Dokumentation liegt stattdessen darin, entweder etwas gezielt nachzuschlagen oder nach möglichen Lösungsansätzen für ein Problem zu suchen. Kennen Sie daher bereits den Namen einer Klasse, eines Interfaces, einer Methode, eines Attributs oder einer Konstante, die Sie nachschlagen wollen, können Sie ihn einfach oben rechts eingeben und

erhalten noch während des Schreibens eine Ergebnisliste aller dazu passenden Fundstellen. So können Sie zum Beispiel ganz einfach die Beschreibung der Klasse `StringBuffer` aufrufen, ohne genau wissen zu müssen, zu welchem Modul oder Paket sie eigentlich gehört. Auch sehen Sie dann auf einen Blick alle Stellen, an denen die Klasse verwendet wird, und können sich diese bei Bedarf ebenfalls anschauen.
Am besten probieren Sie es gleich einmal aus. Öffnen Sie die API-Dokumentation, suchen Sie nach der Klasse `StringBuffer` und blättern Sie ein wenig in ihrer Beschreibung. Achten Sie dabei ganz besonders darauf, aus welchen Teilen sich die Beschreibung zusammensetzt. Dabei sollten Ihnen folgende Dinge auffallen:

- Ganz oben stehen allgemeine Angaben wie der Name der Klasse, in welchem Modul und Paket sie enthalten ist sowie ihre Vererbungshierarchie und die von ihr implementierten Interfaces.
- Als Nächstes folgt eine ausführliche Beschreibung der Klasse in natürlicher Sprache. Manchmal steht hier „ein ganzer Roman", so wie bei der Klasse `Pattern` im Paket `java.util.regex`.
- Ganz am Ende der Beschreibung steht, ab welcher Java-Version die Klasse verfügbar ist, und es wird auf weitere Seiten in der Dokumentation verwiesen.
- Anschließend folgen mehrere Listen mit den Attributen, Konstruktoren und Methoden der Klasse.
- Sämtliche geerbten Bestandteile werden in kompakterer Form separat und ohne Beschreibung ausgewiesen.
- Am Ende folgt je Methode eine Detailbeschreibung mit Angaben über ihre Parameter, ihren Rückgabewert und die minimal notwendige Java-Version, mit weiteren Verweisen sowie mit einem Erklärungstext.

Damit sind Sie bereits in der Lage, sich innerhalb der API-Dokumentation zu bewegen.

B.2 Die IDE, dein Freund und Helfer

In der Einleitung dieses Kapitels haben wir bereits auf die Leidenschaft verwiesen, mit der Entwickler und Entwicklerinnen im Internet versuchen, andere Leute von den Vorzügen ihres Lieblingseditors zu überzeugen. Oder besser gesagt, wie sie versuchen, den anderen die Nachteile derer Lieblingseditoren nachzuweisen. Mit derselben Hingabe diskutieren sie auch mit Vorliebe darüber, ob es besser ist, eine **Integrierte Entwicklungsumgebung** (auf englisch **Integrated Development Environment**, kurz **IDE**) zum Schreiben einer Anwendung zu benutzen oder eine Kombination aus einfachem Editor und guten Kommandozeilenwerkzeugen. Die ganze Diskussion ist in etwa damit vergleichbar, ob ein Rundschreiben auch in einem eckigen Umschlag verschickt werden darf. Weil Tatsache ist, dass IDEs in der kommerziellen Softwareentwicklung längst nicht mehr wegzudenken sind.

Und selbst die Befürworter sparsamer Editoren rüsten gerne den ein oder anderen Komfort nach.
Im Vergleich zu einfachen Code-Editoren bieten IDEs den Vorteil, dass sie sehr viele Funktionen besitzen und sich dabei nicht nur auf das Bearbeiten von Quellcode beschränken. Vielmehr versuchen sie, möglichst viele Aufgaben abzudecken und hierfür alle benötigten Werkzeuge unter einer Benutzungsoberfläche zu vereinen. Das macht sich schon beim Anlegen eines neuen Programms bemerkbar. In einer IDE erstellen Sie nicht einfach ein neues Verzeichnis. Sie legen ein richtiges Projekt an und versehen es mit allerlei Konfigurationen über den zu verwendenden Java-Compiler, benötigte Zusatzbibliotheken, den Umfang der Code-Prüfungen und so weiter. Das Ganze ist sehr luxuriös, hat aber auch den Nachteil, dass ein Projekt nur sehr umständlich in einer anderen als der ursprünglichen IDE geöffnet werden kann. Geht es dann an das eigentliche Codieren, stehen dafür allerdings folgende Features bereit:

- Neue Dateien können anhand vieler verschiedener **Vorlagen** angelegt werden, um immer eine passende Grundstruktur parat zu haben.
- Es gibt eine **Syntaxhervorhebung**, die alle Stellen im Quellcode gemäß ihrer syntaktischen Bedeutung einfärbt. So werden je nach Einstellung zum Beispiel Kommentare immer grau und reservierte Schlüsselwörter dunkelblau dargestellt, um sie schneller erkennen zu können.
- Mögliche **Fehler und Warnungen** werden bereits bei der Eingabe angezeigt, noch bevor das Programm überhaupt compiliert wird. Zusätzlich werden gleich passende Lösungsvorschläge unterbreitet, die oft sogar automatisch umgesetzt werden können.
- Zu jeder Stelle des Quellcodes kann der passende Ausschnitt aus der **API-Dokumentation** eingeblendet werden, ohne hierfür das Fenster zu verlassen oder auch nur die Maus bewegen zu müssen.
- Die **Code-Vervollständigung** hilft dabei, die richtigen Namen von Klassen, Interfaces, Methoden oder Variablen einzugeben, indem die IDE bereits beim Tippen passende Textvorschläge einblendet.
- Umfangreiche **Code-Änderungen** wie das Auslagern von Methoden in eine neue Oberklasse, die Implementierung von Setter- und Getter-Methoden oder einfach nur die Umbenennung von Variablen können automatisiert werden.
- Die IDE steuert sowohl den Compiler als auch sämtliche Hilfsprogramme, die zur **Übersetzung des Quellcodes** benötigt werden. Sie müssen daher so gut wie nie einen Befehl auf der Kommandozeile eingeben.
- Der **Debugger** hilft Ihnen dabei, den Ablauf eines Programmes Schritt für Schritt nachzuvollziehen und den Inhalt von Variablen zu prüfen und zu überwachen.[3]

[3] Man sagt, ein Programm zu debuggen ist wie ein Verbrechen aufzuklären in einem Film, in dem man gleichzeitig der Detektiv und auch der Täter ist. Aus diesem Grund sollten Sie sich genug Zeit nehmen, den Umgang mit dem Debugger zu erlernen.

- Darüber hinaus werden noch viele weitere Werkzeuge wie **Aufgabenlisten**, **Ticketsysteme**, **Datenbankwerkzeuge** und so weiter angeboten. Hierfür lassen sich die meisten IDEs durch **Plugins** erweitern.
- Beliebt[4] sind deshalb auch die verschiedenen **KI-Assistenten**, die bei der Erstellung und Pflege des Quellcodes unterstützen oder Fragen hierzu beantworten können.

Obwohl die meisten IDEs inzwischen kostenlos und sogar Open Source sind, tummeln sich viele verschiedene Anbieter auf dem Markt. Mit Blick auf Java reduziert sich die Auswahl im Wesentlichen jedoch auf folgende drei Produkte (in alphabetischer Reihenfolge): Eclipse, IntelliJ IDEA und NetBeans. Sie alle haben ihre eigenen Stärken und Schwächen, bieten im Wesentlichen aber dieselben hervorragenden Möglichkeiten zur Java-Entwicklung. Auch wenn wir im Buch konsequent Eclipse verwendet haben: Für welche IDE Sie sich letztlich entscheiden, bleibt eine Geschmacksfrage.

B.3 Alle Versionen stets im Griff

In gewisser Weise unterscheidet sich die professionelle Softwareentwicklung deutlich von unseren bisherigen Beispielen: Kommerzielle Anwendungen sind sehr viel größer, werden häufig von einem ganzen Entwicklerteam geschrieben und müssen über einen langen Zeitraum hinweg gewartet werden. All das macht es allerdings schwierig, einfach nur mit einem Quellcodeverzeichnis auf dem eigenen Rechner zurechtzukommen, da selbiges nur umständlich mit anderen Entwicklern und Entwicklerinnen geteilt werden kann und es von sich aus auch keinen Überblick darüber bietet, was wann warum geändert wurde. Der Zustand, den das Programm bei einer bestimmten Programmversion hatte, lässt sich damit in der Regel auch nicht mehr nachvollziehen. Natürlich ist Ordnung das halbe Leben, und Sie können sich ein beliebiges Schema überlegen, wie Sie für jede Programmversion eine neue Kopie des Quellcodes anlegen und zusätzlich eine Liste mit allen Änderungen führen. Doch wie bei allen manuellen Aufgaben ist das fehleranfällig und lenkt auch nur von der eigentlichen Arbeit ab.
Schon früh wurden daher sogenannte **Versionsverwaltungen** wie **git**, **mercurial** oder **subversion** erfunden, die all diese Aufgaben automatisieren. Sie kümmern sich darum, eine komplette Änderungshistorie aufzuzeichnen, unterschiedliche Versionen zu verwalten sowie ganz allgemein den Quellcode unter den Projektmitgliedern zu verteilen und aktuell zu halten. Dabei wird zu jeder Änderung protokolliert, welche Dateien von wem wann geändert wurden und was genau die Änderungen waren. Zusätzlich wird eine ausführliche Beschreibung gespeichert, die beim „Einchecken" (englisch: **commit**) der Änderung einzugeben ist.

[4] Zumindest wenn man deren Anbietern glauben darf. Unserer Erfahrung nach können KI-Assistenten bei Routinearbeiten oder einfachen Experimenten hilfreich sein, aber keinesfalls das vertiefte Nachdenken über eine Aufgabenstellung ersetzen. Mitunter können die unaufgefordert erscheinenden Codevervollständigungen sogar ablenkend oder grob fehlerhaft sein.

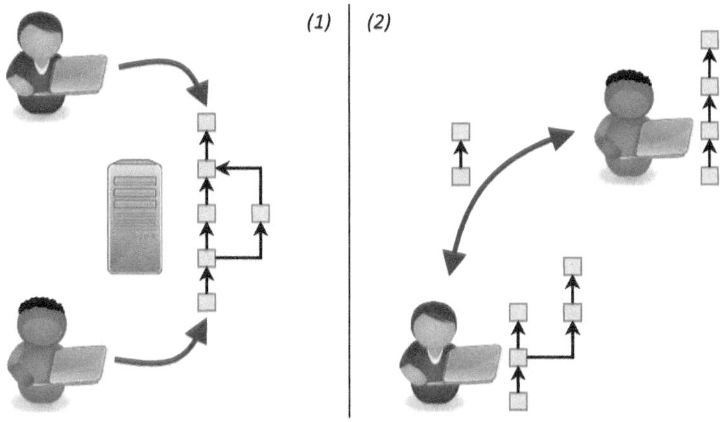

Abbildung B.2: Funktionsweise einer zentralen und dezentralen Versionsverwaltung

Die generelle Arbeitsweise ist in Abbildung B.2 dargestellt, wobei hier auch gleich der Unterschied zwischen einer zentralen Versionsverwaltung auf der linken Seite (Abbildung B.2 (1)) und einer dezentralen Versionsverwaltung (Abbildung B.2 (2)) auf der rechten Seite abgebildet ist.

Bei einer **zentralen Versionsverwaltung** wie zum Beispiel **subversion** gibt es ein **zentrales Repository** auf einem Server, das den Quellcode einer Anwendung sowie seine komplette Änderungshistorie beinhaltet. Der typische Arbeitsablauf beim Programmieren ist daher, sich zunächst alle neuen Änderungen vom Server abzuholen (**update**), seine eigenen Änderungen vorzunehmen und diese dann in das Repository zurückzuschreiben (**commit**). Die anderen Projektmitglieder gehen genauso vor, wodurch sichergestellt wird, dass die Quellcodes auf den einzelnen Entwicklungsrechnern nicht zu sehr auseinander laufen. Bei einer **dezentralen Versionsverwaltung** wie **git** oder **mercurial** hingegen gibt es eine solche „Single Source of Truth“[5] nicht, da es kein singuläres Repository gibt, gegen das alle arbeiten müssen. Stattdessen besitzt jeder Entwickler und jede Entwicklerin ein **lokales Repository** auf dem eigenen Computer, in das die eigenen Änderungen eingecheckt werden. Die Teilnehmer können sich dann untereinander Teile der Änderungshistorie zuschicken, um sich gegenseitig auf dem Laufenden zu halten. Da dies aber auch wieder mit manuellem Aufwand und potenziellen Fehlern behaftet ist, besitzen die meisten Projekte trotz dezentraler Versionsverwaltung zusätzlich noch ein quasi-zentrales Repository auf einem Server. Anstatt sich also gegenseitig die Änderungseinträge zuzuschicken, werden die Einträge dann nur an dieses gehostete Repository geschickt und aus diesem auch abgeholt.

Ein weiterer, interessanter Aspekt, der in Abbildung B.2 dargestellt ist, ist die Möglichkeit, sogenannte Zweige (englisch: **branches**) zu verwalten, bei denen es sich im Grunde genommen um weitere Kopien des Quellcodes mit teilweise ei-

[5] Auf deutsch: Einzige Quelle der Wahrheit

genständiger Änderungshistorie handelt. Dies macht es möglich, dass eine oder mehrere Personen zunächst einmal Änderungen vornehmen, ohne diese mit der Hauptlinie zu teilen. Erst wenn die Änderungen für okay befunden wurden, werden sie mit der restlichen Historie verschmolzen (englisch: **merge**) oder bei Misserfolg einfach verworfen.
Zuletzt können dann noch veröffentlichte Programmversionen verwaltet werden, indem ein kompletter Versionsstand eingefroren und mit einer Kennzeichnung bzw. einem Etikett (englisch: **tag**) mit der Versionsnummer versehen wird. Auf dieser Basis sind dann sogar erweiterte Workflows mit mehreren Repositories möglich, bei denen zwischen der Entwicklungslinie, den bereits im Test befindlichen Änderungen sowie Korrekturen für ältere Programmversionen unterschieden wird. Der Fantasie sind dabei fast keine Grenzen gesetzt.

B.4 Testen bitte nicht vergessen

Ein bekanntes Sprichwort sagt „Wo gehobelt wird, fallen Späne", und so ist klar, dass sich beim Programmieren hin und wieder Fehler einschleichen, die der Compiler nicht für uns findet. Kann der Compiler doch nur **syntaktische und semantische Fehler** und solch einfache Dinge wie nicht initialisierte Variablen erkennen. Ist das Programm aber diesbezüglich korrekt, heißt das noch lange nicht, dass es auch immer das tut, was es soll. Möglicherweise hat es noch **fachliche Fehler**. Gutes Testen ist daher unabdingbar, um die Qualität sicherzustellen, weshalb die **Qualitätssicherung** sogar ein eigener Berufszweig innerhalb der Softwareentwicklung ist. Natürlich testen Sie als Entwickler Ihre Arbeit, indem Sie das Programm, an dem Sie gerade arbeiten, regelmäßig laufen lassen und verschiedene Fälle durchspielen. Das Ganze tun Sie, um während des Codierens zu überprüfen, ob Sie noch auf dem richtigen Weg sind und ob eine eben vorgenommene Anpassung auch sicher funktioniert. Die traurige Nachricht ist allerdings, dass das bei Weitem noch nicht genug ist und sich trotz einer solchen sorgfältigen Arbeitsweise immer noch teils frappierende Fehler einschleichen können. Denn einerseits neigen viele Entwickler (oder Entwicklerinnen) dazu, gerade nur das Nötigste zu testen, um beim Programmieren weiterzukommen, und andererseits passiert es bei großen Projekten gerne, dass eine Änderung an einer Stelle eine Auswirkung an einer ganz anderen Stelle hat, von der man möglicherweise nicht einmal wusste, dass es sie überhaupt gibt. Ein **Regressionsfehler** ist geboren, weil etwas, das einmal funktionierte, es nun plötzlich nicht mehr tut.
Um dem zu begegnen, gibt es verschiedene **Testarten**, die zu unterschiedlichen Zeitpunkten von unterschiedlichen Personen durchgeführt werden und die – wie hätte es anders sein können – durch geeignete Werkzeuge unterstützt werden. Tabelle B.1 zeigt hierzu eine grobe Übersicht. Die Grenzen sind hierbei allerdings fließend und nicht so trennscharf, wie es auf den ersten Blick erscheinen mag. Auch gibt es verschiedene Möglichkeiten, die Testarten zu klassifizieren, die hier nicht vollständig berücksichtigt werden.

Tabelle B.1: Übersicht verschiedener Testarten

Entwickler/-innen	Tester/-innen	Administrator/-innen
Modultest	Systemtest	Abnahmetest
Schnittstellentest	Oberflächentest	Installationstest
Integrationstest	Akzeptanztest	Lasttest
...	Regressionstest	Sicherheitstest
	Stresstest	Monitoring
	...	...

Aus Sicht der Programmierung sind die folgenden Testarten mit am interessantesten. Als angehende Java-Entwicklerin oder Java-Entwickler sollten Sie sich deshalb mindestens mit **JUnit** beschäftigen, dem Quasi-Standard, wenn es um Unit-Tests geht.

- Von allen Testarten setzen **Modultests** am tiefsten an, indem sie einzelne Methoden oder Klassen direkt testen. Meistens geschieht das durch sogenannte **Unit-Tests**, bei denen es sich um spezielle Testklassen handelt, die einfach den zu testenden Quellcode aufrufen und das Ergebnis kontrollieren. Mehrere Testklassen bilden dann zusammen eine **Test Suite**, die von einem **Test Runner** genannten Programm automatisch abgearbeitet wird.
- Während sich Unit-Tests direkt auf die Klassen und Methoden beziehen, betrachten **Schnittstellentests** eher größere Funktionseinheiten und diese auch nur unter dem Blickwinkel des Datenaustauschs mit der Außenwelt. Schnittstellentests prüfen zum Beispiel, ob ein Server tatsächlich die gewünschte Reaktion zeigt, wenn man ihm bestimmte Daten sendet.
- Darauf bauen dann die **Integrationstests** auf, die wiederum die Wechselwirkungen zwischen *mehreren* Komponenten testen. Hierunter fallen zum Beispiel Tests, die sicherstellen sollen, dass eine Anwendung mit einem bestimmten Datenbankserver reibungslos läuft oder dass ein Programm die Ausgabe eines anderen Programms korrekt verarbeiten kann.

Den Mitarbeitern und Mitarbeiterinnen aus dem Bereich Qualitätssicherung sagt man hingegen nach, dass sie am liebsten die Spielzeuge der Entwickler und Entwicklerinnen kaputt machen und sie deshalb schon als Kind den höchsten Verschleiß an Spielsachen hatten.[6] Und tatsächlich nutzen gute Tester und Testerinnen sogenannte **Testroboter**, um ein Programm solange herauszufordern, bis es entweder abstürzt oder ein Fehlverhalten in endlicher Zeit einfach nicht herbei geführt werden kann. Aber dann gehen sie wenigstens noch nach Feierabend in eine Bar und bestellen ...

- 1 Bier,
- 9 Bier,

[6] Man sagt auch „developers build it and testers break it“.

- 9999 Bier,
- 999999999 Bier,
- 0 Bier,
- -20 Bier,
- abcdXYZ Bier.

Wie Sie sehen, versuchen sowohl Entwicklung als auch Qualitätssicherung so viele Tests wie möglich zu automatisieren, auch wenn es natürlich immer Dinge gibt, die eben mal schnell manuell getestet werden müssen. Im Großen und Ganzen sollen manuelle Testaufwände aber vermieden werden, da sie einfach zu viel Zeit in Anspruch nehmen. Gleichzeitig kann dadurch aber auch ein Verfahren namens **Continuous Integration** etabliert werden, bei dem nach jedem Commit in der Versionsverwaltung automatisch alle Tests durchlaufen werden. Dadurch erhält man dann schon während des Programmierens direktes Feedback, ob gerade ungewollt etwas zu Bruch gegangen ist, was dann auch sofort wieder repariert werden muss. Zumindest in der Theorie sollte es in der Software dadurch keine unentdeckten Fehler mehr geben. Da eine Software aber erfahrungsgemäß immer Fehler enthält, egal wie gut sie zuvor getestet wurde, kommen auch Administratoren und Endkunden, die die Software gerne nutzen möchten, nicht umhin, ihre eigenen Tests durchzuführen. Dabei konzentrieren sie sich in der Regel aber auf völlig andere Aspekte, die mehr für den Betrieb der Software notwendig sind, wie zum Beispiel das Laufzeitverhalten auf ihrer konkreten Hardware oder die permanente Überwachung von Logfiles, um mögliche Anomalien zu erkennen. Auch diese Tests werden automatisiert, wobei wir hier dann eher von **Monitoringlösungen** sprechen, weil damit ja der laufende Betrieb überwacht wird.

B.5 Der Automat kann es besser

Je mehr Werkzeuge und Hilfsprogramme Sie benutzen, desto aufwändiger wird es, sie alle zu koordinieren und jeweils zum richtigen Zeitpunkt mit den richtigen Optionen aufzurufen. Die einzige Ausnahme davon sind höchstens noch die in Kapitel B.1 vorgestellte API-Dokumentation sowie der Editor oder die IDE, mit der Sie programmieren. Aber alle anderen Werkzeuge setzen voraus, dass sie über manchmal mehr und manchmal weniger eingängige Befehle auf der Kommandozeile gestartet werden. Ein typischer Ablauf, um unter macOS oder Linux ein Programm zu compilieren, alle Unit-Tests auszuführen und dann einen neuen Eintrag in der Versionsverwaltung vorzunehmen, könnte deshalb so aussehen:

Konsole

```
javac *.java
javac test/*.java
java -cp .:junit.jar org.junit.runner.JUnitCore test.AlleTests
git add .
git commit -m "Fachkonzept, Punkt 1.3: Startparameter"
```

Kommandozeilen-Gurus fühlen sich da natürlich gleich pudelwohl, die meisten IDE-Benutzer werden angesichts dieses Bandwurms aber sicher nur verwundert den Kopf schütteln. Automatisieren die meisten IDEs diese Schritte doch ganz von alleine und bieten darüber hinaus noch komfortable Benutzungsoberflächen, um die einzelnen Werkzeuge auch manuell aufrufen zu können. Doch wer hat gesagt, dass wir uns den gleichen Luxus nicht auch auf der Konsole gönnen sollen? Anstatt unsere kostbare Zeit, in der wir lieber im Internet über IDEs und Texteditoren diskutieren, mit der sinnlosen, wiederholten Eingabe derselben fünf Befehle zu vergeuden, wollen wir das Ganze doch lieber automatisieren und durch ein kurzes

Konsole

```
ant commit
```

ersetzen. Nun, das geht tatsächlich. Alles, was wir dafür brauchen, ist ein **Werkzeug zur Automatisierung des Übersetzungsvorgangs.**[7]

Der geistige Urvater all dieser Werkzeuge ist das Programm **make**, das seit 1977 jeder Unix-Installation und damit auch Linux und macOS beiliegt. Von diesem Programm stammt die Idee, in einer extra hierfür vorgesehenen Steuerdatei sogenannte **Ziele** (englisch: **targets**) zu definieren, die dem Programm – wie oben dargestellt – als Kommandozeilenparameter übergeben werden und die dafür sorgen, dass alle ihnen zugeordneten Befehle ausgeführt werden. Außerdem stammt von **make** die Idee, dass die Ziele untereinander in Abhängigkeit stehen können, sodass zum Beispiel das Ziel `commit` zum Einchecken in die Versionsverwaltung erst das Ziel `test` zum Ausführen der Unit-Tests und dieses erst das Ziel `compile` zum Compilieren aller Klassen ausführt.

ant, **maven** und **gradle** sind ähnliche Build Tools, im Gegensatz zu **make** sind sie jedoch speziell auf Java zugeschnitten und entwickeln das zugrunde liegende Konzept auf unterschiedliche Art und Weise weiter. Bei **ant** sind die auszuführenden Befehle zum Beispiel komplett in Java implementiert, während es sich bei **make** schlicht um Konsolenbefehle des jeweiligen Betriebssystems handelt. **maven** reimt sich die Befehle stattdessen anhand einer **Metadatendatei** namens `pom.xml` komplett selbst zusammen, und **gradle** macht im Prinzip das Gleiche, nur mit einer besseren Syntax. Der Lernaufwand für diese Programme ist ziemlich hoch, ihr Nutzen ist dafür aber umso größer.

[7] Für den englischen Begriff „Build Tool“ gibt es leider keine passende, deutsche Übersetzung.

Anhang C

Die Klasse `IOTools` – Tastatureingaben in Java

C.1 Kurzbeschreibung

Java ist eine komplexe Sprache, und ihre Klassenbibliothek hat einen enormen Umfang. Viele Funktionalitäten wurden von den Entwicklern abstrahiert und in allgemeiner Form implementiert, sodass insbesondere Anfänger auf große Schwierigkeiten stoßen. Leider ist die Eingabe eine davon.

Ein Programm erhält die Eingaben der Benutzerinnen und Benutzer über sogenannte **Eingabeströme** (englisch: **input streams**). Man kann sich diese Ströme am besten wie einen altmodischen Nachrichtenticker vorstellen. Auf einem schmalen Streifen kommen Nachrichten an, Zeichen für Zeichen aneinander gereiht. Welche Daten und Informationen auf diesen Streifen stehen, ist dem Gerät dabei egal – es handelt sich nur um eine Ansammlung von Zeichen. Es obliegt der Leserin bzw. dem Leser, die Streifen an der richtigen Stelle abzureißen und die Daten auf dem Streifen zu interpretieren.

So oder so ähnlich können wir uns auch die Ströme in Java veranschaulichen. Ein Strom besteht aus nichts weiter als einer Ansammlung von Bits, die vom Programm in irgendeiner Form interpretiert werden müssen. Hierbei kann die Quelle dieser Zeichen verschieden sein: eine Datei auf der Festplatte, ein Dokument aus dem Internet oder eben die Eingabe von der Tastatur. Die zur Verfügung stehenden Methodenaufrufe sind in allen Fällen gleich.

Haben wir es jedoch geschafft, dem Computer mit unserem Programm klarzumachen, dass wir als Eingabestrom die Tastatur verwenden wollen, sind wir noch lange nicht am Ziel. Die vordefinierten Methoden empfangen nämlich in der Regel eine Zeichenkette – einen `String`. Wir wollen im Allgemeinen jedoch keine Strings, sondern beispielsweise **`int`**-Werte, **`double`**-Zahlen oder eventuell einzelne Zeichen. Zwar gibt es in der Klassenbibliothek wiederum Möglichkeiten, diese aus unserem String zu extrahieren; hierfür benötigen wir jedoch meistens Wissen, das über den Wissensstand einer Programmieranfängerin oder eines Programmieranfängers hinausgeht. Um hier Abhilfe zu schaffen, wurden die IOTools geschrieben.

C.2 Anwendung der IOTools-Methoden

Um die IOTools in Ihren Programmen verwenden zu können, müssen Sie sich natürlich zunächst einmal das entsprechende Paket (die Prog1Tools) besorgen und es auf Ihrem Rechner installieren. Auf der Website [46] zu diesem Buch steht alles, was Sie dazu benötigen, zum Download bereit. Halten Sie sich dabei genau an die Installationsanweisung.
Um die Klasse IOTools in Ihre Programme einzubinden, müssen Sie an den Anfang jeder Klasse, in der die IOTools-Methoden eingesetzt werden sollen, die Zeile

```
import Prog1Tools.IOTools;
```

setzen. Diese Zeile veranlasst den Compiler, die Klasse IOTools aus dem Paket Prog1Tools einzubinden.
Folgende Methoden sind unter anderem definiert:

- Die Methode readInteger (wie auch ihre Kurzform readInt) liest eine Zahl vom Typ **int** von der Tastatur ein und gibt diese als Ergebnis zurück. Um beispielsweise zwei ganze Zahlen von der Tastatur einzulesen und in den Variablen a und b zu sichern, genügt folgendes Programmstück:

```
int a = IOTools.readInteger();
int b = IOTools.readInteger();
```

- Die Methode readDouble liest eine Zahl vom Typ **double** ein. Obiges Beispiel würde also für **double**-Zahlen wie folgt aussehen:

```
double a = IOTools.readDouble();
double b = IOTools.readDouble();
```

- Die Methode readLong liest eine Zahl vom Typ **long** ein. Die Methoden readShort und readFloat tun dies für die Datentypen **short** und **float**.
- Die Methode readLine liest eine ganze Textzeile (abgeschlossen durch den Druck auf die Eingabetaste).
- Die Methode readString liest ein einzelnes „Textwort" von der Tastatur. Ein Textwort besteht aus einem String, der weder durch Leer- noch Tabulator- noch Zeilenendezeichen auseinandergerissen ist. Geben wir beispielsweise die Zeile

Konsole

```
Dies ist eine schoene Zeile.
```

ein und lesen diese im Programm mit `readString` ein, erhalten wir lediglich `Dies` als Ergebnis. Um das nächste Wort zu lesen, muss die Methode erneut aufgerufen werden.

- Die Methode `readChar` liest ein einzelnes Zeichen, das nicht gleich dem Leerzeichen, Zeilenendezeichen oder dem Tabulatorzeichen ist. Die Methode basiert hierbei auf der `readString`-Methode, das heißt, es werden Textworte eingelesen und in ihre einzelnen Komponenten aufgespalten. Das Programmstück

  ```
  IOTools.readChar();
  char a = IOTools.readChar();
  int b = IOTools.readInteger();
  double c = IOTools.readDouble();
  ```

  liefert bei der einzeiligen Eingabe

  Konsole
  ```
  abc123  456  5.73
  ```

  also `a='b'`, `b=456` und `c=5.73`, da die Ziffern `123` noch zum ersten Textwort gehören.

- Die Methode `readBoolean` liest einen **boolean**-Wert ein. Hierbei ist auf Groß- und Kleinschreibung zu achten; die Eingabe `True` codiert beispielsweise *keinen* Wert vom Typ **boolean**. Es muss vielmehr **true** heißen.

Wie wir in obigen Beispielen gesehen haben, kann auch mehr als eine einzulesende Information pro Zeile eingegeben werden (man muss sie lediglich durch Leerzeichen trennen). Hierbei muss man natürlich auf die Reihenfolge der Eingaben achten. Der Befehl `readInteger` wird bei der Eingabe

Konsole
```
Ich gebe jetzt einmal 13 ein.
```

als Ergebnis den Wert `13` zurückgeben, da dies die erste gültige Ganzzahl ist. Die davor stehenden Textworte werden verworfen und überlesen.

In Abschnitt 3.4.4 erwähnten wir bereits, dass es bei Konsoleneingaben wichtig ist, vor jeder Eingabe zumindest eine kurze Information darüber auszugeben, dass nun eine Eingabe erfolgen soll. Man sollte also stets mit einem solchen **Prompt** (deutsch: Aufforderung) arbeiten, um dem Anwender bzw. der Anwenderin des Programms zu verstehen zu geben, dass das Programm nun auf eine Eingabe wartet.

Die `IOTools` unterstützen diesen Mechanismus, indem die Klasse alle bereits genannten Methoden auch in einer Variante mit zusätzlichem Parameter vom Typ `String` zur Verfügung stellt. Über diesen kann der `readXyz`-Methode eine Zeichenkette übergeben werden, die unmittelbar vor der Eingabe auf die Konsole ausgegeben wird. Man spart sich auf diese Weise entsprechende Ausgabeanweisungen, etwa mit `System.out.print`.

Wenn wir also beispielsweise mit den Anweisungen

```
int a = IOTools.readInteger("Geben Sie den Wert a ein: ");
double b = IOTools.readDouble("b = ");
```

arbeiten, könnte ein Programmablauf etwa so aussehen:

Konsole

```
Geben Sie den Wert a ein: 1234
b = 12.45e7
```

Weitere Beispielanwendungen der `IOTools` finden sich im Programm `IOToolsTest` aus Abschnitt 3.4.4.

Glossar

Hier finden Sie kurze Erklärungen zu einigen Fachbegriffen, auf die Sie im Buch oder in Gesprächen mit anderen Programmierenden stoßen werden. Sollte Ihrer Meinung nach etwas fehlen, nehmen Sie bitte (wie auf Seite 21 beschrieben) Kontakt mit den Autoren auf.

Absturz Ein Programm kann syntaktisch korrekt sein, aber einen inhaltlichen Fehler (z. B. eine Division durch 0) beinhalten, der beim Übersetzungsvorgang vom Compiler nicht erkannt wird und erst bei Ausführung des Programms auftritt. Wird das Programm dann mit einer Fehlermeldung abgebrochen, spricht man salopp oft von „Absturz".

Algorithmus Verfahrensvorschrift zur Lösung eines Problems. Benannt nach dem arabischen Mathematiker Muhammad Ibn Musa Al Chwarismi aus dem 9. Jahrhundert, der als einer der Ersten systematische Vorschriften für die Lösung von quadratischen Gleichungen aufstellte. Die Theorie der Algorithmen gehört zu den wichtigsten Grundlagen der Informatik.

API API steht für den englischen Begriff „Application Programming Interface" (deutsch: „Programmierschnittstelle"). Es handelt sich hierbei um die Spezifikation, die beschreibt, wie das Verhalten und der Zustand von Klassen und Objekten genutzt werden kann.

Applikation Eine Applikation ist eine eigenständige, ausführbare Einheit, die direkt vom Java-Interpreter ausgeführt werden kann. Applikationen können sowohl grafische als auch textbasierte Benutzungsoberflächen besitzen.

Arbeitsspeicher Programme und Daten, die zur momentanen Programmausführung benötigt werden, können im Arbeitsspeicher des Rechners kurzfristig gespeichert werden. Dieser wird häufig auch als RAM (Random Access Memory, deutsch: Direktzugriffsspeicher) bezeichnet. Im Vergleich zum externen Speicher ist der (lesende und schreibende) Zugriff hier wesentlich schneller.

Betriebssystem Die verschiedenen Einzelteile eines Computers (Prozessor, Speicher, Grafikchip, Drucker etc.) müssen verwaltet und den Anwendungsprogrammen – etwa Textverarbeitung, Tabellenkalkulation oder Spiele – zur Verfügung gestellt werden. Diese Aufgabe übernimmt das Betriebssystem, das sich auch um das Laden und Starten von Programmen, das Koordinieren nebenläufiger Arbeiten oder die Bereitstellung von grafischen Oberflächenelementen kümmert.

Gängige Betriebssysteme sind etwa Windows, macOS, Linux oder Unix. Sie werden auf Computern aller Art genutzt. Bei Android und iOS für Smartphone und Tablet handelt es sich um spezialisierte Versionen von Linux und macOS. Aber auch viele andere Geräte wie zum Beispiel Fernseher oder Navigationsgeräte haben ein Betriebssystem eingebaut.

Binäre Zahlen Die binäre Schreibweise stellt eine Darstellungsform für Zahlen dar. Computer können normalerweise nur elektrische Signale für Strom an oder aus bzw. 0 oder 1 verarbeiten. Aus diesem Grund werden Zahlen üblicherweise zur Basis 2 codiert, das heißt, 118 wäre somit

$$\begin{aligned} & 1\cdot 64 + 1\cdot 32 + 1\cdot 16 + 0\cdot 8 + 1\cdot 4 + 1\cdot 2 + 0\cdot 1 \\ = \; & 1\cdot 2^6 + 1\cdot 2^5 + 1\cdot 2^4 + 0\cdot 2^3 + 1\cdot 2^2 + 1\cdot 2^1 + 0\cdot 2^0 \end{aligned}$$

oder in Kurzschreibweise 1110110_2.

Bytecode Der Bytecode (auch Java-Bytecode genannt) wird vom Java-Compiler beim Übersetzen eines Quellprogramms erzeugt. Allerdings ist dieser Code noch nicht unmittelbar auf einem Rechner ausführbar, sondern portabel (auf unterschiedliche Plattformen übertragbar) und nur für eine Art virtuellen Prozessor (man spricht hier auch von einer virtuellen Maschine, abgekürzt VM) generiert. Zur Ausführung auf einem bestimmten Prozessor muss er vom Java-Interpreter schrittweise analysiert und abgearbeitet werden.

Browser Anwendung zum Navigieren im World Wide Web und Anzeigen von Webseiten. Der Browser lädt die angeforderte Seite von einem Webserver, interpretiert deren Inhalt und stellt ihn grafisch dar. Beispiele für Browser sind *Mozilla Firefox*, *Google Chrome*, *Microsoft Edge* oder *Opera*.

siehe auch Server

Bug Umgangssprachliche Bezeichnung für Programmfehler.

Bugfix Maßnahme zur Korrektur eines Programmfehlers.

Client
Ein Programm, das über das Netzwerk den Dienst eines Servers nutzt, wird Client (deutsch: Klient, Kunde) genannt. Der entsprechende Rechner, auf dem der Client läuft, heißt dann Client-Rechner oder Client-Host.

siehe auch Host, Server

Compiler
Programm, das von einer Sprache in eine andere übersetzt. Üblicherweise versteht man unter der einen Sprache eine höhere Programmiersprache (wie etwa Java, C++ oder Python) und unter der anderen eine Sprache, die der Computer direkt versteht (die sogenannte Maschinensprache). Dies muss aber nicht immer so sein. Es kann auch eine höhere Sprache in eine andere übersetzt werden.

Computer
Als Computer (deutsch: Rechner) bezeichnet man ein technisches Gerät, das schnell und relativ zuverlässig nicht nur rechnen, sondern allgemein Daten bzw. Informationen automatisch verarbeiten und speichern kann.

Datei
Unter einer Datei versteht man die kleinste, dem Anwender zugängliche Verwaltungseinheit, in der ein Computer Informationen (Daten und Programme) speichern kann. Die Anweisungen zur Ausführung eines Programms werden in Programmdateien und die Informationen, die mit einem Programm erstellt wurden, in Datendateien gespeichert.

Datenbank
Eine Datenbank bzw. ein Datenbanksystem dient der Erfassung, der Verwaltung und der selektiven Suche von Informationen wie z. B. Adressen oder Warenbeständen. Diese Informationen werden in Datenbanken nach einer festen Struktur geordnet. Man fasst die Daten in sogenannten Datensätzen (beispielsweise Kundenadressen) zusammen und kennzeichnet bzw. gliedert sie durch sogenannte Datenfelder (beispielweise Nachname oder Straße). Am weitesten verbreitet sind die sogenannten relationalen Datenbanken, in denen mit geordneten und miteinander verknüpften Tabellen gearbeitet wird.

Datentypen
Damit Daten auf einem Computersystem in einheitlicher Form gespeichert und verarbeitet werden können, müssen sie jeweils korrekt interpretiert werden. Um sie interpretieren zu können, sind sie in bestimmte Datentypen eingeteilt, sodass zwischen unterschiedlichen Zahlen-, Zeichen- oder Wahrheitswerten unterschieden werden kann.

Deadlock
Ein Deadlock (deutsch: Blockierung) entsteht, wenn mehrere Threads oder Prozesse sich gegenseitig so beeinflussen, dass keiner von ihnen in der Lage ist, seine Aufgabe

bis zum Ende auszuführen. Diese Behinderung entsteht besonders schnell, wenn die Threads oder Prozesse mehrere Ressourcen gleichzeitig benötigen. Durch den korrekten Einsatz von Synchronisierungsmechanismen ist es möglich, Deadlocks bei parallelen Abläufen auszuschließen.

siehe auch Thread, Prozess, Synchronisieren

DNS Adressen von Rechnern im Internet können nicht nur durch IP-Adressen, sondern auch einfach durch Namen notiert werden, wobei man einer IP-Adresse auch mehrere Namen (man spricht dann von Alias-Namen) zuordnen kann. Dies wird von einem speziellen Dienst im Internet, dem Domain Name Service (abgekürzt DNS), unterstützt, der Namen auf tatsächliche IP-Adressen abbilden kann.

siehe auch IP, IP-Adresse

Doppelklicken Eine zweimalige Betätigung der Maustaste in schneller Abfolge (z. B. für den Start eines Programms).

siehe auch Klicken

Download Die Beschaffung von Daten von einem anderen Rechner über ein Netzwerk.

Editor Programm zur Eingabe und zur Bearbeitung von Texten über die Tastatur und mit der Maus.

Entwicklungsumgebung *siehe IDE*

Externer Speicher Externe Speichermedien (z. B. Festplatten, DVDs oder Memorysticks) bieten in der Regel höhere Speicherkapazitäten als der Arbeitsspeicher und dienen der langfristigen Aufbewahrung von Programmen und Informationen (Daten).

Freeware Neben den oft teuren Produkten diverser Firmengiganten ist im Internet eine Fülle von teilweise gleichwertigen Programmen erhältlich, die *kostenlos* benutzt werden können. Bei dieser sogenannten Freeware handelt es sich oftmals um durchaus hochwertige Software – manchmal sind es sogar Produkte, die über einen gewissen Zeitraum kommerziell vertrieben wurden. Die Gründe, ein Softwareprodukt kostenlos anzubieten, können verschiedenster Art sein. Manche Programmierer sind beispielsweise der Ansicht, dass ihre Entwicklung der gesamten Nutzerschaft zugutekommen sollte. Andere hoffen, dass ihre Software auf diese Weise so weit verbreitet wird, dass sie sich als Quasi-Standard etabliert.

siehe auch Open Source

Garbage Collector Der Garbage Collector ist ein automatisch ablaufender Prozess, der dafür zuständig ist, alle zur Laufzeit eines Programms existierenden Objekte regelmäßig daraufhin zu überprüfen, ob sie noch referenziert werden. Gibt es auf ein Objekt keine Referenzen mehr, kann das Objekt gelöscht und der von ihm belegte Speicherplatz freigegeben werden.

Grammatik Ähnlich wie bei einer natürlichen Sprache wird die Grammatik einer höheren Programmiersprache durch ihren Wortschatz (auch Alphabet genannt), ihre Syntax und ihre Semantik festgelegt. Im Gegensatz zu einer natürlichen Sprache, bei der die Bedeutung und Verwendung einzelner Wörter manchmal ungenau oder mehrdeutig ist, müssen bei einer Programmiersprache alle Spracheigenschaften präzise definiert werden. Die Informatik setzt hierfür *formale Sprachen* (siehe etwa [25]) ein.

siehe auch Wortschatz, Syntax, Semantik

Gregorianischer Kalender Der noch heute gültige Gregorianische Kalender wurde im 16. Jahrhundert von Papst Gregor eingeführt. Er verbesserte den Julianischen Kalender (z. B. durch Einführung der Schaltjahresregelung).

GUI GUI steht für den englischen Begriff Graphical User Interface (deutsch: Grafische Benutzungsschnittstelle oder Grafische Benutzungsoberfläche). Im Gegensatz zu Programmen, die nur mit der Tastatur von der Kommandozeile aus bedient werden, vereinfachen Programme mit grafischer Benutzungsoberfläche die Bedienung durch die Interaktion über grafische Darstellungen mit Tastatur und Maus.

Hacker Hacker sind Menschen, die es als „Sport" ansehen, Sicherheitsmechanismen von Programmen, Computersystemen und Netzwerken auszuspionieren und zu unterwandern. Einige „schwarze Schafe" (auch Cracker genannt) nutzen ihre Fähigkeiten, um mit illegalen Methoden Profit zu machen. Ein Großteil der Hacker bewegt sich jedoch meistens auf der richtigen Seite des Gesetzes, und oft sind es gerade diese Hacker, die auf Lücken und Fehler in Programmen und Sicherheitsmaßnahmen hinweisen. Eine der bekanntesten Organisationen von Hackern in Deutschland ist der Chaos Computer Club in Hamburg.

hexadezimale Zahlen Die hexadezimale Schreibweise stellt eine Darstellungsform für Zahlen zur Basis 16 dar:

$$118 = 7 \cdot 16 + 6 \cdot 1 = 7 \cdot 16^1 + 6 \cdot 16^0 = 76_{16}$$

Die Zahlen von 10 bis 15, die man dabei als Ziffern benötigt, werden durch Buchstaben codiert:

$$10 = A_{16},\ 11 = B_{16}\ \dots\ 15 = F_{16}$$

HTML HTML (Hypertext Markup Language) ist eine Sprache, die verwendet wird, um Seiten für das World Wide Web zu gestalten. Dabei kommen sogenannte Tags mit vordefinierter Bedeutung zum Einsatz, die festlegen, wie bestimmte Teile des Dokuments formatiert und dargestellt werden sollen. Unter anderem können Art und Größe der Schrift, Struktur von Tabellen, Listen und Aufzählungen sowie Grafiken und Farbgestaltung bestimmt werden. Verweise auf andere Dokumente werden mit sogenannten Hyperlinks realisiert.

siehe auch XML

HTTP Das Hypertext Transfer Protocol (HTTP) ist ein im World Wide Web benutztes Standardprotokoll, das den Austausch von Dokumenten zwischen Rechnern steuert.

Host Als Host (deutsch: Wirt, Gastgeber) bezeichnet man ein Computersystem in einem Netzwerk.

IDE IDE ist die Abkürzung für *Integrated Development Environment* (deutsch *integrierte Entwicklungsumgebung*). Man versteht darunter eine Art übergeordnetes Werkzeug zur Softwareentwicklung, das mehrere weitere Werkzeuge (Programme) wie Editor, Compiler, Laufzeitsystem, Debugger usw. innerhalb einer grafischen Oberfläche zur Verfügung stellt. Die bei der Softwareentwicklung immer wiederkehrenden Aufgaben und Teilschritte lassen sich darin miteinander verzahnt erledigen. Das heißt zum Beispiel, dass beim Compilieren eventuelle Fehler automatisch im Editorfenster angezeigt werden oder beim Start des Programms automatisch ein Konsolenfenster geöffnet wird.

Imperative Programmierung Der Ursprung des Namens kommt von lat. *imperare* (befehlen). Ein imperatives Programm besteht aus einer Folge von Befehlen an den Rechner. Dabei werden Eingabewerte in Variablen gespeichert und diese durch sukzessive Befehle verändert. Abfolgen von Befehlen werden zu Prozeduren zusammengefasst, durch welche sich die Daten (Inhalte der Variablen) verändern lassen.

Interpreter Programme werden von einem Interpreter nicht vollständig übersetzt und erst später ausgeführt, sondern Anweisung für Anweisung übersetzt und unmittelbar ausgeführt.

IP Das Internet Protocol (IP) ist in der Netzwerkschicht des Referenzmodells für die Netzwerkkommunikation zuständig.

siehe auch TCP

IP-Adresse Numerische Adresse eines Rechners in einem Netzwerk.

siehe auch DNS

IT Unter Informationstechnologie versteht man alle Aspekte des technologischen Gebäudes der Informatik. Sie umfasst sowohl die Software- als auch die Hardwareentwicklung.

JAR-Datei JAR (Java Archive) ist ein plattformunabhängiges Dateiformat, das alle Dateien eines Java-Projekts zu einer Datei zusammenfasst. Im Prinzip handelt es sich dabei um ein ZIP-Archiv, in dem alle compilierten Klassen sowie alle weiteren, benötigten Dateien wie Bilder, Klänge und so weiter enthalten sind. Das ZIP-Archiv folgt dabei einer festen Verzeichnisstruktur und enthält eine *Manifest* genannte Datei, damit es von Java als JAR-Datei erkannt wird. Darüber hinaus können JAR-Dateien auch signiert werden, um ihre Echtheit zu bestätigen. JAR-Dateien lassen sich mit dem Programm `jar` aus dem JDK erstellen.

java
javac
JDK *java* und *javac* sind Systemprogramme aus dem Java Development Kit (JDK), einer Sammlung von Entwicklungswerkzeugen (in Form von Systemprogrammen für das Compilieren, das Starten oder das Debuggen von Programmen u. a.) der Java Platform Standard Edition (Java SE).

Das im JDK bereit gestellte Compiler-Programm zum Übersetzen eines Programms trägt den Namen *javac*, das Interpreter-Programm zur Ausführung eines Programms den Namen *java*.

Klicken Programme mit interaktiven Schaltflächen auf dem Bildschirm können mit der Maus bedient werden, indem man den Mauszeiger auf die entsprechende Stelle bewegt und die Maustaste drückt. Dieser Vorgang wird als „Klicken“ bezeichnet.

Kompatibilität Die Möglichkeit, Hardware- und Softwarekomponenten von verschiedenen Herstellern miteinander zu betreiben, bezeichnet man als Kompatibilität. Dazu sind sehr viele Normen und Standards von unterschiedlichen Gremien geschaffen worden Auch haben sich einige Quasi-Standards entwickelt, an denen sich viele Hersteller orientieren. Im Bereich der Software ist die Kompatibilität weitgehend hergestellt, wird durch schlechte Programmierung manchmal jedoch nicht erreicht, was bei der Kommunikation mit anderen Programmen oder mit bestimmten Hardware-Komponenten Probleme zur Folge haben kann.

Konsolenfenster Vor gar nicht allzu langer Zeit waren Betriebssysteme noch hauptsächlich über eine Konsole in Form einer Kommandozeile zu bedienen. Benutzerinnen und Benutzer gaben dem Computer über die Tastatur der Konsole Befehle. Heutzutage kann man das Betriebssystem meist bequem mit der Maus über eine grafische Benutzungsoberfläche steuern. Dennoch wird häufig auch noch die Kommandozeile benötigt. Aus diesem Grund stellt fast jedes Betriebssystem eine Möglichkeit zur direkten Befehlseingabe ähnlich der veralteten Konsole zur Verfügung. Dies ist das sogenannte Konsolenfenster, auch Eingabeaufforderung, Terminal, Shell oder DOS-Fenster genannt.

Look and Feel Mit Look and Feel bezeichnet man das Erscheinungsbild und die Handhabung einer Software.

Maschinensprache Die Sprache, die ein Computerprozessor direkt versteht, wird Maschinensprache genannt. In Maschinensprache geschriebene Programme können vom Prozessor sofort abgearbeitet werden, da die Sprache speziell auf einen bestimmten Prozessor und seine Möglichkeiten ausgelegt ist, sodass darin geschriebene Programme sehr schnell und effizient, aber eben prozessorabhängig und somit nicht auf andere Systeme übertragbar sind. Da die Maschinensprache nicht gerade ideal für eine Programmierung durch Menschen geeignet ist, wurden die höheren Programmiersprachen entwickelt, die sich an menschlichen Sprachen orientieren. Ein in einer höheren Programmiersprache geschriebenes Programm wird anschließend zur Ausführung von einem Compiler oder Interpreter in die Maschinensprache (den Maschinencode) übersetzt.

Objekt Allgemein versteht man unter Objekten Größen oder Daten, die bei der Programmierung auftreten können. Speziell versteht man unter Objekten Einheiten, die Identitäten (Bezeichnungen), innere Zustände (Variablen bzw. Attribute) und Verhalten (Methoden) besitzen. Das Verhalten der Objekte kann über Methodenaufrufe ausgelöst werden, wodurch die Zustände der Objekte verändert oder bestimmte Aufgaben erledigt werden können.

Objekte im programmiertechnischen Sinn sind mit Objekten im wirklichen Leben vergleichbar (z. B. Stuhl, Tisch und

Fernsehapparat als Objekte eines realen Zimmers). Diese Objekte können sich wieder aus anderen Objekten zusammensetzen (z. B. der Fernseher zum Beispiel aus Netzteil, Bildröhre, Gehäuse), die sich wiederum aus anderen Objekten (z. B. Kondensatoren) zusammensetzen können.

siehe auch Objektorientierte Programmierung

Objektorientierte Programmierung Hierbei wird die Welt als eine Welt von Objekten aufgefasst. Die Programme werden nicht auf Prozeduren und Daten aufgebaut, sondern auf Zuständen von Objekten und deren Aktivitäten und Kommunikation untereinander. Die Struktur der Objekte wird dabei durch Klassen festgelegt, die als eine Art Schablone für den Aufbau der Objekte angesehen werden können.

oktale Zahlen Die oktale Schreibweise stellt eine Darstellungsform für Zahlen zur Basis 8 dar:

$$118 = 1 \cdot 64 + 6 \cdot 8 + 6 \cdot 1 = 1 \cdot 8^2 + 6 \cdot 8^1 + 6 \cdot 8^0 = 166_8$$

Dabei werden nur Ziffern im Bereich 0 bis 7 verwendet.

OOP *siehe Objektorientierte Programmierung*

Open Source Open Source ist eine mit Freeware vergleichbare Software. Sie kann in der Regel kostenlos verwendet werden. Im Gegensatz zu Freeware geht die Open-Source-Gemeinde über die reine Anwendung hinaus. Ein Produkt ist Open Source, wenn man neben dem ausführbaren Programm auch den Quelltext erhält und einsehen kann. Abhängig von den Nutzungsbedingungen, der sogenannten Lizenz, kann der Benutzer bzw. die Benutzerin diesen Quellcode erweitern, verändern und in eigenen Programmen weiterverwenden. In einigen Fällen (etwa bei der sogenannten „GNU General Public License") muss dann ebenfalls der Quellcode offengelegt werden. Es gibt jedoch auch andere Lizenzmodelle, für die das nicht gilt.

Für Open-Source-Projekte gibt es heutzutage eine Vielzahl prominenter Beispiele. Hierzu zählen etwa Mozilla Firefox, Libre Office oder der bekannte Webserver Apache. Der wohl populärste Vertreter dieser Gattung – das Betriebssystem Linux – ist übrigens ein Beispiel dafür, dass auch Open Source ein lukratives Geschäft sein kann. Auch wenn die Software selbst kostenlos ist, gibt es nicht nur Firmen, die sich auf Vertrieb und Support dieses Systems spezialisiert haben, sondern auch die großen Cloud-Anbieter wie Microsoft, Google oder Amazon nutzen Linux und viele weitere Open-Source-Programme im Kern ihrer Produkte.

siehe auch Freeware

Portabilität Die Möglichkeit der Übertragung von Software vom einen auf ein anderes Computersystem wird als Portabilität bezeichnet. Für die Übertragbarkeit sind unter anderem das Betriebssystem sowie die Hardware von Interesse. Ein Programm, das beispielsweise unter Windows erstellt wurde, wird im Allgemeinen nicht unter Linux laufen. In einer Zeit, in der es eine Unmenge unterschiedlicher Betriebssysteme auf dem Markt gibt, stellt sich deshalb immer mehr die Frage nach der Portabilität. Java-Programme sind im Allgemeinen in höchstem Maße portabel, da sie auf (fast) jedem modernen Betriebssystem funktionieren.

Protokoll Beim Daten- bzw. Nachrichtenaustausch in einem Netzwerk müssen die kommunizierenden Computer bzw. Programme gewisse Regeln für den Verbindungsaufbau, den Ablauf des eigentlichen Datenaustauschs und den Verbindungsabbau befolgen. Diese Regeln werden Protokoll genannt. Typische Protokolle in diesem Sinne sind z. B. FTP (File Transfer Protocol), HTTP (Hypertext Transfer Protocol) oder SMTP (Simple Mail Transfer Protocol).

Prozessor Als Teil der Zentraleinheit eines Computers ist der Prozessor zuständig dafür, Programmanweisungen aus dem Arbeitsspeicher zu lesen, diese auszuführen, dafür notwendige Daten aus dem Speicher zu lesen und Zwischen- und Endergebnisse dort wieder abzulegen.

Quellcode Der beim Programmieren eingegebene Programmtext, der mit dem Java-Compiler übersetzt werden muss, um ihn auf der Maschine ausführbar zu machen.

Quelltext *siehe Quellcode*

RAM Die Abkürzung RAM steht für Random Access Memory und bezeichnet den Arbeitsspeicher eines Rechners.

siehe auch Arbeitsspeicher

RGB-Farbmodell Das RGB-Farbmodell basiert auf der additiven Farbmischung, bei der sich eine beliebige Farbe aus der Addition der Grundfarben Rot, Grün und Blau zusammensetzen lässt. RGB-Farben werden üblicherweise durch ganzzahlige Tripel (r,g,b) dargestellt, die den Anteil an der jeweiligen

Grundfarbe in der Reihenfolge Rot, Grün und Blau darstellen, wobei der jeweilige Anteil der Grundfarben durch Werte von 0 bis 255 repräsentiert wird. Hierdurch lassen sich bis zu 16,7 Millionen Farben darstellen (24 Bit Farbtiefe). Das Java-Farbmodell basiert auf dem RGB-Farbmodell.

RTFM Hat man mit einer Software Probleme, kann man sich mittels Internet an andere Benutzer wenden und sie um Rat fragen. Sind diese der Meinung, dass man eine „dumme" Frage stellt, die eigentlich im Handbuch der Software beantwortet wird, so erhält man meist nur die Buchstaben „RTFM" als Antwort. Die Abkürzung steht für „**r**ead **t**he **f**ucking **m**anual" und damit für die Aufforderung, erst einmal die Gebrauchsanweisung zu lesen.

Scheduler Der Scheduler der JVM übernimmt die Aufteilung der Rechenzeit auf die verschiedenen aktivierbaren Threads. Abhängig vom jeweiligen Betriebssystem führt dieser Threads mit höherer Priorität bei gleichzeitiger Berücksichtigung aller anderen Threads bevorzugt aus.

siehe auch Thread

Semantik Die Semantik beschreibt die Bedeutung der einzelnen Sprachelemente und die Beziehungen zwischen ihnen. Dadurch wird die Bedeutung eines Programms festgelegt. Im Sinne der Datenverarbeitung sagt die Bedeutung etwas darüber aus, wie die eingegebenen Daten verarbeitet bzw. welche Daten als Ergebnisse ausgegeben werden. Semantische Regeln besagen zum Beispiel, dass eine vereinbarte Größe (etwa eine Variable oder eine Methode) danach nur mit dieser Bedeutung verwendet werden darf oder dass vordefinierte Methoden nur auf ganz bestimmte Argumenttypen angewendet werden dürfen.

Server Unter einem Server (deutsch: Diener) versteht man ein Programm, das auf einem Rechner läuft und einen bestimmten Dienst anbietet, der über das Netzwerk von anderen Programmen bzw. Rechnern genutzt werden kann. Der Rechner, auf dem das Programm läuft, heißt dann Server-Rechner oder auch Server-Host. Sehr häufig wird der Begriff Server auch fälschlicherweise für den Rechner, auf dem ein oder mehrere Server laufen, verwendet.

siehe auch Client, Host

Sourcecode *siehe Quellcode*

Speicherkapazität Wie viele Informationen ein Speicher insgesamt aufbewahren kann, hängt von seiner Speicherkapazität ab, die in **Byte**

oder größeren Einheiten wie Kilobyte (1000 Bytes, abgekürzt kB) bzw. Kibibyte (1024 Bytes, abgekürzt KiB), Megabyte (1000 kB, abgekürzt MB) bzw. Mebibyte (1024 KiB, abgekürzt MiB), Gigabyte (1000 MB, abgekürzt GB) bzw. Gibibyte (1024 MiB, abgekürzt GiB) oder Terabyte (1000 GB, abgekürzt TB) bzw. Tebibyte (1024 GiB, abgekürzt TiB) angegeben wird. Ein Byte besteht aus acht binären Zeichen, sogenannten **Bits**. Ein solches Bit kann zwei Zustände annehmen (1 oder 0, *an* oder *aus*, *wahr* oder *falsch*).

Synchronisieren Der eigentliche Sinn von separaten Threads innerhalb einer Anwendung liegt darin, dass verschiedene Aufgaben unabhängig voneinander bearbeitet werden. In einigen Fällen müssen die einzelnen Threads aber auch aufeinander abgestimmt (synchronisiert) werden, zum Beispiel wenn mehrere Threads schreibend und lesend auf die gleichen Daten zugreifen oder ein Thread auf das Ergebnis eines anderen Threads warten muss. Diese Synchronisation kann auf verschiedene Arten erfolgen. Nahezu jedes Betriebssystem und auch die Programmiersprache Java bieten verschiedene Mechanismen zur Synchronisation. Auch parallele Prozesse müssen unter Umständen synchronisiert werden, um ihre Abläufe aufeinander abzustimmen.

siehe auch Thread, Prozess

Syntax Die Syntax regelt, welche Symbolfolgen des zugrunde gelegten Wortschatzes (Alphabets) zulässige „Sätze“ (Programme) der Sprache bilden, und legt gleichzeitig zu jeder solchen Symbolfolge eine grammatikalische Struktur fest, ähnlich der Zerlegung von Sätzen natürlicher Sprache in Subjekt, Prädikat und Objekt.

TCP Das Transmission Control Protocol (TCP) ist ein Protokoll, das in der Transportschicht des Referenzmodells für die Netzwerkkommunikation zuständig ist. Es stellt eine zuverlässige (virtuelle) Verbindung zwischen Sender- und Empfängeranwendung her, die sicherstellt, dass alle Daten fehlerfrei und vollständig übertragen werden.

siehe auch IP

Thread Mit Hilfe von Threads (deutsch: Fäden) können mehrere Ablaufstränge innerhalb unseres Programms quasi parallel bearbeitet werden. Threads werden oft als „leichtgewichtige Prozesse“ bezeichnet. Im Gegensatz zu Prozessen befinden sich nämlich alle Threads eines Programms in einem gemeinsamen Adressraum im Speicher und haben lediglich unterschiedliche lokale Variablen. Über gemeinsame statische Variablen oder Objekte können Threads auf einfache Art und Weise miteinander kommunizieren. Dieses Konzept der parallelen Verarbeitung ist recht performant, erfordert jedoch vom Programmierer unter anderem aufgrund der Gefahr eines Deadlocks erhöhte Sorgfalt. In der Programmiersprache Java sind die Möglichkeiten zur Programmierung nebenläufiger Abläufe bereits integriert.

siehe auch Prozess, Deadlock

Tooltip Als Tooltip bezeichnet man den Hinweis, der eingeblendet wird, wenn die Anwenderin oder der Anwender den Mauszeiger auf ein Element einer grafischen Oberfläche (z. B. eine Schaltfläche) bewegt. Der Hinweis wird im Allgemeinen in Form eines kurzen Textes angezeigt, der die Anwenderin oder den Anwender über die Funktion des entsprechenden Elements informiert.

Übersetzer *siehe Compiler*

UDP Das User Datagram Protocol (UDP) ist ein Protokoll, das in der Transportschicht des Referenzmodells für die Netzwerkkommunikation zuständig ist. Das UDP stellt eine unzuverlässige (virtuelle) Verbindung zwischen Sender- und Empfängeranwendung her, die nicht sicherstellt, dass die Daten fehlerfrei und vollständig übertragen werden.

siehe auch IP

Umgebungsvariable Bei Umgebungsvariablen handelt es sich um ein Konzept, mit dem in Betriebssystemen gewisse Werte unter speziellen Namen (den Variablennamen) bekannt gemacht werden können. Ein gestartetes Programm hat auf diese Werte Zugriff und kann somit den Wünschen der Benutzer durch Setzen der Variablen angepasst werden, ohne neu übersetzt werden zu müssen.

UML Die Uniform Modeling Language (UML) ist eine grafische Modellierungssprache, mit deren Hilfe man in der Softwareentwicklung Lösungsansätze für zu realisierende Aufgaben beschreiben kann. Verschiedene Diagrammformen (z. B. Klassendiagramme, Sequenzdiagramme) helfen dabei, das Problem unter allen Aspekten zu verstehen und umzusetzen. Der objektorientierten Philosophie entsprechend werden bereits im Entwurfsprozess die Komponenten des Systems als Objekte modelliert, die mittels Methoden interagieren. Durch die UML wird die Kommunikation im Softwareentwicklungsprozess vereinfacht.

siehe auch Objektorientierte Programmierung

Unicode
Unicode ist ein internationaler Standard, der zu jedem Schriftzeichen oder Textelement aus unterschiedlichsten Schriftkulturen und Zeichensystemen einen eindeutigen digitalen Code festlegt. Er zielt darauf ab, eine zukunftssichere vielsprachige elektronische Textverarbeitung zu ermöglichen. Unter den in der Unicode-Tabelle geführten Zeichen finden sich z. B. auch die in vielen Kurznachrichten verwendeten Emoticons. Insgesamt können rund eine Million Zeichen in die Tabelle aufgenommen werden.

Unified Modeling Language
siehe UML

Update
Keine Software ist perfekt. Besonders bei großen Programmierprojekten ist es quasi nicht zu vermeiden, dass sich der eine oder andere Programmierfehler (*siehe auch Bug*) einschleicht. Softwarefirmen liefern aus diesem Grund in regelmäßigen Abständen verbesserte Versionen ihrer Produkte, sogenannte Updates. Die Installation eines Updates beseitigt gewisse Fehler, aber garantiert dabei natürlich keine Fehlerfreiheit.

URL
Unter einer URL (Uniform Resource Locator) versteht man eine spezielle Darstellung einer Adresse für ein Dokument im Internet bzw. World Wide Web. Sie legt genau fest, welche Datei von welchem Rechner mit welchem Dienst bzw. Protokoll angesprochen werden soll.

siehe auch Protokoll

Workaround
Nicht jeder gefundene Bug in einer Software wird vom Hersteller sofort behoben. Oftmals existieren jedoch Tipps und Tricks anderer Benutzer, die mit dem gleichen Problem zu kämpfen hatten. Mit diesen Tricks kann man den Fehler zwar nicht korrigieren, sein Auftreten jedoch oftmals vermeiden – man spricht von einem Workaround.

Wortschatz
Der Wortschatz (das Alphabet) bildet die Grundlage einer jeden Programmiersprache. Er definiert den Symbolvorrat für die Darstellung von Programmen.

XML
XML (Extensible Markup Language) ist eine vom W3C-Konsortium [48] entwickelte Sprache. XML erlaubt es, anders als das verwandte HTML, eigene Tags zu definieren. XML eignet sich insbesondere dazu, Daten bzw. Informationen zu strukturieren.

siehe auch HTML

Literaturverzeichnis

Bücher

[1] H.-J. Appelrath, D. Boles, V. Claus, I. Wegener: *Starthilfe Informatik.* B. G. Teubner, 2002.

[2] H. Balzert: *Lehrbuch der Objektmodellierung: Analyse und Entwurf mit der UML 2.* Spektrum Akademischer Verlag, 2011.

[3] H. Balzert: *Lehrbuch Grundlagen der Informatik: Konzepte und Notationen in UML 2, Java 5, C# und C++, Algorithmik und Software-Technik, Anwendungen.* Spektrum Akademischer Verlag, 2004.

[4] H. Balzert: *UML 2 in 5 Tagen: Der schnelle Einstieg in die Objektorientierung.* Balzert Stiftung, 2022 (DOI: 10.18420/LB-UML).

[5] T. H. Cormen, Ch. E. Leiserson, R. L. Rivest, C. Stein: *Algorithmen – Eine Einführung.* De Gruyter Oldenbourg, 2013.

[6] W. Eberling, J. Leßner: *Enterprise JavaBeans 3.1 – EJB für Ein- und Umsteiger.* Hanser, 2011.

[7] B. J. Evans, j. Clark, D. Flanagan: *Java in a Nutshell: A Desktop Quick Reference.* O'Reilly, 2023.

[8] M. Fowler, K, Beck: *Refactoring: Improving the Design of Existing Code.* Pearson Addison Wesley, 2019.

[9] E. Freeman, E. Robson, K. Sierra, B. Bates: *Entwurfsmuster von Kopf bis Fuß.* O'Reilly, 2021.

[10] R. Gallardo, S. Hommel, S. Kannan, J. Gordon, S. Zakhour: *The Java Tutorial: A Short Course on the Basics.* Addison Wesley, 2014.

[11] E. Gamma, R. Helm, R. Johnson, J. Vlissides: *Entwurfsmuster als Elemente wiederverwertbarer objektorientierter Software.* mitp Professional, 2014.

[12] J. Gosling, B. Joy, G. L. Steele, G. Bracha, A. Buckley: *The Java Language Specification.* Addison Wesley, 2014.

[13] D. W. Hoffmann: *Theoretische Informatik.* Hanser, 2022.

[14] O. Ihns, S. Heldt, H. Koschek, J. Ehm, C. Sahling, R. Schlömmer: *EJB 3.1 professionell – Grundlagen und Expertenwissen zu Enterprise JavaBean 3.1 – inkl. JPA 2.0.* dpunkt.verlag, 2011.

[15] C. Kecher, R. Hoffmann-Elbern, T. Will: *UML 2.5: Das umfassende Handbuch.* Rheinwerk Computing, 2021.

[16] G. Krüger, H. Hansen: *Java-Programmierung – Das Handbuch zu Java 8.* Addison-Wesley, 2014.

[17] R. Oechsle: *Parallele und verteilte Anwendungen in Java.* Hanser, 2022.

[18] L. Piepmeyer: *Grundkurs funktionale Programmierung mit Scala.* Hanser, 2010.

[19] H.-J. Quadbeck-Seeger: *Aphorismen und Zitate aus Natur und Wissenschaft.* Wiley VCH, 2013.

[20] E. Robson, E. Freeman: *HTML & CSS von Kopf bis Fuß.* O'Reilly, 2013.

[21] C. Rupp, S. Queins, die SOPHISTen: *UML 2 glasklar: Praxiswissen für die UML-Modellierung.* Hanser, 2012.

[22] A. Salvanos: *Professionell entwickeln mit Java EE 8 – Das umfassende Handbuch.* Rheinwerk Computing, 2017.

[23] R. Sedgewick, K. Wayne: *Algorithmen.* Pearson Studium, 2014.

[24] K. Sierra, B. Bates, T. Gee: *Java von Kopf bis Fuß.* O'Reilly, 2023.

[25] R. Socher: *Theoretische Grundlagen der Informatik.* Hanser, 2007.

[26] A. S. Tanenbaum, N. Feamster, D. J. Wetherall: *Computernetzwerke.* Pearson Studium, 2024.

[27] C. Ullenboom: *Java ist auch eine Insel.* Rheinwerk Computing, 2023.

Web-Links

[28] W. Bergt: *Online-Lexikon: Begriffe aus der Computerwelt.*
`http://www.bergt.de/lexikon/`

[29] codejava.net: *Java 9 - The Java Shell (jshell) Tutorial.*
`http://www.codejava.net/java-core/tools/java-9-the-java-shell-jshell-tutorial`

[30] Eclipse-Projekt: *Webseite.*
`https://www.eclipse.org/downloads/packages/installer`

[31] R. Field: *JShell Tutorial.*
`http://cr.openjdk.java.net/~rfield/tutorial/JShellTutorial.html`

[32] fxdocs: *JavaFX Documentation Project.*
`https://fxdocs.github.io/docs/html5/`

[33] J. Gosling, B. Joy, G. Steele, G. Bracha, A. Buckley, D. Smith, G. Bierman: *The Java Language Specification, Second Edition.*
`https://docs.oracle.com/javase/specs/`

[34] ICANN: *Internet Corporation for Assigned Names and Numbers.*
`http://www.icann.org/`

[35] Informatik aktuell: *Java 9 bringt das neue Modulsystem Jigsaw.*
`https://www.informatik-aktuell.de/entwicklung/programmiersprachen/java-9-das-neue-modulsystem-jigsaw-tutorial.html`

[36] ISO: *International Organization for Standardization.*
`http://www.iso.org/`

[37] JAXenter: *JDK 9 und die Plattformmodularisierung: So funktioniert Projekt Jigsaw.*
`https://entwickler.de/java/jdk-9-und-die-plattformmodularisierung-so-funktioniert-projekt-jigsaw`

[38] K. Kreft, A. Langer: *Objektvergleich – Wie, wann und warum implementiert man die equals()-Methode?.*
`http://www.angelikalanger.com/Articles/EffectiveJava/01.Equals-Part1/01.Equals1.html`

[39] OpenJFX: *Getting Started with JavaFX.*
`https://openjfx.io/openjfx-docs/`

[40] OpenJDK: *Webseite.*
`https://openjdk.org/`

[41] Oracle Java Documentation: *The Java Tutorials.*
`https://docs.oracle.com/javase/tutorial/`

[42] Oracle Technology Network: *Java Platform, Standard Edition & Java Development Kit API Specification.*
`https://docs.oracle.com/javase/`

[43] Oracle Technology Network: *Code Conventions for the Java Programming Language.*
`https://www.oracle.com/java/technologies/javase/codeconventions-contents.html`

[44] Oracle Technology Network: *Java Platform, Standard Edition, Documentation.*
`https://docs.oracle.com/javase/`

[45] Oracle Technology Network: *Java Platform, Standard Edition, Software Development Kit (JDK).*
`https://www.oracle.com/java/technologies/downloads/`

[46] D. Ratz, D. Schulmeister-Zimolong, D. Seese, J. Wiesenberger: *Website zum vorliegenden Buch.*
`http://www.grundkurs-java.de/`

[47] tutorialspoint: *JavaFX Tutorial.*
`https://www.tutorialspoint.com/javafx/index.htm`

[48] W3C: *World Wide Web Consortium.*
`http://www.w3c.org/`

[49] Wikipedia: *Gaußsche Osterformel.*
`https://de.wikipedia.org/wiki/Gau\T1\sssche_Osterformel`

[50] Wikipedia: *Java class file.*
`https://en.wikipedia.org/wiki/Java_class_file`

[51] Wikipedia: *Sieb des Eratosthenes.*
`https://de.wikipedia.org/wiki/Sieb_des_Eratosthenes`

Stichwortverzeichnis

Fettgedruckte Seitenzahlen verweisen auf die Stellen im Buch, an denen die jeweiligen Begriffe eingeführt bzw. definiert werden.